安宁工业园区管理委员会

安宁市作为云南省第一个国家园林城市，中国首批五十家投资环境诚信安全区之一，其工业基础雄厚，交通区位优势明显，在2009年中先后荣获了“中国最具幸福感城市（县市级）”、“中国五十家投资诚信安全区”以及“创卫先进城市”称号。安宁工业园区坐落其中，是被列入《云南省新型工业化重点产业发展规划纲要》的云南省30个重点工业园区之一，也是安宁市工业经济承载平台、安宁市传统产业聚集区及新增产业拓展区。

2008年以来，随着石油炼化项目的推进和城市快速发展的需要，安宁工业园区坚持规划先行，进一步优化安宁工业布局。园区完成了对《安宁工业园区总体规划》（2008~2020）的优化调整及麒麟片区控制性详细规划编制工作，安宁工业园区由原来的“三片一基地”调整为向草铺、青龙及禄脿三镇集中，将草铺麒麟片区作为园区起步区，重点打造。园区现可建设用地约67平方公里，重点发展磷盐化工、黑色冶金、石油化工三大产业，延伸主导产业上下产业链。大力发展装备制造、精细化工、消费类工业和现代物流业等生产型服务业，有选择地承接发达国家和国内发达地区的产业转移，加速中小企业和民营经济发展。

云南天安化工有限公司

云南工业和信息化年鉴

2010

云南省工业和信息化委员会　编

云南出版集团公司
云南人民出版社

图书在版编目（CIP）数据

云南工业和信息化年鉴. 2010/云南省工业和信息化委员会编. —昆明：云南人民出版社，2010.12

ISBN 978-7-222-06987-9

Ⅰ.①云… Ⅱ.①云… Ⅲ.①工业经济-云南省-2010-年鉴②信息工作-云南省-2010-年鉴 Ⅳ.①F427.74-54②G203-54

中国版本图书馆CIP数据核字（2010）第229304号

责任编辑：王　梅　李景霞　王比湘
装帧设计：杨策东
责任印制：段金华

书　名	云南工业和信息化年鉴（2010）
作　者	云南省工业和信息化委员会　编
出　版	云南出版集团公司　云南人民出版社
发　行	云南人民出版社
社　址	昆明市环城西路609号
邮　编	650034
网　址	www.ynpph.com.cn
E-mail	rmszbs@public.km.yn.cn
开　本	889×1194　1/16
印　张	49.25
字　数	1200千
版　次	2010年12月第1版第1次印刷
排　版	昆明朗月印务设计有限公司
印　刷	昆明美林彩印包装有限公司
书　号	ISBN 978-7-222-06987-9
定　价	386.00元

《云南工业和信息化年鉴》编委会

编辑部电话：0871-3341171

邮　　箱：yngxnj@126.com

地　　址：昆明市东风东路209号（云南省工业和信息化委员会722室）

《云南工业和信息化年鉴》撰稿人员

（以姓氏笔画顺序排列）

马红影　马敏前　马　鹏　王云耀　王宏宇　王泽昊　王德兴　王　蕾　尤芳雯

文永聪　尹　华　尹兆阳　邓文勇　孔令海　孔　晴　艾从富　左志斌　左辉刚

石宝成　田　娥　付　晖　冯云昭　冯安梅　冯学信　毕　鸣　毕家兴　吕志友

朱宏疆　朱　懿　刘东权　刘　志　刘　松　刘洪源　刘振权　刘家杉　刘湘云

汤　瀛　孙小刚　孙吉明　严　智　苏发高　杜云峰　杞耀光　杨一淑　杨友涛

杨从亮　杨永宁　杨克平　杨国谦　杨忠文　杨荣春　杨家恒　杨裕萍　杨新霞

李召花　李刚田　李　伟　李庆银　李建秋　李建钰　李祖芳　李　莉　李朝斌

李　楠　李　鹏　吴　刚　何永顺　何耿强　何根平　何清敏　余红娅　余荣华

余朝坤　邹红芳　沈立贵　宋开贵　张云江　张　凤　张存碧　张伍生　张自恩

张劲锋　张坤华　张茂书　张忠泽　张春华　张赵荣　张钦国　张　敏　张琴莲

张朝鼎　张雄辉　张景伟　张　黎　阿发慧　陈绍国　陈　琳　陈锡云　欧阳春艳

明　珠　罗开学　罗加跃　罗志业　罗　燕　和永伟　和丽琴　和临喜　金肇元

周吉庆　周兴富　周建新　周晶淼　周　婷　孟继泽　赵志东　赵志伟　赵林昭

赵宗明　赵绍华　赵　聪　胡应宗　钟团兵　段又榕　姜　辉　贺清洲　莫永平

钱定菊　徐　军　徐秀华　徐莉萍　高云江　席向阳　唐　芸　唐颜富　陶开能

陶安尧　黄立昌　黄红宾　黄定仙　黄　虹　黄绕生　崔庆勇　康新云　梁红英

彭壮彪　彭国权　董振斌　董　峰　程　林　程　遥　储从江　舒跃昌　番在良

鲁　云　童　柏　普义明　普元和　普顺平　谢世芳　谢　玲　雷文生　雷　帆

雷金福　訾迅霆　谭丽珠　颜吉祥　潘登荣　魏　红　魏春珍

编 辑 说 明

一、经云南省工业和信息化委员会研究决定，从2010年开始编辑出版《云南工业和信息化年鉴》，并成立编辑部，编辑部设在云南工业经济联合会，今后每年编辑出版一卷。

二、编辑出版《云南工业和信息化年鉴》（2010）旨在以邓小平理论和“三个代表”为指导，深入贯彻落实科学发展观，实事求是地辑录云南省工业和信息化系统在产业结构调整、技术创新、节能减排、工业园区建设、中小企业发展等方面的信息资料，向社会提供云南省工业和信息化系统逐年可比、可查的年度发展数据，展示云南工业和信息化建设成就。

三、《云南工业和信息化年鉴》（2010）设特载、大事记、云南省工业和信息化发展综述、云南省工业和信息化重点行业发展、地方工业和信息化发展、重点工业园区、重点大中型企业、相关行业协会、云南工业和信息化系统行政、事企业单位风采展示、云南工业和信息化统计数据和相关法律、法规共十个部类。

四、《云南工业和信息化年鉴》（2010）的体例分为一、二、三级目和条目。一级目为大部类，如云南工业和信息化发展、重点行业发展、地方工业和信息化建设、重点大中型企业等，其标题在版内占三栏；二级目设在一级目内，其标题在版内占两栏；三级目设在二级目内，其标题在版内占一栏，三级目下为条目，以黑体字加方括号标示。

五、本年鉴稿件由省工业和信息化委员会相关处室、国防科工局、州（市）、县（区）经济委（局）、重点大中型企业、各工业园区、相关协会和部分企、事业单位提供，稿件均经供稿单位审核。

六、《云南工业和信息化年鉴》（2010）在组稿、编辑、出版工作中得到了各州（市、县）工业和信息化委员会（经济局）、省工信委各处室及系统企、事业和社会各界的支持与帮助，在此一并致谢。

七、《云南工业和信息化年鉴》（2010）在编辑过程中难免出现缺点和不足，恳请读者提出宝贵意见。

云南工业和信息化年鉴编辑部

二〇一〇年十一月

·领导关怀·

2009年5月16日，中共中央政治局委员、国务院副总理张德江（左三）在省委常委、省委秘书长杨应楠（左一）的陪同下到红塔烟草（集团）有限责任公司视察。

2009年12月10日，时任国家工业和信息化部党组副书记、副部长苗圩到云南省工业和信息化委员会检查指导工作

·领导关怀·

2009年8月5日，云南省委书记、省人大常委会主任白恩培（前右二）在省委常委、昆明市委书记仇和（前右一）陪同下到昆钢重型装备制造集团有限公司视察。

2009年6月25日，云南省委副书记、省长秦光荣（前），省委常委、副省长李江（右二）出席“云南省96128政务信息查询专线”开通仪式。

·领导关怀·

2009年7月13日，云南省委常委、省委副书记李纪恒（中）到曲靖越州工业园区视察

2009年10月15日，云南省政协主席王学仁（左三），省委常委、省政府常务副省长罗正富（右三），省政协副主席白成亮（右二）到马龙工业园区视察。

· 领导关怀 ·

2009年3月10日，云南省委常委、省纪委书记李汉柏（右一）到云南特安呐制药集团股份有限视察标准厂房建设

2009年3月26日，云南省委常委、常务副省长罗正富（前左二）到云南力帆骏马车辆有限公司视察

·领导关怀·

2009年11月24日，云南省委常委、省委统战部部长黄毅（左），省政府副省长曹建方（右）出席富滇银行小企业信贷专营中心开业庆典。

2009年3月21日，云南省委常委、省委组织部部长辛桂梓（左二）到云南特安呐制药集团股份有限公司视察

·领导关怀·

2009年6月23日，云南省人大常委会常务副主任晏友琼（左二）率省人大常委会视察组到云南白药集团生产车间和新厂区视察

2009年2月16日，云南省副省长和段琪（中）到西双版纳州勐海工业园区视察

·重要会议·

2009年6月3日，云南省加快非公有制经济发展大会在昆明召开，省委书记、省人大常委会主任白恩培，省委副书记、省长秦光荣，省政协主席王学仁，省委常委、省纪委书记李汉柏，省委常委、常务副省长罗正富，省委常委、省委秘书长杨应楠，省委常委、昆明市委书记仇和，省委常委、省委宣传部部长张田欣，省委常委、省委政法委书记、省公安厅厅长孟苏铁，省委常委、省委组织部部长辛桂梓，省人大常委会常务副主任晏友琼，副省长和段琪，省人民检察院检察长王田海出席会议。大会对云南省100户创新型非公有制企业、70名非公有制企业创业之星、20户非公有制企业公益之星、十佳非公有制企业服务机构进行了表彰。

颁奖仪式

大会会场

·重要会议·

1月15日，云南省工业和信息化工作会议在昆明召开。省委书记、省人大常委会主任白恩培，省委副书记、省长秦光荣为大会召开发来贺信。会上，副省长和段琪代表省政府和相关责任单位签订2009年工业经济、非公经济、节能降耗目标责任书。

签字现场

·重要会议·

1月12日，云南省工业和信息化委员会干部大会在昆明召开，刘绍忠主任传达了省委、省政府关于机构改革相关文件精神和省委常委、常务副省长罗正富在省政府机构改革动员大会上的讲话，安排部署委机关改革的实施工作。

4月23日，省政府在昆明召开全省工业园区工作会议。省政府副省长和段琪出席会议并作讲话，省工信委主任刘绍忠宣读《云南省人民政府关于加快工业园区建设的意见》，与会代表参观考察了昆明高新区马金铺电力装备产业基地、呈贡工业园、昆明经开区信息产业基地。

11月10日，全省州市经委主任座谈会在昆明召开。会上通报了1~10月全省工业经济运行总体情况。省工信委主任刘绍忠要求各州市要审时度势，超前谋划，提前研究好2010年的工业经济工作。

6月3日，全省中小企业局长非公办主任及部分非公企业代表座谈会在昆明召开，宋嘉林副主任主持会议。会议就如何提高非公企业的融资担保，如何调动非公企业的发展激情，以政策带动创业，以创业带动就业等问题进行了座谈。

1月16日，全省工业投资暨技术进步工作专题会议在昆明召开，刘绍忠主任到会并讲话，许云副主任主持会议。会议通报了2008年非电工业投资责任目标完成情况，对2009年我省工业投资工作面临的环境和形势进行了分析、预测。 会上，省工信委与16个州、市经委、14户重点企业（集团）签订了2009年工业投资责任目标。

5月18日，云南省政府、昆明市政府在昆明举行“2009全国企业家活动日”云南省招商引资重点项目推介会以及云南省投资合作项目签约仪式。推介会由省工信委主任刘绍忠主持，共有438个项目推介，总投资金额1700多亿元；23个项目参加签约，总投资额237亿元。

2009年10月9日，云南省工业和信息化委员会新办公楼正式揭牌，省政府副省长和段琪，省政府秘书长丁绍祥，省政府副秘书长杨洪波、叶燎原参加了揭牌仪式并与省工业和信息化委员会处级以上干部合影留念。

目　录

第一编　特　　载

第二编　云南省工业和信息化发展

第三编　云南省工业和信息化重点行业

第四编　地方工业和信息化发展

昆明市

昭通市

曲靖市

玉溪市

保山市

楚雄彝族自治州

红河哈尼族彝族自治州

文山壮族苗族自治州

普洱市

西双版纳傣族自治州

大理白族自治州

德宏傣族景颇族自治州

丽江市

怒江傈僳族自治州

迪庆藏族自治州

临沧市

第五编　工业园区

第六编　重点大中型工业企业

第七编　相关行业协会

第八编　附　　录

第九编 专辑目录

州市风采

企事业风采

第一编

Te Zai

特 载

切实加强企业家队伍建设 为促进企业发展壮大提供强有力的保障

——在中国企业联合会、中国企业家协会组织的企业家座谈会上的讲话

国务院副总理 张德江

（2009年5月16日 昆明）

同志们：

非常高兴在2009年全国企业家活动日期间，参加中国企业联合会、中国企业家协会组织的企业家座谈会。首先，我预祝2009年全国企业家活动取得圆满成功。多年来，中国企业联合会、中国企业家协会始终坚持“面向企业、为企业和企业家服务”，紧紧围绕国家经济社会发展大局建言献策，努力为企业和企业家排忧解难，大力推动企业改革与发展，充分发挥了在政府、企业和企业家之间的桥梁纽带作用，为我国经济社会发展做出了积极贡献。我相信，在王忠禹会长的领导下，中国企业联合会、中国企业家协会一定能够团结带领广大企业家，在促进国民经济又好又快发展和社会主义现代化建设中做出新的更大成绩。

刚才，11位企业家先后发了言，交流了企业积极应对国际金融危机的做法和取得的成绩，对保持经济平稳较快发展提出了许多宝贵的意见和建议，我听了很受鼓舞，很受启发。

改革开放以来，我国企业家队伍不断发展壮大，职业化水平不断提高，综合素质不断提升，在建设中国特色社会主义进程中发挥了重要的作用。广大企业家坚持解放思想、深化改革，大胆冲破旧体制、旧观念的束缚，有力地促进了企业制度改革和社会主义市场经济体制的建立与完善，大大增强了我国经济社会发展的活力和动力；坚持产业报国、勇担重任，遵循市场经济规律，大力推进技术创新、管理创新、产品创新，积极参与国际国内市场竞争，有力地促进了企业发展壮大和国民经济的持续快速发展；坚持放眼世界、扩大开放，千方百计开拓国际市场，勇敢走出国门投资兴业，有力地促进了全方位、宽领域、多层次对外开放格局的形成，有力地拓展了我国经济发展的空间；坚持奋勇拼搏、努力创业，团结带领企业员工在市场竞争中勇往直前，形成了一大批具有国际竞争力的大企业大集团，大大提高了我国的综合国力。实践证明，中国企业家队伍的形成和发展壮大，是我国改革开放的重大历史成果；中国企业家是一支有觉悟、有胆识、有能力，值得信赖、堪当重任的队伍。是推动我国经济社会发展的重要力量。这里，我代表党中央、国务院，向你们并通过你们向全国的企业家表示崇高的敬意和诚挚的问候!

党的十七大提出了实现全面建设小康社会奋斗目标的新任务新要求，改革发展的任务仍然十分艰巨。特别是去年以来，由于国际金融危机不断蔓延和加深，我国经济发展面临着新世纪以来最大的困难，保持经济平稳较快发展，需要付出巨大而艰苦的努力。“沧海横流方显出英雄本色”。面对这次国际金融危机，广大企业家要挺身而出，勇担重任，开拓进取，攻坚克难，努力变压力为动力，化危机为机遇，促进企业发展壮大，为保增长、保就业、保民生、保稳定做出积极贡献，不辜负党和国家的重托，不辜负广大职工的期望。

借此机会，我对广大企业家提几点希望。

第一，坚定信心，树立战胜危机和困难的决心。众所周知，这次由美国次贷危机引发的全球性金融危机，涉及范围之广、影响程度之深、冲击强度之大，为上个世纪30年代大危机以来所罕见。受危机影响。去年下半年以来，我国经济下行压力加大，增长速度大幅回落；国内外市场环境趋紧，特别是国际市场严重萎缩，给我国外经贸工作带来十分严重的困难；企业生产经营困难加剧，利润缩减，亏损行业和企业增多。随着中央扩大内需、促进经济平稳较快增长一揽子计划的政策效应逐步显现，今年以来我国经济运行出现了一些积极变化，但经济回升的基础还不稳固，经济运行还可能出现反复，企业生产经营仍然处在困难时期。胡锦涛总书记在去年10月第七届亚欧论坛上指出，“在关键时刻，坚定信心比什么都重要，”温家宝总理在纽约会见美国经济金融界知名人士时强调，“在经济困难面前，信心比黄金和货币更重要。”因此，在应对这次国际金融危机中，我们首先要坚定战胜危机的信心。我们的信心来自于我国经济发展的基本态势没有发生根本变化，目前经济增长速度仍然高于其他国家。我们的信心来自于我国经济发展的优势条件没有发生根本变化。我国正处于工业化、城镇化加速发展的阶段，蕴藏着巨大的需求和增长潜力，

我国有集中力量办大事的制度优势，金融体系保持稳健，劳动力等资源丰富，社会和谐安定，改革开放30年来建立了雄厚的物质技术基础，具有抵御各种风险的能力和活力。我们的信心来自于我国广大企业经过几十年市场经济的洗礼，应对各种复杂环境和变化的能力显著增强。更重要的是，我们的信心来自于中央的果断正确决策，只要我们认真贯彻实施中央确定的“保增长、扩内需、调结构、惠民生”的政策措施，我国就一定能够克服暂时困难，率先走出困境。气可鼓而不可泄。广大企业家一定要挺起腰杆，带领全体员工迎难而上，战胜危机，实现企业新发展、新跨越。

第二，扎实工作，努力保持企业生产经营平稳较快发展。中央经济工作会议和《政府工作报告》明确提出，今年经济工作的首要任务是保持国民经济平稳较快发展。企业是经济活动的主体，保持国民经济平稳较快发展，基础和关键在于企业。广大企业要把思想和行动统一到，中央对经济工作的决策部署上来，千方百计保持企业生产经营平稳较快发展。要充分利用中央出台的扩大内需各项政策，寻找发展机遇，培育企业新的经济增长点。要加强市场营销，巩固传统市场。开拓新兴市场，既要注重开拓国内市场，也要高度重视稳定和扩大国际市场，着力解决企业需求不足问题。要深入研究国际国内市场的新变化，及时调整产品结构，提高产品质量，用适销对路、质量过硬的产品占领市场、引领市场、开拓市场。

第三，强化创新，加快提高企业综合素质和竞争能力。刚才几位企业家的发言都表明，在市场经济条件下，企业的存亡兴衰，关键取决于企业的综合素质和竞争力。企业的创新能力决定了企业的竞争能力。只有保持强劲的创新能力，才能在危机中站稳脚跟，才能在危机中赢得主动，才能在危机中发展壮大。当前，广大企业要大力推进体制创新、技术创新、产品创新、管理创新，努力使企业的综合素质和竞争力得到较大提高。要深化企业改革，加快建立现代企业制度，完善企业经营管理机制，增强企业发展活力和动力。要发挥企业在国家创新体系中的主体作用，加大研发投入，集中研发力量，努力取得关键核心技术的新突破，形成更多的自主知识产权和知名品牌，为企业更大发展提供强有力的科技支撑。要加大企业技术改造力度，加大结构调整力度，运用信息技术和先进适用技术改造传统产业，提高生产的自动化、信息化水平，提高企业的技术装备水平、产品质量水平、环境保护水平和安全生产水平。要大力推广和运用先进的管理理念、管理方法和管理技术，向管理要效益，向管理要竞争力，切实管好用好资金，努力降低物质消耗，努力降低生产经营成本，提高企业经济效益。要增强企业凝聚力，通过各种有效方式，充分调动广大干部职工的积极性．齐心协力，共渡难关，共克时艰。

第四，勇于承担，认真履行企业社会责任。企业是社会责任的承担者。越是困难的时候，越要更自觉地履行社会责任。要服务和服从大局，千方百计克服困难，尽量不减员或少裁员，为保持就业形势基本稳定作贡献。要主动帮助职工解决生活中的困难，积极化解各种矛盾，切实维护企业和社会稳定。要把诚信建设作为培育企业核心竞争能力的重点，努力向消费者提供优质产品和服务，恪守公平竞争的商业准则。要大力推进节能减排，发展清洁生产和循环经济，为保护生态环境、建设生态文明做出应有贡献。各类企业都要全面加强安全生产工作，深入排查安全隐患，采取措施加快整改，防止安全事故发生，促进安全生产形势稳定好转。

第五，加强修养，全面提高企业家自身素质。企业家素质关系企业的兴衰成败。科学技术和经济全球化的加快发展，国内外经济环境的不断变化，市场竞争的日益加剧，要求当代企业家进一步提升自身素质，提高驾驭企业发展的能力。应当看到，改革开放以来我国企业家素质得到了显著提高，但总体来看与发展社会主义市场经济的要求还有待进一步提高。中国企业家要增强紧迫感、使命感，加快提高自身素质，争当中国乃至世界一流的企业家。首先，要有坚定的理想信念和强烈的责任意识。只有坚定建设中国特色社会主义的理想信念，立志为中华民族的伟大复兴而奋斗，才能站得高、看得远，才能树立远大志向，为把企业办成中国和世界一流企业而不懈努力。只有树立对国家、社会、企业和员工负责的精神，才能有强烈的敬业精神，才能不负重托、勇担责任、争创一流、建功立业。其次，要加强能力培养。这是搞好企业的重要保障。中国企业家要加快培育全球视野和战略思维，敏锐地把握国内外经济环境的变化，敏锐地掌握本行业的动态，敏锐地发现企业发展的状况，抓住稍纵即逝的市场机会，及时决策、科学决策，善于动员、组织、运用各种资源，生产国内外市场需要的产品，获得良好的经济效益。第三，要加强学习。提高企业家素质，关键是要愿意学习、勤于学习，善于学习，在实践中学习，在学习中实践。既要重视理论业务知识的学习，还要注重学习借鉴其他企业包括国外企业的成功经验，不断总结提炼企业自身的实践经验。第四，要树立形象。企业家是企业的代表，企业家的形象，代表着企业的形象。从某种意义上讲，中国企业家也代表中国的形象。因此，企业家们不论从思想上，还是从言论、行动上，都要严格要求自己，切实体现出新时期中国企业家的新精神新风貌。

第六，齐心协力，形成关心、爱护和支持企业家的社会氛围。在市场经济条件下，企业家是宝贵人才，也是稀缺资源。在我国，优秀企业家更加短缺、更加宝贵、更加需要。实践反复证明，一个企业不断发展壮大，很大程度上就是由于有一个优秀的企业家。各级党委和政府要从党和国家事业发展的高度出发，进一步关心、爱护和支持企业家，为企业家的健康成长创造良好的社会环境。各类企业组织和行业协会要充分发挥桥梁纽带作用，积极反映企业家的意见和建议，关注和重视企业家的身心健康，帮助企业和企业家研究解决实际困难。要坚持正确的舆论导向，宣传企业家在社会主义现代化建设中的重要作用，宣传企业家为经济社会发展做出的重要贡献，宣传企业家的奉献精神，在全社会形成理解、关心和支持企业家的良好氛围。

最后，祝我国的企业不断兴旺发达，祝各位企业家工作顺利、身体健康。

勇担重任　在逆境中实现企业新发展

——在2009年全国企业家活动日主会场大会上的讲话

中国企业联合会、中国企业家协会会长　王忠禹

（2009年5月17日）

各位来宾，各位企业家，同志们、朋友们：

2009年全国企业家活动日主会场大会今天在云南昆明隆重开幕了。我代表中国企业联合会、中国企业家协会，向与会的企业家以及全国所有企业家表示崇高的敬意!向出席会议的各界人士表示热烈的欢迎！向受表彰的袁宝华企业管理金奖获得者、优秀创业企业家表示衷心的祝贺!向云南省委、省政府及其他有关方面为本次大会成功举行所做的辛勤努力表示衷心的感谢!

中共中央政治局委员、国务院副总理张德江同志对这次全国企业家活动日十分重视。昨天上午，他专程来云南抽时间出席了由中国企业联合会、中国企业家协会组织召开的企业家座谈会。国务院国资委、工信部、云南省委省政府的主要领导和50多位企业家参加了座谈会，11位企业家先后作了发言。会上，德江同志作了题为《切实加强企业家队伍建设，为促进企业发展壮大提供强有力的保障》的重要讲话。他充分肯定了改革开放以来我国企业家在建设中国特色社会主义进程中发挥的重要作用。

他强调指出：中国企业家队伍的形成和发展壮大，是我国改革开放的重大历史成果；中国企业家是一支有胆识、有能力、值得信赖、堪当重任的队伍，是推动我国经济社会发展的重要力量。他代表党中央、国务院向与会的企业家并通过你们向全国企业家表示崇高的敬意和诚挚的问候！面对这次国际金融危机，他希望广大企业家挺身而出、勇担重任，开拓进取，攻坚克难，为保增长、保民生、保稳定作出积极贡献，不辜负党和国家的重托，不辜负广大职工的期望。同时，德江同志向广大企业家提出了五点要求：一是坚定信心，树立战胜危机和困难的决心。二是扎实工作，努力保持企业生产经营平稳较快发展。三是强化创新，加快提高企业综合素质和竞争能力。四是勇于承担，认真履行企业社会责任。五是加强修养，全面提高企业家自身素质。最后，德江同志希望各级党委和政府从党和国家事业发展的高度，进一步关心、爱护和支持企业家，为企业家的健康成长创造良好的社会环境。各类企业组织和行业协会，要充分发挥桥梁纽带作用，积极反映企业家的意见和建议，关注和重视企业家的身心健康，帮助企业和企业家研究解决实际困难。要坚持正确的舆论导向，宣传企业家在社会主义现代化建设中的重要作用，宣传企业家为经济社会发展做出的重要贡献，宣传企业家的奉献精神，在全社会形成理解、关心和支持企业家的良好氛围。德江同志预祝本次企业家活动日取得圆满成功!

德江同志的讲话充分体现了党中央、国务院对我国广大企业家的关心、重视和殷切期望。会后，我们将把德江同志的讲话印发给大家，希望大家认真学习贯彻落实。下面，我结合本次活动日的主题，就贯彻落实德江同志的讲话精神，讲几点意见：

一、进一步坚定战胜危机的信心和决心

去年下半年以来，受国际金融危机的严重冲击和影响，我国经济增长明显下滑，许多企业出现了少有的困难局面。对此，我们要科学分析、正确看待。在经济全球化、信息化的今天，世界上任何角落发生的事件都有可能产生全球性的影响。我们既然在建设社会主义市场经济，就要勇敢地面对市场波动和经济危机带来的挑战和痛苦。目前这场国际金融危机仍在不断蔓延、深化，尚未见底。战胜这场危机，一方面需要我们对面临困难的严峻性和复杂性有充分估计，另一方面需要我们进一步坚定信心和决心。我们有党中央、国务院的坚强领导，有集中力量办大事的制度优势，有改革开放以来积累的雄厚物质基础，我国经济持续快速发展的基本条件和趋势没有根本变化。中央和地方出台的一系列振兴经济、支持企业发展的政策措施，目前已经初见成效。我们不但有信心攻坚克难，将这场危机带来的影响降到最低限度，而且有信心逆势图强，在应对危机中实现企业新发展和新跨越。

我国企业家素有不畏艰难、迎难而上的优良传统。在这次危机中，一些企业家未雨绸缪，科学预见形势变化，提前调整经营策略，保持了企业持续健康发展；一些企业家视变化为机遇，善于在变化中创造竞争优势，甚至成为变革的领导者；一些企业家强化管理，奋力开拓国内外市场，企业竞争力有了新的提高；一些企业家率先垂范，身先士卒，以自己的坚定信念和坚强决心，与企业和员工共渡难关。这些事实充分说明，只要我们进一步弘扬勇于创新拼搏的企业家精神，善于把握国际国内经济

调整带来的新的发展机遇，苦练内功，我们就没有战胜不了的困难，就没有渡不过去的难关。

二、积极推动企业转型升级

这次国际金融危机对我国实体经济造成严重冲击，集中暴露出我国经济发展中存在的结构失衡、部分行业产能过剩、缺乏核心技术、发展方式粗放等突出矛盾和问题。同时，这次国际金融危机也给我们以重要启示，就是说要想提高我国经济在全球经济中的地位和影响力，就必须大力推进结构调整和产业升级，加快转变经济发展方式，提高企业核心竞争能力，形成参与经济全球化竞争的新优势。

应当看到，在国际金融危机、国内经济结构调整和市场周期波动三重因素的影响下，转型升级已经成为我国企业应对当前金融危机、实现持续健康发展的必然选择。在企业发展外部环境发生急剧变化的情况下，作为具有战略眼光的企业家，要树立战胜自我、超越自我的决心和意志，认真把握国际竞争的新趋势，紧紧抓住国际国内经济调整和重组的重大机遇，把推动企业发展的关键因素由物质资源逐步转向品牌、技术、人才、管理等要素，积极探索适合自身实际、具有独特竞争优势的可持续发展模式。

我国企业应当利用国际金融危机所产生的压力，积极主动地进行变革和调整，努力实现由“低成本竞争战略”向“差异化竞争战略”转型，由“规模扩张战略”向“质量提升战略”转型，由“产品制造商”向“系统解决方案供应商”转型，由“卖产品”向“卖服务”转型，由“中国制造”向“中国创造”转型，由“本土性企业”向“世界性企业”转型，抢占全球价值链的高端。

三、大力推进技术进步，强化企业管理

德江同志在讲话中深刻指出，企业的创新能力决定企业的竞争能力。只有保持强劲的创新能力，才能在危机中站稳脚跟，才能在危机中赢得主动，才能在危机中发展壮大。在今年3月份召开的全国企业管理创新大会上，我曾经强调过，提高企业的创新能力是应对危机的根本大计，而技术进步和加强管理是企业应对危机的现实选择。这不光是历史经验和先进企业的实践经验，同时也是企业在危机中可以大有作为的重要领域，必将在新一轮的国际竞争中发挥更加重要的作用。今天，我在这里还要重申，只有紧紧围绕技术进步和加强管理这两个企业发展的关键环节，埋头苦干，才能化“危”为“机”，将企业发展提高到更高水平。

要用足用好国家已经出台的支持企业发展的有关政策，加大企业技术改造力度，运用信息技术和先进适用技术改造传统产业；广泛采用新技术、新工艺和新装备，加快淘汰落后产能，切忌形成新一轮高水平的重复建设；大力推进科技创新，充分发挥企业在国家创新体系中的主导作用，培养和造就高素质的人才队伍，加大研发投入力度，进行前瞻性技术储备，培育自主创新能力，为新一轮发展赢得先机和主动。

与此同时，要科学分析形势，明确发展方向，搞好战略管理；要采取更加有力的措施，强化基础管理，强化资金管理，大力开拓新兴市场，广泛开展对标挖潜活动，降本增效、节能减排，抓好员工培训，搞好全面风险管理，向管理要效益，向管理要竞争力。

四、积极主动担负企业社会责任

积极主动担负社会责任是新时期企业家必须具备的时代品格，企业家在任何时候都不能忘记自己应当肩负的社会责任。应对危机和挑战，企业家更要敢于担当，主动承担社会责任。要警惕和防止使环境保护和可持续发展成为应对危机的牺牲品，大力推进清洁生产、绿色发展、循环经济，建设资源节约型、环境友好型企业，决不能再走高物耗、高能耗、高污染的老路。要重视产品质量、安全生产、保护消费者利益，吸取近年来少数企业在这方面的深刻教训，依法经营、诚实守信，提高企业经营的道德水准，树立企业良好的社会形象。

就业是民生之本，是人民改善生活的基本前提和基本途径。金融危机的影响使我国解决就业问题的任务更加繁重、艰巨和紧迫。在当前形势下，企业家尤其要勇于承担稳定社会就业的责任，为缓解社会就业压力、维护社会稳定做出积极的贡献。今年1月份，国家协调劳动关系三方：人力资源和社会保障部、中华全国总工会、中国企业联合会/中国企业家协会针对我国劳动关系领域出现的一些新变化，制定了《关于应对当前经济形势稳定劳动关系的指导意见》，提出要保企业、保就业、保稳定，支持和鼓励劳动关系双方共同稳定就业局势。在这方面，许多企业家发挥了很好的表率作用。有的企业在经营困难的条件下，千方百计稳定职工队伍，承诺不裁员；有的企业家减薪从自己减起，职工不减或少减；还有的企业抓住调整的时机，开展培训、提高员工队伍素质。这些都反映出企业家在危机中的大局意识和强烈的责任感，值得给予充分肯定。

五、大力提高企业家自身素质

企业家的素质与修养直接关系企业兴衰成败。全国企业家活动日举办伊始，中国企联首任会长袁宝华同志先后三次着重阐述了企业家的修养问题，指出加强企业领导人的自身修养，是保证企业家队伍健康成长的一个十分重要的问题，并提出了我国企业家应该具备的修养。这里，我们不妨重温一下，即：天下兴亡，匹夫有责；胸怀全局，脚踏实地；艰苦创业，无私奉献；解放思想，开动脑筋；清正廉明，依靠群众；疾恶如仇，从善如流；谦虚谨慎，戒骄戒躁；学而不厌，诲人不倦；丢掉幻想，搏击市场；锲而不舍，刻意创新。应当说，这些现在仍然是我国企业家应该具备的基本修养。当前，激烈的市场竞争和复杂的外部环境要求我国企业家进一步提高自身修养，增强科学发展、全球竞争、自主创新、市场应变、社会责任等意识，以适应新形势、新任务的要求。

需要特别提到的是，广大企业家要高度重视提高科学决策能力。要有开阔的国际视野，要学会跳出中国看中国、跳出企业看企业；要强化战略思维，遵循企业发展规律，科学分析和把握宏观经济大势，不断加强和完善企业的制度建设，形成科学、民主、高效的领导体制和决策机制，正确发挥个人的作用，尽可能地减少或消除决策的随意性，确保企业沿着正确的方向发展。

提高企业家自身素质，重要的是学习。许多企业家也将学习看作形成企业核心竞争力的有效手段。这次危机告诉我们，现在的世界正在发生深刻变化，给广大企业家提出了许多新的课题，我们过去学的知识、积累的经验已经不够应对今天和明天发展的需要，这就要求我们进一步学习新知识，掌握新本领，不断提高驾驭企业发展的能力。在经济全球化日益发展的今天，广大企业家要特别重视学习国际经济政治、世界金融贸易等方面的知识；注重学习有关虚拟经济发展和运行的相关知识；注重学习应对复杂多变的经济环境的知识，提高把握国内外经济和行业发展趋势的能力，提高企业风险管控能力，提高对关键竞争因素的把握能力，促进企业又好又快发展。

各位代表，同志们、朋友们：

全国企业家活动日已经成功举办了十五届，每一届“活动日”都见证了中国企业家队伍卓尔不凡的成长、壮大历程。无数事实已经证明，在改革开放大潮中成长起来的中国企业家是能够在关键时期担当历史重任的。我坚信，中国企业家有能力、有条件在抗击金融危机的过程中，发挥中流砥柱的作用，做出无愧于时代的贡献，中国企业经过这场危机的洗礼也将变得更加强大。

2009年既是我们全力应对国际金融危机、保持国民经济持续快速发展的关键之年，也是新中国迎来六十华诞的大庆之年，有许多艰苦的工作需要我们努力去完成。让我们紧密团结在以胡锦涛同志为总书记的党中央周围，以邓小平理论、“三个代表”重要思想和科学发展观为指导，开拓创新，奋勇拼搏，以优异的成绩向共和国60岁生日献礼！

谢谢大家！

深入贯彻落实科学发展观
进一步加快非公有制经济发展
——在云南省加快非公经济发展大会上的讲话

中共云南省委书记、省人大常委会主任　白恩培

（2009年6月3日）

这次大会的任务是，坚定不移地贯彻落实科学发展观，回顾总结云南省发展非公经济和中小企业取得的成效，表彰奖励在非公经济发展中作出突出贡献的先进集体和个人，分析面临的形势，树立战胜危机和困难的信心，明确目标和任务，采取更加有效的措施，进一步加快非公经济和中小企业发展，推动全省经济平稳较快发展和社会和谐稳定。

近年来，云南省非公有制经济、中小企业发展势头较好，已经成为促进云南省经济发展的重要力量，在推动经济发展、促进就业、增加税收、繁荣城乡市场、优化产业结构、推动自主创新等方面发挥了积极作用，为促进全省经济社会又好又快发展作出了重要贡献。在此，我代表省　委、省政府，向广大个体工商户、私营企业主、中小企业从业人员表示亲切的慰问，向关心支持全省非公经济和中小企业发展的社会各界表示衷心感谢，向受表彰的先进集体和个人表示热烈祝贺！

关于全省非公经济和中小企业发展，光荣同志将作全面总结和部署。下面，我讲四点意见。

第一，进一步提高认识，不断增强加快非公经济和中小企业发展的紧迫感和责任感。云南是一个集边疆、民族、山区为一体的欠发达省份，虽然改革开放以来特别是近几年来，经济社会实现了长足发展，但无论是在发展速度、经济总量上，还是在财政收入、城乡居民收入上，都和发达地区有很大差距。究其原因，很重要的一条，就是云南省非公经济和中小企业发展滞后。因此，非公经济和中小企业的发展对全省经济社会发展至关重要。加快非公经济和中小企业发展，是深入贯彻落实科学发展观的紧迫要求。目前，云南省非公经济和中小企业数量不足、规模偏小，仍然以资源型、原料型为主，技术装备水平不高，工艺技术落后，总体上对资源、能源的依赖和消耗较为严重。我们一方面面临着加快发展的艰巨任务，另一方面又面临着调整结构、转变发展方式的艰巨任务。在加快发展、增加总量的同时，必须按照科学发展观的要求，加快非公经济和中小企业从粗放型向集约型、资源节约型、环境友好型发展转变，在优化结构、提高效益、降低消耗、保护环境、惠及群众方面迈出新的步伐。加快非公经济和中小企业发展，是应对危机、确保全省经济平稳较快增长的重大举措。非公经济和中小企业的发育程度，是决定一个地区综合实力的重要因素。2008年，全省非公经济实现增加值2191.7亿元，增长24.2%，占全省生产总值的38.5%。云南省的GDP、财政收入、经济综合竞争力以及经济的抗风险能力，要靠大型骨干企业和众多的非公经济以及中小企业共同支撑。受宏观经济环境影响，今年1至4月，全省规模以上工业企业累计完成工业增加值同比增长1.2%．低于全国平均增速4.3个百分点。在这种情况下，进一步加快非公经济和中小企业发展，对促进全省经济平稳较快发展显得更加迫切和必要。加快非公经济和中小企业发展，是实施工业强省、走有云南特色新型工业化道路的客观要求。加快工业化进程，离不开大企业的强力支撑，也离不开中小企业的协作配套。近年来云南省工业取得的显著成就，得益于我们毫不动摇地坚持走新型工业化道路，毫不动摇地坚持发展非公经济，毫不动摇地坚持加快中小企业发展。去年，全省非公工业增加值已占全省工业增加值约40%，在加快推进新型工业化进程中的作用日益显著。但是必须清醒地认识到，云南省非公经济和中小企业的发展水平，与经济发达地区相比差距仍然较大，还存在规模不大、实力不强、科技水平不高以及抵御风险能力弱等问题。如果不缩小这些差距，非公经济和中小企业的重要作用就难以得到充分发挥。只有既抓大企业、大产业，又抓中小企业和产业配套，工业强省才能扎实推进，才能在新型工业化进程中加快推

进非公经济和中小企业发展。加快非公经济和中小企业发展，是富民强省、改善民生的现实需要。社会要和谐，充分就业是前提。非公经济和中小企业是促进城乡就业的重要渠道，在满足生产生活增长需求方面起着重要的保障作用。目前，不少企业停产、歇业或关闭，一批职工下岗，大量农民工返乡，就业形势变得较为严峻。只有把加快发展非公经济和中小企业作为一项刻不容缓的重要工作，促进以创业带动就业，增加城乡居民收入，不断繁荣市场、满足人民生活需求，才能为实现保增长、保民生、保稳定奠定基础。

第二，进一步认清形势，牢固树立加快非公经济和中小企业发展的信心和决心。国际金融危机爆发以来，云南省经济增速明显放缓，有效需求持续减弱，出口增幅迅速回落，企业融资问题突出，困难企业和行业增多，特别是采矿、冶金、化工和建材等行业的非公企业生产经营陷入困境。我们既要充分认识形势的严峻性，敢于面对现实、正视问题；又要善于把握发展中的机遇，沉着应对、树立信心。要看到，宏观环境正在不断改善。随着社会主义市场经济体制改革的不断深入，民间资本进入垄断行业和领域的体制机制障碍正在逐步消除，非公经济发展的外部环境得到明显改善。最近，国务院讨论并原则通过了《2009年深化经济体制改革工作意见》，要求国家有关部门加快研究鼓励民间资本进入石油、铁路、电力、电信、市政公用设施等重要领域的相关政策，带动社会投资，这一举措将为非公经济的发展开辟新的广阔空间。政府扶持力度正在不断加大。面对国际金融危机带来的严峻经济形势，省委省政府认真贯彻落实中央关于扩大内需、促进经济平稳较快增长的重大战略决策，相继出台了一系列化解危机、加快发展的政策措施。特别是针对工业经济运行中出现的困难，果断采取优惠电价、产品收储和销售奖补等政策，千方百计帮助企业扩大生产、开拓市场，与企业共克时艰、共渡难关。目前，全省经济运行正向好的方向转变，发展的基本面没有改变，前景仍然向好。一季度，全省固定资产投资高速增长、城乡消费持续活跃、金融平稳运行。这些都为非公经济和中小企业克服困难、战胜挑战、抢抓机遇、加快发展创造了良好条件。同时也要看到，危机之中蕴藏着巨大机遇。这场危机在造成市场需求不足的同时，也带来资源、能源、原材料价格下降等有利因素，为非公企业更新设备、改进工艺、做好人才技术储备、及时进行转型升级提供了有利时机。此外，随着沿海产业向内地和西部加速转移，发达地区一大批民营企业到内地寻找新的发展机会，省内产业结构和所有制结构加快调整，面向东南亚、南亚的开放力度不断扩大，非公经济和中小企业在云南的发展大有可为。我们必须正确把握形势，坚定信心，克服无所作为的思想，善于捕捉和把握发展机遇，以更大的魄力、更强的力度推动非公经济和中小企业加快发展。

第三，进一步明确方向，坚定不移地用科学发展观统领非公经济和中小企业的发展。在新的形势下，必须坚持以科学发展观统领非公经济和中小企业的发展，切实把工作重点放在寻找新的增长点、调整优化产业结构、加快转变发展方式、提高增长的质量和效益上。

一是坚持把改造提升传统产业和构建现代产业体系结合起来，不断推动产业结构优化升级。工业强省、走有云南特色新型工业化道路，既要结合云南省资源优势和产业基础，注重生活日用工业品产业的发展，加大改造提升传统产业力度，又要大力发展生产性服务业和高新技术产业，加快形成现代产业体系。要把重点放在新兴产业、科技型和成长型中小企业的培育发展上，努力在生物资源开发、农畜产品加工和旅游业等方面取得突破，努力在加快物流、信息、金融和中介等现代服务业发展上取得突破，努力在引导非公经济和中小企业进入教育、文化和卫生等涉及民生的领域取得突破。

二是坚持把依靠科技进步作为经济发展方式转变的中心环节，不断提升企业整体素质和市场竞争力。创新是企业的灵魂，也是企业发展的不竭动力。从这次国际金融危机情况看，那些初级加工、贴牌生产、附加值低的企业受到的影响和冲击最大，对于那些拥有专利技术和自主品牌的企业来说，抵御市场风险的能力就特别强。要鼓励有条件的企业自主创新、联合创新和引进消化吸收再创新，通过采用新技术、新装备、新工艺提升产品的市场竞争力。要适应现代企业制度要求和市场竞争的需要，不断推进企业制度创新、管理创新和组织创新，培育企业的核心竞争力。

三是坚持走“专、精、特、新”的发展路子，不断提高专业化协作配套水平。提高中小企业发展水平，要把加强专业化协作放到重要位置。云南省烟草产业的发展证明，完善的大中小企业之间的配套协作，是一个产业发展壮大取得成功的必要条件。要突出特色和优势，建立中小企业与大企业配套协作工作机制，搭建交流合作平台，促进开展多种形式的经济技术合作、大项目配套和产业链延伸，形成依托大企业集团带动、专业化分工、产业链完整、配套功能全的发展格局，实现大中小企业协调发展和互利共赢。

四是坚持以节约能源资源和保护生态环境为切入点，不断增强可持续发展能力。非公经济和中小企业要进一步发展，必须注重节约资源、保护环境，彻底摒弃高消耗、高污染的生产方式，坚决淘汰落后生产能力，自觉增强科学发展意识，履行应该承担的社会责任。要探索集中治理模式，促进公共环境和资源综合利用设施建设，推广运用先进适用的节能减排技术，努力加强环境治理，提高资源利用率，改善安全生产条件，自觉走清洁发展、节约发展、安全发展和可持续发展道路。

第四，进一步加强领导，不断改善非公经济和中小企业的发展环境。各级党委政府要进一步加强组织领导和政策协调，像重视关心国有企业那样，平等对待非公经济和中小企业，切实把非公经济和中小企业的发展摆在更加重要的位置，努力营造良好环境。

一是着力营造开放开明的引资环境。解决非公经济和中小企业资金短缺问题，不能只靠政府投入。要通过营造开放开明的招商引资环境，使发展的机制体制更活，发展的环境更好，发展的思路更新，最大限度地调动和利用社会资金、省外资金、国际资金。要紧紧抓住国家经济结构调整和产业升级、东部发达地区向西部地区产业转移加快的有利时机，积极推进云南省区域经济结构调整和区域产业结构升级，实现全省产业层次全面提升和产业结构持续优化。要在吸引民间资本上下功夫，以省外大型民营企业、高科技企业和在本行业领先的民营企业为重点，有针对性地组织非公经济和中小企业开展招商引资，积极营造吸引民营资本投资的良好氛围。要鼓励民营资本参与国有企业的股份制改革，盘活国有资产存量，改造和提升传统产业。要在加强技术合作上下功夫，充分利用国内外先进生产技术和工艺，提升加工档次，提高附加值。

二是着力营造加快发展的政策环境。为加快非公经济和中小企业发展，近几年来，云南省陆续出台了一些政策措施，这次会议还要出台一个决定。可以说，目前云南省鼓励和发展非公经济和中小企业的政策是非常好的。能不能把这些政策都落到实处，关键是要解放思想、更新观念、放眼长远。不能只盯着眼前那点利益，只算“死账”，不算“活账”。用更加优惠的政策扶持非公经济和中小企业发展，虽然我们的财政收入会暂时受一点影响，但要充分认识到，企业创造就业岗位、增加群众收入所带来的效益是难以估量的。各州市、县要建立领导联系企业制度，切实为他们排忧解难，在涉及非公经济和中小企业发展的重大问题上，要无私无畏、敢于承担责任、敢于拍板。要加大政策落实力度。把落实加快非公经济和中小企业发展政策与推行行政问责等制度结合起来，按照建设法治政府、责任政府、阳光政府的要求，进一步规范政府行政行为，提高政府服务质量，增强政府行为的透明度，确保已出台的各项政策真正落实到位。要切实解决在融资、土地等方面存在的突出问题。进一步推动担保体系建设，建立省级政策性再担保机构，提高担保机构的担保能力。金融机构要放宽对非公经济和中小企业的贷款条件，缩短贷款审批时间。下放贷款审批权限，扩大贷款规模。积极推动中小企业进入资本市场直接融资，鼓励成长型中小企业通过创业板上市。土地问题一直是困扰非公经济和中小企业发展的一个焦点问题。对符合国家产业政策和云南省产业结构调整方向、成长性好的非公经济和中小企业，要按照有关政策规定，尽可能创造条件，切实降低非公经济和中小企业的用地成本。

三是着力营造健康发展的监管环境。相对于国有大企业而言，非公经济和中小企业在竞争中处于弱势地位。各级党委政府要进一步创新思路和办法，把加快推进非公经济和中小企业发展作为富民强省、促进和谐的重要抓手，千方百计加以推进。要切实改进政府对非公经济和中小企业的监管方式，加强劳动监察和劳动关系协调，规范行政机关和事业单位收费行为，坚决制止各种乱摊派、强拉赞助和乱罚款等现象，任何部门和单位不得以任何理由要求企业接受有偿服务。对非公经济和中小企业在发展过程中出现的问题，行政部门和执法部门要积极帮助解决。要积极为非公经济和中小企业提供信息咨询、人才培育、创业辅导、法律援助、技术创新、对外合作、市场开拓等方面的服务，搭建完善的社会服务平台，不断增强对非公经济和中小企业的引导服务能力，使非公经济和中小企业发展更加符合国家产业政策。要大力加强非公经济组织中党的基层组织建设，为非公经济健康发展提供坚强的政治保障。要大力宣传有关促进非公经济和中小企业发展的方针政策、法律法规，宣传中小企业在改革发展、富民强省进程中的新成就、新经验、新典型和新贡献，努力营造全社会关注、关心、支持非公经济和中小企业发展的新局面。非公和中小企业家们也要不断加强自身修养，遵纪守法、诚信经营，清清白白创业、正正当当赚钱，并积极和政府一道克服前进道路上的困难和问题，共同营造云南省非公经济和中小企业加快发展的良好环境。

新的形势和任务对非公经济和中小企业的发展提出了新的更高要求。我们一定要认清形势、攻坚克难，齐心协力、扎实工作，努力推动全省非公经济和中小企业又好又快发展，为建设富裕民主文明开放和谐云南作出新的更大的贡献！

白恩培同志在工业企业调研座谈会上的讲话

（2009年7月8日）

在省委理论学习中心组集中学习前夕，我和应楠及有关部门负责同志到部分企业调研，就是想对工业发展情况作一些了解。昨天和今天，我们到玉溪市和昆明市，先后看了蓝晶科技、维和制药、沃森生物技术、太标太阳能设备、昆钢制管、云南神农农业产业集团、奥斯迪制衣、克林轻工机械等企业。刚才，又听了大家的发言。总的感到，今年以来，全省各级各部门认真贯彻落实中央应对国际金融危机的一系列重大决策和省委省政府的安排部署，各项工作扎实推进，工业经济增速下滑局面得到遏制。从一季度开始，规模以上工业增幅逐月稳步回升，上半年达到了21%的增长水平，工业运行总体呈现企稳向好的态势。

在国际金融危机的严峻形势下，取得这样的成绩确实来之不易。更可喜的是，通过调研和座谈，大家对我省工业所处的地位、发展的潜力、存在的问题以及如何在现有基础上更好更快发展等方面，认识比较一致，思路更加明确。刚才，大家在发言中都谈了很好的意见和建议。下面，我再强调几点意见。

第一，树立信心，坚定不移地走新型工业化道路。对于这一点，丝毫都不能动摇。在云南，要切实做到全面协调可持续发展，就必须从全省发展的大局来考虑问题、谋划工作，不能单纯地就工业讲工业、就农业讲农业，关键是要讲全省4500多万各族群众的根本利益，这才是我们各项工作的最终落脚点。无论是发展工业、农业、服务业，还是发展科技、教育、文化、卫生事业，唯一的目的，就是要让全省人民的生活越来越好、都能过上幸福的日子。所以发展工业，一定要视野宽、站位高，指导引导工业布局既要考虑财政收入，又要考虑整个社会和区域的全面发展。我来云南工作多年，一直在不断地了解情况、加深认识、反复思考。“三农”工作始终是重中之重。为解决好占全省人口大多数的农民的生产、生活问题，我们想了不少办法、采取了很多有力措施，巩固和加强农业基础地位，促进农村发展和农民增收。例如，提出“围绕增收调结构”的工作思路，取得了很大成效。但是。仅仅依靠这些措施还不能从根本上解决问题，最终还是要走新型工业化和城镇化道路，发展现代农业，吸收和转移农村劳动力。不走这条道路，广大农民没出路，比如推进农业产业化问趣。农业产业化很大程度上取决于有没有龙头企业，没有具备一定实力和规模、能够带动基地和农户发展的企业，产业就发展不起来。再如贫困山区农村的发展问题。前几天我到昭通调研，在乌蒙山区、在金沙江两岸，看到与怒江峡谷类似的情况，大量耕地都是一些25度甚至是45度的坡地，在这样的土地上即使下再大的功夫，也产生不了多大的效益。密集的人口加上非常贫瘠的土地，是难以脱贫致富的。对这些地方就要下决心把没办法改造的坡耕地退下来，不要以县为单位追求粮食的自给平衡。要通过发展教育、加快新型工业化和城镇化进程，使农民从大山里面走出来，这才是云南相当一部分山区的唯一出路，也才能使云南的发展有一个根本性的转变。

第二，下定决心，加快调整经济结构、转变发展方式。对这个问题，虽然目前我们有了深刻认识，工作也很努力，但是离比较合理的结构、比较好的发展方式还有很大差距，仍需要我们坚持不懈地努力。一是加快轻工业发展。大家都看到，我省轻重工业的比例不太协调。因此在毫不放松现有支柱产业发展的前提下，要更加重视轻工业发展，尤其是日用工业品的生产。这样的产业虽然税收较少，但属于劳动密集型产业，带动就业作用强，发展潜力非常大。我刚才说工业发展要从全省的大局来考虑，就是既要大力培育高利税的企业，又要加快发展一大批高社会效益的企业，这也正是我们现在缓解就业压力最急需的。能够解决城乡居民就业问题、能够带来较好的社会效益，就是重要的成绩。二是大力发展非公有制经济。轻工业靠谁来发展？民营企业在这方面就有很大优势。要进一步为民营企业发展营造良好的环境，主持和帮助民营企业解决资金、技术、人才等问题，加快发展步伐。在大型国有企业需要与民营企业联合重组，或民营企业需要支持帮助时，国有企业一定要高姿态，立足长远积极扶持民营企业的发展。三是积极发展高科技产业。转变经济发展方式要靠创新，一个是科技创新，一个是管理创新。原材料型企业的发展潜力在哪里?就在科技进步。只有加快科技创新步伐，不断延长产业链，调整产品结构，才能提升发展的质量和效益。当前，要在新能源、新材料、节能环保和先进装备制造等领域，有选择地重点扶持科技含量高、市场前景好、具有明显优势和竞争力的产业和龙头企业，瞄准高端，争做一流，在推进全省新型工业化进程中发挥表率作用。对于发展原材料工业和高载能产品，要充分考虑到市场和政策风险，既要努力提高产业水平和竞争能力，又不能过度依赖它们支撑经济发展，要利用国家的产业政策顺势而上，不能逆势而动。四是着力发展生物产业。我省发展生物产业条件得天独厚，只要下定决心，措施到位，经过若干年的努力，就一定能把我省建设成为生物产业强省。要加大扶持力度，大力发展生物医药、生物农业、生物能源、生物制造等现代生物产业，力争有大的突破。五是围绕重点产业和骨干企业抓好配套。这也是产业结构调整的重要内容。要研究重点产业需要什么配套产业，大型骨干企业需要什么配套产品，哪些是当地能做的，在政策和资金等方面有针对性地加大扶持力度，培育发展配套产业和企业，促进集群化发展。

第三，解放思想，深化改革开放闯新路。良好的发展环境对于企业战胜当前困难尤为重要。必须通过深化改革、扩大开放，全力营造更加优良的发展环境，为全省经济渡过难关、争取新的发展提供更加有力的体制机制保障。一是进一步完善社会主义市场经济体制。要加快财政、税收、投融资等体制改革，突出抓好投融资体制改革。发展民营企业，发展轻工业，上大项目，资金怎么来？更多地要靠社会融资。政府的投入主要是引导性的，而不是作为主体资金进入，要最大限度地放大政府投入对社会资金的引导作用，加大社会融资力度，聚集各种生产要素投入到重大项目建设和经济发展上来。听说一些厅局想利用国家目前积极的财政政策和适度宽松的货币政策成立公司，积累更多的扶持资金。这样的想法不可取，完全拿财政的钱去办公司一个都不能搞。改革绝不能倒退，必须毫不动摇地朝前走。要切实转变政府职能，在“制定优惠政策、创造优良环境、提供优质服务”上下功夫。对企业改革和发展的支持，态度要明确，不能若明若暗，要通过加强政策研究，积极协调，创造条件，促进企业实现发展目标。对重点企业、重点项目要坚持送服务上门，主动帮助解决困难。同时，进一步深化行政审批制度改革，加强政务公开，完善政策咨询和服务；进一步规范市场秩序，依法严惩违法行为，保障市场竞争公平有序。二是加大招商引资力度。以资金为依托，以市场为导向，针对需要鼓励发展的行业，研究制定尽可能优惠的招商引资政策。制定优惠政策不要只图眼前利益.一定要算大账、看长远，敢于从“零”开始，积极搞好服务，牵线搭桥当好“红娘”，以“全当没有”的胆识扶持企业发展壮大。三是加强企业战略性合作。企业间的战略性合作和资产重组，是增强企业实力和竞争力，推进新型工业化进程时一个有效途径。近年来我们在这方面做了大量的工作。取得了明显的成效。要进一步加大企业战略性合作的力度，加快做大做强特色优势产业。

第四，狠抓落实，在转变作风上再下功夫。工业涉及部门多，涉及面广，发展任务十分繁重。必须进一步统一思想、形成合力，转变作风、强化落实，确保中央和我省促进工发展的各项政策措施落到实处。一是抢抓机遇。实施积极的财政政策和适度宽松的货币政策，是现阶段国家应对国际金融危机影响的大政方针，但不会长期不变。因此，要有强烈的抢抓机遇意识。要认真梳理、深入研究国家的这些政策措施，看哪些政策还没有用好、没用到位，还需要向国家争取什么支持。我们有些领导干部抓发展的愿望很强烈，但是对于怎么发展、怎样利用好国家政策却没有很好研究思考，有的甚至对国家的有关优惠政策都不清楚，这种状况必须尽快改变。二是完善项目责任制。要加快完善和认真落实重大项目建设责任制，明确项目谁主抓、谁配合，主抓部门要责任到位、一抓到底，配合部门要责任清晰、密切协作。要抢立项、抢开工、抢进度，切实巩固和发展好当前工业企稳回升的好形势。对于推诿扯皮、工作不力、造成严重后果的，要严肃问责。三是发挥好国有企业的表率作用。国有企业特别是大中型企业要通过学习实践科学发展观活动，在促进经济平稳较快增长、稳定社会就业、遵纪守法、保护环境、落实国家宏观调控政策等方面，发挥更加积极的作用，为推动我省新型工业化进程，促进全省科学发展、和谐发展作出新的更大的贡截。

总的来说，目前全省经济发展的形势不错，前景向好。虽然完成年初制定的工作目标仍然有一定难度，但只要我们团结一致、继续努力，就一定能圆满实现。

坚定信心　化危为机
努力打造云南工业新优势
——在省政府重点工业企业新春座谈会上的讲话

中共云南省委副书记、省长　秦光荣

（2009年1月7日）

今天召开座谈会有两个目的：一是征求大家对《政府工作报告》和省政府工作的意见、建议；二是与全省重点工业企业的企业家们一起，研究分析全球金融危机对云南省工业经济的影响，进一步统一思想，提振信心，研究对策，采取措施，化解危机，努力打造云南工业经济新优势，为确保全省经济平稳较快发展作出应有的贡献。刚才，有八户企业的同志发了言，讲得都很好。在此，我感谢大家用心研究提出的意见、建议，也感谢大家在过去一年中所付出的辛勤工作，为全省发展作出的重要贡献。下面，我主要就全省工业经济发展的问题，讲三点意见。

一、去年在极其困难的形势下，全省工业经济发展取得了较好成绩

2008年是云南省发展极其困难的一年，除了世界经济增速减缓，国家宏观调控政策从"双防"到"一保一控"再到扩大内需等重大调整带来的挑战外，我们遇到了六个方面的突出困难：一是煤电油运紧张的难题；二是冰冻雨雪灾害后农业生产尤其是春耕生产面临的难题；三是固定资产投资增长缓慢的难题；四是地震等自然灾害频繁发生带来的难题；五是工业增长乏力的难题；六是金融危机带来的难题。这些困难，对全省经济社会发展方方面面产生了重大影响，给我们的工作提出了严峻挑战。针对困难和挑战，省委、省政府积极应对，及时研究采取了许多重大措施，总体上是及时的、有力的，效果也是比较好的。初步预计全省2008年生产总值可以达到5700亿元，增长11%左右，其他各项经济社会发展指标完成情况也比较好。

从工业角度看，我们立足于扩大内需、确保增长的重大战略决策，也采取了许多措施，最主要的有六个方面：一是强化煤电油运组织协调。省政府坚持早抓、主动抓，并以保电煤、保运行为重点加大了协调力度，经委、煤炭、电力和铁路等部门通力协作，出台了煤电联动、差别电价、需求侧管理、运输调度保障等协调措施，做了大量工作，确保了全省发展大局的需要。二是对新形势下工业发展做了研究部署。根据新形势新任务，及时召开全省新型工业化大会，调整完善了工业发展思路，确定了"双万亿"的目标，及时对工业经济发展作了战略部署。三是加大财政投入。省政府在年初预算基础上新增10亿元财政支出用于扩大内需，目前这些资金已陆续安排到位。此外，在去冬今春将启动建设55个重大项目，总投资接近1400亿元，将对今年全省经济包括工业经济发展产生有力的拉动作用。四是高度重视中小企业发展问题。针对中小企业受金融危机冲击最重的情况，省政府于去年12月初专门召开了中小企业座谈会，并出台了《关于支持中小企业加快发展的若干意见》，省财政新增2亿元专项资金，加大对中小企业的扶持。五是实行阶段性特殊电价扶持并建立了重要商品储备制度。为降低生产成本，刺激用电需求，鼓励企业开业恢复生产，省政府从去年12月份起对铝、铜、锡、铅锌等10个行业给予了阶段性特殊电价扶持；针对有色金属和化肥企业生产下滑严重的局面，及时推出了有色金属及化肥储备制度，按照"政府调控、企业收储、银行贷款、财政补助、市场运作"的原则，支持生产或流通企业分期收储。六是争取烟草多作贡献。针对重工下滑严重的局面，提出了农业补一点、烟草补一点的工作思路，并对烟草产业发展作了专题调研和系统研究，及时进行了工作部署，提出了新的要求。烟草系统的同志们非常努力，全年卷烟增产了11.5万箱，烟草利税突破700亿元，工业增加值完成620亿元以上，增长8.7%，为全省经济发展尤其是工业发展作出了突出贡献。

通过全省工业系统和工业企业同志们的用心工作，勤奋努力，去年全省工业发展总体上保持了平稳较快发展的良好势头。1~11月全省规模以上工业增速居全国第22位，位次逐渐提升，特别是11月当月在非常困难的形势下工业增速达到10%以上，居全国第12位、西部第5位（全国11月平均增速为5.4%，其中17个省市区增速低于两位数，5个省市区负增长）。预计全年工业增加值可完成2100亿元，增长13%左右，工业在保持全省经济平稳发展中起到了关键性作用，这与工业战线尤其是各位企业家的努力是分不开的。

二、增强抓机遇促发展的意识，努力打造云南工业新优势

工业是国民经济的主体，一头连着投资和原材料、连着消费和就业，另一头连着城市和农村，连着国内和国际。要实现国民经济平较快发展，维护社会和谐稳定，关键在于确保工业平稳较快增长，尤其在当前形势下，保工业就是保发展、保就业、保稳定、保大局、保生产力。早在2003年，省委、省政府就在深刻把握省情的基础上得出了“云南经济发展快在工业，慢也在工业”的科学论断，作出了“实施工业强省战略，走新型工业化道路”的重大战略决策。在全球金融危机影响不断加深的严峻形势下，我们更要充分认识保持工业平稳较快发展对全省工作大局的极端重要性，把稳工业放在突出位置来抓好。

新年伊始，国际金融危机的影响仍在快速扩散和蔓延。2009年将是金融危机对世界经济产生重大影响的一年，也是中国经济进入新世纪以来面临最大挑战的一年，经济发展的整体宏观形势将更加严峻，云南省发展也将面临更加困难的局面。在这种情况下，工业经济、工业企业怎么办？我认为，最重要的是三点：

（一）充分估计困难，积极做好应对准备

今年有三个方面的因素，加剧了我们保持工业平稳发展的难度。①工业发展的外部环境日益严峻。目前这场全球性金融危机对实体经济的影响会到何种程度尚不清楚，可以预见的是，今年世界经济已进入下行期，而且在较短时期内不可能发生根本性逆转。专家预计，美国、欧盟、日本的经济今年都可能是负增长，出现自上世纪30年代以来最严重的经济衰退。从国内看，自去年下半年以来，全国规模以上工业增加值增速逐月回落，11月仅增长5.4%，而且，增长减速、效益下滑、亏损增加的状况正在从沿海向内地、从出口行业向其他行业、从中小企业向大企业蔓延。在这样的形势下，经济发展的国际环境更加复杂，形势更加难以预料，云南省工业经济平稳运行的压力将进一步增大。②云南省工业本身存在的深层次问题还比较突出。产业结构单一，企业自主创新能力较弱，产业集中度低，企业管理方式粗放，节能减排压力大等矛盾和问题，都是云南省工业经济发展的“软肋”，现在形势发生变化，问题就更加充分地暴露了出来，必须采取切实有效的措施加以解决。③工业经济运行中的一些困难在增加。主要的表现：一是以钢铁、有色、化工、煤炭为主的重工业增速继续回落。去年11月云南省重工业增加值增速同比下降8.2%，10种有色金属产品、钢铁、煤炭和化工产品的产量也严重下滑。二是企业效益大幅下滑，停产和限产企业增多。1~11月，全省规模以上工业企业实现利税仅增长了0.4%，利润下降达20%以上，省政府考核的14户重点工业企业的利润指标也将很难完成。据不完全统计，截至10月底，全省规模以上工业停产企业达300多户，占全省规模以上工业企业的10%以上；减产和限产企业350户左右，占全省规模以上工业企业的12%。三是运输和用电需求明显下降。1~11月，昆明铁路局完成货物发送量同比下降了5.1%；全省火电发电量增幅下降7.1%。虽然12月在各项政策推动下，用电和运输需求有所回升，但总体形势仍然不容乐观。四是主要金属产品价格大幅回落。以去年10月为例，铜价同比下降了48.8%，铝价下降了43.6%，锌价下降了68.1%，铅价下降了40%，锡、钢材、螺纹钢、水泥等产品的价格降幅也在30%左右。而且，目前价格下降的趋势还在延续。对工业经济运行中存在的这些困难和问题，云南省各相关部门和企业必须要有充分的估计，提前采取应对措施，尽量把准备工作做得扎实一些，争取工作主动权。

（二）增强发展信心，抢抓发展机遇

虽然当前面临的形势十分严峻，但在挑战中也有机遇。面对困难，信心是关键，机遇是考验，实力是硬道理。我们切不可一味放大困难而错失了发展的机遇，要采取更加积极的措施，努力抓住机遇，努力化解危机。这里，我举一个例子：上世纪70年代初期，随着中东战争爆发，日益加重的石油危机触发了严重的全球金融危机，这场危机对发达国家经济造成了巨大冲击，美国的工业生产因此下降了14%，GDP下降了4.7%；日本的工业生产因此下降了20%，GDP下降了7%。但是，正是这场危机所蕴藏的机遇推动了美国电子信息产业和日本汽车业快速而迅猛的发展。美国抓住危机推动电子产业与信息技术产业融合，大力发展电子信息技术产业，给处于危机中的经济注入了一针强心剂，并助推了美国经济的持续繁荣，直到20世纪90年代中后期，平均以12.5%的速度递增的电子信息技术产业仍然是美国经济增长的强劲动力。日本则利用危机中能源紧缺的“机会”，着力研发小排量节能型汽车，迅速占领欧美等海外市场，到这场危机即将结束的1976年，日本汽车出口达到250万辆之多，首次超过国内销量，日本汽车业也因此形成了强大的竞争力和在全球的优势地位。

可见，危机是现实存在的，而如何看待危机并在破解危机的过程中抓机遇求发展，就体现了一种能力和水平，对于一个国家如此，对于一个产业、一个企业也是如此。为此，省委八届六次全会提出明年工作中要主动适应发展要求，按照“抢机遇、增投资、强产业、扩消费、重民生、添动力、抓生态、促和谐”的思路来开展工作，这对工业发展而言，显得更加重要而紧迫。当前至少有以下几个方面的机遇：第一，扩大生产的机遇。国家增加信贷规模、放宽融资条件，以及全面实施增值税转型改革，减轻企业负担等，为企业扩大生产创造了条件；增加投资、拉动内需的政策，也势必带动钢铁、有色金属、水泥等原材料需求的上升，对云南省以资源型、原材料型为主的工业带来了较大的市场空间，前些年形成的产能可以逐步恢复释放，许多企业将从中受益。云南省也将把抓产业放在经济工作的重中之重，从政策、投入等方面加大对产业发展的扶持。第二，调整结构的机遇。目前的形势迫使企业要进一步重视产业链短、产品结构不合理、附加值低等长期困扰发展的问题，积极采取措施，改变相对初级的产品结构，增加产品附加值。同时，要加大力度，继续加快淘汰落后产能。目前经历的“严冬”，也使一批“两高一资”“五小”企业难以支撑和维系，最终退出市场，客观上为优势企业腾出了更大的发展空间和领域。第三，开放合作的机遇。目前国内外资产价格大幅下降，为一些有实力的企业提供了很好的并购和发展机遇；国务院扩大出口退税产品范围、提高退税率，并把云南确定为与东盟国家货物贸易进行人民币结算的试点等，也为云南省简化手续、节约成本，加强与周边国家和地区的贸易合作提供了新的机遇。第四，吸纳人才的机遇。就业压力下人们的就业观念开始转变，使企业引进人才的机会增多，成本也相对较低；而且，严峻的就业形势也使一些原本在国外和东部地区的人才转而投身于中西部地区，为云南省企业、特别是中小企业吸纳和储备更多优秀人才提供了难得机遇。云南省企业要充分利用好这些机遇，顺势而谋，在危机中突破制约，打牢基础，加快发展。

（三）突出产业特色，打造发展新优势

打造工业经济新优势既是云南省化解当前危机的“应急”措施，更是提升产业竞争力、增强发展后劲，实现可持续发展的必由之路。最近，国务院正在研究制定钢铁、有色金属、石化、装备制造、汽车、船舶、轻工、纺织、电子信息九大产业的三年振兴规划，随着这些规划的出台实施，云南省相关产业的发展将会获得更大支持。云南省去年召开的新型工业化大会，也对今后五年工业经济发展的思路、政策和措施等做了研究部署，希望省经委会同有关部门在此基础上再作一些深入研究，提出在当前形势下云南省振兴产业、打造工业经济新优势的工作重点，并争取今年有新的突破。总的来看，我认为过去云南工业发展除了烟草外，传统的竞争优势是资源优势和低成本优势，但新形势下的竞争仅仅依靠这些显然是不够的，必须要有新的突破。具体来说，就是要以增强创新力、提高竞争力为目标，依托现代技术改造传统产业、发展新兴产业，努力打造工业发展新优势。一是现有产业的巩固提高。烟草、有色金属、磷化工是云南省具有突出优势的产业，在全国乃至世界上都占有一席之地。如何利用当前机遇巩固已有的地位，并及时调整结构，提升产业层次，提高产品附加值，延长产业链，打造核心竞争力，是我们当前必须要全力抓好的重点。二是传统产业的改造提升。云南省冶金、化工、煤炭、建材、轻工等传统产业占了工业的很大比重，但目前还有大量落后生产能力，能耗高、污染重。因此，加快以信息技术、先进制造技术为代表的高新技术在传统产业中的广泛应用，推动传统产业高技术化，就显得十分紧迫。三是新兴产业的发展壮大。新兴产业就是下一步要给予重点关注和支持、有可、能发展成为新支柱的一些产业。当前，要重点突出石油炼化、光电子、新材料和生物产业等，通过建设产业基地、实施大项目、加大政策和资金扶持等措施，加快新兴产业的培育，形成云南工业经济新的增长点。四是整体竞争优势的形成。通过调整优化产业结构，加快构建具有云南特色、比较优势明显、产业附加值高、创新能力强、节能环保和可持续发展的现代产业体系，为云南工业长期快速发展奠定坚实的产业集群基础。

三、加大工作力度，确保今年工业经济实现平稳较快发展

在明年工作中，省委、省政府提出全省生产总值要实现增长9%的目标，在政府工作中力争达到10%以上。其中，工业要继续发挥带动和支撑作用，工业增长要保12%、争13%，总量达到2400亿元。为确保上述目标任务的实现，各相关方面尤其是各重点企业要突出抓好以下八个方面的工作：

（一）稳运行

对云南来讲，要保持工业经济平稳较快增长，运行协调工作至关重要。要继续加强煤电油运的调度保障，虽然目前这方面的问题得到暂时缓解，但对主要生产要素的保障工作仍然不可掉以轻心，尤其成品油的问题更要长抓不懈，这是由云南缺油的省情所决定的。在今年的工业运行中还要格外关注两个问题：一个是重要工业产品的价格问题。一方面，相关部门和企业要继续严密跟踪国内外市场主要工业品、原材料和能源价格走向，及时掌握重大市场变化情况，据此制订工作计划，尽量满负荷生产，提高产销衔接水平，实现工业生产和销售平稳运行，不出现大的波动。只有保持企业正常经营，保护好现有生产能力，才能保证企业渡过难关，也才能稳定职工。另一方面，要着力消化企业库存的高价原材料。据不完全统计，以现价计算，云南省企业去年在产品价格持续高涨过程中购进的铁矿石、铜精矿、氧化铝、硫黄4种高价原材料，就使企业增加成本近57亿元，成为企业发展的大包袱。如果不能很好地、尽快地消化这些高价原料，不仅企业的发展受到严重制约，而且全省工业增长也将受到很大影响。从目前情况看，靠产品价格上涨来消化高价原料的可能性不大，需要采取其他措施，比如：严格控制成本，按照产品市场价格倒推的办法来确定各个生产部门和环节的成本，坚决实行成本的精细化管理，尽可能降低损失；规模冲销，依靠稳定的生产规模来冲销和分摊高价原料成本；与云南省实行的有色金属收储制度相衔接，尽量减少市场价格波动对这些产品的冲击等。另一个是产能过剩和电力富余并存的问题。今年由于市场需求萎缩导致部分企业、尤其是重化工企业产能出现暂时过剩，加之小湾电站即将投产等因素，全省电力将可能次出现相对富余的情况。对此，我们必须要有预案，提前制定应对措施。一方面，要继续实行差别电价政策，分行业、分地区、分时段、分类型制定差别电价方案，鼓励企业和社会多用电、另一方面，要根据用电形势转变的新形势，着力研究高载能产业发展问题，争取云南省提了多年的推进矿电结合、发展高载能产业的工作迈出实质性步伐，为将来云南省更多电站竣工投产培育新的用电市场。这两项工作请段琪同志牵头，能源、经委、物价等部门参加，尽快制定相应的措施和办法。

（二）抓项目

工业发展，没有大项目、大投入就没有高产出。去年上半年云南省工业增长上不去，很大一个原因就是工业投资增长缓慢，重大项目开工不足，新增产能较少，导致缺乏推动增长的支撑力量。省委、省政府已经明确提出要把抓产业作为今后云南省经济工作的重中之重，并对扩大内需尤其是重大项目建设给予了重点支持。因此，企业要抓住当前的难得机遇，不失时机地推进项目建设，特别要围绕全省重点项目建设“双百工程”，抓紧新开工一批重大项目，推动工业投资较快增长，力争今年工业投资达到800亿元以上。同时，要狠抓重大项目的竣工投产，建成一个投产一个，努力形成新的生产能力，为全年工业增长多作贡献。今年还要特别重视抓好技术改造项目，这既是抓工业项目的重点，也是工业结构调整的重要着力点。企业抓技术改造具有投资省、工期短、见效快、效益好等特点，在经济形势好的时候，企业忙于生产，对技术改造可能顾及不多，现在，反而可以沉下心来搞技术改造。增值税转型改革、原材料和设备价格下跌等，也为企业提供了低成本进行技术改造的机会。因此，要在钢铁冶炼压延、有色金属矿采选及冶炼、磷化工、煤化工、新型干法水泥等重点行业筛选和组织实施100项产业结构优化升级项目，使这些项目既为形成投资、拉动当期工业增长作出贡献，也为提升企业发展水平、形成远期效益打好基础。

（三）调结构

着力点要放在加快应用高新技术和先进实用技术改造提升传统产业，加强企业技术创新能力建设；提高精深加工产业在产业结构中的比重，提高高附加值产品在产品结构中的比重。一是提高精深加工产业比重。云南省采掘业、原材料工业比重过高，工业发展过度依赖于生产要素的高投入和资源的高消耗，可持续发展能力较差，这个问题在当前这场金融危机中已经充分暴露了出来。中央已经决定，今年设立至少150亿元的工业技术改造资金，用贴息贷款的办法支持企业搞技术改造。从今年起，省财政也将通过整合科技、工业投入，筹集一笔资金支持企业技术改造和科技创新。希望各企业抓住机遇，在提升传统产业上加大力度，努力延长产业链，提高精深加工产业在工业结构中的比重。二是提高高附加值产品比重。近年来支撑云南省工业经济发展的主要工业产品如黄磷、磷肥、有色金属、钢铁、水泥等，大都属于消耗资源、耗费能源、占用运力、收益较低的初级产品。初级产品比重过高，不仅产业效益难以保证，而且还导致产业抗风险能力差，极易受市场价格波动的影响。因此，企业不仅要生产适销对路的产品，还要不断加大研发投入，推进产品深加工，大力提高产品的附加值，带动整个产品结构从资源开发型向加工增值型升级。

（四）扶中小

云南省已经出台了加快中小企业发展的14条扶持措施，帮助中小企业度过当前难关，有关部门要抓好落实，做好服务，确保政策发挥应有效应。同时，省财政今年还将继续安排2亿元中小企业扶持资金，并决定在适当时候召开全省加快中小企业、非公有制经济发展大会，进一步出台吸引民间投资、民营资本的专门性工作意见，采取更加有力的措施，促进中小企业和非公有制经济加快发展。希望广大中小企业坚定信心，在各级政府的支持下积极采取措施稳定生产、扩大销售，增强在逆境中求生存，在困难中加快发展的能力。

（五）促合作

加快战略合作和兼并重组是企业应对危机、加快发展的重要手段，也是全省深化改革、扩大融资的重要抓手。我们要抓住国家新一轮结构调整、整合重组的机遇，进一步做好相关工作。一是对国家倡导的企业兼并重组给予一定的政策或资金补助支持，争取已确定的重点合作和整合重组项目取得更大突破。当前，国家也在研究制定企业联合重组的具体政策措施，对妥善解决重组过程中富余人员的安置、企业资产划转、债务核定与处置、财税利益分配等问题将有更加明确的要求。二是要加强招商引资，根据工业园区发展规划，加快标准化厂房等基础设施建设，搭建工业招商引资平台，并积极倡导专业招商、主题招商，争取引资合作有更大成效。三是要加强滇沪、滇浙和“9+2”合作，贯彻落实扩大内需各项举措，积极组织各类会展和经贸合作，引进重大战略合作伙伴，积极促进招商引资项目落地，积极承接产业转移。四是利用周边国家资产价格走低、急需投入以支撑经济增长的时机，加大“走出去”工作力度，积极发展加工、矿业、技术和劳务输出，开展海外工程承包。采用跨国并购、股权置换、境外上市等形式开展跨国投资经营，建立境外生产基地和研发中心。

（六）降能耗

节能减排已经成为实践科学发展观、坚持走新型工业化道路的国家发展战略，我们任何时候都不能放松了要求，即使在当前扩大内需的总体要求下也是如此。要加快形成有利于节约能源、资源和保护生态环境的产业结构、增长方式和消费模式。今年省级继续安排1亿元资金用于节能减排，要抓紧制定全省年度节能目标，细化分解到各州（市）、行业和重点企业，确保今年实现单位GDP能耗下降4.3%以上、规模以上工业单位增加值能耗下降5.6%以上。当前，一是要抓好重点行业淘汰落后产能的工作，落实好2009年度关停淘汰落后产能的目标，接受社会监督。二是加快节能减排新技术的推广应用。三是依法加强重点用能单位管理，对年综合能耗5000吨标准煤以上的企业，全面开展能效对标管理和能源审计。四是强化政府监管职能，加大对环境违法事件的预防和查处。

（七）保就业

在当前严峻的经济形势下，保就业已经成为政府工作的头等大事。为确保就业稳定，省政府今年出台的1号文件就是《鼓励创业促进就业的若干意见》，提出了20条政策措施，从放宽市场准入限制、财政扶持、税收优惠、金融支持、培训和创业补贴、社会保障等6个方面加大力度，努力促进云南省创业和就业工作。希望全省企业尤其是大企业要把企业发展与社会的和谐进步综合起来考虑，切实担当起企业应该、也能够肩负的社会责任。在当前最困难的时期，尤其要保持职工队伍的相对稳定，尽力做到不裁员，并积极创造条件增加新的就业岗位，为稳定社会就业作出贡献。

（八）强管理

在经济形势较好时，企业经营管理水平的差距表现为赚钱的多和少，在经济形势不稳定时，经营管理水平的差距却足以导致企业的生和死。这次金融危机对企业管理来说是一次重大考验，同时也是企业审视并提高自身管理水平的契机。希望广大企业利用这个调整时期，抓好企业内部管理，使企业管理水平迈上一个新台阶。当前，企业管理的重点是成本管理和财务管理。要通过严格的成本核算，向管理要效益。财务管理要抓住现金流这个核心，现金流在任何时候都是企业的生命线，在宏观经济形势恶化状况下，现金流对企业的意义尤为重要。一要拓宽融资渠道，创新融资模式，进一步加强银企战略合作，努力争取长期稳定的信贷支持；充分利用企业债券、公司债券、短期融资券、银行票据等融资渠道，扩大直接融资比例，降低资金成本；积极探索融资租赁、售后回租、资产证券化、应收账款保理等新的融资模式，稳定企业资金来源。二要引入战略投资，充裕资本金，降低资产负债率。去年，我们引进中铝和武钢，使云铜的资产负债率由69%下降到61%，昆钢的资产负债率由76%下降到54%，大大增强了这两户企业抵御风险的能力。三要严格资金管理，强化财务预算，防范财务风险。四是在困难时期，企业管理人员也要以身作则，带头艰苦奋斗，努力节约各项开支，为职工和群众作出表率。

同志们，在2008这个极其不平凡的一年里，我们在复杂而严峻的经济形势中经受住了考验。在形势更为严峻的2009年里，怎么样开好头起好步，保持良好发展势头，需要我们大家共同努力，共同担当。“安危不贰其志，险易不革其心”，希望工业战线上的同志坚定信心、群策群力、化危为机、共克时艰，调动一切积极因素，把企业的生产经营组织好，为全省工业经济的平稳较快发展作出更大的贡献!

打造产业竞争优势 增强应对危机能力

——在“全国企业家活动日”上的发言

中共云南省委副书记、省长 秦光荣

（2009年5月17日）

尊敬的忠禹会长，各位企业家朋友，各位来宾，女士们、先生们：

初夏季节，云岭大地生机勃勃。全国知名企业家云集春城，隆重举行2009年“全国企业家活动日”，共商企业应对金融危机大计，共谋企业长远发展大局。在此，我代表云南省人民政府，向各位嘉宾的光临，表示诚挚的欢迎！

这次活动的目的是“增进了解、促进合作、共克时艰”。为增进大家对云南的了解，促进我们之间的合作，根据会议安排，我作个发言，与大家共同学习交流。

一、云南是祖国西南极富特色、极具潜力的边疆省份

云南的基本特点，可以用“四条线”来概括。

一是“贯穿全省的北回归线”。云南属低纬度内陆地区，北回归线横穿而过，全省近40万平方公里的土地上，山区、半山区面积占94%，特殊的地理环境使云南成为我国自然资源最为丰富的宝库。全省生态环境优良，生物种类多样，是世界上最独特和最有价值的生物基因库，素有“植物王国”、“动物王国”、“生物多样性王国”的美誉，仅在云南滇西北地区，就汇集了中国1/3以上的高等植物和动物种数，包含了大量具有重大经济价值的物种和种质资源，是国家战略资源的重要组成部分。全省资源总量居全国第6位，人均资源量是全国平均水平的2倍，是“矿产资源宝库”、“清洁能源基地”和“地质博物馆”。云南的锡、铜、铅锌、磷等矿产资源储量非常可观，已发现的142种矿产中，有54种储量居全国前10位，有25种储量居全国前3位。云南的水能资源也十分丰富，亚洲几条重要江河流经或发源于云南，水能理论蕴藏量超过1亿千瓦，是中国西电东送、云电外送的重要能源基地。云南地质历史沧桑变迁，地质地貌景观奇异，地质现象类型典型丰富，具有世界级、国家级价值的地质遗迹在云南均有分布。相对富足的资源成为云南宝贵的财富和发展的巨大潜力。

二是“祖国西南的边境线”。云南与缅甸、越南、老挝3国接壤，边境线总长4061公里，占中国陆上边界的五分之一，是我国毗邻周边国家最多、边境线最长的省份之一。经国家和省批准开放的口岸达到20个，另有90条边民互市通道。云南是一个多民族省份，有少数民族25种、1400多万人，占全省4500多万总人口的1/3，少数民族人口居全国第2位，其中15种少数民族为云南独有，大部分少数民族生活在边境地区，甚至跨境而居，各民族和谐共处，民风民俗民情多姿多彩、各具特色，文化云南具有十分丰富的内涵。

三是“面向东南亚南亚的交通线”。云南处于东亚、南亚和东南亚结合部，毗邻两个巨大的国际市场，一个是拥有10个国家、约5亿人口的东南亚市场，另一个是拥有7个国家、约13亿人口的南亚市场，具有面向东南亚、南亚国家开放的区位优势，是我国从陆上通往东南亚、南亚最便捷的通道。昆明与中南半岛5国首都的距离均在2000公里以内，从云南经缅甸到印度边境只有300多公里，到孟加拉500多公里。目前，我们正加速推进中国连接东南亚、南亚的国际大通道建设，昆明至曼谷的公路已经贯通，昆明至越南、昆明至缅甸以及昆明至南亚的3条干线公路国内段已基本实现高等级化；泛亚铁路东、中、西三条线及昆明通往南亚的铁路正在抓紧推进。云南的航空产业发展也较快，目前拥有12个民用机场，作为中国西部最大的门户枢纽机场昆明新机场已开工建设。下一步，国家还将推动印度洋通道和第三亚欧大陆桥建设，使中国在主要面向太平洋的东向贸易通道的基础上，打通一条面向印度洋、连接欧洲和非洲的西向贸易通道。

四是“全国有名的贫困线”。云南是西部欠发达省，特别是金沙江、澜沧江、怒江沿岸和边境沿线地区经济发展缓慢。全省129个县（市、区）有80个贫困县，其中有73个国家级贫困县；按照国家1196元的最新标准，还有550万贫困人口，城镇也有不少困难人群。发展不快、发展不足、发展不平衡、发展质量不高仍然是云南最大的省情。

二、振兴产业是云南应对危机的治本之策，也是保持经济增长的长远战略

产业是推动经济发展的主导力量、增加财政收入的主要来源、促进就业和帮助群众脱贫致富的主要渠道。在当前形势下，培育和发展产业不仅是化解危机的“应急”之策，更是提升经济综合竞争力的必由之路。近年来，我们坚持以科学发展观为指导，积极转变发展方式，加快推进新型工业化进程，采取六项主要措施推动产业发展：一是深化国有企业改革，推动重点工业行业的改革重组；二是大力推进资源整合，把优势资源向优势企业集中，提高资源集中度；三是实施工业企业（集团）销售收入倍增计划，全省规模以上工业企业销售收入从2003年的1537亿元增加到2008年的4961亿元，五年增长3倍多；四是实施大企业大集团战略，形成了红塔、红云红河、云铜、云冶、云锡、云天化等10户核心竞争力强、销售收入过百亿元的大型工业企业；五是加大工业投入，推进企业技术改造，从2002年开始工业投资年均增幅在20%以上，2008年工业投资超过12~30亿元；六是发挥科技引领作用，增强企业创新能力，启动实施了“创新型云南”行动计划，五年投入500亿元实施重点产业创新、重大技术改造、创新型企业培育等八大科技创新工程。通过努力，云南产业结构不断优化，2003年到2008年，三次产业结构由19：41：40调整到18：43：39；非烟工业快速发展，非烟工业增加值占全部工业增加值的比重由2003年的56%提高到2008年的68%。全省初步形成了特色鲜明、比较优势突出的产业体系，云南烟草、有色金属、磷化工、旅游、能源等产业在全国乃至世界上都占有一席之地。回顾云南产业发展历史，有四个方面的突出特点：

（一）优势产业综合实力不断增强

我们立足于自身优势资源的开发，培育和打造了烟草、电力、矿产、生物、旅游五大支柱产业。其中，云南烟草产业业绩辉煌，所创利税最高占到全国烟草利税的近一半，2008年烟草产业增加值660亿元，利税突破700亿元，云南已成为中国最大的烟叶生产和出口基地，卷烟产量居全国第一。以有色金属和磷化工为重点的矿产业成为支撑云南工业增长的重要力量，年实现增加值已突破700亿元，是我国重要的有色金属和磷化工基地，其中，十种有色金属产量达220万吨，居全国第二；主要化肥产量占全国总产量的28%，高浓度复合肥生产能力达到700万吨/年，基本实现国家高浓度磷复肥基地建设的目标。以生物制药、食品加工等为重点的生物产业发展迅速，增加值已超过1000亿元；特色农产品生产加工优势明显，鲜切花产销量连续14年保持全国第一，橡胶产量占全国近一半，蔗糖和茶叶产量居全国第二。云南能源产业实现了跨越式发展，电力装机已达2578万千瓦，在建2345万千瓦，电力产业增加值达200多亿元，年发电量已超过1000亿度，西电东送能力达400万千瓦，2008年外送电量之210亿度，是国家重要的电力能源基地。云南旅游产业得天独厚、发展迅速、特色鲜明，去年全省接待旅游者超1亿人次，其中入境旅游者510万人次，旅游业总收入663亿元。

（二）产业合作发展取得重要进展

我们把引进战略合作伙伴，推进资源整合和企业重组作为全省产业发展的重大举措，积极支持煤炭、化工、有色、旅游、物流等行业的重组和资源整合。昆钢引进武钢集团的战略重组、中铝公司与云铜集团的整体合作、法国拉法基集团参与云南水泥行业整合等。为企业发展注入了新的活力；通过战略合作、企业间相互参股等多种方式，云南机场集团、云铜集团、旅游产业集团、西交集团、工业投资集团等一批企业集团成功实现了集团层面的股份制改造和整合，实现了股权多元化；一批重大旅游合作项目也正在启动建设。

（三）在部分领域确立了竞争优势

云南部分产业发展历史悠久，曾建造了中国第一座水电站——石龙坝水电站，建成了中国第一个高原电器产品实验室；在国内最早生产出了电线和望远镜；1940年在昆明建成的中国最早的普通立窑，也是中国水泥生产技术发展的起点。悠久的产业开发历史。积累和奠定了云南在这些领域坚实的技术、人才和产业基础，并在烟草、有色、化工、医药、装备制造等领域拥有一批知名品牌。云南部分产业技术和装备领先，有色金属冶炼技术和装备水平居全国先进行列，云铜股份艾萨炉炼粗铜、云铝股份大型预焙槽电解铝、驰宏锌锗艾萨炉炼粗铅及大型沸炉炼锌项目等，已成为国内同行业的标志性工程；卷烟工业主要技术装备达到世界先进水平，形成了具备一定规模和较高水平的成品、辅品和原料自动化物流系统。

（四）产业发展环境有了明显改善

当前，扶持企业、发展产业已成为全省共识，我们在政策支持、平台打造、环境优化等方面采取了许多重大措施。特别是去年金融危机以来，云南在全国率先采取了鼓励支持企业收储重要工业产品的措施；对统调电网直供的符合国家产业政策的行业执行灵活电价扶持办法；实施“中小企业成长工程”，专门制定了14条扶持中小企业发展的政策措施，采取财政、税收、金融等多项政策帮助中小企业渡难关、谋发展；今年省政府又制定专门的办法，帮助企业开展主要工业产品的促销。随着各项政策的落实，全省产业发展环境和投资环境明显改善，对企业的服务效率、服务水平明显提高。

我们也看到，尽管近年来云南产业发展很快，企业实力不断增强，但发展的差距还不小。去年以来，云南冶金、化工等产业遭受金融危机重大冲击，进一步暴露了全省长期存在的产业结构单一，资源型粗加工产业比重大，企业创新能力不足、抵御市场风险能力弱等问题。为解决这些问题，我们研究提出了稳运行、抓项目、调结构、扶中小、促合作、降能耗、保就业、强管理八项工作重点，帮助企业渡过难关，推动云南产业加快发展。特别是制定了重点工业项目五年行动计划，将加强与各有关方面的合作，在生物加工、装备制造、延产业链、发展精深加工、高技术产业等方面组织实施200项重点工业建设项目，总投资4300亿元；同时，在钢铁冶炼压延、有色金属矿采选及冶炼、磷化工、煤化工、新型干法水泥等重点行业，筛选和组织实施100项产业结构优化升级项目。这些项目的实施，为国内外企业参与云南产业发展创造了新的契机，可以说，未来几年将是云南产业谋整合、调结构、上水平的新阶段。

三、努力打造云南产业发展新优势，不断增强云南经济发展新动力

这次金融危机给企业带来了严重冲击，但经济增长放缓也为产业结构调整提供了有利时机。我们将抓住机遇，化“危”为“机”，坚定不移地走新型工业化道路，加快产业结构调整步伐，巩固和改造提高传统产业，以延伸产业链、提高附加值为核心，巩固提高烟草、电力、冶金产业，改造提升化工、煤炭、建材等传统产业，加快推进石油炼化产业，不断提高精深加工产业在工业结构中的比重，提高高附加值产品在工业产品结构中的比重。同时，加快发展具有比较优势的新兴产业和高新技术产业，努力构建一个比较优势明显、附加值高、创新能力强、节能环保、可持续发展的现代产业体系，努力打造云南产业发展新的竞争优势。为此，我们对云南产业发展先后作出了一系列重大部署和安排。其中，在工业方面将推进实施“双万亿工程”，到2012年全省规模以上工业实现主营业务收入1万亿元，2015年前100户重点工业企业销售收入超过1万亿元，形成一批销售收入分别达到1000亿元、500亿元、100亿元、50亿元以上4个层次的大企业集群。

（一）努力壮大生物产业

云南生物禀赋的多样性和独特性，决定了生物产业将是云南最具潜力的新兴产业。目前，云南已形成了糖料种植460万亩、蔬菜900万亩、茶叶500万亩、薯类1000万亩、生物药200多万亩、花卉60万亩、木本油料3000万亩、橡胶600万亩、水果450万亩、油菜350万亩、蚕桑120万亩、咖啡40万亩、竹林500万亩的规模。我们将以生物医药、生物能源、生物农业和生物林业为重点，争取把云南建成全国重要的生物产业基地，到2012年生物产业销售收入力争超过2000亿元。其中，生物医药主要是将云南丰富的生物药资源与现代生物技术相结合，加快生物疫苗、白药、三七、天麻、灯盏花系列产品的深度开发及中药、民族药的产业化，着力培育具有较强创新能力和国际竞争力的龙头企业和名牌产品；生物能源主要是利用云南丰富的甘蔗、薯类、膏桐等非粮能源作物资源，努力突破规模化种植、生产加工和综合利用中的关键性技术难题，大力发展燃料乙醇和生物柴油产业；生物农业的重点是充分发挥云南动物、植物、微生物资源和生态环境优势，改造传统农业，加快优质产品开发，提升烟草、花卉、制糖、制茶、绿色食品加工等产业发展水平，大力开发具有保健功能的食品；生物林业重点是推进以核桃、油茶等为主的食用木本油料基地建设和食用植物油生产，积极发展以木、竹纤维原料制浆造纸为重点的林纸一体化产业及以生物技术为基础的其他林木加工产品。

（二）大力开发清洁新能源

加快开发云南优势水电资源，优化水火电结构，增强水火电匹配能力，争取到2020年全省电力装机达到8000万千瓦，水电所占比重达70%，把云南建成全国重要的绿色能源基地。同时，积极开发生物质能、太阳能、风能、地热能资源和垃圾发电，争取到2012年新能源装机占全省发电装机容量的1%左右，燃料乙醇、生物柴油等初步实现产业化发展，将云南打造成新能源产业示范基地。

（三）做强旅游文化产业

最近，国家已批准云南省旅游产业发展和改革规划纲要，并将云南确定为旅游产业发展综合改革试点。我们将以此为契机，努力推进旅游发展方式转变，创新体制机制，开放旅游市场，促进区域国际合作，构建旅游公共服务体系。突出抓好一批重大旅游项目、一批国家公园、一批特色旅游休闲度假酒店、一批旅游小镇、一批乡村旅游特色村的建设，推动云南旅游转型升级和提质增效。争取到2012年，旅游总收入突破1000亿元，旅游业增加值占全省GDP超过9%。同时，千方百计提高旅游的文化内涵，增加文化的经济效益，以云南民族文化为灵魂，以旅游产业为载体，促进文化产业与旅游产业的融合，形成独具云南特色的产业优势，推动云南旅游二次创业。

（四）振兴装备制造业

重点发展大型数控机床、汽车及新型内燃机、大型铁路养护装备、电力装备、自动化物流设备和生物资源加工装备、重型矿山冶金化工装备、铸造等产业，并以昆明国家光电子产业基地建设为契机，大力开发和发展红外探测及红外夜视成套设备、微光夜视成套设备、光伏电池、金融电子装备等光电子产品，争取尽快把云南装备制造业打造成一个销售收入达1000亿元的产业。

（五）加快发展生态环保产业

良好的生态环境是云南最突出的特色和优势。当前，云南正全力实施到2020年总投资近800亿元的滇池水污染防治规划，未来五年还将多方筹资200多亿元推进全省县级以上城镇污水和垃圾处理设施建设，筹资70多亿元推进滇西北生物多样性保护工程，每年投入70多亿元推进重化工企业的节能减排。因此，环保产业在云南大有可为，我们将把发展环保产业放在更加重要的位置，结合全省重大生态环境保护工程建设，大力推进与循环经济、节能减排、污染控制、生态恢复等相配套的设备、材料、产品的生产，以及相关技术研发和技术服务，力争把云南建设成为全国生态文明建设的排头兵。

（六）积极发展新材料产业

重点发展新型金属材料，促进有色金属产业向精深加工方向发展，争取到2012年有色金属深加工率达到30%以上，大力发展锡化工材料、铝合金板带、铜基合金材料等。同时，发挥云南稀贵金属原料优势，加快推进硅、锗、铟等电子信息材料产业发展，积极研发生产高纯硅、高纯锗、半导体材料、石英晶体材料、电子浆料、电子级和太阳能级多晶硅、单晶硅、非晶硅材料产品。

此外，轻工业发展不足，特别是日用轻纺工业和家电产品开发不够，是云南产业结构不合理的一个重要表现。轻工产品与广大群众的生活息息相关，而且有而对东南亚、南亚的广阔市场。下一步，我们也将把发展与最终消费市场相对接的轻工业。作为云南产业发展的一个重要方向，竭诚欢迎国内外的企业家到云南投资办厂。

各位来宾，各位朋友：

美丽的云南风光宜人，开放的云南商机无限，合作的云南前景广阔。“全国企业家活动日”在云南举行，为云南省企业家与全国的同行加强交流提供了难得的机遇，也为全国各地的企业家亲身体验云南、考察云南创造了条件。我们愿意与国内外的企业家们携起手来。在云南特色产业发展的各个领域、各个方面加强合作，共同打造云南产业发展的新优势，实现云南经济的大发展。我们真诚地欢迎大家在云南多走一走，多看一看，真诚地邀请各位企业家朋友们积极参与云南产业重组和发展，共同谱写互利共赢、携手合作的新篇章。

最后祝各位领导、各位嘉宾、各位企业家朋友身体健康，事业兴旺!

谢谢大家。

强化措施 优化环境
推动非公有制经济发展再上新台阶

中共云南省委副书记、省长 秦光荣

（2009年6月3日）

今天我们召开全省加快非公有制经济发展大会，这是在全省积极应对世界金融危机，千方百计促进经济平稳较快发展的关键时期召开的一次重要的会议，既是加快经济发展的重大举措，也是应对金融危机的重大举措。非公经济在云南有巨大的潜力，云南经济要加快发展，必须大力发展非公经济。会议的主要任务是回顾总结近年来我省非公有制经济发展取得的成效，分析当前非公有制经济发展面临的形势，理清思路，明确目标，提振信心，切实采取措施加快我省非公有制经济发展。会议对近年来促进我省非公有制经济发展的先进单位和个人进行了表彰。刚才，恩培书记作了重要讲话，从加快我省非公有制经济发展的重要意义，当前我省非公有制经济发展面临的机遇、发展方向、工作任务和重点等方面作了重要指示，各级各部门务必要吃透讲话精神，抓好贯彻落实。下面，根据会议安排，我讲四个方面的意见。

一、非公有制经济的快速发展，为我省国民经济又好又快发展作出了重要贡献

省委、省政府历来高度重视非公有制经济发展，早在2003年就出台《关于加快非公有制经济发展的若干意见》，近年来又从放宽市场准入、鼓励自主创新、加大扶持力度、提升发展水平、强化服务指导等方面出台了一系列有利于非公有制经济发展的政策措施，全省上下逐步形成了大力培育和扶持非公有制经济发展的良好氛围。

一是非公有制经济已成为全省国民经济发展的重要组成部分。近年来，我省非公有制经济持续较快发展，对全省经济发展的贡献不断提高，并成为财政平稳增长的重要支撑，突破了非公有制经济“三分天下有其一”的格局。非公有制经济占全省生产总值比重由2005年的35%提高到2008年的38.5%。2008年，非公有制经济完成工业增加值806亿元，占全省工业增加值比重达38.2%；上缴税金247.8亿元，占全省地方财政一般预算收入的40%。

二是非公有制经济成为缓解就业压力、改善就业结构的重要渠道。随着非公有制经济快速发展，吸纳社会就业的能力不断增强，为我省下岗分流就业人员和城乡劳动力提供了大量的劳动就业机会，吸纳了大量的劳动力，拓宽了就业渠道。2008年，全省非公有制经济企业有97.6万户，其中私营企业达116万户，分别比2005年增加17．9万户和5万户。非公有制经济为全省356.5万人提供了就业岗位，比2005年净增193.1万人，其中累计吸纳下岗职工12万人。

三是非公有制经济在繁荣市场、满足人民生活需求方面发挥了不可替代的作用。非公有制经济提供了全省城镇80%以上蔬菜、肉类、水产品、禽蛋、水果等生活必需品，在服务、商业零售、交通运输、餐饮、旅游等行业中显示出明显优势。2008年，全省第三产业中非公有制经济实现社会消费品零售额1175.6亿元，为2005年的1.8倍，占全省社会消费品零售总额的68.4%。

四是非公有制经济成为我省实施“走出去”战略和扩大对外开放的生力军。2005年以来，我省非公有制经济的进出口贸易额逐年增长，全省一批有实力的非公有制企业走出国门，到境外投资兴业，成为全省实施“走出去”战略的新生力量。2008年，全省外贸进出口总额受金融危机影响增速回落，但非公有制经济实现外贸进出口额仍然保持较高增速，完成37.4亿美元，占全省进出口总额的39%，同比增长15.5%，比全省平均增速高6.2个百分点。

纵向看，我省非公有制经济发展取得明显成效，已成为国民经济的重要组成部分。横向比，我省非公有制经济与全国仍有较大差距，发展仍然不足，发展仍然不快．发展还远远不够。主要表现在：一是总量较小。我省非公有制经济对国民经济的贡献率低，完成增加值占生产总值的比重低于全国平均水平，仅仅略高于西部平均水平。二是企业规模偏小。我省非公有制企业户均从业人员仅3.6人，销售收入1亿元以上非公企业不足700户，仅占全省非公企业的0.6%左右。三是创新能力较弱。我省科技型非公企业占全部非公企业的比重低，研发经费平均投入不到销售收入的1%。非公企业拥有省级以上企业技术中心户数远低于全国平均水平。我们要高度重视并着力解决好这些问题，采取更为有力的措施推动全省非公有制经济平稳较快发展。

二、正确把握经济发展形势，抢抓非公有制经济加快发展的重大机遇

今年是云南经济发展最为困难的一年。从当前的发展形势来看，世界金融危机尚未见底，对实体经济的影响还在加深，我省非公有制经济将面临更加严峻的挑战。

一是生产经营困难增加。国际金融危机爆发以来，国内外市场需求减弱、原材料产品价格大幅波动，经济增长乏力，非公有制经济发展的内外经济环境不客乐观。截至今年一季度，全省非公有制经济上缴税金65.7亿元．增幅同比下降54.7%；民间投资完成148.8亿元，增幅同比下降54.7%；1~4月份，全省规模以上工业中，股份制企业完成工业增加值308.94亿元，占全省规模以上工业的55%，增速同比下降2.2%；民营企业完成外贸进出口额下降16.4%。二是企业融资难。今年一季度，全省中小企业贷款增长势头较好，比年初增加304.55亿元，占一季度全省新增贷款803.35亿元的37. 9%，已完成全年中小企业贷款计划目标500亿元的60.9%。但资金仍不能满足非公有制企业的发展需求，同时由于受金融体制机制、信用等级、担保条件等多方面因素的影响，非公有制企业融资困难仍然较为突出。很多非公有制中小企业购买原材料只能现金交易，不能延期承兑，企业生产经营成本提高，应收账款增多，流动资金周转困难，部分企业资金链断裂。三是转型升级的压力加大。国家在产业准入、要素配置、土地集约、节能环保等方面实施更加规范、更加严格的政策，对非公有制企业提高产品质量、重视资源能源的节约利用、重视环境保护以及保障就业者合法权益等方面提出了新的更高要求；同时，我省将加大淘汰落后产能的力度，计划今明两年淘汰炼铁产能535. 38万吨，炼钢15万吨，焦炭234.76万吨，铁合金17.9万吨，电石1万吨，水泥1262万吨，造纸1.95万吨。涉及很多非公有制企业。非公有制企业特别是中小型企业的转型升级压力较大，任务繁重而紧迫。四是我省非公有制经济发展的环境还有待进一步改善。一些促进非公有制经济发展的政策落实不到位，市场准入壁垒依然存在，社会化服务体系不健全、建设相对滞后等问题有待解决。

加快我省非公有制经济发展，我们面临的困难、需要解决的问题还比较多，但也要看到发展的机遇和有利条件。一是国家积极的财政政策和适度宽松的货币政策为加快发展非公有制经济创造了条件。国家采取了保增长、扩内需、调结构的一系列保持经济平稳较快增长的措施，特别是加大了对“三农”、就业、社会保障、教育、医疗、节能减排、自主创新、服务业、中小企业等方面的支持力度。为非公有制经济加速发展提供了机遇。二是中央和省继续加大扶持力度为非公有制经济发展注入了强大的动力。近年来，中央和省出台一系列政策措施，扶持非公有制经济加快发展，营造了更为宽松的体制环境、政策环境。2006年，国务院出台《关于鼓励支持和引导个体私营等非公有制经济发展的若干意见》；2005年，省委、省政府出台《关于贯彻<国务院关于鼓励支持和引导个体私营等非公有制经济发展的若干意见>的实施意见》，制定了《云南省中小企业和非公有制经济“十一五”发展规划纲要》；2008年，省人大颁布施行《云南省中小企业促进条例》。今年，我省将实施“中小企业成长工程”，专门制定了14条扶持中小企业发展的政策措施，其中省财政每年安排2亿元专项资金扶持中小企业。三是省委、省政府把加快非公有制经济发展作为应对危机的一项重大举措。为积极应对世界金融危机给我省带来的影响，保持全省经济平稳较快发展，省委、省政府制定7项具体可行的政策措施，从财税、金融、贸易、产业、收费等方面，加大对非公有制经济和中小企业发展的支持力度，最近又出台了《关于加快非公有制经济发展的决定》，省财政继续设立非公有制经济和中小企业发展专项资金。四是宏观经济出现回暖迹象为非公有制经济发展创造了有利条件。今年一季度，全省完成生产总值1219.44亿元，同比增长7.3%。比全国平均水平高1.2个百分点。3月份，规模以上工业增加值同比增长14.7%，1~4月累计增长1.2%，走出了2月份负增长的困境，工业增长逐步回升。1~4月，全省城镇固定资产投资同比增长58.1%，社会消费品零售总额增长18.7%，分别比全国平均水平高27.6个、3.7个百分点。烟草、医药、建材等行业保持较快增长，旅游业总收入增长16.3%。在相关行业恢复性增长的拉动下，全社会用电量和铁路运输需求量逐月上升，全省发电量同比增长20.4%，电力工业增加值增长22.7%。与此同时，非公有制经济实现零售额473.68亿元。增长19.5%，完成城镇固定资产投资保持高速增长态势。

三、明确任务和目标，推动非公有制经济发展再上新台阶

非公有制经济是推动我省经济发展的重要力量、增加财政收入的重要来源、促进就业的重要渠道和维护社会稳定的重要领域。应对当前金融危机，全省上下要进一步坚定发展非公有制经济的信心，把加快非公有制经济发展作为确保全省经济平稳较快增长的一项重大举措，不断强化发展意识，创新发展思路，落实发展措施，促进我省非公有制经济持续健康发展。

当前和今后一个时期，加快我省非公有制经济发展的总体思路是：坚持以科学发展观为指导，抓住我省工业化、城镇化进程加速的历史机遇，进一步改善非公有制经济发展环境，大胆探索适合云南区域特色和产业特点的非公有制经济发展模式，以现代农业、先进制造业和现代服务业为主要发展方向，着力推进“三创两到位”，即：服务创优、全民创业、企业创新和金融支持到位、政策落实到位，突出抓好“放开、引导、扶持、保护”四个环节，引导非公企业集群发展，培育县域特色产业，全面提升我省非公有制经济发展的速度、规模、质量和效益，为实现富民强省、全面建设小康社会目标奠定坚实基础。

按照上述总体思路，我们要努力在以下四个方面取得新的突破：

（一）增总量。确保我省非公有制经济总量不断增长，不仅是非公有制经济自身发展需要，更是实现我省经济社会又好又快发展的迫切需求。要努力使非公有制经济在扩大规模、开拓市场、做大总量、提高效益上取得新的突破。2009年至2012年，争取全省非公有制经济实现增加值年均增长达到20%以上，由2008年的2100亿元增加到2012年的5000亿元以上，占全省GDP的比重由38.5%提高到50%以上；从业人员年均增长10%以上，由365.5万人增加到500万人以上；上缴税金年均增长20%以上，由247.8亿元提高到500亿元以上。

（二）调结构。产业结构不合理，发展方式粗放严重制约了我省非公有制经济健康发展。必须把优化产业结构、转变发展方式放到突出位置来抓，紧紧围绕全省支柱产业建设，不断拓展我省非公有制经济发展的空间，推进我省非公有制经济结构优化迈上新的台阶。一是加快发展特色产业。要着眼我省独特的比较优势，大力发展壮大特色优势产业。要大力推动农业和生物资源开发产业，加快发展物流、商贸、金融等现代服务业。在巩固提高传统产业的基础上，大力发展科技型和成长型中小企业，加快构建具有云南特色、比较优势明显、产业附加值高、创新能力强、节能环保、可持续发展的现代产业体系。二是大力发展产业集群。发挥非公有制企业适应市场需求灵活快速的特点．引导非公有制企业围绕全省五大支柱及特色优势产业。搞好企业间的分工协作，提高产业的配套服务能力，延伸产业链，形成各具特色的产业集群。三是积极淘汰落后产能。加快淘汰高耗能和高污染行业落后生产能力的步伐，为产业结构调整升级腾出发展空间。四是积极探索建立资源开发补偿机制及衰退产业退出机制，促进地方资源型和中小型非公有制经济实现转型和可持续发展。

（三）提质量。要着力加快技术与管理创新、努力在提升非公有制经济质量和水平上取得新突破。省技术改造专项资金要对省级以上的非公企业技术中心建设及重点企业技术改造、新产品研发项目给予支持，对通过国家级认定的企业技术中心给予100万元至200万元的投资补助；对通过省级认定的企业技术中心，给予50万元至100万元投资补助。加快管理制度创新的步伐，积极引导非公企业探索先进的管理模式，加快非公企业现代企业制度建设，建立规范的个人独资企业、合伙企业和公司制企业，改进家族式管理，完善法人治理结构。鼓励非公有制企业实施品牌战略，着力打造知名品牌。从今年起，省政府每年安排一定的资金，对产品新获得中国名牌或全国驰名商标的非公有制企业，给予一次性奖励50万元；对新获得云南品牌或省著名商标的，给予一次性奖励20万元。

（四）重扶持。各级党委、政府及有关部门要切实抓好有关政策及中共云南省委、云南省人民政府《关于加快非公有制经济发展的决定》的落实，真正把思想统一到中央和省委、省政府的重大决策部署上来，与时俱进，顺势而谋，努力做好对非公有制经济的“支持、优惠、推进、倡导”四篇大文章。支持方面，就是要认真贯彻落实《云南省中小企业促进条例》，建立省、州（市）、县（市、区）三级非公有制经济和中小企业发展专项扶持资金，加强对非公有制企业在特殊时期的扶持；设立中小企业创业投资引导资金，加大金融机构对非公企业的金融支持力度，提高中小企业直接融资的比重。加大财政支持力度，省财政逐步增加并切实用好中小企业发展专项资金，有条件的州市也要根据当地实际，积极安排中小企业发展专项资金，重点支持培育科技型和成长型中小企业、小企业创业辅导、社会服务体系建设以及国家扶持项目的配套。进一步加快金融体制改革，建立适合和满足中小企业需要的信贷体系，积极探索民营企业联保、贷款保险、资产抵押和机构担保等多种贷款形式，争取在3～5年内建立覆盖全省的信用担保体系。驻滇各商业银行要把支持中小企业发展作为拓展金融业务的重要内容，积极调整信贷结构，加大信贷支持力度。优惠方面，就是要认真落实税收优惠政策，坚持放水养鱼，最大限度地还利于企。推进方面，就是要大力推进企业技术创新、体制机制创新、管理制度创新。加大非公（中小）企业与大企业配套发展的工作力度，努力提高企业开拓市场的能力。倡导方面，就是要倡导全民创业，用好省政府安排的1亿元创业资金，加大弘扬创业精神的宣传力度，努力在全省形成“百姓创家业、能人创企业、干部创事业”的全民创业氛围。

四、切实加强和改善服务，营造促进非公有翻经济发展的良好环境

各级政府和各有关部门要进一步强化责任，创新思路，转变作风，做到组织领导到位，政策措施到位，协调服务到位，不断提高办事效率和服务水平。当前，要着重抓好以下四个方面的工作：

（一）要进一步强化组织领导。全省各州（市）要切实把非公有制经济纳入国民经济和社会发展总体规划，纳入各项工作的业绩考核范围，与其他形态的经济发展一同谋划、一同研究，一同部署、一同落实。各有关部门要立足工作职能。围绕《中共云南省委、云南省人民政府关于加快非公有制经济发展的决定》的整体要求，进一步建立健全工作机制和制度，建立专门服务管理非公有制经济的组织机构．建立促进非公有制经济发展联席会议制度，帮助企业解决实际困难。

（二）要进一步加大宣传力度。要采取各种有效形式，广泛宣传非公有制经济的重要地位和突出作用。要关心、爱护、鼓励优秀民营企业及企业家，要营造谁创业谁光荣、谁发展谁光荣，尊重民营企业家就是尊重劳动、尊重人才、尊重创造的良好社会氛围，使全社会都关心支持非公有制经济的发展。

（三）要进一步加强监督检查。各级政府要规范政府行政行为，提高政府服务质量，增强政府行为的透明度，落实各项制度，确保已出台的各项政策真正落实到位。成立非公有制经济政策落实督导组，对各州市和相关部门进行政策落实情况督查。建立社会评议制，自今年起，每年由省政府组织并通过相关媒体对政府职能部门服务企业质量实行社会公开评议。对督查和社会评议结果优秀的省级部门和州市政府给予奖励，对不合格的实行行政问责。加强省、州（市）、县（市、区）非公企业投诉中心建设，开通投诉专线、信箱及网站。

（四）要进一步突出协调服务。要树立管理就是服务的思想，增强服务的主动性，在企业反映需要政府解决困难和问题时，需要政府给予支持和服务时，政府部门要及时研究提出切实可行的办法和措施，有效地为非公有制经济提供服务。要增强服务的规范性。在企业的生产经营过程中，政府部门要尊重企业的自主经营权。不干涉企业的日常活动，不随意组织开展检查评比活动，严格规范各种收费行为，严肃查处对民营企业的乱收费、乱摊派、乱罚款行为，保证企业在“自由、宽松、平等、安全”的环境中依法自主经营。要增强服务的针对性，切实做到寓监管于服务之中，在服务中实现监管。对民营企业，在加强安全生产、环境保护、劳资关系、社会保险等方面监察的同时，要扩大服务范围，提高服务水平，努力在创业培训、公共信息、市场开拓、技术创新、人才培育、管理咨询、会计审计等方面主动提供优质的服务。

非公有制经济是我省经济社会发展中不可分割的一部分，在全省经济社会发展中起着重要的作用。新形势下，我们对非公有制经济发展寄予厚望!对民营企业家寄予厚望！我们要共同关注、关心和支持推动非公有制经济更好更快发展，为全省经济保持平稳较快发展，加快富裕民主文明开放和谐云南建设作出更大的贡献！

在省政府第三十二次常务会议上的讲话

中共云南省委副书记、省长　秦光荣

（2009年10月28日）

一、关于前三季度的经济形势

今年我省遇到的困难前所未有，保增长不容易，保民生力度大，保稳定任务重。通过全省各级各部门的艰苦努力，今年1月～9月，全省经济增速强劲回升，惠民利民措施力度空前，边疆民族地区和谐稳定，不仅极大地增强了我们应对危机的信心，也为完成全年目标任务奠定了坚实基础。经济形势的好转，突出表现在六个方面。

一是保增长成效明显，全省经济出现强劲回升势头。在一系列扩内需政策措施的推动下，全省经济增长逐季加快，尤其是第三季度增速达到15.8%，大大好于预期。1月～9月，全省生产总值同比增长10.7%，增速比上半年高3个百分点。其中，第一产业发展平稳，支撑经济增长0.6个百分点，贡献达5.6%。第二产业在三季度回升很快，支撑经济增长4.1个百分点，贡献达38.3%；其中，工业对GDP的贡献率为23.1%，比上半年提高8.7个百分点。第三产业高速增长，成为今年最大的亮点，支撑经济增长6.0个百分点，贡献达56.1%。

二是抢机遇积极主动，投资成为拉动经济增长的关键力量。我们抓住中央实施积极财政政策的机遇，加大项目和资金争取力度，在前后四批扩大内需资金中共争取到156亿元，并争取财政部代发地方债资金84亿元，这是前所未有的。我们抓住实施适度宽松的货币政策，积极努力做工作，至9月底全省新增贷款已接近2000亿元大关，是去年同期增量的2.5倍，去年全年增量的1.8倍，金融成为推动我省经济增长不可替代的主要力量。我们优化财政支出结构，加强对关键环节、重点领域的支持，前三季度全省财政一般预算支出超过千亿元，全年可望达到1800亿元。我们集中力量推进重大项目的实施，实现了全省城镇固定资产投资高达37.2%的增速，尤其是第三产业投资增速达50%，不仅支撑了经济增长，而且对于改善产业结构也起到了非常重要的作用。在这些工作中，省发展改革委、财政厅、金融办和金融系统的同志们积极主动，做了大量工作，做出了重要贡献。

三是破难题应对有力，工业逐步走出增长乏力的困境。通过及时协调和果断采取电价优惠、重要商品收储、省产工业品促销、中小企业扶持等重大政策措施，解决了工业企业生产经营中遇到的突出问题，支撑了工业的恢复增长。1月～9月全省规模以上工业完成增加值同比增速较上半年、一季度分别提高3.7和4.7个百分点，尤其是9月份实现增加值同比增长23.7%，为近两年来增幅最高的月份，显现强劲反弹的势头。特别是全省重工业完成增加值同比增长1.3%，扭转了自金融危机以来一直处于负增长的局面；38个工业行业大类中，有22个行业增加值实现增长，行业回升面达57.9%，比上半年提高10.5个百分点；企业生产逐步恢复，绝大多数省属重点企业摆脱亏损，其中昆钢、云锡、云铜、金鼎锌业等实现盈利；规模以上工业用电量逐季增加，1月～9月用电量同比增长3.4%；工业企业消化高价位库存原材料在上半年基本结束，消化库存产品的工作基本结束，有色金属产品价格逐步回升，全省货物运输量也在逐步增加。这些积极变化，显示全省工业经济运行的状况正在往积极的方向转变。特别要指出的是，烟草制品业前三季度实现增加值526.2亿元，在工业经济运行中继续发挥了至关重要的作用，这与烟草系统同志们的积极争取和辛苦努力是分不开的。

四是增效益取得进展，全省整体经济运行的质量稳步提高。1月～9月全省地方财政一般预算收入完成494.25亿元，同比增长8.3%，增幅比一季度和上半年分别提高13.1和5.1个百分点，反映出全省经济运行的整体质量在好转，效益在提高。1～8月工业经济效益综合指数大幅提升，比1～5月高了13.1个百分点，微观经济主体的效益状况也在向好的方向发展。在各项增收措施的推动下，全省城镇居民人均可支配收入同比增长8.7%，农民人均现金收入实际增长8.3%，发展成果更好地惠及了各族群众。全省城乡消费持续旺盛，9月以前实现社会消费品零售总额累计增速都在18.7%以上，9月份增长了20.3%，达到今年以来的最高增幅，1～9月累计增幅19.2%，比全国高4.1个百分点，消费意愿的提高也显示出群众对未来发展的信心在增强。

五是保民生力度空前，实施了一大批惠民利民的措施。自去年四季度以来，省委、省政府采取了许多保民生的重大措施，保民生动作大、措施实、效果好。我们出台了促进就业的20条措施和“贷免扶补”政策，并由省财政筹资2亿元以上对困难企业给予岗位补贴；安排2亿元公益性岗位补贴，帮助3万名失业人员实现就业；安排1亿元专项资金，引导和鼓励个人自主创业，确保了就业形势的基本稳定。我们先后多次对加快城乡保障性住房建设问题进行研究部署，今年安排补助资金60亿元建设保障性住房50万套，2009年至2011年共将建设150万套。社会各方比较关注的中小学教师绩效工资改革也于9月份开始集中兑现，仅此一项兑现金额就达20亿元左右。在国家出台全部事业单位绩效工资政策之前，对我省义务教育学校和医疗卫生外的其他事业单位人员发放临时性补贴。启动实施新型农村社会养老保险试点工作。事关广大群众切身利益的医药卫生体制改革方案在今天常务会议研究之后，也即将启动实施。此外，财政对民生和社会事业的投入大幅增长，省级财政对社会保障和就业的支出增长37.3%，环境保护支出增长1倍，对社保基金的补助和农村居民最低生活保障的支出分别增长78.9%和40.9%，政府公共财政的特点日益显现。

六是保稳定成绩突出，为全省经济平稳较快发展营造了良好的环境。我们通过加强对藏区发展的扶持，全面实施新三年“兴边富民”工程，加大扶贫开发力度，帮扶莽人、克木人等特殊人群发展等措施，加快边疆民族地区发展，以发展的新成效促进社会和谐稳定。切实做好保障民生工作，通过抓好就业、保障性住房建设、抢险救灾和灾后恢复重建、加大对困难群体的救助等，夯实社会稳定基础。同时，提高做好信访工作的成效，努力化解基层矛盾纠纷。成功维护了今年国庆期间的社会和谐稳定，成功、顺利举办了第16届国际人类学、民族学大会。这些工作，在困难凸显的今年里，确保了全省社会和谐稳定、民族团结和睦。

总体上看，今年前三季度取得的成绩来之不易，这是省委、省政府周密安排部署的结果，也是全省上下齐心协力、合力攻坚的结果，尤其是在座的各位省政府领导同志和部门的负责同志倾注了大量心血，做了大量艰苦细致的工作。借此机会，我向大家表示衷心的感谢。

二、关于第四季度的工作

虽然我省前三季度保增长工作很有成效，但也要非常清醒地认识到，我们目前取得的成绩只是阶段性的成绩，实现的增长也只是恢复性的增长，全省调结构进展缓慢，创特色、上水平仍然任重道远。我们要咬定经济增长力争达到两位数这个目标，努力实现确保全年经济增长目标的实现，确保政策的连续性，确保抓工作的力度，确保工作措施落实到位等“四个确保”，进一步巩固当前来之不易的好势头，全面完成全年各项工作目标任务。这里，我重点强调六个方面的工作。

（一）毫不放松抓落实，确保全年目标任务的顺利完成。根据当前形势，我省今年完成保9%争10%的经济增长目标问题不大。我们要乘势而上，按照保10%争12%，来努力，争取GDP达到67%亿元，比上年新增1000亿元。其余各项经济社会发展宏观调控预期目标，也要按照年初省政府全会的部署，全力确保实现。其中，工业仍然要按照全会提出的增长13%的目标来努力；全社会固定资产投资要确保增长30%以上，比上年新增1000亿元，达到4500亿元；地方财政一般预算收入要努力争取增长10%，财政总收入要力争达到1500亿元，增加100亿以上，地方财政支出达到1800亿元，增加300亿元以上；城镇居民人均可支配收入和农民人均纯收入实际分别增长6%和7%，达到15000元和3500元；单位生产总值能耗争取下降4.5%，COD和S02排放量分别削减3.5%和3%。

（二）努力巩固工业企稳回升的好势头。由于我省工业经济受外需的影响比较大，目前仍然存在一些突出困难，如有色、黑色、化工等重点产业短期内大幅回升的可能性不大；国家加大力度限制钢铁、水泥、多晶硅等产能过剩行业发展；工业投资大项目拉动作用不强、贡献偏低等，对巩固工业持续回升势头产生不小压力。今年能否完成经济增长目标，很大程度上还是取决于工业的表现，我们要努力巩固三季度快速回升的势头，争取四季度工业增长再创新高。关于第四季度工业方面的重点工作，省工业和信息化委提出了九个方面的建议，我认为很好，抓住了我省当前工业经济运行中的关键环节，要逐一抓好落实。尤其是一些行之有效的政策措施，如促销、收储、电价优惠等，要根据当前发展变化的新形势，进一步完善政策，使之发挥更大作用。要始终立足于优化产业结构这个关键，加快组织实施好我省十大产业发展规划，争取在产业结构调整尤其是延伸上下游产业链上取得突破。要继续做好工作，争取卷烟生产指标，保持烟草对经济增长的支撑和贡献作用不减弱。同时，要突出抓好节能减排，继续加强节能指标统计、监测和考核，坚决遏制高耗能、高排放行业过快增长。要把火电厂脱硫设施的建设和运行作为减少S02排放的关键，把污水处理厂建设和运行作为减少COD排放的关键，严格目标责任考核和奖惩措施，确保今年和“十一五”节能减排目标的实现。

（三）全力保持固定资产投资的快速增长势头。今年投资高速增长在很大程度上是政策拉动的结果，随着政策效应减弱，金省投资增速的下行压力加大，今年第四季度和明年能否保持金省固定资产投资必要的增长，目前还不能确定。而保增长的形势不容我们在投资上有任何闪失。因此，我们对下一步可能影响投资增长的因素要有充分估计和预判，采取一些有针对性地措施，稳定投资形势。当前要重点抓好四个方面的工作：一是进一步抓好重点项目建设。特别要抓住冬春这一工程建设的黄金时期，认真组织实施好以中低产田改造为主要内容的农田水利基本建设和公路、铁路、航空等重大交通基础设施项目建设。二是着力解决好资金配套难题。特别是我省四批扩大内需中央投资项目需州市县配套的资金达55亿元，目前仍有缺口6.3亿元。各级政府一定要高度重视，全力以赴确保中央投资项目配套资金落实到位。三是加大项目前期工作力度。特别要在工作深度上做文章，不仅要做到“可行性”，还要做到“可批性”，保证我省投资工作有持续性的重大项目支撑。四是关注未来国家宏观调控政策的变化，做到未雨绸缪。随着整体经济形势的好转，国家进一步调整财政、货币政策的可能性在增加，新出台大规模刺激经济政策的可能性也不大。我们必须针对形势的变化，及时研究采取一些新的措施，保持投资和信贷规模的持续增长，不出现大的起伏。

（四）毫不放松抓好煤电油运的调节保障工作。从往年的工作经验看，我省抓煤电油运的工作始终不能松懈。虽然省工业和信息化委等部门预计第四季度我省煤电供应形势总体将较为宽松，但仍然存在一些不确定因素。在当前冬春季节即将来临的关键时期，我们要进一步体现抓早、抓好的思想，加强运行监测分析和预测，根据未来一段时期内煤电油运供需情况，分别制定应对预案，科学安排和组织煤电油运的调节保障工作，确保不因煤电油运问题而影响全省保增长大局和人民群众生产生活的需要。

（五）认真做好保障和改善民生的各项工作。要在落实好近年来出台的各项民生政策的基础上，高度重视和妥善安排好群众的生产生活。一方面，要继续落实好政策。在第四季度的工作中，教育、卫生、人事和社会保障、民政、财政等部门，要对近两年来中央和我省出台的各项民生保障政策的落实情况作一次梳理和专门的检查落实，确保政策落到实处。另一方面，要突出重点，抓好促进就业增长、中小学教师绩效工资改革、医药卫生体制改革、保障性住房建设、地震灾区恢复重建、甲型H1N1流感防控、安全生产、维护社会和谐稳定等方面的工作，把好事办好，造福各族群众。

（六）抓好总结收尾和谋划明年的工作。今年是我国、我省发展历史上极不平凡的一年，我们既遇到了许多困难和挑战，也创造了不少成功的经验，尤其在应对国际金融危机方面，各级、各部门都有许多值得深刻总结的经验和做法。明年是实施“十一五”规划的最后一年，做好明年的工作具有特别重要的意义。各级、各部门尤其是综合部门要在加大力度抓好今年收尾工作的基础上，认真总结形成一些有利于促进工作、推动发展的好经验。省政府各位领导同志也要结合各自分管工作，抓紧组织开展一次调查研究，总结今年取得的成绩和经验，分析存在的突出困难和深层次问题。提出解决的措施和办法，并对明年省政府的全盘工作进行提前思考、超前谋划，研究提出各口明年工作的总体思路、目标任务、工作重点和措施。在此基础上，对明年的各项工作，要坚持早部署、早安排，争取明年的开门红，为全年工作打下一个良好的基础，顺利完成“十一五”各项目标任务。

坚定信心　攻坚克难
全力保持全省工业经济平稳较快发展
——在全省工业和信息化工作会议上的讲话

云南省人民政府副省长　和段琪

（2009年1月15日）

根据省人民政府的决定，今天在这里召开全省工业和信息化工作会议。这次会议是云南省工业和信息化委员会成立后召开的第一次工作会议，对会议的召开及省工业和信息化委员会的成立，恩培书记、光荣省长都专门发来了贺信。在此，我代表省委、省政府，代表恩培书记、光荣省长，对省工业和信息化委员会的正式成立表示热烈的祝贺!并对及时开展工作表示衷心的感谢!恩培书记在省委八届六次全会上明确了2009年全省发展的总体思路和目标。光荣省长在重点工业企业新春座谈会上，提出了努力打造云南工业新优势的总体要求和主要任务。关于2009年工业和信息化工作，绍忠同志将作具体安排。现在，我着重就贯彻落实好省委、省政府的部署和要求，讲三点意见。

一、充分肯定2008年云南省工业经济工作取得的成绩

2008年，我国大事多、喜事多，同时也经受了特大自然灾害和国际经济形势急剧变化的严峻挑战。宏观调控从一、二季度的“双防”（防止通货膨胀和防止经济过热）到三季度的“一保一控”（保持增长和控制通货膨胀），再到四季度的“全保”（全力保经济增长），调整大，变动快。云南省的经济发展经历了难忘的岁月，值得认真总结。

（一）主动应对，迅速采取了一系列“保增长”的措施

面对急剧变化的国际国内经济形势，党中央、国务院和省委、省政府果断决策，及时推出一系列扩大内需、促进经济发展的政策措施。

一是加强对煤电油运等生产要素协调。云南经济持续多年都受到煤电油运等生产要素的制约，对经济平稳运行产生了严重影响。我们坚持早部署、早安排、早调控，在2007年11月就召开了煤电油运专题协调会，光荣省长亲自到会对2008年的保障供应问题提前作了部署；去年5月，光荣省长委托正富常务副省长召开会议，研究煤电油运等要素保障问题；每季度召开全省工业经济运行分析会议，对煤电油运保障问题作了适时安排，进一步强化相关措施。为了保障电煤供应，下达了10条指令性计划，从8月20日至11月底开展了电煤保障供应百日督查专项行动，确保汛期结束后各主力火电厂存煤达到连续正常运行3个月的用量。为了保障电力供给，对以礼河等重点水库提前关闸蓄水，统筹安排火电机组运行，加强电力需求侧管理，平衡重大耗能项目的投产与生产时限，灵活调度云电外送电量。为了缓解成品油供应紧张状况，加大了与两大石油公司协调和争取国家支持的工作力度，出台了《云南省石油供应中断应急预案》（云政办发〔2008〕73号）。为了组织好货物运输，2008年11月21日，在云南省的倡议下，滇、桂、黔、川、渝五省（市）和成都、南宁、昆明铁路局在昆明召开了应对危机专题联席会议，通过了加强合作、共度时艰的八条倡议。通过这些工作，全省上半年煤电油运紧张局面得到有效缓解，即使在雨雪冰冻灾害和地震、泥石流等自然灾害期间也保障了供应。进入四季度以后，经济形势发生了重大转变，云南省煤电油运供求关系也发生了逆转。按照省委、省政府的要求，及时转变工作思路，出手快、出拳重、求实效。

二是实施重要工业产品储备制度。针对有色金属和化肥市场急剧收缩、价格严重下滑的实际，云南省在全国率先建立有色金属及化肥商业和企业储备制度。按照“政府调控、企业收储、银行贷款、财政补助、市场运作”的原则，实施商业储备、企业储备，分期分批有选择地收储100万吨有色金属产品和50万吨化肥。

三是推出重点产业阶段性特殊电价扶持政策。省人民政府决定从2008年12月1日至2009年3月31日，对全省铝、铜、锡、铅锌、钢铁、铁合金、黄磷、电石、烧碱、水泥等10大重点行业的企业实行阶段性电价优惠。电价扶持政策的积极效果已经初步显现。

四是加大对中小企业的支持力度。省人民政府果断决策，出台了《云南省人民政府关于加快中小企业发展的若干意见》（云政发〔2008〕253号），从财政、税收、融资、就业等方面提出了14条措施，对中小企业加大支持力度。省财政追加预算安排2亿元资金，专项用于扶持中小企业发展，重点解决中小企业的融资担保、贷款贴息等问题，力争利用财政资金引导金融机构新增流动资金贷款，并帮助部分停产、减产企业恢复正常生产。

五是着力加大工业投入。根据国家扩大内需的政策，加快100项重大工业项目的组织实施。对投资5000万元以上的项目实行土地年度计划指标和环评重点保障，优先审批，并尽量简化相关手续。

六是强化重点行业和企业的生产组织。为稳住全省工业经济运行态势、确保完成年度发展目标，狠抓省重点考核的14户企业的生产经营，对产值超过1亿元的87户企业提出了全年主要发展指标；对停产和减产企业进行分析排队，逐一细化措施，一厂一策，一企多策，重点帮扶，促使其尽快恢复正常生产。

七是着力推进节能降耗工作。充分利用目前经济形势变化带来的产业调整空间，力争超额完成年度节能目标。经过努力，2008年前三季度，全省单位GDP能耗下降4.35%，超过4.2%的预期控制目标。2008年1—11月，规模以上工业能耗下降11%，是近年来的最好水平。

（二）把握大局，研究部署了今后一个时期的工业发展工作

一是明确了工业发展目标。省委、省政府召开了全省加快推进新型工业化大会，在《中共云南省委云南省人民政府关于进一步加快推进新型工业化的决定》（云发〔2008〕15号）中明确：到2012年，全省规模以上工业销售收入达到10000亿元，全部工业利税总额达到2000亿元，规模以上工业户数达到3000户，全部工业增加值达到4000亿元；到2015年，云南前100户重点工业企业销售收入超过10000亿元。

二是实施了建设创新型云南行动计划。在《中共云南省委云南省人民政府关于实施建设创新型云南行动计划的决定》（云发〔2008〕16号）中明确：要抓好重点产业创新工程、重点行业和企业重大技术改造工程、节能减排科技创新工程、创新型企业培育工程、高层次科技人才培引工程、农业科技创新工程、创新平台建设工程、公民科学素质提升工程等八大创新工程。

（三）实现目标，全省工业经济保持了平稳较快发展

一年来，省委、省政府出台了一系列政策措施，全省工业和信息化系统的广大干部职工深入学习实践科学发展观，坚决贯彻中央和省委、省政府的一系列重大决策部署，准确把握形势，积极应对挑战，坚韧不拔地勤奋工作，保证了全省工业经济平稳较快发展。

省十届人大一次会议明确了2008年全部工业增加值完成2000亿元的目标；省人民政府第一次全会明确了2008年全部工业增加值完成2050亿元的政府工作目标，其中：规模以上1800亿元，规模以下250亿元。初步预计，全年可完成全部工业增加值2100亿元，其中：规模以上1804亿元，规模以下297亿元左右，实现了省人民政府的工作目标。

省十届人大一次会议明确了2008年单位生产总值能耗下降4%以上的目标；省人民政府明确下降4.4%的政府工作目标。初步预计，全年单位生产总值能耗下降4.4%以上，实现了省政府的工作目标。

省人民政府明确了单位工业增加值能耗下降5.6%的政府工作目标。初步预计，全年单位工业增加值能耗下降5.6%以上，实现了政府工作目标。

省人民政府明确了2008年全省工业投资（不含电力）600亿元的政府工作目标。初步预计，全年可完成工业投资626.03亿元，实现了政府工作目标。

2008年，全省工业经济克服了前所未有的困难，取得了来之不易的成绩，为全省经济又好又快发展作出了重大贡献。工业在保持全省经济平稳发展中起到了关键性作用。全省工业和信息化系统的同志们是能够经受住考验、能够战胜各种艰难险阻的；是一支高素质、能战斗的队伍。省经济委员会、省信息产业办、省国防科工办、省煤炭工业局为全省的工业发展和信息化建设工作作出了突出贡献，特别是作为工业经济综合管理部门的省经济委员会，超前研究金融危机的发展过程、发展趋势及对云南省工业可能带来的影响，及时了解重点行业及骨干企业情况，积极提出切合实际的对策措施，为全省工业经济平稳较快发展作出了积极贡献。借此机会，我代表省委、省政府，代表恩培书记、光荣省长，向工业和信息化战线的同志们表示衷心的感谢和诚挚的敬意!

二、全面认识和把握我们面临的形势

在省委八届六次全会上，恩培书记指出："2009年是新世纪以来云南省经济发展最为困难的一年，又是面临重大发展机遇的一年，也是实现'十一五'规划目标任务的关键一年"。在重点工业企业新春座谈会上，光荣省长指出："2009年将是金融危机对世界经济产生重大影响的一年，也是中国经济进入新世纪以来面临最大挑战的一年；经济发展的整体宏观形势将更加严峻，云南省发展也将面临更加困难的局面"。云南省工业发展面临的形势，可以用三句话来概括：经济下行的压力还不见底；经济增长的前景还不确定；经济运行的要素还不稳定。

从国际情况看，世界经济将由此经历一个较长的低迷和调整期。根据国际货币基金组织的预测，2009年全球经济增长率将由2007年的5%下滑到2.2%，为2002年以来的最低增速；全球贸易增长率也将由2007年的7.2%下滑到2.1%。这对于进出口总额比重较高的中国是极为不利的。

从国内情况看，在国际经济动荡、外部发展环境趋紧的情况下，我国经济的下行风险逐步加大，增速减缓已经成

为2009年经济运行的主要矛盾。同时，随着国内外市场需求的急剧萎缩，多年来我国经济高速增长所积累的产能过剩等问题也会集中暴露出来，企业将面临成本上升和销售困难的双重挤压。

同时，我们也要看到有利因素。一是应对危机的物质基础雄厚。经过30年改革开放，我国综合国力大幅提升，GDP总量已经从1978年的3645亿元增长到2007年的24.9万亿元。并且，我国还拥有全球最大规模的外汇储备，这为应对危机奠定了坚实的物质基础。二是内需潜力巨大。随着工业化和城镇化进程的不断加快，居民消费结构的不断升级，我国扩大内需的空间非常广阔。三是比较优势明显。作为新兴经济大国，我国人力资源充裕，劳动力素质提高，技术进步加快，产业和产品竞争力不断增强，具有全方位、多层次、宽领域参与经济全球化的优势。四是工业大国地位已经形成。改革开放以来，我国工业规模迅速扩大，技术水平显著提升，工业发展水平实现历史性跨越，已经成为世界工业大国。目前工业增加值已经达到10万亿元，相当于1978年的24倍。五是国家宏观调控政策得力。在危机面前，党中央、国务院高瞻远瞩、胸怀全局、果断决策，作出了实行积极的财政政策和适度宽松的货币政策的战略决策，并且出台了一系列拉动内需、刺激消费、确保增长的政策措施。六是国际环境依然孕育着机遇。经济全球化和新技术革命的大趋势没有发生改变，未来的经济复苏、国际分工调整、国际金融体系改革等全球经济格局变动都对我们的发展有利，可以抓住时机，更好地充分利用两种资源、两个市场。

从省内情况看，有色、钢铁、电力、化工等资源型产业是长期拉动工业增长的主要力量，2009年这些行业市场形势仍然低迷；对经济增长贡献重大的烟草业不可能再有很大增量；光电子、石油炼化、燃料乙醇、生物医药、装备制造等新的增长点发展前景较好，但短期内难以形成规模。电力、运输相对过剩的局面仍将持续一个时间，但只要市场回暖，“瓶颈”制约的矛盾又会立刻显现，这对我们合理配置生产要素，组织经济运行带来了很大的困难。因此，2009年云南省工业增长的下行压力可能会进一步加大，特别是一季度和一月份，很可能出现明显低开局面。一定要早做谋划、早做安排，千方百计搞好指导服务，以应对更加困难的情况。2009年云南省工业经济运行固然面临十分严峻的形势，但我们决不能因此而悲观失望、无所作为。越是在困难的时候，越要看到有利因素和发展机遇，坚定必胜信心和决心。光荣省长指出：“在困难面前，信心是关键，机遇是考验，实力是硬道理”。我们也具备不少有利条件：一是中央扩大内需促发展的各项政策实施将进一步带动云南省投资保持快速增长，云南工业投入长期不足的“欠账”可以得到有效弥补。二是全国上下增加投资，将有效带动钢铁、有色金属、水泥等原材料产品需求的上升，这对云南省以资源型、原材料为主的工业带来了较大市场空间。三是能源“瓶颈”制约得到明显缓解。电煤供应压力减轻，电力建设项目陆续投运，可以保证云南省工业满负荷生产所需。四是云南省出台的一系列应对政策和措施将继续发挥作用，帮助一些重点行业和企业缓解下行压力。此外，光荣省长在重点工业企业新春座谈会上的讲话中也指出了云南省工业发展至少面临扩大生产、调整结构、开放合作、吸纳人才等四个方面的难得机遇。

信心比黄金和货币更为重要。无论措施千万条，办法千万个，最重要的基础是信心。有了信心，积极应对的措施，积极应对的办法，才能发挥有效的作用。我们要把思想认识统一到中央和省委、省政府的重大决策部署上来，全面落实各项政策措施。

三、努力实现2009年全省工业经济平稳较快发展

2009年的工业经济工作，恩培书记、光荣省长在省委八届六次全会上进行了部署。恩培书记在省委八届六次全会上的报告和光荣省长在重点工业企业新春座谈会上的讲话已作为会议的重要文件印发给大家，我们务必要认真学习，深刻领会，贯彻落实。

省委、省政府明确了2009年工业经济发展的目标：全省工业增加值完成2400亿元；单位生产总值能耗下降4.3%以上；单位工业增加值能耗下降5.6%以上；工业投资（不含电力）完成800亿元以上。为确保完成以上工作任务，规模以上要完成2050亿元，规模以下要完成350亿元；单位生产总值能耗要下降4.4%以上。

为贯彻落实好恩培书记在省委八届六次全会上的报告及光荣省长在重点工业企业新春座谈会上的讲话精神，坚定信心，抢抓机遇，攻坚克难，抓好今年全省工业和信息化工作，我再强调七点：

（一）充分认识“保工业就是保发展、就是保就业、就是保稳定、就是保大局、就是保生产力”的重要性，切实抓好工业工作

张德江副总理在全国工业和信息化工作会议上指出：“工业是国民经济的主体，既一头连着投资和原材料、连着消费和就业，又一头连着城市和农村，连着国内和国际。确保国民经济平稳较快发展，维护社会和谐稳定，关键在于确保工业平稳较快增长。”光荣省长在重点工业企业新春座谈会上指出“保工业就是保发展、就是保就业、就是保稳定、就是保大局、就是保生产力”。这既充分肯定了保持工业经济平稳较快增长的极端重要性，又对我们的工业和信息化工作提出了新的任务，寄予了殷切希望。

第一，保工业就是保发展。工业在国民经济中的地位举足轻重。早在2003年，省委、省政府在深刻把握省情的基础上就得出了“云南经济发展快在工业慢也在工业”的科学论断，作出了“实施工业强省战略，走新型工业化道路”的重大战略决策。云南走新型工业化

道路的五年多来，工业对全省经济增长的支撑带动不断加大，作用不断凸显。此次金融危机引发的实体经济危机，其实质就是工业危机、企业危机。因此，只要保住了工业，就保住了全省经济发展。从全省经济发展看，工业对经济发展的支撑作用十分明显。2007年，全省全部工业增加值170II 78亿元，对全省生产总值（GDP）的贡献率为40.96%，拉动经济增长5.9个百分点；预计2008年，全省全部工业增加值2100亿元，对全省生产总值（GDP）的贡献率为40.71%，拉动经济增长4.7个百分点。

第二，保工业就是保就业。就业乃民生之本，当前全国全省就业形势非常严峻。从全国看，一方面，自2008年10月以来，城镇新增就业人数增速下降，企业的用工需求连续下滑，7万多户中小企业关停，岗位流失严重，失业人员增加；另一方面，新增的待就业压力大，2009年仅高校毕业生就有610万人，而全年城镇能解决的就业人数大约是1000万人，占了60%以上，安置压力较大。从云南省看，2008年全省2000多家企业停产或半停产，辞退和待岗放假的职工约10万人，矿产资源型企业尤其严重；大批农民工提前返乡，人数超过50万人；2009年全省预计有待就业大中专毕业生24万人。三个数字相加，涉及80多万人，就业压力非常大。面对当前严峻的经济形势，如何促进就业成为2009年政府面临的民生问题的最大考验。要解决就业问题，要靠保持工业发展，支撑经济增长来稳定现有就业，努力扩大新增就业。衡量经济增长对就业拉动作用的一个重要指标是就业弹性系数，“十五”期间，全国平均就业弹性系数为0.11，也就是GDP每增长一个百分点带动的就业增加量是80万人。其中，第二产业的就业弹性系数为0.19，高于平均水平0.08个点，其拉动作用还是比较大的。就工业而言，2007年全省规模以上工业从业人数82万多人，占全省城镇单位就业人数296万多人的27.7%；比2006年增加10万人，占当年城镇新增就业37.1万人的27%。如果加上规模以下工业，这个数字还要更大。因此，工业发展对保全省就业的作用十分明显，只要保住了工业，就能为全省就业作出重要贡献。

第三，保工业就是保稳定。发展是硬道理，稳定是硬任务，没有稳定，什么事也办不成。当前，在危机冲击下，随着社会结构和利益关系的深刻调整，各类社会矛盾日益凸显。确保全省社会和谐稳定，关键在于确保工业平稳较快增长，要通过稳定和扩大就业，促进社会和谐。从2004~2008年这五年看，工业占国税总收入的比重一直在80%左右，占比非常大（2004年为82.79%、2005年为81.46%、2006年为79.99%、2007年为79.21%、2008年预计为79.97%）。因此，只有工业发展了，财政收入才能增加，才能保持稳定。

第四，保工业就是保大局。保持全省工业经济平稳较快发展，对云南这样一个边疆、民族、山区为一体的欠发达省份来说，意义十分重大。从当前和今后云南发展的实际看，只要保住了工业发展，就保住了全省来之不易的大好发展形势，就保住了全省改革发展稳定的大局，也就保住了全省经济平稳较快发展的大局。工业能否平稳较快发展，直接关系到我们全面建设小康社会的大局，直接关系到建设富裕民主文明开放和谐云南的大局。

第五，保工业就是保生产力。保工业是要按照科学发展观的要求，积极保护先进生产力，加快淘汰落后生产力，切实转变发展方式，实现又好又快发展。2009年，要抓好落后产能淘汰工作，特别是要加快推进钢铁、水泥、.黄磷等行业落后产能的淘汰进度，力争按进度完成淘汰任务，为先进生产力的发展腾出空间。

（二）切实贯彻落实“稳运行、抓项目、调结构、扶中小、促合作、降能耗、保就业、强管理”的工作思路，确保实现全年工业发展目标

光荣省长在重点工业企业新春座谈会上进一步强调，要突出抓好“稳运行、抓项目、调结构、扶中小、促合作、降能耗、就业、强管理”等八个方面的工作，以确保实现全年工业发展目标。全省工业和信息化系统的同志一定要充. 分认识保持工业经济平稳较快发展的极端重要性，突出做好以下工作：

第一，强化工业经济运行协调。一要千方百计保障正常生产经营。要为企业生产提供坚实的要素保障，继续优化煤、电、油、运配置，尤其不能因为今年电力、运力供应相对宽松，保障压力不大而有任何懈怠。二要按照光荣省长的要求，省工业和信息化委员会要会同有关部门研究主要工业产品的价格问题和矿电结合问题，及时提出具体的措施建议。三要强化销售。企业要下更大力气、采取各种措施，千方百计扩大销售，提高产销衔接率。有关部门也要研究提出一些帮助企业扩大销售的政策措施。四要加强监测分析。省工业和信息化委员会要加快建设工业信息网络系统，随时监控重大问题、突发问题，既为企业提供必要的信息和政策支撑，又为省人民政府提供决策依据；对重要商品产销、价格以及重要生产要素的配置等情况做到每旬一报，重大问题随时上报。

第二，加快工业项目建设。工业发展，没有大项目、大投入就没有高产出。要按照光荣省长的指示精神，紧紧抓住国家加大投入这一难得的历史性机遇，积极争取国家支持，充分发挥财政资金带动作用，牢牢把握好投资方向，加快建设一批大项目、好项目。一要抓好200项重点新开工项目的实施，积极争取国家贴息支持，迅速组织企业上报符合国家政策的重点项目。二要抓好100项在建项目的竣工投产，集中力量组织好项目建设收尾工作，使之早日投产见效。三要做好技改项目规划，建立完善重点项目库，加强项目管理，推行项目法人制、竣工验收制等制度。四要抓好100项重点技术改造项目。

第三，着力推进结构调整。2008年

6月11日，光荣省长在云南省企业家论坛上提出了“双加两提高”，即加快应用高新技术和先进适用技术改造提升传统产业，加强企业技术创新能力建设；提高精深加工产业在产业结构中的比重，提高高附加值产品在产品结构中的比重，这就是我们结构调整的着力点。一是提高高附加值产品比重。近年来支撑云南省工业经济发展的主要工业产品如黄磷、磷肥、有色金属、钢铁、水泥等，大都属于消耗资源、耗费能源、占用运力、收益较低的初级产品。初级产品比重过高，不仅产业效益难以保证，而且还导致产业抗风险能力差，极易受市场价格波动的影响。因此，不仅要生产适销对路的产品，还要不断加大研发投入，推进产品深加工，大力提高产品的附加值，带动整个产品结构从资源开发型向加工增值型升级。二是提高精深加工产业比重。云南省采掘业、原材料工业比重过高，工业发展过度依赖于生产要素的高投入和资源的高消耗，可持续发展能力较差，要在提升传统产业上加大力度，延长产业链，努力提高精深加工产业在工业结构中的比重。

第四，促进中小企业和非公有制经济发展。要坚决贯彻落实好《云南省人民政府关于加快中小企业发展的若干意见》（云政发〔2008〕253号），为中小企业发展创造良好的环境条件。要集中力量、精心筹备，开好省委、省政府已经确定的非公有制经济发展大会。要在原有准备的基础上，根据形势变化，修改完善相关政策和文件。特别是要按照中央扩内需、增投资的要求，研究提高中小企业和非公有制企业投资积极性、广泛吸收社会资金参与项目建设的政策措施，力争在土地、环保、税收、贷款贴息、参与领域等方面出台几条过硬的扶持政策。

第五，加快战略合作和兼并重组。一是进一步优化投资环境，继续做好招商引资工作，积极帮助企业解决生产经营中的困难，支持有条件的企业加快“走出去”的步伐，提高省外资源配置能力，提升资本运作水平，增强云南省工业竞争力。二是积极推进产业重组和企兼并重组。目前，国家正在制定相关政策，鼓励钢铁、汽车、有色金属、建材、造船、纺织等行业积极推进兼并重组。改变云南省产业集中度不高，企业散、小、弱的状况，客观上也需要经过一轮并购重组过程。

第六，坚定不移地抓好节能减排。一是坚决淘汰落后产能。加大工作力度，加快淘汰进程，在淘汰落后上取得实质性突破，力争提前完成淘汰落后的目标任务。二是大力发展循环经济。推动有色金属、化工等重点行业的循环经济改革，抓好大宗王业固体废弃物综合利用，突出抓好重点工业污染源治理。要推动钢铁、有色金属、建材、化工等重点行业开发应用新技术、新工艺、新装备，全面推行清洁生产。

第七，积极稳定社会就业。在当前严峻的经济形势下，保就业已经成为政府的重要工作。全省工业和信息化系统的企业一定要把企业发展与社会的和谐进步综合起来考虑，切实担当起社会责任，保持职工队伍的稳定，尽力做到不裁员、不下岗，并积极创造条件增加新的就业岗位，为稳定社会就业作出应有的贡献。

第八，大力推进管理创新。企业必须下大力气抓好内部管理、推进管理创新，向管理要生存、要效益、要发展。一要在决策、规划、组织、领导、控制、监督等方面建立科学、规范的管理制度，实现生产经营全过程的管理程序化。二要优化人才、技术、资金、物资、信息等资源的配置效率，形成科学的自我发展机制和约束机制。全面强化成本、资金、质量、安全、营销和生产现场等各项基础管理。突出战略管理、组织管理、投资管理和人本管理。

（三）充分挖掘和发挥优势，不断做大做强做优特色产业

白恩培书记在省委八届六次全会指出：“云南省产业结构不合理、高耗能产业比重大、产业链短、产业集群度不高等问题仍较突出，特色产业发展仍需加快优化升级步伐。必须坚持加快发展方式转变不动摇，立足实际，扬长避短，充分挖掘和发挥优势，不断做大做强做优特色产业。坚持做好走云南特色的新型工业化道路、建设创新型云南这篇大文章，加快建立以企业为主体的技术创新体系，充分发挥重点企业和工业园区的产业聚集和示范效应，不断提升特色产业的科技含量”。对如何实现强产业，恩培书记指出：“传统产业要上水平，进一步提升烟草、电力、矿业等传统主导产业，抓住有利时机深入推进矿电结合，延长产业链，增加附加值；生物产业要有突破性进展，更加注重科学合理开发利用资源，着力培育符合国家产业导向、有广阔市场前景、具有可持续发展优势的特色产业，加快培育壮大医药、木本油料等优势新兴产业。”对实现“强产业”的方式上，恩培书记指出，要“加大战略性整合重组力度，深入推进工业双万亿工程，培育一批市场竞争力强的大企业和企业集团”。光荣省长对“强产业”需要把握的重点作了部署，并指出：“强产业，就是要制定实施产业振兴计划，在推动工业集约化、规模化发展上见到成效，在推动农业产业化上实现重大突破，在提高服务业发展整体水平上有积极进展。”

我们一定要深刻领会恩培书记、光荣省长关于“强产业”的重要讲话精神，认真抓好贯彻落实，努力做好“强产业”这篇大文章。目前，工业和信息化部与国家发展改革委正在制定钢铁、汽车、造船、石化、轻工、纺织、有色金属、装备制造和电子信息等9个重点产业振兴的政策措施，力争短时间内有所突破，形成新的增长点，带动行业发展。省工业和信息化委员会要根据光荣省长在重点工业企业新春座谈会上提出的要求，按照《中共云南省委云南省人民政府关于进一步加快推进新型工业化的决定》（云发〔2008〕15号），尽快提出在当前形势下云南省振兴产业的工作重点，进一步完善中小企业上市

培育、开放型工业经济、工业园区、能源产业、原材料工业发展、装备制造业、绿色制造、烟草工业、重点生物产业、非公有制经济、县域特色产业、全民创业、重点工业项目、企业自主创新、教育培训工作等15个“五年行动计划”，抓紧抓好组织实施，为“强产业”奠定基础。

（四）坚持以信息化带动工业化，以工业化促进信息化，推进信息化与工业化融合

18世纪中期，以蒸汽机为代表的第一次工业革命开创了人类的大机器工业时代；19世纪后期到20世纪中叶，以电机为代表的第二次工业革命使人类进入了电气化时代；20世纪下半叶，以互联网计算机为代表的第三次工业革命迅速席卷全球，使人类社会生产方式从工业化为主导向信息化与工业化融合转变。信息技术产业已经成为衡量一个国家或地区综合国力、国际竞争力和现代化程度的重要标志。信息技术是科技创新的前沿领域，信息技术的发明创造和广泛应用，有效地促进了硬件与软件开发相结合，物质生产与服务管理相结合，实体经济与虚拟经济相结合，形成了经济社会发展的强大驱动力。信息技术产业已成为国民经济的主导产业，深刻改变着人类的生产生活方式，成为了国际竞争的战略制高点。

信息化是我国加快实现工业化和现代化的必然选择，云南省更应该抓住省工业和信息化委员会组建的机遇，加快推进以信息化带动工业化，以工业化促进信息化，坚持走云南特色的新型工业化道路，推进信息化与工业化的融合。要充分发挥信息技术产业经济增长“倍增器”、发展方式“转换器”和产业升级“助推器”的作用，推动工业技术研发、设计、生产、流通等环节广泛应用信息技术，促进传统产业优化升级。

推进信息化与工业化融合，既是工业和信息化系统的工作主线，也是省工业和信息化委员会的优势。要加强战略规划，研究提出指导意见，抓好顶层设计，构建融合结合的体制和机制，把握重点，力争取得较大突破和进展。

（五）切实抓好安全生产，确保安全发展

党的十七大报告指出：“坚持安全发展，强化安全生产监督和管理有效遏制重特大安全事故。”推进新型工业化，实现又好又快发展，要始终坚持以人为本，实现好、维护好、发展好最广大人民的根本利益，绝不能以牺牲人民群众的生命财产安全来换取经济的发展。在大力发展经济，确保工业经济平稳较快增长的任何时候，都不能放松安全工作。要按照《云南省人民政府关于推行安全生产“一岗双责”进一步强化安全生产责任制的意见》（云政发〔2008〕178号）、《云南人民政府关于印发云南省落实各级人民政府及其有关部门安全生产监督管理责任规定和云南省落实生产经营单位安全生产主体责任规定的通知》（云政发〔2008〕187号）等文件的要求，切实抓好安全生产工作。

原省煤炭工业局的部分职能职责已经划归省工业和信息化委员会，在突出抓好煤炭领域安全生产的同时，要进一步加强煤炭工业发展工作，按照《云南省人民政府办公厅关于印发云南省煤炭工业发展2008~2012年行动计划的通知》（云政办发〔2008〕224号）要求，抓好煤炭工业发展和安全生产。

（六）加强行业协会建设，充分发挥行业协会作用

省委、省政府历来十分重视行业协会的改革和建设工作。《云南省人民政府办公厅关于培育和发展行业协会的指导意见》（云政办发〔2006〕51号）明确提出：“充分发挥行业协会在维护企业合法权益、协调市场主体利益、维护行业公平竞争、促进行业经济发展、提高市场配置效率等方面的作用，逐步建立行业协会与产业发展的良性互动机制。通过政会分开，自主办会，政策扶持，完善行业管理体制，营造有利于行业协会健康发展的环境，充分发挥行业协会在经济社会发展中的作用”。2008年8月20日，光荣省长就行业协会的发展和建设作出重要批示：“有关方面要重视行业协会的作用，协调解决一些问题，加强社会中介组织的建设，努力完善社会主义市场经济体制”。

在新形势下行业协会发挥着越来越重要的作用，作为桥梁和纽带，行业协会在加强行业自律、服务企业、维权等方面发挥着重要作用。云南省行业协会在推进新型工业化进程中发挥了重要作用：一是承接政府职能转移，组织会员企业贯彻落实国家政策；二是围绕经济热点和难点问题开展调研，为政府部门制定政策出谋划策；三是参与政府部门编制和审核新型工业化发展规划；四是帮助企业开拓市场发展空间；五是积极承担社会责任。在昨天下午召开的座谈会上，部分工业行业协会就如何面对国际金融危机、抓好2009年工业经济工作提出了很好的意见建议。

省工业和信息化委员会等有关部门要增强责任意识、服务意识、效率意识，按照“政会分开、自主办会、政策扶持”的要求，理顺与行业协会的关系，支持行业协会的发展，营造有利于行业协会健康发展的环境。要认真研究制定扶持行业协会发展的政策措施，加强对行业协会业务工作的指导，积极帮助行业协会协调解决发展中的困难和问题；要进一步转变政府管理经济社会活动的方式，把不该由政府管理的事项转移出去，充分调动行业协会的积极性，通过购买服务等方式，把行业管理的基础性工作委托行业协会来做，更好地发挥行业协会在社会公共事务管理中的作用。

（七）积极稳妥推进机构改革，努力提高协调服务水平

省工业和信息化委员会的成立，标志着云南省实施工业强省战略、推进新型工业化进程进入了一个新的历史阶段。下一步，要按照省人民政府关于做好机构改革有关衔接工作的通知要求，积极稳妥地推进机构改革。一是新的领导班子要尽快到位，春节前必须明确班

子成员分工，理顺工作关系，衔接好各项工作。二要严肃机构改革期间的各项工作纪律，确保政令畅通。要严格执行有关组织人事和财经纪律，做好人、财、物的交接工作，加强国有资产管理。三要抓紧制定本部门的“三定”方案，按要求上报省编办审核。四要尽快建立与上级主管部门的联系机制，加强业务工作的联系对接。五要做好有关工作的衔接，重点加强档案资料移交、保管的监督管理。六是一把手要认真履行好职责，争取在最短的时间内尽快进入工作角色，统筹安排好各项工作，做到思想不散、干劲不减、秩序不乱、工作不间断。不能因为机构改革而降低工作标准，不能因为职能整合使工作受到削弱，不能因为人员岗位调整而耽误工作，影响全年目标任务的完成。

保持工业经济平稳较快发展，任务艰巨，责任重大。让我们更加紧密地团结在以胡锦涛同志为总书记的党中央周围，在省委、省政府的领导下，认真贯彻党的十七大、十七届三中全会、中央经济工作会议精神以及全国工业和信息化工作会议精神，认真落实省委八届六次全会精神和重点工业企业新春座谈会精神，深入贯彻落实科学发展观，坚定信心，抢抓机遇，攻坚克难，确保工业经济平稳较快发展，为全省经济平稳较快增长和社会和谐稳定作出积极贡献。

最后，在新春佳节即将来临之际，给大家拜一个早年，衷心祝愿大家在新的一年里身体健康、工作顺利、阖家幸福!

在全省工业园区工作会议上的讲话

云南省人民政府副省长　和段琪

（2009年4月23日）

为了积极应对危机，主动抢抓机遇，2009年4月13日，省人民政府第二十二次常务会议讨论通过了《云南省人民政府关于加快工业园区建设的意见》（云政发[2009]79号）文件。今天，省政府又决定在这里召开全省工业园区工作会议。这充分体现了省委、省政府对加快工业园区建设发展的重视和关心。

今天上午，参会代表参观考察了昆明高新技术开发区马金铺片区、呈贡工业园七甸片区、昆明经济技术开发区信息产业基地。刚才，昆明市李文荣副市长介绍了昆明市在工业园区建设方面的一些做法，省工业和信息化委刘绍忠主任宣读了云政发[2009]79号文件并对贯彻落实文件精神提出了要求，省发展改革委、财政厅、国土资源厅、环境保护厅、林业厅、水利厅的领导也作了发言，大家讲得都很好。下面，受秦光荣省长的委托，我讲三点意见：

一、云南省工业园区发展取得了显著成绩

近年来，在省委、省政府的正确领导下，云南省工业园区和特色产业园区努力克服各种困难，加大基础设施和软环境建设力度，强化招商引资和项目服务，园区经济保持了平稳较快发展，在工业增加值、促进城镇化建设、带动就业和促进经济社会全面发展等方面发挥了重要作用。主要体现在以下四个方面。

（一）工业园区聚集发展显现成效

2003年，省委、省政府作出走新型工业化道路、实施工业强省战略决策以来，始终把工业园区建设作为推进新型工业化的重要抓手，至2008年，共确定了40个重点扶持、加快推进的省级工业园区。这40个省级重点工业园区和遍布16个州市的园区快速发展，加快了全省新型工业化进程。2008年，省级工业园区实现工业增加值409亿元、比2007年增长17．2%，完成税收97亿元、增长14．5%，安排就业31万人、增长31.1%。同时，40个重点工业园区中工业增加值超过10亿元的有11个，增幅超过40%的有7个，超过20%的有20个，2007、2008年省政府确定重点推进的20个工业项目有14个在省级重点工业园区落户。工业园区作为云南省工业的核心部分，已经成为云南省加快推进新型工业化的重要平台，正在成为工业经济新的增长极，在全省工业经济发展中发挥了明显的带动示范作用。

（二）工业园区可持续发展有效推进

云南省在工业园区建设中坚持规划先行的原则，把园区建设规划纳入当地土地利用总体规划和城镇建设总体规划，逐步滚动开发，既为产业发展预留了足够的空间，又达到了土地集约合理利用的目的。各工业园区按照科学发展的要求，以产业发展生态化、生态建设产业化为目标，争当工业循环经济和节能减排的标兵，把循环经济的理念和节能减排的要求贯彻落实到具体建设中，已编制了昆明经济技术开发区、祥云、宣威、水富、寻甸等工业园区的工业循环经济发展规划，大部分园区力争按“零排放”要求建设新上项目。红河工业园内的云锡集团、解化集团、明威公司通过技术引进和合作，既实现了产品多样化，又实现了废弃物减量化。祥云财富工业园选择了祥云飞龙等4户内部管理规范的企业，在清洁生产、节能降耗及资源综合利用等领域开展工业循环经济试点示范工作。腾冲工业园加快技术改造和产品研发，将木材、石材和矿产品加工后的废弃料变废为宝。昆明经济技术开发区，楚雄、杨林等工业园严把项目环保关，对进入园区的企业提出土地、能源、水资源利用及污染物排放综合控制要求，大力推进生态工业园建设，有效推进了云南省工业园区可持续发展。

（三）工业园区管理体系逐步完善

目前，全省省级、州（市）级、县级的70多个工业园区，基本上都组建了由州（市）、县主要领导或分管工业的领导任主任的工业园区管委会，为园区的建设和发展提供了可靠的组织、机构和人员保证。在园区运作方式上，许多园区进行了有益的探索，积极创新融资和基础设施建设方式，推动园区进入良性发展的市场化运作轨道。全省各地共出台了70多个关于工业园区建设的管理办法和政策措施，为促进园区科学发展创造了良好的政策环境。省工业和信息化委、财政厅等部门在加大对园区建设扶持的同时，进一步加强指导、规范管理，从园区资金申报使用、监督管理到园区规划评审、运行监测、拓宽融资渠道等环节都提出了具体要求，促进了工业园区的规范有序发展。

（四）工业园区招商引资取得突破

为做好工业园区招商引资工作，省级有关部门、各州、市人民政府和园区管委会共同努力，大力加强工业园区基础设施建设，据不完全统计，2008年，40个省级重点工业园区新完成基础设施建设投资近30亿元，其中，有10个园区

的基础设施建设投资都在1亿元以上。同时，各园区围绕招商引资这一中心工作，加大对外宣传推广力度，积极推行以园招商、以商建园、以商兴园，使园区软环境得到进一步优化。随着工业园区软硬环境的逐步完善，入园企业的数量越来越多，入园企业的规模、质量不断提高。目前，全省40个省级重点工业园区内已有企业2869户。其中，2007年新入园企业278户，新入园企业完成投资额107.6亿元；2008年新入园企业502户，新入园企业完成投资额85.2亿元。

尽管云南省工业园区建设取得了一定成绩，但也要看到，与沿海发达省份相比，无论从园区的规模上还是数量上，云南省都还有较大差距，总体上表现为数量少、贡献小、水平低。据统计，截至2008年底，山东有开发区169个，江苏有开发区135个，四川有工业园区140个，重庆有50个，福建有84个，内蒙古有45个，江西有90个。这些省份的园区工业增加值普遍占当地工业增加值的60%以上，有的甚至超过70%，以工业园区为载体的产业集聚区、特色经济区已基本形成。在一定程度上，工业园区发展方面的差距，也是造成目前云南省工业与发达省份差距的重要原因之一。

二、充分认识加快工业园区发展的重要性

党的十七大报告强调，我国仍处于并将长期处于社会主义初级阶段的基本国情没有变。省第八次党代会指出，云南目前仍然是一个处于社会主义初级阶段的欠发达省份。因此，云南省必须加快发展，必须加快云南省工业经济的发展。去年10月30日，我在调研省经济委员会学习实践科学发展观活动时提出，当前及今后一段时期云南省工业经济工作要努力做到“六个坚持”：坚持加快发展，坚持创新发展，坚持安全发展，坚持节约资源、持续利用，坚持统筹兼顾、以工促农，坚持保护环境、生态立省，其中首要的一条就是坚持加快发展。工业园区在工业经济发展中具有举足轻重的作用，加快发展显得尤为迫切。工业园区加快发展，重点要做到调结构、上水平、创特色。

省委、省政府高度重视工业园区发展。白恩培书记在省委八届六次全会上指出：“充分发挥重点企业和工业园区的产业集聚效应和示范效应，不断提升特色产业的科技含量”。秦光荣省长在2008年7月31日召开的加快推进新型工业化大会上强调：“集群化是工业经济发展的趋势，要加快建设一批产业聚集、产出率高、用地集约、节能环保、持续发展、辐射带动力强的工业园区”。

今年4月22日，省政府印发的《云南省人民政府关于加快工业园区建设的意见》，进一步明确了云南省加快工业园区发展的目标和措施。加快工业园区发展，对促进全省经济社会发展具有重要意义。

（一）加快工业园区发展，是当前云南省应对金融危机的重大举措

今年以来，省委、省政府坚决贯彻落实中央扩大内需，促进经济平稳较快增长的决策部署，出台了一系列政策措施。一季度，云南省工业增长、财政增收呈现逐月回升的态势，固定资产投资和信贷投放大幅增加，工业企业开工达产率、产销衔接率、电力发供用、铁路运力需求、房地产开发等反映经济活力的先行指标初步出现回升势头。这充分说明省委、省政府对经济形势的判断是正确的，应对措施是有力的，成效是明显的。在看到成绩的同时，我们也要充分认识到当前经济运行中存在的突出问题和矛盾，充分估计到云南省受金融危机冲击的滞后性、影响的严重性和保增长的艰巨性，进一步坚定信心，狠抓工作落实。省政府要求当前要把稳工业放在更加突出的位置，千方百计稳工业，切实加快工业经济发展。工业园区是加快工业经济发展的平台，是招商引资的窗口，也是推进重大工业项目开工建设的重要载体。2007年，40个省级重点工业园区有在建项目293个，总投资751亿元；2008年，40个省级重点工业园区在建项目仅投资在1000万元以上的就有101个，总投资665亿元。在当前应对金融危机的形势下，更需要加快212业园区发展，为应对危机提供强有力的支撑。各地、各部门要把工业园区发展作为稳工业、保增长的重要举措，进一步改善园区投资环境，加大招商引资力度，吸引更多的投资项目落户园区。同时，要积极帮助入园项目协调解决遇到的困难和问题，加快项目实施进度，促使项目尽快建成投产，发挥效益。

（二）加快工业园区发展，是转变经济发展方式的重要途径

长期以来，云南省工业发展存在产业结构不尽合理、资源消耗过大、环境污染较严重、发展方式较粗放等问题，与科学发展观要求相比，还存在较大差距。通过工业园区建设，合理调整工业园产业布局，优化工业生产要素配置，有利于资源的高效集约利用，使有限的资源效率最大化，符合科学发展、和谐发展、快速发展、集约发展的要求。工业园区建设强调规划先行，统筹安排，合理确定适合工业发展的区域，注重做好园区的环境评价、节能减排、循环经济等各项工作，因而有利于带动相关产业发展，具有较强的辐射带动作用。加快工业园区建设，能够较好地推动城乡、工业与环境资源、工业与民生协调发展。从另一角度看，“阳宗海砷污染事件”也充分说明了建设工业园区的必要性，如果统一布局，集中管理，这一事件就可以避免。因此，抓好工业园区建设，是落实科学发展观、促进发展方式转变的重要途径。

（三）加快工业园区发展，是推进产业结构调整升级的有效手段

当前，受金融危机影响，宏观经济处于下行阶段，为产业构调整升级带来了空间，东部企业由于成本上升、出口受阻，加大了产业转移力度，也为云南省承接产业转移提供了机遇。结合云南省传统产业比重大、产业结构调整任务重的实际，一方面，通过工业园区建设，可以加快推进钢铁、冶金、化工、建材等高耗能、高污染企业的改造升级。另一方面，充分利用园区招商引资，重点引进能够延伸产业链、培育新产业以及高新技术产业的项目，促进产业转型升级。近年来，在园区中已经落户和正在进入的有很多好项目，如昆明经济技术开发区的天达光伏项目、杨林工业园区的多晶硅项目、安宁工业园区的昆钢结构调整项目和中石油炼化基地项目、呈贡工业园区的铜材加工项目等等，大部分是园区招商引资的成果，这些项目对产业结构调整升级、形成多元化现代产业体系将发挥重要作用。

（四）加快工业园区发展，是特色产业聚集的重要载体

实践证明，工业园区的专业化定位与特色产业的发展密不可分，对发展特色产业具有重要推动作用。目前，以红塔工业园为代表的烟草及配套产业，以文山三七工业园、丽江南口工业园、楚雄工业园等为代表的生物制药产业，以普洱、保山、勐海工业园等为代表的糖、茶、胶产业，以景谷特色工业园等为代表的林（竹）产业都已初步显现产业集群的态势。各地要从当地资源禀赋、地理区位、产业基础等要素条件出发，以专业园区为平台，培育特色产业，实施"差别化"战略，形成专业化竞争优势，实现企业集群，产业集聚，发展云南省地方特色工业，增强县域经济实力。

（五）加快工业园区发展，是承接产业转移的重要平台

当前，全国的工业园区建设已经进入一个新的发展阶段，各地工业园区在带动当地工业经济发展、引导产业结构升级、承接产业转移等方面发挥了巨大作用。四川、重庆等省市纷纷提出要将工业园区打造成为资源就地转化和承接产业转移的优势载体，依托产业园区优化工业布局、做大做强优势产业、壮大骨干企业、发展产业集群，培育工业经济新的增长极，形成工业发展新格局。湖南、安徽、江西等省以工业园区为载体，加快了招商引资、承接产业转移步伐。以江西省为例，为承接产业转移，江西今年对94个工业园区重新规划，还组织了百支招商团、千人招工团。仅2009年1~2月份，江西就引进广东、福建、浙江、上海等地工业资金180多亿元。据预测，到2010年，仅广东、福建、浙江、上海等四省市转移出来的产业产值将达到14000亿元。在此轮产业结构的调整中，云南能够承接多大规模的产业转移，园区建设十分关键。作为云南省招商引资的主要平台，工业园区一定要增强紧迫感，抢抓机遇，争取在此轮经济调整中获得更大的发展空间。

（六）加快工业园区发展，是借鉴其他省市工业发展成功经验的积极实践

依托工业园区发展工业，是培育产业集群、发挥产业集群效应和规模效益的重要平台，是推进新型工业化的重要手段。为加快工业园区建设，促进工业发展，四川、浙江、山东、江苏等地都出台了加快工业园区发展的政策措施。如四川省在2007年出台了《四川省加快工业园. 区发展指导意见》，在税收及资金支持、人才引进、企业用地、行政收费等方面给予优惠。其他如成都市高新区对入园企业前五年内缴纳的所得税、增值税、营业税地方留成部分给予返还。浙江衢州高新技术产业园区对企业自投产年度起10年内缴纳的所得税高新园区地方分成部分，予以全额财政支持。山东省滕州工业园对科技含量高、投资规模大的工业项目用地可无偿使用50年，入园企业通过出让方式获得土地使用权的，土地收益金按最低标准收取，并免收市级留成部分的50%。天津新技术产业园区对入园高新技术企业实行三年内"零房租"优惠政策。江西于都工业园对工业园内生产企业免缴土地使用费。等等。因此，各地、各有关部门要按照《意见》的要求，充分认识加快工业园区发展的重要性，努力推进工业园区建设，真正发挥工业园区在推进新型工业化中的重要作用。

三、切实将《意见》提出的各项措施落实到位

加快云南省工业园区发展，需要省级各部门和各州市以及工业园区的共同努力。为落实好《意见》提出的各项措施，围绕担责任、抢机遇、求实效，我着重强调七个方面的工作。

（一）认真落实发展目标任务的责任

《意见》第四条提出："到2012年，40个省级工业园区实现工业增加值占全省全部工业增加值的35%左右"。2008年，40个省级工业园区实现工业增加值占全省规模以上工业增加值的22.7%。2012年的发展目标，要比2008年提高12个百分点以上，平均每年要提高3个百分点以上，任务十分艰巨。请省工业和信息化委会同有关部门，将目标分解到40个省级工业园区中的每一个园区，将目标细化到2009年、2010年、2011年、2012年。40个工业园区要进一步落实发展目标。

（二）认真落实基础设施建设的措施

栽好梧桐树，引得凤凰来。基础设施建设是招商引资的前提，没有配套的基础设施，项目就无法落地。在基础设施建设方面，一要走市场化的道路，鼓励工业园区引进战略投资者，采取BT、BOT、TOT等多种方式，实行成片开发。二要拓宽融资渠道。园区要积极与银行等金融机构合作，建设园银合作机制，加大银行对园区的贷款支持力度。鼓励园区吸收民间资本、社会资金进行建设，采取借支、垫支等多种方式，使社会闲置资金投向园区建设。鼓励有条件的园区组建投融资公司、小额贷款公司、担保公司，建立多种方式的融资合作平台。三要加快推进"园中园"建设。《意见》第六条提出："鼓励以园招商、以商建园，支持以大企业集团和战略投资者为主体开发建设'园中园'，并享有与园区管委会同等的支持政策"。各地、各工业园区要制定优惠政策，使战略投资者有利可图，鼓励像武钢这样的项目主体，成片开发建设

"园中园"，做到以商建园、以商兴园、以商兴业。四要发挥各部门的积极性。在园区建设中，要充分发挥交通、水利、电力等部门在道路、供水、供电、网络通信建设等方面的积极性，形成合力，加快推进。有条件的园区，可探索发展工业地产，推进标准化厂房建设，加快项目投产进度。

（三）认真落实项目审批管理权限的措施

《意见》第十一条提出："除国家限制类及省属企业投资项目外，将省级权限内工业项目审批管理下放省级工业园区，需报省级主管部门备案的，由省级工业园区直接报省级主管部门备案。省级工业园区承担项目审批主体责任，省级有关部门应加强对省级工业园区项目审批的监督和指导，并承担监督责任。有条件的地区可探索下放更多的经济社会管理权限"。这对省级部门工作提出了更高的要求。发展改革、工业信息、国土资源、环境保护、林业、水利等省级部门，要结合自身实际，下放工业项目审批管理权限，简政放权，对有条件的园区授予相应的经济管理权限，承担项目审批主体责任。省级有关部门要履行好监督、指导和服务职能，以良好的效率环境、服务环境和工作环境，增强工业园区的活力，提升工业园区的工作水平。各地、各工业园区要在园区的功能定位、产业布局、土地使用、环境评价、项目创新能力等方面加强研究，用好项目审批管理权限，建设生态工业园区、循环经济工业园区，实现资源节约、环境友好。

（四）认真落实淘汰退出机制的措施

《意见》第十二条提出："对发展缓慢、招商引资效果差的园区进行调整，不再列入省级支持范围"。各州市及省工业主管部门要密切配合，会同有关部门，对省级工业园区实施动态管理，按年度进行综合评价考核，强化考评，落实奖惩。对做得好的园区，要给予表彰奖励；做得差的园区，要进行调整。根据园区综合排名绩效报告，对连续两年综合考评排在末位的，不再列入省级支持名录，把其他做得更好的园区调整进入省级支持范围。落实淘汰措施，推动园区竞争发展。

（五）认真落实财税政策支持的措施

《意见》第十三条提出："省级财政从2010年起按比上年增长10%的比例安排'新型工业化发展专项资金'，重点用于支持全省工业园区发展。以2009年为基数，5年内省级工业园区内新增税收，依照现行财政体制规定上解省级财政的部分，按一定比例留给工业园区，用于基础设施建设"。各地、各有关部门要充分发挥省级专项资金作用，加强工业园区基础设施和软环境配套项目建设，推进新型工业化的重大技术改造、新产品研发，支持新型工业化发展。

《意见》第十三条提出："鼓励州（市）、县（市、区）人民政府在现行财政体制下制定支持工业园区发展的财政政策。"各州、市、县（市、区）人民政府要贯彻落实科学发展观，牢固树立创新意识，按照上缴包干、新增返还的原则，制定园区新增财税返还等措施，完善财政扶持政策，安排相应专项资金，支持园区扩大招商引资，改善基础设施和投资环境。

（六）认真落实项目建设的措施

一是要加快重大项目建设。实行领导联系制，将工业园区内的重点项目分解到若干工作组，明确领导责任，加强督查，一个项目一个项目地推动，一个问题一个问题地解决，问题出在哪个环节上，就在哪个环节上解决，无故拖延不解决的要追究相关部门和相关人员的责任，确保重大项目加快建设，按期投产。目前，省政府确定的20个重大项目中，水富工业园煤化工项目、安宁工业园昆钢结构调整项目和中石油炼化基地项目、昆明经济技术开发区云内动力项目、曲靖煤化工园区云维20万吨醋酸项目、寻甸工业园褐煤洁净化利用项目、南海子工业园3000吨多晶硅项目以及马塘工业园氧化铝项目等14个项目落户在工业园区内，园区要积极主动服务，加快促成这些项目早竣工、早投产。

二是要加快新兴产业项目建设。《意见》第十三条提出："对国家鼓励从事高新技术、软件集成电路、农产品初加工、节能节水、环境保护、创业投资、资源综合利用等项目的企业，按照国家税收法律法规的规定，给予税收减免的扶持"。新兴产业对加快云南省产业结构优化升级具有十分重要的意义，如多晶硅、光电子、电力装备、信息、机床等产业项目，具有持续增长能力强、经济效益高、带动发展面大的特点，要力争在一两年内，使园区内机械制造、光电子、信息、新材料、生物制药等现代制造产业有新的进展，产业有大的提高，使工业园区真正成为新型工业化的核心区。

（七）认真落实《意见》实施保障的措施

总体上，云南省工业园区建设还是一项新的工作，在这项工作的推进过程中，各地、各有关部门要按照省政府打造法治政府、责任政和阳光政府的要求，增强大局意识、发展意识，变管制为服务，变审批为促进，变限制为支持，及时制定对《意见》的贯彻实施方案，共同推进工业园区又好又快发展。同时，为切实加强贯彻落实《意见》的针对性，请省工业和信息化委在今年5月份，举办一期培训班对全省工业园区管委会领导及有关人员进行专题培训，请省发展改革、工业信息、财政、国土资源、环境保护、林业、水利、税务等部门领导授课，切实提高贯彻落实《意见》的实际操作能力。

今天的会议，是云南省工业发展史上首次以省人民政府名义召开的工业园区工作会议。希望大家按照省委、省政府的统一部署，以高度负责、时不我待的责任心和使命感，坚定信心、应对危机，振奋精神、积极主动，狠抓落实、务求实效，为全省经济社会平稳较快发展作出贡献！

创新驱动 改革推动 开放带动
大力发展轻工业 优化升级重工业 加快培育新产业
——在化“危”为“机”中对工业经济调结构上水平的粗浅思考

副省长和段琪在省委理论学习中心组学习会上的讲话

（2009年7月20日）

在深入贯彻落实科学发展观的过程中，在积极应对国际金融危机、破解发展难题的重要关口，省委举行理论学习中心组学习，研判形势、查找问题、部署工作，很有必要，十分及时。2009年下半年工业经济要抓的主要工作，昨天下午罗正富常务副省长代表省政府党组作的汇报中已提出了要求。围绕力争实现预期目标，工业经济运行中着力抓好政策落实，着力抓好难点重点，着力抓好监测指导，着力抓好结构调整。

围绕中心组学习主题内容的要求，根据省委、省政府对工业经济调结构上水平的安排部署和白恩培书记、秦光荣省长的明确指示，我就工业经济调结构上水平谈点粗浅的学习体会。国际金融危机以来，省委、省政府沉着应对，抢抓机遇，紧紧把握危机中结构调整的机遇，化危为机，大力推进云南工业经济调结构上水平。2008年12月25日，白恩培书记在省委八届六次全会上指出：“国际金融危机带来的冲击和挑战为我们加快调整结构、转变发展方式提供了重大机遇”；2009年1月7日秦光荣省长在全省重点工业企业新春座谈会上指出：“积极采取措施，改变相对初级的产品结构，增加产品附加值”；6月16日，在2008年度云南省科学技术奖颁奖大会结束后，白恩培书记、秦光荣省长对工业经济调结构上水平作了安排部署；7月7日~8日，白恩培书记在玉溪、昆明专题调研工业企业生产经营和发展情况并在省级职能部门负责人座谈会上强调：“下决心调整经济结构，转变经济发展方式”；7月14日，秦光荣省长主持召开第26次常务会议，对加快工业经济结构调整再次提出了明确要求。

一、工业经济结构的基本情况

近年来，全省加快工业经济结构调整的步伐，特别是2003年11月省委、省政府作出走新型工业化道路、实施工业强省战略的重大决策以来，全省工业经济结构逐步优化，工业经济总量不断提高。2008年工业增加值2056.95亿元，创历史新高；全省已经形成行业门类较全、初具规模、具有一定特色和实力、涵盖38个工业行业的工业体系；2009年上半年全省规模以上工业企业达3261户，比2005年增加899户，分布于国民经济的38个工业行业大类中，与全国其他省（市）相比，属工业行业分布相对较全的省份。

（一）从工业“轻重”关系看——重工业比重呈上升态势。

就轻重工业比重而言，全省规模以上轻重工业比重由2000年的66.3：33.7调整到2008年的45.4：54.6，实现了轻重工业齐头并进，蓬勃发展（如下图所示）。

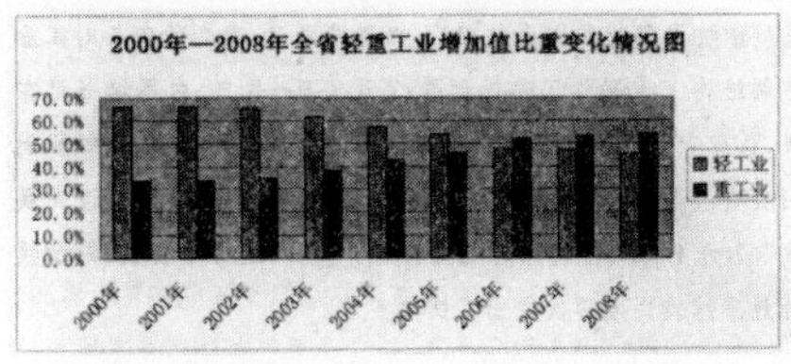

就总量而言，2005年，全省规模以上工业增加值998.83亿元，其中：轻工业537.16亿元，重工业461.67亿元；重工业比轻工业增加值少75.49亿元。2006年，全省规模以上工业增加值1271.50亿元，其中：轻工业606.21亿元，重工业665.29亿元；重工业比轻工业增加值多59.08亿元。2007年，全省规模以上工业增加值1566.10亿元，其中：轻工业732.44亿元，重工业833.66亿元；重工业比轻工业增加值多101.22亿元。2008年，全省规模以上工业增加值1803.62亿元，其中：轻工业818.61亿元，重工业985.12亿元；重工业比轻工业增加值多166.51亿元。可以看出，2005年我省轻工业发展规模大于重工业，从2006年起重工业发展规模逐渐扩大，特别是到2008年，规模以上重工业和轻工业增加值差距已达166.51亿元。

就规模以上工业企业户数而言，2008年，全省规模以上重工业企业有2091户，占全省规模以上工业企业户数的73.2%，其中，煤炭工业286户、有色金属工业（采选和压延）312户、黑色金属工业（采选和压延）188户、化学工业288户、电力工业265户；全省规模以上轻工业有764户，占全省规模以上工业企业户的26.8%，其中，医药工业101户、制糖工业53户、烟草工业21户、纺织工业19户。重工业户数比轻工业多1327户。

就发展速度而言，近年来，全省重工业发展速度明显快于轻工业，但2008年下半年来，受国际金融危机的影响，我省重工业受到了冲击（如下图）。今年上半年全省规模以上工业实现增加值841.26亿元，同比增长2.1%，较一季度提高1个百分点。其中，轻工业完成增加值433.07亿元，同比增长9.3%；重工业完成增加值408.19亿元。同比下降39%。轻工业增速比重工业快13.2个百分点。

（二）从工业“大小”关系看——有色、化工、黑色等相对比医药、光电子等产业大。

——大：

1. 十种有色金属产量居全国第2位。

2008年，全省规模以上有色金属行业企业312户，占全省规模以上工业企业的10.9%，从业人员约13.53万人，销售收入960亿元；工业增加值234亿元，占全省规模以上工业增加值的13%，占全省生产总值的4.1%。十种有色金属产量217万吨，占全国2520万吨的8.6%，居全国第2位。其中：铜31万吨，铝53万吨，锌81万吨，锡7万吨，分别居全国第3位、第9位、第3位、第1位；有色行业已培育了云铜集团、云南冶金集团、云南锡业集团等3户销售收入超百亿的大型企业集团。

2. 磷肥、磷矿石、黄磷产量居全国第1位，化肥产量居全国第4位。

2008年，全省规模以上化学工业企业288户，占全省规模以上工业企业的10.1%，从业人员7.4万人，销售收入498亿元；工业增加值126亿元，占全省规模以上工业增加值的7%，占全省生产总值的2.2%。

2008年，全省化肥产量338万吨（折纯），其中氮肥143.5万吨、磷肥194.7万吨；磷矿石产量1883万吨，黄磷35.2万吨。磷肥、磷矿石、黄磷产量居全国第1位，化肥产量居全国第4位。

3. 粗铜、钢材产量分别居全国第17位和19位。

2008年，全省规模以上黑色金属行业企业188户，占全省规模以上工业企业的6.6%，从业人员约7.3万人，销售收入127亿元；工业增加值142亿元，占全省规模以上工业增加值的7 9%，占全省生产总值的2.5%。

2008年，全省生铁、粗铜、钢材、铁合金产量为1180万吨、901万吨、837万吨、63万吨，比2000年分别增加871万吨、712万吨、653万吨、45万吨，增幅分别为73. 8%、79%、78%、71. 4%。其中，粗钢和钢材产量分别居全国第17位和19位。

4. 原煤产量居全国第10位。

2008年，全省规模以上煤炭行业企业286户，占全省规模以上工业企业的10%，从业人员约9.6万人，销售收入142亿元；工业增加值78.93亿元，占全省规模以上工业增加值的4.4%，占全省生产总值的1.4%。2008年全省原煤产量8657万吨，约占全国总量的3%左右，进入全国10大产煤省。

——小：

1. 医药制造业占全省规模以上工业增加值的2.2%，占全省生产总值的0.7%。2008年，规模以上医药销造业企业101户，占全省规模以上工业企业的3 5%，从业人员约1.9万人；工业增加值39.76亿元，占全省规模以上工业增加值的2.2%，占全省生产总值的0.7%。

2. 光电子产业占全省规模以上工业增加值的0. 7%，占全省生产总值的0.2%。

2008年，全省共有11户光电子骨干企业，占全省规模以上工业企业的0.4%；工业增加值约12亿元，占全省规模以上工业增加值的0.7%，占全省生产总值的0.2%。

（三）从工业“强弱”关系看——烟草、电力、制糖等产业相对强于装备制造、建材、纺织等产业。

——强：

1. 烟草产业占全省规模以上工业增加值的36.6%，占全省生产总值的11.6%。

2008年，全省规模以上烟草制品业企业21户，占全省规模以上工业企业的0.7%。从业人员约2.9万人，销售收入744.46亿元；工业增加值659.39亿元，占全省规模以上工业增加值的36.6%。占全省生产总值的11.6%；利税598.82亿元，占全省财政总收入的44%。

2. 电力产业占全省规模以上工业增加值11.3%，占全省生产总值的3.6%。

2008年，全省规模以上电力企业265户。占全省规模以上工业企业的9.3%，从业人员约6.8万人；增加值203.31亿元，占全省规模以上工业增加值的11.3%，占全省生产总值的3.6%。2008年全省发电量突破1000亿千瓦时，达1039.56亿千瓦时，其中：水电年发电量621.65亿千瓦时，占全国水电总发电量的9%左右，在全国排第3位。

3. 糖产量占全国总产量的18%。

2008年，规模以上制糖业企业53户，占全省规模以上工业企业的1.9%，从业人员约2.6万人；增加值21.42亿元，增长16%。2008至2009榨季糖产量达223. 5万吨，占全国总产量1243.12万吨的18%；全省平均产糖率12.8%，比上榨季提高0.69个百分点，位列全国南方产糖省（区）第1。

——弱：

1. 装备制造业工业增加值仅74亿元。

2008年。规模以上装备制造业314户，占全省规模以上工业企业的11%，从业人员约6.9万人，销售收入304亿元，工业增加值仅74亿元。

2. 建材业工业增加值仅40.37亿元。

2008年，全省生产水泥4011.98万吨，增长13.3%，平板玻璃335.38万重量箱，增长1.7%。全省规模以上298户建材工业增加值便40.37亿元，增长11.8%。

3. 纺织业工业增加值仅7.28亿元。

2008年，规模以上纺织工业19户，占全省规模以上工业企业的0.7%。工业增加值仅7.28亿元。

4. 食品制造业工业增加值仅7.80

亿元。

2008年规模以上食品制造业工业增加值仅7.80亿元。

5. 饮料制造业工业增加值仅24.10亿元。

2008年规模以上饮料制造业工业增加值仅24.10亿元。

（四）从工业“优劣”关系看——铜、锌、锡、铝冶炼及部分化工技术相对优于其他新材料及精深加工等技术。

——优：

1. 铜冶炼技术——“艾萨炉”的铜冶炼装备，创造了在全球8座同类炉子中占地面积最小、体积最大的世界记录。

云铜集团云铜股份公司“艾萨炉”的铜冶炼装备，创造了在全球8座同类炉子中占地面积最小、体积最大的世界记录。通过二次创新，“云铜艾萨”的各项实际指标均优于引进时的设计指标，使云南铜行业的铜冶炼技术、生产规模、经济效益、污染治理与防治等跃居世界同行业先进水平，成为世界范围内艾萨熔炼技术与装备的样板。目前已形成40万吨／年的阴极铜生产能力，主要经济技术指标达到国际先进水平。在电解净化、电解添加剂研究、电解工艺控制等方面，电解生产工艺技术处于国内先进水平，形成了一些公司拥有专有技术的工艺控制方法。

2. 锌冶炼技术——“锌精矿加压浸出、长周期电解关键技术研究及产业化”技术属于我国锌行业重大技术创新项目。

（1）云南冶金集团的“锌精矿加压浸出、长周期电解关键技术研究及产业化”技术属于我国锌行业重大技术创新项目，获得2007年国家科技进步二等奖。

该技术实现了多项创新：

①在国内首次实现湿法炼锌氧压浸出技术的工业应用，打破了国外在该领域的技术垄断，实现了锌的选择性浸出；

②在锌冶金领域首次在国内实现系统不外排二氧化硫气体，硫化锌精矿中的硫92.2%转化为元素硫；

③在国内首次实现了湿法炼锌加压漫出冶金过程的高新技术化；

④实现周期48小时以上仍保持合适电流效率，锌片厚度3毫米以上，满足机械剥锌的技术要求．剥锌成功率达90%以上。

（2）云南冶金集团和昆明理工大学，联合开发了高铁锌精矿铁自动催化加压浸出新工艺，处理合锌42.2%、铁14.4%、硫29.3%的精矿，工业性连续试验指标达到：锌浸出率98.1%，铁浸出率29.2%，元素硫转化率92.2%。该技术已建成投产了10000吨／年电锌的生产线，进入了产业化阶段。该工艺具有流程短，将常规湿法炼锌的焙烧、余热锅炉、收尘、制酸、浸出、渣处理等多道工序合并为一段或两段加压浸出，流程简洁。另外，该工艺直接产出元素硫，避免了焙烧烟气制酸后尾气排放和残余二氧化硫及酸雾对环境的污染。

（3）高硅氧化锌矿的处理，近年有突破性进展。祥云飞龙公司将高硅氧化锌矿与琉化矿焙砂的中温中酸浸出渣。按适当配比混合，再经高温高酸浸出、用针铁矿法沉铁、脱硅、净液、电解生产电锌，已取得国家专利。该厂采用上述工艺已生产多年，锌的总回收事达94%左右。

3. 锡冶炼技术——澳斯麦特技术进行锡的还原熔炼代表了当今世界锡冶金技术的最高水平。

云锡集团用澳斯麦特技术进行锡的还原熔炼是世界第二家、国内首家，并且是世界最大的澳斯麦特炼锡炉，使云锡集团锡精矿还原熔炼技术跃居世界领先水平，并与原已有的世界领先的以结晶机与真空炉为主的火法精炼技术相配套，代表了当今世界锡冶金技术的最高水平。自2002年4月18目投产以来，炉床指数、综合冶炼回收率、熔剂率、渣率、渣含锡、炉子寿命等各项技术经济指标达到了国际领先水平，提高了劳动生产率与资源利用率，有显著的经济效益和社会效益。

4. 铝冶炼技术——铝锭交流电耗，吨铝为13600千瓦时左右，比国际先进水平低近600千瓦时，比国内平均水平低近1000千瓦时。

云南冶金集团云铝股份公司通过开发使用开沟槽的阳极、节能型钢爪、高石墨质阴极底块等材料，实施计算机多变量双平衡控制和低温寻优、不停电停启槽、高压风机变频改造、无煤气煅烧石油焦技术等技术，进行锂盐添加、电压效应分摊的优化，极大地降低了电能消耗。铝锭交流电耗吨铝为13600千瓦时左右，比国际先进水平低近600千瓦时，比国内平均水平低近1000千瓦时。

5. 化工技术——湿法磷酸、硫酸及高浓度磷复肥生产技术及装备水平达到国际先进水平。

云天化集团、云南煤化工集团等化工企业的单系列年处理100万吨磷矿擦洗、18改30万吨湿法磷酸、80万吨硫酸、30万吨湿法磷酸、60万吨磷酸二铵、40万吨重钙及配套生产装置的陆续建成投产，使我省湿法磷酸、硫酸及高浓度磷复肥生产技术及装备水平处于国内领先，达到国际先进水平；聚甲醛装置的建成投产，不仅填补了国内空白，而且打破了国际技术封锁，为我国发展高档工程塑料提供了可靠原料保障。

——劣：

一是大部分矿冶及新材料精深加工和关键技术原创性不足，产业链短，精深加工不够；二是现代生物技术、微生物技术等开发应用不足，我省生物资源及药物资源优势发挥不够；三是自动化成套设备、高新技术产业化关键设备、信息技术改造传统设备等研发不足，信息与装备制造业整体水平较低；四是资源综合利用、节能降耗等技术研发推广不足，节能产业发展有待加快。

二、工业经济结构存在的主要问题

从上述对云南工业“轻重”、“大小”、“强弱”、“优劣”等基本情况的分析看来，在应对当前国际金融危机过程中，更加明显地暴露出工业经济结构存在的问题，主要表现在以下七个方面：

（一）重工业资源依赖度高，大而不强。

2008年，全省规模以上重工业企业有2091户，占全省规模以上工业企业户数的73.2%，规模大、数量多。但从重工业平均户数实现的工业增加值看，2008年全省重工业平均每户增加值仅0.47亿元。另一方面，在重工业中，70%以上的资产和产品销售收入80%以上的利润，70%以上的工业增加值来源于以资源为主的采掘工业和原料加工工业。

2008年，昆钢集团铁矿石的对外依赖度为60%左右；云铜集团铜矿石的对外依赖度为70%左右；云南冶金集团铅锌矿的对外依赖度为60%左右，铝土矿则高达90%以上。2008年中国企业500强排名中，云锡集团排第374位，云天化集团排第219位，云南煤化工集团排第396位，昆钢集团（非钢产业）排419位，云南冶金集团排第278位。云南资源型重工业企业资源对外依赖度高达60%以上，且没有一家企业在中国企业500强排名中进入200名以内。

（二）轻工业烟草“一技独秀”，其他行业小散弱。

我省轻工业一直以来以烟草为主，通过近年来的努力，医药、农特产品加工（食品加工、制糖、制茶、饮料制品、林产、丝麻）、造纸等轻工业取得了快速发展，但轻工业结构单一，烟草“一技独秀”的局面并没有改变。2008年全省烟草制品业增加值659.39亿元，占全省轻工业增加值的80.5%；而全省规模以上烟草制品企业仅21户，占全省规模以上轻工业户数的2.7%。也就是说，占全省规模以上轻工业97.3%的其他行业企业只完成了19.5%的轻工业增加值。在全国44家中药上市公司中，总市值、营业收入加权净资产收益率均排在第1位的云南白药集团，2008年净利润仅有4.6亿元，工业增加值仅12亿元。

（三）工业产品结构不舍理，高新技术产值比重低、新产品开发缓慢。

从全省工业产品结构情况看，由于创新能力不足，相当一部分企业工艺设备落后，产品科技含量不高，产品以传统产品、初加工产品居多，结构性矛盾突出，且新产品开发步伐缓慢，产品更新换代严重滞后，高新技术产品、高附加值产品所占比重较低、精深加工产品少，资源型、原料型产品比重较大，成为全省工业产品的主要特征。2008年全省规模以上工业新产品产值144.11亿元，仅占全省规模以上工业总产值的2.8%，2009年上半年全省规模以上工业新产品产值67.32亿元，仅占全省规模以上工业总产值的3.1%。

（四）全省工业经济行业发展不平衡，重工业增长不稳定。

2008年，全省规模以上烟草制品业、化学原料及化学制品制造业、黑色金属冶炼及压延加工业、有色金属冶炼及压延加工业和电力、热力的生产和供应业这5大行业工业增加值共1277.02亿元，占全省规模以上工业增加值的70.8%。但这5大行业规模以上企业户数为927户，仅占全省规模以上工业企业户数的32.5%。

我省虽然工业行业齐全，但发展不平衡。另外，从近年来重工业的增长变化可以看出（如下图），全省重工业增长波动比较大，主要是由于我省重工业生产受市场等外部因素影响很大，其快速增长时期就是国内外需求旺盛、价格上涨的时期，而且我省重工业内源动力支撑偏弱，造成了增长不稳定。

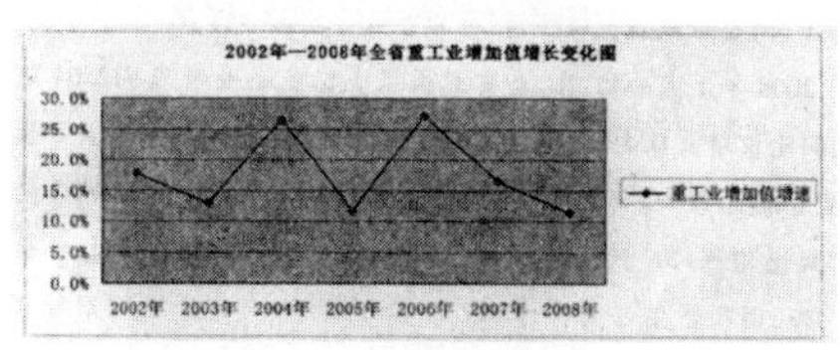

（五）企业资金周转慢，库存多，产、销总体衔接差。

2009年1～5月，全省工业企业应收帐款净额为4349.46亿元，同比增长21.0%，产成品库存为299.00亿元，同比增长5.0%。由于应收帐款及产成品库存增加，使部分企业资金周转困难，生产经营陷入困境。1~6月份全省规模以上工业实现销售产值2106.59亿元，产品销售率为96.8%，低于上年同期0.3个百分点，其中：轻工业实现销售产值709.76亿元，产品销售率为96.8%，高于上年同期11个百分点；重工业实现销售产值1396.84亿元，产品销售率为96.8%，低于上年同期0.7个百分点。与一季度相比，保山、昭通等9个州（市）产销率回升，黑色、有色、医药等21个行业回升。尽管当前工业产销衔接水平有所好转，但总体水平仍处于低位，去年库存产品多，消化库存压力仍然较大。

（六）企业效益大幅下滑，亏损企业亏损额加大。

2008年1~11月，全省规模以上工业企业利税912.64亿元，同比仅增长0.4%，利润289.11亿元，同比下降20.4%。亏损企业亏损总额69.2亿元，同比增长1.71倍。应收帐款434.5亿元，同比增长31.3%，产成品资金占用355.3亿元，同比增长32.4%，两项资金占用合计789.8亿元，比11月末工业短期贷款余额多68.78亿元。同时，企业利息支出大幅度增长，11月末，全省规模以上工业利息支出同比增长44.9%。

2009年上半年，企业亏损面及亏损企业亏损额明显上升。1月~5月全省工业企业亏损面为46.01%，比去年同期上升10.8个百分点，但比1~2月下降2.0个百分点；亏损企业亏损额为63.66亿元，比去年同期上升1.35倍，但上升幅度较1~2月回落了35.6个百分点。分行业来看，亏损企业亏损额超过5亿元的大类行业有4个，依次是化学原料及化学制品制造业、有色金属冶炼及压延加工业、黑色金属冶炼及压延加工业、电力热力的生产和供应业，这4大行业的亏损企业亏损额合计为46.07亿元，占全省亏损企业亏损总额的72. 4%，且除了电力热力的生产和供应业亏损企业亏损额较去年同期有所下降外，另外3个行业的亏损企业亏损额较周期均有不同幅度的上升。

（七）工业品出厂价格持续走低，严重影响了工业经济效益。

受国际金融危机的影响，国际国内市场需求萎缩，我省业品价格持续走低。工业品出厂价格自去年11月开始下降以来，一直走低（如下图所示）。

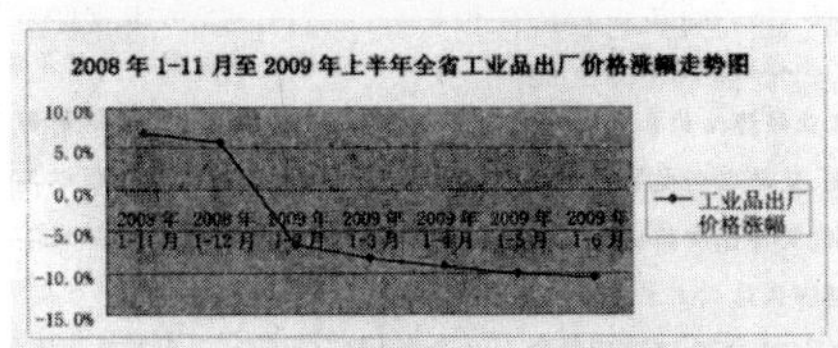

由于工业产品价格持续下跌，致使企业盈利空间缩小甚至亏损。严重影响了全省工业经济效益的提高。另一方面，上半年我省工业品出厂价格降幅大于购进价格降幅5.9个百分点，仍“高进低出”（如下图所示）。

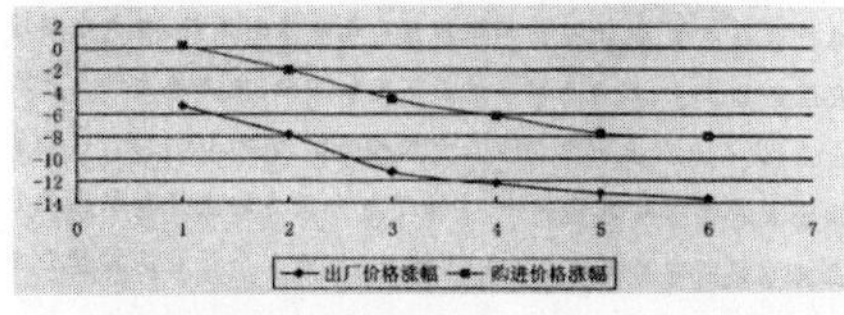

上半年云南工业品出厂价格和购进价格涨幅走势图

由于工业品出厂价格指数与原燃材料动力价格指数“剪刀差”的进一步扩大，企业利润空间缩小。2008年第三季度前，我省相当多的企业在经济形势较好、国际有色金属价格和原材料价格持续走高的情况下，购买了一部份高价原材料。仅铁矿石、氧化铝、铜精矿和硫磺四种原材料，增加企业成本57亿元，影响了我省企业产品价格的竞争优势。

在国际金融危机中，有效需求不足，进一步加剧了供需矛盾。工业经济结构暴露出的主要问题要求坚持加快发展、坚持创新发展、坚持安全发展、坚持节约资源持续利用、坚特统筹兼顾以工促农、坚持保护环境生态立省，抓好工业经济平稳较快发展，推进工业经济调结构上水平。

三、工业经济调结构上水平的选择

温家宝总理在7月10日召开的经济形势座谈会上指出：“要重点抓好十大产业调整和振兴规划的贯彻落实，加快淘汰落后产能，加大兼并重组力度，大力支持企业技术改造和自主创新，进一步推进节能减排，既促进经济增长目标的实现，又使结构优化迈出实质性步伐，为长远发展打下更加牢固的基础”。关键时刻当有关键之举。抓住经济企稳回升的关键时刻，当前要努力做到：一是依据国家产业规划，坚决控制不符合国家产业政策和市场准入条件的项目；二是坚持限制和淘汰落后产能的政策不动摇，坚决防止盲目投资和低水平重复建设，切实推进产业结构优化升级；三是把增强自主创新能力作为调整产业结构的中心环节，加大技术创新力度，努力提升产业技术水平；四是加快理顺收入分配格局，提高居民收入，在改善民生的同时，从根本上调整内需和外需的关系。

结合云南发展实际，按照白恩培书记、秦光荣省长关于发展轻工业、优化重工业、培育新产业的明确要求，云南工业经济结构调整的方向和要领是“大力发展轻工业、优化升级重工业、加快培育新产业”。

（一）大力发展轻工业——以生物医药、制糖、制茶、丝麻、纺织等行业为主导，改变轻工业小散弱的现状。

轻工业承担着繁荣市场、增加出口、扩大就业、服务“三农”的重要任务，是国民经济的重要产业，在经济和社会发展中起着举足轻重的作用。大力发展轻工业，有利于加快推进实施以工促农、以城带乡发展战略，有利于发展食品加工、服装等劳动密集型工业，有利于提高我省对越南、老挝、缅甸等国家的陆上对外开放水平，有利于优化轻重工业结构。

云南具有发展轻工业的原料基础。云南有1.7万多种高等植物，占全国高等植物总数的60%以上；热带、亚热带的高等植物约1万种，占全国高等植物种类的一半以上；中草药2000多种、香料植物460多种、花卉植物1500多种。有“植物王国”、“药物宝库”、“香料之乡”之称。

结合我省实际，要大力发展生物制药、制糖、制茶、丝麻、纺织等产业。

1. 生物制药

培育扶持云南白药集团等重点医药企业开展研发和技改，通过推进新药研发工程、特色产品工程、品牌建设工程，提升市场竞争力，提高医药行业的整体素质，将我省建设成为全国重要的植物药生产基地。

2. 制糖

进一步提升蔗糖产业发展的集中度、速度和质量，鼓励各大型糖业集团（公司）采取自主研发与引进相结合，有选择地开发精制糖、锦白糖、有机糖、低聚果糖、木糖醇、生物酶转化糖、抗氧化剂等新产品。

3. 茶叶

争取普洱茶、滇红、滇绿、紧压茶、CTC茶、速溶茶以及茶叶深加工产品在产品质量、服务等方面有提高和创新；支持有品牌、有实力、有市场的企业兼并、重组规模小的茶叶加工企业，提高产业集中度；支持企业进行精深加工，提升茶产品的技术含量和档次，开发适合现代生活需要的茶叶饮品。

（二）优化升级重工业——以有色、化工、黑色等行业为主导，改变重工业依赖资源大而不强的现状。

工业化是现代化的标志。马克思主义经济理论、现代西方经济学以及国内外工业化进程的实践表明：资本有机构成提高和生产资料优先增长是推进工业化进程和提高工业化水年的重要途径。

物质是不灭的，材料是永恒的，终端是可变的。资源型工业是走新型工业化道路的坚实基础。

2007年，我省轻重工业比例为46.2:53.8，全国比例为30.1:69.9，我省重工业比重比全国水平低16.1个百分点。在全国31个省（市、区）中排名倒数第2位，仅比福建省（51.9%）高1.9个百分点。2008年。我省重工业占54.6%，与全国70.8%相比低16.2个百分点。优化升级重工业是工业经济调结构上水平的必然要求。

云南发展重工业具有资源优势。云南矿产资源丰富，有50多个矿种的保有储量居全国前10位，其中铅、锌、锡、铝的保有储量居全国第1位；铜保有储量居全国第3位；铁矿资源保有储量居全国第7位；磷矿资源储量居全国第1位。煤炭资源探明储量252.9亿吨，保有储量246.5亿吨，居全国第8位。结合云南实际，要优化升级有色、化工、黑色等产业。

1. 有色金属产业

（1）铜

以云铜集团为重点发展铜工业，组织抓好云铜集团云铜股份公司新增18万吨／年电解铜产能技改、云铜集团凯通公司10.5万吨粗铜冶炼改扩建、云锡集团10万吨／年铜冶炼、云铜集团迪庆公司15万吨／年普朗铜矿采选、云铜集团思茅山水公司大平掌铜矿采选技改扩建、云铜集团迪庆公司羊拉铜矿采选、云铜集团楚雄矿冶公司5万吨铜精矿／年技改、云铜集团弥渡县九顶山矿业公司铜矿技改扩建等项目的实施。

（2）铝

以云南冶金集团为重点发展铝工业，推进矿电结合和铝电联营，促进昆明、曲靖、红河等地电解铝技术升级，有序开发大理鹤庆铝土矿资源，构建铝土矿、氧化铝、电解铝和铝深加工为一体的铝产业链。组织抓好云南冶金集团云铝股份公司80万吨／年氧化铝及配套电解铝、云南冶金集团实施铝产业扩能改造升级规划等项目的实施。

（3）锌、铅

以云南冶金集团、云锡集团、蒙自矿冶公司、祥云飞龙公司、罗平锌电公司、华联锌铟公司等企业为主体发展铅锌工业，组织抓好云南冶金集团驰宏锌锗公司会泽片区10万吨电锌及渣综合利用、云南冶金集团驰宏锌锗公司会泽片区6万吨粗铅、云南冶金集团新立公司彝良铅锌矿2000吨／日选矿厂、云锡集团10万吨／年电铅、蒙自矿冶公司铅冶炼厂技术改造及10万吨／年锌冶炼、祥云飞龙公司15万吨电锌技改、祥云飞龙公司难处理氧化锌矿和氧化锌矿浸出渣提锌新技术应用、罗平锌电公司6万吨氧压浸出及资源综合利用、华联锌铟公司年产10万吨锌冶炼等项目的实施。

（4）锡

以云锡集团为重点，综合开发利用现有个旧、马关、蒙自、西盟、梁河、腾冲等地的锡资源，积极开展国际化经营，建立省外和海外矿山、冶炼和加工基地，不断提高锡矿的采、选、冶水平。组织抓好云锡集团7万吨／年锡冶炼系统技改、个旧东区深部及外围地质勘查工程等项目的实施。

2. 化工产业

（1）煤化工

焦化控制新增产能，鼓励企业联合重组，合理配置资源；集中建设3~5个50万吨级／年大型煤制合成氨生产装置；对氮肥生产能力实行原料路线和动力结构调整的改造。组织抓好云南煤化工集团云维公司年产20万吨丙烯酸及酯、20万吨／年醋酸、7500吨／年甲醇；云南煤化工集团解化公司昭通煤化工、红河煤化工基地等项目；云天化集团水富煤化工等项目；富源德鑫集团100万吨焦炉煤气及煤焦油循环利用、100万吨／年机焦项目；泸西大为焦化公司95万吨／年焦化配套10万吨／年甲醇、5万吨／年双氧水工程；弥勒吉成能源化工公司80万吨／年焦化项目等。

（2）磷化工

加快建设国家磷肥基地，进一步优化磷化工企业资源配置，以云天化集团为基础，培育磷矿勘探、采选、黄磷、合成氨、高浓度磷复肥、精细磷化工为一体的大型联合企业，促进磷化工产业多元化发展。组织抓好云天化集团国际化工公司50万吨／年饲料磷酸一氢钙和二氧钙混合物项目，一期4万吨／年湿法磷酸净化、二期20万吨／年湿法磷酸精制项目；云天化集团红磷公司年产80万吨硫酸、20万吨磷酸、120万吨磨矿、20万吨磷酸浓缩、2万吨氟硅酸钠项目；云天化集团年产850万吨磷矿浮选项目；云天化集团磷化公司500万吨／年磷矿采选项目；云南宣威磷电公司电化一体化项目等。

（3）乙炔化工和盐化工

以昆明、曲靖、昭通、文山为重点，形成煤化工和盐化工相结合的乙炔化工，构建以电石为起点，烧碱、聚氯乙烯为核心的产业基地，廷伸产业链。组织抓好云天化集团盐化股份公司氯碱二期技改工程10万吨／年烧碱、80万吨／年真空制盐项目；云南煤化工集团云维公司宣威年产60万吨电石、300万吨石灰岩矿山、20万吨醋酸乙烯等项目；云南煤化工集团云维公司保山5万吨／年醋酸乙烯配套20万吨／年电石项目；南磷集团寻甸磷电公司30万吨／年烧碱、39万吨／年聚氯乙烯项目；大关天元化工公司20万吨／年电石项目等。

3. 黑色金属产业

组织抓好武钢集团昆钢股份公司新型钢材、节能减排、淘汰落后产能重大技术改造项目；昆钢集团120万吨／年球团项目二期工程项目；昆钢集团大红山800万吨铁矿扩产项目；力争将昆钢集团培育成千万吨级的钢铁企业集团；武钢集团新兴钢铁公司提钒炼钢项目、焊管公司搬迁项目；昆明、玉溪、曲靖、保山等州（市）重点钢铁企业的升级改造项目；促进德胜集团楚雄钢铁公司和玉溪、曲靖等地方钢铁企业的技术进步、产品升级和节能降耗，引导钢铁企业联合重组。

（三）加快培育新产业——以黑色金属合金、有色金属合金、化工材料、光电子材料、装备制造配套等行业为主导，改变新产业发展慢、新而不实的现状。

世界范围内正在展开新一轮以科技革命为先导的产业革命竞争。在新材料、新能源、信息、环保等新产业上尽快实现突破，才能抢占新一轮大发展的制高点，让经济增长更上层次、更有后劲、更可持续。

云南具有加快培育新产业的资源优势。钛铁矿是我省既有资源优势又有规模发展优势的矿产资源；钒矿资源较为丰富；铟、铊、镉等稀有贵金属保有储量居全国第1位；银、锗、铂金属储量居全国第2位；云南硅矿资源丰富，是中国4大硅工业省份之一。

结合我省实际，要加快培育黑色金属合金、有色金属合金、化工材料、光电子材料、装备制造配套等新产业。

1. 黑色金属合金

逐步淘汰强度335兆帕及以下热轧带肋钢筋，加快推广使用强度400兆帕及以上钢筋，促进建筑钢材的升级换代，400兆帕及以上热轧带肋钢筋使用比例达到60%以上。发展建筑钢材深加工品种，拓展建筑用棒线材的加工与配送业务（定尺钢筋、箍筋、弯曲钢筋、焊接网、钢筋笼、柱等）。增加热轧、净轧钢卷及中厚板品种，发展高强度钢筋和节材、优质碳素钢、管线、锌板，电工、路桥、船、模具、高压容器用钢等。支持昆钢集团建设60万吨冷轧硅钢生产线，以适应电力装备工业的发展需要，建设直缝焊管生产线和螺旋缝埋弧焊管生产线，以适应中石油滇缅油气管线建设的需要。

综合利用锰矿石资源。建立采、选、冶、化一体的锰产业链. 以文山、红河为主，发展锰系铁合金。组织抓好云南建永锰矿公司加20吨／年锰系合金节能减排项目；砚山县阿舍冶炼厂12万吨／年铁合金结构调整、提高产能技改项目；昆钢集团的五氧化二钒产业，利用钒钛磁铁矿炼钢吹炼出的钒渣进一步加工形成五氧化二钒，力争尽快达到年产4000吨规模；昆钢集团的钛材加工产业，力争2011年左右建成楚雄钛材加工基地。

2. 有色金属合金

（1）铜材

鼓励各类铜材加工企业发展。开发电工用铜线坯、高速电气化铁路接触网导线、高效节能电动机用铸铜转子、超细电解铜粉和电磁线、营、板、带、箔以及铜基合金材料等铜深加工产品，开发机械装备、建筑用铜制品。组织抓好云铜集团20吨铜基新材料加工等项目。

（2）铝材

以云南冶金集团云铝股份公司等重点企业为主，在现有铝合金、电工圆铝杆、铝铸轧卷、冷轧板、铝箔、型材基础上，不断开发新产品，提高铝加工能力。组织抓好云铝股份8万吨中高强度宽幅铝合金板带、云铝股份4万吨／年铝合金圆杆等项目。

（3）锌材铅材

以云南冶金集团驰宏锌锗公司、云锡集团、祥云飞龙公司等企业为重点，积极发展铅基合金、锌基合金，开发压铸用锌合金、氧化锌粉、合金锌粉、镀锌原料、锌基新材料系列产品以及硫化锌、硒化锌、硫酸锌等相关化工产品；发展铅电极、铅酸蓄电池、电动车用铅蓄电池、锌—气电池等，提高产品附加值。组织抓好云铜集团锌业公司7.5万吨／年锌基合金技改和10万吨／年锌锭铅锭资源综合利用等项目。

（4）锡材

以云锡集团为重点，继续发展锡材和锡化工。以锡粉、锡粒、BGA锡球、锡珠、锡球、锡半球、锡柱、无铅焊锡球、纯锡电解阳极、浮法玻璃专用锡、锡基轴承合金等锡材产品为龙头；稳定发展镉铅焊料丝、铸造（挤压）锡铅焊料、汽车水箱专用锡铅焊料、球型锡铅焊料粉、无铅焊锡条（丝）等；继续开发生产氧化亚锡、锡酸钠、氯化亚锡、硫酸亚镉、二氧化锡、锡酸钠、锡酸锌、羟基锡酸锌、无铅氯化亚锡、焦磷酸亚锡、辛酸亚锡、锡酸钾、无水四氯化锡、陶瓷色料等锡化工产品。组织抓好云锡集团锡材深加工6000吨／年甲基锡等项目。

3. 化工材料

（1）精细磷化工

利用商品磷酸从事精细磷酸盐（铵盐除外）产品生产项目，以黄磷为原料就地深加工项目，以磷肥或其他磷化产品为原料的复混肥、特种肥或磷化工产品的再廷伸项目，以固体废弃物或尾气为原料的资源综合利用项目。积极开发消防、造纸、纺织、耐火材料、水处理、食品、饲料、医药、电子、金属加工等领域的磷酸盐产品。组织抓好中化集团晋宁工业园区精细磷化工、寻甸龙蟒磷化工有限公司30万吨／年饲料级磷酸盐、云南新龙矿物质饲料有限公司30万吨／年饲料级磷酸盐、云天化集团天创科技公司精细磷化工等项目。

（2）煤化工

集约化发展煤气化工、无机化工、煤焦化、碳一化工（含甲醇制烯烃及后加工）、煤液化、乙炔化工。支持云南煤化工集团、省外大企业采用先进技术对昭通褐煤等煤资源进行开发利用。组织抓好云南煤化工集团12万吨粗苯加氢精制、10万吨氨纶、10万吨甲胺、6万吨聚甲醛，云南冶金集团红河60万吨／年焙烧碳素阳极等项目。

（3）石油化工及天然气化工

结合中石油集团2000万吨原油炼化项目，建设100万吨烯烃裂解装置，并发展乙烯、丙烯、丁二烯、苯、甲苯、二甲苯的衍生产品。项目建成后销售收入达到200亿元以上。结合中石油天然气项目发展天然气化工。经过净化分离和裂解、蒸汽转化、氧化、氯化、硫化、硝化、脱氢等反应，发展合成氨、甲醇、乙烯、乙炔、二氯甲烷、四氯化碳、二硫化碳、硝基甲烷等材料。

4. 光电子材料

（1）硅材料

建设硅基础材料、硅核心材料和硅光电子材料产业基地。引进技术发展非晶硅（化合物半导体GaAs—Ge）光伏产品。以迪庆为主发展硅系铁合金，以保山、德宏、怒江、文山、临沧为主，集中发展工业硅。组织抓好昌宁县立得硅业公司20万吨／年金属硅项目；美国环球特种金属公司10万吨／年金属硅项目；云南冶金集团永昌铅锌公司5万吨／年工业硅项目；潞西市卓信硅业公司5万吨／年工业硅项目。

（2）锗材料

依托临沧鑫圆锗业公司、云南冶金集团驰宏锌锗公司，重点建设昆明光电子产业基地锗材料项目，临沧鑫圆锗业公司的零位错、低位错光伏锗单晶片和红外锗镜头生产项目。

（3）铟材料

在标准铟、高纯铟的基础上，积极发展铟化合物、铟基合金、半导体材料、含铟太阳能薄膜电池材料等。

（4）蓝晶基片

以玉溪蓝晶科技公司为主体，实施半导体照明关键材料（LED）产业化项目。完善100万片蓝宝石单晶基片生产线和基片加工中心。

5. 装备制造配套

（1）TD等3G产业

推进TD（TD—SCDMA）等3G产业发展，能直接带动设备制造业、信息产业和劳动力市场需求，对于提高我省原材料供应能力，调整产业结构，拉动经济增长具有重要作用。要切实按照国务院《电子信息产业调整振兴规划》的要求，认真落实《云南省人民政府中国移动通信集团公司战略合作框架协议》、《云南省人民政府中国电信集团公司关于推进云南信息化建设的战略合作协议》、《云南省人民政府中国联合网络通信集团有限公司战略合作框架协议》，将TD网络建设纳入云南重点建设项目，积极引导和鼓励各类重点建设项目应用TD网络技术，推动相关产业发展。

（2）电力装备

面向西南地区和东南亚电力建设市场加快发展电力装备，建设昆明电工装备基地，重点组织大中型水力发电设备、高电压等级输变配电装备的攻关和制造，加快发展10万千瓦以上水力发电设备、500千伏级及以上电力变压器和高压开关成套设备；加快220千伏电力变压器、126千伏~550千伏电压等级高压开关扩能改造；开发生产500~1000千伏安变压器。

（3）汽车拖拉机内燃机及车部件

进一步开创中、轻型载货车发展的新局面；积极开发生产新型轻型载货车、皮卡、工程车及专用车；适时开发乘用车和大型载货车；积极发展中、轻型客车和大型豪华客车等新产品；积极发展大中型拖拉机；积极开发电动等新能源动力汽车和专用零部件。积极推进云南省与第一汽车集团公司的战略合作，认真落实《云南省人民政府中国第一汽车集团公司战略合作框架协议》，加快发展SUV、轿车、MPV整车制造项目；推进一汽红塔公司——一汽—通用公司轻卡、工程车和商务车制造项目的合作；推进东风云汽皮卡及货车的发展；推进力帆骏马公司与国外知名汽车公司的合作。以力帆骏马公司、一汽红塔公司、东风云南公司、云内动力公司、西仪公司等企业为主体，通过新产品开发、产业协作，形成大理、曲靖和昆明汽车、内燃机及零部件产业集聚区，延伸配套产业链。

（4）民用机场装备及系统等

认真落实《云南省人民政府中国船舶重工集团公司战略合作协议》，重点建设民用机场装备国产化研发制造，固体废弃物及污水处理装备系统研发制造，现代物流装备及系统研发制造，烟草机械设备及烟草加工原创性新工艺、新技术、新设备、新产品开发，水中兵器及海洋工程配套装备的研发制造等项目。

6. 新能源

根据我省实际，新能源产业扶持发展的重点为太阳能、生物质能、风能、地热能、氢能等。密切关注国际原油产销动向，推进煤制油产业化技术。认真落实《云南省人民政府中国长江三峡工程开发总公司战略合作协议》，切实推动有关工作。

7. 环保技术产业

随着我国对环境问题日益重视和环保法规的不断完善，环保产业的发展有着广阔的前景，有望成为最具潜力的新经济增长点。我省在继续加强工业“三废”治理技术研发利用的同时，更应充分利用微生物资源优势，积极开发微生物环保技术。研发生物可降解材料及微生物除污等技术。

四、推进工业经济调结构上水平的举措

根据工业经济结构存在的主要问题和工业经济调结构上水平的选择，围绕动力源提出“三动”措施建议。

（一）创新驱动。

创新是一个民族进步的灵魂，是社会经济发展的不竭动力。7月7日~8日，白恩培书记在昆明、玉溪调研时强调指出：“在这次金融危机中，凡是创新能力弱的工业企业，受冲击的程度就深、影响就大；凡是创新能力强的工业企业，都经受住了考验，还得到了发展”。我省工业经济结构存在的主要问题充分说明在国际金融危机中，需要进一步突出创新驱动。把握好《中共云南省委云南省人民政府关于进一步加快推进新型工业化的决定》（云发[2008]15号）精神，加快建立以企业为主体的技术创新体系，全面提高企业的自主创新能力，提升我省工业品牌与工业经济的整体实力，从而促进我省工业经济结构的调整与升级。当前，要切实抓好6个方面创新驱动的工作。

1. 大力实施技术装备提升工程。要紧紧围绕烟草制品业、装备制造业、生物产业、能源产业、矿产业这5大重点产业，加快有色金属新材料、磷煤化工、光电子、装备制造业、生物质能源等产业化创新基地建设，以数控机床、汽车及柴油发动机、铁路养护装备、电力装备、自动化物流设备和环保设备为重点，引导并加大技术改造投入，积极支持运用高新技术、先进适用技术特别是信息技术提升技术装备水平，初步形成以重大特色装备、知名品牌和骨干企业为支撑，一批专、精、特、新中小企业相配套的装备制造产业格局，把云南打造成我国重要的大型数控机床基地、大型铁路养护设备基地、烟草装备基地和现代物流设备基地。力争到2012年，重点实施200项重大技术改造工程、100项重大装备及关键零部件生产项目。

2. 大力实施企业创新平台建设工程。围绕增强企业创新能力的发展目标，深入实施“建设创新型云南行动计划”，突破一批核心技术和关键技术，提升现有企业技术中心的能力和水平；鼓励和支持具备条件的大中型工业企业建立技术中心及博士后流动工作站，支持有条件的省级企业技术中心申报国家级企业技术中心，积极推进有条件的州（市）开展州（市）企业技术中心认定；鼓励冶金、化工、机械、生物医药等优势行业内的企业技术中心建立开放式运作模式；鼓励中小企业建立技术联盟或共同建立行业性技术创新和服务平台。力争到2012年，省级以上企业技术中心达到180家，其中国家级企业技术中心20家。

3. 大力实施“产学研”联合创新工程。在风险共担、成果共有、利益共享的原则下，实施以政府为引导，企业为主体，“产学研”相结合的联合创新工程。通过委托开发、联合开发等形式，以社会和市场需求为纽带，发挥高等学校、科研院所技术优势和企业的资金、管理和市场优势开展联合创新。重点推进与有色金属、生物及医药、机电、化工等产业有关的研发资源整合，加快建立“产学研”相结合的有色金属研发体系、“云药”研发体系、光机电一体化研发体系、磷化工及煤化工研发体系，形成以市场为导向、企业为主体、技术为纽带的“产学研”联合创新模式，努力提升我省“产学研”联合创新能力。

4. 大力实施企业信息化工程。按照政府引导、企业为主、市场化运作的原则，推动信息技术在工业领域的应用，以智能化、数字化、虚拟化、网络化、敏捷制造为方向，对传统企业设计、生产流程进行再造，实现生产信息化，大力推进信息化与工业化融合。要围绕烟草、生物医药、能源、矿冶、机械与电子等重点产业，组织实施一批具有行业示范作用的企业信息化项目，全面提升企业的自动化、现代化整体技术水平，促进产业优化升级。力争到2012年扶持10项~20项企业信息化项目，通过企业信息化示范项目的带动，加快我省企业信息化进程。

5. 大力实施新技术推广工程。综合运用网络、多媒体、远程通讯等现代信息技术，广泛开展多层次、多渠道、多形式的新技术推广活动，鼓励企业采用先进、成熟、适用的新工艺、新技术、新材料、新装备。充分发挥科技中介组织的作用，促进新技术的推广和应用，以提高产品质量，降低原材料、能源消耗，提高生产效率，改善劳动条件，消除环境污染，改进和完善传统工艺，提高企业应用新技术的水平和能力，加快科研成果和新技术的推广应用。定期或不定期举办非公企业技术创新成果展览交易会，组织非公企业创新论坛，提升非公经济创新能力和成果转化效率。到2012年，组织研发、推广应用100项新产品、新技术和关键共性技术。

6. 大力实施工业品牌培育工程。积极推进工业企业核心技术研发，强化企业质量管理，大力推进商标、名牌、知识产权等工作。着力壮大一批传统工业品牌，发展一批新兴产业工业品牌。培育一批工业企业上市品牌，创立一批自主创新品牌。到2012年，全省形成比较完善的重视、鼓励和扶持工业品牌培育和发展的良好环境，初步建立社会公认工业品牌的体制和机制。

（二）改革推动。

云南工业的发展史，就是一部改革史。在应对国际金融危机的过程中，进一步推进工业体制机制改革，强化工业企业的现代化管理，既是应对危机的有效“法宝”，也是企业谋求长远发展、增强内生动力的迫切需要。当前，要重点抓好3个方面改革推动的工作。

1. 在转换工作机制上更深一层。体制机制改革是经济社会发展永恒的主题，谁更深入一层，谁就赢得主动。一要按照监管科学化、产权多元化、资本证券化、人才市场化、事权服务化的思路，进一步完善国有资产监督管理体制，加大力度深入推进资源资本化进程。二要引导企业积极推进内部体制机制改革，进一步完善公司治理结构，规范企业的董事会、监事会等的设立制度以及运行机制，真正形成企业决策、监督和经营3权各司其职、相互制约、相互监督的良性循环机制。三要大力推进企业组织结构调整和兼并重组，进一步夯实应对危机、降本增效、持续发展的坚实基础。发展的实践证明，越是困难的形势，越要深化改革。通过进一步深化我省工业体制机制的改革，努力使我省的工业企业形成适应国际、国内市场变化和经济结构调整的管理体制、运行模式和相关制度体系，在应对金融危机的具体工作中，在推进工业强省战略的进程中增添更多的动力、注入更多的活力。

2. 在加强企业管理上更实一步。管理是企业的生存之本。没有科学的管理，企业内部要素资源配置就不可能得到优化，企业做大做强就难以推进。在当前十分困难的形势下，一要大力引导、支持和帮助企业进一步提高人才、技术、资金、物资和信息等来源的配置效率，努力建立科学、规范的决策、规划、组织、控制和监督等方面的管理制度；二要大力引导、支持和帮助企业积极推行精细化管理方式，全面强化成本、资金、质量、安全、营销和生产等各项基础管理，全方位多角度挖潜、降本、增效；三要大力引导、支持和帮助企业加快完善经营管理和质量管理体系，以信息化与工业化的整合推动管理上台阶；四要大力强化企业家队伍的高端培训和新知识研修等工作，加快培育和发展壮大云南企业家队伍群，进一步强化企业科技人才和管理人才的队伍建设，尽快制定云南企业家培育的具体实施办法，为我省工业企业实施战略管理、组织管理、投资管理和人本管理提供人才保障。

3. 在应对危机上更快一拍。2009年1月以来，国务院相继审议并原则通过了十大产业振兴规划，对我省企业战略性重组、淘汰落后产能、加快技术进步、推动产业发展带来了新的历史机遇。去年下半年以来，省委、省政府在贯彻落实国家扩大内需各项政策工作中，制定了一系列及时、坚决、有力的政策措施，相继出台了《中共云南省委云南省人民政府关于加快非公有制经济发展的决定》（云发[2009]9号）和《云南省人民政府关于促进工业产品销售保持工业平稳较快发展的意见》（云政发[2009）77号）。从2009年上半年的情况看，全省工业经济运行遏制下滑、企稳回升、完成上半年预期目标。要立足国际竞争激烈、省际竞争加剧的大背景和大形势，充分研究和吃透国家政策，尽快实现与省情实际的无缝对接，争取更多地享有国家政策的机会，进一步加大对省委、省政府重大决策部署的落实力度，积极作为、突出实效，努力在这新一轮全国产业振兴的大潮中，因地制宜、顺势而谋、抢占先机。

（三）开放带动。

加快发展，开放为先。开放是解决工业发展过程中的深层次矛盾和问题的重要动力。开放要有全局的视角、要有超前的理念、要有世界眼光。要把开放拉动工作做细、做实、做出成效。当前，要突出抓好3个方面开放带动的工作。

1. 以开放的力度提升我省工业对外开放合作水平。坚持开放带动，在更大范围、更广领域、更高层次上参与国际经济技术合作与竞争，以大开放促进大发展。打破公有私有、省内省外、国内国外、行业企业的限制。实行“非禁即放”，努力扩展对外开放的广度和深度。积极引进战略合作伙伴，用先进的技术和管理经验来带动全省工业企业的发展，促进产业结构调整。鼓励和支持有条件的企业对外投资，带动商品和劳务出口，同时充分发挥区位优势，以电力、化工、钢铁、有色金属、机电、建材、食品、日用化工等行业为重点，在昆明、河口、瑞丽、景洪、腾冲等口岸城市建设进出口加工贸易区，把我省建设成为我国面向东南亚、南亚的出口加工基地。

2. 以开放的深度推进各项应对举措的落实与完善。一要狠抓中央大政方针精神的领会与把握，狠抓省委、省政府“抢机遇、促投资、强产业、扩消费、增动力、重民生、抓生态、保稳定”的工作方针和“稳工业、增投资、促消费、保民生”等一系列重大政策的落实，真正把政策的思路变成行动，把政策的目标变成现实。二要不断调整和完善相关应对措施，如进一步加大保护和统筹资源方面，停止或调减资源粗加工产品铁路外运方面；在推进直购电试点工作方面，积极推进煤矿电一体化、水电矿一体化等，都是应对危机、促进发展的空间和手段。三要进一步做好“研究政策、拓展空间、挖掘潜力”的文章，大力推进企业战略合作，充分利用当前整合并购成本相对较低的有力时机，加快推进我省优势资源的整合工作，积极推动煤炭、磷矿石、钢铁等行业的大型优势集团跨行业、跨地区、跨所有制的重组，进一步开展战略合作、优化产业布局和上下游的资源配置，进一步增强我省工业企业的总体竞争力。

3. 以开放的广度抓好东部产业转移的承接工作。在充分看到我省承接东部产业转移已取得较好成效的基础上，更要看到目前面临的困难。从外部讲，金融危机导致了产业转移的速度减缓，同时中西部省区的竞争也从未消停。从内部看，我省地处内陆，运输距离较长、在运输成本上处于劣势，铁路、公路、航空运力紧张等。如何立足优势、搭建平台和求得实效，要突出抓好4个方面的工作：一是加强统筹协调。要加强对这方面工作的领导，明确职能部门，制定工作目标、细化工作任务。二是创新招商引资。实现特色招商，关键是把我省的优势、特色产业筛选好、宣传好、包装好、推介好。要以我省优势企业和各类工业园区为载体，主动出击，走一条以商招商、委托招商的路子。三是推进工业园区建设。今年出台了《云南省人民政府关于加快工业园区建设的意见》（云政发[2009]79号），当前就是要狠抓宣传、贯彻和落实。要充分看到我省具有连接东亚、东南亚、南亚3大市场，沟通太平洋、印度洋的优势，加大向国家积极申请建立“跨境经济合作区”的力度，力争将瑞丽、河口、磨憨等口岸作为重点，设立综合保税区，以承接整个行业和产业的大规模转移。四是提升工作水平。良莠不分、不加选择，我省工业产业的转型升级就不但推进不了，还会带来阻碍因素。要以矿产、电力、生物资源开发等为重点，以石油天然气炼化、茶叶、核桃、橡胶、珠宝玉石等为优势产业，以合金材料、化工材料、光电子材料、装备制造配套等为新兴产业；以日化五金机电、服装、鞋帽、塑料包装等为主的劳动密集型产业。尽可能吸引同类型的企业抱团进入，引入群体性的产业集群转移。

以上从工业经济结构的基本情况，工业经济结构存在的主要问题，工业经济调结构上水平的选择，工业经济调结构上水平的措施建议等四个方面对在化“危”为“机”中工业经济调结构上水平进行了思考，不妥之处，请白恩培书记、秦光荣省长及各位领导批评指正。

在2009年三季度全省工业经济运行分析会上的讲话

云南省人民政府副省长 和段琪

（2009年10月10日）

前几天，我们刚刚迎来新中国成立60周年的盛大庆典和传统的中秋佳节。昨天，沐浴着节日的喜庆，省工业和信息化委举行了揭牌仪式。今天，我们在省工业和信息化委新办公大楼召开2009年三季度全省工业经济运行分析会，主要目的是深入学习党的十七届四中全会精神，认真分析1月～9月全省工业经济运行情况，准确把握我省工业经济发展的形势，进一步统一思想、坚定信心、研究对策，抓紧有限的时间，以只争朝夕的精神，狠抓各项政策措施的落实，努力实现全年全省工业经济发展目标。刚才，省工业和信息化委就当前全省工业经济运行情况作了全面汇报，省统计局、国家统计局云南调查总队等部门的同志也发了言，大家都讲得很好。希望大家结合各自实际，全力以赴把第四季度工作做好，确保工业经济平稳较快发展，确保年度目标任务的完成。下面，我讲三点意见。

一、前三季度全省工业经济发展实现预期目标

今年以来，面对严峻复杂的国际国内经济形势，全省工业战线认真贯彻落实省委、省政府应对国际金融危机，保持工业经济平稳较快发展的一系列政策措施，紧紧围绕“保增长、扩内需、调结构”，迎难而上，开拓进取，着力解决制约工业经济发展的突出问题。

（一）*强化落实各项措施，切实发挥政策效力。*按照省委、省政府的部署，各级、各部门认真贯彻电价扶持政策，促进了电力发、供、用水平的稳步提高；在继续做好有色金属第二批收储工作的同时，将锗、工业硅等品种纳入了收储范围；开展了“促投资、保增长、抓落实”百日调研督查活动，组织46个调研督查组对全省200个重大建设项目、200户重点企业进行实地调研督查，督促中央和我省出台扩大内需政策及各项工作措施的贯彻落实，协调解决项目建设和企业生产经营中出现的困难和问题。

（二）*大力推进产业结构调整，加快新型工业化发展。*在继续抓好淘汰落后产能工作的同时，全力推进新型工业化发展，加快园区基础设施建设和招商引资工作，严格按照资金申报审核程序，安排了57个对企业项目入园发挥关键性作用的软硬环境建设项目贴息或补助。积极组织开展创建“国家新型工业化产业示范基地”。

（三）*积极支持企业加快技术改造，着力推进产品结构调整和优化。*以“增投资、保增长、促升级”为主线，加大工业投入，加快企业技术改造，加快推进云维股份20万吨醋酸、红云红河烟厂搬迁、冶金集团海绵钛等100项技术改造和产业结构调整升级项目；择优认定云南兴长江实业有限公司、云南省玉溪市红塔铝型材厂、个旧圣比和实业有限公司、云南陆良和平科技有限公司、大理药业股份有限公司、丽江三川火腿有限责任公司等25家企业的技术中心为第十二批省认定企业技术中心。

（四）*努力扩大省产工业品促销成果，促进工业经济平稳发展。*按照省政府的要求，省工业和信息化委与省财政厅等部门制定了汽车、拖拉机、钢材、机电产品、太阳能热水器等省产工业品促销实施办法和促销目录，进一步完善了资金审核、拨付等程序，直接带动了汽车、钢材、太阳能热水器以及变压器等机电产品生产和销售。企业产销两旺，订单饱满，工业经济平稳发展。

（五）*不断加强工业经济运行监测分析，推动区域经济协调发展。*为认真贯彻落实胡锦涛总书记视察云南时的重要讲话精神以及省政府第26次常务会议和7月20日~22日省委理论学习中心组集中学习会议精神，今年下半年以来，省政府召开了一系列工业经济运行专题分析会，一个州市一个州市地分析，一个行业一个行业地分析，一个企业一个企业地分析，一个建设项目一个建设项目地分析。7月28日，我在蒙自县主持召开了红河州工业经济调研专题会议。8月11日，8月21日和9月2日，省工业和信息化委主任刘绍忠集中有关部门的智慧，带领副主任以及10多个处室负责人，先后到昆明、曲靖、楚雄等地召开工业经济运行专题调研会议，会同州市相关部门对工业经济运行把脉会诊，研究相关措施，推动区域经济协调发展。8月末，昆明、红河、楚雄三个州市工业增速扭负为正，16州市全部实现了正增长。

在省委、省政府的坚强领导下，在白恩培书记、秦光荣省长的亲切关怀下，经过全省工业战线同志们的辛勤工作，前三季度全省工业经济发展实现了预期目标，成绩来之不易。据初步预计，9月份，全省3318户规模以上工业企业增加值190.75亿元，同比增长23.7%，绝对量和增幅均创新高；1月～9月，规模以上工业企业增加值累计1339.42亿元，同比增长5.8%，较一季度和上半年分别提高4.7和3.7个百分点，规模以下工业企业增加值同比增长9.6%。全部工业增加值1451.05亿元，增长6.2%，实现了前三季度增长6%的目标任务。1月～9月，单位工业增加值能耗下降4.58%；全省非电工业投资484.61亿元，同比增长23.7%。9月份，我省工业品出厂价格同比下降11.9%，降幅比上月缩小1个百分点，环比上涨0.9%；1月～9月，我省工业品出厂价格同比下降11.3%。三季度，我省企业景气指数和企业家信心指数分别为115.1、117.9，重新回升到了相对景气区间。

前三季度工业经济发展所取得的成绩，为我们做好下步工作增添了信心，增强了动力。在此，我代表省委、省政府，代表白恩培书记、秦光荣省长，对全省工业战线同志们的辛勤工作表示衷心的感谢!

二、完成全年工业经济发展目标任务仍然艰巨

从当前我省工业经济运行情况看，从前三季度初步预计数分析，完成全年工业经济发展目标任务仍然艰巨。

从总体上看，今年全省工业经济发展目标是全省全部工业增加值完成2400亿元，其中规模以上工业完成2050亿元，规模以下工业完成350亿元。1～9月全省全部工业增加值完成1451.05亿元，占全年目标的60.5%。上半年，全省规模以下工业完成增加值153.2亿元，基本达到进度要求。依据我省中小企业上半年生产节奏较慢，下半年生产节奏较快的特点，预计规模以下工业增加值经过努力，可以完成预期目标；规模以上工业增加值要完成预期目标，形势还比较严峻。1～9月，全省规模以上工业预计完成增加值1339.42亿元，月均148.82亿元，完成年度计划的65.3%；第四季度规模以上工业增加值要完成710.58亿元，月均须完成236.86亿元，压力较大。

从16个州市看，16个州市目标为2050.5亿元，1～9月完成1348.77亿元，占全年目标的65.8%。具体情况是：

昆明市目标570亿元。1～9月完成385.71亿元，月均42.86亿元，完成年度计划的67.7%；第四季度要完成184.29亿元，月均须完成61.43亿元。

昭通市目标69亿元。1～9月完成51.63亿元，月均5.74亿元，完成年度计划的74.8%；第四季度要完成17.37亿元，月均须完成5.79亿元。

曲靖市目标362亿元。1～9月完成229.2亿元，月均25.47亿元，完成年度计划的63.3%；第四季度要完成132.8亿元，月均须完成44.27亿元。

楚雄州目标95亿元。1～9月完成62.97亿元，月均7亿元，完成年度计划的66.3%；第四季度要完成32.03亿元，月均须完成10.68亿元。

玉溪市目标380亿元。1～9月完成252.12亿元，月均28.01亿元，完成年度计划的66.3%；第四季度要完成127.88亿元，月均须完成42.63亿元。

红河州目标235亿元。1～9月完成148.54亿元，月均16.5亿元，完成年度计划的63.2%；第四季度要完成86.46亿元，月均须完成28.82亿元。

大理州目标91亿元。1～9月完成63.3亿元，月均7.03亿元，完成年度计划的69.6%；第四季度要完成27.7亿元，月均须完成9.23亿元。

文山州目标63亿元。1～9月完成34.59亿元，月均3.84亿元，完成年度计划的54.9%；第四季度要完成28.41亿元，月均须完成9.47亿元。

普洱市目标33亿元。1～9月完成19.26亿元，月均2.14亿元，完成年度计划的58.4%；第四季度要完成13.74亿元，月均须完成4.58亿元。

保山市目标31亿元。1～9月完成18.55亿元，月均2.06亿元，完成年度计划的59.8%；第四季度要完成12.45亿元，月均须完成4.15亿元。

西双版纳州目标26亿元。1～9月完成17.87亿元，月均1.99亿元，完成年度计划的68.7%；第四季度要完成8.13亿元，月均须完成2.71亿元。

德宏州目标16亿元。1～9月完成14.62亿元，月均1.62亿元，完成年度计划的91.4%；第四季度要完成1.38亿元，月均须完成0.46亿元。

丽江市目标20.5亿元。1～9月完成15.38亿元，月均1.71亿元，完成年度计划的75%；第四季度要完成5.12亿元，月均须完成1.71亿元。

怒江州目标17亿元。1～9月完成9.14亿元，月均1.02亿元，完成年度计划的53.8%；第四季度要完成7.86亿元，月均须完成2.62亿元。

迪庆州目标10亿元。1～9月完成5.47亿元，月均0.61亿元，完成年度计划的54.7%；第四季度要完成4.53亿元，月均须完成1.51亿元。

临沧市目标32亿元。1～9月完成20.42亿元，月均2.27亿元，完成年度计划的63.8%；第四季度要完成11.58亿元，月均须完成3.86亿元。

从以上分析可以看出，除德宏州、丽江市外，其余14个州市后三个月月均完成量均需超过前九个月的月均完成量。

从15个主要工业行业看，15个主要工业行业目标1989亿元，1～9月完成1289.11亿元，占全年目标的64.8%。具体情况是：

电力行业目标245亿元。1～9月完成172.61亿元，月均19.18亿元，完成年度计划的70.5%；第四季度要完成72.39亿元，月均须完成24.13亿元。

造纸行业目标18亿元。1～9月完成9.25亿元，月均1.03亿元，完成年度计划的51.4%；第四季度要完成8.75亿元，月均须完成2.92亿元。

印刷行业目标20亿元。1～9月完成13.46亿元，月均1.5亿元，完成年度计划的67.3%；第四季度要完成6.54亿元，月均须完成2.18亿元。

煤炭行业目标94亿元。1～9月完成60.99亿元，月均6.78亿元，完成年度计划的64.9%；第四季度要完成33.01亿元，月均须完成11亿元。

烟草行业目标680亿元。1～9月完成526.2亿元，月均58.47亿元，完成年度计划的77.4%；第四季度要完成153.8亿元，月均须完成51.27亿元。

黑色金属行业目标167亿元。1～9

月完成87.75亿元，月均9.75亿元，完成年度计划的52.5%；第四季度要完成79.25亿元，月均须完成26.42亿元。

化工行业目标160亿元。1～9月完成78.29亿元，月均8.7亿元，完成年度计划的48.9%；第四季度要完成81.71亿元，月均须完成27.24亿元。

医药行业目标50亿元。1～9月完成33.36亿元，月均3.71亿元，完成年度计划的66.7%；第四季度要完成16.64亿元，月均须完成5.55亿元。

机械行业目标100亿元。1～9月完成61.35亿元，月均6.82亿元，完成年度计划的61.4%；第四季度要完成38.65亿元，月均须完成12.88亿元。

农副食品加工行业目标45亿元。1～9月完成36.87亿元，月均4.1亿元，完成年度计划的81.9%；第四季度要完成8.13亿元，月均须完成2.71亿元。

炼焦行业目标75亿元。1～9月完成32.85亿元，月均3.65亿元，完成年度计划的43.8%；第四季度要完成42.15亿元，月均须完成14.05亿元。

有色金属行业目标250亿元。1～9月完成121.32亿元，月均13.48亿元，完成年度计划的48.5%；第四季度要完成128.68亿元，月均须完成42.89亿元。

通信电子行业目标5亿元。1～9月完成2.25亿元，月均0.25亿元，完成年度计划的45%；第四季度要完成2.75亿元，月均须完成0.92亿元。

建材行业目标53亿元。1～9月完成35.52亿元，月均3.95亿元，完成年度计划的67%；第四季度要完成17.48亿元，月均须完成5.83亿元。

饮料行业目标27亿元。1～9月完成17.04亿元，月均1.89亿元，完成年度计划的63.1%；第四季度要完成9.96亿元，月均须完成3.32亿元。

从以上分析可以看出，除烟草、农副食品加工行业外，其余13个行业后三个月月均完成量均需超过前九个月的月均完成量。

从16户企业看，16户企业目标1033.9亿元，占规模以上工业目标2050亿元的50.4%，1～9月完成842.37亿元，占全年目标的81.5%。具体情况是：

中烟公司目标708亿元。1～9月完成552.77亿元，月均61.42亿元，完成年度计划的78.1%；第四季度要完成155.23亿元，月均须完成51.74亿元。

电网公司目标60亿元。1～9月完成85.76亿元，月均9.53亿元，完成年度计划的142.9%。

冶金集团目标33亿元。1～9月完成25.28亿元，月均2.81亿元，完成年度计划的76.6%；第四季度要完成7.72亿元，月均须完成2.57亿元。

煤化工集团目标25亿元。1～9月完成12.13亿元，月均1.35亿元，完成年度计划的48.5%；第四季度要完成12.87亿元，月均须完成4.29亿元。

云天化集团目标55亿元。1～9月完成27.31亿元，月均3.03亿元，完成年度计划的49.7%；第四季度要完成27.69亿元，月均须完成9.23亿元。

昆钢集团目标40亿元。1～9月完成40.44亿元，月均4.49亿元，完成年度计划的101.1%。

云锡集团目标22亿元。1～9月完成24.11亿元，月均2.68亿元，完成年度计划的109.6%。

云铜集团目标28亿元。1～9月完成20.80亿元，月均2.31亿元，完成年度计划的74.3%；第四季度要完成7.2亿元，月均须完成2.4亿元。

德钢公司目标8亿元。1～9月完成9.15亿元，月均1.02亿元，完成年度计划的114.4%。

力帆骏马公司目标9亿元。1～9月完成8.4亿元，月均0.93亿元，完成年度计划的93.3%；第四季度要完成0.6亿元，月均须完成0.2亿元。

祥云飞龙公司目标5.8亿元。1～9月完成4.06亿元，月均0.45亿元，完成年度计划的70%；第四季度要完成1.74亿元.月均须完成0.58亿元。

云南白药集团目标13亿元。1～9月完成11.49亿元，月均1.28亿元，完成年度计划的88.4%；第四季度要完成1.51亿元，月均须完成0.5亿元。

金鼎锌业公司目标8亿元。1～9月完成6.86亿元，月均0.76亿元，完成年度计划的85.8%；第四季度要完成1.14亿元。月均须完成0.38亿元。

南磷集团目标8亿元。1～9月完成4.25亿元，月均0.47亿元，完成年度计划的53.1%；第四季度要完成3.75亿元，月均须完成1.25亿元。

民爆集团目标8.5亿元。1～9月完成7.5亿元，月均0.83亿元，完成年度计划的88.2%；第四季度要完成1亿元，月均须完成0.33亿元。

农垦集团目标2.6亿元。1～9月完成2.06亿元，月均0.23亿元，完成年度计划的79.2%；第四季度要完成0.54亿元，月均须完成0.18亿元。

从以上分析可以看出，煤化工集团、云天化集团、云铜集团、祥云飞龙公司、南磷集团5户企业后三个月月均完成量需超过前九个月的月均完成量。

从1～9月总体情况、16个州市、15个主要工业行业和16户企业的工业增加值完成情况看，要实现全年全省工业经济发展目标，第四季度任务十分艰巨，全省工业战线一定要发扬不怕困难、奋力拼搏的精神，科学研究，真抓实干，全力抓好各项工作，确保工业经济发展年度目标的完成。

三、切实抓好今年后三个月的工作

去年以来，省委、省政府出台了一系列增投资、稳工业的政策措施，白恩培书记、秦光荣省长作出了重要指示，我们的任务关键是要抓好落实。在一季度和上半年全省工业经济运行分析会上，我对贯彻落实好已出台政策措施和白恩培书记、秦光荣省长的重要指示精神提出了具体的要求。在落实一季度和上半年全省工业经济运行分析会具体要求的基础上，全省工业战线要锁定目标，倍加努力，审时度势，监测运行。围绕完成全年工业增加值2400亿元、单位生产总值能耗下降4.5%以上等省政府的工作目标，切实抓好今年后三个月的工作，我再强调八点。

（一）紧盯发展目标。要进一步落实省委、省政府提出的"保工业就是保发展、保就业、保稳定、保大局"的要求，年初确定的工业经济发展目标不调整，完成目标的决心不动摇，紧盯全部工业增加值2400亿元（规模以上工业增加值2050亿元，规模以下工业增加值350亿元）、单位生产总值能耗下降4.5%以上等省政府工作目标，坚持发展不动摇、坚定信心不畏难、扎实工作不松劲，规模以上工业增加值必须完成2050亿元，规模以下工业增加值确保完成350亿元、力争完成400亿元。

（二）促进中小企业加快发展。一是抓好《国务院关于进一步促进中小企业发展的若干意见》（国发[2009]36号）文件的贯彻落实工作。省政府已全文翻印国发[2009]36号文件印发各州市政府、省直各委办厅局，请省工业和信息化委牵头会同有关部门认真研究，提出具体的贯彻实施办法，报省政府审定，争取在10月底以前出台实施。实施办法的起草要结合我省实际，注意与我省已出台有关文件的衔接，围绕"实"字作文章，使其更具可操作性，让广大中小企业得到更多实惠。二是抓好规模以下工业企业的达规工作。秦光荣省长非常重视规模以下工业企业的达规工作，请省工业和信息化委、省统计局等有关部门认真研究，如有必要，我可到国家统计局作专题汇报。9月7日，我委托叶燎原同志对全省煤炭企业达规统计工作与省工业和信息化委、省统计局的同志进行了研究。省工业和信息化委、省统计局于9月18日印发了"关于加强煤炭生产监管工作建立健全煤炭工业企业统计和财务制度的通知"。各有关单位要抓好落实，做好工作，力争今年底全省600户左右煤炭工业企业达到纳入规模以上工业统计的条件。

（三）强化经济运行监测和分析。着力推进重点行业的提速增效，加大重点地区工业发展的指导力度，促进重点地区工业提速；重点抓好煤炭的生产和供应，加大电力生产调度力度，加强铁路运输协调，加大停产半停产企业和负增长企业的帮扶工作力度，密切关注我省工业品出厂价格、企业景气指数、企业家信心指数等指标的变化情况，及时研究分析对相关产业和企业的影响，加强各部门联系协调，全面落实扩内需、保增长各项政策的落实。

在9月23日召开的云南省建筑业发展大会上，秦光荣省长要求，力争到2012年，全省建筑业总产值达到2000亿元以上，年均增长20%以上，增加值占GDP的比重达到10%。秦光荣省长提出的建筑业发展规划目标，为我省建材行业的加快发展提供了新的广阔平台。请省工业和信息化委、住房城乡建设厅等部门认真学习秦光荣省长的重要讲话精神，组成专门的工作班子，对我省建材以及建材市场的发展进行专题研究，提出建材工业发展措施建议报省政府。

（四）"去库存化"要认真总结。去年三季度前，我省相当多的企业，包括部分省属大型企业，在经济形势较好、国际有色金属价格和原材料价格持续走高的情况下，购买了一部份高价原材料。仅铁矿石、氧化铝、铜精矿和硫磺四种原材料，企业就增加成本57亿元，消化这些高价原材料严重影响我省企业产品价格竞争优势，重点行业在今年上半年以前普遍出现负增长。"去库存化"问题值得认真研究和总结，这既是这次国际金融危机给我省企业带来的挑战，也为我省企业提供了进一步加强管理的学习机会。请省工业和信息化委等部门会同有关企业，认真总结"去库存化"的经验教训，合理安排库存存量，灵活务实地抓好企业的生产经营。

（五）"去产能化"要下定决心。当前，我省工业经济面临的困难和挑战，有国际金融危机的影响和冲击，同时也存在部分行业产能过剩和产能落后的问题。各级、各部门要贯彻落实好《国务院批转发展改革委等部门关于抑制部分行业产能过剩和重复建设引导产业健康发展若干意见的通知》（国发[2009]38号），提高对抑制部分行业产能过剩和重复建设以及淘汰落后必要性和紧迫性的认识，重点加强对钢铁、水泥、有色、化肥等行业发展的指导。一是严格市场准入，提高能源消耗、环境保护、资源综合利用、安全生产等方面的准入门槛。二是积极开展信息发布，加强行业产能和产能利用率的统一监测，及时向社会发布产业政策导向和产业规模、社会需求等信息。三是推进技术改造和自主创新，组织行业开展重大科技攻关，解决制约发展的重大技术难题。四是坚决淘汰落后产能，落后产能的淘汰是结构调整的要求，对落后产能绝不能保护，不能因为可能会暂时影响部分经济增长就不淘汰落后产能。请省工业和信息化委等部门切实抓好这项工作。

（六）进一步扩大省产工业品促销成果。在继续扩大省产工业品促销成果的同时，要适应不断变化的形势需要，完善促销实施办法，适当调整奖补政策标准和奖补对象，增补一部分对政策带动敏感的促销产品目录，采取更有力的政策措施，促进省产工业品的销售，千方百计确保工业经济继续向企稳向好方向发展。请省工业和信息化委会同省财政厅抓紧实施。

（七）继续完善重要储备。今年以来，实施的有色金属和化肥等重要商品储备对保证有色金属行业的稳步回升、保证化肥平稳供应发挥了重大作用。第四季度，要在实施好第二批有色金属收储工作的同时，结合当前化肥企业生产经营仍比较困难的实际，同时也为确保明年春耕生产需要，请省工业和信息化委会同省财政厅、省供销社、省化工行业协会等单位立即开展专项调研，既要充分把握今冬明春的春耕生产化肥供需形势，也要充分考虑目前化肥企业生产经营仍比较困难的实际，对下一步如何实施化肥收储提出意见和建议，在10月底以前报省政府研究。

（八）研究和安排好明年的工业经济发展各项工作。2010年是"十一五"的最后一年，既要完成当年目标，又要全面实现“十一五”发展任务，也要为“十二五”发展奠定更坚实的基础，2010年全省的工业经济工作极其繁重，任务极为艰巨，我们一定要超前谋划，提前研究。要把学习贯彻党的十七届四中全会精神与明年工作计划结合起来，要把学习贯彻《国务院办公厅关于应对国际金融危机保持西部地区经济平稳较快发展的意见》（国办发[2009]55号）与云南的实际结合起来，创新工业发展思路，转变经济发展方式，继续大力发展轻工业，优化升级重工业，加快培育新产业。要充分利用我们在应对国际金融危机中积累起来的经验和智慧，创造性地抓好工业经济工作。要研究后金融危机时期我省工业发展机遇，加大应对金融危机后续性、储备性政策措施研究力度。要提前思考2010年工业增加值、非电工业投资、单位GDP能耗、煤电油运、非公有制经济发展、安全生产、信息化建设等工作。

我省工业经济发展任重道远、任务艰巨。在今年后三个月的工作中，我们要认真按照省委、省政府的安排部署和白恩培书记、秦光荣省长的指示要求，齐心协力，抢抓时间，共同努力完成全年的目标任务。

提振信心　攻坚克难
确保实现工业经济平稳较快发展
——在2009年全省工业和信息化工作会议上的报告

云南省工业和信息化委员会主任　刘绍忠

（2009年1月15日）

同志们：

这次会议，是在纪念我国改革开放30周年之际，刚刚成立的省工业和信息化委员会召开的首次会议。会议的主要任务是，深入贯彻落实党的十七大、十七届三中全会，中央经济工作会议、全国工业和信息化工作会议以及省委八届六次全会、全省加快推进新型工业化大会精神，总结去年的工作，分析当前的形势，部署今年的各项任务。

省委、省政府对这次会议非常重视，白恩培书记、秦光荣省长发来了贺电，刚才，副省长和段琪同志作了重要讲话，请大家认真学习领会，抓好贯彻落实。下面，我代表省工业和信息化委员会作工作报告。

一、2008年工业和信息化发展取得显著成绩

刚刚过去的一年，是云南省工业发展非常不平凡的一年，在省委、省政府的正确领导下，全省工业和信息化系统的广大干部和职工坚持以科学发展观为指导，以解放思想为动力，坚定不移地推进新型工业化、加快信息化建设，努力克服自然灾害频发，国际金融危机对实体经济的冲击，国内经济增速下滑的多重不利因素影响，坚决贯彻中央和云南省扩大内需、促进经济增长的重大战略决策，推动出台并落实了一系列保工业增长的政策措施，确保了工业经济平稳较快增长。

——工业发展实现了预期目标。全省全部工业完成增加值2050亿元，增长12%左右，对全省生产总值的贡献率达到42.6%。其中，规模以上工业完成增加值1803.62亿元，增长12.6%；完成主营业务收入4760亿元，实现利税1000亿元，分别增长10.5%和0.4%，实现利润300亿元；工业经济效益综合指数位居全国前列。完成工业投资1200亿元，增长23%，其中，非电力工业投资超过600亿元，增长30%左右。

——结构调整取得积极进展。高新技术企业总产值预计完成830亿元，增长15%；大中型工业企业新产品产值预计达到321亿元，新产品产值率达11%。软件产业主营业务收入预计完成15亿元。烟草企业重组进一步实现强强联合，产品结构优化，品牌效应更为显现。煤化工加快了由农业化工向能源化工的转变。石化、光电子材料项目建设取得明显进展。钢铁调整改造、氧化铝基地建设、铜铝板带材深加工等20项重大工业项目稳步推进，机械装备、电子信息、生物医药、农特产品深加工等产业成为重要的经济增长点。一批落后生产能力退出了市场，全年淘汰炼铁产能108万吨、炼钢33万吨、铁合金19万吨、电石6.7万吨、水泥熟料238万吨、焦炭140万吨、黄磷10万吨、造纸3.2万吨、火电装机80万千瓦。

——企业技术创新取得明显进展。扶持重点技术改造项目144项。组织实施了20项重大装备研发生产，推广了20项关键共性技术。新增企业专利申请量1000余项，增长30%，专利授权数557件，增长13.7%。新认定省级企业技术中心25家、国家级企业技术中心1家，全省国家级和省级企业技术中心分别到达10家和107家。

——工业园区建设取得新进展。40个省级工业园区完成工业总产值1966.9亿元，增长20.7%，工业增加值增幅超过20%的有20个园区、超过40%的有7个园区。吸纳就业32.18万人，增长29%。新完成基础设施投资28.13亿元。新入园企业502户，完成投资85.22亿元。

——节能降耗成效突出。预计全省单位生产总值能耗下降4.4%以上，单位生产总值电耗下降1.6%左右；规模以上工业万元增加值能耗下降11%左右。建筑、交通、商业、农业、政府机构等重点行业节能目标全面完成。

——非公和乡镇企业快速发展。全省非公经济实现增加值2100亿元，增长19%，占全省生产总值的38.5%，比上年提高1.1百分点。全省非公经济户数达到97.3万户，增长3.6%；从业人员348万人，增长10.5%；上缴税金完成265亿元，增长32.5%；完成社会消费品零售总额1420.6亿元，增长23.5%。乡镇企业完成增加值1025亿元（现价，下同）、营业收入5081.2亿元，分别增长17%和18%。

——国防工业和信息产业发展良好。军民品销售收入比上年增长18.9%，其中民品增长28.8%。电子信息产业、电信业务总量和业务收入持续增长。

一年来，我们着重抓了以下主要工作：

（一）确立了新的发展思路和目标任务

面对新的形势，云南工业如何实现跨越式发展，省委、省政府在全面总结走新型工业化道路、实施“工业强省”战略工作的基础上，于去年7月召开了全省加快推进新型工业化大会，出台了《关于进一步加快推进新型工业化的决定》，明确提出加快形成以高新技术产业为先导、先进制造业为主体、现代能源产业为基础、生产服务业为保障、绿色制造为方向的现代产业体系，组织实施“双万亿工程”、重点工业项目建设“双百工程”；明确提出了到2012年工业发展“12345”、主要产品产量“12345678910”和5大重点产业“11235”三大发展目标体系。省委、省政府的战略决策，为今后一段时期加快推进新型工业化，继续实施“工业强省”战略，促进工业经济大发展、大跨越绘制了宏伟蓝图，统一了思想，坚定了信心，鼓舞了斗志。

（二）全力确保工业经济平稳较快发展

去年，面对严重的自然灾害和国际金融危机的影响冲击，我们认真贯彻中央和省委、省政府的决策部署，积极采取有效的应对措施，强化经济运行监测与协调，狠抓煤电油运等要素配置。采取了枯期计划用电提前1个月解除限制、“百日蓄水存煤督查专项行动”等一系列措施，煤炭产量达到8600万吨，增长11%；发电量突破1000亿千瓦时，购进成品油590万吨；完成铁路出省物资运输3052万吨。进入四季度后，针对停产、限产企业增多，工业增速下滑的严峻形势，我们及时向省政府汇报，推动出台了应对金融危机、保工业增长的17项政策措施和加快中小企业发展的14条政策，并认真组织贯彻落实，使出台的政策措施收到了明显的效果，11月份全国工业增速为5.4%，而云南省保持了10.1%的平稳较快增长。

（三）抓投入增强工业发展后劲

为解决工业投入不足问题，我们把着力抓好工业重点项目建设作为工作的重中之重，筛选200个投资额5000万元以上项目，总投资2956亿元，给以重点支持。全年共安排省级扶持资金5.199亿元，支持重点项目585项，项目总投资472亿元。其中，新开工项目171项，投资106.3亿元，在建项目275项，投资156.4亿元，竣工项目108项，投资33.7亿元。通过强化政府投资引导，拉动全省工业投资超过600亿元（除电力外），圆满完成省政府下达的年度投资目标。一批重大项目的竣工投产，增强了云南省工业发展后劲，有力地促进了工业结构调整和产业优化升级。

（四）大力推进绿色制造

建立了节能目标责任制和考核评价机制，实行了节能任务问责。加强节能督查，组织对7个州市和27家重点企业进行了节能减排工作专项督查。组织实施工业锅炉改造、电机系统节电、余热余压利用等重点节能示范项目100余项，推广使用节能灯420万只（超计划120万只）。新增风电装机4.8万千瓦，垃圾发电装机3万千瓦。13项节能技改项目列入国家奖励补助计划重支持了112个节能工程项目。启动了470户重点耗能企业能效对标管理。培训节能减排管理技术人员2900余人次。制定了能源审计实施细则，组织中介机构对260余户企业开展了能源审计。开展了节能国际合作。完善了“云南省清洁生产合格单位评价指标体系”，审核验收了7个州市的清洁生产，开展了5个州市的清洁生产执法检查。认定资源综合利用企业261户，煤矸石、粉煤灰等9种主要废渣综合利用率达30%以上。

（五）强化服务促进中小、非公和乡镇企业发展

对全省非公经济发展及政策落实情况开展了督促检查。继续推进中小企业信用担保体系建设，担保机构累计达到210家，注册资本金达到47.2亿元，累计为3.38万户中小企业担保贷款7.5万笔，担保金额达320亿元；举办“云南中小企业投融资推介会”；积极争取中小企业集合债券试点，着力缓解中小企业融资难的问题。培训中小企业管理人员600多人。扩充信息咨询专家库资源，提高了中小企业信息服务水平。妥善处理了企业投诉41件，积极做好减负维权工作。配合完成了《云南省中小企业促进条例》地方立法任务。成立了“云南省中小企业发展协会”。支持1 00户骨干企业实施农产品加工提升行动。昆明花卉、大理乳品、通海蔬菜加工被新认定为全国农产品加工业示范基地。举办了全省茶叶加工工技能大赛，深入推进“云南省乡镇企业吸纳农村劳动力转移工程”，培训40多万人次，完成职称评定3048人。“企村结对”共建新农村活动取得新进展，全省新增527家企业与驻地村组形成结对关系。

（六）国防工业和信息化建设取得新成绩

全省国防科技工业完成销售收入同比增长24.1%。在完成军品生产任务的同时，民品产销情况良好，民用爆破器材、红外热成像、烟草打叶复烤、制丝、包装成套设备和自动化物流系统、220kV初端和110kV高端空气开关、光伏电池等产品技术水平提高，市场竞争能力增强。成功实施了200多项大型综合自动化物流系统和信息系统工程建设项目。开展了宣传贯彻《云南省信息化促进条例》活动，编制了《云南省电子政务200—2010年发展规划》，分四批对49个项目进行了电子政务专项技术审查。认定软件企业72户，软

件产品235个。政府信息公开工作取得重大突破。农村信息化和重点信息化项目建设步伐加快，网络与信息安全保障工作进一步加强。无线电管理事业不断发展。

回顾一年来的工作，我们深刻体会到，做好工业和信息化工作，必须以科学发展观为统领，坚定不移地推进新型工业化，实施工业强省战略；面对大事难事不断的新情况，要着力创新举措，积极应对化“危”为“机”；解决工业经济发展中的矛盾，抓手在于扎实推进技术创新，打造现代产业体系，加快转变发展方式，努力实现保工业、保发展、保稳定、保大局的有机统一。

二、准确把握当前经济形势

当前国内外形势复杂多变，中央和云南省已经采取了一系列应对金融危机不利影响的重大措施，保障经济社会平稳发展。尽管当前工业经济发展面临诸多问题和困难，但从全省经济发展的基本面上看，仍然有很多有利条件，我们一定要认真贯彻落实中央和省委、省政府的各项部署和要求，坚定信心，攻坚克难，努力化“危”为“机”。

从国内外经济形势看，国际金融危机蔓延迅速，波及广泛，世界经济严重受挫。概括成几句话讲就是，金融体系融资功能严重失效、流动性大量短缺，全球主要原材料和运输价格大幅度跌落，影响实体经济增速大幅度下滑。国际环境恶化对我国经济的影响愈加明显，目前看，这场金融危机尚未见底，严重后果还会进一步显现。国际货币基金组织预测今年世界经济增速将下降到2.2%左右。今年我国发展的外部环境将更加严峻。

但我们也要看到，当前我国经济发展的基本态势没有改变，我国仍然处于发展的重要战略机遇期，对云南省工业经济平稳较快发展有很多有利条件。一是工业化、城镇化快速发展，内需潜力巨大，重化产业产能将会得到释放。国家增加投资、拉动内需的政策，势必带动对钢铁、有色金属、水泥等原材料需求的上升，这对云南省以资源型、原材料为主的工业带来了较大的市场空间，前些年形成的产能可以逐步恢复释放，许多企业将从中受益。二是加大投入的政策环境十分有利。国家已经确定，今后三年内将增加信贷规模，放宽融资条件，继续加大财政投入，全面实施增值税转型改革，减轻企业负担，为全社会尤其是企业增加投资创造条件。三是优势企业将有更大的拓展空间。国际金融危机对云南省一批“两高一资”、“五小”企业形成较大冲击，使这些企业难以支撑和维系，最终退出市场，客观上为优势企业腾出了更大的发展空间和领域。四是资源型企业在“扩大内需”的宏观环境中有利于拓展市场。当前的金融危机已使得我国外部需求急剧萎缩，经济发展模式正由“出口导向”向“扩大内需”转变。面对国内市场，我们一些掌握资源的重化工企业将表现出明显的比较优势，有利于占领市场，开拓发展空间。五是企业“走出去”的时机更加有利。目前国内外资产价格大幅下降，为云南省一些有实力的企业提供了很好的并购和发展机遇，有利于企业抓住时机，大胆“走出去”发展自己，更好地充分利用两种资源、两个市场。六是低成本吸纳和储备人才面临机遇。就业压力的增大使人们的就业观念开始转变，引进人才的成本也相对较低，为企业、特别是中小企业吸纳更多优秀人才提供了难得机遇。七是云南省工业实力显著增强。经过改革开放30年的发展，全省工业增加值突破2 000亿元，是1978年的100倍。八是去年全省工业投资（除电力外）完成600多亿元，云铜18万吨电铜、斗南锰业10万吨铁合金、天安化工50万吨合成氨、三环中化120万吨磷铵、天达光伏年产20兆瓦晶体硅太阳能电池组件等95项重大工业建设项目去年建成投产，预计新增销售收入430亿元左右，新增工业增加值100亿元左右，形成了一批新的增长点。

中央和省委、省政府对经济形势的深刻分析和准确判断，为我们认清形势指明了方向。中央和云南省采取的一系列重大决策和举措，使我们深受鼓舞，同时也深感责任重大。发展离不开信心的支撑，信心比黄金还重要。因此，我们要按照中央和省领导的要求，把思想和行动统一到中央和省委、省政府的决策部署上来，审时度势，坚定信心，主动应对，趋利避害，扎实工作，发挥比较优势，变压力为动力，化挑战为机遇，切实谋划好工业发展。

三、扎实抓好2009年工业和信息化各项工作

今年是新中国成立60周年，也是“十一五”规划实施的关键之年。做好今年的工业和信息化工作，对战胜国际金融危机带来的不利影响，落实省委、省政府“保工业就是保发展、保就业、保稳定、保大局”的要求意义重大。

今年工作的总体思路是：以科学发展观为指导，深入贯彻落实中央经济工作会议、全国工业和信息化工作会议、省委八届六次全会和全省新型工业化大会精神。提振信心、应对挑战，按照“抓落实、增投资、调结构、建平台、添活力、促融合、强服务、保增长”的要求，坚定不移地走新型工业化道路，继续推进“工业强省”战略，围绕“双万亿工程”，启动实施五年行动计划；狠抓政策落实，强化运行保障；加大工业投入，实施“双百工程”；推进企业技术进步，不断提高企业核心竞争力；培育优势特色产业，着力打造现代产业体系；完善政策措施，推进“两创两突破”，大力发展中小企业和非公经济；加快建设重点工业园区，着力培育特色产业集群；扎实推进绿色制造，强化节能降耗工作；促进信息化与工业化融合，不断提高服务质量和水平，确保工业经济平稳较快增长。

发展目标是：全部工业增加值实现2400亿元，增长“保12%争13%”。其中，规模以上工业增加值完成2050亿元，确保增长13%、力争增长14%；主营业务收入5400亿元，增长13.4%；利税1100亿元，增长10.0%；利润325

亿元，增长8.3%。工业投资（除电力外）完成750亿元，增长30%左右，力争完成800亿元。全省单位生产总值能耗下降4.3%以上，规模以上工业万元增加值能耗下降5.6%以上。全省非公经济增加值增长15%。

围绕上述目标，要抓好以下九个方面的重点工作。

（一）落实政策确保工业经济平稳较快增长

当前，要把坚决贯彻落实中央和省委、省政府扩大内需、促进经济增长的一系列政策措施作为工信系统的中心工作。紧紧抓住国家大力支持重点产业发展，推进企业技术改造、自主创新和兼并重组，加大重要物资资源的储备，扩大中小企业信贷规模，支持中小企业的发展，加快生产性服务业发展以及全面执行增值税转型，调整进出口税率，促进工业品市场营销等保工业、保就业、保稳定等一系列重大政策，花大力气、出实招积极争取国家支持，建设一批有利于长远发展的大项目、好项目。切实完善和落实好阶段性用电特殊电价、重要商品储备、扶持中小企业发展等云南省已经出台的各项政策措施，抢抓机遇，谋求发展。

要强化经济运行监测与调节，狠抓煤电油运综合保障，着力抓好煤炭生产和供应，抓紧建立应急管理体系，坚持保增长的决心和信心不动摇，扼制工业增速过快过大下滑，确保实现全年工作目标。要继续实行工业经济发展目标责任制，加快覆盖全省规模以上工业企业运行状况的监测网络建设，强化综合性、多层次分析预警机制，建立信息分析旬报制度。要引导企业强化生产管理，降低成本费用，提高盈利能力。加快推进煤炭资源整合以及白龙山、雨旺、镇雄等大型煤炭基地建设，力争全省煤炭产量达到9000万吨，保障居民生活、电力、冶金、化肥等行业重点企业用煤。要力争完成发电量1160亿千瓦时，搞好省内外电力电量平衡，加强节能经济调度，继续实行差别电价政策，保障企业和社会用电。继续加强铁路运输协调，推进物流中心的规划建设，确保重点物资运输，完成铁路货物发送量6100万吨，出省铁路物资305 0万吨。要完善突发事件综合应急预案，提高重要应急工业品保障能力。抓紧形成重大产业损害应对预案，加快建立重要应急工业品企业数据库，提升工业应急能力。要强化企业安全生产管理，减少和杜绝重特大安全事故的发生。

（二）实施五年行动计划加快推进新型工业化

围绕推进工业发展“双万亿工程”和重点项目建设“双百工程”，把实施五年行动计划作为贯彻落实省委、省政府《关于进一步加快推进新型工业化的决定》的重要举措、具体抓手，分解细化任务，明确阶段性工作目标。启动并着力实施重点行业和产业发展五年行动计划，加快中小企业上市培育，推动开放型工业经济发展，切实加快工业园区建设，振兴装备制造业，提高原材料工业精深加工比重。力争通过五年的努力，冶金工业产业链延伸、重点生物产业、新能源产业培育取得重大突破，重点工业项目建设取得巨大成效，企业技术创新能力和工业品牌实力大幅提高，绿色制造得到全面发展。

要以行动计划为指导，着力推进产业结构调整。必须牢牢把握以高新技术产业为先导、先进制造业为主体、现代能源产业为基地、生产服务业为支撑、绿色制造为方向，打造现代产业体系的调整目标。要着力调高烟草、电力和冶金三个主导产业，调强新能源、光电子、新材料和生物产业四个新兴产业，调优煤炭、化工、建材、轻工等传统产业，调精机械装备制造业。要抓住当前有利时机，加快淘汰落后产能步伐，今年按计划将淘汰炼铁产能182万吨、铁合金9.6万吨、水泥熟料139万吨，争取提前完成淘汰落后产能目标任务。要通过组织实施五年行动计划，调整完善云南省重点产业发展思路，强化发展目标任务的落实。要组织编制《2009年云南省工业产业结构调整指导目录》，着力推进一批行业重点项目建设，推动产业结构优化升级。

（三）抓投入促创新增强工业发展动力

要狠抓项目落实保投入。全力推进重点项目建设“双百工程”，组织实施“251”重点工业项目年度计划，即投资额在10亿元以上的重大工业项目20项、投资额1—10亿元的重点工业项目50项、投资额5000万元—1亿元的重点工业项目1 00项。重点抓好2 00项新开工项目、1 00项续建项目的竣工投产、1 00项企业技术改造和结构调整升级项目。积极推进中缅油气管道和石油炼化、武钢集团昆明钢铁公司结构调整、冶金集团和名永多晶硅、国家大型铁路养护设备基地、煤化集团褐煤洁净化利用试验示范、生物和以木本油料为代表的农副产品深加工项目。要分解落实工业投资目标，继续与16个州市和重点企业集团签订投资目标责任书，按照省、州、县分层面抓好相应的重点工业项目。切实协调解决好重点工业项目审批、环评、用地和资金问题。设立前期、在建、新开工、竣工投产四个台账，按月按季调度，掌握进展情况，及时协调解决出现的问题。要把技术改造放在工业发展的突出位置，作为促进工业内涵式发展的重要抓手，抓住当前生产任务相对不足的时机，围绕增加品种、提高质量、节能降耗、保护环境、改善装备、服务三农、安全生产等重点，组织实施100项技术改造和结构调整升级项目。

要着力完善体系抓创新。落实国家有关促进自主创新的政策和措施，加快以企业技术中心为主体、产学研相结合的技术创新体系建设，着力构建国家、省、州市三级企业技术中心体系。年内培育认定省级企业技术中心20户以上，争取1—2家国家级企业技术中心，继续推进20项重大装备及关键部件研发和20项关键共性技术的推广应用，重点抓好100项技术创新项目的实施。引导企业加大新产品、新技术、新工艺研发和应用，促进产品升级换代。建立和完善工信委系统工业质量和品牌培育管理体系，积极推进企业知识产权战略的实施。

（四）强化政策支持促进中小企业和非公经济发展

尽快完善政策体系，着力解决中小企业融资难问题。要认真贯彻执行省政府《关于支持中小企业加快发展的若干意见》，确保14条扶持措施落到实处，帮助中小企业度过当前难关。要用好省财政安排的2亿元专项资金，重点解决中小企业新增流动资金贷款、新建项目贴息以及融资担保机构新增贷款担保风险补偿。支持一批龙头骨干企业和具有自主知识产权、自主品牌的中小企业的技术改造，加大对科技型、创新型中小企业的财政资金扶持力度。抓好全省加快中小企业、非公有制经济发展大会的筹备工作，在深入调研的基础上研究制定云南省吸引民间投资、民营资本的特殊政策措施，以“两创两突破”为重点，即推进全民创业、企业创新，实现融资突破和落实政策机制上的突破，促进中小企业、非公经济加快发展，进一步扩大民间投资。抓紧实施《云南省中小、非公企业上市培育办法》，推动中小企业进入资本市场直接融资。加强对中小企业的债券发行辅导，加快“中小企业集合债券”发行步伐。

加快推进中小企业服务体系建设。继续推进“中小企业成长工程”，实施“非公有制经济发展五年行动计划”，在创业培训、公共信息、融资担保、技术创新、维权保护等方面，为中小企业提供全方位服务。加快中小企业创业示范基地建设，建立省州县三级创业服务中心。加快中小企业担保体系建设。继续加大中小企业培训工作力度，实施“千名中小企业家素质提升工程”和“百户中小企业管理咨询工程”，帮助企业家提升经营管理水平。支持中小企业开拓国际、国内市场，推动提高对中小产品和服务的政府采购比重。继续搞好企业减负工作。

（五）加快园区建设促进产业集群发展

要加强园区规划对产业集聚发展的引导作用。继续做好工业园区和产业集中区规划，以园区为依托，促进产业向园区集中，进一步提高行业和企业的集中度，优化全省工业区域布局。出台规范工业园区发展的政策措施，提升园区管理水平。已编制规划的园区，要严格依照规划开发建设，提高园区建设的规范性和科学性。突出特色，着力培育园区主导产业，围绕烟草及配套、钢铁、有色、化工、光电子、新材料、新能源、机床装备、汽车制造、绿色食品、农产品加工等重点，优化园区现有产业，培育优势特色产业。抓住沿海劳动密集型等产业加快转移的有利时机，加快制定全省吸引投资、提高产业承接能力的政策措施。

要创新园区开发模式，健全园区管理机制。鼓励园区组建投资开发公司，按市场化方式进行基础设施开发建设。支持各类投资主体采取参股、控股、独资、收购、出租、转让和BOT、TOT等，积极参与基础设施项目建设。支持以大企业集团和战略投资者为主体开发建设工业园区。创新招商引资方式，提升招商引资的规模和质量，推动云南省工业园区与国际、国内园区或企业开展广泛的交流合作，促进以园招商、以商建园。突出重点骨干企业、核心龙头企业和产业链招商，引入更多的优强企业和配套企业。创新园区服务体制机制，实行园区政务公开，推行服务承诺制、重点项目领导联系制度和跟踪服务责任制，优化园区软环境。建立激励约束机制，及时总结推广工业园区的建设发展经验，对省级工业园区进行综合考核评价，实施动态管理。力争2009年省级40个工业园区工业增加值增幅达25％以上，大部分园区增幅超过30％；平均每个省级工业园区新入园项目10个左右；其他工业园区建设取得明显成效。重点培育10个左右发展速度快、经济效益好、产业优势突出、带动作用强的样板片区，电力装备产业园、机床产业基地、硅产业园、汽车产业园、橡胶产业园等重点片区和产业基地取得实质性进展。

（六）加快发展县域工业特色产业

县域工业是云南经济发展的基础，是全省推进新型工业化、构建和谐社会的重要保障。要立足县域比较优势，加快实施《云南省县域工业特色产业中长期发展规划》。

要以特色、劳动密集型和农产品加工业为主攻方向，着力抓好木本油料、中药材基地建设和中药二次开发、粮油制品、果蔬制品、蔗糖制品、茶叶制品及深加工、肉禽制品及深加工、橡胶制品等县域特色产业发展，形成县域各具特色的支柱产业。进一步做大做强糖、茶、胶等传统优势产业，加快发展生物制药、生物质能、生态食品等资源优势产业。支持发展植物药、中药与民族药，培育扶持重点企业开展新药研发和技改。积极培育自主知名品牌，提高和创新蔗糖、普洱茶、滇红、滇绿、紧压茶、CTC茶、速溶茶以及茶叶深加工产品。加快全省天然橡胶产业的整合步伐，提高标准胶加工规模，加大橡胶产品的开发力度。推进临沧奥华集团、安宁雨润集团及宣威的大型屠宰和冷鲜肉加工项目建设，加快发展肉禽类深加工制品，引导鲜肉制品向预冷肉、小包装、细分割及多品种、系列化、营养化的熟制品方向发展。坚持营养、健康、安全的食品发展方向，发挥当地木本油料、绿色生态资源特色，开发各类“生态食品”、“绿色食品”、“有机食品”和“保健食品”，拓宽延长产业链，提高综合利用水平和附加值。优化调整丝麻产业的产品结构，解决产业发展的关键技术，弓l进战略合作伙伴，有效延伸产业链，提升产品质量和产品档次。推进一批林浆纸联动、非木浆造纸及废纸回收集中处理技改工程等项目，生产市场需要的中高档文化用纸，做大林纸产业。继续推进燃料乙醇替代添加工作，适时启动以云维集团为龙头的生物乙醇深加工项目。

（七）转变理念大力发展绿色制造

要大力宣传绿色制造理念。绿色制造是增加资源能源储备量的有效途径，是减轻环境污染的基本措施，是应对绿色壁垒的迫切需要。要从企业建立绿色制造系统、政府建立制度和政策保障两方面入手，大力推进以优化资源利用方式为核心，以绿色设计、绿色工艺、绿色选材、绿色生产、绿色包装、绿色物流、绿色消费和绿色回收利用为基本途径的绿色制造系统。全省工业生产企业都要牢固树立环境友好、绿色制造的理念，按照协同高效、高附加值、低能耗低污染的绿色制造生产模式，努力实现一般制造向绿色制造的转变。今年要组织实施规模以上工业企业绿色制造标准达标计划，100个制造业绿色利用水资源项目、100个使用绿色原材料和绿色包装示范项目。

加快实施清洁生产，提高资源和废弃物综合利用率。启动九湖流域制造业100个清洁生产示范项目和创建50个清洁生产合格单位活动，对滇池和阳宗海流域企业全面推行清洁生产，开展工业园区整体推进清洁生产试点。要重点抓好煤炭、金属共伴生矿产资源综合利用、突出抓好煤矸石、粉煤灰、磷石膏、电石渣、磷渣等废渣的综合利用。重点扶持100项绿色回收利用项目、10个废旧物资综合回收利用集散点建设，继续抓好10个县、10个工业园区、100个企业、100个项目的循环经济试点示范工作。

狠抓节能降耗工作。继续抓好目标责任评价考核，落实各州市、有关行业和重点企业年度节能目标责任。必须严格执行固定资产投资项目节能评估和审查制度。要积极争取国家资金对云南省节能项目的支持，同时进一步加大省级节能专项资金对社会节能项目的扶持力度，带动社会资金投入节能项目。要在钢铁、化工、有色、建材、煤炭、电力等重点行业组织实施100项节能技改和示范项目。开展“六大节能工程”专项推广行动，大批量推广应用水泥窑纯低温余热发电、硫黄制酸低温位余热回收、电机系统节电、煤层气（瓦斯）发电、工业锅炉三（双）辊分层给煤燃烧等技术。在全省推广使用500万只节能灯。加强节能管理，组织完成200户重点企业能源审计，对重点耗能企业全面开展能效对标管理，培育30家先进节能降耗示范企业。完善节能降耗统计、监测和考核体系，开展全省第一次能耗普查工作。要切实加强基层节能执法队伍和能源统计队伍建设，抓紧协调组建省节能监察总队，健全州市节能监察机构和节能技术服务中心，尽快形成节能行政管理、执法监察和技术服务三位一体的节能管理体系。抓紧推动《云南省节约能源条例》的修订工作，继续深入开展“节能减排全民行动”，持续开展节能减排宣传教育。要加强对行业主管部门的指导和协调，继续抓好建筑、交通、商业、农业、政府机构等重点领域节能工作，形成节能降耗工作合力。

（八）加快信息产业和国防科技工业发展步伐

加快推进光电子等电子信息产业及光电子材料产业的发展。坚持自主创新与引进消化吸收、再创新相结合，以红外焦平面探测器生产线、红外系统总装生产线、特种红外材料，以及多晶硅、太阳能电池及组件、主动式有机发光显示器（OLED）等产品为龙头，形成一批技术含量和产业关联度高、带动力强、产业链长、市场前景好的主导产品和骨干企业。积极开发食品及药品安全监测、煤矿智能化监测系统等仪器设备。今年，要着力推进主动式有机发光显示器（OLED）产业化、锗单晶及硅单晶生产、光伏电池产能改造、半导体照明关键材料（LED）产业化等一批重点项目，抓好南天信息产品、软件、货币自动处理设备、无线销售终端、半导体集成晶圆片等一批重点产品的生产、开发、推广运用。加快曲靖和昆明多晶硅项目的建设。

大力加强信息化建设。要加快推进信息化与工业化的融合，确立一批运用现代信息技术提升发展质量和创新能力示范企业，重点加以扶持。以工业产品的研发设计、流程控制、企业管理、市场营销、人力资源开发、信息产业为切入点，引导企业广泛加快信息技术应用，提升企业管理水平。以推进公文交换系统、视频会议系统、网站、电子印章、数字证书的应用为重点，继续加快电子政务建设。要在城市监管、科学教育、医疗卫生、资源环境等领域的信息化建设上取得更大进展，提高社会公共服务的信息化水平。加快农村信息化建设步伐，推动城乡信息互动。继续抓好信息专业技术人才培训和知识更新工程。强化信息安全、等级保护和政府部门互联网的安全接入等国家信息安全工作。

推进军民结合产业发展。加快传统工艺、设备和生产线升级改造。加强质量、市场监督管理，提高动态保军能力和平战转换能力。搞好军民结合，在烟草制丝成套设备、打叶复烤成套设备、造纸法烟草片、自动化物流系统等民品基础上，重点开发烤烟密集型烤房、城市环保、机场行李分拣系统和烟草柔性制丝生产线等产品，形成新的增长点。加快发展民爆产业，发挥云南民爆在国内技术水平和规模领先的优势，提高市场占有率，延伸产业链。加快发展高压电器产业，大力发展红外线技术军民结合产业，做大做强连杆、车桥、钢圈等汽车零部件和玻璃制品、柠檬酸及医药等传统军转民产业。

（九）切实加强干部队伍建设

按照省委、省政府对新一轮政府机构改革的统一部署，云南省工业和信息化委员会已正式组建。新的机构将省经委、省信息产业办、省国防科工办的职能及省煤炭行业管理办公室指导煤炭生产、技术改造的职能整合划入省工业和信息化委员会。工信委的组建和成立，为全省坚持走新型工业化道路，促进信息化与工业化的融合，促进军民结合，寓军于民，奠定了坚实的管理基础。面对新的形势，我们要在积极稳妥地推进机构改革工作的同时，创新管理职能和服务方式，切实转变工作作风，强化机构和人员的融合，加快形成依法行政、行为规范、运转协调、公正透明和廉洁高效的管理体制。面对机构改革，我们要围绕经济发展这一中心，立足于全省工业发展的大局，认真贯彻落实省委、省政府关于机构改革的有关文件精神，切实做到：遵守纪律讲政治，围绕中心讲大局，履行职责讲奉献，协同配合讲团结，提高素质讲学习。正确处理好机构改革与业务工作的关系，做到思想不乱、工作不断、队伍不散，做到“两手抓、两不误、两促进”。面对新的职责和工作任务，我们要充分发挥委属事业单位的职能作用，充分发挥好行业协会等中介组织的服务功能，推动职能转变，加快政企分开、政资分开、政事分开、政府与市场中介组织分开，维护企业的市场主体地位。与此同时，我们要着力抓好干部队伍建设和工业人才的培养工作。配合省委组织部，在充分调研的基础上，尽快形成《云南省工业人才培养的意见》报省委，以此推动工业管理干部培养、选拔、任用的体制机制的创新；要强化工业人才的培训工作，启动云南省工业人才培训五年行动计划。围绕推动新型工业化和工业强省战略的实施，创新培训教育方式，按照分级分类培训的原则，以系统内各级工业管理干部为重点，全面推进工业管理干部、企业经营管理者、专业技术人才的教育培训，从而形成一批敢抓工业、会抓工业、善抓工业的人才队伍。

同志们：

新的一年，我们要在省委、省政府的正确领导下，认真履行工业和信息化委员会的各项职责，恪尽职守、开拓创新，克服困难、勇于挑战，为确保全省工业经济平稳较快增长，信息化建设事业持续发展作出新的更大的贡献!

强化措施 促进融合 不断提高云南信息化发展整体水平

——在全省信息化暨无线电管理工作会上的报告

云南省工业和信息化委员会主任 刘绍忠

（2009年5月5日）

同志们：

这次会议的主要任务是，以科学发展观为指导，总结近年来全省信息化建设和无线电管理工作取得的成绩，进一步落实云南省信息化建设规划，安排部署今年信息化建设和无线电管理的目标任务，加快推进信息化与工业化融合，不断提高全省信息化发展整体水平。会议表彰了先进，签订了责任书，明确了目标任务。刚才，叶燎原副秘书长代表省政府作了重要讲话，对加快全省信息化建设、加强无线电管理工作提出了要求，请大家认真学习领会，抓好贯彻落实。下面，我代表省工业和信息化委员会讲两个方面的意见。

一、全省信息化建设和无线电管理工作取得明显成效

近几年来，按照省委、省政府加快推进信息化建设步伐的部署和安排，全省坚持六个"紧密结合"的发展方针，着力提高电子政务水平，加快推进社会事业信息化，大力发展信息技术产业，增强信息安全保障能力，积极构建信息化建设制度体系，加强无线电管理，全省信息化建设事业取得了明显成效。

（一）电子政务和信息平台建设成果突出

电子政务规划得到稳步实施。按照统筹规划、分步实施的原则，我们组织编制并实施了云南省电子政务2005—2007年、2008—2010年两个阶段的发展规划，大力推进电子政务的推广应用。分四批组织完成了49个项目可行性研究报告的技术审查，安排省级财政扶持资金1.46亿元，支持了一批重点建设项目。组织实施了云南省电子政务一期、二期建设工程，公安、财税、质检等"金字号工程"和国家电子政务外网等一批重点建设项目取得重大进展，重点部门政务信息互通共享的信息化格局基本形成。

电子政务平台发挥了重要作用。全省已基本建成电子政务网络、电子政务网站、电子政务安全认证三大基础设施，实现了省、州市、县政务网络全覆盖，并已延伸到部分乡镇。截止2008年底，全省已建和在建全省性专网49个，6 344个政务部门2万多台计算机接入专网。省电子政务网站群集成了508项电子化政府服务项目，95%的省级政府部门实现了领导信息、部门信息、法规公文、通知公告、政务动态等信息内容网上公开。省级部门建成业务系统233项，州市部门建成209项，开通电子政务邮箱9696个，已建设公文交换系统22个域，视频会议、办公自动化、网上信访、在线咨询等电子政务应用领域不断得到拓宽。2008年，全省承担视频会议140多次，公文交换系统累计收文11.7万份，发文5.5万份。《政府信息公开条例》以及云南省责任政府四项制度实施以来，全省依托统一搭建的政府信息公开平台，开展网上承诺和政府行政审批、行政事业性收费等项目信息公开，建立了1万多个政府信息公开网站，日均发布政府公开信息5000条，日均网页浏览量超过15万次，累计公开了65万多条政府信息，大大提高了政府工作的透明度。

政务数据库建设取得积极进展。全省已建和在建政务数据库55个。省级电子政务门户网站建立了政府机构、法规、规范性文件、政务服务项目共4个信息检索库，收录机构信息5417条、法规7988件、公文4022件。省劳保厅建立了省、州（市）两级数据中心，发放社会保障卡160多万张、养老保险金70多个亿、医疗保险金20多个亿；省国土资源厅已完成80多个县土地利用现状数据库、基本农田数据库、1万多条矿业权数据库建设。数据共享、信息资源开发利用成效初步显现。制定出台了《关于加快发展现代信息服务业的实施意见》，全省现代信息服务业发展步伐加快。

（二）重点领域和社会信息化建设扎实推进

农村信息化建设取得突破。围绕社会主义新农村建设，以"数字乡村"工程建设为突破口，实施了昭通市、昆明市富民县农村信息化试点示范项目、曲靖市"数字云岭"试点项目。目前，全省"数字乡村"一期工程已建设完成，建成"数字乡村"网站13多万个，基本实现了1366个乡镇、1.34万个行政村、12万个自然村基础信息上网发布。

电子商务和信息技术应用不断发展。出台了《关于加快推进云南省电子商务发展的意见》，启动了电子商务试点项目建设。全省企业电子商务应用领域不断拓宽，网上订购、网络支付、物流配送等电子商务应用支撑体系逐步建立。糖网、远程医疗等电子商务应用效益显现。远程教育、数字图书馆、突发公共卫生事件应急机制信息化建设不断推进。全省90%以上高校和大部分中等专业院校、一些重点中学建成了校园网，基本实现了教学、科研、管理信息化；实施远程教育工程，全省教育信息化支撑服务体系逐步形成。

积极推进国防信息动员工作。成立了云南省国防动员委员会信息动员办公室，制定了国防信息动员建设规划和国防信息动员“应急”预案，完成了省国防信息动员内网、外网建设，基本实现了省、州、市三级互连互通、资源共享，为全省国防动员信息化建设奠定了坚实基础。

（三）电子信息产业不断壮大

加强对电子信息产业发展的规划引导，加快昆明信息产业基地、光电子产业基地建设，重点扶持了10户龙头企业加快发展。扩大对外合作和招商引资，与微软（中国）公司合作成立了云南微软技术中心；积极引进中电集团公司、中国兵器工业总公司、思科公司等大企业赴滇投资合作。2008年，全省初步形成了以金融电子设备、光电子、锗铟硅电子材料、太阳能电池、物流信息系统等为主的产业基础，销售收入上亿元企业达到13家。规模以上电子信息企业实现销售收入75.8亿元，增长12.8%；完成工业增加值14.3亿元（其中：软件业增加值5.8亿元），增长40.2%；上缴税金2.2亿元，同比增长57.1%。电信业务量持续增长。基础电信传输网纵横贯通，电信服务规模持续增长。2008年，全省光缆线路长度达22万公里，电信业务总量保持快速增长，全省电话用户突破两千万户，电话普及率接近50部/百人。

（四）管理基础和信息网络安全不断加强

信息化政策体系建设逐步完善。几年来，我们相继制定了《云南省国民经济和社会发展信息化“十一五”专项规划》、《云南省电子政务管理办法》、《云南省信息化促进条例》，着力营造信息化政策保障制度，建立完善了信息化发展的政策法规体系。同时，通过开展“双软”认定、信息技术人才培养等工作，为信息化建设奠定基础。到2008年底，全省获得“软件企业”有效认定的企业为89户，其中国家规划布局内重点软件企业1家，通过登记的软件产品235个；累计获得信息系统集成资质企业65家，获得项目监理资质95名、系统工程监理资质认证企业4户；参与全国计算机技术与软件专业技术资格（水平）考试8163人。

信息安全保障逐步加强。形成了省信息化领导小组统一领导、省网络与信息安全协调小组具体负责综合协调，各有关职能部门各负其责、分工协作、齐抓共管的工作局面。建成了密钥管理中心，累计签发CA证书5426个，制作电子印章4913份。制定了《加强政府信息安全及保密管理工作的意见》，不断推进全省党政机关信息系统监控平台建设，启动了信息安全风险评估试点和等级保护工作，着力治理互联网有害信息，积极查处网络失、窃密事件。发现和处理省电子政务专网入侵行为2千多条，门户网站入侵行为2万多条。制定信息安全应急预案，确保了全省奥运会期间的网络安全运行。

（五）通信秩序得到有效保障

坚持整体推进和重点突破相结合，加强全省无线电管理系统法规制度、行政管理和技术监管三大体系建设，无线电通信管理工作不断取得突破。起草制定了《云南省无线电电磁环境保护条例》，对行政许可事项实施情况开展了监督检查，查处各种违法案件50多起；对违法使用大功率无绳电话和对讲机的情况进行了清理整顿，清查非法使用的对讲机1000多台。专项检查了已建各类广播和电视台站15000多座，检测50W～10kW无线电广播电视设备332台，及时消除了无线电干扰隐患。圆满完成北京奥运会和残奥会无线电安全保障工作，成功解决了重大干扰隐患20多起。开展“嫦娥奔月”工程电磁环境保护工作，组织编制了全省民航机场电磁环境保护规划，完成了《云南省无线电事业中长期发展规划》和《云南省150MHz频段无线电频率规划》编制工作。筹备建设应急短波无线电通信网，提高了无线电应急保障能力。无线电管理技术监管的软硬件设施初具规模，截止2008年底，全省无线电管理系统固定资产达3亿元；建立了无线电监测月报制度，技术监管工作逐步走上制度化和规范化轨道。有效开展了高考、研究生、司法资格考、医师资格、公务员等考试中防范和打击利用无线电设备进行作弊的专项行动，共抓获考场外作弊窝点30个，收缴用于作弊的通信设备50余台（套），施放无线电干扰200多次。边境地区及藏区无线电电磁环境监测评估和军地无线电协调工作进一步得到加强。

回顾近几年来的工作，在省委、省政府的正确领导下，我们始终坚持“统一领导、统一规划、统一管理、统一标准”；坚持政府先行，大力推行电子政务，带动国民经济和社会信息化进程；坚持先易后难、急用先建原则，优先支持与经济关联度高、社会效益好的项目；坚持以市场和社会需求为导向，充分发挥市场化机制在信息化发展中的重要作用；坚持搞好统筹协调，正确处理信息化发展中各领域、各部门之间关系，促进互联互通和资源共享，全省信息化建设和无线电管理工作取得了显著成绩。这些成绩，是省信息化领导小组统一规划、统一管理的结果，是原省信息产业办统筹协调、扎实工作的结果，是各地区、各部门各司其职、共同努力的结果。在此，我代表省工业和信息化委员会向全省信息化建设和无线电管理战线的同志们表示衷心的感谢!

在充分肯定近年来全省信息化建设事业和无线电管理工作取得的成绩的同时，我们也要看到，云南信息化发展水平仍处在较低层次，信息化应用层次低，普及率低，对国民经济发展的支撑作用还比较弱。除电子政务外，全省信息化水平在西部和全国的排名比较靠后，电话普及率、互联网普及率低于全国平均水平；信息技术产业与信息化建设相互促进的格局还未形成，2008年规模以上电子信息产业销售收入仅占全国同行业的0.1%；应用系统建设及信息资源开发还十分落后，信息安全保障在支撑信息化发展上差距较大。这些问题，需要我们在今后工作中认真加以解决。

二、以两化融合为重点加快全省信息化发展

以信息化促进工业化，是走新型工业化道路，加快发展方式转变的迫切要求。中央制定的《2006~2020年国家信息化发展战略》，对加快信息化发展、促进信息化和工业化融合作出了战略部署。国家《信息化“十一五”规划》明确了我国信息化发展在基础设施建设、信息技术推广应用、信息资源开发利用、产业竞争力提升、安全保障以及人才队伍和先进网络文化建设等方面的战略重点，提出了紧密结合结构调整和经济增长方式转变，推进国民经济信息化；紧密结合执政能力建设和政府职能转变，提高电子政务水平；紧密结合加强和谐社会建设，推进社会事业发展信息化；紧密结合建设创新型国家，加快信息科技创新；紧密结合国家安全需要，加快发展国家信息安全保障体系；紧密结合信息化协调发展的需要，积极推进法制建设和标准化等六个“紧密结合”的发展要求。去年8月，秦光荣省长在信息化领导小组第五次会议上强调，要按照中央的部署，结合云南实际，明确目标任务，找准主攻方向，突出工作重点，强化推进力度，力求在一些关键环节、重点领域率先取得突破，带动提高全省信息化整体水平。一是要加快信息产业发展，大力培育现代信息服务业。把信息产业作为云南省信息化建设的一个重点抓紧抓好，通过光电子二期、太阳能光伏、多晶硅等项目的实施，建设和延伸硅锗产业链，把云南省的矿产资源优势转化为信息产业的发展优势；加快发展现代信息服务业，促进传统服务业向现代服务业的转型。二是要推动信息技术应用，促进信息化与工业化融合。应用信息技术改造提升传统产业，充分发挥信息化在推进新型工业化中的倍增作用和催化作用；通过信息技术与传统产业的融合，努力降低单位产品能耗、物耗，推动经济发展方式转变；建设好昆明通信区域国际出口局，推进GMS信息高速公路及云南一东盟电子商务平台、电子口岸等建设；抓好“中小企业信息服务平台”建设。三是要加快新农村信息化建设，推动城乡统筹发展。积极推进“数字乡村”工程，继续推进广播、电视、电话“村村通”工程，提高基础信息网络的覆盖率，加强农村综合信息服务平台建设，推动信息技术在农业生产、流通、管理中的应用。四是要推进公共服务信息化，促进和谐云南建设。鼓励和引导社会力量共同参与科教、文化、医疗卫生、社会保障、劳动就业、社区服务、防灾减灾等领域的信息化建设；五是要积极推动电子政务在政府信息公开、网上办事、电子化服务等领域的应用，提高政府效能和服务水平。

中央和云南省的部署进一步明确了全省信息化发展的方向和任务。今后一段时期，全省信息化建设的总体要求是：以科学发展观统领信息化发展全局，紧紧围绕省委、省政府的中心工作，坚持服务大局、惠及全民、深化应用、改革创新、安全可靠，促进信息技术在政务、企业、公共服务、社区等领域的推广应用，以促进信息化与工业化融合来推进经济发展方式转变，进一步提升信息化对全省经济、社会各领域的服务水平和贡献率，进一步加强无线电管理，促进云南经济社会又好又快发展。为此，我们要重点抓好以下7个方面的工作：

（一）加快光电子材料产业发展，大力培育电子信息制造业

要坚持自主创新与引进消化吸收、再创新相结合，以红外焦平面探测器生产线、红外系统总装生产线、特种红外材料，以及多晶硅、太阳能电池及组件、主动式有机发光显示器（OLED）等产品为龙头，形成一批技术含量和产业关联度高、带动力强、产业链长、市场前景好的主导产品和骨干企业。积极开发食品及药品安全监测、煤矿智能化监测系统等仪器设备。今年，要着力推进主动式有机发光显示器（OLED）产业化、锗单晶及硅单晶生产、光伏电池产能改造、半导体照明关键材料（LED）产业化等一批重点项目，抓好南天信息产品、软件、货币自动处理设备、无线销售终端、半导体集成晶圆片等一批重点产品的生产、开发、推广运用。加快曲靖和昆明多晶硅项目的建设。要通过进一步抓好光电子基地、信息产业基地、园区建设，推动光电子二期、太阳能光伏产业、多晶硅等项目的实施，延伸硅、锗产业链，把云南省的矿产资源优势转化为信息产业的发展优势。

（二）广泛应用信息技术改造提升传统产业，促进信息化与工业化融合

强化规划引导，促进“两化”融合。找准切入点，抓好典型示范，有序推进信息化和工业化融合工作。要深入研究工业化和信息化融合的发展战略，制定全省工业化和信息化融合规划及指导意见。积极用电子信息等高新技术改造提升传统产业、促进先进制造业、发展特色产业。着力推动信息化与传统产业的互动、互补，实现传统产业的升级换代，推动经济结构调整，促使经济发展方式从高投入、高消耗、低效益、低质量的粗放型增长，转变为高速度、高效益、低投入、低消耗的集约型增长，加快建立以高端化、集群化、集约化和生态化为主要特征的现

代新型产业体系。

全面提升企业信息化水平。要加快推进信息化与工业化的融合，确立一批运用现代信息技术提升发展质量和创新能力示范企业，重点加以扶持。以工业产品的研发设计、流程控制、企业管理、市场营销、人力资源开发、信息产业为切入点，引导企业广泛加快信息技术应用，提升企业管理水平。坚持以企业为主体，围绕支柱产业、特色产业，加快推进信息技术与管理、制造技术的融合，大力开发和利用智能生产工具，推进研发和设计协同化、生产数字化、生产过程智能化和企业管理信息化。加快数字化、网络化、智能化等信息元素渗透、融入工业设计、生产、销售、管理等各个环节，提升全省工业企业整体的产品研制和技术开发能力，实现产品创新、技术创新、营销创新和管理创新。要积极利用信息技术，推动企业节能减排和企业信息化。加强对钢铁、有色金属、建材、煤炭、电力、石油、化工、水泥建材等重点领域的能源消耗、资源消耗和污染排放联网监测，促进节能降耗和污染减排调控目标的实现。

（三）推动电子政务业务协同建设和应用，强化社会管理和公共服务信息化

组织实施好“2008~2010年云南省电子政务建设规划”。重点抓好资源共享系统和业务协同系统的建设，着力构建信息资源共享及交换平台，完善法人、人口、地理信息、宏观经济等四大基础库和各部门业务数据库，实现政务信息资源的共享共用，为各厅局已建的业务和应用系统提供服务，有效提升各部门应用系统的效益。整合省级部门的网络、安全、数据交换等基础设施，积极构建电子政务网站群平台。以推进公文交换系统、视频会议系统、网站、电子印章、数字证书的应用为重点，继续推进电子政务建设。实施政务信息资源共享、业务协同、电子政务服务和电子政务公共基础设施4大工程，进一步建立完善基础数据库为核心的政务信息资源共享平台和机制，构建便民公共服务的电子化渠道，提高电子政务认知度和满意度。

推进政府信息公开和阳光政府四项制度的落实。进一步落实《政府信息公开条例》以及省政府“阳光政府”四项制度的要求，提高政府信息公开质量，提升社会公众信息查询和网上办事服务水平。着力抓好网上听证、公示、通报和查询工作和“98126”服务平台建设，进一步扩大网上审批、交费、办证、咨询、投诉、求助等服务范围，充分发挥政府网站与公众交流沟通的“桥梁”作用。积极推行网上评议、电子监察，扩大公众参政议政的范围。加快建设“一网式、一线式、一站式”三位一体的政务信息服务平台，推动四项制度实施。组织实施市场监管、社会管理等影响重大、意义深远的业务协同工程，重点抓好财税库行联网系统、宏观经济监测信息系统、企业信用共享服务平台、应急指挥及社会综合服务系统、行政执法与刑事司法共享平台建设。

（四）加大扶持引导，加快现代信息服务业发展

实施重点领域信息服务工程。发展现代信息服务业是发展现代工业和现代服务业的迫切需要。要按照“市场需求主导、政府支持引导、统筹规划布局、突出优势特色”的原则，加快云南省现代信息服务发展，着力构建现代信息服务体系。要实施一批电子政务、电子商务、现代物流以及企业、农村、社区、信用体系、旅游、文化产业等信息服务重点工程，推动现代信息服务业发展，提高全省信息服务水平。积极争取国家支持，加快建设昆明通信区域国际出口局，通过推进GMS信息高速公路及云南—东盟电子商务平台、电子口岸等建设，以贸易投资便利化信息服务推动GMS信息高速公路的建设应用，服务云南对外开放和企业发展，使云南成为中国连接东盟、GMS各国的一个贸易、物流、通关、投资的信息大通道。抓好“中小企业信息服务平台”建设，完善云南省企业法人数据库，为广大中小企业提供数据交换、信息共享和信息服务。

大力推进农村信息化。要进一步完善农村信息网络基础设施，持续实施广播、电视、电话“村村通”工程，推动实现乡乡能上网。按照全省的统一部署，进一步抓好“数字乡村”工程建设，确保取得应用实效。要整合涉农信息资源，加强农村综合信息服务平台建设，建立和完善农村经济、科技、教育、医疗卫生、文化等领域的信息服务体系，推动信息技术在农业生产、流通、管理中的应用，促进现代农业发展。

推动公共服务领域信息化建设。以中心城市为重点，围绕社会公共服务的热点和难点问题，建立统一的信息平台，完善城市应急指挥、综合监管公共服务支撑体系建设。着力推进城市智能化小区建设，构建政务、市政、卫生、教育、娱乐等为一体的社区信息化服务体系。完善科技基础信息网络平台，提高科研设备网络化利用水平，推动教育与科研资源的共享。推进中小学现代远程教育工程，建立完善全省涵盖高等教育、基础教育、职业教育和成人教育的公用教育信息资源库，加快实现优质教育资源共享。加强公共卫生信息化网络体系建设，促进信息技术在医疗服务、疫情监控、预防保健、计划生育、社区卫生等领域的广泛应用。建立以环境质量监测、污染控制为主的环境保护综合信息平台，提高环境综合管理工作的科学性和高效性。完善就业和社会保障信息服务体系，推动各项业务的信息共享和交换，提供就业、工伤、医疗、生育、失业、养老等领域高效、便捷服务。健全各类危机管理信息系统，加强对突发公共事件和危机事件的预警和处理能力。

（五）进一步强化管理措施，强化网络与信息安全保障

坚持积极防御、综合防范的方针，坚持管理与技术并重，坚持一手抓信息化建设，一手抓信息安全保障工作，加

快信息安全保障体系建设，切实保障网络与信息安全。抓紧制定全省政府网络与信息安全应急预案，建设网络与信息安全日常动态监控系统，完善配套措施。加强信息安全基础设施建设，统筹规划基础信息网络和重要信息系统灾难备份建设。积极筹建云南省数字证书认证中心，配合省委办公厅、省政府办公厅抓好涉密信息网络的建设，力争年底实现州市级四大办网络接入。加快信息安全等级保护工作的落实进度，推进网络信任体系建设，组织开展信息安全风险评估和基础信息网络、重要信息系统的信息安全检查。进一步健全政府信息公开保密审查和依申请公开机制，保障政府信息公开和政务信息查询工作的持续健康发展。

（六）加强监管协调，抓好无线电管理工作

进一步加强无线电行政执法和监督检查工作。继续抓好《云南省无线电电磁环境保护条例》等有关法律法规的宣传、贯彻。制定《云南省无线电电磁环境保护监督检查办法》等一批规范性文件，进一步完善以《条例》为核心的电磁环境保护制度。强化监督检查力度，建立经常性的监督检查机制，积极组织开展无线电管理行政许可事项和贯彻落实《条例》的监督检查工作，保护无线电电磁环境。加强无线电管理及规划、标准建设。建立完善无线电规划管理制度，无线电管理行政许可及日常工作，编制实施《2009—2015年云南省无线电发展规划》。

做好支持TD—SCDMA和发展3G产业的各项工作。重点支持我国拥有自主知识产权的TD技术的推广应用，在市政规划、基站选址、管道建设、电力引入、政府和行业信息化建设等方面抓好TD网络建设工作的协调，推动TD网络在云南的建设步伐。做好3G业务的建设发展规划，加强设台的指导和管理，提供频率使用的政策支持，维护和保障3G业务和谐、规范、有序发展。加快推进3G业务的推广应用，抓住机遇扩大需求，促进通信消费升级换代，力争上半年云南移动公司TD网络投入运行并向公众放号提供3G服务，年内实现全省3G开通。指导监督3G业务使用频率的清理调整，协调电信公司做好1900~1920M频段无线接入业务的清频退网工作。开展全省短波应急通信网建设工作。

进一步加强边境地区无线电管理和军地无线电管理协调。开展边境无线电频率调查、测试分析，组织开展湄公河水上无线电频率安全调查，做好中缅无线电协调的前期准备工作，协助国家无线电办公室开展中越无线电协调会谈工作。加强军地无线电频率、台站、电磁环境保护等方面的协调工作，切实军地无线电管理秩序。

（七）加大信息化投入，加强工作督促检查

抓好基础性、公共性、支撑性建设项目，落实省财政1.5亿元电子政务建设资金安排。积极引导商业化应用项目多渠道筹集资金，加快建立以政府投入为引导、金融投入为依托、企业投入为主体、社会投入为辅助的信息化投入体系。加强《云南省信息化促进条例》的行政执法检查，规范信息化管理，促进信息化建设环境的改善。抓好信息化工作目标责任考核，加强政府信息公开工作的日常监测和检查，开展政务信息查询工作目标责任管理，确保各项任务落到实处。认真做好机构改革中各项工作的衔接协调，做到思想不乱、队伍不散、工作不断，积极主动落实好各项工作任务。

同志们，大力推进信息化，是加快推进全省新型工业化进程、实现经济又好又快发展的战略重点。我们要深入贯彻落实科学发展观，围绕加快推进信息化步伐、提高国民经济信息化水平，进一步善措施，加大力度，开拓创新，努力开创全省信息化建设事业的新局面!

国务院批转发展改革委等部门关于抑制部分行业产能过剩和重复建设引导产业健康发展若干意见的通知

国发〔2009〕38号

各省、自治区、直辖市人民政府，国务院各部委、各直属机构：

国务院同意发展改革委等部门《关于抑制部分行业产能过剩和重复建设引导产业健康发展的若干意见》，现转发给你们，请认真贯彻执行。

为应对国际金融危机的冲击和影响，党中央、国务院审时度势，及时制定和实施了扩大内需、促进经济增长的一揽子计划。按照“保增长、扩内需、调结构”的总体要求，出台了钢铁等十个重点产业调整和振兴规划，在推动结构调整方面提出了控制总量、淘汰落后、兼并重组、技术改造、自主创新等一系列对策措施，各地也相继出台了一些扶持产业发展的政策措施。目前，政策效应已初步显现，企业生产经营困难情况有所缓解，产业发展总体向好。但从当前产业发展状况看，结构调整虽取得一定进展，但总体进展不快，各地区、各行业也不平衡。不少领域产能过剩、重复建设问题仍很突出，有的甚至还在加剧。特别需要关注的是，不仅钢铁、水泥等产能过剩的传统产业仍在盲目扩张，风电设备、多晶硅等新兴产业也出现了重复建设倾向，一些地区违法、违规审批，未批先建、边批边建现象又有所抬头。

对于部分行业出现的产能过剩和重复建设，如不及时加以调控和引导，任其发展，市场恶性竞争难以避免，经济效益难以提高，并将导致企业倒闭或开工不足、人员下岗失业、银行不良资产大量增加等一系列问题，不仅严重影响国家扩大内需一揽子计划的实施效果和来之不易的企稳向好的形势，而且将错失利用国际金融危机形成的市场形势推动结构调整的历史机遇。

各地区、各部门要根据本通知精神，切实把思想和行动统一到党中央、国务院的决策部署上来，认真贯彻落实科学发展观，进一步增强大局意识、责任意识和忧患意识，在保增长中更加注重推进结构调整，坚持产业政策导向，严格执行环境监管、用地管理、金融政策和项目投资管理有关规定，将坚决抑制部分行业产能过剩和重复建设作为结构调整的重点工作抓紧抓好。要大力发展符合市场需求的高新技术产业和服务业，把握好调整的方向、力度和节奏，切实转变经济发展方式，提高经济发展的质量和效益，促进经济社会全面协调可持续发展。

国务院

二〇〇九年九月二十六日

关于抑制部分行业产能过剩和重复建设引导产业健康发展的若干意见

发展改革委 工业和信息化部 监察部 财政部
国土资源部 环境保护部 人民银行
质检总局 银监会 证监会

为切实将党中央、国务院应对国际金融危机的一揽子计划落到实处，巩固和发展当前经济企稳向好的势头，加快推动结构调整，坚决抑制部分行业的产能过剩和重复建设，引导新兴产业有序发展，现提出以下意见：

一、部分行业产能过剩和重复建设问题需引起高度重视

为应对国际金融危机的冲击和影响，党中央、国务院审时度势，及时制定和实施了扩大内需、促进经济增长的一揽子计划。按照“保增长、扩内需、调结构”的总体要求，出台了钢铁等十个重点产业调整和振兴规划，在推动结构调整方面提出了控制总量、淘汰落后、兼并重组、技术改造、自主创新等一系列对策措施，各地也相继出台了一些扶持产业发展的政策措施。目前政策效应已初步显现，工业增速稳中趋升，企业生产经营困难情况有所缓解，产业发展总体向好。

但从当前产业发展状况看，结构调整虽取得一定进展，但总体进展不快，各地区、各行业也不平衡。不少领域产能过剩、重复建设问题仍很突出，有的甚至还在加剧。特别需要关注的是，不仅钢铁、水泥等产能过剩的传统产业仍在盲目扩张，风电设备、多晶硅等新兴产业也出现了重复建设倾向，一些地区违法、违规审批，未批先建、边批边建现象又有所抬头。

（一）钢铁。2008年我国粗钢产能6.6亿吨，需求仅5亿吨左右，约四分之一的钢铁及制成品依赖国际市场。2009年上半年全行业完成投资1405.5亿元，目前在建项目粗钢产能5800万吨，多数为违规建设，如不及时加以控制，粗钢产能将超过7亿吨，产能过剩矛盾将进一步加剧。

（二）水泥。2008年我国水泥产能18.7亿吨,其中新型干法水泥11亿吨，特种水泥与粉磨站产能2.7亿吨，落后产能约5亿吨，当年水泥产量14亿吨。目前在建水泥生产线418条，产能6.2亿吨，另外还有已核准尚未开工的生产线147条，产能2.1亿吨。这些产能全部建成后，水泥产能将达到27亿吨，市场需求仅为16亿吨，产能将严重过剩。

（三）平板玻璃。2008年全国平板玻璃产能6.5亿重箱，产量5.74亿重箱，约占全球产量的50%，其中浮法玻璃产量为4.79亿重箱，占平板玻璃总量的80%。2009年上半年新投产13条生产线，新增产能4848万重箱，目前各地还有30余条在建和拟建浮法玻璃生产线，平板玻璃产能将超过8亿重箱，产能明显过剩。

（四）煤化工。近年来，一些煤炭资源产地片面追求经济发展速度，不顾生态环境、水资源承载能力和现代煤化工工艺技术仍处于示范阶段的现实，不注重能源转化效率和全生命周期能效评价，盲目发展煤化工。传统煤化工重复建设严重，产能过剩30%，在进口产品的冲击下，2009年上半年甲醇装置开工率只有40%左右。目前煤制油示范工程正处于试生产阶段，煤制烯烃等示范工程尚处于建设或前期工作阶段，但一些地区盲目规划现代煤化工项目，若不及时合理引导，势必出现“逢煤必化、遍地开花”的混乱局面。

（五）多晶硅。多晶硅是信息产业和光伏产业的基础材料，属于高耗能和高污染产品。从生产工业硅到太阳能电池全过程综合电耗约220万千瓦时/兆瓦。2008年我国多晶硅产能2万吨，产量4000吨左右，在建产能约8万吨，产能已明显过剩。我国光伏发电市场发展缓慢，国内太阳能电池98%用于出口，相当于大量输出国内紧缺的能源。

（六）风电设备。风电是国家鼓励发展的新兴产业。2008年底已安装风电机组11638台，总装机容量1217万千瓦。近年来风电产业快速发展，出现了风电设备投资一哄而上、重复引进和重复建设现象。目前，我国风电机组整机制造企业超过80家，还有许多企业准备进入风电装备制造业，2010年我国风电装备产能将超过2000万千瓦，而每年风电装机规模为1000万千瓦左右，若不及时调控和引导，产能过剩将不可避免。

此外，电解铝、造船、大豆压榨等行业产能过剩矛盾也十分突出，一些地区和企业还在规划新上项目。目前，全球范围内电解铝供过于求，我国电解铝产能为1800万吨，占全球42.9%，产能利用率仅为73.2%；我国造船能力为6600万载重吨，占全球的36%，而2008年国内消费量仅为1000万载重吨左右，70%以上产量靠出口；大型锻件存在着产能过剩的隐忧；化肥行业氮肥和磷肥自给有余，钾肥严重短缺，产业结构亟

待进一步优化。

必须清醒地认识到，2008年第四季度以来我国工业生产经营出现的困难，一方面是国际金融危机冲击的外因影响，另一方面也有我国经济发展方式粗放的内因，不少行业重复建设、盲目扩张，在外需严重萎缩的情况下产能过剩矛盾加剧。当前我国经济回升的基础还不够稳固，应对国际金融危机取得的成果还是初步的、阶段性的。对于部分行业出现的产能过剩和重复建设，如不及时加以调控和引导，任其发展，市场恶性竞争难以避免，经济效益难以提高，并将导致企业倒闭或开工不足、人员下岗失业、银行不良资产大量增加等一系列问题，不仅严重影响国家扩大内需一揽子计划的实施效果和来之不易的企稳向好的形势，而且将错失利用国际金融危机形成的市场形势推动结构调整的历史机遇。因此，尽快抑制产能过剩和重复建设，把有限的要素资源引导和配置到优化存量、培育新的增长点上来，大力发展符合市场需求的高新技术产业和服务业，不仅对实现产业的良性发展，而且对转变发展方式，实现经济社会可持续发展具有重要的意义。

二、正确把握抑制产能过剩和重复建设的政策导向

当前，我国经济正处于企稳回升的关键时期，必须认真贯彻落实科学发展观，进一步统一思想，增强忧患意识，在保增长中更加注重推进结构调整，将坚决抑制部分行业产能过剩和重复建设作为结构调整的重点工作抓紧、抓实，抓出成效。抑制产能过剩和重复建设所涉及的行业具有很强的市场性和全球资源配置特点，既要充分发挥市场机制的作用，又要辅之必要的调控措施，注意把握好以下原则和产业政策导向：

（一）主要原则。

一是控制增量和优化存量相结合。严格控制产能过剩行业盲目扩张和重复建设，推进企业兼并重组和联合重组，加快淘汰落后产能；结合实施“走出去”战略，支持有条件的企业转移产能，形成参与国际产业竞争的新格局；依靠技术进步，优化存量，调整产品结构，谋求有效益、有质量、可持续的发展。

二是分类指导和有保有压相结合。对钢铁、水泥等高耗能、高污染产业，要坚决控制总量、抑制产能过剩；鼓励发展高技术、高附加值、低消耗、低排放的新工艺和新产品，延长产业链，形成新的增长点。对多晶硅、风电设备等新兴产业，要集中有效资源，支持企业提高关键环节和关键部件自主创新能力，积极开展产业化示范，防止投资过热和重复建设，引导有序发展。

三是培育新兴产业和提升传统产业相结合。立足于新一轮国际竞争和可持续发展的需要，尽快培育一批科技含量高、发展潜力大、带动作用强的新兴产业，及时制定出台专项产业政策和规划，明确技术装备路线，建立和完善准入标准；抓紧改造提升传统产业，及时修订产业政策，提高准入标准，对结构调整给予明确产业政策引导。

四是市场引导和宏观调控相结合。加强行业产销形势的监测、分析和国内外市场需求的信息发布，发挥市场配置资源的基础性作用；综合运用法律、经济、技术、标准以及必要的行政手段，协调产业、环保、土地和金融政策，形成抑制产能过剩、引导产业健康发展的合力；同时，坚持深化改革，标本兼治，通过体制机制创新解决重复建设的深层次矛盾。

（二）产业政策导向。

钢铁：充分利用当前市场倒逼机制，在减少或不增加产能的前提下，通过淘汰落后、联合重组和城市钢厂搬迁，加快结构调整和技术进步，推动钢铁工业实现由大到强的转变。不再核准和支持单纯新建、扩建产能的钢铁项目。严禁各地借等量淘汰落后产能之名，避开国家环保、土地和投资主管部门的监管、审批，自行建设钢铁项目。重点支持有条件的大型钢铁企业发展百万千瓦火电及核电用特厚板和高压锅炉管、25万千伏安以上变压器用高磁感低铁损取向硅钢、高档工模具钢等关键品种。尽快完善建筑用钢标准及设计规范，加快淘汰强度335兆帕以下热轧带肋钢筋，推广强度400兆帕及以上钢筋，促进建筑钢材升级换代。2011年底前，坚决淘汰400立方米及以下高炉、30吨及以下转炉和电炉，碳钢企业吨钢综合能耗应低于620千克标准煤，吨钢耗用新水量低于5吨，吨钢烟粉尘排放量低于1.0千克，吨钢二氧化硫排放量低于1.8千克，二次能源基本实现100%回收利用。

水泥：严格控制新增水泥产能，执行等量淘汰落后产能的原则，对2009年9月30日前尚未开工水泥项目一律暂停建设并进行一次认真清理，对不符合上述原则的项目严禁开工建设。各省（区、市）必须尽快制定三年内彻底淘汰落后产能时间表。支持企业在现有生产线上进行余热发电、粉磨系统节能改造和处置工业废弃物、城市污泥及垃圾等。新项目水泥熟料烧成热耗要低于105公斤标煤/吨熟料，水泥综合电耗小于90千瓦时/吨水泥；石灰石储量服务年限必须满足30年以上；废气粉尘排放浓度小于50毫克/标准立方米。落后水泥产能比较多的省份，要加大对企业联合重组的支持力度，通过等量置换落后产能建设新线，推动淘汰落后工作。

平板玻璃：严格控制新增平板玻璃产能，遵循调整结构、淘汰落后、市场导向、合理布局的原则，发展高档用途及深加工玻璃。对现有在建项目和未开工项目进行认真清理，对所有拟建的玻璃项目，各地方一律不得备案。各省（区、市）要制定三年内彻底淘汰“平拉法”（含格法）落后平板玻璃产能时间表。新项目能源消耗应低于16.5公斤标煤/重箱；硅质原料的选矿回收率要达到80%以上；严格环保治理措施，二氧化硫排放低于500毫克/标准立方米、氮氧化物排放低于700毫克/标准立方米、颗粒物排放浓度低于50毫克/标准立方米。鼓励企业联合重组，在符合规划的前提下，支持大企业集团发展电子平板显示玻璃、光伏太阳能玻璃、低辐射镀膜等技术含量高的玻璃以及优质浮法玻璃项目。

煤化工：要严格执行煤化工产业政策，遏制传统煤化工盲目发展，今后三年停止审批单纯扩大产能的焦炭、电石项目。禁止建设不符合《焦化行业准入条件（2008年修订）》和《电石行业准入条件（2007年修订）》的焦化、电石项目。综合运用节能环保等标准提高准入门槛，加强清洁生产审核，实施差别电价等手段，加快淘汰落后产能。对焦炭和电石实施等量替代方式，淘汰不符合准入条件的落后产能。对合成氨和甲醇实施上大压小、产能置换等方式，降低成本、提高竞争力。稳步开展现代煤化工示范工程建设，今后三年原则上不再安排新的现代煤化工试点项目。

多晶硅：研究扩大光伏市场国内消费的政策，支持用国内多晶硅原料生产的太阳能电池以满足国内需求为主，兼顾国际市场。严格控制在能源短缺、电价较高的地区新建多晶硅项目，对缺乏配套综合利用、环保不达标的多晶硅项目不予核准或备案；鼓励多晶硅生产企业与下游太阳能电池生产企业加强联合与合作，延伸产业链。新建多晶硅项目规模必须大于3000吨/年，占地面积小于6公顷/千吨多晶硅，太阳能级多晶硅还原电耗小于60千瓦时/千克，还原尾气中四氯化硅、氯化氢、氢气回收利用率不低于98.5%、99%、99%；引导、支持多晶硅企业以多种方式实现多晶硅—电厂—化工联营，支持节能环保太阳能级多晶硅技术开发，降低生产成本。到2011年前，淘汰综合电耗大于200千瓦时/千克的多晶硅产能。

风电设备：抓住大力发展风电等可再生能源的历史机遇，把我国的风电装备制造业培育成具有自主创新能力和国际竞争力的新兴产业。严格控制风电装备产能盲目扩张，鼓励优势企业做大做强，优化产业结构，维护市场秩序。原则上不再核准或备案建设新的整机制造厂；严禁风电项目招标中设立要求投资者使用本地风电装备、在当地投资建设风电装备制造项目的条款；建立和完善风电装备标准、产品检测和认证体系，禁止落后技术产品和非准入企业产品进入市场。依托优势企业和科研院所，加强风电技术路线和海上风电技术研究，重点支持自主研发2.5兆瓦及以上风电整机和轴承、控制系统等关键零部件及产业化示范，完善质量控制体系。积极推进风电装备产业大型化、国际化，培育具有国际竞争力的风电装备制造业。

此外，严格执行国家产业政策，今后三年原则上不再核准新建、扩建电解铝项目。现有重点骨干电解铝厂吨铝直流电耗要下降到12500千瓦时以下，吨铝外排氟化物量大幅减少，到2010年底淘汰落后小预焙槽电解铝产能80万吨。要严格执行船舶工业调整和振兴规划及船舶工业中长期发展规划，今后三年各级土地、海洋、环保、金融等相关部门不再受理新建船坞、船台项目的申请，暂停审批现有造船企业船坞、船台的扩建项目，要优化存量，引导企业利用现有造船设施发展海洋工程装备。

三、坚决抑制产能过剩和重复建设的对策措施

各地区、各部门要认真贯彻落实《中共中央国务院转发〈国家发展和改革委员会关于上半年经济形势和做好下半年经济工作的建议〉的通知》（中发〔2009〕8号）以及重点产业调整和振兴规划中关于坚决抑制产能过剩行业盲目重复建设的有关要求，把思想和行动统一到党中央、国务院的决策部署上来，把握好调整的方向、力度和节奏，切实转变经济发展方式，进一步增强大局意识、责任意识，各司其职，密切配合，采取措施坚决抑制产能过剩和重复建设势头。

（一）严格市场准入。相关行业管理部门要切实履行职责，抓紧制定、完善相关产业政策，尽快修订发布《产业结构调整指导目录》，进一步提高钢铁、水泥、平板玻璃、传统煤化工等产业的能源消耗、环境保护、资源综合利用等方面的准入门槛。加快编制或修订专项规划，对多晶硅、风电设备等新兴产业要及时建立和完善准入标准，避免盲目和无序建设。质量管理部门要切实负起监管责任，按照产业政策的要求和企业的质量保证能力，严格核发螺纹钢、线材、水泥等产品生产许可证，坚决查处无证生产。依法加强产品质量监督，加大处罚力度。建设主管部门要禁止落后水泥进入重点建设工程和建筑结构工程。

（二）强化环境监管。推进开展区域产业规划的环境影响评价。区域内的钢铁、水泥、平板玻璃、传统煤化工、多晶硅等高耗能、高污染项目环境影响评价文件必须在产业规划环评通过后才能受理和审批。未通过环境评价审批的项目一律不准开工建设。环保部门要切实负起监管责任，定期发布环保不达标的生产企业名单。对使用有毒、有害原料进行生产或者在生产中排放有毒、有害物质的企业限期完成清洁生产审核，对达不到排放标准或超过排污总量指标的生产企业实行限期治理，未完成限期治理任务的，依法予以关闭。对主要污染物排放超总量控制指标的地区，要暂停增加主要污染物排放项目的环评审批。

（三）依法依规供地用地。切实加强对各类建设项目用地监管。对不符合产业政策和供地政策、未达到现行《工业项目建设用地控制指标》或相关工程建设项目用地指标要求的项目，一律不批准用地；对未按规定履行审批或核准手续的项目，一律不得供应土地。国土资源部门要切实负起监管责任。对未经依法批准擅自占地开工建设的，要依法从重处理;对有关责任人要追究政纪法律责任，构成犯罪的，依法追究刑事责任。

（四）实行有保有控的金融政策。要加强宏观信贷政策指导和监管，引导和督促金融机构改进和完善信贷审核。对不符合重点产业调整和振兴规划以及相关产业政策要求，未按规定程序审批或核准的项目，金融机构一律不得发放贷款，已发放贷款的要采取适当方式予以纠正。严格发债、资本市场融资审核程序。对不符合重点产业调整和振兴规划以及相关产业政策要求，不按规定程序审批或核准的项目及项目发起人，一律不得通过企业债、项目债、短期融资券、中期票据、可转换债、首次公开发行股票、增资扩股等方式进行融资。人民银行、银监会、证监会、发展改革委要对违反规定的金融机构和有关单位予以严肃处理。

（五）严格项目审批管理。各级投资主管部门要进一步加强钢铁、水泥、平板玻璃、煤化工、多晶硅、风电设备等产能过剩行业项目审批管理，原则上不再批准扩大产能的项目，不得下放审批权限，严禁化整为零、违规审批。严格防止各级政府的财政性资金流向产能过剩行业的扩大产能项目。尽快修订完善政府投资项目核准目录，在新的核准目录出台前，上述产能过剩行业确有必要建设的项目，需报国家发展改革委组织论证和核准。

（六）做好企业兼并重组工作。产能过剩行业企业兼并和联合重组的任务十分紧迫和艰巨，结构调整、控制总量和淘汰落后产能均需要企业组织结构进行相应的调整。要抓紧建立科学规范、行之有效的工作程序，同时要扎实做好企业改组、改制中的思想政治工作，切实维护群众利益，保持社会稳定，防止国有资产流失。按照重点产业调整和振兴规划要求，尽快制定出台加快企业兼并重组的指导意见。

（七）建立信息发布制度。发展改革委会同有关部门，建立部门联合发布信息制度，加强行业产能及产能利用率的统一监测，适时向社会发布产业政策导向及产业规模、社会需求、生产销售库存、淘汰落后、企业重组、污染排放等信息。充分发挥行业协会作用，及时反映行业问题和企业诉求，为企业提供信息服务，引导企业和投资者落实国家产业政策和行业发展规划，加强行业自律，提高行业整体素质。

（八）实行问责制。地方各级人民政府不得强制企业投资低水平产能过剩行业。政府各有关部门及金融机构要认真履行职责，依法依纪把好土地关、环保关、信贷关、产业政策关和项目审批（核准）关，并加强政策研究、信息共享和工作协调，形成合力，有效抑制部分行业产能过剩和重复建设，引导产业健康发展，促进结构调整和发展方式转变。要按照《中共中央办公厅国务院办公厅印发〈关于实行党政领导干部问责的暂行规定〉的通知》（中办发〔2009〕25号）的有关要求，对违反国家土地、环保法律法规和信贷政策、产业政策规定，工作严重失职或失误造成重大损失或恶劣影响的行为要进行问责，严肃处理。

（九）深化体制改革。要着眼于推进产业结构调整以及解决长期困扰我国产业良性发展的深层次矛盾，进一步深化财税体制、投融资体制、价格体制、社会保障体制等方面的改革，完善干部考核制度，形成有力促进经济结构战略性调整，推动我国工业实现由大到强转变的体制环境。

中共云南省委　云南省人民政府 关于加快非公有制经济发展的决定

（2009年5月27日）

为深入贯彻党的十七大、十七届三中全会和省第八次党代会精神，坚持科学发展，积极应对国际金融危机，进一步坚定发展非公有制经济的信心，改善非公有制经济发展环境，保持全省经济平稳较快增长，现就加快我省非公有制经济发展作出如下决定。

一、总体思路和发展目标

（一）进一步解放思想，提高认识。非公有制经济是社会主义市场经济的重要组成部分，是推动地方经济发展的基本力量、提供财政收入的重要来源、解决就业的主要渠道和维护社会稳定的重要基础。培育云南经济发展新的增长点，希望在非公、活力在民资、动力在民间，全省上下要以深入学习实践科学发展观活动为契机，以解放思想为动力，从实际出发，把加快非公有制经济发展作为我省应对国际金融危机的重大举措，继续消除影响非公有制经济发展的各种思想观念束缚和体制机制障碍，“放心、放胆、放手、放开、放活、放宽”，全力以赴加快非公有制经济发展，为构建富裕民主文明开放和谐云南提供强大动力。

（二）总体思路：深入贯彻落实科学发展观，抓住我省工业化、城镇化加速的历史机遇，进一步改善非公有制经济发展环境，大胆探索适合云南区域特色和产业特点的非公有制经济发展模式，以现代农业、先进制造业和现代服务业为主要发展方向，着力推进“三创两到位”，即：服务创优、全民创业、企业创新，金融支持到位、政策落实到位。突出抓好“放开、引导、扶持、保护”四个环节，全面提升我省非公有制经济发展的速度、规模、效益和质量。

（三）发展目标：2009年至2012年，全省非公有制经济增加值年均增长达到20%以上，占全省GDP的比重由38.5%提高到50%左右；从业人员年均增长10%以上，由356.5万人增加到500万人以上；上缴税金年均增长20%以上，由247.8亿元增加到500亿元以上。

二、服务创优

（四）加大财政支持力度。2009年至2012年，省级财政安排的支持非公有制经济发展专项资金以2008年为基数，每年递增10%。各州（市）、县（市、区）也要建立非公有制经济发展专项扶持资金，并根据当地实际情况逐步增加。各级专项资金应重点用于非公有制（中小）企业新建项目、技术改造、新增流动资金贷款贴息，技术中心建设、新产品研发、技术引进、中小企业服务体系建设、人才培训等的补助，融资担保机构贷款担保风险补偿，全省非公有制经济发展目标责任考核奖励。（由财政厅牵头，会同省工业和信息化委等部门制定实施办法）

（五）实行税收优惠。2009年至2012年，对经营困难不裁员的，符合国家税收法律法规规定的核定征税条件的非公有制（中小）企业，实行核定征税。对缴纳城镇土地使用税确有困难的非公有制（中小）企业，经税务机关审核批准后，可减征或免征城镇土地使用税。自2009年起，对入驻省级工业园区、符合国家产业政策且固定资产投资在1000万元以上的新办非公有制（中小）企业生产性项目或科技成果转化和产业化项目，企业缴纳的增值税、所得税、营业税地方留成部分，自投产年度起，前5年由同级财政给予全额奖励或补助；自投产年度起，企业高管人员、主要技术人员前3年的个人所得税地方留成部分由同级财政全额奖励或补助企业，用于企业人才引进和培养。（由财政厅牵头，会同省地税局、省国税局、省工业和信息化委等部门制定实施办法）

（六）降低企业用地成本。自2009年起，对符合国家产业政策和我省产业结构调整方向，企业投资强度（不含土地价款）达到150万元/亩以上，或吸纳就业人数达到200人以上的非公有制（中小）企业生产性新建或技改项目，按照省、州（市）、县级所得土地出让金50%的比例奖励或补助企业；投资强度（不含土地价款）达到80万元/亩以上，或吸纳就业人数达到100人以上的非公有制（中小）企业生产性新建或技改项目，按照省、州（市）、县级所得土地出让金30%的比例奖励或补助企业。对符合规划、不改变土地用途，利用存量土地进行建设、提高建筑容积率的，不再增收土地价款。省级工业园区的重大生产性项目地价优惠由园区管理部门自行确定。国土资源管理部门要加快用地审批，按照行政许可的相关规定，工业建设项目用地预审以及国有土地使用权出让、租赁、作价入股，审查及审批在10个工作日内完成，国有土地使用权转让，在10个工作日内完成。（由国土资源厅牵头，会同财政厅、省工业和信息化委等部门制定实施办法）

三、全民创业

（七）建立创业服务体系。吸引战

略投资者、社会资金、民间资本，组建以服务成长型非公有制（中小）企业为主的创业投资基金，支持发展创业风险投资公司，积极引进国内外创业投资机构来滇开拓业务。依托现有产业园区、产业集中区、产业基地，建立小企业创业示范基地40个，建立省、州（市）、县三级中小企业服务中心。培养创业辅导师和创业辅导员队伍，鼓励各类民间艺人带徒授艺并创办企业。制定《云南省全民创业产业指导目录》，编制《云南省创业项目指南》，建立“创业技术管理服务专家库”和创业服务网络平台，为创业者提供信息服务及技术支持。（由省工业和信息化委牵头，会同人力资源社会保障厅等部门制定实施办法）

（八）改善创业环境。加快发展都市经济，统筹规划、合理布局城市创业市场，在闹市区、居民集中区开辟创业角、创业街，为创业者提供合法经营场所。采取项目补助、项目孵化、购买服务、法律援助、信息服务、创业奖励等方式，鼓励科技人员兼职创业，留学归国人员、大中专毕业生开拓创业，军队复转军人自主创业，下岗失业人员自谋创业，农民工回乡创业，公职人员离职创业。除国家公务员外，允许在职人员通过集合投资、合伙投资入股创办各类企业。（由人力资源社会保障厅、省工商局牵头，会同住房城乡建设厅、省工业和信息化委等部门制定实施办法）

（九）营造良好创业氛围。加大宣传力度，弘扬创业精神，通过电视、报纸、广播、网络等媒体开辟创业栏目，传播创业文化，宣传创业典型，提供创业信息，形成“百姓创家业、能人创企业、干部创事业”的全民创业氛围。重视创业教育，增强创业意识，在学校和各类培训机构中开展“创业专题讲座”、“创业项目推介”、“创业成果展示”等活动，激发在校学生和各类劳动者的创业愿望，拓宽创业思路。落实职业培训补贴政策，对参加创业培训的创业者，按有关政策规定，给予职业培训补贴。（由省委宣传部牵头，会同省政府新闻办、人力资源社会保障厅、省工业和信息化委、省工商联等制定实施办法）

云南省人民政府关于加快工业园区建设的意见

云政发〔2009〕79号

各州、市人民政府，省直各委、办、厅、局:

为深入贯彻落实科学发展观，落实省委八届六次全会和全省加快推进新型工业化大会精神，按照《中共云南省委云南省人民政府关于进一步加快推进新型工业化的决定》（云发〔2008〕15号〉要求，以改革开放为动力，工业园区为载体，实现工业集中集约集群发展，现提出如下意见：

一、打造新型工业化核心区

（一）加快工业园区建设创新工业发展方式

加快工业园区建设是转变经济发展方式、促进区域经济快速增长、加快推进工业化和城镇化的有效途径。工业园区有利于高效配置资源，集中治理污染，以最小的投入实现最大的产出；有利于调整优化产业布局，促进产业集约化、规模化、专业化发展；有利于共享公共产品和服务，实现公共资源使用效率最大化；有利于创新融资体制机制，打造招商引资平台。全省上下要贯彻落实科学发展观，加快工业园区建设，创新工业发展方式，实现全省经济社会跨越式发展。

（二）增强工业园区建设的紧迫感和责任感

通过多年努力，全省工业园区建设取得了积极进展。省级32个重点工业园区和8个特色产业园区（以下简称40个省级工业园区）基础设施建设步伐加快，入园企业逐年增多，经济总量和财税收入不断提高。2008年，40个省级工业园区完成工业增加值408.91亿元，比2007年增长17.296，占全省规模以上工业增加值的比重达22.7%；实现税收97.35亿元，增长14.5960但与先进省区相比，我省工业园区数量少、规模小、发展慢，主要原因是软硬环境建设滞后、招商引资方式陈旧、投融资渠道单一、开发模式创新不足，关键问题是认识还不到位、思想解放还不够。全省上下要进一步统一认识，把加快工业园区建设作为学习实践科学发展观的重要内容和解放思想的具体行动，切实增强责任感和紧迫感，强化措施、狠抓落实，实现工业园区建设大突破，带动全省经济社会大发展。

二、总体思路和发展目标

（三）总体思路

按照科学发展观的要求，强化规划指导，优化产业布局，促进优势特色产业聚集发展；全方位扩大对外开放，积极承接产业转移，着力创新招商引资方式，促进以园招商、以商建园；加快基础设施建设，全面改善投资环境，促进园区体制机制和开发模式创新；强化政策支持，突破资金、土地等要素制约，促进企业入园发展；积极发展先进制造业，打造绿色生态园区，促进现代产业体系构建和节能减排；大力发展生产性服务业，推进园区服务体系社会化，促进就业和城镇化建设；建立激励约束机制，加大行政问责力度，充分调动一切积极因素，合力推进工业园区建设，全面开创工业园区工作新局面，促进全省新型工业化和城镇化又好又快发展。

（四）发展目标

到2012年，实现以下目标：

经济总量迅速扩大。40个省级工业园区实现工业增加值年均增长25%以上。到2012年，40个省级工业园区实现工业增加值占全省全部工业增加值的35%左右；力争培育主营业务收入超千亿元的园区1个，超500亿元的3个左右，100亿元以上的16个左右。

产业集群基本形成。围绕烟草及配套、钢铁、有色、磷化工、煤化工、石油化工、天然气化工、盐化工、光电子、新材料、新能源、电力装备、机床装备、汽车制造、新型建材、林竹浆造纸、丝麻纺织、生物医药、生物能源、糖茶胶深加工、绿色食品、农产品加工、旅游工艺品加工、出口加工、珠宝玉石加工、现代物流等重点，培育30个左右特色产业集群，打造新型工业化核心区。

县域工业集中发展。在重点建设40个省级工业园区的同时，鼓励州（市）、县（市、区）加快推进产业聚集，原则上每个工业强县布局1个工业园区或工业集中区。

三、创新开发方式

（五）优化园区产业布局

工业园区要按照构建现代产业体系的要求，结合当地优势和特色，科学确定主导产业，合理规划产业布局，严格执行总体规划。鼓励省会城市和区域中心城市的园区大力发展装备制造、汽车制造、新能源、光电子、新材料和生物医药等先进制造业；鼓励矿产资源富集地区的园区重点发展钢铁、有色、磷化工、煤化工、石油化工、天然气化工、盐化工、建材等原材料及深加工产业；鼓励生物资源丰富、农林牧业发达地区的园区重点发展林竹浆造纸、丝麻纺织、木本油料、生物能源、糖茶胶深加工、绿色食品、农产品加工等特色产业；鼓励物流和商贸旅游发达地区的园区加快发展现代物流、出口加工、旅游工艺品加工、珠宝玉石加工等产业。

（六）加强基础设施建设

工业园区总体规划要与城镇建设总

体规划、土地利用总体规划相衔接。按照"适度超前，分期推进"的原则，做好工业园区通路、通电、通水、通信、排污及土地平整等"五通一平"工作。鼓励园区构建融资平台，组建投资开发公司参与土地收储和土地一级开发。多渠道吸引社会投资，支持各类投资主体采取参股、控股、独资、收购、出租、转让和BOT、TOT、BT等多种方式，积极参与基础设施项目建设。鼓励以园招商、以商建园，支持以大企业集团和战略投资者为主体开发建设"园中园"，并享有与园区管委会同等的支持政策。

（七）加大招商引资力度

工业园区要设置招商引资机构，完善招商引资政策，做好招商引资项目前期工作，建立重点项目储备库，明确专人招商引资。强化招商引资“一条龙”、“全过程”服务制定招商引资计划，建立招商引资奖惩责任制。强化会展招商、定向招商、上门招商、商会招商、网络招商、国际招商。抓住国际、国内产业转移机遇，积极吸引世界500强、港澳台和省外知名企业入驻园区。注重提升招商引资质量，优先选择符合产业政策、科技含量高、能源消耗低、环境污染少、带动能力强、劳动密集型的重大工业项目进入园区。鼓励创新型、创业型中小企业入园发展。

（八）拓宽投资融资渠道

鼓励金融机构创新金融产品，进行基础设施项目收益权质押贷款等服务试点。积极构建工业园区融资担保体系，着力解决入园企业融资难问题。支持有条件的入园企业开展联保和互保融资。加强银银合作、同业沟通和信息交流，对于投资大、建设期长的基础设施项目，可通过“银团贷款”、“联合贷款”等方式提供金融支持；鼓励园区内有条件的企业在境内外上市融资。鼓励发展风险投资、创业投资，吸引国内外投资机构、私募投资基金进入园区。探索建立面向园区内企业的小额贷款公司，积极探索发行园区企业集合债券和建立创业投资引导基金。

（九）建设绿色生态园区

坚持绿色制造方向，促进园区产业改造升级、资源循环利用、企业与环境协调发展。加快应用先进适用技术和工艺改造提升园区内冶金、化工、建材、造纸等“两高一资”产业，提高资源的综合利用率，最大限度地减少固体废弃物和污染物的排放。园区企业要全面推行清洁生产，大力发展循环经济。加快园区内环保基础设施建设，搞好园区企业废水、废气、废物集中处置，做好园区环境绿化。加强入园项目的节能审查、环境影响评价工作，实行节能减排一票否决。

四、创新管理服务

（十）激活体制机制

完善省级工业园区认定。省级工业园区的认定，由州（市）人民政府向省人民政府申报。省级工业主管部门会同有关部门提出审核意见，报省人民政府审定。鼓励有条件的省级园区积极申报国家级园区。

加强工业园区管理和服务。省级工业园区所在地的人民政府，应把工业园区发展列入重要议事日程，明确专职管理机构，落实工作人员。对园区内企业实行“一站式、一条龙”服务。实行园区政务公开，全面落实行政问责制等四项制度，鼓励推行服务承诺制、重点项目领导联系制和跟踪服务责任制，为园区发展营造良好的效率环境、服务环境和工作环境。

（十一）实行简政放权

除国家限制类及省属企业投资项目外，将省级权限内工业项目审批管理权限下放省级工业园区。需报省级主管部门备案的，由省级工业园区直接报省级主管部门备案。省级工业园区承担项目审批主体责任。省级有关部门应加强对省级工业园区项目审批的监督和指导，并承担监督责任。有条件的地区可探索下放更多的经济社会管理权限。

（十二）强化考评奖惩

省级工业园区当年完成企业项目投资20亿元以上的，年底由省人民政府给予一定奖励。及时总结推广工业园区的建设发展经验，每年对省级工业园区进行综合考核评价，实施动态管理。对工作成绩突出、主导产业发展快、节能减排成效显著的优秀工业园区予以表彰和奖励；对发展缓慢、招商引资效果差的园区进行调整，不再列入省级支持范围。

五、创新发展环境

（十三）加大政策扶持力度

省级财政从2010年起按照比上年增长10%的比例安排“新型工业化发展专项资金”，重点用于支持全省工业园区发展。以2009年为基数，5年内省级工业园区内新增税收，依照现行财政体制规定上缴省级财政的部分，按照一定比例留给工业园区，用于基

础设施建设。对国家鼓励从事高新技术、软件集成电路、农产品初加工、节能节水、环境保护、创业投资、资源综合利用等项目的企业，按照国家税收法律法规的规定，给予税收减免的扶持。

鼓励州（市〉、县（市、区）人民政府在现行财政体制下制定支持工业园区发展的财政政策。州（市）、县（市、区）人民政府要按照上缴包子、新增返还的原则，制定园区新增财税返还等财政扶持政策，支持园区扩大招商引资，改善基础设施和投资环境。各州（市）、县（市、区〉应安排相应专项资金支持工业园区发展。

（十四）保障园区发展用地

将园区用地纳入全省土地利用总体规划，工业园区年度土地利用计划实行单列，全省新增用地计划指标优先保障工业园区重大项目。建立园区土地收储制度，充分利用闲置厂区、荒山荒坡开发建设工业园区。凡有工业园区的地区，新建工业项目应入园建设。工业园区要提高土地利用效率，入园项目土地闲置超过规定年限的，要依法收回土地使用权。

（十五）发展生产性服务业

加快园区科技企业孵化器、生产

力服务中心、创业服务中心、企业技术中心、技融资等服务平台建设；加快园区现代物流业发展，为区内企业提供运输、储存、通关等一体化物流服务；加快园区信息化建设，为企业提供政策、技术、管理等各类信息以及网上办公服务；积极发展法律、会计、咨询、培训等中介组织，为园内企业提供全方位服务。

（十六）加强人才培养引进

高度重视工业园区人才培养和引进，积极吸引高科技人才、企业经营管理人才、国际经贸人才、园区开发建设管理人才和公共管理服务等各类人才参与园区建设开发。鼓励引入各类高等院校到工业园区办学，加强职业教育培训，满足园区工业人才需求，促进就业。鼓励园区内企业开展多种形式的员工教育培训。

六、加强组织领导

（十七）强化领导与协调

建立云南省工业园区建设联席会议制度，由省人民政府分管领导定期召集省级有关部门协调解决全省工业园区发展中遇到的重大问题。联席会议的日常工作由省级工业主管部门负责。省级有关部门和各州〈市）人民政府要尽快制定贯彻落实本意见的实施方案或意见，形成合力，共同推进工业园区又好又快发展。

二〇〇九年四月二十二日

云南省工业和信息化委　云南省财政厅关于印发《云南省促进重点工业产品销售实施办法》及《云南省重点企业主要产品促销目录》的通知

云工信〔2009〕282号

各州（市）经委、财政局，省直各委、办、厅、局，各相关企业：

为积极应对国际金融危机的冲击，扩大省内工业产品需求，促进我省拉动作用大、带动作用强的工业产品扩大销售，省人民政府决定安排工业产品销售奖补政策专项资金，用于促进汽车及农机类、机电类、钢材、中低产田改造及农村安全饮水工程用材、太阳能热水器等其他设备的销售，扩大消费、拉动生产，努力实现全省工业经济平稳较快发展。根据《云南省人民政府关于促进工业产品销售保持工业平稳较快发展的意见》（云政发〔2009〕77号）精神，省工业和信息化委、省财政厅制定了《云南省促进重点工业产品销售实施办法》和《云南省重点企业主要产品促销目录》，经省人民政府同意，现印发给你们，请遵照执行。

附件：一、《云南省促进重点工业产品销售实施办法》

二、《云南省重点企业主要产品促销目录》（略）

附件一：

云南省促进重点工业产品销售实施办法

第一条　为积极应对国际金融危机的冲击，扩大省内工业产品需求，促进我省拉动作用大、带动作用强的工业产品扩大销售，根据《云南省人民政府关于促进工业产品销售保持工业平稳较快发展的意见》(云政发〔2009〕77号)，省工业和信息化委、省财政厅共同制定《云南省促进重点工业产品销售实施办法》（以下简称《实施办法》）。

第二条　鼓励和倡导消费者积极选用《云南省重点企业主要产品促销目录》中的产品。政府采购和国有企业采购，在同质条件下应优先采购我省企业生产的产品。鼓励省内基本建设和工农业项目优先采购我省地方工业产品。

第三条　省政府建立工业产品销售奖补政策专项资金（以下简称“专项资金”），专项用于促进我省主要工业产品销售的财政补助资金。专项资金的支持范围为本《实施办法》第六条中界定的重点工业企业及其工业产品。

第四条　省财政厅会同省工业和信息化委组织我省有关企业申报专项补助资金，发布我省促进工业产品销售的资金补助信息；负责财政专项补助资金的筹集管理和拨付；会同有关部门开展对促进工业产品销售补助资金使用情况的监督检查。

第五条　省工业和信息化委负责对企业及产品准入严格管理、编制并发布《云南省重点企业主要产品促销目录》（以下简称《促销目录》）；会同省级有关部门对我省工业生产企业的产品销售、售后服务进行监督管理；指导地方工业主管部门做好产品生产、销售和售后服务；对企业上报的有关材料提出初审意见；参与对促进工业产品销售补助资金使用情况的监督检查工作。

第六条　本办法的实施范围包括重点工业企业及其主要工业产品：

（一）企业资质。

符合国家产业政策和产品质量标准要求，节能减排达标，不属国家明令淘汰落后产能范畴；企业在省内工商行政管理部门登记注册，主体产品在云南省境内生产；同行业中企业产品具有明显的比较优势，有一定知名度、影响力和市场占有率，市场开拓潜力大、前景好，同时实施奖补政策后，其主营产品对全省工业经济拉动作用大，带动作用强。企业生产正常，能完成或超额完成今年各项生产和销售任务，承诺对产品质量、售后服务、价格、销售统计和政策宣传等负责并签订责任书。

（二）主要工业产品。

1. 汽车、农机类产品。省内企业生产的载重汽车、轻型货车和客车；省内重点企业生产的运输型拖拉机、手扶拖拉机。

2. 机电类产品。省内企业生产的机床、变压器、电动机、起重机、开关设备、电线电缆、内燃机。

3. 钢材。省内企业生产的各类线材、棒材、管材、型材、板材以及高性能抗震钢。

4. 中低产田地改造及农村安全引水工程用材。省内企业生产的各类PE、PVC管件。

5. 省内企业生产的太阳能热水器。

第七条　专项资金的使用遵循撬动内需、定向使用、有效监管的原则。

第八条　专项资金实行专户管理、专账明细核算，并接受审计监督，专项资金利息收入全额转入专项资金本金。

第九条　为便于兑现资金，切实将拉动需求促进我省经济增长的财政政策落到实处，省级财政安排的专项资金专户存储在已经提供贸易融资贷款方案的中国银行盘龙支行和中国工商银行云南省分行营业部。

第十条　专项资金的奖励和补助方式。

（一）钢材。钢材经销商向钢材使用企业提供赊销期为7个月—12个月的钢材产品；经销商在与企业签定赊销合同并确认已提货，经省财政和省工业和信息化委联合审核后，向钢材经销商核拨补助资金。

（二）载重汽车、轻型货车和客车补贴。用户购买《促销目录》列明企业生产的载重汽车、轻型货车和客车，并办理完省内落户手续，持购买汽车的发票原件及复印件、公安交通管理部门出具的机动车行驶证或机动车登记证书向生产企业领取补贴金额；由生产企业先行垫付补贴资金，月末生产企业以上一个月的销售数量为单位计算累计垫付资金总额，并提供销售、补贴给用户的证明材料，由省财政厅予以补助。

（三）其他工业产品的奖励补贴。《促销目录》列明企业在产品销售时，先行垫付奖励补贴资金给用户；月末生产企业以上一个月的销售数量为单位计算累计垫付资金总额，并提供销售、奖励或补贴给用户的证明材料，由省财政厅予以补助。

第十一条　专项资金的奖励补贴标准。

（一）汽车和拖拉机。对购买省内企业生产的载重汽车、轻型货车和客车，并且在省内办理落户手续的用户，按照车辆购置税的50%，但最高不超过5000元/辆给予补贴；对购买省内企业生产的运输型拖拉机、手扶拖拉机的用户给予补贴：售价在3.5万元（含3.5万元）以下的产品，按照2000元/辆给予补贴，售价超过3.5万元/辆，按照3000元/辆给予补贴。

（二）机电产品。对购买省内企业生产的机床、变压器、电动机、起重机、开关设备、内燃机的用户，按照采购额的1%给予奖励。对一次性购买10万元以上省内企业生产的电线电缆的用户，按照采购额的2‰给予奖励。

（三）钢材。按钢材销售企业赊销金额的8%补助给赊销钢材的经销商。

（四）中低产田地改造及农村安全饮水工程用材。非财政性资金购买用于全省中低产田改造的灌溉系统及农村安全饮水工程用材，对一次性采购10万元以上的用户，按照采购额的3‰ 给予奖励。

（五）太阳能热水器。对一次性购买10万元以上省内企业生产的太阳能热水器的用户，按照采购额的3‰给予奖励。鼓励太阳能热水器下乡，对购买太阳能热水器的农村用户，平板式集热器每平方米补贴50元，真空管集热器（Φ58mm）每管补贴10元。

第十二条　专项资金的申报。有关企业应按规定的时间要求，及时持有关材料向省财政厅、省工业和信息化委申报专项补助资金。

（一）钢材。钢材经销商申请专项补助资金时，应提供以下证明材料：

1. 填制《云南省撬动增量的钢材赊销贸易融资政策主要信息表》及《云南省工业产品（钢材）赊销融资补贴信息登记表》（详见附表1、附表3）；

2. 钢材生产企业与钢材经销商签订的经销协议，经销商购买钢材的增值税发票和提货清单、接收清单、买卖合同；钢材经销商向钢材生产企业开具的银行支付凭证等；

3. 钢材经销商与钢材使用企业签订7~12个月的钢材赊销合同原件和发货清单、施工单位用钢进度报告等；

4. 土地、规划及建设部门批准开工的项目批复文件。

（二）其他工业产品。工业生产企业申报补助资金时需提供以下材料：

1. 填制《云南省工业产品销售奖补政策专项资金主要信息表》（详见附表2），表内注明用户及所购产品主要信息，随表附购买方补贴证明原件，证明内容具体包括：购买方和销售方单位名称或姓名、经办人联系方式、产品型号、规格、销售价格、补贴金额、双方经办人签字、盖章或手印；

2. 购买载重汽车、轻型货车、客车或拖拉机的，还需提供中华人民共和国机动车整车出厂合格证复印件、机动车销售发票复印件、公安交通管理部门出具的机动车行驶证或机动车登记证书复印件、中华人民共和国税收通用完税证复印件（拖拉机除外）；

3. 购买方本人的居民身份证或单位组织机构代码证复印件；购买太阳能热水器的农村用户，须提供能够证明为农村用户身份，包括身份证、户口册或所在乡村证明原件。由企业复印作为申领财政补助资金证明材料；

4. 新购工业产品合格证及销售发票复印件。

上述材料均要求工业生产企业及购买方加盖公章或按手印确认。

5. 省工业和信息化委出具的审核意见。

第十三条　专项资金的审核拨付。

每月15日和30日，省工业和信息化委和省财政厅联合对资金申报企业上报的材料进行审核，对符合要求的，在企业提出申请后及时将专项补助资金直接拨付到企业账户。

第十四条 省财政厅、省工业和信息化委对专项资金的支付情况实行动态监管，对专项资金支付情况作不定期抽查，必要时将委托社会中介机构进行财务审计和检查，对违反财务规定的行为进行严肃查处。

第十五条 任何单位和个人不得以任何理由骗取专项资金。任何企业如有虚假交易，将予以严肃处理，并追回奖励补助资金。

第十六条 为积极推进此项政策的顺利实施，《关于印发云南省信用担保管理办法的通知》（云政发〔2006〕167号）第二十七条“信用担保机构对单个项目或同一债务人累计提供的担保责任余额，最高不得超过自身实收资本的30%；信用担保机构担保责任余额最高不得超过自身实收资本的10倍”和第二十八条中“信用担保机构对债务本金原则上承担70%的担保责任”的规定，在银行具体授信操作及担保公司的具体操作中允许适度放宽，具体比例由授信银行自行确定。

第十七条 本实施办法自发文之日起执行，至2009年12月31日结束。

第十八条 本实施办法由省财政厅、省工业和信息化委负责解释。

云南省2009年节能工作指导意见

2009年是实现“十一五”节能目标具有决定性意义的一年，为确保顺利完成“十一五”节能目标，提出我省2009年节能工作指导意见。

一、指导思想

以科学发展观为指导，在保持我省经济平稳较快增长中坚持节能降耗不动摇；把节能降耗作为转变发展方式、加快调整结构的重要抓手，作为扩大内部需求、培育新的增长点的重要方面；坚持源头控制与优化存量、依法管理与政策激励相结合，形成重点突破、整体推进的局面；综合运用经济、法律和行政手段推进节能，确保节能目标完成进度与“十一五”总体目标进度保持同步。

二、目标任务

按照国务院批复我省“十一五”期间单位GDP能耗降低17%的指标计划，根据前三年节能目标完成进度，2009年全省节能降耗工作目标设定为：单位GDP能耗降低4.4%。各州市、有关行业和企业等责任单位要根据“十一五”总体目标和全省年度目标，进一步明确各自的年度目标任务。

三、工作重点

（一）继续做好目标责任评价考核。组织有关部门和专家，对全省各责任单位2008年度节能目标完成情况、“十一五”目标完成进度和工作开展情况进行评价考核；严格实行节能行政问责制；制定2009年全省节能工作目标任务分解方案，与各州市、有关行业和企业签订年度节能目标责任书；发布2008年各州市单位GDP能耗等指标公报；各责任单位要对2008年度工作认真开展自查，做好准备，迎接国家和省考核组进行评价考核。

（二）加快结构调整和优化。抓住时机加快淘汰落后产能，完善淘汰落后产能退出机制，争取提前完成淘汰目标任务；鼓励企业上大关小，推进大型企业兼并重组落后企业，促进产业优化升级；充分利用水电资源，加强电力需求侧管理，继续实施节能发电调度；大力促进服务业和高技术产业等节能环保型产业发展，提高其在国民经济中的比重。

（三）狠抓节能技术改造。落实国家重点节能技术推广目录，加大节能重点工程实施力度，在钢铁、化工、有色、建材、煤炭、电力等重点行业组织实施100项节能技改和示范项目，形成100万吨标准煤的节能能力。大批量推广应用水泥窑纯低温余热发电技术、硫黄制酸低温位余热回收技术（HRS）、高压变频节电技术、煤层气（瓦斯）发电技术、工业锅炉三（双）辊分层给煤燃烧技术等；在全省推广使用500万只节能灯。

（四）强化节能技术产品的研发和推广。开展节能科技行动，组织实施一批重大节能科技示范项目；支持一批节能型机电设备入选国家节能机电设备产品推荐目录；加快推进高耗能、高污染重点行业信息化改造；发展太阳能光伏发电、褐煤洁净化等先进清洁能源技术；积极引进国内外节能先进技术、设备和管理模式；编制发布我省节能技术推广应用指导目录；培育一批节能服务机构和公司开展节能技术研发和推广示范。

（五）切实推进企业节能行动。25户千家节能行动企业、11户集团公司和“双百”节能行动企业全年实现节能120万吨标准煤。组织完成重点企业能源审计200家；严格执行能源利用状况报告制度和能源管理负责人制度；组织年耗能1万吨标准煤以上企业开展能效对标管理，编制行业对标指南；加强锅炉等高耗能特种设备节能审查和运行监测管理；组织年用电1000万千瓦时以上重点用电单位开展电平衡测试；发布《云南省重点用能企业能源利用状况报告》；培育30家先进节能降耗示范工业企业。

（六）着力抓好重点领域节能。建筑、交通、商业、农村、公共机构等重点领域要按照签订的年度目标责任书要求，结合各自实际制定工作方案，分解目标任务，落实工作措施，加强监督管理，确保完成年度目标任务。

（七）大力发展循环经济。宣传贯彻《循环经济促进法》，研究起草我省的配套法规；建立健全“可量化、可操作、可考核”的循环经济统计制度；重点抓好煤矸石、粉煤灰、磷石膏等废渣的综合利用；推进节水型社会和节水型城市创建工作；加强原材料消耗管理，提高重点行业原材料利用率；建设一批节约集约用地示范点；推进九湖流域企业、工业园区企业、规模以上企业清洁生产工作；把节能减排作为各类生态工业示范园区建设的重要内容。

（八）加强基础工作。修订《云南省节约能源条例》，配套完善相关政策；研究编制节能中长期规划；完善节能降耗统计、监测和考核体系；结合第二次全国经济普查，开展全省能耗普查；建立涵盖各州市、重点企业的能源管理信息平台，加强节能指标监测和运行分析工作；加大节能培训力度，全年组织培训2000人次以上。

四、保障措施

（一）进一步提高认识。2009年是全面完成“十一五”节能目标任务的决战年，要充分认识到2009年工作对完成“十一五”目标具有决定性影响，要采取更加迅速、更加有力、更加有效、更加扎实的措施，创新工作方法，提高工作成效，千方百计确保完成目标任务。

（二）加大资金投入。最大限度争取国家资金对我省节能技改项目的支持，进一步加大省级节能专项资金投入，带动社会资金投入节能；各州市、有关部门和企业要加大节能资金投入，提高资金保障水平。

（三）加强能力建设。抓紧组建省节能监察总队，健全州市节能监察机构和节能技术服务中心，逐步形成政府节能管理、执法监察和节能服务三位一体的节能管理体系；加强基层能源统计队伍建设；充分发挥行业协会、设计院、科研院所等机构的作用。

（四）加大调控力度。严格执行固定资产投资项目节能评估和审查制度，将节能评估审查作为项目审批、核准或开工建设的前置条件；实行节能目标完成情况、淘汰落后产能情况与项目审批挂钩；严格实施差别电价政策。

（五）强化监督管理。组织开展全省范围的节能专项督查行动；加强重点企业日常节能监察，现场监察30家典型企业；加强重点节能工程项目监督检查；对县级以上政府机关使用节能灯情况进行全面检查；开展能源计量和能源统计等专项检查；严肃查处违反节能法规的案件。

（六）开展节能表彰和宣传。积极参加全国节能表彰活动，开展我省节能表彰活动，树立典型，鼓励先进，表彰一批在2008年度节能工作中做出突出贡献的单位、企业和个人；继续深入开展全民节能行动，积极倡导节约型的生产方式、消费模式和生活习惯；推动各新闻媒体加大节能报道力度，宣传先进经验，曝光反面典型，发挥舆论监督作用，营造有利于节能降耗的社会氛围。

第二编

Yun Nan Sheng
Gong Ye He Xin Xi Hua Fa Zhan

云南省
工业和信息化发展

机构设置

云南省工业和信息化委员会是2009年1月10日根据《云南省人民政府办公厅关于省政府机构设置的通知》（云政办发〔2009〕9号）组建的，新组建的云南省工业和信息化委员会，为省政府组成部门，将原省经委、省信息产业办、省国防科工办、省煤炭行业管理办（省煤炭工业局）的职责，整合划入省工信委，不再保留省经委、省信息产业办、省煤炭行业管理办（省煤炭工业局）。国防科工办在职责调整后更名为省国防科学技术工业局，由省工信委管理。省工信委加挂省中小企业局、云南省无线电管理办公室的牌子。

根据工作职责，云南省工业和信息化委员会机关设办公室、政策法规处（研究室）、综合处、发展规划处、产业政策处、经济运行处、电力保障处、交通与物流处、原材料工业处（云南省黄金管理局）、装备工业处、消费品工业处、食品药品工业处、盐务管理处（云南省盐务管理局）、工业园区处、技术创新处、节约能源处（云南省节能减排工作领导小组节能工作办公室）、资源综合利用处、中小企业处、企业服务体系处、网络和信息资源管理处、信息化推进处、信息安全协调处、无线电管理处、无线电监督检查处、煤炭行业管理处、煤炭生产安全技改处、煤炭企事业管理处、人事处等28个内设机构（正处级）和机关党委、离退休人员办公室、监察室。临时机构有央企入滇协调处、中缅油气管道办、委四项制度办和各专职办公室。

委属事业单位有：省政府驻广西办事处、省政府驻湛江办事处、省政府驻攀枝花办事处、省节能技术服务中心、委信息中心、委散装水泥办公室、委墙体材料革新办公室、委机关服务中心、省经济技术发展中心、委培训中心、省盐业产品质量检验站、省企业联合会（企业家协会）、省工业经济联合会、省地方煤矿事业局、云南煤炭工业社会保险中心、省煤矿精神病院、省工业高级技工学校、云南省能源职业技术学院、省煤田地质局、省信息技术发展中心、省无线电监测中心、昆明煤炭科学研究所、昆明煤炭设计研究院。

委管协会有：云南省企业家协会（云南省企业联合会）、云南省工业经济联合会、云南省中小企业发展协会、云南省工业园区协会、云南省煤炭工业协会、云南省化工行业协会、云南省糖业协会、云南省无线电协会、云南电力行业协会、云南省冶金企业协会、云南省黄金行业协会、云南省清洁生产协会、云南省节能协会、云南省盐业协会、云南省家具行业协会、云南省交通运输行业协会、云南省包装行业协会、云南省食品行业协会、云南省磷化工协会、云南省企业技术中心协会、云南省室内装饰行业协会、云南省造纸行业协会、云南省信息协会、云南省可再生能源行业协会、云南省资源再生二手车行业协会、云南省电子政务学会、云南省软件行业协会、云南省设备管理协会、云南省物流协会、云南省石材商会、云南省租赁行业协会、云南省工艺美术行业协会、云南省塑料行业协会、云南省陶瓷行业协会、云南省耐磨耐蚀耐热材料协会、云南省新技术开发推广协会。

主要职责：

（一）拟订新型工业化发展战略和政策，协调解决新型工业化进程中的重大问题；拟订并组织实施工业、信息化的发展规划；推进产业结构调整和优化升级，推进信息化与工业化融合。

（二）制定并组织实施工业、信息化的行业规划、计划和产业政策；提出优化产业布局、结构的政策建议；起草有关地方性法规、规章草案，拟订地方性行业技术规范和标准并组织实施；指导行业质量管理工作。

（三）监测分析工业、信息化运行态势并发布有关信息，进行预测预警和信息引导，协调解决行业运行发展中的有关问题并提出政策建议；负责工业应急管理、产业安全和国防动员有关工作；负责信息化应急协调、无线电应急处置工作；组织实施煤炭和电力调度，负责电力行政管理和电力需求侧管理工作。

（四）负责提出工业和信息化固定资产投资规模及方向（含利用外资和境外投资）、省财政专项资金安排的意见，按照规定权限负责工业和信息化固定资产投资项目的审批、核准和备案。

（五）负责工业和信息化行业管理；负责盐业行政管理；参与协调交通综合运输，负责协调铁路重点物资运输和紧急客货运输，指导和推进工业物流企业发展；组织制定工业园区发展规划及政策措施，推进工业园区建设，实施重点工业园区管理；开展工业和信息化的对外合作与交流。

（六）推进工业体制改革和管理创新；拟订企业技术创新规划和政策措施并组织实施，推进企业技术创新体系建设，指导企业技术中心建设；指导引进重大技术装备的消化创新，以先进适用技术改造提升传统产业，促进科研成果产业化。

（七）承担振兴装备制造业组织协调的责任，加快推进光电子、生物化工、燃料乙醇、软件业、信息服务业等新兴产业的发展；拟订高技术产业中涉及生物医药、新材料、信息产业等的规划和政策并组织实施。

（八）组织指导煤炭生产、技术改造，承担煤炭资源整合、煤矿矿井整顿关闭、煤矿瓦斯治理和煤矿安全隐患排查治理的责任；参与拟订能源节约和资源综合利用、清洁生产促进规划；拟订并组织实施工业、信息化的能源节约和资源综合利用、清洁生产促进政策；负责工业和信息化节能工作并组织协调有关工作。

（九）指导中小企业发展，会同有关部门拟订促进中小企业发展和非公有制经济发展的有关政策和措施，推动建立完善服务体系，协调解决有关重大问题。

（十）统筹推进信息化工作，组织制定有关政策并协调信息化建设中的重大问题；推动跨行业、跨部门的信息互联互通和重要信息资源的开发利用；组织协调电子政务发展，促进政务信息资源共享；指导监督、协调推进政府信息公开工作。

（十一）承担有关信息安全管理责任，负责协调有关信息安全和信息安全保障体系建设，指导监督政府部门、重点行业的重要信息系统与信息网络的安全保障工作，协调处理网络与信息安全的重大事件。

（十二）统一配置和管理无线电频谱资源，依法监督管理无线电台（站），协调处理军地间、边境地区无线电管理有关事宜，负责无线电电磁环境保护工作，负责无线电监测、检测、干扰查处，协调处理电磁干扰事宜，维护空中电波秩序，依法组织实施无线电管制。

（十三）承办云南省人民政府交办的其他事项。

省政府赋予云南省工业和信息化委员会行政审批事项：

（一）食盐定点生产许可。

（二）食盐准运许可。

（三）盐资源开发、制盐企业扩大生产规模的审批。

（四）供电营业许可。

（五）全省性工商领域行业协会成立审批。

（六）监控化学品生产设施开工前备案及使用和用途改变审批。

（七）高耗能的特种设备节能审查。

（八）年综合能耗2000吨标准煤以上固定资产投资项目评估审查。

（九）落后的耗能过高的用能产品、设备和生产工艺审查。

（十）食盐批发零售许可。

（十一）耗能设备操作岗位证的颁发。

（十二）省级企业技术中心认定。

（十三）国家鼓励发展的内外资项目确认。

（十四）云南省工艺美术大师评审认定。

（十五）企业投资项目（省级）核准。

（十六）资源综合利用企业（含电厂）认定。

（十七）三、四级计算机信息系统集成企业资质审核。

（十八）信息系统工程丙级监理单位资质认证和监理工程师资格审核。

（十九）财政投资为主的信息化建设项目立项前审查。

（二十）软件企业认定。

（二十一）软件产品登记。

（二十二）无线电频率许可。

（二十三）法定权限内无线电台（站）设置许可。

（二十四）无线电呼号许可。

（二十五）无线电发射设备进口许可。

（二十六）无线电监测许可。

（二十七）无线电台操作人员资格许可。

（二十八）外籍用户设置、使用无线电台（站），携带或者运载无线电设备入境审批。

（二十九）研制、生产无线电发射设备进行实效发射试验审批。

（三十）开办煤矿审批。

（三十一）煤炭生产许可证颁发。

（三十二）煤炭经营资格证颁发。

（三十三）煤矿建设项目设计审批。

（三十四）煤矿生产能力核定。

（三十五）煤矿瓦斯等级鉴定审批。

（三十六）煤矿矿长资格证颁发。

（雷金福）

云南省工业和信息化委员会任职领导名单

【工信委任职领导名单】

党组书记、主任，兼任省中小企业局局长：刘绍忠

党组副书记、副主任（正厅级）：宋嘉林

党组副书记、副主任（正厅级），兼任省国防科学技术工业局局长：王志东

副主任：许　云

党组成员、副主任：王兴宁

党组成员、副主任：周　赤

党组成员、副主任：王　祥

党组成员、驻委纪检组长：周睦邻

党组成员、副主任：苗治民（挂职一年，2009.12.8~）

巡视员：许　坚　吴　洪　尹俊明

副巡视员：钱智光　张世雄
段　洪　马丽萍

【各处室任职领导名单】

办公室

主　任：姚　翔

副主任：李先祥　徐云亮　吕军丽

政策法规处（研究室）

处　长：王洪新

副处长：陆学泽　邹学伟

综合处

处　长：令狐昌兵

副处长：陈幸子　秦毅弘

发展规划处

处　长：宋海龄

副处长：史　枫

产业政策处

处　长：毕书明

副处长：殷照平

经济运行处
处　长：商　伟
副处长：魏树平　夏志敏
电力保障处
副处长：张永红　段学民
交通与物流处
处　长：陈钟耕
副处长：何群毅　孔令海
原材料工业处
处　长：王宜国
副处长：黄育新
装备工业处
处　长：汪云生
副处长：罗志业
消费品工业处
处　长：白　杰
副处长：冯　影
食品药品工业处
处　长：朱　玲
副处长：周建新
盐务管理处
处　长：宋雪梅
副处长：倪红志
工业园区处
处　长：浦丽合
副处长：黄治胜

技术创新处
处　长：张春红
副处长：胡时耀　陆家凡
节约能源处
处　长：马良驹
副处长：张　兢　储从江
资源综合利用处
处　长：余映宏
副处长：曹立芳
中小企业处
处　长：李　艳
副处长：史震坤　沈润年
企业服务体系处
处　长：董　超
副处长：吴　宏
网络和信息资源管理处
处　长：吴道华
副处长：张　兵
信息化推进处
处　长：聂里宁
副处长：游　春　李　剑
信息安全协调处
处　长：伍　楠
副处长：张建崇
无线电管理处
处　长：陈云生
副处长：姜　滢

无线电监督检查处
处　长：金肇元
副处长：周　刚
煤炭行业管理处
处　长：林　勇
副处长：祝　强　康新云
煤炭生产安全技改处
处　长：付爱明
副处长：李国华
煤炭企事业管理处
处　长：刘兴进
副处长：刘中俊　冯进团
人事处
处　长：王建雄
副处长：马国耀　高红梅
机关党委
专职副书记：杨灿辉
副书记：李建社
副书记、纪委书记：何　斌
工会主席：程建新
离退休人员办公室
主　任：马国耀
副主任：王忠平　栾成春　王忠新
监察室
主　任：郭晋平
副主任：程水豪

2009年度大事记

1月

7日　秦光荣省长在省政府召开的《政府工作报告》征求意见暨重点工业企业新春座谈会上强调“保工业就是保发展保就业保稳定保大局”。他指出，工业战线要坚定信心、群策群力、化危为机、共克时艰，增强抓机遇促发展的意识，调动一切积极因素，稳运行、抓项目、调结构、扶中小、促合作、降能耗、保就业、强管理，努力打造云南工业新优势，为全省经济平稳较快发展作出更大贡献。省委常委、常务副省长罗正富，省委常委、副省长李江，副省长曹建方、顾朝曦、和段琪及省级有关部门负责人出席会议。省政府秘书长丁绍祥主持会议。昆明钢铁控股有限公司、云天化集团有限责任公司等8家企业负责人在会上作了发言。

7~8日　16个州（市）、行业节能主管部门及省属11户集团（公司）、25家重点企业节能工作座谈会在昆明召开，会议对2009年节能目标任务和2009年云南省节能工作指导意见进行了研究。许云副主任主持会议并就全省节能工作作了安排。

9日　云南省第十一届人民代表大会常务委员会第七次会议通过，决定任命刘绍忠为省工信委主任。

10日　根据《云南省人民政府办公厅关于省政府机构设置的通知》（云政办发〔2009〕9号），组建云南省工业和信息化委员会，为省政府组成部门，将原省经委、省信息产业办、省煤炭行业管理办（省煤炭工业局）的职责，整合划入省工信委，不再保留省经委、省信息产业办、省煤炭行业管理办（省煤炭工业局）。国防科工办在职责调整后更名为省国防科学技术工业局，由省工信委管理。省工信委加挂省中小企业局、云南省无线电管理办公室的牌子。

11日 省政府下发《关于刁殿伟等七十九名同志任免职的通知》（云政任〔2009〕1号），决定刘绍忠兼任省中小企业局局长，宋嘉林任省工信委副主任（正厅级），王志东任省工信委副主任（正厅级）、兼任省国防科学技术工业局局长，许云、王兴宁、周赤、王祥任省工信委副主任，许坚、吴洪任省工信委巡视员，钱智光、张世雄、段洪、马丽萍任省工信委副巡视员。

12日 云南省工业和信息化委员会干部大会在昆明召开，会议传达了省委、省政府关于机构改革相关文件精神和省委常委、常务副省长罗正富在省政府机构改革动员大会上的讲话精神，安排部署委机关改革的实施工作。刘绍忠主任要求，要坚决贯彻执行省委省政府的决定，统一思想，提高认识，认真履职，严守纪律，保证工作正常进行，做到思想不乱，队伍不散，工作不断。

14日 省政府在昆明召开全省工业行业协会座谈会。和段琪副省长出席会议。省工信委及省机械、建材、轻纺、电子工业行业协会、省企业联合会（省企业家协会）、省工业经济联合会、省电力行业协会、省化工行业协会、省冶金行业协会、省糖业行业协会等38家协会参加了座谈讨论。刘绍忠主任对协会工作提出了围绕“一条主线”、发挥“五个作用”、做好“六项工作”的要求。

15日 全省工业和信息化工作会议在昆明召开。省委书记、省人大常委会主任白恩培，省委副书记、省长秦光荣为大会召开发来贺信。白恩培在贺信中说，刚刚过去的2008年是极不平凡的一年，全省工业和信息化系统努力克服了历史罕见的自然灾害，积极化解国际金融危机影响，确保了云南省工业经济的平稳较快增长，信息化和信息产业发展水平进一步提高，为全省经济社会发展作出了积极贡献。他指出，省工业和信息化委员会的组建成立，标志着云南省工业和信息化工作进入了一个新的历史阶段，对加快推进工业强省战略、促进工业化与信息化相融合、走有云南特色的新型工业化道路具有重要意义。今年，受国际金融危机的影响，云南省面临的形势将更加严峻，肩负的任务将更加繁重。希望同志们深入学习实践科学发展观，认真贯彻党的十七大和十七届三中全会精神，进一步振奋精神，坚定信心，攻坚克难，开拓创新，促进全省工业和信息产业平稳较快发展，在新的历史起点上开创新的局面，为建设富裕民主文明开放和谐云南作出新的更大贡献。秦光荣在贺信中说，刚刚过去的2008年，是云南省经济社会发展面临巨大挑战并取得显著成绩的一年。他指出，2009年，云南省工业发展将面临更加困难的形势，工业和信息化系统的广大干部职工一定要增强“保工业就是保发展、就是保就业、就是保稳定、就是保大局、就是保生产力”的意识，认真贯彻落实中央经济工作会议和省委八届六次全委会精神，深入践行科学发展观，以解放思想为动力，积极应对金融危机冲击和经济形势变化，化危为机，共克时艰，以工业化促进信息化，以信息化带动工业化，努力打造云南工业新优势，确保实现全年工业发展目标，为全省经济的平稳较快发展作出更大贡献。副省长和段琪出席会议并讲话，并代表省政府与各州市负责人签订2009年工业经济、非公经济、节能降耗目标责任书。

16日 全省工业投资暨技术进步工作专题会议在昆明召开，刘绍忠主任到会并讲话，许云副主任主持了会议。会议通报了2008年非电力工业投资责任目标完成情况，对2009年云南省工业投资工作面临的环境和形势进行了分析、预测，并就2009年全省非电力工业投资完成750亿元以上、力争800亿元的责任目标进行了讨论。会上，省工信委与16个州、市经委、14户重点企业（集团）签订了2009年工业投资责任目标书。

2月

5日 学习实践科学发展观活动调研汇报会在省工信委召开，副省长和段琪出席会议并讲话，省政府副秘书长叶燎原、省直机关工委副书记程猛、省第六指导组副组长和仕聪到会进行指导。省工信委主任刘绍忠作了学习实践科学发展观活动调研情况的汇报。

6日 部分重点耗能企业座谈会在昆明召开，进一步组织和动员重点耗能企业认清形势，坚定信心，振奋精神，迅速组织恢复节后工业生产，保持工业经济的平稳运行。王兴宁副主任到会作了讲话。

10日 秦光荣省长在新华社记者编发的《云南采取特殊电价等措施促经济增长》一文上作出重要批示：“刘娟同志的这篇消息写得好，真实地反映了云南工业克服困难的情况，对工业战线是个鼓舞。抄送段琪、绍忠同志。”

17日 省工信委、省财政厅联合召开全省淘汰落后产能工作会，安排布置2009年度工作任务。省工信委副主任许云参加会议。

19~20日 全省政府机构节能工作会议在昆明召开。这是云南省首次召开全省性的政府机构节能工作会议。省政府副秘书长、办公厅主任崔质涛作了动员讲话，国务院机关事务管理局节能办刘冬梅副主任介绍了全国公共机构节能工作情况，省工信委副主任许云对云南省今后开展政府机构节能工作提出了要求。

2月23日~3月14日 按照省政府的工作部署，省工信委组织对全省16个州市政府、6个重点行业主管部门、25户千家节能行动企业和11户重点集团公司等58家责任单位进行了2008年度节能工作完成情况现场评价考核。

25日 省工信委召开全委干部大会，对学习实践科学发展观活动总结并进行满意度测评，对原省经委党风廉政建设责任制进行考核动员、民主测评。

3月

3月1日~6月30日 省工信委组织企业参加工信部、教育部联合举办的“2009年全国中小企业网上百日招聘高校毕业生活动”，云南省有536家企业在中国中小企业信息网发布招聘信息，提供1255个招聘岗位。

3日 “如何应对2008年由美国‘次贷’危机引发的全球性经济危机”专题研讨会在昆明举办。省工信委巡视员许坚作了《科学全面看待危机，积极主动应对危机，善于发现、创造和把握机遇，努力实现加快发展》的主题发言，会议邀请了IBM公司咨询经理和国内执行力训练专家进行现场讲演。

18~19日 作为云南省促投资保增长抓落实百日督查的重要内容之一，省委副书记、省长秦光荣在省委常委、昆明市委书记仇和，副省长和段琪，省政府秘书长丁绍祥的陪同下，专程到部分国有企业、非公企业、工业园区和高新技术产业开发区调研并督查云南省工业扩内需、保增长各项政策措施的落实情况。他强调，抓好工业是全省各级各部门的重要责任，要把上项目、抓投资、稳工业、保增长作为我们工作的重中之重，切实解决制约云南省重大工业项目顺利推进中的难点问题，突出抓好云南省为应对金融危机、保持工业平稳较快发展出台的各项政策措施的落实，千方百计使全省工业经济运行保持平稳较快发展的势头。

24日 省委书记白恩培主持召开工业经济运行座谈会。他强调，加快工业发展，是应对危机、确保全省经济平稳较快增长的重要手段，确保工业发展就是保发展、保就业、保稳定、保大局，任何时候都不能有丝毫的放松，要切实做到全省一盘棋、上下一股劲、团结一条心，千方百计保持工业经济平稳较快发展。省委常委、常务副省长罗正富，省委常委、省委秘书长杨应楠出席座谈会。

24~25日 省工信委会同省化工行业协会在腾冲召开了2009年度全省化工工作会，号召全行业在2009年紧紧围绕“抓重点、促投资、调结构、强创新、细管理、防事故”方针，确保全行业继续保持平稳较快发展。

31日 省工信委主任刘绍忠主持召开重点企业落实发展责任目标工作会议。王兴宁副主任传达了省委工业经济运行座谈会议和秦光荣省长对工业经济发展调研的重要指示精神，并安排布置了近期全省工业经济运行工作。会上，受省政府的委托，省工信委与16户重点工业企业签订了2009年工业经济发展目标责任书。

4月

9日 省工信委组织召开塑料行业协会及部分塑胶管道加工企业座谈会，就如何抢抓商机，为全省中低产田地改造出力进行研讨。

10日 省工信委主任刘绍忠主持召开全委处长以上干部专题会议，对进一步贯彻落实《云南省人民政府关于开展促投资保增长抓落实百日调研督查活动的通知》（云府明电〔2009〕2号）和2月26日全省动员部署会议精神，做好有关各项工作提出明确要求。省工信委副主任、省政府第三调研组组长许云于4月12日召集调研督查组成员专题会，对调研督查活动中企业反映的问题集中进行分析研究。

15~28日 省发改委、省工信委、云南盐化股份有限公司组成调研组，对昭通市、曲靖市、楚雄州、大理州、怒江州等州市的盐业体制进行了调研，为国家制定盐业体制改革总体方案提供参考。

20日 省政府副省长和段琪带领省工信委副主任许云等一行，深入昭通市昭阳区专题调研工业经济发展、城镇建设。调研组一行视察了昭阳新区、古城建设以及云南永孜堂制药有限公司、华新水泥有限公司昭通分公司、大山地毯厂、昭通市宏联制鬃有限责任公司等，与企业进行座谈，到昭阳区经贸局召开座谈会，认真听取昭阳区政府以及部分企业关于工业经济发展情况的汇报。

23日 省政府在昆明召开全省工业园区工作会议。省政府副省长和段琪出席会议并讲话，省工信委主任刘绍忠宣读《云南省人民政府关于加快工业园区建设的意见》，省发改委、省财政厅、省国土资源厅、省环保厅、省林业厅、省水利厅六个部门就工业园区建设作了发言。会上印发了《云南省人民政府关于加快工业园区建设的意见》（云政发〔2009〕79号），与会代表参观考察了昆明高新区马金铺电力装备产业基地、呈贡工业园、昆明经开区信息产业基地。昆明市政府进行了园区建设经验交流发言。

24日 省工信委和省财政厅联合下发了《关于做好有色金属储备工作增加锗硅等有色金属储备品种的通知》（云工信〔2009〕164号），决定启动第二批有色金属储备工作，同时在原确定的铜、铝、铅、锌、锡五种有色金属品种基础上，增加区熔锗、工业硅储备。第二批有色金属储备期限暂定为8个月（2009年4月30日至2009年 12月31日止）。

29日 省工信委与昆明铁路局召开2009年云南省铁路运输大客户座谈会暨专用线装卸车提效表彰会。省工信委副主任王兴宁参会并作总结讲话。

5月

5日 云南省信息化暨无线电管理工作会议在昆明召开。省政府副秘书长叶燎原代表省政府作了讲话，省工信委主任刘绍忠作2009年全省信息化及无线电管理工作报告，宋嘉林副主任宣读了《云南省人民政府办公厅关于2008年度无线电管理工作考评情况的通报》和《云南省人民政府关于表彰2008年政府信息公开工作优秀单位和基层先进典型单位的决定》，段洪、马丽萍副巡视员参加会议。会议由吴洪巡视员主持。会上，省工信委等单位被评为2008年政府信息公开工作优秀单位。

9日 由云南省工信委、人行昆明中心支行、银监会云南监管局共同举办的“2009年云南省中小企业融资银企合作对接洽谈会”在昆明召开。刘绍忠主任、宋嘉林副主任等相关单位领导参加会议。会上，省工行等11家金融机构与20家中小企业签订了贷款协议，签约金额达5.5亿元；省投融资担保公司等4家担保机构与8家中小企业签订了委托担保协议,签约金额达5200万元；云南省中小企业与金融机构、担保机构达成意向性贷款52笔，金额21.5亿元。

12日 省工信委副主任宋嘉林一行到云南龙润茶叶集团，就其创建高校毕业生就业见习基地的经验和做法进行考察调研。

15日 由省卫生厅、省工信委主办，昆明市盐务管理局和云南盐化昆明分公司承办的云南省第十六届防治碘缺乏病日宣传活动（昆明会场）在昆明金碧广场隆重举行。省工信委副主任周赤到活动现场指导宣传工作并与消费者交流。

15日 来自全省黄金矿山生产企业的46名人员参加了由省黄金行业协会组织的云南黄金矿山首期分析化验员培训班。

17日 由中国企业联合会、中国企业家协会、云南省政府主办，以“信心、使命、责任——全球经济变局下的中国企业家”为主题的2009年全国企业家活动日在昆明国际会展中心隆重举行。中国企业联合会、中国企业家协会会长王忠禹，省委书记、省人大常委会主任白恩培，省委副书记、省长秦光荣，国家统计局局长马建堂，省委副书记李纪恒，省委常委、昆明市委书记仇和，副省长和段琪，省政协常务副主席管国忠，中国企业联合会、中国企业家协会执行副会长陈兰通、陈光复、王基铭、冯并、尹援平，省政府秘书长丁绍祥，省企业联合会、省企业家协会会长牛绍尧出席活动日。活动日开幕式由中国企业联合会、中国企业家协会常务副会长李德成主持。白恩培致欢迎词，王忠禹在大会上作了题为《勇担重任，在逆境中实现企业新发展》的讲话，秦光荣、马建堂和北京大学教授周其仁分别在大会上作专题报告。开幕大会上，表彰了段玉贤等5位荣获“袁宝华企业管理金奖”企业家，董华等64位荣获“全国优秀创业企业家奖”企业家，李穗明等60位荣获“云南省优秀企业家奖”企业家。联想集团董事长柳传志、海尔集团董事长张瑞敏等7位企业家作大会主题演讲。活动日期间，举行了“趋势研判”、“产业振兴与西部机遇”、“危机中的劳资共赢与企业社会责任”等3场企业家论坛。

17日 云南省政府与中国长江三峡工程开发总公司、中国第一汽车集团公司、中国移动通信集团公司、中国电信集团公司和中国联合网络通信有限公司等五大中央属企业分别签署了五项战略合作协议或框架协议。中国企业联合会会长王忠禹，国家统计局局长马建堂，中国企业联合会常务副会长李德成；省委书记、省人大常委会主任白恩培，省委副书记、省长秦光荣，省委副书记李纪恒，原云南省人大常委会副主任、云南省企业联合会会长牛绍尧以及五大央企的主要负责人参加签字仪式。和段琪副省长代表云南省政府分别与五大央企领导在协议上签字。根据这五项协议，未来五年五大央企将在云南的能源、汽车和通信领域投入数百亿元，建设清洁能源、轻型货车、3G移动、社会信息化等项目。

18日 云南省政府、昆明市政府在昆明举行“2009全国企业家活动日”云南省招商引资重点项目推介会以及云南省投资合作项目签约仪式。推介会由省工信委主任刘绍忠主持，共有438个项目推介，总投资额1700多亿元；23个项目参加签约，总投资额237亿元。

19日 秦光荣省长在昆明理工大学戴永年院士有关发展电动车船、高能电池、发展硅产业、发展综合水电资源等的一封信上批示：“绍忠、龙江同志：戴院士所提意见对云南省促进工业发展和科技进步有很好的指导性和针对性，应认真研究，可以先组织人做一些规划，条件成熟再组织实施。”

27日 《中共云南省委 云南省人民政府关于加快非公有制经济发展的决定》下发。决定提出，要深入贯彻落实科学发展观，抓住云南省工业化、城镇化加速的历史机遇，进一步改善非公有制经济发展环境，大胆探索适合云南区域特色和产业特点的非公有制经济发展模式，以现代农业、先进制造业和现代服务业为主要发展方向，着力推进“三创两到位”，即：服务创优、全民创业、企业创新，金融支持到位、政策落实到位，突出抓好“放开、引导、扶持、保护”四个环节，全面提升云南省非公有制经济发展的速度、规模、效益和质量。

31日 全省乡镇企业发展座谈会在昆明召开。省工信委副主任宋嘉林到会讲话，部分州市分管领导就2009年1~4月乡镇企业发展情况及下一步工作目标和措施作了发言。

6月

1~12日 省工信委分两批对全省十三个州（市）、县级盐政执法人员进行了申领新证和换证的培训。周赤副主任、钱智光副巡视员到培训班作培训动员。

3日 云南省加快非公有制经济发展大会在昆明召开，省委书记、省人大常委会主任白恩培强调，全省上下要正确把握形势，解放思想、更新观念、坚定信心、放眼长远，把加快非公经济发展作为促进全省经济社会又好又快发展的一项重要任务，以更大的魄力、更强的力度，齐心协力推动云南省非公有制经济发展再上新台阶。省委副书记、省长秦光荣在分析了当前云南省非公经济加快发展的重大机遇后指出，要大胆探索适合云南区域特色和产业特点的非公有制经济发展模式，以现代农业、先进制造业和现代服务业为主要发展方向，着力推进服务创优、全民创业、企业创新和金融支持到位、政策落实到位，突出抓好“放开、引导、扶持、保护”4个环节，引导非公企业集群发展，培育县域特色产业，全面提升云南省非公有制经济发展的速度、规模、质量和效益。省政协主席王学仁，省委常委、省纪委书记李汉柏，省委常委、常务副省长罗正富，省委常委、省委秘书长杨应楠，省委常委、昆明市委书记仇和，省委常委、省委宣传部部长张田欣，省委常委、省委政法委书记、省公安厅厅长孟苏铁，省委常委、省委组织部部长辛桂梓，省人大常委会常务副主任晏友琼，副省长和段琪，省人民检察院检察长王田海出席会议。大会对云南省100户创新型非公有制企业、70名非公有制企业创业之星、20户非公有制企业公益之星、十佳非公有制企业服务机构进行了表彰。

9日　省工信委副主任许云在昆明会见了美国国家工程院王兆凯院士、国际华人科技工商协会李大西主席、加拿大阿尔伯达大学饶明教授、国际华人科技工商协会香港地区代表许祥西一行，双方就云南省节能工作、生物能源项目、工业技术改造等问题进行了交流。

9~13日　省工信委主任刘绍忠、副主任王兴宁率云南工业分团参加了在广西南宁举行第五届泛珠三角区域合作经贸洽谈会。

14日　以“推广应用节能产品、促进扩大消费需求”为主题的2009年全国节能宣传周云南省开幕活动暨高效照明产品推广活动启动仪式在昆明拉开帷幕。省工信委副主任许云出席开幕仪式并致辞。在本年度节能宣传周活动期间，云南省将开展“节能宣传万里行”、对昆明市销售的家电产品能效标识等情况进行专项检查、举办纯低温余热发电技术及设备推介会、“政协委员话节能”恳谈会、氨氮污水处理及中水回用成套工艺设备和烟气脱硫剂资源化利用技术推广会、2009年云南省节能技术及产品推介会等六大活动。开幕式上，还对2008年高效照明产品推广活动的先进单位及个人进行了表彰奖励。

18日　第三次关键共性技术和重大装备推广会——水泥纯低温余热发电技术及装备推广会在安宁市召开，红河、曲靖、文山等州市经委以及云南省30余家水泥生产企业参加了会议。

19日　第四次关键共性技术和重大装备推广会——氨氮污水处理及中水回用成套工艺设备和烟气脱硫及资源化利用技术推广会在昆明高新区召开，省科技厅、省环保厅，红河、曲靖、文山等州市经委以及云南省化工、冶金、有色等行业20多家骨干企业参加了会议。

25日　省工信委深入昆明市内沃尔玛、家乐福、百盛等大型超市，调查了解食盐零售市场，以保证食盐的正常销售。

26日　省工信委与省统计局在江川县联合召开全省工业经济运行与工业统计工作座谈会。会议由王兴宁副主任主持，会上通报了上半年全省工业经济运行情况和1—5月各州市工业四项指标完成情况，玉溪市、曲靖市经委，昆明市、玉溪市统计局就如何做好工业经济运行和工业统计工作作了典型发言。

6月30日至7月3日　省工信委主任刘绍忠、副主任王祥率相关处室负责人到保山市调研。调研组一行深入保山市4县1区、5个工业园区、17户企业进行现场调研，并与保山市政府召开了座谈会。

7月

1日　省政协十届二次会议第121号重点提案面商会在昆明市召开，省工信委副主任宋嘉林主持会议。省政协副主席倪慧芳、省政协委员张亚光到会并对省工信委高度重视提案的办理以及详尽细致的答复内容和办理实效等表示满意。

2日　省工信委与省政协人口资源环境委员会共同举办的“金融危机下的云南节能降耗”调研座谈会在昆明市召开。32位来自政府部门的有关人员、政协委员、企业家、专家学者作了主题发言。

6~9日　省委第十三专题调研组由省政府副省长和段琪带队，省工信委、省国资委、省环保厅、省安监局和省政府研究室参加，围绕红河州“保增长、保民生、保稳定”目标的实现所采取的措施及实效、今年要求办理的三件实事完成情况及下半年工作重点任务开展调研。调研组考察了沙甸危房改造、金平县牛场坪村莽人安置点、红河工业园区云锡10万吨铜、10万吨铅、红河钢铁有限公司、蒙自矿冶公司、云南国资水泥红河有限公司、云天化国际化工股份有限公司红磷分公司、云河药业等一批重大项目和重点企业，并听取了红河州委、州政府，个旧市委、市政府及开远市委、市政府的工作汇报。

7日　2009年度国家中小企业发展专项资金项目和中小企业信用担保机构免征营业税申报工作培训会议在昆明召开。这是云南省第一次举行此类培训。省工信委副主任宋嘉林参加会议并讲话。

7日　省工信委组织召开大件货物运输座谈会，分析全省大件货物运输现状和特点，提出今后工作的思路和措施。

10日　《云南省工业和信息化委员会主要职责内设机构和人员编制的规定》（云政办发〔2009〕151号）经省政府办公厅印发，省工信委机关设28个内设机构和机关党委、离退休人员办公室，定编242人。

16日　省工信委副主任周赤和云南财经大学副校长周跃共同主持召开会议，专题研究加强合作、共同推进云南省新型工业化发展的有关问题。

17日　商务部、财政部印发了《关于开展报废汽车回收拆解企业升级改造示范工程试点的通知》（商建发〔2009〕4号），云南省被列为14个报废汽车回收拆解升级改造示范工程试点企业省之一。

23日 省工信委组织召开2009年上半年全省节能工作分析座谈会，会议通报了2009年上半年全省及各州市节能目标完成情况及工作进展情况，听取了部分州市和重点企业的工作情况汇报，分析了当前云南省节能降耗面临的形势和存在的主要问题，研究安排了下半年工作重点。

28~29日 省政府在蒙自召开红河哈尼族彝族自治州工业经济运行调研分析会。会议听取了个旧市、弥勒县等6个县（市），云锡集团公司、昆明钢铁控股有限公司等5户省属企业，以及红河州政府围绕完成2009年工业经济发展目标所采取措施的情况汇报，对红河州工业经济运行进行了分析研究。副省长和段琪主持会议并讲话。

28日 全省墙改工作会议在曲靖市召开。省墙改协调领导小组组长、省工信委副主任宋嘉林在会上作了题为《落实科学发展观，推动云南墙改工作平稳较快发展》的讲话。会议表彰了全省墙改工作先进单位和先进个人，与会代表还参观了曲靖市首届新型墙体材料产品推介、曲靖华泰新型墙材有限公司新墙材生产线和新墙材示范工程。

8月

5~6日 省委书记、省人大常委会主任白恩培在省委常委、省委秘书长杨应楠，省委常委、昆明市委书记仇和等领导的陪同下，进企业、下车间、入工地，走访工业企业、视察工业园区、了解国有企业改革和工业企业运行情况，听取企业战略重组后的发展设想。他强调，发展工业认识要高、观念要新、结构要优、政策要活、招商要诚、作风要实；宁可少要GDP，也决不回到高消耗、高污染、唯GDP的传统工业老路，以新型工业化道路引领云南现代化。

11日 省工信委召开昆明市工业经济运行专题座谈会。会议由王兴宁副主任主持。昆明市政府领导表示，将努力争取昆明市工业增速在较短时间内扭负为正，为促进全省工业的平稳较快发展作出应有贡献。

18日 全省工业经济运行工作专题座谈会在昆明召开。会上，通报了云南省1~7月工业经济运行情况，安排部署了中小企业达规培训工作。

18日 省政府印发了《关于表彰奖励2008年度节能先进单位和个人的决定》（云政发〔2009〕144号），云南省节能工作领导小组办公室、红河州人民政府、云天化集团有限责任公司、昆明钢铁控股有限公司、云南驰宏锌锗股份有限公司等5家单位荣获节能突出贡献奖，同时还有40家单位荣获节能优秀奖，100名个人荣获节能先进个人。

20日 云南凤鸣磷肥厂年产8万吨生铁的落后炼铁高炉被安全拆毁，每年将减少二氧化硫排放约9千公斤，减少粉尘排放约1万公斤，减少二氧化碳排放约11.4万吨。

20~21日 省工信委主任刘绍忠，副主任王兴宁、王祥率相关处室负责人对曲靖工业经济发展进行专题调研。调研组先后对陆良县银河纸业、和平科技、曲靖众一煤化、越州钢铁公司、马龙小寨工业园区以及曲靖铝业、3000吨/年多晶硅项目、驰宏锌锗、曲靖经济技术开发区标准厂房等企业发展、工业园区建设、重点项目推进情况进行现场调研和考察，并于21日与曲靖市政府，各县区政府及经贸局、驻曲相关中央省属大企业进行座谈。

23日 2009中国（宁夏）国际投资贸易洽谈会在银川市开幕。省工信委副主任王兴宁带队参展，展会上，云南磷联化肥联合营销有限公司与宁夏中农金合农资公司达成了购销协议。

9月

2~3日 省工信委主任刘绍忠，副主任许云、王兴宁率相关处室负责人到楚雄州，对工业经济发展情况进行专题调研。调研组一行深入楚雄州3市（县）、3个工业园区，15户企业调研。3日下午，刘绍忠主任主持召开了楚雄州工业发展现场调研座谈会，听取了楚雄州政府，楚雄市、禄丰县和武定县政府，云铜集团、云冶集团、云天化集团、云南德胜钢铁有限公司有关情况的汇报。

4~7日 国家银河培训工程暨云南中小企业经营管理人员培训班在昆明市举办。来自全省827名企业经营管理人员分别参加了企业增强核心竞争力培训班、中小企业管理培训班、企业发展及市场应对策略培训班、职业经理人企业经营管理知识培训班的培训。省工信委副主任宋嘉林到会并讲话。

8日 会泽县鲁纳乡党委、政府在哈克小学举行捐赠仪式，接受省工信委捐赠扶贫资金10万元，玉溪市新景兰化工有限公司向哈克小学捐赠了100套课桌椅及一台电脑，曲靖市中建工程技术有限公司为鲁纳乡政府招待所免费安装了一台多用太阳能热水器。

10~11日 全省工业园区培训班在昆明市举办，以推进《云南省人民政府关于加快工业园区建设的意见》（云政发〔2009〕79号）和2009年省政府工业园区工作会议精神的贯彻落实。

14~17日 以省工信委副主任王祥为组长，分两个小组分别到曲靖、红河、昭通等州市，督查"国庆节"前煤炭行业开展安全生产大检查情况，督查组现场检查了麒麟区、弥勒县、昭阳区的7个煤矿，下井检查了2对矿井，共检查出事故隐患16条。

25日 省工信委、人行昆明中心支行与红河州经委在弥勒县召开了红河州银企项目推介会，共有7家银行分别与7家企业签订了贷款意向性协议书，落实意向性贷款16.6亿元，并有3家银行与企业签订了长期合作意向性协议。会议由省工信委员副巡视员张世雄主持，王兴宁副主任到会作总结。

21~23日 《云南省铜冶炼企业能效对标指南》、《云南省电解铝企业能效对标指南》、《云南省铅冶炼企业能效对标指南》、《云南省锌冶炼企业能效对标指南》等4个有色产品能效对标指南顺利通过国家专家组评审。

10月

9日　云南省工业和信息化委员会在新办公楼正式揭牌。省政府副省长和段琪、省政府秘书长丁绍祥为省工业和信息化委员会揭牌。党组书记、主任刘绍忠主持揭牌仪式并致辞。省政府副秘书长杨洪波、叶燎原，党组副书记、副主任宋嘉林，党组副书记、副主任、省国防科学技术工业局局长王志东，副主任许云，党组成员、副主任王兴宁、周赤、王祥，党组成员、驻委纪检组长周睦邻，许坚、吴洪巡视员，钱智光、张世雄、段洪、马丽萍副巡视员出席揭牌仪式。主任助理、总工程师、总经济师、机关各处（室）公务员、委属事业单位主要负责人共300余人参加揭牌。组建省工业和信息化委员会，是国家实行大部制改革的推进和延续，对于加强云南省工业的统筹协调，建立现代产业体系，实现全省工业由大变强，推进工业化与信息化融合、走新型工业化道路具有重大意义。

10月12日~11月1日　省工信委和省人力资源和社会保障厅主办的“云南工业园区节能减排高级研修班”成功举办。

14日　省工信委副主任王祥主持召开推进明良煤矿破产工作会议，决定成立推进明良煤矿破产工作组。

15日　省委群众评议省直机关作风活动领导小组办公室第六督导检查组组长陈翠霞一行3人到省工信委督导检查群众评议机关作风活动开展情况，督导检查组听取了委党组成员驻省工信委纪检组长周睦邻关于委机关作风建设及群众评议机关作风活动开展情况的汇报，并与各处（室）负责人进行座谈。此外，国家统计局云南调查总队在现场进行了问卷调查。许云副主任，张世雄、段洪、马丽萍副巡视员参加问卷调查。

15~17日　省工信委巡视员许坚带队参加中国（沈阳）国际中小企业大会。

15~23日　云南省非公有制经济组织深入学习实践科学发展观活动指导小组第三巡回指导组对玉溪、红河、普洱、西双版纳四州（市）非公有制经济组织学习实践科学发展观活动情况进行检查。

16日　省工信委副主任周赤主持会议，就涉及信息化委党组成员相关工作进行专题研究。

16日　省工信委就阳宗海电厂电煤供应事宜进行座谈，先锋煤矿和阳宗海电厂表示秉着友好合作、互惠互利的态度，尽快解决阳宗海的电煤供应问题。

19日　驻省工信委纪检组长周睦邻受委党组委托，与主任助理、总工程师、总经济师、机关各处（室）处长、副处长（主任、副主任）共73人进行集体廉政谈话，要求各位处级领导干部要严格遵守党的政治纪律、组织纪律、工作纪律和生活纪律，廉洁从政，依法行政，起好表率作用，发挥中坚力量，完成省委、省政府赋予工信委的重要职责，推动云南省工业经济和信息化事业又好又快发展。会上，委党组还与机关各处（室）主要负责人签订了党风廉政建设责任考核书。

20日　省工信委副主任许云主持召开专题学习会，组织学习贯彻《国务院批转发展改革委等部门关于抑制部分行业产能过剩和重复建设引导产业健康发展若干意见的通知》（国发〔2009〕38号）

21~25日　省工信委副主任王祥一行7人，受国家发改委经济运行调节局的委托，到宁夏区检查煤炭生产许可监管工作。检查组对宁夏王洼煤业有限公司王洼煤矿、宁夏王洼煤业有限公司银洞沟煤矿、神华宁夏煤业集团公司枣泉煤矿、神华宁夏煤业集团公司任家庄煤矿等8对生产矿井进行了检查。

22日　省工信委副主任许云召集相关处室负责人，就落实省政府与国家开发银行签署的《产业发展专项贷款合作协议》有关问题进行专题研究；研究布置工程建设领域突出问题专项治理有关工作，周睦邻纪检组长和吴洪巡视员分别就专项治理的工作任务、工作方式方法和注意事项提出要求。

23日　云南省网络与信息安全协调小组联络员会议在昆明市召开，会议传达学习了国务院关于开展政府信息系统安全检查有关文件的精神，并对2009年度云南省政府信息系统安全检查工作进行了动员和部署。省工信委副主任周赤、副巡视员段洪参加会议并讲话。

23日　国家发改委发布2009年第15号公告，云南省10家国家认定企业技术中心被评为合格。

23~31日　国家煤炭生产许可监管工作检查组一行6人在吉林省安监局刘贵峰局长带领下，代表国家发改委经济运行调节局到云南省检查指导工作。检查组对丽江市、大理市、楚雄市辖区内的石板箐等8对生产矿井进行了现场检查，并与省工信委就进一步规范煤炭生产许可监管、加强煤炭生产指导等工作交换了看法。

27日　省工信委在昆明召开2009年1~9月全省非公经济运行分析座谈会，宋嘉林副主任、许坚巡视员，省地税局、省统计局相关领导出席座谈会。

27日　云南省政务信息查询96128专线培训会在昆明召开，省工信委巡视员吴洪通报了政务信息查询96128专线运行情况，省监察厅通报了全省有关政务信息查询工作问责情况。昆明市和省商务厅、省地税局分别代表州市和省级部门作了经验交流。

10月27日~11月2日　省工信委组织对与省政府签订的2009年节能减排目标任务责任书的相关单位进行督查，推动节能减排各项工作措施的落实。

28日　云南名永硅业有限公司年产3000吨多晶硅项目在南海子工业园区开工。

11月

2日 省工信委在昆明举办全省达规工业企业培训班，省统计局专家对企业生产、销售和库存统计、新投产和新增工业企业统计以及企业财务状况统计进行了讲解。

5日 2009年云南省政府信息系统安全检查工作动员暨培训会议在昆明召开，会议就2009年全省政府信息系统安全检查工作进行安排。省工信委副巡视员段洪到会作动员讲话。

5日 省工信委组织召开全省今冬明春电煤生产供应专题协调会，专题分析研究今冬明春电煤生产供应形势和下一步工作措施，以确保全省今冬明春电煤的正常生产供应。张世雄副巡视员参加会议。

9~27日 “中小企业经营管理者综合素质提升培训班”分别在玉溪、楚雄、迪庆、丽江、保山和临沧6个州市开展了为期2天的巡回培训工作，参训学员达1358人。

10日 全省墙改办主任座谈会在楚雄州召开，安排布置墙改工作等相关事宜。

10日 全省州市经委主任座谈会在昆明召开。会上通报了1−10月全省工业经济运行总体情况和分行业、分州市的工业经济运行情况。省工信委主任刘绍忠要求各州市要审时度势，超前谋划，提前研究好2010年的工业经济工作。

10~12日 云南省无线电事业发展规划编制工作交流会在西双版纳州召开。省工信委副巡视员马丽萍对无线电规划管理工作提出要求。

11日 省工信委召开新社会组织开展深入学习实践科学发展观活动转段大会，会议对第一阶段工作进行了总结，并对第二阶段（分析检查阶段）工作进行了安排和布置。

11日 省工信委和省统计局联合召开2009年全省工业投资工作专题会，许云副主任作了题为《落实责任，强化措施，确保完成2009年全省工业投资目标任务》的讲话。

11日 省工信委首次召开委管有关协会党员组织生活会，26个协会专职工作人员中有党员但没有建立党组织的协会党员参加了会议。

11日 省工信委会同省统计局召开了2009年全省工业投资工作专题会。会议通报了前三季度工业投资和重大项目进展情况，安排布置了下一阶段工作任务。许云副主任在会上作了题为《落实责任、强化措施，确保完成2009年工业投资目标任务》的讲话。

13日 省工信委与国家开发银行云南省分行就2009~2012年产业项目贷款有关问题进行专题协商，涉及专项贷款项目101个，项目总投资1994.21亿元，其中银行贷款1209.35亿元。许云副主任主持会议。

13日 全省煤炭工业统计培训会议在昆明召开，省工信委副主任王祥作了《统一思想 扎实做好全省煤炭统计工作》的讲话，培训会由钱智光副巡视员主持。

14~15日 2009年下半年全国计算机技术与软件专业技术资格考试在昆明、曲靖、玉溪、楚雄、红河、大理、丽江等地的10个考点举行，云南省共有4537人参加考试（2009年全省共报考8946人）。本次考试期间，省工信委副主任周赤到昆明考点巡视检查工作。

16日 工信部党组成员、中央纪委驻部纪检组组长郭炎炎一行到云南省工信委进行调研指导工作。在听取省工信委主任刘绍忠的工作汇报及下一步工作打算后，郭炎炎指出，云南省委、省政府对工业工作和云南省工信委非常重视,当前工业和信息化系统的主要任务仍然是应对金融危机,保增长,实现可持续发展,要坚持两化融合、军民结合，推进诚信体系建设，全面提升工业和信息化发展水平。

16日 国家煤矿安全监察局副局长、总工程师王树鹤率第九调研督导组到云南省开展调研督导工作。17日，省政府副秘书长叶燎原主持召开的座谈会上，省工信委副主任王祥向调研督导组一行作了云南省煤炭行业相关工作的汇报。

16日 省工信委召开机构挂牌后首次厅级离退休干部情况通报会。宋嘉林副主任传达了中共云南省委八届七次全会主要精神以及省工信委机构改革的相关工作情况，相关处室通报了1至10月份全省经济运行情况、2009年度纪检监察情况。

17日 省工信委主任刘绍忠召集相关处室，就云南省钢铁产业落后产能淘汰工作进行专题研究，周赤副主任参加会议。

17~20日 省工信委会同曲靖市经委、煤炭工业局对滇东、雨旺、曲靖、宣威等电厂的电煤供应情况进行现场调研和督促检查，确保今冬明春电煤生产和供应工作顺利开展。

18~19日 省政府副省长和段琪在省工信委主任刘绍忠等的陪同下，到文山州文山县、砚山县就三七产业及铝业发展工作进行专题调研。和段琪一行先后深入到文山齐氏生物三七科技开发有限公司、金不换公司、文山氧化铝厂办公生活区建设现场、文山氧化铝厂、三七药物产业园区、特安呐制药厂、三七初加工中心、人羞花公司、文山七花公司、文山三七研究院等实地调研，参观了三七展示馆，并听取了州政府的工作情况汇报。

18~20日 全省无线电监测网运维技术培训班在昆明举办，省工信委副巡视员马丽萍参加开班式并作动员讲话。

19日 普洱市现代生物茶工业园奠基仪式在思茅区倚象镇举行，天津天士力集团开发速溶普洱茶落户云南普洱市。省工信委巡视员许坚参加奠基仪式。

19~25日 全省非公有制经济组织学习实践科学发展观活动指导小组第三巡回指导组到玉溪、普洱，对市、县（区）的非公有制经济组织开展学习实践科学发展观活动第二阶段的情况，以及党建工作进行调研。

20日　省工信委组织10家试点企业和10家备选企业，就物流企业营业税差额纳税试点工作进行座谈，听取企业的意见、建议。

20日　省工信委与国家开发银行云南省分行共同召开会议，就2009年第一批产业发展专项贷款项目与10户重点骨干企业进行协调，共涉及项目15个，总投资268.23亿元，其中银行贷款157.55亿元。

20日　省工信委邀请省检察院反贪局负责同志就党风廉政建设问题，向全委机关公务员、在昆委属企事业单位副处以上干部作专题讲座。

20日　云南省无线电管理“彩云杯”征文大赛颁奖仪式在昆明举行，省工信委巡视员吴洪参加领奖仪式并讲话。本次评奖共评选出一等奖2名、二等奖4名、三等奖15名。另外，组委会还设立了4名特别贡献奖和5名优秀组织奖。

21日　“西南使命-2009”陆空联合演练在云南某训练基地结束。这次演练是成都军区与战区空军，首次在战术层面进行的复杂电磁条件下联合演练。

23日　省工信委主任刘绍忠在《明良煤矿破产工作简报》上批示：“明良煤矿破产工作近期进展应予肯定，要不断总结经验，完善工作措施，当机立断，快速推进。”

24日　在富滇银行小企业信贷专营中心成立仪式上，省工信委副主任宋嘉林和富滇银行代表签署了银政合作协议。富滇银行将在“十二五”期间累计向云南省中小企业投放贷款1500亿元，进一步解决中小企业融资难问题。

24日　省工信委副主任周赤一行到省工经联开展调查研究，要求工经联加强金融危机方面的研究，在政府机关购买协会的服务方面提出建设性意见。

24日　省工信委会同省统计局召集昆明市、曲靖市、红河州经委、统计局的节能工作负责人，就重点州市节能目标分析进行座谈。

25日　云南省十一届人大常委会第十四次会议首次审议《云南省发展新型墙体材料条例（草案）》。会议听取了省工信委主任刘绍忠作《关于云南省发展新型墙体材料条例（草案）的说明》，以及省人大财经委关于条例草案审议意见的报告。

26~27日　滇桂黔川渝铁路运输第五次联席会议在重庆召开，省工信委副主任王兴宁参加会议。

27日　省工信委召开煤炭行业技术审查专家委员会成立暨第一次会议，王祥副主任参加会议并讲话。

27日　省工信委组织机关、在昆事业单位副处以上干部到“云南省反腐倡廉警示教育基地”进行参观。

28~29日　省工信委副主任王祥在曲靖市参加了云南省工业高级技工学校申报省工业技师学院的评估工作。

30日　《云南省盐业管理条例（修订草案）》听证会在昆明举行。省工信委副主任宋嘉林主持会议并讲话。会议听取了省人大代表、法律专家、行政相对人及普通公民共15人对《条例》（修订草案）的修改意见和建议。

12月

1日　省政府下发《关于尹俊明等十一名同志任免职的通知》（云政任〔2009〕34号），决定尹俊明任省工信委巡视员。

1~7日　省工信委副主任王祥一行就丽江市、大理州煤炭资源整合和煤矿生产安全工作开展调研，实地抽查了丽江、大理各2对矿井。

4日　省工信委副主任宋嘉林到云南盐化股份有限公司进行调研，实地查看云南盐化昆明盐矿制盐和氯碱生产情况。

4日　省工信委在云南大学举办中小企业生产经营运行监测培训会，就中小企业生产经营运行监测平台的使用作了讲解，开展了企业融资状况和2010年融资需求问卷调查。

4日　工信部消费品工业司下发《关于表彰医药经济运行监测暨统计工作先进单位和个人的通知》，云南省工信委被表彰为2009年医药经济运行监测暨统计工作先进单位。

6~7日　成都军区国防动员委员会信息动员办公室一行到云南省就完成国防信息动员“十一五”规划建设情况进行全面检查。

7日　迪庆州政府与昆钢集团公司、云铜集团公司、云锡集团公司、云南冶金集团公司、云南白药集团公司和省工业投资集团公司等六大企业在昆明举行了战略合作协议签字仪式。省人大常委会副主任江巴吉才、省政府副省长和段琪及省级有关部门负责人到会祝贺。省工信委主任刘绍忠、副主任许云参加签约仪式。

8日　省政府下发《关于苗治民等六名同志任职的通知》（云政任〔2009〕40号），决定苗治民任省工信委副主任（挂职一年）。

9日、11日　省人大法制委分别到昆明市、曲靖市开展《云南省发展新型墙体材料条例（草案）》立法调研工作，省工信委巡视员许坚陪同调研。

10日　工信部党组副书记、副部长苗圩一行到云南省工信委调研指导工作，在听取省工信委主任刘绍忠关于云南省工业经济和信息化工作情况及今后工作打算的汇报后，苗副部长指出，要充分认识工业和信息化主管部门的历史使命和主要职责，解放思想，转变观念，发展要有新思路，改革要有新突破，各项工作要有新举措，坚定不移地走新型工业化道路，促进工业做大做强。部节能与综合利用司司长周长益、原材料工业司巡视员贾银松、云南省政府副秘书长叶燎原等陪同调研。

11日　省工信委与微软（中国）有限公司联合举办的“云南省信息化和工业化融合发展论坛”在昆明举办。省工信委副主任周赤参加论坛并致辞。

15日 重庆市商委一行12人，对云南省报废汽车回收拆解行业进行考察和调研，并对王筇报废汽车回收拆解场地进行现场参观。省工信委副主任周赤参加了座谈会。

16日 禄丰县中胜磷化工有限公司1.5万千伏安小型黄磷炉尾气火炬熄灭，打破了“我国自行设计的黄磷炉装置无法实现熄灭火炬”的神话。

16日 省工信委邀请省政府法制办副主任张宪伟，为机关全体公务员和直属事业单位在昆副处以上干部作依法行政专题讲座。省工信委副主任苗治民主持了讲座。

17~18日 由省科技厅、省食品药品监管局、文山州政府、省工信委和中药全球联盟共同举办的“中国·文山三七等云南特色药物国际论坛”在文山县举行。

18日 上海云南对口帮扶合作第十一次联席会议在昆明召开，省工信委副主任王兴宁与上海市经信委副主任刘健签署了《2010年上海——云南工业和信息化发展对口帮扶合作工作备忘录》。

19日 文山州政府与云南冶金集团股份有限公司、云南白药集团股份有限公司在昆明举行了战略合作协议签字仪式，以加快文山州铝工业、三七产业发展。省政府副省长和段琪，省工信委主任刘绍忠、副主任许云参加了签约仪式。

22~23日 省工信委副主任王祥一行到曲靖市，就电煤生产供应确保电厂存煤数量，促进省属国有煤炭企业发展，加快云南煤炭基本建设公司破产工作和云南能源职业技术学院新校区建设等问题进行专题调研。

24日 省工信委组织开展政务审批服务平台及电子监察系统培训活动。

24~25日 省工信委党组召开理论中心组学习会，党组书记、主任刘绍忠、副主任许云分别传达了省委八届八次全会和中央经济工作会议精神，各位副主任就分管工作作了专题发言。

25日 省委、省政府第十三检查考核组第二小组到省工信委进行2009年度集中检查考核工作。考核组听取了刘绍忠任主任的综合情况汇报，并开展了对领导班子和班子成员的民主测评。2009年，省工信委集中接受建设创新型云南行动计划、全省生物产业发展、综治目标、党政领导干部综治维稳政绩、云南省九大高原湖泊水污染综合防治、2009年党风廉政建设责任制、惩治体系建设、党员干部远程教育、全省老干部工作等九项考核。

31日 省工信委召集云南先锋煤业开发有限公司、阳宗海电厂，就云南先锋煤业有限开发公司停止向阳宗海发电有限公司供煤问题召开专题协调会议。

（张春华）

全省工业和信息化发展综述

2009年，是新世纪以来云南省工业经济发展最为困难的一年，也是我们迎接严峻挑战，不断砥砺奋进的一年。随着国际金融危机的深化和蔓延，世界经济恶化程度加深，金融危机与实体经济衰退相互拖累，制造业出现了前所未见的衰退局面。美、欧、日三大经济体陷入二战以来最严重的衰退之中，大部分发展中国家经济增长也陡然下降。由于近年来拉动云南省工业增长的主要是钢铁、有色、化工等行业，受危机影响较大，因此，保增长难度最大的就是工业，从2008年开始，云南省主要工业品价格迅速下滑，重点产品价格只有危机前的三分之二，有的甚至只有三分之一。企业“两项资金”占用急剧上升，受市场和成本双重挤压，生产经营困难加剧，近三成规模以上企业停产半停产。2009年1～2月，云南工业经济增长－7.1%，位于全国倒数第二，这在云南省工业发展历史上是极为罕见的。

面对前所未有的复杂形势和困难局面，云南省委、省政府明确指出，确保国民经济平稳较快发展，维护社会和谐稳定，关键在于工业，保工业就是保发展、就是保就业、就是保稳定、就是保大局、就是保生产力，并按照“稳运行、抓项目、调结构、扶中小、促合作、降能耗、保就业、强管理”的工作思路，陆续采取了一系列扩大内需、促进工业经济发展的政策措施。一年来，经过全省上下的共同努力，工业经济在实现遏制下滑、止跌回升的基础上，开始向趋稳回暖、企稳向好的总体态势发展。

2009年，云南省全部工业完成增加值 2088亿元，增长11.2%；规模以上工业完成增加值1904.38亿元，增长11.2%，高于全国0.2个百分点，其中，轻工业完成增加值884.66亿元，增长13%，重工业完成增加值突破千亿元大关达1019.72亿元，增长9.8%；预计完成主营业务收入4810亿元，增长0.1%；实现利税1025亿元，增长9.4%；实现利润 300亿元，增长11.2%。12月末，全省停产半停产企业244户，比2008年11月最多时期减少了578户，减幅达到70.3%，停产半停产企业总户数占全省规模以上工业企业的比重7.3%，比最高时期下降21.5个百分点。

金融危机爆发后，云南省经济运行中最突出的问题之一就是企业“两项资金”占用急剧上升，部分企业流动资金枯竭，生产经营陷入困境。在重要商品收储、阶段性扶持电价、工业产品促销等政策措施的支持下，以及广大企业的共同努力下，云南省“去库存化”过程基本结束。2009年1～8月全省工业产成品库存为310.58亿元，同比下降

1.1%；1～11月为344.58亿元，同比下降4.5%。云天化集团等重点企业已基本消化完高价库存。

在严峻的挑战和考验面前，取得这样的成绩极为不易，这是全省工业和信息化系统深入贯彻落实科学发展观、全面落实中央和省委、省政府应对国际金融危机一揽子计划，开拓创新、努力工作的结果。也是铁路、电力、财政等部门齐心协力，共同奋斗的结果。回顾2009年的应对措施，我们获得了不少的启示和力量，这些措施包括：

（一）连续实施一系列政策措施，有力扭转了工业经济下滑的不利局面。在严峻的形势面前，省委、省政府创造性地贯彻落实中央一揽子重大决策部署，充分利用一切积极条件，努力化解各种制约因素，在一段时期内密集出台实施了一系列保工业的政策措施，以最小的代价渡过了危机冲击期。其中一些措施得到国家有关部门的高度评价，并在全国产生了示范带动效应。一是实施重要工业产品储备制度。针对有色金属和化肥市场急剧收缩、价格严重下滑的实际，云南省在全国率先实施工业品储备制度，分期分批收储100万吨有色金属产品和50万吨化肥。这项政策一经推出，即在国内外产生了一定影响，有色产品价格出现小幅反弹；二是推出重点产业阶段性特殊电价扶持政策。对符合国家产业政策和环保要求的统调电网直供的铝、铜、钢铁等10个行业的企业果断实行平水期电价，并对其阶段性用电实施特殊电价扶持办法。此项政策累计优惠电量超过67亿千瓦时，实际让利金额超过8亿元，受惠企业超过160户。二是积极收储遏制价格下滑。在全国率先实行重要商品储备政策，安排财政补助资金3000万元，累计收储有色金属63.2万吨、化肥50万吨，产生了较好的效果。三是大力促进工业产品销售。实施汽车、农机、钢材、中低产田地改造及农村安全饮水工程用材、太阳能热水器等省产工业品奖励，对1141种省产工业品实行了促销财政奖励和补贴，累计奖补资金6475万元。

（二）着力加大工业投入。“251”工程进展顺利，重点工业项目“双百工程”稳步推进，全年完成工业投资1521.55亿元，增长23.5%。其中，非电力工业投资819.09亿元，增长30.8%。去年，技改专项贴息资金共涉及167个项目，总投资289亿元，推动20项重大装备及关键零部件生产项目、20项重大关键共性技术推广。其中，昆明机床股份公司开发的TK6926数控落地铣镗床、FMS柔性制造系统完成样机制造，产品关键技术指标达到国内领先水平，填补了我国大、重型柔性制造生产线的空白。

（三）积极促进中小企业和非公经济发展。省委、省政府出台了《关于加快非公有制经济发展的决定》（云发〔2009〕9号）文件，明确提出“三创两到位”，即“服务创优、全民创业、企业创新，金融支持到位、政策落实到位”的工作思路，从财政、税收、土地、融资等方面制定优惠政策。这是针对中小企业和非公经济的综合性措施，体现了省委省政府对中小企业的关心和重视，去年国家和省财政共安排资金2亿多元，重点支持企业技术改造、结构调整和产业升级。全省非公经济完成增加值2412.4亿，增长12.9 %，占全省生产总值的39.1 %，比上年提高0.6个百分点。中小企业、非公经济回升向好为保持云南省工业经济平稳健康发展作出了重要贡献。

（四）加快推进节能降耗。云南省把节能降耗作为应对国际金融危机、转变经济发展方式的重要抓手，采取了一系列强有力的节能降耗措施，管理节能与工程节能并举，全面开展固定资产投资项目节能评估审查，及时实施“以水代火”节能发电调度，推进全民节能行动和节能产品惠民工程，组织实施了100项重点节能示范项目。全省以较低的能源消费增长支撑了较快的经济增长，全年单位GDP能耗将下降4.5%以上，单位GDP电耗同比下降3.11%，全省规模以上工业单位增加值能耗同比下降3.78%，超额完成省政府年初确定的单位GDP能耗下降4.3%的目标任务。

在应对国际金融危机冲击、保持工业经济稳定增长这场重大考验中，既取得了显著成果，又积累了在错综复杂的环境中驾驭市场经济的宝贵经验。概括起来，有以下三点：

第一，坚定信心，务实工作，创造性地贯彻落实中央一揽子重大决策部署。面对前所未有的复杂形势和困难局面，我们始终强调信心比黄金更重要，我们始终坚持从云南实际出发，与时俱进，创造性地开展工作；始终保持深入扎实的工作作风，完善工作制度和协调机制，全力以赴推动各项工作落实，有效保持了工业经济平稳较快发展。

第二，在危机中发现问题，在逆境中寻找机遇，在努力扭转工业增速下滑的同时，抓住时机解决深层次问题，积极抢占新的发展制高点。针对产业结构不合理、产业发育层次低、创新能力较弱等长期积累形成的问题，我们充分利用了金融危机冲击形成的“倒逼”机制，不断创新思路、完善举措，大力推进结构调整，技术创新和产业升级，加快发展生物产业，装备制造业等优势特色产业，增强了工业经济整体素质，取得了变压力为动力、化挑战为机遇的阶段性成效。

第三，把握经济运行特点，找准关键节点，增强政策的针对性和有效性。面对产品价格急速下滑、企业效益大幅下降、停产半停产企业大量出现等情况和问题，从2008年四季度开始，我们有针对性地研究出台了重要商品收储、优惠电价、省产工业品促销等政策，去年又根据实际情况对政策进行调整完善，稳定了企业生产经营，这一系列政策措施对帮助企业走出困境、促进全省工业企稳回升发挥了重要作用。

（王宏宇）

技术创新

【简述】 2009年，技术创新工作在省工信委党组的正确领导下，在各处室、各级经委的支持下，深入贯彻落实全省加快新型工业化工作会议精神，注重实效、突出服务，以结构调整为主线，着力抓好企业技术改造和技术创新，推动两化融合，促进新兴产业与低碳经济的发展。组织实施一批重点技术改造项目，不断推动工业产业结构调整优化升级，促进工业发展方式的转变。强化技术创新政策措施，加快以技术中心为核心的企业技术创新体系建设，增强企业自主创新能力。加强产业关键共性技术的开发与推广，强化工业产品质量与标准化管理，大力培育工业品牌。工业投入和重点项目建设，推进工业企业技术创新，工业投资保持平稳增长，重点项目总体推进顺利，工业质量管理工作稳步开展，技术创新工作取得明显成效。

【非电工业投资】 2009年，在省级相关部门、各级经委和工业企业的共同努力下，全省工业经济稳步发展，工业投资保持平稳增长。全年非电力工业完成投资819.09亿元，比上年增长30.8%，超额完成省政府下达的750亿元的责任目标。在抓工业投入方面强化了技术进步工作的引导，分解落实了目标责任，加强了督促检查。

【重点项目建设】 重点工业项目建设作为调整产业结构、转变经济发展方式的重要措施。2009年，继续抓了红云烟草搬迁、先锋褐煤洁净化等项目的建设，做好中缅油气管道和炼化基地、昆明机床生产基地、昆船机场装备基地、天士力生物茶谷等项目开工建设工作。发展制药、制糖、食品、木本油料、生物质能、畜禽加工，家具制造、工艺品、造纸、包装印刷等10大产业；把优化提升有色金属产业，加快磷化工、煤化工和盐化工等产业结构调整步伐，加快装备制造业产业基地建设等为重点方向；加快应用信息技术等高新技术、先进适用技术改造提升传统工业，为工业发展提供强劲动力。深入贯彻《中共云南省委 云南省人民政府关于进一步加快推进新型工业化的决定》，围绕实施工业重点项目“双百工程”以及工业重点项目五年行动计划，一是加大力度推进省政府明确的22个重大工业建设项目的实施。二是制定下发了《云南省工业和信息化委关于组织实施2009年重点工业项目行动计划的通知》，组织实施了重点项目“251”工程。三是成立了省工信委重大工业建设项目推进工作领导小组及办公室，确定了项目联系人，组织开展了对2009年重点工业项目和“251”工程项目的督查。四是分类抓好“四个一百”重点工业项目计划。

【技改贴息专项资金扶持】 继续重点支持产业关联度高、带动作用强、有效拉动投资、提升自主创新能力的技术改造项目和企业技术中心创新能力建设项目。积极向国家开发银行等有关金融机构及商业银行，推荐重点技术改造与技术创新项目，支持商业银行推出面向工业企业的创新贷款品种，拓宽企业资金来源。鼓励企业用好用活国家鼓励创新的有关科技投入、科研机构设备购置、进口设备减免税、政府采购等一系列优惠政策措施。2009年，积极组织项目申报、汇总、筛选、上报和下达工作。共安排省级财政技改贴息资金2亿元，扶持167个工业项目，带动项目总投资289亿元，促进了全省非电力工业投资的顺利完成。

【企业技术创新】 技术改造和技术创新是转变工业发展方式的中心环节，对提高企业经营质量效益、转变经济发展方式，增强企业核心竞争力具有重要作用。把技术改造和技术创新作为调整结构、促进两化融合、发展低碳经济的重要抓手，进一步完善机制，使技术改造和技术创新贯穿于新型工业化发展的全过程。

通过大力推进企业技术中心建设，推广运用行业关键共性技术，构建创新服务中介组织，制订企业知识产权战略等多种措施，着力增强企业技术创新能力，2009年，组织指导并认定了25家省级企业技术中心，推荐了2家企业技术中心申报国家认定；研究制定了《云南省重大装备及关键零部件生产项目（2009年本）》和《云南省重点研发与推广的关键共性技术（2009年本）》，积极推进重大装备生产和关键共性技术推广。

【工业产品质量管理】 按照工信部《关于加强工业产品质量工作的指导意见》等文件要求，贯彻省委八届八次会议提出的质量兴省战略，指导各级经委落实产品质量管理职责，以“三管一指导”（管规划、管政策、管标准、加强对行业和企业的指导）为原则，以装备制造与消费品行业为重点，以开发品种、提升质量、建设品牌和改善服务为主要内容，贯彻实施工业行业标准，狠抓一批以提高产品质量为核心的技术创新与技术改造项目，推动重点企业积极主持或参与对云南省产业发展具有重大推进作用的国家或行业标准的制修订。5月14日，工业和信息化部召开了全国加强工业产品质量工作电视电话会议，省工信委组织了省国防科技工业局、省通讯管理局、部分重点工业企业、行业协会以及委内相关处室与直属事业单位负责人在云南分会场参加了会议，会后转发了工业和信息化部关于加强工业产品质量工作的指导意见，对各州市经委、相关企业和行业协会认真开展工业产品质量工作提出了具体的要求。同时，向省政府专题汇报了国家工业和信息化部电视电话会议的相关精神，并在本次政府机构改革中落实了省工信委指导工业质量管理工作的具体职责。

（杨一淑）

工业园区建设

【简述】 2009年是云南省工业经济运行压力较大的一年。一年来，在省委、省政府的正确领导和州市政府及有关部门大力支持下，省级各重点工业园区和特色产业园区努力克服市场疲软不振、出口急剧萎缩、原材料和动力价格大幅上涨、效益状况恶化等多种不利因素，加大基础设施建设投入和企业投入，强化项目服务，狠抓各项工作措施的落实，园区工业经济由年初的负增长逐步企稳回升，到年底，生产增速进一步加快，各项主要指标增长呈现由负转正的可喜局面。

【工业园区经济运行情况】 2009年，省级40个重点和特色工业园区完成工业总产值2096.52亿元，比上年增长4.8%；完成工业增加值495.62亿元，增长3.9%，一举扭转前三季度工业总产值负增长5.41%，工业增加值负增长0.32%的被动局面；实现销售收入2309.73亿元，增长8.58%；完成税收106.81亿元，增长6.8%；实现利润89.93亿元，增长0.54%；安排就业37.86万人，增长3.64%。

40个园区中工业增加值增幅超过15%的有21个园区，其中超过25%有昭阳、曲靖煤化工、弥勒、潞西、瑞丽、永胜、临沧、通海等13个工业园区，超过50%的有海口、红河、景洪、研和、磨憨5个园区。

2009年，完成工业增加值5亿元至10亿元的园区在2008年呈贡、楚雄、普洱、祥云财富、瑞丽、研和、水富、寻甸8个园区的基础上增加了杨林、香格里拉、东川3个园区。工业增加值超过10亿元的园区仍然是11个，其中超过20亿元的园区是昆明高新区、昆明经开区、安宁、红塔、宣威5个工业园区。

2009年，40个重点工业园区群策群力，强化措施，力保经济增长。从全年重点工业园区的经济发展和建设进展情况看，主要呈现出以下特点：

一是园区经济负增长的面明显缩小。2009年一季度，40个重点工业园区中销售收入同比负增长的园区有24个，分布在11个州市，至年末，销售收入负增长的园区减为8个，分布在昆明、昭通、曲靖、楚雄、怒江、普洱6个州市。

二是化工、有色金属、钢铁等行业的困境对园区经济增长的影响依然存在。其中，化工行业运行困难较大，企业产能还未全面恢复，这对化工行业比重较大的园区影响较大。目前，40个园区中销售收入为负增长的8个园区中有曲靖煤化工、水富、曲靖南海子（包含越州片）、安宁4个园区受制于化工行业和结构调整的影响，曲靖西城、兰坪受有色金属行业影响较大。

三是园区与园区间发展的势头差距较大。2009年，一部分园区各项指标均快速增长，在40个省级工业园区中显得尤为突出，如昆明经开区、高新区、杨林、海口、呈贡、红河、普洱、景洪、大理创新、研和等工业园区，而少部分工业园区基础设施投资和新入园企业固定资产投资仍很少，增加值、销售收入、税收、利润等增长较慢，这一差距既反映在不同州市的园区间，也反映在同一州市的各个园区间。这说明全省重点工业园区发展明显不均衡，少部分园区发展滞后。

【基础设施建设】 2009年，各园区积极贯彻落实中央和省政府“增投资、扩内需”的政策引导，进一步拓宽融资渠道，吸引多元资金加快基础设施建设。40个园区全年新完成基础设施投资50.51亿元，比2008年增长了79.56%。其中，新完成基础设施投资在1亿元以上的有昭阳、曲靖煤化工、红河、普洱、腾冲、研和、景洪、临沧等18个工业园区，昆明市的省级重点工业园区新完成基础设施投资均在1亿元以上。

【企业入园投资加速】 2009年，40个工业园区累计入园工业企业数达2596户，其中，规模以上工业企业数856户。2009年新入园工业企业311户，其中，规模以上企业130户。新入园企业完成投资172亿元，是2008年新入园企业投资的2倍。新入园企业在5户以上的有19个工业园区，其中，昆明经开区、昆明高新区、呈贡、杨林、海口、红河、普洱、临沧、研和、通海10个工业园区新入园企业均在10户以上，昆明高新区、红河、大理创新、祥云财富、瑞丽、研和6家园区新入园企业全部为规模以上企业，占了新入园规模以上工业企业的64.6%。一批项目建设进展顺利：马塘工业园区80万吨氧化铝项目2009年完成投资14亿元；南海子工业园3000吨多晶硅项目完成投资29.46亿元；曲靖西城工业园驰宏公司技术研发基地和年产30吨锗系列产品项目，计划投资3亿，已完成2.32亿元，云南（曲靖）国际农业食品科技园建设项目，完成投资3.64亿元；大理创新工业园力帆骏马车辆有限公司年产各型载货汽车驾驶室焊装冲压生产线项目完成投资5.8亿元；玉溪研和数控装备基地年产2万台数控机床项目完成投资2.7亿元，太标太阳能年产100万套太阳能热水器项目完成投资1.2亿元，云南瑞通钢业公司年产30万吨冷轧薄板项目完成投资1.3亿元；寻甸工业园的南磷三期年产13万吨PVC、10万吨烧碱项目已进入设备安装阶段，先锋褐煤洁净化利用试验示范项目完成投资6.7亿元；景洪工业园投资1.5亿元的版纳佛兴进出口贸易公司完成投资0.89亿元，投资1.45亿元的金星啤酒已投入生产。

（张 凤）

节能减排

【简述】 2009年，在应对国际金融危机冲击，保增长任务十分繁重的情况下，全省上下努力践行科学发展观，认真贯彻落实党中央、国务院和省委、省政府节能减排工作部署，始终坚持节能减排不放松，各项工作稳步推进，全省节能降耗目标任务圆满完成，被国务院考核为“超额完成”等级。

【超额完成年度节能目标】 国家确定云南省“十一五”节能目标是：到2010年，全省单位GDP能耗比2005年降低17%，由1.73吨标准煤/万元下降到1.44吨标准煤/万元。2009年全省节能目标是单位GDP能耗下降4.3%。

2009年，全省能源消费总量8032.06万吨标准煤（等价热值），比上年增长6.94%，全社会用电量891.19亿千瓦时，比上年增长7.44%，规模以上工业综合能源消费量4446.47万吨标准煤（当量热值），同比增长7.0%，其中轻工业综合能源消费量146.43万吨，同比下降6.74%，重工业综合能源消费量4300.03万吨，同比增长7.54%。

2009年，全省单位GDP能耗为1.495吨标准煤/万元（2005年价，等价热值），同比下降4.6%，超过年度目标0.3个百分点；单位GDP电耗为1591.1千瓦时/万元，同比下降4.16%；单位工业增加值能耗为2.739吨标准煤/万元（2005年价，当量热值），同比下降3.78%。

“十一五”以来，全省以较低的能源消费增速支撑了较快的经济增长，全省单位GDP能耗持续下降，“十一五”前4年单位GDP能耗累计下降14.1%，完成“十一五”节能目标进度82%；累计实现节能量1170万吨标准煤，折合减排二氧化硫18.72万吨，减排二氧化碳3100万吨，有力地促进了全省经济又好又快发展。

【措施有力，成效显著】 2008年底云南省委八届六次全会部署2009年工作时要求把节能减排作为全省加强生态文明建设的重要抓手。2009年1月15日，和段琪副省长代表省政府与有关责任单位签订了2009年度节能目标责任状。7月2日，省政府、省政协组织召开“金融危机下的云南节能降耗”政协委员调研座谈会，近40位政协委员为云南省应对金融危机、推进节能减排献计献策。7月30日，省政府第二十七次常务会议听取全省上半年节能工作情况汇报，安排部署下半年工作。9月23日，省十一届人大常委会第十三次会议审议了《全省节能减排工作情况报告》，并提出加强和改进节能减排工作的审议意见。各级党委、政府、有关部门和企业认真落实中央和云南省的工作部署和各项政策措施，扎实推进各项工作，全省节能降耗取得了显著成效，对战胜国际金融危机，促进全省经济平稳较快发展发挥了重要作用。

【落实节能目标责任制】 围绕云南省“十一五”总体节能任务，省政府确定了2009年度单位GDP能耗下降4.3%的目标，并将全省的目标分解下达到各州市、重点行业、有关企业等58个责任单位。省政府把节能目标责任作为考核各级政府和国有企业落实“四项制度”的重要内容，组织5个考核工作组，对58个省级责任单位2008年度节能目标责任进行现场评价考核，并向全省通报了考核结果。省政府安排奖励资金606万元对2009年度6个节能突出贡献奖、45个先进单位和120名先进个人进行了表彰奖励。国务院节能考核组对云南省2009年节能目标责任进行考核时，充分肯定了云南省节能工作采取的措施、取得的成效，现场考核为“超额完成”等级，这是云南省连续两年节能考核为“超额完成”等级。

【企业节能技术改造】 2009年获得国家节能专项资金1.3亿元支持云南省22个节能技改项目，预计每年节约53万吨标准煤；争取到国家科技经费3756万元支持云南省42个节能减排科技项目。2009年，省级财政安排节能相关资金超过2亿元，其中，安排1.07亿元支持节能技改项目81个，预计项目节能量38万吨标准煤；安排6162万元重点支持50个节能科技创新项目。在钢铁、化工、有色、煤炭、建材等行业大力推进余热回收、高压变频节电、煤层气（瓦斯）发电、工业锅炉改造等重点节能工程，全年组织实施了150余项节能技改示范项目，预计每年可实现节能量230多万吨标准煤。全年推广财政补贴节能灯超过1000万只，折合每年节电6亿多千瓦时，相当于建造了一座10万千瓦机组的能效电厂。积极组织企业开展节能自愿活动，积极推广合同能源管理等节能新机制，昆钢、云南冶金集团等企业通过采用合同能源管理模式加快推进节能技术改造。加强电力需求管理，重点推进用电大客户节电管理。重点企业带头加强节能技术改造。昆钢控股公司大力推广余热发电技术，余热发电站装机容量达到130兆瓦，每年可发电8亿千瓦时；云天化集团采用国际先进的低温位余热回收利用技术对硫黄制酸装置进行改造，首批四条生产线已投入使用，节能效果显著；云南铝业股份有限公司自主研发成功应用曲面阴极铝电解槽节能技术，每吨原铝交流电单耗和每吨铝锭综合交流电耗分别达到13307千瓦时、13730千瓦时，保持国内电解铝企业能效先进水平；全省火电机组主力机型升级换代为30万千瓦和60万千瓦机组，2009年全省统调电网每度电供电煤耗降为339.81克标准煤，比上年下降10.52克；全省水泥窑低温余热发电技术全面推广，在建项目装机容量超过60兆瓦，文山壮山实业有限责任公司余热发电站投运后，每吨熟料可发电40千瓦时，经济效益十分明显。全省重点企业通过实施技术改造，能效水平普遍提升，能源成本得到有效控制，节能增效成效明显。

【重点耗能企业节能管理】　对年耗能2000吨标准煤以上的建设项目严格进行节能评估审查，2009年共评估审查了70余个项目，保证了建设项目的先进性。大力推进节能管理和节能技术培训工作，全年组织培训2800多人次。企业能源利用状况报告制度和能源管理负责人制度初步建立。深入推进企业能源审计，全年完成企业能源审计260余家，全省80%重点耗能企业完成能源审计。全面开展企业能效对标管理活动，分行业推进能效对标管理，组织省内外专家编制了钢铁、电力、化工、建材、有色等行业15个产品的能效对标指南，铜冶炼等4个有色产品能效对标指南被中国有色金属工业协会列为典型案例在全国推广应用。全省节能统计和监测分析工作全面加强，对全省及各责任单位节能指标完成情况和工作进展情况实现动态监测。在应对国际金融危机过程中，针对节能工作出现的新情况及部分地区和企业运行中节能指标反弹的情况，省节能工作领导小组及时协调解决有关问题，有效化解金融危机对节能工作的不利影响，保证各项工作稳步推进，节能指标持续下降。省政府连续3年把节能减排列为全省重点督查的20项重要工作之一，组织督查组对16个州市人民政府、省直有关部门、36个节能减排重点企业、210个省级污染减排重点项目进行专项督查，大力推进节能执法监察，保证国家和云南省的节能法规和政策措施落实到位。

【全民节能行动】　在应对国际金融危机、共克时艰中，积极倡导节约型的生产方式、消费模式和生活习惯。充分利用电视、广播、报刊、网络等媒体持续加大节能减排宣传力度，2009年，中央和云南省各种媒体共报道云南省节能降耗稿件620余篇。成功组织2009年度全国节能宣传周云南省宣传活动，组织开展“千里送灯，绿色照明进边疆少数民族村寨”活动，组织100名志愿者，40余辆宣传车，分4条线路，到少数民族村寨、山村学校、敬老院等地赠送节能灯；各级政府机关组织开展了“能源紧缺体验日”活动；交通行业组织全省100多人参加云南省首届全国交通运输行业机动车驾驶员节能技能竞赛。全省各地、各行业、重点企业组织开展了大量节能减排宣传活动。通过全方位、多层次宣传，大力弘扬了“节约光荣、浪费可耻”的社会风尚，营造了良好的节能减排氛围，大大提高了全社会节能意识。

（储从江）

工业循环经济

2009年，云南省工业和信息化领域循环经济工作，与学习实践科学发展观紧密结合，在节约降耗、资源综合利用、清洁生产和工业环保四个方面开展工作。

【资源综合利用】　通过对资源综合利用的广泛宣传、宏观指导，尤其是在国家资源综合利用税收优惠政策的鼓励和引导下，资源综合利用水平不断提高，资源综合利用范围和途径不断拓宽。进行了4批资源综合利用企业项目（产品）认定。

2009年，云南省通过资源综合利用认定的企业共112户。2009年，资源综合利用认定企业，综合利用固体废弃物893万吨，占全省综合利用工业固废量的30.60%，再生资源回收110万吨。2009年，全省工业固体废弃物综合利用率54%，与同期相比增加了6个百分点。

组织编制了《云南省资源综合利用规划纲要》。按照《2009年省政府常务会议议题计划》、省政府办公厅关于印送和副省长《关于着力解决资源浪费和环境污染突出问题的调研报告》和《云南省人民政府办公厅关于做好〈云南省资源综合利用规划纲要〉编制工作的通知》的要求，组织完成了《云南省资源综合利用规划纲要》的编制工作。

【清洁生产】　印发了《关于印发云南省2009年州市推行清洁生产工作考核目标的通知》，部署和组织实施对全省清洁生产工作进行考核。2009年，全省有703家企业开展了清洁生产审核，540家企业通过了清洁生产审核验收，26家企业通过了强制性清洁生产验收，9家企业通过了《云南省清洁生产合格单位》验收。开展审核的企业涉及20多个行业。

2009年，编制发布了《云南省雷管类产品生产企业清洁生产合格单位评价指标体系（暂行）》、《云南省电石行业清洁生产合格单位评价指标体系（暂行）》、《云南省磷矿采选行业清洁生产合格单位评价指标体系（暂行）》三个评价指标，到2009年工信领域已经编制公布了15个行业的“云南省清洁生产合格单位评价指标体系”。

严格按照《关于规范清洁生产审核服务准入和管理的意见》和《云南省清洁生产审核中介机构资质等级评审暂行办法》等有关文件要求，对2008年30家清洁生产中介服务机构进行了年度考评，有23家通过了综合考评。2009年按照中介服务机构动态管理原则新备案7家中介机构。

组织州市经委和相关部门在个旧

市召开了全省清洁生产现场会，对全省的清洁生产工作进行了总结。以省政府名义表彰奖励了在2008年度清洁生产工作中做出成绩和贡献的单位和个人。有8家企业获得“云南省清洁生产先进企业”称号，22个单位获得“云南省清洁生产先进单位”称号，51位同志获得“云南省清洁生产先进个人”称号。

【工业循环经济】 指导督促列入《云南省发展工业循环经济工程方案》的试点县、工业园区和企业开展循环经济试点示范工作，工业循环经济按照实施方案全面推进，深入开展。列入试点示范的10个县市区，已全部编制完成试点实施方案，10个工业园区中的祥云财富工业园区、华坪石龙坝工业园区、楚雄工业园区和曲靖花山工业园区编制了《实施方案》，2009年工业循环经济工作在工业园区中稳步推进。

以滇池水污染综合防治为切入点，推进了昆明市工业循环经济工作。在滇池流域确定官渡区、高新技术开发区为循环经济示范区，编制完成了循环经济示范实施方案，并组织实施。两个示范区在编制实施方案的同时，通过开展清洁生产和资源综合利用带动循环经济工作全面展开。2009年，滇池流域共有82户企业通过清洁生产审核。

全面总结全省2006~2008年3年来发展工业循环经济工作情况。对120个单位报送的发展工业循环经济的经验进行全面梳理，编印了《云南省发展工业循环经济工作经验汇编》，下发到16个州市、有关县市区、工业园区和企业。为州市、园区和企业相互借鉴工作经验提供了方便，为推动工业循环经济工作进一步深化起到一定的作用。

为解决好云南省历史堆存铬渣的综合治理工作，积极向国家争取资金支持，已列入国家2009年支持范围的牟定和陆良的历史堆存铬渣的综合治理项目国家发改委已下达项目批复。为推动云南省磷石膏资源化利用进程，减少资源浪费，保护环境，启动并开展了对磷石膏进行资源化利用的专项调研，在搞清云南省磷石膏历年堆存和目前资源化状况的基础上，提出了云南省综合利用磷石膏的思路和对策。

【工业环保工作】 （一）按照九大高原湖泊水污染综合防治目标责任书的要求，省工信委组织昆明市经委召开了滇池流域水污染防治座谈会，及时向督导组汇报滇池流域水污染工业防治工作情况；制定下发了《云南省工信委2009年滇池流域水污染防治工作要点》，把防治任务指标分解细化到流域县区经委，促进了滇池流域水污染防治工作。

（二）积极支持和指导与本部门相关的工程项目建设，重点监督指导滇池流域内企业清洁生产及循环经济示范区建设项目的实施。通过在九湖流域开展资源综合利用工作，促进了流域工业企业资源综合利用的广泛深入开展，有效地提高了流域企业的资源综合利用水平，减轻了工业三废对九湖流域水体污染的压力，促进了企业与环境协调可持续发展。

（三）认真落实《南盘江水污染防治工作协调会议纪要》。按照省委省政府关于《南盘江水污染防治工作协调会议纪要》的通知精神，我委下发了《关于贯彻落实〈南盘江水污染防治工作协调会议纪要〉的意见》，要求各级经委要充分认识南盘江流域水污染防治工作的重要性，切实掌握南盘江流域工业企业排放状况，努力实现南盘江流域工业企业高标准达标排放。

（四）开展了工业领域的环保世纪行活动。按照省人大关于开展环保世纪行活动的通知要求，认真组织工信领域环保世纪行活动。省工信委被云南省环保世纪行组委会授予“2008年云南环保世纪行活动组织奖”。

（五）配合省环保厅深入开展“七彩云南保护行动”，重点推进“五个一批”示范工程的实施。

（张钦国）

企业服务体系

2009年，服务体系处坚持围绕改善中小企业发展外部环境，建设云南省企业服务体系，构建五大服务平台，开展相关工作。

一、中小企业融资工作

积极探索和推动云南省第一批中小企业集合债券的发行筹备工作。协调有关部门和机构完成了由云南祥云飞龙有色金属股份有限公司等6家中小企业组成联合发行人，采用“统一组织、统一冠名、统一担保、分别负债、集合发行”的模式，发行债券总额为78300万元的“2009年云南省中小企业集合债券”，相关材料上报国家发改委的工作。

5月9日，牵头与人行昆明中心支行、银监委云南监管局共同举办了2009年云南省中小企业融资银企合作对接洽谈会，与会中小企业与金融机构、担保机构通过现场的洽谈，签订贷款协议、委托担保协议和意向性贷款协议合计金额达到27.52亿元。为有效解决中小企业贷款难问题起到了示范推动作用。

积极争取国家中小企业发展专项资金支持推动云南省信用担保机构发展，2009年为云南省担保机构向国家争取到2240万的发展专项资金，并为8户担保机构争取到免征营业税优惠政策，促进了云南省担保机构的发展，现云南省登记注册担保机构160户，注册资本44亿元，2009年底，全省能够正常开展业务的担保机构共有68户，注册资本总额32.89亿元，当年为3991户中小企业提供贷款担保额133亿元。

二、中小企业信息化服务工作

积极指导和推动中国中小企业网云南网进行升级改造工作。为进一步增强政府公共信息服务能力，提升省级中小企业信息网络平台的服务功能和服务水平，2009年进行了改版，新版在网页设计方面，突显访问操作快捷化、人性化，并且在原有基础上进一步完善网站前台和后台支撑功能；在首页栏目中将更加突出政府服务及相关政策法规等信息版块的内容；在信息采编和发布方面，加强了与省工信委和有关政府部门的沟通，建立起专人定期联络制度，做到及时向中小企业传递政府最新政策信息，提供方便的政策信息查询功能，增强在信息传递和服务内容方面的时效性。

为加快推进州市中小企业网建设的步伐，3月下旬，组织召开全省中小企业网络服务体系建设和服务培训会议，就如何进一步促进中小企业网在各州市的建设、如何实现省网与各州市分网共同发展等问题进行了讨论和交流，并组织与会代表到省中小企业网进行了实地观摩学习。进一步提高了各州市经委加快建设中小企业公共服务平台重要性的认识，对推进全省中小企业网络服务体系建设起到积极的促进作用。目前云南省共有昆明、红河、楚雄、文山、曲靖、普洱六州市开通了地级中小企业网。

三、公共培训和人才服务工作

（一）积极参与工业和信息化部、教育部联合举办的“2009年全国中小企业网上百日招聘高校毕业生活动”。通过在中小企业云南网安装与总站联网的招聘系统，使云南省的招聘活动与总网数据互通，同步开展，从3月1日~6月30日止，云南省有536家企业在中国中小企业信息网发布招聘信息，提供1255个工作岗位。在120天的招聘活动期间，云南省企业发布的招聘信息数量一直位居全国前五位。

（二）圆满完成了国家“中小银河培训工程”安排的培训任务。9月上旬组织聘请了15名省内外专家教授分别在经贸宾馆、云安会都围绕云南经济与中小企业发展战略、中小企业的内功修炼与竞争力的提升、金融危机下的市场变化与营销策略、新形势下打造企业信息化管理及电子商务新思路、企业核心管理、企业财务管理、中小企业项目选择的机会成本等内容，为16个州市中小企业经营管理人员、中小企业中介服务机构从业人员、创业人员、中小企业服务体系工作人员共827人授课。对参训中小企业起到拓展思路、修炼内功、创新发展的推动作用，赢得了广大中小企业经营管理者的充分肯定和好评。

（三）为不断提升云南省中小企业经营管理者的综合素质，增强经营管理水平和应对市场变化能力，推动中小企业快速健康发展，于11月9日~11月27日，分别在玉溪、楚雄、迪庆、丽江、保山和临沧6个州市开展了为期2天的巡回培训工作，计划培训人数1200人，实际参训学员达到1358人。本次培训以“提升中小企业经营管理者综合素质，启发企业创新发展思维模式”为核心，重点围绕“中小企业发展战略”、“中小企业融资策略”和“中小企业商业模式”三个专题，聘请了中国社会科学院中小企业研究中心、云南大学商旅学院、君略管理咨询公司的专家、教授，采用案例分析教学模式，并结合云南特色产业发展实际进行了热情洋溢、深入浅出的讲授，使参训学员学到了具有实用性和指导性的新知识，经营管理理念也得到不同程度的启发和提升，对各自企业未来的战略谋划、转型发展等方面起到了积极促进作用。

（四）以云南财经大学及省内的大专院校、科研院所的专家为主，组织企业管理、投资融资、行业技术、企业信息化等方面的专家学者，录制了200余门优秀课程、120多G的视频课件，供云南中小企业网用户随时使用，通过“网上培训服务平台”，为全省的中小企业提供网上专家咨询及网上培训服务，并已累计完成10万人次的培训服务。

四、为企业治乱减负、优化发展环境情况

为减轻中小企业负担，帮助企业渡过难关，2009年，按有关要求再次对现有的行政收费项目作了全面认真的清理，严令各州市不得越权制定有关的行政收费政策，并严格执行“收缴分离”、“收支两条线”的管理制度。同时，协调做好减负维权服务工作。年内投诉中心共受理投诉26件（含电话投诉），已办结14件，转办12件，有效地维护了中小企业及非公经济的合法权益。

（和临喜）

中小企业、非公经济发展

【简述】 2009年，受国际金融危机影响，云南省中小企业经历了前所未有的困难和挑战。在省委、省政府的正确领导下，全省非公经济和中小企业工作坚持以科学发展观为指导，深入落实国家和省应对金融危机的一系列决策部署，克难奋进、开拓创新，全力推进中小企业和非公经济发展，全省非公经济总体上继续保持了增长势头。

【主要指标完成情况】 全省非公经济主要指标均保持增长，其中，非公经济户数、注册资金、上缴税金和社会消费品零售额保持较快增长，（见表1）。但除从业人员外，增加值及税收均未完成省政府下达的年度发展目标（见表2）。

表1　2009年全省非公经济主要指标完成情况表

指标名称	2009年	2008年	增长%	
非公经济户数（万户）	112.5	97.6	15.3	
其中：私营企业（万户）	13.7	11.6	18.1	
注册资金（亿元）	4016.7	3111	24.3	
非公经济增加值（亿元）	2412.4	2191.7	现　价	10
			可比价	12.9
其中：第一产业	263.7	236.9	23.8	
第二产业	1115.7	1015.4	6.8	
#非公工业增加值	812.9	806.1	0.8	
第三产业	1033	939.5	10.5	
上缴税金（亿元）	290	247.8	17	
民间投资（亿元）	2259.8	2026.4	11.5	
社会消费品零售额（亿元）	1715.8	1420.6	20.8	
外贸进出口总额（亿美元）	41.5	37.4	11	
个私从业人员（万人）	400.2	356.5	12.3	

表2　2009年非公3项考核指标完成情况表

指　标	完成数	目标数	完成进度%
非公经济增加值（亿元）	2412.4	2530	95.4
上缴税金（亿元）	290	304.8	95.1
从业人员（万人）	400.2	358.2	111.7

【非公经济运行情况】　从2009年全省非公经济运行情况来看，主要呈现以下特点：一是非公经济总量继续扩大。2009年，全省非公经济户数达112.5万户，比上年同期增长15.3%；注册资金4016.7亿元，比上年同期增长24.3%；全年非公经济预计完成增加值2412.4亿元，现价同比增长10%，可比价增长12.9%，占全省GDP的39.1%，所占比重比2008年提高0.6个百分点。其中，第一产业完成增加值263.7亿元，占全省第一产业增加值的27.6%；第二产业完成增加值1115.7亿元，占全省第二产业增加值的42%；第三产业完成增加值1033亿元，占全省第三产业增加值的41%。二是消费需求保持平稳增长。在城乡居民收入增加、居民消费价格水平逐步回落的作用下，全省市场消费额保持较快增长。2009年全省非公经济消费品零售额1715.8亿元，比上年同期增长20.8%，比全省社会消费品零售额增速高1.5个百分点，占全省社会消费品零售额的83.7%。三是民间投资有较大回落。2009年，在国家宏观调控政策效果显现及国际金融危机影响下，全省完成民间投资2259.8亿元，比上年同期增长11.5%，增幅比2008年下降了20百分点，占全省固定资产投资的49.9%，同比下降1.5个百分点。四是信贷资金有较大增长。2009年，在适度宽松的货币政策和一系列缓解中小企业融资难措施的推动下，截至12月末，全省对中小企业贷款余额为3033.58亿元，比年初增加了799.85亿元，占全省新增贷款的36.6%，五是非公企业成为云南省出口贸易的主力军。全省非公企业共完成进出口总额41.5亿美元，比上年同期增长11%，占全省进出口总额的51.8%，比去年增加13个百分点。其中，非公经济进口额完成13.7亿元，同比增长3%，占全省进口总额的39.1%；非公经济出口额完成27.8亿元，同比增长15.9%，占全省出口总额的61.5%。

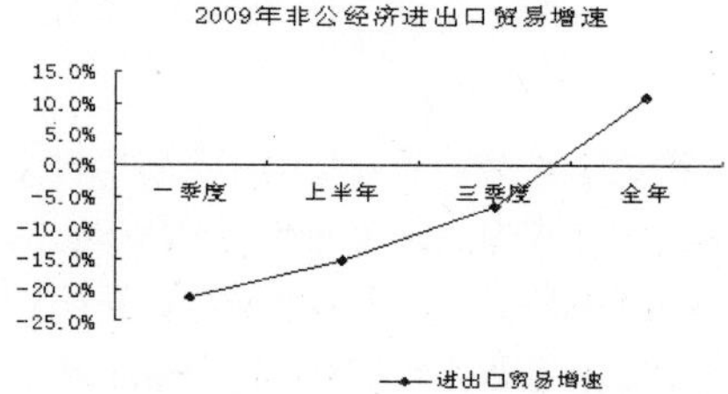

六是非公企业的经济效益好于国有企业。纳入财政快报统计的非公企业实

现营业收入878亿元，盈亏相抵后实现利润52亿元，同比增长13%，而国有企业盈亏相抵后实现利润12.5亿元，同比下降72%，非公企业实现利润增速高于国有企业85个百分点，总体效益远远好于国有企业。

七是社会贡献继续加大。2009年，全省非公经济上缴税金完成290亿元，同比增17%，占财政收入的41.6%；个私经济从业人员达到400.2万人，比上年同期增长12.3%。

【政策制定】 全力以赴做好全省非公有制经济发展大会的组织筹备工作。认真组织开展了以省委、省政府名义出台的大会主体文件《关于加快非公有制经济发展的决定》（云发〔2009〕9号）的调研起草工作，以及大会会务组织、表彰先进典型和经验交流材料的相关筹备工作，确保大会于6月3日顺利召开。这次大会是省委、省政府应对金融危机，促进中小企业和非公经济加快发展的关键时期召开的，必将对全省中小企业和非公经济发展产生积极的推动作用。

认真贯彻落实《国务院关于进一步促进中小企业发展若干意见》（国发[2009]36号）精神，起草了《云南省人民政府贯彻落实〈国务院关于进一步促进中小企业发展的若干意见〉的实施意见》，并已形成征求意见稿送相关部门、企业征求意见。

【恢复生产工作】 一是针对上半年受金融危机进一步曼延的影响，全省规模以上停产、半停产中小企业占全部规模以上工业企业的比重较大的实际，积极组成6个帮扶指导组分赴16个州市开展对停产、半停产企业的帮扶工作。截止6月末，全省规模以上停产半停产企业共354户，比去年年底减少278户，同比下降44%。二是积极推动政、银、企、保四方合作。牵头组织召开了有政府相关部门、金融机构、担保公司和企业共计200多人参加的云南省中小企业融资银企合作座谈会，使部分中小企业与金融、担保机构现场签订贷款、担保协议，意向性协议金额达到27.52亿元，有效帮助中小企业缓解贷款难题。

【项目扶持】 一是积极做好国家中小企业专项资金和省非公经济专项资金扶持重点项目的组织、推荐、审核的申报工作。经组织推荐和筛选审定，上半年省非公经济专项资金扶持的156个重点项目已通过省政府审批，安排扶持金额6800万元；向国中小企业专项资金申请扶持的第一批20个项目已通过审批，争取到扶持资金2500万元，有力地支持重点非公中小企业加快技术创新、推进结构调整和保持了正常生产经营。二是按照省政府新三年“兴边富民”行动计划中确定的产业培育工程要求，认真组织做好扶持特色产业加工项目工作，积极协调委内各块资金向兴边富民地区的产业培育项目倾斜。三是认真贯彻落实《中共中央办公厅、国务院办公厅〈关于开展工程建设突出问题专项治理工作的意见〉的通知》（中办发〔2009〕27号）精神，认真梳理了2008年以来中小企业扶持资金建设项目，并开展了项目资金跟踪、资金到位核查等专项治理工作。

【对外交流与合作】 一是根据中国国际中小企业博览会组委会和省政府的要求，认真做好组织动员云南省重点中小企业赴中博会的参会参展工作，制定了组展工作方案，重点推荐云南省具有特色的农特产品加工、食品、生物制药等行业中具有代表性的非公中小企业参会参展，有效推动云南省中小企业加强对外合作与交流，积极开拓国内外市场。二是根据中国中小企业协会《关于组织参加“2009中国企业创新成果征集活动”的通知》精神，在自愿原则的基础上组织省内中小企业进行申报，共有玉溪卷烟厂滤嘴棒分厂、云南红塔铝型材厂和玉溪环球彩印纸盒有限公司等12家企业申报。

【执法检查工作】 全力配合人大财经委做好《云南省中小企业促进条例》颁布一年以来的执法情况检查。根据省人大今年执法检查工作计划，组织各州市经委（中小企业局）认真做好贯彻落实《中小企业促进条例》的自查工作和总结，在此基础上形成了汇报材料上报省政府和人大，并随同人大财经委组成的检查团赴地州对执法情况进行检查。

【高校毕业生就业见习基地建立的推荐及指导工作】 根据省政府有关工作部署和分工，完成推荐和授牌十八家非公中小企业作为省级高校毕业生见习示范基地的任务，并积极协助推进见习基地与高校的对接安排毕业生见习工作。

（张云江）

信息产业建设

【机构改革情况】 云南省工信委机构改革后，信息化方面共设3个业务处室和1个事业单位，分别是信息化推进处、网络和信息资源管理处、信息安全协调处和信息技术发展中心，电子信息制造业职能在装备工业处。

【电子政务项目立项前审查和检查评估工作】 根据省财政厅、发改委、工信委三部门联合下发的《关于组织开展2009年省级电子政务信息系统建设项目申报工作的通知》要求，2009年共收到116个项目审报，申请财政资金13.5亿元。经三部门会审，同意其中67个项目纳入专项资金支持计划，经过对可研报告预算及技术审查，67个项目共需省级财政安排资金20574万元。根据《云南省信息化促进条例》、《云南省电子政务管理办法》，为全面了解和掌握省级部门电子政务项目的实施情况，及时发现问题，总结经验，提高信息化规划和项目计划的合理性和有效性，省工信委与发改委、财政厅联合对2005—2008年度审核批准的省级电子政务建设项目进行了专项检查和评估。

【推进政府信息公开和阳光政府建设】 一是深入推进政府信息公开。截至2009年12月20日，全省各级政府部门建立了10694个公开网站，累计主动公开政府信息约89万条（889435），受理政府信息公开申请约2万余件。二是实施政务信息查询。统一规划建设了政务信息查询96128电话专线和网络查询系统。截止12月31日，96128专线全省累计受理电话约20余万次，转接逾13万次，回复公众满意率98.53%；各级行政机关网上提供常见问题解答约7.5万件，累计受理群众提问6千余件，办理回复近6千件。三是推进工程建设领域项目信息公开工作。为解决工程建设领域信息公开不规范、不透明，市场准入和退出机制不健全以及工程建设领域信用缺失等问题，根据国家、云南省工程建设领域突出问题专项治理有关文件要求，认真落实省工信委牵头负责的项目信息公开和诚信体系建设工作，调研并拟定了建设方案，起草了《云南省推进工程建设领域项目信息公开和诚信体系建设工作指导意见》，召开了相关部门参加的联席会议，保障了工作的有序开展。

【国民经济和社会领域信息化工作】 参与GMS贸易投资便利化信息服务平台的建设，提供技术支持与服务。进行农村、生态文化旅游、社区信息化的调查研究和部分试点工作，推动了部门、行业规划的制定。在企业基础信息库的基础上建立并完善了云南省的企业法人数据库，入库信息达到472万条目。

【信息安全工作】 机构改革中增设了信息安全协调专门机构、配备了人员编制。制定了一系列与信息安全工作有关的政策制度，包括《云南省信息安全风险评估工作暂行管理办法》、《关于加强党政机关信息系统安全和保密管理工作的意见》、《云南省政府信息系统安全检查实施办法》、《云南省网络与信息安全事件应急预案》等；开展了信息安全等级保护工作、安全风险评估、信息系统安全保密管理、信息系统安全检查，以及重要敏感时期信息安全保障工作等。

【国防动员信息工作】 继续完善云南省信息动员机制，成立了信息动员办事机构，明确了信息动员工作机构职能；完成了云南省国防动员信息网、国防动员气象传输专网、77200部队应急指挥专线工程建设；开展了国防动员信息网二期工程建设；完成了国防信息动员潜力数据统计调查工作；接受了国家国防动员委员会对云南省信息动员工作的检查。

【软件产业情况】 截至2009年底，全省统计内软件企业92户，主营业务收入40.2亿元，同比增长39.1%。软件业务收入合计25.3亿元，同比增长13.96%，其中：软件产品收入6.18 亿元，同比增长 8.42%，系统集成收入18.07亿元，同比增长21.28%，软件技术服务收入1.05亿元。上缴税金1.73亿元，实现利润1.75亿元。到2009年底，云南省共有计算机信息系统集成获证企业74家，其中一级资质2家，二级资质10家，三级资质21家，四级资质41家；通过软件企业认定124家，软件产品登记401项；全省共有113人获得高级项目经理资质证书，598人获得项目经理资质证书。

【“两化”融合工作】 （一）开展“两化”融合发展论坛。2009年12月，省工信委与微软（中国）有限公司联合举办了“云南省信息化和工业化融合发展论坛”，来自省市相关部门、行业协会、重点企业、中小企业的负责人和专家教授参加了论坛，微软、昆钢的信息化技术专家作了交流发言。这次论坛为政府、企业、学术界搭建了一个交流和沟通的平台，进一步明确了政府、高等院校、研究机构等在“两化”融合中的使命和责任，为加快推动云南省“两化”融合工作的发展奠定了基础。

（二）开展了广泛的“两化”融合调研活动。为找准“两化”融合的切入点，充分了解“两化”融合的发展现状与需求，我委以问卷调查、座谈、研讨、现场调研等形式，在省级相关部门、行业协会、州（市）、县主管部门、工业园区、企业及委内23个业务处室中进行了广泛的调研，了解他们对推进“两化”融合的想法与实际需求。通过调研，掌握了目前云南省“两化”融合的基本情况和存在问题，并经过认真总结和分析，形成了下一步开展工作的思路和建议。

（三）出台了《云南省2010年信息化与工业化融合工作指导意见》。2010年2月，在调研、讨论、分析、研究的基础上，结合云南省“两化”融合工作的特点与实际需要，出台了《云南省2010年信息化与工业化融合工作指导意见》，提出了2010年云南省开展“两化”融合工作的指导思想、工作目标和工作重点，制定了相关保障措施，并初步明确了工作的思路和方法。

（四）制定了《2010年云南省“两化”融合试点示范工作实施办法（试行）》。为指导和规范“两化”融合试点示范工作，根据《云南省2010年信息化与工业化融合工作指导意见》，制定了《2010年云南省“两化”融合试点示范工作实施办法（试行）》，明确试点示范工作的原则、范围、试点内容、组织实施、考核验收与应用推广方式等，初步规范了试点示范工作的实施程序和方法。

【重点项目建设】 按照《云南省电子政务2008~2010年发展规划》，推动了全省政府应急指挥平台、全省工业经济运行动态监测平台、全省电子监察系统、云南省电子政务密码保障基础设施、全省政法部门信息系统网络共建资源共享工程、全省党政机关公文传输、办公系统推广应用项目、企业法人数据库、全省政务服务中心等一批重大电子政务项目的实施和推广应用。

（唐　芸　贺清洲　余荣华）

无线电管理

【基本情况】 2009年，全省共有各类无线电台（站）2287万余台，纳入管理的共有8.9万余台。其中，无线广播电视台（站）451座，卫星地球站212座，微波站5903座，短波电台538部，超短波电台26000余部，蜂窝无线电通信基站27866个，PHS基站17548个，公众移动电话 2150余万部，无线市话（小灵通）130余万部。无线电新技术、新业务在全省社会经济发展的各个行业、领域得到广泛应用，已经成为社会经济发展的重要推动力。

【3G移动通信网络建设】 根据国务院及工信部关于大力扶持TD-SCDMA移动通信，推进第三代移动通信建设和发展应用，促进经济平稳较快发展的要求。省人民政府与中国电信、中国联通、中国移动分别签署《战略合作框架协议》。省政府办公厅发布了《关于大力支持第三代移动通信发展的通知》（云政办发〔2009〕100号）和《关于成立云南省推进第三代移动通信产业发展领导小组的通知》（云政办发〔2009〕101号），统筹推进云南省第三代移动通信产业发展工作，在无线电管理、电磁环境保护、无线电设施规划保护、工程建设相关许可、审批等方面对3G发展予以支持。云南省政府和段琪副省长、省工信委刘绍忠主任、吴洪巡视员先后到相关电信运营企业开展调研工作。召开了第三代移动通信建设和发展应用的专题工作会议，落实国家频率规划和无线电管理政策。引导和推进3G业务在电子政务、应急管理、无线城市、农村信息化、电子商务及其他行业领域的应用，加强行业协调，为3G业务推广应用创造条件。截至2009年底，中国移动云南公司完成TD网络建设投资27亿元，建设TD基站1925个，实现了对主要城区的网络覆盖，3G用户达2.3万余户。中国电信云南分公司完成3G网络建设投资20亿元，新建升级3G基站2700个，实现了对主要城区的网络覆盖，3G用户超过10万户。中国联通云南分公司完成3G网络建设投资19亿元，建设3G基站4000个，实现了对主要城区的网络覆盖，3G用户达3.7万余户。

【执法和监督工作】 2009年，云南省无线电管理办公室进一步健全行政执法和监督检查机制，健全完善无线电管理法规制度体系，组织开展专项行政执法检查工作，深入开展无线电频率台站行政许可实施情况的监督检查。根据工业和信息化部下发的《关于开展清理违法使用对讲机专项执法活动的通知》，全面统筹领导专项执法工作。在加大法规宣传的基础上，重点对违法使用对讲机较多的地方，如小区物业、建筑工地、餐饮娱乐场所、商店、宾馆等，逐一进行清理和检查；对流动性较强的车载电台等，主动联合当地有关部门，加大行政执法的力度。在大半年的时间内，全省上下通过自检自查，重点检查，督促整改三个阶段的工作，取得了阶段性的成果，达到了预期目的。据统计，在整个执法活动中，全省出动执法人员共近1500人次，出动车辆300余台次，共检查相关单位和部门450余家，清查违规使用（含执照到期）的对讲机6000多台，下发了《责令改正通知书》800余份，查处各种违法案件40多起，查封设备260多台套，270多家单位按规定补办了设台审批手续。

德宏州无管处针对瑞丽边境一线非法设置使用大功率无绳电话和GSM手机放大器的行为又有所抬头的实际，组织开展了2次查处GSM手机放大器和大功率无绳电话机的专项执法活动，拆除GSM手机放大器37台、GSM八木天线67付、GSM电话机5台以及大功率无绳电话机3台、大功率无绳电话机天线15付，下发责令整改通知书31份，立案查处9家，行政罚款11000元。

【管理体制和机制改革】 在省及州市政府的关心支持下，省及各州市不断深化无线电管理机构体制改革，进一步理顺了无线电管理的条块管理体制，规范了州市无线电管理机构的名称和级别，完善了管理机构内部科室的设置。2009年7月10日，省政府办公厅下发了《关于印发云南省工业和信息化委员会主要职责内设机构和人员编制规定的通知》，设立云南省工业和信息化委员会，加挂云南省无线电管理办公室牌子，设立了无线电管理处、无线电监督检查处两个职能处室，各有行政编制数6人。在委党组分工时，明确无线电管理工作由委党组书记、主任刘绍忠直接分管，原省无委办领导吴洪巡视员、马丽萍副巡视员协助刘主任负责全省无线电管理工作。无线电管理的职能、职责和人员结构在机构改革中得到了进一步加强，为云南省无线电事业的发展提供了坚强的组织保障。2009年，省和州市两级无线电管理机构的工作人员已发展到220多人。

2009年，各地继续认真贯彻落实《云南省无线电管理条例》，全省129个县（市、区）加强了县级政府无线电管理专（兼）职人员队伍建设，成立了无线电管理领导小组，县级兼职无线电管理人员达到360人，壮大了全省无线电管理队伍。

【行政许可审批】 以贯彻《行政许可法》，推行行政执法责任制为契机，对行政许可事项进行了清理公布；并通过制定《无线电频率台站行政许可规则》、《无线电台设置许可办法》等制度，合理划分各级无线电管理机构的职责权限，不断完善审批制度和程序，再造无线电管理流程，发挥行政管理手段在整个管理中的主导作用，扭转了过去长期存在的审批不严、监管不力的问题。与此同时，省无线电管理办公室还对无线电管理的内容和管理方式进行了探索改革，在完成无线电台址地面资源调查工作的基础上，与省建设厅等部门共同开展了云南省无线电台站址规划研究和编制工作，把无线电台址资源规划纳入城市建设总体规划。

【边境地区无线电管理工作】 近几年来，国家与越南就航空无线电频率、中越边境地区广播电视频率、越南老街和云南省河口公众移动电话网跨境越区覆盖，以及联合查处大功率无绳电话干扰航空和其他地面重要业务等问题进行了5次协调谈判，省无委办均按国家的要求派人参加，并为谈判提供了大量的调查资料和边境一线的监测数据，为维护国家主权和国家利益作出了贡献。2009年，根据国家涉外工作要求，组织有关州（市）开展了中越、中老、中缅边境无线电频率台站的调查工作，开展了澜沧江-湄公河水上无线电频率安全调查，对边境地区无线电频率使用情况进行了测试，派员参加亚太电信组织无线论坛会议，组织翻译《美国无线电频谱管理规则和程序手册》，为国家无线电办公室开展中越无线电协调提供支持，为中缅、中老、中泰无线电协调做好前期准备。

【基础设施建设】 “九五”末期，全省无线电基础设施建设投资规范不足2000万元，监测、检测设施建设基本为零。在国家无线电管理办公室、省政府以及省财政厅等有关部门的大力支持下，云南省充分利用国家转移支付资金加强无线电管理基础技术设施建设。“十五”期间，累计完成基础设施建设投资2亿元。从2000年至2009年，完成了全省无线电监测网一、二、三期工程建设任务，全省监测站（含简易遥控站和移动监测车）数量达到90多个，监测面积约12万平方千米，覆盖全省所有州市所在地城市及机场、港口、国家一类口岸等重要区域。其中，2009年完成的主要项目有：4个高山站、2个州市B级固定站，呈贡新区遥控站、30个EB110小型监测站，省中心及各州市各配备1套PR100便携式测向设备和便携式频谱分析仪等项目。全省初步建成了一个技术先进、功能齐全、管理完善、自动化程度高、覆盖面广，具有智能化、集成化、网络化为一体的无线电监测系统，提高了全省无线电监测工作的科学化和规范化，为无线电管理工作提供可靠的技术监管手段。无线电监测网投入运行以来，进行了大量的日常监测、干扰查处、电磁环境测试、设备检测、重大活动保障等工作，为维护好空中电波秩序，保障国家安全和人民财产安全，促进云南省社会经济和国防建设发展发挥了重要的作用。

同时，通过积极努力和争取，国家无线电监测中心在云南省澄江县投资建设了一个短波无线电监测站，昆明短波无线电监测站建成后将覆盖我国西南地区以及南亚、东南亚的大部分地区，提高我国在国际上对短波信号的监测能力。

【人才培养】 依据《云南省无线电管理十一五规划》要求，编制《云南省无线电管理人才培养规划》。《人才培养规划》针对云南省无线电管理人员队伍的现状，制定了不同对象、不同类别、不同层次的教育培训方案，与岗位培训、短期专项技术培训、长期系统的研究生班等培养紧密结合，与云南大学合作开设了无线电管理在职人员大专班，16名业务骨干考取了云南大学通信工程硕士研究生，已有28人结束了大专班的三年学习，取得了相应的文凭；5人结束了在职研究生学习，取得了硕士学位；全省无线电管理系统已经有10名高级工程师。

（金肇元）

交通与物流

【简述】 2009年，交通与物流处紧紧围绕全省经济社会发展预期目标及全委中心工作，认真贯彻落实科学发展观和党的十七届四中全会精神及国家和云南省的各项物流发展政策措施，积极应对错综复杂的交通运输形势。通过制定计划科学合理安排月度出省物资运输；推进物流中心建设，提升物流基础设施水平；引导报废汽车回收拆解企业增加投入，提升企业管理、设备和技术水平等工作措施，全省铁路运输任务基本得到保障，物流体系建设顺利推进，报废汽车回收行业健康稳定发展，加强对实施标准的监督检查。

【铁路运输】 在铁路运输组织协调上，充分利用云南省铁路运输联席会议这一平台。一是抓重点物资运输。坚持“确保重点、兼顾一般”原则，保障重点物资运输，保障对云南经济增长至关重要的电煤、粮食、化肥、“两烟”、食糖、有色金属、钢材和外贸等物资的运输。二是保重点企业。坚持运力向大企业大集团及地方骨干企业倾斜，同时兼顾效益好的地方中小企业。在运力安排上，优先考虑向大企业、大集团及地方优势企业集中，让运输资源得到更好的配置，向效益企业和优势企业集中，使之尽快发展壮大，创造更大的经济价值。三是抓效率。进一步加大地方企业铁路运输装卸车作业效率考核力度，加强卸车组织，提高运输效率。四是调结构。始终把调整运输结构提高到确保云南经济社会可持续发展的高度来看待，把调整运输结构提高到以科学发展观为指导的高度来认识，力求把铁路运输与云南经济发展有机结合起来。及时跟踪国家产业政策准入门槛，配合国家节能减排政策的实施，让有限的运力资源充分发挥效益。五是适时调整运输政策。针对不同时期运输情况，对可能出现的新问题、新情况提前考虑、提前研究、提前制定措施。运输安排实行动态管理。在枯水期加大电煤的运输组织力度，在7月份以前货源不足的情况下，加大货源组织。针对7月份以后货源回升的情况，又及时调整运输政策，确保重点企业和重点物资运输。六是加强宣传工作。针对运输供需矛盾突出等问题，及时分析和掌握社会舆论动态，在一些可能成为热点的问题刚刚露头的时候，就能看出端倪、制定政策、妥善加以引导。七是提高服务意识。在受理企业申请时实行“加减法服务”，主动增加工作量，把麻烦留给自己。通过主动服务，帮助企业协调铁路运输计划的落实、原材料的及时供应等问题，减少企业麻烦，切实做到“三快一高”——“快受理、快协调、快办结和提高办事效率”；八是努力营造良好环境。为积极应对金融危机对经济和铁路运输造成的影响，加强西南各省区市政府及铁路部门之间的沟通和联系，相互配合，相互支持，充分利用当前相对有利的铁路运输环境，加强区域货源组织力度，更好地为经济发展服务。

2009年，铁路出省物资运输完成3050万吨，昆钢、云磷、东源、云铜、三环、云铝、德钢、富瑞等11家大企业和重点企业运输保证率达到95%；果蔬运输基本做到了有多少运多少，力求做到“菜不烂地，货不压车，车不压站”，确保了果蔬的顺利发送；昆钢、富瑞、三环等装车量较大企业的专用线停时进一步压缩，作业效率进一步提高。

【现代物流】　一是推进物流中心建设。到6月份，已有6个物流中心基本建成并开始运行，有13个物流中心在进行建设改造前期工作，有11个物流中心正在编制规划。同时，昆钢集团、云南物流产业集团等大型生产企业和物流企业加快了在全省各地建设各类专业产品物流中心，铁路部门加快了铁路战略装车点的规划和建设，各州市有关部门也加快了物流业发展规划制定等。二是指导和扶持重点物流企业发展。有13家物流企业被批准成为国家税收试点企业，享受国家物流税收优惠政策，同时，15家企业正处于申报过程中，云南省重点物流企业总体健康稳定发展。三是构建物流综合信息平台。确定了云南省公路货运信息平台运行主体，平台框架构建和应用程序设计基本完成，正处在应用测试阶段，准备年底投入试运行；四是完善物流信息统计和人才培训。再次下发了《关于报送物流业基本情况的通知》，针对云南省物流发展运行整体情况、发展水平、特点、存在问题等，调整完善了统计数据。根据《滇港物流合作谅解备忘录》有关内容，组织政府部门和物流企业高层管理人员开展业务培训，并通过协会、学校等单位加大了对云南省物流人才的培养；五是开展现代物流调研工作。组织有关部门和企业人员，对昆曼通道物流进行了实地调研，形成了《云南省赴泰国、老挝物流项目考察团考察报告》，提出了发展昆曼物流的具体措施和建议。多次组织人员到昆明、曲靖、大理、丽江、保山等地对工业物流情况进行实地调研，了解企业物流需求，调控云南省物流业运行。

按测算，2009年全省全社会物流总额1.58万亿元，完成物流业增加值379.6亿元，社会物流总费用为1367.6亿元，与去年同期相比分别增长10%、7%和8%，增幅与去年同期相比分别回落6、5、5.2个百分点。虽然物流业主要指标增长幅度都有所下降，但总体仍呈继续增长的态势。受2008年底金融危机影响，一季度，云南省物流业市场受到很大冲击，物流量下降较大，但从3月份开始回暖，年底，整个物流市场已基本恢复平稳运行，总体表现为“先冷后暖”。根据抽样调查显示，2009年第一季度物流业务量比上年同期下降10%~12%左右。但随着宏观调控政策效应的逐步显现，到10月份，全省物流企业业务量基本恢复到去年同期的60%~70%左右，特别是重点物流企业大部分业务量明显增加，利润率普遍在5%以上。

【报废汽车】　一是对全省报废汽车回收企业进行年度检审。5月23日，在昆明召开了2007年度全省报废汽车回收企业年度检审工作会议，对16家报废汽车回收企业进行了年检。二是开展技术职业资格培训。6月6~15日，由中国物资再生协会、云南省经委组织，江苏技术师范学院专家授课、省资源再生二手车行业协会承办的“报废汽车回收拆解技术职业资格第十四期培训班（中级班）”在昆明举办。三是对个别违规企业进行处理。6月16日，省经委下发了《云南省经委关于云南报废汽车回收有限公司违规问题的处理意见》（云经交通〔2008〕262号），给予云南报废汽车回收有限公司责令停业整顿一个月、“黄牌警告”一年、全省报废汽车回收行业内通报批评的处分；四是召开省老旧汽车更新工作会议。6月27日，省更新办在玉溪市召开省老旧汽车更新工作会议，通报了2007年老旧汽车更新工作情况和对云南报废汽车回收有限公司的处理决定，征求了调整和充实省老旧汽车更新领导小组及办公室成员名单意见；五是做好报废汽车回收拆解市场交叉检查。自6月起，全省16个州市报废汽车回收拆解市场检查工作全面展开；六是组织赴东三省学习考察。9月18~27日，由省更新办组织，省经委、省交警总队、省工商局，曲靖市、楚雄州经委等职能部门负责人、省资源再生二手车行业协会及回收企业代表共25人赴黑龙江、吉林、辽宁等省学习借鉴汽车更新、报废回收管理等方面先进经验和做法；七是加强对《报废汽车回收证明》的管理和《云南省报废汽车回收拆解网》更新、升级工作。10月初完成对《报废汽车回收证明》印制工作并在部分州市实行。10月20日，协会网络部完成了对《云南省报废汽车回收拆解网》更新和升级工作，拟在昆明地区全面实行进场报废汽车必须网上传递照片后方可开具《报废汽车回收证明》，办理完汽车注销手续后，须将“五大总成”破坏性拆解、压碎照片传递到网络待查；八是完成汽车报废更新补贴资金上报和发放工作。2008年向国家申请补贴车辆652辆、补贴资金313.6万元。扣除2007年结余资金43.8万元，云南省2008年共需补贴资金269.8万元；九是调整和充实云南省老旧洗车更新领导小组及办公室成员。8月14日下发了《关于调整云南省老旧汽车更新领导小组及办公室成员的通知》（云经交通〔2008〕345号）；十是完成行业发展规划起草工作。草拟了《云南省报废汽车回收行业发展规划（2008~2012）》，并下发到有关单位征求意见，待上报商务部备案后实施。

2009年，共回收报废机动车13751辆，完成年计划的55 %，拆解报废汽车19246辆，完成年计划的96.2%。

（孔令海）

第三编

Yun Nan Sheng Gong Ye He Xin Xi Hua
Zhong Dian Hang Ye

云南省工业和信息化重点行业

能源工业

煤炭行业管理

【综述】 2009年，面对国际金融危机的严重影响，在省委、省政府和省工业和信息化委员会党组的正确领导下，全省煤炭行业以科学发展观为统领，一手抓煤炭产业发展、一手抓煤矿生产安全，克服了煤炭市场低迷、煤炭价格下滑等不利因素，狠抓各项工作措施的落实，促进了全省煤炭工业的平稳发展。全省原煤产量、煤炭产值、工业增加值再创历史新高，基本满足了全省经济社会发展对煤炭的需求。煤矿安全生产形势进一步好转，原煤生产百万吨死亡率为历史最好水平。

【体制调整】 全省煤炭行业管理体制再次进行了调整。根据《中共云南省委办公厅云南省人民政府办公厅关于印发〈云南省人民政府机构改革实施意见〉的通知》（云厅字〔2009〕2号）要求，作为全省煤炭行业管理和煤矿安全监管的省级机构原云南省煤炭行业管理办公室（云南省煤炭工业局）不再保留，原云南省煤炭行业管理办公室（云南省煤炭工业局）承担的职责分别划入相关省级部门，即指导生产、技术改造职责划入省工业和信息化委员会；煤炭发展战略、行业规划职责划入省能源局；煤矿安全生产监管职责划入省安全生产监督管理局，省安全生产监督管理局加挂省煤矿安全生产监督管理局牌子。

【煤炭资源整合和整顿关闭稳步推进】 全省各级人民政府和有关部门，统一思想认识，加强组织领导，健全工作机制，落实工作责任，扎实推进煤矿整顿关闭各项工作。2009年。全省计划关闭小煤矿56个。2009年11月，《云南省人民政府办公厅关于下达2009年整顿关闭小煤矿指标的通知》（云政办发〔2009〕240号）印发，决定关闭60个小煤矿，并将指标分解到各产煤州（市）。2009年12月，省煤炭资源整合工作领导小组办公室、省工业和信息化委员会、省国土资源厅、省安全生产监督管理局、省能源局、云南煤矿安全监察局等分别组成5个工作组，对重点产煤州（市）进行了督查。2010年1月28日，在《云南日报》上公告了61个关闭矿井名单，全省超额完成了任务。

【煤炭经营监管得到加强】 认真贯彻落实《煤炭法》、《煤炭经营监管办法》和阳光政府四项制度，不断加强和改进煤炭经营监管，促进煤炭经营企业调整结构，优化布局，努力实现持续协调健康发展。组织开展了煤炭经营资格条件变化和依法经营状况全面检查工作。出台了《云南省煤炭经营监管办法》、《云南省工业和信息化委员会关于进一步加强煤炭经营监管工作的通知》、《云南省工业和信息化委员会关于印发云南省煤炭经营资格证申报材料规范的通知》和《云南省工业和信息化委员会关于印发云南省煤炭经营资格证受理审查程序的通知》等规范性文件，不断强化煤炭经营监管。

【煤炭生产许可监管体系不断完善】 按照国家发改委、省工业和信息化委的总体部署，各产煤州（市）、县（市、区）煤炭行业管理部门和煤矿企业高度重视煤炭生产许可监管工作，紧紧围绕煤炭行业管理工作中心，注重搞好“三个结合”：一是将煤炭生产许可证年检与煤矿隐患排查治理工作相结合，对存在重大事故隐患而缺乏有效治理措施、安全生产条件发生变化、安全设施不符合规定要求的立即责令停产整顿，有效防范煤矿重特大事故发生；二是将煤炭生产许可证年检与煤矿基础管理工作相结合，促使煤矿企业加强了基础管理，有效改善了煤矿职工的生产、生活条件；三是将煤炭生产许可证年检与煤炭资源整合工作、煤矿整顿关闭相结合，有力地推动了全省煤炭资源整合和煤矿整顿关闭工作的顺利开展。通过煤矿自检、县（市、区）级初检、州（市）级复检及抽查验收、年检集中审核等工作，较好地完成了煤炭生产许可证年检工作任务。2009年度应参加年检的矿井1209个，年检合格矿井1182个，占参加年检矿井总数的97.77%；年检基本合格矿井26个，占参加年检矿井总数的2.15%；年检不合格矿井1个，占参加年检矿井总数的0.08%。

【瓦斯专项整治初见成效】 一是推进煤矿瓦斯治理工作体系建设。按照《云南省煤矿瓦斯治理工作体系示范工程建设的实施意见》，确定了煤矿瓦斯治理工作体系“双百工程”2个示范县（区）和10个示范矿井的建设目标。各地相继成立了煤矿瓦斯治理工作体系示范工程建设领导小组，制订了实施方案，加大了投入。富源县投入3亿多元瓦斯治理专项资金用于瓦斯治理和示范工程建设。富源县斯派尔煤矿、祥达煤矿一号井2个示范矿井已建成达标。昭通市确定了10对矿井，其中已启动2对示范矿井建设。昆明市确定了1个示范县和1对示范矿井。二是开展瓦斯专项整治。省工业和信息化委制定了大中型煤矿瓦斯专项整治工作方案，督促煤矿企业建立和完善管理制度，落实各项治本之策，解决影响煤矿安全生产的深层次矛盾和问题，提高瓦斯防治保障水平。三是组织煤矿矿井瓦斯等级鉴定。各级煤炭行业管理部门高度重视煤矿矿井瓦斯等级鉴定工作，进行了周密部署，并对鉴定报告进行初审。省工业和信息化委煤炭行业技术审查专家委员会对上报的鉴定报告进行了严格审查和把关。参加2009年度瓦斯等级鉴定的1149对煤矿矿井中，煤与瓦斯突出矿井15对，高瓦斯矿井177对，低瓦斯矿井957对。四是加快煤矿瓦斯抽采利用步伐。各地认真贯彻落实全国、全省煤矿瓦斯治理现场会精神，加快瓦斯抽采利用步伐。据统计，2009年，全省建有瓦斯抽放系统131套，抽采量为6832万立方米，利用量585万立方米。全省已有小窑沟、柳树青、斯派尔等煤矿瓦斯发电机组投入试运行或运行，累计发电突破1000万千瓦时。五是做好防治煤与瓦斯突出工作。广泛宣传《防治煤与瓦斯突出规定》，督促煤与瓦斯突出矿井落实区域和局部综合防突措施。曲靖市煤炭工业局与曲靖煤矿安全监察分局联合下发了《关于进一步加强煤矿瓦斯治理工作的通知》，就认真贯彻落实《防治煤与瓦斯突出规定》，做好防治煤与瓦斯突出的各项工作做了具体部署。六是强化煤矿瓦斯综合治理。各级煤炭行业管理部门依靠科技促进瓦斯治理工作。富源县对煤矿企业实行“一井一策、一面一策”，因地制宜编制瓦斯治理方案和措施；昭通市针对煤矿瓦斯灾害严重、瓦斯事故多发的实际，邀请重庆煤科院瓦斯治理专家，开展瓦斯治理技术专题讲座，加强院企合作，推进全市煤矿瓦斯治理工作。通过全省上下的共同努力，全省煤矿瓦斯专项整治工作取得了阶段性成果。2009年全省发生煤矿瓦斯事故15起，死亡45人，与2008年相比分别下降了44.4%和42.5%，与国家下达的控制指标相比分别下降了37.5%和25.0%。

【企事业改革发展】 2009年，按照体制创新、管理创新、技术创新的原则，煤炭企事业单位改革发展工作不断向前推进。

云南能源职业技术学院紧紧围绕创建省级示范性高职院校工作的目标，在专业教学改革实施方案、教学质量提高、教考分离探索、学分制和教务信息化管理等方面狠下功夫，招生就业工作取得重大突破，学院办学规模不断扩大。2009年，学院全日制在校生规模已经达到4100人，学院17个专业724名毕业生就业率达到94.89%。

云南省工业高级技工学校始终坚持扭住发展不放松，科学发展不动摇，率先创新走出了一条独具云南特色的职业教育发展新路。2009年，云南省批准学校的办学规模为15000人，实际在校学生17626名，其中，全日制学生12596名，中短期学员5030名。2009年毕业生就业规模突破5000名，100%成功就业，分布于省内外约200家大中型企业。通过全方位、宽领域、多层次改革创新，全校上下已经形成了“鼓励人才干事业、支持人才干成事业、帮助人才干好事业”的良好制度氛围，形成了学校“追赶型、跨越式、超常规、可持续”发展的强大动力。学校以97.5分通过了省政府技师学院专家评估组的评估验收。

云南煤炭基本建设公司于2007年12月24日经曲靖市中级人民法院宣告政策性破产，依法进入清算程序后，2009年公开拍卖了破产财产，召开了债权人会议，2009年12月31日，曲靖市中级人民法院以（2007）曲中民破字第2-12号民事裁定书宣告云南煤炭基本建设公司破产终结。

云南省明良煤矿于2007年12月28日经昆明市中级人民法院宣告政策性破产，依法进入清算程序后，职工安置、破产资产处置、维护稳定等各项工作正在积极推进。截至2009年年底，破产管理人已与279名在职职工签订了解除劳动合同协议，发放了经济补偿金，并为解除劳动合同的职工办理了相关失业救济手续；与380余名职工遗属和45名六十年代精简下放人员签订了一次性补偿协议，发放了10年生活补助费，解除了供养关系；6名离休干部管理手续已移交省工业和信息化委员会离退休人员管理办公室；企业办社会职能移交和退休人员移交社会化管理服务工作正在积极协调联系。

此外，大中型煤炭企业集团培育组建、棚户区改造也在积极推进。

【安全生产】 2009年，全省煤矿共发生死亡事故74起，死亡118人，与去年同期的103起事故、死亡171人相比，事故起数减少29起，死亡人数减少53人，事故起数和死亡人数分别下降28.16%和30.99%。其中，3～9人较大事故发生7起，死亡24人，与去年同期相比事故起数减少4起，死亡人数减少25人；10人（含10人）以上重大事故发生2起，死亡21人，与去年同期相比事故起数持平，死亡人数减少3人。全省煤矿百万吨死亡率为1.323，与去年同期的1.975相比减少0.652，下降了33.01%。

全省煤矿事故从事故类别看，顶板事故42起，死亡49人，分别占事故总起数和总死亡人数的56.76% 和41.53%；瓦斯事故15起，死亡45人，分别占事故总起数和总死亡人数的20.27%和38.14%；水害事故4起，死亡11人，分别占事故总起数和总死亡人数的5.41%和9.32%；运输事故7起，死亡7人，分别占事故总起数和总死亡人数的9.46%和5.93%；放炮事故2起，死亡2人，占事故总起数和总死亡人数的2.70%和1.70%；机电事故1起，死亡1人，占事故总起数和总死亡人数的1.35%和0.85%；其他事故3起，死亡3人，占事故总起数和总死亡人数的4.05%和2.54%。

【技术改造】 全省推行壁式及先进采煤方法步伐加快，新装备了一批单体液压支柱工作面，高档普采、综采综掘、支护改革有了新的突破。全省1299对矿井中，采用正规采煤方法的有1091个，其中壁式工作面835个，其他采煤方法256个。支护方式改革406个；推广新技术新工艺的191个。

2009年技术改造矿井中，申请技改项目核准的249个，批复162个；编制完成生产地质报告251个，通过审查的88个；编制完成初步设计的216个，通过审查的107个；申请开工备案的110个，准予备案的106个；申请竣工验收的28个，验收通过的25个。

2009年，省政府安排煤矿安全隐患治理配套专项资金5000万元。配套资金重点用于：指导煤炭行业技术创新和技术进步，推广煤炭行业先进工艺和设备；引进重大技术装备，用先进适用技术改造提升传统产业，推进煤矿企业技术创新体系的建设；推进煤层气抽采利用力度，开发利用产业化；加快煤矿以信息化改造传统产业的步伐，促进信息化和工业化的融合，进一步加快煤矿信息化建设进程。配套项目共安排160个，总投资5.61亿元。

【安全技术培训】　2009年，全省累计组织煤矿安全监管执法人员培训15期1245人；煤矿企业矿长、副矿长等经营管理人员业务强化培训24期2315人；培训、复训煤矿特种作业人员36162人（次）；煤矿安全质量标准化矿井建设业务培训1期129人；全省累计培训、复训煤矿安全监控系统操作人员5678人。

云南煤矿安全技术中心在抓好全省矿长、副矿长、技术负责人（总工程师）、法人培训的同时，有效实施了从业人员培训、特员合作培训、提高班合作培训、监管人员培训、群监员培训、兼职矿山救护队培训、瓦斯监控系统操作工培训等业务，全年共培（复）训各类人员63696人，同比增长43.72%，实现了历史性的突破。

【主要经济指标完成情况】　2009年，全省生产原煤8921.02万吨，完成全年目标9000万吨的99.12%，原煤产量比去年同期的8657.43万吨增长3.04%；生产焦炭1456.52万吨，完成全年控制目标1200万吨的121.38%，焦炭产量比去年同期的1391.60万吨增长4.67%；生产洗精煤961.81万吨，完成全年目标900万吨的106.87%，洗精煤产量比去年同期的1028.40万吨下降6.48%。

煤炭行业产值小幅增加。全省煤炭行业实现现价工业总产值336.82亿元，比去年同期的328.54亿元增长2.52%；实现现价销售产值342.16亿元，比去年同期的323.89亿元增长5.64%；完成工业增加值151.98亿元，比去年同期的148.97亿元增长2.02%。

商品煤销售持续增加。全省销售商品煤10035.87万吨，比去年同期的8881.58万吨增加1154.29万吨，增幅为13.00%。全年供应电煤2676.45万吨，供应化工用煤1488.82万吨，供应冶金用煤1226.03万吨，供应建材用煤630.14万吨。

煤炭生产企业库存下降。全省煤炭生产企业年末原煤库存159.04万吨，比年初库存494.57万吨减少335.53万吨，减幅为67.84%。

表1　2009年全省煤炭产品产量完成情况　单位:万吨

	累计完成	去年同期	同比增减（%）
全省原煤总计	**8921.02**	**8657.43**	**3.04**
（一）云南煤化工集团	693.57	634.14	9.37
1. 东源煤电公司	483.57	433.94	11.44
其中：国有重点矿	160.58	146.87	9.33
2. 云南先锋煤业公司	210.00	200.20	4.90
（二）省监狱管理局	1026.67	1074.26	−4.43
其中：小龙潭矿务局	979.36	1012.18	−3.24
（三）地县国有矿	55.00	60.00	−8.33
（四）乡镇及以下煤矿	7145.78	6889.03	3.73
全省洗精煤总计	**961.81**	**1028.40**	**−6.48**
（一）东源煤电公司	174.96	186.66	−6.27
（二）其他地区	786.85	841.74	−6.52
曲靖市	466.31	572.76	−18.59
丽江市	228.01	174.43	30.72
红河州	33.00	32.80	0.61
楚雄州	3.80	2.50	52.00
昆明市	13.78	11.70	17.78
昭通市	41.95	47.55	−11.78

续表

	累计完成	去年同期	同比增减（%）
全省焦炭总计	**1456.52**	**1391.60**	**4.67**
昆明市	300.51	282.42	6.41
曲靖市	957.61	928.06	3.18
玉溪市	29.35	21.97	33.59
丽江市	10.58	9.56	10.67
楚雄州	70.68	66.65	6.05
红河州	87.79	82.94	5.85

表2　2009年全省原煤产量分地区完成情况

单位：万吨

	累计完成	去年同期	同比增减（%）
全省总计	8921.02	8657.43	3.04
昆明市	625.51	545.17	14.74
曲靖市	4062.53	3974.88	2.21
玉溪市	45.99	53.32	–13.75
保山市	10.90	51.09	–78.67
昭通市	1440.16	1365.25	5.49
丽江市	725.02	621.58	16.64
普洱市	65.11	53.65	21.36
临沧市	15.08	31.53	–52.17
楚雄州	170.96	154.06	10.97
红河州	1352.51	1417.98	–4.62
文山州	140.13	147.26	–4.84
西双版纳州		0.29	
大理州	265.33	239.39	10.84
德宏州	1.79	1.98	–9.60
迪庆州			

（康新云）

电力工业

【简述】 2009年，面对国际金融危机持续蔓延、自然灾害不断侵袭、百年一遇特大干旱等重重困难和考验，云南电力工业仍然取得了有目共睹的发展成就。全省电源装机容量持续扩大，电网发展迅速，电力系统整体安全运行良好，电力供应高效有序，电力节能减排成效显著，为全省应对金融危机，经济社会又好又快发展做出了突出贡献。

【电源结构调整】 2009年，全省累计新投产发电设备容量592万千瓦，其中，新投产水电513.4万千瓦，新投产火电78.3万千瓦，新投产太阳能光伏发电0.3万千瓦。截止2009年底，全省发电设备容量突破3000万千瓦，达3169.4万千瓦，同比增长22.9%，其中水电2090.4万千瓦，同比增长32.6%，占全省发电设备容量的65.95%，比2008年提高4.75个百分点；火电1070.9万千瓦，同比增长7.8%，占全省发电设备容量的33.79%，比2008年降低4.71个百分点；并网太阳能光伏发电实现零突破，投产装机0.3万千瓦，风电装机7.88万千瓦，新能源装机占全省发电设备容量的0.26%。水电、风电、太阳能等清洁能源装机比例不断提高，电源结构进一步优化。

【电力生产和供应】　2009年，全省规模以上电力工业完成增加值242.4亿元，同比增长16.6%，增速比2008年提高4.5个百分点。电力工业增加值占全省规模以上工业增加值的12.7%，比2008年提高1.4个百分点，占全省生产总值的3.9%，比2008年提高0.3个百分点。云南省电力工业是继烟草后对云南工业经济增长贡献第二大的行业，对全省经济发展的支撑和拉动作用不断增强。

2009年，全省发电量累计完成1173.82亿千瓦时，同比增长12.9%，高于全国平均增长水平6.7个百分点，电力生产弹性系数1.07。受严重干旱、全年来水偏枯影响，水电发电量625.75亿千瓦时，同比仅增长0.6%；火电发电量548.07亿千瓦时，同比增长31.2%。2009年，全省发电设备平均利用小时数为3704小时，同比下降328小时，受严重干旱影响，水电平均利用小时数大幅下降，为2993小时，同比下降945小时，火电平均利用小时数5118小时，同比增长909小时。

2009年，全省全社会用电量892.9亿千瓦时，同比增长7.55%（全国平均增长5.96%）。西电东送送广东电量255.2亿千瓦时，同比增长43.45%，送越南40.99亿千瓦时，同比增长30.13%。

2009年上半年，受国际金融危机影响，外部需求急剧萎缩，云南省部分工业行业增长放缓，停产限产企业增多，用电需求减少，全省电力供需呈现供大于求的态势。为应对危机，省委、省政府果断决策，及时推出一系列保增长、扩内需、稳工业的措施。其中，为鼓励工业企业恢复生产，刺激用电需求，对符合国家产业政策和环保要求的铝、铜、锡、铅锌、钢铁、铁合金、黄磷、电石、烧碱、水泥等10个行业的生产用电，实施了阶段性电价优惠扶持措施。让利金额由云南电网公司、统调水电、统调火电企业分别承担。阶段性优惠电价措施从2008年12月1日执行到2009年4月30日，受惠工业企业累计达161户，累计优惠电量66.94亿千瓦时。电力企业在应对国际金融危机中做出了突出贡献，对云南省工业经济止跌企稳和保持经济平稳运行起到了积极有效的作用。2009年下半年，受投资拉动及宏观政策等因素影响，云南省经济开始企稳回暖，用电需求逐月增加。特别是进入四季度，云南省经济回升态势明显，电力需求旺盛，再加上受气候异常干旱，来水偏枯影响，云南省水电出力严重受阻，电力供需形势逐步趋紧。面对电力供需形势紧张的状况，云南省于11月10日启动有序用电错峰方案，针对不断扩大的电力缺口，又于12月23日启动了全省计划用电，按旬下达全省计划用电指标，按照“五保四压”计划用电原则，有保、有限、有停，有序用电，把有限的电能资源用在最关键的地方。

【电源电网建设】　2009年，全省电力建设投资完成702.46亿元，同比增长16%，占全省工业固定资产投资的46.2%，占全省全社会固定资产投资的15.5%，电力投资对经济增长的贡献明显。

2009年，云南省重点电源建设项目进展顺利，具有年调节能力的小湾电站（420万千瓦）实现“一年三投”，投产3台单机70万千瓦（共210万千瓦），剩余3台将在2010年全部投运。小湾电站的建成投产，使云南省具有年调节能力的水电装机由59.15万千瓦增加到479.15万千瓦，将有助于增加云南省枯期电力供应能力，改善云南省枯期电力供应紧张状况。景洪电站（175万千瓦）、瑞丽江一级等大中型水电站圆满完成投产任务，全省水电装机比例由2008年的61.2%提高到65.95%，电源结构调整力度进一步加大。滇东雨旺电厂一期120万千瓦（2×60）1台60万机组投产，华电镇雄电厂一期120万千瓦（2×60）正式开工建设，云南省火电建设继续向大容量、高参数、环保型发展。

2009年，云南省电网建设取得辉煌成就。12月24日，历时三年，世界首条特高压直流输电工程——云南至广东±800千伏特高压直流电输电工程单级投运，成功送电，树立起世界直流输电领域新的里程碑，云南省西电东送电力最高达到521万千瓦，同比增加了108万千瓦。云南电网完成了141.5亿元的历史最高建设投资，同比增长104%，顺利投运了71个110千伏及以上输变电项目，提高了电网供电可靠性，全省实现了“一张网、全覆盖”的格局，供电网架日趋完善。115千伏向老挝北部供电工程建成投产，12月正式向老挝送电，开拓了新的国外市场。

【电力工业节能减排】　2009年，全省电力行业节能减排成效继续显现。在保障电网安全稳定运行的前提下，以节能为目标，按照《云南省电网节能经济调度实施意见》（云政发〔2007〕145号），加强电力资源优化配置，实施节能发电调度，充分利用水能资源，积极消纳水电，降低能耗和减少排放，降低输电损耗。截至2009年底，全省共关停小火电机组91.8万千瓦，占“十一五”关停容量的87.4%。关停小火电机组电量转移到水电机组，节约标煤87.23万吨。统调电网火电发电标准煤耗为318.19克/千瓦时，比2008年降低6.77克/千瓦时，少耗标煤37.1万吨；供电标准煤耗339.81克/千瓦时，比2008年降低10.52克/千瓦时；火电机组脱硫改造已全部完成；统调电网输电线路损失率为5.49%，比2008年下降0.2个百分点。积极开展电力需求侧管理工作，在工业企业中推广先进、高效的节电技术，通过合同能源管理实现较好的节能效果，2009年全省规模以上工业增加值电耗0.319千瓦时，同比下降2.5%。电力工业节能减排成效继续显现，为全省完成节能目标作出了突出贡献。

2009年，是云南电力工业发展挑战最大、困难最多的一年，也是发展速度最快、科学发展上水平的一年。全省电力行业在省委、省政府的正确领导下，积极贯彻落实中央“保增长、保民生、保稳定”的决策部署，抓住学习科学发展观活动这一契机，团结一心、砥砺奋进、迎难而上，积极应对各种困难与挑战，保证了全省电力的安全、平稳、有序供应，有效支撑了全省国民经济发展需要，为2010年全面实现“十一五”发展目标奠定了良好的基础。

（付　晖）

冶金工业

有色金属工业

【行业概况】　2009年，是新世纪以来有色金属工业发展最为困难的一年，也是积极应对国际金融危机取得明显成效、全行业生产经营回升向好的一年。过去的一年，有色金属工业努力克服国际金融危机的影响，着力以重点企业的大项目推进产业结构调整和增长方式转变。有色金属工业随着市场需求回升，有色行业生产逐步企稳。

【主要生产经营情况】2009年，全省共有规模以上有色金属采选企业111户、冶炼及压延加工企业214户，生产十种有色金属215.8万吨，较上年下降0.44%，其中铜29.86万吨，下降4.78%；原铝60.75万吨，增长14.38%；铅36.08万吨，下降9.96%；锌79.06万吨，下降2.1%；锡7.47万吨，增长1.1%；锑2.29万吨，下降12.44%。

2009年，有色金属工业完成增加值202.64亿元，其中采选业完成49.9亿元，冶炼及压延加工业完成152.74亿元。规模以上有色金属工业增加值占全省规模以上重工业增加值的19.9%和全部工业增加值的10.44%，下降为云南省除烟草外的第二大产业。全年完成工业总产值826.3亿元，其中，1～11月主营业务收入630.5亿元、利税总额44.2亿元、利润总额16.5亿元。经过2008年的价格大幅下挫后，随着各国经济刺激计划的出台和美元逐步走强，有色金属价格逐步攀升。国内铜、铝、锌三月期货年涨幅分别为：141.53%、50.95%和113.72%。国内铅、锡和镍现货价格年涨幅分别为40.35%、25.5%和56.98%。综合国内外金属年上涨情况，涨幅排序依次为：铜、锌、铅、镍、铝和锡，铜作为基本金属的龙头品种涨幅位居榜首。12月31日，上海期货市场主要有色金属价格持续走强，三个月期铜、铝、锌价格分别为60020元/吨、17390元/吨和21375元/吨，皆创年内最高收盘价。

2009年，云南省十种有色金属产量从2007年的约占全国10%下滑到仅占8%，从全国第二位退居到第三位，与排名第一的河南相比，产量相差250万吨左右。铜、铝、铅、锌、锡、锑产量分别占全国的7.2%、4.68%、9.32%、17.9%、54.98%、13.69%，铜、铅、锌、锡、钨的矿产品产量分别占全国的20.68%、8.11%、19.5%、65.59%、3.39%。

产品产量	单位	云南	全国	云南占全国的比重（%）
十种有色金属	万吨	215.8	2650.1	8.1
铜	万吨	29.86	413.5	7.2
铝	万吨	60.75	1296.5	4.68
铅	万吨	36.08	387.1	9.32
锌	万吨	79.06	441.6	17.9
锡	万吨	7.47	13.58	54.98
锑	万吨	2.29	16.73	13.69

【领导关怀】　党中央、国务院十分关心云南省企业面对国际金融危机冲击，如何渡难关、促发展、上水平的情况。2009年7月26日，到云南视察工作的胡锦涛总书记专程到贵研铂业股份有限公司视察。当得知在严峻的市场形势下，公司深入学习实践科学发展观，积极应对金融危机的影响，内挖潜力、外拓市场、稳健经营，充分利用前期技术储备、发挥技术团队的主动性和创造性不断推出新产品，取得恢复性增长的经营效果后，总书记高兴地勉励企业干部职工要危中求进、化危为机，充分发挥自身优势，着力加强科研攻关，不断增强产品开发和市场开拓能力，努力克服

暂时困难、赢得更大发展。在总书记的鞭策和鼓励下，贵研铂业广大干部员工团结一心、同舟共济，不断自加压力，采取“内抓管理降成本、外拓市场促效益”的有效措施，生产经营状况持续改善，全年实现扭亏为盈，经受住了市场的洗礼，取得了应对国际金融危机的初步胜利。2009年5月，国务院副总理张德江也视察了云锡等重点有色生产企业，对云南省工业应对金融危机、转变发展方式提出了要求。在党中央、国务院的亲切关怀下，各重点有色行业生产企业通过实施一系列行之有效的精细化管理，盘活了资产，减少了库存，增加了效益。

【有色金属收储工作】 2008年底，为积极应对金融危机和自然灾害的影响，促进有色金属行业有序、健康发展，增强企业发展后劲，在省委、省政府的正确领导下，省级相关部门采取一系列积极有效措施，深入基层调研，科学制订规划，狠抓政策落实，加强技术改造，淘汰落后产能，并在全国率先开展有色金属储备工作。按照省经委下发的《关于建立云南省有色金属及化肥储备的通知》（云经运行〔2008〕503号），决定2009年收储100万吨有色金属品种，其中，铜15万吨、铝30万吨、铅15万吨、锌30万吨和锡10万吨；2009年4月以后，又将工业硅和区熔锗纳入收储范围。通过一年的运作，累计动态收储16户企业的有色金属95万吨，其中，铝31万吨、锡6万吨、锌32万吨、铅16万吨、铜10万吨、区熔锗8吨，到2009年12月末，在储铝0.25万吨、锌5.47万吨、铅1.97万吨、区熔锗8吨，共兑现有色金属收储贴息及仓储费用补助资金3850.29万吨。通过实行收储，拉动了有色金属价格上扬；大幅减少了有色金属停产、半停产企业（到12月末，全省规模以上有色金属企业停产、半停产企业69户，较金融危机爆发以来最高时减少152户）；调动了银行的贷款积极性，部分企业短期资金压力得到缓解（仅云锡就落实短期贷款8.8亿元）。

【积极应对危机】 面对国际金融危机造成的市场有效需求萎缩，竞争加剧等不利影响，云南省有色金属生产企业紧紧抓住国家和省出台刺激经济平稳发展一系列政策措施的有利时机，果断决策，因地制宜、因企制宜及时制定应对金融危机的应急措施和挖潜创效的措施，大力推进低成本战略，强管理，降成本，去库存，调结构，拓市场，牢牢把握生产经营工作主动权，有色金属工业逐步走出国际金融危机的影响，停产、半停产单位生产经营活动逐步恢复正常，停产放假职工人数逐步减少，生产经营效果逐步好转，并于下半年实现了行业扭亏为盈。

【行业投资情况】 2009年，云南省有色金属工业共完成投资167.92亿元，占全省非电力工业投资的20.5%，为全国有色金属固定资产投资的7.32%，其中，采选业完成投资76.34亿元，下降16.1%；冶炼及压延加工业完成投资91.58亿元，增长72.2%。重点企业中，云南冶金集团股份有限公司、云南铜业集团、云南锡业集团（控股）有限责任公司、祥云飞龙有色金属股份有限公司分别完成年度任务的116%、112.14%、107.07%和100.24%，上述四个企业合计完成投资占全省有色金属工业完成投资的58.16%。

【重点项目建设】 2009年，继续推进大项目建设，通过实施“251”项目和“百日督查”专项行动，确保工业投资持续增长。当年，云锡股份7万吨锡冶炼系统技改项目，云铝公司4万吨铝合金圆杆项目，润鑫公司240kA曲面阴极节能电解槽工程，曲靖铝业电解铝二期一段工程，云南铜业新增电解铜产能技改项目，新立公司8万吨高钛渣项目等一批重点项目相继建成，部分已经投产，一批重点项目也有序推进，为云南省有色工业持续、健康发展奠定了基础。

【技术进步与创新】 2009年，一批涉及有色工业的科技成果在国家和省、部获得各种奖项，其中，“从含铟粗锌中高效提炼金属铟的技术”、“难处理氧化铜矿资源高效选冶新技术”分别获国家技术发明二等奖，“富氧顶吹——鼓风炉强化还原——大极板、长周期电解炼铅新工艺及产业化”获国家科技进步二等奖；“有色金属特种功能粉体材料制备的关键技术与开发应用”、“高性能新型瓦斯催化传感器技术开发”分别获云南省技术发明二等奖，“国产铝板带生产线新工艺开发”获云南省科学技术进步二等奖；“云南会泽铅锌矿区深部及外围隐伏矿定位预测及增储研究”、“矽卡岩锡矿床伴生低品位难选多金属分离技术与应用”、“电磁屏蔽及电子浆料用功能粉体材料制备的关键技术与产业化”分别获中国有色金属工业科学技术进步一等奖；“光电子产业锗系列产品开发关键技术研究”、“低温低电压铝电解新技术”等被列为“十一五”国家科技支撑计划项目。

【行业准入管理】 按照《铅锌行业准入条件》和《关于加强铅锌冶炼行业准入管理工作的通知》，云南省经委组织省级相关部门、行业专家对相关企业现场核查、积极推荐，通过工信部的专家复核、网上公示等程序，2009年2月，工信部以工原〔2009〕第25号公告，对云南驰宏锌锗股份有限公司（锌冶炼系统）、云南祥云飞龙有色金属股份有限公司（锌冶炼系统）等全国8户企业的6个锌冶炼系统、2个铅冶炼系统予以第一批铅锌行业准入公告。

【表彰先进】 近年来，云南省有色金属行业广大干部职工在省委、省政府的领导下，抓住机遇，深化改革，开拓进取，敬业奉献，为加快云南省工业化发展步伐作出了突出贡献，同时涌现出了一大批先进集体和先进个人。2009年3月，人力资源和社会保障部、中国有色金属工业协会联合召开“全国有色金属工业先进集体、劳动模范和先进工作者表彰大会”，其中，授予云南省云南铝业股份有限公司、云南冶金集团总公司、云南驰宏锌锗股份有限公司、云南永昌铅锌股份有限公司氧压酸浸车间402班、云南锡业集团（控股）有限责任公司和祥云县飞龙实业有限责任公司等6个单位“全国有色金属行业先进集体”荣誉称号，授予刘志祥（云南冶金集团云铝碳素厂厂长）、王永（云南罗平锌电股份公司锌厂工人）、王庆（云南十四冶公司总经理助理）、王吉坤（云南冶金集团副总工程师）、王建英（云南金鼎锌业公司第二冶炼厂机电车间副主任）、李世虎（昆明有色冶金设计研究院建筑分院副总工程师）、杨玉（祥云飞龙有色金属股份有限公司副总经理）、吴玉祥（云锡集团冶炼分公司）、闫鼎熠（昆明勘查设计研究院隆祥公司总工程师）、张晓忠（云南星焰有色金属股份公司副总经理）、周志坚（云锡集团老厂分矿党委书记）、黄国富（云南十四冶安装公司工会副主席）、廖浩贵（云南驰宏锌锗会泽采选厂麒麟坑机电组组长）和潘再富（昆明贵研铂业公司环境材料事业部部长）等14位同志“全国有色金属行业劳动模范、先进工作者”荣誉称号。

（张坤华）

黑色金属工业

【概述】 2009年5月，中共中央政治局委员、国务院副总理张德江到武钢集团昆钢股份有限公司视察，对昆钢在高性能抗震钢筋研发和推广、钛带卷生产工艺技术、大红山铁精矿管道投运等相关领域所取得的成绩给予了充分肯定，并鼓励大家再接再厉，共克时艰，实现企业进一步发展。在中央和省拉动内需、结构调整等一系列政策措施的作用下，在张德江副总理的关心和鼓励下，云南省昆钢等重点钢铁生产企业坚定信心、抢抓机遇，着力推进技术进步和结构调整，不断拓展周边市场，积极应对金融危机带来的困难，使云南黑色金属工业总体保持稳定回升，主要产品产量再创新高，全年粗钢产量突破1000万吨，有力地推动了全省保增长、保民生、保稳定。

【生产经营情况】 2009年，云南省共有规模以上黑色金属采选企业61户、冶炼及压延加工企业134户，生产生铁1394.3万吨、粗钢1049.05万吨、成品钢材973.3万吨，较上年分别增长9.64%、16.39%、16.34%。除1~3月外，全省单月生铁产量保持在100万吨以上、粗钢和产品材产量均保持在80万吨以上。

2009年，云南省规模以上黑色金属工业完成增加值130.26亿元，其中，采选业完成32.5亿元，增长10.5%；冶炼及压延加工业完成97.76亿元，增长9.1%。从发展态势看，年初受市场信心不足影响较大，4月份后降幅逐步收窄，9月份，采选业先于冶炼压延加工业扭负为正，除采选业增加值增幅3月份出现异常外，全行业总体保持稳定回升。

2009年，规模以上黑色金属工业增加值占全省规模以上重工业增加值的12.77%以上和全部工业增加值的6.8%，继续保持为云南省继烟草、电力、有色金属后的第四大工业。全行业预计完成主营业务收入655亿元、利税总额45亿元、利润总额22亿元。在市场方面，总体来看全省2009年钢材市场较为平稳，钢材市场从5月份后出现转机，价格逐步回升，除7月份受国内三大钢厂短期拉高钢材出厂价出现价格异常外，总体在10%幅度进行盘整，全年价格呈W型波动，年末价格基本保持在年初水平。其中，Φ6.5高线价格在3700元～4400元之间波动，Φ12～14螺纹钢价格在4000元至4700元之间波动。

主要产品产量全年生产焦炭1456.52万吨，增长4.67%；铁矿石原矿2257.02万吨，增长7.32%；铁合金73.02万吨，增长15.73%；锰产品矿105.66万吨，增长77.43%。钢材分品种为中小型型钢12.42万吨，增长30.3%；棒材155.9万吨，增长62.79%；钢筋354.2万吨，增长9.83%；盘条（线材）284.6万吨，增长13.91%；中板11.21万吨，下降44.37%。全年出厂价格指数，黑色金属矿采选产品为88.06、冶炼及压延加工产品为79.48。冶炼及压延加工业现价产销率98.4%，较上年降低1.5个百分点。

【黑色金属工业在全国的地位】 2009年，全国生产粗钢、生铁和钢材56784万吨、54375万吨和69244万吨，较上年增长13.5%、15.9%和18.5%。全年黑色金属工业固定资产投资4048亿元，增长3%。其中，云南省铁、钢、材产量分别仅占全国产量的2.56%、1.85%和1.4%，分别排在全国的第15、16、19位。焦炭、铁矿石、铁合金产量分别仅占全国的4%、2.05%、2.94%，分别排在全国的第7、9、13位。棒材、钢筋、盘条（线材）产量分别占全国的2.8%、2.92%、2.97%。

产品	全省产量（万吨）	全国产量（万吨）	云南占全国的比重（%）	全国排名
生铁	1394	54375	2.56	15
粗钢	1049	56784	1.85	16
钢材	973	69244	1.4	19
焦炭	1456	36400	4	7
铁矿石	2257	110097	2.05	9
铁合金	73	2483	2.94	13

【有效应对金融危机】　一是实行阶段性电价优惠 为鼓励全省工业企业恢复生产，刺激用电需求，云南省于2009年4月底前的5个月内，对省统调电网直供、符合国家产业政策和环保要求的钢铁、有色等10个高载能行业的生产用电，实施了阶段性电价优惠扶持政策，既拉动了用电，一定程度上也降低了企业的用电成本。二是推广高性能抗震钢筋 为落实《钢铁产业调整和振兴规划》，2009年5月，省工信委会同省发改委、住建厅、质监局等有关部门，在全国率先印发了《关于推广应用高性能抗震钢筋的意见》，明确了云南省推广应用高性能抗震钢筋的基本要求和主要措施，旨在提高建设工程的抗震性能，节约资源、能源，促进云南省钢材产品升级换代。三是实行省产钢铁产品有奖销售 2009年4月，为扩大省内工业品需求，促进云南省拉动作用大、带动作用强的工业品扩大销售，省政府下发了《云南省人民政府关于促进工业产品销售保持工业平稳较快发展的意见》，决定安排工业产品销售奖补专项资金，用于促进钢材等本省生产的产品销售。通过实施促销政策，拉动了生产，促进了产销的有效衔接。全年累计拉动钢材销售29.01万吨，实现销售收入12.02亿元，拨付补贴9614.16万元。

【加快产品结构调整】　2009年，昆钢股份的粗钢、成品材产量双双跃上600万吨大关，德钢的铁、钢、材产量均突破140万吨，昆明永昌钢铁、玉溪汇溪公司等重点钢铁生产企业的粗钢产量也各达到80万吨以上；重点企业按照市场需求加快品种结构调整，昆钢开发的耐酸钢、汇溪开发的硅钢坯等陆续投放市场，昆钢不锈钢复合板开发成功；一批钢铁落后生产能力退出了市场，全年淘汰炼铁96.6万吨，炼钢30万吨，铁合金8.58万吨；继续加强产业政策认定工作，对申领、换发钢铁产品生产许可证的企业，严格按照国家产业政策予以审查和认定，促进全省钢铁产业结构调整、科学发展。

【节能减排】　2009年，黑色金属工业综合能耗占全省工业能耗的24.4%；采选业、冶炼及压延加工业分别消耗（标煤）74.49万吨、1012.24万吨，单位增加值能耗（吨标煤/万元）分别为2.2919和10.3543。吨钢综合能耗下降6.21%。其中，昆钢集团公司全面完成节能量责任目标。利用低温余热余压和煤气回收自发电9亿度，玉钢转炉煤气综合利用、红钢转炉煤气回收和2×25MW发电机组建设等一批节能减排项目均按计划完成。继本部后，红钢也实现了负能炼钢。污染物综合排放合格率94%，生产、生活废水综合整治工作已基本完成，本部焦化废水已达标循环使用。本部和玉钢烧结烟气脱硫工作总体进展顺利。提高了二次资源综合利用，全年预计回收利用钢渣97万吨。积极申报国家、省级节能支持奖励资金获批4013万元。德胜钢铁有限公司22MW二期发电机组已经并网发电，余热余压发电装机容量达到62MW，平均日发电量120万kW·h，自发电量达到用电负荷的60%；吨钢综合能耗653kgce，与上年同比下降11.37kgce。完成节能量5.67万吨标准煤，完成年计划节能量的125.9%，万元产值能耗1.859tce；烧结烟气脱硫项目进行了试生产；原料厂污水处理项目经过3个月紧张施工，正式投入运行，每年处理污水18.25万方，沉淀物料全部回收再利用。永昌钢铁有限公司高炉煤气余热余压回收利用（BPRT）项目建成投入使用，累计节约用电1500万千瓦时。8月，在云南省工信委在文山组织召开了铁合金矿热炉低压无功补偿、节能环保专家系统等节能技术现场交流会，通过在云南文山斗南锰业股份有限公司现场示范有关节能技术和装置，相关技术支撑企业介绍了铁合金生产节能技术，积极推广低压无功补偿和节能环保专家电脑系统两项节能技术，促进铁合金生产企业节能降耗，降低电力消费成本。

【重点项目建设】　2009年，黑色金属工业完成投资62.97亿元，占全省非电力工业投资的7.69%，仅为全国黑色金属工业固定资产投资的1.56%，其中，采选业完成投资30.18亿元，增长56.3%；冶炼及压延加工业完成投资32.79亿元，下降6%。昆钢先后建成投产焊管搬迁工程管线钢项目、大盘卷改造工程、五氧化二钒工程、直接还原铁、东川包子铺铁矿尾矿干堆等工程项目，大红山800万吨扩产工程、2万吨钛材加工项目一期工程、铁合金香格里拉三期工程、镇康矿业、红钢填平补齐、玉钢提钒炼钢项目正在积极推进；汇溪金属铸造制品有限公司硅钢热轧板带项目、型钢项目和永昌钢铁有限公司轧材项目正有序实施。

【表彰】　为深入学习和实践科学发展观，表彰先进，弘扬正气，激励广大钢铁战线的干部职工提高素质，提高钢铁企业综合竞争力，2009年2月，人力资源和社会保障部、中国钢铁工业协会联合召开“全国钢铁工业先进集体、劳动模范和先进工作者表彰大会”，其中，授予云南省玉溪大红山矿业公司“全国钢铁工业先进集体”荣誉称号；授予云南省李平（玉溪大红山矿业公司总经理）、刘明生（昆钢铁合金股份有限公司技术部主任）、龙菊兴（昆明焦化制气厂师宗项目指挥部工艺技术组组长）、王树有（越钢集团华福钢铁有限公司一车间班长）、毛焕芬（女）（云南德胜钢铁有限公司炼铁厂工段长）等5位同志“全国钢铁工业劳动模范、先进工作者”荣誉称号。

（杞耀光）

黄金工业

【行业概况】　黄金工业是云南矿产业的一个重要组成部分，起步于20世纪80年代，现已基本形成了包括黄金勘查、采选冶炼、精炼提取等相对独立的自主工业体系。2009年，在省政府有关部门和各级党委、政府高度重视和支持下，云南省黄金行业克服国际金融危机带来的不利影响，抓住国际金价持续高位运行的历史性机遇，积极推进结构调整，坚持科技创新和技术改造，狠抓金矿地质勘探工作，强化企业内部管理，实现了资源利用水平提高，产量、效益同步增长，全行业呈现出良好的经济运行态势。

【生产经营情况】 2009年，全省累计生产黄金18.25吨，完成主营业收入41.06亿元，工业增加值14.37亿元，利润总额8亿元。受全球金融危机的冲击，年初有色金属价格下滑，加上含金物料供应不足和品位下降，致使全省冶炼副产金由2008年的11.08吨下降至2009年的7.04吨，减少4.04吨，下降36.5%。尽管2009年全省黄金产量下降，但矿产金却由2008年的8.33吨上升至2009年的11.21吨，增长34.6%，创历史最好成绩，所占黄金总产量比重也由上年的42.9%上升到61.4%，增长18.5%。同时，周边省份矿产金产量也呈大幅增长趋势，全年周边省份委托云南省精炼成品黄金5.34吨，为历史最高。

2009年，我国黄金产量达到313.98吨，比上一年增长11.34%，首次突破300吨，再创历史新高。而云南省黄金产量占全国的比重则由2008年的6.9%下降为2009年的5.8%，从全国第3位退居到第5位。2009年，全国黄金行业实现工业总产值1375.32亿元，同比增长18.56%。黄金产量排名前五位的省份依次为山东、河南、江西、福建、云南，产量占全国总产量的59.48%。在全球金融风暴导致各类资产出现大幅波动的背景下，国际黄金价格保持坚挺,黄金对抗金融风险的功能日益显现, 2009年各国央行从黄金净卖出方转为净买入方。2009年12月3日，国际黄金价格创下1218.25美元/盎司的历史记录，2009年全年平均金价为972.35美元/盎司，比上年增长11.51%。

【黄金产业集中度进一步提高】 2009年，云南黄金矿业集团股份有限公司、祥云县黄金工业有限责任公司和元阳县华西黄金有限公司均实现年产黄金1吨以上的目标，共产金6.856吨，占全省矿产金产量的61.2%。云南黄金有限责任公司、墨江县矿业有限责任公司和文山隆兴金矿有限公司产金接近1吨，上升势头迅猛。全省重点黄金矿山企业生产形势良好，产业集中度进一步提高。

【骨干矿山企业支撑作用明显】 2009年，云南省一批大型黄金企业在地质勘探、资源整合方面积极探索，重点产金区的资源整合、开发速度明显加快，新区勘探不断取得突破，在重点成矿带上建成了一批具有规模效应的生产基地，全省矿产金产量增长明显。其中，云南黄金矿业集团股份有限公司、云南黄金有限责任公司、墨江矿业开发有限责任公司、潞西海华开发有限公司和祥云黄金公司等骨干矿山企业，不断加快老矿山技术改造和创新步伐，促进主要工艺技术指标接近或达到国内外先进水平，同时，利用先进技术和矿山生产信息化手段，重点建设鹤庆北衙、镇沅老王寨金矿等7个吨金以上黄金生产矿山，推进全省整体黄金生产能力和技术水平再上新台阶。

【争取国家项目支持】 2008年，云南省仅2家黄金生产企业获得黄金地质勘探资金106万元， 而2009年，云南省云南黄金矿业集团股份有限公司、元阳县华西黄金有限公司、祥云县黄金工业有限责任公司、潞西市海华开发有限公司和云南黄金有限公司共5家黄金生产企业6项目获得国家黄金地质勘探资金拨款共计504万元，增加了398万元。有助于加大云南省黄金勘查力度，增加黄金储量，扩大黄金生产规模，引导云南省黄金工业健康持续发展。

【技术进步成效显著】 在黄金地质勘查上，卫星遥感、地球化学等找矿方法得到了广泛应用，并与地质调查、地球物理和工程勘查形成了有机配合，全省1/20万公益性地质测量基本完成，黄金找矿靶区更加清晰。先进适用的黄金生产工艺技术得到了广泛应用。如：炭浆工艺、堆浸工艺、全泥氰化工艺使氧化强度高、品位低的金矿得到了全面开发利用；重选和浮选工艺的系统集成，使多金属金矿开发和综合利用得到了保证；高砷等难利用的黄金生产工艺技术分别在镇沅金矿和祥云金厂箐金矿进行了科学试验，并在祥云县黄金工业有限责任公司建成了具有全国先进水平难处理金矿的冶炼装置。云铜集团的火法冶炼和地矿资源股份有限公司的湿法精炼工艺居全国领先水平。

【黄金矿产批准书的办理】 2009年，全省已有18个重点黄金生产企业通过了国家工信部的资质认证，并为袁家坪金矿等22个黄金矿山企业申办了《开采黄金矿产批准书》。同时，有6家企业的8个矿山正在向国家工业和信息化部申报办理《开采黄金矿产批准书》。

【行业管理进一步规范】 2009年，云南省黄金管理局坚决贯彻落实国家黄金产业发展政策，采取有效措施，进一步理顺职能，依托省黄金行业协会信息、服务和桥梁的优势，发挥好黄金行业管理部门在政策引导、规划制定、行业准入、资源保护、项目核准、运行情况监测分析等方面的作用，积极推经云南黄金工业健康发展。并依据《云南省黄金工业“十一五”发展规划》和《云南省2008～2012年黄金工业发展工作指导意见》，加强行业管理，规范黄金生产秩序。同时，围绕黄金工业发展中的技术难题，特别是深部探矿技术、难选冶金矿的开采利用技术、资源综合利用技术、多层矿开采技术、数字化矿山开采管理技术等，鼓励企业提高技术创新能力，开发具有行业特点、符合市场要求、具有自主知识产权的关键技术和核心技术，以提升云南省黄金工业发展水平，引导云南省黄金工业健康持续快速发展。

（张坤华）

化学工业

【简述】 2009年，由于全球金融危机向实体经济的渗透，云南省以磷肥为主的化学工业遭遇前所未有的经营困难。在省委、省政府的坚强领导下，全省化工战线坚定信心，迎难而上，采取了一系列行之有效的措施应对危机，确保了行业生产经营的正常开展。同时，在国家和省相关政策的扶持和鼓励下，全省化工产业呈现生产恢复性增长，行业发展逐步企稳的局面。

【生产经营情况】 全省化学工业完成工业现价总产值450.20亿元，同比下降5.98%；完成工业销售产值420.30亿元，同比下降11.29%；完成工业增加值114.86亿元，同比下降8.7%。在金融危机影响下，市场低迷、化工产品长期低位运行，加之高价硫黄和高成本磷肥库存集中消化形成的潜亏，全行业利润和利税双双为负。全年利税-1715万元（去年利税56.64亿元），利润-22.32亿元（去年利润16.30亿元），经济效益下滑非常明显。其中，云天化集团亏损27.76亿元，同比下降417.54%；煤化工集团实现利润1.53亿元，同比下降16.85%。随着国家和云南省应对国际金融危机的各项政策和措施的逐步落实，工业增加值前三季度降幅逐月收窄，四季度增幅扭负转正。2009年1~3月、1~6月、1~9月分别完成工业增加值20.86亿元、47.44亿元、78.29亿元，同比分别下降21.58%、20.93%、18.01%，全年同比下降8.7%，降幅逐步收窄。四季度完成增加值36.57亿元，与去年同期相比增长20.65%，扭负转正且增速明显，呈现触底回暖态势。

【主要化工产品产量】 2009年，化工产品价格整体都在低位运行，随着下半年市场逐步回暖，8月后多数产品恢复性增长，全年同比保持增长势头。全年共生产磷矿石（折30%）2134万吨，同比增长13.34%；原煤8921.02万吨，增长3%；焦炭1456.52万吨，增长4.7%；烧碱21.64万吨，增长37.19%。全年折纯化肥总产量突破400万吨大关，达413.52万吨，同比增长13.19%，其中生产氮肥152.77万吨，磷肥259.29万吨，同比分别增长3.38%和21.58%。氮肥中尿素生产150.11万吨，同比微涨0.13%；商品液氨17.74万吨，增长16.64%。磷肥中普钙生产74.25万吨，同比下降58%；复合肥生产58.02万吨，增长46.27%。磷酸二铵生产332.60万吨，增长72.38%，磷酸一铵、重钙分别下降24.15%和18.24%，二铵在高浓度磷肥产量中的比重达67.71%。全年生产化学农药1325吨，同比增长116.15%。支农产品的生产保障有力。

自2008年底以来的国际金融危机，对化工行业的冲击尤为明显。省委、省政府坚强领导、积极应对，在保增长一系列政策措施推动下，云南省积极采取工业产品促销、重点商品储备、优惠电价扶持、支持重点州市、帮扶困难企业、促进中小企业发展等一系列超常规的政策措施，帮助企业渡过难关。全年共动态收储有色金属95万吨、化肥50万吨，维护和拉动了相关产品价格，调动了企业生产和银行贷款的积极性，大幅减少了停产、半停产企业。全省1~9月生产折纯化肥307.72万吨，同比增长6.46%，氮肥同比下降5.14%，降幅已较1~6月收窄6.1个百分点，磷肥同比增长15.25%，增速较1~6月提高9个百分点；固定资产投资增速较1~6月提高6.9个百分点，销售收入降幅收窄6.8个百分点，生产、投资、销售都呈逐步向好态势。

【固定资产投资】 2009年，全省化工行业累计完成固定资产投资108.23亿元，微涨0.68%，这是在全行业生产经营情况极为困难的情况下完成的，已十分不易。煤化集团和云天化集团分别完成投资50.69亿元和 44.6亿元，占总投资的88%。云天化股份水富煤代气技改项目、天创科技3万吨电子级磷酸项目正式开工等一批重点项目相继开工；云天化国际红磷分公司节能降耗技术改造项目，煤化集团95万吨焦化项目、20万吨醋酸项目、8万吨尾气制氨项目、5万吨炭黑项目、硝酸铵装置技改项目、1，4丁二醇等一批项目建成投产。投资重点主要集中在以云天化集团为主体的高浓度磷复肥建设和节能降耗、资源综合利用项目，以及以云南煤化集团为主体的煤化工产业，投资方向开始向精细化工、盐化工和现代煤化工产业转移，投资结构进一步优化。

【黄磷产量稳中有降、资源消耗明显降低】 尽管受前三季度市场低迷，年底缺电等因素影响，全省黄磷生产装置开工率较低，但全省黄磷产量仍达46.3万吨，与2008年的历史最好水平47.77万吨相比，仅下降3.08%。全行业平均单位产品综合能耗3.25吨标准煤，已低于国家3.6吨标准煤限额，比2008年下降10.7%。但行业效益下滑明显，全年实现现价工业总产值69.11亿元，销售收入66.32亿元，利税3.84亿元，亏损756万元。资源消耗明显降低，但使用磷矿的平均品位同比仍在提高；资源综合利用初见成效，但磷渣和磷炉尾气利用率远低于行业标准；产业升级成效明显，但结构调整任务依然艰巨。

【产业结构调整】 近年来，全省化学工业落实科学发展观，推进结构调整，进一步优化了企业组织结构、产业结构、产品结构和布局，为大化工的发展打下了基础。

——通过国企改革、资产重组和转变经营体制机制，组建了云天化集团和云南煤化工集团。云天化股份是全国化肥上市公司业绩较好的企业。

——通过磷矿资源的整顿和整合，不仅使省内化工企业有了更加坚实的发展基础和竞争力，也促使省外一大批有实力、有技术、有市场的化工企业向云南省转移（如澄星集团、龙蟒集团、希望集团、宜宾天原集团、湖北宜化等）。

——通过产业结构调整政策的实施，磷化工产业体系建设初见成效，传统煤化工改造升级和新型煤化工项目建设如火如荼，乙炔化工和氯碱－聚氯乙烯产业规模不断扩大，以金属为主的盐化工、氟化工、生物化工、农药产业、涂料产业、橡胶加工等也得到了不同程度的发展；特别是规划2012年建成投产的石油炼化和天然气输送项目的建成运转，将为云南省发展石油化工和天然气化工，真正实现产业结构优化调整升级提供坚实的基础。

——通过产品结构调整措施，化肥品种结构得到了有效调整，磷化工产品体系得到有效延伸，其他化工产品品种规模不断增加。高浓度磷肥占全部磷肥的比重提高到82%以上，并开始限制发展；普通过磷酸钙和钙镁磷肥产能进一步得到压缩和控制，同时以富过磷酸钙为代表的中浓度磷肥产品产能已发展到85万吨左右。全省初步形成了高、中、低浓度磷肥的产品体系和氮肥、钾肥、复合复混肥、有机无机肥、掺混肥等多元结构的化肥品种体系。以黄磷为原料的延伸产品正在发展，饲钙产品系列正在加速发展（产能已达120万吨），以煤和电石为原料的产品体系正在延伸，以金属为原料的化工产品正在扩大。

——通过优化区域布局，初步形成了相对集中、互为支撑、耦合发展的区域布局。以昆明、玉溪为主体的磷肥及磷化工产业区基本形成，以曲靖、红河、昭通为主体的煤化工产业带快速发展。伴随着磷煤化工产业区带的形成，较好地带动了周边及其他州市化工配套产业的发展。

——通过推进以资源综合利用为重点的可持续发展战略，化工行业的资源、环保意识进一步增强。磷矿资源的科学开发、合理配用、综合利用得到了全面体现，中低品位磷矿资源的利用取得了长足进步，三废资源利用取得了可喜成效，焦炭生产中的副产资源得到了有效回收。资源的综合利用有效降低了对能源、资源的消耗，降低了对环境的影响程度，为全行业贯彻落实科学发展观和可持续发展夯实了坚实的基础。

2009年，全省淘汰拆除落后黄磷装置4台、设计产能1.87万吨，自2007年以来云南省已累计淘汰拆除48台黄磷装置，设计产能18.6万吨，超计划任务12.47万吨的49%。在2007年集中淘汰拆除一批落后生产装置后，电石行业淘汰拆除工作已基本完成，自2007年以来累计淘汰拆除36台电石装置，设计产能15.2万吨。结构调整的成果，为全行业有效抵御2008年全球金融危机和国家严厉限制资源性产品出口政策的双重影响提供了基础，也为今后的发展提供了保障。

【重点企业生产经营情况】 云天化集团：由于2008年形成的“两高库存”减值计提多数在2009年消化，加之市场价格大幅下滑等因素，云天化集团2009年四项主要经济指标均未完成任务：全年实现营业收入257.96亿元，同比下降15.39%；实现工业增加值41.80亿元，同比下降32.37%；实现利税总额-15亿元，同比下降142.04亿元；实现利润总额-27.76亿元，同比下降417.51%。全年完成投资51.31亿元，占计划投资的98.3%。其中，省内投资22.69亿元，完成集团与省政府签订的确保22亿元投资责任目标。

煤化工集团：全年实现销售收入146亿元，与2008年相比减少8.4亿元；实现工业增加值18.5亿元，同比减少6.6亿元，下降26.53%；实现利税总额6.2亿元，同比减少6.13亿元，下降49.72%；实现利润1.53亿元，同比减少0.31亿元，下降16.85%。全年累计完成固定资产投资50.66亿元，与去年同期相比减少2760万元。

【技术创新】 云天化集团重点在资源综合利用、节能减排、产业链延伸等方面大力开展技术创新工作，一批新技术成功研发并逐步投入运用：在大型浮选生产装置上采用自主开发的胶磷矿浮选技术，可将五氧化二磷含量为24%的原矿提高到30%左右，选矿回收率达到86%以上，取得较好的经济效益和社会效益；重庆玻纤积极调整产品结构，先后研发高模量玻纤、风电用沙、电子细纱等高附加值的中高端产品。

煤化工集团与上海711所、五环工程公司合作的大型国产化粉煤气化技术研发项目已完成了初步设计审查，大为装备公司承担的特种材料加工及设备制造项目已完成，与清华大学合作的浆态床甲醇合成技术产业化项目已生产出甲醇产品。6万吨/年宽馏分煤焦油加氢产业化开发、褐煤提质处理等项目都在有序推进。向省科技厅申报了宽馏分煤焦油加氢产业化开发等3个项目，获得680万元的科研经费支持。加强科研机构建设，构建技术创新平台，更名组建了云南煤化工应用技术研究院，积极参与申报了国家技术中心的认定工作。

【节能减排】 云天化集团大力实施重点节能工程和节能技术改造，2009年共投入节能技改资金4.16亿元，用于40多个项目的节能技改。已建成投运的重点节能技改项目有：云天化国际红磷分公司和云峰分公司硫酸低温位热能回收技术改造项目、云天化国际红磷分公司节能降耗技改项目、云南盐化昆明盐矿“双十”工程75吨锅炉项目，马龙产业昆明马龙Ⅰ期热法磷酸装置余热回收利用改造项目、部分风机水泵电机节能改造项目，绿色照明改造项目；正在实施的重点节能技改项目有：云天化国际三环分公司和富瑞分公司硫酸低温位热能回收技术改造项目、马龙产业黄磷尾气综合利用项目。2009年，全集团综合能源消耗为180.17万吨标准煤，比2008年下降10.92%；可比价产值（2008年可比价）能耗为0.729吨标准煤/万元，同比下降23.88%；实现节能量56.51万吨标准煤，较好地完成了年度节能目标，超额完成与省政府签订的年度节能责任目标。

煤化工集团针对清洁生产和节能减排工作中的薄弱环节，坚决按国家的有关要求，采取有力的节能减排措施，加大节能减排投入力度，提高节能减排效果。2009年1至11月，能源消耗总量为346万吨标准煤，其中云维公司171万吨标准煤，东源公司84万吨标准煤，解化公司91万吨标准煤；万元产值综合能耗为2.918吨标准煤，实现节能量216116吨标准煤，超额完成年度节能目标。

【安全管理】 云天化股份的“3.23”事故给全行业特种设备的安全管理敲响了警钟，集团认真开展了以压力管道、压力容器为重点的特种设备安全隐患专项整治，取得阶段性成果。全年共查出安全隐患6743项，整改完成6625项，整改率达98.25%。扎实开展“安全生产月”活动，集团荣获全国“安全生产月活动优秀单位”称号。持续推进安全标准化建设，提高本质安全水平，云天化股份，三环中化、云天化国际三环分公司、富瑞分公司和云峰分公司共五家企业通过了省安监局“危险化学晶从业单位安全生产标准化二级企业”认证。完善生产安全事故应急管理机制，发布了云天化集团《事故管理制度》和《生产安全事故应急救援综合预案》，2009年全集团共举行各类应急预案演练工93次。2009年全集团安全生产措施及隐患治理共投人资金1.53亿元，比2008年增加13.77%。集团全年共发生死亡事故1起，死亡1人，无重伤事故，未发生较大以上生产安全事故。

煤化工集团生产经营困难给企业安全生产和节能减排带来严峻的挑战、巨大的压力，集团上下坚持安全生产分级责任制，坚持领导干部一岗双责制，狠抓煤炭生产和化工生产安全管理，扎实开展隐患排查治理、无工亡月活动、百日安全活动等系列主题安全活动，集团安全生产形势总体平稳，特别是煤炭安全生产创造了历史最好水平。全年发生生产安全工亡事故8起，死亡9人。其中煤炭生产死亡事故6起，死亡6人；煤炭基建事故1起，死亡1人；化工生产工亡事故1起，死亡2人。煤炭生产百万吨死亡率为0.57人；化工生产千人死亡率0.069人，上述指标均控制在省安监局下达的指标范围内。

【重点项目建设】 云天化国际红磷分公司节能降耗技术改造项目工程，云南煤化工集团95万吨焦化、20万吨醋酸、8万吨尾气制氨、1,4丁二醇、5万吨炭黑、硝酸铵装置技改、恩洪清水沟矿井、曲靖铝业电解铝二期一段等项目建成投产；晋宁450万吨磷矿采选、硫酸低温位热能回收及蒸汽平衡等项目正常推进；云天化股份水富煤代气技改项目、天创科技3万吨电子级磷酸项目正式开工；一批关系产业长远发展的项目，如磷石膏综合利用、磷肥副产氟硅酸高效综合利用、黄磷磷炉尾气和磷炉渣的综合利用、天安化工50万吨合成氨节能技改、“双十”工程废水治理等项目的前期研究正在逐步推进，为产业结构优化调整储备了项目。其中，磷石膏制建材、氟硅酸生产冰晶石、磷炉尾气制甲酸钠等项目已进入立项实施阶段。

（吴 刚）

装备制造业

【基本情况】 2009年，云南省现有装备制造规模以上企业362户，从业人员7.2万余人，主营业务收入超过10亿元的企业有8家，其中，超过20亿元的有5家，有高新技术企业19家，省级创新试点企业9家，上市公司4家。拥有企业技术中心24户，其中，国家级1户，省级18户；国家级重点实验室1户，直属科研院所4户。

2009年，全省机械行业规模以上企业完成工业总产值383.5亿元，同比增长24.28%，完成新产品产值67.77亿元，同比增长80.86%；实现工业增加值93.7亿元，同比增长24.32%。全行业工业总产值已超过400亿元。

1~12月，累计生产汽车72692辆，增长68.6%；变压器1996.07万千伏安，增长34.1%；发动机1695.74万千瓦，增长56.1%；金属切削机床2.04万台，同比下降22.64%；大型铁路养护机械183台，同比增长9.58%。机械行业共完成增加值96.87亿元，增长31.4%。其中，交通运输设备制造业自4月份以来一直保持在40%以上的增长。

【2006~2009主要经济指标】

2006~2009年云南省装备制造业主要经济指标

（单位：亿元）

年度	工业总产值	销售收入	工业增加值	利税总额	建设投资
2006	190.7	190.23	45	12.3	7
2007	248.79	247.2	60.92	21.69	17
2008	330.79	304	74	22	45.9
2009	408	404	96.87	28	57

【云南装备制造业主要构成】

云南装备制造业主要构成

（单位：亿元）

行业名称	2006年		2007年		2008年		2009年	
	工业增加值	占比重（%）	工业增加值	占比重（%）	工业增加值	占比重（%）	工业增加值	占比重（%）
金属制品	3.75	6.79	3.52	5.48	4	5.3	10.4	10.74
通用设备制造	10.8	20.43	15.85	24.68	17	22.7	17.15	17.7
专用设备制造	8.75	16.56	10.16	15.82	12	16	16.36	16.89
交通运输设备	15.42	29.17	18.44	28.72	20	26.7	34.60	35.72
电气机械	9.37	17.73	10.63	16.56	13	17.3	12.41	12.81
仪器仪表	3.12	5.9	3.25	5.06	5	6.7	2.78	2.87
通信设备、计算机及其他电子设备制造业	1.82	3.45	2.36	3.68	4	5.3	3.17	3.27
总　计	52.8	100	64.2	100	75	100	96.87	100

【重点产业发展】　“十一五”期间，云南省装备制造业重点发展8个特色产业，即：数控机床、电工电器、大型铁路养护机械、自动化物流成套设备、光电一体化设备、汽车和新型柴油发动机、重化通用设备、农业及生物资源开发加工设备；建设5个产业基地，即：光电子基地、大型铁路养护机械基地、大型数控机床基地、烟草及现代物流成套设备基地、汽车及拖拉机基地。

机床行业：机床制造是云南省传统优势产业，现有机床整机生产企业21家，拥有“昆机”、“CY”、“昆铣”等国内外知名品牌，其中，大型数控铣镗床市场占有率全国第一，高档、数控、精密、大型机床已成为云南省主导产品。

电工电器：云南电力电器装备制造业规模仅次于汽车行业，居第二位，有规模以上企业55家。主要产品有水轮发电机组、变压器、高低压开关、电线电缆、电力电子器件、电工合金等，其中，铁路牵引变压器国内占有率在50%以上，大截面在长度电力电缆、架空输电导线和航空特种导线设计制造处于国内领先地位。

光电子产品：近年来，云南在高纯锗、锗单晶、硅锗透镜等方面有了进一步发展，促进了具有传统优势的红外热成像系列（夜视、探测器）、微光夜视系列、望远镜系列、光电子基础材料（锗材料、铟、LED发光基材、电子浆料等）和光机电一体化产品（激光引导物流设备、数控机床）等产品升级换代。晶体硅系列产品（电池片、电池组件、光伏控制器、光伏发电站、光伏应用产品）、塑料薄膜太阳能电池等光电子产品的设计、开发、生产能力得到较大提高，现已具备60MW太阳能电池、120万片LED发光二极管外延用蓝宝石基片生产能力，具有国际先进水平的主动式OLED微型显示器已完成了研发，具备了产业化条件。以锗材料、高效率太阳能电池用锗晶片为主业的云南临沧鑫圆锗业股份有限公司今年已成功上市。

战略性新兴产业：“十一五”期间，通过自主研发，引进消化创新、合作等方式研发生产出了大型盾构隧道掘进机、显视屏基板晶片双面磨抛加工设备、轿车柴油机、大（重）型数控龙门镗铣床等10多种机械设备、选矿用亚共振双质体节能振动筛、5种大型铁路养护机械成套设备、50万吨合成氨成套设备、LED晶体生长炉、RFID产品、具有国际先进水平的主动式OLED微型显示器、录入中国企业新纪录名单的卷烟生产综合物流系统等一大批新产品。大型铁路养护机械成套设备制造技术处于国际先进水平，产品国内占有率在80%以上，供不应求。

【发展规划】　为贯彻党的十七大提出的振兴装备制造业的战略任务，落实《国务院关于加快振兴装备制造业的若干意见》和《装备制造业的调整振兴规划》，云南省委、省人民政府将装备制造业列入重点产业培育，制定印发了《云南省人民政府关于促进云南装备制造业发展的意见》、《云南省机械装备制造业“十一五”发展规划》，以及电工、机床、汽车及内燃机、大型铁路养护机械、重化机械、农业机械及生物资源加工设备、烟草及自动化物流成套设备、铸造产业等8个重点行业“十一五”专项发展规划，引导装备制造业科学快速发展。省委、省政府主要领导多次专题调研装备制造业的发展，作出了一系列指示，极大地推动了装备制造业的发展。

【实施大企业集团战略，形成集聚式发展】　在项目审批、用地、资金等多方面加大对大企业（集团）的支持，引进国内知名企业改造兼并省内企业，促进了沈阳集团昆明机床股份有限公司、云南力帆骏马车辆有限公司、昆明船舶设备集团有限公司、昆明中铁大型养路机械集团有限公司等一批大企业（集团）的快速发展。通过建设工业园区，建设5大产业基地，促进了以主业为中心，配套产业逐步聚集的局面。

【科技创新】 云南省每年拿出2亿资金对工业技改项目给予扶持，列出专项资金支持20项重大装备及关键零部件研发生产，引导鼓励企业建立企业技术中心，积极申报科研项目，对省内研发生产的首台（套）重大技术装备给予支持。2009年，取得了一批科技成果，自主研发生产的翻箱式AGV（自动引导运输车）达到了国际先进水平，TK6926数控镗铣床、FMS柔性制造系统技术指标达到国内领先水平，20万吨/年酸酸特种材料设备替代了进口，自主研发生产的ZF32-126（L）（G）/T2000-40气体绝缘金属封闭开关设备等4种产品通过了国家级鉴定，“220kV高原型三相组合式变压器”项目获得2009年度中国机械科学技术二等奖，另二项技术获得三等奖，一批技术获得了云南省科学技术进步和发明奖。

（罗志业）

建材工业

【简述】 2009年，全球经济形势多变，国际金融危机有所好转，国内应对国际金融危机、促进经济平稳发展的一揽子计划和相关政策措施的实施，取得明显成效，工业经济整体运行呈现平稳快速的发展态势。2009年，云南省建材工业大力调整产业结构，技术装备向自动化、节约能源、环境保护和大型化发展，作为国民经济发展的基础工业，率先走出低谷，生产经营总体保持平稳较快增长的态势。云南省建材工业和全国一样，特别是下半年以来，工业生产快速发展，扭转了上半年全行业亏损的局面。

【经济指标完成情况】 2009年，全省规模以上建材工业累计完成工业总产值（现价）170.60亿元，同比增长30.10%，工业总产值上亿元的有水泥、水泥制品、平板玻璃、技术玻璃、建筑陶瓷等行业，其中，水泥行业完成133.16亿元，同比增长25.80%，占全省建材行业工业总产值的78.05%；完成工业增加值50.42亿元，同比增长35.34%，其中，水泥行业完成41.46亿元，同比增长30.89%，占全省建材行业工业增加值的82.23%；产品销售产值166.02亿元，同比增长32%，其中，水泥行业完成130.38亿元，同比增长28.2%，占全省建材行业销售产值的78.53%；产品销售率达97.32%，同比提高1.44个百分点，其中，水泥行业产销率达97.92%，同比提高1.77个百分点。

全省规模以上建材工业累计完成主营业务收入143.20亿元，同比增长34.74%，其中，水泥行业完成113.69亿元，同比增长31.68%；水泥制品完成16.77亿元，同比增长68.2%；平板玻璃完成2.39亿元，同比增长14.9%。实现利润总额6.02亿元，其中，水泥行业实现5.66亿元，同比增长774.34%。实现利税总额15.69亿元，同比增长111.46%，其中，水泥行业实现14.19亿元，同比增长109.91%。

主要产品产量：2009年，全省主要建材产品水泥及水泥制品：水泥产量5046.45万吨，同比增长25.78%，增幅提高12.48个百分点，增速高于全国平均水平9.88个百分点，其中：水泥熟料3691.39%，同比增长24.47%；商品混凝土512.51万立方米，同比增长74.07%。平板玻璃及技术玻璃制品：平板玻璃501.49万重量箱，同比增长49.53%，其中，浮法玻璃480.48万重量箱，同比增长60.93%；技术玻璃210.94万平方米，同比增长8.50%。砖（折标准砖）141.53亿块，同比增长27.11%。瓦90230.04万片，同比增长3.89%。石材制品：大理石板材474.70万平方米，同比增长3.43%；花岗石板材5.25万平方米，同比增长0.55%。建筑陶瓷制品：各类建筑陶瓷制品3668.39万平方米，同比增长33.56%，其中，瓷质砖2624.20万平方米，同比增长16.18%；陶质砖339.07万平方米，同比增长6.69%。从统计的19类建材产品产量的增长情况看：增长的有16类，增幅最大的是中空玻璃和细炻砖，分别是113.28%和314.53%；下降的有水泥排水管、钢化玻璃和石膏板3类，分别是2.20%、99.99%和2.64%。

主要建材产品价格变化情况：2009年，上半年全省水泥平均出厂价格（含税）297元/吨，同比下降15元，下半年292元/吨，同比下降8元；全年平均出厂价格294元/吨，同比下降15元，其中，立窑水泥均价274元/吨，同比下降18元，回转窑水泥均价314元/吨，同比提高2元。低于全省水泥平均出厂价格的州市是昆明、玉溪、曲靖、楚雄、大理、文山，价格最高的地区与最低地区的价差年初在120元左右，四季度缩小到85元左右。平板玻璃出厂价格先抑后扬，上半年平均出厂价格65.09元/重量箱，同比降低10.42元/重量箱，降幅为13.79%，8月份以后产量与价格呈上升态势，三季度73.91元/重量箱，四季度81.27元/重量箱，全年平均出厂价格71.34元/重量箱，同比降低了2.82元。

【产业结构调整】 国务院批转发改委等10部门《关于抑制部分行业产能过剩和重复建设引导产业健康发展若干意见的通知》（国发〔2009〕38号）中提出六大行业产能过剩，其中，水泥和平板玻璃属于建材行业。通过对全省水泥和平板玻璃行业现状调查显示，水泥行业产能局部过剩、布局不合理、企业集中度低、经营方式粗放等问题。平板玻璃行业近年来发展缓慢，而且主要以生产中低档的建筑用玻璃为主，深加工用的高档玻璃主要依靠进口。

（一）淘汰落后产能情况。2008年底前，全省已淘汰拆除落后水泥熟料产能864万吨。根据云政办发[2007]135号和云政办发[2009]30号的淘汰计划安排，2010年底，全省必须淘汰落后水泥熟料产能1256万吨，其中2009年391万吨，2010年865万吨。“十一五”期间，全省将淘汰落后水泥熟料产能2120万吨后，“十二五”期间，全省除有限制类675万吨立窑和806万吨2000吨/日以下新型干法水泥熟料产能。经过近几年淘汰落后工作的推进和加强，至2009年新型干法水泥产能比重由去年的64.26%提高到71.28%，增幅提高7.02个百分点。

（二）已核准在建水泥项目情况。2008年1月至2009年9月30日，全省共核准水泥项目33个。其中，水泥熟料生产线29条，水泥熟料总产能2175万吨；粉磨站4个，水泥产能240万吨。2008年及其前核准动工的16条水泥熟料生产线，将在2009年形成1290万吨的水泥熟料生产能力；2009年1-9月核准动工的13条水泥熟料生产线，将在2010年形成885万吨的水泥熟料生产能力。全部建成投产后，全省将新增水泥产能3104万吨。

（三）已开展前期工作的水泥项目。截至2009年9月30日，相关部门已先后批准同意35条水泥熟料生产线项目开展核准立项前期工作，涉及水泥熟料总产能2910万吨，折水泥产能4153万吨。

（四）优质浮法玻璃及玻璃深加工在建项目。2007年新组建的浮法玻璃生产企业利用当地焦炉煤气作燃料动力，项目分三期建设，一、二期设计规模分别为550t/d优质浮法玻璃，一期工程已于2009年8月建成投产；二期工程计划于2010年建成；三期设计规模为290t/d超白太阳能玻璃，计划于2015年前建成投产。50万平方米镀膜玻璃深加工项目和150万平方米建筑钢化玻璃在建。

【集团的发展】 昆钢水泥建材集团：全年生产水泥371.2万吨，熟料424.2万吨，微粉53.1万吨，轻烧白云石4.45万吨，白云石粉1.35万吨，混凝土标砖4419.26万块，蒸压加气砌块1.32万m3。实现销售收入13.22亿元、利润1.28亿元，生产经营成效显著。

水泥建材集团按（国发〔2009〕38号）文的要求调整发展思路，坚持“重组并购为主、新建扩建为辅”的发展战略。对省内发展有潜力、技术有优势、市场有需求、合作有意向的企业间联合战略重组并购力度。9月29日，与大理宾川县金鑫建材公司合作成功，挂牌成立大理昆钢金鑫建材公司。12月25日，双方再次合作，由昆钢水泥建材集团相对控股，成立宾川大丰工贸公司。同时，先后投资（合资）新建曲靖师宗4000t/d、红河建水紫燕2000t/d、临沧镇康2000t/d水泥熟料生产线，红河两条年产5000万块混凝土砌块、一条年产20万立方米商品混凝土、一条年产20万立方米蒸压加气混凝土砌块生产线，曲靖师宗年产5000万块混凝土砌块生产线，昆钢两条年产5000万块混凝土砌块、一条年产30万立方米生产线。

2009年，水泥建材集团水泥熟料产能600万吨、水泥产能800万吨、矿渣微粉产能60万吨、混凝土砖2.5亿块和50万立方米加气混凝土砌块的生产能力，是云南省第二大水泥生产企业集团。

云南瑞安建材投资有限公司 2009年度总产量为854.64万吨，较2008年同期提升了52.5%；销量858.19万吨，较08年同比提升54.7%，产值227564万元，较08年同比提升49%，上交税费总额24702万元，工业增加值：55988万元，息税前利润15740万元。

2009年公司有9户水泥生产企业，水泥熟料产能670万吨，水泥产能950万吨，其中粉磨站生产企业有9户，产能250万吨。云南瑞安建材投资有限公司是云南省第一大水泥生产企业集团。尽管受经济危机影响，拉法基集团减缓了在世界范围内的投资，但通过我们的努力，云南的发展仍然受到了总部的重视和大力支持。除新项目外，云南瑞安得到了拉法基集团在中国投资现有工厂改造资金的近50%，09年拉法基集团对云南瑞安追加投资2450万美元，公司顺利完成了80多项技改项目，通过对内部企业的投资和管理，大幅度地提升了产能并使经济效益得到了迅速提升。

根据云南瑞安的实际情况，2009年公司的重点工作是在保证继续发展的同时，要做好团队建设、企业内部管理和加强对现有企业内部投资，使企业的活力不断的增强。

【产业发展方向】 云南建材工业以发展节约能源、环境保护的产品为契机，带动产业发展。重点发展产品是优质高标号水泥、优质浮法玻璃及深加工制品、特色石材和非金属矿新材料及制品。云南建材工业一直以来以水泥工业主，工业增加值均在82%-85%之间，其中行业发展相对薄弱和滞后，但经过近几年的发展，非水泥行业产业布局逐步趋向合理，有长足的发展，水泥工业在建材行业中的比重逐年下降。水泥的发展方向仍以新型干法水泥为主，技术装备向大型化发展，其自动化程度、节约能源、环境保护等均应达到国际先进水平。在用高新技术改造传统生产工艺的同时，注重发展适应市场需求的特种水泥。发展预拌混凝土和商品砂浆。

浮法玻璃通过不断引进国内外先进技术和管理方法，保持玻璃原片质量达到优质级。除大力发展与现代建筑业和汽车工业相配套的各种镀膜和安全玻璃外，还需要大力发展高档用途及高科技产业深加工玻璃 。

石材重点发展云南省资源特有的石材。如“黑金花”、“滇汉白玉”、“砂岩”等具有比较优势的名特产品。同时利用加快城镇化建设的时机，大力发展市政工程设施建设用石材。加强资源保护，规范矿山管理，提高荒料开采利用率和板材加工成品率，努力实现大型石材加工企业独立拥有个别矿种的矿山开采权。

非金属矿重点发展深加工制品。特别是对硅藻土、硅灰石、高岭土等非金属矿深加工制品生产要上规模、产品要上档次。采用超细、改性、提纯、复合等多种先进技术，不断拓展在电子、电工、造纸、塑料、医药等行业的应用，提高产品附加值，使之形成系列化，并成为发展建材高新产品的重要领域。

【节能减排】 企业不断地注重生态和环境保护，减少资源、降低能源消耗、提高效益，依靠产业结构调整，保持与环境相协调发展，可持续发展已经成为建材产业生存和发展的必然趋势。建材产业只有不断地注重生态和环境保护，减少资源、降低能源消耗、提高效益保持与环境相协调发展，才能实现“由大变强、靠新出强”的战略目标。可持续发展已经成为建材产业生存和发展的必然趋势。

随着节能减排工作的不断推进，建材行业首先从设备工艺及工艺流程各个环节上考虑节能减压排和资源综合利用。从2008年以来，从项目管理上把好第一道关，对新建和扩建日产2000吨及以上新型干法水泥熟料生产线项目必须配套建设纯低温余热发电装置，降低水泥熟料的生产成本。

传统意义上的建材产业是典型的资源、能源消耗产业，普遍存在资源、能源高消耗和环境污染问题，同时也是一个工业发展循环经济的基础工业，对工业消耗和生产排放的要求越来越严格。按照国家可持续发展战略的实施和相关产业政策的规定，建材企业凡是利废比例达到相关要求的水泥企业，均可办理资源综合利用税收优惠政策。这一政策的推广和实施，大大提高了建材行业对资源综合利积极性，

【云南省建材行业与全国及西部省份的比较】 2009年，全省建材行业工业增加值、工业总产值、行业投资在全国同行业排名分别是第24、23、21位。其中，水泥行业工业增加值、工业总产值、行业投资在全国同行业排名分别是第19、18、15位；水泥行业在西部排名分别是第5、5、7位。水泥产量在全国排名第14位，西部排名第3位。

西部省份	工业增加值	排名	工业总产值	排名	工业投资	排名
四川	423.87	1	1165.10	1	378.98	1
内蒙古	159.05	2	417.60	2	222.35	2
广西	141.03	3	404.95	3	199.19	3
陕西	121.55	4	300.26	4	178.36	4
重庆	101.54	5	291.45	5	124.49	5
贵州					91.91	6
云南	50.42	6	170.60	6	85.35	7

注：工业增加值、工业总产值和工业投资单位均为万元。

（李　莉）

食品工业

【综述】 2009年，国际金融危机对实体经济的全球性影响继续显现蔓延，我国食品工业发展的外部环境仍然不容乐观。在党中央、国务院进一步扩大内需、保持国民经济平稳较快增长的一系列政策措施和国内食品消费市场的刚性需求拉动作用和省委省政府的坚强领导下，经过全行业企业的共同努力，全省食品工业努力克服国际金融危机带来的严峻挑战，实现持续、稳定、协调发展。同时，食品质量安全直接关系到广大人民群众的切身利益，各部门加大了对食品工业企业产品质量安全工作，食品安全问题得到前所未有的重视。

轻工业80%的行业、50%的产值来源于农副食品深加工，为积极应对金融危机，促进经济增长，省委、省政府提出调结构、创特色、快发展、上水平和大力发展轻工业。而在云南省，轻工业主要是生物产业支撑。2009年，省政府下发了《云南省人民政府关于加快推进生物产业发展的意见》（云政发〔2009〕27号）和《云南省人民政府关于实施推进优势生物产业发展计划的通知》（云政发〔2009〕38号），重点推进烟草、畜产品、蔬菜、茶叶、薯类、生物药、蔗糖、木本油料、水果等12优势生物产业，把其培育成为增长速度快、质量效益好、带动效益强的支柱产

业。同年6月，全省生物产业发展大会召开，培育壮大生物产业成为云南科学发展的重大战略。12类优势产业中，属于食品工业的有9类，占75%。这对促进云南省食品工业的发展必将起到积极地推动作用，食品工业也就成为云南省调整优化产业结构，培育产业核心竞争力的重要举措。

2009年，云南食品工业在综合发展、提高整体水平的基础上，充分发挥云南动物、植物、微生物资源和生态环境优势，继续优化烟、糖、茶传统产业，突出支持木本油料、薯类、乳制品加工、果蔬加工、特色资源加工等五大重点领域，大力开发保健食品、功能食品、有机食品、旅游食品、方便休闲食品及新型食品等六大产品类型。在努力提高食品工业的技术含量，加强生产、加工基地建设，扩大加工工业规模，认真做好食品安全工作的同时，不断满足人民生活水平日益增长的需要，提升食品工业的整体水平和综合竞争力。

【主要指标完成情况】 2009年，全省食品工业总体运行态势良好，食品工业的平稳快速发展有力地促进了产业结构调整，进一步协调了轻重工业的比重，在应对金融危机中发挥了积极作用。

从发展速度看，2009年，云南省食品工业完成增加值773.78亿元（可比价，规模以上，下同），比去年同期增加44.74亿元，占全省规模以上轻工业87.47%。其中，农副食品加工业完成46.24亿元，食品制造业完成9.50亿元，饮料制造业完成28.22亿元，烟草制品业完成增加值689.82亿元，分别增长15.4%、14.0%、15.3%和11.4%。食品工业各子行业增速均高于全省全部工业11.2%的增速。

从产品产量看，2009年全省主要食品产品产量均保持平稳增长：累计生产卷烟691.58万箱，增1.8%；糖223.91万吨，增6.11%；精制茶9.83万吨，增0.47%；饮料酒732281.51千升，增15.45%；乳制品28.9万吨，增12.24%；食用植物油19.63万吨，增13.41%；糖果1.03万吨，增62.43%。其中饮料制造业更是快速地摆脱了“三聚氰胺”等食品安全危机和金融危机的影响，成为云南省食品工业新的增长点。受全球金融危机和市场行情的影响，云南省大米、小麦粉、罐头等少部分食品产量出现下降：大米104.69万吨、小麦粉23.90万吨、罐头2.42万吨、精制茶叶9.79万吨，分别比去年同期减少了-10.31%、-25.68%、-3.36%。

从行业发展看，特色产业增长速度快，发展势头喜人。目前，全省烟叶、茶叶、咖啡、核桃等品种种植面积居全国第一，甘蔗种植面积居全国第二，蔬菜、水果、畜禽等品种面积或产量不断向全国迈进，为不断发展“云烟”、“云茶”、“云糖”、“云菜”、“云果”等产业奠定了坚实的基础。

“云烟”：从2004年开始不到5年时间，云南烟草工业企业完成了“九变四、四变三、三变二”的变革，玉溪、云烟、红塔山、红河“四大卷烟”品牌的价值快速提升，品牌成长空间不断扩大，企业活力不断增强，云南中烟整体竞争力不断提高。2009年云南烤烟产量为87.8万吨，比上年增长4.6%，烤烟产量在全国居第一位；卷烟产量691.58万箱，烟草工业实现税利达到625亿元，再创历史新纪录。多年来，云南烤烟产量一直占全国的1/3，卷烟产量占1/5，与其他各省区市相比，具有绝对优势。

“云糖”：云南制糖产业经过多年的发展，已成为产量位居全国第二，涉农600万人的产业。2009年，全省有28家制糖企业法人，78家糖厂，79条生产线，平均每条生产线加工能力2050吨/日。其中全省排名前十位的制糖企业法人共产糖177.85万吨，占全省总产糖量的79.56%，7个全省优势产糖地区共产糖215.56万吨，占全省产糖总量的96.55%，行业集中度进一步提高，在全国糖业中的地位和实力得到进一步提升。

“云茶”：受国内外经济大环境的影响，云南省茶叶产业发展受到剧烈的冲击。从2007年以来茶叶价格、产值及茶农收入大幅下降，市场处于低迷状态，企业生产和经营承受着巨大的压力。2009年，茶产业结构调整成效显著，绿茶、红茶、花茶比重有所增加，普洱茶消费逐渐进入以品饮为主的理性消费阶段。随着加工技术的进步，加工产品门类也不断增多，云茶消费区域和消费群体不断扩大，市场开拓潜力十分广阔。许多企业开发出袋泡茶、速溶茶，云南天士力帝泊洱已开发出降血糖、降血脂的速溶普洱茶珍等系列产品；龙润集团开发出了杯装的方便茶；云南省临沧市澜沧江集团也已开发出绿茶、红茶和普洱茶及各类茶饮料、茶籽、茶糖等。2009年，茶叶产量达到18万吨，比上年增长5.1%，居全国第2位。

从行业结构看，2009年，非烟食品各行业工业总产值所占的比重为：农副食品加工业62.8%，食品制造业13.2%，饮料制造业24.0%。以农副食品为加工原料的比重大，以工业产品为加工原料的食品制造业比重小。非烟食品19个中类行业中，工业总产值比重超过10%有制糖业、饲料加工业和精制茶加工业；工业总产值比重在5~10%之间的有酒的制造业、植物油加工业和软饮料制造业（详见表1）。以上6个行业中，仅有软饮料制造业为近几年发展起来的以工业产品为主要原料的制造业，其余均为传统加工业，说明云南省非烟食品行业初级加工为主，工业制造为辅。

表1　云南省非烟食品19个行业2009年工业总产值比重排序表

排序号	行业分类号	类别名称	2009年工业总产值/亿元	比重
1	134	制糖	68.84	24.1%
2	132	饲料加工	51.54	18.0%
3	154	精制茶加工	28.49	10.0%
4	152	酒的制造	21.28	7.4%
5	133	植物油加工	18.84	6.6%
6	153	软饮料制造	16.39	5.7%
7	137	蔬菜、水果和坚果加工	13.02	4.6%
8	135	屠宰及肉类加工	11.54	4.0%
9	139	其他农副食品加工	11.14	3.9%
10	144	液体乳及乳制品制造	10.85	3.8%
11	149	其他食品制造	7.49	2.6%
12	141	焙烤食品制造	5.46	1.9%
13	146	调味品、发酵制品制造	5.23	1.8%
14	143	方便食品制造	4.34	1.5%
15	145	罐头制造	3.26	1.1%
16	151	酒精制造	2.46	0.9%
17	131	谷物磨制	2.45	0.9%
18	142	糖果、巧克力及蜜饯制造	1.23	0.4%
19	136	水产品加工	0.71	0.2%

备注：行业分类号13开头的属于农副食品加工业，14开头的属于食品制造业，15开头的属于饮料制造业。

【技术创新】　2009年，为降低全球经济危机对云南省工业企业的影响，省工信委继续加大了对食品工业企业的投入和扶持力度。一方面在特殊条件下，采取了鼓励用电、保证运力、产品收储等有效措施来促进企业生产经营。另一方面选择有市场潜力、工艺技术先进、具有一定规模的食品工业企业给予项目资金扶持。据统计，2009年省工信委共扶持食品工业企业技术改造项目64个，安排扶持资金5220万元，拉动投资37.63亿元。但总体来说，云南省现有食品资源工业化程度低、产品品牌知名度低，市场竞争能力弱。云南省食品工业总值与农业总产值比值为0.69，略高于全国0.66的平均水平。但除去烟草行业，云南省非烟食品工业总值与农业总产值为0.16，远远低于全国0.59的平均水平，而发达国家是2～3：1，台湾达到113：1。2009年，全省非烟食品工业企业仅2件商标荣获中国驰名商标，2个产品获得地理标志，12个产品获得云南名牌，130件商标获得云南省著名商标。

从技术创新程度看，云南省只有红塔集团、红云红河集团两家烟草公司有国家级技术中心，而非烟食品工业企业规模较小，技术装备水平普遍偏低，尚无国家级技术中心，康丰糖业、晨农、神农、龙生等17家企业被认定为省级技术中心。

【节能减排】　2009年，在全省规模以上工业中，轻工业综合能源消费量146.43万吨，同比下降6.74%；从规模以上轻、重工业综合能源消费量比重看，轻工业占3.3%，重工业占96.7%。轻工业以不到4%的能耗贡献45%的增加值。其中，食品工业综合能源消费量更创新低，农副食品加工业单位增加值能耗0.5062吨标准煤/万元，同比下降34.04%；食品制造业单位增加值能耗0.8239吨标准煤/万元，同比下降24.16%；饮料制造业单位增加值能耗0.5536吨标准煤/万元，同比下降9.75%；烟草制品业单位工业增加值能耗0.0316吨标准煤/万元，同比下降13.16%。诸多食品工业中，制糖业的节能减排任务相对较重。近年来云南省加大了对制糖企业污染治理工作的力度，其中，云南永德糖业集团有限公司等企业节能减排成效明显，成为云南省制糖业推广治理污染、推行清洁生产、发展循环经济的典型经验。永德糖业在污染物综合治理和总量减排中总体遵循"减量化、再利用、资源化"的循环经济原则，对生产过程中产生的所有废弃物进行综合治理，对传统工艺进行改造提升，实现节能、减排、增效。同时，加大水资源的循环利用，减少水资源的消耗，减轻对环境的压力，实现减排，被誉为"永德模式"。例如洗滤布水回用工程采用降温、气浮除渣、厌氧、耗氧、二级水处理工艺去除高浓度COD，出水达标后全部回用，做到零排放。每年可减少外排水量460万m^3，可节约水费100多万元。糖泥有机肥工程是以糖厂固体废弃物滤泥、除尘灰渣、蔗渣为原料，投加发酵菌剂发酵，通过一个发酵周期，制成满足糖泥肥标准的糖泥肥，实现制糖业固体废弃物的零排放量。活性炭工程产品以制糖生产废弃物——蔗渣为原料生产活性炭，产品具有广泛用途，能产生较好的经济效益。

【食品安全】 2009年颁布的《中华人民共和国食品安全法》是我国食品安全工作的一件大事，于2009年6月1日起实行。为进一步提高全省食品安全保障水平，云南省工业和信息化委转发《工业和信息化部认真学习贯彻食品安全法文件的通知》，全面安排部署系统内宣传活动，重点对全省食品加工企业进行食品安全法的宣传和指导，为贯彻实施食品安全法营造良好舆论氛围和社会环境。

按照国务院办公厅《食品安全整顿工作方案》和《关于进一步做好食品安全整顿工作的通知》要求，云南省人民政府办公厅印发《云南省食品安全整顿工作实施方案的通知》，正式启动食品安全整顿工作，省工信委积极与卫生、质监、工商等有关部门相互配合，从开展打击违法添加非食用物质和滥用食品添加剂专项整治、食品生产和出口企业整治、保健食品整治等7个方面重点进行集中整治，加强食品安全源头监管工作，严厉查处食品未经检验出厂销售和违法添加非食用物质、滥用食品添加剂等行为。

2009年，根据《云南省人民政府办公厅转发国务院办公厅关于奶业整顿和振兴规划纲要文件的通知》（云政办发〔2009〕46号）要求，省工信委牵头会同有关部门，用半年时间，组织对全省全部40户乳制品生产企业进行自查自纠、内部整改和督导检查验收工作。通过开展乳制品全行业整顿，促进了企业建立健全产品质量安全的规章制度及标准、生产设备和产品质量检测设备、产品质量保证体系、监控体系、追溯体系等管理制度的相关工作，并逐步走出"三鹿牌婴幼儿奶粉事件"的影响，建立正常生产秩序。

【重点项目建设】 2009年，食品工业重点项目建设是按照省政府十四次常务会和政府工作报告中提出的有关加快企业技术改造和促进产业结构调整升级的要求，围绕提高产品质量，增加和调整产品结构，降低生产成本，提升工艺装备水平，促进节能减排，大力开展企业技术改造工作。省工信委组织各州市经委和有关企业（集团）申报了项目计划，经过认真筛选、公示、专家论证，2009年共组织实施100项技术改造和结构调整升级示范项目，其中，食品项目共10项，详见表2。

表2 云南省2009年食品工业技术改造和结构调整升级示范项目

单位：亿元

序号	企业名称	项目名称	总投资	银行固定资产贷款
1	云南中烟工业公司	下属烟厂（昆烟、楚烟）搬迁技改项目	60	
2	红云红河集团曲靖卷烟厂	南海子烟叶仓库技改项目	9.6	
3	红塔集团玉溪卷烟厂	复烤车间易地搬迁技改项目	5	
4	富宁县富民糖业公司	日处理6000吨甘蔗糖厂	2.7	1.7
5	墨江地道酒业有限公司	10000吨黄酒/年生产线技改项目	2.09	1.08
6	云南省水富三乘酒业有限公司	1万吨醉明月白酒搬迁扩能技改项目	2	1
7	云南西双版纳金星啤酒有限公司	10万吨/年啤酒生产线技改项目	1.44	0.4
8	云南天方食品有限公司	1100万箱方便食品建设项目	1.2	0.6
9	保龙食品有限公司	年产1.25万吨牛羊肉冻制品加工生产线建设项目	1.16	0.63
10	昌宁笑果果有限责任公司	3500吨核桃等系列产品开发项目	1	

（苏燕妮）

医药工业

【简述】 2009年，对云南省的医药工业来说是挑战与机遇共存的一年。全球金融危机对世界实体经济产生了巨大的影响，作为完全竞争性行业的医药工业企业，面临着外部环境恶化、内部产能不足、原料药价格上涨等多重不利因素带来的严峻挑战。云南省医药工业企业积极采取应对措施，未雨绸缪，把握机遇，及时调整经营思路及策略，秉持稳健积极的财务政策，完善内部控制体系建设及法人治理结构，努力开拓市场，克服了各种不利因素的影响，逆势而上，继续保持了快速、健康的增长态势，取得了可喜成绩。同时，也迎来了《中共中央、国务院关于深化医药卫生体制改革的意见》、《国务院关于印发医药卫生体制改革近期重点实施方案（2009~2011）的通知》，建立国家基本药物制度、完善医保体系和新农合等制度体系建设等医改政策和云南省委、省政府《云南省医药卫生体制改革3年实施方案（2009~2011）》及其一系列配套文件的出台以及国家为应对金融危机制定的扩大内需、刺激消费的经济政策，对云南省医药工业的发展带来了良好机遇。

【基本情况】 云南省的医药工业是以植物药、民族药、化学药、生物疫苗为主要架构的多门类的药品研发生产体系和以云南白药集团股份有限公司、昆明滇虹药业有限公司、云南盘龙云海药业有限公司等形成的云南知名品牌、传统中药生产企业群组；以中国医科院昆明医学生物研究所、云南玉溪沃森生物技术有限公司等形成的生物制剂企业群组；以龙津药业股份有限公司、云南生物谷灯盏花药业有限公司为主的中药注射剂生产企业群组；以云南特安呐制药有限公司、昆明圣火药业（集团）有限公司、云南玉溪维和制药有限公司为主的三七口服制剂生产企业群组；以云南永孜堂、云南版纳药业有限公司等形成以民族药为主的企业群组；以昆明积大制药股份有限公司、昆明贝克诺顿制药厂、昆明振华制药厂等组成的化学药品制剂和原料药生产企业群组等六大企业群组以及白药系列、三七系列、灯盏花系列、天麻系列、血塞通系列、中药注射液系列、生物疫苗系列、中药提取物系列、贵金属抗癌药物系列、贵金属络合药和生物疫苗等系列产品所构成。

2009年末，全省通过GMP认证的制药企业有166户，其中，中药饮片企业17户，制氧企业19户，制药企业130户。其中，规模以上企业104户、规模以下企业26户，从业人员20738人。共有药品生产批文4363个，其中：化学药生产批文2290个，中药生产批文2060个，生物制剂批文11个，进口化学药批文2个；药品生产品种1456个，化学药598个，中成药品种858个。

【主要经济指标完成情况】

（一）主要经济指标

指标名称	2009年（亿元）	2008年（亿元）	同比增长（%）
工业总产值	121.51	96.31	26.16
工业增加值	47.17	38.81	21.54
新产品产值	14.72	11.77	25.07
出口交货值	3.03	2.72	11.52
销售收入	109.18	82.89	31.72
利润总额	13.96	10.13	37.79
资产总额	159.80	137.93	15.91
负债总额	71.48	71.33	0.20

（二）全省排名前30位的企业工业总产值 （单位：万元）

企业名称	工业产值	排名
云南白药集团股份有限公司	257864	1

续表

企 业 名 称	工业产值	排名
昆明特安呐制药有限责任公司	100841	2
昆明制药集团股份有限公司	63396	3
昆明滇虹药业有限公司	60752	4
云南大理药业有限公司	49973	5
昆明积大制药有限公司	42008	6
昆明龙津药业股份有限公司	40259	7
昆明圣火药业（集团）有限公司	32695	8
昆明生物谷灯盏花药业有限公司	32103	9
云南盘龙云海药业有限公司	30278	10
中科院医学生物学研究所	25633	11
玉溪沃森生物技术有限公司	24257	12
昆明中药厂有限公司	23922	13
云南绿A生物工程有限公司	22898	14
昆明贝克诺顿药业有限公司	21513	15
昆明南疆制药有限公司	21404	16
云南个旧生物药业有限公司	20051	17
曲靖博浩生物科技股份有限公司	19309	18
云南云河药业有限公司	12754	19
丽江映华生物药业有限公司	12687	20
玉溪维和制药有限公司	10949	21
云南施普瑞生物工程有限公司	10679	22
昆明云健制药有限公司	10485	23
云南天创科技有限公司	9745	24
昆明兴中制药有限公司	9539	25
红河千山生物工程有限公司	9460	26
昆明市宇斯药业有限公司	9258	27
昆明振华制药厂有限公司	9209	28
云南腾冲制药厂	8977	29
云南植物药业有限公司	8307	30

排名前30户产值101.12亿元，占产值总额的83.22%、其中产值过亿元企业23户，排名前30户销售90.28亿元，占销售总额的82.69%，其中销售过亿元企业24户，排名前30户利润13.71亿元，为利润总额的98.21%，其中：利润过亿元企业3户，利润过5000万元企业7户，利润过3000万元企业11户，利润过1000万元企业23户，亏损企业30户，亏损面23.08%，同比下降13.07%。

【医药工业结构】

云南医药子行业发展情况

子行业名称	2009年产值（亿元）	占总产值（%）	2008年产值（亿元）	占总产值（%）
化学原料药	2.9446	2.42	1.25	1.30
化学制剂	26.7655	21.98	18.59	19.30
中成药	82.4247	69.32	71.27	74.00
生物制剂	4.989	4.10	4.33	4.50
中药饮片	1.9727	1.62	0.87	0.90

中药行业发展情况

分类名称	产值（亿元）	占总产值（%）
中药注射剂	14.2386	11.60
植物提取物	3.97	3.10
保健品	9.30	7.60
其他剂型	59.10	48.50

为贯彻实施国家基本药物制度，根据工信部有关文件精神，我委对全省基本药物生产现状进行一次系统的调查，基本摸清企业的基本药物生产情况，为做好云南省基本药物生产供应工作奠定了良好的基础。国家基本药物有307个，云南省生产的药品有121个进入，占39.40%，共2400多个品种，云南省基本药物生产企业共77户，689个品种获得批准文号，具备生产能力的文号有663个。

【技术创新】 云南白药集团股份有限公司 2009年主要开展了三个重大专项工作：化学药项目、丫蕊花项目和大健康产业建设项目，每个专项在都取得了重要的进展和成绩，为公司未来发展提供了充足的产品储备。围绕大健康产业的建设理念，开展养生项目的建设方案及项目论证，为集团未来发展拓宽新的产业空间。同时注重知识产权的保护，云南白药集团股份有限公司被国家知识产权局列为云南省仅有的两家“全国知识产权示范单位”之一，全方位实施知识产权发展规划，提出“以云南白药品牌（商标）保护和发展为核心，以专利技术为依托，以其他类别知识产权为基础，全面推动云南白药集团的创新能力和市场竞争能力”的知识产权发展规划，并对各项知识产权工作专项任务进行规划、细分。自主研发的云南白药创可贴在与美国强生的邦迪创可贴的较量中，以占国内创可贴市场份额50%的优势取胜，同时，成功向国际市场出口价值数百万的中药材原料，实现药材出口贸易“零”的突破。

昆明制药集团积极开展自主创新工作，申报的八个产品均被认定为云南省第一批自主创新产品，这八个产品分别是：络泰®注射用血塞通（冻干）、络泰®血塞通软胶囊、关维®草乌甲素胶囊、络泰®灯银脑通胶囊、精和®银芩胶囊、刚好®复方青蒿搽（喷雾）剂、ARCO®复方磷酸萘酚喹片（片剂，薄膜衣片）、昆明牌蒿甲醚胶囊。经认定的这八个产品将获得在云南省政府采购、国家重大工程采购等财政性资金采购中优先购买权，并在高新技术企业认定、促进科技成果转化和相关产业化政策中给予重点支持。

昆明滇虹药业有限公司在发展中始终把创新能力作为企业获得发展动力的关键环节，做到发展有规划、市场有目标、竞争有优势。在2008年通过国家级企业技术中心认定后，滇虹药业将技术创新战略修订为“充分利用我公司在皮肤用药领域、心血管用药领域、骨科用药领域、妇科用药领域的行业先进技术优势，信息化优势和网络优势，依托云南、四川丰富的生物资源优势尤其是药用动植物资源优势，打造创新药物研发平台和新剂型研发平台，与集团公司销售、市场相结合，坚持‘创仿结合、以创为主’，为企业长期战略目标的实现提供支撑和服务”。滇虹药业科研项目“薇锘娜医学护肤系列产品研制及产业化”列入云南省省院省校合作专项计划获得云南省科技厅重点项目支持，

大理药业股份有限公司被批准为云南省第四批创新型试点企业，试点工作紧紧围绕科技创新、管理创新进行。一是加快科技成果转化。公司先后引进二台日本全自动液剂异物检查机、两台长沙楚天科技有限公司生产的洗烘灌联动生产线、一条玻璃瓶大输液联动生产线、一台山东新华医药产的旋转式安瓿水溶灭菌柜、两套美国颇尔公司的超滤系统、一条输液电子监管码包装生产线，这些制药工艺科技成果在公司转化

为生产能力后，不但提高了生产效率，而且提高了灯检合格率，特别是安瓿利用率与2008年相比，提高了8-10个百分点，市场反馈可见异物不合格的情况大大减少。二是积极开展技术革新，解决部分设备、工艺不合理的问题。提取车间对醇沉灌放渣口进行了改进，使放渣时间缩短到原来的1/6左右，分别对103#-106#4个提取灌和201#、203#两台单效浓缩器的回流管路、输药管路改为不锈钢管，即方便了操作，又有效解决了污染隐患。制剂车间在隧道烘干箱网带下部安装超声波清洗器，取得良好效果。三是不断重视和加强技术中心建设，公司技术中心被认定为省级技术中心。四是实施年产2000万支醒脑静注射液技术创新项目。该项目前期工作基本完成，并已在大理州经济委员会备案，现项目正在顺利实施。该项目同时申报国家火炬计划产业化项目。五是盐酸千金藤碱注射液新产品开发工作按计划推进。

昆明圣火药业集团科技创新突破了国家级一类新药“三七素”临床前研究中，引进纳米技术攻克安全性这一难题，使这一个历时十年的重大科技科研项目重现曙光。

楚雄老拨云堂药业有限公司的拨云锭是公司拥有自主知识产权的主要品种之一，从2008年开始启动拨云系列眼用制剂开发项目，主要包括拨云锭方解、拨云眼用微囊及眼用凝胶、拨云日化产品、拨云锭规模化生产以及四个滴眼液。通过拨云系列眼用制剂项目研究将现代先进制剂技术，引入传统中药制剂中，开发出安全有效、作用快捷、使用方便的中药制剂，优化了产品结构。同时对传统的制备工艺、设备进行深度研究，开发出适合于锭剂生产的先进生产工艺及设备，提高产品生产能力，保证产品质量。同时，公司还开发以天然药物为原料的系列滴眼液新药，将以每年研发2个品种的速度开展研发工作，逐步将公司建成云南甚至整个西南地区最大的眼用制剂生产企业。

【安全生产】 全省医药工业企业认真制定和执行安全生产管理制定，始终把安全生产放在首位，将安全生产知识和企业文化建设相结合，实现了云南省医药的安全生产。例如昆明制药集团在全国第17个消防宣传日和新《消防法》实施后的第一个消防宣传日，公司组织了系列消防宣传活动，各级领导重视、员工积极参与，活动取得很好的效果。

【节能减排】 国家实施节能减排，大力发展循环经济、清洁生产、提高资源利用率的战略，医药工业是环保治理的12个重点行业之一，三废处理环境保护压力不断加大。云南省医药行业积极应对，取得了显著效果。

昆明制药集团十分重视节能减排工作，在工艺流程改进、污水处理、消耗成本节约、费用精细管理等方面为节能减排、开源节流工作做出了较大成绩。各项措施已提到各部门考核重点，各责任中心及部门开源节流工作持续细化。各部门根据自身职能不同，从各个角度提出了不同的节能减排项目方案并严格实施。

昆明圣火药业集团通过清洁生产、节能减排，实现了“节能、降耗、减污、增效”。提取车间2台真空泵循环用水技改，年节约用水11520m^3，锅炉蒸汽余热利用技改年节水600m^3，节油50顿，产生良好的经济效益和社会效益。

【品牌建设与管理】 云南白药集团股份有限公司以云南白药、云丰、千草堂、七花、理药、丽雪、金熊、云健、昆莲、金品等主要商标保护和发展为基点，全力实施云南白药大品牌下的多品牌发展战略，进行产品延伸，实现产品及品牌发展的多元性及前瞻性，形成覆盖全集团的品牌管理网络。云南白药集团共申请专利43项，获准授权专利44项。公司的“治疗皮肤创伤的贴剂及其制备方法”发明专利荣获“第十一届中国专利奖优秀奖”，申请国内商标注册45件，获准国内商标授权110件，获准国外商标授权13件，包括云南白药、云南白药胶囊等11个产品再次获云南省名牌产品称号，“宫血宁”商标成功注册，并被认定为“云南省著名商标”。云南白药品牌以63.15亿元的品牌价值位居中国500最具价值品牌第128位，品牌价值进一步提升。

昆明滇虹药业有限公司的“康王”商标成为迄今为止国内唯一一件经由最高人民法院司法认定、再获国家工商总局行政认定的中国驰名商标，“皮康王”、“康王发用洗剂”在2009年位居中国药物去屑品类第一品牌。

昆明圣火药业集团在巩固过去主导产品“理洫王”产销的基础上，着力培育新的大品种，继“理洫王”获名牌产品后，“圣火板蓝根颗粒”、“黄藤素软胶囊”再获名牌产品称号。

昆明制药集团通过云南省名牌战略推进委员会在卷烟及辅料、制药及生物制品等34类产品中开展了云南名牌产品的评价工作。昆明制药的天麻素注射液、蒿甲醚原料药成为2009年云南名牌产品，到2009年为止，昆明制药集团共有五个产品荣获云南名牌产品称号。

【医药储备】 为保证灾情、疫情及突发公共事件发生时，对药品、医疗器具、消杀和卫生防护用品的及时有效供应，维护社会稳定，云南省建立制度，省工信委是云南省医药储备的行政主管部门，云南省医药有限公司是承储企业。2009年，甲型H1N1流感疫情来势凶猛，防控形势十分严峻，省工信委加大工作力度，毫不松懈地做好医药储备保障工作。一方面积极争取国家支持，工信部共调拨给云南省7000人份磷酸奥司他韦（达菲），现统一由省卫生厅存储，按全省各地医疗机构的需求情况免费分配。另一方面认真贯彻落实《工业和信息化部办公厅关于做好防控甲型H1N1流感所需中药饮片和中成药储备工作的通知》（工信厅消费〔2009〕137号）精神，充分发挥中医药在甲型H1N1流感防控工作中的重要作用，积极组织企业进行防控甲型H1N1流感常用中成药和中药饮片储备。由于承担储备任务的企业没有经营中药饮片的资质，无法承担中药饮片储备任务。经过了解、调查、比较和沟通，确定增加云南白药集团股份有限公司中药饮片分公司作为云南省中药饮片的承储企业，并与承储企业签订了《责任书》。

云南省医药储备品种23个大类，204个品种，新增中成药储备品种18种，中药饮片储备品种33种，储备计划资金1000万元，实际储备金额2349万元，超过计划储备资金135%，超过部分由企业自筹解决。

【产业扶持】 为加快云南省生物医药产业发展，推进中药现代化建设，工信委加大了对中药现代化建设的扶持力度，重点扶持了13个中药现代化科技工作重点项目，共计安排财政贴息资金1510万元。同时积极争取国家专项资金和政策扶持，精选了5个对云南省医药产业发展有较大带动作用的项目上报国家工信部，西双版纳滇粤南药发展种植有限公司、浙江旺旺野生植物开发有限公司普洱分公司2个项目得到国家的扶持，补助资金共80万元，

【企业质量认证和质量管理】 云南省制药企业十分重视企业质量认证和质量管理工作。

云南白药集团股份有限公司紧紧围绕“质量、成本、效率”积极开展工作。以目标管理为切入点，将个人成长与团队激励有机结合，充分调动员工主动性和积极性，从技术创新、管理创新和流程改善等角度不断突破，在成本管理方面取得了一定的成绩：（1）在全球经济危机对原辅材料价格影响的大环境下，通过对供应商产品成本的分析、调研、沟通和谈判，利用我公司的品牌优势和资金优势，进一步降低了部分原辅料和包材的采购价格，2009年1—10月节约采购成本1410万元；（2）通过管理创新和流程改善，不断挖掘内部潜能，提高生产效率，降低生产成本，2009年节约人工成本约300万元；（3）通过技术创新，在保证产品品质的前提下不断降低生产成本，全年节约生产成本约300万元。

昆明制药集团2009年4月，昆明制药蒿甲醚原料药车间通过了美国FDA的cGMP认证，昆明制药也由此成为云南省唯一通过国际业内权威的FDA认证的医药企业。强化质量管理，5月针剂分厂小容量注射剂车间、针剂分厂冻干粉针剂车间顺利通过GMP再认证监察、6月原料药分厂、液体制剂车间通过GMP再认证、9月蒿甲醚原料药车间通过WHO再认证；顺利通过了中药注射剂再评价现场检查、药监部门多次驻厂监督检查等监察工作。

昆明滇虹药业有限公司按照“标准原料→标准工艺→标准汤剂→标准浸膏→制剂”研究流程，从原料药材标准化、汤剂的标准化、汤剂的浸膏制备标准化、现代制剂、质量标准等方面进行标准化示范研究，构建经典复方的标准化研究开发及生产体系。在此基础上开展云南中药标准化研究，打造标准化的云药研究开发模式。该项目目前已获得云南省科技厅国际合作专项资助。力争该项研究成果申请进入国家“十二五”规划，建设国家级中药标准化研究平台。

【民族医药】 丰富多彩的民族药是云药文化体系中的一大特色，具有鲜明的地域特色、资源特色和独特的疗效。据初步统计，云南藏药资源598种，傣药资源2000多种，彝药1189种，拉祜族药100种，佤族药200种，哈尼族药100种，德昂族药105种，基诺族药319种。白药、灯盏花、龙血竭等全国知名、疗效显著的系列产品是云南省民族药中的优秀代表。

省工信委在2009年重大结构调整和技术改造项目贷款财政贴息资金计划中，安排云南傣药有限公司技术改造项目贷款财政贴息100万元予以扶持，加强企业GMP改造，建设药材前处理、提取、胶囊制剂车间及生产线，形成年产150亿粒普信、普想、普甘等傣牌系列产品。同时，积极为版纳滇粤南药发展种植有限责任公司丁香优良种苗繁育规模化示范基地建设，争取到中央中药材扶持资金30万元。

【重大项目建设】 云南白药集团股份有限公司整体搬迁项目作为省委、省政府调整经济结构、打造医药产业重大战略项目，也是省人民政府确定的23个重大工业建设项目之一，项目总投资25亿元，一期投资15.97亿元，占地1000亩。该项目整合了云南省医药集团优质资产，实施6个药厂、研发、商业物流、管理及配套生活设施的整体搬迁。项目完成后，云南白药集团拥有14个不同剂型的核心产品生产线，16万平方米，制造能力为100亿元，人均年产值800万元，达到欧盟GMP和国家标准的现代化厂房，是西南最大的原料药生产基地。同时建成拥有33万平方米，9个高架库，可存储40万件，商业物流规模100亿元的物流中心，年底已完成了整个工程量的50%以上。

玉溪沃森生物技术有限公司投资1.6亿元建成年产冻干A、C群脑膜炎球菌结合疫苗500万支，冻干A、C群脑膜炎多糖疫苗500万支，冻干A、C、W135、Y群脑膜炎多糖疫苗500万支，b型流感嗜血杆菌结合疫苗200万支，吸附无细菌白百破联合疫苗1500万支，b型流感嗜血杆菌结合疫苗分包装生产能力300万支的生产线，形成年产3500万支4个以上疫苗品种的生产基地，项目预计2010年完工。

昆明龙津药业股份有限公司投资3亿元建设年产1亿瓶的注射用灯盏花素冻干粉针剂及龙津抗癌353等十个药品的冻干粉针剂生产线；年产5亿片的灯盏花系列口服片剂及龙津抗癌352片剂的生产线及年产10吨的高纯中药原料，项目已开展桩基工程，预计2011年完工。

文山七丹药业有限公司投资1.8亿元新建三七饮片及保健品车间1800平方米，达到年产红三七片5万公斤、生三七切片20万公斤，超细三七粉5万公斤、普通三七粉10万公斤；提取车间4800平方米，年提取三七药材100万公斤、三七硬胶囊5亿粒、三七软胶囊2.5亿粒生产线，2009年底已经完成投资

2248万元。目前已经完成征地、厂房设计等工作，饮片车间、提取车间主体工程正在建设，设备招投标工作已经结束，预计2011年完工。

云南生物谷灯盏花药业有限公司投资2亿元建成年处理原料药材4000吨，片剂30亿片，胶囊20亿粒，注射剂水针1亿支，动干粉针5000万支，软胶囊8000万粒，滴丸50亿粒的生产能力，预计2011年完工。

【云南省医药工业在全国的排名】 云南省医药工业近年来一直保持两位数的增长速度，但医药工业产值在全国排名相对靠后，2009年云南省医药工业产值在全国排第23名，比2008年的24名进步了一名，医药工业产值增长高于全国医药工业产值平均增长率约6个百分点。

（徐秀华）

烟草工业

【综述】 烟草产业是云南省最重要的支柱产业，在国家和省委、省政府的正确领导和大力支持下，云南烟草工业实施大企业大集团大品牌战略，进行了资源品牌的整合，实施“走出去”联合重组等一系列重大改革，使烟草工业保持了快速发展的势头，卷烟工业平稳运行，卷烟产量稳步增加，卷烟品牌不断集中，高档卷烟比例逐步提高，经济效益持续增长，云南烟草工业曾于2005年至2007年间，工业税利连续跃上400亿、500亿元的台阶。为推动云南经济社会又好又快发展发挥了重要的支撑作用。

然而，随着《烟草框架控制公约》限制性条款的逐步实施和国际控烟运动的加强，烟草发展的环境受到进一步制约。对此，国家对烟草产业实施的一系列改革与发展政策，推动了我国烟草在专卖体制下以市场为取向的行业改革，全国卷烟产销量在总体上保持了稳定增长，产业效益逐年上升。全国烟草工业的迅猛发展和全国统一大市场的形成，卷烟市场呈现出大企业、大品牌竞争的格局，对云南卷烟工业形成越来越大的挤压。云南烟草工业高档高端卷烟品牌的竞争力还不够强，市场占有率还不够高等问题在新一轮的竞争中暴露无余。

2009年，云南中烟公司在国家局和省委、省政府的正确领导下，积极应对国际金融危机冲击带来的困难和问题，紧紧围绕“卷烟上水平，税利保增长”的主要任务，以强化优质原料保障、加大科技创新支撑、提升基础管理水平、精细市场营销为工作重点，进一步提升品牌竞争力，认真抓好生产经营各项工作，全年经济运行保持了平稳发展，较好地完成了年度各项经济目标和工作任务。一是高档卷烟竞争力进一步提升，市场份额进一步扩大。全年，一类卷烟销量比上年增长19.3%，比重提高1.93个百分点。其中“玉溪”品牌产销量突破50万箱，迈上了一类烟超50万箱的新台阶，在全国一类烟中位居第三，较好地提升了云产卷烟的市场影响力。二是四大重点骨干品牌竞争力明显增强，品牌集中度进一步提高，对拉动云产卷烟结构的上升起到了重要作用。全年，“玉溪”、“云烟”、“红塔山”、“红河”四个品牌省内企业生产量增长29.49%，在全国一类烟中增幅位居前茅；“云烟”品牌规模超过200万箱，在全国三、四类卷烟中位居第一名。三是企业更加注重管理，基础管理水平不断提升。各集团、卷烟厂以预算管理、“四大中心”建设、质量管理体系建设、“对标”管理和创建“优秀卷烟工厂”活动为抓手，注重规范、科学管理，夯实基础，工厂制造力明显提高。在全省卷烟行业40项“对标”指标中，效率和能耗费用指标优于全国平均水平。如：红河烟厂在设备、人员未增加的情况下，较好地完成了年产量增加16.7万箱的任务，全年实物劳动生产率达到525.5箱/人，比上年提高61.8箱/人。曲靖烟厂快速响应市场需求的能力显著提升，对新增品牌（规格）生产的设备、工艺的调整时间大大缩短，较好地满足了销售发货需求。四是营销工作有新举措，品牌市场销势稳定。各集团围绕品牌发展，一是持续深化工商协同营销，逐省逐地建立工商协同营销伙伴关系，不断巩固战略联盟。二是强化终端拉动，积极做好卷烟零售户的工作，扩大云产卷烟影响。组织了全国部分地市优秀零售客户参加云产卷烟品牌发展恳谈会共10次，接待了来自全国17个省市自治区参会的零售户代表1259人。全年云产卷烟品牌商业销量达到911.64万箱，占全国比重20%。保持了市场价格稳定，同时也消化了因价税调整带来的不利因素。

【主要经济指标完成情况】 2009年，云南省省内卷烟产量完成691.58万箱，实现销售收入802.7亿元，完成工业增加值699.7亿元，实现税利621.47亿元，利润102.7亿元。对照5年行动计划年度目标，指标完成设定目标情况都比较好。

总体来看，2009年云南卷烟工业续接了2008年的势头，销售收入上了800亿的台阶，税利突破了600亿大关，各项主要经济指标稳步增长，经济效益进一步提高。卷烟累计产销量同比增长，一、三类烟比重有所提高，重点骨干品牌集中度进一步提高。实现税利同比增长，成本费用有所控制。

2009年，云南省卷烟累计产量完成691.58万箱，同比增加12.03万箱，增长1.77%。其中出口烟产量完成9.08万箱，同比增加1.53万箱，增长20.26%。卷烟调拨销量完成688.26万箱，同比增加13.86万箱，增长2.06%。

销量中一类烟比重13.33%，同比上升1.93个百分点；二类烟比重0.51%，同比下降0.08个百分点；三类烟比重44.53%，同比上升3.23个百分点；四类烟比重33.29%，同比下降3.77个百分点；五类烟比重8.33%，同比下降1.31个百分点。

【技术创新】 2009年，云南烟草工业的技术创新工作继续贯彻落实国家局《烟草行业中期科技发规划纲要（2006~2012年）》来开展，根据云南烟草工业的发展需要，补充和完善了《云南中烟“十一五”科技创新规划》。

一是坚持集中资金、集中项目、集中人才的“三集中”办法，以重大专项的实施推动科技创新，通过专项研究重点攻关，提升产品核心竞争力。

二是紧紧围绕2015年卷烟盒标焦油不超过10毫克/支的目标，以卷烟原料、工艺、配方技术、辅助材料等多方面技术创新为引导，大力推进减害降焦工作，围绕品牌减害降焦需求，加强中式卷烟减害技术体系基础理论和共性技术研究，注重减害降焦技术集成和配套技术应用，在减害降焦相关规律和机理基础研究方面，形成科学系统的理论体系，为减害降焦工作提供支持；以集团技术中心为主导，依托云南烟草科学研究院，联合有关院校、研究机构以及辅料生产企业的技术力量，以“云烟”和“红塔山”品牌为重点，强化减害降焦集成技术和相关配套技术的研究开发和应用，系统研究适应品牌实际状况的卷烟降焦与有害成分释放量变化的相关规律，开展卷烟综合降焦技术的集成和组装；在推进物理方法减害降焦的同时，在烟叶生产、卷烟配方、生产工艺、加香加料等方面采取更加有效的措施，提高产品技术水平，实现高香气与低焦油的协一致，并显著减少其有害成分释放量。

三是强化科技为品牌服务的机制。整合云南烟草科学研究院与各集团技术中心的科技资源，加强产、学、研联合，建立创新激励机制，不断提升科技成果的转化应用率，以增大科技成果对税利增长和可持续发展的贡献。力争用3至5年的时间，把云南烟草科学研究院建设成为中国烟草一流的研究院。引导两个集团把“上水平”作为实现企业科学稳定发展的技术支撑，充分发挥技术中心的职能作用。

【管理工作】 进一步完善“一个公司，两个集团”运行机制，形成了有利于促进云南烟草工业整体发展的管理模式。结合云南实际，管理工作的重点是以“对标”管理为龙头，进一步深化完善预算管理体系，提升基础管理水平；推动两个集团“四大中心”非法人实体建设工作取得新进展，逐步实现从管理型向经营型的转变；加强质量管理体系建设和优秀卷烟厂创建等。

【安全生产】 2009年是“安全生产年”，安全生产成为2009年省烟草工业工作的一个重中之重。为深入开展“安全生产年”活动， 云南烟草工业系统大力推进安全设施和安全文化建设，落实 “三项行动”和“三项建设”的要求，在安全生产工作中切实加强安全生产领导，进一步落实安全生产责任。突出加强安全设施建设和安全队伍建设，进一步提升安全保障能力和安全管理人员素质。开展安全专项整治，加大安全隐患整改力度。积极推进安全管理体系有效运行，进一步提升安全管理信息化水平，有效预防了各类重特大安全事故的发生，努力实现了安全发展、平稳发展。

认真落实2009年烟草行业安全会议和《关于进一步加强烟草行业安全设施建设的实施意见》精神，认真制订了实施方案，各企业认真排查存在的各类事故隐患和不安全因素，摸清安全设施现状，用现代科学技术和先进设备设施，全面的提升安全管理水平和事故防范能力，并努力建立健全安全生产投入的长效机制。为摸清安全设施现状，两个集团开展了安全设施情况调查。年投入了2000余万元，用于监控系统和安全基础设施的更新和改造。红塔集团玉溪卷烟厂对空气采样式火灾自动报警等系统进行仓库模拟实验，确定所选设施的适用性。玉溪卷烟厂专门设置了1000平方米的仓库，按照实际库存方式码放报废烟叶。并邀请有关生产厂家在实验仓库内安装相应设施，分阶段进行火灾自动报警和自动灭火试验。对各种系统的运行情况进行全过程的监控和实验数据的采集，并形成实验报告，为下一步的技术论证和选型提供科学的实验数据和决策意见。

为深入开展“安全生产年”活动，促进安全生产形势的持续稳定好转。结合实际和安全管理重点，有步骤、有针对性的将“三项行动”与全年安全生产工作同步部署、同步实施、同步检查推进。分三个时段全面推进了“三项行动”和专项治理行动，并且做到力求实效，着力解决行动中出现的突出问题。红塔集团针对外租烟叶原料仓库较多的实际情况，紧紧围绕防火、防盗、消防安全、杀虫安全、仓库建筑安全等内容进行了安全专项治理。对营销中心成都、北京、南宁等省区进行了安全检查，在广西南宁初步建立了规范化外租样板仓库。红云红河集团在积极完成工业公司检查任务的同时，在企业内扎实开展了各类安全隐患排查和专项治理。集团坚持每季度进行环境、安全检查考核工作，并采用了《卷烟工业企业安全现状评价准则》对各生产和多元化经营企业进行了一次全面的检查，共提出不符合项178项。

在企业改革、重组过程中，始终坚持安全管理机构和职能只能加强，不能削弱原则，所属单位均设置了安全管理职能部门，并严格把安全管理岗位用人关。积极创造条件开展安全交流、学习培训、参观考察等活动，全面提高安全管理人员的素质和工作水平。年内红云红河集团组织了106名各生产厂主要负责人和安全管理人员参加了《安全生产管理资格证》取证培训，还组织了省内各生产企业40名安全管理人员参加注册安全工程师考前培训班。

2005年，全省烟草工业系统逐步开展了职业健康安全管理体系建立工作。到2009年，所属各集团、各直属单位都全面建立了体系。在体系的建立和运行中，工业公司始终把体系的有效运行作为安全管理和体系建设的重点。并结合职业健康安全管理体系的建立和运行，认真制订、完善、落实各项安全规章制度和操作规程，强化安全基础管理工作。进一步加强安全生产的监督、检查、指导工作，完善工业公司各项安全管理规章制度。加强了安全生产管理信息化建设，逐步实现安全生产管理由事后管理向事前预防转变。云南中烟工业公司立项开发了安全管理信息系统。2009年工业公司委托金沙公司完成了云南中烟信息系统与国家局信息系统的数据对接和部分模块的补充开发工作，并对使用人员进行了系统培训，熟悉信息系统的使用方法和使用要求，逐步录入各类安全管理信息，及时反馈使用情况，维护系统的正常运行。

【市场营销工作】 一是云南中烟工业公司根据国家局“市场营销上水平”的要求，深化工商协同营销试点改革。认真分析研究现状，按照 “明确目标、理清思路，找准定位、全力突破”的要求，进一步确立“市场营销上水平”的工作目标。继续推进与各级重点省市公司的战略联盟与合作，加强战略沟通，寻求工商双方品牌发展目标、结构、培育上的一致性，按照品牌发展战略的要求，加快推进重点品牌管理体系建设。努力做到“三个深化”：深化协同营销，巩固提升试点经验成果；深化终端建设，巩固提升品牌培育能力；深化一省一策，巩固提升市场维护基础。二是以营销中心非法人实体的建设为契机，建立有效的内部管理运作模式，实现传统化营销向现代化营销的转变。在内部管理构建四个体系，即：构建扁平高效顺畅的组织管理运作体系；构建“预算授权控制”相结合的资源分配体系；构建过程控制、结果导向、绩效量化的绩效考核分配体系；构建以人为本、和谐创新的文化价值体系。三是建设数据营销体系。建设CRM（客户关系管理系统）和工商网上配货系统，整合计划、订单、工商客户关系、宣传促销、市场、信息、人力等各种营销资源，提高营销服务水平，提高市场反应速度，提升营销综合水平和能力。四是进一步加快现代化物流建设。推进云南省烟草工商物流一体化工作，实现云南烟草行业从传统物流向现代流通转变，实现省内“同城一体化向异地一体化”转变。积极争取国家局的理解和支持，建立省外卷烟中转站，把云南烟草工业物流工作抓实、抓出水平，进一步提升云南烟草工业的整体竞争力。

（周建新）

国防科技工业

【军民合作】 按照“军品为本，民品兴业”的理念，充分利用军工技术，发展民用产品。356厂的汽车发动机连杆国内市场份额已达25%；昆船的烟叶烘烤成套设备受到烟草部门和烟农的一致好评，机场行李自动化分拣系统在昆明新机场项目中竞争中标，市场前景看好；航天公司利用专利技术，开发民用炊事设备，应用空间广泛。民爆产品通过技术改造、提高产品的安全性和可靠性，扩大了生产规模；云南开关厂电器开关3个新产品通过国家级鉴定；云南机器三厂的消失模生产线、砂型自动化铸造生产线的开发，形成产品结构调整新抓手；核工业209队、地调队大力开发铜、富铁、铅锌、金银等矿产勘查和国土调查以及土地测绘工作；轻化工产品根据市场需求及时调整结构，降低成本，减少环境污染。民品开发研制，既充分利用了国防科技的技术成果，又提高了企业知名度，还产生了较好的社会效益和经济效益。2009年，民品产值占总产值的比例同期提高2个百分点。

【技术创新】 2009年，民口配套科研项目和自主研发项目共200多项，均按相应的计划时间节点进度完成。组织完成8个科研项目鉴定验收。昆船集团被认定为国家级创新型企业。云南开关厂被认定为国家级高新技术企业。

2009年，列入科技创新强省计划3项，重点新产品开发项目1项，省企业信息化建设项目2项，省高新技术产品翻番项目2项，自主创新产品认定4项。云南开关厂的22万伏高压组合开关完成关键技术攻关，正在挂网试验；50万伏高压开关完成前期技术准备。356厂的发动机连杆胀断技术完成攻关并形成产业化批量生产能力。

昆船的红河自动化物流信息集成项目获国家十年创新成就奖，自主知识产权AGV单机及系统项目获云南省科技进步一等奖，货币自动化物流系统集成创新项目获中国物流与采购联合会科技进步一等奖，被命名为全国首批企事业专利示范单位。夜视公司获国务院颁发的科学技术进步特等奖。

质量体系运行有效，质量过程控制扎实。各单位按时通过了质量体系认证中心的综合评议和审核换证工作。全省民爆产品质量抽检情况总体良好。QC小组活动成果显著，获省质协、省科协等单位联合表彰的质量管理小组20个，信得过班组5个，质量活动优秀企业4个。

【安全生产】 由于军工和民爆行业的特殊性，安全生产压力十分大。局党组和各单位对安全生产高度重视，列入重要议事日程，建立安全管理机构，配备专职安全管理人员，实行安全目标管理，形成责任明确、措施完善、奖惩到位的安全管理体制并严格执行。认真开展“安全生产月”、“安全生产年”、“安全生产三项行动”、“安全生产隐患排查治理和督察”、“安全生产大检查”，“6S现场管理”等活动。昆船公司再次获得全国安全月活动优秀单位称号。坚持在全系统推行“一法三卡”、安康杯竞赛和安全生产知识竞赛活动，职工安全意识进一步提高。去年全系统无重大安全事故发生，各项安全事故指标均在控制范围内，确保了全行业的安全生产。

加大技术改造力度，提高企业本质安全水平。强制淘汰导火索、火雷管、铵锑炸药。云南民爆集团公司省属6个单位安全技改项目通过验收，2个单位技改项目投入试生产，2个单位生产线正在抓紧建设。所有项目都采用了目前国内先进的工艺技术和自动化生产设备，提高了生产效率。全省50家民爆销售企业立项按新规范建设新的民爆物品仓库，有31家通过设计评审，有18家通过验收并投入使用。民爆生产、销售企业的本质安全水平得到进一步提高。

【改革脱困】　在省政府和有关部门的关心支持帮助下，为4户破产企业解决了按政策提前退休进入社保的特殊问题，维护了企业和社会的稳定。积极推进云南开关厂引进战略合作伙伴的基础上进行公司制改造，为上市创造条件；云南民爆集团公司进行股份制改造工作，以4户政策性破产企业的重组为契机，按照集团化、集约化的方向发展，进一步做大、做强；核工业209队与核工业云南地调队的整合经反复调研与论证，已提出两队整合的具体方案，正在向有关部门汇报。云南国防工业职业技术学院与云南电大完成实质性正式合并，新学校运转良好，呈贡新区新校园的建设顺利推进，2010年即可在新校区招生上课。

（徐莉萍）

第四编

Di Fang Gong Ye He
Xin Xi Hua Fa Zhan

地方工业和信息化发展

昆明市工业和信息化委员会

昆明市委工作会到北营钛产业基地观摩现场

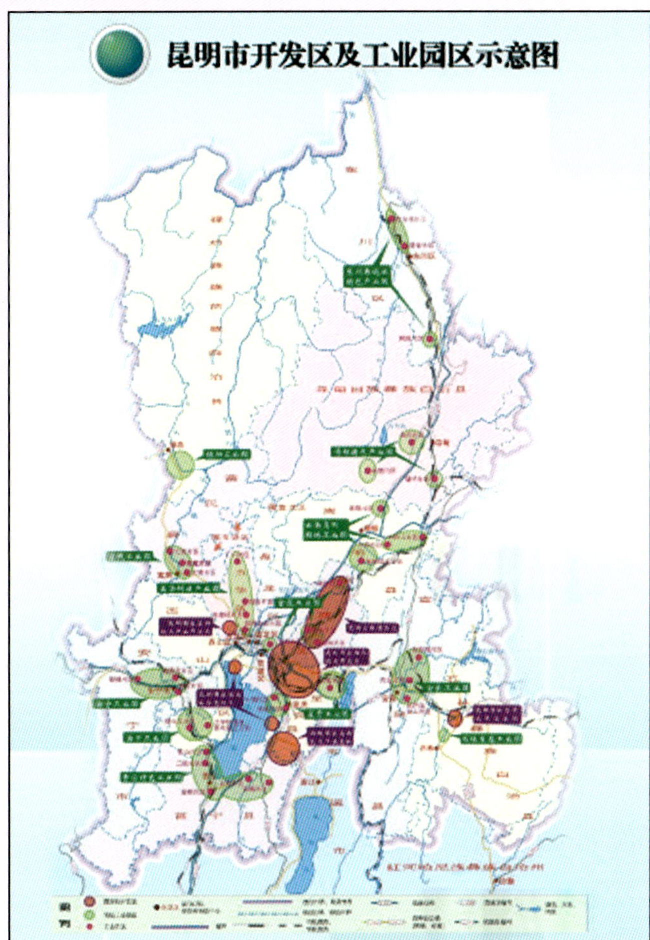

昆明市工业园区示意图

2009年8月，昆明市工业经济保增长工作会

2009年2月4日，召开昆明市工业突破园区建设招商引资动员大会。

国家863软件昆明基地

云铜集团核心企业——云南铜业股份有限公司

昭通市经济委员会

云南省副省长和段琪（左三）视察昭通市宏联实业有限责任公司

昭通市经委主任余伟（右四）陪同市委书记夜礼斌（左三）视察云宏公司中控室

昭通市市长王敏正（中）视察昭烟生产线

2009年11月6日，昭通市工业经济发展推进会在昭阳区召开

云南侨通包装印刷有限公司现代化的生产设备

云南镇雄发电有限公司2×600MW机组工程仪式

曲靖市经济委员会

中共云南省委书记白恩培考察曲靖工业经济

云南省副省长和段琪考察滇东能源电煤存量

云南省工信委主任刘绍忠、曲靖市市长岳跃生调研马龙小寨工业园区

曲靖市委书记赵立雄现场调研工业园区标准厂房建设情况

曲靖卷烟厂远景

YUXI 玉溪市经济委员会

玉溪市市长高劲松（左二）调研企业

（金宏森　摄）

市政府和省政府签订工业经济发展目标责任书

玉溪市召开新型工业化发展大会

玉溪市经委主任李长金主持由市经委承办的商品展销会隆重开展

（金宏森　摄）

市领导出席召开强工业保增长工作汇报会

市召开中小企业和非公经济发展大会

保山市经济委员会

省工信委主任刘绍忠（前右三）到保山香料烟公司调研

省工信委领导到保山市指导工业园区建设工作

召开全市工业经济形势分析会

市经委召开项目申报，经济运行分析监测及安全生产工作会

云南永昌铅锌公司

云南省副省长和段琪到禄丰工业园区视察

云南省工信委主任刘绍忠，副主任许云、王兴宁在楚雄州州长杨红卫、州经委主任何学明的陪同下到新立公司武定钛业分公司调研

楚雄州经济委员会

楚雄州州长杨红卫代表州人民政府与昆明钢铁控股有限公司签订战略合作协议

云南省工信委主任刘绍忠，副主任许云、王兴宁到楚雄州调研、指导工业经济发展

红河州经济委员会

红河州委书记刘一平（右二）在红钢调研

红河州州长杨福生（左三）在云锡10万吨铜基地调研

云南解化集团公司开远厂区一景

泸西大为公司95万吨焦化项目基地

红河州2010年经济工作会议现场

红河州经委主任吴建明深入企业了解生产情况

云锡10万吨铝生产基地

泸西大为公司95万吨焦化项目全景

文山州经济委员会

云南省副省长和段琪（左三）在云南省工信委主任刘绍忠（左二）、文山州州长黄文武（左一）陪同下考察人羞花公司

2009年3月27日，姚堂文副州长在州经委郑先进主任、广南县常务副县长吴家发陪同下到广南壮乡水泥公司考察

2009年12月19日，铝土矿资源开发签字仪式

文山州加快非公有制经济暨工业园区建设工作会议

文山正泰锰业

普洱市经济委员会

召开2009年全市工业经济工作会议

市经委召开全市经济（经济和商务）局长工作会议

市经委2009年举办金融部门与企业合作的座谈会

普洱市经委张若雷主任前往景东县佳浩茧丝绸有限公司调研

市经委举办“当前形势与科学发展”专题讲座

市经委举办企业经营管理人员培训

西双版纳州经济委员会

2009年2月17日，云南省副省长和段琪在版纳州委书记江普生，副州长杨沙等领导的陪同下，深入勐海工业园区考察

2009年2月17日，由全国啤酒生产企业四强之一的金星啤酒集团在西双版纳州投资兴建的花园式啤酒生产基地——西双版纳金星啤酒有限公司开工庆典在景洪工业园区隆重举行。

2009年3月20日，西双版纳州召开全州工业经济既节能降耗工作会议

世界上第一条工业级别的汉麻纤维加工生产线在勐海工业园区正式投产

景洪电站

大理州经济委员会

国家工信部贾银松司长到大理调研

州委、州政府领导出席全州项目建设工业发展招商引资会议

新春佳节到来之际，大理州人民政府召开新春企业家座谈会

大理州经委召开洱海保护活动大会现场

德宏州经济委员会

云南省工信委在芒市召开德宏工业发展调研座谈会

云南省工信委园区处领导到德宏调研园区发展情况

DEHONG

德宏州经委举行食品、珠宝、家具规划编制座谈会

州经委、州统计局开展节能降耗工作统计培训

州经委举办德宏州工业经济专题研修班

丽江市经济委员会

丽江市经委主任王天寿（左三）进行工业调研

华坪煤矿井下壁式采煤工作面采用金属支护

云南华盛化工有限公司全貌

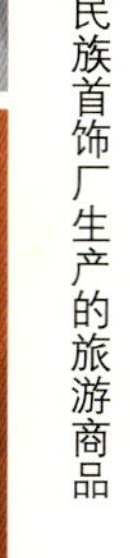

丽江市民族首饰厂生产的旅游商品

怒江州经济委员会

NUJ
怒 江

云南省委书记白恩培（左一）到怒江视察工业企业工作

怒江州经委党组书记、主任李玉树（中），副主任李贵华（左）、史琳（右）

云南省省长秦光荣（左二）视察金鼎锌业公司10万吨电锌项目

云南电网公司总经理廖泽龙（左一）在常务副州长陈建平（左二）陪同下调研怒江电网公司

怒江州人民政府州长侯新华向省工信委领导汇报怒江工业发展情况

节能灯捐赠仪式

迪庆州经济委员会

省领导出席迪庆州政府战略合作签订仪式

州政府与省工信委调研组召开工业发展座谈会

省工信委领导视察工业园区建设情况

香格里拉酒业股份有限公司生产基地

香格里拉工业园区全景

临沧市经济委员会

云南省省长秦光荣（前右二）考察沧源金腊云矿锌业有限公司

云南省副省长和段琪（前右二）考察鑫圆锗业有限责任公司

临沧市经委主任张廷忠到澜沧江啤酒集团调研

勐库戎氏生产车间一角

昆　明　市

昆明市工业和信息化委员会

【工业经济基本情况】 2009年，昆明市工业共有39个大类，120余个中类，210多个小类，约1.8万户工业企业，其中，年主营业务收入500万元以上（规模以上）工业企业户数1075家；亿元以上工业企业215户；5亿元以上工业企业52户；10亿元以上工业企业31户；50亿元以上工业企业4户；100亿元以上工业企业3户。全部工业从业人员约45万余人。

全市有高新区、经开区、度假区、石林台湾农民创业园4个国家级开发区为龙头，13个省级工业园区，园区规划控制面积达873.29平方公里。两年共收储土地60平方公里、新增“五通一平”面积45平方公里。全年全市工业园区完成规模以上工业增加值421亿元，占全市规模以上工业比重78.7%；完成基础设施投资58亿元，同比增长81.2%。全市园区融资到位资金113.447亿元。

2009年，全市工业完成工业总产值2012.73亿元，其中，规模以上工业完成工业总产值1827.08亿元。全市工业完成增加值632.36亿元，同比增长9.7%，占全市地区生产总值（GDP）的比重为35.0%，其中：规模以上工业完成增加值534.74亿元，同比增长10.1%。工业经济效益平稳增长，规模以上工业经济效益综合指数245.78%，同比提高14.8个百分点；成本费用利润率5.70%，同比增长2.8个百分点；利税总额272.19亿元，同比增长22.1%；利润总额92.8亿元，同比增长87.8%；企业亏损面为30.5%，亏损面同比下降5.5个百分点。全市大中型工业企业累计实现主营业务收入1323.7亿元，增加值426.54亿元，利税234.21亿元，利润72.21亿元，分别占全市规模以上工业企业主营业务收入、增加值、利税总额、利润总额的73.2%、79.8%、86.0%、77.8%。全年全市新开工亿元以上项目88个，超额完成全年目标任务。完成工业固定资产投资345亿元，工业固定资产投资增长38%。

2009年，受金融危机影响，昆明地区工业产品出口总额为20.73亿美元，同比下降28%，占地区出口总额的69.8%。出口产品中，初级产品占出口总额的25.6%，工业制成品占69.8%。出口工业制成品涉及37项国际贸易标准分类商品海关目录。其中，28项商品出口超过1000美元国；6项商品出口超过1亿美元，分别是化学肥料、有色金属、无机化学品、待分类产品、未列名金属制品、服装等国20项商品出口实现增长，其中14项商品出口增幅超过100%。此外，皮革制品实现首次出口。

【招商引资】 昆明市工业系统牢固树立招商引资第一政绩理念，统筹工业招商引资工作。编制工业投资指南，建立产业项目库，储备各类招商项目12类185个；拓宽招商信息渠道，加强与外地驻昆商会的沟通联系，建立健全项目信息库；加强重点产业、行业投资动态分析，主动开展上门招商、专题招商和以商招商；落实领导干部挂钩推进重大项目制度，狠抓项目跟踪落地。成功引进中国西电、哈电、香港鸿城、云南冶金等多家战略合作伙伴，高位改造嫁接传统优势产业。全年全市实际利用外资7.28亿美元，同比增长20.9%；引进市外到位资金706.59亿元，同比增长33%。全市引进亿元以上项目267个，其中：工业项目占94个，到位资金157.31亿元，占到位内资总额的22.26%。

【重点产业发展情况】 （一）烟草制品业　生产卷烟812亿支，同比增长1.4%。烟草制品业完成工业总产值221.31亿元，同比增长5.6%；工业增加值163.3亿元，同比增长4.8%；主营业务收入202.08亿元，同比增长6.7%。

（二）有色冶金行业　生产十种有色金属67.56万吨，同比下降3.4%。其中电解铜29.06万吨，下降4.2%，原铝32.13万吨，增长2.0%，锌5.3万吨，下降15.3%。有色冶金行业完成工业总产值323.57亿元，同比下降16.7%；工业增加值41.75亿元，同比增长7.8%；主营业务收入315.99亿元，同比下降19.9%。

（三）黑色冶金行业　生产粗钢418.1万吨，同比增长1.3%；钢材生产395万吨，同比增长3.5%；生铁生产443.43万吨，同比增长3.5%；铁合金生产4.78万吨，同比下降9.1%。黑色冶金行业完成工业总产值174.74亿元，同比下降21.4%；工业增加值30.29亿元，同比增长4.4%；主营业务收入226.87亿元，同比下降11.5%。

（四）化工行业　生产化肥146.15万吨，同比增长17.4%；硫酸（折

100%）616.82万吨，同比增长26.2%；黄磷13.58万吨，同比增长1.1%。化工行业完成工业总产值235.28亿元，同比下降5.3%；工业增加值46.88亿元，同比增长5.5%；主营业务收入210.5亿元，同比下降8.3%。

（五）机电行业 生产金属切削机床19633台，同比下降24.3%，其中，数控金属切削机床3416台，同比下降5.6%；汽车用发动机1695.74万千瓦，增长56.1%；发电机组82.6万千瓦，增长2.1%；变压器1350.91万千伏安，增长45.2%。机电行业完成工业总产值222.97亿元，同比增长13.4%；工业增加值62.25亿元，同比增长15.3%；主营业务收入215.3亿元，同比增长6.5%。

（六）医药行业 生产化学药品原药292吨，同比下降8.5%；中成药11217吨，同比增长18.1%。医药制造业完成工业总产值70.16亿元，同比增长17.1%；工业增加值30.82亿元，同比增长10.7%；主营业务收入72.29亿元，同比增长25.2%。

（七）能源行业 完成发电量166.28亿千瓦时，同比增长10.7%。能源行业完成工业总产值134.89亿元，同比增长7.5%；工业增加值49.24亿元，同比增长8.9%；主营业务收入128.55亿元，同比增长6.4%。

（八）建材行业 生产水泥熟料624.16万吨，同比增长23.2%；水泥858.75万吨，同比增长37.1%；商品混凝土470.43万立方米，同比增长31.3%。建材行业完成工业总产值57.41亿元，同比增长38.5%；工业增加值11.54亿元，同比增长34.5%；主营业务收入54.52亿元，同比增长40.5%。

【信息化建设情况】 通过近几年不断的建设发展，昆明市已建成以光缆为主体、数字微波和卫星通信为辅助手段的大容量干线传输网络，规模、容量、技术等方面均居国内先进水平的网络基础体系，为信息化发展提供了基本条件；已形成以xDSL、LAN、WLAN、2G、2.5G、3G等手段并存、选择余地较大的接入网络，城域网不断完善；话音、视频和数据业务在接入层面上的融合不断推进。电信事业快速发展，正在努力把昆明打造成为连接东南亚、南亚国家间的国际信息港和国际电信信道枢纽中心，固定和移动电话普及、互联网普及程度大幅度提高。广播电视发展进入新阶段，全面建成数字电视网，形成了以光纤骨干网为主的城市有线电视数字宽带网络平台，城市数字电视覆盖大幅提高。

全市90%以上的烟草、冶金、医药企业广泛采用计算机进行辅助设计（CAD）、辅助工艺（CAPP）、辅助制造（CAM）、辅助检测分析（CAE）等信息技术。初步形成电子产品设备制造、软件开发、光电子、信息系统集成、通讯业、信息服务业等门类相对齐全的信息产业发展格局。截止2009年底，全市统计内电子信息产业企业108户，其中，电子信息制造业16户，软件企业92户，主营业务85.7亿元，占全省总收入的98%，其中，电子信息制造业实现销售收入45.5亿元，同比增长0.4%，软件业主营业务收入40.2亿元，同比增长39.1%；软件业务收入合计25.3亿元，同比增长13.96%，（软件产品收入6.18 亿元，同比增长8.42%；系统集成收入18.07亿元，同比增长21.28%；软件技术服务收入1.05亿元）。

建成覆盖各县（市）区、市级党政机关各部门的电子政务内网和统一标准的电子政务应用平台，完成了市级机关办公自动化系统，在全市党政机关全面推行网上办公。便民服务中心行政审批系统、市政务公众信息服务网的建设，完成昆明信息港政务站政府信息公开平台、公众服务平台、政民互动平台、投资昆明平台四大功能平台的搭建工作，完成市级行政中心信息化基础平台整体建设。

建成了国内先进水平的工商企业一卡通工程、全市社会保障卡信息网络平台等重点便民工程；正式启动“无线数字城市”和服务昆明居民的“一卡通”工程建设；信息资源开发工作取得新的进展，初步形成数字档案、基础地理信息资源库、污染源控制系统等信息系统的基本框架；数字昆明建设工程、电子政务建设工程、智能化交通工程、城市一卡通工程、农业信息服务工程、社区信息化示范工程、社会信用体系建设工程和行政新区电子政务网络基础设施建设工程等信息化八个重点工程取得了重大成果。2009年，昆明信息化水平进一步提升，荣获2009年“中国经济科学发展十佳城市”称号和“2009中国最具创新力城市”称号。

“十一五”期间，相继出台了信息化项目建设管理、电子政务建设、信息安全等地方性法规和规范性文件。制定了鼓励软件、信息设备制造业发展的政策措施，推进了信息化建设和信息产业发展。加强了信息安全基础设施建设，建成国家信息安全产品测评认证中心云南中心等一批信息化技术中心和实验室。

依托在昆高等院校，形成了高等教育、职业教育等多层次的信息化人才培养体系；通过干部培训、职业培训体系，在机关、公务人员中开展了电子政务培训，普及了信息化应用技术，信息化应用水平不断提高。

重视标准体系建设，奠定信息资源共享的技术基础。选择和监督执行相关的国家标准、行业标准，延伸和补充制定一些地方性标准和规范，衔接国际和国家标准。制定了急需的数据规范、标准，促进了信息的共建共享，提高了信息化建设的总体水平。

【中小企业发展】 为鼓励支持中小企业上市，在2008年出台的《昆明市鼓励企业上市奖励暂行办法》的基础上，结合创业板的要求，又提请市政府出台了《昆明市关于鼓励企业在创业板上市的实施意见》（昆政发〔2009〕72号）。将上市后奖励调整为上市前经费补助和上市后奖励相结合，明确根据企业上市进程，市、县（市）区政府分阶段给予企业100万元的前期费用补助；成功上市后，根据其上市融资额，市政府给予经营班子100~200万元的一次性奖励，并明确规定中小企业在创业板以外证券市场上市的，可参照执行。

2009年，市工信委共征集企业54户，免费对44户拟上市企业进行了专题培训。

2009年，市工信委与建行、工行、广发、招商、民生、富滇、国开等7家银行建立了中小企业金融合作机制。7家银行对全市中小企业信贷资金投放总量达到776亿元，其中，中小企业贷款余额为450亿元，余额净增加145亿元，中小企业贷款户为3011户，新增贷款户823户，对新客户发放贷款79亿元，中小企业银行承兑汇票180亿元，中小企业银行承兑汇票贴现97亿元。我们还通过组织融资座谈会。按照市场原则和商业化动作模式，由市财政引导社会资金组建了昆明市中小企业融资担保股份有限公司，2009年累计担保项目38个，融资额为人民币64800万元。

【制度、技术创新】　2009年，市工业系统加大了制度创新工作力度。市政府制定相继出台了《关于鼓励支持主城企业节能减排降低成本搬迁入园异地发展的实施意见》、《昆明市开发区及工业园区“三年攻坚、六年跨越”行动计划》、《昆明市促进太阳能产业升级发展的意见》、《昆明市医药产业发展规划纲要》、《加快中小企业发展的实施意见》、《关于加快振兴昆明装备制造业的实施意见》等系列政策文件，大力支持工业，突出园区建设。在财政政策上，市级每年预算安排工业园区、新型工业化、非公经济、节能减排等专项扶持资金，支持工业突破园区建设。在土地政策上，全市年度新增用地指标向工业倾斜。

全年共安排新型工业化资金扶持项目75个，安排资金5307.5万元。其中，安排技术改造项目33个、新产品项目13个，资金2167.5万元。截至2009年末，全市国家级企业技术中心9户，当年新增1户；省级技术中心69户，当年新增12户；市级企业技术中心61户，当年新增18户（部分企业同时是国家级、省级或市级中心）。启动了10户企业信息化示范工程建设项目。到2009年，全市共有8个中国名牌产品，142个云南省名牌产品，7个中国驰名商标，285个云南省著名商标，165个昆明知名商标。

【产业结构调整】　昆明市在加快推进新型工业化进程中，把结构调整作为改善工业发展质量，实现又好又快发展的重要手段。2009年，全市轻工业完成增加值246.98亿元，增长8%；重工业完成增加值287.75亿元，增长11.9%。轻、重工业比逐步调整为46.2：53.8。同时，新的支柱产业逐步形成，机电、能源、医药工业增加值比重分别达到11.6%、9.2%和5.7%。光电子、生物医药、绿色食品等新兴产业的兴起和发展，既有力推动全市工业经济运行质量提高，又保障了年度节能目标的顺利完成。

【非公经济发展】　全市认真贯彻国家、省市促进非公经济发展的政策措施，落实市委、市政府《关于加快非公有制经济发展的实施意见》，着力营造良好发展氛围，把发展非公经济作为战略重点谋划推动，全面放开发展非公经济。深入实施中小企业成长工程，重点扶持50户成长型企业加快科技创新和技术改造，引导企业上规模、升层次、增效益。

2009年，全市非公经济完成增加值805亿元，同比增长13.1%，占全市GDP比重的44.5%；完成税收总额229.2亿元，占全市税收总额的48.9%。全市登记注册个体私营企业总户数达311624户，同比增长16.3%；从业人员142.45万人，同比增长12.1%。其中，私营企业69955户，占全省私营企业总户数的51.4%，提高了2.9个百分点，比上年新增13658户，增长24.3%，从业人员72.96万人；登记注册个体工商户241669户，占全省个体工商户总数的24.5%，比上年新增30042户，增长14.2%，从业人员69.49万人。年末实有私营企业集团31户，比上年新增5户；实有股份有限公司88户，比上年新增44户。

非公经济实现社会消费品零售总额719.26亿元，增长21.7%，占全市社会消费品零售总额的83.2%；非公经济规模以上工业企业实现增加值128.8亿元，占全市规模以上工业增加值的24.1%。至2009年末，私营企业注册资本1348.7亿元，同比新增498.2亿元，增长58.6%，户均注册资本192.7万元，较上年的151.1万元增长了27.2%。其中，注册资本1000万元至1亿元的1140户，新增827户；亿元以上24户，新增19户。

【节能降耗工作】　2009年，全市认真落实国家和省有关节能技术、节能产品推广应用的各项政策，积极推广普及先进适用的节能技术和产品，引导企业采用新工艺、新技术和新设备进行技术改造，着力降低能源消耗。针对我市工业结构特点和能耗实际状况，昆明市在建材、化工、冶金重点耗能行业组织实施余热余压利用工程、燃煤工业锅炉节能改造工程、电机系统节能改造工程、绿色照明工程等重点节能工程。

全年完成14个县（市）区、6个市级部门、30户重点企业节能目标责任评价现场考评；完成昆明复兴、白水泥、威世实业、富民金锐、晋宁立宇建材5户水泥企业落后产能拆除任务；启动“绿照工程”，累计完成422万余支绿色照明产品节能灯推广任务，超目标111%；超额完成2009年省政府下达我市的万元GDP能耗下降4.3%的目标任务；规模以上工业万元增加值能耗下降2.58%；清洁生产审核验收企业105户；完成淘汰水泥落后产能227万吨，炼铁落后产能23.2万吨，完成了省政府下达的目标任务；全年累计完成62户重点能耗企业的能源审计工作。

对重点优势行业企业，在煤、电、油、运等生产要素供给上给予倾斜；对国家产业政策明确的淘汰类、限制类行业，实施差别电价政策；对高耗能、高排放行业企业，如黄磷行业实施供电和产量“双控”政策；利用能源消耗指标促使高耗能、高排放企业实施技术改造。全年安排节能专项资金1795.5万元，扶持364个节能减排项目和淘汰落后产能项目。其中：节能减排技术改造项目49个，安排资金1219万元；淘汰落后产能补助项目8个，安排资金116万元；滇池流域企业清洁生产审核企业307户，共安排补助资金460.5万元。

启动“退二进三”搬迁改造工作。市政府制定出台《关于鼓励支持主城企业节能减排降低成本搬迁入园异地发展的实施意见》，成立了市“退二进三”工作办公室，按“政府指导、市场主导”的原则，启动了昆明云瑞电机制造有限公司、昆明木器厂、昆钢凉亭轧钢厂、昆钢机制建安公司、昆明起重设备有限公司，昆明市政工程有限公司、昆明联亚有色金属材料有限公司、昆明氧气有限公司、昆明紧固标准件有限公司、云南CY集团有限公司、云南汽车工贸有限公司、云南云海机械制造有限公司、昆明烟机集团三机有限公司、昆明环球阀门有限公司、昆明明珠化工有限公司、昆明电器科学研究所、昆明森工集团有限责任公司、十四冶集团所属企业、昆明泉源鞋业有限公司等19户企业进行“退二进三”工作试点。

【安全生产管理】 2009年我市工业系统认真贯彻安全生产和消防的各项法律法规，始终坚持“安全第一、预防为主、综合治理”和“预防为主、消防结合”的工作方针，从建设现代新昆明，创建“平安昆明”的战略高度，把安全生产和工作作为系统内的一项重要工作来抓。一是认真落实安全生产和消防安全责任制。制定市属工业系统2009年度安全生产工作计划，与直属单位签订《2009年安全生产责任书》，与市属工业行业协会签订《2009年消防安全责任书》，签订率100%。通过将消防安全责任分解落实到系统内各工业行业协会及单位，进一步强化职责和责任，建立健全系统内安全生产及消防管理长效机制。二是加强检查，整治隐患。市属工业系统共组织了54个检查组对重点企业、隐患企业、企业出租房、企业人员密集场所等安全生产和火灾隐患进行了重点检查，共检查出各类隐患1400多起，共消除安全生产和火灾等安全隐患1200多项；抓好“两节两会”、“五一”和“十一”大黄金周期间的安全生产和消防工作；积极开展打击违法添加非食用物质和滥用食品添加剂和乳制品企业整顿与规范专项整治工作。2009年，市属工业系统未发生重特大安全生产和火灾事故，无人员死亡情况，安全生产和消防形势基本稳定。三是加强对安全生产知识宣传，切实做好“安全生产月”宣传工作。市属工业系统按照要求开展了以“关爱生命、安全防治”为主题的“安全生产月”活动和围绕“安康杯”和“云天化杯”竞赛活动的安全生产及消防宣传教育活动。

【任职领导名单】

主　任　陈　浩
副主任　耿思友
　　　　苟光清
　　　　魏　恺
　　　　程幼昆
　　　　张百舸

（王泽昊）

五华区经贸局

【工业发展概况】 2009年，五华区有规模以上工业企业186户（不含高新区五华区工业企业有88家），涉及29个行业。形成了以烟草制品业、有色金属冶炼及压延加工、医药制造业、印刷业和记录媒介的复制业、通信设备和计算机及其他电子设备制造业、汽车制造业、食品加工业等为主的多元化的工业业态。区内汇集了红云烟草（集团）有限公司、云南铜业股份有限公司、昆明滇虹药业有限公司、昆明制药集团有限公司、贵研铂业有限公司等知名企业，培育成长起云南普瑞生物工程有限公司、昆明汉德生物技术有限公司、云南贵研药业有限公司、昆明群芳药业有限公司、恒裕光电等高新技术企业和云南明泰玻璃股份有限公司、昆明三宝经贸有限公司、昆明鑫兴泽环境资源产业有限公司等非公企业，涌现出了“铁峰”高纯阴极铜、“云烟”卷烟等中国名牌产品。“紫衫醇”“绿A螺旋藻胶囊”“卡铂”“顺铂”等高技术产品。初步形成依托“五华科技园”、“高新技术产业开发区”、“红云烟草（集团）有限公司”、“云南铜业股份公司”实施大项目带动，产业集群式发展的格局。工业总量在全市名列前茅。由于始终在全省保持发展的领跑地位，五华区2005~2007年连续三年被评为“云南省县域经济十强县”之首。2008年被评为云南省工业经济十强县之首。

2009年，实现工业增加值242.27亿元，同比增长8.3。其中，规模以上工业增加值241.18亿元，同比增长8.3%，占全区工业增加值的99.55%；主营业务收入526.04亿元，同比下降5.89%；利税总额165.61亿元，同比增长21.31%；工业利润52.34亿元，同比增长296.24%。2009年工业固定资产投资完成51.38亿元，同比增长5.5%。

【产业结构调】 五华区深入贯彻落实国家、省、市有关产业结构调整的安排部署，结合全区实际，逐步实现三大转变：一是提升工业经济总量，逐步优化经济结构。2003年五华区区域内二、三产业比重为27.5：72.5。2004年8月实行行政区划调整后，五华区产业结构发生巨大变化，以工业为主的第二产业增加值占GDP的比重相对较大，2009年区三次产业结构的比重为0.3：49.8：43.8，全区国民经济呈现出二、三、一的发展格局。二是强化传统工业的支撑作用，全力发展新型工业、高科技产业。辖区内聚集了红云红河集团、云南铜业股份有限公司等国家、省、市重点企业对全区工业经济的支撑作用依然强劲。在强化上述产业、企业的积极贡献的同时，依托五华科技产业园重点发展光机电、生物制药、高新技术产业等产业，全力促进新型工业发展。三是充分利用优势科技资源，助力工业突破。五华区域内集中分布了云南大学、云南师范大学、昆明理工大学等高等院校11所，中科院植物研究所等各级科研机构20多个，是全省智力资源最密集的地区。区内大专院校和科研机构条件优越的实验基地和自由、开放的学术交流空间，为先进适用技术的运用，科技成果的转化，工业产品的研发提供了便利条件。同时，作为企业孵化平台的昆明高新五华科技园创业服务中心，于2008年底通过了科技部组织的国家级高新技术创业服务中心认定，进一步突出了五华区在高新技术产业发展上的优势和特点。

【五华科技产业园建设】　2009年，五华区充分发挥五华科技产业园的区域优势，全面启动各项建设工作，争取到新增建设用地1559亩土地指标，不断加快科技产业园的建设和发展速度。一是全面启动园区道路交通基础设施建设。2009年五华科技产业园承担了王家桥片区五华1号、2号、17号、科普路四条道路的建设任务，共计总长度7.2 公里，总投资10.2亿元，其中，征地拆迁费为5.3亿元、建安费为4.9亿元。为保证拆迁征地工作的顺利开展，园投公司成立了征地拆迁办公室，并开展相关工作，同时管委会与涉及的黑林铺街道办事处、普吉街道办事处签订了目标责任书。二是加强融资，保证建设资金。为保证09年交通基础设施建设任务能够顺利完成，解决园区路网建设所需资金，采取多渠道、多方式加强融资，保证建设资金需求，采取了取BT融资和银行融资两种方式。其中，园区1号、2号路建设采用BT项目融资建设的方式，此外，充分发挥园投公司融资平台作用，积极与各家银行联系，共获得4家银行贷款6.7亿元。三是加快重点项目推进。将五华区中小科技企业创业园、中船重工第七〇五研究所昆明分部、联强国际区域5C科技总部作为重点推进项目。将五华区中小科技企业创业园建于金鼎科技园18号平台，该园占地面积19.4亩，总投资额3300万元，建筑面积20982㎡，09年已竣工；将中船重工第七〇五研究所昆明分部扩建项目位于王家桥片区筇王路以南，该项目占地土地面积315.7亩，一期建设总投资3.6亿元，09年已开工；联强国际区域5C科技总部暨现代化运筹中心项目已签署了投资协议书，该项目将在年内启动。四是为加快五华科技产业园王家桥片区城中村改造及迁村并点步伐，整合片区土地，启动了涉及陈家营村、上沙河村、下沙河村、谷堆村四组、谷堆村五组五个村组的城中村改造及迁村并点工作。截至目前，涉及园区王家桥片区的5个村组城中村改造方案正在进行进一步优化，同步开展与万科等著名地产商的合作谈判工作。五是通过广泛宣传、以商引商、签订服务承诺书以及举办、协办、参加各类项目推介会等方式不断丰富招商手段，完善跟踪服务制度，截至10月底，园区范围内实际引进市外企业和项目487家，实际到位资金192100万元，其中，管委会实际引进市外企业和项目49家，实际到位资金27739.32万元。

【科技创新】　依托技术改造、技术创新、企业信息化和园区建设等工作，加快建设科技创新体系。积极鼓励企业开展技术创新和改造、积极帮助工业企业申请省、市相关扶持资金。2009年全区工业企业共获得省、市新型工业化扶持资金283万元，科技计划资金扶持1000万元，节能减排和清洁生产扶持资金187万元。一是组织云南恒裕光电有限公司“S777A型微电子控制自动变黑滤光镜电焊面罩”项目、昆明贵研药业有限公司“抗肿瘤新药奥沙利铂产业化”等六个项目申报自主创新和高新技术产业化建设项目。推荐云南金九地生物科技有限公司年加工100吨珍稀植物铁皮石斛系列保健品开发项目申报企业技术改造财政贷款贴息。推荐昆明颜之灵精美数码印刷有限公司“数码印刷连锁店管理系统”申报信息化建设示范工程项目、推荐云南明泰玻璃股份有限公司申报信息化建设示范工程项目。其中，云南金九地生物科技有限公司获得市财政100万企业技术改造财政贷款贴息，昆明克林轻工机械有限公司获得市财政60万创新能力建设项目资金补助。二是加快创业服务体系建设。初步制定《现代企业加速器加速工作管理办法》、《现代企业加速器加速协议》、《现代企业加速器加速场地使用协议》等。加快创业投资功能平台、科技中介服务平台、项目申报咨询与服务平台、人才交流与服务平台等科技创新支撑平台的建设步伐。三是依托园区强化项目管理。挖掘、整合园区存量和增量企业、项目资源，做好项目申报的储备工作。通过积极主动的对接与交流，为项目申报、扩大服务范围，增加服务对象做好企业、项目的储备工作。继续组织企业申报国家、省市各类科技计划项目，为企业做好申报的服务与协调工作。同时，协助企业申报高新技术企业认定、技术中心认定等资质认证。园区管委会共协助120余家企业申报上级扶持资金或高新技术人证，目前园区内有国家高新技术企业7家，拥有自主知识产权的企业有50家，知识产权数165个。

【重点项目跟踪服务】　五华区2009年新增云南铜业股份有限公司新增电解产能技改项目配套工程、红云红河烟草（集团）有限责任公司集团办公大楼、中船重工七〇五研究所昆明分部扩建项目等3个亿元以上开工项目。

2009年亿元续建项目推进顺利。其中，红云红河烟草（集团）有限责任公司昆明卷烟厂易地技术改造项目，2009年完成投资17.92亿元；云南铜业股份有限公司“新增18万吨/年电解铜产能技改”项目累计完成投资6.36亿元，2009年完成投资0.66亿元，该项目已基本完工。

【中小企业、非公经济发展】 2009年，全区中小企业、非公经济增加值完成234.14亿元，同比增长14.0%，占全区GDP的47.3%；实现非公经济实收税金18.66亿元，同比增长7.3%；实现全区个私企业户数42559户（个体工商户达32193户，私营企业10366户），同比增长27.36%；从业人员12.69万人，新增3.3万人。

为加快中小企业、非公经济的发展，采取相应的措施：一是全区加快制定调整促进中小企业发展的政策，拟定《中共昆明市五华区委 昆明市五华区人民政府关于加快中小企业发展的实施意见》。二是完善并落实好支持非公有制经济和中小企业发展政策。三是加强对企业的联系和服务，进一步优化发展环境；四是努力帮助中小企业、非公经济解决资金短缺问题，促进企业加快发展；五是积极帮助企业争先创优，营造良好的非公经济、中小企业发展舆论氛围。

西山区经济委员会

【概述】 在区委、区政府的高度重视和正确领导下，全区认真贯彻落实中央和省、市“扩内需、保增长”的政策措施，强力推进工业强区战略，紧紧围绕工业发展目标，狠抓目标任务落实，努力解决工业经济运行中的突出矛盾和问题，建立骨干企业领导联系制，积极开展减产企业帮扶工作，加大新型工业化项目的资金扶持力度，鼓励企业恢复信心，加快生产。通过努力，全区规模以上工业增加值成功扭转了年初大幅下滑19%的不利局面，全区规模以上工业企业累计完成工业增加值23.5亿元，同比增长3.56%。实现正增长。

【工业招商工作】 继续加大工业项目的招商引资力度，认真开展针对海口工业园区的招商工作。全年共有5个亿元以上工业项目顺利开工，分别是昆明滇威太阳能设备有限公司真空集热管生产线建设项目、云南百集龙实业集团钢结构工程公司生产线搬迁技改项目、昆明龙业标准件有限公司生产线搬迁技改项目、云南新铜人实业有限公司铜加工生产线搬迁技改项目、云南绿色能源有限公司垃圾焚烧发电项目，圆满完成亿元工业项目开工5个的任务目标。

【工业园区建设】 高度重视海口工业园区建设，全年累计投入园区基础设施建设资金2.3亿元，园区基础设施建资取得较大突破。2009年，园区已收储土地2742亩，其中，一期1321亩土地的“五通一平”建设工作已全面完成，园区配套的给水、污水处理、电力、通讯设施正在紧张施工，园区承载能力大幅提高，园区吸引力及凝集力得到明显加强，为工业招商和城区工业企业的转移提供了理想的承载平台。截至年底，工业园区累计完成工业固定资产投资13.8亿元，有5个亿元以上工业项目入驻，协议投资近10亿元。

【工业固定资产投资】 针对受全球金融危机的影响，企业大幅减少工业固定资产投资的实际情况，我区及时对全区工业企业，特别是海口工业园区工业企业的投资项目、基础设施配套项目、企业技改项目进行认真梳理，并加强项目跟踪服务力度，督促项目投产，促使项目早日形成投资。2009年，全区共完成工业固定资产投资19.5亿元，同比增长33.56%，顺利完成同比增长32%的目标任务。

【实施“规模以上企业培育工程”】 区经济委广泛深入到各类企业进行摸底调查，成功锁定昆明耀龙电缆有限公司、云南明镜制药有限公司、云南魅力汉道医药科技有限公司、昆明贻游祥包装有限公司、昆明鹏达工贸有限责任公司、昆明增荣鑫塑料工贸有限公司等6户具有成长潜力的规模以下工业企业，通过扶持培育有4户企业顺利成长规模以上工业企业，共投入培育扶持资金60万元。截至年底，我区共有规模以上工业企业128户，圆满完成规模以上工业企业达128户的目标任务。

【设置工业发展专项资金】 为鼓励企业加快技术改造步伐，不断提高技术创新水平，促进新工艺、新技术、新产品的开发和运用，走新型工业化道路，区委、区政府专门制定出台了《西山区工业发展专项资金管理办法》，并每年配套500万元作为工业发展专项资金，主要用于推进我区新型工业化的加速发展，专项扶持技术改造、新产品开发、循环经济、成长型中小企业、节能减排、清洁生产等领域的相关相关项目，全年我区共对82个具有代表性的新型工业化项目给予扶持，共拨付扶持资金500万元，有效促进了全区工业经济实现正增长。

【清洁生产】 西山区是清洁生产任务最重的县区，区局采取不同形式，对列入清洁生产审核计划的60家企业进行了大量宣传和指导工作，全年共有43家企业顺利通过清洁生产审核验收，超额完成市政府下达的35家企业通过清洁生产审核的目标任务。同时以清洁生产为契机，大力推进工业循环经济，鼓励企业进行余热回收利用，其中以昆明马龙化工有限公司“磷酸余热回收利用项目”和云天化国际化工三环分公司“硫酸干吸工序增加低温位热能回收（HRS）装置技改项目”成效最为显著，走在全市发展循环经济的前列。

表1　　工业经济、非公经济、节能降耗指标情况表　　　　单位：万元、户、人

		2008年	同比增减%	2009年	同比增减%
工业经济主要指标	工业总产值	1544700	21%	1699000	10%
	工业增加值	488600	12.7%	537500	10%
	主营业务收入	1360000（规上）	22.5%	1496000	10%
	税收	48200	21%	53000	10%
	利润	71000（规上）	17%	78100	10%
	工业投资	141000	25.5%	158400	10%
	工业增加值占GDP比重	25.31	增减百分点 0.61	25.81	增减百分点 0.5
	第一、二、三产业分别占GDP比重	1.49∶31.9∶66.61		1.2∶32.5∶66.3	
非公经济主要指标	全部企业户数	2811（法人）	10%	3115	12%
	全部非公经济占GDP比重	74.08	增减百分点 2.51	88.89	增减百分点 3
	工业企业增加值	149000	24.25%	178800	20%
	工业企业上缴税金	3.36	25.25%	4.03	20%
	工业企业就业人数	46923	25.25%	51615	10%
节能降耗指标	单位GDP能耗下降%				
	规模以上工业单位工业增加值能耗下降%		22.71%		

表2　　（西山区）2009年主要工业产业情况表　　　　单位：万元

	产业名称	2008年					
		工业总产值	同比增减%	工业增加值	同比增减%	主营业务收入	同比增减%
县域主要工业产业情况	1. 化学原料及化学品制造业	670000	56.5%	132700	45.24%	607400	46.04%
	2. 电气机械及器材制造业	189300	2.2%	28400	-4.64%	217400	12.65%
	3. 医药制造业	95600	27.6%	28900	33.44%	81000	39.09%
	4. 食品制造业	57600	56.2%	152	42%	60900	57.93%
	5. 仪器仪表及办公机械制造业	37900	1.6%	0.97	1.44%	36000	1%

注：1. 主要填写5个以内的工业产业；

2. 产业分类按统计年鉴的40大类来分。

表3　2009年规模以上工业企业情况表　　单位：户、万元

2009年规模以上工业企业情况	主要指标	企业数	总产值	同比增减%	增加值	同比增减%	主营业收入	同比增减%
		127（国家库）	1330800	24.8%	274200	18.1%	1360000	22.5%
	代表性工业企业	企业名称	总产值	增加值	主营业务收入	主要产品		
		1. 云天化国际化工股份有限公司三环分公司	325200	98600	314200	硫酸、磷酸铵肥		
		2. 云南三环中化嘉吉化肥有限公司	144900	12300	128400	磷酸铵肥		
		3. 云南三环中化化肥有限公司	112400	13400	86100	磷酸铵肥		
		4. 昆明马龙化工有限公司	51800	1900	42800	黄磷、五钠		
		5. 昆明电缆股份有限公司	138900	15000	121600	电力电缆		
		6. 昆明电机有限公司	40300	10100	46400	发电设备、电动机		
		7. 云南北方光电仪器有限公司	24500	6400	25000	光学仪器		
		8. 云南西仪工业股份有限公司	44400	14100	41500	汽车连杆		
		9. 昆明中药厂有限公司	26700	9500	16000	中成药		
		10. 昆明振华制药厂有限公司	8100	2900	7400	中成药		

表4　1000万元以上企业项目建设情况表　　单位：万元

重大项目建设情况		项目名称	总投资额	已完成投资额	建设期限
	在建重大项目	1. 云南三环中化化肥有限公司120万吨/年磷铵项目二期工程	60000	18500	2008-2010
		2. 云南三环中化化肥有限公司铁路扩建项目	15000	14000	2008-2009
		3. 欧亚能源开发有限公司风摆山40MW风力发电项目	26000	1000	2008-2011
		4. 昆明第三污水处理厂二期工程	13000	4000	2008-2009
		5. 云天化国际化工HRS技改项目	12000	1000	2008-2010
		6. 云南三环中化3.5万吨/年氟硅酸钠建设项目	4300	3000	2008-2009
	拟建重大项目	1. 昆明滇威太阳能真空集热管生产线	24000		2009-2010
		2. 云南绿色能源有限公司垃圾焚烧发电项目	35000		2009-2010
		3. 云南湘铝氟业5000吨/年冰晶石生产项目	12000		2009-2010
		4. 昆明龙业标准件厂整体搬迁项目	8000		2009-2010
		5. 昆钢钢材延伸加工基地	160000		2009-2012
		6. 四川混凝土外加剂有限公司外加剂项目	4600		2009-2010
		7. 澳门恒燊汽车紧固配件项目	36000		2009-2011

官渡区经济贸易和投资促进局

【工业经济运行情况】　2009年，全区工业总产值实现353.66亿元，增长8.3%。全年完成工业固定资产投资57.04亿元，增长46.4%。全区规模以上工业企业户数达217户，规模以上工业增加值完成81.96亿元，增长9.7%。亿元以上工业项目开工完成5个。工业园区建设提速。引进新加坡裕廊国际集团编制《昆明空港经济区临空经济产业发展研究》。2009年，官渡工业园区完成土地协议收储4349.9亩，新增“五通一平”1797亩，建设标准厂房19712平方米，入驻企业55家，其中亿元以上企业4家，开工建设22家，竣工投产16家。

【非公经济完成情况】　2009年，全区非公经济增加值完成176.5亿元，完成全年目标176.3亿元的100.11%，同比增长10.1%；税收总额完成20亿元，同比增长9.2%；从业人员完成19.51万人，完成全年目标任务的112.1%，同比增长12.1%。新增市场主体12335户，全区非公经济快速增长，非公经济已占全区经济总量的80%以上，已成为促进官渡区经济发展、建和谐官渡的重要力量，在官渡区社会经济发展中发挥着越来越重要的作用。

【技术改造】　2009年，推进工业技改和节能减排技改项目共21项。昆明中铁大型铁路养护设备机械集团等4家企业获得创新型试点企业认定，云南今业生态建设集团等3家企业创建为省企业技术中心，企业科技含量和创新能力进一步提升。

【节能降耗工作】　编制了《官渡区2009年节能减排工作实施意见》、《官渡区节能减排目标责任评价考核办法（试行）》，细化分解市政府下达官渡区的2009年度节能减排责任目标，分解落实到6个区级相关部门、9个街道办事处、乡镇，以及规模以上年综合能耗在2000吨标煤以上重点能耗企业（含省、市“双百”重点耗能企业节能行动官渡区所属3户企业），淘汰落后产能1家；有序推进工业循环经济试点示范区工作，完成了编制《官渡区“十二五”工业循环经济发展规划》工作并通过了专家的评审；33家企业按照《昆明市固定资产投资项目节能评估和审查暂行办法》有关规定和要求填写了昆明市固定资产投资项目节能登记表进行备案。其中，需进行节能评估审查的固定资产投资项目共2项。1家企业已通过节能评估；另一家企业节能评估工作正在开展；推广使用高效节能灯20多万只，较好地完成了市级下达的推广10万只节能灯的任务。加强对耗能大户和重点企业节能监管，拟定节能减排工作定期会议制度。通过采取一系列强有力的措施，节能减排工作推进取得成效。2009年度全区规模以上工业企业万元增加值能耗下降8.09%，完成下达目标任务。

【清洁生产工作】　强化推进清洁生产、能源审计工作。制定《官渡区2009年全区清洁生产工作推进计划》，召开全区清洁生产工作会议，安排布置全年清洁生产工作，明确任务，强化清洁生产目标责任制和对清洁生产实施工作的指导，积极引导企业按照清洁生产的要求，加大资金投入，调整产业结构和产品结构，落实优惠政策，推进技术进步。加大宣传培训力度。2009年度全区已有55家企业开展清洁生产审核工作，33家企业通过清洁生产审核验收；除昆明钢铁集团有限责任公司凉亭轧钢厂已搬迁至玉溪外，云南盐化股份有限公司、云南国资水泥东骏有限公司、云南哨鑫电力器材有限公司、昆明玻璃制瓶厂、云南新美铝铝箔有限公司完成了能源审计工作。较好地完成了全年指标任务。

【做好商贸市场重点项目服务工作】　积极为昆明螺蛳湾国际商贸城项目的开发建设做好服务工作。昆明螺蛳湾国际商贸城项目已开工建设，建设工作进展顺利。项目一期市场商城占地860.1亩，总建筑面积120万平方米，主体商城长650米，宽265米，地面5层，地下1层，设计标准商铺23000个，总投资57亿元，已投入资金30亿元，已于2009年4月30日完成主体工程封顶，11月中旬竣工，12月份正式营业。经测算，项目一期市场投入运营后预计可安排就业人员70000余人，拉动经济300余亿元。全部项目建成投入运行后，预计可安排就业人员50余万人，拉动经济将突破1000亿元。

【积极为企业争取扶持资金】　按照区委、区政府的工作要求，2009年，区局高度重视争取中央、省项目资金和物资各项工作，通过加强与省、市相关部门的积极对接和联系，区局组织工业企业、商品流通经营企业、进出口贸易企业按照有关政策，积极向国家、省、市有关部门申报扶持企业的财政资金。经过努力，各级扶持企业的财政资金已到位1035.46万元。其中，国家财政扶持资金到位250万元；省级财政资金到位325.06万元；市级财政资金到位460.4万元。

【乡镇企业发展】　2009年，官渡区乡镇企业除个体户外有1426家，按登记注册内资企业有1423家，其中，集体企业25家；股份合作企业1家；有限责任公司490家；股份有限公司12家；私营企业894家。其他企业1家，港澳台商投资企业1家，外商投资企业2家。按国民经济行业分组，农、林、牧、渔企业9家；工业1163家（其中：采矿业3家；制造业1160家）；建筑业18家；交通运输仓储业39家；批发零售业121家；住宿及餐饮业20家；居民服务其他服务业和娱乐44家；其他12家。

2009年末，官渡区纳入乡镇企业经济指标总量统计有23747个，其中：企业有1426个；个体户有22321个。从业人员达174030人，其中，企业从业人员数57672人；个体户从业人数116358人。2009年，乡镇企业增加值完成663131万元，完成全年目标任务660000万元的100.47%，与去年同比完成 575089万元，同比增长 15.31 %，其中，工业增加值完成180689万元，完成全年目标任务178000 元的101.51%，与去年同期完成156102万元，同比增长15.75 %。2009年，乡镇企业上缴税金67138 万元，完成全年目标任务66000 万元的101.72%，与去年同期完成 62278 万元同比增长 7.8 %。2009年，乡镇企业现价总产值完成 2526398万元，其中，工业总产值完成 1101663万元，企业完成 1000619万元，个体户完成 1525779万元；营业收入完成3363136万元，其中，企业完成 1160821万元，个体户完成 2202315万元。

乡镇企业主要产品产量 2009年，乡镇企业粮食加工完成193.17万吨；粮食制品完成 1139.94万吨；食用植物油完成 366万吨；食糖完成364万吨；乳制品完成 1.6 万吨；蔬菜制品完成0.8万吨；酒类完成 11.89万吨，其中：白酒6.44万吨；啤酒5.45 万吨；软饮料完成 1.00万吨；精制茶完成975 吨；配混合饲料完成 88.64 万吨；机制纸及纸板完成4481.37 万吨；磷肥完成 2284.17万吨；橡胶制品完成 545吨；塑料制品完成8864.09吨；水泥预制构建完成3585.39吨；砖完成29057万块，其中：新型墙材砖完成1135万块；新型建筑砌砖完成27922万块。

【大事记】 4月20日上午，由市统计局局长徐晓箐带队，市经委、市环保局、市发改局、市财政局等部门有关领导和相关工作人员组成的考核小组到区对2008年官渡区节能降耗目标任务完成情况和有关政策贯彻落实情况进行评价考核。通过听取工作情况汇报，并查阅相关文件、资料和台账等方式后，考核组就官渡区节能减排工作所取得的成绩给予充分肯定，并对做好下一步工作提出了中肯、宝贵的指导性意见或建议。

5月9日，市经委陈浩主任及相关处室负责人组成的调研小组到官渡区对工业经济运行情况进行调研。调研采取座谈会形式 区委常委、空港经济区党工委常委，空港经济区管委会常务副主任、官渡区人民政府副区长、工业园区管委会党工委书记张斌、区经贸投促局领导班子成员及相关科室工作人员参加了调研座谈会。

6月25日，官渡区经贸投促局组织召开了全区节能减排工作会议，主要目的是分析当前我区节能减排面临的严峻形势，安排今后一段时期的节能减排工作，动员全区上下迅速行动起来，以坚定的信念，必胜的决心，超常规的举措，全力打赢节能减排攻坚战。参会人员主要有官渡区节能减排领导小组成员单位分管领导、重点能耗企业和能耗问题企业的分管领导和能耗统计人员。

【任职领导名单】

局　长　李社琨

副局长　王荣武　　刘一鸣

（欧阳春艳）

安宁市经济贸易局

【工业经济运行情况】 2009年，在全球金融危机的影响下，安宁市主要经济指标与去年同期相比整体出现下滑，经济运行形势仍然严峻，通过采取盘存量、促增量；紧盯重点区域、重点企业；专项扶持等一系列措施，虽然目标完成情况与时间进度要求还有一定差距，但工业总产值开始呈现止跌回升趋势，全市工业性固定资产投资迅速恢复并快速增长，大部分主要产品产量逐月回升。一是抓重点优势企业保增长。安宁市工业经济运行及保增长工作重点，着重抓好昆钢、昆钢、云天化、弘祥化工、嘉华水泥等82户规模以上优势企业的保增长工作，全方位、多层面，逐一对接、“一企一策”，确保重点优势企业满负荷生产，让优的更优、好的更好。二是抓好加快项目达产。抓好云南昆船瑞升技改项目、大西洋钛业有限公司烧结焊剂技改项目、昆明二电厂技改项目、昆明钢铁股份有限公司18个技改项目及富瑞分公司2×80万吨/年硫黄制酸余热回收（HRS）综合利用项目，做好项目跟踪协调服务工作，力争项目早达产，早作贡献。三是抓重点工业项目竣工投产工作保增长。对安宁凯鑫冷轧钢板有限公司900四辊直流四连冷轧机带精深加工生产线项目、云南景成基业材料有限公司年产30万方混凝土砌块生产线项目等已竣工投产的工业项目，重点保障企业生产经营条件，鼓励企业开足马力加快生产；对即将竣工投产的项目，加强动态跟踪，主动帮助企业完善投产条件。四是抓重点区域保增长。规模总量大、发展势头好的工业园区、金方街道、连然街道、青龙等重点区域，作为保增长的主战场，充分发挥好其龙头作用、引领示范效应和产业集群效应，进一步增强紧迫感和危机感，强化对企业的协调和服务，推动优势骨干企业加速发展。五是抓工业园区保增长。进一步完善园区基础设施建设，培育以草钢、云天化支柱产业、龙头产业的同时，合理引导，逐步解决工业产品单一、档次较低的结构性矛盾，减轻资源依赖型产业比重，加大新型产业和高新技术产业比重，逐步解决园区内工业企业工艺简单，企业经营管理滞后，技术更新改造滞后，节能降耗、综合利用水平还比较低的问题，科学、合理培育延伸产业链，鼓励企业产业向纵深发展。2009年，全市完成工业增加值79.6亿元，增长16%；市域范围内规模以上工业企业主营业务收入459.06亿元，增长16%；增加值75.25亿元，增长14%；利税总额16.13亿元，增长18%，其中，利润总额1.87亿元，增长30%。

【清洁生产】 2009年2月14日至20日，由市清洁生产办牵头，市环保局、工业园区管委会，企业所在镇、街道办事处，省清洁生产协会、省清洁生产中心专家组成验收组对云南昆钢桥钢有限公司等9户2008年实施清洁生产审核重点企业进行清洁生产审核验收。验收组分别听取了9户企业清洁生产审核工作情况报告，并对企业实施的中/高费方案进行了现场查验。经过认真查验，云南昆钢桥钢有限公司、昆钢桥钢350轧钢厂、昆明正大有限公司、昆明三合钢结构制造有限公司、昆明汇泉高纯半导体材料有限公司、安宁立方新型建材有限公司、昆明华凌高恒磁性材料有限公司等企业实施的轧钢冷却循环水系统改造项目、蓄热式加热炉改造、大功率风机变频装置、钢管相贯线切割机、冷却水循环利用系统、制浆与回浆循环使用系统、水幕除尘系统等项目产生了明显的经济效益和环境效益，受到验收组专家的一致肯定。

2009年4月8日，市经贸局举办安宁市2009年清洁生产审核员培训班，各镇人民政府、街道办事处，市节能减排、清洁生产各有关成员单位，20户重点耗能企业，2006年以来开展清洁生产审核工作的企业，共培训400余人参加培训。

【项目申报】 大力支持驻市企业向上申报新型工业化、节能减排技改项目专项扶持资金。为抓住国家实施扩内需、保增长经济刺激计划的重大机遇，2009年，组织云南祥丰化肥股份有限公司300kt/a普通过磷酸钙技术项目、云南安宁龙宝化工有限公司3000kW/a余热发电项目等12个项目申报昆明市节能降耗专项扶持资金；组织武钢集团昆明钢铁股份有限公司2#130平方米烧结机烟气脱硫项目、云南大西洋钛业有限公司烧结焊剂扩能技改项目等16个项目申报昆明市发展新型工业化发展专项扶持资金；组织云南天安化工有限公司 50万吨/年合成氨项目、云南昆钢嘉华水泥建材有限公司4.5MW+7.5 MW出低温余热发电工程等11个项目申报省级财政技术改造贷款贴息资金计划。组织安宁锦鑫综合服务公司、安宁市太鑫造纸厂、安宁市桃花化工厂等24户企业申报云南省省级财政淘汰落后产能专项奖励资金。

【节能减排】 2009年，市及市属规模以上企业节能技改项目22个，累计技改投入资金12亿元，一批重点企业实施了技改扩能项目：云南华电昆明发电有限公司实施2×300MW机组能源优化节能技术改造项目，2009年8月7日通过重庆市财政投资评审中心和重庆节能技术服务中心组织评审，通过技术改造，云南华电昆明发电有限公司节约吨标准煤45000吨；昆明钢铁股份有限公司淘汰3台20㎡烧结机改造工程、2×120万t/a氧化球团完善工程经省节能办评审准予通过；云南昆钢新型建材公司30万立方米/a蒸汽加压混凝土砌块及1亿块/a混凝土砖项目按期实施；云南天宁矿业有限公司淘汰两条8万吨/年矿粉生产线，节约标准煤47.2万吨，年减少排放二氧化碳1.2吨，粉尘7.1万立方厘米。企业通过技术升级改造，生产能力进一步扩大，技术装备水平进一步提升，产品附加值进一步提高，市场竞争力进一步增强，为来年经济发展奠定良好基础。

2009年，市经贸局先后两次组织环保、综合执法大队、工商等部门对列入关停的10户企业进行强制清理，除一户重新批准延期外，其余全部关停。9月30日，随着天马化工生产设备的拆除，安宁市清理整顿“五小”企业工作顺利结束。

2009年，由安宁市节能减排工作领导小组主办，广东雪莱特光电科技股份有限公司、浙江阳光集团股份有限公司、佛山照明有限公司协办，安宁市2009年高效照明产品节能灯推广工作启动仪式在安宁市娱乐中心广场隆重举行。昆明市下达任务是推广50万支，实际完成 推广83万支， 83万支节能灯正式投入使用后，以每支节能灯每天平均使用4小时计算，每年可为群众节省电费开支2551.5万元，节电5101.5万千瓦时，折合标准煤17510.6吨，减排二氧化硫155.9吨。按照每支节能灯使用8000小时计算，在节能灯正常使用期间，将为安宁人民节约电费支出13973.1万元，节电27946.2万千瓦时，折合标准煤97647.1吨，减排二氧化硫871吨，高效节能灯的全面推广取得了良好的社会效益和经济效益。

2009年，按照昆明市节能减排工作领导小组办公室《关于昆明市2009年组织开展能源审计工作的通知》（昆节减办发〔2009〕6号）要求。 安宁市域内20户年综合能耗5000吨标准煤以上且未完成能源审计的重点耗能企业中除昆明云华玻璃厂等因淘汰落后、彻底停产等因素无法开展能源审计工作外，已有17户完成能源审计工作；10户年综合能耗2000吨标准煤以上重点耗能企业中，已有6户重点耗能完成能源审计工作。

【招商引资工作】 2009年，市经贸局的招商引资工作列入工业园区招商引资平台。通过努力，本年度共接触、接洽签署招商引资协议投资项目13个，协议引资20.56亿元人民币，本年到位资金1.08亿元，完成了市经贸局1亿内资招商引资任务。项目分别为：安宁友顺工贸有限公司投资1亿元建设封箱胶带和安宁百花广场等建设项目。

2009年，市经贸局还做好跟踪服务去年引进的云南朝灿科技有限公司纳米喷涂项目；审批了中外合资企业项目1个：即由云南惠嘉集团有限公司和香港高福国际贸易有限公司合资投资的云南高福生物科技有限公司项目，该项目总投资为9200万元人民币，主要生产和销售畜禽饲料、饲料添加剂。到位资金，内资：2172.8万元人民币，外资：26万美元。

【乡镇企业和非公经济发展】 2009年，安宁市乡镇企业（含个体工商户）实现增加值230833万元，完成全年目标的83.33%；实现工业增加值达 158333万元，完成全年计划的83.33%；实现实交税金42083万元，完成全年计划的83.33%；实现农产品加工销售产值125000万元，完成全年计划的83.33%。

非公经济实现增加值254990万元，完成全年目标的83.33%；实交税金47665万元，完成全年计划的83.33%；从业人员达到62700人，完成全年计划的100%。

3月26日，安宁市在十四个县市区中率先成立了中小企业服务中心，中心的主要工作任务是接待服务民营企业，为民营企业发展排忧解难，同时制定了安宁市加快民营企业社会化服务体系建设方案，制定了服务中心职责、任务、工作措施、服务承诺、规章制度等。

为加快安宁市中小企业发展特别是符合产业发展的中小企业建康快速成长，根据《昆明市中小企业成长工程指导意见》，结合我市实际，开展“中小企业成长工程”工作，制定出了《安宁市“中小企业成长工程”工作意见》，筛选出15户最具成长性的中小企业作为金融、担保、培训、人才、政策等进行重点帮助和扶持。

安宁市乡镇企业局、中小企业服务中心和广东发展银行昆明分行江岸支行、安宁市建行等金融单位一同携手，对企业的生产、销售、经营等情况进行可行性调研，合作企业成功贷款两户：安宁友顺经贸有限公司获300万元授信批准，用该公司库存原材料质押，授信用途为企业生产用流动资金；云南新天力机械制造有限公司获500万元授信批准，用该公司土地（价值1040万元）作抵押，授信用途为企业生产用流动资金。并帮助建设银行联系了20多家急需贷款的企业，补充建行贷款数，为他们解决了资金难的问题。

为加大对安宁市非公经济的扶持力度，激励非公经济活力，发挥市政府财政资金的积极引导作用，支持非公民营企业更好地应对全球性的金融危机，实现跨越式发展，加快迈向新型工业化的步伐。2009年市政府拨出专项资金1000万元，对符合条件的企业给以贴息或无偿扶持。经各乡镇（街道办）推荐上报到需要扶持的企业共计113个项目，申请扶持资金大约1.17亿元人民币左右。经贸局及时组织相关人员，深入企业，调研核实企业基本情况。多次召开专题研究会，经经贸局会审研究，市政府批复同意，第一批对其中40户企业给予扶持，扶持资金共计652万元。最高扶持金额到达100万元（安宁永昌钢铁有限公司、昆船瑞升薄片试验厂），最少2万元（安宁余兴磨锅茶厂），5-20万元的占34户。第二批扶持工作正在启动开展。

积极鼓励和引导企业向上争取和申报省、市政府的各项扶持资金。上半年，上报昆明市政府非公办19家申请非公经济专项资金扶持的企业，随后组织了3家成长性好的企业参加昆明市中小企业成长工程申报，其中一家顺利通过专家评审，进入昆明市成长工程进行培育。5月初，为云南希尔康制药有限公司、云南新天力机械制造有限公司、安宁嘉泰建筑有限公司争取到昆明市乡镇企业发展专项扶持资金各10万元。下半年组织39家非公企业申报云南省2009年中小企业技术改造扶持项目。

深入开展乡镇企业“企村结对”活动，在总结过去15户结对经验的基础上，2月份就对各镇、街道及结对企村（组）进行了实地指导要求。2009年重点突出以产业为载体、企业为龙头、农户为基础，选准6户结对企村，并对其中3对授予示范牌。工作中注重引导结对企村携手推进，双方生产发展，互利共赢为重点，不断总结“企村结对”工作中的新做法、新经验，加大典型宣传，发挥示范带头作用。

昆明市乡镇企业局年下达给安宁市乡镇企业完成“蓝色证书”职业技能鉴定人数50人任务。经与上级有关部门和市劳动与社会保障局及有资质单位联系按原计划到各乡镇（街道办事处）和企业进行培训考试，全年共开展乡镇企业“蓝色证书”职业技能鉴定培训二期，培训专业涉及烹调师102人、餐饮服务员15人、花卉园艺323人。参加培训人员总计440人次，通过考试全部起得了资格证和上岗证；组织了7家企业法人代表参加国家中小企业银河培训；对12名中等专业技术职称人员完成了职称晋升申报工作；昆明理工大成人教学院安宁站《工业与民用建筑》2008届45名学员毕业获证；为应对金融危机，组织各镇（街道办）主任及工作人员、企业法人20余人，参加昆明市乡镇企业局举办的专题讲座。以上工作为促进我市工业保增长、新农村建设、企业生产安全和效益提升起到了积极作用。

呈贡县发展改革和经济贸易局

【简述】 2009年，是全面推进“十一五”规划的第四年，也是呈贡县落实科学发展观、实施工业强县战略的又一年。一年来，在县委、县政府的正确领导下，全县各级各部门认真贯彻落实中央、省、市、县扩内需、保增长的政策措施，在目标内涵上进一步细化，在工作部署上进一步深化，在具体措施上进一步狠抓落实，坚持信心不减、目标不变，采取有力措施强势推进，工业经济指标逐月上升，有效防止了国际金融危机的影响。

【工业经济指标完成情况】 2009年，全县有规模以上工业企业59户，在去年的基础上新增18户，超目标任务9户，完成目标任务的118%。全县规模以上工业企业完成工业增加值15.39亿元，同比增长19%。完成考核目标15.38亿元的100%；主营业务收入完成79.7亿元，完成考核目标83.92亿元的95%；利税总额完成3.47亿元，完成考核目标4.36亿元的80%；其中利润完成2.06亿元，完成考核目标1.88亿元的110%。全县工业固定资产投资完成13.5亿元，完成考核目标10.27亿元的131%，同比增长73.5%；完成亿元以上工业开工项目9个（市认可9个）。即：嘉华食品厂整体搬迁项目、云南德华企业集团整体搬迁项目、云南庆泰高低压电器柜生产项目、云铝8万吨/年高精铝板带加工项目、昆明国际生物医学发展中心项目、昆明新都投资有限公司再生水工程项目、云白药原料药中心项目、昆明新都投资有限公司洛龙河污水处理厂及配套管网工程项目、福建丰泉昆明丰德环保电力有限公司垃圾焚烧发电项目。

【工业经济运行情况】 一是受全球金融危机的影响，工业经济运行减缓。按产品分主要是云铝的电解铝及两家钢铁企业的钢材价格下滑，导致两家钢铁企业在一度时期内处理停产或半停产，大大挤压了企业利润空间，致使企业增产不增效，1~2月全县规模以上企业利润同比下降521.33%，1~5月，同比下降109.69%。这三家企业尤其是云铝又是我县当前工业的重中之重，决定着我县工业的质量和效益。按行业分，主要是外向型出口企业，这些企业因遭受市场和价格双重影响，出口量大减。一季度，全县规模以上企业仅完成出口交货值3691万元，同比下降58.6%，二季度完成出口交货值9466万元，同比下降67.3%，三季度完成出口交货值13484万元，同比下降77.4%。以云铝为例，2008年8月云铝电工铝圆杆共出口649吨，出口价为21766元/吨（不含税价），2009年8月，出口电工铝圆杆22吨，出口价为10706元/吨（不含税价），同比出口量减少627吨，价格同比下降11060元/吨，同比降幅达103.3%。加之受国家宏观调控政策影响，国家取消铝产品等产品的出口退税政策，导致企业出口越多亏损越多。二是规模以上企业仍是呈贡县工业经济的主导力量。1~11月，全县规模以上企业虽然只有59家，但在全县工业经济中却占主导地位，占全部工业增加值18.3亿元的84%。由此可见，全年各项指标能否完成，取决于以云铝为主的规模以上企业。

【非公经济发展】　2009年，全县有私营企业633户，同比增长 23.6%，本年新增112户，私营企业注册资金234110.73亿元，同比增长41.9%，本年新增67586.1万元，雇工人数10384人，同比增长9.8%，本年新增867人；全县有个体工商户6769户，同比增长25%，本年新增1296户，个体工商户注册资金22794.768万元，同比增长30%，本年新增5057.89万元，有从业人数12858人，同比增长25.9%，本年新增2537人；有其他经济类型企业362户，同比增长10.7%，其他类型经济企业注册资金411138.22万元，同比增长3.2%。

全年非公经济实现增加值13.5亿元，同比增长23%，完成考核目标13.5亿元的100%。非公经济完成税收总额4.15亿元，同比增长288%，完成考核目标1.74亿元的238%。非公经济从业人数完成2.75万人，在去年2.55万人的基础上新增2000人，完成考核目标2.75万人的100%。

【节能减排】　2009年，全县规模以上工业企业预计实现工业增加值 15.40亿元，同比增长14%。2009年万元增加值能耗目标为同比下降7%，根据云政办发〔2007〕135号文件要求及呈贡新城建设需要，昆明东晟水泥有限公司在2007年已淘汰了一条年产5万吨的生产线后，又于2008年5月关停了最后一条年产8万吨水泥的生产线。根据昆明呈贡新区管委会综合办2009年11月9日《关于解决昆明东晟水泥有限公司关停安置问题的会议纪要》，年底，拆除工作已按时限要求圆满完成。清洁生产工作开展情况。2009年，市下达我县实施清洁生产审核企业13户，到2009年12月30日止，已有呈钢等13户企业通过审核验收，完成考核目标13户的100%。

【获省、部级以上表彰的企业和个人名单】　云南铝业股份有限公司2009年1月被中央文明委授予第二届全国文明单位称号；昆明晨农企业集团有限公司2009年被云南省人民政府授予“云南省创新型非公有制企业”。

【任职领导名单】

书　记　余章俊

局　长　尚　平

副局长　姚　芸　　袁海鸿

（李庆银　谢　玲）

东川区经济贸易局

【工业经济完成情况】　2009年，东川区全区规模以上工业企业完成主营业务收入765865万元，完成目标任务962600万元的79.6%；完成增加值11.4万元，同比增长13.04%，完成增长13%的目标任务；完成利税总额36991万元，完成目标任务16000万元的231.19%，实现利润总额800万元，完成目标任务的150.16%；规模以上工业企业户数达76户，其中新增5户，超额完成目标任务；工业固定资产投资完成10亿元，亿元以上工业项目开工5个；万元工业增加值能耗同比下降9.8%，完成市下达全年责任目标任务数9.5%的103%。

2009年，全区乡镇企业实现增加值133107万元，完成市下达全年责任目标任务数160000万元的83.19%；工业增加值104314万元，完成市下达全年责任目标任务数130000万元的80.24%；上缴税金35396万元，完成市下达全年责任目标任务数38500万元的91.94%；农产品加工销售产值4110万元，完成市下达全年责任目标任务数4000万元的102.75%。主要产品产量方面：完成铜精矿含铜1.53万吨、冰铜含铜1.13万吨、粗铜2.29万吨、电解铜0.11万吨、铜矿石原矿223.92万吨、铁矿石原矿36.48万吨。

2009年，全区非公经济实现增加值21.92亿元，上交税金3.59亿元，完成非公经济从业人员数2.5万人。

【企业恢复生产工作】　金融危机暴发以来，东川工业经济受到了严重影响，停产、半停产企业不断增加。为了了解停产、半停产企业的情况，县经贸局积极对停产、半停产企业的情况进行调研，摸清企业停产的原因及存在的困难，并形成东川停产、半停产工业企业调研报告，积极向省、市反映，引起上级高度重视。为促使42户停产的规模以上工业企业及早恢复生产，县经贸局成立了四个督促工作组，分片开展工作，督促企业恢复生产。

为使停产企业尽快开工，区委、区政府出台了对在2009年3月31日以前恢复生产的全区72户规模以上企业用电，由区财政给予每度电2分钱的补助政策。同时为促进采、选企业尽快恢复生产，为冶炼加工企业输送更多原料，区政府又对采矿用火工产品价格进行补贴，在4月1日前恢复生产的采选企业，每公斤炸药由政府补贴1元人民币，以促进企业尽快恢复生产。经企业申报，经贸局牵头进行审核，确认企业享受电价补贴金额450.8万元，炸药补贴156万元，合计606.8万元。

为了尽快掌握全区工业发展情况和企业生产情况，区经贸局每季对工业经济运行情况进行分析，分析运行特点，找出存在的问题，提出改进措施。工作中一是做好规模企业、重点行业、重点企业、重点产品和新的经济增长点跟踪分析。二是建立停产、半停产企业月报，重点工业企业主要产品产量旬报制度和重点产品价格日报制度，做好经济运行监测分析工作，为企业生产经营做好指导和服务工作。

为切实解决企业存在的困难和问题，区委、区政府决定，从6月起，每月11日晚20：00定期组织召开规模以上工业企业联席会议，经贸局在会前广泛收集企业需要相关部门协调解决的问题，按各部门职责分解到各相关部门提出解决问题的办法和措施，在会上给予企业明确答复，较好地帮助企业解决存在困难，促进企业正常生产经营。

【招商引资】 2009年，区人民政府下达经贸局6000万元的招商引资工作任务。为确保任务的完成，经贸局充分发挥职能优势，积极引进优质企业及资金，着力促进区工业产业结构的不断优化升级。招商引资工作重点放在引进资金和项目进行企业技术改造，扩大生产规模，实现全区工业经济的可持续发展。工作中督促企业加快项目建设进度，促进招商引资项目早落地，早开工。到年底，2009年，正式签订招商引资项目7个，完成招商引资6881.36万元。

【技术改造】 严格执行国家产业政策和行业准入条件，规范区企业技改、扩建项目的申报、备案工作，使全区有色金属的采、选、冶企业合理开发，有序利用资源，经贸局在项目管理、项目建设、投产后的生产过程管理服务等方面做到依法行政、有效监督和优质服务。2009年共核准技改备案项目8个。为了全面及时掌握重大项目技改进展情况，经贸局每月底统计各项目实施进度，并向各相关单位上报。由于金融危机的影响，全区大部分企业经营困难，导致了云铜凯通、金水铜、红富化肥、宇斯药业等企业的项目实施缓慢，难以按期完成。其余项目正在有条不紊的建设。

【节能减排工作】 为确保完成市政府下达区“十一五”末万元工业增加值能耗下降25%，2009年规模以上企业万元工业增加值能耗同比下降9.5%、万元GDP能耗同比下降4.5%的目标任务的完成，区经贸局及时将目标分解下达到各相关部门和企业，并与区内的57户规模以上工业企业，各乡镇人民政府及机关职能部门，签订了《2009年节能目标责任书》。

通过努力，2009年，全区全部工业企业综合能源消费量325638.5吨标煤，万元工业增加值能耗为2.85吨标煤，同比下降10 %，圆满地完成市政府下达东川区的目标任务。

积极督促各企业加大节能减排的宣传和培训力度，安排相关人员参加市区组织的各类培训。2009年6月，组织7户重点耗能企业的210名相关工作人员参加了市节能减排办举办的《节能知识竞赛》，通过参加竞赛，充分了解和学习了相关节能知识，提高了对节能的认识。

2009年，全区共推广紧凑型荧光灯30789只，双端直管荧光灯1568支，高压钠灯572只，合计共推广财政补贴高效照明灯具32929只。

由于东川区工业发展历史特殊，工业基础薄弱，大部分工业设备属于被列入淘汰的落后产能。按市政府要求，为加速东川区产业结构调整，促进经济社会协调发展，积极改造、淘汰达不到国家产业政策的生产工艺和装备，经贸局制定了《东川区铜冶炼鼓风炉淘汰方案》，并报区委、区政府同意，于2009年12月31日前淘汰3.5平方米以下鼓风炉，2010年12月31日前淘汰3.5平方米以上鼓风炉，确保华新水泥（东川）有限公司两条立窑生产线年底淘汰。

【清洁生产和能源审计】 2009年2月，区经贸局组织召开了东川区2009年清洁生产暨能源审计工作会议和清洁生产、能源审计中介服务机构工作会，安排布置 2009年全区清洁生产和能源审计工作，并向各有关单位明确了工作要求。与云南重学友科技评估有限公司合作举办能源审计培训班一期，共29人参加培训；与4家清洁生产中介机构合作开展了四期清洁生产培训，共培训清洁生产内审员99人。

2009年3月和8月，经贸局对鹏程铟铜、碧龙矿产、宇斯药业等21家企业进行清洁生产现场审核验收。在本年度清洁生产审核过程中，21家企业共实施了636项无/低费方案和42项中/高费方案，共投入资金5348.16万元，产生经济效益4782.25万元，节电1730.28万kWh，节水595.19万立方，减少污水排放15.92万吨，减少固废（含烟尘等）排放4628.75吨，减排二氧化硫 26.85吨，二氧化碳 357.384吨，21户企业通过了市清洁生产现场审核验收，超额完成了市政府下达的任务（12户企业），完成率达175%。全区已累计完成30户企业清洁生产审核验收。3月，经贸局举办了2009年重点耗能企业能源审计培训班，12家重点耗能企业29人参加了培训。使企业及时掌握企业能源管理水平及用能状况，排查问题和薄弱环节，挖掘节能潜力，寻找节能方向，降低能源消耗和生产成本，为企业节能技术改造提供科学依据，最终达到节约能源提高效益。

2009年，13户重点耗能企业均已开展能源审计工作，其中铝业公司等8户通过了有关专家的评审。

2009年，有8户企业积极申请资源综合利用认定，9户企业申请资源综合利用认定，金水铜、碧龙公司等7户通过资源综合利用认定并取得了证书。

【项目申报】 区经贸局积极协助企业争取市级新型工业化、节能减排和资源综合利用项目的资金扶持。全年共为4

户企业争取到各项补助资金113万元，其中，清洁生产资金补助3万元；节能减排补助资金100万元；淘汰落后产能补助资金10万元。

2009年8月，经国家节能技术改造项目节能量核查组核查初步认定，凯通、金水、川金诺三家公司实施的节能技术改造项目，每年可节约标准煤52881吨，按国家有关规定，每节约1吨标煤国家财政给予250元补贴，凯通、金水、川金诺三家公司将获得13220250元的国家财政补助，对全区节能技术改造项目的推进起到积极的促进作用。

【企村结对】 积极引导乡镇企业与村（组）开展结对活动，发挥乡镇企业在社会主义新农村建设中的重要作用。2009年，区乡镇企业严格按照上级有关部门对“企村结对”帮扶的具体工作要求，并根据区各类企业发展情况和村（组）具体情况相结合，积极主动为企业和帮扶村（组）牵线搭桥，构筑帮扶平台，强化服务。不断拓展“企村结对”的渠道，建立定点联系制度，及时帮助企业解决在结对活动中遇到的新情况新问题。通过服务，把开展“企村结对”推进企业参与社会主义新农村建设不断引向深入。共促成2对帮扶工作，企业通过帮扶顾问、公益捐助、劳动力吸纳等多种形式对帮扶村（组）实施帮扶。同时筹集资金与结对村（组）共建交通道路、供水供电等基础设施，改善村民生产生活条件。通过企、村双方的共同努力，共带动户数317户，1261人，企业投入“企村结对”建设资金23万元，吸纳就业人数 118人，教育培训76人，帮扶后人均年增收130元。通过此项工作的开展，加强了企业与村（组）之间纽带关系，拓宽了企业的发展空间，实现了企村共赢的帮扶目的。

【非公经济】 2009年，区人力资源中心获昆明市十佳非公企业服务机构称号；云南铜业凯通有色金属有限公司获昆明30户优强非公企业称号；华新昆明水泥有限公司总经理谢延安、云南铜业凯通有色金属有限公司总经理黄凯、云南昆明交通运输集团有限公司东川分公司经理董荣获昆明50名优秀非公企业家称号。

组织7户企业申报了2009年度非公经济暨中小企业发展专项资金项目，其中区畜禽屠宰有限公司进入参加了项目专家评审阶段。同时，对长宇公司取得的25万元直接补贴资金使用情况进行了跟踪检查。

【国有企业改革后续工作】 区深化国有企业改革工作完成后，转入开展后续协调指导工作。2009年，经贸局深入企业了解企业改革后的发展情况，共同研究企业发展中存在的主要问题，出主意、想办法帮助改革企业解决改革后企业发展中遇到的困难和问题，积极协调有关部门和单位妥善解决改革企业历史遗留问题，为改革企业的健康发展营造良好的环境。督促改革企业坚持建立健全现代企业制度的改革目标，规范完善企业法人治理结构，促进企业生产经营又好又快地发展。同时，指导新村供销社、阿旺供销社2户企业制定改制方案，并已上报区深化国企改革领导小组论证，待批复后实施。新塘铜矿深化改革工作，初步制定改制方案，进行了债权债务的清理工作，在偿还债务的核心问题上，已与各债权人协商达成偿还协议，深化改革正稳步推进。

【信访工作】 区经贸局历来高度重视信访工作，工作中形成信访部门为主，各科室配合，上下联动，齐抓共管的工作机制。面对诸多历史遗留问题及国有企业改制中沉淀的问题，信访工作压力巨大，来访群众反映的问题，复杂程度和解决难度较大。对群众反映的突出问题，及时疏理排查，畅通信访渠道。信访业务科室认真调处，做好接待，并下访上门，做深入细致的思想疏导、劝导工作，以高度负责的精神，积极帮助上访群众解决合理诉求。同时，深入企业及时调查落实群众反映的问题，主动变职工上访为干部下访，收到了较好的效果；切实把矛盾和问题解决在基层，化解在萌芽状态，从而使经贸局的上访总量呈现逐年下降的良好势头。2009年，全局共受理来访139批，与去年同期相比下降16%，涉及人员1077人。共化解矛盾调处133批，化解率为96%，来信35件，其中30件为上级交办的督办件，办结率为100%，做到事事有落实，件件有回音。

（周晶森）

富民县发改经贸局

【概述】 2009年，富民县工业发展以“十一五”规划为主线，围绕“农业特、工业兴、田园美、休憩乐”的城乡一体化发展目标，充分贯彻落实市委、市政府“工业强市”的精神及市第九次党代会精神，依托现代新昆明的建设，坚持以信息化带动工业化，广泛应用高新科技和先进适用技术改造提升传统工业，着力调整产业结构、企业组织结构，提高产品质量和技术含量，着眼于高起点、深加工。按照大而强、小而专、产业特、产品优的方针，使第二产业结构在整体上得到调整和优化。努力把富民建成昆明特色农业区、昆明钛产业基地和昆明养生产业基地。

【主要经济指标完成情况】 2009年，富民县共有工业企业148户，其中，规模以上工业企业32户，实现主营业务收入159599.7万元，同比减-8.92%；完成工业增加值49147.7亿元，同比增17.2%；实现利税总额8193万元，同比减37.31%；实现利润总额 3313.5万元，同比减-29.57。“十五”期间，全县生产总值由5.41亿元增加到12.05亿元，年均增长17.37%。其中，第一产业年均增长7.3%，第二产业年均增长15.8%，第三产业年均增长8.1%。“十五”期末，完成工业总产值7.63亿元，年均增长15.8%，是“九五”期末的2.1倍。

工业生产经营领域主要是冶金、化工、能源、食品加工、汽配修理和建筑建材，主要产品有钛白粉、黄磷、磷酸、原盐、水电、物流设备、白酒、配合饲料、磷酸氢钙、钛铁矿、电石、水泥等。

【非公经济发展】 富民县工业企业所有制结构由国有集体为主逐步转向以非公有制经济为主，非公经济所占比重达98%。在增加财政收入、解决就业和转移农村富余劳动力等方面起到了重要的作用。乡镇、个私企业从无到有、从小到大，涌现了大互通、新龙公司等一批企业集团和大企业，成为富民县国民经济重要的增长点。2009年，积极应对金融危机对实体经济的冲击，确保了非公经济稳步发展。全县有私营企业497户，同比增17%；从业人员13165人，同比增13%；注册资金196834万元，同比增19%。有个体工商户4797户，同比增9%；从业人员7508人，同比增10%；注册资金15740元；个体私营户数合计5291户，从业人员合计20673人，增13.89%，个体私营企业共上缴税收13620万元，增4.4%；完成增加值121179万元，同比增18.47%，占GDP的比重为50.9%，2009年非公经济增加值完成12.12亿元，为GDP的近51%，占据了国民经济的“半壁江山”。

【工业园区建设】 按照高起点、高标准的规划要求，充分考虑了近期、中期、远期开发的衔接，高质量并具前瞻性地编制完成了《富民工业园区规划》。富民工业园区分三期进行建设，将成为我县最具潜力、最具优势、最具活力的新发展区域。富民工业园区选择发展钛资源开发及钛产业延伸加工、磷盐化工两大主导产业，实施新型工业化，提高技术含量，推行清洁生产，实现可持续发展；同时，发展建材、造纸、硫化工、矿物质饲料添加剂、绿色食品加工、城市配套产业等六个辅助产业。

【资源利用情况】 依托富民的近郊优势和丰富的水电资源、矿产等资源，以水电为基础，逐步形成了磷盐化工、水电、磷酸氢钙、钛白、造纸等骨干企业。

（一）钛资源开发及钛产业延伸加工。富民县钛储量约为1000万吨，年采选精矿在15~20万吨之间，长期以来仅仅是以出售精矿为主，全县共有39个矿点在开采钛矿（目前有6个停采），现剩余可开采的钛矿为452.8万吨。县境内从事钛深加工的企业有6户，其中5户生产钛白粉的中间产品——高钛渣，只有云南大互通钛白粉厂生产锐钛型钛白粉，生产规模为2.5万吨/年；云南泽昌钛业有限公司新建3万吨/年金红石型钛白粉项目、云南隆源钛业有限公司5万吨/年锐钛型钛白粉项目以及龙腾钛业有限公司2万吨/年硫酸法钛白粉项目正在建设，在一定程度上改变了富民出卖初级产品的历史。

（二）磷盐化工产业。富民县的硝盐矿储量丰富，远景储量达6.7亿吨以上。结合富民县实际，应按照规模经济要求，实施电矿结合，以水电优势为基础，不断发展壮大磷盐化工产业。逐步形成磷酸、磷酸氢钙为主的规模化生产基地。2户黄磷生产企业生产总规模达10000吨/年，3户饲料级磷酸氢钙的生产总规模达50万吨/年。

（三）建筑建材业。富民县建筑业的发展起步较早，并在全市享有很高的信誉。建筑业曾是富民县经济发展的支柱产业之一，上缴税收占全县总税收的近五分之一。近年来由于建筑市场的不断变化，富民县建筑业点多、面广、规模小的问题日趋暴露出来，竞争实力相对下降。富民县建筑业的发展将面临更加严峻的考验。富民县的建筑施工企业共有28家，从业人员12647人，获得2级资质的有4家，3级资质的有16家，无等级的有8家。

建材业是富民县的传统产业，是城乡经济建设、社会发展的重要物质生产部门。它具有受生产要素约束较小，相互关联性强，可就地就近取材加工和使用，劳动密集等特点，对农村调整产业结构，转移农村剩余劳动力、脱贫致富等发挥了巨大作用。目前，富民金锐水泥有限公司正开展2000吨/天新型干法水泥生产线建设的前期准备工作，国资水泥一期工程已完工，即将投入生产。

（四）造纸工业。富民县有永一造纸厂、福林造纸厂、昆明市赤鹫纸业有限公司、宝地造纸厂及云南伦成纸业有限公司五家。今后，要以废旧资源再生利用为基础，大力发展造纸工业，有效发挥规模经济优势，使造纸业尽快成为富民县的一项支柱产业。

（五）水力发电。水能这一优势资源在富民县得到了充分发挥，现有石楼梯、沙坪、乐在、宜格等十七座水电站，装机39台，总容量27000kW，装机3.4~3.9万kW。

（六）绿色食品加工产业。富民县葡萄、大树杨梅及蔬菜种植面积分别达7613亩、1.99万亩和5.1万亩，水果总产量达12369吨，水产品总产量达257吨。随着农业产业结构的进一步调整，林果、畜牧、水产在农业中的比重日趋上升。重点做好脱水蔬菜、板栗系列食品、马铃薯加工、红薯淀粉加工、大树杨梅深加工、葡萄深加工及山药保健食品的开发，形成了以昆明品世食品有限公司、佑康酒业有限责任公司为龙头的绿色食品加工企业。

【招商引资】 2009年，富民县把招商引资作为增强经济发展后劲重中之重的工作抓紧抓实抓好。一是强化服务意识，提高服务质量，塑造更好的发展环境。树立亲商、安商、便商、富商的观念，奖励企业发展，鼓励投资创业，进行技术创新。建立“一站式”服务中心，推行“一对一”特色服务，相关证照的办理实现“委托制”进入“一站式”服务中心，并派专人全程“一条龙”服务，为投资者提供高效、贴心服务。二是搞好项目储备，原来已编制一批招商引资项目，在这一基础上，不断充实新项目，从市场、国内同行业的情况和配套情况等各方面对项目进行全面分析，按国际惯例对项目进行包装，让投资者对项目有深入了解，以提高成功率。三是县五套班子领导定期研究招商引资工作。认真分析招商引资工作存在的问题，狠抓薄弱环节，出实招、办实事、求实效。对重大项目洽谈、建设中遇到的问题，主要领导亲自协调处理。

四是解放思想，转变观念，克服“居家待客”的思想，调动各行业引资的主动性、积极性和创造性，形成千军万马齐招商的工作责任制。

进一步完善道路、供水、供电、排水、排污、通讯、绿化等配套建设。对已签约未履约项目进行认真梳理，切实解决实际困难，抓好履约，努力促使企业履约率、到资率、开工投产率有新的提高；同时要做好在谈在建项目的跟踪服务工作，抓好项目进度，努力促使意向转化为协议，协议转化为合同。

政府、金融部门和企业相互配合，携手解决、缓解工业企业融资困难。设立非公企业担保资金，为中小企业融资提供担保。建立科技创新奖励资金，鼓励企业提高科技创新能力，发展高新技术企业。

【节能减排工作】　按可比价计算，2009年规模以上工业万元增加值能耗同比下降5.3%，未达市下达的下降7.5%的目标，为确保完成2009年的目标任务，县政府分别与7乡镇及18家工业企业签订了《节能目标责任书》；对重点能耗企业的数据匹配问题进行调研，分别就各户的实际情况提出下一步的注意事项及整改方向，鼓励企业采取技术改造措施，积极开展清洁生产审核验收工作，以确保完成全年的节能减排目标任务。

2009年，实施了14户规模以上工业企业（含重点能耗企业）及5户规模以下工业企业的清洁生产审核培训工作，有18家企业与中介签订了清洁生产审核协议。

2009年，富民县共有3户企业开展能源审计，即云南新龙矿物质饲料有限公司、富民县和平化工有限责任公司、富民县云富磷酸盐有限责任公司，均于9月通过了市经委组织的专家评审。积极为大互通钛白粉厂争取到省级能源审计补助资金2万元。

按照昆节减办法（2009）9号《关于下达昆明市2009年第二批水泥淘汰落后产能目标任务的通知》，要求淘汰富民金锐水泥建材有限公司21万吨、共3条立窑生产线。拆除工作于2009年8月上旬开始，已于2009年9月上旬全部拆除完3座立窑、水泥磨、水泥传输及提升系统、生料磨及机房、生料库。省、市经委、财政等相关部门也多次到现场进行检查指导，昆明昆富天源有限公司2吨锅炉于9月停用并拆除设备。

2009年，完成推广高压钠灯1500盏，为任务的150%；双端直管荧光灯完成2000盏，为任务数的100%；5万只紧凑型荧光灯的任务。

根据昆明市节能减排工作领导小组办公室昆节减办发〔2009〕53号《关于做好“十二五”节能规划的通知》，委托云南明思特能源科技有限公司编制《富民县“十二五”节能规划编制协议》，已完成《富民县“十二五”节能规划》初稿。

（*县发改经贸局工业科*）

晋宁县经济贸易局

【概　述】2009年，晋宁县发改经贸局在县委、县政府的正确领导和上级各有关部门的大力支持下，坚持以邓小平理论和“三个代表”重要思想为指导，贯彻县委、县政府工业强县战略，对全县工业运行情况进行按季度进行综合分析，并检查与市政府签订的工业指标的考核检查。加大对工业的投入，切实用好用活工业发展资金，确保工业投资增幅高于固定资产投资增幅。加强与驻晋企业的合作，以现有的光学仪器制造企业为主，积极引进新技术，开发新产品，不断扩大生产规模和能力。引进合作伙伴，重视整合机械制造业，做优做强汽车配件等产品，促进传统机械工业向现代装备制造业方向发展。培育更多产业突出，核心竞争力强，拥有知名品牌的大企业、大集团。帮助和支持中小企业逐步做大做强。工业企业在遭遇去年年底以来的经济危机，造成部分企业停产、减产；同时工业原材料、燃料、交通运输等价格与去年同期相比大幅上涨的情况下，县经贸局重点监测企业仍然在产量、产值和效益等指标上均有不同程度的增长，工业经济效益继续明显好转。

（一）规模以上工业增加值年度目标为18.57亿元，年度完成19.20亿元，完成率103.4%。

（二）工业主营业务收入年度目标为67.23亿元。规模以上工业企业主营业务收入完成48.38亿元，完成比例71.99%。

（三）利税总额年度目标为10.98亿元。规模以上工业企业利税总额完成8.14亿元，完成比例74.13%。

（四）利润总额年度目标为7.24亿元。规模以上工业企业利润总额完成3.55亿元，完成比例49.03%。

（五）非公经济从业人员年度为26588人，同比上升21.32%；非公经济增加值完成23.7亿元，完成比例100.6%。

非公经济税收总额完成2.62亿元，同比增长34.9%，完成率103.6%。

（六）全年新开工建设亿元以上工业项目5个。

【招商引资】　2009年，县委、县政府把推进对外开放、提高开放水平，大力引进县外非公有制企业到晋宁县投资发展作为增加固定资产投资、壮大特色经济的有效手段和晋宁县经济社会发展的一项首要任务，千方百计加大招商引资工作力度，在引资项目的数量、投资规模，涉及的领域及履约的效率等方面，都取得了突破性进展，招商引资有力地推动了实施城镇化发展带动战略、国企改革、农业化经营、房地产开发、矿产资源开发、旅游资源开发等方面的进程。为了进一步做好招商引资工作，县经贸局印制了《晋宁投资指南》等招商引资项目册，编制了招商引资优惠政策简介，向投资者介绍宣传推荐，为全县持续搞好招商引资工作提供了各种依据。先后参加了2009中国昆明国际旅游节昆明狂欢节、2009年全国企业家活动日、第七届东盟华商投资西南项目推介会、云南生物产业大会等会议的招商引资项目推介会，并有2个项目在生物产业大会签约仪式上进行签约，协议投资8800万元。积极组织参加第十七届昆明进出口商品交易会，在会上积极宣传招商优势和投资环境，宣传“一园五片”工业园区建设、介绍各片区的功能定位及重点招商引资项目，积极向客商宣传招商引资优惠政策和软环境建设，在昆交会上共发放宣传资料500余份。并组织了一批前景看好、投资规模大、带动性强的投资项目进行了签约，共有4个项目进行签约，其中，外资项目2个，协议投资1250万美元；内资项目2个，协议投资104500万元人民币。

2009年，共有外资项目8个（新引进4个，08年结转4个），实际利用外资762.02万美元，市考核确认实绩数为774.02万美元（市考核办最后确定），占市政府下达我县600万美元外资任务的130.3%。引进国内市外项目117个，实际到位资金24.1570亿元，市初步考核确认实绩数为24.16亿元，其中BT项目4个，实际到位资金0.3484亿元，占市政府下达我县12亿内资任务的201%。

【乡镇企业发展】 2009年，全县乡镇企业完成增加值161260万元，占县计划157457万元的102.42%，比去年同期增17.97%；实交税金完成37033万元，占县计划34682万元的106.78%，比去年同期增5.96%；工业增加值完成96098万元，占县计划90633万元的106.03%，比去年同期23.3%。全县乡镇企业8810户；转移农村劳动力达59273人，占计划数58830人的100.75%。“企村结对”完成8户，占县计划7户的114.29%。成为晋宁县乡镇企业发展的一个新的亮点和重点；农产品加工销售产值完成41350万元，占县下计划39467万元的104.77%，比去年同期22.55%；职业技能鉴定人数完成652人，占县下指标635人的102.7%。各项经济指标均圆满完成市、县下达的目标任务，使全县乡镇各项经济指标继续保持了持续、健康、稳定增长的态势。

【节能降耗减排工作】 2009年，认真贯彻落实中央、省、市的一系列相关文件精神。进一步推动节能降耗工作，在县委的领导下，在市节能办的指导帮助下，县政府及时召开会议，贯彻落实全市节能减排工作会议精神，县政府及时和各乡镇及相关企业签订了2009年节能减排目标责任书。县政府分管副县长代表县政府和9个乡镇及13家企业、4个职能部门签订了节能减排目标责任书。

2009年，规模以上企业开展清洁生产20户，规模以下企业开展清洁生产30户，重点能耗企业开展清洁生产3户。完成了清洁生产审核单位32户，验收合格20户。

2009年8月14日，昆明立宇建材有限责任公司已提前停产8万吨水泥立窑生产线，于8月19日-28日拆除生产装置，提前2个月完成了市下达我县淘汰落后产能任务。

2009年，组织8户企业开展能源审计工作，通过能源审计评审的7户，另一户昆明青上化工有限公司因国际金融危机影响，2008年7月停产，没有按计划开展能源审计工作。

【党风党纪教育，机关作风建设】 为认真贯彻落实中共晋宁县委印发《晋宁县关于贯彻落实〈建立健全惩治和预防腐败体系2008~2012年工作规划〉的实施办法》的通知（晋发〔2009〕2号），扎实推进全局惩治和预防腐败体系建设，落实党风廉政建设责任制，局党委以邓小平理论和“三个代表”重要思想为指导，深入贯彻落实科学发展观，紧紧围绕党的执政能力建设和先进性建设，坚持“党要管党、从严治党”、“标本兼治、综合治理、惩防并举、注重预防”的方针，强化监督教育，加强制度创新，全面推进干部队伍素质提升、作风转变、效能提高，为全面完成各项工作任务打好坚实基础。一是抓制度建设，从源头上堵塞漏洞；二是抓思想教育，筑牢拒腐防线；三是抓效能监察，规范执法行为；四是抓社会评议，实施动态管理，通过示范教育、警示教育、岗位廉政教育和主题教育等多种形式的教育活动，强化党员干部职工珍惜工作岗位，珍惜执法权力，珍惜集体荣誉，珍惜个人前程，珍惜家庭幸福，为机关作风建设和推进反腐倡廉建设工作奠定良好基础。

按照县委及县委组织部门的《党建目标责任书》及各项工作要求，认真开展“学习新昆明建设”、“行政效能提升年、干部作风转变年”、“深入学习实践科学发展观”等学习活动，并按时按质完成考核验收。完成民主评议党员及党员定期分析评议工作，及时召开“专题民主生活会”；做好精神文明建设及信访维稳社会治安综合治理工作；完成党内统计及上报工作。

禄劝县经贸局

【简述】 禄劝县委、县政府认真实施“工业强县”战略，加快结构调整步伐，加大招商引资力度，极大地促进了禄劝工业的发展。截止2009年底，规模以上工业企业已有25户，已初步形成水电、采选、建材、钛冶金、磷化工、农机制造、农特产品加工等门类。其中水电业是禄劝的支柱产业。通过招商开发，已完工和正在建设的水电站有34座、装机超过70万千瓦，禄劝已成为昆明市重要的水能基地。

【工业经济运行情况】 2009年。全县累计完成工业总产值9.47亿元，同比增长17.8%。实现工业增加值4.9亿元，同比增长14.8%，完成目标任务4.88亿元的100.4%。其中，全县规模以上工业累计完成工业总产值5.17亿元，同比增长13.1%；完成工业增加值2.1亿元，同比增长23.5%，完成目标任务1.95亿元的107.7%；完成主营业务收入5.05亿元，同比增长0.76%，完成目标任务5.52亿元的93.3%；利税总额0.49亿元，同比下降53.01，完成目标任务0.97亿元的50%；利润总额0.16亿元，同比下降69.14%，完成目标任务0.41亿元的39%。全县工业固定资产累计完成17.49亿元，同比增长30.7%，完成目标任务

17.4亿元的100.5%。

【体制改革】　禄劝彝族苗族自治县磷酸盐厂是禄劝唯一一家县办集体企业。2009年由昆明鑫实利化工有限公司出资1200万元，整体收购改制该厂。至此，禄劝已完成全部国有及集体企业改制工作。

【技术创新】　昆明建国撒坝火腿有限公司根据市场调查，结合人们的饮食消费习惯的变化，研制开发出了撒坝火腿熟食品系列产品投放市场。产品主要供应商场、超市。

【安全管理】　认真贯彻“安全第一，预防为主”的工作方针，加大宣传教育力度和安全检查力度，切实落实安全工作责任制，全年没有发生重特大安全事故。

【节能减排】　全县万元GDP能耗同比下降4.639%，高出市政府下达的目标任务数0.139个百分点。其中，规模以上工业万元增加值能耗同比下降22.41%，高出市政府下达的目标任务数 14.91个百分点。11户企业通过了清洁生产审核验收，完成目标任务的122.2%。完成29个项目的节能登记审查，1个项目通过省经委节能评估审查，2个项目通过市节能办评估审查。

【中小企业发展】　截止2009年末，全县共有各类工业企业85户，同比增长26.9%；资产总额91158亿元，同比增长2.3%

【大事记】　2月，禄劝工业园区列入省级工业园区管理，工业园区总体规划修编调整通过省、市级专家评审，按照修编后的园区总体规划，禄劝工业园区规划控制范围28.8平方公里，规划用地范围为14平方公里，园区规划布局结构分为“一园三片”。

3月17日，工业园区举行5家新入园企业奠基仪式，协议总投资达36.2亿元。

11月2日，总投资8000万元的崇德工业园区110千伏变电站供电工程竣工并投入使用。

【任职领导名单】

党委书记　李富文

局　　长　张仲才

党委副书记、纪委书记　周再顺

副 局 长　钱启良

张文武

耿正如

郑世祥

陆世军

（唐颜富）

石林县经济局

【机构设置】　1983年12月，石林县成立县乡镇企业管理局，2004年5月18日，县政府下发《关于在乡镇企业管理局加挂县经济局牌子的通知》，明确在县乡镇企业管理局加挂县经济局牌子，作为主管全县工业经济、非公有制经济的县人民政府直属工作机构，与县乡镇企业管理局实行两块牌子、一套人员合署办公。2007年8月28日，经县长办公会议研究决定，将县乡镇企业管理局变更法人单位为县经济局，并对县经济局（乡企局）领导班子进行了重新任命和充实。2009年2月13日，根据县机构编制委员会《关于印发县工业经济管理机构整合方案》（石编〔2009〕3号）文件要求，对全县工业经济进行整合，县经济局（县乡镇企业管理局）与县工业集中区管理委员会实行三块牌子，一套人马，合署办公。加挂石林彝族自治县乡镇企业管理局、石林彝族自治县非公有制经济工作领导小组办公室、石林彝族自治县工业生态工业集中区建设指挥部办公室、石林彝族自治县节能减排工作领导小组办公室，机构合署后内设8个处室，即：党政办公室、投资促进局、财政分局、规划发展处、企业管理处、工程建设处、征地拆迁处、经济运行处，年底有在职职工22人（公务员15人，专业技术人员5人，机关工勤人员2人）。

2009年，获石林县“2008年度目标管理考核先进单位”；获石林县第二十五批“县级文明单位”。

【工业经济指标完成情况】　2009年，认真贯彻落实市委九届五次全会以及全市工业园区工作会议精神，紧紧围绕市、县下达的各项目标任务，深入实施“工业强县”和“11237”工业突破战略，聚心聚力大干工业经济、园区建设，努力克服经济金融形势严峻、工业产品价格下滑、资金短缺等不利因素的影响，积极组织工业企业搞好生产经营，全力帮扶负增长企业实现扭亏增盈，全县工业经济、非公经济持续、健康发展。2009年，全县工业总产值实现268550万元，同比增15.63%；工业增加值63004万元，同比增14.1%；规模以上工业增加值37635万元，同比增19.46%；主营业务收入实现101700万元，同比增23.02%，利税总额10500万元，同比增23.98%；全县工业固定资产投资达到51000万元。年内有规模以上工业企业30户。云电投新能源开发有限公司66兆瓦太阳能光伏并网发电试验示范项目、云南官房水泥有限公司扩建、石林温氏养殖一体化等一批重点工业项目落户开工，有力促进了全县工业的加速发展。

【招商引资工作】　2009年，全县引进和在建工业项目30个，协议总投资917498万元，当年实际引进国内到位资金42405.58万元，其中，工业产业招商分局（县经济局、县工管会）实际引进国内（市外）资金34109.94万元，完成目标任务2.2亿元的155.04%（房地产和BT项目到位资金13509.14万元）；国（境）外资金1294.2万美元，完成目标任务200万美元的647.1%，超额完成任务。招商引资主要工作：一是加快重点项目建设进度，落实责任，专人负责，切实强化项目跟踪服务，抓紧抓好对签约项目、在谈项目的跟踪落实，全力推进项目云南官房水泥有限公司2500t/d新型干法水泥熟料生产线技改工程、石林太阳能光伏并网发电站、石林温氏养殖一体化等重点项目的开工建设工作；二是围绕七大产业、优势企业和工业园区招商引资，《投资石林》20余个对外招商引项目，把招商重点放在科技含量高、产品附加值高、市场前景好的大项目、高科技项目上，大中小、专精特、内外资项目一齐上，在较短时间内引进一批项目；三是主动出击，上门招商，创新招商手段，采取广告招商、网络招商、代理招商、新闻招商、展洽会招商等形式，积极开展项目推荐和洽谈。

【节能减排】 按照全面落实科学发展观要求，围绕“节能减排、科学发展”主题，结合石林县节约能源和经济发展的实际情况，抓好节能减排工作，节能减排各项工作落实有力，达到了省、市要求。大力推进节能技术进步，抓好重点工业企业清洁生产和循环经济试点工作，2009年，全县开展清洁生产企业17户，推广高效节能灯13余万只；万元GDP能耗同比下降4.508%，规模以上工业企业万元增加值能耗同比下降16%，工业园区万元增加值能耗下降6%，全面完成市下达目标任务。

【园区建设】 2009年，县委、县人民政府加大工业园区基础设施建设、招商引资和投融资工作力度，按照“科学规划、全面统筹”的方针，完成了工业集中区总体规划修编工作，修编后石林生态工业集中区规划总面积达到28.65平方公里，包括一园五区：核心片区、西街口工业片区、北大村工业片区、大屯工业片区、圭山工业片区。功能定位以发展旅游商品加工、绿色农特产品加工、新能源产业为主，同时发展生物制药、先进制造、建材加工、煤焦产业等。2009年，工业园区实现规模以上工业主营业务收入37673万元，同比增114.3%；规模以上工业增加值17814万元，同比增105.3%；实现利税总额4458万元，同比增71.5%；地方财政一般预算收入1136万元；工业固定资产投资18871万元。新修园区道路3.3公里，截污廊道7483米，完成“五通一平”面积3003亩，基础设施投资13091万元；协议收储土地2500亩，完成收储771.3亩；全年融资20670万元。

【非公经济发展】 2009年，全县非公经济（含乡镇企业）以项目发展和提质增效为重点，以园区建设为突破口，积极开展招商引资，强化安全管理，扎实开展各项工作，克服金融危机的影响，继续保持快速健康发展，基本形成烟草、电力、建材、煤炭、制造、食品和旅游商品加工七大行业发展态势。云南众友集团、云南石金集团、云南兴隆交通旅游集团、云南梦达尔集团、云南兴亚集团等一批企业集团迅速崛起，正向集约化经营、集团化运作、管理科学的现代化企业发展。

2009年，非公经济实现增加值118000万元，同比增28.7%；税收总额7957万元，同比增30.3%；税金7983万元，同比增27%；规模以上工业企业利税总额12100万元，同比增24%。从业人员达到3.74万人，同比增10.5%。非公经济（含乡镇企业）指标占全县GDP的比重逐年增大，对促进全县农民增收、财政增收、经济发展后劲增强、维护社会稳定起到重要作用。

【安全管理】 强化目标责任管理，按行政区域划分责任，与重点直属企业签订了《2009年安全生产及消防安全目标责任书》，实行区域化管理，责任到人，实行一级向一级负责，一级抓一级，层层落实，深入厂矿、车间有针对性地开展专项检查，对发现的隐患及时下达整改通知，并提出限期整改意见，安全监管人员还要为企业提供必要的安全技术咨询和服务，使各项隐患整改能够落实到位，全年共为50家企业制作了《安全生产管理台账》，发出《隐患整改通知书》50余份280余条。2009年，全县生产加工企业未发生安全事故，安全伤亡率为零。

【技术创新】 通过技术革新、技术改造、产业升级，企业市场竞争力不断增强。云南众友集团完成对石林机器厂的技改扩建，生产的隧道、桥梁大型台车已销售进入到多项重点工程中；易通电缆桥架有限公司进行玻璃钢系列产品开发，该产品技术含量高，轻质、环保、节能，是钢材桥架的换代产品，填补了西南地区的市场空白；南亚焦化有限公司、官房水泥厂等企业进行了降低能耗排放、提高产量和质量的技术改造。

【职称申报就业培训】 一是完成申报中级、初级职称人员28人；二是在县劳动就业局的大力支持下，在昆明计算机学校职业培训站的积极配合下，于3月24日至4月16日组织石林园通投资公司、石林万家欢集团两企业部分在职员工和北小村再就业人员122人举办了为期24天96学时的园林园艺工技能培训学习。

【党组织建设】 2009年，石林县经济局总支委员会下设6个支部，包括局机关党支部、石林县建筑装饰业联合党支部、石林县石材行业联合党支部、石林县易通电缆桥架有限公司党支部、云南众友集团党支部、云南石金集团党支部。当年总支共转入11名党员的组织关系，转出3名党员的组织关系，现有在册党员52名，其中，女党员9名，预备党员4名，党员是私营企业主的有4名。

【项目申报】 2009年，由于受世界金融危机的影响，本地企业生产经营状况不佳，资金严重不足，我局（工管会）进一步加大了向上争取资金扶持本地企业发展工作的力度，积极向省、市部门争取各类资金扶持本地企业发展，先后动员组织18家企业（单位）向省、市经委（乡镇企业局）申报各种项目资金扶持，全年争取到省、市级各类企业扶持资金635余万元。

【重点工程建设】 面对国际金融危机影响，县经济局（工管会）认真贯彻落实“保增长、保民生、保稳定”的一系列政策措施，积极发挥投资对经济增长的“主引擎”作用，强力推进重点工程（项目）建设。各项重点工程（项目）当年到位资金达到44157.35万元，其中，天赐良园累计到位资金达7553.59万元；万城阿诗玛旅游小镇累计到位资金17133.83万元；温氏项目总部累计到位资金3185.37万元；水泥有限公司技改项目累计到位资金5605.46万元；石林大道电缆入地工程累计投资1852万元；110千伏输变电工程累计完成投资4000

万元。

【任职领导名单】

书记、局长，工管会常务副主任
念晓春

党总支副书记　史云华（女）

副　局　长　毕玉兴

工管会副主任，副局长
洪正富（3月起任）
李江辉
孔德卿（3月起任）

（李　伟）

嵩明县投资和经济促进局

【简述】 嵩明县是云南省政府重点培育的40个工业强县之一，在发展过程中始终坚持以“工业强县”为战略目标，以杨林工业园区建设为带动龙头，全面贯彻“以规划为先导、以招商引资为重点、以发展经济为中心、以优质服务为平台”的工业发展思路，着力提高工业经济的运行质量和效益。全县工业企业不断壮大，工业经济增速快、效益好的良好局面日渐突显，特别是昆明市大力实施招商引资工作以来，嵩明工业发展突飞猛进，园区建设日新月异，招商引资成果显著，经济发展逆势而上。

在改革开放之初，嵩明是典型的农业大县，财政收入单薄，县乡企业仅有小五金加工、建筑建材等。随着市场经济的发展，县委、政府全面实施“工业强县”战略，把振兴工业作为实现全县经济社会跨越发展的重要支撑来抓，经过改革开放20多年尤其是近几年的发展，县域经济进入了由农业大县向工业强县过渡的转型时期和快速增长时期，实现了由农业经济占主导地位转向由工业经济引领县域经济的发展。2009年，全县生产总值实现38亿元，增长13.2%，其中，工业实现生产总值17.8亿元，增长15.5%，一、二、三产业比重为26：47：27。规模以上工业增加值完成6.55亿元，增长15.2%，全社会固定资产投资大幅增长，完成29.9亿元，增长70.85%，其中，工业固定资产投资13.1亿元，增长38.2%。全县规模以上工业企业达49户，新增11户，工业经济发展态势强劲。县域经济基本上形成以农业为基础，工业为主导，服务业快速发展的良性格局。

【工业园区建设】 工业是富民强县的关键，是经济社会快速发展的重要支撑。嵩明地处昆明和曲靖两个大中城市之间，具有发展工业所需要的优越交通和区位优势。2003年嵩明杨林工业开发区被确定为全省30个重点工业园区之一，为嵩明工业的发展提供了广阔的空间。2006年嵩明县被省经委确定为云南省40个重点工业强县之一后，县委、政府继续坚持“规划推动、项目拉动、产业互动”的方针，走工业向园区集中之路，大力培育装备制造业、生物制药、食品饮料制造业、新型材料等主导产业，工业经济得到了快速发展，园区总体规划从24.7平方公里修编为54平方公里，园区分为精细化工园、兰茂药物园、机械加工园、包装印刷产业园、仓储物流园、非公经济园等若干个“园中园”，建成区已达4平方公里。到2009年，园区已有来自美国、英国、中国台湾、广东、四川等国内外客商投资办厂，园区已建成投产企业55户，规模以上企业38户。2009年，工业园区有7个投资亿元以上项目开工建设，其中，景润食品和南磷集团已试生产。

按照《杨林工业园区管委会人事管理、工资分配、劳动用工三项制度改革实施方案》、《云南嵩明杨林工业园区管理委员会承接的县级经济社会管理权限的工作方案》、《云南嵩明杨林工业园区管理委员会三定方案》，杨林工业园区行使县级经济行政管理权限，全面放活园区管委会财权、物权、事权。园区下设党政办公室、征地拆迁安置办公室、经济发展局、规划建设局、综合执法监督局、社会事务局六个科级机构，工商财税分局、土地环保分局两个副科级机构，并且全部配齐干部和职工，园区管理委员会实现了“管理企业化、经营市场化”的目标。

多渠道吸引社会投资，多方式推进道路、供电、给排水等一流的基础设施建设。2009年，园区景观大道改扩建、南环路、北干道、核心区“五横四纵”的路网建设全面展开。投资45875万元，启动了杨林工业园区南北干道、景观大道、南环路，职教基地1、2号路等多条道路的建设；宽60米连接县城、工业园区，直通昆明新机场的经济通道已经规划完毕，预计于2010年启动建设；投资4800万元修建了110千伏麦地塘变电站1座；启动了上游水库调水工程、第二自来水厂搬迁和中稷腾飞自来水厂的规划设计。目前，杨林工业园区内建有日供水2万吨的自来水厂一个，建有110千伏的变电站2个、35千伏的变电站1个，铺设了通讯专用光缆，架设了10万伏的高压输电线路，投资2000多万元建设的日处理污水10000吨工业园区污水处理厂、3200万元的县污水处理厂也将于2010年年初投入运行。

【招商引资工作】 2009年，全县招商引资任务完成较好，新建工业项目不断增多，工业项目实际到位资金的比重不断提高，投产企业随之增加，大项目带动大发展的思路初步得到落实，招商引资促工业发展的成效开始显现，全县外资到位资金2265.5万美元，同比增长133%。内资实际到位资金35.2亿元，共引进亿元项目32个，其中，亿元工业项目13个。招商引资工作的七项措施强有力地推进了我县工业经济的扩张和增量，同时也促使我县工业向规模化、集约化、集群化方向拓展。工业地产招商已有叁斗家具工业园、潮汕工业园、湖南标准化厂房建设等项目，商贸物流招商已有台州商贸城落地，十堰大车汽配城、铁公鸡钢铁物流港等项目都在洽谈中。驻昆商会协会2009年带企业到嵩考察256家，接待1800人次，洽谈500多个项目。“退二进三”企业上门招商115家，现有6个企业已搬迁到嵩明，云南第二汽车制造厂等40个企业意向搬迁到嵩明。全市40个招商分局有25家带68个项目到嵩投资考察。

【品牌建设】 围绕“把杨林工业园区打造成国家级开发区”的目标，县委、政府在不断提升园区软硬环境的同时，大力实施品牌战略，不断加快推进企业从产品经营向品牌经营跨越，鼓励企业收购、兼并产业链上的相关企业，扩大规模，壮大实力。实施“三级名牌名品”培育发展计划，制定品牌创建规划，对名牌名品实施奖励政策，引进战略投资者，引导、支持企业开发“名优产品”、争创“名牌企业”，提高市场竞争力。

【节能减排】 进一步加大节能减排工作力度，不断实施节能减排技术改造项目、开展清洁生产工作、资源综合利用工作和淘汰落后产能工作，有效地控制了污染物的排放和能源的消耗，确保了各项目标任务的完成。年底，已先后淘汰了云南四营水泥厂10万吨立窑水泥生产线、嵩明明鑫焦化有限公司20万吨/年炼焦生产线、嵩明县嵩阳水泥有限公司9万吨立窑水泥生产线；启动了53户规模以上企业开展清洁生产审核，共认定资源综合利用企业29户，促进了循环经济的发展；积极倡导和支持企业进行节能技术改造工作，共实施了节能减排技改项目17个，获得省市大量的节能技术改造资金的扶持，为企业节能减排工作的开展提供了有力的保障，为“十二五”的节能减排工作奠定了基础，也为嵩明工业经济的合理发展创造了条件。

寻甸县经济贸易局

【基本情况】 寻甸回族彝族自治县地处云南省东北部，是一个聚山区、贫困、民族为一体的国家级扶贫开发工作重点县，全县辖14个乡（镇）173个村民委员会，总人口53.06万人，其中农业人口49.5人，占93.3%；国土面积3598平方公里。2009年全县实现地区生产总值32.47亿元，同比增长13.2%；地方财政一般预算收入2.71亿元，同比增长28%；城镇居民人均可支配收入14132元，同比增长8.8%；农民人均纯收入3058元，同比增长8.11%。

【工业经济运行情况】 2009年，全县有工业企业79户，从业人员达7535人，其中，规模以上工业企业20户。全年完成工业总产值36.99亿元，同比增长21.8%；完成工业增加值7.17亿元，同比增长16%，占全县GDP的22.1%。工业发展初步形成了以煤磷化工、煤炭开发、建筑建材、制药等为主的产业布局，工业在全县国民经济中的主导作用进一步增强，新兴的重化工业与能源基地雏形基本形成。在规模以上工业中，骨干行业产品增势强劲，2009年重工业实现产值31.61亿元，同比增长18.8%；轻工业实现产值7833万元，同比增长47.3%，产品销售率达93.14%。三是后劲足。招商引资的带动和一批重点工业项目的建设，为工业经济的发展增强了发展后劲。近三年，全县累计完成工业固定资产投资30.63亿元，其中，2007年完成5.35亿元，2008年完成10.72亿元，2009年完成14.56亿元，工业固定资产投资规模逐年扩大。

【体制改革】 完成寻甸县日化厂、县印刷厂、县民族织染厂、县先锋磷矿、县乡镇企业局供销公司的改革改制工作。

【技术创新】 鼓励和引导云南南磷集团实施2.5万吨黄磷生产尾气净化利用、黄磷厂4#炉节能、褐煤蜡系列产品综合开发改造项目，改造建设县三月三水泥厂、县双龙水泥厂60万吨/年水泥粉磨站，推进东山公司2500t/d新型干法水泥熟料生产线技改等一批项目。

【节能减排】 成立寻甸县淘汰落后产能清产核资领导小组，拆除东山水泥厂、三月三水泥厂、双龙水泥厂3条共26万吨立窑水泥生产线。全县完成清洁生产审核15户，能源审计5户，节能灯推广20万只。

【安全管理】 寻甸县经贸局始终把安全生产列入重要议事日程，层层签订目标管理责任书，做到主要领导亲自抓，分管领导和责任单位全力抓的工作机制。督促企业制定安全生产管理制度，加强企业应急管理基础工作，做好安全生产应急预案的制定和修改。开展隐患排查治理行动，对重点工业企业、加油站（点）、商场超市、农贸市场建设、砖厂和煤矿企业进行安全生产大检查，督促企业加大安全生产宣传教育力度，增强全社会的安全生产责任意识；把安全生产的责任落实到每个环节、每个岗位、每个人；认真落实安全生产防范措施，强化安全生产监督管理，有效遏制安全事故，年内无重特大事故发生。

【产业结构调整】 通过不断培育和逐年发展壮大，寻甸县工业初步形成六大支柱产业，即一是磷化工产业。已建成5万吨黄磷、6万吨三聚磷酸钠、40万吨过磷酸钙、10万吨重钙、30万吨磷酸、30万吨饲料级磷酸盐生产线；依托上游产品，建成53万吨硫酸、25万吨磷酸铵盐干粉灭火剂、26万吨PVC、20万吨烧碱生产线，迅速提升现有磷化工产业产品链循环发展整体水平。二是煤化工产业。围绕煤炭产业发展，推进煤炭资源整合，确保重点企业用煤需求。已形成223万吨褐煤开采，1000吨褐煤蜡生产规模。三是建材产业。已建成100万吨水泥、20万立方加气混凝土、2万吨沥青改性剂、3亿块红砖生产线。四是装备制造业。在羊街镇规划建设装备制造园，初步规划面积10平方公里，承接国内、省内、市内“退二进三”项目。现已启动10km^{2}范围1：500的地形图的测绘及控制性详细规划工作，完成《寻甸特色产业园区装备制造园专项规划》和《可行性研究报告》编制，并通过省级行业专家组评审。已有昆明骏宝机电技术开发有限公司新型摩托车发动机生产项目备案入园投资建设。五是生物制药产业。已具备年产药剂20亿片、降解脱毒餐具2亿套的生产能力。六是农副产品加工业。已建成年产茶果300吨、饲料3500吨、马铃薯全粉3500吨、面粉2万吨、保鲜板栗1000吨、畜产品800吨农产品加工生产能力，2009年实现农产品加工总产值1.87亿元。目前，寻甸县按照工业发展规划，结合工业成长性和潜力，重点推进磷化工、煤化工、氯碱化工、硫化工、建材、生物资源加工、装备制造和现代物流业，努力形成布局合理、特色鲜明、优势突出的工业体系，不断扩张工业总量。

【中小企业发展情况】 近年来，寻甸县委、县人民政府切实加强对中小企业的领导，强化协调服务，积极鼓励支持和引导中小企业的发展，努力营造发展中小企业的良好氛围，有力地推动全县中小企业快速发展，为促进经济增长、创造就业岗位、保持社会稳定和增加财政税收等发挥了重要作用。截止2009年底，全县中小企业发展到102户，按登记册类型分，有国有企业2户，集体企业11户，有限责任公司30户，私营企业45户，其他14户；按国民经济行业分，有农林牧渔业6户，工业79户（采矿业13户，制造业60户，电力、水的生产和供应业64户），建筑业6户，交通运输业1户，批发零售业7户，住宿及餐饮业1户，其他2户。有规模以上中小企业20户，其中，中型企业4户，即南磷集团公司、龙蟒公司、国能公司和电力公司，其余98户为小型企业，中小企业占全县工商注册登记总数100%。

【任职领导名单】

县委常委、寻甸特色产业园区管委会主任　林克俭

县经济和商务局长　梁　永

（胡应宗）

宜良县经贸局

【工业经济完成情况】 2009年，宜良县有规模以上工业企业户数44户；规模以上工业完成增加值137214万元，同比增26.3%；规模以上工业完成主营业务收入371553万元，同比增6.9%；规模以上工业完成利税总额32481万元，同比增140.6%；规模以上工业完成利润总额7325万元，同比增252.6%；工业固定资产投资完成70180万元，同比增长75.45%，二板块排名第一；完成亿元以上工业项目开工辖区范围5个，园区4个，分别是：宜良红狮水泥日产4000吨熟料一期项目、宜良金珠水泥日产2500吨熟料二期项目、日发塑业年产3亿条编织袋项目、宏华再生炉料年产22万吨富锰渣项目、汇江水泥日产2500吨熟料项目。

【工业园区建设】 2009年，宜良县进一步加大了工业园区基础设施建设力度，投资5000万元，建设北古城工业园区1、2、3号路，项目承载能力进一步得到了提高，已有年产3亿条编织袋项目、年产200万米预应力混凝土管桩生产线及年产60万吨粒化高炉矿渣粉配套项目、年产70万立方米加气混凝土砌块项目、年产1.8万吨合金铝锭项目、年产8万吨化工冶金用电极糊等多个项目落户北古城工业园区。

【招商引资】 宜良县委、县政府高度重视招商引资工作，成立了县投资促进局，完善招商引资工作机制，采取政府招商和企业招商相结合等多种方式，保证了招商的效果。2009年，全县引进投资额3000万元以上的工业项目10个，其中上亿元的5个，总投资达43.58亿元。

为抓好项目建设工作，县委、县政府加大领导力度，成立项目推进工作领导小组，督促各项工作的落实。

【服务企业工作】 完善工业经济运行监测分析。认真搞好全县工业经济运行分析工作，做到了月度简要分析，每季度重点分析，半年、全年全面分析，为企业发展提供宏观的政策导向。

完善企业协调服务机制。宜良县经济贸易局作为工业主管部门，强化了对企业的服务工作，做到保姆式服务，对企业运行中水、电、油、运输和融资等问题随时掌握，遇到问题及时解决。在融资上，搭建政银企三方沟通交流平台，有效解决企业发展的资金瓶颈，在电力供应上，与供电部门及省市有关部门沟通，保证重点企业的用电；在企业发展环境上，一方面与交通部门沟通，一方面向企业宣传我县加大公路运输超限超载政策，确保正常生产；在办证上，积极与省市有关部门协调，解决了多家企业的办证问题。通过这些深入细致的工作，提升了服务质量，促进了现有企业的健康发展，为我县工业发展营造了良好的氛围。

【节能降耗工作】 坚持发展工业与保护生态环境、利用资源和保护资源并重，节能降耗，有效利用不可再生资源，实现工业经济发展与资源的持续利用和环境保护协调一致。全面推进循环经济工作，努力转变增长方式，采用政府引导、企业为主、政策激励、市场运作等方式，大力发展节约型企业，推进清洁生产、节能降耗和资源综合利用工作。

一是加强宣传，提高认识。二是加强对用能单位的监测力度。三是督促企业淘汰落后生产能力或限期更新改造。四是对综合能耗在5000吨标煤的重点能耗企业进行责任制考核，签订目标责任书，顺利完成2009年节能目标任务。

昭　通　市

昭通市经济委员会

【简述】 2009年，受金融危机冲击，昭通市主要工业品铅锌、原煤等价格大幅下跌，库存积压，企业效益下滑，生产经营陷入困境。随着国家一系列“扩内需，保增长”等政策措施的出台，昭通市工业经济逐步企稳回升，从年初的负增长、低位运行到稳步走高，企稳向好态势基本确立。

【工业经济运行情况】 2009年，全市实现工业总产值198.7亿元，同比增长18%，工业增加值96亿元，增长13.6%，工业对全市经济的贡献率达34.7%，拉动全市地区生产总值增长4.4个百分点，比2008年提高了0.7个百分点。实现了市委、市政府年初制定的工业总产值增长15%和工业增加值增长12%的目标。与省政府签订的规模以上工业四项指标，除利润指标欠任务5个百分点以外，其余三项指标均超额完成。规模以上工业增加值实现75.1亿元，增长11.3%；主营业务收入154.8亿元，增长7%；利税总额51.9亿元，增长11%；利润16.6亿元，增长12.1%。

轻工业实现产值52.4亿元，同比增长8.7%，重工业实现产值105.5亿元，增长12.7%。烟草及配套工业运行质量提高，昭通烟厂生产卷烟51.3万箱，下降0.3%，实现工业产值42亿元，增长8.7%；侨通公司产销衔接良好，生产多色印刷品82万对开色令，增长17.6%；电力及建材业迅猛发展，为全市工业经济作出了较大贡献，发电40.2亿千瓦时，增长21.6%，实现产值23.9亿元，增长33.6%；建材业量价齐涨，效益较好，生产水泥296万吨，增长16.3%，砖9.6亿块，增长35.9%；煤炭、铅锌行业价格回升，产量小幅增长，生产原煤1440万吨，增长5.5%，金属铅锌分别为3.3万吨和14.1万吨，分别增长7.8%和5.8%；化工行业降幅收窄，实现产值24.4亿元，下降6.3%，生产化肥36.6万吨，下降14.7%，电石产量大幅增长，产量38.4万吨，增长72.3%。

【工业固定资产投资】 2009年，昭通市重大工业项目稳步推进，工业固定资产投资超额完成目标任务。全市工业固定资产投资累计完成122.8亿元，增长23.3%，其中不含电力的完成33.5亿元，增长20.5%，超额完成目标任务。2009年昭通市提出“市级着力抓好存量，县级着力抓好增量”，进一步对全市的重点工业项目进行梳理，加大工作力度，提出具体的时间表，分阶段推进项目建设；积极配合市级四套班子领导对重点工业项目进行督促和检查；进一步完善和落实市经委领导挂钩联系重点工业项目责任制，委领导带队分赴各县区开展重点项目调研督查，对县区和企业如何开展工作提出建议和意见。积极向省工信委申报企业技术改造资金扶持，2009年共争取到技改贴息资金520万元。2009年，一批项目相继投产和开工建设。彝良驰宏日处理2000吨铅锌选厂、天力年产20万吨电石项目、大关天达21万吨电石项目、绥江年产60万吨水泥熟料项目、永善金沙铅锌矿日处理2000吨铅锌项目相继建成投产。在建项目进展顺利，云天化集团煤代气项目已开始分批次进行操作培训；鲁甸昊龙公司20万吨硫化锌焙烧制酸项目进入试产阶段；昊龙公司20万吨氢钙20万吨重钙项目已备案，“三通一平”已完成，土建工程已动工；永善大兴金沙矿日处理2000吨铅锌洗选项目，投资完成年计划的87%，洗选厂正在调试中；镇雄三和水泥厂已进入生产调试中；昭通市得云建材公司二期技改日产4000吨水泥和余热发电项目以及华新水泥昭通有限公司二期技改日产2500吨水泥和余热发电项目的相关评估报告已报相关部门审批。

【节能降耗工作】 2009年，昭通市进一步强化节能目标责任制，认真履行市政府节能办职能，高度重视节能降耗工作，继续推进节能目标责任制，节能降耗圆满完成年度目标。2009年，全市淘汰铁合金生产能力1.2万吨、小炼铁落后产能1万吨、小造纸生产能力0.15万吨、碳铵8万吨，水泥熟料生产能力10万吨。全年单位GDP能耗下降3.9%的目标全面完成；加强节能督察和管理，配合省政府节能现场评价考核组完成对市2008年节能工作的现场评价考核；组成监察组分赴11个县区及重点企业，就节能降耗工作开展调研、督查，对能耗发生异常的县区和企业给予预警；组织开展节能宣传培训，积极派员参加省组织的培训15人次。以节能宣传周为契机，围绕“推广使用节能产品，促进扩大消费需求”的主题，张贴（悬挂）节能宣传标语、组织节能产品展示、发放节能宣传品、举办节能主题座谈会，深入开展节能宣传工作；积极开展高效照明节能灯的推广工作，共计推广高效照明节能灯27.1万只，完成节能灯推广任务数的118%；继续健全节能管理基础工作，先后代市政府草拟了《昭通市能源统计、监测、考核办法》、《加强能源统计工作的通知》、《昭通市人民政府关于公共机构节能工作意见》等文件；积极组织申报淘汰落后产能中央财政资金补助，全面完成了2008年申报淘汰落后产能中央财政资金补助使用情况核查和2009年淘汰落后产能中央财政资金补助申报工作。

【中小企业和非公经济发展】 2009年，全市非公经济总数达6.5万户，全市非公经济实现增加值115亿元，占全市生产总值的38%；上缴税金11.5亿元；从业人员达19.1万人。昭通市委、市政府对非公经济和中小企业发展非常重视，于2009年11月召开了全市中小企业推进会，对中小企业的发展进一步理清了思路，明确了目标任务，提出新的要求，指明了发展方向和发展重点；加大对中小企业的服务和扶持，积极争取上级资金扶持，全年争取到非公有制经济发展扶持资金255万元，乡镇企业发展扶持资金230万元，中央拉动内需中小工业项目资金420万元；收集和筛选有贷款需求的工业企业和工业项目推荐给银行，协调金融部门加大贷款投放力度，缓解企业流动资金紧缺的局面；提高管理水平，积极开拓市场。组织企业管理干部参加“国家中小企业银河培训工程”学习培训，组织一批企业参加昆交会、中国国际中小企业博览会；推荐一批企业获得省级表彰；与省中小企业发展协会联合推荐一批企业上中央电视台《致富经》栏目，为企业的发展进行了有力的宣传，使企业赢得了商机。

【工业园区建设】 2009年，全市工业园区建设取得新的进展。2个省级重点工业园区和5个市级工业园区基础设施建设步伐不断加快，去年共投入建设资金2.2亿元。2009年，全市7个工业园区入园企业 84户，实现工业总产值45.3亿元，工业增加值15.7亿元。积极开展工业招商引资工作，以“走出去，请进来”、制定优惠政策等方式有重点、有针对性地进行工业招商引资，成立了工业招商引资领导小组，制定了工业招商引资工作方案，组织收集和筛选了工业招商项目，建立工业招商引资信息平台。经与多家企业洽谈，达成6个项目，8亿元的投资意向。积极向省工信委、省财政厅争取新型工业化发展专项资金，上报扶持项目9个，全年争取资金600万元。

【行业管理工作】 进一步加强盐业管理工作，全年销售含碘食盐1.72万吨，同比增长31.3%。查获案件136起，查获违法违规盐产品466吨，查处制假窝点12个。散装水泥推广跃上新台阶，推散比例达到22%，全年收缴散装基金471万元。

【国企改革及善后工作】 国企改革善后工作不断完善。除昭交集团外，已全部完成了国有企业的改革任务；为巩固改革成果，不断完善改制企业的养老、失业、医疗保险，全年共争取中央、省级解决关闭、破产困难企业医保资金3260万元，有力地促进了全市关闭、破产企业职工长期未建立医疗保险的问题，为维护社会稳定作出了积极的贡献。

【工业发展大事记】 1月8日，昭通市工业发展研讨会在巧家县召开。云南省工经联会长杨树蔚、各县区经贸局长、昭通市工经联常务理事、联络员、部分企业领导、市经委领导及科室负责人共计110人参加会议。16位参会代表提交论文并作交流发言，对昭通工业发展献计献策。

3月22日，云南天力煤化有限公司在彝良举行20万吨/年电石项目投产剪彩仪式。

3月22日，大关天达化工有限公司21万吨/年电石生产线点火试生产。

7月20日，昭通市政府在昭阳区召开全市工业经济运行分析会。这次会议全面分析了昭通市上半年工业经济运行情况，针对存在的问题，研究对策措施，确保全年工业经济目标任务圆满完成。

7月21日，昭通市经委在昭阳区召开全市经贸局长座谈会。会议的主要任务就是贯彻落实全市工业经济运行分析会精神，确保年度目标任务的完成。

7月27日，云南华电镇雄发电有限公司举行2×600MW机组工程开工仪式。

8月13日，昭通市人民政府在昭阳区召开昭阳工业园区建设现场办公会。市长王敏正、副市长何刚等市政府领导参加会议。会议听取昭阳区政府关于工业园区建设的情况汇报，针对需要解决的问题，部分市直作了发言，王敏正要求昭阳工业园区进一步理顺管理体制，加快基础设施建设，打造融资平台，争取更多的项目入驻园区，加快工业园区建设。

9月14日，昭通市人民政府在市政府会议室召开推进建材产业发展专题会。会上，市经委主任余伟汇报了昭通市建材产业发展现状、存在问题及意见建议。市长王敏正对加快建材产业发展作重要讲话。这次会议认真分析了全市建材产业发展的现状、问题和发展机遇，明确提出了建材产业发展的目标任务，措施和重点。会议要求市经委，认真调查研究，做好《昭通市十二五建材产业发展规划》。

11月6日，昭通市工业经济发展推进会在昭阳召开。会议由市委常委、副市长何刚主持，市委书记夜礼斌到会并作重要讲话。各县（区）委书记、县（区）长、经贸局长、统计局长、市直有关部门领导、重点企业的领导参加会议。这次会议出台了《昭通市工业发展三年倍增计划》，讨论了《昭通市“十二五”工业发展翻两番预测报告》，这次会议对于进一步深化认识，加快推进昭通工业经济发展意义重大。

11月24日，昭通市召开全市中小企业发展推进会。市委书记夜礼斌、市长王敏正分别在会上作重要讲话。各县（区）委书记、县（区）长、经贸局长、统计局长、市直有关部门领导、部分中小企业的领导参加会议。会议指出：加快昭通中小企业发展意义重大，要坚持抓大不放小的原则，推进中小企业发展。会议还明确提出实现中小工业企业倍署。增计划的目标任务，对加快中小企业发展作了全面的安排部

【任职领导名单】

党委书记、主任　余　伟

党委副书记、纪委书记　董西平

副主任　王元勋　张　宁　陈　平

（马　鹏）

昭阳区经济贸易局

【工业经济运行情况】　2009年，昭阳区规模以上工业企业完成主营业务收入70.1亿元，与去年同比增长14.1%；实现工业增加值40亿元；利税总额34亿元，同比增长7.3%；利润总额完成7.71亿元，同比增长7%；新增固定资产投资7亿元。同比增长70.7%。非公经济增加值完成 29亿元，同比增长23.4%。2009年，昭阳区全社会能耗指标同比降低 4.62%。

【乡镇企业发展】　乡镇企业2009年各项主要指标完成情况：增加值完成69314万元，较去年同期增10.1%；工业增加值完成19934万元，较去年同期增23.32%；现价总产值完成151738万元，较去年同期增15.23%；工业总产值完成47138万元，较去年同期增16.1%；营业收入200792万元，较去年同期增5.75%；实现利润总额287293万元，较去年同期增0.06%；税金4615万元，较去年同期增33.36%。

【招商引资】　2009年，昭阳区经贸局认真贯彻区委区政府关于“加快产业发展年”中招商引资和工业集中发展的各项政策，经各方共同努力，今年招商引资工作取得了较好成绩。2009年，市外招商引资项目（包括新建、改扩建和续建）34个，总投资规模201.3456亿元，到位资金20.5086亿元，同比去年增加15.5亿元，增长400.1%，完成市下达目标任务20亿元的102.54%。其中，省内到位资金为11.7136亿元，占总到位资金的57%；省外到位资金8.795亿元，占总到位资金的43%。

【组织企业参加昆交会】　2009年6月6日至10日的昆交会，昭阳区经贸局组织云南永孜堂、月中桂、三艾魔芋、万和、朱提苦荞生物科技、鹤乡绿色食品、明飞、高原红粮油购销、大山地毯等14户企业参加了昆明进出口商品交易会，参展商品达100余种，直接销售收入27万元，5家企业签订了产品的购销合同，合同总金额为800多万元，意向性合同3000万元左右，成果喜人，部分企业的产品供不应求，很早就销售一空。通过大型商品展示会活动，为扩大了企业知名度、宣传地方名特优产品提供了平台，创造了各种机会，帮助企业广交客户、开阔视野、捕捉商机、提高企业自身素质和生产经营水平，为企业的发展壮大提供了良好的机会。

【改制企业扫尾工作】　2009年，积极为改制企业职工办理低保。经贸局代办的5294人，其中，国有的12户，1756人，集体企业52户，3538人；正在办理的152人（建筑建材的149人，土杂商店3人）；未纳入低保的313人（国有207人，集体企业106人）；供销社代办本系统企业职工低保的480人；粮食局代办本系统企业职工低保352人。

退休职工1240人全部享受社保待遇。751名内退职工达到退休年龄的已享受社保待遇。未达到退休年龄的内退职工424人，从2008年11月每人月生活费提高到610元。到2009年6月底，原集体企业职工参加昭阳区制定的集体企业养老保险已达858人。月领退休金最高的480元，最低的420元。截至2009年6月底，办理已改国有企业退休、内退职工参加医疗保险已有25个企业，办理了95%的退休、内退职工参加医疗保险手续；已办理参保人数1860人。

2009年，接待群众来信来访2000余人次，大多数反映情况，经过企改办工作人员耐心细致的解释，把情况讲明后他们高兴的回去，有些反映的实际情况，企改办进行调查，能解决的主动帮他们解决，如在办理房屋产权证过程中，主动为他们提供查找依据线索。建筑建材集团总公司2003年改制后，由于经营管理不当，造成企业难以生产经营，改制时决定解决的职工安置费问题、社会养老保险费问题、退休内退职工医疗费问题、内退职工内退生活费问题，长期得不到很好解决，职工群体性上访不断，造成了不安定因素。在区委、区政府的重视下，企改办全体工作人员都积极投入到调查落实建材职工反映情况中。经过一月多的工作，所反映的5个问题一一得到了解决， 解决了职工的后顾之忧。

积极为改制企业职工办理房屋产权证。改制企业职工购买原企业住房，情况复杂，购买房屋时手续清楚、证件齐备的只有少部分企业，大多数企业只有一张购买房屋的收款收据，少数几个企业如砖瓦厂、火柴厂甚至连职工购房凭证都没有，其他相关资料更不具备。办理难度较大。到目前为止办理情况是：已改企业职工购买原企业住房的有29家企业，住户1066户，1067套住房。截止到10月底，已办完房屋产权的9家企业，199套。相关材料备齐已转报到区房管局正在办理的8家， 449套。其他企业正在收集材料准备上报。

帮助指导集体企业昭阳区民族毛皮厂、第二塑料厂进行了资产处置，解决了多年遗留的难题。帮助理顺了昭阳区国税局与环翠商店的关系，环翠商店长期使用昭阳区国税局门面已交还，恰当地解决了职工安置费问题。

【项目扶持】　2009年，区经贸局申报了昭通市万和食品有限公司新建年产9000吨酱菜生产线技术改造项目、昭通市远森实业有限公司生猪定点屠宰厂迁建的技术改造项目、云南永孜堂制药有限公司天麻醒脑胶囊生产线扩建的技术改造等八个项目。在申报的项目中得到了云南省非公经济发展专项资金95万元，其中，流动资产贷款贴息60万元，固定资产贷款贴息35万元。为了使企业更好、更快地发展上档次，上规模，科技含量高，符合产业政策发展的农产品

加工企业，乡企局进行了项目调研、论证，拟报了8家企业的发展项目给市经贸局乡企科帮助报给省局争取项目发展扶持资金。

【节能降耗】 在省、市、区级政府的高度重视下，在各职能部门的积极工作下，先后淘汰了昭通大龙洞电石厂、一水泥厂、云南省昭通市森隆经贸有限责任公司拆除2500吨黄磷生产线等一批高耗能生产厂，高耗能的德云水泥厂将在2010年关闭设备比较落后老化的8万吨水泥生产线，同时，各企业加大了科技创新和技术改造力度，侨通公司拆除原来的锅炉，利用地热解决了供热问题，华新水泥厂投资了6700多万元，利用余热发电，降低了能耗，提高了企业效益，并在第一家取得了省环保厅的清洁生产验收合格，其他10家规模以上企业正准备争取通过清洁生产验收。

2009年，市政府下达给昭阳区的全社会能耗指标为同比降低4.6%，预计1~11月同比降低4.25%，到12月份能完成全年目标任务（全社会能耗指标为同比实际降低率要年底统计局才能汇总出来）。规模以上工业企业综合能源消耗186926吨标准煤，比上年同期的170466吨标准煤增长9.65%，产值能耗0.85标准煤。虽然2009年昭阳区没有淘汰落后产能任务，但财政部8月份对昭阳区2007~2008年淘汰落后产能国家财政奖励资金的使用情况进行了检查，区节能办和财政局两家单位接受检查并获得通过。

2009年，市节能办下达给昭阳区的节能灯推广计划是20000只，实际推广33500只节能灯，超额完成了市节能办下达的计划。

按照市经委（昭市经2009年79号文）的要求，昭阳区从5月下旬开始在辖区内11户工业企业中推行清洁生产工作。这项工作对于企业节约能源、节约用水及原材料、降低污染物排放等有着重要的作用。月中桂食品、昭通卷烟厂、侨通公司、华新水泥等四家企业已在积极开展此项工作。其余企业因改扩建、搬迁、停产等原因准备在明年推行清洁生产工作。

按照市节能办的要求，2009年内完成对得云建材公司的能源审计，11月，该公司的能源审计报告已由省有资质的能源审计单位完成编制，并提请省节能办评审；同时，该公司日产4000吨水泥及华新水泥（昭通）公司日产2500吨水泥新建生产线前期工作中的能源审计部分已由区局转报市经委，最后将报省节能评审。

【任职领导名单】

局　　长　杨洪斌
书　　记　刘　刚
乡镇企业局局长　赵家贵
副 书 记　崔　瑜
纪委书记　王昭莲
副 局 长　张　斌

（邓文勇）

大关县经济贸易局

【基本情况】 大关县位于云南省昭通市腹心地带，是典型的山区农业县，属国家重点扶持县之一，辖6镇3乡，其中，五个乡镇属扶贫攻坚乡镇，全县共78个行政村，辖区面积约1692平方公里，总人口约27.8万人，其中农业人口约25万人，城镇人口约2.8万人，辖区内共有13种少数民族，占总人口数的20%。2009年财政收入为4656万元，占财政总支出60649万元的7.68%，财政收入和支出在改革开放二十多年来一直排名全省120名后，属典型的“吃饭财政”、“贫困财政”和“补贴财政”。

大关县工业发展的历程大体可分为三个时期：第一个时期从1950年~1985年，这一时期主要是以工商业的社会主义改造和手工业为主的计划经济体制下的早期工业。1950年工业总产值219万元，1985年工业总产值1905万元，年均增速为6.19%。第二个时期从1986年至2002年， 这一时期主要是以乡镇企业为主体的发展时期。1986年工业总产值1920 万元，2002年工业总产值 4260万元，年均增速为8.8 %。第三个时期从2003年至今，这一时期主要是以深化改革和招商引资为主的工业发展时期，2003年县委政府确立了“工业强县”战略，实现了招商引资的重大突破，从原来的等客上门、招小商向走出去，招大商、引大资建设大项目的转变。2003年，工业总产值完成6757万元，2009年，工业总产值完成55025万元，年均增速40%以上。

【工业经济运行情况】 2009年，全县坚持以科学发展观统领全局，采取果断措施，积极应对金融危机影响，围绕“上项目、保增长、重民生”，集中精力抓好经济运行监测，努力化解经济运行中的困难和问题，全县工业经济企稳回暖。

全县工业总产值完成55025万元，同比增长15.8%；增加值完成14250万元，同比增长12.2 %；营业收入完成54985万元，同比增长15.2%；上缴税金完成4913万元。12户规模企业总产值完成30836万元，同比增长48.2%；增加值完成11036万元，同比增长44%；主营业务收入完成31015万元，同比增长 60.7%；利税总额完成3530万元，同比增长21.7%。主要产品中原煤完成32.2万吨，同比增长4.3%；发电量完成22180万度，同比增长13.2%；水泥完成14.08万吨，同比增长53.5%；快餐盒8772万只，同比增长20.2%；洗精煤8.7吨，同比增长27.9%；铁合金完成5370吨，下降12.3%；电石完成2.9万吨，属新增工业产品；工业固定资产投资完成30984万元，同比增长32.5%。

【煤矿安全管理】 坚持“安全第一、预防为主、综合治理”的方针，牢固树立以人为本、安全发展、科学发展的理念，深入开展煤矿安全“市长霹雳行动”，不断完善煤矿基础设施建设，狠抓安全隐患排查治理，促进全县煤矿安全形势持续稳定好转，实现安全生产“零死亡”目标。

2009年，共深入煤矿企业排查隐患和督促整改隐患达97次，下达隐患整改通知书48份，查出隐患307条，其中，现场整改26条，限期整改281条。落实整改资金284.6万元，隐患整改达标302条，整改率98%。全县7对矿井共生产原煤32.2万吨，实现工业总产值11624万元，上缴税金1166万元。通过努力，煤矿安全生产取得了以下成效。一是“两个主体责任”进一步落实，企业领导和管理人员责任心加强、管理水平提高，职工安全意识显著上升，现场管理水平明显好转。二是安全投入进一步加大，基础设施建设逐步完善，通风系统合理、可靠，机电设备管理逐步走向规范化管理道路，安全隐患得到及时有效的排查和整改，安全管理的长效机制逐步形成。三是煤炭资源整合工作规范、快速、稳步推进，安全质量标准化矿井建设速度明显加快，采煤方法改革、支护方式改革全面展开，煤炭产业的发展逐步向规模化、规范化、标准化方向发展。

【体制改革】 为建立统一、高效、运转协调的供电体系，理顺大关供电体制，让电力保障为大关经济社会发展作出更加积极的贡献。2009年，在县委、政府的领导下，协调昭通弘泽实业有限公司与大关县关河电力有限责任公司，本着“平等自愿、诚实守信、互惠互利、促进发展”的原则，通过真诚、友好的协商，达成了整合协议。两家供电企业的合作，推动了电力行业管理创新和机制创新，使企业步入发展的新时期，为全市的理顺电力体制工作走出了成功的一步。电力体制的理顺，解决了制约我县经济发展的两大问题：一是促进了农村电网改造惠农政策的进一步落实；二是解决了工业经济发展的电力保障问题。

【节能减排】 立足县域企业现状，结合国家产业政策、环保政策要求，不断加大指导、服务力度，促进企业扩能技改，做大做强。做到“三个一批”，即：一是扩能技改一批，快餐盒厂、寿星水泥厂、煤矿等企业扩能技改工作有序推进。二是示范带动一批，以天达电石项目为新型工业化的示范，对新上项目严格执行准入条件。三是淘汰关闭一批，不断加大节能减排工作力度，2009年已完成电力矿业有限责任公司2台电热炉淘汰（1800kVA、3200kVA），关河电力有限责任公司铁合金分公司3600kVA电热炉的关闭工作，淘汰高桥金盛钢铁厂炼铁0.4万吨。

【中小企业发展】 2009年，全县中小企业发展到158户，主要分布在工业、建筑业、交通、金融、房地产、旅游等9个领域，有从业人员6000余人。其中工业企业65户，规模以上工业企业12户，中小企业基本保持了持续、稳定、健康发展的态势。

2009年，全县中小企业生产总值完成101600万元，同比增长12.6%，其中工业增加值完成14250万元，同比增长12.2%，占全县GDP的14%。

【任职领导名单】

党组书记、局　长　马　飞

党组成员、副局长　戴友华

唐　琨（10月任）

肖　亮（10月任）

（马敏前）

鲁甸县经济贸易委员会

【基本情况】 鲁甸县工业经济在县域经济发展中的主导地位已经显现，工业结构进一步优化，工业经济总量逐步扩大，经济效益明显提高。2009年，全县实现生产总值（GDP）188566万元，一、二、三产业在生产总值中的比重为32.0：42.4：25.6，全县共有工业企业55户，其中，规模以上12户，规模以下43户，全社会完成现价工业总产值156106万元，实现工业增加值63816万元，工业增加值占全县GDP的比重为33.8%，基本形成了以“矿冶、化工、能源、建材、农特产品加工”为主的五大重点工业产业格局，昊龙公司、昆华化工、理世公司、云香公司、红石岩公司、八宝银矿等一批重点企业逐步发展壮大。

【各项经济指标完成情况】 全县工业总产值完成156106万元，同比增长34.8%；其中，规模以上工业企业完成产值141037万元，同比增长32.8%；规模以下工业完成产值15069万元，同比增长75.7%。规模以上12户工业企业，实现增加值60108万元，同比增长16.5%，占市责任目标的107.3%；完成主营业务收入137434万元，同比增长23.4%，占市责任目标的110%；完成利税25489万元，同比增长107.5%，占市责任目标的127.5%；实现利润9825万元，占市责任目标的103.4%；工业固定资产投资（不含水电）累计完成25444万元，占市下达的15000万元目标任务的169.6%。

全县非公经济完成增加值97000万元，占市政府下达责任目标88000万元的110.2%。

乡镇企业全部增加值完成68237万元，占市政府下达责任目标67290万元的101.4%。

【工业园区建设】 县委、政府成立了新型工业化领导组和工业园区管委会，主抓工业经济工作，定期召开全县工业发展和投资形势分析会，研究工业经济发展的政策措施，协调解决工业经济发展中的重大问题，为工业企业发展和项目建设创造更好的内、外部环境。

鲁甸工业园区由“一园两区”组成，即茨院工业片区和桃源工业片区。园区总规划面积13.33平方公里，其中，茨院工业片区规划面积为7.29平方公里；桃源工业片区规划面积为6.04平方公里，园区可研、总规、详规、环境影响评价已通过市级评审，工业园区管委会已挂牌成立，园区实现“三通一平”，园区硬件标准和项目承载能力有所提高。2009年，工业园区入园企业15户，实现全部工业总产值6.6亿元，其中，规模以上企业实现工业总产值6.25亿元，增加值1.82亿元。

【招商引资】 2009年，积极组团参加昆交会和泛珠洽谈会，主动出击，寻找项目资金，引进了一批实力雄厚的工业企业，为全县工业经济的发展注入新的活力。招商引资新签约工业项目9个，新签约项目协议引资93300万元，签约项目到位资金7730万元，现已启动7个项目建设。

【能源消耗】 全县规模以上企业综合能耗66021.25吨标煤，同比增长19.8%；万元产值能耗0.468吨标煤，同比下降1.26%；万元增加值能耗1.044吨标煤，同比下降2.25%。

【重点项目建设情况】 （一）在建项目进展情况：2009年，新开工项目9个，其中，20万吨硫化锌焙烧及制酸一期工程10万吨建设已基本完工；20万吨氢钙项目正在进行土建和设备订购；2亿条编织袋项目正在进行场地平整及厂房土建工作；爱地矿业页岩加工年产15万吨项目已备案，水保、环保、矿产压覆等手续正在办理中；宏盛铁塔年产3万吨生产线，正在进行厂房建设及机械安装；鑫辉农特产品加工项目已完成“三通一平”，正在进行产房建设；亿城年产18万立方米蒸压加气混凝土砌块项目进入设备购置阶段；天花板电站总装机18万kW，正在进行大坝浇筑，引水隧道已浇筑完工，预计2010年9月首台机组发电；黄角树电站总装机32万kW，预计2011年年底首台机组发电。

（二）拟建项目进展情况：60万吨电石项目前期工作已完成，待220kV变电站启动建设，即可开工；20万吨重钙项目已备案；5万吨锌精炼项目正在做地勘工作；同鑫农产品桐油精深加工技改项目已在茨院工业园区完成产房征地工作；凉风台电站总装机12万kW、陡滩口电站总装机16万kW、罗家坪电站总装机9万kW、20万吨硫铁制酸项目，正在做前期工作；20万吨镁开采冶炼、10万吨硅铁项目，正在进行招商开发；220千伏安变电站已进入可研和初步设计阶段。

【体制机制创新】 一是以新型工业化领导组为主体，以工业园区管委会为平台，把相关部门人员整合起来，合署办公，形成一条龙、一个拳头抓工业发展。健全园区管委会机构，建立健全管理制度，创新园区服务机制，不断优化园区软硬环境。在加快园区基础设施建设，为企业创造良好发展环境的同时，积极协调企业与银行、政府各部门及周边群众的关系，为企业创造宽松的软环境。二是实行县处级领导挂钩责任制和缴纳风险金制度。从2009年开始，把工业发展各项目标任务分解细化，责任到人，严格考核。县处级挂钩领导每人交纳风险金2万元，相关部门负责人每人交纳1.5万元，圆满完成目标任务按1∶1给予奖励。完不成目标任务，扣除风险金。三是实行工业企业民主评议部门工作制度。2009年对县新型工业化领导组成员单位进行了民主测评。四是从2009年起，每年安排300万元专项资金，支持工业发展，扶持和培育农产品精深加工企业，奖励为工业发展作出成绩的单位和个人。五是由县新型工业化领导组和园区管委会牵头，制定完善支持工业发展的一系列政策措施，扶持中小企业特别是农特产品龙头企业发展，努力争取上级补助，实行农产品加工龙头企业贷款贴息。六是从2009年起每年收储300亩土地为工业发展提供土地保障。

【节能降耗】 加快结构调整和优化，大力促进服务业和低能耗的产业发展，严格控制新建高耗能、高污染项目，狠抓节能技术改造。结合《昭通市2009年节能工作指导意见》，在有色、化工、建材等重点行业组织实施节能技改和示范项目，切实推进企业节能行动。加强节能指标监测和运行分析工作，做好淘汰吨落后产能工作，加大节能宣传培训力度，提高全民节能意识。

【大事记】 4月27日19时30分，昊龙集团公司黑石河五级站成功并网运行。

9月18日，昊龙集团公司完成富民龙腾钛业有限责任公司80%的股权收购。

12月22日，昊龙集团公司年产5万吨精硫锌项目破土动工。

9月16日，云南省鲁甸县理世实业有限公司第二条土豆片生产线技改调试成功，正式投产。

12月，云南省鲁甸县云香有限责任公司食品厂瓜子系列食品加工生产线技改调试成功。

2009年度，鲁甸同鑫农产品开发有限公司桐油出口创汇83万美元。

12月25日，鲁甸县工业园区管委会挂牌正式成立。

【表彰】 3月21日，云南昊龙集团被云南省委、省政府授予“2008年度社会扶贫先进集体”荣誉称号。

8月31日，经国家统计局云南调查总队、企业家协会和企业家联合会调查统计，云南昊龙集团公司排序为“云南省2008年度100强企业”，排序为第100名。

12月20日，云南省精神文明建设指导委员会、共青团云南省委等六部门授予云南昊龙集团公司“关心下一代成长先进单位”。

5月，云南省鲁甸县理世实业有限公司荣获共青团云南省委“青年文明号”称号。

8月29日，马永升总经理被评为“全国十大经济创新新闻人物”。

5月，马永升总经理被评为“云南省第十一届优秀企业家”。

4月20日，马永升总经理荣获“中国光彩事业突出贡献奖”。

2月，李斌总经理荣获首届“云南省省长奖”提名。

【任职领导名单】

党委书记　杨贵勇（10月任）
局　　长　余朝坤
副 局 长　王云江　孙吉明
　　　　　钟世宪
纪委书记　施华楠（10月止）
　　　　　刘　毅（10月任）

（余朝坤　孙吉明　冯云昭）

巧家县经济贸易局

【基本情况】 2009年，巧家县完成工业总产值6.4亿元、增加值5.22亿元，分别增长25.7%和23.7%；实现销售收入

5.89亿元，同比增长23.1%；实现利润总额6283万元，同比增长585.2%；上缴税金4731万元，同比下降19%。其中，规模以上工业增加值完成2.9亿元，增长22.3%；实现主营业务收入4.67亿元，同比增长24.7%；实现利税总额9553万元，同比增长77.8%（其中利润总额5544万元，是同期的55.3倍）。规模以上工业四项经济指标分别完成市政府下达目标任务2.9亿元、4亿元、0.9亿元、0.3亿元的100.6%，116.7%，106.1%，184.8%。重点工业项目完成投资共计13103万元（不含水电）。

2009年，单位GDP能耗0.936吨标准煤，同比下降3.91%，完成了单位GDP能耗下降3.9%的目标。

2009年，全县共签订招商引资项目11个，协议资金13.87亿元，增长2.6倍，完成投资3.97亿元。

全县非公经济组织户数达到5505户，增长21.77%；从业人员12337人，增长1.98%。非公企业实现增加值7.9亿元，增长5.47%；上缴税金9274万元，增长5.49%。

【技术创新】 企业不断加强工艺流程和机电设备的技改工作，加快传统落后生产工艺的升级换代，已取得了较好的效果。一是奥鑫资源再生利用有限公司对生产工艺进行改造，把原生产线技改为目前国内较为先进的直流电炉炼锌生产线，技改后吨锌电耗下降15~20%，企业运转良好。二是巧家白鹤滩食品有限责任公司对称蔗台和卸蔗台的加宽改造；五效蒸发改为四效蒸发；蒸发、煮糖、加热的汽凝水全部进入现在制糖行业最先进的等压排水分离系统；加大蒸发至煮糖、加热的用汽管道至ф400；酒精有汽管道改接在汽轮机废气管上，并加大管道至ф300；锅炉的一次风和二次风改用热风，增加4台功率15kW、风量7511m^3/h的热风机等等。技改后节约标煤1500吨左右，直接效益70余万元。三是巧家供电公司加大技改资金投入，对原陈旧的高压线路进行了更新改造，坚决淘汰老的变压器，采用节能高效的新型变压器，大力推广节能设备和节能灯具，2009年公司35千伏线损率3%，同比下降3.28个百分点；10kV线损率5.01%，同比下降5.86个百分点；0.4kV线损率6.22%，同比下降1.38个百分点；综合线损率为9.86%，同比减少了3.31个百分点，公司提高了电度回收率，增加电费收入243万元。四是丝绸公司淘汰了原老厂7组、2800绪自动缫丝生产线，对新厂区12组（4800绪）的工艺流程和部分机电设备进行了技改，2009年6月被云南省人民政府评为“云南省创新型非公企业”；2009年“长江牌”茧丝产品，获得省名牌产品称号；“长江牌”商标，获得省著名商标称号。

奥鑫公司自主创新开发的转移弧直流电炉锌粉工艺科技含量高，成效显著。公司生产成本比常规工艺生产成本低800元/吨左右，单位吨锌产品能耗从0.704吨标准煤/吨下降到0.587吨标准煤/吨。2009年实现产值7276万元，利润305万元。2009年，荣获巧家县知识产权局授予的“专利示范保护企业”称号；2010年，荣获昭通市人民政府“环境保护先进企业”称号；同时荣获巧家县人民政府“环境保护先进企业”称号。公司获得国家发明专利2项，即《电磁感应焙烧连续作业工艺及其专用电磁感应焙烧设备》、《利用低镁中间型红土镍矿生产镍铁的方法》；获得国家实用新型专利5项，即《直流电炉防穿底电极》、《垂直式锌雨冷凝器》、《转移弧直流等离子锌粉电炉》、《组合式锌粉生产冷凝装置》、《嵌入式快速导热炉衬炉壳直冷熔炼炉》。

【安全管理】 2009年度，巧家县经贸局与县人民政府签订《安全生产责任状》。年初经贸局对所签订的2008年《安全生产责任状》的八户企业进行了考评并及时召开所属企业经理厂长安全生产工作会议，与茂租铅锌有限公司等10户企业签订了《2009生产安全责任状》。明确企业法定代表人为安全生产第一责任人，分管安全的副职为直接责任人，做到了目标明确、责任到人、奖惩分明。根据市经委、县防汛办要求，根据经贸局与县人民政府签订的《巧家县2009年安全度汛管理目标责任书》，对在运行的7家水电企业和茂租铅锌有限公司各电站的防汛工作进行了检查并签订了《巧家县水电站2009年安全度汛管理责任书》，完善了蒙姑电厂的《重大事故应急预案》、《防汛预案》和《破坏性地震应急预案》和防汛档案，全县所有水电企业全部完成了各类预案的编制。在“元旦、春节、五一、国庆”等节假日和各级“两会”期间组成安全检查组对所属企业进行安全检查，做好值班安排。全年共检查企业安全4次，检查出隐患共10条，下发隐患通知书4份，对查出的隐患，不论其大小，我局均督促各企业积极投资，进行整改。在“六月安全宣传月活动”中，出专栏2期，贴标语6条，散发宣传资料300余份。结合“百日整治”活动，通过安全生产宣传教育，更加营造了“遵章守法，关爱生命”的良好氛围。

2009年，经贸局会同相关部门对茂租铅锌有限公司、恒达建材有限公司、华益锌业有限公司、长江丝绸有限公司、奥鑫资源再生利用有限公司的从业人员进行了安全法律、法规、规程、规范等内容的培训，参训从业人员共600余人次，全部通过培训知识的考试。同时，发放了宣传资料1300余份。

【大事记】 1月8~9日，昭通市工业经济联合会第一届第三次常务理事会暨昭通工业发展论坛在巧家召开。1月9日下午，全市经贸局长工作座谈会在县委一会议室召开，县经贸局领导、相关股室负责人参会。

2月18日，巧家县白鹤投资有限公司法定代表人孙朝荣与永善县墨翰乡花园村上小河社谢明芬在巧家签订了《红山保坪电站开发权转让》协议，协议资金300万元。

2月20日，巧家县白鹤投资有限公司法定代表人孙朝荣与巧家众宇开发有限公司在巧家县签订了《炉房水库坝后电站开发权及资产转让》协议，协议资金3000万元。

4月28日，长江丝绸工业园二期工程竣工投产。

5月3日，巧家县节能减排工作领导小组对昭通长江丝绸有限公司原老线缫丝产能的机电设备、房屋等设施拆除情况进行了验收，其拆除的设备残骸已移出，再无恢复可能，现场采取了相应的安全防护。

6月7日，巧家县人民政府常务副县长周应斌在昆明第十七届昆交会组委会组织的专场签约会上与四川省花园实业股份有限公司签订了《巧家县旧城改造》（意向协议），协议资金20000万元；与浙江省永嘉县自然人麻奖武签订了《巧家县物资配送中心及购物广场建设》协议，协议资金7000万元；与昆明东泰矿产开发有限公司签订了《巧家县石膏矿资源综合开发》协议，协议资金16000万元；与云南安吉乐端投资有限公司签订了《巧家县膏桐生产基地建设和再生能源开发》协议，协议资金17000万元。

6月，巧家县节能办在全县范围内开展了以“推广使用节能产品，促进扩大消费需求”为主题的节能宣传活动。

6月13~15日，巧家县盐务办执法人员在大寨镇小田村查获假食盐800公斤，罚没收入5980元，是近几年处罚较重的一起案件。在小河接受了从工商部门移送的2吨“非盐”案件。

9月2日，巧家县人民政府常务副县长周应斌在巧家县与中国石油天然气股份有限公司云南昭通销售公司签订了《巧家县加油站建设》协议，协议资金600万元；与福建省自然人魏义鼎签订了《巧家县大寨镇花岗石开发及生产线建设》协议，协议资金1200万元；与国电云南电力有限公司签订了《巧家县大岩洞风场建设》协议，协议资金60000万元。

9月11日起，巧家县经贸局、巧家县人事局、劳动和社会保障局等相关单位开始对我县关闭破产企业退休（内退）人员进行清理，核实，发证，为我县关闭破产企业退休（内退）人员参加城镇职工医疗保险工作的正式启动做好前期工作。

11月6日，巧家县盐务办执法人员在白鹤滩镇杨家湾社收缴了假冒“白象”牌加碘食盐50公斤装散盐800公斤，假冒“白象”牌10公斤装加碘食盐110公斤（经半定量滴定检测，碘含量为0mg/kg）已当场销毁。

11月12日，巧家县人民政府常务副县长周应斌在巧家县与鲁甸县自然人殷元海签订了《小河炉房沟电站建设》协议，协议资金1800万元。

12月8日，巧家县盐务办执法人员在崇溪乡羊棚村（又称垭口）没收、销毁各类私、假、劣食盐3000公斤。

12月27日，巧家县蒙姑十里坪工业园区地形图测绘工作完成，同月，十里坪工业园区总体规划编制工作正式启动。

【任职领导名单】

局　长　荣昌华

副局长　罗　标　刘永贵　刘卫东

（陈绍国）

水富县经济贸易局

【基本情况】　水富县位于云南省的东北端，地处长江、金沙江、横江交汇地带，地扼滇川往来之要冲，素称“云南北大门”。1974年4月，因建设云南省天然气化工厂（今云天化股份有限公司），国务院批准将四川省宜宾县的水东、水河、安富3个公社划入云南省，同年7月1日成立水富区。1981年8月14日，国务院同意划出绥江县太平公社和会仪公社的新安、新寿两个大队，盐津县的两碗公社与水富区组建水富县。同年10月1日，水富县正式成立。

水富县现辖向家坝镇、太平乡、两碗乡3个乡（镇），总人口9.75万人，国土面积439.8平方公里。

【工业经济运行情况】　2009年，全县实现工业总产值23.57亿元，同比下降8.54%（县属工业产值实现9.37亿元，同比增长30.50%）。由于受金融危机和云天化“3.23”事故的影响，全县纳入规模以上工业统计的8家企业实现工业总产值21.95亿元，同比下降10.63%；实现工业增加值8.59亿元，同比下降10.63%；实现主营业务收入26.90亿元，同比增长0.21%；实现利税总额5.00亿元，同比下降17.36%；实现利润总额4.21亿元，同比下降15.62%。全县实现工业固定资产投资5.2亿元，完成年度目标5.2亿元的100%。

【体制改革】　2009年，水富县继续深化企业体制改革，完善原企业改革中的遗留问题。企业改革的重点是水富县运输公司和水富县五交化公司。对水富县运输公司的深化改革，县政府成立了相关工作组，深入企业对人员、资产、债权债务等情况进行清理，研究提出深化改革方案。水富县五交化公司由于无法继续经营，公司股东大会决议公司解散。经请示县政府领导同意，由经贸局行文批复水富县五交化公司解散注销。

【技术改造】　2009年，水富县企业技术改造主要是县属重点非公有制企业。针对我县重点非公企业的实际，选择具有市场竞争优势，管理较为规范的企业进行技术改造，积极帮助企业争取上级部门的各种扶持。2009年度申报扶持项目1个，获得上级资金支持200万元，使得技改企业生产能力和规模有了提高和扩大。

【安全管理】　在年初，结合单位领导变动的实际，对经贸局安全生产领导小组进行了调整充实。根据县政府与市政府签订的安全生产责任书和有关政策规定要求，县经贸局与煤矿企业签订了安全生产目标管理责任书，明确了管理部门和企业安全生产责任。对煤矿企业实行了安全保证金制度。煤矿企业严格按照规定提取煤矿安全费用，实行专户存储，专款专用，全年提取安全维简费61万元、瓦斯治理专项资金36万元。通过市政府组织的安全生产责任目标管理考核检查，煤矿企业全年未发生重特大安全事故，实现了安全生产零死亡责任目标。全年生产原煤3.16万吨，占年度目标任务的105.33%，同比增长25.40%；完成工业产值516.74万元，同比增长9.31%；实现销售收入575.48万元，同比增长56.50%；上缴税金168.20万元，同比增长421.39%。

在抓好行业企业安全生产的同时，重点抓好煤矿安全监管。经贸局始终坚持“安全第一，预防为主，综合治理”的安全生产工作方针，认真贯彻落实省市有关文件和会议精神，开展了预防较大以上安全生产事故百日专项行动、“六月安全生产月”活动和煤矿安全市长霹雳行动，建立安全生产长效机制，充实完善管理体制。按照“管理、装备、培训”三并重的原则，提高煤矿装备配置，提高全员安全责任意识和操作技能，不断提高安全生产管理水平，从而有效杜绝了瓦斯、顶板、机电、运输等安全事故的发生。

2009年煤矿企业举办培训班7期，培训和轮训职工560人次，送培特种作业人员16人。县经贸局煤矿监管人员外出培训3人次。通过各种形式的培训，使广大干部职工的安全生产技能和管理水平得到了进一步的提高。

全年开展各类检查17次118人次，查出各类安全隐患和问题58条，要求立即整改42条，限期整改16条，下发执法文书7份。通过加大对隐患的排查治理，有效遏制了事故的发生，确保了煤矿安全生产。

在年内，配合水利防洪办、安监等部门开展了已建、在建水电站、经贸局联系服务工商企业的防洪、安全生产监督检查，全年未发生安全生产事故。

【节能降耗】 在年初，根据2008年度节能降耗工作开展情况，认真分析了存在的问题，结合上级的文件精神和水富县实际制定了2009年节能工作方案，对重点耗能企业节能统计人员进行了相关业务知识的培训。5月下旬，组织金明化工、三乘酒业等7家企业的管理人员和技术骨干共13人，参加了省工业和信息化委员会委托昭通市经委组织的“清洁生产审核员”培训班培训和考试，为下步企业开展清洁生产审核奠定了基础。6月14日至20日，县局会同发改局等12部门开展了以“推广使用节能产品，促进扩大消费需求”为主题的第19个节能宣传周系列宣传活动。宣传活动期间共发放各种宣传材料2400余份，为群众讲解节能相关知识、介绍节能产品80余人次。制作悬挂了巨幅宣传标语4幅。通过发放资料、现场答疑等方式进行了节能法律法规、节能科普知识、环保知识等方面的宣传，让广大群众进一步了解发展循环经济、推行节能减排、综合利用资源等节能相关知识，推动群众共同为建设能源节约型社会作贡献。

【大事记】 1月10日，县委书记郎学超、县长安治强、县人大常委会主任樊勇、县政协主席邝维带领县政府办、县经贸局、水富工业园区管委会、国土局、环保局等部门负责人到重庆星星套装门有限责任公司考察。

1月17日，县委八届三次会议召开。会议确立了水富未来的目标定位即“一基地、一窗口、一重镇、一通道”和“12366”经济社会发展思路。结合水富实际，把“工业强县战略”列为实施的六大战略之首。

2月19日，县政府县长安治强召集水富工业园区管委会、经贸、国土、建设、交通、发改、环保、电力部门负责人召开会议，专题研究昊龙实业集团有限公司60万吨水泥生产线粉磨站项目入驻水富工业园区事宜。

2月23日，云天化股份有限公司因受天然气供应不足的影响，自2008年11月停产检修，历时3个月，合成氨、尿素装置于本日正式点火开车投入正常生产。

3月18日，市人大常委会副主任张华贵到水富调研衡江河水电开发建设情况。

3月23日，云天化股份有限公司合成氨装置合成塔出口管道发生断裂，导致高温、高压气体外泄，造成安全事故。事故发生后厂县立即启动应急预案，厂县双方共同协调事故处置，在半小时内将装置安全停车。在整个事故发生和处理过程中，没有发生环境污染事故，没有有毒有害气体泄漏造成危害。由于高温、高压气体外泄形成强冲击波，附近门窗玻璃被震裂飞溅，导致事发中心现场有3名员工受到轻微伤。因受到爆炸冲击波的影响，县城民房部分受损，居民10人受轻微伤。

5月8日，县委召开深入学习实践科学发展观优化发展环境专题会。县四套班子在家领导及县直有关部门领导，部分非公有制经济人士参加会议。县委书记郎学超要求各级各部门一是要统一思想，深化认识，努力优化水富发展环境。二是各负其责，热情服务，积极帮助企业排忧解难。三是要加强督查，实行问责，确保政令畅通。

5月25日，省政府第23督导组在市经委副主任王元勋、县政府副县长洪世琳的陪同下，深入云天化股份有限公司调研。督导组听取了云天化股份有限公司领导关于公司生产经营情况、存在困难及下步打算的汇报，并表示将把公司发展存在的困难和问题尽快向省政府反映，尽力帮助协调解决。

5月24~25日，由云南省清洁生产办公室组织，省工信委、省清洁生产办、省化工协会、省清洁生产协会、市经委、市环保局等相关部门8位专家和领导组成的验收组对云天化股份有限公司申报清洁生产合格单位进行审核验收。云天化股份有限公司以463分的综合成绩顺利通过审核验收，荣获“云南省清洁生产合格单位”称号并领取了证书和匾牌，成为云南省化工行业第一家、昭通市第一家通过清洁生产合格单位验收的企业。

6月16日上午，县发改局、经贸局等12部门联合在县城人民东路开展以“推广使用节能产品，促进扩大消费需求”为主题的节能宣传活动。现场共发放各种宣传材料2400余份，为群众讲解节能相关知识、介绍节能产品80余人次。

8月20日，以国家工信部规划司规划处处长周虎为组长的调研组一行3人，在省工信委、市经委和县政府分管领导的陪同下，深入县部分企业调研工业企业受“5.12”四川汶川大地震影响情况。

9月9~10日，云南冶金集团股份有限公司进出口公司总经理李永庆带领规划发展部、资源部、物流部等相关人员，到水富县开展电解铝和铁合金项目投资可行性调研。

10月14~15日，云南冶金集团股份有限公司总经理田永、副总经理周强，云南铝业有限公司总经理丁吉林一行，在市、县领导的陪同下，先后考察了水富港建设及省农资仓库，考察了楼坝、张滩、九龙、坝尾槽片区，对水富30万吨铝资源加工移民安置项目的基本条件进行比选、分析。在县政府第二会议室召开的座谈会上，云南冶金集团股份有限公司总经理田永明确表示：该公司决定在水富县楼坝建设水富30万吨铝资源加工移民安置项目。

10月27日，昭通市人民政府与云南冶金集团股份有限公司在水富签署产业项目建设战略合作框架协议，标志着昭通市与云南冶金集团股份有限公司的合作又向前迈出了崭新的步伐。框架协议在工作机制上明确指出，双方明确职能机构，建立沟通会商机制，不定期就相关事宜进行交流通报，共同努力创造合作条件，机会成熟时商定具体项目，拟定操作方案并组织实施。

11月20日，横江伏龙口水电站正常蓄水位和施工总布置规划两个专题报告在四川成都通过专家组评审。横江伏龙口水电站是横江干流开发河段的最后一个梯级，位于云南省水富县和四川省宜宾县的界河上，采用河床式开发，电站装机容量6.8万千瓦，保证出力16.8万度，多年平均发电量2.8亿千瓦时。

12月18日上午，县委副书记、县长安治强和重庆星星套装门有限责任公司董事长刘晓俊分别代表政企双方签订竹木新型建材生产项目投资协议，这标志着政企双方在多轮沟通接洽的基础上取得共识，为实现双方优势互补、合作共赢向前迈出实质性的一步。重庆星星套装门有限责任公司在我县投资开发的竹木新型建材生产项目将生产竹木装饰板材制品（整体橱柜、柜门及板式家具）、竹木装饰套装门、竹木板材等。拟总投资1.5亿元，年产值3亿元，可解决2000人的就业。项目用地选址在水富县向家坝镇坝尾槽南片区，占地面积约200亩。

【中小企业发展】　2009年，全县中小企业户数（含个体工商户）3701户，比上年末增长1.8%；从业人员15019人，比上年末增长1.9%；完成增加值45000万元，同比增长11.57%。中小企业为全县解决劳动就业、增加地方财政收入做出了积极的贡献。

【任职领导名单】

党组书记、局　长　周凌锋

党组成员、副局长　彭志湧

朱军红（10月任）

副　　局　　长　冯学忠

朱　彬（10月止）

（冯学信）

绥江县经济贸易局

【综述】　2009年，绥江县经济贸易局内设办公室、商贸股、政策法规股、综合股、工业发展股，下辖事业单位绥江县招商局。7月30日，县编委以（绥机编字[2009]72号）文件重新核定经贸局行政编制20名，工勤编制3名，招商局事业编制6名。年末，经贸局实有在职在编职工22人（行政人员21人，驾驶员1人），离退休人员37人。在职行政人员中：正科级2人，副科级4人，副主任科员6人，科员9人。局机关设党支部1个，有党员13人。年内，经贸局深入贯彻落实科学发展观，沉着应对全球金融危机带来的不利影响，积极落实党中央“扩内需、保增长、保民生”等一揽子政策措施，全县工业经济实现企稳回升，圆满完成年初预定的各项目标任务。

【主要经济指标完成情况】　2009年，实现工业总产值50651万元，较上年同期增长23.54%，完成年计划50500万元的100.29%；工业增加值实现25597万元，同比增长42.30%，完成年计划23800万元的107.55%。规模以上工业企业增加值实现12312万元，同比增长50.5%，完成年计划12000万元的102.6%；主营业务收入实现26276万元，同比增长66.65%，完成年计划25000万元的105.1%；利润实现1553万元，同比增长48.1%，完成年计划1500万元的103.53%；利税总额实现4609万元，同比增长60.9%，完成年计划4500万元的102.42%。非公有制经济增加值实现47120万元，比去年同期35485万元增长32.78%，完成年任务数47000万元的100.25%。乡镇企业全部增加值完成20116万元，较去年同期增长22.12%，完成年任务数18940万元的106.2%。工业固定资产投资（不含电力）实现12000万元，较去年同期8745万元增长7.22%，完成年任务数11000万元的109.09%。产品产量：原煤106万吨，与去年持平，实现产值27960万元；水泥20万吨，实现产值5600万元；纸3622吨，实现产值1620万元；售电量7511万度，实现产值3379万元；砖12000万块，实现产值3360万元。

【档案管理达三星级标准】　6月，局档案管理通过档案星级达标考核组的考评，综合档案达到三星级标准。按照档案管理的要求，我局加强机关综合档案的管理，成立了档案星级达标工作领导组，指定专人负责部门档案工作，配备档案室和相关设施，并经常性对档案管理进行了清理和检查。

【工业园区通过市级评审】　7月22日，昭通市经委组织市发改委、市财政局、市环保局、市规划设计处专家，对昆明经济技术开发区规划设计院编制的《绥江县工业园区可行性研究报告》和

《绥江县工业园区总体规划》进行了评审，原则同意通过评审。目前工业园区工作进入环境影响评价阶段。

【节能降耗】 2009年10月，完成了绥江县烟囱坝浙浦水泥有限责任公司10万吨3.2米×12米机立窑生产线的拆除工作。年内，规模以上企业单位GDP能耗下降4%，其中万元产值综合能耗1.39吨标煤/万元，圆满完成市政府下达的各项任务指标。

【中小企业发展】 截至2009年底，全县注册中小企业321户，同比增长11.4%；上缴两税金7871.8万元，同比增长17%，全年非公有制经济增加值实现47120万元，同比增长32.78%，完成年任务数47000万元的100.25%。年内，全县加大对中小企业的资金扶持，促进企业发展，认真贯彻落实支持中小企业发展的各项政策和措施，全年争取到上级中小企业发展贴息贷款资金150万元，地方政府为企业在山体滑坡、交通、运输等基础设施建设投入近1000万元资金扶持企业。

【挂钩帮扶】 年内，经贸局多次深入挂钩村板栗乡清水村，积极参与并协助做好造竹、计生、春耕等工作，共支付造林资金5000元；解决特困户春耕缺肥料22袋，折合资金2000元；支持村两委办公电脑及外设，折合资金8000元；支持地震灾区购买爱心包裹1000元；机关职工普九助学捐资3500元，下属企业捐助9900元；合计捐资人民币29400元。

【企业改制】 年内，县经贸局积极研究并做好双河水泥厂改制工作，督促企业按集体企业改制要求进行规范运作，企业职工得到妥善安置，职工社保、医保正在完善中。同时解决企业改制遗留问题：一是积极为改制企业退休职工参加医疗保险等办理相关申报手续，目前已申报200余人参加医疗保险；二是针对原乡镇企业办，乡镇清退临时工19人等遗留问题进行清理，并兑现了被清退人员的补偿金448071.34元；三是兑现原纸厂差欠6户的竹片款415022.55元；四是清理兑现了原食品公司、纸厂、石灰厂、航运公司等企业职工83人未领的安家费等323738元；五是清理退回建安公司职工24人垫交的社保金353998.6元。今年县政府共计解决支付企业改制遗留问题132人、经费1540830.40元。

【大事记】 5月18日，绥江县烟囱坝浙浦水泥有限责任公60万吨水泥迁建技改项目单机点火试机，6月18日正式投料，整个生产线设备运行正常，年生产能力达到设计要求。该项目于2008年3月18日开工，历时14个月建设竣工，总投资2.16亿元，今年完成投资8000万元。截至年底，生产水泥20万吨，实现产值近4000万元，上缴税金150万元，解决移民就业约200人。试机的成功，标志着电站库区第一个迁建技改项目建设完成，为我县移民工程建设在建材方面供给保障起到了积极作用。

【任职领导名单】

党组书记　陈宗礼

局　　长　王金华

副 局 长　邓家龙　李林艺

　　　　　王周贵　张家艳（女）

（何清敏）

威信县经济贸易局

【机构设置】 2009年，威信县经济贸易局内设办公室、政工股、经济运行股、工业经济股、安全监察股，另挂县商务招商局（正科）、威信县投资服务中心。在职在编人员36人。威信县商务招商局于2009年12月正式成立。

【工业经济运行情况】 2009年，实现工业总产值111825万元，占年计划任务104400万元的107%，同比增长27%。实现现价工业增加值47220万元，完成年计划44720万元的105%，同比增长19%。规模以上工业企业增加值完成23632万元，占年计划任务19200万元的123%，同比增长8%；主营业务收入42078万元，占年计划任务36000万元的117%，同比下降12%；利税总额12035万元（其中利润3690万元，占年计划3600万元的103%，上交税金8345万元，占年计划4900万元的170%），占年计划任务8500万元的142%，同比增长15%。

主要产品产量。原煤完成223万吨，水泥完成7万吨，发电量完成1.5亿千瓦时，块石完成195万吨，粗细沙完成231万立方米，砖瓦制造完成11958万块，白酒完成3180吨。

完成固定资产投资1.3亿元，完成年计划任务1亿元的130%。实现非公经济增加值90000万元，占年计划90000万元的100%。实现乡镇企业增加值36000万元，完成年计划35475万元的101%。社会消费品零售总额完成40939万元，同比增长16.8%。单位GDP能耗降低3.37%。

2009年，为确保全年目标实现。结合市、县政府考核目标，按月对各规模企业的经济运行情况从产值、产品产量、行业等方面进行分析研究，局领导多次带领相关股室深入企业进行调研，查找生产过程中的困难，存在的问题，帮助企业协调相关部门，以促进工业企业正常生产。积极开展非煤矿山、电力等企业的提值增效，从而确保2009年工业总产值、规模以上企业增加值、利税指标如期完成，为“十二”五的开局奠定良好的基础。

在抓安全工作中，县局把安全作为经济发展的重中之重，我局涉及加油站、小水电站、炸材仓库、麻园水泥厂等系列的安全监管。一年来，开展了三个专项检查：一是局所属企业安全生产专项检查。对所属企业进行拉网式排查，督促企业做好安全生产、依法生产，确保人民群众生命安全为首位职责，有效促进了我县矿山安全的规范生产。二是民爆物品专项检查。加强对民爆物品经营的检查整治工作力度，全县所有民爆经营企业全部做到持证经营，规范经营、安全经营，全年无一安全事故发生，从源头上消除隐患。三是危险化危品专项检查。严把危险化危品市场准入关，坚持定期与不定期检查相结合，安全生产与危险化危品专项整治相结合。对不规范的沁昂加油站作出了停产整顿的处理，有效杜绝了安全隐患的发生。通过开展安全生产“三项行动”，强化了安全生产管理，构建了安全生产长效机制，有效遏制了重特大生产安全事故发生，促进了全县安全生产。

【节能减排】　在抓节能降耗工作中，按照市政府2009年全市节能减排的工作的任务和要求，进一步加强领导，落实工作责任，建立健全节能减排长效机制。全县节能减排工作取得了实际成效。2009年，市政府考核我县单位GDP能耗降低3.3%。2009年，全县GDP（不变价）136662万元，能源消费总量185641吨标准煤，单位GDP能耗1.3584吨标准煤/万元，单位GDP能耗降低3.37%；2009年，纳入县淘汰落后产能企业麻园水泥厂已于2009年12月28日正式关闭，有关关闭拆除工作正在抓紧进行。

【非公有制经济】　2009年，不断创新工作机制，转变工作方式，着力为非公有制、中小、乡镇企业搭建服务平台，不断为企业发展创造良好的环境。一是帮助企业解决金融危机环境下资金周转困难问题。二是完善了企业服务机制，对新开工投资项目落实挂点负责制，积极开展服务工作，及时帮助企业解决生产经营中遇到的困难和问题。三是结合《国务院关于鼓励支持和引导个体私营等非公有制经济发展的若干意见》的实施意见及《云南省人民政府关于加快中小企业发展的若干意见》等文件精神，先后出台了《威信县关于加快发展非公有制经济的实施意见》、《威信县关于进一步放开民间投资的实施意见》和《威信县农业产业化经营龙头企业的扶持意见》，对非公企业发展的市场准入、金融支持、税费征收、土地使用等给予优惠。四是进一步解放思想，转变观念，以招商引资为突破，改善环境，优化服务，毫不动摇地鼓励、支持和引导非公经济发展，全县非公经济发展态势良好，非公经济已成为县域经济的重要组成部分。2009年，全县共有注册非公经济组织4176户（私营企业288户，个体工商户3888户），注册资金78000万元，吸纳从业人员17635人，2009年非公有制经济增加值完成90000万元，同比增长35%。

【企业改制】　2009年，企业改制工作的核心是农具厂、农机公司的改制，截止2009年12月31日农具厂的改制工作接近尾声，尚有7人未领取改制费。同时，因改制工作引发的来信来访多达200余次，县局对上访人员反映的情况和问题，对符合政策能解决马上办理，对不符合政策要求，进行耐心的政策讲解，动之以情，晓之以理。使来访人员带着疑问来，消除怨气走，确保全年无越级上访。根据市医保办、市企改办有关文件精神，对国有、城镇集体企业退休人员未参加医疗保险的同志进行了统计填表摸底，目前已参加医疗保险，有效地维护了社会稳定大局。

【盐务管理】　2009年，为了建立健全盐业市场监管机制，促进盐务市场有序健康发展。以2008年《食盐零售许可证》办理工作中已建立的食盐零售网络体系为基础，坚定不移地推行和完善食盐配送。一是采取服务上门，同时取缔有违规操作或经营不合格的食盐零售户，建立食盐零售户档案，实行电话访销，预约订货，初步理顺了盐政、盐业、中心配送点及食盐零售户四级组合的利益关系，逐步健全配送服务与监管机制并存的新型威信盐业市场营销体系；二是设卡布控，实行堵源截流，有效杜绝非碘盐在市场上的流通，切实维护了广大消费者利益。2009年销售食盐1288吨，完成计划1200吨的107%。碘盐覆盖率和合格碘盐食用率均为100%。

【任职领导名单】

局　长　唐　俊

副局长　张贵方　杨华章　王德勤

（赵林昭）

盐津县经济贸易局

【简述】　2009年，盐津县经贸局、工业园区管委会以邓小平理论和“三个代表”重要思想为指导，全面贯彻落实科学发展观，紧紧围绕县委、县政府“工业强县”的发展战略和建设“能源化工基地县、农特产品基地县、关隘生态旅游县”的发展思路，强势推进新型工业化进程，努力克服金融危机带来的一系列不利影响，开拓进取，攻坚克难，求真务实，扎实工作，确保了全县工业经济平稳发展，工业园区建设速度加快，招商引资再创佳绩，整个工业经济取得又好又快发展，工业在全县国民经济中的主导地位逐步显现。构筑起以能源、煤化工、矿冶、建材、农特产品加工等五大产业为主的新型工业产业体系，为盐津经济社会发展作出了积极贡献。

盐津县经济贸易局、盐津县招商局、盐津县乡镇企业局、盐津工业园区管理委员会4块牌子一套人马。内设：办公室、科技创新股、招商股、企业综合股、中小企业办。

【工业经济运行情况】　2009年，全县实现工业总产值142100万元，完成年计划140000万元的101.5%，规模以上实现工业增加值36734万元，占年计划33500万元的109.7%，实现主营业务收入82280万元，占年计划76000万元的108.3%，利税总额完成14236万元，占年计划14000万元的101.7%，实现利润9102万元，占年计划9000万元的101.1%。新增工业固定资产投资26519万元，完成目标的189.4%。

非公经济完成增加值80000万元，完成目标的100%。

乡镇企业完成增加值30712万元，完成的目标100.2%。

节能降耗单位GDP能耗降低3.75%，完成目标的107%。

【信息化建设情况】　盐津现有中国移动公司盐津分公司、中国联通公司盐津分公司、中国电信公司盐津分公司等信息服务企业，各企业已实现移动、联通、电信信号全面覆盖。

【招商引资】 2009年，县委、政府始终把招商引资工作摆在全县经济社会发展的重要地位，坚持“吸引更多大品牌，大客商投资置业”的思路，以招商引资为抓手，多方寻求合作伙伴，夯实招商基础。2009年签约项目10个，协议投资196440万元，比去年增10.8%。即：盐津县黄桷槽新区农贸市场开发项目、盐津县粮食局片区综合开发项目、柿子乡商贸新区开发项目、两污项目、金色家园小区开发、盐津农村商业流通网络服务项目、市政建设项目、盐津县有机名优茶生产项目、盐津县中和乡大宝铁山多金属矿踏勘、年产5000吨优质白酒厂项目。

【工业园区建设】 面对金融危机影响， 盐津县以国家产业政策为导向，以园区为载体，以市场为中心，以龙头企业为主体，积极调整园区产业结构，突出发展优势产业，不断完善园区基础设施，加大招商引资力度，扎实做好项目策划工作，改善了园区投资环境，促进了园区的快速、健康发展，对区域经济发展起到了推动和示范作用。

工业园区现入驻云南中大盐津发电有限公司、红原电石厂、云宏电石厂、伊利集团华力发电有限公司、万年桥电站、燕子坡电站、盛泰矿业公司、福沿煤矿、万泰集团、盐津关河水电开发有限公司等14户企业，14户企业计划投资485043万元，现累计完成投资204361.5万元，2009年，完成投资32668万元。完成工业总产值59034.9万元，比同期增51.3%；完成销售收入61029.78万元，比同期增69.4%；完成税收3515.99万元，比同期增65.02%；实现利润606.49万元，比同期下降49.8%。

【重点项目建设】 白水江三级电站4.8万千瓦，2009年计划投资10000万元，完成投资11361万元，第一台机组于11月8日20时18分运行发电；万年桥电站4.8万千瓦，完成投资12990万元；燕子坡电站4.8万千瓦，完成投资6850万元；红原电石5万吨技改，完成投资5000万，以于2009年11月12日9：58时投入运行；盐津天资化工150KT/A石灰项目：设计生产能力为年产石灰150KT，主要经营石灰生产和销售。于2009年4月25日建成试运行，累计完成投资1300万元；盐津云宏年产免烧砖3500万块项目：项目于2009年3月15日完成厂房建设，并于2009年3月25日开机试生产。2009年5月13日，经国家建筑材料工业房建材料质量监督检验测试中心检验，获（2008）建材质监认字（13）号认证。累计完成投资150万元；关河三个梯级电站，牛栏沟电站装机容量2.48万kW，林家渡电站装机容量1.84万kW，七里半电站装机容量6.2万kW，三个梯级电站预可阶段总装机容量为10.52万kW。首先启动牛栏沟电站建设，6月8~12日招标，7月20日揭标，7月底评标，8月签合同施工单位进场，进行偏坡开挖，完成投资1000万元。

利用电石废渣生产免烧砖项目，于2009年四月正式投产；红原5万吨电石技改于2009年11月正式投产，现云宏公司已于上海签订合作意向拟利用余热发电1万千瓦。

【安全生产管理】 2009年，是国家安全生产监督管理总局确定的“安全生产年”，也是落实政府监管主体责任和企业安全主体责任，深入开展安全隐患排查治理，全面推进安全生产形势持续稳定好转的重要一年；抓好2009年的企业安全生产工作，意义十分重大。为认真贯彻落实全国安全生产电视电话会议和市、县安全生产工作会议精神，全面推进“安全生产年”的各项工作，我们高度重视，结合实际，扎实工作，进一步认清安全生产形势，明确目标，突出重点，强化措施，推动企业安全生产形势持续稳定好转，为全县经济社会又好又快发展创造良好的环境。

为切实抓好经贸系统的安全生产工作，县经贸局成立了以局长为组长、分管领导为副组长、相关企业负责人为成员的安全生产领导组，专题研究部署安全生产工作，制定下发了《盐津县经贸系统2009年安全生产工作要点》、转发了《云南省人民政府关于推行安全生产“一岗双责”进一步强化安全生产责任制的意见》和市县安办相关文件，并针对经贸安全工作实际提出了明确要求，与相关企业行业签订了安全生产目标责任书，切实加强对企业安全生产工作的指导，对各企业安全生产工作中存在的重点难点问题，集中精力攻克，确保问题得到有效解决。

一年来，共开展企业负责人培训2次40人；督促企业加强员工培训29次2900人。

针对厂房设施共开展安全检查3次，出动126余人次，发出整改意见建议10条；针对电石企业和民用加油站等危险化学品特征，在夏季高温来临之际，对几家电石企业和全县的民用加油站进行了检查，出动82人次，查处隐患11条，提出隐患整改意见16条。

进一步加大食盐市场、生猪定点屠宰等工作的监督和管理，开展盐业市场专项整治，一年来，共开展盐务执法督查97次，出动人员575人次，没收假、伪劣盐27560斤，对违法商户处罚款人民币8150元；生猪屠宰执法督查168次，出动人员672人次；配合农业局捕杀病猪34头，让市民吃上放心肉。还对企业36个小作坊的酒厂进行了调查。

【节能减排】 2009年，盐津县节能降耗工作在省工信委、昭通市委、市政府的正确领导和市经委的精心指导下，认真贯彻落实中央、省、市的节能方针政策，以科学发展观为指导，坚持发展与节能同步、开发与节约并举的指导方针，以产业结构调整为依托，以节能新技术、新工艺的引进推广为重点，以构建节能型产业体系为目标，切实加强组织领导，严格目标责任管理，强化全民节能意识，全县节能降耗工作取得了初步成效。

全县规模企业单位GDP能耗为 1.91吨标准煤/万元，和上年同期相比下降了3.57%，超额完成了年初市政府规定下降3.5%的目标。

【产业结构调整】　对红原电石厂除尘设备投资1000万元进行改造；帮助红原电石厂筹措技改资金，技改新增年产5万吨生产线；对布局不合理、资源枯竭、浪费资源、安全无保障的小煤矿实施关闭。对全县42对煤矿进行整合，整合为28对。在白酒产业上，根据国家相关法规、政策，针对盐津白酒生产小、散、乱、卫生条件差，不能形成规模效益的情况，对全县30余个白酒生产小作坊进行整合，引进滇云酒业，打造盐津白酒品牌，做大做强白酒产业。现以形成以能源、煤化工、矿冶、建材、农特产品加工等五大产业为主的新型工业产业体系。

【中小企业发展】　2009年，县局把非公经济、中小企业和乡镇企业发展工作摆在重要位置、纳入重要议事日程。提供服务，强化扶持，促进了非公经济、中小企业和乡镇企业快速发展，进一步提升了民营经济在县域经济中的比重。一是完善政策支持体系。积极贯彻落实关于支持鼓励民营经济发展的一系列政策措施，放宽市场准入行业和领域；落实对民营经济的“国民平等”待遇，在审批、信贷、土地、水电等方面，将民营企业视同国有企业一样对待，降低门槛，提供便利，搞好服务。二是坚持抓重点、带全面的发展思路。重点扶持有潜力、有优势的民营企业进一步发展壮大，以此带动全县民营企业的整体提升和群体拓展。并注重引导其与县外大企业、大集团进行联合与协作，实现大的发展，进而带动其他中小企业加快发展，促进全县民营经济上规模、上水平、上效益。截至2009年12月，全县个体工商户已达5065户，资金数额21338万元；私营企业278户（其中：法人企业157户），注册资金42817万元，非公经济从业人员达到15761人。非公经济实现增加值85567万元，占盐津县生产总值181319万元的47.19%；非公经济完成消费品零售总额33981万元，占95.27%；非公经济纳税11095万元（其中：国税6140万元，地税4955万元），占财政总收入15098万元的73.5%。非公有制经济已成为拉动盐津经济快速发展的强劲动力和地方财政收入的重要支柱。

【任职领导名单】

党委书记　周旭明

局长、管委会主任　廖俊力

纪检书记　万国强

副局长　杨　斌　严　青　刘元均　李祥敏

（彭国权）

彝良县经济贸易局

【简述】　彝良县地处滇川黔三省接合部，国土面积2804平方公里，辖15个乡镇、133个村、4个居委会、2921个村民小组，有汉、苗、回、彝等17个民族，总人口56.69万人，6年前财政收入不足4000万元，全县农民人均纯收入不足千元，是革命老区县和国家重点扶持的贫困县。“十一五”以来，彝良县委、政府依托新兴工业，利用工业发展带动了地方经济持续平稳发展，工业和信息化工作取得卓越成就。2009年，全县生产总值23.97亿元，其中，工业总产值15.5亿元，工业增加值7.74亿元；农民人均纯收入2001元。农民人均纯收入2356元，有力推动了县域经济的快速发展和社会各项事业的不断进步，促进了社会和谐与稳定。

2009年度，三次产业结构由2008年的34∶39∶27调整为2009年的35.53∶39.53∶26.93，其中：工业占32.28%，工业增加值比2006年上升了8个百分点，2009年第二产业对财政的贡献率为66.66%，第三产业对财政的贡献率为33.33%。国有经济基本退出市场，规模以上工业总产值中，非公经济占82.2%，规模以上工业总产之中，非公经济占99.5%。

【工业经济运行情况】　2009年，全县完成工业总产值155043万元，与上年同期151501万元相比，按可比价增速计算，增长15.4%。其中，规模以上工业总产值完成106073.2万元，与上年同期138400万元相比，按可比价增速计算，增长9.19%；规模以下工业总产值完成46989.8万元，与上年同期43620.8万元相比，按可比价增速计算，增长25.1%。2009年，全县规模以上工业增加值完成57911万元，主营业务收入完成107242万元，实现利润4660万元，利税总额完成16300万元。

全县重工业实现工业总产值15.21亿元，比上年同期增长15.8%，占全县工业总产值的98.13%，仍是带动工业增长的主导力量；轻工业实现工业总产值0.29亿元，比上年减少53.2%，占全县工业总产值的1.87%。

2009年，非公经济增加值实现10.5300万元，比上年同期7.1300亿元，增长47.8%，上缴税金11693.5万元，比上年同期9100万元，增长12.85%；从业人员17593人，与上年同期15500人相比，增长13.5%；非公经济户数5763户，与上年同期5706户相比，增长1.0%。

乡镇企业增加值完成23711万元，同比增长16.77%；乡镇工业企业增加值完成20703万元，同比增长17.99%；农产品销售产值完成4147万元，同比增长27.28%；实现税金4672万元，同比增长15.36%。

2009年度，全社会完成固定资产投资19.8亿元，同比增长27.25%。其中，工业（指采掘业和制造业）完成5.1837亿元，电力（电站、电网）完成5.5133亿元，工业（包括电力）投资占全社会固定资产投产的54.02%。

【重点项目建设】　云南驰宏锌锗股份有限公司。日处理2000吨铅锌洗选项目，项目总投资3.79亿元，工程已于2007年4月9日动工建设，于2009年3月22日竣工投入运行。

云南天力煤化有限公司。60万吨/年电石项目，工程总投资6.5亿元，其中一期20万吨电石工程投资2.3亿元，工程于2007年6月开始施工，开工至上年末累计完成投资19864万元，工程于

2009年3月22日点火试车。

瑞源水电开发有限公司。①白水江梯级电站总装机7.4万千瓦，总投资7.4亿元，已完成项目核准，其中柳溪电站装机1.3万千瓦，投资9696万元，工程已于2009年3月启动，开工至上年末已完成投资3161万元。②氰胺化工项目群，计划总投资7.6亿元。目前正在进行资源配置的相关工作，已与小草坝付家湾煤矿谈判收购，目前正在磋商收购中的具体事宜，力争6月份启动石灰氮和双氰胺项目建设。

楚雄德胜钢铁有限公20万吨/年铁合金项目已完成备案的省级认可，项目前期工作基本结束，正在进行电价协调，待协调完成即可动工建设。

电力电网发展稳步推进。彝良县现有已建运行发电中小水电站44座，装机18.6257万kW；建设中的在建中小水电站15座，装机10.202万kW；正在筹建拟建中小水电站15座，装机15.239万kW。彝良县现有已建运行110kV新场变电站和输变电网络，及奎香、龙街、海子、牛街、洛旺、龙海、小草坝、毛坪、两河、坳口10个35kV变电站和输电线路；随着工业经济的发展，正在建设发界220kV输变电工程，和即将启动的柳溪、大寨、大桥、寸田工业区4个110kV输变电工程网络，同时，还将启动龙安、钟鸣、荞山、树林、柳溪6个乡镇35kV输变电工程及全县相关乡镇配套的10kV以下的农网改造输变电工程及农网改造项目。

【信息化建设情况】 “十一五”期间，彝良县电信、网络基础设施不断完善，规模不断扩大，网络发展迅速。到2009年底，全县有电信运营商4家，业务种类齐全，全县十五个乡镇光缆总长达到1000多公里，固定电话局用交换机容量24632门，固定电话用户8500户；农村致富通电话7284户；小灵通用户900户；移动基站210个，移动用户18万户；互联网用户9000户。邮政局1家，邮政业务服务领域不断拓宽，2009年，邮政业务总量达300万元。广电运营企业1家，电视系统有无线传送和有线传送两个系统，有线电视采用光缆传输，并取得迅猛发展，网络和用户规模均达一定水平。

自2007年以来，全县行政事业单位的信息化建设取得了较快发展，到2009年底，“彝良县委政府”门户网站已建成投入使用，党政系统基本完成了内网建设，县直机关各个办公室都具备了宽带上网条件，并接入了全市党政系统专网，全县十五个乡镇分别通过10M光纤与县内政务网工作平台连通，全县联网计算机超过500台，实现了市、县、乡三级网络内部网上文件收发、文档管理、公文办理、统计查询、电子邮件、信息采编和发布。

【工业园区建设】 彝良成立了洛泽河矿冶加工基地管委会，加挂了工业园区牌子，实行两块牌子，一套人马，主要推进招商引资重点工业项目建设，工业经济管理体制逐步趋于完善。

2009年，工业园区面对国际金融危机，矿权整合以及矿山内部纠纷等不利因素，积极采取应对措施，鼓励企业加快投资步伐，督促企业全力扩大生产，较好地完成了各项经济指标任务。2009年，园区内企业实现工业总产值46142万元，同比下降6.7%，生产铅锌原矿203385吨，同比下降17.6%，完成任务102%；生产原煤204046吨，同比增长0.9%，完成任务102%；生产电石34340吨，完成任务的68.68%；发电7739万度，同比下降28.5%。完成税收6071万元，其中税收4290万元，规费2411万元。完成固定资产投资82862万元，同比增长13.9%，其中，工业完成14732万元，增长147%。

【资源整合】 一是猫猫山片区铅锌资源第二轮整合工作。以驰宏公司为收购主体，以成功收购了云龙（2480万元）、龙祥（2190）万元、八合光大（11200万元）三家铅锌矿，收购金额达15870万元，其余14个矿权收购第一轮谈判已完成，整合矿权数量只完成3个，但实际上整合工作量已完成了80%以上。二是煤炭资源配置工作。天力公司刘家坪子23平方公里和彝安矿区10.04平方公里资源配置已完毕，许家院煤矿和巴爪煤矿已由天力公司成功收购，作为云南天力煤化公司的建矿指标，两家煤矿收购资金达3529.73万元，其中许家院煤矿收购资金为1229.73万元，巴爪煤矿收购资金为2300万元。三是中小水电整合：为理顺电力体制，规范电力运行，实现“一县一公司，全县一张网”，实施“厂网分离”的电力体制，整合中小水电，将36家中小水电企业通过改革，整合归属于彝良县能发有限公司，实现企业做大做强。

【企业技改】 彝良县境内煤矸石约20万吨/年，天力、瑞源建成投产后，电石废渣有近80万吨/年、驰宏铅锌废渣约20万吨/年，德钢建成投产后废渣约24万吨/年，利用这些废渣作为原料。以毛坪水利厂技改为契机，投资3.12亿元，发展循环经济和节能环保项目省工委已以《云南省工业和信息化委员会关于同意彝良县毛坪水利厂利用电石渣生产日产2500吨新型干法水泥熟料生产线技改项目开展前期工作的通知》（技创〔2009〕471号）文件批准同意开展技改前期工作，目前水泥技改项目前期工作整有序推进。

【节能减排】 彝良县互援纸业公司（原牛街造纸厂）1500吨/年落后生产能力于7月份全部拆除；云南九欣化工公司（原彝良县氮肥厂）2万吨/年合成氨、8万吨/年碳酸氢铵，2万吨/年复混肥生产设备装置已于10月份全部拆除。

2009年，全县35家规模以上工业增加值能耗是0.8867吨标煤/万元，与去年同期17家规模以上工业企业能耗0.251吨标煤/万元相比，上升293.91%，与考核目标任务相比，不是下降4.5%，反而上升298.41%。1~12月，扣除新增产能（天力公司），全县的万元GDP能耗下降4.61%。

2009年，县政府把完成农村能源沼气池建设列入为民办理的10件实事之一，计划完成建设沼气池5000口，完成

6133口，完成计划的122.66%，计划实施节能灶48个，已全面完成。

2009年，财政补贴高效照明产品推广发放节能灯9282只，其中，大宗用户6627只，居民用户2655只，占订购数量的122.99%。

【任职领导名单】

局　长　张　毅

副局长　田景万　姜　杰　张晓先

（赵绍华）

永善县经济贸易局

【基本情况】　永善县位于乌蒙山脉西北面的金沙江南岸，东与大关、盐津县接壤，南接昭阳区，北接绥江县，西北隔金沙江与四川雷波、金阳两县相望。距昭阳区180公里，距昆明市580公里。全县辖6镇9乡，全县总人口44.39万人。全县幅员2789平方公里，有着丰富的矿产资源、水能资源和生物资源，已发现166个矿产地，优势矿产有8种：即铅、锌、铜、煤、石膏、水泥用灰岩、砂石、磷矿石。经过半个世纪的发展，一些行业已初具规模，具备了一定的工业基础。

随着国家西部大开发和溪洛渡电站建设带来的机遇，拉动了永善县经济发展，县委、政府抓住机遇，提出“工业强县”发展战略，按照“以水电能源工业为牵引，以矿冶业为主干，以建筑建材和生物资源产品加工业为两翼，其他为补充”的工业发展思路，有效利用资源，形成了以矿业、电力、建材、农副产品加工四大类优势产业为主的工业体系，工业对全县经济增长拉动力明显增强，一、二、三产业的比重达到31.9%：34.9%：33.2%，工业已成为永善县国民经济快速发展的重要支撑力量，到2009年末，全县工业总产值48565万元，规模以上工业企业发展到8户。

【工业经济运行情况】　工业现价总产值：2009年，全县实现工业现价总产值48565万元，同比增长25.8%。其中，8户规模以上工业企业实现工业现价总产值24165万元，同比增长16.1%；规模以下工业企业实现工业现价总产值24400万元，同比增长37.1%。工业增加值：全县实现工业增加值18831万元，同比增长11.2%，其中，8户规模以上工业企业实现工业增加值12478万元，同比增长13.7%。主营业务收入：8户规模以上工业企业实现主营业务收入18261万元，同比增长34.7%。利税：8户规模以上工业企业实现利税总额3640.5万元，同比增长66.4%，其中，利润1300万元，同比增长35.9%，上缴税金2340.5万元，同比增长90%。工业固定资产投资：全县累计完成工业新增固定资产投资18622.4万元。非公经济：全县非公经济实现增加值83539万元，同比增长1.2%；非公经济户数7166户，比上年同期6647户增加519户，同比增长8%；从业人员19460人，比上年同期17978人增加1482人，同比增长8%，注册资金64589万元，同比增长12%，上交税金6783万元，同比下降17%。

【企业改制】　2009年前，永善县有国有和城镇集体企业78户。其中，国有企业49户，集体企业29户。通过几年的努力，到2009年底，49户国有企业中，已完成改革改制48户，1户正在改制。妥善安置职工1176人（在职职工656人，退休职工320人，供养人员132人，临时工68人）。退休职工全部移交社保局实行社会化服务管理，企业均办理了产权注销。49户国有企业已支付改制资金6049万元（支付职工安置资金3630万元，补交养老统筹和失业保险1420万元，偿还欠华融资产管理公司债务200万元，偿还欠农行债务190万元，偿还欠工行债务44万元，偿还其他债务35万元，其他支出150元，偿还中国长城、华融资产管理公司债务380万元）。29户城镇集体企业完成26户改制工作，完成率90%。29户集体企业共有职工1048人（在职职工724人，退休职工324人）。已妥善安置职工944人（在职职工642人，退休职工302人），退休职工移交社保局实行社会化服务管理，企业均办理了产权注销。26户集体企业已支付改制资金5024万元（支付职工安置资金4276万元，补交养老统筹和失业保险928万元）。

【技术创新】　一是对金沙矿业有限责任公司2000吨洗选厂项目建设、莲峰铁矿开发建设项目、金银池矿业有限公司（黄坪铅锌矿开发）建设项目多次开展调研工作，及时掌握企业项目建设过程中存在的困难和问题，帮助企业协调项目相关审批事项。着力培育、壮大具有采、选、冶等综合能力的企业，做好矿产品的精深加工，促进永善县矿业由单一矿产品开发向矿产品的高、深、精、细加工方向发展。积极引导金沙矿业向科技型企业转变，通过技术改造，铅原矿的洗选回收率由原来的65%提高到83%左右，提高了原矿石综合利用率。到2009年末，全县共建有日处理铅锌原矿2000吨洗选厂1个、1000吨洗选厂1个、300吨洗选厂2个。二是加大全县小水电开发力度。永善县已探明水能资源理论储量11万千瓦以上，其中，已建电站装机容量2.4万千瓦。通过加大招商力度，推动了全县水电资源开发，到2009末，全县在建电站装机容量达7.1万千瓦。

【节能减排工作】　为切实做好全县节能降耗工作，县经贸局将8户规模以上工业企业纳入节能重点监控，多次对企业的节能台账进行全面检查，帮助企业完善台账制度。对全县84个县级公共机构2006~2008年的能耗进行了统计和分析，编制了“十一五”后两年公共机构节能规划，对重点用能单位的用能情况进行监控。同时，积极推广节能设备，加快淘汰高耗能设施设备。2007年12月18日前拆除了永善县建新铁合金厂、永善县铁合金厂、永善县墨翰箐林电冶公司、永善县墨翰铁合金厂的相关落后设施设备。2008年5月5日前拆除了永善县溪洛渡水泥制造有限公司6万吨/年生产线的相关设施，2009年通过了财政部重庆办事处的验收。完成政府补贴的节能灯推广任务5000余只，2009年，完成沼气池建设374口，按每口每年节煤2.86吨标准煤计算，可节能1070吨标准煤。全年完成节柴改灶1569口，按每口每年节煤1.43吨标准煤计算，节能2244吨标准煤。

【安全生产】 2009年初，为实现煤矿安全生产目标任务，召开了全县煤矿安全生产工作会议，与各煤矿签订目标责任书。认真贯彻落实市长霹雳行动方案，全年共召开安全生产专题会议10次，与安监局、国土资源局、公安局等部门开展联合执法，对矿山进行安全检查，全年出动85人次，共查出安全隐患229条，现场整改187条，发出隐患整改指令书9份，限期整改38条，整改率98%。煤矿共落实隐患整改专项资金470余万元，三家煤矿安全评价均达到B类。2009年，完成固定资产投入710余万元，共生产原煤13万吨，实现产值4050万元，上缴税金514万元。

认真贯彻落实市防汛抗旱指挥部《关于水库水电站防汛管理有关问题的通知》（昭市防汛指〔2009〕1号）、《关于检查全市重要部门、重点行业安全度汛情况的通知》（昭市防汛指〔2009〕2号）和市经委《关于切实做好2009年中小水电站防汛工作的通知》（昭市经交能〔2009〕60号）文件相关要求。联合相关部门组成专项检查组对辖区内企业的安全度汛准备工作进行检查，检查重点是电站防汛抗旱设施设备（大坝、拦河坝、压力前池、边坡、护坡、电源、排水照明、通讯设备）等的可靠性、安全性。查出安全隐患25条34处，现场整改11条12处，共发出整改通知书5份，限期进行整改14条22处，整改率达100%。

【产业结构调整】 永善县委、县政府历来重视产业结构调整工作。2007年3月3日出台的《中共永善县委 永善县人民政府关于加快工业暨非公经济发展的决定（试行）》（永发[2007]13号）文件中，提出了“加快结构调整和增长方式转变，支持民间资本立足县内资源优势，投资生物资源开发，创办种植、养殖和农产品加工企业，转移农村剩余劳动力，增加农民收入，促进社会主义新农村建设，重点扶持农产品加工龙头企业。支持工业和非公经济通过技术改造和技术创新，提高产品科技含量和附加值。积极引导工业暨非公经济降低消耗，提高资源利用效率，推行清洁生产，发展循环经济，推进经济增长方式向规模型和集约型转变”的工作意见。充分利用县政府网络平台对外发布全县重点工业项目招商信息，通过采取协议引资方式帮助企业拓宽融资渠道，加大企业技术改造力度，积极为溪洛渡水泥制造有限责任公司日产2000吨新型干法水泥熟料生产线技改，为天山食品有限公司微粉生产线技改等项目做好招商引资等相关工作。

【中小企业发展】 永善县长期以来就是一个以农业为主的山区贫困县，2005年，地方财政预算收入仅2000余万元，中小企业86户，注册资金9856万元，从业人员2054人，上缴税金1395万元，近几年来，县委、县政府高度重视中小企业的发展，认真贯彻落实《中小企业促进法》，按照省委、省政府、市委、市政府关于中小企业、非公经济、工业经济等发展要求，结合永善实际，出台了《中共永善县委 永善县人民政府关于加快工业及非公经济发展的决定》、《永善县人民政府关于进一步加强银政、银企合作的实施意见》、《永善县人民政府重点扶持企业管理办法》等一系列政策，每年安排专项扶持资金用于支持中小企业的发展。在为中小企业服务中。做到超常规开展工作，把立即办、主动办、上门办、跟踪办、公开办落到实处，简化办事程序，减少行政干预，做到主动服务不推诿，协调服务不扯皮，高效服务不拖拉，廉洁服务不设卡，切实保障投资者权益，真正做到以情招商。经过几年在招商引资，加快项目建设，深化企业改革等方面的努力，全县中小企业发展取得了明显成效，到2009年末，全县共有中小企业234户，注册资金37047万元，从业人员13549人，上缴税金4176万元。

【大事记】 6月15日，总投资13000万元的永善县金沙矿业有限责任公司2000T/日洗选厂改扩建工程项目正式竣工投产。

【任职领导名单】

局　长　杨晓林（兼招商局局长、煤炭工业局局长）

副局长　陈泽松

韩维坤

陶万平（兼乡镇企业局副局长）

李　奎

（杨友涛）

镇雄县经济贸易局

【概述】 镇雄县经贸局坚持用科学发展观统领全县工业发展全局，坚定不移地走新型工业化道路。按照昭通市“三基地一屏障”和全市工业发展“十一五”三年倍增计划、“十二五”翻两番的战略目标，以科技进步和体制创新为动力，以资源为依托，项目为支撑。围绕育支柱、建龙头、创特色、惠民生的工业经济发展思路，努力实施一大战略（工业强县战略）；打造两个环境（改善基础设施的硬环境和优质高效服务的软环境）；搭建三个平台（工业园区平台、融资担保平台、工业招商平台）；强化四种方式（节约方式、集约方式、集聚方式、技改升级方式）；培植五大产业（煤炭产业、电力产业、化工产业、建材产业、生物资源加工产业）；加快转变经济发展方式，发展低碳经济、循环经济，推进清洁生产、安全生产，强化节能减排，促进工业经济可持续发展；着力创新体制、机制，优化发展环境，强化人才支撑，实现工业跨越式发展。“十一五”期间，镇雄工业经济有了较快发展，工业产值年均增长43%，工业增加值年均增长52%，2009年，工业总产值达到212585万元，由2008年的全市第四位跃居第三位。2009年，全县工业增加值占全县国民生产总值的24.5%，煤炭工业产值占全县工业产值的78.5%，全县人均GDP为2841元。

【工业经济运行情况】　到2009年年底，全县有工业企业172家（规模以上工业企业67家），工业个体户1731户，工业从业人员19937人。2009年，全县实现工业总产值212585万元，同比增长32.1%（增幅按可比价计算），其中，规模以上工业实现产值156402万元，同比增长23.9%；规模以下实现产值56183万元，同比增长88.8%。完成工业增加值99408万元，同比增长32.1%（增幅按可比价计算），其中：规模以上工业实现增加值81991万元，同比增长23.9%；规模以下实现增加值17417万元，同比增长88.8%。在主要工业产品中，原煤681万吨，同比增长 28.5%；洗精煤14.5万吨，同比增长66.6%；水泥23万吨，同比下降1.6%；发电量18098万度，同比下降15.3%；电石2.3万吨，同比增长47.2%；自来水203.9万立方米，同比增长9.7%；白酒5859千升，同比增长4.6%。

【技术创新】　2009年，镇雄县黎明化工冶炼公司原建12500kVA生产线项目扩建为2×25000kVA生产线项目，计划总投资1.2亿元，正在办理各种手续；五德电冶有限责任公司由原来的年产6300吨的电石厂技改年产为5万吨电石，截止2010年5月，已完成计划总投资的90%。

【节能减排】　在社会各界的大力支持下，节能工作正稳步推进。2009年，主要在汽车、锅炉、电机、照明等高耗能领域深入开展节油节电工作；督促重点耗能企业按时上交能耗报表，掌握企业能源使用情况；鼓励和支持重点耗能企业进行技术改造升级，降低产品能耗；深入被市政府列入2009年关闭淘汰落后产能企业（南台水泥厂、板桥水泥厂）实地调研，与企业负责人进行座谈，做好淘汰落后产能工作；在全县大力推广节能灯。

【产业结构调整】　2009年，镇雄县完成生产总值406119万元，比2008年增长12.2%。其中，第一产业完成142000万元，第二产业完成124360万元，第三产业完成139759万元。一、二、三产的比重由“十五”末2005年的46.2：15.7：38.1调整至35.0：30.6：34.4，产业结构得到进一步优化。

【中小企业发展】　到2009年12月底，全县中小企业发展到456户，比“十五”末的240户增长90%，其中，规模以上工业企业62户，比“十五”末的5户增加57户；从业人员8778人，比“十五”末的5340人增长64%；注册资金60028万元，比“十五”末的29076万元增长106%；2008年，中小企业上缴税金11765万元，比“十五”末的1860万元增长532%。

镇雄县中小企业从小到大，由弱到强，已由最初的手工制造业和商贸、餐饮业发展到现在的煤炭开采及洗选、电石化工、农特产品加工、水火电、建材、家具、商贸、建筑及装饰、房地产开发等多行业、多领域的产业体系。特别是近年来新型推进工业化和农业产业化，以及国有企业改组改造和招商引资力度的加大，对中小企业的发展提供了广阔空间。华业、叶茂、猪鬃、绿源等一批规模相对较大、实力相对较强的农产品加工企业相继建成投产，煤炭开采、农产品加工、建筑建材、房地产开发、餐饮服务已成为中小企业发展的主攻方向，有效改善我县过去经济结构单一、靠烤烟种植支撑财政的不利局面，有力推进了全县产业结构的调整和优化。

【品牌建设】　镇雄县华业公司生产的“云蕙”牌精制马铃薯淀粉已通过“绿色食品”认证和“QS”认证，“云蕙”牌商标被评为“云南省著名商标”。

镇雄县叶茂开发有限公司的即食蕨菜获得2009年第五届昆明国际农业博览会优质农产品；2009年1月获得北京五洲恒通认证有限公司有机产品认证证书；2009年公司使用在29类脱水类、腌制蔬菜商品（服务）上的赤水源山珍经云南省工商行政管理局认定为“云南省著名商标”；2010年4月获得省林业厅颁发“林业产业化省级龙头企业”。

【大事记】　7月24日，华电镇雄电厂举行开工典礼，该项目属2003年昆交会上昭通市政府与中国华电集团公司签订的重大招商引资项目，是目前云南最大的典型坑口电厂和煤电联营项目。项目采用一厂两站布置方式，规划装机容量4×60MV。

【任职领导名单】

局　长　曹卓昭

副局长　陈丕勇

　　　　向明辉

　　　　申时平

（刘　志）

曲 靖 市

曲靖市经济委员会

【基本情况】 2009年，曲靖市域内有工业企业12801户，其中，规模以上479户（国有企业37户、集体企业36户、股份制企业201户、其他企业205户），规模以上工业企业从业人员达16万人，形成了具有一定规模、富有地方特色、门类相对齐全的工业体系。以煤炭、烟草、电力、汽车、化工、矿冶、机械、建材、轻工、生物制药、新材料为主导产业，主要集中在35个大类、120个中类和160个小类。主要工业产品有原煤、发电量、卷烟、机制纸、焦炭、硫酸、黄磷、合成氨、化肥、塑料制品、水泥、生铁、汽车、机制纸、雷管、炸药、机械、十种有色金属等160多种产品。规模以上支柱产业情况：烟草制品业实现增加值98.2亿元，增长3.1%；化学原料和化学制品制造业实现增加值24.2亿元，增长2.6%；矿冶工业实现增加值40.8亿元，增长31.6%；电力、热力的生产和供应业实现增加值65.3亿元，增长21.9%；汽车机械行业实现增加值7.4亿元，增长51.9%；原煤焦炭行业实现增加值76.6亿元，增长8.9%；建材行业实现增加值7.1亿元，增长32.2%。

2009年，曲靖市工业总产值突破1000亿元大关，达1011亿元，同比增长6.8%，提前一年实现了“十一五”工业发展规划目标；全市规模以上工业完成增加值328.4亿元，首次超过玉溪，跃居全省第二位，同比增长12.7%，增速在全省重点州市中居首位，分别超昆明、玉溪、红河2.6%、1.2%、2.7%；全市全社会固定资产投资完成555.03亿元，同比增长30.6%；完成工业投资210.78亿元，同比增长25%，其中非电工业投资完成110.38亿元，同比增长28%，全面完成省工信委下达的110亿元考核目标任务。

【工业经济运行情况】 2009年，曲靖工业经济在逆境中发展，在曲靖市委、市政府的正确领导下，工业经济战线广大干部职工认真贯彻省、市各项工作部署，坚决贯彻执行国家宏观调控政策，攻坚克难，共渡难关，通过大量艰苦细致和卓有成效的工作，曲靖工业经济取得六个突破：一是全市工业总产值突破千亿元大关。全市完成工业总产值1011亿元，同比增长6.8%，提前一年完成“十一五”规划目标；二是规模以上工业增加值排名突破，超过玉溪上升到全省第二位。全市规模以上工业企业完成工业增加值完成328.42亿元，同比增长12.7%；三是工业投资突破200亿元。工业投资完成210.78亿元，增长25%；四是节能降耗促进工业经济发展有了新突破。全市单位GDP能耗下降5.6%，完成“十一五”阶段目标任务，得到省政府表彰获“特殊贡献奖”；五是工业园区建设有了新突破。至2009年，全市有省级工业园区3个，省级特色园区1个，县级工业园区7个，总规划面积达到了242.72平方公里，引进336个企业、121个大项目入驻园区，曲靖经济技术开发区也即将升级为国家级经开区；六是发电量、用电量突破历史最高纪录。全市累计发电386.9亿千瓦时，同比增28.5%，最高日发电量达到1.2亿千瓦时；全社会累计用电145亿千瓦时，同比增长15%，其中，工业用电120亿千瓦时，同比增长15%；累计下省网电量116亿千瓦时，同比增长19.6%，日均下省网电量为3280万千瓦时。

2009年曲靖工业经济发展呈现出以下特点：一是增速低位企稳、逐季持续增长。受金融危机的影响，1~2月规模以上工业增加值增长速度仅增长0.4%。在国家出台一系列扩大内需措施的刺激下，火电、汽车、水泥等部分支柱行业有明显增长，拉动规模以上一季度增速达到7.5%，次后呈现逐月平稳波动增长态势，分别增长8.07%、8.06%、8.26%、8.03%、8.8%、8.98%、10.5%、12.1%、12.68%。二是轻工业平稳增长，重工业生产增长较快。规模以上工业中，重工业完成工业增加值221.4亿元，增16.3%，拉动规上工业增长16.2个百分点；轻工业完成工业增加值107亿元，增5.1%，拉动规上工业增长0.03个百分点。重工业在工业经济中的比重进一步提升。轻重工业比重由2008年的34.6：65.4调整为2009年的32.6：67.4，重工业比重上升2个百分点，重工业发展明显加快，工业重工化态势明显。三是电力、汽车、建材行业增势强劲。随着国家及全省保增长，扩内需、调结构政策的出台，电力、汽车、建材行业在2009年表现突出。电力行业，实现增加值65.3亿元，同比增长21.8%，行业比重已由去年17%提高到19.9%；汽车及机械设备制造业完成增加值7.4亿元，增长51.9%，汽车产量分别较上年同期增长73.1%；建材行业完成增加值7.1亿元，增长32.2%。四是30

户重点骨干企业支撑带动作用显著。经过多年的发展，曲靖已形成了一批规模大、竞争力强的龙头企业，如红云红河集团（曲靖）、云南弛宏锌锗公司、云南东源煤业集团曲靖铝业有限公司、云南云维集团、一汽红塔汽车制造有限公司、滇东能源有限责任公司等。这些骨干企业实现的产值、利税指标均名列前茅，成为带动全市工业经济增长的中坚力量。2009年，30户骨干企业完成工业产值465.7亿元，占全市规模以上工业总产值56.42%，全市产值超10亿元企业已达14户；实现利润26.6亿元，占全市规模以上企业利润总额的70%。工业经济规模效应进一步凸现，骨干企业为曲靖工业经济发展做出了突出贡献。五是主要工业产品产量增长。从监测的主要产品产量看，除生铁比去年减少5.26%；其他主要产品都实现了增长。其中：原煤4062.5万吨，增长5.3%；发电量386.9亿千瓦小时，增28.5%；卷烟518.1亿支，增1.43%；十种有色金属57.35万吨，增1.16%；焦炭957.6万吨，增2.61%；化肥64.13万吨，增 11.34%，汽车70948辆，增73.1%；黄磷13.3万吨，增31.2%。六是全市规模以上工业企业数稳步增长。2009年，全市规模以上企业新增65户，达479户，同比增长15.7%，比2004年的207户增加272户。

2009年，曲靖市全社会固定资产投资完成555.03亿元，同比增长30.60%。全市完成工业投资210.78亿元，同比增长25.0%，占全社会固定资产投资的37.98%。完成（非电）工业投资160.36亿元，其中，加工制造业完成投资118.18亿元，同比增长27.28%，完成全年目标任务110亿元的107.44%。2009年，全市实施工业项目208个。其中，投资5000万元至1亿元的项目25个，完成投资9.36亿元，占总量的4.44%；投资过亿元的项目76个，完成投资183.22亿元，占总量的86.92%。项目总数与去年同期相比减少9个，但重大项目投资额比去年增加了近5个百分点，重大项目对工业投资的支撑作用越来越明显。

【信息化建设情况】　近年来，曲靖市委、市政府深入贯彻落实国家和云南省有关信息化建设的方针政策，把积极推进工业信息化、信息化带动工业化，促进“两化”融合作为加速全市经济发展的一项战略举措来抓，工业信息化取得较大发展。

基础设施力度加大。“十五”以来，曲靖市进一步加大了对信息化基础设施建设的投入，建成了以电信和广电为主，覆盖全市县（市）区、乡镇、行政村的通信、网络体系。随着无线宽带、3G业务网络、WCDMA等技术的逐步成熟和快速推进，将使视频会议、视频共享、视频购物、流媒体手机电视、3G上网逐步普及，为快速推进我市信息化建设打下了良好的基础。

企业信息化发展迅速。计算机应用基本覆盖到每户企业，90%实现了财务电算化和办公自动化，95%连通了因特网，20%的企业建立了自己的网站（或自助建站）。通过各种信息化技术的运用，企业新产品开发速度和能力大大提升。从基础性管理系统、综合性管理信息系统、生产过程自动化系统等基础应用，到企业资源计划（ERP），网站建设、直至网上营销和电子商务，全市企业的信息化应用水平普遍提高。一些企业，尤其是相对大型的企业，如曲靖卷烟厂、云维集团、一汽红塔等，“两化融合”做的较好，在信息化硬件、基础软件投入的水平和数量上，情况较好。基本实现了离散化、集成化和柔性制造，已经处于信息化程度较高和较深应用型企业。随着全市信息化的快速推进，一批本地IT企业如曲靖现代科技、曲靖建工、曲靖网联科技等，逐步发展壮大。

政府部门自身信息化进程加快，为全市工业化信息化创造了良好的外部环境。省、市、县三级政府门户网站实现了互联互通，为构建阳光政府实现政府向服务型、管理型转变创造了条件。全市9个县（市）区政府门户网站建成运行；全市电子政务建设视频会议系统全面建成，部分实现了会议、培训的省、市、县、乡四级同步。“信息公开、在线办事、公众参与”面向公众的功能显著改善；政府社会管理、公共服务、市场监管等跨部门的综合性系统整合和业务协同取得重大进展；政务信息资源共享以及政务信息的公益性开发利用程度显著提高，政务信息化对工业企业信息化发展推动作用得到充分发挥。

企业公共信息网络服务平台的建成和发展，推动了工业信息化的进一步深入。2006年我市继云南省、昆明市之后，第三家建成了曲靖市中小企业信息网络服务平台。为我市那些因缺乏资金、技术、人才的广大中小企业搭建了企业形象展示、商务信息发布、人才交流、自助建站等免费服务的共享平台，通过该平台，越钢集团、重机公司、德鑫集团等众多企业使用“自助建站”系统建成了自己独立的网站；全市350多户规模以上企业通过网站实现了数据网络直报和数据监测；与30户重点企业进行了网络互联；电煤供存情况、电力资源使用情况实现了网络在线统计和监测。网站政策法规查询、专家咨询、在线培训、企业形象及产品展示、信息发布等功能也深受企业欢迎。2009年度，曲靖电信又建成了曲靖商务领航，为我市企业提供全方位的服务。这些公共信息服务平台的建成，在促进我市企业信息技术的推广应用、实现信息资源交流共享、降低企业信息化成本，以及企业形象展示、产品宣传，综合竞争力的提升等方面，发挥了重要作用。

企业信息化意识逐步增强。近几年来，曲靖市经委联合曲靖市信息产业办、曲靖电信等单位和部门，邀请了一些高校的教授学者、IT界精英及企业信息化专家，根据企业信息化工程建设实际，对全市企业开展了不同层面的信息化专题培训、举办企业信息化研讨会，为企业免费提供信息化评估和技术咨询服务。通过各种形式的培训、企业信息化案例的讲解展示，以及其他交流学习、媒体宣传等方式，企业领导对企业信息化有了较为明确的认识，对信息化建设的热情、主动性明显增强，信息化投入逐年加大，为企业信息化的进一步扩展创造了良好条件。

【技术创新】 2009年，在克服金融危机带来的企业效益下滑、资金筹措困难等不利因素情况下，紧紧围绕“产业结构调整和优化升级、加大企业自主创新能力建设”这一主线抓好企业技术改造和技术创新工作。以企业技术创新为主体，推动产业核心技术、关键共性技术的开发引进及推广应用，突出重点产业发展的技术瓶颈和装备研发，加快推进产学研合作，全市工业企业技术创新能力得到明显提高，提升了产业和企业的技术水平，进一步提高了工业经济发展的质量和效益。全年共开发、推广和应用新技术、新工艺62项，4户企业技术中心通过省级认定，13户企业技术中心通过市级认定。云维集团、众一精细化工、宣威磷电等重点企业研发并掌握运用了一大批诸如焦炉煤气制甲醇；大型侧装捣固焦炉装置；大型SHELL粉煤气化制合成氨装置；电石炉尾气净化回收产业化；大型粉煤气化炉、甲醇洗涤塔等化工生产关键设备自主研发制造；焦炉煤气生产合成氨的新工艺；焦炉煤气生产半补强炭黑、热裂解炭黑装置；低浓度CO2燃烧排放尾气分解粗酚装置；维生素K3联产铬粉新工艺等国际、国内领先技术，其中，部分相关技术获得专利，极大地增强了企业的核心竞争力。

【产业结构调整】 2009年，是危机，更是工业发展机遇。依据产业政策，采取强有力的措施，加快淘汰落后产能，腾出产能空间和容量，加快工业结构调整和技术改造，实现产业升级，加快推进资源整合、企业重组，推动优势企业做大做强，实现产业延伸，坚持发展高新技术产业与提升传统产业相结合，摒弃“政府主导、行政推进”的模式，充分发挥企业自主决策，集中力量，重点选择具有比较优势、基础较好的产业改造提升，加快实现优势产业的突破和跨越发展。一是加快推进红云、红河集团曲靖烟厂、会泽烟厂就地技改项目，搞好增量、提质、配套和增效；二是以冶金集团为龙头打造光电子产业，开发多晶硅及下游产品，构建光电子产业链，实现单晶硅、单晶硅切片、太阳能电池等工业化生产；三是以云维集团、众一精细化工等项目为重点，优化配置煤资源，延伸煤化工产业；四是以宣威磷电为龙头，发展精细磷化工产业；五是以驰宏公司、罗平锌电、曲靖铝业、曲靖双友为龙头，延伸冶金产业，开发合金产品和板材、线材、管材等精深加工，提高附加值；六是加快推进通用公司与一汽红塔合作生产20万辆轻卡和5万辆重卡项目建设。发展汽车和装备制造业及其配套产业；七是大力发展万寿菊、魔芋、生姜等优势农特产品加工业，加快推进加拿大天辰国际农业产业示范园在曲靖落户。

全面实施大项目培育大企业建设大基地带动大发展战略，突出特色，发挥优势，通过引进大企业、扶持优势企业，加大投入，做大做强做精烟草、煤炭、电力、冶金、化工、汽车及装备制造业、建材、新材料、生物和轻工业十大产业，构建曲靖现代产业体系。一是做强以卷烟及配套为主的烟草产业，2009年完成产值122亿元。二是做强以煤炭开采和利用为主的煤炭产业，2009年完成产值195亿元。三是做强火电为主的新型能源电力产业， 2009年完成产值191亿元。四是做强以有色金属冶炼及加工为主的冶金产业， 2009年完成产值128亿元。五是做强以煤化工为主的化工产业， 2009年完成产值84亿元。六是壮大以汽车制造及配套为主的装备制造产业， 2009年完成产值44亿元。七是壮大以新型建材为主的建材产业， 2009年完成产值26亿元。八是培育以硅、锗等材料加工为主的新材料产业。九是培育以生物资源开发为主的特色生物产业， 2009年产值7亿元。十是培育以地方特色为主的其他轻工产业，2009年完成产值20亿元。

【节能减排】 2009年，曲靖市单位GDP能耗下降5.6%，淘汰落后生产能力300.2万吨，完成能源审计66户，完成清洁生产32户，推广节能灯123万只；完成省级污染减排项目17个，完成市级污染减排项目55个，二氧化硫削减量20000吨、化学需氧量削减1300吨。机构建设方面，2009年，曲靖市、县两级节能监察机构人员已就位26人。市经委从各县（市）选调了4人到支队工作，从大中专学生中招考的3人已经到支队报到工作，为下步节能监察执法工作创造了良好条件。将市统计局工业统计科改为工业能源统计科，并增加4名编制专职从事能源统计工作。考核与监督检查方面，市委、市政府高度重视节能减排工作，始终坚持把此项工作列为重要议事日程，作为促进我市经济社会和谐发展的一件大事来抓，实行党政一把手负总责，分管领导具体抓，各相关部门协同配合全力抓，市政府分管领导每季度研究一次，市节能办和市减排办均配备专人专管节能减排工作。一是市政府与各县（市）区年初签订了目标责任书，按照市委、市政府出台的《中共曲靖市委 曲靖市人民政府关于印发〈曲靖市贯彻落实科学发展观2009年度县（市）区综合考核奖惩办法（试行）〉的通知》要求， 将节能目标任务作为各县（市）区综合考核的重要内容，严肃考核纪律，严格考核责任。二是增加了经费预算投入，2009年，市政府增加了节能减排的经费投入，从2008年的220万元增加到292万元，增加了32.7%，为节能工作提供有力经费保障。三是对节能工作突出的单位和个人进行了表彰奖励，全市共表彰先进单位44个，先进个人73个。四是切实搞好节能减排监督检查。项目资金申报方面，2009年共征集节能项目125 个，建立了项目储备库，推荐上报国家9个，省32个。中央预算内投资备选项目9个，总投资13亿元，其中，银行贷款6.55亿元，企业自筹及其他6.45亿元；组织申报省级节能降耗专项资金项目32个，总投资23.23亿元，其中，银行贷款11.96

亿元，企业自筹及其他11.27亿元；组织申报省级可再生能源专项资金项目3个，总投资3.84亿元，其中，银行贷款2.05亿元，企业自筹及其他1.79亿元。2009年第一批节能降耗专项资金974万元已经下达到企业，共奖励补助项目11个。淘汰落后产能方面，严格执行国家产业结构调整指导目录、限制和淘汰制造业生产能力目录。2009年，全市共淘汰落后生产能力300.2万吨，取缔宣威境内小炼铁33户，坚决依法关闭"十五"小，严防"两土"死灰复燃。各县（市）区加大淘汰落后产能的力度，提前淘汰了部分落后产能。其中，宣威拆除焦化生产线41条，产能265万吨；拆除炼铁高炉3座，产能21万吨；拆除钛合金电炉2座，产能2.5万吨；陆良拆除重烙酸钠1条，产能0.25万吨。业务培训方面，2009年4月曲靖市质量技术监督局和市经委共同组织的全市能源计量工作暨重点用能企业能源计量培训会，各县（市）区质监部门、经济局和115户重点用能单位分管领导及管理人员共170余人参加了培训会议。为进一步加强能源管理和能源统计，2009年8月、12月市经委、市统计局联合举办两期全市能源管理与统计培训，各县（市）区政府分管领导、经济局局长、经济局业务人员、有关企业200余人参加培训。

【安全生产】 2009年里，曲靖市经委把系统企业的安全生产工作和危险化学品安全管理专项整治作为年内的主要大事来抓，认真贯彻落实安全生产各项专项整治措施，切实加强对安全生产工作的管理，安全生产情况运行良好，全面完成了市政府下达的年度安全考核目标，实现死亡事故为零，重特大事故为零，重伤事故为零，重大设备事故为零，无中毒事故和火灾事故。

根据国务院、省政府及上级职能部门对"安全生产年"活动的总体部署和要求，切实抓好全年安全生产工作，迎接建国60周年庆典，结合系统实际情况，制定了《曲靖市经委系统2009年"安全生产年"活动方案》，要求各单位以科学发展为指导，紧紧围绕全国安全生产总体部署，坚持"安全发展"科学理念和"安全第一，预防为主，综合治理"的方针，抓责任落实，抓制度完善，抓排查治理，抓宣传教育，抓技能培训。一是以"关爱生命、安全发展"为主题，广泛开展安全生产宣传教育活动，增强全员安全生产意识，提高生产技能。各单位根据自身特点，开展不同形式的宣传活动，有通过宣传栏、板报、讲座、竞赛等形式宣传党和国家的安全生产方针、政策和安全生产法律、法规以及安全生产知识。组织工程技术人员，根据行业特点、生产工艺、生产技术、生产环节、分析重点危险点源、重点防范、对重点岗位操作人员进行严格操作训练，通过讲解、示范、演练，提高操作技能。开展事故警示教育，分析事故发生的原因，从中吸取教训，防危杜渐。二是全面落实安全主体责任和"一岗双责"，建立安全生产责任体系。认真落实安全生产企业主体责任，落实企业法人代表是安全生产第一责任人，落实"一岗双责制"，各分管领导对所分管的领域和部门的安全生产工作负责。三是以隐患排查治理为重点，贯穿整个"安全生产年"活动。生产经营是动态的，决定了我们的隐患排查治理工作不是一劳永逸的。定期和不定期组织安全生产隐患排查，对查出的隐患逐一落实责任、落实整改，做到责任、资金、措施、时间、效果五落实。通过隐患排查治理，确保了系统全年安全生产。四是强化安全生产基础管理，推进企业标准化建设。严格落实"三级安全教育"制度，加强对从业人员的安全培训以及从业人员转岗、换岗的安全教育，加强对农民工的安全培训，培训率达 100%，特种作业持证上岗率达100%。全面推进企业标准化建设。深入开展安全设施标准化建设，实行科学化、规范化、程序化的现场管理是安全管理上台阶的重要手段。五是建立完善重特大事故应急救援预案，适时开展演练。根据市人民政府及安监部门的要求，从我委到各单位，都按要求制定了重特大事故应急救援预案，并演练、修改、完善。

【大事记】 3月15日，完成2008年老旧汽车报废更新补贴资金发放34万元，共补贴车辆85张；10月，由市人民政府和国家工信部中小企业国际合作协会共同组建的"曲靖国家科技成果转化和中小企业科技创新项目推广示范基地"正式挂牌营业，并组织200多名中小企业经营者参加由人民大学和工信部的学者、专家举办的应对危机、加快发展的讲座。

在2010年云南省工业和信息化工作会议上，曲靖市人民政府荣获2009年云南省节能突出贡献奖单位，曲靖市经委、曲靖市统计局荣获节能优秀奖单位。岳跃生、张元明、黄玲、牛志英、候晓波、杨文勇、陈国海、宁国昌等8人荣获节能先进个人称号。

【任职领导名单】

主　　任　王松平

副 主 任　李绍坤　樊　毅　姜保成　胡绍恩　张元明

纪委书记　李清明

（陶开能）

麒麟区经济局

【概　述】 麒麟区工业经济在区委、区政府的正确领导下，在上级部门的关心、重视下，全区上下认真学习实践科学发展观，开拓进取，锐意创新，团结奋斗，坚持以推进新型工业化、建设富强麒麟为目标，以结构调整为主线，以工业园区（基地）为平台，以大项目、大企业带动为突破，以节能减排为重点，以招商引资、技术创新为手段，狠抓各项工作措施的落实，着力解决工业经济运行中出现的困难和问题。在工作中，工业经济主管部门突出了"三抓"，破解了"三难"，体现了"三得"，做到了"三有"。突出"三抓"，就是在抓好各方面工作的同时，突出抓经济发展，特别是工业经济的发展，突出抓项目带动，特别是大项目的带动；突出抓招商引资、引技工作，特别是引进带动产业结构大调整，企业规模大变化。破解“三难”，一是努力破解工业项目落地难的问题；二是努力破解企业技术改造融资难的问题；三是努力破解淘汰落后工艺、过剩产能的问题。体现“三得”。一是体现干事能得到支持；二是体现工作有成效能得到鼓励；三是体现发展能得到扶持。做到“三有”，一是做到工作有作为；二是做到部门有地位；三是做到干部职工有奋斗动力。

通过努力，全区工业经济保持平稳的增长态势，区域内工业得到了长足发展。在产业上，基本构建了以卷烟、汽车、煤炭、电力、冶金、化工、机械、塑料、陶瓷、建材等行业为主体，有一定规模和配套协作能力的工业体系；在结构上，基本形成了以中央、省属大型企业为龙头，市属、区属中型骨干企业为支撑，非公经济、乡镇企业为补充，三位一体、条块结合的发展模式；在效益上，基本实现了速度、质量、效益相统一的发展格局，区域内工业总产值占全市的三分之一以上，进入全省工业十强县（区），位列前4名。

【工业经济运行情况】 2009年规模以上企业达102户，产值 上亿元的企业有23户；2009年，全区累计完成工业总产值367.12亿元，规模以上工业增加值145.2亿元，比2006年分别增长54.6%、53.3%；提前一年实现“十一五”目标任务。值得一提的是煤炭行业实施“科技兴安”战略，强抓严管，加大投入，落实各项保障措施，推进瓦斯监测监控信息化管理、双回路供电项目等安全基础设施建设，全面完成了“双回路”供电建设和高瓦斯抽放系统安装，为全省瓦斯治理及和谐文明矿山建设提供了现场和经验。2009年，煤炭企业生产原煤481.7万吨、焦炭317.1万吨，规模以上增加值实现产值20亿元，比2006年增长10.8%、32.8%。

【技术改造和技术创新】 2009年，全区工业完成投资32亿元，比上年增长6.67%。其中，区级重大技术改造项目18个，完成投资11.2亿元，比上年增长14.25%。巨利达钢铁节能环保技术改造项目、双友钢铁6000kW高炉煤气发电站建设及镍合金（镍材）二期项目、众一煤化6万吨/年炭黑生产线技改项目、麒麟焦化二期80万吨/年焦化技术改造项目、盛凯焦化60万吨/年焦化技改项目、悦钿选矿低品位铁矿磁化还原技术创新项目已竣工投产。曲靖雄业水泥60万吨/年干法旋窑水泥熟料技改项目、石林瓷业烧成及陶瓷产品整合技改项目全力推进。麒麟焦化、盛凯焦化等2户企业积极开展上市前的准备工作，在抓好技术改造的同时，区级财政安排了400万元专项资金，用于支持企业技术创新。2009年越钢集团、众一精细、中建博能等企业还与中科院、抚顺石化院、中国石油大学、上海大学等科研院、所结成战略合作关系，实施了“低品位铁矿磁化还原”、“焦炉煤气制合成氨”、“高温煤焦油加氢制洁净燃料”、“空气源热泵”等23项关键技术的产业化开发，2009年全区创建了2个省级企业技术中心，3个市级企业技术中心，获得“国家高新技术企业”2个，申报国家发明专利13项，其中获批4项。

【工业园区（基地）建设】 加快工业园区（基地）建设，园区（基地）优惠政策逐步完善，管理机构逐步健全，基础设施建设整体推进，招商引资成效显著，技术引进工作不断加强，循环经济发展成效明显。2009年，麻黄、越州、南海子、轻工业等4个园区（基地）引进项目累计57个，实现产值78.1亿元。西城工业园区被省政府评为“云南省优秀工业园区”。

【节能减排 全面推进】 节能减排工作力度加大，一汽红塔、双友钢铁、越钢集团、盛凯焦化、麒麟焦化等10家清洁生产和循环经济试点企业中，清洁能源使用率提高10%以上，高污染企业做到了全面达标排放。截至2009年底，全区关闭土法炼焦等“十五小”企业81户，关闭煤矿矿井21对，淘汰落后产能企业21户，淘汰落后产能173.6万吨。2009年全区单位GDP能耗，同比下降6.32%；二氧化硫削减2610吨，化学需氧量削减率达100%以上；越钢集团和双友钢铁公司被列为全省节能降耗示范企业。

【循环经济取得新成效】 全区资源综合利用项目初步形成了“煤-焦-气-化”、“煤-焦-电-冶-建材”循环经济产业链。区域内已建成高炉、焦炉煤气和尾气发电项目5个；焦炉尾气生产合成氨项目2个；煤矿瓦斯发电项目4个；利用矿渣、粉煤灰等废料生产水泥及免烧砖项目23个；从焦炉煤气中回收煤焦油提取粗苯及生产炭黑项目7个。

【国企改革全面完成】 工业所有制结构发生了深刻的变化，国有企业改革改制全面完成，股份制及民营企业队伍不断壮大，经济实力不断增强。全区非公企业达3.78万个，从业人员8万人，上缴税金5.99亿元，增加值达78.6亿元，增加值占全区GDP的比重达29%，2009年比2008年提高了3个百分点。

【任职领导名单】

党委书记、局长　郑家祥
副　局　长　樊克强
毛　刚
夏　俊

（张茂书）

沾益县经济局

2009年，沾益县紧扣煤化工、冶金、电力能源、建材、机械、生物资源加工六大主导产业，按照保民生、保增长、保稳定的目标，强化工作措施，狠抓工作落实，加大软环境建设力度，努力克服金融危机的影响，工业经济、非公经济、节能降耗等各项工作任务圆满完成。

【工业经济运行情况】 2009年，全县工业完成总产值133.92亿元，增长

17%；完成工业增加值33.88亿元，增长（增加值增幅均为不变价，下同）13.8%。规模以上工业完成总产值98.77亿元，增长4.19%；完成增加值28.46亿元，增长14.6%。利税、利润总额分别为4.48亿元、0.65亿元，同比增983%、116.18%。规模以下工业完成总产值35.15亿元，增长77.61%；完成增加值5.42亿元，增长0.9%。从业人员37621人，比上年增57.4%。2009年，全县六大重点产业完成工业总产值112.57亿元，占工业总产值的84.01%。其中，化工完成53.31亿元，占工业总产值的39.78%；冶金完成29.71亿元，占工业总产值的22.17%；能源完成17.17亿元，占总产值的12.69%；建材完成5.12亿元，占工业总产值的3.82%；机械完成2.25亿元，占工业总产值的1.68%；生物资源加工完成5.18亿元，占工业总产值的3.87%；地方新增的煤焦产业完成产值19.24亿元，占工业总产值的14.36%。

主要工业产品除电石外，均保持增长。其中，原煤50.6万吨，增0.32%；焦炭321.59万吨，增4.87%；钢铁8.83万吨，增2.64%；水泥54.63万吨，增9.41%；原铝16.41万吨，增24.36%；电力65.77亿千瓦时，增36.62%；氮肥26.93万吨，增10.23%；砖7.75亿块，增530.08%；聚乙烯醇2.87万吨，增2.67%。减产的产品有电石7.86万吨，减5.22%。

2009年，重点投资项目28个，总投资100.18亿元，其中，工业计划投资39.45亿元，本年完成投资38.86亿元，比上年增9.2%。其中续建项目14个，本年内完成投资36.07亿元。新开工项目14个，本年完成投资2.79亿元。东源曲靖铝业提升改造、20万吨醋酸、4.8万方污水处理、2.5万吨1，4丁二醇、万利60万吨焦化、越隆30万吨洁净型煤等项目竣工投产，为全县工业的持续发展奠定了坚实的基础。

【节能降耗】　沾益县加强组织领导、健全机构、营造氛围、提升企业节能管理水平，大力开展节能审计、清洁生产、淘汰落后产能等措施，切实抓好节能除耗工作，确保节能降耗目标完成。播乐煤矿、小冲沟煤矿、沾益化工公司3户企业实行清洁生产，大为焦化、大为制焦、万佳焦化、博浩科技、马龙产业、珠源水泥、沾益水泥、益宁水泥8户完成能源审计，淘汰焦炭落后生产能力48.76万吨，减少4.9万吨标准煤消耗，削减二氧化碳排放1024吨。推广高效照明灯具14.9万只。经测算，全县能源消费总量为332.82万吨，同比增0.31%。全县万元生产总值单耗为5.528吨标煤，同比下降10.40%，超额完成年初生产总值单耗下降5%的目标。规模以上工业当量值消费368.58万吨，同比增8.14%，电力产出68.45亿度，电力消费38.78亿度，能源转移59.07万吨标煤，等价值消费量为309.51万吨标煤。从能源消费品种来看，电力消费39亿度，增10.58%，其中生产性消费38.78亿度，增16.84%，煤油消费329.8万吨标煤，增10.86%。万元工业增加值单耗（05不变价，等价值）11.53吨标煤，同比下降13.05%。投资3.2亿元，采用循环硫化床焚烧炉，增湿灰吸收法烟气净化技术的曲靖垃圾发电厂正在建设之中，建成后每年可处理垃圾25万吨左右。同时抓好围绕煤矸石、粉煤灰等废渣的综合利用和新型墙材改扩建项目。

【非公经济发展】　2009年，全县共有非公经济从业单位7056个，同比增11.01%。从业人员19687人，同比增9.02%；实现增加值33.06亿元，同比增23.93%；上缴税金5.14亿元，同比增28.47%；注册资金10.88亿元，同比增30.14%。全县初步形成万寿菊、中药材、蚕桑、蔬菜等一批特色产业，特别是随着万寿菊、蚕桑、中药材等产业化龙头企业的发展壮大，企业自主创新能力不断提升，有效促进了农业产业结构调整。

【园区建设】　云南煤化工（曲靖）基地管理委员会成立于2004年5月14日，为曲靖市政府派出机构，行使市政府所赋予的职能。2008年初，云南煤化工（曲靖）基地管委会牌子移交沾益县（现正报请省、市更名为曲靖煤化工工业园区）。由沾益县人民政府县长任管委会主任，主管工业的副县长任管委会副主任，沾益县经济局局长任副主任兼办公室主任，办公室设在沾益县经济局。2008年7月，制定了《云南煤化工（曲靖）基地管理办法（暂行）》（沾办发〔2008〕17号）。办法规定，煤化工基地管委会是沾益县人民政府的派出机构，对基地实行统一领导、统一规划、统一管理，负责对基地的规划、建设、招商引资以及基地区内企业的项目申报、综合协调等方面进行全方位服务。管委会下设办公室在县经济局，负责做好日常工作。

2009年，曲靖煤化工工业园区入驻企业24户，纳入规模以上企业的有11户，资产总额212亿元，从业人员11850人。园区实现工业总产值113.08亿元，比2008年的99.69亿元增长13.43%，占全部工业总产值比重为84.39%；工业增加值21.04亿元，比2008年的16.58亿元增长26.90%；工业税金4.32亿元，比2008年的3.99亿元增长8.27%，占全部工业税金比重为80.60%；利润总额1.4亿元，比2008年的-2.27亿元增长161.67%，占全部工业利润比重为27.03%。

曲靖煤化工工业园区总体按照“一园四片三中心”进行规划布局，为组团式空间结构，一园即曲靖煤化工工业园；四片分别为花山煤化工片区，白水冶金能源片区，城西轻工片区，天生桥物流片区；三中心分别为天生桥物流中心，天生桥煤炭交易中心，白水物流中心。主导产业为煤化工、冶金能源、轻工业、非公经济及物流配套。远期规划至2020年，规划总面积为40.1平方公里（其中花山煤化工片区14.62平方公里，白水片区15.14平方公里，城西轻工片区7.79平方公里，天生桥物流片区2.55平方公里），规划总投资1000亿元，规划产值1350亿元。

2009年，园区投资项目共有22项，计划总投资92.21亿元，累计完成投资60.56亿元。其中，已建项目12项，实际投资33.71亿元；在建项目10项，实际投资26.84亿元

花山片区在水、电、路、通信等基础设施建设在过去投入7.9亿元的基础上，继续加强道路、给排水、供电、通讯等基础设施建设。投资2200万元对园区核心区集镇云维路、花山中路、花山西路和沾化路进行了路面改造，投资1.8亿元新修园区道路；投资6500万元，建设供水主管网工程；投资3000万元新建从花山220kV变电站到天生洞220kV变电站架设供电线路；投资12536万元建设了焦化渣场及除尘系统；投资8109万元建设了日处理48000立方污水处理及回用系统。白水片区组织企业集资527万元修建了1.1公里的工业大道，投资16000万元建设了老姆格220kV、天生桥110 kV变电站及配套电网。通过以上项目的建设，园区近期项目投资环境得到了较大改善。

整个园区标准厂房主要集中于白水片区和城西轻工业片区，白水片区已建成标准厂房面积48.8万平方米，总投资33.7亿元。其中，曲靖铝业原来一期投资14亿元，建设面积22万平方米，二期投资18.4亿元，建设面积25万平方米。2012年曲靖铝业将投资60亿元，建设面积71万平方米。

2009年，全面启动园区规划建设工作。编制完成了《曲靖煤化工工业园区总体规划》、《曲靖煤化工工业园区可行性研究报告》、《曲靖煤化工工业园区（花山核心区）基础设施建设项目水土保持方案可行性研究报告书》、《曲靖煤化工工业园区总体规划花山核心园区环境影响报告书》、《曲靖煤化工工业园区花山核心区建设项目地质灾害危险性评估报告》。《沾益工业园区总体规划》、《沾益工业园区建设可行性研究报告》编制工作已经完成，并通过市级初评后，修改完善上报省级评审。

【重点项目建设进展顺利】 建立健全了重大产业化项目定期不定期协调、专人负责等工作机制，积极协调解决项目推进中出现的问题。云维20万吨醋酸、5万吨/年碳黑、12万吨粗苯精制、环境治理，曲靖铝厂提升改造一、二段、万利60万吨焦化1、2号焦炉、靖源焦化洁净型煤一期、曲靖电厂脱硫、曲靖电厂一期电除尘改造、曲靖铝厂外部供电设施、花山化工原料厂30万吨普通过磷酸钙等项目的竣工投产；加快了云维2.5万吨1，4丁二醇、新增30万吨尿素、10万甲胺，曲靖铝厂提升改造三段、沾益110kV及以上电网建设、沾益县35kV及以下电网等项目建设；促进了曲靖生活垃圾发电、云维10万立方米气化炉、宏捷公司13.8万吨阳极碳素技改、曲靖铝厂物流专用线、中石油西南销售公司曲靖油库及专用线等项目开工并加快建设步伐。

【中小企业担保工作取得新成效】 沾益县经济局积极主动做好中小企业信用担保工作，为中小企业切实解决资金周转困难的难题。一是多方协调，扩大担保公司注册资本。通过多方沟通和协调，于2009年4月28日召开了股东会及董事会，对中小企业信用担保有限公司新增股东、新增注册资本金、股权转让、修改章程等问题形成决议，扩大资金规模，使注册资本达到1000万元。并在5月3日前完成验资报告，达到商业银行放贷标准。二是积极为下岗失业人员小额贷款创业提供贷款担保。2009年沾益县中小企业信用担保有限公司为162户下岗失业人员提供小额贷款担保840万元（两年期），帮助162户下岗失业人员实现了再就业。三是协调沾益县广厦房地产开发有限公司为沾益县西平兴隆、昌隆2个钢材经营部申请贷款提供反担保1200万元，切实解决中小企业周转资金困难的难题。中小企业信用担保有限公司实力的壮大，为全县中小企业、非公企业、下岗失业人员提供了融资平台，促进中小企业的健康发展，帮助下岗失业人实现了再就业。

【举办县域企业经营管理人员培训班】 为使沾益县县域经济得到较快发展，进一步提高企业管理人员整体素质，引导企业合法经营、诚信经营。在县委组织部的指导下，由县经济局主办，县工商联协办的沾益县企业经营管理人员培训班于2009年6月11~12日在县经济局如期进行。这次培训邀请省市县具有较高理论水平、专业知识丰富的专家学者进行授课，培训内容涉及企业领导艺术、国土资源法律、法规、企业财务、税收、企业经营管理、廉洁自律意识等。参加此次培训的有原县属改制企业、县属工业企业、部分非公企业的法人代表及支部书记、各乡（镇）企业办主任、县经济局部分职工，共计65人参加培训。

【电力基础设施建设不断完善】 2009年，争取电力项目投资2.8亿元。完成500kV多乐～曲靖Ⅱ回输电线路工程沾益段（55km）建设，于2009年12月25日进行投运，确保西电东送配网的建设；完成投资320万元曲靖电厂至沾益Ⅰ、Ⅱ回220kV线路工程；完成投资2800万元东源铝厂220kV双电源线路及配套项目；完成投资230万元沾益-维尼纶110kV线路改接至尖山变线路工程；完成9100万元白水老姆格220kV变电站及配套国家计划投资项目建设；完成国家计划投资1759.83万元沾益县09年扩大内需10kV及以下中西部电网完善项目，其中投资1159.83万元由市电力公司负责德泽乡13个自然村、菱角乡15个自然村、西平镇4个自然村、播乐乡14个自然村、炎方乡4个自然村的高低压电力线路修缮及2976户户表改造工作。由曲靖供电局负责大坡乡的1667户的农村电网改造，投资计划600万元。

【任职领导名单】

局　　长　舒学芳

党委书记　付金龙

副 局 长　刘金玉　杨晓武

（陶安尧）

富源县经济局

【基本情况】 富源是云南的东大门，

是曲靖通往贵州的咽喉要道，也是全省全市的资源大县。国土面积3251平方公里，辖1乡10镇159个村（社区），1723个自然村，总人口74.9万人，居全省第9位、全市第3位。富源因矿产资源丰富而得名，素有“八宝之乡”的美誉，已探明具有开采价值的有煤炭、莹石、铅锌、硫铁矿、铁、石膏、金等4类21种，尤其煤炭储量最大、品种多、质量好，有煤面积1088 平方公里，占国土面积的33.5%，其中老厂无烟煤矿区为西南最大的优质无烟煤田。生物资源得天独厚，大河乌猪于2003年被评为继江苏省苏太猪之后全国第二个国家级地方优良品种，还是全国14个重点魔芋种植基地和7个魔芋原料加工基地重点县之一。文化底蕴深厚，有建于明朝闻名遐迩的胜境关和古驿道，距今约10万年的大河旧石器时代遗址，还享有“滇东烹饪美食之乡”的冠誉。

富源县经济局2009年末有在职干部33人。总人数中，机关20人，离退办3人，墙改办4人，节能监察大队6人。富源县经济局党委下设18个支部，党员总数386人。

【工业经济运行情况】　2009年，受国际金融危机影响，工业经济发展经历了前所未有的困难和挑战。在县委、县人民政府的正确领导下，在省、市经委的关心、支持、指导与帮助下，全系统干部职工坚持以科学发展观为指导，深入落实国家和省、市、县应对金融危机的一系列决策部署，克难奋进、开拓创新、认真贯彻执行党的路线方针政策和国家法律法规，按照县委全会工作报告和政府工作报告确定的工作目标任务，围绕“保增长、保民生、保安全、保稳定”的工作重点，全县工业经济继续保持平稳较快增长，经济运行呈现出速度较快、效益较好、质量提高的良好态势。

2009年，在煤电支柱产业的强力支撑下，全县工业经济实现数量和质量双提高，实现工业总产值 1269790万元，同比增长20.4%，占年计划1152000万元的110.22%，其中，规模以上工业完成产值1020581万元，同比增长21.6%；规模以下工业完成产值249209万元，同比增长16.0 %。在总计中，煤炭企业完成工业产值713258万元，同比增长11.1%，占全部工业总产值的56.17%，电力生产完成产值385855万元，同比增长46.9%，占全部工业总产值的30.38%。

四项指标完成情况：增加值完成435122万元，同比增长19.4%；销售收入完成1029599万元，同比增长17.7%；利税总额完成270825万元，同比增长21.6%；利润总额完成143961万元，同比增长13%。

2009年，县域生产原煤1874万吨，同比增长6.2%，县属原煤1719万吨，同比增长6.2%；生产洗精煤150万吨，同比下降22.6%；生产焦炭102万吨，同比下降0.8%；生产水泥10.4万吨，同比增长18%；全县发电1496385万度，同比增长44.4%；滇东电厂169783万度，同比增长46.5%；生产生铁47460吨，同比下降38.7%；生产铝10669吨，同比增长33.6%；生产砖17213万块，同比下降9.2%；自来水生产量240万吨，同比增长8.6%；生产白酒1485千升，同比增长27%；生产糕点53吨，同比增长25%。

2009年，全县有乡镇企业9776户，其中，个体工商户8950户，企业826户；从业人员70766人，其中，个体工商户27704人，企业43062人；现价总产值1049727万元，其中，个体工商户264845万元，企业784882万元；增加值296148万元，其中，个体工商户37500万元，企业258648万元；工业增加值280443万元，其中，个体工商户23898万元，企业256545万元；上交税金23601万元，其中，个体工商户4969万元，企业18632万元。

【国有企业体制改革】　2009年，继续深化巩固改革成果，完善有关工作，解决有关遗留问题。一是健全和完善现代企业制度。国有企业改制后，向民有、民营方向转变，实现了投资主体多元化，依法建立了企业法人治理结构，改变了过去投资主体单一、权责不清的现象。风险利益机制作用得到充分体现，各企业从被动经营转向了主动管理，主人翁地位得到充分体现，各企业出现了新的经营理念和管理格局；二是部分遗留问题得到进一步解决。新组企业是在原老企业基础上改造成的，原企业中长期存在的机制不和、体制不顺带来的问题在一定程度上影响到新企业的生存和发展，经过努力部分遗留问题得到进一步解决。为新企业的轻装上阵、快速发展创造了有利条件。

【技术进步与创新】　2009年，争取到省财政贴息技改资金补助60万元，用于云南富源金田原农产品开发有限责任公司2000吨有机魔芋精粉加工技术改造项目。该项目已完成资金投入2830万元，占总投资额的100%。一是将鲜芋清洗环节中的直流式刷式滚筒清洗技改为槽式全浸泡往复搅拌清洗技术。二是将人工热风炉技改为铰链式热风炉。三是增加光感自动调节传输设备。改造传输和下料装置，提高芋片（角）质量。四是扩建精粉研磨车间，引进5B型精粉研磨机，增加飞粉回流收集装置。五是扩建鲜芋原料场2000平方米。六是扩建精粉储藏室1000平方米，化验室20平方米。

【安全、信访工作】　安全工作按照“政府统一领导，部门依法监督，企业全面负责，群众参与监督，全社会广泛支持”的安全工作格局要求，切实加强对安全生产的领导，精心组织，周密安排，明确责任，强化管理，制定完善安全工作措施，成立了由局长任组长，分管领导为副组长的安全工作领导小组，安全工作领导小组定期或不定期地深入到企业、乡镇检查各项安全工作。2009年，系统内的改制企业、县内的水电站和焦化厂均未出现重大安全事故。

信访工作上突出重点，落实信访工作责任制。认真贯彻实施《信访条例》，妥善处理信访及群体性事件，切实维护社会稳定。局领导高度重视信访工作，把信访工作摆在全局工作中的重要位置，专门成立了以局长任组长的信访工作领导小组，每月定期召开联席会，研讨信访工作中可能出现的问题。全年共办理信访案件35件，其中，领导批办的5件，办结率达100%。

【节能降耗】 2009年，节能降耗着重做了以下工作：一是抓宣传，在全社会倡导节能意识。组织大型节能宣传活动，发放节能宣传单3余万张，6月16日在全县党政机关、企事业单位中开展了节能体验日活动，让广大人民群众充分体验到能源短缺对人们生产、生活带来的重大影响，增强人们节能的紧迫感和责任感。二是抓落后产能的淘汰工作，减少资源浪费和环境污染。根据上级要求，认真履行职责，在矛盾十分突出、任务十分艰巨的情况下，将污染严重、浪费资源、生产工艺落后的炼焦企业彻底关闭取缔。5月，相关职能部门配合，对嘉河、丕德河流域的工业污染源进行了治理，关闭洗煤厂4座。三是抓节能评估，严把项目准入关。按照工作职责和工业投资项目的审批权限，凡新建工业项目，必须进行能耗评估，从源头上杜绝附加值低、能耗高的工业项目投资建设，对符合国家产业政策，但生产工艺落后、能耗高、产品附加值低的企业责令限期改造，督促企业延伸产业链，综合利用有效资源，减少污染排放。

2009年，全县单位GDP能耗下降5.28%以上，105户规模以上工业企业综合能耗315.24万吨标煤，工业总产值能耗3.09万吨标煤，比上年同期2.85吨标煤下降了14.7%。全年对3户企业完成清洁能源审核，对4户企业完成能源审计，推广节能灯20000只，对全县公共机构节能进行了摸底调查，初步拟定了公共机构的节能规划。

【产业结构调整】 富源县处于工业化的初期，经济结构矛盾突出，以煤炭开采业为主的低附加值、原料型经济在工业经济中起主导作用。2009年，按照县委、政府的安排，结合学习贯彻科学发展观活动，相关部门成立工作组深入各乡镇、规模以上工业企业进行调研，立足煤炭资源优势和经济社会发展水平，综合分析资源、地理环境、气象，充分考虑交通、供水、供电、供地等条件，准确把握制约经济发展的突出问题，编制了《云南省富源县工业发展规划》。在规划中，明确提出了“做好一个基础，实现两步跨越”的战略设想，“做好一个基础”，即做好煤炭生产这个基础，“实现两步跨越”，即到2012年，实现产煤大县向煤电大县的跨越，到2015年，实现煤电大县向煤化工强县的跨越。为使30万吨/年铝产业项目尽快落户富源，富源县与北京煤炭工业规划设计研究院共同编制了《富源县煤炭循环经济发展规划》，规划中将十八连山—黄泥河—老厂工业园区、中安—后所工业园区建设放在突出位置，充分体现循环经济、资源综合利用、环境保护、经济社会又好又快发展的新型工业化要求。这些规划的编制，对调整经济结构，大力发展轻工业和第三产业，切实转变经济增长方式，走新型工业化的发展道路具有重要意义。

【中小企业情况】 全县有中小企业1166户，注册资金33亿元，从业人员53714人，其中第一产业124户，采矿业387户，制造业157户，电力、燃气及水的生产与供应业11户，建筑业15户，交通运输、仓储和邮政业56户，批发和零售业335户，住宿和餐饮业9户。中小企业已成为全县经济的重要组成部分，是经济增长的重要推动力，提供了76%的就业岗位和50%的税收收入。2009年，全县中小企业户数同比增长28.84%，注册资本同比增长42.48%，上交税金8.9亿元、增长35.68%，实现增加值50亿元、增长18%，占GDP比重达52.9%。

【盐务市场管理】 由县盐务管理局牵头，工商、公安、卫生、质监、盐业公司等有关部门的配合，定期或不定期地对县内批发、零售及涉盐生产的单位和经销食盐的个体工商户实施全面检查、监督的管理，加大打击力度。一年共出动人员136人/次，车辆35车/次，共检查全县11个乡（镇），150个村委会（办事处），6000余个零售点，1个批发单位，58个农村集贸市场，18个食品加工和酱油生产企业。共查处假盐7600公斤，不合格碘盐300公斤，违规盐900公斤，并及时依法进行了处理，有效净化了盐务市场，保证了广大人民群众的用盐安全。

【任职领导名单】

党委书记 宋永福

副书记、局长 高吉耀

副书记、纪委书记 肖本荣

副局长 高中跃 肖根泰 巴晓波

（沈立贵）

会泽县经济局

【简述】 2009年，会泽县工业经济，紧紧围绕县委、政府提出的“新型工业强县”战略，坚持以邓小平理论和“三个代表”重要思想为指导，认真贯彻落实党的十七大精神，以科学发展观统领工业经济工作全局，积极应对金融危机的严峻考验，坚持加快发展第一要务，突出科学发展，着力项目推进和扶优扶强，稳步推进工业循环经济发展，工业效益得到明显提升，工业经济平稳、健康发展。已形成了以烟草、冶金、电力三大产业为主体，建材、磷化工、农特产品深加工、包装、机电、制药、橡胶、食品加工等产业为辅的工业体系。

【工业经济运行情况】 2009年，会泽县工业企业有1835户，从业人员18625人，其中，规模以上工业企业23户，从业人员7727人。工业总产值完成74.09亿元，占目标数70.206亿元的105.53%，同比增长0.39%；规模以上工业增加值（可比价）完成43.51亿元，同比增长12.5%；完成销售收入63.73亿元，占目标数60.48亿元的105.38%，同比增长34.7%；完成利润总额6.43亿元，同比降5.6%；实现利税总额30.43亿元，同比增长3.1%。

主要产品产量：铅选矿产品含铅量17100吨，锌选矿产品含锌量121024吨，发电量133651万千瓦，自来水163

万立方米，白酒（折65度）4479千升，卷烟1452169万支，纸制品2539吨，硫酸（折100%）112727吨，磷肥（折合P205 100%）23324吨，水泥熟料762113吨，水泥946432吨，砖12500万块，瓦1973万片，生铁117000吨，铅43347吨，锌59722吨，黄金27千克，白银32578千克。

【骨干企业】　会泽县23户规模企业中有卷烟企业1户、矿冶企业11户，电力企业2户，磷化工企业1户，建材企业3户，轻工企业5户。其中，产值上亿元的企业有8户（红云红河烟草（集团）有限责任公司会泽卷烟厂、云南驰宏锌锗股份有限公司、会泽滇北工贸有限公司、会泽县诚成锌电实业有限责任公司、会泽县供电有限责任公司、中国华电集团公司云南以礼河发电厂、曲靖鹏程公司会泽冶炼分公司、云南磷源化工有限公司），产值5000万元以上有3户（会泽天伟火腿有限公司、会泽县矿山经济开发公司、云南三源工贸有限公司），产值2000万元以上有7户（会泽县金源建材有限公司、云南会泽东兴实业有限公司、会泽县芳华建材有限公司、云南会泽兴宏工贸有限公司、会泽县大海靖元铅锌矿公司、云南金乌黑药制药有限公司、云南（炬锋）电焊机有限公司），产值500万至1000万元的有5户（会泽县锗霸水泥有限公司、会泽县四通纸箱包装有限公司、会泽县鑫和矿业有限公司、会泽县正大炭素工贸有限公司、会泽县祥华铅锌采矿厂）。

【项目管理】　2009年，会泽县完成工业固定资产投资16.81亿元，同比增47.3%。云南驰宏锌锗股份有限公司会泽16万吨铅锌项目、大海草山一期风力发电、银港泰磷化工项目建设进展顺利，澜沧江磷化工、小岩头电站建设接近尾声，烟厂就地技改、年产90万吨新型干法旋窑水泥熟料生产线、金钟220千伏和马武110千伏变电站等项目迅速启动。

【工业园区建设】　会泽工业园区规划设计定位为“一园四片区”，包括迤车磷化工、者海冶金工业、金钟轻工业和五星磷化工片区四个部分，总规划面积13.8平方公里。《总体规划》及《可研报告》编制完成并顺利通过省级专家评审，《环评》通过市级评审。2009年，园区已有入驻企业12户，实现工业产值9.8亿元，同比增长10.2%；工业增加值4.2亿元，同比增长9.5%；销售收入8.9亿元，同比增长11.5%；税金2.3亿元，同比增长11.1%；利润2.5亿元，同比增长8.7%。

【节能降耗】　2009年，规模以上企业单位工业增加值能耗降23.76%，全县单位GDP能耗降5%。6户企业（金塬建材有限公司、芳华建材有限公司、诚成锌电有限公司、东兴实业有限公司、曲靖鹏程公司会泽冶炼分公司、兴宏工贸公司）完成能源审计工作，3户企业（滇北工贸公司、天伟火腿有限公司、金乌黑药制药有限公司）完成清洁生产审核工作。推广使用高效照明产品（节能灯）44万只。

【安全生产】　坚持“安全第一、预防为主、综合治理”的方针，进一步树立“安全为了生产，生产必须安全”的观念，全面落实安全生产责任制，层层签订责任书，加强企业安全隐患的排查和整改力度，确保企业职工生命和财产安全，促使企业生产经营正常运转，全县工商贸企业全年无重特大事故发生。

【非公经济】　2009年，会泽县非公有制经济工作围绕“构建以非公有制经济为主体的县域经济框架”目标，认真贯彻落实国务院《关于鼓励支持和引导个体私营等非公有制经济发展的若干意见》以及省、市、县扶持非公有制经济发展的各项政策，始终坚持县域经济以民有为主、投资以民间为主、企业以民营为主，积极为民营经济扩张总量营造良好环境。逐渐形成了一批符合国家产业政策、结构合理、核心竞争力强、能发挥龙头带动作用的“明星”企业。全县非公有制经济快速、健康发展。2009年，会泽县有非公有制企业9876户（含个体户），非公经济完成增加值35.4188亿元，同比增10.9%，占区域GDP比重43.1%；上缴税金完成7740万元，同比降28%；从业人员完成24726人，同比增10%；注册资金完成15.95亿元，同比降22.7%。

骨干企业：2009年，在全县9876户（含个体户）非公企业中，营业收入上亿元的非公企业有3家（会泽滇北工贸有限公司、会泽县诚成锌电实业有限责任公司、曲靖鹏程公司会泽冶炼分公司），营业收入5000万元以上的非公企业有3家，营业收入2000万元以上的非公企业有7家。

【乡镇企业发展】　2009年，会泽县乡镇企业围绕“工业强县”发展战略，在克服铅锌价格大幅下跌、原燃材料大幅上涨等不利因素影响下，积极应对金融危机，全力抓好企业生产，使全县乡镇企业在2008年增长的基础上，保持着平稳、健康发展的态势。2009年，乡镇企业完成增加值8.4032亿元，同比增15.08%，其中，工业增加值完成4.6562亿元，同比增16.06%；实交税金完成7018万元，同比增6.12%。

乡镇企业主要产品产量有：原煤12.5万吨，铅锌原矿75.36万吨，石料44.77万立方米，砂及河砂1.1万吨，发电量750万千瓦/小时，粮食加工2.3万吨，粮食制品0.3万吨，食用植物油0.01万吨，肉制品0.01万吨，白酒0.24万吨，水泥52.21万吨，砖12271.03万块，瓦1132万片，生铁5.31万吨，精铅0.11万吨。

骨干企业：2009年，乡镇农产品加工企业产值100万元以上的有9户：会泽天伟火腿有限公司2183万元，会泽三珍畜产品加工有限公司2000万元，会泽县富民畜牧养殖加工有限公司1626万元，会泽东山良种牛养殖加工有限公司605万元，云南会泽铜乡食品有限公司348万元，会泽县宣泽食品有限公司195万元，会泽佳心食品有限责任公司130万元，会泽县迤车镇中寨酿酒养殖协会105万元，会泽骏马优质果品开发有限公司100万元。

【信息化建设】　会泽县经济局建设网

站一个，同时建立了信息公开门户网站；另外，按照云南省阳光政府四项制度要求，建立了云南省行政审批及服务项目查询系统、云南省人民政府重大决策听证、重要事项公示、重点工作通报系统、云南省政务信息在线解答系统。2009年4月（云政发〔2009〕86号文件），会泽县经济局被云南省人民政府表彰为“2008年云南省政府信息公开工作基层先进典型单位”。

【任职领导名单】

党委书记、局　长　权本东

副书记、纪委书记　胡　祥

副　　局　　长　杨业龙　吴予生

系统工会主席　杨泽凤

（董　峰）

陆良县经济局

【概述】 陆良县位于云南省东部，曲靖市南部，总面积2018.82平方公里，境内陆良坝子为云南省第一大坝子，总面积771.9平方公里，占全县总面积的38.2%。陆良县委、政府高度重视全县工业经济发展，按照“提升、整合、引进、效益”的工作思路，坚持“产业互补，差异发展”原则，围绕已初具规模的造纸印刷、化工、建材、能源、农产品加工、机械制造六大工业主导产业，积极走新型工业化道路。

【工业经济运行情况】 2009年，全县共完成工业总产值77.7亿元，同比增长11.3%。完成工业增加值25.6亿元，同比增长14.6%。其中，规模以上工业完成总产值50.5亿元，同比增长13.1%；实现增加值15.2亿元，同比增长17.6%；主营业务收入为48.51亿元，同比增长16.95%；实现利税总额4.7亿元，同比增长10.97%；其中，利润总额2.4亿元，同比增长17.88%。

2009年，全县主要工业产品产量呈现“八增七降”的发展趋势。具体如下：

陆良县2009年主要工业产品产量表

产品名称 / 年份	发电量（万度）	供电量（万度）	氮肥（折纯）（吨）	磷肥（折纯）（吨）	水泥（千吨）	配合饲料（吨）	天然气（万立方米）	机制纸（吨）
2008年	53006	76103	1293	9136	2235	28432	590	67425
2009年	46518	89099	13398	5752	3098	37493	168	99260
同比增减%（±%）	−11.43	17.08	936.19	−37.04	38.61	31.87	−71.53	47.22
产品名称 / 年份	**白厂丝（吨）**	**氧气（万立方米）**	**硫酸（吨）**	**黄磷（吨）**	**塑料制品（吨）**	**味精（吨）**	**红矾钠（吨）**	
2008年	1165	130	158770	30822	1532	11606	18498	
2009年	109	163	127136	26092	2213	8215	20540	
同比增减（±%）	−90.64	25.38	−19.92	−15.35	44.45	−29.22	11.03	

2009年，全部工业投资项目69个，项目总投资为53.63亿元，其中，自筹23.28亿元，银行贷款及其他30.35亿元。2009年实际完成投资16.2亿元，为年度计划16亿元的100.01%，同比增长34.9%，其中，加工制造业完成投资9.63亿元，为年度计划9.36亿元的102.9%，同比增长23.52%。

重点项目建设：云南远东水泥有限公司2500t/d水泥熟料新型干法生产线，项目总投资1.8亿元，于2009年1月1日开工建设，12月8日已试生产；陆良县佳星焦化有限公司技改年产120万吨焦化生产线，项目总投资9亿元，预计2012年建成试生产；陆良县景兴煤焦化有限公司技改年产100万吨焦化项目，项目总投资6.96亿元，预计2010年12月建成试生产；陆良源丰矿业有限公司年开采30万吨褐煤生产线，项目总投资1.8亿元，已累计完成投资1.5亿元，项目正在加快建设中；陆良银河纸业有限公司年产9.5万吨高强箱板纸生产线，项目总投资4892万元，项目已建设完工；云南富强高新材料有限公司年处理30万吨磷石膏生产建材产品，项目总投资4800万元，项目第一期已完工，进行试生产，累计完成投资2800万元；云南富强高新材料有限公司500万平方米轻型墙材和年产20万立方米蒸压加气混凝土工程，项目总投资5400万元，2010年开工建设，2011年建成投入试生产；云南陆良和平科技有限公司年产2600吨VK3联产5万吨铬粉生产线，项目总投资5000万元，12月竣工投产；云南鸿泰博化工股份有限公司年产20万吨磷酸一铵和2×12万吨硫铁矿制酸项目，项目总投资3.2亿元，累计完成投资1.16亿元，二期、三期工程预计2010年开始建设；云南滇东水泥有限公司技改水泥窑废气低温余热综合利用工程，项目总投资3872万元，累计完成投资1500万元，预计2010年12月建成投入使用；陆良际云矿业有限公司年产15万吨锌焙砂及副产物脱硫制酸项目，项目总投资0.5亿元，累计完成投资0.29亿元，预计2010年4

月可建成投入试生产；云南乾丰科技畜牧有限公司年产12万吨畜牧饲料，项目总投资4900万元，累计完成投资2500万元，预计2010年建成投产；云南陆良银河纸业有限公司年产9.5万吨废纸制浆生产文化用纸项目，项目总投资3.31亿元，累计完成投资300万元；云南宇东水泥有限公司4000t／d水泥熟料新型干法生产线，项目总投资4亿元，正在积极开展前期准备工作。工业投资项目的顺利推进为全县工业经济的持续发展奠定了坚实的基础。

【信息化建设情况】 信息产业：县域内从事信息产业服务经营的企业主要有电信公司、移动公司、联通公司、铁通公司、广电网络公司，从事电视机、电话机、影碟机、电子计算机等信息产品经营服务的个体私营商铺遍布县城及各乡镇。截止2009年12月31日，全县通信光缆线路长度达3657.83公里。无线通信基站292座。拥有固定电话用户36168户，固定电话普及率6部/百人；移动电话用户225604万户，移动电话普及率达到36部/百人；有线电视用户达87786户，数字电视用户达21231户；宽带网用户达15225户。

信息化：县域内经济社会信息化进程日益加快。一是圆满完成省电子政务建设一、二期工程和市电子政务试点工程建设任务。2003年与省市电子政务纵向骨干网贯通。截止2009年底，共有13家县直部门和单位横向接入电子政务网并实行网络化办公。二是视频会议系统建设取得新成绩。2005年6月，按照省政府安排，投资35万元，在电信大楼新建与省市互通的电子政务标清视频会议室。2009年10月，按照市政府安排，投资近110万元，建成县级2个高清视频会议室，10个乡（镇）、1个华侨农场分别建成各自的标清视频会议室。2009年共召开视频会议40多次。三是建成县政府门户网站。2007年8月，利用省电子政务网管中心服务器建成县政府门户网站，同时制定了一系列网站内容保障制度，确保网站内容来源有保障。县政府门户网站发布各类信息达1429条，点击达18万余次，平均日访问量都在200次以上。四是集群建成政府信息公开网站。2008年，利用省电子政务网管中心服务器为各乡（镇）、华侨农场和县政府系统各部门新建政府信息公开网站79个，共发布各类政府信息6656条。五是开创政务信息查询系统新天地。2009年，利用省电子政务网管中心服务器为各乡（镇）、华侨农场和县政府系统各部门开通阳光政府四项制度网上查询系统68个，利用网上发布系统共发布重大决策听证7项，重要事项公示127项，重点工作通报298项，政务信息查询系统中在线提问解答系统梳理发布常见问题1727条，行政审批事项录入125项，受理群众网上提问119件，其中：限时办结103件、超时办结16件，限时办结率达86.55%。六是落实96128政务信息专线查询电话136部，举报投诉电话68部，落实责任领导68位、联络员136人，共接受呼入电话454次，转接成功342次，转接成功率达89%，群众满意率达98.24%。七是按照县委、县政府的安排部署，认真履行好县国防动员委员会信息动员办公室主任的工作职责。2006年，完成全县信息化数据的调查统计、收集、汇总、录入，拟定国防信息动员应急预案，确保曲靖军分区军事演练活动的顺利开展。2007年6月至2009年，按照县国动委的安排，协调信息产业部门，认真完成了三次国防潜力信息动员调查统计工作。八是完成省列信息化乡镇试点建设任务。2007年，建成三岔河镇、板桥镇、小百户镇、芳华镇四个省列信息化乡镇试点建设。九是抓好政务服务中心信息平台建设。制定政务服务中心信息平台规划和建设，配合施工单位搞好网络综合布线、设备安装调试、进驻单位人员培训，实现了国家电子政务网外网、云南省电子政务专网、互联网三网接入。县政务服务中心共进驻31家行政单位，共梳理和录入230项行政许可和审批事项。十是全县在互联网上建成网站116个，其中县政府门户网站、党建网站、陆良网站、财政网站、廉政建设网站、数字乡村网站、农产品网站等网站处于领先位置。公安、工商、金融、税务、土地、农业、林业、民政、教育、卫生、医保、社保等行业信息化步伐日益加快。

无线电管理：一是认真学习、宣传和贯彻执行无线电管理方针政策和法律法规。二是组织无线电专兼职管理人员集中培训6次400多人，参加无线电管理知识竞赛活动，荣获省级一等奖，市级三等奖。三是认真开展无线电台站核验查处工作。2006年7月1日至7月9日，对水务局、广电中心、林业局的32个基站进行了人机见面核验；2006年8月15日至9月15日，对电信、移动、联通三大通信公司的移动通信基站、微波站进行了人机见面核验，共核验基站206个，占应核验总数的100%；2007年10月，对县公安局及交警大队146个台站进行了核验。2007年12月对移动、联通68个未批已建通信基站进行了调查取证，规范地完成了各个违法基站的调查笔录和勘验笔录。2009年9月10日至9月30日对县域内的无线电对讲机进行了专项行政执法检查，共检查58家单位，登记对讲机760 部，其中手持对讲机651部、手持民用对讲机18部、车载台28部、基地台54部、中转台9部。已经办证的有35部，没办证的有707部，不需要办证的18部。制作调查笔录54份，现场取证拍照151张。四是整治高考、中考无线电通信环境。配合教育局，指导各考点正确安装使用管理电子屏蔽器，配合公安局对考点周边的酒店、宾馆及高层建筑进行非法设台检查，禁止了利用无线电设备进行高考作弊的行为，营造了一个平安、公平的高考环境，确保了高考的正常保障和顺利进行。五是认真搞好县域内无线电非法设台、广播电视发射机、大功率无绳电话等违法活动的清理整顿，进一步排除干扰隐患，净化空中电磁环境，维护通信系统和航空安全。

网络和信息系统安全管理：认真研究制定陆良县信息网络安全预案，切实落实县域内信息网络及信息系统安全管理。一是组织和配合各通信公司，搞好全县网络日常监管，特别是搞好节假日及重大活动网络和信息系统安全管理。二是配合公安局网监大队、保密局共同搞好网上信息安全管理，严禁涉密信息和敏感信息上网发布。三是抓好电子政务网络安全维护和管理。

【节能减排和资源综合利用】 2009年是实现“十一五”节能目标的关键年，为确保顺利完成“十一五”节能目标，陆良县政府高度重视节能减排工作，紧紧围绕经济建设中心环节，继续加快工业结构调整，加大节能减排工作力度，完善制度和各项措施，使节能减排工作逐步走上了规范化轨道，县域工业节能工作取得了一定成绩：一是全年全县单位GDP能耗同比下降5.3%，顺利完成市政府年初下达的单位GDP能耗比去年下降5%的工作目标，其中，化学耗氧量削减率完成市确定目标100%，二氧化硫削减率完成市确定目标100%；二是能源审计和清洁生产审核工作有序进行，2009年，省、市下达需完成14户企业的能源审计和5户企业的清洁生产审核的任务，至年底，全县除淘汰落后产能停产，生产不正常的企业外，其余9户企业都与服务机构签订了协议，完成了省、市节能办下达的工作任务；三是较好地完成省、市政府下达的淘汰落后产能工作任务；四是全年推广6万多只节能灯，超额完成了市政府节能办下达3万只的工作任务，每年可节约用电1.5万千瓦时。

【煤炭行业管理】 加强以安全隐患排查治理为主体的煤矿日常监管。在2007年专项治理和2008年隐患排查治理的基础上，继续把隐患排查治理作为煤矿安全管理的主要工作来抓，进一步完善煤矿安全工作会议制度、日常检查制度、煤矿安全隐患排查治理工作、重大隐患整改督办等制度；进一步强化监管职责及能力建设，坚持例行检查，做到有检查、有整改、有落实。按要求加强日常安全检查，累计查出各类隐患67条，下发整改指令书12份，煤矿企业已按照“五定”原则整改，隐患整改率为100%，未发现重大隐患，全县煤矿安全生产形势持续好转。

在煤资源非法开采专项整治方面，全县共清理整治煤资源非法开采点105处，累计出动人员851人次，行政罚款4万余元，行政拘留1人，发放安全宣传资料500余份，悬挂安全生产宣传横幅 3 条，张贴安全生产标语30余份，宣传、打击力度不断加大，基本消除了安全隐患，促进了煤资源开发秩序的好转。

搞好重点建设项目服务工作。2009年2月，陆良县煤炭资源整合方案通过省煤资源整合领导小组办公室审查批准；5月12日陆良县石槽河30万吨露天煤矿项目初步设计和安全专题在昆明通过评审（石槽河煤矿位于陆良县活水乡石槽河村委会和沙锅村委会境内，总资源量2222.38万吨，工业资源量1633万吨，可采储量1252万吨，估算总投资8689.12万元，是曲靖市煤矿重点建设项目之一）；2009年5月底，陆良县兴旺煤矿“6万吨/年改扩建工程”经过历时三年半的建设全面完工，并于6月22~24日分别通过了由云南煤矿安全监察局曲靖监察分局和曲靖市煤炭局组织的安全设施及项目竣工验收，顺利过渡为生产矿井。项目投产以来，已产煤 2万吨，实现销售收入400万元。

【技术创新】 全县工业企业以技术改造和技术创新为核心，实施大项目带动战略。在造纸印刷、化工、建材、农副产品加工和生物创新、能源等重点行业，加快了技术创新成果转化和向高新技术产业迈进的步伐。2009年，有3家企业获得省级企业技术中心认证，有4家获市级企业技术中心认证。有三家企业获得第一批省级270万元的技术改造贴息资金的扶持；有两家企业获得省级80万元非公经济的资金扶持；有两家企业获得国家450万元扩大内需的资金扶持；有五户企业获得市级30万元非公经济的扶持。云南远东水泥有限公司生产的“远东”牌水泥获得云南省名牌产品称号。云南陆良银河纸业有限公司采用废旧坑木削片制浆工艺技术填补了省内造纸行业的空白。云南陆良和平科技有限公司在技改铬盐系列产品的同时，不断加大下游产品的开发力度，生产的维生素K3系列产品，延伸了产业链，取得了良好的效益，成为新的经济增长点。

【企业改革工作】 推进云南千佛茧丝绸集团有限公司资产处置、身份置换、职工安置和新公司重组。完成了云南千佛茧丝绸集团有限公司剩余资产的处置；对原陆丝生活区供水系统进行了调整、改造；发放了全民所有制职工、合同制职工和劳动合同工安置费及经济补偿金；对符合有关政策的职工按规定办理了提前退养和托管手续；为失业人员办理了养老保险和城市最低生活保障；对劳动合同工按政策自愿办理补缴养老保险，妥善安置了职工，维护了社会的稳定。同时积极配合新千佛公司（整体资产购买方），做好资产移交、企业重组和蚕茧收购管理等工作，努力促进蚕丝绸产业持续健康发展。

皮革四厂改革工作取得实质性突破。清理了县城南门街原皮革总厂厂区租赁户50余户，对未参加医疗保险的183名退休职工建立了医疗保险，解除了退休职工的后顾之忧。皮革总厂厂区房产及土地已由县土地储备中心于2009年6月4日进行了公开拍卖。四厂清算组委托律师事务所，对星云皮业公司（中外合资企业）按照有关法律程序进行了清算，由曲靖市工商行政管理局于2009年12月24日办理了公司注销登记手续。

陆良县民族金属制品厂遗留问题的处理、曲轴公司清算终止、圆峰公司资产处置等工作均取得新的进展。

【安全管理】 2009年，县局始终把安全生产工作作为经济发展和社会稳定工作的重中之重来抓，坚持“安全第一、预防为主”的方针，全面贯彻全国和省、市、县安全生产工作会议精神，认真履行监管主体的职责，搞好监督管理，以“隐患排查治理年”为契机，开展安全事故预防专项整治行动。成立由局领导参加的安全生产领导小组，明确职责，落实人员。领导班子定期或不定期召开安全生产会议，研究分析安全生产工作，查找安全隐患，制定整改措施，消除不安全因素。与安全生产单位签订安全生产责任书，分解责任目标并严格考核和奖惩。与公司业主签订了《安全承诺书》、《2009年地质灾害防治工作责任书》、《煤矿安全事故责任书》、《2009年安全生产、消防、道路交通和社会治安综合治理责任书》等安全生产责任书，形成了职责明确，目标具体，层层负责的安全保障体系。通过努力，工业系统全年没有发生过重大安全责任事故。

【任职领导名单】

书　记、局　长　李明富
副书记、纪委书记　张双桥
副　局　长　陈晓双
姜红存
范开生

（余红娅）

罗平县经济局

【基本情况】　2009年，罗平县经济局有在职干部职工34人，其中，机关30人，节能监察大队4人，离退休人员59人。下设2个事业单位（市场服务中心和节能监察大队）、9个业务科室（办公室、经济运行科、综合科、企业科、安全环保科、能源建材科、技术资源利用科、基建科和盐务办）、12个乡镇企业办。另外还加挂盐务管理局、中小企业局、乡镇企业局、加快发展非公有制经济工作领导小组办公室、节能减排办公室、“三电”领导小组办公室、企业减负领导小组办公室、园区办等牌子。

【工业经济运行情况】　2009年，全县完成工业总产值56.5亿元，同比增14.6%。其中，规模以上工业产值完成41.9亿元，同比减9.5%，增加值完成16.6亿元，按可比价计算同比增11.6%；实现销售收入37亿元，同比增25.4%；实现利税3.88亿元，同比减47.1%；实现利润2.51亿元，同比减47%。

主要工业产能产品：罗平县富民化肥公司具有年产12万吨的氮肥生产线1条，2009年的实际产量是5.95万吨；南磷磷化工公司年产8000吨的黄磷生产线有2条，2009年的实际产量是9263吨；暨广顺工贸有限公司年产10000吨的黄磷生产1条，2009年的实际产量是3500吨；锌电公司年产10万吨和4万吨的硫酸生产线2条，2009年的实际产量是10万吨；锌电公司年产20万吨的普钙生产线1条，2009年的实际产量是3.13万吨。玉马水泥厂建成一条年产60万吨的旋转窑生产线，际丰水泥厂年产60万吨的熟料生产线，水泥熟料总产能达到120万吨。其他新型墙体材料不断发展壮大，逐步实现禁止使用黏土实心砖。

【非公经济】　非公经济发展态势良好。非公经济在工业经济中的主导作用日益增强，初步形成能源、冶金、化工、建材、旅游、生物资源加工六大支柱产业。非公企业已成为支撑全县经济增长的重要力量，成为全县扩大就业、促进地方经济发展、增加财政收入、群众增收、维护社会稳定、促进社会和谐的重要基础。2009年，非公企业及个体工商户数达12568户，同比增21.52%；从业人员33687人，同比增12.59%；上缴税金1.8亿元，同比增28.2%；注册资金12.5亿元，同比增16.6%。

【乡镇企业发展】　乡镇企业发展迅速。2009年，乡镇企业完成营业收入27.6亿元，同比增5%；完成工业现价产值28.7亿元，同比增长6%；完成增加值16.1亿元，同比增16.04%；完成工业增加值15.9亿元，同比增15.01%；完成农产品加工销售产值5.9亿元，同比增17.23%；实现税金9263万元，同比增6%。

【节能降耗】　节能任务艰巨，节能降耗效果明显。2009年，全县单位GDP能耗下降5.1%，能源审计、清洁生产审核验收工作已经完成；推广节能灯6万余只；淘汰关闭焦化厂2条共25万吨生产线和1条10万吨水泥生产线；在节能技术方面，锌电公司在“4改14”硫酸新生产项目上加大创新力度，积极应用节能新技术. 预计每年可节能14000吨标煤。仅技改扩建，利用硫酸沸腾炉余热生产蒸气一项，每年可节约原煤5602.8吨，折合标准煤4002吨，产生经济效益168.08万元。正在实施的罗平县南磷电冶有限责任公司采用国内最先进的密闭节能型电石炉工艺，计算机控制，短网布置、低压补偿等新工艺，每年可降低电耗2500万kW.h。创新设计2座国内先进的气烧石灰窖。对电石炉尾气进行回收利用，每年节约焦炭9230吨，同时减排烟气粉尘4136吨、减排C022800立方米。

【产业结构调整】　按照科学发展观和新型工业化的要求，加大了产业结构调整力度，进一步加强对具有地方特色的五大工业支柱产业的培植、扶持。随着罗平县锌电公司、罗平县锌电股份公司、罗平玉马水泥厂三大技改项目的建成投产，罗平县的冶金、化工、建材产业又上了一个新台阶。2009年，轻工业完成总产值10亿元。在全县工业生产总量中，轻重工业总产值之比由去年的6.3：93.7调整到2009年的17.7：82.3，轻工业比重同比提高11.4个百分点。以能源、冶金、化工、建材、生物资源加工业为主的五大产业支柱作用更加明显。

【工业投资】　抓工业投资，提高存量资产。重视以现有企业为基础，继续重点盘活38户规模以上企业存量资产，提高存量资产利用效率；运用高新技术、先进适用技术和现代信息技术对现有企业及传统产业进行技术改造；2009年，继建项目有罗平长底电站及提水工程、罗平东源煤业、罗平红岩水电站等项目；技改项目有：罗平锌电股份公司总投资36217万元的6改12万吨/年电锌资源综合利用项目；罗平锌电公司总投资4859.8万元的4改14万吨/年硫酸技改项；罗平玉马水泥公司总投资19000万元2000吨/天新型干法水泥熟料生产线技改项目；其他小型投资项目合计1600万元。

【技术创新】 罗平县玉马水泥有限责任公司2000吨/天新型干法水泥熟料生产线技改项目自2007年开始，于2009年10月完成。该生产线最大的优点是：窑尾采用带低压损型大蜗壳、短柱体五级旋风预热器；熟料冷却采用第三代空气充气梁最新技术的篦式冷却机；燃烧装置采用多通道燃烧器；粉磨系统煤磨、生料磨采用低能耗的立式磨。这些先进的工艺技术与传统的工艺相比电耗可降低15%~40%，保证了单位产品能耗指标达到规定要求。同时，可消化大量工业废渣，以及生产用水实行封闭式循环使用实行零排放，有利于保护环境和资源综合利用。

【园区建设】 坚持在做好基础设施建设的同时，在园区项目引进上做文章，千方百计抓产业前景培育，大力引进非公企业入园区发展，扶持重点企业，坚持资源开发和投资开发的双拉动，提高招商“门槛”，突出大手笔，引进大项目，注重在环保、规模、效益上提升水平，增强发展后劲；力争把罗平县特色工业园区建设成为投资环境优越、吸引项目较多、产业支撑力较强、科技水平含量较高、人力资源开发较好和发展速度较快的新型工业园区。通过近几年开发建设，在完善基础设施建设、提升园区服务、加大招商引资力度方面取得了一定成效。至2009年底，罗平县特色工业园区有企业27户，实现工业总产值21.1亿元，利润总额5000万元，上缴税金5000万元，从业人员3770人。

【盐务管理】 罗平县食盐由罗平县云天盐业有限公司负责专营，2009年实际购进食盐4185.625吨，比2008年3448吨增加21.39%，实际销售3255.05吨，比2008年3117.5吨增加4.43%。按照盐业市场专项整治的要求，罗平盐务局从8月中旬开始开展了为期一个月的盐业市场专项整治，共出动车辆27次，出动人员140余次，发放各种宣传材料3万多份，检查了27个村，660个经营场所，19个学校食堂，27个集贸市场；从市场和运输途中共查处涉盐违法违章案件7起，查获违法违章食盐8137千克，其中，假冒食盐8074千克，违章盐63千克；调查食用碘盐家庭281户，其中，合格食盐270户，食用碘盐合格率为96.09%，不合格食盐11户，食用碘盐不合格率为3.91%。

【安全管理】 2009年，罗平县经济局认真贯彻学习《中华人民共和国安全生产法》、《中华人民共和国消防法》，强化监督管理职能，加强对安全生产、消防安全知识的培训力度，积极开展安全生产、消防安全、食品安全以及防汛安全等专项检查活动，充分利用板报、标语，组织召开职工大会、座谈会12次，共书写大幅标语8条、小标语320条，新增安全生产警示牌116块，出墙报10期，板报9期，并开展了多层次安全生产普法教育，接受教育面人数达到1350人。通过局属各企业干部职工的不懈努力，罗平县经济系统安全工作形势稳定，全年未出现重特大安全事故。

【大事记】 1月，罗平县供电有限责任公司获中央文明办建设指导委员会办公室授予“第四届全国精神文明工作先进单位”荣誉称号。

2月16日，节能监察大队调入4位同志，做到了机构健全，人员到位。

2月26日，罗平县经济局加挂盐务管理局牌子，承担全县盐务管理职能。

4月16日，罗平县召开2009年工业经济暨节能减排环境保护工作会议。会议总结和回顾了2008全县工业经济发展情况，分析了当前工业经济发展面临的形势，部署了09年全县工业经济发展工作，并对2008年度为罗平县工业经济发展作出突出贡献的29个先进单位及50位先进个人进行表彰。

5月6日，由县经济局、县总工会、县环保局主办的“贯彻科学发展，推进节能减排”演讲比赛在罗平县多依河宾馆举行。这次演讲比赛共有来自各主办单位、煤炭企业、冶金、化工、电力等行业的12名选手参赛，在比赛中，选手们或从小事说起，节能减排，从我做起；或从大局着眼，以节能减排，保护绿色家园为题，用鲜明的事例，生动的语言，向大家讲述着节能减排的重要性。

2009年上半年，罗平县经济局动员县内运行较好的企业筹建中小企业融资担保公司，由罗平煤炭商会发起，7家企业出资组建，首期注册资金3000万元，可为罗平县中小企业提供1.5亿元的贷款担保，该担保公司已于6月26日经省财政厅备案， 7月7日在县工商局注册成立。在公司运行良好的基础上，逐步吸纳更多的企业参与，计划2~3年内注册资金扩张到1亿元以上，为罗平县的中小企业发展提供更有力的贷款担保。

5月，云南罗平锌电股份有限公司董事长许克昌获云南省工业和信息化委员会、云南省企业联合会、云南省企业家协会授予的“云南省第十一届优秀企业家”称号。

12月，罗平县经济局纪委书记兼工会主席雷爱香、罗平锌电公司黄定生获云南省总工会授予“和谐家庭”称号。

【任职领导名单】

党委书记　李明泽

局　　长　王启华

副 局 长　保树培（兼罗平盐务管理局局长）

　　　　　李华俊

　　　　　何　琼（女）

党委副书记　金朝福

纪委书记、工会主席　雷爱香（女）

（黄定仙）

马龙县经济局

【基本情况】 马龙县素有“滇东门户”之称，全县辖3乡5镇64个村委会2个社区521个村民小组，总人口19.9万人。马龙县区位优越，位于昆明和曲靖之间，县城距昆明113公里、曲靖22公里，属昆明的远郊、曲靖的近郊，是珠江源大城市规划的重要片区；交通便捷，贵昆铁路、昆曲高速公路、320国道横贯全境，县乡公路四通八达；生态良好，森林覆盖率达50.43%；土地宽广，全县总面积1614平方公里，耕地总面积44万亩，人均占有耕地2.4亩。

2009年，马龙县以科学发展观为统领，围绕年初的目标任务，锁定“保增长、保民生、保稳定、保安全”的中心任务不动摇，认真贯彻落实中央、省、市、县出台的一系列扩内需调结构保增长的政策措施，创新举措，克难求进，深挖潜力，扎实工作，深入开展企业服务年和招商引资年活动，强化服务意识，把发展作为第一要务，全面推进“工业强县”战略，全县工业、乡企、非公经济平稳、健康发展，节能减排成效显著，产业结构由2003年的41.1：24.8：34.1调整为25.1：42.4：32.5，第二产业在国民经济中所占比重比2003年上升了17.6个百分点，工业的主导作用越来越明显。

【工业经济运行情况】　2009年，受国际金融危机以及市场需求减弱，产品价格下跌等影响，马龙县积极采取一系列措施，用足用活中央、省、市扶持政策，加大对工业经济的运行分析调控力度，加强与各相关部门及有关重点企业的联系和沟通，引导企业走出困境。2009年，全县有规模以上企业22家，完成工业总产值345007万元，同比增长15%。规模以上企业完成工业总产值300006万元，同比增长15.3%；实现工业增加值74981万元，同比增长15%；完成销售收入275000万元，同比增长2.3%（现价）。全年共生产水泥42.97万吨、墙地砖164.26万平方米、玻璃202.44万重箱、氟化铝5928吨、磷酸10998吨、焦炭49.21万吨、黄磷13460吨、矿山机械配件13.65万吨、镀锌20477吨、立德粉5060吨、五硫化二磷1077吨、生铁49.61万吨、精锌4614吨、农地膜1544吨、管桩64.69万米。

【乡镇企业发展】　2009年，全县乡镇企业完成增加值40440万元，同比增15%；完成工业增加值25419万元，同比增16%；完成上缴税金2550万元，同比增6%。完成农产品加工销售产值4909万元，同比增17%。完成职工职业技能鉴定103人，完成年计划50人的200%。

【非公经济和中小企业发展】　制定了《马龙县非公有制经济发展规划》，积极争取上级部门的支持，大力推进银企合作，组织企业负责人或管理人员到浙江大学等地学习交流，深入企业调研，帮助企业解决具体困难和问题，引导企业走出困境，促进非公经济发展。2009年，非公经济比重达46.3%，比上年提高了3.7个百分点。全年共有私营企业及个体工商户3487户，同比增2%；从业人员13116人，同比增8.4%；完成增加值89000万元，同比增18.67%；上缴税金14660万元，同比增28.6%；拥有注册资金80723万元，同比增15%。

【循环经济快速发展】　县委、县政府以科学发展观为指导，提出走科技含量高、经济效益好、资源消耗低、环境污染少、人力资源得到充分发挥的新型工业化道路，在实践中积极探索循环经济发展模式，按照产业聚集化、行业集成化、技术高新化、装备大型化、废弃物无害化及减量化、再利用、资源化的“三R”原则，大力发展循环工业经济，创建出了独具特色的发展模式——小寨模式，主要特点是实现了产品关联循环、煤气回收利用循环和水资源回收利用循环。产品关联循环：洗煤厂洗出的精煤供焦化企业，焦化企业生产的焦炭供钢铁企业，钢铁企业产生的水渣以及其他企业产生的废渣供制砖企业生产免烧砖，10户企业形成了产品生产加工循环链。煤气回收利用循环：充分利用明龙、泰辰两个焦化企业生产的煤气，作为浮法玻璃、墙地砖、耐火材料、矿山配件、氟化盐和滴灌肥等10户生产企业的热能源。这一循环可为循环链中的企业每年节约8.7万吨标准煤，降低生产成本5000万元，同时为两个焦化企业增加1.1亿元的销售收入，有效地解决了煤气资源的外排污染浪费问题，也提高了企业的市场竞争力。水资源循环：循环经济片区内所有企业用水均采用闭路循环使用，不外排，提高了水的复用率，实现了零排放，每年可节约用水149.8万吨。小寨循环经济发展模式，已经在全县显现出示范效应，带动了全县循环经济的快速发展。

【节能降耗】　2009年，分别与10个县直部门及21户规模以上企业签订了节能减排目标责任制，组织节能培训3期56人次。以淘汰落后产能和工艺为切入点，大力发展节约型，环保型、清洁型工业，积极推进节能减降耗工作。2009年，全社会万元GDP能耗下降5.28%，规模以上工业万元增加值能耗下降5.6%；淘汰落后产能企业3户，总产能43万吨，完成年计划的100%，2009年共争取中央、省节能减排资金731.4万元，累计淘汰落后生产能力小焦化、小钢铁、小黄磷、机立窑水泥等总产能达209.89万吨，关停乱挖乱采的矿山企业92户，依法取缔了“五小企业”64户，每年可减少二氧化硫排放量1322吨。完成能源审计2户，完成年计划的100%。完成高效节能灯推广使用47445支，完成年计划4万支的118.61%；马龙万企化工、云华磷化工、天宝锌业3户企业通过清洁生产审核验收；完成申报新型墙体材料生产产品合格证企业5户。申报资源综合利用企业2户，工业废渣利用率达38.82%。

【招商工作】　牢固树立“抓项目就抓住了发展的关键”这一理念，充分利用“昆交会”等省、内外各种展会平台，采取上门招商、以地招商、以友招商、以亲招商、以资源招商、以产品招商、以政策招商等多种方式，形成招商引资的良好机制，整体推进了招商引资工作。严把项目准入关，积极鼓励新支柱和新兴行业的发展壮大，强化服务功能，凡投资5000万元以上的项目，进入“绿色通道”实行前置审批，并对项目进行全程进行跟踪服务。2009年内，共登记备案项目13个，完成工业投资8.8亿元。

【工业园区建设】 马龙工业园区规划布局“一园五片”，原规划面积40.33平方公里，根据发展需要，自2009年3月开始对工业园区进行修编，进一步扩大工业园区范围，使园区规划总面积扩展到68.6平方公里，马龙工业园区修编后的《总体规划》和《可行性研报告》于2009年10月底完成，并已通过市级评审。截至2009年底，马龙工业园区已建成7.53平方公里，累计引进了69户企业入驻园区，全部入园企业累计完成投资16.35亿元，累计投入基础设施建设资金1.389亿元，2009年先后完成了潘马大道、马纳路园区段改扩建工程、园区内部道路、通信工程、管委会办公楼、园区内部绿化、潘马大道绿化等工程，基本实现了水、电、路、通讯配套。2009年工业园区完成工业总产值275000万元，同比增长9.6%；完成工业增加值56000万元，同比增长5.6%；完成销售收入260000万元，同比增16.2%。

【企业改革改制】 继续深化以产权制度为核心的企业改革，努力健全和完善现代企业制度，加快劣势企业淘汰步伐，以巩固完善为重点，以确保稳定为大局，以做大做强为目标，以加快发展为目的，继续推进深化改革和完善工作。认真做好退休人员、自谋职业人员及家属的户籍，生活区移交社区进行社会化服务管理工作，针对改制企业在扫尾工作中反映的热点、难点及亟须解决的问题，继续抓好企业改革改制各项扫尾工作。涉及全县46户改制企业，已移交44户企业的人员进行社会化管理，移交自谋职业人员1658人，其中，移交乐熙社区1010人，启秀社区648人；移交退休人员655人。

【安全生产管理】 牢固树立“安全第一，预防为主，综合治理”的安全生产意识。按照县安委会的总体要求，认真开展了节假日企业安全生产大检查和五月份全县开展的工商企业大检查工作，强化了企业安全生产意识和各项责任制的落实；积极配合相关部门，深入企业检查加强安全生产宣传教育，在天恒公司开展了法律知识讲座；2009年，全县工业企业没有发生大的安全事故。按照县委普法办“五五”普法工作要求，制定了经济局《普法实施计划》和《法制机关实施方案》，购买了相关法律书籍，做到人手一套，并于11月10日组织全局职工进行了普法考试，使普法工作有序进行。

【理顺盐务管理体制】 马龙县的盐务管理职能于2009年5月由商务局移交到县经济局，经报请县政府批准成立了盐务管理局，为进一步整顿和规范盐业市场秩序，遏制工业盐冲击市场，起草了规范盐业市场的《实施意见》，按照《马龙县人民政府关于开展食盐市场清理整治工作实施意见》的要求，组织协调工商、卫生、公安、食品药品、商务等单位，对全县食盐经营情况进行清理排查，查验销售点498户，查收无碘食盐16吨，发放食盐宣传画册4000余份，有效维护了人民群众身体健康。

【农村帮扶工作】 根据市、县统一安排部署，积极做好深化整改工作，建立健全保持共产党员先进性和农村帮扶长效机制。一是春耕生产之际，组织党员干部开展“驻村帮扶促春耕”活动，联系干部还深入村组积极与村民开展“民情恳谈”，分别为所挂钩联系的何家村和格里两个村委会送去了3000元的春耕生产抗旱移栽经费，帮助群众解决春耕生产中的实际困难。二是“866”工程建设初见成效。通过局党委委员苏毅全的驻村指导和局党委、王家庄镇人民政府、扯度村委会以及各村民小组的共同努力，扯度村“866”工程呈现定位准、内容实、节约资金、措施得力、进度快、质量高的特点。同时，局党委积极发挥表率作用，出资5万元，帮助开展新农村建设。

【信息建设情况】 马龙县自2003年11月成立信息产业办公室挂靠县政府办公室，人员编制为4人，下设综合科、网络管理中心、国防信息动员办公室、信息化管理推进科和无线电管理科。成立了由县长任组长，县委、政府有关领导任副组长，县直有关单位领导为成员的马龙县信息化工作领导小组，负责做好全县的信息化建设工作。

2003年至2009年共投入资金70余万元（不含省、市支援设备），建成了县电子政务中心机房和县、乡视频会议系统，并依托省配给的设备实现了与省、市的电子政务网络互联互通。全县已有35个单位完成了电子政务专网建设，18个行政执法单位完成了内部电子政务专网建设。公安、工商、财政、法院、检察院、国税、地税等单位建成了自己系统内的办公网络，并通过网络开展了省、市、县、乡（镇）对应对口的简单自动化办公。建成了电子政务视频会议室，与县委党校联合建成了电子政务培训基地，已通过人员培训1000余人次。完成了高清视频会议系统建设和会议室的改造装修。建成了县到乡（镇）的高清视频会议系统。

县政府公众网站建设。突出可用、实用、适用等特点和要求，网站开设了：马龙之窗、政务公开、政府政务、招商引资、办事指南、便民服务、领导论坛、3D漫游、领导信箱、政策法规、市民投诉、今日马龙、政务信息、专题报道、乡（镇）之窗、重点企业介绍等主要栏目。平均每天点击人数上百人次。

协调通信企业与各方面的关系，促进了企业的健康发展。截止2009年底，累计全县共有各类手机用户60867户（含电信通），固定电话6500户，电信、广电因特网用户3503户，有线电视用户13857户，数字电视用户5881户。全县有电脑销售个体户2户，各类手机销售商100多户。信息产业总收入达5327万元。目前，县城、旧县镇、马鸣乡及南海子、东光工业园区已开通了3G通信信号，拥有了3G用户100余户。

认真做好全县的政府信息公开和“阳光政府四项制度”工作，全年收集并发布各类政府信息1万余条，2009年4月被省政府表彰为全省政府信息公开先进县。建成了全县规模以上企业与县经济局局域网网络互通，并初步实现网络化管理。为全县67个部门制作建成了“阳光政府四项制度”信息发布平台（网站）；完成了53个部门“96128”信息查询专线电话平台建设；配合政务服务中心完成了政务服务中心的信息化建设和行政审批系统、监察系统的培训；举办了二期阳光政府四项制度信息发布平台、行政审批平台、“96128”专员相关业务培训，培训人员达130人次。

【任职领导名单】

党委书记、局　长　汪德斌

副书记、纪委书记　唐树云

副　　局　　长　尚玉明　尹朝良　彭元福

（黄立昌）

师宗县经济局

【综述】 2009年，师宗县工业坚持以“科技含量高、经济效益好、资源消耗低、环境污染少、人力资源得到充分发挥”为目标。依托资源优势，走煤电结合、矿电结合、煤电一体化的新型工业化道路。在工作中坚持企业的技术改造和技术创新，加大招商力度；坚持煤电优先、建材、食品加工、冶金、机械、木材加工并举的思路；坚持项目带动，加快园区建设，发挥工业经济聚集效应。不断克服国际金融危机的不利影响，加大对企业融资、审批、用地、运营等协调、服务，增强企业发展的信心，实现了企业不停产、不减员的目标任务，加快项目建设力度，顺利促成昆钢嘉华水泥、凤凰谷电站、师宗焦化60万吨技改等项目如期投产，加快了昆钢120万吨机焦及化产深加工项目，师宗鑫磊陶瓷厂2线、高良水电站、师宗现代中药饮片及中药材生产基地项目，煤矿技改等重点项目的建设。工业经济在困境中做出了成绩。2009年全县完成工业总产值33.3亿元，同比增长17.4%。

【工业经济运行情况】 2009年，全县完成工业总产值 33.3亿元，比上年同期增长17.7%。其中，规模以上工业企业完成总产值26.7亿元，比上年同期增长20.3%；规模以下工业企业完成总产值6.5亿元，比上年同期增长6.6%，工业增加值完成13.4%。8种主要工业产品产量有增有降。原煤完成 302.4万吨。水泥完成56 万吨，同比上增5倍，精锌完成 3334吨，同比下降3.9%，黄磷完成4756吨，同比上升5.9%，焦炭完成141.3万吨，同比增11.8 %，陶质砖完成174.8万m2，同比下降3.9 %，发电量完成32805万度，同比上升142.0 %。

【非公经济运行情况】 2009年有企业7399户，注册资金136559万元，从业人员26663人，同比增长21.7%。上缴税金21207万元，占年计划的19691万元的107.7%，同比增38.1%，实现增加值占GDP比重的51.1%，同比增长2个百分点。

【乡镇企业】 增加值实现123765万元占年计划123765万元的100%。其中，工业增加值完成55867万元占年计划55838万元的100%；税金完成5260万元，占年计划5254万元的100%；农产品加工业销售产值完成12029万元，占年计划12029万元的100%；职工职业技能鉴定完成200人，占年计划200人的100%；企业结对完成3户，占年计划3户的100%。

【节能工作】 2009年，按照县委、县政府的布置，加强了节能降耗和资源节约工作的组织引导。一方面开展节能“宣传活动”及2009年“能源短缺体验日”活动，发放节能宣传材料1500余份，组织县内重点企业参加省、市节能培训80余人次，同时完善统计队伍，做好能源统计。二是加强能源审计开展清洁生产，2009年完成了企业的能源审计，完成3户企业的清洁生产验收工作。三是推广节能产品，关停落后产能，2009年推广节能灯1万只，关停焦化有限公司落后产能15万吨。

【大事记】 4月21日，师宗县焦化有限公司根据自身实际，认真落实国家产业政策，加快自身技术进步，提前关停了两条7.5万吨生产线（共15万吨），至此，师宗县焦化有限公司近两年在结构调整中共关停拆除淘汰落后生产能力25万吨。

4月，师宗昆钢嘉华水泥有限公司水泥生产线在经过生产试运行后正式投入生产，4~12月份昆钢嘉华水泥有限公司累计完成生产总值1.87亿元，生产水泥3.6万吨，生产熟料76万吨。

6月，师宗真味油脂有限公司年产1万吨菜子油生产线投入生产，该生产线每年消耗油菜子4万吨。

2009年，师宗鑫磊陶瓷有限公司2线已竣工，政府帮助企业担保贷款2000万元，企业生产准备工作已全部完成，预计2010年内可投入生产。

2009年，师宗民科煤业有限公司引进四川金广集团，建设60万吨镍合金生产线投产。

【任职领导名单】

局　　长　马幼木

书　　记　苏正福

副 书 记　张建翔

工会主席　赵春红

副 局 长　徐泽林　姚永华

（刘洪源）

宣威市经济局

【概述】 宣威市经济局下设办公室、法规科、经济运行科、企业改革发展科、技术创新与进步科、资源综合利用科、工业科、中小企业科、乡镇企业科、能源协调科、培训中心、中小企业担保中心、轻工劳动服务中心、财务室、节能科、盐务科、节能监察大队，有在职在编干部职工63人。加挂宣威市中小企业局、市乡镇企业局和市加快发展非公有制经济工作领导小组办公室牌子。

2009年，市经济局在市委、市政府的领导下，在上级经委的关心指导和相关部门的支持配合下，深入学习实践科学发展观，团结带领经济系统全体干部职工，围绕年初确定的目标任务，从完善工业发展考核和激励机制入手，引导企业加大投入，坚决淘汰落后产能，积极发展先进产能。加强生产要素的组织和协调，指导企业努力克服经济危机的影响，变危为机，加大结构调整力度，转变发展方式，促进产业升级，坚定不移地走新型工业化道路，全市工业经济降幅趋缓，各项工作扎实推进。主营业务收入完成75.77亿元，同比增13.57%，比考核数79.3亿元减少3.53亿元，减少4.5%。利税总额完成5.66亿元（税收5亿元），同比增50.84%，比考核数7.3亿元减少1.64亿元，减少22.5%。利润总额完成0.66亿元，同比增214.4%，比考核数0.1亿元增加0.56亿元，增长5.6倍。

【工业经济运行情况】 2009年，全市工业总产值完成123.41亿元，同比增12.75%；工业增加值完成49.27亿元，同比增13.9%。其中，规模以上工业产值完成81.51亿元，同比增8.23%；规模以上工业增加值完成28亿元，同比增14.69%。工业投资累计完成28亿元，同比增32.56%。

全年规模以上主要支柱产业中，电力和建材两大产业的增速继续保持正增长。其中，电力工业完成产值35.13亿元，同比增38.53%；建材工业完成产值6.54亿元，同比增47.63%。规模以上两大产业产值累计达41.67亿元，占规模以上工业产值81.51亿元的51.1%，成为拉动工业经济增长的主导力量。金融危机对部分产业的影响依然严峻，全市70户规模以上企业中，26户亏损，亏损额3.2亿元，云峰公司 减少产值4.8亿元，亏损达2亿元。规模以下工业完成工业总产值41.9亿元，同比增22.73%。

全年黄磷产量7.57万吨，同比增1.77倍；发电量115.27亿度，同比增46.52%；化肥折纯产量38.48万吨，同比增20.25%；水泥产量241.59万吨，同比增39.16%。其中，国电宣威公司发电91.63亿度，同比增40.9%，完成产值24.3亿元，同比增56.5%；云峰公司化肥折纯产量36.47万吨，同比增17.77%；磷电公司生产黄磷7.12万吨，同比增100.65%，发电8.33亿度，同比增118%，完成产值8亿元，同比增26.41%；宇恒公司生产水泥187.8万吨，同比增27%，完成产值5.15亿元，同比增30.36%；宣威革香河公司发电2.2亿度，同比增61.1%，实现产值1.33亿元，同比增16.6%；恒邦公司生产肥料2.01万吨，同比增96.5%，实现产值8800万元，同比增88.8%。

电、电煤、运力供应保障较好，全市生产原煤1152.37万吨，国电宣威公司进电煤527万吨；全市供电量22.8亿度，同比增14.9%；工业用电量14.43亿度，同比增10.96%；宣威火车站累计装车3万车、同比增5%，累计发送货物182万吨、同比增12%。

电力工业。全市电力装机218.13万千瓦，其中火电装机200万千瓦，水电装机18.13万千瓦。建成规模较大的有：国电宣威公司装机180万千瓦；磷电公司电厂装机15万千瓦；响水电站装机10万千瓦；达开电站装机6万千瓦。今年，宣威电厂6台机组满负荷发电，创历史最好水平，全市累计发电115.27亿度（宣威电厂91.63亿度，磷电公司8.33亿度，水电13亿度，羊场、田坝煤矿等小火电2.31亿度）同比增46.52%；电力工业完成产值36亿元，同比增42%。

化工工业。磷电公司二期项目顺利推进，其中7000万片/年磷渣制砖项目已建成试生产。黄磷尾气净化发电工程土建工程已结束，安装工程完成70%，设备已订货。2.5万吨/年磷酸、6500吨/年泥磷制酸项目已完成70%的土建工程，设备已订货，土建完成后即进行设备安装。3.2万吨/年三聚磷酸钠项目已完成20%的土建工程，设备已经订货。以上项目可分别在4-6月建成试生产；凤凰山电化一体化项目60万吨/年电石项目已于2009年4月18日开工建设，300万吨/年石灰岩矿山项目前期工作有序进行，云电投热电厂项目前期工程已于去年11月18日开工；云峰公司板桥运输道路改造、20万吨硫黄制酸改造项目、物流改造项目及西河至厂区输水管改造项目已完工。硫酸干吸工序增加低温余热能回收技改项目安装工程公开招标结束，设备基础开始土建施工。全年化工原材料、产品价格波动较大。全市化肥折纯产量38.48万吨，同比增20.25%，黄磷产量7.57万吨，同比增1.77倍。受价格因素影响，全市化工工业完成产值28亿元，同比降5.4%。

冶金工业。全市小炼铁全部关停，累计淘汰落后产能108.6万吨，同时投资1亿元的革香河水电开发有限公司2×12500kVA凤凰山锰硅合金项目于2009年底启动建设，计划第一台电炉于2010年7月底建成，第二台电炉于12月底投产。因锌价下跌和关停小铁厂的原因，生铁产量2.1万吨，同比降88.4%；金精公司生产镍铁1.92万吨，实现产值2.17亿元。全市冶金工业完成产值12亿元，同比降5%。

建材工业。宣峰水泥2000吨/日水泥熟料项目已于5月13日投入试生产。炬能工贸有限公司30万立方商品混凝土搅拌站一期已建成投产，二期正在做设备安装，加气混凝土生产线正做项目前期工作；进发公司3000吨/日新型干法水泥熟料项目前期工作有序推进；华尔润集团公司日产4*900吨浮法玻璃项目选址、土地勘测、查找矿山等基础性工作已经完成，现正进行项目报批。全年生产水泥241.59万吨，同比增39.16%，生产砖3.6亿块，同比增44%。规模以上6户建材工业完成产值6.6亿元，同比增46.7%。

食品工业。全年生产火腿4.1万吨，同比增7.89%；淀粉产量3348吨，同比降77.52%；受食品价格上涨的影响，食品工业完成产值5.5亿元，同比增15%，其中：规模以上3户食品工业完成产值1.1亿元，同比降31%。

【非公经济发展】 2009年，全市非公经济组织13123户（个体工商户11966户，新增855户；私营企业1157户，新增40户，）比2008年增3.6%，注册资金

31.3亿元（个体工商户4.4亿元、私营企业26.9亿元）；从业人员60079人，同比增9.8%；上缴税金4.66亿元，同比增29%，实现增加值52.76亿元，同比增23.8%，非公经济增加值占全市生产总值的41.9%。

宣威市委、市政府历年来非常重视非公经济的发展，成立了市非公有制经济发展工作领导小组；全市有65个非公企业建立了党组织（一部分为联合组建），其中，非公企业党工委1个、下有非公企业党委1个、党支部57个，切实加强了对非公经济的领导；市委联席会不定期分析研究非公经济发展情况，市委、政府主要领导深入重点项目和骨干非公企业召开现场办公会，及时帮助解决非公企业发展中存在的困难和问题；实行领导干部挂钩重点非公企业制度，市级领导挂钩到43户重点骨干企业，为企业解决困难和问题搭建了平台。成立投资便民服务中心，为非公经济发展提供方便、快捷的投资服务；成立宣威市中小企业（非公经济）融资担保公司，注册资本金836万元，2009年为5户非公企业提供贷款担保653万元；成立宣威市融资担保有限责任公司，注册资金2000万元，为4户非公企业担保贷款7366万元；设立投资者维权中心，确保经营投资者的合法权益和正常经营，实行收费卡和收费公示制度。市委、政府从2006年起每年安排600万元工业发展专项资金；积极争取省、曲靖市两级扶持发展资金，2009年通过非公经济上报的项目共争到各种扶持资金295万元。

加大招商引资力度，借助外力求发展。在成功引进磷电一体化、电化一体化，钙镁磷肥等一批大项目的基础上，2009年又成功引进四川金广实业（集团）股份有限公司与宣威市雄风铁合金有限公司、宣威市革香河水电开发有限公司合作建设年产8.8万吨镍铁冶炼、年产10万吨的电解锰和年产60万吨特种新型复合材料项目，预计总投资20余亿元，项目建成后，年产值可达120亿元。

【乡镇企业发展】 2009年，全市乡镇企业工业现价产值63亿元，同比增15%；实现现价增加值33.86亿元，同比增15%；完成工业增加值21.83亿元，同比增16%；上交税金2.67亿元，同比增6.02%；实现农产品加工业销售产值4.73亿元，同比增18.07%；企村结对7户，占计划的140%，职工职业技能鉴定307人，占计划的102.33%。一是做好项目储备申报工作。积极引导企业加强项目的规划、论证、储备、筛选、编报、引进、实施等工作，认真编写项目可行性研究报告，加大项目的宣传和推广力度，形成乡镇企业项目论证一批、储备一批、建设一批、投产一批的梯次格局；做好资金扶持申报工作，认真筛选发展前景较好的农产品加工企业、劳动密集型企业，对农民带动性较强的创新项目、符合政策导向的项目，通过到企业实地调查研究，掌握了解生产经营情况，熟悉产品加工流通环节，经营销售状况，改造扩建措施等，推介那些特色明显、产业链长、发展潜力大、辐射带动能力强的项目列入省、曲靖市扶持对象，指导企业编制真实可信的数据资料，到省、曲靖市申报争取资金扶持。二是做好“关小上大”工作。严格执行国家产业政策和市委、市政府的要求，对小炼锌、小炼铁、小炼焦、小水泥、小黄磷等落后乡镇企业产能进行淘汰，共完成淘汰落后钢铁企业36户， 拆除高炉36座， 产能108.6万吨，完成淘汰落后水泥企业4户， 拆除立窑5座， 产能33万吨，完成淘汰落后黄磷企业1户， 拆除磷炉3座， 产能1.35万吨，完成淘汰落后电石企业1户， 拆除电石炉2座， 产能1.5万吨，完成淘汰落后焦炭企业39户， 拆除炼焦炉39座， 产能293万吨，淘汰落后铁合金企业1户， 拆除铁合金炉2座， 产能2.5万吨。淘汰落后产能的同时，采取“关小上大”的方法，积极发展先进生产能力。淘汰落后小炼铁，重点扶持金精新金属材料有限公司镍铁项目做大做强，缓解冶炼行业存量减少的矛盾；淘汰小水泥，重点扶持宣威宇恒水泥有限公司日产4000吨水泥旋窑生产线、宣峰水泥发展有限公司日产2500吨水泥旋窑生产线已建成投产，宣威市进发工贸有限公司日产3000吨水泥旋窑生产线正做前期工作；淘汰落后黄磷产能的同时，进一步扶持羊场磷电做大做强；淘汰落后电石企业的同时，云维公司年产60万吨电石项目已开工建设；淘汰落后焦炭企业39户，重点培植宇龙公司年产190万吨焦化项目，现选址工作已经结束，目前正在做项目前期工作。

【国企改革】 宣威市共有97户企业参加改革，其中供销社系统29户。列入曲靖市考核的68户国有企业中，4户改为股份合作制、5户组建有限责任公司、5户实行委托经营、1户被兼并重组、53户实行整体出售、全员退出。到目前为止，基本完成改革任务的企业65户，尚未完成的3户：市乡镇企业局2户（供销公司、矿业开发公司）、市正虹饲料公司。尚未完成改革工作任务的3户企业中：宣威市乡镇企业矿业开发公司、宣威市乡镇企业供销公司只有债务无资产，无法筹集改革成本，宣威市正虹饮料有限责任公司资产难以变现筹集改革成本。

2009年列入跟踪问效的10户企业有资产总额27130万元，与上年同期相比-10%；总负债26924万元，与上年同期相比-4%；工业总产值3460万元，与上年同期相比增16%；销售收入18496万元，与上年同期相比-59%；上缴税金522.3 万元，与上年同期相比-39%；实现利润-2826万元，与上年同期相比-3%；累计提供就业岗位793个。

针对改制企业遗留问题多，矛盾突出、上访频繁的实际，认真研究政策，查找问题实质，主动做好思想工作，力求把矛盾消化在基层，解决在萌芽状态。一是做好大下访、大接访工作。局领导分别挂钩到相关改制企业，并带领科室人员主动上门调查情况，处理问题，化解矛盾，做好思想工作，同时实行领导接访制度。局领导按日程安排值班，接受群众来信来访；二是认真做好维稳维权工作。针对企业反映的问题，18次深入企业调查处理，接待职工来访500余人次，处理信访案40件次，深入相关企业召开协调会7次，开展部门沟通协调工作8次，有效维护了企业及职工的合法权益，促进了改革工作的有序开展。

【节能降耗工作】 为完成市政府制定的2009年万元增加值综合能耗下降5%的约束性指标，一是认真做好重点用能企业能耗监测和规模以上企业能耗的统计和监测工作，对规模以上重点用能企业实行目标责任制管理，把单位产品能耗、万元增加值能耗、节能量等主要指标进行分解量化、严格考核，促进企业按行业标准开展节能对标管理，提高节能管理水平。二是建立节能目标责任制。把节能目标列入乡（镇、街道）千分制考核的内容，夯实节能降耗工作基础，完善节能降耗工作机制。三是大力开展节能宣传。借助全国节能宣传活动周的有利时机，大力开展“推广使用节能产品，促进扩大消费需求”为主题的节能宣传活动，提高全民节能意识。四是加强节能监察机构建设，成立节能监察大队，充实执法队伍，面向社会公开招考了5名应届大学毕业生，并从培训中心选调1人到节能监察大队工作。五是大力开展节能技术产品推广活动。煤化工利用技术、变频改造技术及余热余压利用技术等一批节能新技术得以广泛应用并取得明显成效。高效照明产品深入广大家庭，全年推广节能灯139600多只，预计年可节电165万度。六是积极推进能源审计和清洁生产审核工作，通过“企业主动，政策推动”的方式，在重点企业广泛开展，全市已完成能源审计2户，清洁生产审核3户。

2009年，规模以上工业能源消费总量276.08万吨，万元增加值能耗3.63吨标准煤。由于全市火电发电量增量较大，带动规模以上万元可比价增加值能耗下降18.68%，主要工业企业产值能耗水平保持平稳下降趋势，万元GDP能耗下降5.1%，完成了下降5%的考核任务。上级安排在2009年底关停的1户炼铁企业、3户焦化企业和安排2010年后关停的31户焦化企业，已提前在4月30日前全部拆除，提前完成了淘汰落后产能任务。

积极做好资源综合利用新项目的推荐上报和现场核查工作，到2009年，全市已通过资源综合利用认定并有资质证书的企业有11户，推荐上报的2户资源综合利用继续认定项目企业和1户认定项目企业正在办理之中。针对每年产生磷石膏、粉煤灰、磷渣、其他工业废渣500多万吨的实际，重点加快工业废渣综合利用步伐，一是依靠建材科研部门和产渣企业技术研发部门实施了“磷石膏高掺页岩生产新墙材研发及工业化应用”项目，现已获得成功。利用磷石膏生产水泥缓凝剂项目现已投产，达产后预计年可消纳磷石膏15万吨；二是宣威市炬能工贸有限责任公司60万立方米/年加气混凝土项目即将开工建设，年可消纳粉煤灰40万吨；三是宣威市进发工贸有限责任公司3000t/d新型旋窑水泥生产线项目已批准做前期工作，建成后年可消纳宣威磷电50万吨磷渣；四是积极开展垃圾综合利用工作。

【盐务管理】 为做好碘缺乏病危害防治工作，净化我市食盐市场，让人民群众用上放心食盐，我局加大了盐政执法力度，严肃查处盐业违法案件，加强食盐销售网点建设，盐务管理工作稳步推进。一是推进我市碘盐配送网点的建设。现已建成市级配送中心1个，乡级配送站22个，村级配送点210个。二是大力开展宣传教育活动和盐务检查。结合“3.15”消费者权益保护日和“5.15”全国消除碘缺乏病宣传日活动，在市区以及各乡镇设立宣传点，以图片展示、现场咨询和发放宣传资料等方式向群众宣传科学补碘、辨别真假碘盐的相关知识以及盐业管理法律法规。不定期对各乡（镇、街道）开展食盐市场专项检查，采取进村、进店、进户的“三进”办法，边检查，边宣传，边教育，提高群众抵制假盐的自觉性。三是严厉打击涉盐违法犯罪活动。在盐政执法过程中，共查处各类盐业违法案件23件，收缴假盐、违规盐89.5吨，罚款28493元。四是开展盐务培训，提高盐政执法人员的素质。于2009年10月21日组织召开了全市盐务工作及培训会议，对各经济办盐务管理人员进行了专门的盐务管理及执法培训。五是全面开展食盐零售许可证办理工作。应上级业务主管部门的要求，积极开展我市食盐零售网点规划和食盐零售许可证办理，并于年底前完成全市食盐零售许可证办理和颁发工作。

【任职领导名单】

党委书记、局长　高忠勇
党委副书记　张如恩
纪委书记　符　皓
副局长　吴明禹　沈宗迪
　　　　董开儒　杨光贤

（刘东权）

玉　溪　市

玉溪市经济委员会

【基本情况】　2009年，玉溪市实现生产总值644.8亿元，增长11.8%；实现工业总产值912亿元，增长0.1%，全部工业增加值实现373.8亿元，增长11.7%，规模以上工业增加值实现341.4亿元，增长11.5%，规模以上主营业务收入完成718.3亿元，全市工业企业实现利税244.2亿元，增长8.8%；实现利润46.8亿元，增长16.9%。工业创造税收达到207.2亿元，比2008年增加19.2亿元，占全市辖区内财政总收入的79.7%。2009年全市完成工业投资82.5亿元，增长28.8%，占全社会固定资产投资的比重为34.2%，其中烟草制品业完成4.29亿元，下降11.2%；矿电业完成44.67亿元，增长31.4%。

【工业经济运行情况】　年初受金融危机的影响，全市工业出现大幅下滑，增速处于负增长，到2月份触底，自4月份开始保持9个月的连续增长，全市规模以上工业增加值最终实现341.1亿元，增长11.5%。从全年情况看，一季度为-0.1%、二季度达到5%、三季度提高到7%、四季度实现11.5%，增速逐步提高。与全省发达州、市相比增速高于全省0.3个百分点，高于昆明市1.4个百分点，高于红河州1.5个百分点，低于曲靖市1.2个百分点。

2009年，轻重工业保持协调发展，规模以上轻工业实现增加值257.9亿元，增长10.9%；重工业实现增加值83.5亿元，增长12.6%，双双保持两位数增长。

优势产业支撑作用突出。1~12月烟草制品业完成增加值241.7亿元，增长10.2%；矿电产业完成增加值93.3亿元，增长16.3%；两大产业合计完成增加值335亿元，占全市工业增加值373.8亿元的89.4%，对全市工业增加值的增长贡献率达到88%，其中烟草制品业对全市规模以上工业增加值的增长贡献率达到72%。

停产半停产状况基本得到恢复。从去年8月份开始全市不同程度的在多个行业中出现停产半停产状况，由正常情况下的20户增加到76户，最高达到11月88户，针对此情况，由于加大帮扶力度，采取一系列的政策支持，加之市场情况的好转，到2009年12月底停产半停产企业已降至20户，基本回到正常，与去年11月最高88户相比，减少68户，有力的促进全市工业的稳步回升。

2009年，全市工业企业实现利税244.2亿元，增长8.8%；实现利润46.8亿元，增长16.9%。工业创造税收207.2亿元，工业创造税收达到207.2亿元，比去年增加19.2亿元，占全市辖区内财政总收入的79.7%。

主要工业品仍保持增长，全市工业企业在面对市场的波动，生产形势的严峻情况下，为保市场、保稳定依然积极生产。1~12月全市主要工业品与去年同比仍然保持增长，糖产量达到18.1万吨，增长27.6%；铁矿石原矿量达到900万吨，增长4.6%；黄磷产量达到11.5万吨增长5.1%、水泥产量达到717万吨，增长28.7%；生铁产量达到391.2万吨，增长22.4%；钢材产量达到315.5万吨，增长47.9%。

工业投资快速增长。1~12月全市完成工业投资82.5亿元，增长28.8%，占全社会固定资产投资的比重为34.2%，其中，烟草制品业完成4.29亿元，下降11.2%；矿电业完成44.67亿元，增长31.4%。

【行业发展】　卷烟工业：2009年生产卷烟339.5万箱，增长2.1%，其中：一类卷烟53.8万箱，增长13.4%；完成增加值241.7亿元，增长10.2%。红塔集团整体经济运行良好，卷烟结构、品牌集中度进一步提升，实现“玉溪”、“红塔山”品牌产销售量分别突破50万箱、210万箱，再创历史新高。集团实现税利300.5亿元，增长10.2%，为全市工业经济的发展，作出了特别贡献。

卷烟配套工业：2009年规模以上26户卷烟配套企业实现销售收入27.6亿元，下降2.8%；增加值8.2亿元，增长26.7%；利税4.9亿元，增长14.3%；利润实现3.5亿元，增长26.7%。卷烟辅料产业是玉溪有特色的地方工业，通过多年的发展，目前已形成配套烟草制品业、造纸及纸制品、印刷业及记录媒介的复制、化学原料及化学制品制造业、塑料制品业为主的五大卷烟辅料行业，产品门类齐全。2009年五大卷烟辅料行业，面对市场激烈的竞争，仍然通过自主创新，开拓市场，实现了提质增效，除配套烟草制品业增加值增长下降1.9%，其他四大行业仍保持10%以上的增长，最高的是印刷业增长61.2%；实现的利税总额全面增长，最高的仍是印刷业增长33.5%。

钢铁行业：2009年全市钢铁企业生产生铁391.2万吨，同比增加产量71.6万吨，增长22.4%；生产钢材315.5万吨，增加产量102.2万吨，增长47.9%。限额以上黑色金属冶炼及压延加工业实现增加值27亿元，增长34.3%；利税9.5亿元，下降15.2%，其中炼铁业利税下降68%。

有色金属：2009年，全市精炼铜生产864吨，同比减少539吨，下降38.4%；镍产量740吨，同比减少191吨，下降20.5%。有色金属冶炼加工实现增加值达3.6亿，增长7.4%；利税1.2亿元，增长2.7倍；利润为0.7亿元，增长3.4倍。

磷化工业：2009年全市生产黄磷11.5万吨，比去年增加6000吨，增长5.1%。化学原料及化学制品制造业实现利润2417万元，同比下降104%，利税1.3亿元，同比下降87%。

水泥行业：2009年全市共生产水泥717.6万吨，同比增加160万吨，增长28.7%；非金属矿物制品业实现增加值4.2亿元，增长25.3%；实现利税1.8亿元，增长2.5倍；实现利润6668万元，同比增加9619万元，增长3.3倍。

医药制造业：2009年医药制造业完成销售收入4.1亿元，增长44.6%；实现利税1.7亿元，增长44.3%；实现利润1.4亿元，增长50.8%。以沃森生物技术有限公司、维和制药有限公司为代表的生物制药企业，抢抓机遇，通过扩技改、调结构、增规模、创品牌，走特色化、规模化、集约化、产业化发展道路，使企业得到了较快的发展，目前正在逐步形成以天然药为主体、生物制药及化学、疫苗等跟进发展的产业格局，发展后劲不断增强，并产生良好的经济效益。

制糖业：2009年全市制糖行业共生产食糖18.1万吨，比上一个榨季增加4万吨，增27.6%，达到历史较好水平；实现利税2303万元，增长3.6倍；利润减亏2200万元。食糖价格已接近5000元/吨，比2009年初的2540元/吨，上涨近50%。

电力生产及供应业：2009年全市累计完成供电量76.6亿kWh，增长8.6%。完成售电量73亿kWh，增长8.8%。地方自发电完成14.6亿kWh，同比下降0.7%，全市总用电量91.2亿kWh，比去年增加6.3亿kWh。

【工业园区建设】 重点园区工业经济带动作用明显，2009年研和工业园区实现工业总产值72.2亿元，增长7.3%；增加值10亿元，增长76.8%，数控机床产业园建设取得初步成效。高新区实现工业总产值47亿元，增长10.6%。加强工业园区总体规划修编完善工作，新平县矿业循环经济特色工业园区和元江镍产业特色工业园区总体规划通过市级评审；江川县特色生态工业园区、澄江工业园区总体规划正在进一步修编完善；通海五金机电特色工业园区总体规划修编通过省级评审，易门陶瓷特色工业园区、峨山移民再就业工业园区、华宁磷化工循环经济特色工业园区已进入省级重点备选工业园区。全市10个工业园区规划面积达203.9平方公里，建成面积达59.2平方公里，建成率达29%，分别形成了以烟草及其配套、生物制药、有色、钢铁、绿色食品、五金机电、陶瓷、磷化工、新能源新材料、现代物流为特色的10个主导产业集群。2009年，全市工业园区完成工业总产值325.8亿元，工业增加值68亿元，上缴税金16.4亿元，入驻园区企业突破600户，就业人数达到8.6万人。

【重大项目建设和技术创新】 2009年，确定市级重点工业项目100个，采取积极有效措施，着力重点推进。烟叶（薄片）建设、烟叶存储仓库和复烤车间易地搬迁、生物疫苗产业化、1万台数控机床光机等项目稳步推进。大红山铁矿扩产、太阳能光热光电产业园一期项目、昆钢制管凉亭轧钢厂整体搬迁、5000吨电解镍改扩建、5万吨铸件等项目进展顺利。3000吨五氧化二钒、60万吨铁矿碚烧磁选等一批重点项目已竣工投产。2009年全市工业投资突破80亿元大关，完成82.5亿元，增长28.8%，占全社会固定资产投资的34.2%。进一步完善企业技术创新体系，构建自主创新平台。组织认定了3户省级企业技术中心、3户市级企业技术中心，省级企业技术中心达14户。

【中小企业和非公经济发展】 认真落实国家、省扶持中小企业发展的政策措施，把加快中小企业和非公经济发展作为实现“五保”目标的重要举措，强化发展意识，创新发展思路，落实发展措施，千方百计促进中小企业和非公经济持续快速健康发展。以现代农业、先进制造业和现代服务业为主攻方向，放心、放胆、放手、放开、放活、放宽，全面提升中小企业和非公经济发展的速度、规模、质量和效益，非公经济总量持续增长，在优化经济结构、吸纳就业、改善民生、促进社会稳定等方面发挥了重要作用。2009年，全市非公经济增加值完成188.1亿元，增长16.8%，占全市GDP的比重达29.1%；非公经济户数达到78665户，增长14.9%，从业人员达到33万人，增长25.7%。

【工业循环经济，节能降耗和淘汰落后产能工作】 全市完成工业企业能源审计44户，累计完成102户；完成规模以上工业企业清洁生产审核验收40户，累计完成132户；资源综合利用效率提高，综合利用磷石膏达10万吨。完成年综合能耗2000吨以上节能评估转报项目6个，年综合能耗2000吨以下节能评估转报项目8个。根据全市钢铁、磷化工、建材水泥三个重点耗能行业情况，重点实施余热余压利用、燃煤工业锅炉节能、电机系统节能、能量系统优化等五大重点节能工程。在公共机构、居民照明方面重点实施绿色照明节能工程，完成节能灯推广70万只。规模以上工业企业综合能耗714万吨标煤，工业增加值能耗下降7.8%；稳步推进淘汰落后产能工作，水泥和铁合金落后产能年度淘汰任务全部完成，已拆除年生产能力为10万吨的水泥立窑生产线1条、年生产能力为0.4万吨的3600千伏安铁合金电炉1台，拆除年生产能力为13万吨和11万吨的炼铁高炉2座，其余6座高炉的拆除工作正在进行中，拆除年生产能力1.3

万吨的黄磷炉2座。2009年全市完成单位GDP能耗下降4.6%，玉溪市被省政府授予节能突出贡献奖。

【乡镇企业发展】 2009年，全市乡镇企业完成增加值142.8亿元，比上年增长8.6%，其中工业增加值88.8亿元，比上年增长7.3%；实现营业收入862.5亿元，比上年增长5.4 %；实现利润总额34.3亿元；上交税金23.6亿元；完成农产品加工业销售产值63.8亿元。全市乡镇企业81349个，从业人员40.0万人。2009年，全市乡镇企业固定资产投资项目386个，完成投资51.8亿元，增长21.9%；工业强镇20个，重点工业镇工业发展各具特点，对县（区）示范和带动作用明显，各镇工业发展区域布局渐趋合理。

【信用担保工作】 2009年，组织113户企业参加银企协调会，向各商业银行推荐总需求30.5亿元中小企业贷款，72户企业获贷26亿元，获贷率82%。突出中小企业信用担保体系建设，协调8户担保机构为142户企业提供了166笔总额为5.6亿元贷款担保，缓解中小企业流动资金不足的压力。

【安全生产管理】 2009年，玉溪市煤矿安全生产工作面对小煤矿较多、开采方法落后、职工文化技术水平较低、动态的安全隐患随时发生，影响和制约煤矿安全生产工作问题还比较突出的严峻形势，加大了对安全隐患检查的力度，共排查隐患446条，立即整改的437条，限期整改的9条，竭尽全力将事故消灭在萌芽状态。共举办全市煤矿安全技术培训94期，培训煤矿各类人员2847人，有效提高了煤矿人员素质，增强了从业人员自我保护安全意识，为煤矿安全生产提供了技术支撑。通过艰苦扎实的工作，全市煤矿安全生产形势稳定好转，2009年完成煤炭产量45.68万吨，实现销售收入1.46亿元，同比增长1.4%。煤炭资源整合、煤矿生产安全监管等工作，排查隐患446条，实现全年安全无事故；与上年同期发生一起死亡事故、死亡1人相比，下降100%。

【大事记】 元月，省经委组织有关专家对云南通变电器有限公司研制的S11-2000~6300/35系列变压器、HCSSPZ-H-34500/110三相组合式有载调压电炉变压器进行省级新产品鉴定。两个产品样机经国家变压器质量检测中心监试，各项性能指标均符合变压器技术参数和要求，产品生产质量稳定、技术工艺新，鉴定为“省级新产品”。

2月，由市经委主持，邀请省工业和信息化委、省工业园区协会、市发改委、市国土局和市环保局的专家及领导，在华宁象鼻山温泉度假村，就华宁磷化工循环经济特色工业园区《总体规划（修编）》和《可行性研究报告》进行评审，评审会的专家本着对华宁磷化工循环经济特色园区规划和对华宁磷化工产业发展高度负责的精神，对园区总体规划（修编）和可研报告进行认真审议，对园区规划给予了充分肯定和高度评价，一致通过了评审。

2月16日，通海斯贝佳食品有限公司董事长普绩（女）和云南宏斌绿色食品有限公司董事长任洪冰两位民营青年企业家分别获得第一届“云南青年创业省长奖”和第一届“云南青年创业省长奖”提名奖的殊荣，为玉溪企业界争得了荣誉。

3月4日，全市工业经济发展暨节能降耗会议召开，全面部署2009年工业经济发展暨节能降耗工作。王跃副市长在会上强调，要树信心，强措施，保增长，准确把握当前形势，保持玉溪工业经济平稳较快发展。

3月4日，在市经委组织召开的2009年全市经委主任座谈会上，李长金主任对工业经济发展提出“七点要求”：一是围绕既定目标，全力推进工业经济工作。二是努力突破两个障碍、实现三个确保。三是调整创新，凸显四个“着力”。四是关注政策，加强经济运行保障。五是狠抓项目建设，高度重视工业投资。六是坚定不移，扎实推进节能降耗工作。七是强化服务，营造良好氛围。

3月9日至11日，玉溪市经委在通海县举办全市乡镇（中小）企业创新发展讲座及管理业务培训班。全市八县一区经委分管领导、业务科长、统计人员和75个乡（镇）企业服务站站长及统计人员、19个重点工业镇分管副镇长、通海县、红塔区、江川县、华宁县、峨山县200多户企业负责人以及玉溪市酱咸菜行业协会共计450余人参加了培训。

3月20日前，圆满完成全市2008年报废汽车补贴资金的发放工作。共计对符合条件的39辆机动车发放补贴资金17万元，并按时上报了2009年我市还需发放报废汽车补贴数量70辆、申请补贴资金53.6万元的计划。

4月14日，高市长亲自率相关市直部门，深入各县区调研了20余户工业企业，并召开了座谈会听取企业发展思路，在充分调研的基础上4月底市政府召开了全市强工业保增长会议，安排1.1亿元工业发展专项资金，确保全市加快新型工业化发展。

4月16日，市政府召开全市强工业保增长汇报会议，充分认识保工业就是保发展、保就业、保生产力、保大局、保稳定，齐心协力抓工业保增长。会议贯彻了中央、省、市扩内需保增长及持续走新型工业化道路的各项政策措施，会议将我市强工业保增长的工作作为全市各项工作的重中之重，要求各县区坚决贯彻落实，会议明确了工业发展扶持资金的安排，为各县区保增长作好保障。

4月27日，玉溪市经委召开深入学习实践科学发展观落实强工业保增长措施会议。会上，市经委主任李长金传达了4月16日全市强工业、保增长会议精神，并就全市经委系统如何树立全面发展、协调发展和可持续发展的科学发展观，贯彻落实“强工业、保增长”提出了十条具体措施要求。

4月29日上午，玉溪市经委和中国人民银行玉溪市中心支行共同召开了“玉溪市中小工业企业贷款推荐工作”会议，这标志着全市中小工业企业贷款推荐工作正式启动。会议组织了工行、农行、中行、建行、交行、华夏行、广发行、浦发行、民生行、市商业银行、联社办事处等10余家金融机构参会，认真筛选了113户工业企业，向各银行做了贷款推荐。这次流动资产贷款推荐总的需求为24.5亿元。

5月底，由市经委主持，邀请省工业和信息化委、市发改委、市国土局和市环保局的专家及领导就元江镍产业特色工业园区《总体规划》（以下简称“总规”）和《可行性研究报告》（以下简称“可研”）进行评审。参加评审会的领导和专家实地踏勘了江东热区特色生物资源加工区、甘庄青龙厂循环经济工业片区现场，听取了元江县情况介绍和昆明中研规划研究有限公司对元江镍产业特色工业园区“总规”和“可研”的汇报。与会专家一致通过了评审。

5月19~26日，由市委组织部和市经委共同组织县（区）分管工业副县（区）长、经委主任（或分管工业副主任）、高新区经发局长、市经委中层以上干部及部分企业负责人共56人，参加了清华大学举办的玉溪市领导干部新型工业化高级研修班。

由玉溪市经委、市商务局主办的乐器、名特优产品展销会从6月12日开始，6月18日结束，历时7天，共设置了馆内、外展位194个，实现销售金额达122万元，来自省内的153户企业参加了展销。

7月7~8日，省委书记白恩培带领省级有关单位的主要负责人到玉溪深入调研工业发展并就作了重要指示，一是树立信心，坚定走新型工业化道路，这一点丝毫不能动摇，要把发展工业放在全省的大局、放在更大范围内来思考，既要考虑企业的经济效益，又要考虑工业的带动效应。二是创新能力是云南省工业发展的短板，也是我们在逆境中化危为机的重要支撑。三是下决心调整经济结构，转变经济发展方式；四是坚持改革不动摇，坚持开放不动摇。

为圆满完成玉溪市2009年度财政补贴高效照明产品60万只的推广工作，市节能办于7月31日召开了全市财政补贴高效照明产品推广启动会，市政府办、财政、商务、教育、各县区政府办、红塔集团和市供电局等部门参加了会议。会议传达了2009年财政补贴高效照明产品政策、推广方式、分解目标任务，并制定了推广方案。

6月28~7月4日，玉溪市经委组织江川、通海、新平县经委有关人员及市涉及纸制品包装印刷、旅游工艺纪念品、五金加工制造、农产品加工（酱咸菜协会）四个行业的14户企业负责人赴浙江省温州、苍南、永康、义乌、富阳五市进行学习考察。

8月12日，玉溪市经委手机短信会议通知系统正式启用。市经委所有会议及公务活动均可通过手机短信方式发送。该系统利用云南移动“企信通”平台，把市经委全体人员和县区经委相关人员等100余人的手机号码以分类群组的方式建立在系统电脑资料库里，需要通知开会时，把通知内容拟好，再选定相关参会人员，就可一次性把通知发送到每个参会人员的手机上。整个发送过程只需要几分钟，每条信息发送只需要几分钱，具有简单、节约、高效、人性化等特点。

10月16日，玉溪市加快非公有制经济发展大会召开。市委书记孔祥庚在会上强调，全市上下要进一步解放思想，努力创造一流的发展环境，进一步转变发展方式，努力提高质量与效益，进一步落实政策，强化服务，大力发展民营经济，推进全市经济又好又快发展。市委副书记、市长高劲松出席会议并讲话。省委第四巡视组副组长李作奎，市委副书记吴松，市人大常委会主任董诗强，市委常委、常务副市长谢兴荣，市政协副主席李有明等出席会议。副市长王跃主持会议。

玉溪市第二届“工业杯”职工篮球赛于 10月25日开幕，经过6天紧张的激烈角逐，顺利完成了全部竞赛议程，产生了本届职工篮球比赛各代表队的名次及体育道德风尚奖和组织奖，圆满落下帷幕。

10月28~30日，玉溪市经委召开了2009年“二十个重点工业镇”工作总结座谈会。全面总结2009年玉溪市重点工业强镇工作取得的成效和经验，找出工作中存在的不足，进一步理清发展思路，明确发展目标，完善工作措施，深入实施工业强市战略，充分发挥工业强镇在工业化和城镇化中的示范带动作用。来自县（区）经济委员会分管副主任、乡镇企业（中小企业）科长、二十个镇分管副镇长、企业服务站负责人、统计人员等80余人参加了会议。

10月30日，召开了全市加快推进铸造产业发展工作会议，贯彻落实省委、省政府促进云南机械装备制造业发展、建设云南铸造产业基地的决策。出台了《玉溪市人民政府关于加快推进铸造产业发展的若干意见》，安排部署全市加快推进铸造产业发展的各项工作，明确我市加快推进铸造产业发展的指导思想、基本原则、总体目标、重点领域、发展方向及政策措施。

11月2日，由市经委主持，邀请省工业园区协会、市发改委、市国土局、市建设局和市环保局的专家及相关人员就新平矿业循环经济特色工业园区《总体规划》进行评审。参加评审会的领导和专家实地踏勘大开门片区、桂山片区现场，听取新平县情况介绍和云南华昆工程技术股份公司对新平矿业循环经济特色工业园区“总规”汇报。与会专家及相关部门领导对“总规”认真审阅，一致通过评审。

【年度任职领导名单】

党委书记　谢光平
主任、局长　李长金
党委副书记　袁昆宁
副主任、副局长　高宏伟
尹　鹏
李　实
张贵祥

（钟团兵）

红塔区经济委员会

【工业发展概述】　2009年，国际金融危机持续扩散蔓延，红塔区按照“强工业、保增长”要求，强化市场营销，加快推进项目建设，不断调整产业和产品结构，推进技术创新，实施节能减排，最大限度地化解金融危机影响，取得了明显成效，工业经济运行总体呈现企稳回升、逐月走高、质量和效益稳步提高的良好态势，实现了平稳较快发展，工业生产再创历史新高。

2009年，全区（不含红塔集团，下同）规模以上工业增加值（现价，下同）完成42.5亿元，按可比价格计算，比上年增长30.1%，增速比上年加快22.1个百分点，比全市11.5%的增速快18.6个百分点，在全市八县一区排名第1位，增幅比全国、全省2009年1~11月的增速分别快19.8、21个百分点。工业产值平稳增长。2009年，含红塔集团全区完成工业总产值554.5亿元，比上年增长5.2%。其中，不含红塔集团完成工业总产值260.1亿元，比2008年增加12亿元，增长4.8%，比全市0.1%的增幅快4.7个百分点，完成区政府确定目标280亿元的92.9%；其中，规模以上工业完成总产值233.9亿元，增长2.7%，比全市1.1%的降幅高3.8个百分点。

轻重工业平稳增长，轻工业生产增速快于重工业。2009年，全区规模以上轻工业完成产值37.2亿元，比上年增长15.2%，占全区工业总产值的比重为14.3%；重工业完成产值196.7亿元，增长0.5%，占全区工业总产值的比重为75.6%。轻工业生产增速比重工业快14.7个百分点。

2009年，全区规模以上工业实现销售收入231.4亿元，比上年增长4.5%；利税总额18.0亿元，增长30.4%；利润总额10.4亿元，增长58.2%；成本费用利润率4.7%，比上年提高1.7个百分点；资产负债率65.7%，比上年降低4.4个百分点。

主要产品产量大幅增长，有11种工业品产量增幅在23%以上，分别为：生铁比上年增长27.7%，粗钢增长43.2%，钢材增长51.9%，镀锌钢丝增长83.4%，铝芯线增长27.3%，中成药增长25.1%，水松纸增长23.3%，农用薄膜增长41.2%，精制食用植物油增长33.1%，糖果增长60.2%，炸药增长26.6%。

2009年，全区规模以上工业企业122户，其中，工业总产值上亿元的企业有38户（比上年增加2户），占规模以上工业企业的比重为31%；工业总产值达5亿元以上的企业11户（达10亿元以上的企业4户），占规模以上工业企业的比重为9%。玉溪新兴钢铁有限公司、玉溪汇溪金属铸造制品有限公司和云南玉溪玉昆钢铁集团有限公司3户企业实现产值达83亿元，占全区工业总产值的比重为32%，同比提高2个百分点。

2009年，全区完成工业投资27.8亿元，比上年增长41.5%，占全区全社会固定资产投资（81.2亿元）的比重为34.2%，同比提高4.4个百分点。

【钢铁行业】　2009年，钢铁工业产量大幅增长，效益稳步提高，产值微降。红塔区21户规模以上钢铁企业生产生铁324.0万吨，比2008年增长27.7%；粗钢287.1万吨，增长43.2%；钢材255.4万吨，增长51.9%；实现工业总产值146.9亿元（炼铁企业39.1亿元，炼钢企业16.8亿元，钢压延加工企业91.0亿元），同比下降0.1%，占全区工业总产值的比重为56.5%；工业增加值18.9亿元，增长41.1%；销售收入147.7亿元，增长3.0%；利税总额7.6亿元，增长15.5%；利润总额3.9亿元，增长34.0%；成本费用利润率2.7%，比上年提高0.6个百分点。钢铁工业产值下降的主要原因是主要产品价格同比大幅下跌。2009年，生铁累计平均价格比上年每吨下跌950元，钢坯每吨下跌1000元，线材每吨下跌1150元。至2009年底价格有所回升，生铁、钢坯、线材平均价格每吨分别为2700元、3450元、3800元左右。

【卷烟配套业】　2009年，红塔区卷烟配套工业平稳发展。全区21户规模以上卷烟配套企业实现工业总产值26.0亿元，比上年增长7.0%，占全区工业总产值的比重为10.0%；工业增加值5.7亿元，增长20.1%；销售收入24.2亿元，增长3.9%；利税总额4.6亿元，增长38.5%；利润总额3.4亿元，增长59.4%；成本费用利润率16.0%，比上年提高5.9个百分点。

【生物制药业】　2009年，红塔区生物制药工业快速健康发展。全区5户规模以上生物制药企业实现工业总产值4.2亿元，比上年增长46.2%，占全区工业总产值的比重为1.6%；工业增加值2.5亿元，增长61.1%；生产中成药745吨，增长25.1%；销售收入3.8亿元，增长45.5%；利税总额1.6亿元，增长44.7%；利润总额1.3亿元，增长51.5%；成本费用利润率48.9%，比上年提高3.4个百分点。

【水泥行业】　2009年，红塔区水泥工业平稳增长。全区11户规模以上水泥企业实现工业总产值2.9亿元，比上年增长12.5%；工业增加值6647万元，增长12.0%；生产水泥130.2万吨，增长10.5%；销售收入2.8亿元，增长13.6%；利税总额4350万元，增长3.3倍；利润总额2087万元，增长3.6倍；成本费用利润率7.9%，比上年提高11.1个百分点。

【四项主要经济指标】　2009年，规模以上工业完成增加值42.5亿元，完成目标48亿元的88.5%；实现销售收入231.4亿元，完成目标260亿元的89%；利税总额18.0亿元，完成目标20亿元的90%；利润总额10.4亿元，完成目标8亿元的130%。

部分经济指标完不成目标任务的主要原因是：2009年，钢铁工业产量与产值增幅不同步所致，即产量上升而市场价格下跌导致产值及销售下滑，从而影响到指标的完成。2009年，红塔区21户规模以上钢铁企业生产生铁324万吨，比上年增加70万吨，增长27.7%；粗钢287.1万吨，增加87万吨，增长43.2%；钢材255.4万吨，增加87万吨，增长51.9%；实现工业总产值146.9亿元（炼铁企业39.1亿元，炼钢企业16.8亿元，钢压延加工企业91亿元），同比下降0.1%，占全区工业总产值的比重为56.5%。2009年，生铁累计平均价格同比每吨下跌1000元，跌幅为29%；钢坯每吨下跌1180元，跌幅为27%；线材每吨下跌1310元，跌幅为28%。

【工业固定资产投资与项目建设】 2009年，红塔区面对土地宏观调控政策和金融危机对实体经济的冲击，始终坚持以市场为导向，以产品为依托，以项目为载体，以创新为动力及大项目带动大发展战略，深挖企业发展潜力，发挥产业聚集效应，积极引导和鼓励项目向园区聚集。做好项目储备工作，有计划地推进项目建设。并围绕生物制药、新材料、新能源及钢铁产业延伸加工，完成储备项目20个。鼓励企业采取措施，盘活现有存量，清理零散土地，对老厂区进行改造。提高项目投资强度和建设用地有效利用率，节约用地。提升企业管理服务水平，创新服务方式，提高办事效率，切实为企业技术改造提供优质高效服务。2009年，全区完成工业投资27.8亿元，比上年增长41.5%，完成目标28亿元的99.3%；1000万元以上新开工项目18个，完成目标5个的360%；1000万元以上竣工项目16个，完成目标5个的320%。

【非公经济发展】 2009年，全区实现非公经济增加值66.7亿元，完成目标62亿元的107.6%；上交税金9.9亿元，完成目标11.9亿元的83.2%；工商登记从业人员15.3万人，完成目标10.1万人的151.5%。

【乡镇企业发展】 2009年，红塔区乡镇企业完成增加值56.7亿元，完成目标57.6亿元的98.4%；工业增加值30.1亿元，完成目标30.4亿元的99%；上交税金12.2亿元，完成目标13.9亿元的87.8%；农产品加工业销售产值22.4亿元，完成目标25.4亿元的88.2%；职业技术鉴定人数87人，完成目标600人的14.5%；企村结对13对，完成目标13对的100%。

【优化产业结构】 一是围绕延伸产业链，组织钢铁企业寻求新的项目。至目前，企业成功开发了高强度防震钢筋、硅钢、异型材、公路护栏、薄板、机床、铸件等高附加值产品，产业链不断得到延伸。二是引入在大企业大集团战略合作伙伴步伐加快。蓝晶公司与云锡集团建立了战略合作关系，共同开发光电子产业；昆钢在红塔区的新项目建设加快。三是帮助玉昆钢铁集团、华盛钢铁公司取得了钢筋混凝土用热轧光圆钢筋生产许可证取证。

【技术创新】 2009年，红塔区制定出台促进企业技术创新、争创名牌、推进科技进步的实施意见，安排专项资金用于奖励企业技术创新。一是完成省级技术中心认定2户（玉溪玉杯金属制品有限公司、玉溪红塔铝型材厂）。二是争取省级补助资金150万元，其中，玉溪溶剂厂有限公司技术改造项目贴息补助100万元。玉溪云溪香精香料有限责任公司技术创新项目资金补助50万元；玉溪市工业项目前期工作经费补助130万元，其中，云南郑成功精密机械有限公司年产1万台数控光机生产项目补助30万元，玉溪活发集团刘总旗水泥有限公司年产75万吨新型干法水泥项目补助30万元，玉溪瑞达经贸有限公司矿渣设备制造补助30万元，经委工作经费补助40万元；红塔工业园区规划补助资金40万元；红塔区财政补助资金60万元，其中，省级技术中心认定奖励20万元（2户企业各10万元）；对滤嘴棒分厂、旭日塑料公司、滇雪粮油公司、自强集团四户企业获云南名牌产品奖励40万元（4户企业各资金10万元）。三是做好项目储备工作。围绕生物制药、新材料、新能源及钢铁产业延伸加工，储备项目15个，重点开发新产品3个。

【节能降耗】 2009年，红塔区加强组织领导，全区上下形成工作合力。节能工作协调机制不断完善，形成6大重点行业主管部门和企业节能工作都有领导负总责，具体工作有专人抓。明确目标任务，节能目标责任制逐级分解落实。按照红塔区“十一五”和各年度节能减排目标任务，全区11个乡镇（街道）、6个重点行业部门与区政府签订了“十一五”和年度节能目标责任书。加强节能基础管理，节能审计、评估工作逐步开展。全年完成能源审计企业7户，清洁生产审核2户。同时以工业为突破口，重点领域节能全面推进。2009年启动15户企业能源审计工作，全年完成推广6万只节能灯的任务。2009年，全区万元GDP能耗1.66吨标煤，同比下降5.23%，完成市政府下达下降5.2%的目标。列入2009年淘汰的玉溪市东风钢铁有限公司220m3高炉、玉溪市豪源钢铁有限公司220m3高炉、玉溪市莲池冶炼有限公司220m3高炉，市、区、乡镇的努力，企业的大力支持，玉溪市莲池冶炼有限公司已于2009年12月21日开始拆除，其余两座高炉已停产待拆除。

【工业企业流动资金贷款】 2009年，红塔区认真做好工业企业流动资金贷款推荐工作。为了更好地促进工业经济平稳发展，协调解决企业融资问题，根据玉溪市经委《关于开展2009年工业企业流动资金需求情况调查的通知》要求，红塔区经委与各乡镇（街道）通力协作，组织填报《2009年玉溪市工业企业流动资金需求调查表》，共推荐上报了58户企业。通过玉溪市经委将58户企业的贷款需求情况向各金融部门予以推荐；根据红塔区政府领导安排，对14户重点企业贷款需求情况进行调查，贷款需求总额为6亿元，通过积极向各金融部门推荐，初步达成银企贷款合作意向1.8亿元。

【工业企业项目扶持资金】 2009年，红塔区围绕区委、区政府关于加大协调和争取力度，最大限度地争取上级对企业扶持的要求，紧紧围绕扩大内需要的相关政策，结合红塔区企业的实际，组织企业对口上报，积极邀请上级领导到企业了解项目情况，主动向上级部门汇报红塔区工业经济发展中遇到的实际困难和问题，最大限度地争取了上级对企业的扶持。2009年，全区共争取中央、省、市工业企业项目扶持资金55项，共1580万元，其中，中央扶持资金5项共577万元，省级扶持资金6项共470万元；市级扶持资金44项共533万元。

【中小企业成长工程】 2009年，红塔区深入贯彻落实党的十七大、十七届三中全会和云南省加快非公有制经济发展大会精神，进一步加快全区中小企业、非公有制经济发展步伐，继续全面实施中小企业成长工程。2009年10月玉溪市召开全市加快非公有制经济发展大会，红塔区有98个非公企业、企业家、个体工商户获得了表彰。全区19户企业获得“玉溪市非公有制经济优强企业”称号、23名企业家获得“玉溪市非公有制经济优秀企业家”称号、14户企业获得“玉溪市非公有制经济纳税大户”称号、7户企业获得“玉溪市非公有制经济公益事业先进企业”称号、35名个体工商户获得“玉溪市非公有制经济优秀个体工商户”称号。2009年，维和制药、云溪香精香料、溶剂厂被评为云南省百户创新型非公企业，玉溪玉杯金属制品有限公司刘宝平总经理被评为云南省非公有制企业创业之星，玉溪市维和制药有限公司王维和董事长云南省非公有制企业公益之星。

【工业园区建设】 2009年，红塔区继续按照《中共红塔区委区人民政府关于加快推进新型工业化进程的实施意见》，围绕“做大矿冶产业，做优卷烟配套产业，做强高新技术产业”的目标，省级研和工业园区、红塔工业园区，全力引入昆钢、玉昆等大企业、大集团，实施大项目带动大发展战略，加速推进产业集群发展，产业结构得到迅速优化升级，有力地促进了全区工业经济的持续、快速、健康发展，工业经济的骨干作用日益明显。玉钢、玉昆、汇溪金属、活发集团、太标集团等一批重点企业成为全区的优势骨干企业。钢铁工业发展成为新兴支柱产业，改变了卷烟配套单一产业为主的格局。2009年，全区完成工业总产值260亿元，比2002年增加210亿元。

【企业改革改制】 2009年，红塔区列入改革范围的82户企业已有81户完成改革工作，改革改制面达98.78%。其中，国有及国有控股企业60户已全部完成；22户城镇集体企业完成改革21户。2009年，完成玉溪橡胶制品厂改革方案初稿。红塔区经委完成全区企业改革工作中部分遗留和新出现的15大类23个问题的调查、分析和处理建议的工作，为区政府提供决策参考。完成全区29户关停破产企业职工情况的调查统计和申报工作，尽可能争取上级的资金支持。完成红塔区改制企业“4050”困难人员的调查统计工作，并按要求报省级相关部门。追缴改制企业购买款及相关社会保障费574万元。接待原玉溪机床厂、原玉溪市第一造纸厂、原玉溪化肥厂等改制企业信访职工700余人次，对信访中提出的涉及改制政策、资产评估、资产处置、结余工资、自谋职业人员生活困难等62个问题认真调查核实，并按相关政策提出答复和处理建议。参与市委市政府改制企业职工信访问题调研组工作，对全市改制企业出现的新情况和新问题，提出坚持国企改革的政策和规定，促进企业发展；明确盘活土地增值收益的使用和监管；完善政策，保障职工的合法权益；加大劳动保障力度，切实解决失业人员的困难问题；加强非公企业党建和工会工作；加强国有企业改革领导小组及办公室建设等六条建议，得到玉溪市委、市政府领导的原则认可。

（王　蕾）

澄江县经济委员会

【综述】 2009年，县经委在县委、县政府的正确领导下，认真贯彻落实县委十届五次全会、县十五届人大二次会议及全市强工业保增长会议精神，以科学发展观为指导，深入实施“工业强县”发展战略，面对复杂多变的经济形势和困难，积极做好产业政策、企业发展的宏观指导，大力推进企业技术进步、节能降耗和工业循环经济工作，加强技术创新能力建设，加大对企业的帮扶力度，狠抓各项工作措施的落实，工业经济大幅下滑势头得到遏制，逐步企稳回升，工业经济平稳运行。

【工业经济保持平稳增长】 2009年，全县累计完成现价工业总产值327479.9万元，同比增长5.28%，其中：重工业完成303807.3万元，同比增6.46%；轻工业完成23672.6万元，同比减7.82%；规模以上企业完成249669.9万元，同比减1.45%；规模以下企业完成77810元，同比增34.84%。完成全县工业增加值97825万元，按可比价计算增长17.5%。

【规模工业企业运行平稳】 2009年，澂江县受多重客观因素的影响，发展速度放缓，通过采取强有力的措施，有效扼制了大幅下滑势头，呈现产销基本稳定、效益大幅减少的局面，总体运行情况质量不佳。规模以上企业完成工业产值249669.9万元，同比减1.45%；完成现价工业增加值61438.9万元，按可比价计算增长19.21%；实现主营业务收入242186.6万元，减8.35%；实现利税总额8724万元，减75.79%；实现利润总额1403万元，减94.83%。

【项目投资较快增长】 2009年，全县工业项目固定资产投资完成40681万元，同比增26.68%，完成考核目标任务的101.7%。当年新开工1000万元以上工业项目7个，分别为：云南澂江天辰磷肥有限公司渣库建设项目，澂江东溪哨工业废水处理站建设项目，云南澂江盘虎化工有限公司2.4万吨磷炉技改项目，云南澂江金山化工有限公司3.5万吨高纯度磷酸建设项目，110千伏河阳变电站建设项目，地道酒厂异地技改项目，澂江磷化工金龙有限责任公司5万吨食品磷酸建设项目，完成目标任务2个的3.5倍。当年1000万元以上工业竣工项目8个，分别为：云南澂江盘虎化工有限公司1.2万吨磷炉技改项目、云南澂江盘虎化工有限公司2.4万吨磷炉技改项目、云南澂江云玺水电开发有限责任公司鲊取电站建设项目、云南澂江天辰磷肥有限公司渣库建设项目、澂江东溪哨工业废水处理站建设项目、云南澂江云工建筑机械制造有限公司小型装载机改扩建项目、云南澂江金山化工有限公司3.5万吨高纯度磷酸建设项目、110千伏河阳输变电工程建设项目。

【乡镇企业持续发展】 2009年，全县乡镇企业完成增加值133604万元，同比增13.28%；工业增加值104498万元，增14.77%；上缴税金14029万元，增11.48%；农产品加工业销售产值12389万元，减22.54%。

【非公经济健康发展】 2009年，非公经济完成增加值158554万元，同比增34%；上缴税金18779万元，减17.49%；工商登记从业人员18362人，下降34.13%。

【主要工业品产量六增五减】 2009年，生产黄磷75942吨，增58.41%；磷酸89362吨，增9.23%；供电量99028万度，增22.53%；立窑水泥586879吨，增7.4%；塑料制品3286吨，增30.29%；红砖52850万块，增8.39%。发电量29638万度，减25.2%；三聚磷酸钠7000吨，减47.84%；磷酸铵肥31637吨，减26.31%；配混合饲料17476吨，减19.04%；钢材82439吨，减5.29%。

【用科学发展观指导县域工业经济稳步发展】 2009年，县经委通过深入学习实践科学发展观，充分认识科学发展观在工业发展中的重大意义，针对县域工业经济发展中存在的困难和问题，认真分析研究，进一步理清发展思路，坚定不移地实施“工业强县”战略，走“磷电结合，做强磷化工，做大建筑建材业，引进发展高新技术产业”的发展路子，以加快工业发展速度、快速提升工业总量，不断优化产业和产品结构、调整产业布局、转变增长方式，提高工业整体质量和素质、增强产业竞争力为目标，继续巩固提升磷电等传统优势产业，积极发展绿色农产品加工、新型建材、装备制造业、机械加工等产业，走科技含量高、经济效益好、资源消耗低、环境污染少的新型工业化道路。具体做法是：在磷化工业发展上，按照“13台磷炉、15万吨总产能”的控制要求，在坚持环境优先，确保实现节能减排目标的前提下，引导企业加强联合，提高产业集中度，积极开发以黄磷为原料的基础磷化工和精细磷化工产品，打造以商品磷酸产品为重点的基础磷化工原料基地；推广先进实用技术，提高黄磷尾气综合利用率，增强节能减排效果。在建筑建材上，抓住新昆明建设的机遇，改造提升传统建材产业，加快华荣公司120万吨旋窑水泥生产线（二期）建设。在电力产业发展上，加强区域电网建设，抓好110千伏河阳变电站建设，配套保障县域磷化工产业发展。

【加快项目建设，增强企业发展后劲】

2009年，县经委积极做好重点项目的跟踪协调服务工作，及时了解项目建设进展情况，协调解决项目建设中的困难和问题，确保项目顺利推进，切实增强发展后劲。15万吨黄磷炉、小型装载机技改项目，鲊取电站、天辰公司渣库（一期）、东溪哨工业园区废水处理站、金山公司磷酸酐及高纯度磷酸等新上项目，先后完工投入生产或试生产；110kV河阳输变电工程12月22日举行竣工庆典，宝泰轻工机械厂进入设备安装后期阶段；华荣水泥厂二期生产线3月份动工，地道酒厂搬迁新建7月份开建，金龙公司5万吨食品磷酸项目9月份开始，进展较为顺利。宝荣磷酸有限公司2×3.5万吨高纯度磷酸、志成磷业化工有限责任公司5万吨高纯度磷酸、盘虎化工公司黄磷尾气余热发电及食品五钠技改、富强工贸公司磷酸桶、再峰公司阻燃剂等项目前期工作稳步推进。

【强化经济运行分析，加强监测预测分析】 2009年，面对全球金融危机的影响，为保持县域工业经济平稳较快发展，县经委强化对经济运行的监测和分析。一是高度关注宏观经济形势，及时研究分析宏观调控政策措施变化对我县工业经济运行的影响，提出意见建议。二是切实做好经济运行监测。加强对重点企业运行态势的监测，及时发现制约工业发展的苗头性、倾向性问题，为政府制定适合我县工业发展的政策提供依据；加强对经济运行指标的综合分析，通过监测和综合分析，准确把握工业经济形势。三是坚持每月一次的经济运行分析，针对工业发展中存在的困难和问题，提出或采取各种有效措施积极应对。一年来，我委强化经济运行分析，为领导全面掌握工业经济运行态势和领导决策提供参考意见，对应对金融危机发挥了积极作用。

【抓好节能降耗工作】 2009年，全县规模以上工业企业实际能源消耗总量为418463.98吨标准煤，实现万元工业增加值（可比价）75712.2万元，万元工业增加值（可比价）综合能耗5.5270吨标准煤，同比下降16.79%；实现工业总产值（可比价）293673.6万元，万元产值（可比价）综合能耗1.4229吨标准煤，同比下降14.43%。在节能降耗工作方面，主要做了以下工作：一是结合实际，与11户（除3户双百企业外）重点能耗企业签订2009年度节能降耗目标责任书，将节能降耗指标分解到重点能耗企业，要求企业定期报送报表，我委及时跟踪监测，分析用能状况。二是组织企业业主、会计、统计人员进行节能降耗培训，确保节能降耗工作的顺利开展。全年共联合县统计局举办了3期培训。三是认真组织开展节能宣传周活动。按照2009年节能宣传周活动的通知精神，我委及时与县广电部门联系进行了以“依法节能、全民行动”为主题的宣传活动，同时，将《关于开展节能宣传周活动的通知》下发到各重点耗能企业，要求各重点耗能企业以此为契机，加大宣传力度，增强员工的节能减排意识。四是抓好淘汰落后产能工作。按国家产业政策及环保百日整治的相关要求，淘汰拆除澂江华业建筑工程开发有限公司水泥立窑3.2×11.5m机立窑生产线一条，产能10万吨；淘汰拆除德安公司黄磷生产装置2套，产能1.3万吨。随着德安公司两台黄磷生产装置的拆除，抚仙湖径流区黄磷生产装置已拆除完毕。五是针对今年上半年规模以上工业企业万元产值综合能耗、万元增加值综合能耗持续上升的实际，我委进行了认真分析研究，及时制定了《关于加强对澂江县重点耗能企业节能降耗管理工作的通知》下发到重点耗能企业，进一步加强节能降耗管理工作，并实行限期整改制，促使企业加大节能设施投入和下游产品的开发力度。对完不成年度节能目标任务的企业，限期整改；通过实施节能降耗整改，综合能耗水平仍大于国家或省公布的产品能耗限额的企业实施停产整治。通过实施节能降耗整改，综合能耗水平小于或等于国家或省公布的产品能耗限额，方可复产。对超过国家和省公布的能耗限额标准企业，三年内不得申报国家或省节能项目资金扶持。

【搞好协调服务工作，优化工业经济发展环境】 2009年，县经委深入企业，积极为企业排忧解难，引导、服务好企业，优化工业经济发展环境，及时为企业协调解决困难和问题。一是认真贯彻落实《关于开展对停产半停产企业帮扶工作的通知》（玉经办〔2009〕102号）精神，积极开展对困难企业、停产半停产企业的帮扶工作。通过有效帮扶，16户企业先后恢复正常生产。二是继续开展企业治乱减负，配合纪检部门，加强对相关企业的监控，营造统一开放，竞争有序，充满活力的市场秩序，为企业发展创造宽松、良好的环境。

【园区规划建设稳步推进】 2009年，为加快工业园区规划建设，经县委、县政府研究，相继成立了澂江工业园区管理委员会和提古工业园区筹备领导小组。

澂江工业园区自2季度以来，园区工业经济总体态势企稳，回升势头强劲。园区完成工业总产值（现价）19.57亿元，同比增4.9%；完成出口交货值1.31亿元，同比减24.94%；实现工业增加值5.07亿元，同比增24%；销售收入18.52亿元，同比减1.98%；税收0.46亿元，同比减38.82%，利润-0.06亿元，同比减103.64%；园区企业完成固定资产投资2.74亿元，同比增41.24%；累计完成园区基础设施投资0.79亿元。新入园1000万元以上项目4个，分别为：110kV河阳输变电工程、澂江东溪哨工业污水处理站、云南澂江金山化工有限公司3.5万吨／年高纯度磷酸装置项目、天辰公司花园河渣库项目。完成了鱼塘村民小组整村搬迁项目立项批复和居民房屋、土地等财产评估工作；筹措鱼塘村第一期项目建设资金1430万元；兑付土地征用及地面附着物赔付款项、场地平整等工作，投入并支付各项资金约1700万元；草拟了《鱼塘村搬迁方案》。

按照高市长到我县调研提出的建设提古高新技术产业园区的发展构想。按照这一要求，县委、政府高度重视，行动迅速，于2009年7月成立了提古工业园区筹备领导小组，同时成立了提古工业园区筹备领导小组办公室。截至2009年底，完成了提古片区基本情况调查，完成了供水方案比选，摸清了园区内现有企业、挂牌出让土地、闲置土地、闲置资产以及权属等情况，完成了园区内土地征收标准的测算，并以昆明高新区玉溪高新区招商引资政策为蓝本，草拟了提古园区招商引资优惠政策征求意见稿。委托云南省地质工程第二勘察院对西龙潭进行水源地质进行勘察，并于11月26日召开澂江西龙潭水源地质勘察成果汇报会。委托昆明开发规划设计院对澂江提古工业园区进行总体规划，于12月14日，召开了第一次规划方案汇报会，总体规划方案正在进行修改完善。在进行规划编制的同时，委托昆明理工大学科技产业经营管理有限公司编制环境影响评价。

【企业改革工作稳步推进】 澂江县物资总公司燃料营业部自1999年4月以来，经营过程中因多方因素，已停产多年，盘活无望。为切实解决职工问题，根据国有企业改革的相关文件精神和《澂江县人民政府关于澂江县物资总公司燃料营业部改革实施方案的批复》（澂政复字[2008]76号）批复精神，委托云南嘉富尔拍卖有限公司对澂江县物资总公司燃料营业部整体资产进行了公开拍卖。截止2009年6月底，职工已安置完毕，改革工作进入扫尾阶段。

【清洁生产进展顺利】 2009年，根据《玉溪市2009年工业经济发展目标责任书》的相关要求，下达澂江县4户清洁生产审核验收目标任务。县经委结合实际，对自愿申请实施清洁生产审核验收的澂江磷化工金龙有限责任公司、云南玉溪仙福钢铁（集团）澂江轧钢有限公司、云南澂江三元德隆铝业有限责任公司、云南红塔卷烟胶厂四户企业进行全面宣传动员，积极组织人员入厂对4户企业管理人员和职工进行培训；企业积极鼓励员工提出合理化建议或意见，并于11月底完成清洁生产审核报告。

2009年12月3~4日，由玉溪市经济委员会、澂江县经济委员会、澂江县环保局组成清洁生产审核验收组，对4户清洁生产实施企业进行审核验收，通过现场检查、核实、评价，4户企业通过审核验收。

【能源审计稳步推进】 为加强实施重点用能企业能源审计工作，顺利完成今年的能源审计目标，我委及时协调云南省节能技术服务中心、昆明奥特龙能源科技有限公司两家能源审计中介服务机构，为云南玉溪仙福钢铁（集团）澂江轧钢有限公司、云南澂江三元德隆铝业有限责任公司、云南澂江盘虎化工有限公司编制能源审计报告。2009年10月玉溪市经委组织相关专家对我县三户耗能企业能源审计报告进行审查，三户企业顺利通过了专家组审查。至此，三户企业的能源审计工作顺利完成。能源审计报告的编制及审查的通过，为企业降低能耗提供了有效途径。

【倡导全民节能，认真落实国家财政补贴高效照明补贴政策】 为认真贯彻落实科学发展观，倡导全民节能，共同建设资源节约型、环境友好型社会，2009年国家通过财政补贴方式推广高效照明产品1.2亿只，其中云南省800万只，玉溪市60万只，下达我县3.5万只高效照明产品推广任务。为确保目标任务的全面完成。一是结合澂江实际，认真考察比较，授权澂江县振兴路2号（雅派灯饰）和澂江县环城南路37号（德宏灯饰）为2009年财政补贴高效照明产品推广销售点。在推广销售过程中要求授权销售点严格遵守《高效照明产品推广财政补贴资金管理暂行办法》，推广产品严格按照财政补贴价格销售，决不准高于补贴价格销售。二是进行广泛宣传。及时与县广电局协调，通过广播电视对政府补贴高效照明产品进行宣传，扩大老百姓对高效照明产品的利好政策的知晓率，参与到全民节能活动中来。由于宣传到位、方法得当，全年共推广国家补贴高效照明产品4.37万只，超额完成了目标任务。

【认真开展商品过渡包装检查工作】 根据玉溪市经济委员会《关于转发〈云南省工信委关于贯彻落实国务院办公厅关于治理商品过渡包装工作的通知〉的通知》（玉经字[2009]17号）的文件精神，我委于2009年8月18日组织相关人员分别对辖区内有一定规模品牌的云南再峰（集团）湖泉酒业有限责任公司生产的仙湖春品牌系列的七个品种，云南德春绿色食品有限公司生产的德春牌藕粉系列的30个产品，澂江县藕粉厂生产的仙湖牌藕粉十大系列32个产品进行了包装情况的检查。经检查三户企业的包装费用占产品成本的比例都低于15%，有的仅为0.6%，无产品过渡包装情况。

【组织企业开展企村结对，推进新农村建设】 2009年，为充分发挥各类企业在建设社会主义新农村活动中的优势和作用，帮助和带动新农村建设，我委和相关乡镇积极做好企业工作，13户企业参与了企村结对，推进新农村建设。13户企业在企村结对活动中，与18个村民小组签订推进新农村建设合作协议书，共投入资金440.6万元，对结对村（组）进行帮扶。企村结对活动的开展，为发展农村、建设农村、富裕农民做出一定的贡献，在推进新农村建设中发挥了积极的作用。

【强化安全管理，落实安全责任】 一是与德安公司、再峰公司、华业公司、印刷厂及民爆公司签订了2009年安全生产责任状，明确企业法人为安全生产第一责任人，要求企业加强安全生产管理，及时整改存在的安全隐患。二是开展经常性的安全隐患排查工作，向企业提出整改建议。全年对各相关企业的安全生产隐患进行排查，共出动车辆63辆次，人员175人次，排查企业61家次，发现存在安全隐患36起，已督促整改完毕35起。三是进入雨季，为确保南盘江上电站的安全运行，我委高度关注全省气象变化情况，提前与各电站联系，要求企业提前做好防汛准备。四是针对人员变动，及时修改完善了《澂江县经济委员会电站、坝塘防汛抗洪应急救援预案》和《澂江县经委系统安全生产事故应急救援预案》。五是认真组织企业开展安全生产月、安全生产年活动，进一步宣传安全生产的相关知识。

峨山县经济委员会

【简述】 2009年，峨山县经济委员会紧紧围绕“工业强县”的战略目标及年初确定的各项经济发展目标任务，采取各种措施，着力推进工业项目建设进度，促进企业技术创新，强化节能降耗和资源综合利用，推进工业园区建设，及时调研经济运行中出现的诸多困难，努力确保了工业经济平稳增长。

2009年，实现总产值34.6亿元，同比减15.4%。列入市政府考核的四项指标均未完成。增加值完成9.34亿元，同比增10.51%；销售收入完成32.66亿元，同比减17.18%；利税总额完成5.31亿元，同比减9.94%；利润总额完成3.2亿元，同比减13.36%。

【非公经济发展】 非公有制经济快速发展，已成为推动全县经济发展的基本力量，经济社会发展的主力军，财政收入的重要来源，解决就业的主要渠道和维护社会稳定的主要基础。2009年，上交税金3.79亿元，同比增8.25%；工商登记从业人员1.58万人，同比增8.22%。非公有制经济战线涌现出了一批创新能力强、社会影响和社会贡献突出的先进企业和个人。多户企业受到了省、市的表彰，其中，峨山县万得利自然资源开发有限公司被云南省人民政府分别授予“云南省非公有制企业之星”、“全省民族团结进步模范个人荣誉称号”；在市委市政府10月16日隆重召开的加快非公有制经济发展大会上，峨山县9户企业、两位董事长及6位个体工商户受到了表彰。源天生物公司所生产的“农福旺”牌优质烟叶专用肥生产技术研究及产业化项目获得玉溪市科技成果进步三等奖。云南玉林泉酒业有限公司“玉林泉”荣获“中国白酒小曲香型代表”殊荣，新开发的“大经典”酒晋升“国字号”，改写了云南有名烟无名酒的历史。

【乡镇企业主要指标】 2009年，乡镇企业完成增加值8.78亿元，同比减15.7%；其中，乡镇工业企业完成增加值6.72亿元，同比减17.2 %；上交国家税金2.4亿元，同比减10.6%；农产品加工业销售产值1.15亿元，同比减5.9%。完成职业技术鉴定人数100人，企村结对6对，已完成目标任务。

【工业园区建设】 2009年，峨山县积极借鉴省、市、县（区）关于工业园区建设的成功经验，牢固树立“工业兴则全县兴、园区强则工业强”的思想观念，把工业园区建设作为推动工业经济建设乃至县域经济建设的突破口，集中人力、财力，不断攻坚克难，坚定不移地推进工业园区建设，实现项目、产业聚集发展，优化要素配置，着力打造产业集群发展平台。投入大量资金先后完成了《省级玉溪研和工业园区双小片区总体规划》、《峨山移民再就业工业园区总体规划》、《峨山县化念城镇总体规划》（修编）和峨山移民再就业工业园区化念片道路、桥梁地基勘察和施工图设计等工作，积极开展研和工业园区双小片区和峨山移民再就业工业园区的规划环评工作。研和工业园区规划环评已由省环保厅、工信委审查批准，峨山移民再就业工业园区的规划环评已经专家初审，待进一步修改完善后上报省环保厅、工信委审批。

【工业固定资产投资、技改项目工程】2009年，峨山县完成工业固定资产投资7.04亿元，同比减1.4%。全年新开工1000万元以上的工业项目5个，已竣工1000万元以上的工业项目3个，完成全年目标任务。“源天生物能源综合开发、60万吨贫褐铁矿焙烧磁选”等11个重点工业项目在各项目推进组的协调指导下，克服金融危机及行政许可等方面带来的困难，正在有序推进。万得利公司60万吨贫褐铁矿焙烧磁选项目、天大公司60万吨焦化（一期2号焦炉）技改项目、源天生物公司20万吨有机—无机复混肥（一期10万吨）项目、隆泽水电开发公司大龙潭法吾电站项目已投入生产。恒茂铸造公司5万吨机床铸件项目铸造车间、粗精加工车间进入后续设备安装阶段。天恒通泰公司10万吨腐殖酸褐煤粉、5万吨颗粒多混肥项目今年可投入试生产。源天生物20万吨油菜子加工综合利用（一期5万吨）项目、坤龙粮油公司技改迁扩建项目、龙禹电力公司绿汁江流域龙门电站正在抓紧施工。全面落实县级领导负责重点工业项目推进工作制、项目行政审批联席制、项目建设全程跟踪服务制等制度，主动协调银政、银企关系，及时召开项目推进会、银企座谈会，尽最大可能为落户企业提供绿色通道。全年共协调省发改委、省工信委核准工业投资项目2个，备案2个；县经委备案6个。

【淘汰落后产能、节能降耗工作】2009年，峨山县认真开展淘汰落后产能工作。按照云政办发〔2007〕145号文件及市政府与县政府签订的2009年节能降耗目标责任书要求，单位GDP能耗下降5.2%以上的目标任务已完成，纳入年内淘汰拆除的4座炼铁高炉于2009年12月16日全面停产，拆除1座。积极组织全县重点耗能企业开展能源审计和清洁生产审核工作。年内对峨山万茂工贸有限公司、峨山万得利自然资源开发有限公司、云南纳山钢铁有限公司、峨山天大工贸有限公司、峨山恒昌东兴铸造有限公司、塔甸煤矿有限公司等企业开展能源审计工作。对供电公司、玉林泉酒业2户企业实施清洁生产审核。通过开展能源审计和清洁生产审核，发现企业在能源消耗、生产管理上存在的漏洞和不足，提出解决问题的办法。严把新上项目节能审查关。先后对峨山宏峰建材有限责任公司技改扩建60万吨新型干法水泥熟料项目、玉溪鑫瑞钒钛实业有限责任公司100万吨竖炉球团矿、30万吨直接还原铁项目、峨山矿冶（集团）有限责任公司100万吨菱铁矿磁化分选项目和峨山沐荣镁业有限公司煤气综合利用等五个项目上报省工信委进行节能评估和审查，所有项目均顺利地通过了审查。大力推广应用水泥窑纯低温余热发电技术、高压变频节电技术、工业锅炉三（双）混分层给煤燃烧技术。如墩煌钢铁公司的电机变频节电、银河化工公司的“三废”混燃余热锅炉和宏峰建材公司的水泥窑纯低温余热发电技术。积极做好2009年财政补贴高效照明产品推广工作，全县完成了财政补贴节能灯58759支，超额完成市政府下达35000支的任务。2009年能源审计、清洁生产完成8户重点耗能企业能源审计和2户企业清洁生产的审核验收工作。

【煤矿安全生产工作】　2009年，峨山县煤炭行业安全监管工作，始终坚持“安全第一、预防为主、综合治理”的方针，统一思想，提高煤矿安全准入制度，巩固“专项整治”成果，预防和减少煤矿安全生产事故发生。委托玉溪市煤矿安全培训中心对全县所有煤矿特员、特岗进行培复训1846人。通过考试全部合格并持证上岗，参训率达100%，有效地提高了煤矿从业人员的自身安全素质。成立“安全生产月”活动领导小组，制定了具体的活动方案，印制发放煤矿安全生产宣传材料1500余份，张贴宣传标语650余条，悬挂宣传横幅12幅，组织职工1000余人次学习相关法律、法规和安全知识。期间，市经委、县经委分别组织相关部门对煤矿安全生产工作检查2次，共查出隐患92条。按工作职责的要求，每月对所属煤矿进行检查。同时，配合云南煤矿安全监察局红河监察分局、玉溪市经委联合执法7次。峨山县经委、煤炭工业局日常检查中共查出事故隐患173条，下达煤矿现场检查笔录43份，现场处理决定书43份，对所有应该整改的事故隐患做出整改指令，责令及时整改143条，限期整改23条，立案调查7条，下达复查意见书17份，复查整改率100%。对2户煤矿企业未经验收擅自组织生产和未严格执行监管部门指令，违规使用淘汰产品，空顶作业等实施经济处罚4.24万元。

【行政效能建设工作】　2009年，峨山县经委成立了贯彻落实四项制度领导小组；为贯彻落实省、市、县政府关于在县级以上行政机关推行阳光政府四项制度精神，进一步完善科学、民主、依法决策等机制，规范行政行为，提高行政机关决策的透明度和公众参与度，使行政决策充分体现人民群众的意志和利益，努力建设公正、透明、高效的“阳光政府”，规范了公示栏，对重要事项进行公示，同时，规定了考勤、会议学习、公车使用、信息上报等相关内容进行按期公示。根据有关法律、法规和省、市、县人民政府有制度相关要求，结合本委实际，制定了《峨山县经济委员会重大决策听证制度实施办法（试行）》等四个办法。

结合阳光政府四项制度的开展，认真研究制定了《峨山县经委行政效能监察工作实施方案及责任目标量化考核》，明确了经委机关开展行政效能监察的指导思想、目标任务、监察对象、监察内容、监察步骤和时间要求，把全委行政效能监察工作纳入到一个规范化运作的轨道上来。通过开展效能监察，工作效率得到了提高，服务质量明显改善，服务企业意识得到了明显增强。

【聘任制式点工作】 2009年，峨山县经委制定了《峨山县经济委员会党政办工作规则》，规范了公文行为。通过抓学习，抓制度建设，提高了工作水平和能力。根据《中共峨山县委关于印发〈峨山县县属政府部门工作人员聘任制实施办法（试行）〉的通知》（峨发〔2009〕6号文件精神，经委工作人员聘任制试点工作在县委组织部、县人事劳动局和聘任制工作领导小组的正确领导下，按照有关规定和县委、政府的要求，严格遵守干部人事工作纪律，按照《公务员法》、《深化干部人事制度改革纲要》和有关法律法规，认真履行各项职责，自觉接受党员干部和社会各界的监督，扎实有效地做好工作人员聘任制各个环节的工作。

【项目申报】 2009年，积极帮助企业向省、市上级部门争取各种项目补助资金共201万元。其中，云南玉溪源天生物能源开发有限责任公司20万吨有机—无机复混肥项目60万元；云南玉林泉酒业有限公司技术中心认定项目30万元；峨山恒昌东兴铸造有限公司等6户企业88万元等。资金的补助极大的激励了企业走困境，攻坚克难的信心。积极争取玉溪市2009年淘汰落后产能中央财政奖励资金516万元，其中，峨山天大工贸有限公司360万元，峨山县银峰钢铁有限责任公司156万元。

【任职领导名单】

书记、主任　陆村全

副　书　记　王云东

副　主　任　张金元　张跃光

　　　　　　郑长生　王华明

华宁县经济委员会

【简述】 2009年，在县委、县政府正确领导下，经委切实贯彻落实省、市、县经济工作会议精神，围绕年初既定目标任务，把深入开展学习实践科学发展观活动与工业发展工作密切结合，两促进、两不误；以“促内需、保增长、调结构”为全年工作首要任务，以工业经济发展为重点，创新工作思路与方法，抢抓机遇，全力推进重点项目建设和项目前期工作进程，切实解决影响企业发展的资金问题；团结一致，开拓创新，锐意进取，努力拼搏，扎实工作，全力推动华宁工业经济平稳健康发展。

【工业经济运行情况】 2009年，受国际金融危机深入影响，以磷化工为主的各重点行业产品价格低迷、开工不足，全县企业亏损加剧，但在煤炭、水泥、印刷、造纸、装备制造等行业拉动下，全县工业经济运行稳定。全年工业完成现价工业总产值260286万元，占县计划目标任务286000万元的91.01%，比上年增270万元，增长0.1%；完成工业增加值66428万元，占县计划目标任务77000万元的86.27%，比上年减少3181万元，降4.6 %；实现销售收入256600.7万元，比上年增长1.4%；实现利润-4385.6万元，降159.1 %；实缴税金6796.6万元，比上年减少732.2万元，降9.7%。

年末全县共有规模以上企业24户，其中，亏损企业12户，亏损面50%。亏损企业亏损额8337万元，比上年增亏4445万元，增长1.1倍。完成现价工业总产值69627万元，比上年减少28919万元，降29.3%，占全部工业总产值的26.8%；工业增加值18336万元，比上年减少6184万元，降25.2%；实现销售收入70136万元，比上年减少24743万元，降26.1%；实现利润-6359万元，比上年减少11628万元，降220.7%；实缴税金5688万元，比上年减少638万元，降10.1%。

年末全县共有非公企业6365户，比上年增21.5%；工商登记从业人员16206人，完成目标15000人的108%，比上年增15.8%，完成工业增加值138915万元，完成目标155000万元的89.6%比上年增8.8%，占县GDP的49.1%；上交税金5812万元，完成目标6000万元的96.9%，比上年下降12.2%；注册资本金58620万元，比上年增28.5%。

年末全县共有乡镇企业8048户（集体7户，私营139户，个体7902户），比上年增1.42%；从业人员24691人，比上年增1.32%；完成营业收入512957万元，比上年增3.94%；完成工业总产值265712万元，比上年降0.25%；工业增加值62455万元，完成目标77000万元的81.1%，比上年降31.5%；实现利润总额36457万元，比上年增4.67%；上交税金9754万元，完成目标8000万元的121.9%，比上年增3.88%；职业技术鉴定人数105人，完成目标100人的105%。

【重点项目建设】 马龙产业盘溪片区2×1.25万吨黄磷技改、民族陶瓷有限公司搬迁扩建等重点项目年底建设完成；年产1.5万吨超高功率石墨电极原料、年产100万件陶质琉璃瓦生产项目二、三季度投产；年设计200万吨磷矿石开采项目已建成三个采区140万吨生产能力、磷矿擦洗场两个；常青林22万吨窑法磷酸、30万吨精细磷酸盐生产装置项目和马龙产业年产2万吨甲酸钠项目获省经委批准备案；三佳水电站年底建成运行；金鹿农机产业园、年产300吨核桃油生产项目完成土地平整，实现水、电、路三通，项目建设稳步推进；日产3000吨水泥熟料生产线项目股权变更后，正积极办理项目前期未尽手续。预计明年初开工建设。

【招商引资】 严格执行县级领导联系重点项目制度和“一事一议”制度，备齐项目报件，解决项目建设困难，加大项目建设力度，加快项目建设进展。22万吨窑法磷酸项目投资业主依照协议按期在华宁注册公司，项目前期备案手续已获省工信委批准，预计12月开工建设；民陶公司搬迁扩建工程进展顺利，预计年底投产；海南金鹿拖拉机有限公司技改扩建、核桃油加工项目完成场地平整及实现“三通”，为项目顺利建设和明年增量的实现打牢基础；盘活龙珠纸业公司闲置资产，年产20000吨机制纸技改项目建成投产；多方协调，促成华盖山年产15万吨褐煤开采项目于10月完成竣工验收；加快向阳煤建公司9万吨/年向阳井技改、东方煤业公司6万吨/年芭蕉箐井技改项目前期工作推进力度，备齐项目审批材料上报审批。利用各种渠道，强化招商引资，深入景谷林纸推介华宁优势水资源，洽谈项目合作；同时与江苏南通石墨电极有限公司、深圳金钛化工有限公司、上海金钛实业有限公司、通海巨峰有限公司等企业对接洽谈，进行石墨电极、饲钙、磷化工、铸件、配件等项目的招商。

【搭建政银企合作平台】 全年共组织召开银企座谈会3次，经委和相关重点企业与四家商业银行签订了银政银企合作协议，深入企业联合调研，严格把关，推介了3批优质工业项目，共为45户企业解决贷款3.114亿元，有效缓解了企业资金短缺的困难，确保了企业的正常生产。 联合各商业银行为企业开展授信评级工作，全县24户规模企业中有19户进行了信用等级评定升级，剩下规模企业原已取得信用等级3户，停产1户，注销1户。 引进玉溪通保融资担保公司在县经委设立办事处，为中小企业提供贷款担保支持，解决融资难的问题。全年共为华宁7户中小企业提供了2650万元的贷款担保。

【服务与协调工作】 加强企业发展情况调研工作，查找困难解决问题，深入各企业召开政府现场办公会，切实解决企业面临的发展困难和问题；强化停产半停产和负增长企业的帮扶，县经委成立了停产、半停产和负增长企业帮扶工作领导小组，明确帮扶工作的目标任务和工作职责，深入企业全面开展帮扶工作；加强工业经济运行情况分析，针对工业发展情况，出台积极的扶持政策，支持企业加快项目建设和经济发展步伐；积极协调、解决黄磷生产磷矿石运输与公路建设冲突，推迟分盘路封闭施工时间3个月，加快澄华路施工进度，积极组织磷化工企业在5月前做好磷矿石运输工作，为磷化工顺利生产创造条件；经常深入企业进行分类指导，传递产业政策和市场等方面的信息，鼓励企业尽快恢复生产；积极帮助坤泰碳素公司解决项目建设分歧，促使项目建设顺利完成；落实扩大内需扶持政策，共为8户中小企业申请流动资金贷款贴息、项目建设扶持资金共147万元。加强企业负担监测，上报纪委监察部门企业准确情况，减轻企业负担。实施人才兴企工程，加强工业人才培育，选送科级以上领导干部2人到清华大学继续教育学院深造，培训职业经理1人，应对金融危机专题培训49人。

【工业园区建设】 稳步推进工业园区建设，积极争取进入省特色工业园区盘子，以莲花塘陶瓷产业片区为重点、加大对工业园区基础设施建设力度，完成莲花塘片区1500亩土地的收储，片区内水、电、路等的改造顺利进行；以产业聚集为目标，完成了常青树22万吨窑法磷酸、民陶公司技改扩建等首批项目的入驻。通过调查落实，对全县工业企业中成长性较好的8户企业进行重点培植，指导帮助企业规范内部财务和统计管理工作，提升华宁规上企业经济总量和运行质量。截止11月底，园区新入1000万元以上工业项目5个，完成市政府下达考核指标任务的125%。力争2010年全县新增规模企业6-8户，

【安全生产】 加强煤炭资源整合后续工作协调、服务，完善管理机制，落实安全生产管理责任，加强煤炭安全监管。全年煤炭安全生产形势稳定，全县煤矿未发生任何重大事故，安全生产控制目标为零，实现了连续六年无重特大安全事故。年初完成了上年煤矿安全生产责任考核，并将2009年煤矿安全生产责任分解落实到位，层层签订了煤矿安全生产责任状，形成横向到边，纵向到底的煤矿安全生产格局；认真贯彻落实节假日值班制度，严格值班纪律和值班检查，严格执行煤矿节后复产验收制度，落实整改措施，杜绝煤矿重特大安全事故的发生；健全煤矿安全生产管理机制，加强协调指导和服务，针对全县煤矿安全薄弱环节，以“一通三防”、顶板防护、雨季水患三防为重点，加强煤矿各项安全系统的建设和改造，健全管理制度和作业规程，杜绝违反作业规程的行为；切实抓好特种作业人员和“安全生产年”、“安全生产月”的宣传教育培训，配齐配全专项管理和专业从业人员，严格执行执证上岗制度，全年组织煤矿全员教育28次，复训职工889人，新职工培训121人，全员培训100%，特种作业人员执证上岗率100%，发放煤矿安全生产宣传资料3000份、粘贴标语104条，横幅5条，营造人人关心、社会监督的煤矿安全生产氛围；建立并严格执行煤矿安全月检制度，严格执法和事故隐患排查，强化煤矿安全监管和整改措施的落实。全年共开展煤矿安全检查81次，查处安全隐患538条，整改538条，整改率为100%，下达现场处理决定书44份。

【节能降耗工作】 继续采取有效措施，强化政策引导、机制建设和责任落实，以磷化工产业和建材产业为重点，加大产业结构调整和技术创新力度，认真贯彻黄磷行业准入条件，积极发展循环经济，转变工业增长方式；围绕目标任务开展清洁生产和能源审计工作。提前完成了2户企业的清洁生产审核验收和1户企业的能源审计工作；积极开展节能灯推广活动。提前并超额完成了市节能办下达的3.5万只节能灯分配任务，实际销售节能灯5.4万只，完成推广任务的154.28%，有力促进了全县节能工作的开展，降低能源消耗和污染物排放，以最小的投入实现最大的产出，优化企业周边环境。

【任职领导名单】

书　记　杨发田（9月止）
　　　　范云松（9月任）
主　任　杨志林
副书记　梁云伟
副主任　杨发田（9月止）
　　　　范云松（10月任）
　　　　杨永恒
　　　　张秀全

（李召花）

新平县经济委员会

【循环经济和节能减排】 2009年，新平县委、县政府十分重视节能工作，列入重要工作任务。全县上下认真贯彻落实中央、省、市有关节能的文件要求和会议精神，积极采取措施开展节能工作，全面推进了富裕文明生态和谐新平的发展步伐。县人民政府在2009年工业经济发展暨环境保护会议上，与9户重点用能企业签订了节能减排目标责任书，将节能目标分解到企业。

2009年度云南玉溪仙福钢铁（集团）有限公司、新平宝山水泥有限责任公司、新平锦茂工贸有限责任公司3户企业的清洁生产审核通过验收，玉溪大红山矿业有限公司和锦茂工贸有限责任公司的能源审计报告通过评审。

2009年，新平县制定了《新平县单位GDP能耗监测体系实施方案》（新政办发〔2009〕184号）、《新平县单位GDP能耗统计指标体系实施方案》（新政办发〔2009〕185号）和《新平县单位GDP能耗考核体系实施方案》（新政办发〔2009〕186号）3个文件，并按照文件要求逐步规范单位GDP能耗统计、监测和考核制度。

2009年，共推广节能灯6万多只，超额完成市下达4万只的推广任务。

云南玉溪仙福钢铁（集团）有限公司12MW高炉煤气发电站共投资4980万元，工程委托昆明有色冶金设计研究院设计，年可发电7920万kW·h，扣除电站自用电量，每年可向厂内10kV电网供电7207万kW·h，节能量达2.5万吨标准煤。项目于2008年7月开工程，通过一年多的建设，于2009年12月23日建成并网发电。此项目被省工信委列入2009年全省100项节能重点示范项目之一。

【煤炭工业】 新平县煤炭资源开发利用规模小，地质勘察程度很低，煤炭工业不发达，除比里河煤矿区北段、铜厂河煤矿区、细丫口煤矿区、布者煤矿区、新寨煤矿区作过小面积普查外，其他含煤矿区仅限于1：20万区域地质调查和预测阶段。全县煤炭资源总量1558.72万吨，其中，预测资源量567.92万吨，探明资源量990.8万吨，保有储量682.06万吨，均为无烟煤。全县已占用资源量497.8万吨，尚未利用的资源量746.92万吨，主要集中在县域的中部略偏西，北接楚雄双柏县，南抵元江县，分布在者竜乡、扬武镇、新化乡布者、老厂乡马房和比里河及铜厂河、水塘镇新寨、腰街镇细丫口。

全县开发利用的煤炭资源有比里河煤矿和布者煤矿2个煤矿，每个煤矿各设有1个矿井、1套生产系统，均采用平硐壁式开采，2个煤矿是证照齐全的合法生产矿井，生产能力均为3万吨/年，2009年未生产原煤，未发生安事故，安全评价为B类基本型矿井。县内无选煤厂和焦化厂，但煤炭工业在烤烟、工业生产等经济社会发展方面起着重要的作用。

安全生产监管。一是制订了《新平县煤矿安全生产监管领导职责》，《新平县煤矿安全生产监管工作联系制度》，《新平县煤矿安全生产监管检查指导制度》，《新平县煤矿安全生产监管隐患排查治理制度》。明确要求县级煤炭监管部门每月组织开展1次煤矿安全生产现场检查，产煤乡镇人民政府每月组织开展1次煤矿安全生产现场检查，煤矿企业每月组织开展2次煤矿安全生产隐患自查和排查，明确了工作职责，规范和加强了煤矿监管工作职责。二是强化政府与企业"两个管理主体"责任，建立健全了煤矿安全生产长效机制。县人民政府成立了煤炭资源整合工作领导小组和比里河煤矿扩建项目推进工作领导小组，签订了年度《煤矿安全生产控制目标责任书》和《煤炭资源整合工作目标责任书》，层层签订落实安全生产目标责任，明确责任主体，明确安全生产责任人，明确考核要求，提高了安全生产意识，确保了全县煤矿未发生安全生产伤、亡事故。三是深入贯彻落实科学发展观和国家、省、市关于安全生产工作的一系列方针政策和重要部署，打好"安全生产责任落实年"战役，推进全县煤矿安全生产"三项行动"、"三项建设"、瓦斯治理工作体系示范工程建设和煤炭资源整合等重点工作，加强防范，坚决遏制重特大事故发生，全力维护人民群众生命财产安全。新平县经委牢固树立安全发展理念，加强对煤企业安全生产监管，加强隐患排查治理力度，强化责任，狠抓落实，推进全县煤矿安全生产形势持续稳定好转。2009年共组织开展煤矿安全生产检查25次（井），其中，省级煤矿监察部门抽查2次，与市级开展联合检查4次，县乡镇联合例行检查17次，下达现场笔录24份，现场复查笔录1份，现场复查意见书6份，现场处理决定书19份，查出一般隐患151条；煤矿企业自检自查和排查隐患291条；现场组织分析和研究解决的方法和措施，严格要求企业制定事故隐患整改方案，落实整改措施，明确责任人，及时或限期进行整改，做到检查有笔录，整改有方案，落实有措施，工作要建档备案，煤矿安全生产隐患整改率达100%，及时消除了煤矿安全生产隐患，杜绝了煤矿安全生产事故，有力地促进了全县煤矿安全生产形势持续稳定好转。

严格要求持证执法和煤矿全员持证上岗，扎实抓好煤矿监管行政执法人员、煤矿管理人员、特种作业人员和从业人员培训和复训，县经委参加行政执法人员培训取证11人，煤矿企业参加省、市煤矿技术培训机构培训取证97人，严格要求煤矿企业配备齐全相应的管理人员、特种作业人员和从业人员，从源头把好安全关，杜绝违规操作，违章作业，盲目指挥，瞎干乱干。

【钢铁工业】 新平县现有钢铁冶金企业1户：云南玉溪仙福钢铁（集团）有限公司（以下简称仙福集团）。仙福集团是响应国家西部大开发号召，2001年8月，根据国家西部大开发的有关政策，通过招商引资的方法引进福建省长乐市投资者组建的。仙福集团落户新平县扬武镇大开门村，在大开门村（紧邻新平钢铁厂）投资4850万元，经新平县人民政府"新政发〔2001〕15号"文件批准，并根据《当前国家重点鼓励发展的产业、产品和技术目录（2001年修订）》中的第十四项钢铁行业中第13点"转炉溅渣护炉技术开发"，于2002年11月28日建成一条年生产能力25万吨钢坯生产线，成为玉溪市第一家，也是唯一的一家转炉炼钢，连续铸坯轧材的最大的钢铁联合企业。直接购买鲁矿集团炉前铁水用于钢坯生产，钢坯再运到澄江县轧制成材，鲁矿集团与仙福集团形成了很好买卖关系，成了经济互补战略合作伙伴。

鉴于以上情况，为盘活鲁矿集团这个老牌国有企业，走活、走好"鲁奎山之路"。2003年6月仙福公司积极参与新平国有企业改革，出资9600万元购买了鲁矿集团的铁矿山和钢铁公司，并接收原企业工人95%以上，还为职工办理了五大保险，为鲁矿集团圆满完成改制工作和消除社会不稳定因素做出了积极的贡献。目前公司总资产达6亿多元，拥有员工1700多人，年设计生产能力为35万吨铁矿石、60万吨生铁、50万吨钢坯、30万吨轧材，是一家从事矿山开采—炼铁—炼钢—轧材生产的钢铁联合企业。主导产品有生铁、钢坯、热轧带肋钢筋、热轧圆盘条等，产品畅销省内外，并出口越南、缅甸等东南亚国家。2003年通过了ISO9001－2000质量体系认证，2005年被评为云南工业企业第26强。2006年，实现产值近10亿元，出口越南钢坯10万吨、出口贸易额达3000万美元，实现利润2414万元，上缴税金5106万元，支付工人工资2600万元，数年来累计捐赠6600多万元用于新平县公益事业建设。仙福集团已成为新平的税收大户，是新平解决社会就业、实现农村劳动力转移的重点企业，促进了新平县域经济的发展，增强了"鲁奎山之路"的发展后劲，使"鲁奎山之路"得到创新、延伸和提升。

收购鲁奎矿冶集团钢铁厂后，针对炼钢与炼铁不配套、部分设备老化等问题，2003年8月份仙福集团启动了技改工程：投入资金6000万元新建一座220m³的炼铁高炉（2003年12月完工），技改扩建一座220m³的炼铁高炉（2004年8月完工），扩建一条90㎡烧结生产线（2005年3月完工），使公司4座高炉的容积达560m³，达到了年产铁水40万吨的规模。

2003年12月，仙福集团向县经贸局报送了关于炼钢轧钢技改项目申请登记备案的请示，后经省经贸委备案（云经贸投资证字〔2003〕82号），公司在新建的炼钢厂投入6000万元进行技改，新增3800m3/h制氧设备一套，建成25吨的炼钢转炉一套，二机二流连铸机一套以及有关配套设备，达到年产钢坯45万吨的规模。

仙福公司现有主要工艺装备为两条90m²烧结机、2座220m²高炉、一座318m²高炉、一座580m²炼铁高炉、两座35吨转炉，一条50万吨/年高速线材生产线。

2008年生产钢坯50.53万吨、轧材30.51万吨；实现工业产值18亿元；上缴税金1.08亿元，发放职工工资近3400万元。

2009年生产钢坯62万吨、轧材40.7万吨。完成工业总产298512万元，上缴税金7350万元，完成利润10242万元。

2009年，云南玉溪仙福钢铁（集团）有限公司12MW高炉煤气电站建成投产。12MW高炉煤气发电站共投资4980万元，工程委托昆明有色冶金设计研究院设计，年可发电7920万kW·h，扣除电站自用电量，每年可向厂内10kV电网供电7207万kW·h，节能量达2.5万吨标准煤。项目于2008年7月开工程，通过一年多的建设，于2009年12月23日建成并网发电。此项目被省工信委列入2009年全省100项节能重点示范项目之一。

【食品工业】　全县共有食品加工企业175户（企业16户，个体工商户159户），涉及蔗糖、酱菜、茶叶、饮料、粮油等领域，从业人员2305人；共注册品牌15个，有7户食品加工企业通过了QS系列认证，云新公司、南恩公司、华兴食品公司、何礼酱菜厂、龙泉茶厂、5家企业获得了云南省著名商标称号。年产值超过1000万元的企业有云新公司、南恩公司、何礼酱菜厂、华兴食品公司，年产值达500—1000万元的企业有泰润食品公司、云宝食品公司、龙泉茶厂。2009年，175户食品加工业实现产值32654万元，实现销售收入31012万元，上交税金1460万元，利润总额-1784万元，实现增加值4034万元。2010年1~3月，175户食品加工业实现产值12330万元，比上年同期增长13.66%；实现销售收入6558万元，比上年同期减10.65 %；利润总额355万元，比上年同期减亏133.97%；上交税金193万元，比上年同期增长2.12%；实现增加值3136万元，比上年同期减23%。

通过多年的发展，云新、南恩两户企业已形成拥有三条处理甘蔗均为2000吨/日的制糖生产线和3条总生产能力6万升/日的酒精生产线，一条6000吨/年淀粉酒精生产线、一条1万吨/年的单晶冰糖生产线，产品涉及白糖、食用酒精、白酒、冰糖。两户企业有效带动了全县9个乡镇2.4万户8.4万人从事甘蔗生产，占全县农村劳动力的60%以上；2009跨2010榨季，全县实现甘蔗入榨41.2万吨，制糖企业生产白糖4.9万吨，共兑付蔗款10928万元，制糖企业有望实现销售收入23480万元。

龙泉茶厂已初步形成年加工茶叶600余吨，产值700 余万元的企业，华兴食品公司已形成年生产苦荞2500吨、产值1200余万元，何礼酱菜厂形成年生产酱菜3000吨、产值1500余万元，泰润食品公司形成年产酱菜2000余吨、产值1000万元的初具规模的农产品加工企业。通过扶持和发展新兴食品加工企业，有效带动了相关农产品的种植，促进了农业发展。

2009年，县人民政府专项安排了1500万元工业发展资金，专项用于支持和培育工业企业发展，并启动了小横山工业聚集区规划和建设工作，并通过相关扶持政策，吸引了3户食品加工企业入驻（华兴食品公司、曾华食品公司、懒厨子食品公司）。对获得云南省著名商标的云新公司、南恩公司、华兴食品公司、何礼酱菜厂分别给予了5万元的奖励。2009年，安排了150万元的贷款贴息资金和专项扶持资金扶持农产品加工企业，通过制定和完善相关扶持政策，为企业发展提供了良好的外部条件和发展平台。

至2009年，云新公司、南恩公司、龙泉茶厂生产的白砂糖、茶叶等产品通过了ISO9001质量认证，茶马古道茶叶公司所产茶叶、何礼酱菜厂、泰润食品公司、聚宝源土特产公司获QS质量安全认证。

【任职领导名单】

主　任　陈　强

书　记　傅宏辉

副书记　严兴冬

副主任　陈　斌　　任永福

　　　　李红亮　　李朝斌

（黄红宾　何永顺　刘家杉　李楠　李朝斌）

易门县经济委员会

【综述】 2009年，受世界金融危机对实体经济的深层影响，易门县工业经济发展步履维艰。一年来，在县委、政府的正确领导和市经委的指导帮助下，全县上下坚持“工业富县”发展战略，坚定不移地走新型工业化发展道路，全县工业企业积极沉着应对危机，按照中央“保增长、扩内需、调结构、惠民生”的要求，立足区位、资源和产业优势，走“争取、引进、盘活”路子，加快工业结构调整，狠抓项目建设和协调服务，努力克服和战胜各种困难，在国家积极的产业政策的推动下，全县把扩内需保增长作为工业经济发展的首要任务，鼓励和帮助企业恢复生产。随着国内外市场的逐步好转，第四季度出现工业经济逐渐复苏的运行良好态势。全县全年完成工业总产值42.17亿元，同比减12%；实现工业增加值12.3亿元，可比价增3%；完成市政府下达我县的单位GDP能耗下降3.5%目标；开展企业能源审计9户，审核清洁生产企业3户。

【各项经济指标完成情况】 规模以上工业实现工业增加值8.9亿元，可比价减5%，完成市下达任务16亿元的56%；销售收入24亿元，同比减40%，完成市下达任务50亿元的48%；利税总额2.05亿元，同比增209%，完成市下达任务3亿元的68%；实现利润1.3亿元，同比增142%。

工业固定资产投资完成6.98亿元，同比增45.7%，完成市下达5亿元的140%。当年新开工1000万元以上项目4个，超市下达任务的1个；当年竣工投产1000万元以上工业项目4个，超市下达任务1个。

非公经济完成增加值14.5亿元，可比价增26.1%，完成市下达15.2亿元的95.4%；上交税金1.41亿元，增8%，完成市下达1.4亿元的101%；从业人员2万人，同比增27%，完成市下达1.9万人的105%。

乡镇企业完成增加值6.01亿元，同比增17%，完成市下达5.9亿元的102%；乡镇企业工业增加值3.6亿元，同比增20%，完成市下达3.5亿元的103%；上交税金1.1亿元，同比增18%，完成市下达1亿元的110%；农产品加工业销售产值2.2亿元，同比增62%，完成考核目标2.2亿元的100%；参与各种培训及职业技术鉴定人数103人，完成市下达100人考核目标的103%；企村结对6对，完成目标任务6对的100%。

工业园区全年完成工业增加值6.8亿元，同比增21%，超额完成市下达园区工业增加值增长15%考核目标；新入园1000万元以上项目3个，完成市政府下达3个指标。

【企业帮扶工作】 一是针对金融危机影响，部分企业运转困难，产值回落，10多户企业出现停产半停产现象，县高度重视，把“保增长、保民生、保稳定”作为工作的重中之重，深入企业了解生产经营情况，积极主动帮助企业解决发展中存在的困难和问题，力保骨干企业资金链不断、品牌不倒、主要客户不丢、技术骨干不流失。二是积极为企业融资创建平台，加大对有市场、有效益、有竞争力，有发展前景企业的推介力度，多渠道多形式组织银企对接，积极为铜业公司协调贷款8000万元，缓解企业流动资金不足问题。抓住上级清理债务积案机遇，积极协调，为益兴公司、意达公司、云丰公司等企业化解历史债务1亿多元，减轻企业负债包袱。三是通过股权转让，与云铜股份达成了易门铜业公司增资减债，优化原料配给，满负荷生产，实现产能和产值增加、地方税收持续增长的共识，为易门铜业公司稳健可持续长远发展奠定了坚实的基础。四是积极为企业多方争取资金扶持，缓解企业资金不足问题。全年累计争取技术改造项目财政贴息等各项扶持资金达599万元；五是加大县级财政投入，积极支持企业发展，在财政十分困难的情况下，积极兑现工业奖励资金465万元。

【重点项目建设】 一是大椿树水泥厂新型干法水泥一、二生产线、双天茶叶加工厂、华盛瓷业煤气化烧瓷技术改造、亚欧瓷业煤气炉技改等项目稳步推进。开工建设了盛凌瓷业高档卫生陶瓷生产二线、水城220千伏变电站、远方瓷业两条墙砖生产线、凌云能源二氧化钛生产等项目。二是益兴瓷业公司通过增资减债盘活了资产，超达公司已转产生产铸件，云丰钢铁公司落后产能淘汰工作已完成依法拍卖，下步将按产业政策引导企业转产。通过清算，理顺了矿泉水厂权属关系，盘活了矿泉水资源。三是总投资1.65亿元的220kV水城输变电站建设顺利推进，已建成投入运营。投资3000万元完成大冲路路基工程及部分路段路面硬化。投资171万元完成工业聚集区清污分流工程。投资1980万元的工业聚集区供水二期工程已完成项目可研及初设。

【节能降耗】 认真贯彻落实省、市节能工作会议精神，增强抓好节能降耗工作的责任感、紧迫感。采用先进工艺技术，完成了大椿树水泥厂高压变频节能技改、亚欧瓷业适宜云南煤种煤气化烧瓷技改；对年耗能在5000吨标煤以上的12户重点用能企业实施了目标责任管理，对单位产品能耗、万元产值能耗、节能目标等主要考核指标进行了分解量化；对泰山石膏建材、南鹰陶瓷等九户企业进行了能源审计；在易门铜业公司等三户企业开展清洁生产。2009年3月31日，易门铜业有限公司被云南省资源综合利用认定委员会认定为资源综合利用企业。2009年7月1日，云南易门意达陶瓷有限公司，被云南省资源综合利用认定委员会继续认定为资源综合利用企业。

【基层组织建设】 基层组织建设中，在巩固经委系统非公企业党组织组建“全覆盖”的同时，强化措施，加强管理。一是建立选派党建工作指导员制度。选派一批具有党建工作经验、较强组织协调能力和企业经营管理水平的党员干部到企业担任党建工作指导员，帮助企业排忧解难、建党组织、指导企业开展党建工作，做到“一企一人”，保证每户非公企业党组织有一名指导员。二是选好配强班子，结合工作实际，适时调整组织机构，选好、调整、配全党总支、支部班子，使党建工作有人抓、有人管，2009年完成了供销社、粮食局党总支的班子调整和益兴公司党支部撤并工作。三是加强班子建设，围绕企业生产经营，采取班子带队伍，党员带群众的做法，充分发挥好党组织和党员的带头作用，关心和改善员工的工作环境、工资及福利待遇，稳定人心、稳定队伍，共同为企业的发展献计出力。四是重视和做好发展党员工作，引导和帮助企业制定发展党员计划，正确处理好数量和质量的关系，始终把质量放在首位，不断壮大党员队伍和改善党员结构，全年共发展党员2名。五是加强对党员的教育管理，坚持“三会一课”制度，加强党员日常教育管理工作，确保每个党员始终处于党组织的有效管理之中。同时，认真落实流动党员管理制度，切实加强流动党员的教育、管理和服务工作，以电话联系的方式，定期对6名流动党员的思想、工作、学习和生活情况进行了解和跟踪管理，让流动党员“离乡离土不离党”。

【学习实践科学发展观活动】 根据中央、省、市、县委的统一安排和部署，2009年3月至9月，历时半年，易门县经委机关支部开展了第二批深入学习实践科学发展观活动，20名党员和全体干部职工参加了学习实践活动。学习实践活动按照学习调研、分析检查、整改落实三个阶段的要求，始终围绕“提高思想认识、解决突出问题、创新体制机制、促进科学发展”的总体目标，紧紧围绕“五保”（保增长、保民生、保稳定、保生态、保中央省市县委决策部署的落实）要求，以“服务工业企业和重点项目，促进增长转变和强工富县”为主题，以“五着力五突破”为载体，迅速行动，周密谋划，精心组织，统筹安排，做到了动作快、亮点多、效果实，学习实践活动扎实有效，富有特色，民主测评群众满意度达100%。在学习实践活动中，一是多措并举强化学习，采取集中培训学、专题辅导学、带着调研成果助学、针对案例分析促学等方式，创新学习方式，深化认识。二是深入基层调研，找准症结，破解难题，拟定了“化解企业群众难点、园区建设与管理、非公企业人才培养、食品工业发展、农民工维权、产业结构调整”等6个课题，深入基层开展调研，求策于企业、问计于员工，形成了6篇针对性、可操作性强的高质量调研报告。三是整改落实有力，针对产业发展及节能减排等政策的宣传力度不够、行政效能和服务质量与企业群众要求仍有一定差距、对重点项目推进的协调力度不够、对乡镇企管站的联系指导不够等问题，及时研究制定了整改落实方案和整改措施；四是完善了规章制度，修改完善了《易门县经济委员会规章制度》，制定了《易门县经济委员会三重一大决策制度》、《易门县经济委员会“阳光政府”四项制度》，使管理制度更加贴近实际，易于操作。

从2009年9月开始，历时半年时间，经委系统8户非公企业、3个党总支5个直属支部126名党员参加了深入学习实践科学发展观活动。活动开展以来，各企业党组织和全体党员坚持“五个更加注重”，以“提高思想认识、解决突出问题、加强基层组织、促进科学发展”目标，以高度的政治责任感和饱满的热情、创新的精神、务实的作风，积极投入到学习实践活动中，高起点谋划、高标准定位、高质量推进。在学习调研阶段，以“学好理论、提高认识、统一思想、转变观念”为重点，谋划和组织好学习培训、走访调研、主题实践活动；在分析检查阶段，以“领导带头剖析问题、党员自觉开展批评、职工深受感染教育”为载体，做好“撰写党组织班子分析检查材料、召开专题民主生活会和组织生活会”两个重点环节；在整改落实阶段，以“领导带头解决问题、党员积极建言献策、职工深受发展实惠”为载体，重点抓好“制定整改落实方案、集中解决突出问题、建立健全长效机制、认真总结测评”四个环节，圆满完成了学习实践活动各项任务，取得了明显成效。8户企业共梳理出需整改落实的项目69个，制定整改措施50条，在解难题、办实事活动中，共摸排出难题16件并得到解决，计划办理的29件实事也已全部办理；共计建立完善制度41个，其中废止规章制度10个，修改完善规章制度22个，新制定规章制度9个；满意度测评中满意率达97%以上，其中满意率达100%的6户。

【技能培训】 2009年，举办了以化解金融危机为目的的“银河工程培训”、提高企业员工技能为主的职业技能鉴定培训各1期，共培训119名企业管理人员和技术员。同时，申报初级职称7名、中级职称2名，培训职业经理人5名。

【任职领导名单】

党委书记　王选科

主　　任　刘　政

副 主 任　王雪征

　　　　　马云涛

　　　　　李发强

副书记、纪委书记　期顺才

（杨从亮）

元江县经济委员会

【机构设置与人员编制】　元江县经济委员会内设7个职能科室，即委办公室、人事教育科、工业发展科、经济运行科、非公经济与乡镇企业科、能源与资源科、环保与安全生产科，机关人员编制22人，其中，行政编制14人，事业编制6人，工勤编制2人，现有在编人员21人。经济委员会为县人民政府职能部门，主要负责全县工业经济运行调节、行业规划、产业政策，各种所有制企业发展的宏观指导，推进企业技术进步，重大装备研制和中小企业、乡镇企业、个体私营经济管理的职能。加挂元江县中小企业局、元江县乡镇企业局和元江县加快非公经济发展领导小组办公室牌子。

【工业经济运行概况】　2009年，元江工业经济按照“打基础、建园区、调结构、建支柱”的发展要求，全力推进“工业强县”战略，加快发展新型工业，优化产业布局，调整产品结构，转变发展方式，努力破解各种影响工业经济发展的不利因素，确保工业经济平稳发展。2009年，全县完成工业总产值16.3亿元，同比增6.5%，其中，规模以上工业企业实现工业增加值32283万元，同比增长5.01%，销售收入94739.73 万元，同比下降15.4%，利润1676.69 万元，增长150.1%，利税8893.32 万元，同比增长108.4%，四项指标分别完成市级目标任务40000万元、130000万元、20000万元及10000万元的80.71%、63.20%、44.47%、16.77%；非公经济实现增加值118000万元，上交税金8001万元，从业人员19128人，分别完成市级目标任务的100.9%、100.0%、100.7%；乡镇企业实现增加值69011万元，工业增加值48623万元，上交税金7003万元，完成职技鉴定人数102人，分别完成市级目标任务的100%、135.1%、100%、102%；工业固定资产投资44669万元，完成市级目标5亿元的89.3%，当年新开工1000万以上工业项目6个，投资在1000万元以上竣工项目5个，均完成了市级考核的目标任务；审核验收清洁生产企业3户、能源审计企业数4户，完成市级下达的单位GDP能耗下降2%节能降耗目标任务。

【制糖业、水泥、芦荟产业发展】　2009年，制糖业无论增加值、销售收入，还是利润、利税较去年都有大幅度的提高，特别是利润和利税分别增长了2067.94%和88.01%；水泥行业由于永发水泥厂年产30万吨旋窑水泥生产线的投产，使得产能有了进一步扩大，加上国家扩大内需政策的实施，加大了基础设施建设力度，大大刺激了市场，所以我县水泥行业今年以来始终保持产销两旺的局面，从增加值、销售收入、利润、利税四项指标完成情况来看，较2008年都有大幅度增长，增幅分别达到了27.24%、33.11%、1062.68%和61.86%；芦荟产品加工企业万绿集团是我县一家科技含量较高的高新技术企业，近几年来发展很快，其产品在市场上供不应求，2009年增加值、销售收入、利润、利税较去年分别增长了108.35%、32.43%、24.89%、18.09%，虽然目前占我县工业经济的份额较小，但由于发展潜力大，在未来几年有望成为名副其实的支柱产业。

【主要产品产量】　全面实施“工业强县”战略，强化协调服务，全力支持企业发展，对所有建设项目实行全程跟踪问效，对涉及办理事项，在政策和法律、法规许可范围内，积极协调上下级之间、部门之间的关系，按时办结，做到急企业之所急，力所能及地为企业排忧解难，为企业营造良好的投资环境。在受到全球金融危机的不利影响下，全县主要工业产品产量增量明显，元江镍业公司于2009年5月底恢复生产，月均产镍精矿105.71吨；制糖业金珂公司生产白糖90973吨，增1.18万吨，增长14.9%，生产酒精4322吨，增362吨，增长9.14%；发电量37254.35万千瓦时，增加2384.81万千瓦时，增长6.84%；水泥98.92万吨，增加34.97万吨，增长54.69%；芦荟丁2851吨，增加1469吨，增长106.2%。

【国企改革】　严格按照中共云南省委、云南省人民政府出台的《关于进一步深化国有企业改革的意见》和中共元江县委、元江县人民政府《关于加快国有企业改革与发展工作的实施意见》精神，结合元江实际，通过实地调查研究，认真分析，抓住时机，对元江县宝玉石开发部、城乡企业局供销公司、华勋实业总公司和元江县水电维修耐磨技术开发站等4家国有企业改革遗留问题进行了稳妥的改革，理顺了政企关系，解决了职工的后顾之忧，缓解了矛盾，促进了社会稳定。

【帮扶企业发展工作】　针对企业存在的实际困难，县经委认真帮助解决企业在生产经营、项目建设和工业园区建设中存在的问题，努力化解金融危机带来的不利影响。一是县经委领导班子成员按照分工，带领科室工作人员下企业调研50多人次，召开银企座谈会和协调会2次，帮助解决8家企业生产经营中的资金和5家企业的发展环境、5家企业的生产用电、2家多年来名存实亡的国有商贸企业改制等问题，促进了企业发展。二是制定发展措施，狠抓工业经济各项目标任务的落实。结合元江实际，制定了《关于进一步促进元江县工业经济发展意见》及《2009年元江县工业经济工作意见》，对工业企业上台阶、扩大投资、创优升级、引进人才等方面进行支持，鼓励企业创建品牌，提质增效。三是加强协调服务，面对金融危机对工业企业带来的负面影响，积极做好企业减免税收、电力优惠、复产经营等工作。帮助企业解决项目立项、融资、用水、用电、用地、道路、生产等20多项，办理县级工业项目备案9项，省级备案项目1项，省级核准项目1项。组织申报省市级企业资金扶持项目22项，落实扶持资金900多万元。为克服金融危机带来的不利影响，2009年给予云锡元江镍业公司、金珂糖业集团等重点企业1.5亿度的电量优惠，根据国家相关政策给予云锡元江镍业有限责任公司减免70%的镍矿石资源税。同时，利用多种社会资源，稳定职工生产秩序。通过企业、政府的共同努力，5月26日，促成元江镍矿恢复生产，8月初，帮助洼垤铁合金公司、瑞江木业公司等企业恢复生产。通过一系列的帮扶措施，从2009年9月开始，工业经济止跌回升，白糖、水泥产量还双双实现历史最好水平，万绿集团产品也再创历史新高。

【重点项目建设】 配合镍业公司加快技术创新，完善生产工艺，做好相关配套项目建设，镍铁不锈钢项目前期工作进度正有序推进；加快永发水泥厂年产75万吨新型干法旋窑水泥生产线建设步伐，目前前期工作已基本结束，已进入正式开工建设阶段；栋梁公司水泥生产线改造项目申报核准工作正在如期推进。协调相关部门启动110千伏红侨和安定输变电站建设，电网结构得到稳步推进，已搭建起良好的电网框架；加大铜矿、铁合金等资源开发力度，达亚公司已完成80%的资源整合，天力公司400吨选厂已完工投产；德铭公司蛇纹石综合开发以及新丰、通元等铁合金项目技改扩建得到进一步推进；重视特色生物资源创新产业，积极支持万绿集团加大产品研发投入，芦荟高级工业原料生产线扩大产能技术改造（三条生产线）项目已基本完成，其中1条生产线进入试生产阶段。

【工业园区规划建设】 2009年5月12日，元江镍产业特色工业园区通过了市级专家评审，2009年10月，县政府批准成立了工业园区管委会，镍产业特色工业园区建在元江县因远镇的安定、澧江镇的江东、青龙厂镇的甘坝和甘庄等三个地区，形成“一园三片区”的元江镍产业特色工业园区，总规划用地面积为19.49平方公里。安定矿冶工业片区。规划用地面积为0.83平方公里，重点发展镍矿、蛇纹石等矿产资源的采选冶初加工工业；江东热区特色生物资源加工片区。规划用地面积为7.22平方公里，重点发展蔗糖精深加工、芦荟和茉莉花保健品系列、热带水果深加工、花卉苗圃等农产品生产、加工产业，同时配套有仓储物流、产品包装、产业孵化技术创新及电子商务等配套产业。甘庄青龙厂循环经济工业片区。规划用地面积为11.44平方公里，以镍矿、铜矿、铁矿、蛇纹石等矿产资源开发及系列合金产品加工工业为主，并配套有硫酸、仓储物流和机械加工等旁伸产业。镍产业为片区重点发展产业，走镍精炼、电解、合金（铁、铜、镁）、铸造铸件等技术含量高、产品附加值高、产业链较为完善的科技创新型发展道路；蛇纹矿产业走蛇纹石镁、镍等稀有金属提炼加工、工艺品制造、建材、化肥等创新型工业化道路。元江镍产业特色工业园区通过近两年的规划建设，坚持走新型工业化道路，采取引进、盘活、重组、改造提升等措施，规划格局已基本形成，园区的集聚效应和辐射作用已初步凸现。园区内现已入驻企业 22户，其中，规模以上企业8户，2009年，工业园区完成工业总产值 73350 万元，占全县工业总产值的44.78%，工业增加值24337万元，占全县工业增加值的46.28%，完成利税总额 4834万元。

【节能降耗工作】 对规模以上工业企业实行能源统计上报制度，经常开展节能降耗检查活动，加强高能耗企业的监测。扩大技改力度，淘汰落后产能。年内进行了瑞江木业公司改造锅炉与天力铜业有限公司技改扩建400吨选厂，减少了能源消耗，增加了效益。突出重点，抓好高耗能污染行业的节能降耗，认真开展清洁生产和能源审计，力争规模以上15户工业企业工业增加值能耗控制在全市平均水平，并逐年下降。年内按要求完成了清洁生产企业3户，能源审计企业4户。加强节能降耗技能培训，全面落实节能降耗的各项措施，启动“我爱新元江，建设生态县”为主题的“七彩云南元江保护行动”，年内完成了市级要求完成3.5万只节能照明产品的目标任务。

【中小企业、乡镇企业和非公经济发展】 认真贯彻落实市委非公经济大会精神，推进中小企业、乡镇企业和非公经济发展。年初，制定发展中小企业和非公经济的目标任务及措施，继续完善非公经济发展目标责任制，制定发展目标管理考核办法，落实工业强镇（澧江镇）的具体措施。年内争取到工业强镇专项资金8万元。认真开展全县乡镇企业调查研究，做好项目申报、实施工作，组织各乡镇筛选8个项目推荐上报省、市乡镇企业局，争取市级乡镇企业贷款贴息资金10万元。

【任职领导名单】

书记、主任　宗崇有
党委副书记　刘　春
副　主　任　彭志钢（3月止）
　　　　　　方忠仕
　　　　　　张建文

（*左辉刚*）

通海县经济委员会

【概述】 2009年，在县委、政府的正确领导下，在人大、政协的监督下，在上级工业经济主管部门的指导下，面对全球金融危机的严重冲击和各种不利因素，努力缓解煤电油运供求矛盾，及时调整思路、强化服务，紧紧抓住国家扩内需、保增长的重大机遇，深入推进“工业强县”战略，突出以项目带动为主线，不断加强企业技术改造力度，以园区建设为平台，加快产业聚集，以清洁生产为推手，大力推进节能降耗，工业经济质量和效益明显提高，全县工业经济继续保持了持续、快速、健康发展的良好态势，完成工业总产值103.6亿元，同比增19.9%（现价），按可比价增27.97%。实现销售收入100.92亿元，同比增长11.16%；上交税金1.71亿元，同比增长10.41%；实现利润3.78亿元，同比增长22.34%。较好地完成了县十四届人大二次会议确定的年度目标任务，工业经济目标和节能降耗工作被市政府考核为一等奖。

【中小企业稳健发展】 2009年，乡镇企业实现营业收入132亿元，增长13.1%；完成工业总产值83.3亿元，增长32.5%；完成工业增加值12.9亿元，增长28.5%；实现利润总额4.5亿元，增长6.3%；税金1.2亿元，增长14.5%；完成农产品加工销售产值18.5亿元，增长17.1%。非公经济实现增加值22.5亿元，增长6.6%；税金1.8亿元，减少1.1%；从业人员3.7万人，增长10.4%。新增9对企业和村委会结成"企村结对推进社会主义新农村建设"对子，全县35户企业与所在地村委会结对，结对企业吸纳农村劳动力就业1410人，建立原料基地1.5万亩，投入结对帮扶资金195万元，结对村农民人均增收693.7元。

【三大优势行业快速增长】 2009年，以通变电器、云海玛钢、天方食品、斯贝佳、红塔彩印、通印、汉光为代表的三大优势产业，在全县经济发展中的地位和龙头带动作用日益凸现。五金机电业实现工业总产值67亿元，同比增长20.5%，占全县工业总产值的64.69%；上交税金8245万元，同比增长32.6%，占全县工业税金的48.09 %；实现利润21022万元，同比增长 24.4%。彩印包装业实现工业总产值 12.59亿元，同比增长19.53%，占全县工业总产值的12.15%；上交税金3856万元，同比减少11.96 %，占全县工业税金的22.49%。食品工业实现总产值5.5亿元，同比增长18.78%，占工业总产值的 5.3%；上交税金358万元，同比减少25.42%，占全县工业税金的2.09%。

（谭丽珠）

【规模工业产销有所增长，效益有所回升】 2009年，全县工业企业达1900余户。其中，年销售收入500万元以上107户，其中，500~1000万元的29户，1000~5000万元的48户，5000~10000万元的16户，过亿元企业14户。上交税金500~1000万元的4户，千万元以上的2户，利润过百万元的25户，千万元的4户。

2009年，规模以上企业实现工业增加值6.41亿元，同比增长10.72%；实现工业总产值30.62亿元，同比增长1.16%；实现销售收入30.9亿元，同比增长8.97%；利税总额28547.2万元，同比增长30.02%；实现利润16377.6万元，同比增长48.28%。利税、利润大幅增长。47户规模以上企业有7户亏损，亏损企业比上年同期减少8户，亏损额仅629.4万元，同比减少73.04%。

【工业投资增长较快，发展后劲增强】 2009年，通海县工业企业在项目建设过程中，把企业技术改造作为提升产业品位、增加科技含量、培育支柱产业、加快新型工业化进程的重要支撑，加强组织协调，使工业技术改造工作取得了明显成效。全县工业固定资产投资增长较快，完成工业固定资产投资6.67亿元，比上年同期增长40.33%，完成与市政府签定目标任务5.5亿元的105.64%，超额完成全年目标任务。其中：投资1000万元以上的新开工项目10个，完成任务目标5个的200%，竣工1000万元以上项目21个，完成目标任务5个的420%。

【工业园区建设】 2009年，完成了通海五金机电特色园区总体规划修编，确立了以里山片区为核心区的发展思路，实现了里山片区产业导向由单一的五金机电向以五金机电为主兼顾彩印包装、食品、建材、化工、造纸等集研发、物流为一体的产业转变。投资4160万元的里山片区一、二、三号道路路面硬化工程顺利完工，一期日供水能力3000立方米的供水系统投入使用，建成110千伏和35千伏两个变电站。组建成立了园区投资开发股份有限责任公司，为园区建设发展搭建了投融资的平台。制定了入园条件，建立入园项目供地、开工、投资跟踪服务、督查机制，进一步规范项目入园程序和标准，提升了园区的档次和辐射力。

【企业创新能力有所提高】 2009年，围绕自主创新、集成创新和引进消化吸收的再创新，以企业技术中心建设为契机，加强企业技术研发机构和创新服务体系建设，不断开发新产品，增强市场竞争力。新认定市级企业技术中心1户，申请专利 95项，授权专利 84项，省级百强中小企业 4户，省级以上高新技术企业1户，云南省著名商标 7件，名牌产品 3个。至2009年底，有省级企业技术中心1户，市级企业技术中心2户。

【节能减排、清洁生产工作】 2009年，全县综合能耗为63.7万吨标准煤，上升7.9%。万元GDP能耗1.687吨标准煤，下降2.0%，累计下降11.9%，完成"十一五"节能目标任务的99.6%。圆满完成市政府下达的2009年单位GDP能耗下降2.0%的目标任务。完成了淘汰通海昆通公司一座200m3炼铁高炉，完成对云海玛钢、汉光包装等6户企业能源审计工作和对凤凰纸业、三义造纸厂、林海标件等11户企业的清洁生产审核验收工作，万隆制胶环保不达标已关闭、源源纸业进行整体搬迁、通西铸业停产可暂不开展清洁生产。

2009年，全县资源综合利用总量12000吨，资源综合利用产业共实现销售收入1180万元，实现利润6.05万元。2009年3户免烧砖企业（云南云海玛钢有限公司、通海鉷泰建材有限公司、通海光林建筑材料有限公司）综合利用固体废弃物2.19万吨，综合利用率达60.8%，资源综合利用实现销售收入158万元，实现利润9.2万元。

【增强服务意识，加大扶持力度】 2009年，按照国家产业政策和扶持重点，搞好优良企业、优良项目、优势产品的推介、推荐，积极争取上级部门的资金扶持，先后得到中央、省、市经委的节能减排专项、技改贷款贴息、前期工作费、新产品开发费等资金扶持1155万元，其中，中央扶持资金91万元，省级扶持资金540万元，市级扶持资金524

万元。

加强用电管理和分析，做好全社会用电负荷预测及平衡工作，积极争取上级部门的理解和支持，全县1~12月份供电总量98，309万千瓦时，比上年同期增12.5%；加强铁路运输协调，保证原材料运入和产品运出顺畅，1~12月份共运出车皮710个，其中蔬菜430个，总量25800吨；其他产品280个，总量16800吨。

【培训】　2009年，共组织企业相关管理人员参加各级各类培训711人次，员工岗位操作技能培训9596人次（定向转移培训776人次、岗前培训1832人次、在岗培训6988人次）。

【党建工作】　2009年，在县委的领导下，经委党委按照党建工作的新要求，认真贯彻“工业强县”发展战略，紧紧围绕经济建设这个中心，理清党建工作思路，精心谋划党建工作，及时印发《2009年工作意见》并与经委所属23个基层党组织签订了《通海县经济委员会党组织党建目标管理责任书》，各基层党组织又分别与680名党员签订了《党员管理目标责任书》，签订率达100%，使2009年经委的党建工作有计划、有布置，为企业生产经营作好组织保证。2009年12月，党委考核小组对各基层党组织的党建工作进行了考核，通过考核，评选出了优秀党组织6个。

【党风廉政建设和行政效能建设】　2009年，党委坚持把党风廉政教育纳入思想政治工作之中，形成了党委牵头、党政齐抓共管、密切配合的工作机制。党委与23个所属党组织签订了《2009年党风廉政建设责任书》；经委主任与机关5个股室、班子成员签订《2009年党风廉政建设责任书》，落实班子成员廉政建设责任制，签订率达100%。通过各种载体开展党纪政纪和法律法规教育，并结合机关开展行政效能监察和建立健全阳光政府“四项制度”的配套措施加以落实。坚持“集体领导，民主集中，个别酝酿，会议决定”的原则，认真执行《通海县经济委员会“三重一大”事项制度实施意见》的要求，深入贯彻落实党的民主集中制原则，提高决策水平和服务水平。形成了行为规范、运转协调、公正透明、廉洁高效的行政管理体制和适应新形势、新任务、新要求的行政效能监察工作机制，切实把政府的行政管理职能有效地转化为服务职能。

【综治维稳工作】　2009年，认真贯彻执行县委、政府及县综治委的有关会议精神和安排部署，结合单位实际，积极组织开展巩固“平安单位”工作，切实承担起保一方平安的政治责任。一是做好来信来访工作，维护社会稳定，共接待职工信访28件（次），180多人次，其中：县信访局交办件3件，县委、政府主要领导转来2件，直接来访的23件；群体访17件（次），个人访的4件；由我委办理的26件，协助做稳定工作的2件，未发生因我委工作失误导致的群体越级上访事件；二是认真做好矛盾纠纷的排查和化解、积极开展安全隐患的检查和整治等各项工作；三是做好普法和依法治理工作，为企业的改革、发展、稳定服务，为推进通海特色县域经济的快速发展和各项事业全面进步创造良好的社会环境。

【企业文化建设】　开展丰富多彩、健康向上的文体活动，加强文化建设，提升企业的综合竞争力。4月24日举办了“庆五一，迎五四”职工健身操比赛。9月23日又举办了主题为“欢歌迎国庆·和谐铸辉煌”文艺晚会，讴歌新中国60年来的辉煌成就。各企业也举行丰富多彩的活动，通化、通变、玛钢、秀山水泥等企业举办职工运动会、篮球比赛、文艺晚会、知识竞赛等活动，展示了新时期工人阶级奋发向上的精神风貌。通过系列活动的开展，基层组织建设的向心力和凝聚力得到了加强，职工的团结协作意识、奉献精神明显增强，为我县营造“和谐社会”、“和谐企业”提供了更广阔、更坚实的基础。

【任职领导名单】

主　任　沐华斌

副主任　吕华东

张正华

王汝良

可恒昌

（刘振权）

江川县经济委员会

【工业经济运行情况】　1~12月，全县完成现价工业总产值23.16亿元，同比下降45.81%，完成年计划47.2亿元的49%；实现工业增加值5.87亿元，同比下降54.2%，完成年计划14.6亿元的40%。其中：规模以上工业实现工业增加值2.71亿元，同比下降43.77%，完成2009年市考核目标6亿元的45.17%；规模以上工业实现产品销售收入13亿元，同比下降21.69%，完成2009年市考核目标19亿元的68.42%；规模以上工业实现利税总额1.5亿元，同比下降65.1%，完成2009年市考核目标5亿元的30%；规模以上工业实现利润总额0.5亿元，同比下降54.5%，完成2009年市考核目标1.4亿元的35.7%。

【乡镇企业】　到2009年底，全县乡镇企业总户数达9102户，同比增长3.57%；其中：私营企业305户，同比增长2.01%，个体工商户8797户，同比增长3.63%。全年全部乡镇企业实现增加值130912万元，同比下降11.51%，其中私营企业85394万元，同比下降21.11%，个体工商户45518万元，同比增长14.68%；工业增加值82059万元，同比下降21.62%，其中私营企业72554万元，同比下降25.34%，个体工商户9505万元，同比增长26.63%；上交税金16512万元，同比下降10.72%，其中私营企业13467万元，同比下降15.34%，个体工商户3045万元，同比增长17.7%；实现现价总产值515747万元，同比下降16.41%，其中私营企业309950万元，同比下降27.96%，个体工商户205797万元，同比增长10.19%；营业收入521981万元，同比下降16.8%，其中私营企业315001万元，同比下降

26.73%，个体工商户206980万元，同比增长4.8%；实现利润23805万元，同比下降27.69%，其中私营企业21455万元，同比下降33.58%，个体工商户8961万元，同比下降8.23%；从业人员达47527人，同比下降0.66%，其中私营企业24191人，同比增长1.06%，个体工商户23066人，同比下降2.4%；发放劳动者报酬42491万元，同比增长2.71%，其中私营企业25211万元，同比增长1%，个体工商户17280万元，同比增长5.31%。

2009年全部乡镇企业完成增加值130912万元，工业增加值82059万元，上交税金16512万元，农产品加工销售产值79940万元，分别完成年初市、县下达目标任务数170133万元、122069万元、19605万元、88021万元的76.95%、67.22%、84.22%和90.82%。

【工业经济运行】 4月16日上午，组织召开了江川县2009年工业经济发展大会，会上，县委书记张延明作了重要讲话，县委常委、常务副县长许中华宣读了江川县2008年度工业目标责任考评结果和表彰决定，并代表县政府与各乡镇及县经委等部门签订了江川县2009年工业目标责任书和节能降耗责任书。

1~12月共有工业新上技改项目60项，总投资4.9亿元，完成2009年市考核指标5.5亿元的89.1%。

1~12月完成工业固定资产投资4.9亿元，占全县固定资产投资82792万元的59%，差计划目标7个百分点。当年新开工1000万元以上工业项目6个，超考核目标2个：1、江川县建国包装有限公司年产3000万只高速五层纸箱生产线，当年完成投资1185万元；2、江川县宏宇包装有限公司年产3000万只高速五层纸箱生产线，当年完成投资1150万元；3、云南省江川县恒昌造纸有限公司年产2000万只高速五层纸箱生产线，当年完成投资1080万元；4、江川县上头营包装制品厂年产2800万只高速五层纸箱生产线，当年完成投资1040万元；5、江川丰茂纸业有限公司年产3000万只高速五层纸箱生产线，当年完成投资1030万元；6、玉溪味特生物科技有限公司玉米深加工项目，当年完成投资1800万元。

2009年，1000万元以上工业竣工项目7个，超考核指标3个：1、江川县建国包装有限公司年产3000万只高速五层纸箱生产线；2、江川县宏宇包装有限公司年产3000万只高速五层纸箱生产线；3、云南省江川县恒昌造纸有限公司年产2000万只高速五层纸箱生产线；4、江川县上头营包装制品厂年产2800万只高速五层纸箱生产线；5、江川丰茂纸业有限公司年产3000万只高速五层纸箱生产线；6、玉溪味特生物科技有限公司玉米深加工项目；7、云南腾达机械制造有限公司年产1000吨齿轮生产线扩建，投资额1300万元。

生态工业园区基础设施建设工作稳步推进。市委、市政府实施中低产田改造试点工程以后，雄关乡窑房片区311.38公顷工业园区规划用地用途发生了改变，县生态工业园区基础设施建设指挥部根据县委、政府的安排，委托测绘机构对伏家营片区做了1：500地形测绘，并组织召开控制性祥规编制专家研讨会，根据专家讨论意见，指挥部重新勘察选定三街—赵官为特色工业园区新选址，开展基础性可研工作，园区建设指挥部指挥长张金翔主持召开了县生态工业园区基础设施建设工作会议，正式确定三街—赵官为特色工业园区新选址，制定新片区基础设施建设工作计划，有序开展地形测绘、控规编制、规划环评、土地收储、基础设施建设、项目入园等工作。

【节能降耗】 2009年全县能源消耗总量411072.67吨标准煤（等价值），同比减16.598%；2009年实现县内生产总值276217万元（可比价），同比减13.1%；万元GDO能耗09年1.488吨标准煤，同比下降4.0%。完成了对4户企业的清洁生产审核验收和1户企业能源审计工作。

2009年县政府与7个乡镇和21户重点耗能企业签订了节能降耗目标责任书。完成推广节能灯4.76万余只，会同发改委、县环保局、县妇联开展禁止生产销售使用塑料购物袋和创建“生态文明之家”等活动

2009年，积极推行云南江川翠峰水泥有限公司、云南恒昌造纸有限责任公司进行循环经济试点工作，做好资源综合利用的认证工作。全县废旧资源利用单位基本通过了资源综合利用认证，年可消耗工业固体废物15万吨。

云南江川翠峰纸业有限公司淘汰了原造纸车间4台落后的1575型造纸生产线，拆除1台4吨锅炉和1台6吨锅炉，重新安装2台20吨锅炉。翠峰水泥有限公司一是对窑余热进行改造利用。利用部分余热通过新型工艺处理对入窑生料进行预热；利用部分余热对含水量过重的工业废渣进行烘干处理，减少了原料烘干大量资金的投入；在窑头安装12m3容量的水箱，利用部分余热烧水，再引渡到生活区，解决工人的卫生用洗澡水。二是电器节能技术的应用。采用变频节能设备，实现了变频软启动，减少了对电的冲击，节电达25%左右。江磷集团有效地进行节能降耗工作。一是用生产黄磷尾气作燃料烧制热水，节能3000吨/年标准煤（停开了一台锅炉）；二是黄磷水淬炉渣全部用于水泥生产，生产污水全部封闭处理，循环使用，泥磷全部回收处理；三是新建末端水处理设施，处理生活、机泵冷却水作为工艺水，日可节水200m^3；四是5、6号黄磷电炉根据磷矿特点作技术改造，电耗低于13075KWh/吨、焦耗1590kg/吨，远低于全省平均水平13432KWh/吨、1800kg/吨。五是投入710万元，引进云南省化工研究院磷酸余热回民睡技术，建成10蒸吨/小时磷酸余热回收系统，2010年又投入运行满负荷运行年可节约标煤7000吨以上，江川县水泥厂拟与江磷集团合作投资1.64亿元，利用黄磷尾气资源技改建设一条2000t/d新型干法水泥熟料生产线。预计每年可节约标煤15000余吨，实现经济效益750万元。项目建

成达产后预计年销售收入1.86亿元，实现利润3630万元，上缴税金2300万元。可安排带动相关就业人员270余人。宏斌绿色食品有限公司和阳光食品分别投资360万元和250万元，建成污水处理站，使酱泡菜污水深度处理循环利用，节约大量水资源。

【加强盐务管理】　2009年1~12月，在县委、政府的领导下，在经委成立了江川县盐务管理局，全县统一有江川县新产业开发公司负责经营食盐，并认真组织对法律、法规的学习，更好的开展食盐专营的各项工作，狠抓食盐市场秩序，有效保证了食盐专营和食盐加碘消除碘缺乏病的危害工作的有序进行。1~12月，共发放法律法规宣传资料200多份，碘缺乏病及其症状的宣传材料400多份。一年来共检查34次，查出无碘盐或不合格盐568公斤，同时还发放零售许可证193份。有效地保护民人民群众的身体健康，控制了无碘盐、私盐进入市场，在整个盐业执法过程中，始终坚持依法行政、文明执法，保护消费者和经营者的合法权益，净化了市场，维护了食盐专营。

【任职领导名单】

书　记、主　任　曲绍庭

副　　主　　任　顾　秋

副书记、纪委书记　张良昌

保　山　市

保山市经济委员会

【工业经济指标完成情况】 2009年，保山市累计完成现价工业总产值130.63亿元，同比增长22.14%（可比价增长28.3%），实现了增长20%的目标。实现工业增加值47.1亿元，同比增长14.63%；规模以上工业企业完成现价工业总产值83.73亿元，同比增长19.7%（可比价增长25.7%）。完成工业增加值31.82亿元，可比增长 25.84%，完成了省政府下达的31亿元的目标和市政府制定的增长20%以上的目标。

2009年，轻工业完成工业总产值56.44亿元，同比增长41.99%（可比价增长49.1%），重工业完成总产值74.19亿元，同比增长10.4%，（可比价增长16%）。纳入统计监测的16个大的行业中，轻工业除木材加工业和纺织业分别同比下降5.1%和0.13%外，其他行业都不同程度增长。精制茶加工、食品制造业、造纸业增长较大，分别同比增长98.27%、85.13%、33.26%。重工业除黑色金属冶炼加工业、铅锌冶炼、黑色金属矿采选业下降外（下降83.63%、40.87%、9.45%），其他均不同程度增长，煤炭开采业、有色金属矿采选业、电力工业、非金属矿物业、石墨及其他非金属矿物制品业和有色金属冶炼业均大幅增长，分别增长91.73%、65.46%、25.67%、23.34%、23.01%和8.61%，其中金属硅冶炼增长66.44%。

【工业投资】 2009年，全市完成工业投资54.25亿元，同比增长56.3 %，其中，非电力工业投资完成23.99亿元，同比增长68.89 %，完成省政府下达目标任务17.5亿元的139.09%。

【工业园区建设】 5个工业园区总规划面积为125.54平方公里，已开发22.18平方公里，占总规划面积的17.66%。2009年，5个园区累计完成工业总产值34.53亿元，工业增加值10.74亿元，实现销售收入30.1亿元，税收2.894亿元，利润1.858亿元，就业人数1.25万人，全部入园工业企业149户，2009年，入园企业完成固定资产投资7.46亿元，累计完成园区基础设施投资12.46亿元。

【节能降耗】 2009年，单位GDP能耗下降3.9248%，由1.5377吨标准煤下降至1.4958吨标准煤。建筑、交通、商业、农村、政府机构等领域节能降耗取得新进展，全市推广高效照明产品48万只，淘汰水泥熟料26万吨。

【企业项目申报】 根据省工信委、省财政厅的文件要求，及时深入企业，帮助准备项目，精心制作可研报告，积极与省工信委汇报、衔接，通过努力，2009年共争取到工业各类扶持项目53个，扶持资金3807万元。

【非公经济发展】 2009年，全市非公企业户数50268户，同比增长16.4%；企业注册资金86亿元，同比增长10%；从业人员124621人，完成省考核目标的104.7%；上缴税金9.16亿元，完成省考核目标的100.66%；完成增加值81.61亿元，同比增长15.9%，占全市生产总值的37.6%，完成省考核目标的100.06%；社会消费品零售总额54.2亿元，同比增长18.1%，占全市同期社会消费品零售总额的78%。

【乡镇企业发展】 2009年全市乡镇企业实现增加值36.39亿元，同比增长18.76%，完成省考核目标的102.39%，其中：工业增加值20.2亿元，同比增长20.37%，完成省考核目标的102.9%；上交税金5.44亿元，同比增长8.44%，完成省考核目标的102.6%；农产品加工业实现销售产值38.37亿元，同比增长20.24%，完成省考核目标的102.6%。

【国企改革】 一是国有企业产权制度改革已基本完成。保山市列入新一轮深化国有企业改革的国有企业为20户，已有16户企业结束了改制工作，占改革面的80%，有4户政策性破产企业已进入破产司法程序。已完成改制的18（含已处置资产和职工已安置的2户政策性破产企业）户国有企业共退出国有资产43366.03万元，共支付经济补偿金、安置费30321.3万元，安置职工4717人，退休人员1734人，遗属及其他339人。二是深化股份合作制企业改革工作超额完成省的考核指标。保山市将上一轮国企改革未改的37户股份合作制企业全部列为以优化股权结构为主要方式的新一轮深化国有企业改革的任务。37户股份合作制企业已完成改制35户，占改革面的95%，超额完成了省下达的80%的考核目标。完成改制的35户股份合作制企业共发放经济补偿金、安置费17706.00万元，安置职工1938人，退休人员1977人，遗属及其他166人。三是突出抓好政策性破产工作。列入新一轮深化改革的20户国有企业中，申报列入国家政策性破产规划的就有9户。通过市、县、区的共同努力，有5户企业采取了不同的形式深化改革，保山造纸厂、龙陵水泥厂、保山芒合糖厂、施甸纸箱纸板厂4户企业主要债权人最终同意破产的签字，全国企业兼并破产与职工再就业工作领导小组正式下达了破产计划，并于2007年底前全部进入破产法律程序。龙陵水泥厂，于2009年7月15日已依法裁定，终结破产程序。施甸纸箱纸板厂资产已处置，职工已安置，待法院宣告终结。

【煤矿、电力等安全生产工作】　一是开展了煤矿安全隐患排查治理、瓦斯综合治理及“一岗双责”的贯彻落实，通过隐患排查，查处隐患2500多条，整改率98%，整改安全投入1500万元，基本消除了安全隐患，控制了重特大事故发生，安全生产形势基本稳定。二是全力抓好水电站防汛安全工作。要求各发电企业，汛期加强监测和汛情报告，认真做好防大汛抗大灾的准备，层层落实防汛安全责任制。三是抓好盐业监督检查工作，确保人民群众用盐安全。

【任职领导名单】

书记、主任（局长）　叶超社

副书记、纪委书记　云文灿

副　　主　　任　龙海涛　魏勇华

（张朝鼎）

隆阳区经济局

【机构设置】　保山市隆阳区经济局是在原保山县建设科的基础上成立发展起来的，1950年1月成立保山县建设科，后于不同时期分别更名为保山县企业科（企业公司）、工业局、县工交部、县工交科、县工交局、县经委、保山市工业局、市经济委员会、保山市隆阳区经济贸易局。2005年8月，根据《中共隆阳区委　隆阳区人民政府关于印发〈隆阳区人民政府机构改革实施意见〉的通知》（隆发〔2005〕30号）精神，撤销经贸局，组建隆阳区经济局，加挂隆阳区乡镇企业局牌子，为区政府工作部门。现有工作人员33名。设职能股室7个，分别为：行政办公室、党委办公室、综合股、中小企业股、企改股、煤炭工业股、技改科技股。

隆阳区经济局自独立办公以来，为监测分析全区工业经济运行态势，编制工业运行调控方案；提出产业发展导向，协调解决经济运行中的重大问题；组织拟定地方工业产业政策，协调专项产业政策的制定，监督产业政策落实情况；负责全区工业经济信息网络系统建设，收集、整理和发布经济信息，开通了“96128”政务信息查询专线及政务信息网上查询系统，组织推进企业信息化工作；负责企业的治乱减负工作，参与全区经济发展战略研究，制定中长期经济发展计划，促进全区工业经济的快速发展。自2005年8月以来，在区委、政府的正确领导下，区经济局认真贯彻落实省、市关于推进新型工业化的总体部署，紧紧围绕区委、区政府提出的“工业兴区、工业强区”的战略方针，狠抓工作落实，实现了工业的快速发展，并步入快车道。2006年，全区工业总产值达29.4万亿元，比农业总产值26.39亿元超3.04亿元，首次实现了工业总产值超过农业总产值的历史性突破，由农业大区向工业大区转变迈出了重要的一步。2009年完成现价工业总产值54亿元。

【工业经济运行情况】　经过近几年的努力，全区已形成了以农产品加工、矿冶、建材、能源为支柱的较为完备的工业产业体系，一些规模大、起点高、带动性强的企业通过实施上下产业链的资源整合，延伸、拓宽了产业链，尤其是制糖业、烟草制品业、蚕桑丝麻加工业、水泥制造业、石墨及其他非金属矿物制品、硅冶炼及电解锌等行业的发展，促进了全区工业发展能力的增强。同时企业技术改造和科技创新投入加大，所形成的生产能力和技术力量将进一步加快工业发展步伐，提升工业发展质量，工业园区建设得到不断完善，园区集聚功能进一步增强，尤其是保龙高速公路的建设和大瑞铁路、中缅输气输油管道、怒江干流水电开发等一批国家、省级重大项目的开工建设，在拉动我区固定资产投资快速增长的同时，还将带动我区建设产业和重大项目建设配套加工业的快速发展，截至2009年底，全区个体工商户达14870户，工业企业2276户，其中，重工企业598户，轻工企业1678户，销售收入在500万元以上的区属规模企业51户。2009年完成现价工业总产值54.8432亿元，其中，重工30.3578亿元，轻工24.4845亿元，规模以上工业企业34.2228亿元，完成工业增加值1.43218亿元，销售收入36.0961亿元，税净额2.4438亿元；个体私营经济上缴税金2.0405亿元，从业人员47727人，资产总额116.3072亿元；乡镇企业完成现价总产值58.2亿元（含建筑业），增加值18.8亿元，应交税金12.1亿元；非公经济完成增加值43.335亿元，税金2.147亿元，从业人员4772人。食品、饮料、电力、冶金、建材工业增加值占全区工业增加值的85%。

主要产品产量：香料烟加工量1006.3万公斤，居全省第1位；啤酒产量3.073万吨，居全省第二位；食糖产量8.2万吨，居全市第一位。铜精矿685吨，锌精矿14379吨，天然气637万m3，水泥160141吨，石墨制品12157吨，钢材（钢锭）2963吨，锌4136吨，金属硅9853吨，精铁矿51984吨，铁矿石82476吨，铅锌矿3254吨，锡精矿831吨。产销率88.7%，产值综合能耗同比下降14.4%；乡镇企业完成营业总收入720000万元。同时，全区轻工业自“十一五”以来，初步形成了涵盖制药、烟草、制糖、印刷、轻纺、轻化工、塑料、食品加工、农副产品加工等十多个行业的发展雏形。全区轻工业户数从2005年底的1589户发展到2009年底的2446户，四年的平均发展速度为1.09%，年均递增9%。2005年以来，轻工业共实现现价产值依次为103198万元、129910万元、150750万元、197476万元、244845万元，占全部工业总量分别为46.66%、44.14%、39.32%、42.25%、44.65%，年均增长24.1%。2009年，规模以上轻工业实现增加值41051万元，同比增长44.11%；主营业务收入103788万元，同比增长15.8%；上交税金7245万元，同比下降14.4%；利税总额3693万元，同比下降191.4%。

主要产品产量为：生产食糖81341吨，同比下降12.35%；生产啤酒30730吨，同比增长12%；香料烟及其他晾晒烟加工量14530吨，同比增长8.4%；面条14438吨，同比增长9.1%；咖啡加工量8055吨，同比增长44.5%；兽用疫苗60.83万支，同比增长4.9%；白厂丝605吨，同比增长3.2%；生产丝织品52.5万米，同比下降39.8%；天然气637万立方米，同比下降2.7%。复烤烟叶29272吨，同比减少2%；生产锯材44870立方米，同比减少13.8%；人造板3668立方米，同比减少45.4%；实木地板92000平方米，同比增长55.6%。

【节能减排工作】 全面加强节能减排工作，一是深入推进企业节材、节水等节能行动，实施节能工程，建立健全节能降耗统计、监测和考核体系。二是加强城市生活污水处理的建设和管理，提高污水处理率，大力发展循环经济，减少化学需氧量（COD）排放。三是加大节能减排监督与督查力度，落实节能降耗目标责任制。深入开展全面节能行动，切实推进企业节能行动，狠抓节能技术改造，强化节能技术产品的推广。四是加大主要高耗能和高污染行业淘汰落后生产能力步伐，为产业结构调整升级腾出发展空间。同时，安排一定的资金，研究建立资源开发补偿机制及衰退产业退出机制，化解企业债务，妥善安置职工，促进经济尽快转型。

认真贯彻落实《中华人民共和国清洁生产促进法》、国家《关于加快推行清洁生产的意见》和《云南省清洁生产促进条例》，结合隆阳区实际，大力推行清洁生产，开展创建绿色环保企业活动，继续坚持“资源—产品—再生资源—产品”为特征的经济发展模式，减少资源消耗，降低污染排放。重点抓好采选、钢材、水泥、制糖、金属硅等支柱产业的清洁生产工作，加强对企业实施清洁生产的指导和管理，对重点用能企业开展清洁生产审核，实施清洁生产项目。会同环保等部门在全区工业企业中开展创建清洁生产先进企业活动，推进资源节约工作的深入开展，加速形成以资源节约型、清洁生产型、生态保护型为特征的新型工业化格局。抓好保山工业园区汉庄工业片区再生物资回收加工小区的建设，实现资源、能源的梯级利用，重点在支柱产业中创建废水、废气、废渣零排放企业。组织实施共生、伴生矿、低品位矿、工业“三废”的综合回收利用示范工程和再生物资回收利用工程，进一步加快转变经济增长方式，努力实现各种废弃物减量化、无害化、资源化，推进循环经济节能减排发展。

【中小企业发展】 2009年12月底，全区有个体工商户14870户，比去年同期增长33%；私营企业987户（含分支机权282户），比去年同期增长46%，注册资金分别为4.774亿元和13.1756亿元，分别比去年同期增长1.214亿元和1.9256万元，增长26%和15%。共安置各类就业人员47727人，比去年同期增加8951人，增长29%，占全区在岗职工人数的72%。非公经济上缴税金21174万元，比去年同期下降8.3%，占全区财政总收入34%。其中：个私经济上缴税金8806万元；私营经济上缴税金12368万元，分别比去年同期下降6%和8.3%，完成社会消费品零售总额239286万元，比去年同期增长31.5%。其中：个私经济全年完成194108万元，比去年同期增长31%。但我区中小企业发展实力弱、技术水平低、管理不规范等问题仍然存在，但在现代企业管理制度的要求及引导下，通过“中小企业成长工程”，依托大企业、大市场、发展配套加工，我区将逐步形成生产集中、规范经营的专业化配套企业集群。在牢固树立“政府创造环境、企业创造财富”、“工业强区、非公兴区”的思想的基础上，我区采取积极措施，进一步加快了中小企业信用担保机构和融资平台建设，积极引导金融机构科学确定对担保机构的贷款资金倍数，发挥担保机构的融资能力，进一步缓解了中小企业流动资金短缺困难。

【安全管理】 隆阳区工业企业安全管理工作，一直坚持“以人为本，安全第一，预防为主，综合治理”的方针，保持了安全生产形势的良好态势，达到了预防和减少事故的目的。全区经济系统涉及安全生产管理的企业共有14户，其中，老工业企业9户。

隆阳区煤炭企业整合前共有5户企业6对井矿井，整合后为一户企业7对矿井。

腾冲县经济局

【基本概况】 2009年底，腾冲县共有工业企业1769户，从业人员25142 人。从经济类型上看，有国有企业4户，集体企业11户，股份合作制企业10户，股份及有限责任公司98户，三资企业5户，私营企业及其他企业1641户；按轻重工业划分，有轻工业710户，重工业1059户，从行业分布上看，主要涉及制药、建材、化工、造纸、采矿、冶炼、机械、煤炭、食品、电力、木材加工、日用工艺品、旅游产品加工、畜牧产品加工、农特产品加工等；从区域上看，结合城市规划修编，坚持工业从城市核心淡出，重点乡镇规划工业发展片区的主导思想，80%以上企业在北部和中部乡镇，20%在南部和西部乡镇。从经济结构来看，一、二、三产业结构从2005年的32.3：23.3：44.4发展调整为27.5：29.1：43.4，呈现了一产调优、二产调快、三产调强的格局。从布局上看，产业布局不断优化合理，形成以园区为平台，着力打造新型工业化核心区，统筹规划“一园三片区”的工业产业格局。

【工业经济指标完成情况】 2009年，全县完成工业总产值31.24亿元，同比增26%。其中，重工业实现产值17.58亿元，同比减7.2%，轻工业实现产值13.66亿元，同比增133.6%；实现工业增加值12.43亿元，同比增14.88%，工业占GDP比重21.9%，增0.41个百分点；完成工业税收1.48亿元，占财政总收入的20.15%；非公实现工业产值27.68亿元，增16.12%，占全县工业总产值的88.72%。经济开发区累计引进企业45户，实现产值3.2亿元、税收2680万元。

腾冲县紧紧依托丰富的资源优势和独特的区位优势，大力发展矿业、电力、建材、林产品加工、食品加工、旅游产品加工、生物制药等七大重点产业。2009年实现矿业产值12.12亿元，同比减12.05%；林产品加工业2.99亿元，同比增49.5%；电力3.01亿元，同比增25.42%；建材2.38亿元，同比增44.24%；食品及农副产品3.86亿元，同比增67.83%；旅游产品加工6.95亿元，同比增456%；生物制药1.06亿元，同比增51.43%。

2009年规模以上工业企业36户，占全县工业企业总数的1.5%，较去年增8户，增长28.6%。实现产值23.2亿元，同比增41.9%，占全县工业总产值的比重达74.36%，完成增加值10.01亿元。

【重点项目推进】 2009年，腾冲县重点推进工业项目11个。其中，续建项目6个，新开工建设项目4个，开展前期工作2个，建成投产6个。完成工业投资5.4亿元（不含电力投资）比去年增4.75亿元。小独山120万吨铁综合选厂、腾峰10万吨球团生产线、古林5万立方米胶合板技改扩建、2万吨甲醛生产线、腾越工艺品厂2.5万件工艺品生产线、腾越水泥厂2500吨日熟料水泥生产线等项目竣工投产，明光矿业公司50万吨铁选厂已建成，具备生产条件，一旦市场复苏，即可生产。隆腾矿业日处理450吨锡钨矿生产线、10万吨含硫尾砂资源综合利用项目等项目即将试车生产。

【褐煤勘探和深度开发取得新进展】 已完成1：100000地质填图，作业面积53.2平方公里，探明储量14254万吨，煤层有二层，平均发热量4千大卡。其中，资源普查（333）资源量面积39.23平方公里，储量8294万吨，（334）资源量面积13.97平方公里，储量5960万吨。11月中旬对地质填图组织了专家评审。

【争取项目扶持】 经过筛选已上报省、市技改贴息及节能项目8个，乡镇企业项目3个，非公企业贷款贴息项目7个。2009年共获省市技改贴息资金190万元，获非公、乡企贴息资金280万元，新型工业化发展专项资金150万元。

【资源综合利用和节能减排工作】 一是支持恒益公司建设滇滩镇小独山120万吨铁矿综合选厂项目，鼓励企业加强共、伴生矿产品资源的综合开发和利用，提高资源综合开发和回收利用率；支持云天化国际银山化肥有限责任公司建设10万吨含硫尾砂资源综合利用项目，利用铁矿选厂300多万吨生产能力形成的含硫尾沙生产化肥、普钙，开展尾矿的综合利用；支持腾越水泥有限公司利用公司利用水泥生产线窑头和窑尾排出的废气余热,建设一座装机容量为4500KW的不补燃纯低温余热发电站,实现资源--废弃物--资源的循环利用。二是巨鑫、飞恒丰龙、奕标、恒益、古林等重点用能企业建立能源利用状况报告制度，定时向省工信委、市经委报送能源销费、能源利用效率、节能目标完成情况、节能效益分析和节能措施等报表。三是扎实推进节能降耗工作，制定了《腾冲县绿色照明节能灯推广工作实施方案》，已开展清洁生产试点企业8户，2009年单位GDP能耗下降4.1%；完成节能灯推广使用11万只，古林、祥和、恒益、子云四户企业全面完成清洁生产审核验收工作；恒益、奕标水泥两户企业完成审计工作。

【国企改革工作】 通过两轮三阶段的国企改革工作，改革取得了实效。截止2009年底，共实施企业改革93户，安置职工8000余人，支付改革成本4亿多元。纳入省市考核任务的目标责任企业29户（国有、国有控股、参股企业17户，股份合作制企业12户），已顺利通过省市考核验收，目前除百货公司未安置外，基本上已全部实施完结。全县国企改革工作从面上讲已基本结束，工作重心转人后续扫尾完善阶段。

【安全生产监管】 认真贯彻全国和省、市安全生产工作会议精神，以“隐患排查治理年”为契机，全面履行监管主体的职责，开展安全事故预防专项整治行动。一是召开了全系统安全生产、消防、道路交通工作会议和地质灾害防治工作会议。研究分析安全生产工作，解决存在问题，安排布置工作。二是与系统内11户企业签订了《2009年安全生产、消防、道路交通和社会治安综合治理责任书》，与腾越水泥厂、芒棒三岔沟煤厂，奕标水泥厂和19户已建成电站业主签订了《2009年地质灾害防治工作责任书》，与机关33名职工签订了《道路交通安全责任书》做到主要领导负总责、亲自抓、分管领导职能股室具体抓，形成了职责明确，目标具体，一级抓一级的良好工作氛围。三是以防范事故为目标，以排查整治隐患为重点，采取电话督查、现场检查、文件通知和企业自检自查的方式，对已建成电站、煤矿、重点建设项目及所属企业的安全生产进行有效监督。全年共开展了安全生产（消防）、汛期安全、地质灾害及隐患整治专项检查行动19次，全面深入排查各种安全隐患，确保了企业和社会的稳定。

（罗　燕）

昌宁县经济贸易局

【基本情况】 昌宁县经济贸易局是负责协调全县经济运行的综合经济管理部门，也是管理乡镇企业、民营经济的县政府工作部门和及商贸流通的行业管理部门。内设7个科室（行政办公室、党委办公室、工业科、综合科、民营经济科、糖业科、企业改革科），现有干部职工40名。其中，局领导5人：党委副书记、局长1人，党委书记1人，党委副书记兼纪委书记1人，副局长2人；科室领导6人；主任科员14人，副主任科员13人，科员7人，工勤人员8人；人员结构中，大专以上文化程 度24人，中专文化程度10人，占80.95%，高中及其以下文化程度8人，占19.04%；公务人员34人，占80.95%，工勤人员8人；党员总数27人，非党13人；女职工13人。

【工业经济主要指标完成情况】 2009年，是昌宁县实施“十一五”规划和“工业立县”战略，实现“工业连续倍增计划”的关键之年。由于受全球金融危机影响，全年工业发展步履艰难。尽管如此，在县委政府的正确领导下，按照科学发展观和“工业立县”战略及“工业连续倍增计划”要求，围绕年初确定的各项工作目标，求真务实，扎实苦干，经过不懈努力，克服了重重困难，圆满完成全年目标任务，工业经济基本实现了又好又快发展。据统计，完成现价工业总产值16.43亿元，同比增22.27%（完成计划的106.6%）。其中，13户规模以上企业完成现价产值7亿元，规模以下企业完成现价产值9.43亿元；完成工业固定资产投资3.25亿元（不含电力），为计划的108.33%；完成出口总额996.37万美元，为计划的117.22 %，同比增长121.42%；私营企业发展到472户，为计划的115.12%，同比增19.8%；个体私营企业上缴税金1.3217亿元，为计划的110.14%，同比增20.15%；工业节能减排工作按市下达控制目标稳步推进，各项指标实现了预期目标，工业经济运行总体呈现平稳发展态势。

【主要工业产品产量完成情况】 食糖83118吨，同比增长0.20%；生产酒精5914吨，同比下降4.43%；工业硅19374吨，同比增39.02%；精矿含锡123吨，同比下降23.60%；原煤337682吨，同比下降7.36%；水泥76640吨，同比下降45.40%；墙体材料14017万块，同比下降1.14%；机制纸13176吨，同比增长23.50%；精制茶9407吨，同比增长21.54%；核桃加工产品5100吨，同比增45.71%；木材加工产品104000立方米，同比增长108.00%；发电量8576万度，同比下降23.37%。

【工业重点项目建设】 工业投资及重点项目建设按计划有序推进。截止12月底，完成工业固定资产投资3.25亿元（不含电力），完成计划的108.33%。一是昌宁立得硅业有限公司硅冶炼建设项目。一期工程3×2.55万KVA冶炼炉有望于2010年1月底可试机投产。配套的柯街输变电站建设项目,目前可投入试运行。二是昌宁县桦东经贸有限公司木材加工项目。一期工程新建木材制材厂，已部分投入生产，三是湾甸水泥厂2000吨/日带余热发电新型干法水泥熟料生产线技改扩建项目，目前已开工建设。四是昌宁县红星煤矿一期扩建为年产30万吨项目，目前已完成投资506万元。五是昌宁建星纸业公司，技改扩建年产5.5万吨/年非木浆浆纸生产线及配套设施项目，目前正在开展环评等项目前期工作。六是昌宁笑果果食品有限公司，年加工核桃系列产品4000吨项目。一期建成核桃炒果系列产品1500吨加工生产线一条，已于8月17日投入生产。

【技改节能工作】 按照县委、政府确定的我县2009年单位生产总（GDP/万元）能耗下降4%的总体要求。工业各项节能技改工作按计划有序推进，年内重点开展了：一是湾甸水泥厂淘汰落后产能工作。按省政府要求将原有的年产10万吨湿法工艺技改扩建为2000吨/日（年产水泥75万吨）带余热发电新型干法水泥熟料生产线，目前进入项目实施阶段。二是开展了贞元硅、盛吉硅、恒盛公司（卡斯、湾甸、柯街三个厂）能源审计工作，已进入能源审计审核验收阶段。三是着力开展节能灯推广工作，完成节能灯推广使59386只，占年计划50000只的119%，超额完成推广计划，按数值计算年可节约电费170.07万元。

【非公经济发展】 新一轮国企改革以来，积极引导股份合作制企业优化股权结构，深化改革，完善公司法人治理结构，提高改制质量，增强企业运行活力，经过深化股权结构改革，妥善分流安置职工和解决历史遗留问题，创新体制，转换机制，发展壮大非公有制经济。认真学习贯彻《国务院关于鼓励支持和引导个体私营等非公有制经济发展的若干意见》的精神，着力培植经济增长的支撑点，大力发展非公有制经济，非公经济发展势头良好。年末全县个体私营企业达12855户，从业人数达26898人，个体私营企业上缴税金达13217万元，占年计划12000万元的110.14%。

【安全生产监管】 在安全生产工作中认真贯彻《中华人民共和国安全生产法》、《国务院关于预防煤矿生产安全事故的规定》和各级政府有关政策法规及全县安全生产工作会议精神，坚持“预防为主，安全第一，综合治理”的方针，认真落实领导责任，年初和行业管理的13户煤矿企业签订了“安全生产责任书”，坚持抓产业与抓安全相结合，加大对企业安全生产监督检查力度，班子成员下基层做到出门一把抓，回来再分家，由于领导重视，工作措施落实，年内没有重大安全事故发生。

在煤矿安全生产管理方面，年内在卡斯矿区发生了3起安全伤亡事故，不同程度地暴露了安全生产监管工作中还存在着许多薄弱环节，给煤矿安全生产监管工作敲响了警钟。对此我们认真总结了经验教训，加大了安全教育和培训的力度。对全县11对煤矿生产矿井的640余名从业人员进行了培训，经考试合格颁发了上岗证，组织17名矿长、副矿长12名煤矿安全群众监督员到昆明培训，通过培训提高煤矿管理技术水平。

【工业园区建设稳步推进】 2009年，县工业园区管委会紧紧围绕工业园区建设任务目标，积极开展工业园区规划、融资建设、招商、管理、服务工作，不断加强和改进自身建设，稳步推进各项工作。顺利完成了《昌宁生物资源加工特色工业园区田园片区控制性规划》和《保山市（昌宁）核桃加工交易中心区建设规划》等工作，年内共完成基础设施建设投资4500万元，其中，自主投资200万元，配套投资4300万元。新入园企业达3户。

【任职领导名单】

书　　记　施军宁

副书记、局长　赵光义

副书记、纪委书记　张洪平

副　局　长　郭生卫　尹爱萍

（张赵荣）

施甸县经济贸易局

【工业经济运行情况】 2009年，全县工业企业完成现价工业总产值78240万元，增28.9%（按可比价增39.4%），占县政府年度考核任务70000万元的111.8%；按市级统计口径（不含电力、糖业的产值），全县完成现价工业总产值 57008万元，增33.7%（按可比价增44.6%），完成市政府年度考核任务50000万元的114%。全县工业企业完成上缴税金5712万元，同比增24.7%，完成目标任务4600万元的124.2%。

1. 各行业情况。2009年，全县六大行业除水电工业外，其他五大行业工业产值均实现增长，特别是建材、食品和乡镇工业增长较大，分别完成工业总产值35761万元、19482万元、11361万元，同比增幅高达15.6%、47.5%、68.6%；建材、食品、电力、冶金、制造和其他工业，各行业占全县工业总产值比重依次为46：25：9：4：1：15。

2. 规模企业情况。2009年，全县10户（其中独立核算7户）规模以上工业企业共完成产值64456万元，同比增21.7%，占全县工业总产值的82.4%。规模工业完成市级各项考核指标情况分别是：主营业务收入40297万元，完成任务45000万元的89.6%；完成增加值14105万元，完成任务14000万元的100.8%；利税总额8881万元，完成任务4000万元的222%；利润总额4871万元，完成任务2000万元的243.6%。

3. 蔗糖业情况。2008/2009榨季，全县共入榨甘蔗35.5万吨，减3.5%；生产食糖4.7万吨，增5.1%；生产酒精3109吨，减12.3%；综合产糖率为13.3%，提高1.09%。按统计口径（扣除由旺蔗区产值）计算,施甸县制糖工业完成产值14711万元，增26.6%；食糖、酒精产销率均为100%；实现税收1373万元，增25.4%。

遵循稳定面积、提高单产、确保总量的原则，2008/2009榨季全县下达10.2万亩甘蔗种植计划指标，其中新种（含翻种）冬蔗5000亩、春蔗10000亩。全县实际完成种植面积102307亩，其中宿根83649亩、新植春夏蔗13198亩、新植冬蔗5460亩，总面积完成指标的100.3%，新植面积完成指标的124.4%。

【招商引资】 2009年，全县引进项目协议总投资48358万元，完成县级任务40000万元的120.9%；年内利用外资927万美元，完成市级任务650万美元的142.6%。国内实际到位资金32848万元，完成县级任务30000万元的109.5%，其中：省外资金8778万元、完成市级任务8600万元的102.1%，省内市外资金24070万元、完成市级任务29400万元的81.9%。

招商引资工作带动了非公经济快速发展。2009年底，全县共有个私企业5059户（其中个体企业4969户，私营企业90户），增0.8%；从业人数17028人，增1.3%；注册资金28120万元，增3.3%；上缴税金4716万元（注：其中酒房铅锌矿股权转让上缴个人所得税1481万元，属于不可预见的增长），增22.9%，个体私营企业上缴税金占财政收入17388万元的27.1%。

【商务流通】 2009年，商务流通扩大内需、促进消费、活跃城乡市场，全县社会消费品零售总额为60733万元，增17.1%，其他各项工作指标都圆满完成市级考核目标任务。一是积极落实家电、汽车、摩托车下乡惠农政策，施甸县自2009年3月27日正式启动家电下乡销售后，截至年底，全县有备案家电下乡销售网点52户，共销售7079台（件），销售金额1192万元，实际已补贴资金152万元；2009年销售汽车摩托车7930辆，销售金额5652万元，实际已补贴资金613万元。二是继续扎实推进“万村千乡”市场工程，建设改造的28个农家店（其中农资农家店3个、日用消费品农家店25个）已通过验收。三是加强对成品油、食盐、生猪产品市场的监督管理，全县共销售成品油14371吨、食盐2100吨；县城生猪定点屠宰率达100%、乡镇达85%，定点屠宰生猪20904头、增10.7%，实现各种税费105万元、增16.1%。四是依法整顿和规范市场经济秩序，县相关部门共出动执法车辆1401车次、执法人员5571人次，涉案货值865万元、立案查处179件、结案176件、涉案案值71万元、罚款57万元。

【工业园区建设】 2009年，全县经贸领域完成固定资产投资29863万元，完成县级任务45000万元的66.4%；按市级统计口径,2009年度全县工业固定资产投资完成18863万元,完成市级任务30000万元的62.9%。

2009年，结合施甸县资源、区位优势，加强项目的研究、储备和推介工作，重点谋划了32个项目并编制成新的《施甸招商项目指南》，其中涉及农业项目9个、工业项目7个、工业园区建设项目5个、旅游开发项目7个、城市建设项目3个、市场体系建设项目1个；同时，编制了《施甸工业园区》，更新了网站招商项目。以工业园区为平台，更加注重选商，认真抓好招商引资工作，共引进7个项目。其中：新引进了资金、技术、人才等实力相对较强的冠胜矿业公司对酒房铅锌矿资源进行建厂深度开发；通过深化改革，引进保山市宏侨房地产开发有限公司盘活农机公司闲置房地产；7月份，浙江华东工程科技发展有限公司与县政府签订了勐波罗河流域水开发项目开发协议书，并已完成流域规划。

云维保山有机化工有限公司一期投资建设5万吨/年醋酸乙烯（配套20万吨/年电石）工程项目是云南省2009年100个在建重点工程项目之一，计划总投资97424万元，占地546亩。截至年底，累计完成投资23660万元，占计划总投资97424万元的24.3%；其中，2009年完成投资19959万元（含政府土地投资2440万元）、占当年计划投资25630万元的77.9%。该项目一期工程年产10万吨电石生产线已于12月28日点火烘炉，预计

2010年1月底出产电石。

自云维进驻以来，工业园区基础设施建设同步推进。2009年，云维项目配套的“三通”工程中，一期通水工程已完成，供电工程已完工，通路工程水长片区道路一线建设项目正在施工；工业园区基础设施建设完成投资6311万元，其中：通水工程2612万元、通电工程1626万元、通路工程2073万元。入园企业现共有11户（其中规模以上企业5户），共完成工业产值39940万元，占全县工业总产值78240万元的51.2%，园区的承载能力、招商吸引力和产业集聚力得到了提升。

另外，施甸联缘天石公司精品板材、施甸通正公路养护公司水泥预制块厂、施甸县禾源果蔬专业合作社果蔬冷藏库、云南康丰糖业（集团）有限公司旧城和龙坪分公司技改等项目建设已完工并投入使用。

【企业改制】 2009年，施甸县深化国有企业改革，主要是纸箱纸板厂政策性破产、农机公司依法破产改革、土产公司关闭解散和其他已改制企业的扫尾工作。通过一年的艰辛努力，纸箱纸板厂政策性破产和农机公司依法破产程序顺利终结。新一轮国企改革11户企业改革基本结束，改革涉及1048人已妥善安置，盘活国有资产8226万元，消化债务16782万元，支付资金5269万元。

2009年，为各企业争取到扶持资金425.74万元。其中：技术改造财政贴息资金250万元、中小企业固定资产贷款贴息资金40万元、重点农产品加工扶持资金40万元、“万村千乡”市场工程28个农家店建设改造补助资金33.74万元、省级猪肉活体储备补助资金16万元、病害猪无害化处理补助资金46万元。

【节能降耗】 2009年，强化了节能监控、宣传，将节能任务分解落实至能源消费量较大的主要工业企业，并认真组织推广节能灯。全县一、二、三产业平稳较快发展，工业能耗得到有效控制，全社会能源利用效率有所提高，单位GDP能耗下降3%任务预计可以完成。就工业能耗而言，全县10户规模工业万元产值能耗为2.1吨标准煤，同比减0.2吨标准煤/万元，减幅为9.3%。

积极推广节能灯，2009年市政府下达任务数为5万只，截至年底，实际到位72850只，已向农户推广销售节能灯72679只，完成市级任务的145%。

【任职领导名单】

局　　长　李朝健
党委书记　段建强
副 局 长　刘树海
　　　　　杨培江
　　　　　段光艳

楚雄彝族自治州

楚雄州经济委员会

【工业经济运行情况】　2009年，楚雄州工业经济趋稳回升，实现工业增加值116.47亿元，比上年增长10.5%。其中，规模以上工业实现增加值90.77亿元，增长10.1%，完成省下达计划95亿元的95%；主营业务收入222.17亿元，增长3.3%，完成省下达计划240亿元的92.6%；利税总额实现60.64亿元，增长14.1%，完成省下达计划63亿元的96.3%；利润总额17.75亿元，增长37.3%，完成省下达计划18.3亿元的97%。172户规模以上企业停产、半停产户数分别减少25户和34户。180户重点企业中盈利50万元以上的有92户，增加15户，实现利润19.4亿元，利润减少2.74亿元；亏损企业48户，亏损面为26.7%，亏损户较上年减少7户，亏损面下降3.9个百分点。年产值5000万元以上的44户企业中有37户盈利，比上年增加2户，实现利润16.4亿元，同比增长36.4%。第四季度工业企业家信心指数136.85，工业企业景气指数132.91。13种主要工业产品产量：原煤170.96万吨，增长12.7%；水电发电量9.87亿千瓦时，减少17.9%；水泥120.78万吨，增长2.8%；卷烟2805000万支，增长1.6%；农用化肥5.59万吨，增长10.3%；复合肥21.59万吨、增长105.2%；铜31626吨、增长34.4%；铝5272吨，减少28.4%；锌2826吨，减少35.3%；生铁151.81万吨，增长12.9%；粗钢150.32万吨，增长4.4%；钢材146.6万吨，增长5.4%；中成药1209.02吨，增长4.4%。

【冶金矿产业】　2009年，全州规模以上冶金工业实现工业总产值836999万元，同比下降11.6%；主营业务收入814081万元，同比下降14.8%；实现利润74753万元，同比上升56.6%；实现利税115766万元，同比上升25.4%。其中重点骨干企业：德胜钢铁公司完成现价工业总产值527728万元，同比下降8.3%，完成主营业务收入520229万元，同比下降8.5%，实现利润57233万元，同比上升115.1%；楚雄滇中有色金属有限公司完成现价工业总产值90652万元，同比下降14.9%，完成主营业务收入88574万元，同比下降13.2%，实现利润4477万元，扭亏为盈；楚雄矿冶有限公司完成现价工业总产值81023万元，同比下降40.3%，完成主营业务收入88673万元，同比下降44.6%，实现利润6273万元，同比下降83.6%。

【化工工业】　2009年，全州规模以上化学工业实现工业总产值340431万元，同比上升9.4%；主营业务收入306125万元，同比上升17.3%；实现利润14524万元，同比下降44.6%；实现利税23480万元，同比下降38.6%。其中：楚雄德胜煤化工公司完成工业总产值149715万元，同比下降12%，完成销售收入136266元，同比下降1.6%，实现利润12201万元，同比下降28.8%。

【机械工业】　2009年，全州机械工业企业积极应对国际金融危机，采取有效的应对措施，克难奋进，加强技术改造，加大新产品研发和固定资产投入力度，同时，受国家扩大内需4万亿元投资计划的政策刺激，农机、工程机械、汽车行业生产形势逆势走高，11户重点机械工业企业实现工业总产值7.9亿元，同比增长35.3%；主营业务收入7.2亿元，同比增长24%；实现利润3784万元，同比增长39.1%；实现利税5917万元，同比上升2.5%。

【轻纺工业】　2009年，受外部经济形势的影响，以农副产品为原料的产业得到进一步发展，各种经济类型企业生产均保持增长。楚雄州的轻纺工业也得到了恢复性增长，全州规模以上轻纺工业实现工业总产值74608万元，同比上升11.7%；主营业务收入69626万元，同比上升7%；实现利润18871万元，同比上升48.3%；实现利税13685万元，同比上升62.2%。全州19户烟草、包装印刷及纺织工业企业实现工业总产值64亿元，同比增长9.2%，其中烟草产业实现增加值58.2亿元，比上年增长12.3%。

【建材工业】　2009年，楚雄州墙体材料和水泥工业企业得到了较好发展。新型墙材的实际使用建筑面积近80万平方米，水泥产量120.78万吨（其中发售散装水泥24.27万吨），全州在建建筑共使用预拌商品混凝土30万立方米，均创历史新高。州经委监控的14户建材工业企业实现工业总产值48099万元，同比增长27.1%；主营业务收入44228万元，同比增长26.8%；利税总额3726万元，同比增长101.2%；实现利润927万元，与去年同期的-316万元相比，实现扭亏为盈。积极响应国家淘汰落后产能的相关政策，出台了预拌商品混凝土的相关文件，诞生了预拌商品混凝土企业。对禄丰永达水泥厂年产水泥10万吨，直径3.2米的一座立窑进行了淘汰拆解，并在相关部门的支持下于2009年3月改造成为年产30万吨水泥的水泥粉磨站，原厂在职和退休职工160人全部得到了妥善安置。

【食品工业】 楚雄州食品工业以农副食品加工业、饮料制造业和食品制造业为主，2009年，食品工业得到迅速发展，全州食品工业企业达219户，从业人员达11154人，实现增加值16.48亿元，同比增长51.16%；现价总产值达33.04亿元，同比增长59.11%；实现营业收入28.44亿元，同比增长40.81%；上缴税金11428万元，同比增长9.91%；实现劳动者报酬13444万元，同比下降5.89%；在食品工业中，农副食品加工业有154户，完成增加值24570万元，同比增长29.93%；实现现价总产值127956万元，同比增长35.18%；完成营业收入121425万元，同比增长29.27%；上缴国家税金2703万元，同比增长24.05%；从业人员达到4809人，支付劳动者报酬6622万元；规模以上食品工业实现工业总产值133452万元，同比增长94.1%；完成增加值70845万元，同比增长47.91%；实现主营业务收入109332万元，同比增长92.7%；澜沧江啤酒企业（集团）楚雄公司、楚雄东宝生物资源开发有限公司，元谋闽中食品有限公司，元谋利明脱水蔬菜有限责任公司，大姚亿利丰农产品有限公司，牟定正兴（集团）公司，双柏妥甸酱油有限公司等一批食品工业龙头企业发展壮大，为我州工业经济注入了新的活力。

【煤炭工业】 2009年，楚雄州煤炭工作坚持依靠科技进步，走资源利用率高、安全有保障、经济效益好、环境污染少和可持续发展的煤炭工业发展道路，煤炭企业从上年的23户减少到20户，矿井数量从44对减少到43对，核定的生产能力保持了211万吨。生产原煤170.96万吨，比上年增长12.7%；焦炭产量68.8万吨，比上年增长3.5%；煤炭产业实现工业产值23.24亿元，比去年增长9.2 %。开展“安全生产年”“三项行动”和“三项建设”活动，强化小煤矿安全基础管理，督促企业落实安全责任，建立隐患排查治理跟踪督办制度和工作长效机制。各煤矿企业自查隐患3111条，整改隐患3089条，整改率99.3%，其中重大隐患63条，已整改60条，整改率95%，一时难以治理的隐患3条。全州全年发生煤矿安全事故6起、死亡16人，同比增加2起、12人，死亡人数为省政府下达我州控制指标4人的400%，百万吨死亡率9.4，同比上升261.5%。全年争取省补助隐患治理资金220万元，煤矿企业投入隐患治理资金1584万元。各煤矿企业按照省矿山救援指挥中心要求，进一步完善应急预案，加强应急预案演练。年设计能力在9万吨（含9万吨）的煤矿均设立兼职救护队，年设计能力在9万吨以下的煤矿均有指定兼职救援人员，应急救援能力明显提高。全年举办安全检查员、瓦斯检查员和电钳工等特种作业人员、煤矿矿山兼职救护队员、安全监测监控系统维护人员培训班14期，参训979人。组织煤矿职工上岗前培训及复训3314人，申报煤矿专业技术职称20人，与大专院校共同举办了两期160余人参加的机电专业、采煤专业大专班。

【天然药业】 2009年，楚雄州加强对天然药业的领导，抓好重点项目建设，加大招商引资力度，加强新药研发，推进中药材种植和彝族医药体系建设，积极调整生产，努力开拓市场。全州全年天然药业实现总产值7.65亿元，比上年增长16.4%；实现增加值2.68亿元，比上年增长13.8%。全州生产中成药1209.02吨，比上年增长 4.35 %。纳入统计的14户重点医药企业中，太阳药业和万鹤鸣药业2户企业全年基本处于停产状态，没有统计数据；万裕药业的代加工部分较上年大幅萎缩，产值较上年大幅下降，销售收入和应缴税金较上年有所增长；宝丰药包材有限公司和百草岭药业发展有限公司2户企业因市场萎缩，各项指标较上年小幅下降；州医用器具有限公司自恢复生产后，经营情况良好；其余9户企业除盘龙云海药业的产值和三圣药业的销售收入略有下降外，其他主要经济指标均不同程度增长。全州医药工业实现产值5.57亿元，比上年增长6.9%；完成销售收入4.78亿元，比上年增长11.9%；应缴税金3566.6万元，比上年增长13.2%。

【工业园区建设】 2009年，全州工业园区进一步加大规划建设力度，强化招商引资，加快园区基础设施建设步伐，以集约化、产业化、规模化为目标，努力克服资金、用地等诸多困难，园区发展速度加快，各项工作稳步推进，成效显著，园区经济呈现较强活力。10个工业园区实现工业总产值122.79亿元，同比增长13%；实现工业增加值29.77亿元，同比增长16%；实现税收6.71亿元，同比增长9%。工业产值达10亿元以上的园区3个（楚雄、禄丰、大姚），比上年增加1个，占园区总数的30%。其中：工业总产值30亿元以上的园区1个，50亿元以上的园区1个。楚雄工业园区实现工业增加值6.99亿元，同比增长5.7%；实现税收1.11亿元，同比增长11%。禄丰工业园区实现工业增加值11.5亿元，同比增长8.9%；实现税收3.5254亿元，同比增长4.7%。

【重点工业项目建设】 2009年，楚雄州经委认真实施“50项重大工业项目工程”、重点工业项目建设五年行动计划和企业技术创新及工业品牌培育五年行动计划，州级财政安排3000万元专项资金，重点用于企业技改贷款贴息、流动资金贷款贴息和工业园区建设。在加强与红塔集团、云冶集团、四川德胜集团等大企业合作的基础上，州政府与昆明钢铁控股公司签订了战略合作协议，实施2万吨/年工业钛材深加工项目于9月23日开工建设；禄丰县政府与云南工业投资控股集团公司合作，计划投资55亿元，对禄丰县仁兴镇褐煤资源整合开发，拟建年产500万吨原煤及深加工项目正在推进，其中：年产10万吨炭质还原剂项目已于12月19日开工。全年完成工业固定资产投资（不含电力）36.18亿元，比上年增长40.6%，完成省工信委下达的36亿元目标任务的100.5%、州政府下达33亿元目标任务的109.6%。筛选上报工业项目174个，争取省级项目补助资金及收储促销补助资金1.39亿元。登记备案项目126个，其中州经委备案46个，各县市经委备案80个。

【重点产业建设】 楚雄州规模以上烟草制品、化学原料和化学制品、医药制造、有色金属冶炼及压延加工、黑色金属冶炼及压延加工、电力及热力的生产和供应6个重点行业实现增加值67.9亿元，比上年增长8.9%，占全部规模以上工业增加值的74.8%。6个重点行业中，除医药制造、电力及热力的生产和供应2个行业略有下降外，其余4个行业均有不同程度增长。其中：化学原料和化学制品、有色金属冶炼及压延加工、黑色金属冶炼压延加工及烟草制品4个行业的增长速度分别达到了30.9%、8.6%、9.8%、9%。

【节能降耗】 为使节能降耗工作再上台阶，楚雄州经委制定了一系列指导意见，及时分解落实节能降耗目标任务。对列入"国家千家节能行动"和省"双百节能行动"和年综合能耗在3000吨标准煤以上的企业加强节能监管，对签订节能减排目标责任书的35户企业开展能源审计。奕标水泥、滇中有色金属公司等6户企业的能源审计报告通过了专家评审验收。德胜钢铁公司22MW高炉煤气发电二期工程项目通过竣工验收，诚鑫高温新材料公司年产5万吨免烧节能型高温新材料技改工程等项目正在推进。组织上报节能降耗专项资金扶持项目24个，其中的4个项目得到扶持，扶持资金250万元。积极配合省工信委开展高效照明产品推广宣传活动，向楚雄市、禄丰县、大姚县等部分少数民族聚集自然村、学校和福利院免费赠送节能灯2325只，全州推广节能灯295464只，超额完成省下达20万只推广计划。全州共有报废汽车回收站点9个、回收中心1个，回收报废汽车958辆（含摩托车241辆），兑付老旧汽车更新补贴14辆14万元，汽车以旧换新补贴16辆8.1万元。办理《云南省资源综合利用认定证书》并通过年检企业29户，上报了11户《云南省资源综合利用认定证书》到期换证企业材料及3户新认定企业申报材料，经省认定的资源综合利用企业51户；首批45户实施清洁生产审核的企业有15户企业开展了清洁生产审核工作。征收墙改专项基金493.7万元，新型墙材推广面积达到80万平方米；推广使用散装水泥达24.3万吨。全州规模以上工业企业万元增加值能耗比上年下降8.96%，万元GDP能耗下降3.9%。

【非公经济】 全州非公经济完成增加值152.47亿元，同比增长13.2%，占全州GDP比重为44.66%，完成省下达年度计划任务174.8亿元的87.47%；上缴税金12.02亿元，同比增长11.48%，完成省下达指标12.4亿元的97.1%；非公经济从业人员达21.08万人，同比增长16.59%，完成省下达年度指标19万人的110.95%。规模以上非公经济完成工业增加值30.1亿元，同比13.3%，其中私营企业完成25.4亿元，同比13.6%。

【国有企业改革】 至2009年末，楚雄州列入上一轮深化国有企业改革考核的122户国有及国有控股企业、189户集体企业，共计311户企业已全部完成改制任务，改制面达100%；后三年具备深化改革条件的股份合作制企业33户，已经完成深化改革31户，完成深化改革面达到93.9%。此外，后3年州、县市还完成了目标考核范围外17户国有和集体企业的改制，58户股份合作制企业的深化改革，省下划3户农机公司的改制，2户政策性关闭，3户政策性破产等83户企业的改革改制工作。

【经济运行协调服务】 楚雄州经委针对企业资金困难的问题，进一步加大了项目贷款的协调工作力度，多次组织开展企业固定资产和流动资金贷款需求调查，向金融机构推荐企业贷款项目66个；加大了对州政府确定的29个项目贷款的跟踪协调力度，州贷款担保资金理事会为企业提供担保贷款8897万元；及时提出州级财政工业切块资金扶持方案，筛选项目争取扶持资金、促销补助和收贮资金对州内工业企业进行了扶持。滇中有色金属公司、澜沧江啤酒楚雄公司等企业资金紧缺状况得到有效缓解。与州财政局一起联合制定了优先采购州内产品目录，有4980吨有色金属纳入了省收储，24种工业品列入省促销目录，促进了州内工业品的销售。有关部门按政策减免企业及个体工商户两税分别达3.34亿元和1.64亿元。

【新型工业化进程】 为贯彻落实《中共楚雄州委、州人民政府关于进一步加快推进新型工业化的决定》，楚雄各县市经委在积极配合抓好属地重大工业投资项目建设的同时，积极促进投资1000万元以上的工业项目尽快开工，通过抓好项目的实施，带动县域经济发展。全州组织实施的"50项重大工业项目"中有43个开工建设，13个竣工投产。新立公司禄丰钛业公司年产6万吨氯化法钛白粉生产线、年产1万吨海绵钛生产线、昆钢钛材深加工、楚雄矿冶公司年产5万吨有色金属（铜金属3万吨）技改、星焰公司牟定郝家河铜矿开发及选厂技改、勤攀磷化工公司技改扩建、岭东纸业公司年产35万箱卷烟条盒商标彩印生产线搬迁技改扩建等项目实施进展顺利。

【楚雄州医药行业协会成立】 2009年，州天然药业协调领导小组办公室（协会筹备组）按照成立协会的申报审批程序，完成了相关报批手续，起草、修改和完善了《章程》（草案）及各种管理办法（草案），进行成立大会前的动员、发展会员等工作，于9月2日召开了楚雄州医药行业协会成立大会暨第一次会员代表大会，楚雄州医药行业协会正式挂牌。12月16日至22日，协会牵头主办了"2009年楚雄城区医药企业篮球邀请赛"。12月23日，在楚雄医专召开了楚雄州医药行业协会第一届常务理事会议暨校企合作座谈会，安排部署了州医药行业协会2010年工作，并就加强"校企携手，合作共赢"进行了交流和探讨。

【电子政务建设】 2009年，楚雄州信产办拟制的《楚雄州政府网站管理办法》、《楚雄州无线电固定台站管理规定》经政府常务会议通过并颁布施行，为规范政府网站、无线电固定台站建设和管理奠定了基础。对州至县市网管中心电子政务网络线路进行了升级，网络带宽由2M升级至10M，提高了协同办公和部门专网等系统的传输速率，确保了电子政务网络安全运行。州电子政务协同办公系统实现了公文网上传输、网上办公等功能，已在网上实现发文5万余份，收文46万余份。双柏、武定、禄丰、姚安、元谋五个县市实现了无纸化运行，其余县市和州级部门在双轨运行中。积极推进政府信息公开，重点加强工作人员培训、完善信息公开指南和目录的编制以及监督考核。对各县市政府及州级86个行政机关、企事业单位政府信息公开工作进行量化考核，禄丰等9县市、州食品药品局等43个单位受到了表彰奖励。

【无线电频率台站管理】 2009年，楚雄州信产办共审批2对双频，33个单频。对453个拟建台站的选址、网络设计、使用频率、拟用设备及天线参数、台址分布情况、系统容量、覆盖范围等建设指标进行技术审查。根据无线电台站设置评审制度，认真组织了州内拟建基站的审查论证，共评审水利部门数据传输通信系统设备71站、楚雄州电信公司CDMA基站 223站、联通楚雄分公司GSM基站72站；验收移动基站96个，为州内无线电用户及通信营运商提供了规范高效的服务。2009年，通过州县两级无线电管理工作人员的共同努力，完成了4456个台站的年度检审工作，共换发到期执照1140本，新增办证319台站，受理7个设台单位报停申请，经现场检查、清点，按要求封存报停设备142台（站），收取频率占用费209220元，并及时上缴省财政国库。

【无线电智能监测系统建设】 楚雄州信产办认真开展对无线电系统的日常监测，进行了2次全频段扫描，及时进行省无线电监测中心下发的特殊监测，完成了566-606MHz、列车安全预警系统使用频率以及3G使用频段的频谱监测统计情况，累计监测6120小时，发现非法信号14个，查处违法、违规频率、台站7次。争取省上资金支持，完成了紫溪山高山无线电监测站和禄丰、元谋两个小型站建设和设备安装调试工作。紫溪山高山无线电监测站属于全省无线电监测网三期建设项目，位于紫溪山风景区内，共投资413.5万元。该站采用美国TCI宽带数字测向系统，是一个多功能、多任务超短波无线电监测测向站，较好地覆盖了楚雄市城区和南华县城区，同时能够接收周边地州的高山信号和其他县的强信号，能与楚雄中心站进行联合测向，及时准确地发现、定位信号，提高快速反应能力，为及时查处非法信号提供了有力的技术保障。三个站投入使用后，楚雄州无线电监测网已覆盖7县市的大部分地区，使我州无线电监管能力得到进一步加强。

【任职领导名单】

书记、主任　何学明

副 主 任　罗怀云

李联平　洪 志

邹昆林（至6月）

（雷文生　高云江）

楚雄市经济委员会

【工业经济运行情况】 2009年，楚雄市实现工业总产值141.14亿元，同比增长 14%，增幅比去年同期提高0.4个百分点，完成年初市人代会确定目标140.15亿元的100.71%，超目标进度0.71个百分点；实现工业增加值66.59 亿元，同比增长8.9%（按价格指数缩减法计算，下同），占全市生产总值比重达47.4%，比上年下降1.3个百分点，完成年初市人代会确定目标68.3亿元的97.5%，欠目标进度2.5个百分点。其中：非烟工业实现产值97.02亿元，同比增长14.5%，完成年初市政府确定目标58.58亿元的165.62%，占全市工业总产值比重达69.1%，所占比重与去年同期相比提高10.89个百分点。规模以上轻工业实现产值68.45 亿元，同比增长8.2%，占规模工业的61.57%；规模以上重工业实现产值42.71亿元，同比增长5.8%，占规模工业的38.42%，规模以上轻工业产值增速高于重工业产值2.4个百分点。规模以上工业实现增加值57.25亿元，同比增长8.5%，其中，烟草制品业完成增加值43.47亿元，同比增长9%；电力生产和供应业完成增加值4.02亿元，同比下降3.2%；有色金属冶炼加工业完成增加值2.53亿元，同比增长9.9%；医药制造业完成增加值1.53亿元，同比下降2.1%；化学原料及化学制品制造业完成增加值0.97亿元，同比增长14%。

【规模以上工业企业】 2009年，楚雄市规模以上工业企业53户，其中，工业总产值超过10亿元的企业有1户（红塔烟草）；5~10亿元的企业有2户（滇中有色金属、楚雄供电局）；1~5亿元的企业有11户（云南开关厂、仁恒化肥、盘龙云海、燃二化工、州电力公司、国资水泥、天腾化工、弘邦林化、鹿城彩印、岭东纸业、思远投资）；5000万元～1亿元的企业有13户；1000～5000万元的企业有20户。53户规模以上工业企业实现工业总产值111.17亿元，同比增长7.3%，增速较上年回落2.1个百分点，占全市工业总产值的78.77%；完成工业增加值57.25亿元，同比增长8.5%，完成州政府下达目标58.53亿元的97.81%，欠目标任务2.19个百分点；实现主营业务收入104.82亿元，同比增长9.5%，完成州政府下达目标106.76亿元的98.19%，欠目标任务1.91个百分点；实现利税总额44.66亿元，同比增长22.1%，完成州政府下达目标44.2亿元的101.05%，超目标任务1.05个百分点；实现利润7.9亿元，同比增长186.2%，完成州政府下达目标7.16亿元的110.5%，超目标任务10.5个百分点；完成销售产值108.28亿元，同比增长8.6%；工业产品销售率为97.33%；亏损企业13户，亏损面达24.53%。

【非公有制经济】　2009年，楚雄市注册登记的非公经济户数达15966户（含开发区，下同），同比增长11.63%，其中：个体工商户13963户，增长11.15%，私营企业2003户，增长15.05%；非公经济从业人员达66427人，增长12.01%，完成州下达目标计划数63192人的105.12%，完成市下达目标计划数63718人的104.25%。其中：个体工商户32900人，增长1.87%，私营企业33527人，增长24.37%；注册资本金41.65亿元，增长16.84%，其中：个体工商户2.55亿元，同比持平，私营企业39.09亿元，增长19.23%；上缴税金6.45亿元（含民营股份企业），增长95.48%，完成州下达目标计划数4.66亿元的138.41%，完成市下达目标计划数4.71亿元的136.94%。其中，个体工商户完成税收1.41亿元，增长9.3%，私营企业完成税收5.04亿元，增长152%。完成非公经济增加值62.58亿元，增长8%，占全市GDP的比重达44.5%，完成州下达目标计划数59亿元的106.07%，完成市下达目标计划数59.65亿元的104.91%；完成社会消费品零售额49.95亿元，增长21.1%。

【乡镇企业】　2009年，楚雄市共有21415户乡镇企业（含个体工商户），实现现价增加值455516万元，完成州下达计划数444153万元的103%，完成市下达计划数444925万元的101%，同比增长17.94%；实现现价工业增加值176316万元，完成州下达计划数170286万元的104%，完成市下达计划数 170578万元的103%，增长21.14%；上交税金34201万元，完成州下达计划数33891万元的101%，完成市下达计划数33955万元的100%，增长6.97%。从业人员达72507人；全市共有65户农产品加工企业，实现农产品加工销售产值159676万元，完成州政府下达年度目标157649万元的108%。

【企业技改项目】　2009年，楚雄市继续坚持以招商引资为突破口，以技术创新为主线，以项目建设为重点，强力推进“项目带动”战略。红塔（集团）楚雄卷烟厂计划投资15亿元的异地搬迁技改项目已完成原烟分选车间并投入使用，各项建设正按计划有序推进；岭东纸业公司计划投资2.21亿元的年产35万大箱卷烟条盒商标彩印生产线搬迁技改扩建项目已开工建设，一期场地平整工程已完成；弘邦林化公司计划投资1.92亿元年产5000吨香料（松节油等）系列产品项目的搬迁建设场地已平整完毕；宏桂绿色食品公司综合农副产品种植及深加工建设项目、诚鑫高温新材料公司年产5万吨节能型高温新材料及技术创新中心建设项目、树苴农业技术综合开发公司山区农副产品加工开发项目土地已摘牌；华丽包装实业公司高档香烟接装纸、铝箔纸生产线搬迁技改扩建项目以及变压器公司35kV级技改及企业整体搬迁项目正在办理相关手续；滇中铝业公司20万吨/年电解铝生产线及10万吨/年铝合金技改工程项目正进行前期工作；百草岭药业公司计划投资5115.5万元的天然植物药种植和加工改扩建项目，已上报农用地转用和集体土地征收手续并获批，待缴清相关土地费用后，将进行土地挂牌；明宏生态科技工贸公司计划投资1.89亿元的万头无公害托佩克商品猪生产基地及5万吨饲料加工生产线、2万吨冷鲜肉加工生产线项目正在建设中。

【工业园区建设】　2009年，楚雄工业园区全部入园工业企业达37户，其中，规模以上入园工业企业24户，本年新入园工业企业5户。积极采取BT模式，与入园企业合作建设园区道路，岭东纸业代建的富民工业区8号路正在加紧推进。着力解决企业和项目入园过程中的征地拆迁、用地审批等问题，积极促进企业入园发展，采取现场办公会、现场督查、跟踪落实等形式，做好岭东纸业、宏桂公司、华丽包装等企业和重点项目入园的协调服务工作，拟进入富民工业区的12个项目中，已落实岭东纸业170亩用地、宏桂公司68亩用地和树苴农业技术综合开发公司70亩用地，并已取得土地手续。目前，天然药物产业园区已入驻盘龙云海、万裕药业、老拨云堂、云中制药和太阳药业等8户制药企业。滇中有色金属公司、国资水泥公司、天腾化工公司已入驻冶金建材化工区并建成投产。依玛同佳绿色食品公司、广泰生物公司、瑞福康生物公司、幸福农业公司等绿色食品加工企业也相继入驻绿色食品加工区。园区完成工业总产值30.57亿元，同比增长11.8%；实现工业增加值6.99亿元，同比增长5.74%；实现销售收入28亿元，同比增长13.13%；实现税收1.11亿元，增长11%；实现利润1.26亿元，同比增长110%；从业人员4797人，同比增长13.86%。

【节能减排工作】　2009年，楚雄市重点抓好建材、化工等重点行业和年综合能耗在3000吨标准煤以上重点企业的节能工作，严把源头关口，严格控制“两高”行业过快增长。加强对重点用能单位的监管，把13户重点耗能企业纳入日常监管。全市规模以上工业企业综合能耗为139397.88吨标准煤（当量热值），万元工业增加值能耗下降24.84%。

【煤矿安全与生产】　2009年，楚雄市煤炭生产销售继续保持平稳，煤矿安全生产状况良好，煤炭工业持续、稳定、健康发展。市内原煤产量21.4万吨，比上年同期增加5.14万吨，增长32%；产值6275.8万元，比上年同期增加588万元，增长10%；利税2883万元，比上年同期增加1274万元，增长79%。10月18日，树苴煤炭开发经营公司大迤能煤矿腊耳朵矿井发生顶板责任事故1起，死亡1人，造成经济损失56.15万元。共组织对全市10矿13井进行了16次深入全面的安全检查，排查煤矿安全生产隐患102条，下发煤矿安全监管执法文书41份，对存在影响煤矿安全生产的违法行为和事故隐患的企业实施了行政处罚，责令存在安全隐患的煤矿企业限期整改达到规定要求；按照省、州有关“安全生产年”要求，制定煤矿安全生产“三项行动”“三项建设”工作方案，并按照实施步骤及工作要求有序开展工作，促进全市煤矿安全生产形势稳定好转。市经委依法实施煤炭产品流通环节监管，加强监管体系建设，增强对煤炭私挖滥采违法行为的监管力度，严厉打击非法经营煤炭产品行为，从源头上有效遏制了非法矿产品的流通，规范了煤炭（矿产）资源市场，维护了煤炭（矿产）经营秩序。2009年，市经委煤炭（矿产）管理科下设的羊槽山、分水岭、背阴、大田丫口4个煤炭（矿产）报到点共查验运输矿产品9074车（辆）。其中，煤炭产品8231车（辆），铅锌矿843车（辆）；矿产品179964.77吨。其中，煤炭产品171382.28吨，金属矿（铅锌矿）8582.49吨。市经委采取群众监督举报、路巡与蹲点截查的方式，依法查处非法经营无烟煤案件16件，依法收缴罚没款人民币60800元。其中，57800元罚没款已缴市财政罚没专户，3000元罚没款正在追缴中。

【任职领导名单】

党委书记　金　宏

副书记、主　　任　何兴立

副书记、纪委书记　李明星

副主任　张太云　　王克实　　刘　婷

主任助理　王　宁

（李建秋）

禄丰县经济委员会

【工业经济运行情况】　2009年，禄丰县积极应对金融危机的严峻挑战，加快产业结构调整，加强经济运行预测分析，加大宏观调控力度，化危为机，全县工业经济在逆势中稳步发展。累计实现工业总产值1048555万元，同比增长0.31%，实现工业增加值253632万元，按可比价计算同比增长12.1%。其中：规模以上工业企业实现产值827535万元，同比下降4.6%；工业增加值200170万元，可比价同比增长9.82%；实现营业收入780610万元，同比下降4.6%；实现利税总额116303万元，同比增长32.8%；实现利润77673万元，同比增长51.3%。

【冶金矿产业】　2009年，禄丰县32户规模以上工业企业中12户冶金矿产企业共实现产值53.87亿元、增加值11.03亿元，同比分别下降10.6%、11%。德胜钢铁公司淘汰落后产能、调整搬迁、节能减排项目，冶金集团禄丰钛产业基地1万吨/年海绵钛项目，云南钛业公司2万吨/年钛材项目等一批重点冶金矿产建设项目有序推进。

【化工龙头勤攀磷化工公司】　禄丰县化工龙头企业勤攀磷化工有限公司是由昆明凉亭物资有限公司于2004年12月8日收购重组原禄丰县国有中二型企业禄丰磷肥厂而成立的企业，是楚雄州内规模较大的民营磷化工骨干企业，也是楚雄州二十强企业之一。主要产品有普通过磷酸钙、硫酸、磷酸、富钙、重钙、复合肥等，2009年又增加了复混肥，氟硅酸钠、磷酸氢钙等产品生产。全年产销过磷酸钙24.8万吨、重钙4.4万吨、硫酸14万吨、磷酸20万吨、磷矿粉9.3万吨、铁精矿8.26万吨、复混肥6000吨。生产规模达到了年产普钙40万吨（含颗粒普钙10万吨）、硫酸20万吨、重钙5万吨、磷酸1.5万吨、铁精矿12万吨的生产能力；现有总资产2.9亿元，员工800余人。2009年3月，总投资1862.82万元的120kt/a含硫尾砂矿制硫酸配套3000kW/h余热发电项目并试运行成功，全年自发电量4500kW/h；总投资830万元，建成投产35kV降压站，节约了大量的用电成本。在建项目有60kt/a磷酸技术改造项目，预计总投资4500万元人民币。全年实现工业总产值2.3亿元，销售收入1.5亿元，利润4万元，上缴税收343万元。

【煤炭工业】　禄丰县煤炭资源主要分布在一平浪、彩云（罗川）、广通、恐龙山（川街乡）、仁兴5个乡镇，现有11个乡镇煤矿，15对矿井和1个露天煤矿；年设计生产能力93万吨，核定生产能力73万吨；2009年原煤产量41.19万吨，实现总产值14833万元，利税2483万元，解决劳动力就业1462人；洗精煤产量3.8万吨，实现总产值3541万元，实现利税1557万元，解决劳动力就业94人。

【煤矿安全管理】　2009年，禄丰县共组织矿长、安全管理人员、特种作业人员参加省、州等各类培训17余期256余人，培训、复训上岗工人6期573余人，特员培训率达100%，实现了煤矿从业人员全员持证上岗；加强对煤矿安全生产现场监督检查，发出执法整改通知63份，提出整改意见441条，整改后合格率达98%；配合省州各级检查11次，对各煤矿矿井在节假日前期进行全面的联合安全监督检查19余次，提出整改意见152条，有效遏制了煤矿安全生产事故的发生。全年发生事故2起，死亡2人，直接经济损失143.8万元。其中1月25日煤矿发生1起运输事故，死亡1人，直接经济损失70.8万元；11月5日煤矿发生1起放炮事故，死亡1人，直接经济损失73万元。

【国有一平浪煤矿】　国有企业一平浪煤矿现有各类专业技术人员454名，其中：高级职称6名，中级职称75名。76名专业技术人员取得了国家注册安全工程师资格。2009年举办安全生产管理和特种作业人员培训班34期，培训1288人；举办新工人培训班8期，培训153人。投资181万元，年产4000万块标砖的清水河炉碴砖二车间于6月正式投产。投入145万元的星宿江煤矸石电厂脱硫除尘补套气力除尘系统投入运行，实现粉尘达标排放，灰水实现闭路循环，固定物综合利用率达78.6%。占地面积320亩，建筑面积25.85万m^2，可安置沉陷区2350户居民，住宅户型为79.5~133.6m^2的采煤沉陷区治理工程“星宿家园”奠基。西井高灰分原煤全部进入洗煤厂入洗成功，入洗高灰分原煤9万吨。商品煤销售收入27311万元，上缴税款4967万元。矿井开拓及探煤扩储工程2603.89万元进行开拓探掘、探采37个块段，工程量4939米，探得煤炭资源量66.23万吨。投入安全资金558万元，更新淘汰了矿井禁用设备690台（件）。以“锚杆、锚网、锚网喷、锚索支护”为主的矿井巷道支护改革完成了支护改革工程量9283米，占掘进总进尺的49.3%。下属机修厂顺利申办了双耙矿用绞车、调度绞车、回柱绞车的煤安标志认证，完成了矿用锚杆煤安标志复检工作，同时实现100辆1.1m^{3}车厢固定式矿车首次外销矿外。全年实现自产原煤57.45万吨，商品精煤量35.2万吨，其中：精煤27.4万吨，混煤7.8万吨。

【一平浪盐矿】 一平浪盐矿元永井开采于明朝洪武年间，已有600多年的历史。1938年，滇军名将张冲（建国后曾任全国政协副主席、云南省副省长）“移卤就煤”成功，一平浪盐矿就此建成投产，并形成了原料地与产品加工地相距21公里的生产格局（元永井与一平浪之间）。创建以来，一平浪盐矿历尽沧桑，几度辉煌，创造了全国原盐生产的“四个第一”，即首开中国食盐加碘之先河（1945年）、在全国井矿盐企业中率先采用现代先进的真空蒸发技术进行食盐生产（1966年）、独创井下硐室水溶法采矿（1964年）和“冷冻提硝”新工艺（1953年），为改变云南“盐贵如银”、“斗米斤盐”的状况，促进边疆经济的发展，保障人民群众的身体健康，作出了巨大贡献，被云南人民冠以“滇盐之乡”的美誉。一平浪盐矿从1938年至2009年，累计向社会提供773万吨优质精制盐和57万吨无水芒硝。2001年12月，一平浪盐矿取消法人资格，整体无偿划入云南省盐业总公司。2002年云南盐业实施改制重组，成立云南盐化股份有限公司、云南博源实业限公司，原一平浪盐矿一分为二，生产主体部分进入云南盐化股份有限公司，其余部分归属云南博源实业有限公司。同年10月1日，云南盐化股份有限公司一平浪盐矿挂牌运营。

【一平浪盐矿生产经营情况】 一平浪盐矿目前拥有总资产5266.32万元，其中流动资产505.32万元，固定资产4723.54万元，无形资产28.99万元。有员工678人，其中：管理人员60人，工人618人；男员工527人，女员工151人。具有大专及以上学历48人，中专学历31人，技校高中文化121人，初中以下文化478人；具有中级专业技术职务18人，初级专业技术职务49人，具有工人技师资格38人。设有矿区采矿车间、选矿车间、矿山工作部，厂区设制盐车间、提硝车间、热电车间、盐机修造厂、矿部办公室、财务部、人力资源部、生产技术部、安全环境管理部、党群工作部，共有7个部室6个生产车间。一平浪盐矿原设计生产能力为精制盐18万吨/年和无水芒硝2万吨/年，2005年技改扩能项目实施后，精制盐生产能力达30万吨/年，无水芒硝2.5万吨/年。主要生产“白象牌”系列产品：精制加碘食盐（250g、500g、10kg、25kg、50kg）、工业用盐、工业无水硫酸纳以及部分压力容器（一、二类）、机械制品。全年生产精制食盐11.60万吨，精制工业盐15.0万吨，无水硫酸钠2.42万吨；工业总产值13025.89万元，实现产品销售收入13050.53万元，实现利润总额1290.16万元，万元产值综合能耗3.82吨／万元，吨盐综合能耗133.99公斤／吨，人均实现利税32930元／人。

【任职领导名单】

党组书记 周建功

副书记、主任 张洪钧（3月止）

李凤林（3月任）

副　主　任 段嘉宏（3月止）

周福春（3月任）

李有忠　　华启学

（潘登荣　杨荣春　谢世芳　普顺平　杨新霞）

永仁县经济委员会

【工业经济运行情况】 2009年，永仁县工业经济保持平稳增长，实现工业总产值74375万元，同比增长31.5%，完成县计划目标76676万元的97%，其中，一是8户规模以上企业完成工业总产值20509万元，同比增长40.6%，完成县目标95.7%；工业增加值已完成6797万元，同比增长35.5%，完成县目标7525万元的90.3%，州目标5600万元的121.4%；销售收入完成17523万元，同比增长33%，完成县目标17122万元的102.34%，州目标15000万元的116.82%；税收完成772.2万元，同比下降20.2%，完成县1500万元的51.48%，州目标1000万元的77.22%；利润完成455.4万元，同比下降116.8%，占县目标500万元的91.08%，州目标800万元的56.93%。二是规模以下工业总产值完成53866万元，同比增长26.7%，完成县目标97.5%，工业增加值已完成6797万元，同比增长35.5%，完成县目标7525万元的90.3%，州目标5600万元的121.37%。

【非公有制经济快速发展】 2009年，永仁县非公有制经济户数2485户，同比增加420户，增长20.3%，其中：个体工商户2321户，同比增长21%，私营企业164户，同比增长11.6%。非公有制经济从业人员6699人，同比增长19.5%，完成州计划的110.6%，其中，个体工商户从业人员4586人，同比增长17.1%，私营企业2113人，同比增长25.2%。注册资金25267万元，同比增长16.5%，其中：个体工商户同比增长80.6%，私营企业同比增长8.8%。实现非公经济增加值45556万元，同比增长20.6%，完成州下达任务的91.1%，其中，个体企业实现增加值30749万元，同比下降2.2%，私营企业实现增加值14807万元，同比增长134%。上交税金2548万元，同比增长16.5%，完成州下达任务的101%，其中：个体企业上交税金1635万元，同比增长25.9%，私营企业上交税金692万元，同比下降2.2%。

【乡镇企业经济运行平稳】 2009年，永仁县乡镇企业实现现价增加值46556万元，完成州目标45196万元的103%，同比增长18.5%，实现工业现价增加值21999万元，完成州目标17326万元的127%，同比增长48.5%，上交税金2544

万元，完成州目标2361万元的108%，同比增长14.29%，实现农产品加工销售产值14633万元，同比增长20%，完成州目标14337万元的102%，乡镇企业总户数达2897户，比去年增加22户，增长1%，实现利润8777万元，同比增长20.6%。

【工业项目有序推进】 2009年，永仁县工业投资目标为21024万元，37户工业投资项目共完成投资21024万元，其中，新建项目25个7544万元，续建项目12个13480万元。涉及“五个一批”的30个项目和“十大重点”的10个工业项目得到了有力推进。“十大重点”：永仁直苴矿冶有限公司600吨/年矿石浮选厂建设项目、永仁钧鼎工贸有限公司二期铸造产品生产项目、永仁金风冶铸机械制造有限公司建设生产环保型煤各类钒钛合金铸铁产品及免烧墙地砖项目、永仁县隆丰工贸有限责任公司迁新建2000吨/年炉料和球团建设项目、永仁格瑞甫园艺有限公司葡萄醋厂建设项目、永仁绿华源有限公司油橄榄加工厂建设项目、永仁丽石石材工贸有限公司石材加工项目顺利推进，永仁众合钒钛有限公司二期6万吨/年钒钛耐磨铸件项目、永仁钒钛技术开发有限公司二期100万件钒钛汽车制动刹车鼓生产项目、永仁县磊泰矿业有限公司6万吨/年高精土加工项目因金融危机的影响还未建设。

【工业园区建设】 工业园区取得了明显成效，基础设施建设进一步夯实，服务功能进一步完善，投资创业环境逐渐浓厚、聚集企业的效应逐步显现，经济实力逐步增强，具备了承接转移发展的功能。一是以发展钒钛合金、铸钢件、新型建筑建材等产业为主的工业循环经济示范园区，规划面积1.35平方公里。已累计投入建设资金1050万元，完成1.35平方公里的土地收储，完成环园区道路路基5.02公里，路面硬化2.2公里，完成日供水5800立方米的水厂和管网建设；架通县城至园区10千伏线路1条，班别35千伏变电站增容改造项目至园区的5.5公里10千伏电力专线1条已架通投入使用，园区3.2公里10千伏电力环网线路及县城110千伏变电站至园区12公里10千伏电力专线正在建设中，已完成80%；县城至园区11.6公里通信光缆已架通投入使用；县城至园区的公交线已开通并投入运营；已实现水、电、路、通信等 “四通”；工业循环经济示范园区入驻企业11户，其中，7户已投入生产，3户建成待投产，1户加紧建设。1~12月完成工业总产值15352万元，完成销售收入14303.4万元，上交税金402.1万元。二是以发展工业机械配件、农用机械配件、车辆配件、五金及通用零部件加工制造产业为主的园区，规划面积6.16平方公里，已完成规划可研并通过县级评审，计划于明年至少引进1~2户大企业入驻及完善相关配套设施。三是重点培植一批农特产品精深加工、畜产品加工和营销龙头企业，发展粮、烟、畜、菜、花、果、林深加工等绿色、无公害产品的永仁生物产业示范园区，规划面积3.48平方公里，已实现水、电、路、通信等 “四通”，入驻企业8户，其中：5户建成投产，3户正在加紧建设。四是以发展以木纹石、红砂石石材加工和苴却砚石艺石雕为主，人造石为辅的石艺园区，规划面积0.82平方公里，已实现水、电、路、通信等 “四通”，入驻企业2户，1户已投产。

【节能减排工作】 按照全国单位GDP能耗“十一五”期间下降20%的要求，永仁单位GDP能耗每年需下降4.4%。2009年，全县各级各部门、企事业单位认真落实节能减排目标任务，齐抓共管，共同努力，各项目标责任得到了较好落实，规模以上工业综合能耗消耗量19219.51吨标准煤，比上年同期能耗消耗量17806.05吨标准煤增长7.94%；万元增加值能耗消耗量2.828吨标准煤，比上年同期3.549同比下降32.3%。

【行业管理工作】 2009年，永仁县工业经济综合协调部门积极应对金融危机带来的不良影响，加强经济运行综合分析和工业、非公经济、乡镇企业发展的调研工作，为县委、政府和上级部门指导经济工作提政策依据。履行煤炭行业管理职能，规范煤炭行业生产经营秩序，对本辖区内有煤乡镇积极开展关闭非法煤矿矿井巡查和监控。加强能耗监测，努力开展节能降耗、淘汰落后产能和清洁生产工作。加强企业安全生产工作，8户规模以上工业企业除团山铜矿和铸造厂各发生一起伤亡事故外其余6家企业均安全运行。抓好深化国有企业改革工作，认真解决改制企业的遗留问题信访工作，加强改制企业债权债务清理。

【任职领导名单】

主　　任　姚玉明

党委书记　罗绍成

副 主 任　李升吉　　李卫平

（黄　虹）

大姚县经济委员会

【工业经济运行情况】 2009年，是进入新世纪以来大姚县经济社会发展最为困难的一年，全球金融危机给我县铜矿采选、纺织等重点工业产业造成巨大冲击。仅楚雄矿冶产值下降9.5亿元，就使全县GDP下降了9.6个百分点，税收下降了近6000万元，加之“7.09”地震，给全县的部分民房和基础设施造成的严重损失。面对金融危机和地震灾害的双重压力，县委、县政府认真落实保增长的各项工作措施，提出了“保增长、渡难关、上水平”的工作思路，坚定不移地实施“工业强县”战略，通过调整产业结构，狠抓园区基础设施建设和企业技改扩建，加大扶持力度，夯实发展基础，全县工业经济克服了楚雄矿冶产值大幅下滑带来的不利影响，实现了稳步发展。实现工业总产值19.2亿元，下降11%，完成年初人代会确定目标14亿元的137.14%。规模以上工业企业新增2户，累计达16户，实现产值13.9亿元；规模以下工业实现产值5.3亿元，同比增长26.2%。除楚雄矿冶外其他规模以上企业均呈现出了稳步增长的势头，工业企业实现利润7403万元。

【重点企业培植】　2009年，大姚铜矿采选难中求进，六苴经营部持续接替工程、桂花公司技改扩建工程稳步推进，实现产值8.1亿元，下降40.3%，比年初计划增长102.5%。绿色食品加工业实现较快发展，新增4户绿色食品加工企业，实现工业产值3.2亿元，增长203.2%，亿利丰公司出口1250万美元，成为全州最大的出口创汇企业。能源产业培植进度加快，全县小水电实现产值4291亿元，增长28.9%，铁川桥、多底河、渔泡江二级电站建设快速推进。机械铸造加工发展迅速，大姚机械配件厂作为云内动力、一汽红塔、力帆骏马的配套生产企业出现了少有的发展机遇，通过不断加大技改力度，提升产能，产品订单不断增加，2009年实现产值4402.6万元，同比增长13.2%，2万吨铸件建设项目进展顺利。规划了7万吨铸件加工聚集区，4万吨铸件生产项目达成初步意向。轻纺工业又有新的突破，投资4200万元的嘉宏纺织二分厂搬迁主体工程完工，缫丝厂建设动工，在上半年出口基本停滞，嘉宏纺织集团又实施搬迁的情况下，纺织业实现产值3624万元，增长8.9%。金碧制药厂实现恢复性增长，引进了合作伙伴，新开拓了9个省级新市场，实现产值5892.5万元，增长17.4%。森盛木业生产线建设速度加快，可望在今年5月底前建成投产，其他林产品加工也取得新突破。

【非公经济快速发展】　通过认真落实支持中小企业、非公有制企业和乡镇企业发展的各项优惠政策，大力实施“中小企业成长工程”、“农产品深加工推进工程”、“绿色食品加工工程”，推动了工业经济长足发展。2009年，大姚全县非公有制企业达5471户，增长15.9%，实现工业增加值13亿元，增长27.9%，上缴税金2626.3万元，增长16.2%。乡镇企业达7140户，增长3%，实现工业增加值3.01亿元，增长26%。

【工业投资稳步推进】　2009年，大姚县以调整优化工业结构为重点，以资源整合为突破口，支持企业加大技改和项目建设力度，全县完成工业固定资产投资6.93亿元，全县所有规模以上工业企业都加大了技改扩建力度，嘉宏纺织集团、锦亿土特产有限公司、星禹水利设备有限公司、金龙食品有限公司、利英特色食品有限公司等企业实现了当年投资，当年投产。

【工业园区建设】　2009年，大姚县工业园区规划不断完善，新规划建设了南山坝工业片区，使全县工业园区形成了“一园四片区”的格局，完成了南山坝工业片区3500亩林地流转，园区已入户企业5户。园区基础设施建设取得突破性进展。通过信用合作贷款、财政支持、采取BT、BOT模式，融资4400万元，全力推进金碧工业片区及南山坝工业片区基础设施配套建设，使工业园区建设有了突破性的进展。目前，金碧片区工业大道及5＃、6＃道路的土路基工程已完工，三条道路路面硬化工程全面启动；园区内高压电网搬迁改造设计方案已经完成，正进行工程招投标。南山坝片区长2.5公里宽8米的园区主干道道路土路基工程及10千伏输电线路工程已经完工，人饮给水工程基本完成。

【企业科技创新】　2009年，金碧制药有限公司获得了“治疗鼻炎药物”的发明专利证书；大姚机械配件厂的“震动焊接装置和机械制造夹具”获得了国家实用新型专利证书；鑫盛达饮品公司的“核桃乳饮料外包装贴标”获得了外观设计专利证书；锦亿土特产有限公司获得“有机产品认证”和“AAA级质量信誉等级证书”；亿利丰农产品公司生产的“大雄”牌核桃获得云南省名牌产品称号；广益公司的“广天成”牌核桃、百草岭蜂业“百草岭”牌蜂蜜通过了云南省著名商标认定。这些品牌的开发有效地促进了全县工业技术装备、生产工艺和管理水平的提高，增强了品牌竞争力，推进了产品结构的升级换代，降低了生产成本，增强了企业的市场竞争力。

【加大对企业的扶持力度】　为使我县工业企业尽快走出困境，县委、政府在财力和政策上加大了对企业的扶持力度，按照《大姚县工业企业发展奖励办法》强化了对企业的激励机制，促进企业奋发图强，锐意进取，县财政兑现奖励扶持资金133.6万元，争取各级扶持资金1150万元支持企业发展，协调发放企业贷款4.8亿元。为企业申报省、州贷款贴息及中小企业发展扶持资金390余万元。

【节能降耗工作】　2009年，大姚县认真落实省、州节能工作会议精神，加强对节能降耗工作的领导，各相关单位通力合作，通过调整和优化产业结构，加快淘汰落后生产能力，大力推动实施节能重点工程，抓好重点用能单位节能，积极开展节能宣传和培训等工作，全县节能降耗工作取得了明显成效，圆满完成了州节能降耗考核目标任务，实现了万元GDP能耗下降2.603%，规模以上工业增加值能耗下降4.4%的年度节能目标。

【任职领导名单】

主　　任　金彩云

党委书记　罗家能

副 主 任　杨　勇　赵光彦　李雪飞

（李　鹏）

牟定县经济委员会

【工业经济运行情况】　2009年，牟定县实现工业总产值143044万元，同比增长17.7%，其中，规模以上工业企业实现产值46379万元，同比增长36.9%；规模以下工业企业实现产值96665万元，同比增长10.3%。实现工业增加值30099万元，同比增长13.5%，实缴税金4555万元（含乡镇企业），同比下降1.8%。规模以上工业企业由11户发展到13户，共实现现价增加值14009万元，同比增长35.1%，占州下达任务数13200万元的106.1%；实现销售收入33504.1万元，同比增长10.6%，占州下达任务数32000万元的104.7%；实现利税总额3343.7万元，同比增长17.6%，占州下达任务数3500万元的95.5%，其中：实现利润总额1715.1万元，同比增长44.9%，占州下达任务数1500万元的114.3%。

【非公有制经济】 2009年，牟定县非公有制经济户数已发展到3607户。其中：私营企业135户，同比增长2.3%；从业人员达17735人，同比增长10.2%，完成州下达任务数17401人的101.9%；实现非公有制经济增加值8.67亿元，占全县生产总值的49%，同比增长13.6%，占州下达任务数9亿元的96.3%；上缴税金3173.5万元，同比增长20.8%，完成州下达任务数3016万元的105.2%。

【乡镇企业】 2009年，全县乡镇企业实现营业收入24.13亿元，现价总产值25.77亿元。其中，实现现价工业总产值12.2亿元，同比增长12%；实现现价增加值84881万元，同比增长15.1%，占州下达任务数84853万元的100%；其中，实现工业增加值35946万元，同比增长17.1%，占州下达任务数35928万元的100.1%；实交税金5219万元，同比增长6.1%，占州下达任务数5216万元的100.1%；实现农产品加工销售产值45010万元，同比增长18.1%，占州下达任务数44970万元的100.1%。为促进社会主义新农村建设，牟定县乡镇企业积极开展企村结对活动，兴宏有色金属公司等7户企业与清水河等8个自然村结成对子，出资29.6万元，带动农户299户，吸纳了附近村民350人就业。

【工业投资】 2009年，牟定县经委紧紧围绕国家产业政策，积极为企业做好已建、在建或新建项目的投资备案工作，完成投资备案项目10项，上报州经委登记备案4项。并积极将重点工业项目上报省、州争取资金扶持，共为云南彝山工贸有限公司、牟定兴华食品有限公司、牟定润丰源食品有限公司、牟定金塔经贸有限公司、云南牟定正兴集团等重点企业及牟定县供电公司西部农网改造工程争取到扶持资金1242万元，为项目顺利实施奠定了基础。全县规模以上工业企业完成固定资产投资2.07亿元，同比增长70%，完成州下达任务数14460万元的143.2%，完成县政府下达任务数2亿元的103.5%。

【国有企业改革】 2009年，牟定县财政投入500万元，完成了云南宏羚集团保鲜综合加工厂的彻底改制工作，招商引资新组建的云南彝山工贸有限公司于7月15日恢复了正常生产。竭力争取州、县政府支持，兑付了县农机修造厂的部分改制成本，其余改制成本资金正在争取中。完成了原县民族瓷器厂、县新田铁矿、县建筑公司、县食品加工厂等破产企业及已改制企业的退休职工71人参加城镇职工基本医疗保险。在积极推进改革的同时，对原改制企业职工所反映的热点、难点问题的13件问题给予了及时妥善解决，进一步巩固了国企改革成果，确保了改革发展和社会稳定。

【工业园区建设】 牟定县工业园区项目建设紧紧围绕“一园两片”进行规划建设。“一园”即牟定县工业园区；“两片”即新桥循环经济产业片区、共和天台生物资源开发产业片区。规划工业园区总面积9.61km^2，《牟定工业园区建设可行性研究报告》和《牟定工业园区总体规划》已通过州级评审，《牟定工业园区环境影响评价报告》正在编制，控规工作正在开展，水、电、路、通讯等基础设施建设正在进行前期工作，新桥片区变电站改造已完成。

【重点工业项目】 2009年，县经委切实加大对重点工业项目建设的协调服务工作，促进了云南星焰公司郝家河矿选厂技改及深部接替采矿工程技改项目、云南业胜公司1000万元中央扩大内需项目收尾工程、云南星贸食品有限公司新建年加工3000吨人工食用菌及15000吨特色蔬菜项目、云南兴华食品有限公司新建年产2000吨油腐乳生产线项目、牟定金塔经贸有限责任公司年产1000吨绿色食品腐乳生产线技改、牟定华湛铝业有限公司铝型材生产线技改、牟定县供电公司中西部农网改造工程项目等一批重点项目的开工建设，大部分已完成一期投资并实现顺利投产。

【节能减排】 2009年，牟定县根据州下达的节能目标任务，积极采取有效措施，与各乡镇签订了节能目标责任书，定期、不定期到各乡镇及重点能耗企业进行督促检查，大力宣传节能知识，对新上企业，先进行能耗审核后，再进行备案登记，促进了节能工作有效开展。全社会单位GDP能耗下降4.8%，完成州下达我县单位GDP能耗下降4.6%的104.3%。

【企业治乱减负】 2009年，县经委、县减负办以维护企业权益、优化发展环境、提高竞争力为目标，以治理涉企“新三乱”和农产品加工“三乱”为重点，深入宣传贯彻《国务院关于鼓励支持和引导个体私营等非公有制经济发展的若干意见》等各种优惠政策，进一步完善减轻乡镇企业负担监测联系点和监督员制度，对外来投资在500万元以上或年缴税50万元以上的企业，建议县监察部门实行挂牌保护；坚持县党政领导挂点联系重点企业制度，建立民主评议窗口服务部门制度，定期组织对全县21家窗口服务部门进行民主评议，对贯彻落实企业减负政策情况进行专项检查，促进了行政执法部门和窗口服务部门行风的不断好转，切实维护和保障了企业及职工的合法权益。

【行业管理】 2009年，为切实加强盐业市场管理，确保人民群众吃上放心碘盐，在重大节日期间，组织执法人员进行拉网式检查，发放宣传资料10000余份，审验办理《食盐零售许可证》268户（其中新办证92户）。销售食盐1389.63吨，碘盐食用率达99%以上。强化对报废汽车回收拆解市场的监管，积极开展废旧物资回收市场检查，严厉打击非法拆解、收购报废汽车的违法行为，报废汽车回收网点回收报废车辆88辆（其中：中巴车34辆、轿车8辆、微型车32辆、农用车2辆、吉普车4辆、摩托车8辆）。强化煤炭市场和小煤窑的安全生产监督管理，巩固了小煤窑填埋炸封成果。

【电力行业管理】 2009年，县经委认真履行电力行政主管部门职责，积极争取用电指标、加强计划用电及电网建设的指导协调。全年销售电量8367.16万千瓦时，完成经营考核指标8130万千瓦时的102.9%；完成主营业务收入3708.9万元，实现利润总额26.8万元，完成综合线损率5.36%，同比下降0.2个百分点，单位供电成本169.28元/千瓦时，同比下降0.27%，电费回收率100%。完成了四批城农网建设任务85个单项工程，总投资2536.96万元，投资额创历年之最，全年新建35kV余丁变电站1座，综合自动化改造35kV飒马场变电站1座，新建（改造）35kV线路12.1kM，10kV线路118.11kM，400V/220V线路80.8km，新增（更换）配电变压器73台，改造户表2259户。

【任职领导名单】

党组书记、主任　金自梅　张良文
副　主　任　普恩明　李书松
杨　虹

（彭壮彪）

双柏县经济委员会

【工业经济运行情况】　2009年，双柏县工业经济发展保持了平稳发展的势头，实现现价（下同）工业产值61366.6万元，同比增长31.9%。实现工业增加值17281万元，同比增长13.4%。规模以上工业企业共有10户，实现工业总产值35935.9万元，上年同期实有9户，实际增加1户，同比增长33.9 %；10户工业企业实现增加值10922.7万元，完成州下达计划10800万元的101.14%，实现主营业务收入34865.1万元，比上年增长34.6%；完成州下达计划31100万元的112.1%；实现利税总额3648.8万元，比上年增长36.7%，完成州下达计划3500万元的104.25%；实现利润总额1728.6万元，比上年下降100.5%，完成州下达计划1300万元的132.97%。规模以下工业经济在非公经济的拉动下，也呈现出较好的发展态势，实现产值25430.7万元，增长46.3%。

【非公有制经济】　2009年，双柏县认真贯彻落实《国务院关于鼓励支持和引导个体私营等非公有制经济发展的若干意见》及《州委州政府关于鼓励支持和引导个体私营等非公有制经济发展的实施意见》，确保了各项政策落到实处。全县非公经济完成增加值5亿元，完成州下达计划5亿元的100%；上交税金2438.35万元，比上年增长36.8%，完成州下达计划2046万元的119.18%；从业人员6841人，比上年增长14.4%，完成州下达计划6464人的105.83%；注册资金23367万元，比上年增长42.4%；企业户数2909户（私营企业105户、个体工商户2804户），比上年增长9.3%；实现社会消费品零售额20913.4万元，比上年增长38.4%。

【招商引资】　2009年，双柏县经委切实把“引资活县”作为第一要务，牢固树立以大项目促进大发展，大产业促进大发展、大协作促进大发展、大落实促进大发展的理念，坚定不移地实施“引资活县”战略，切实依靠外资拉动激活经济社会发展全局，取得了较好的引资实效，共实现招商引资到位资金4421万元，占县政府下达计划目标任务3100万元的142.6%。

【乡镇企业】　2009年，双柏县乡镇企业实现现价总产值105224万元，同比增长41.7%；实现营业收入114734万元，同比增长26.3%；工业总产值达53481万元，同比增长7.9%；规模以下工业总产值为24583万元，同比增长30.6%；现价增加值为30462万元，同比增长89.9%，完成州政府下达考核目标30446万元的100%；工业增加值为10056万元，同比增长9.3%，完成州政府下达考核目标9094万元的110.5%；上缴税金为1780万元，同比增长12.8%，完成州政府下达考核目标1718万元的103%；农产品加工销售产值为9065万元，同比增长20.8%，完成州政府下达考核目标8930万元的102%，完成企村结对3对，职业技能培训鉴定数60人，圆满完成州下达的目标任务。

【企业改革】　双柏县委政府认真贯彻落实中央及省、州有关文件精神，坚持以产权制度改革为核心，把深化企业改革与全县的经济结构调整相结合，与扩大开放、机制体制创新、完善社会保障相结合。认真做好双柏县中密度纤维板厂和双柏县林产品有限责任公司两户国家政策性破产企业改革扫尾工作；物资公司改革扫尾工作顺利完成，东和园小区开发建设工作进展顺利；认真组织人员对未改革企业进行摸底调查，为改革工作提供科学决策依据。先后派出20人（次）深入县皮革厂、龙泉酒厂、机械厂、汽车大修厂等4户未改制企业进行摸底调研。草拟了改革方案，正在多方筹集改革成本。借助元双公路建设，启动了皮革厂的改革，涉及拆迁的工作已经结束，各项改革工作正紧张有序进行。千方百计争取省、州支持，积极为我县四户困难企业退休职工医疗保险移交医保和退管中心统一管理，进一步减轻了改革压力，为下一步改革启动工作做好准备。

【电力、煤炭管理工作】　2009年，双柏县经委积极做好电力协调工作，编制下达用电计划2期（次），在用电企业配合下，完成电力调度和分配工作，做到电力“削峰填谷”，使生产企业不致造成过大损失，保证了全县生产生活用电。着力抓好煤炭行业监管，认真做好煤炭生产许可证年检；对3个煤矿进行雨季“三防”检查和抽查，消除事故隐患，确保安全生产；认真做好煤矿安全生产监管，对3个煤矿进行了37次检查，动执法人员107人（次），车辆39台（次），下井检查97人（次），粘贴标语150条，悬挂横幅10幅，为煤矿培训上岗人员4期181人次；认真抓好煤炭资源整合，方案已经通过省煤炭资源整合工作领导小组的评审批复，麻栗树煤矿单独保留，下辖岩子头矿井和一碗水矿井，鄂嘉密架矿井和阳太矿井兼并重组为1个煤业有限公司，两对矿井继续保留，整合后的2个企业4对矿井通过2至3年技改扩建，生产能力可达到42万吨/年。协调帮助麻栗树煤矿争取到技改贷款2000万元，目前麻栗树煤矿正在开展资源储量勘查工作，明年初可进行煤矿技改扩建初步设计方案的编制评审。鄂嘉两个煤矿整合后的公司名称已通过县工商局的预先核准。

【节能减排工作】 2009年，为全面完成节能减排目标任务，双柏县相关责任单位以节能降耗为突破，切实转变经济发展方式。全民节能意识显著提高，单位GDP能耗下降3.0%。工业企业节能成效明显，10户规模以上工业企业综合能源消费量14062.69吨标准煤，单位增加值能耗同比下降19.12%。高效照明产品稳步推进，推广紧凑型节能44590只，完成州政府下达任务的148.6%；推广高压钠灯1012只，完成任务101.2%；推广双端荧光灯2500只，完成任务83%。中西部农网、无电地区电力建设进一步完善，项目计划总投资6745万元，已完成投资6745万元，完成计划的100%。工业固体废弃物综合利用率不断提高，积极指导支持企业开展清洁生产，能源审计，煤矿水泥厂和华兴人造板有限公司（原中纤板厂）开展了清洁生产，华兴人造板有限公司首轮清洁生产审核已通过了州级验收。

【食盐市场监管】 2009年，双柏县经委在云南盐化一平浪盐政处的支持下，与双柏食盐配送中心积极配合，对食盐市场进行了检查，深入鄂嘉、法裱两镇的11个村委会23个村民小组开展农户走访调查，对94户农户进行查访；检查食盐经营户89户，查处违规经营户5户，没收工业用盐4.08吨、不合格食盐1.9吨，价值8000多元；检查中小学校食堂6个；发放宣传资料300余份。通过开展食盐市场的检查整顿，加大宣传力度，增强了广大群众识别食盐真假的能力，认识到了碘缺乏病的危害，规范了食盐经营秩序。

【职称评审】 2009年，双柏县经委认真组织开展工程系列专业技术初级职务评审及中级职务的评议推荐工作，通过工程系列初级职务评审委员会委员的认真评议，共评审出助理工程师12人，技术员11人，向州水利局中评委推荐申报中级职称资格6人，向州林业局中评委推荐申报中级职称资格人员18人，向州城建局中评委推荐申报中级职称资格2名，高级职称1名，向州经委中评委推荐申报中级职称资格1名。

【任职领导名单】

党委书记　苏旺生

副书记、主　　任　杨　海

副书记、纪委书记　者秀芝

常务副主任　王庆东

副主任　鲁忠李　　刘文玲

（罗开学）

南华县经济委员会

【工业经济运行情况】 2009年，工业经济呈现企稳回升、平稳增长态势。实现工业总产值14.74亿元，同比增27.5%。其中：规模以上工业企业新增3户达11户，规模以上工业企业实现产值78075.6万元，同比增64.8%；实现增加值21546.2万元，同比增42.8%；实现主营业务收入60481.4万元，同比增51.2%；实现利税总额6831.5万元，同比增30.8%，其中：实现利润2989.9万元，同比增128%。南华县认真落实扶持企业发展政策措施，为企业协调落实贷款2.16亿元，争取上级贷款贴息和奖补资金964万元，完成工业投资2.28亿元。

【信息化建设】 2009年，南华县经委紧紧围绕“责任政府、阳光政府”四项制度的贯彻落实推进信息化建设。一是添置更新信息化办公设施，改善办公条件，提高工作效率，要求规模以上工业企业完善信息化管理和经营手段，要不断加大投入，加强办公信息化建设管理工作。二是进一步规范和完善政务公开网站，通过南华县人民政府政务信息公开门户网经委网站公开不涉密工作事务160条，专业法规12个、行政法规6个、部门规章9个。三是积极推进阳光政府四项制度的贯彻实施，从5月份起通过南华县人民政府相关网络平台发布重要事项公示3期、重点工作通报8期，开展了“96128”电话专线查询、网络政务信息查询、网上信访等工作；四是应用电子政务协同办公系统推行无纸化办公，推进信息化建设。

【企业改革改制】 2009年，南华县继续抓好企业改制及扫尾工作：一是促成南华县腾龙物流公司承债式兼并县铸锅铸管厂。二是在促成云南恒隆矿业投资公司兼并县化工厂的基础上，督促和协调帮助公司对原生产区进行综合环境治理工作，消除安全隐患。三是积极做好南华县外贸公司、食品厂等已改制企业相关后续工作，全力维护社会稳定。

【技术创新】 南华县企业自主创新能力不断提高，悦欣建材公司研究开发的户用自动破壳玻璃钢沼气池，每年可为建池户节约燃料支出800元，按年产5万套计，年可节约燃料支出4000万元。资源综合利用和清洁生产巩固推进，已有澜沧江啤酒（集团）楚雄公司、茂森综合利用公司、云南悦欣建材公司、西亚玻璃工业公司、沙桥红砖厂、松海新型建材公司、龙川炼锌厂7户企业通过资源综合利用认证；茂森综合利用公司、吕合煤业公司通过了省州清洁生产审核验收。

【节能减排】 2009年，南华县狠抓节能措施和目标责任的强化落实，节能降耗成效明显。单位GDP能耗下降3.012%；规模以上工业企业万元产值综合能耗同比下降29.1%，万元增加值综合能耗同比下降18.2%。茂森综合利用公司投入80多万元建成回收车间，从废渣中回收锌390吨，锗2000公斤，铟800公斤，相当于节约锌品位15%、锗品位0.75%、铟品位0.45%的锌矿3500吨，回收铅1200吨，相当于节约铅品位20%的铅矿6300吨，节约原料成本支出1430万元，新增产值3200万元，减少废渣排放6880吨；澜沧江啤酒（集团）楚雄公司把酿酒工段粉化、发酵冷凝水回收到锅炉进行二次利用，节约标煤420吨、水15000立方米，降低成本11.3万元；西亚玻璃工业公司对三线蒸汽锅炉进行设备更新改造，节约标煤750吨，降低生产成本36万元；南华松香厂，采用“烟筒效应”原理，将烟尘通过水处理，降低烟尘排放，把松脂包装编织袋、生产废渣、废水进行综合利用回收，节约了大量松脂资源；咪拉山煤矿采用新型的锚喷技术取代过去用木材架箱防护，减少木材消耗，降低生产成本。

【产业结构调整】 2009年，南华县树立科学发展意识，积极应对国际金融危机的冲击，加大产业结构调整力度，增强县域经济发展后劲，培强做大啤酒、煤炭、烟草三大支柱产业。啤酒产量首次突破10万吨达10.12万吨，同比增87.86%，实现产值 32216.2万元，同比增88.3%；煤炭产量达55.73万吨，同比增14.5%；烟草产业完成产量10035吨。完善工业园区水、电、路等配套基础设施，制定出台优惠政策，投资环境进一步优化，入园企业达12户，园区聚集效应逐步显现。经济结构进一步优化，增长速度和质量有新提高。工业增加值占GDP的比重达23.9%，比去年提高1.5个百分点；非公经济不断发展壮大。

【煤炭安全管理】 2009年，南华县经委认真履行煤炭工业发展及安全监管职能职责，强化安全管理，层层签订煤矿安全生产责任书，明确安全生产主体责任，切实把煤矿安全监管工作落到实处；加强宣传教育培训，提高煤矿从业人员的安全意识。组织煤矿安全宣传30余次，参加活动人数达5200人次，悬挂、张贴标语618条，出板报121版，发放各种宣传资料2700份，组织观看安全生产电教片55场2400人次，组织培训煤矿从业人员335人，组织到省州参加各类培训208人；加大安全隐患排查力度，排查治理安全隐患941条，煤矿落实安全隐患排查治理资金154.4万元；深入矿井进行安全检查40次，查出煤矿安全隐患323条，其中重大隐患3条并在时限内督促煤矿企业整改落实到位，有效防止了较大以上安全事故的发生；全力推进标准化矿井建设，年内完成了2对标准化矿井建设和1对瓦斯治理示范矿井建设，逐步把瓦斯治理推向深入；按照矿井关闭目标任务，积极做好相关协调工作，确保了煤炭资源整合工作稳妥推进；积极筹措资金，在全州十县（市）中首先完成了《南华县煤炭资源开发规划》编制，并通过省级评审。全县现有3个煤炭企业11对井坑，核定生产能力70万吨/年，生产原煤53.01万吨，完成年初35万吨计划目标的151.4%，实现产值12817.4万元，利润总额1664.6万元。

【工业大事记】 2月2日，周兴国县长等深入吕合煤业、澜沧江啤酒（集团）楚雄公司、三江麦芽公司等企业进行调研；3月17日，吕合煤业公司清洁生产通过省州专家组审核验收；3月19日，县政府与云南地矿资源公司就马街金矿技改扩建和五顶山铂钯矿开发前期工作等事宜进行磋商。5月，南华宏强建工公司董事长兼总经理张毅强，在全省非公工作会上被授予“非公创业之星”称号；在第17届中国昆明进出口商品交易会期间，吴海芬副县长代表县政府与广东投资商签订了一期投资600万元、年加工1200吨桉树油建设项目；6月15日，县政府召开专项整治煤炭生产经营秩序工作会议；8月9日，吴海芬副县长与浙江江能建设公司副总经理石郦均签订了钢结构件生产项目投资协议；8月9日，县政府与云南一鑫玻璃公司签订了选址于县工业园区的玻璃生产线建设项目合作协议；10月29日，省政府督导组在李家龙副州长的陪同下，到南华县督促指导国有资产监督管理和国有企业改革工作；11月18日，南华新世纪生物工程公司隆重举行投产庆典仪式。

【中小企业发展情况】 2009年，南华县继续认真贯彻落实省、州加快中小企业发展的各项政策措施，做好协调服务与督促指导工作，促进了中小企业加快发展。中小企业户数已达到期了4842户（不含国有及国有控股企业），其中，个体工商户4555户，同比增13%，私营企业287户，同比增8%。全年实现增加值7.76亿元，同比增9.3%；上缴税金4408.51万元；从业人员17085人，同比增11%。

【任职领导名单】

党组书记　孔跃文

副书记、主任　杨玉华

副　主　任　余海乾　李和林　叶　丽

（阿发慧）

元谋县经济委员会

【工业经济运行情况】 2009年，元谋县工业经济以“保增长、促升级”为主线，以“调结构、抓项目、增投资、建平台、抓中小、促合作、降能耗、增效益、强服务”为工作重点，累计完成工业项目固定资产投资2.3亿元，工业经济企稳向好、稳中趋升。实现总产值168644.4万元（现价），同比增长27.3%，其中，规模以上工业实现产值45423万元，同比增长34.6%；实现增加值8530万元，按可比价计算，同比增长25.6%；实现主营业务收入45756.7万元，同比增长33.68%；实现税利总额2612.4万元，同比增长48.68%；实现利润总额941.9万元，同比增长235.48%。规模以下工业实现产值123221.4万元，同比增长23.35%。

【乡镇企业发展】 2009年，全县乡镇企业实现现价增加值9.33亿元，同比增加1.38亿元，增长17.29%，占全县国内生产总值（GDP）17.79亿元的52.4%；实现工业增加值2.87亿元，同比增加6627万元，增长30.08%，占全县国内生产总值（GDP）17.79亿元的16.1%；实现现价工业产值14.48亿元，同比增加27788万元，增长23.74%；上交税金5853万元，同比增加846万元，增长16.9%；年末从业人员31961人，同比增加5219人，增长19.52%。企/村结对5对。完成职业技能鉴定110人。

【非公有制经济】 2009年，全县有非公经济组织4669户，从业人员达到13904人，同比增加2048人，增长17.27%。其中：私营经济257户，从业人员6286人；个体经济4412户，从业人员7618人。全县非公经济增加值完成80023万元，同比增加15131万元，按可比价计算增长17.5%；上缴税金4925.51万元，同比增加1078.55万元，增长28.04%；从业人员达到13904人，同比增加2048人，增长12.27%；注册资金41869万元，同比增加11033万元，增长35.78%；社会消费品零售总额完成41407万元，同比增加12578万元，按现价增长43.6%。

【工业园区建设】　经过元谋县各界的不懈努力，以农产品生产加工为主的特色农产品园区基础设施、原材料基地建设和制度、服务保障等软硬件设施日臻完善，园区物流加工中心良好的投资环境基本形成。2009年，园区实现工业总产值5.58亿元，同比增长15%；实现工业增加值0.862亿元，同比增长10%；实现销售收入6.73亿元，同比增长15%；实现利润0.69亿元，同比增长7%；入驻园区企业已达45户；以矿产品深加工为主的工业聚集区建设平稳推进，第一期220亩土地收储工作进展顺利，土地利用规划调整已通过省国土部门审批，重点解决了云南新科特经贸公司元谋分公司朱布铂钯矿采选厂和元谋县晨盛矿产品加工公司五氧化二钒加工项目用地、用电、用水问题，并为下一步发展收储了100亩工业用地，水、电、路等基础设施建设不断完善打下了坚实基础。现入住的有新科特经贸公司元谋分公司和元谋县晨盛矿产品加工公司。

【能源开发】　元谋县现已建成投产运行的小水电站有小河口电站等15座，总装机容量23646千瓦，平均年发电量6277万千瓦时，占全县供电量的64.7%。在建电站3座，总装机容量2.512万千瓦，年发电量7.81万千瓦时，已完成投资3940万元。拟建电站16座，总装机容量66040千瓦，估算投资33438万元，年发电量25919万千瓦时。3月17日，元谋县与国电云南电力有限公司签订了太阳能利用项目投资意向书，编制完成了《云南省元谋县太阳能利用（发电）规划》（初稿），正按计划有序开展。元谋县与国电云南电力有限公司也签订了风能开发协议，已在凉山乡哨地梁子的紧风丫口建成测风塔3座进行相关数据的观测。已完成人工膏桐能源林建设5.55万亩；龙川江生物开发公司已建成以各种薯类作物为原料的年产5万吨优质食用酒精、1万吨液态二氧化碳和5万吨有机复合肥3条生产线；规划在年产5万吨食用酒精的基础上改造扩建年产10万吨的薯类淀粉燃料乙醇生产线、10万吨有机复合肥生产线、3万吨二氧化碳综合利用生产线各1条，项目总投资14160.99万元，现项目《可研》已完成并上报省，环评报告已通过评审，已投资1960万元完成了沼气、环保及锅炉改造等配套工程。同时，该公司正积极建设40万亩原材料基地，薯类种植面积已达10万余亩。

【矿产资源开发利用】　元谋县从事矿产资源开发利用的私营企业共17家（金属矿山企业5家、非金属矿山企业12家），从业人员达866人，占全县工业从业人数的12%；实现工业总产值5615万元，占全县工业总产值的17%；实现增加值1818万元，占全县工业增加值的28%；实现营业收入5182万元，占全县工业营业收入的16%；实现利润总额703万元，占全县工业利润总额的51%；上缴税金319万元，占全县工业上缴税金的31%；资产总额达6025万元，占全县工业资产总额的12%。

【重点工业项目实施情况】　按照抓项目、增后劲、调结构、促发展的思路，把项目作为支撑工业发展的基础，抓住项目前期、建设、竣工验收等关键环节，进一步加大工业项目工作的指导协调力度，按照“实施一批、前期工作一批、规划一批”的要求，建立健全重点项目信息管理系统，认真做好项目前期工作，积极筛选储备对支柱产业发展具有重大作用的工业项目，落实工业固定资产投资责任，积极争取贷款贴息支持重点工业项目建设，切实做好项目的跟踪、协调、服务等方面的工作，为重点项目的实施创造了条件，龙川江生物开发公司工业三废资源综合利用工程建成投产。龙川江生物开发公司10万吨燃料乙醇生产线建设、元谋闽中食品公司年加工脱水蔬菜2000吨生产线扩建、南新科特经贸公司元谋分公司续建项目、元谋愚公石业公司新建一个采矿点、元谋泰华经贸公司钠长石加工的技改、新建、扩建项目有序推进并全面竣工。

【特色商品市场建设】　特色商品开发工作自2007年12月21日启动起来，紧紧围绕县政府的总体目标要求，按照《元谋县特色旅游商品市场建设工作实施意见》精神，加强领导，强化服务，各级各部门团结协作，相互配合，整合特色资源优势，全面打造元谋县特色旅游商品开发建设工作，特色产品开发取得了较好成绩，新开发产品26个，更新产品包装9个，形成规模销售的产品6个，获国际大奖1个（金沙绿色食品有限公司的小番茄果脯荣获“欧洲天才”称号），产值达968万元；“一街两城”建设初具雏形，特色商品街入驻商家18户，风味小吃城长期经营户37户。

【任职领导名单】

党委书记　文绍龙

主　　任　黄毅

副书记、纪委书记　李智鸿

副主任　郭金雄　　白志忠　杨建付

（程　遥）

姚安县经济委员会

【工业经济运行情况】　2009年，姚安县完成工业总产值15.73亿元，增长26.5%，其中，轻工业完成产值9.64亿元，同比增长27.8%、重工业完成产值6.09亿元，同比增长24.4%。规模以上工业产值完成15502万元，同比增长41.8%，完成县下达任务数的99%；完成工业增加值4620万元，同比增长17.9%，完成州下达任务数的100.4%，县下达任务数的86.1%；完成主营业务收入13204万元，同比增长39.8%；完成州下达任务数的133.3%，完成县下达任务数的100.6%；利润总额990.9万元，同比下降46.1%，完成州下达任务数的52.2%，完成县下达任务数的38.4%；利润-251.5万元，同比下降125.5%，与州下达任务相差1151.5万元，县下达任务数相差1733.5万元。完成工业固定资产投资1.36亿元，完成州考核数的120%，完成县考核数的100%。

【乡镇企业发展】 2009年，姚安县乡镇企业完成营业收入35.23亿元，同比增长25.4%；完成现价工业总产值15.55亿元，同比增长28.6%；完成现价增加值9.3亿元，同比增长30.9%，完成工业增加值4.45亿元，完成实交税金0.399亿元，同比增长20.4%，完成州计划数的112%；农产品加工销售产值达6.68亿元，同比增长23%，完成州任务数的104%。乡镇企业固定资产投资1.36亿元，完成县考核数的100%。

【非公经济】 2009年，姚安县非公经济各项指标取得较好成绩，增加值完成9.17亿元，同比增长30.2%，完成州计划的102%；上交税金0.24亿元，同比增长15.8%，完成州计划的122%；从业人数14745人，同比增长33%，完成州计划的123.3%；注册资金25183.4万元，同比增长24.4%；社会消费品零售额48880.5万元，同比增长15.5%；企业户数4524户，同比增长16.6%。

【工业园区建设】 姚安县草海工业园区的《总体规划》和《可行性研究报告》已通过州级专家评审。园区筹建指挥部召开了协调会议，采取多种途径和方式积极做好土地收储工作，土地登记证的相关手续已办理完毕，正式收储正在对洽中，环评规划工作有序进行。现有县政府签订协议投资开发项目1个，正在洽谈项目3个。西山轻纺工业小区已完成基础数据收集及范围界定工作，已委托州规划设计院进行地质勘测，完成了0.82平方公里数字化地形测量及成果验收。委托昆明经开区规划设计院对西山轻纺工业小区详细性控制进行规划设计。

【节能降耗】 依据州政府工业经济工作会议精神及楚政通〔2009〕28号文件下达的2009年节能减排目标要求，2009年节能减排目标任务分解为万元GDP能耗下降2.7%，节约标准煤5500吨，不计增量完成削减化学需氧量5吨，削减二氧化硫5吨。结合实际，将州政府下达的指标和任务进行了分解落实，分别与各乡镇、县级相关部门和县内重点企业签订责任书，重点抓好规模以上工业企业节能减排和农村户用沼气池、节能灶、节能烤房改造工作。我县与州政府签订的“十一五”期末节能责任目标为全县单位生产总值GDP能耗降低15%，节约2.5万元吨标准煤，年平均下降3.2%，年均节约0.5万吨标准煤。经过努力，我县单位GDP能耗2006年下降2.27%，2007年下降5.59%，2008年下降4%，三年全县单位GDP能耗下降11.42%，完成目标任务的74.6%；2008年单位工业增加值能耗降低9.41%。2009年单位GDP能耗下降3%，全县规模以上工业企业产值能耗下降9%，完成州下达的目标任务。

【重点项目建设】 2009年，姚安县积极推进县域重点项目建设。玉簰食品公司年产1500吨酱油及酱腌菜生产线已建成投产，海润茧丝绸公司在1600绪的基础上扩建800绪自动缫丝生产线，项目总投资500万元以上，企业达到2400绪的生产规模，生产白厂丝150吨，产值3800万元。麻纺厂技改扩建807万米黄麻纺织品生产线项目正在向省、州申报，争取将38台90型织机技改为130型织机并新购进130型织机20台。恒业橡胶制品厂技改扩建年产5000吨橡胶产品生产线项目已完成项目可行性研究报告，将上报国家、省、州列项争取资金扶持，企业正在积极争取收购光禄农机站的土地，计划扩建厂房。积极支持铝箔纸厂技改项目扩建及投资转移法镀铝纸设备生产线投资1200万元的建设项目。全县具有一定规模的企业都在积极进行技改扩建推进技术创新，麻纺织厂、县养酒厂通过了QS认证，“姚安”、“东方明月”荣获云南省著名商标。

【项目扶持】 2009年，姚安县经委上报州争取规模工业企业生产流动资金财政贴息项目4个，申请贴息415.57万元，工业企业投资备案项目5个，上报省州项目4个，其中，县盛元食品有限公司年产750吨优质千层香肠项目上报州乡镇企业争取省州银行贷款，项目总投资2500万元，自筹800万元，申请贴息120万元；玉簰食品有限公司上报州非公办争取省州银行贷款，项目总投资2899万元，自筹1399万元，申请贴息113.87万元；县麻纺织厂上报省乡镇企业局争取流动资金贴息，项目总投资3500万元，自筹500万元，申请贴息150万元；蛉河绿色食品有限公司扩建项目上报省州乡镇企业局争取流动资金贴息，项目总投资3000万元，自筹300万元，申请贴息100万元。分别帮助铝箔纸厂、县麻纺织厂、云南玉簰食品有限公司向省工信委、州经委申报流动资金补助项目资金45.34万元、231.8万元、138.42万元；帮助海润茧丝绸有限公司向省工信委、州经委申报节能项目，申报补助金额为200万元；帮助玉簰食品有限公司申报年产15000吨酱油及酱腌菜生产技改扩建项目。向上级争取乡镇企业贴息项目资金40万元，其中海润茧丝绸公司15万元，菖河生态蜜蜂园科技公司10万元，麻纺织厂15万元；非公经济贴息70万元，其中麻纺织厂40万元，蛉河绿色食品公司30万元。

【招商引资】 加大招商引资，寻求对外合作，借助外地资金、管理、技术发展我县工业，是我县工业经济工作的重点，更是新型工业化发展的有效途径，以园区为平台，以产业和项目为落脚点，积极推进项目招商、产业招商、以商招商，不断提高招商引资水平和质量，为加快我县工业发展提供了强大的动力。2009年，我县完成工业招商引资项目4个，引进资金1921万元。

【任职领导名单】

主　　任　李庭贵

党委书记　赵发春

副 书 记　李青锋

纪委书记　郭　柱

副主任 徐 军 陈 斌 沈金梅

（徐 军）

武定县经济委员会

【工业运行情况】 2009年，武定县共有工业企业2025户，同比增长3.53%，其中，规模以上企业14户，国有企业3户，集体企业1户，私营企业2007户；轻工业1410户，重工业615户。工业企业从业人员12642人，同比下降7.56%，其中：规模以上企业2331人，国有企业274人，集体企业60人，私营企业12308人；轻工业3171人，重工业9471人。完成现价工业总产值167835万元，同比增长20.15%，其中：规模以上企业51693万元，国有企业8807万元，集体企业765万元，私营企业15.8亿元，其他182万元；轻工业33694万元，重工业135041万元；全员劳动生产率43980元，同比增长27.66%；实现工业增加值55599万元，同比增长18.1%；主要产品产量为：铁矿石（原矿）1019628吨，同比增长92.59%，铁精矿89983吨，同比增长40.04%，铜矿石（原矿）896497吨，同比增长183%，铜精矿（金属吨）1373吨，同比下降15.92%，钛精矿225512吨，同比下降10.06%，钛白粉1693吨，同比增长了151.93%，白酒3238吨，同比增长3.12%，水泥18896吨，同比增长16.18%，炸药12000吨，同比增长3.18%，砖6645万块，同比增长16.42%，瓶装饮用水135000瓶，同比增长415.27%，木纹石（荒料）35730立方米，同比增长76.44%，板材415000平方米，同比下降了4.77%，高钛渣29101吨，同比下降21.37%。

2009年，武定县一、二、三产业的比例为33.7：32.8：33.5，工业经济运行呈现“大、实、快、稳”四个特点。2008年四季度，金融危机对我县工业经济的影响开始突显，主要矿产品价格迅速下滑，部分企业出现亏损；2009年一季度，危机影响持续加重，11户规模以上企业停产或半停产的达6户，占规模以上企业的54.5%；从2009年第三季度开始，随着中央、省、州保增长措施的逐步落实，国际国内经济形势逐步好转，工业企业生产情况趋于好转，但在11户规模以上企业中，亏损企业还有2户，亏损面达18.2%，全年呈现出一季度低位运行、二季度艰难调整、三季度巩固提升、四季度平稳发展的特点。实现现价工业总产值167060万元，增长19.6%；实现工业增加值55599万元，增长18.01%，其中，规模以上企业实现增加值21187万元，增长44.17%。

【企业帮扶】 面对国际金融危机的严重冲击，县委、政府始终坚持与企业同呼吸、共命运，想企业之所想、急企业之所急，在企业找市场、稳生产、调结构的同时，千方百计抓帮扶渡难关、抓融资增贷款、调要素稳运行。进一步完善了县领导、县级部门挂钩联系企业制度，加强与企业的沟通和联系，及时了解企业生产中的困难和问题，切实加强煤电油运等生产要素的供应协调；出台了纳税企业奖补政策，对缴纳地方税50万元以上的企业兑现财政奖补资金153.5万元；抢抓中央实施适度宽松货币政策和加大对企业扶持的机遇，全年共争取省州财政贴息企业发展资金529万元，协调县内金融机构向中小企业发放贷款1.21亿元。

【工业园区建设】 武定县进一步加快了工业园区的建设步伐。“一园三片区”为主的工业园区总规和可研于4月14日、7月15日分别通过州级、省级评审，园区环评工作全面开展，工业园区规划总面积11.2平方公里（16737亩）。大坪子冶金化工片区总投资3000余万元的水电路配套工程全面完工，争取州级工业园区建设资金300万元，启动了长冲石材加工片区水电路配套建设。大坪子冶金化工片区入驻企业7户，2009年完成产值17544万元；长冲石材片区入驻企业24户，完成产值12601万元；九厂绿色食品加工片区入驻企业2户，完成产值1821万元。

【重点项目建设】 2009年，在发展武定县域经济中，一批重点工业项目稳步推进。云南新立有色金属有限公司年产8万吨高钛渣项目建成并成功点火投入运营，云南德胜钢铁有限公司年产120万吨原矿项目已生产原矿52.6万吨，云南玉飞达钛业有限公司1万吨食用钛白技改项目、云南兴棱矿业有限公司5万吨耐磨材料技改项目、安化武定分厂搬迁项目、永昌水电开发有限公司勐果河装机容量9000千瓦六级电站建设项目有序推进，永厂河水电站进入机组安装阶段，乌龙矿业、盛源钛业和永丰钛业技术改造顺利完成并投入试运营。云南有色金属武定钛业分公司总投资7.3亿元的高钛渣厂于10月13日点火试生产。

【安全生产及节能减排】 武定县安全生产各责任单位认真落实主体责任和监管责任，层层签订安全生产责任状；积极开展“安全生产年”各项工作，根据不同时期安全工作重点，适时开展安全生产检查，及时发现事故苗头消除隐患，确保了全县工业企业的安全生产，规模工业未发生重大和死亡事故。主管部门和相关企业认真抓好产业结构调整，落实节能减排目标任务，全县实现万元GDP能耗下降5.058%，规模以上工业单位增加值能耗下降31.83%。

【中小企业发展情况】 2009年，武定县委、县政府及各职能部门为促进中小企业发展，研究制定了多项政策措施，激励和推动了全县非公经济和乡镇企业加快发展步伐，现有集体私营企业达2008户，企业从业人员达12693人，增长16%。完成现价工业总产值15.9亿元，实现现价工业增加值10.21亿元，增长16.5%；上缴税金14085万元，增长159.2%；乡镇企业累计完成增加值121947万元，增长21.9%；实现工业增加值59140万元，增长25.2%。

【任职领导名单】

党委书记、主 任 李有志

副书记、纪委书记 代绍元

副 主 任 马恒慧 花群光

（周兴富）

红河哈尼族彝族自治州

红河州经济委员会

【工业综述】 2009年，是红河州工业经济发展较为困难的一年，也是迎接严峻挑战，不断砥砺奋进的一年。受全球金融危机影响的进一步加剧，国际、国内市场需求萎缩、工业产品价格持续走低、税收政策调整等因素制约，红河州工业经济运行开局不理想，上半年一直处于负增长状态。红河州工业经济部门采取各种措施，着力推进工业“双百计划”、“双十行动”、“重点产业建设行动计划”和“实现工业产值千亿元目标行动计划”，进一步加大工业投资、企业技术进步与创新、节能降耗及循环经济发展工作力度，全面促进中小企业及非公经济的发展，加快工业园区建设及产业集群步伐，强化经济运行监测和调节，努力克服国际金融危机带来的巨大困难和压力，完成省政府下达的各项目标任务，全州工业经济保持了较快增长，为国民经济保持平衡较快增长作出贡献。

2009年，全州实现辖区内工业总产值720亿元，比上年增长9.1%；全部工业增加值247.5亿元，增长10.5%。其中规模以上工业完成增加值218.11亿元，比上年增长10%；完成主营业务收入515.8亿元，实现利税总额115.4亿元，增长11.1%；实现利润29.6亿元，增长21.3%。全面完成省政府下达可州的目标任务。

【工业经济运行情况】 2009年，全州规模以上轻工业完成工业增加值91.2亿元，同比增长11.4%，月增长较为平稳；重工业完成工业增加值126.9亿元，同比增长9.2%，增幅逐月提高。轻重工业比为41.8：58.2。规模以上烟草制品业完成工业增加值77.6亿元，同比增长5.1%，全年增速平稳；规模以上非烟工业完成工业增加值140.5 亿元，同比增长12.8%，增速从负到正，逐月上升。

2009年，全州规模以上工业28个行业大类中有22个行业增长，增长面达78.7%，其中，烟草制品业完成工业增加值77.6亿元，同比增长5.0%，冶金行业完成工业增加值62.3亿元，同比增长14.6%，电力生产及供应业完成工业增加值28.4亿元，同比增长7.3%，化工行业完成工业增加值17.1亿元，同比增长8.0%，农副食品加工业完成工业增加值1.3亿元，同比增长16.8%，这些行业对全州工业生产保持平稳增长起到了重要的拉动和支撑作用。

全州中小企业增长快于大企业集团的增长，规模以下企业增长快于规模以上企业的增长；国有企业、集体企业、股份合作制企业完成增加值同比分别下降1%、43.9%、87.4%，私营企业、股份制企业和其他经济类型企业增长较快，工业增加值同比分别上升24.2%、13.6%、785.3%。

全州重点监测的20种主要工业产品中，产量比上年增长的有14种，下降的仅有6种，其中，锰矿、成品糖、卷烟、硫酸、化肥、水泥、钢材、铁合金及企业用电量等保持两位数以上的增幅。上半年，全州工业产品销售率一直保持99%以上，6月份达99.8%，7月份以后产销率一直保持在90%左右，与往年基本一致。

2009年是红河州工业企业生产经营最为困难的一年，通过各级各部门积极实施各项帮扶措施，加之市场回暖、157号文件逐步得到落实，至12月末，全州规模以上工业企业停产、半停产共计17户，比3月末减少29户，其中：停产企业9户，比3月末减少18户，半停产企业8户，比3月末减少11户。企业效益逐步好转，至12月末，全州纳入统计的规模以上工业企业共210户，亏损79户，亏损面由年初的56.6%下降到37.6%，亏损企业亏损额6.7亿元，比2008年下降1.4亿元，下降了16.7%。

【工业重大项目建设】 2009年列入红河州在建及新开工的重大工业项目中：红钢新增100万吨钢铁项目、红磷化工公司节能降耗技改及80万吨/年硫酸项目、云南解化集团公司27万吨硝酸铵技改项目、泸西大为95万吨/年焦化一号炉、蒙自瀛洲水泥公司一期2500吨/日新型干法水泥生产线、润鑫铝业10万吨/年电解铝等项目已建成投产；云锡集团公司7万吨/年锡冶炼系统技改项目已建成投产，10万吨铅项目2010年一季度可建成投产。全年全州完成工业投资148.9亿元，同比增长13.4%，其中，完成非电工业投资112.9亿元，同比增长21%。

【非公经济】 2009年，非公经济从业人员29.7万人，完成全年目标任务数的120.6%；完成增加值173.2亿元，完成目标任务数的116.6%；上缴税金20.0亿元，非公经济增加值占全州GDP的比重由2008年的22.3%上升到2009年的24.1%。2009年，全州乡镇企业实现增加值85.7亿元，同比增长13.9%；工业增加值完成54.9亿元，同比增长13.8%；上交税金完成12.6亿元。

【信息化建设】 红河州是云南省重要的工业基地之一，各级党委和政府历来十分重视以信息化带动新型工业化工作。在十一五规划中，提出了坚持工业经济强州战略，摒弃传统工业模式，坚定不移地走新型工业化道路，使全州工业实现调整结构、聚集优势、创新科技、循环发展，走科技含量高、经济效益好、资源消耗低、环境污染少、人力资源和自然资源优势得到充分发挥的道路；将信息化建设作为全州国民经济发展的重要任务，推进信息化在全州经济社会更广领域的开发应用，促进向产业化方向发展，保持信息产业以每年20%以上的速度增长。为实现以上目标，采取了一系列措施，使信息化与工业化融为一体，互相促进，共同发展，目的是走有我州特点的新型工业化跨越式发展之路。

1999年，红河州成立了以州长为组长、州委副书记为副组长的信息化领导小组，用现代信息技术改造、提升传统工业产业的工作即提上议事日程。2001年，成立了州政府网络管理中心，规划和建设全州电子政务网络与运用平台，以电子政务建设为先导，引导全社会尤其是工业信息化建设步入一个新的发展阶段。2008年，组建了州信息产业办公室，进一步加大了对社会信息化的促进工作。各县市政府采取有力措施，建设了招商网站，发布本辖区内企业信息，扩大企业知名度。红河工业园区、河口边境经济合作区先后建设起为工业企业、进出口企业服务的网站平台，经委系统也建设起为广大中小企业服务的电子商务平台。对信息化基础较弱的小型企业，重点引导企业在公共服务平台上收集、发布产品信息和宣传企业形象，开展企业会计财务和办公自动化应用，鼓励企业利用互联网逐步开展网上客户服务和网上贸易洽谈等商务活动；对处于单项信息技术应用阶段的中型企业，重点推动企业运用信息技术提高产品设计和开发的能力，提高生产过程控制水平，推动业务集成与应用集成，进行资源优化配置和监控等。对处于集成应用阶段的中型企业，重点推动企业改造业务流程，实现企业业务统一集成，开展网上询价、采购和营销等非现金支付型电子商务。

【体制改革】 2009年，红河州深化国有企业改革工作的重点，主要是继续推进国有企业政策性破产，做好股份公司二次改制，妥善解决改制企业遗留问题，成效明显。

红河州2007年纳入省考核的6户政策性破产企业，全部集中在个旧市。州委、州政府，个旧市委、市政府高度重视，紧紧抓住全国最后一批国有企业实施政策性破产的良好机遇，在省、州有关部门的大力支持帮助下，统一思想，统一认识，加强领导，精心组织，成立了破产工作领导小组，制定了工作措施，明确了工作职责，实行市级领导挂钩联系制度，市属相关部门的主要领导为实施破产工作的责任人。按照《破产法》的有关规定，制定了工作计划，强化工作目标，严格按照程序开展工作。在实施破产过程中，深入企业，关注热点难点问题，认真破解工作难题，克服困难，埋头苦干，通过州市两级有关部门和6户破产企业干部职工的共同努力，破产工作取得了预期效果。2009年3月，成功拍卖了6户破产企业财产，拍卖收入累计为17980万元，妥善安置了6户破产企业职工1628人，对566名“4050”职工从2008年9月1日起正式实施托管，支付安置费及相关破产经费近2亿元。截至2009年12月25日，经州、市人民法院裁定，个旧市6户国有企业政策性破产清算工作全面终结，顺利完成了破产工作任务。

原蒙自电池厂于1995年9月改制成立了云南999电池股份有限公司，是全州企业改革较早的国家控股企业。至2009年，公司有在册职工1294人，公司注册资金2181.2万元，其中：国有股本1328万元，占股本总额的60.88%；公司自然人股东1454名，股本853.2万元，占股本总额的39.12%。公司改制初期，曾取得了较好的经济和社会效益，1998年上缴利税1348万元，为蒙自的社会经济发展作出了重要贡献。2000年以后，由于受资源危机的影响，加之改制不彻底和管理方面存在的问题，公司生产经营极为困难，2005年5月全面停产。至2009年公司依法破产前，总负债已高达123.54%。为解决公司的生存和发展，蒙自县曾多方招商引资，努力寻找投资合作伙伴，推进改革，但由于企业长期停产，改制成本大，人员多，资产变现难等原因，致使公司“二次”改制工作受到影响。为推进云南999电池股份有限公司的改制，蒙自县委、政府决定对公司实施破产，并组织专门工作机构开展工作。已编制了云南999电池股份有限公司依法破产和职工分流方案，积极认真地做好破产前的各项准备工作。

为切实减轻各级政府与企业的负担，保证企业职工安置费用来源的渠道及解决企业存在的实际困难和问题，为企业发展创造一个宽松良好的环境。州经委受州人民政府委托，多次与中国华融资产管理公司协商收购2005年由工商银行剥离给华融资产管理公司我州19户企业的债权（不含银行同时剥离到东方资产管理公司债权），几经协商，最后州政府同意以130万元收购中国华融资产管理公司红河州19户企业贷款本息27319.26万元的债权，其中:本金10369.77万元，利息16949.50万元。19户企业中原州属企业5户、个旧市5户、开远市4户、蒙自县5户。并于2009年3月12日由分管副州长与中国华融资产管理公司签订债权转让合同。

【技术创新】 2009年，针对红河州工业的实际，采取抓重点企业技术中心建设的工作方法，加强了对重点企业技术中心建设的指导，积极组织个旧圣比和公司、个旧红河锌联公司等企业开展了省级企业技术中心申报认证工作。9月个旧圣比和公司已被省工信委、省科技厅、省发改委等省级有关部门认证为省级企业技术中心。组织上报了一批技术改造项目和新型工业化项目申报省级资金支持；2009年争取到省级技术改造贷款贴息资金1130万元对6个项目给予支持，争取到省级对红河州给予新型工业化5个项目250万元的支持，两项共计1530万元。同时州级技术改造项目贷款贴息及工业项目前期费重点支持了州政府确定的重点项目和县市申报的重点项目和部分县市的工业园区建设。

【工业园区建设】　按照“一主两辅”的规划布局和发展思路，全面加快我州工业园区建设步伐，一主就是以红河工业园区和弥勒工业园区两个省级工业园区为重点，努力打造成为省级一流的工业园区，使之成为我州产业发展的新高地；两辅就是启动建设建水、个旧、泸西等工业强县示范县的特色园区建设和绿春县、红河县、石屏县等县（工业薄弱县）的园区建设。通过各级、各有关部门的艰苦努力，红河州工业园区建设取得了实质性突破和阶段性成果。红河工业园区全面展开了道路、电力专线、供水工程等基础设施建设，园区公用电网、污水处理厂、排洪隧道等重点基础设施正在规划实施中，到2009年园区路网格局基本形成、电力、供水等形成有效保障，作为全州工业园区建设的重中之重红河工业园区，随着园区基础设施的逐步完善，为企业的入驻和生产经营活动创造了更加优越的条件，入园发展的企业不断增多，2009年园区完成工业总产值90.84亿元，同比增长17.3%，完成工业增加值16.13亿元，增长38.6%，实现销售收入85.9亿元，增长14.98%，上交税金2.7亿元，同比增长1%；随着红河钢铁公司、云锡公司、解化公司、红磷公司、润鑫公司等企业的发展，园区企业集群发展的格局已初步形成。位于红河州北部的弥勒工业园区、泸西工业园区建设正在全面展开，弥勒园区100万吨焦化项目2009年10月开工建设，泸西园区投资约18亿元的95万吨焦化项目快速推进，累计投入资金10亿元，一号焦炉已于2009年12月出焦，2010年全面建成投产；建水工业园区《可行性研究报告》和《总体规划园区》2006年编制完成，并顺利通过了专家评审、州级初审查和省级审查，园区产业项目和基础设施建设同步启动实施，目前园区产业项目，投资6.6亿元的20万吨锰系合金技改项目累计投资2.23亿元，预计2010年10月可建成投产，投资31.5亿元30万吨炭素阳极项目和投资30亿元的30万吨铝板带材加工项目已于2009年9月开工建设；绿春县、屏边县、红河县等县市特色工业园区的规划已通过省级审查，并逐步启动实施；蒙自县、个旧市的特色工业园区的总规及可研已编制完成，各项前期工作正在积极抓紧谋划和推进之中。

【安全管理】　2009年，红河州煤矿安全生产监管工作，在州委、州政府的正确领导和省行业主管部门的指导帮助下，坚持以科学发展观为指导，认真贯彻落实党和国家关于煤矿安全生产工作的方针、政策，紧紧抓住安全发展这条主线，以调整结构、转变观念和减少安全生产事故为主题，以“安全生产年”和“三项行动”、“三项建设”为契机，全面落实各级煤矿安全生产责任，加强现场基础工作，深入开展煤矿安全生产专项整治，狠抓隐患排查治理，强化煤矿安全生产监督管理，全州煤矿安全生产形势总体保持稳定。2009年，全州煤矿发生事故5起，死亡7人，事故起数同比持平，死亡人数同比下降22.23%。地方煤矿百万吨死亡率为3.2人。

【节能降耗】　2009年，全州实现GDP560亿元，增长11.2%；全社会综合能耗消费量964.94万吨标煤，同比增长6.86%；我州万元国内生产总值能耗下降到2.035吨标准煤，实现全社会单位GDP能耗下降3.92%，确保实现2009年省政府下达的全州单位GDP能耗下降3.9%的目标。全州的节能降耗，工业企业是关键、是重点，2009年全州全部工业实现增加值247.47亿元，同比增长10.5%，综合能源消费量773万吨标煤，同比增长4.8%，单位工业增加值能耗下降5.15%。其中，规模以上工业企业实现增加值218.11亿元，同比增长10%，综合能耗消费量686万吨标煤，比上年同期增长3.79%，单位工业增加值能耗下降5.64%。工业单位增加值能耗的下降有力地支撑了全州全社会单位GDP能耗的下降。全年红河州共有33户企业实施清洁生产，其中云天化国际红磷分公司成为我州首家荣获“云南省清洁生产单位”称号企业；顺利完成省政府下达我州的淘汰落后产能任务：淘汰落后铁合金7200kVA，产能16000吨，淘汰水泥落后产能10万吨；顺利完成省政府下达的煤矿整合任务，关闭煤矿井3对；全年全州推广高效照明产品80万只。建筑、交通、商业、农村、政府机构等领域节能降耗取得新进展。全州单位GDP能耗下降3.9%，圆满完成省下达红河州的“十一五”阶段节能任务。

【非公经济、中小企业发展】　2009年，在全球金融危机带来的巨大不利影响下，通过及时采取各项有效措施，全州中小企业、非公有制经济得到了平稳发展，各项经济指标同比有不同程度增长，有力地推动了全州经济社会和各项事业的发展。全州注册登记的非公经济总户数9.48万户，比上年同期增长16.31%，其中:个体工商户88004户，比上年同期增长16.66%，私营企业6796户，比上年同期增长11.98%。非公经济从业人员29.66万人，比上年同期增长11.08%，其中:个体工商户14.66万人，比上年同期增长17.1%，私营企业14.99万人，比上年同期增长5.77%。完成省下达目标任务数的120%，超额20个百分点。非公经济注册资金159.54亿元，比上年同期增长29.2%，其中:个体工商户26.19亿元，比上年同期增长43.61%，私营企业133.35亿元，比上年同期增长26.7%。增加值完成181.32亿元， 比上年度增长13.6个百分点，占全部比重的32.3%，完成省下达目标任务的122.1%，超额22.1个百分点。非公经济上缴税金完成20.02亿元，比上年同期下降15.63%，完成省下达目标任务的76.7%。非公经济完成社会消费品零售额92.65亿元，比上年同期增长22.76%，其中:个体工商户12.41亿元，比上年同期增长4.63%，私营企业80.23亿元，比上年同期增长26.14%。

【年度任职领导名单】

主　任　吴建明

副主任　邱　彭　杨绍绅　朱成雄

　　　　赵　楠　普宝贵

企业工委专职副书记　杨琼书

（席向阳）

蒙自县经贸局

【概述】 2009年，全球金融危机对实体经济的影响继续加深、加重，产品价格、市场需求形势持续走低，蒙自县经济社会发展遇到了前所未有的困难。面对严峻复杂的经济形势，蒙自县经贸局在县委、县人民政府的坚强领导下，坚定信心，始终以邓小平理论和“三个代表”重要思想为指导，按照全县“46664”总体发展思路，牢固树立“产业兴县、工业强县”意识，全面贯彻落实科学发展观，不断创新工作思路，千方百计克服国际金融危机带来的不利影响，化挑战为机遇，变压力为动力，以科学、有效的调控机制，深化重点项目县级领导挂钩联系制，建立企业恳谈会、银政银企座谈会、“企业服务月”制度等，为企业创造良好的经济发展环境，促使企业从追求经济效益最大化转移到提高节约资源、节约能源和保护环境上来，促进经济、社会协调发展。稳步推进各个重点项目，圆满并超额完成了年初确定的各项目标任务，全年经济社会呈现“困难中开局，逆境中奋进，转暖中回升，稳增中向好”的发展态势。

全年工业经济运行平稳，经济效益稳步提升，工业经济保持了良好的发展势头，主要经济指标继续保持增长势头。蒙自县荣奖全州完成2009年工业经济发展责任目标一等奖、全州节能降耗工作一等奖、全州清洁生产工作一等奖，全州2009年度商务工作一等奖。

【工业经济指标完成情况】 2009年，辖区内实现工业总产值94.94亿元，比去年增长15.11%；全县纳入统计的规模以上工业企业18户，比2008年增加6户，增长50%；实现工业总产值88.78亿元，比去年增长13.04%。完成工业增加值26亿元，完成州计划（22亿）的118.18%，比去年增长17.06%；超州计划4亿；完成主营业务收入90.57亿元，完成州计划（62.2亿）的145.61%，比去年增长9.3%，超过州计划28.37亿；利税总额8.22亿元，完成州政府计划（4.2亿）的195.7%，超过州计划4.02亿；利润3.65亿元，完成州政府计划（2.32亿元）的157.4%，超过州计划1.33亿元。

【乡镇企业各项指标完成情况】 乡镇企业增加值完成14.83亿元，完成年初计划16.29亿元的91%；工业增加值完成13.36亿元，完成年初计划的89%；上交税金完成1.8亿元，完成年初计划的3.24亿元的55%；农产品加工业售销产值完成3.32亿元，完成年初计划3.31亿元的100.32%。

【非公经济指标完成情况】 增加值完成14.64亿元，完成计划14.64亿元的100%；上缴税金完成3.22亿元，完成计划3.69亿元的87.49%；从业人员完成34708人，完成计划29317有的118.4%；全县非公有制经济户数共有12334户，比去年增长6.2%；注册资金99785万元，比上年同期增长11.2%。

【工业固定资产投资】 2009年，蒙自辖区共完成工业固定资16.95亿元（完成县下达任务16.95亿元的100%），比去年增长9.85%。其中：不含电力固定资产完成投资16.04亿元，完成州下达任务（160000万元）的100.25%，比去年增长12.67%，超额完成407万元。

【体制改革】 一是帮助指导三九公司做好企业破产改制工作，彻底解决遗留的历史问题，让劣势企业有效退出竞争行业。该公司破产案于2009年11月6日经县人民法院审查，报红河州中级人民法院批准该公司依法破产。二是认真做好云南蒙自化肥有限公司、地方国营蒙自彩印厂、蒙自县五金电化公司的破产清算工作，为着力解决存在的问题提出意见，力争尽快进入拍卖程序并终结。三是成功拍卖了云南蒙自化肥有限公司，该公司的破产案，于2009年11月2日，以（2001）蒙经破字第02—2号裁定终结该公司破产案。四是帮助改制企业解决遗留的历史问题，确保困难工商企业“求生存、保稳定、谋发展”。指导、帮助已改制困难企业做好进一步深化改革的服务工作，为其分忧解难、制定招商引资方案。

【节能减排工作】 能源消耗用电增长9.89%，共消耗电129876万千瓦时，生产1万元产值需电1463千瓦时，实现1万元增加值需电5146千瓦时；综合能耗增长9.3%，消耗综合能源828666吨标准煤，生产1万元产值需0.93吨标准煤，实现1万元增加值需3.28吨标准煤。万元增加值能耗同比下降6.6%。以上各项目标的顺利完成，为全县经济社会健康发展提供了有力支撑。

淘汰落后产能：2009年 3月19日，淘汰红河建材熔剂公司直径3×10M立窑水泥生产线，淘汰落后水泥熟料生产能力8万吨；认真执行固定资产投资项目节能评估制度，对蒙自太耀泰瑞有限公司两期工业固定资产投资工程项目，分别进行两期用能评估，并按照能评要求严格施工，确保投产后合理用能。

能源审计：开展能源审计企业两户，红河钢铁有限公司由云南博本钰能源科技有限公司、蒙自克林糖业有限责任公司由云南云天咨询有限公司对公司用能情况进行审计，审计、对比、分析后提出了针对企业切实可行的节能建议、措施。

节能宣传：为提高全社会节能意识，2009年，蒙自县在节能宣传周期间，制作了46块节能知识宣传牌，悬挂于县行政中心主要通道的显目位置。在科普街、蒙自过桥米线美食文化旅游节宣传活动中，印制散发节能宣传资料4000多份。销售绿色照明产品87539只，完成计划任务（8万只）的109.5%，其中完成较好的乡镇、部门有：新安所镇完成计划的157.4%，老寨乡完成计划的156.7%，西北勒乡完成计划的166.7%，县发改局完成计划的237%，县经贸局完成计划的180.2%，县财政局完成计划的311.6%，县教育局完成计划的137.9%，县国税局完成计划的186%。

奖励培训　蒙自县政府兑现节能降耗工作作出突出贡献的奖励资金达81.295万元，其中，个人奖励资金7750元。蒙自矿冶有限责任公司铟锌冶炼厂黄昌元，“冶炼浮渣综合利用”受省人民政府表彰，获省职工百佳节能创新成果奖。召开节能专题会议11次，参会人员达361人次；县级举办培训班8期，参培人员190人次。

余热余压利用：红河钢铁有限公司余热发电、高炉煤气回收发电总装机容量7万千瓦时，蒙自南华克林糖业有限公司发电装机容量3000千瓦时，水力发电装机容量15万千瓦时，全年共发电54608万千瓦时，填补蒙自县无能源生产的空白。

建筑节能：建筑节能推广应用节能型的建筑材料，禁止各施工项目部使用实心黏土砖，在续建、新建工程面积101.26万平方米中，使用免烧砖面积为60.73万平方米，使用空心砖面积3.66万平方米，推广新型墙体材料7.19万平方米，推广安装太阳能房屋面积商品房98.3万万平方米，私人房41.4万平方米，单位自建房45.5万平方米，促进再生能源的开发利用。

服务业节能：在服务业开展商业节能工程“节约型示范零售企业”试点工作，确定金方、华联超市和百货大楼为节能监测点，在观房、天源住宿餐饮业开展绿色饭店创建工作，年内完成100㎡以上商业设施高效节能灯应用率达到80%以上，有效降低服务业能源消耗。

公共节能：从建筑节能、设备节能、管理节能、办公节能和行为节能等方面入手加强管理，县行政中心办公楼坚持每日水电运行巡检制度，制定泛光灯照明管理制度，低峰时用一台供电设备供电，减少空载用电损耗，减少公共区域照明灯数量等，年节约水费6.4万元，节约电费38万元。

节能技改：工业企业进行大规模的节能改造，红河钢铁有限公司对风机水泵变频改造，可节约标煤754吨，新建2台25MW煤气发电机组，可节约标煤1.2万吨，新建1台低温蒸汽余热发电机组，可节约标煤7835吨。红河建材熔剂公司新建1座4MW余热发电站，年可发电223.2万千瓦时。废渣生产新型墙体材料，年产5000万块混凝土砖和20万立方米蒸压加气混凝土砌块两项目如期建成投产，对取缔黏土砖、保护土地资源和发展循环经济发挥良好的示范、引导作用。蒙自矿冶公司照明灯全部更换为绿色照明，年节约电600万千瓦时，对218台电机进行变频改造，年节电2.42万千瓦时，更换浮选设备45台，破碎机3台，砂泵25台，水泵17台，年可节电16万千瓦时，新建1座6000千瓦时余热发电站，年可发电3400万千瓦时。瀛洲水泥增加散装水泥销售量，降低物耗，生料中加入煤渣，降低煤耗，吨产品节煤1.5千克；提高水泥中混合材掺加量，吨产品又可节煤0.8千克。红华包装公司：对1套拉丝设备、3台卷丝机、80台园织机底盘和4台裁袋机进行更新改造，改造后，产量可翻一番，节电30%。克林公司：对35吨锅炉进行改造，淘汰2台10吨锅炉，对加热、蒸发系统进行提高热率改造，对煮糖进行提高真空度改造，新建3000立方米储水池，用于配套设备降温，100%回收生化水，降低煤耗5%。

【技术创新】　2009年，全县有技术创新项目的企业27户47个项目，比2008年增长55.2%。其中，新产品开发项目企业8户11个项目；技术改造企业19户36个项目（节能减排技改项目21个）。总投资25.3亿元（11个新产品开发项目预计投资6.5亿元，36个技术改造预计投资18.8亿元），比上年增长14.3%；实现利税7.6亿元，其中，新增利润5.1亿元，比上年增长21.4%。47个技术创新项目的建设，壮大了蒙自县的经济总量，加快了全县产业、产品结构调整步伐，为做强做大工业经济奠定了坚实的基础。同时，蒙自县以择优扶强为主，对技术含量高、附加值高的优势产品和资产经营效益好的优势企业，积极争取各级财政进行扶持。全年向省、州争取扶持资金达1187万元。

【产业结构调整】　以矿冶、能源、建材、轻工、特色食品加工等五大产业为主体，发展生产服务业，构建现代产业体系。轻工业比重大幅提高。有色金属深加工率达到35%以上。高新技术工业增加值占全县工业增加值比重达到20%以红河工业园区和蒙自经济循环示范区为平台、大企业为龙头，以铟锌冶炼、钢铁、能源、建材、特色农副产品加工产业为重点，加快形成六个左右的产业集群。力争培育主营业务收入超30亿元的企业集群2个，超5亿元的3个左右。循环经济示范区工业增加值占规模以上工业增加值的比重达到40%左右。

【企业技术创新】　全县建设企校合作研发基地、企业技术中心达到4家，其中省级以上技术中心2 家，争创10个以上省级名牌，形成20项拥有自主知识产权的关键技术和主导产品；企业科技投入占全县科技投入比重达到60%以上，大中型企业研发投入占销售收入比例不低于2.5%。

【中小企业发展】　近年来，蒙自县委、县政府及相关部门认真贯彻执行中小企业法律法规，加大对中小企业创业、创新、服务等方面的扶持力度，全县中小企业获得了长足的发展，中小企业已成为推动蒙自经济增长和社会发展的重要力量。有进出口经营权的企业仅4户，分别是南湖橡胶厂、红亚机械有限公司、云南999电池股份有限公司和蒙自矿冶有限责任公司。4户企业中除蒙自矿冶有限责任公司有产品出口外（主要是电解铅），其余3户企业均无产品出口（云南999电池股份有限公司已于2009年12月25宣布破产）。

【安全生产工作】 2009年，积极开展安全生产宣传教育工作，在各企业的大力配合下，共悬挂综合治理、安全生产的宣传横幅20余条，张贴宣传标语30余张。认真开展安全生产大检查，消除各类事故隐患，全面落实安全生产责任制，重点对两户煤矿企业进行了12次检查，共查出安全事故隐患26处，下发整改通知5份，隐患整改率达100%以上，并在整改期间采取安全保障措施，对不能确保生产安全要求的，责令停业整改。全年经贸局系统未发生伤亡事故，安全生产工作总体情况良好。

【任职领导名单】

局　长　施　斌

副局长　钱克勇

　　　　彭建国

　　　　林定伟

绿春县经济贸易局

【简述】 2009年，绿春县经贸局在县委、政府的领导及上级业务主管部门指导下，坚持以邓小平理论、“三个代表”重要思想和科学发展观为指导，认真贯彻落实中央及省、州工业经济工作会议精神，紧紧围绕县委、县政府提出的“工业强县”目标，进一步解放思想，求真务实，克服困难，开拓进取，走新型工业化道路，各项工作取得了新的成效。超额完成了州下达的各项工业经济指标，在全州工业经济责任目标考核中荣获一等奖，这是在全州经贸系统目标责任考核中，连续四年荣获一等奖。

【工业经济运行情况】 2009年，全县共完成工业总产值36257万元，同比增长118.8%。其中，轻工业完成4159万元，占全部工业产值的11.5%；重工业完成32098万元，占全部工业产值的88.5%。全县规模以上工业企业实现工业增加值6500万元，同比增加1022万元，增长18.3%；主营业务收入10290万元，同比增加2269万元，增长27.9%，占目标任务9400万元的109.5%；利税总额1582万元，同比增加445万元，增长39.1%；利润总额943万元，同比增加206万元，增长27.9%。全县完成工业（不含电力）固定资产投资8039万元，同比增长5%。

【乡镇企业】 2009年，认真贯彻落实省州发展乡镇企业有关政策，以市场为导向，以发展特色优势产业为重点，以龙头企业为依托，调整产业结构，提升产业链，加快企业体制改革，促进乡镇企业提质增效，推进全县工业化进程。年内，实现乡镇企业总收入18943万元，同比增加2224万元，增长13.3%；总产值17312万元，同比增加2074万元，增长13.6%；工业总产值4932万元，同比增加1192万元，增长31.87%；增加值4889万元；完成任务数4830万元的101.2%，同比增加761万元，增长18.4%；工业增加值1213万元，占任务数1077万元的112%，同比增加300万元，增长32.85%；实交税金842万元，占任务数838万元的100%，同比增加59万元，增长7.53%；农产品加工业销售产值3566万元，占任务数3541万元的100.1%，同比增加615万元，增长20.84%；企村结对数3对，占目标任务数3对的100%；职业技能鉴定50人，占任务数50人的100%。

【非公经济】 2009年，全县非公经济实现上缴税金2441.96万元，完成任务数2129万元的114.7%，同比增加588.396万元，增长31.789%；从业人员7739人，占任务数7738人的100%；增加值18518万元，完成任务数18465万元的100.29%，同比增长0.29%。

【节能降耗】 2009年，县政府与州政府签订的《2009年红河州工业经济发展目标责任书》中，对节能降耗考核目标为：单位GDP能耗下降4.1%。2009年，全县GDP能耗控制4.1%以内。节能办推广节能灯任务数20000只，结合实际，采取先机关后农村的推广方式，共完成推广20000只的任务。

【清洁生产】 根据县政府与州政府签订的《2009年红河州工业经济发展目标责任书》，考核目标为1户（恒宾自来水厂），各项工作已全部完成。

【盐政执法】 进一步加强规范执法管理，绿春县盐务管理局在全县八乡一镇作了“坚持食用碘盐，预防出生缺陷”的主题宣传活动。认真做好《食用盐零售许可证》的换发、办理工作。加大对食盐交易市场的备案登记和监管，积极开展查处非法制售无碘盐、工业用盐活动。同时，施行盐业零售经营许可制度，全年已办（换）证31户。

【国有企业改革】 按企业改制要求，严格按照企业改革有关政策，法规操作办事，按质圆满完成了第二轮国有企业改制任务，并在全州第二轮深化国有企业改革工作总结表彰会上获得二等奖。

【企业服务】 一是围绕省、州扩大内需促增长的政策，紧紧抓住省、州经委投入贷款贴息专项资金，支持企业技术改造和扶持发展地方经济的机遇，选准项目申报的目标和突破口，为全县14家企业申报了经济扶持资金，其中，为县电力公司、虫胶有限公司、康丽达精品茶厂申报了流动资金贷款贴息；为县恒边自来水公司、素华茶厂、鑫绿山茶叶专业合作社申报了非公经济扶持发展资金；为县春丽哈尼服装厂、印刷厂、欣疆蛋鸡养殖基地申报了乡镇企业扶持发展资金；为县都玛服装厂、盛吉生猪屠宰场申报了技术改造贷款贴息。以上11个项目共计申报资金605.5万元，截至12月，争取到各种项目贴息资金96万元，二是积极深入各类企业开展调查研究，切实掌握企业的生产经营情况，关心业主冷暖，倾听企业呼声，为企业排忧解难，在帮助理顺各项管理制度等方面做了许多卓有成效的工作，促进企业发展。三是积极做好企业稳定工作。作为全县经济贸易的综合管理和宏观调控部门，涉及事务点多面广，特别是企业改制引发的信访问题突出。 全年共接待来信来访人员75次700余人次。面对来信来访提出的问题，想方设法解决或耐心回答上访者，采取现场解答与书面答复相结合的方式，做到事事有回音、件件有答复。同时，还积极参与县委、政府工作组理顺“三个胶场”改制遗留问题。

【自身建设】 为推进机关作风建设，加强部门自身建设，切实转变工作作风，树立良好的部门形象，一是完善各项工作制度。在原有制度的基础上，完善了《绿春县经贸局内部管理制度》、《上下班制度》、《公务接待制度》、《财务管理制度》等，并严格执行，狠抓落实，实现用制度管人，用制度约束人，提高工作效率。二是认真贯彻落实行“阳光政府”四项建设制度，及时成立领导小组及机构，制订实施方案，制作服务承诺牌及制度上墙，及时公开相关信息，切实为企业服务。三是按照县委的要求，精心组织，统筹兼顾，合理安排，创新方法，坚持高标准、高要求，深入开展学习实践科学发展观活动，取得了良好的成效。以“三走进三破解” 主题，以“科学发展情系民生”作为活动的细化载体进行落实，认真组织党员干部开展 “五个一”活动，深入基层、深入企业、深入群众听意见、解难题、办实事。4月，县经贸局干部职工深入到挂钩联系点牛孔乡依期村委会深入开展 “科学发展情系民生”主题实践活动，征求群众意见，并对村情民意、生产生活等进行广泛调研，帮助解决了依期村生产生活上热点难点问题，补助人畜饮水工程、换变压器等资金8000余元。同时要求干部职工撰写心得体会文章和调研报告，提出整改措施。四是加强党组织建设。切实抓好党组织工作，建立健全各项党内制度，认真开展各种党组织活动，加强党员理论学习，开展“三会一课”制度和党员民主评议活动，组织党员学习以《党章》为重点的党内知识，按时召开民主生活会，开展批评与自我批评。一年来共集中学习4次85人次。按照发展党员“十六字”方针，培养入党积极分子，确定党员发展对象，充实党员队伍。四是抓好党风廉政责任制贯彻落实工作，及时调整充实领导机构，确保党风廉政建设工作的顺利进行；从强化意识出发，实行责任考核制度，将任务分解到各股室，并与股室签订责任书，做到责任到人。严格实行党风廉政建设一票否决，从而使考核由虚变实，落实到位。五是做好工会等其他工作，开展喜闻乐见的各种活动，丰富职工的业余生活。目前我局干部职工作风明显转变，为工业经济服务的水平和能力明显提高，办事效率、办事质量明显好转，有力地促进了各项经贸工作的开展。

河口县经济局

【基本情况】 2009年，河口县完成工业总产值33292.0万元，比2008年增长82.8%，其中，县属工业完成工业总产值32741.1万元，完成县下达目标30638万元的106.9%，比2008年增长85.2%。规模以上工业企业四项经济指标同步增长，工业增加值完成6220.6万元，比2008年实绩数增长53.5%，完成州下达发展目标4500万元的138.2%。销售收入完成16570.3万元，比2008年实绩数增长42.7%，完成州下达发展目标13300万元的124.6%。 利税总额完成1187.3万元，比2008年实绩数下降22.7%，完成州下达发展目标1900万元的62.5%。其中，实现利润-194.4万元，比2008实绩数下降132.5%，距完成750万元的发展目标还差944.4万元。

2009年，全县非公有制经济4084户，比去年同期下降14.2%；非公有制经济从业人员9961人，比去年同期增长下降10%，完成州下达指标的89%。上缴税金19503万元，比去年同期增长9.5%，完成州下达指标的95%。非公经济增加值54094万元，比去年同期增长8.8%，完成州下达指标的108%。

2009年，全县共有乡镇企业3357户；从业人员7273人；完成增加值19516万元，完成州下达指标任务的100.6%；工业增加值完成8236万元，完成州下达指标任务的125.7%；实缴税金3150万元，完成州下达指标任务的100.5%；区域内农产品加工业销售产值完成8043万元，完成州下达指标任务的111.5%。企村结对完成3对，完成州下达指标任务的100%。职业技能鉴定完成40人次，完成州下达指标任务的100%。

工业固定资产投资完成情况：2009年，共完成工业固定资产投资3350万元，完成州下达指标任务的47.9%。

【工业经济运行情况】 2009年，由于受全球经济危机持续蔓延和不断深化的影响，河口县工业延续2008年年第四季度的下行态势，工业总产值、经济效益以及用电量等经济指标在上半年都持续走低。在县委、县政府高度重视和全县工业企业积极应对下，下半年企业开工数量逐渐稳定，部分企业逆势增长，7月首次扭转了开年以来持续下降的局面，工业经济总量明显增长，企业经济效益逐渐好转。累计完成工业总产值33292.0万元，比2008年增长82.8%，其中县属工业完成工业总产值32741.1万元，完成县下达目标30638万元的106.9%，比2008年增长85.2%。工业经济运行呈现以下五个主要特点：

（一）重、轻工业都高速增长。云南科维生物产业有限公司的生产拉动了轻工业的发展，提高了轻工业在全县工业总产值中所占的比重。2009年，全县轻工业完成16322.5万元，增长361.3%；重工业完成16969.5万元，增长14.4%。轻、重工业所占比重分别为49.0%和51.0%。

（二）国有、股份制、个私工业高速增长。国有工业完成工业总产值995.2万元，增长22.3%，增长原因主要是2009年5月1日起水价上提，拉动自来水供应业的工业产值增长；股份制企业完成工业总产值22979.8万元，增长90.4%；个私工业完成工业总产值9305.4万元，增长76.2%。国有、股份制、个私经济所占比重分别为3.0%、69.0%和28.0%。

（三）主要产品产量增降并存。2009年，全县完成发电量8101.06万千瓦时，比2008年增长2.8%，其中，河口信合水电有限责任公司完成发电量4983.9万千瓦时，增长5.1%；红河农垦发电公司完成发电量3117.16万千瓦时，下降0.7%。受年初、年末电力不足的影响和节能降耗压力的制约，黄磷产量仅完成3039吨，比2008年增长6.9%；受金融危机的影响，2009年上半年周边县市的木薯加工企业大部分停产，河口县的木薯加工企业比往年有更为充足的原料供应，酒精产量完成24941吨，增长32.0%；淀粉产量完成1380吨，比2008年下降45.7%。

（四）部分产品价格下降，产销衔接水平不好。2009年，河口县产品除了橡胶板材因为国内房地产市场过热而价格上涨外，黄磷、酒精、淀粉等产品都不同程度受国际金融危机的影响，价格大幅度下降。其中，黄磷价格最低时比2008年最高价时每吨下降近1.6万元，酒精每吨下降近0.2万元，企业惜售，产品产销衔接不好，全年全县完成工业销售29953.6万元，工业产品销售率为90.0%。

（五）企业经济效益欠佳。2009年，5户规模以上工业企业亏损2户，亏损面达40%，2户亏损企业亏损额高达532.7万元，盈亏相抵亏损194.4万元。

【企业改制情况】 河口县新一轮深化国有企业改革工作于2008年5月顺利通过考核验收。2009年，根据《河口瑶族自治县人民政府关于河口农机公司下划属地管理后交由县经济局管理的通知》（河政发〔2008〕49号）文件精神，国有企业改革办于2008年12月1日开始对农机公司进行了摸底调查工作。县农机公司的基本情况是：该公司成立于1979年，公司现有在职职工7人，退休职工5人；现有资产37万元，负债59万元，固定资产净值8万元，占地764平方米，经营面积513平方米，无银行贷款，2007年3月，为发放职工工资和缴纳职工的社会保险，该公司把唯一的一个乡镇农机站（桥头）作价21万元卖给了私人，但也只是解决了眼前的问题，从2008年4月开始，公司一直欠缴社会保险金共计27896元。同时，为了解决职工生活问题，公司决定从2007年底开始全部职工每月领取600元的生活费后自谋职业，由于上述原因，该公司已无能力维持正常的生产经营。

为让企业职工进一步了解中央、省、州有关改制的政策法规，便于改制工作的开展，国改办人员从抓好宣传工作入手，多次深入改制企业，召开职工会议，通过以会代训的形式做好政策宣传。对已改制企业进行“跟踪问效”调查，了解国企改革有关政策的贯彻落实情况，特别是做好下岗职工的就业安置和生活保障工作，切实维护职工的合法权益。

【技术创新情况】 2009年，认真贯彻落实国家宏观调控政策和产业政策，按照县委县政府的工作要求，坚持“工业强县”的县域经济发展战略，通过技术改造提升县域经济发展水平，推进新型工业化进程。一是鼓励与支持优势产业，推动高新技术项目。针对河口县得天独厚的区位和资源优势，在大力发展加工业的同时，通过政策鼓励，支持和引导企业进行传统优势产业技术改造升级，支持企业实施节能降耗，支持高新技术项目投资发展，支持企业自主创新，促进工业经济增长方式的转变。二是转变政府职能，为企业做好服务，在项目备案及审批、核准上，减少项目批准环节、简化审批手续，为企业实施技术改造项目创造了宽松环境。2009年，共有2个项目备案。三是积极组织企业申报技术改造贷款贴息和项目前期费补助，2009年，共申报项目3个。四是积极做好贴息和补助资金到位情况的调查及自查，与县财政局等相关部门组织专门人员对全县的技改贴息和补助资金到位情况和使用情况进行了全方位的清理和核查，确保各项资金的专款专用。

通过采取有力措施，进一步加大对企业技术改造项目的扶持力度。2009年，河口长兴鲜木薯加工有限公司年1.5万吨鲜木薯淀粉技术改造项目、云南科维生物产业有限公司2000kWh酒精废醪厌氧沼气发电项目及年产一万吨食用级二氧化碳项目都相继建成投产，并取得了较好的经济效益和社会效益。

【节能降耗工作】 2009年，按照省、州、县有关节能降耗工作的安排和部署，认真贯彻落实有关文件精神，并与建设局、交通局、商务局、农业局、林业局、机关事务局等6个主要行业部门，以及河口金成化工有限公司、云南科维生物产业有限公司、河口县供电有限责任公司、河口信合水电开发有限公司等4个重点耗能企业签订了《2009年河口县节能降耗工作目标责任书》，将目标层层分解，进一步明确责任，安排部署2009年度节能降耗工作，督促主要行业部门和企业按照2009年度节能目标任务，认真抓好贯彻落实。组织企业人员参加了省级相关部门举办的能源审计培训2人次，州级举办的节能培训4人次，并与县统计局联合举办了规模以上工业企业能源统计培训班，参加企业4户，参加人员16人。督促重点耗能企业（河口金成化工有限公司）开展能源审计和企业对标工作。

2009年，全县规模以上工业企业万元工业增加值能耗下降4.1078%。共推广高效节能灯21017只，完成县下达推广10000只节能灯的139.7%，完成州下达推广节能灯20000只目标任务的105.1%。

【中小企业发展情况】 2009年，立足实际，充分发挥河口县口岸区位优势，以承接东部地区的产业转移为突破口，抓住西部大开发及建设中国——东盟自由贸易区这一有利契机，认真贯彻落实省、州加快中小企业发展的实施意见等文件精神，全面实施“中小企业成长工程”，大力发展特色经济和劳动密集型产业，努力推进企业技术进步，引导企业转变发展方式，加强整顿和规范市场经济秩序，加快服务平台和服务体系建设，不断优化发展环境。

通过采取上述措施，中小企业规模进一步扩大，生产效益进一步提高。2009年，全县共有中小企业4084户，占全县企业总数的84.3%.个体经营户3752户，私营企业332户；完成增加值5.4亿元，占全县生产总值的34.9%；全县中小企业从业人员9961人，上缴税金1.95亿元。中小企业已成为全县财政收入的重要来源和繁荣全县城乡市场的主导力量。2009年，全县中小企业实现社会消费品零售额2.27亿元，占全县社会消费品零售总额的83.7%。全县民间投资占全县固定资产投资的三分之一，成为拉动我县投资增长很活跃的新生力量。

【任职领导名单】

副局长　唐育建（主持工作）

罗有庆

个旧市经济局

【简述】　2009年，受国际金融危机持续蔓延影响，个旧工业遭受严重冲击，停产、半停产企业增多，产品出口下降，工业经济增速放缓，低开产、低产量、低销售、低需求、低税收、低就业、多库存、流动资金链断裂、原燃材料供应紧缺等诸多困难严重制约企业发展。面对困境，个旧市委、市政府紧紧抓住中央实施积极财政政策和适度宽松的货币政策发展机遇，紧紧围绕扩内需、保增长、调结构、惠民生目标，坚持以科学发展观为指导，全面分析、准确研判、果断决策，迎难而上，及时制定了《个旧市人民政府关于有效应对金融危机促进工业经济平稳较快发展的措施意见》；制定了市级领导挂钩百户企业工作机制；制定了“一厂一策”工作方法及每月召开经济运行分析会议制度；组织实施了“百日奋战”企业帮扶行动。经过多措并举、创新思路、砥砺奋进，下半年开始，个旧工业经济逐步回升，呈现平衡发展态势。年内，个旧对2008年度上缴地方税收在100万元以上的云南锡业集团（控股）有限公司等75户纳税先进企业进行奖励，奖励资金616.4万元；成功举办了首届中国木棉产业发展研讨会；在国家环境保护模范城市创建中，个旧削减二氧化硫排放量2200吨，荣获“全国十佳绿色城市”荣誉称号；经济基本竞争力跨进西部县市前20强、在全国县域经济基本竞争力评价中排列第140位，分别比2008年提升了2个、16个位次。

【工业经济指标】　2009年，面对金融危机影响，个旧全面提升战胜危机的信心和勇气，从容应对危机带来的困难挑战，凝心聚力，克难奋进，工业经济迈上新台阶。完成地区生产总值105.42亿元，同比增长9.5%；完成工业总产值261.3亿元，同比增长8.1%；对GDP的贡献率达到56.6%，拉动经济增长5.4个百分点；实现增加值61.16亿元，同比增长8.3%。规模以上企业完成工业总产值219.12亿元，同比增长11.0%；实现工业增加值50.69亿元，同比增长16.5%；实现利税总额9.15亿元，增长26.5%，实现利润1.99亿元，增长4.5倍；产品产销率为83.2%，增长7.7%。

【产品产量】　2009年，个旧完成有色矿产金属总量78970吨，同比增长2.2%；十种有色金属产量完成384924吨，同比增长9.6%。其中，锡产量完成74636吨，同比增长1.2%；铅产量完成212769吨，同比增长8.9%；铝产量完成85524吨，同比增长58.5%。稀贵金属完成铟17357千克，同比增长75.6%；白银357275千克，同比增长0.1%；完成供电量51327万度，同比增长4.6%；企业用电量达到260062万度，同比增长28.8%。

2009年个旧工业主要产品产量表

产品名称	单位	2009年	比上年增减%
有色金属矿产总量	万吨	7.90	3.9
其中：锡精矿	万吨	4.71	17.4
铅精矿	万吨	0.46	–53.5
铜精矿	万吨	2.63	2.2
锌精矿	万吨	0.10	2.2倍
十种有色金属	万吨	38.50	9.6
其中：锡	万吨	7.46	1.2
铅	万吨	21.28	8.9
铝	万吨	8.55	58.5
锌	万吨	0.95	–61.7
铜	万吨	0.025	–19.6

续表

产品名称	单位	2009年	比上年增减%
铟	千克	17357	75.6
银	千克	357275	0.1
粗铅	万吨	14.30	2.5倍
粗铜	万吨	2.14	-4.9
锡材	万吨	1.71	-17.3
锡化工	万吨	1.06	-19.5
钴酸锂	吨	334	-6.7
变压器	千伏安	559605	1.1倍
硫酸（折100%）	万吨	40.80	15.1
农用化肥（折纯量）	万吨	11.47	12
水泥	万吨	38.2	9.9倍
糕点	吨	752	-17.5
液体乳（牛奶）	万吨	1.13	1.4倍
中成药	吨	311	17.1
注射液	万支	4489	52.5
输液	万瓶	608	1.9倍
供电量	亿度	5.13	4.6
发电量	万度	33845	-15.6
自来水	万吨	1501	0.4
企业用电量	万度	260062	28.8

【产业结构】 2009年，个旧有内资企业623户，其中，国有企业151户、集体企业235户、股份合作企业8户、有限公司227户、其他企业2户；私营企业1331户，其中，个人独资企业489户、合伙企业13户、有限公司829户；个体工商户9451户；农民专业合作社31户。产业涵盖采矿、选矿、冶炼、电力、化工、机电、建材、轻纺、制药、食品加工等27个行业大类和71个行业中类，从业人员108823人。其中，国有经济单位从业人员57905人，非公经济从业人员50918人。规模以上企业由39户增加到53户；有色金属冶炼及压延加工、化学原料及化学制品制造业、电力、热力产业仍然是个旧工业三大支柱。工业在国民经济中所占比重逐年加大。第一产业实现增加值6.61亿元，增长6.5%，拉动GDP增长0.3个百分点；第二产业实现增加值65.84亿元，增长7.9%，拉动GDP增长5.4个百分点；第三产业实现增加值32.97亿元，增长14.6%，拉动GDP增长3.8个百分点。一、二、三产业增加值占地区生产总值的比重分别为6.3%、62.5%和31.2%。

【项目建设】 2009年，个旧市人民政府制定并实施个旧市重大投资项目审批和核准制度、个旧重大资源开发利用项目审批制度。成立由王忠市长任组长的重点产业项目领导小组；成立个旧融资合作工作领导小组；组建了个旧市项目评议委员会和个旧市中小企业信用促进委员会。全市工业投资完成25.03亿元，同比增长8.6%，占全社会固定资产投资的54.30.%；完成更新改造投资20.82亿元，同比增长54.2%；主导产业成为拉动工业投资增长的主要因素。其中，采矿业完成投资15.05亿元，增长18.7%；私营企业完成固定资产投资8.93亿元，同比增长57.2%；工业备案项目33个；上报省、州重点项目10个，市财政下拨产业发展扶持及技改经费857万元。年内，云锡10万吨铅项目完成投资1.96亿元，50个子项中已有43项基本完工，全面进人设备安装阶段；云锡公司10万吨铜项目开工建设；红河振兴铅业900万只/年铅酸蓄电池项目开工建设；红铅公司10万吨铅项目9月获云南省林业厅（云红林资许准〔2009〕586号）征占用林地行政许可、12月获云南省环保厅（云环审〔2009〕277号）环境影响报告书批复；马堵山水电站完成投资10.3亿元；110kV星河、双河变电站建成投产；220kV锡都输变电工程土建已完工，进入线路、设备安装施工阶段，完成投资7612万元；木棉产业综合开发项目完成木棉研究院选址、苗木培育基地建设，一期工程完成总投资5000万元，建成年产3000吨木棉纱线和26万条木棉被生产线，实现产品上市销售；云河药业中药现代化技术改造、自立矿冶公司节能技术改造、大屯宝达公司有色冶金渣料综合回收、渠成工贸公司扩建冶炼废渣综合回收生产线开工建设；阴山风力发电项目预可研报告已通过省发改委评审，进入初设编制阶段；霞石综合开发利用项目完成《个旧霞石正长岩综合利用项目概略性研究报告》。7月《个旧市特色工业园区〈可研〉及〈总规〉》经专家评审通过，报州级专家评审前期准备工作已完成。

【技术进步】　2009年，个旧组织申报国家、省、州科技创新项目31项，争取到位资金 623万元。由恒瑞工贸公司承担的"锡尾矿资源综合利用技术开发"、红田经贸公司承担的"铅锌锡冶炼废渣有价金属回收技术开发"项目获得科技部支持。由联兴贵金属有限责任公司和云南师范大学化学研究所合作实施的"电解铅阳极泥回收一号精铋技术开发"、兴冶稀贵金属有限公司和昆明理工大学材料学院合作实施的"铅电解阳极泥有价金属高效分离技术开发"得到科技部"科技人员服务企业行动"支持。云南锡业股份有限公司"云锡YT"商标获"中国驰名商标"；9月个旧圣比和实业有限公司被云南省工信委认定为"云南省认定企业技术中心"，11月，公司自主研发的锂离子电池新型正极材料"锂镍锰钴氧"，荣获第十一届中国国际高新技术成果交易会优秀产品奖；同月，个旧稀贵金属高新技术特色产业基地通过省科技厅专家组认定评审。经云南省名推委确认，云南云河药业有限公司的"云杉牌"虎力散胶囊、云南锡业机械制造有限责任公司的"云锡牌"中型球磨机、云南锡业集团有限责任公司的"云锡牌"锡锭、铸造锡铅焊料、硫酸亚锡为2009年云南名牌产品。年内，规模以上企业宽带接入率实现100%。

【综合利用】　2009年，个旧市人民政府以个政办发〔2009〕69号文件制定并下发《个旧市2009年节能工作实施方案》、《个旧市节能目标责任评价考核办法》。全市规模以上企业综合能耗达到579428.83吨标煤，万元产值能耗0.267吨标煤/万元，万元增加值能耗为1.15吨标煤/万元，完成州政府下达单位GDP能耗下降4.20%的目标。11户企业再生资源增值税退税金额达到5900万元；争取到节能降耗专项资金290万元，其中，中央补助120万元，用于红河建材熔剂有限公司淘汰落后产能设备；42户再生资源回收企业和资源综合利用生产企业获得《资源综合利用认定证书》。其中，32户再生资源回收综合利用资源总量达到25315.56吨；10户资源综合利用生产企业综合利用资源总量239.8万吨。年内，个旧选择云南锡业集团有限责任公司、个旧供电有限公司等10户规模以上工业企业为节能降耗工作试点。重点推广余热余压利用技术、硫黄制酸低温位余热回收技术（HRS）、燃煤工业锅炉三（双）辊分层给煤燃烧节能改造等项技术。云锡集团公司作为国家实施千家企业节能行动单位之一，加快实施电机系统节能、生产流程供电系统节能、低能效节能改造、绿色照明节能、余热余压利用、区域性矿山供电系统优化节能、区域性矿山压气系统优化节能七项节能改造，年节电量7824万千瓦时，节煤3000多吨，余热发电3800万千瓦时。8月由财政部、国家发改委组织评审专家对云锡申报国家节能技术改造财政奖励资金的《变频器、电机、变压器节能改造工程》以及《压气系统改造（能量系统优化）》两个项目进行了4大类32项内容全面细致核查，两个项目均通过核查

【清洁生产】　个旧对列入全市能耗监测的8户企业开展能源审计。个旧市鸡街红杰矿冶有限责任公司、个旧市凤鸣冶金化工厂、个旧市大屯有色矿冶有限公司、个旧市天梯冶炼厂、云南振兴铅业有限公司、个旧市百冶矿产品加工厂能源审计通过州经委审核验收；个旧市大通磷化工厂、个旧市森源有限责任公司完成能源审计报告编制。5户企业推行清洁生产。云南乍甸乳业有限责任公司、个旧市变压器厂、个旧市印刷厂已完成清洁生产审核中期报告；个旧市供电有限公司、个旧市富祥工贸有限公司清洁生产审核中期报告在编制过程中。4月，个旧市光博电冶厂、云南云河药业有限公司、云南个旧有色冶化有限公司、红河合众锌业有限公司、云南振兴铅业有限公司（下属铅业、电源两个公司）、个旧市大屯有色矿冶有限责任公司、云南乘风股份有限公司、个旧市沙甸和兴铅业有限公司等9户企业清洁生产工作通过了由州清洁生产办、州环保局和清洁生产审核专家组成的州清洁生产审核验收组验收。8月，由红河州经委主办，个旧市人民政府协办的云南省清洁生产现场会在个旧召开，云南省经委、云南省节能中心、云南省清洁生产办公室领导出席了会议；来自全省各地州的清洁生产工作者、清洁生产工作先进企业和优秀清洁生产中介服务公司代表近400人参加会议。

【安全生产】　2009年，根据国家、省、州开展尾矿库整治要求，个旧成立以市长为组长，政法委书记、副市长及云锡公司副经理为副组长，国土、安监、环保、经济、发展改革、财政、云锡公司、电力等部门主要负责人为成员的专项行动工作领导小组。制定牛坝荒等5个重点尾矿库专项整治行动方案，全面开展尾矿库安全专项整治工作。7月，云锡公司1 6座涉及险库、重大隐患整改、下游冲击范围有人员密集场所和重要设施的尾矿库通过红河州政府

整改验收组验收；市属6个乡镇尾矿库整治工作通过个旧专项整治验收组验收；个旧尾矿泥水分离技术改造有序推进，火谷都、大凹塘、小凹塘、牛坝荒、木登硐尾矿库周边选矿厂零排放工作取得明显成效，有8户选矿厂达到零排放要求。

【国企改革】 继2008年个旧市化肥厂、个旧市磷化工总厂、个旧市高压电瓷厂、个旧市瓷器厂、个旧市塑料厂政策性破产资产变现工作完成之后，2009年3月10日，云南鼎音拍卖有限公司在个旧对个旧市搪瓷化工厂破产资产及土地进行公开拍卖。最终以拍卖价3540万元成交，资产及土地被红河州云河房地产开发有限公司购买。至此，6户政策性破产企业资产变现工作全部结束，资产及土地拍卖收入共计18120万元。6户政策性破产企业职工得到妥善安置。其中，离休11人，退休2014人，符合“4050”条件实行协议托管566人，终止劳动合同关系1597人。

根据法律要求，2009年个旧市化肥厂、个旧市磷化工总厂、个旧市瓷器厂、个旧市搪瓷化工厂、个旧市塑料厂破产管理人及破产清算组分别向个旧市人民法院提出书面申请；个旧市高压电瓷厂破产管理人向红河州中级人民法院提出书面申请，并提交了6户企业破产财务报告和破产清算报告，要求对6户政策性破产企业破产工作进行终结。2009年4月14日，个旧市人民法院作出〔2009〕个民破字第6-7号民事裁定，宣告个旧市瓷器厂破产程序终结，未得到清偿的债权不再清偿；2009年9月29日红河州中级人民法院作出〔2009〕红中民二破字第2-11号民事裁定，宣告个旧市高压电瓷厂破产程序终结，未得到清偿的债权不再清偿；2009年11月16日，个旧市人民法院以〔2009〕个民破字第2-7号民事裁定，宣告个旧市塑料厂破产终结，未得到清偿的债权不再清偿；2009年11月17日，个旧市人民法院以〔2009〕个民破字第5-7号民事裁定，宣告个旧市搪瓷化工厂破产程序终结，未得到清偿的债权不再清偿；2009年12月18日，个旧市人民法院以〔2009〕个民破字第3-7号民事裁定，宣告个旧市化肥厂破产程序终结，未得到清偿的债权不再清偿；2009年12月24日，个旧市人民法院以〔2009〕个民破字第4-7号民事裁定，宣告个旧市磷化工总厂破产程序终结，未得到清偿的债权不再清偿。至些，全市6户政策性破产企业破产工作全部终结。年内，根据云经贸中小企〔2002〕417号《关于对城镇集体企业改制有关问题处理意见的通知》文件精神，经个旧市国企改革领导小组办公室备案，按照个旧市人民政府〔2005〕26号文件关于集体企业改制的相关政策规定，经环保设备厂职工大会同意，个旧市兴立房地产开发经营有限公司以人民币966.3万元整体收购个旧市环保设备厂。经市国土局同意，报市政府批准，个旧乍甸农场、轻纺幼儿园企业改制遗留土地使用权问题得到彻底解决。

【非公经济】 2009年，个旧非公有制经济比重稳步上升，活力增强。实现增加值34.89亿元，同比增长6.37%，占全市生产总值的比重达33.1%，比上年提高1.7个百分点；非公企业户数11412户，同比增长25.79%；从业人员51975人，同比增长12. 71%；注册资金221344万元，同比增长32.30%；上缴税金38687万元，同比下降46.86%；社会消费品零售总额15.86亿元，同比增长19.97%。6月，个旧第一家民营融资企业个旧市勤鑫小额贷款有限公司正式开业。年内，民营合众锌业与振兴铅业实现强强联合；云锡鑫润达投资有限公司成功控股民营企业创源经贸公司，实现优势互补。云南乘风有色金属股份有限公司入选云南省百户创新型非公有制企业排名第七；云河药业董事长刘剑、云南振兴铅业有限责任公司董事长马柱宽入选云南省非公有制企业创业之星、个旧市光博电冶厂 厂长闻正光评选为云南省非公有制企业公益之星。在省政协组织的云南企业如何应对当前经济形势百人百计恳谈会上，振兴铅业公司所作的在危机中崛起、乘风金属股份有限公司挖潜革新拓展有色金属新天地及有色冶化的发言被评为优秀奖。

【任职领导名单】

局　　长　胡　伟
总经济师　秦　立
副 局 长　王斌斌
　　　　　马春喜
　　　　　叶崇旺
　　　　　吕瑞宽

（陈锡云）

2009年个旧非公经济发展情况统计表

单位：万元

项目	分类	个体工商户	私营企业	其他	非公企业总计
企业户数	企业户数	9861	1551		11412
	比去年同期增减%	25.27%	29.25%		25.79%
从业人员	从业人员	17522	34453		51975
	比去年同期增减%	24.33%	7.60%		12.71%

续表

项目		分类	个体工商户	私营企业	其他	非公企业总计
注册资金		注册资金	21001	200343		221344
		比去年同期增减%	42.83%	31.29%		32.30%
营业收入		营业收入				1094861
		比去年同期增减%				2.73%
上交税金	国税	上交税金	2360	16535	952	19847
		比去年同期增减%	-59.92%	-64.89%	122.95%	-62.84%
	地税	上交税金	2338	11923	4579	18840
		比去年同期增减%	-59.85%	7.90%	81.71%	-2.85%
	合计	国税地税上交税金	4698	28458	5531	38687
		比去年同期增减%	-59.88%	-51.05%	87.68%	-46.86%
社会消费品零售总额		社会消费品零售总额		151129		158606
		比去年同期增减%		15.46%		19.97%
总产值		总产值		1499148		1499148
		比去年同期增减%		0.73%		-6.58%
增加值		增加值				348900
		比去年同期增减%				6.37%

红河县经济贸易局

【概述】 2009年，红河县经济贸易局认真贯彻科学发展观，求真务实，团结奋进，紧紧围绕“工业兴县”战略，充分发挥宏观经济管理职能。认真学习、深刻领会廉洁自律和干部作风整顿建设活动工作会议精神，继续完善了《红河县经济贸易局内部管理和自身建设若干规定》，以制度来规范全体工作人员行为，在全局形成了廉洁、自律、开拓、进取、务实、团结奋进的工作作风。2009年度，红河县工业四项指标增长名列全州第一。

【工业经济】 2009年，红河县工业经济发展按照省州加快新型工业化进程和实施产业建设的总体部署和要求，结合红河县实施工业兴县战略，以技术创新为动力，以提高产业竞争力为核心，重构新的产业群体，促进产业结构优化升级，努力构筑新型工业化和具有红河特色的工业发展格局。取得了工业经济快速稳健发展的好势头。全县完成工业总产值29367万元，同比增长25.02%；其中，重工业5950万元，增长58.78%；轻工业23417万元，增长18.61%；工业总产值中制糖业实现产值9126万元，占全县工业总产值的31.08%。

2009年，全县有规模以上企业4家，规模以上企业完成工业总产值13896万元，同比增长20.5%；增加值3955万元，增长11.5%；实现利税总额1883.9万元，上缴税金1010万元，同比增长15.7%，主要产品销售率达103.2%，比上年提高1.8%。年内工业固定资产投资完成1.01亿元。规模以上企业的带动作用日显突出。

2009年主要工业产品产量

产品名称	计量单位	2008年	2009年	累计比上年同比增减%
白砂糖	吨	27405	27938	3.3
发酵酒精	千升	4032	6053	50.1
淀粉	吨	9780	14974	22.7

续表

产品名称	计量单位	2008年	2009年	累计比上年同比增减%
棕丝	吨	8210	9320	13.5
石膏粉	吨	20050	20225	1.1
饮料酒	千升	2850	2950	3.5
自来水生产	万立方米	73.4	115.6	56.7
发电量	万千瓦时	4308	3252	-23.7

【企业改革】 2009年，红河县继续深化地方国有企业改革工作，确立了以产权制度改革为核心，以实现国有资产从一般性竞争领域中退出为目标，全面有序、稳步推进全县国有企业改革的工作。通过采取各项国企改革措施，顺利完成了云南红河糖业有限责任公司、红河县石膏制品厂、红河县永兴电站、县政府招待所的改制，至此，全面完成了国有企业的改制工作，实现了国有资产全面有序退出。通过改革，基本解决了国有企业目前存在的重点、难点问题，使国有企业走出困境，重新焕发生机和活力，并正确处理好改革、发展、稳定的关系，加快了全县国民经济，特别是工业经济的发展。

鉴于红河县国有企业在1998年改制后普遍存在的股权平均分散，股权持有者与劳动者相互混淆等问题，对县木器厂实现全面关闭，县五交化公司通过采取与温州商人麻利金先生合作经营的方式进行了改革；对县腾龙食品有限责任公司、县茶叶公司、东兴百货公司等企业在原基础上实施了优化股权的深化改革，经过产权制度改革，解除了平均持股给企业经营带来的束缚。

【技术创新】 立足本地的资源优势，以狠抓水电开发为基础，重点抓好制糖，棕榈加工、生物制药等领域的重大项目建设。制糖业加快木薯酒精、糖渣的综合开发，提高经济效益。充分利用红河县拥有13.5万亩棕榈，年产20000吨棕原料的资源优势，建成了一个年加工能力达8000吨的棕丝软垫厂（一期）。茶叶产业在巩固现有面积1.8万亩的基础上，改造老茶园，扩大新植面积，新建了一个以生产精制茶叶为主的加工企业，提高了整个茶叶产业的经济效益。

【节能减排】 2009年，红河县继续以“节能降耗、绿色环保、发展循环经济”指导，在全县主要企业和能耗高的企业开展节能减排和清洁生产工作，实施红河糖业有限公司沼气回炉、红枫农业开发有限公司大型生态能源示范工程、红石矿业有限公司锅炉技改等项目，使全县的GDP能耗下降 4%；工业“三废”的回收利用率得到提高，起到了企业经济效益和环境保护共同发展的效果。走资源消耗低，环境污染少，采用清洁方式生产的新型工业化道路。合理开发和综合利用红河县水能、矿产和高原特色动植物资源。加大对企业环境保护的关注和监管力度，推行清洁方式生产，避免走“先污染，后治理”的老路。同时，加大相关法律的宣传和执法力度，制定并组织实施清洁生产计划，改造落后技术、工艺设备，努力从源头上控制工业污染。

【重点工程建设】 按照州委、州政府和县委、县政府产业结构调整的要求，红河县2009年实施产业结构调整重点工程建设项目是：

（一）云南红石矿业有限公司年产2600万平方米纸面石膏板生产线项目。

该项目为州级督查红河县的唯一工业建设项目，该项目于2008年启动，经过一年多施工和生产设备安装，生产线于4月30日竣工，但生产出的产品达不到设计要求，要求对主要设备进行技改。生产仍然处于调试阶段，预计到2010年可正常生产。该项目已投资8700万元，其中，2009年度完成投资5000万元。

（二）红河棕业有限公司年产8000吨棕丝软垫项目。

红河棕业有限责任公司年产8000吨棕丝软垫系列产品项目分两期实施。第一期建年产4000吨丝软垫系列产品生产线，2008年5月9日试车投产，项目总投资3531万元。该项目一期工程已全部完成。2009年主要是对生产线进行技改，投入技改资金262万元，经过技改，质量已达到设计要求，产品供不应求，商标注册已完成。设备产量只能达到设计的20%；同时因原材料价格上涨，成本加大，对生产经营和开拓市场有一定的影响。

（三）云南红河红枫农业开发有限公司大型沼气发电项目

该项目建设格栅调浆池2座，消化罐4个，总容积38600立方米。倘气罐1个，容积2000立方米，沼气内燃发电机组5套，总发电功率2.5万kW，脱水系统2座。年产有机肥3.71万吨。项目总投资6146万元，2009年度完成投资3800多万元，预计在2010年内可并网发电。

【特色产业园区建设】 为深入贯彻落实省、州关于推进新型工业化建设的指示精神和红河州《加快红河南部六县工业发展指导意见》，巩固和提升红河县蔗糖、淀粉、生物化工等新型工业化和特色支柱产业，自2006年以来，县委、县政府结合县域实际，提出了“一城带三区”的县域经济发展思路，（改造老城区，东托凹腰山新区，南连莲花新区，西北开发特色产业园区）。把红河县特色产业园区的建设列入县城总体规划和开发重点。2007年10月，为进一步做好园区土地开发和总体发展，委托云南省城乡规划设计研究院城镇体系分院编制了《红河县特色产业园总体规划》和《红河县特色产业园区可行性研究报告》，规划选择把红河县最具优势棕榈制品加工，生物资源开发、新型建材等为主导的特色产业引入园区，在空间上按照“三心、两翼、两轴、六组团”的布局进行科学规划。并于2008年8月27日通过了省、州相关部门审查。

至2009年，分期组织实施特色产业园区道路建设：一期工程开挖原勐龙中学片区道路土石方全长2.4公里；二期工程改造原勐龙中学岔路至元红柏油路岔口道路建设2.5公里；三期工程开挖莲花大道至园区2.8公里道路土石方。共完成投资1320万元。2010年计划改造莲花大道至园区4.2公里道路。

红河县特色产业园区2009年经济指标表

单位：亿元

指标名称	全部企业本年累计	同比增减%	规模以上企业本年累计	同比增减%
工业总产值	1.15	8.4	0.86	703
工业增加值	0.73	7.6	0.52	6.8
销售收入	0.95	2.7	0.95	1.7
税收	0.092	3.8	0.065	2.4
利润	0.126	0.48	0.076	0.12
就业人数（人）	673	-0.2	673	0
全部入园工业企业数（户）	8	规模以上入园工业企业数（户）		1
本年新入园工业企业数（户）		本年新入园规模以上工业企业数（户）		
工业企业完成固定资产投资额	0.175	本年新入园工业企业完成固定资产投资额		
累计完成园区基础设施投资额	0.132	本年新完成基础设施投资额		

【乡镇企业发展】　2009年，红河县乡镇企业继续保持稳定、健康的发展态势，年内全县有乡镇企业2580个，按国民经济行业分类：农林畜牧业15个，工业947个，建筑业2个，交通运输仓储业273个，批发零售业464个，食宿餐饮业527个，社会服务业352个；乡镇企业促进产业结构调整，对增加农民收入，县域经济发展发展和地方财政收入的增长起了积极的推动作用，年内突破乡镇企业营业收入25180万元，比上年增长12.41%，增加值实现7300万元，同比增长16.8%；乡镇企业工业总产值11212万元，同比增长9.17%；上缴税金800万元，同比增长9.59%；从业人员达6650人。

【非公有制经济】　随着国有企业和城镇集体企业改制的基本完成和不断改革深化，全县非公有制经济有了较快的发展；2009年，全县非公经济增加值实现6.72亿元，占全县GDP的57%；上缴税金2259万元。截止2009年底，全县非公经济已发展到3181个，其中个体工商户3094户、私营企业 87个、中型企业1个（糖业公司），从业人员达6751人，注册资金达2.2亿元。农产品加工、建筑、餐饮等非公企业运营保持良好。

【任职领导名单】

书　记　白生三（2009年12月止）
　　　　王　波（2009年12月任）
局　长　沈俊罡
党委副书记　马美忠
纪委书记　白勒古
副局长　汤光勇
　　　　张文亮
　　　　李永祥

（普义明）

建水县经贸局

【简述】　2009年，建水县经贸局全体干部职工坚持以科学发展观统领工业经济发展全局，抓好国家和省、州出台的“稳工业”各项政策措施的落实，结合金融危机影响下全县工业经济持续负增长的严峻形势，全力开展扭负解困工作，有效遏制了工业经济持续下滑势头，促使县域工业企业发展平稳向好。工业运行质量不断提高，工业经济基础有了一定的积累，形成了以造纸、冶金、化工、建材、食品等产业为骨干的工业门类，工业发展进入了工业化初级阶段。

【工业经济运行情况】　进一步加强组织领导，不断加大工业经济运行监测、分析和预测，适时召开规模以上企业经济运行分析会议，对工业目标任务细化分解落实到各重点企业，有效遏制了工业生产大幅下滑态势，促使规模以上限产企业全面达产，半停产、停产企业全面恢复生产。上半年，由于金融危机的进一步蔓延和加剧，导致冶金产品加工企业限产、半停产以及停产，工业生产大幅下滑。进入三季度以后，随着个别行业市场的逐步趋暖回升，各相关部门不断加大服务协调力度，主动深入企业问生产、问经营、问市场、问资金，积极组织企业参加省、州金融部门召开的银企项目洽谈会，努力争取信贷资金支持。同时，努力做好重点企业煤、电、油、运等生产要素的组织保障和供应，确保全县规模以上企业增加值8月始实现扭负为正，并逐月稳步增长。2009年，全县完成工业总产值44.45亿元，完成年计划478610万元的92.9%，同比增长2.2%，其中，15户规模以上企业实现产值22.85亿元，同比下降1.8%；规模以下企业实现产值21.6亿元，同比增长6.7%。列入州政府考核的工业增加值、销售收入、利税总额、利润总额四项指标分别完成64054万元、169912万元、24077万元、12280万元，完成州考核目标的85.4%、72.3%、107%、136.4%，比上年同期分别增长6.8%、16%、41.1%、82.1%。完成工业固定资产投资14.06亿元，同比增长103.3%。全县经济结构实现战略转型，三次产业比重调整为24.1：36.2：39.7，工业发展呈现出良好的态势。

【信息化建设情况】 全县工业信息化建设相对滞后，从外部环境来看，缺乏覆盖全县工业企业的信息平台；从内部环境来看，企业信息化基础薄弱，缺乏信息化专业人员，个别企业无电脑，有的地方网络不通。

【企业改革】 做好关闭解散企业的收尾工作和改制企业的股权优化工作。按时为化工总厂协议托管职工缴纳社会保险和基本医疗保险费，为符合退休条件的协议托管职工办理退休手续，让其享受相关待遇。全年共报批25人，已审批13人，使其进入社会养老保险体系，解除职工后顾之忧。积极协助矿冶总厂（亿龙公司）新业主办理相关房地产（使用）权、生产许可证等手续变更和完善工作。指导医药公司实施关闭解散工作。协调帮助公司偿还贷款、拖欠职工款，补缴职工医疗保险等，一次性清算并缴纳退休职工基本养老和医疗保险费、妥善安置在职职工。引导企业优化股权，健全和完善现代企业制度。城建综合开发公司坚持股权优化改革，使股份逐步向公司管理层、经营层转移，实现股份适度集中，2009年经营层股权占总股份的75%。

【技术创新】 2009年，建水工业依靠科技进步，坚持用先进适用技术改造传统产业，加快结构调整，努力转变经济增长方式。新材料产业主要围绕“禁实”目标任务，积极做好黏土实心砖生产企业的改造升级和新型墙体材料的生产应用和推广工作，努力将诚实公司、云洪公司和紫燕公司等3户新型墙材生产企业进一步培育壮大并达产，成为新型建筑材料生产的龙头企业。与此同时，积极实施节能技改重大项目，云南建水锰矿有限责任公司年产20万吨锰系节能减排、红河州紫燕公司日产2000吨水泥熟料带纯低温余热发电、涌鑫公司电解槽曲面阴极技术改造等项目的建成为全县工业技术创新注入新活力。

【安全管理】 县域4户煤矿安全生产无重特大事故。载至12月，甸尾煤矿、青山煤矿、福运煤矿、红星煤矿4户煤炭企业煤炭产量14.1万吨，同比增长1.44%，完成目标值12万吨的117.5%，实现产值1833万元， 同比增长1.44%，全年煤矿安全生产无事故。年初，分别与4家煤矿签订了安全生产目标责任书。定期、不定期开展煤矿安全专项检查。全年对煤矿企业进行安全检查43次（下井检查9次），下发安全检查整改执法文书7份。巡查小煤矿非法开采8次，协助国土局、面甸镇政府炸封小煤窑4口。排查一般隐患142项，整改139项，整改率98%，排查整改重大隐患1项。进一步提高管理人员、技术人员的专业水平，全年共培训和复训煤矿安全管理人员、特种作业人员及下井工人103人。开展宣传教育活动4次，参与人数128人。燃料公司和顺通煤业有限公司的煤炭经营资格证经州主管部门初检合格，上报省级年检合格。青山煤矿、福运煤矿、甸尾煤矿顺利通过煤矿安全评价。青山煤矿、福运煤矿通过瓦斯等级鉴定为低瓦斯井工矿井。煤炭资源整合工作有序推进。马坊煤矿项目申请报告通过评审，并完成初步设计；面甸煤矿积极开展初步设计；红星煤矿着手开展关闭工作。

积极做好经贸系统非煤矿山、14个乡镇企业办的安全生产监管工作，坚持“安全第一，预防为主，综合治理”的方针，以“安全生产年”和“关爱生命，安全发展”活动为主线，以“治大隐患，防大事故”为目标，年初分别与系统内34家企业，14个乡（镇）企业办、中石油、中石化加油站签订了《建水县经贸系统2009年安全生产目标责任书》。在做好日常安全督查的基础上，更加重视节假日、安全生产月、黄金周、安全生产专项整治活动工作。重点对尾矿库、加油站、企业消防安全和安全生产开展专项整治，制定专项整治工作实施方案。对中石化、中石油加油站和老城区人员密集场所（饮食服务公司、糖烟酒公司、工艺美陶厂、首饰公司、通用公司、虾洞公司仓库、木器厂）安全设施进行整改治理，下发整改指令书8份，整改老线路5000多米，新安装防爆灯42盏，整改防雷装置4户，新增灭火器27个，企业投入资金60多万元。坚持每季度一次安全生产大检查，了解掌握企业的安全生产现状，消防设施配备、火灾隐患排查整改治理。共粘贴宣传活动标语1万余条，悬挂横幅460余条，发放宣传资料1万余份，受教育人数3万余人。全年累计下企业、乡（镇）100多次，查找安全隐患45起，督促整改43起。未发生一起重特大安全生产事故。

【节能减排】 全年组织重点耗能企业参加省、州节能管理知识培训40人次。继续开展清洁生产审核工作，促使建民纸箱厂、天第公司、涌鑫公司、千原木业公司、供电公司、建锰公司和耐酸瓷厂提交清洁生产审核验收报告。做好《单位GDP能耗三体系实施方案》建设工作，建立能源消耗报表联审联报制度。2009年列入州能源审计企业8户，分别是：云南涌鑫金属加工有限公司、云南建水锰矿有限责任公司、建水县石塔建材有限责任公司、云南群星化工有限责任公司、云南建水东糖糖业有限责任公司、云南建水宏溪经贸有限责任公司、红河州紫燕水泥有限责任公司，云南建水华通锰业有限公司。除紫燕公司和华锰业公司因技改，停产未开展工作外，其余6户企业均通过能源审计报告评审。此外，积极组织绿色照明推广工作，全年推广节能灯61929支，辐射各乡镇、相关部门、学校、企业和城镇居民，超额完成州下达6万支的目标任务，共节电3185729度，节约标煤391.53吨，城乡居民享受国家补贴27.42万元。

【中小企业发展情况】 2009年底，全县有非公企业户数10534户，其中，私营企业633户，个体工商户9901户。非公经济从业人员31977人，完成州考核目标29197人的109.5%，同比增长9.5%；完成上交税金19338.2万元，完成州考核目标15875.6万元的121.8%，同比增长21.8%；完成增加值204200万元，完成州考核目标204000万元的100.1%，同比增长0.1%。

先后上报1户省级农产品加工扶持企业，3户州级农产品加工扶持企业。做好 “企村结对”工作。按州考核目标要求完成企村结对7对，企业投入新农村建设资金33.8万元。分别是：官厅鑫隆矿业有限公司与官厅镇磨玉村、干子树村结对，投入资金7万元；官厅荒田铅锌矿与官厅镇团脑村结对，投入资金4万元；坡头乡阳朝冲铅锌矿与坡头乡阿西冲村结对，投入资金2万元；坡头乡白显村锰矿与坡头乡白显村结对，投入资金5万元；坡头乡大石洞村锰矿与坡头乡大石洞村结对，投入资金5万元；坡头乡水洗厂与坡头乡咱依村结对，投入资金8万元；官厅牛滚塘铅锌矿与官厅镇牛滚塘村结对，投入资金2.8万元。

【大事记】 9月29日，云南源鑫炭素有限公司投资的年产60万吨炭素阳极项目和云南云铝涌鑫金属加工有限公司投资的年产30万吨铝资源加工项目举行开工仪式。

10月，组织19名干部职工参加“红河州经委系统第二届职工运动会”，分别荣获男子篮球赛第三名，羽毛球单打第五名，乒乓球团体赛第四名。

【任职领导名单】

党委书记　田　培
局　　长　何　敏
纪委书记　李可兴
副 局 长　普家有　林维龙
　　　　　王　犁　饶　智

金平县经贸局

【概述】 2009年，受全球金融危机影响，有色产品价格大幅下滑，矿山企业生产规模缩减，部分工业产品产量减少，全县工业经济效益有所下降。2009年全县完成现价工业总产值140208万元，扣除物价因素同比增长1.38%，其中，规模以上17户工业企业完成工业产值102018万元，扣除物价因素同比下降0.34%。

【工业经济运行情况】 2009年，全县规模以上工业企业实现工业增加值45787万元，扣除物价因素同比增长16.7%。实现主营业务收入100043万元，扣除物价因素同比下降26.72%。实现利税总额24987万元，同比下降27.7%。实现利润总额15478万元，同比下降32.84%。工业销售产值108624万元，同比下降24.18%，工业主要产品销售率90.3%。工业固定资产投资（不含电力）完成36737万元。全县完成铁矿石原矿量1754309吨，同比增长19.74%；铁精矿583958吨，同比增长26.48%；铜精矿含铜量566吨，同比下降16.72%；高冰镍含镍量1328吨，同比下降51.39%。磺磷3748吨，同比下降6.74%；球团266114吨；水泥31934吨，同比增长29.29%；发电量177153.5万度，同比下降3.76%；淀粉2600吨，同比增长10.17%；白酒978千升，同比增长190.21%；黄金46.3千克，同比下降17.32%；红砖2740万块，同比增长7.7%；精制茶110吨，同比下降12%。工业重点项目建设方面，红河矿业公司日处理1000吨铜选厂项目已完成土地征用、进场公路建设、95万立方米尾矿库建设、土建工程、设备购买及安装。该项目计划投资3000万元，2009年完成投资4000万元，已全面完成该项目建设。勐桥火山铁矿总投资2500万元，已完成日处理原矿500吨选厂建设、“三通一平”、线路架设、选厂设备安装、设备调试等工作。长安金矿微粒金矿二期工程建设，该项目分选矿工程和尾矿工程两部分，选矿工程于2008年5月15日开工建设，尾矿工程于2008年10月1日开工建设，选厂已于2009年6月15日进行初试，9月15日投产。

【安全管理】 2009年1月，金平县经贸局及电力公司共8人参加了云南省电力执法培训班；3月，县经贸局正式委托电力公司行使电力行政执法。此外，2009年经贸局多次组织人员对矿山企业、事故多发或隐患较多企业的重点部位、重点岗位进行检查，共查出事故隐患36条，及时整改30条，限期整改6条。督促已建成发电的水电站进行安全检查，制定了突发事件应急预案及防洪度汛预案。

【节能减排】 2009年，金平县完成GDP能耗下降4.1%。实施清洁生产企业3户，分别为红河恒昊矿业有限公司金平分公司104选厂、云南大唐国际那兰水电开发有限公司、金平昆钢金河有限公司，其中，红河恒昊矿业有限公司金平分公司104选厂已通过州清洁生产办审核验收。云南大唐国际那兰水电开发有限公司，金平昆钢金河有限公司分别进入方案可行性分析阶段和方案实施阶段，并提供了清洁生产审核中期报告。本轮清洁生产实施无／低费方案84 项，实施中／高费方案13项，投入资金4717.373 万元，当年产生效益1397.243 万元。其中，红河恒昊矿业有限公司金平分公司104选厂实施无／低费方案28项，中／高费方案3项，投入资金1615.87万元，当年产生效益850.26万元；昆钢金河有限公司实施无／低费方案30项，中／高费方案3项，投入资金2821.63万元，当年产生效益354.67万元；云南大唐国际那兰水电开发有限公司实施无／低费方案26项，中／高费方案7项，投入资金279.873万元，当年产生效益192.313万元。

【中小企业发展情况】 2009年，金平县乡镇企业完成营业收入63857万元，同比增加26.3%。完成总产值60724万元，同比增加30.72%。实现增加值16447万元，同比增加8.95%。工业增加值实现13754万元，同比增加7.55%。实交税金3507万元，同比增加17.72%。农产品加工业销售产值完成2913万元，同比增加12.04%。非公经济实现增加值48848万元，同比减少7.17%，上缴税金 3194.8万元，同比减少63.59%，从业人员9841人，同比减少2.59%，企业户数4478户，同比增加18.15，注册资金88106万元，同比增加36.52%。企村结对数完成4对，投入资金（含折资）7.76万元，带动农户数248户，涉及村民人数861人，村民人均增加90元，村民就业培训20人。

【获省部级以上表彰的企业和个人名单】 2009年，红河恒昊矿业股份有限公司荣获“云南省百户创新型非公企业”称号。

【年度任职领导名单】

局　　长　陈　刚

党委书记　高理祥（7月止）
　　　　　王光天（7月起）

副 局 长　吴绍有
　　　　　吕卫红（12月止）
　　　　　黄　斌

开远市经济贸易局

【简述】 2009年，开远工业围绕“加快建设生态型现代化工业经济强市”和“大上项目、上大项目”的发展要求，不断开辟和挖掘新的经济增长点，经济总量增长较快，经济运行质量稳步提高。2009年，全市实现地区生产总值76.2亿元，比上年增长10.9%。完成工业总产值79亿元，增长9.8%，工业经济在全市国民经济中的主导地位和作用日益凸显。云南瑞气化工有限公司年产15万吨二甲醚配套20万吨甲醇项目顺利投产，云天化国际化工股份有限公司红磷分公司技改项目、小龙潭矿务局五期扩建工程等项目稳步推进。2009年，全市原煤产量993万吨，水泥产量205万吨，化肥（折纯）产量50万吨，发电量67.4亿度——居全州第一。全市能源、化工、建材三大支柱产业进一步提升，规模以上工业实现利税3.9亿元。全市完成财政总收入 9.5亿元，增长 12.3%。其中，地方一般预算收入 5亿元，增长11.3%。全社会固定资产投资完成 48亿元，增长45%。各项工业产品保持较快增长，中小工业稳步发展。

【煤炭工业】 煤炭工业是开远市的能源支柱产业，是发展电力、化工产业的基础。2009年开远辖区煤矿企业13个，其中大型煤矿1个（云南省小龙潭矿务局国有大型露天煤矿），乡镇煤矿12个。2009年全市产煤993万吨，同比下降3.4%，其中云南省小龙潭矿务局产煤977万吨，同比下降3.5%，占98.4%。

云南省小龙潭矿务局始建于1953年，属国有大型露天煤矿，是云南省重要的煤炭生产基地，是国内第一家采用效率较高的斗轮连续生产工艺和最先采用较长距离胶带廊道直接向坑口电厂输煤的煤矿。1964年至1994年间进行了四次扩建，2004年启动五期扩建工程，建设年限为2004—2011年，项目计划总投资15.8亿元，采用连续工艺、半连续工艺和间断工艺相结合的综合开采工艺，建成后将形成年产煤1490万吨的规模，年利税可达1.5亿元。2009年完成投资1.5亿元，累计完成投资8.3亿元，完成计划投资的52.5%。

【电力工业】 电力工业依然是开远的重点工业，对滇南地区经济社会发展起重要作用。主要企业是国电开远发电有限公司、云南大唐国际红河发电有限责任公司。2009年共发电67.4亿度。电网建设方面，云南电网公司红河供电局220kV红开双回线改造工程（22公里），预计投资4221万元。已于2009年7月22日投产。

【建材工业】 建材工业企业主要有云南国资水泥红河有限公司（国家大二型企业）。云南国资水泥红河有限公司以科技进步、技术改造为重点，充分发挥5个粉磨站的辐射优势，不断扩大市场占有，全年生产（各型号）水泥205万吨，同比增长28.3%，实现工业总产值4.9亿元，同比增长29.3%，实现税金4357万元，同比上升66%。

【化学工业】 化学工业是开远的支柱产业，化肥生产企业主要有云南解化清洁能源开发有限公司解化化工分公司、云南云天化国际化工股份有限公司红磷分公司。2009年化肥总产量（折纯）50万吨。为加快发展，红河州政府把开远规划为红河工业园区开远化工区，园区占地16.6平方公里。园区内现已有企业14户。企业分别是：1. 云南解化清洁能源开发有限公司解化化工分公司；2. 开远市明威有限公司；3. 云天化国际化工股份有限公司红磷分公司；4. 开远市泰盛经贸有限公司；5. 耐火材料有限责任公司；6. 解化运输有限公司；7. 金榜锰业有限公司；8. 龙腾冶炼厂；9. 污水处理厂；10. 华丰水泵厂；11. 红磷川科化工有限公司；12. 解化工程建设有限责任公司；13. 解化塑料实业有限责任公司；14. 羊街滇渝锻造厂。

2009年，园区企业完成销售收入25.83亿元，同比下降13.9%；实现工业总产值30.8亿元，同比下降0.2%；实现工业增加值7.64亿元，同比下降4%；实现利润-4.58亿元，同比下降919.3%，实现税金0.22亿元，同比下降72.6%。

2009年，化工园区共有项目14个，其中续建项目6个，新开工项目5个，前期项目3个，涉及总投资56.92亿元，项目建成后，可新增利税5.97亿元。

开远化工园区涉及的重点项目有3个：1. 云南开远市明威有限公司年产5万吨高级文化用纸技改项目；2. 云南云天化国际化工股份有限责任公司红磷分公司节能降耗技术改造项目（2009年9月完工）；3. 云南解化集团有限公司硝酸硝铵装置技改项目（2009年10月完工）。

【酿酒业】 2009年饮料酒产量15695千升，同比下降18.8%。其中：白酒产量（乡镇企业）2300千升，同比增长7.2%；啤酒产量（红河啤酒公司）13387千升，同比下降21.9%；果汁酒产量（开远市果酒厂）8千升，同比下降80.45%。红河啤酒有限公司资产总额7147万元，净资产6184万元，职工192人，2009年实现工业总产值3612万元，同比下降10.9%，实现销售收入4003万元，同比下降3.2%，实现利润总额亏损183万元，比上年减亏263万元。开远市果酒厂资产总额1889万元，职工78人，2009年实现工业总产值245万元 同比下降19.1%，实现销售收入241万元，同比下降21%，实现利润总额亏损65万元，比上年增亏15万元。

【制糖业】 云南开远市明威有限公司是全省制糖产业链较长、综合利用效率较高好的地区农业产业化重大龙头制糖企业，主要产品有成品糖、机制纸、酒精、烧碱等。2008~2009年榨季于2009年1月5日开榨，2009年3月24日结束，入甘蔗12.21万吨，蔗糖产量13723吨，食用酒精1662吨，自发电1843万千瓦时，烧碱2683吨，实现工业总产值7513万元。

【造纸业】 开远市造纸企业主要有云南开远市明威有限公司和开远市泸江纸业有限责任公司两户，2009年共生产机制纸11226吨，同比下降31.7%。其中：明威公司生产文化用纸8345吨，同比下降38.7%，泸江纸业公司生产的卫生用纸2881吨，同比增长2.2%。

2009年工业主要产品产量统计表

产品名称	计量单位	全市	其中：规上企业
原煤	万吨	993	976.9
其中：无烟煤	万吨	16.1	
褐煤	万吨	976.9	976.9
发电量	亿千瓦时	67.42	67.42
化肥（折纯100%）	万吨	50	50
1.氮肥（折含N100%）	万吨	20.4	20.4
其中：尿素（折含N100%）	万吨	8.3	8.3
2.磷肥（折含五氧化二磷00%）	万吨	29.6	29.6
二甲醚	万吨	2.45	2.45
硫酸	万吨	74.55	74.55
合成氨	万吨	38.45	38.45
水泥	万吨	205.2	176.87
白糖	万吨	1.37	1.37
机制纸	万吨	1.12	1.12
啤酒	千升	13386.6	13386.6

【工业投入与结构调整】 2009年以结构调整为主线，实现工业经济既快又好发展，全市工业结构调整取得明显推进，优势传统产业得到新的提升，工业经济运行质量明显提高。云南解化清洁能源开发有限公司利用15万吨/年二甲醚尾气增产8万吨/年合成氨项目，项目预计总投资24000万元，已于2009年10月完工。项目完成后新增销售收入23375.82万元，新增利润2253.51万元，新增税金625.22万元。

【企业改革与发展】 按照《市委2009年工作重点》和州政府综合改革试点工作领导小组红综改〔2008〕4号《红河州深化企业产权制度和管理改革实施方案的批复》和州委刘一平书记到开远调研的讲话“要扎扎实实地、系统、严肃、有力度地推进综合改革工作”的要求:一是深化国有企业改革领导小组办公室向市政府上报了《开远市深化企业产权制度和管理改革的实施方案》。围绕全市企业产权制度和管理深层次矛盾和企业历次改制中突出的遗留问题，加快产权制度改革，创新企业发展模式，充分利用国内外各种资本市场和资源，放宽非公有资本参与国有、集体企业改革，促进企业体制、机制创新，走可持续发展道路。二是坚持成熟一户改革一户。2009年5月20日以开远市深化国有企业改革领导小组办公室（2009）1号向市政府报告解决原国有企业改制土地办证出让请示2009年6月8日以开远市深化国有企业改革领导小组办公室（2009）2号向红河州政府报告解决原五金交电化工采购供应站欠华融公司的2017万元债务请示。2009年8月5日为开远市碑格乡用电所职工测算职工安置费。2009年全市有四户企业要求进行改制（利盛经营部、红疆饭店、耐火材料公司、饮服公司），2009年8月完成利盛经营部一户改制和飞渔泽电站改制后续工作。饮服公司进行资产评估。三是协助泸江纸业完成产权证照、档案、印鉴移交工作。2009年3月关注市物资公司董事会、监事会换届工作。2009年10月按照市政府办公室积极申报我市综合改革试点材料。2009年8月27日配合市医疗保障中心开展困难企业医疗保险基本单位调查、向红河州政府申报全市未参加医疗保险制度集体企业“5.7家属人员”1537名。切实解决好关闭破产企业退休人员医疗保险问题。2009年2月我市深化国有企业改革工作受到红河州人民政府表彰，被评为“红河州深化国有企业改革工作先进单位二等奖，”经济贸易局、国土资源局、劳动和社会保障局、房管局等五位同志被评为先进工作者。

【节能降耗】 为不断提高能源利用率和经济效益，以推进全社会节约能源为重点，促进开远市经济结构调整和经济增长方式的转变，开展了一系列工作。一是按照南方电网公司的相关要求和红河供电局的统一部署，在开远市电网“十一五”规划及其五年实施的基础上，对原有电网规划进行滚动修编。二是与年综合能耗5000吨标准煤以上的2户重点用能企业开展能源审计。三是按照《开远市节能减排目标考核暂行办法》和《开远市2008年节能降耗目标责任书》的要求，与相关部门对全市规模以上工业企业2008年度开展的节能降耗工作进行现场考核和考评，评出优秀企业3户、良好企业8户、合格企业8户。四是在全市推广节能灯16万只，有效促进了能源的节约利用。五是云南云天化国际化工股份有限责任公司红磷分公司首家通过清洁生产合格单位审核验收。2009年，开展清洁生产的企业有5户：开远市供电有限公司、开远市林达机械有限公司、开远市自来水公司、开国电小龙潭发电有限公司（开远电力修造厂）、云南云天化国际化工股份有限责任公司红磷分公司。共实施清洁生产无低费方案57个，中高费方案8个，实施无低费方案共投入资金104.79万元，当年取得经济效益19万元；实施中高费方案共投入资金5876万元，当年取得经济效益2208.5万元。所实施的无低费方案和中高费方案当年共节约标煤2010吨，节电3469万度，节水779270吨，节约原材料288480.64吨。当年减排废水及有害成分677800吨，减排废气及有害成分29695标准立方米，减排废渣及有害成分88702吨。

【乡镇企业发展】 2009年，全市有乡镇企业 9624个，比上年增加899 个，同比增加10.3%；从业人员28376人，比上年减少534人，同比下降1.8%。按登记注册类型分类：（1）集体企业16个，占总数的 0.17 %。从业人员966人，占总数的3.4%，比上年减少57人。（2）有限责任公司4个；从业人员118人， 占总数的0.41%；比上年减少186人；（3）私营企业85个，占总数的0.88%；从业人员1691人， 占总数的5.96%；（5）个体工商户9518个，从业人员25594人。按国民经济行业分类：（1）工业企业 913个，占总数的9.5%，从业人员 6140 人，占总数的21.63 %；（2）建筑业企业19个，占总数的0.2%，从业人员1019人，占总数的3.6%；（3）交通运输仓储业企业3651个，占总数的37.40 %；从业人员4822人，占总数的17 %；（4）商饮、服务业5005个，占总数的 52 %；从业人员 15785人，占总数的 56%；（5）其他企业417个，占总数的 4.3 %；从业人员 2062 人，占总数的 7.2%。 2009年，全市乡镇企业实现增加值68206万元，同比增长17.48 %，完成年计划的100.4%，实现工业增加值16312万元，同比增长23.4 %，完成年计划的105 %。上交税金7628万元，同比增长7.6%，完成年计划的 101.5%。农产品加工业工业销售产值实现32280万元，完成年计划的100 %； 促成企村结对帮扶对子7对， 完成年计划的100 %；组织培训161名乡镇企业从业人员开展职技能鉴定， 完成年计划的100.6% 。固定资产原值19430万元（不含个体户），其中：工业（采矿业5959万元，制造业5977万元）11936 万元，建筑业2177 万元，交通运输仓储业35 万元，批发零售业578万元；住宿及餐饮业4182万元；其他 522万元。

2009年乡镇企业主要产品产量

产品名称	单位	数量	产品名称	单位	数量
原煤	万吨	11.17	粮食加工	万吨	2.81
石料	万立方	94.70	粮食制品	万吨	0.99
砂及河砂	万吨	5.91	肉制品	万吨	0.07

续表

产品名称	单位	数量	产品名称	单位	数量
白酒	万吨	0.23	砖	万块	25722.60
饲料	万吨	0.80	水泥	万吨	6.53

全市乡镇企业骨干企业有8家，分别是开远市镀锌管厂（营业收入908万元）、开远市银通经贸有限公司（营业收入1810万元，其中出口产品交货值510万元）、开远市建筑安装公司（营业收入1503万元）、开远市广告公司（营业收入170万元）、开远市汽车修理厂（营业收入60万元）、开远市小龙潭机械施工有限责任公司（营业收入15689万元）、开远市小龙潭建筑安装有限公司（营业收入1641万元）、开远市云龙经贸有限公司（营业收入187万元）；8户骨干企业共创营业收入21968元，占营业收入总额的8.9%。

【非公经济】 开远市认真贯彻党的十七大精神，坚持科学发展观，积极应对国际金融危机，进一步坚定发展非公有制经济的信心。2009年，全市私营企业、个体工商户8572户比上年下降10.5%；从业人员22851人，比上年增长8.6%。其中私营企业693户，从业人员12319人，注册资金8.85亿元；个体工商户7879户，从业人员10532人，注册资金2.1亿元。私营企业和个体工商户累计上缴税金达25833万元，比上年下降3.6%。2009年全市年营业收入在1000万元以上的非公企业有25家。随着非公经济的健康发展，非公经济成为开远经济发展的重要力量。

【安全监管】 经贸局与19户重点乡镇企业、市属工商企业签订了安全生产目标责任书，并与10户商贸流通企业和印刷业企业签订了专题的消防安全生产责任书。除做好日常安全监管外，开展了元旦、春节、夏季防火、防汛、五一黄金周、六月安全宣传月及中秋和国庆等一系列安全生产检查及百日安全隐患排查工作，对电镀厂生产遗留有毒有害废液废渣进行封存，共投入6万元；市百货公司投资3万元修理变压器、东风百货公司对用电设施进行改造、市印刷厂拆除危房、总站加油站和一行加油站进行技改等。全年开展安全生产检查、督查、隐患排查8次，对检查中发现的问题，发出书面整改通知书19份54条，其中，书面通知停业3户，并要求被检查单位限期整改。

（段文榕　王德兴）

泸西县经济贸易局

【概述】 泸西县经济贸易局主要负责工业经济的运行调节、行业规划、产业政策、多种所有制经济发展的宏观指导、推进技术进步、市场贸易和乡镇企业、中小企业、个体私营管理的职能，加挂县乡镇企业局、县发展非公有制经济办公室、县盐务管理局牌子。内设办公室、人事教育科、工业经济科、商务科、企业改革科、中小企业科、乡镇企业科等7个科室。核定人员编制31名，其中，行政编制17名，事业编制14名（含工勤人员编制5名），2009年底有干部职工65人，其中，在职29人，离退休36人。有大学本科学历10人，大专文化17人。

2009年，泸西县工业经济围绕“工业强县”战略、走新型工业化道路、以促进工业经济平稳增长为目标，在县委、政府的领导下，在省、州上级主管部门的帮助指导下，经过经贸系统广大干部职工和全县人民的共同努力，克服了金融危机和干旱灾害等不利因素的影响，保持了经济速度的稳步增长，经济运行呈现“一季度开局不利，二季度企稳回暖，三季度逐步回升，四季度平稳增长”的态势。工业园区建设稳步推进，入住企业已达3户，95万吨煤焦化项目1号焦炉已顺利出焦，2号焦炉也已点火烘炉，其他配套设施正在稳步建设中；日产2500吨干法熟料旋窑水泥生产项目已经完成了审批工作，土木工程也已完工；“节能减排”、“万村千乡市场工程”、“电下乡”、“汽车摩托车下乡”等惠民工程得到开展和具体落实。从监测、分析情况看，上半年工业经济增长缓慢，运行困难，下半年开始出现企稳回暖现象，经济形势逐月明朗，运行平稳。2009年，全县完成工业总产值（现价）274963万元，同比增长32.8%。13个规模以上工业企业亏损3个，工业总产值187217万元，同比增长36.1%；产品销售收入160068万元，同比增长15.9%；利税总额18110万元，同比增长51.6%；利润总额7894万元，同比增长61.6%；工业增加值5818万元，同比增长21.9%；产品销售率83%，完成工业固定资产投资（不含电力）15亿元，完成州考核指标的100%。

主要工业产品完成：原煤161.47万吨，同比增长0.1%；洗煤92.26万吨，同比增长10.8%；洗精煤61.95万吨，同比增长7.8%；焦炭334.94万吨，同比下降14.8%；发电量88292万度，同比下降31.7%，其中水力发电量85252万度，同比下降32.5%，供电量103196万度，同比下降25.5%；碳铵（实物量）37016吨，同比下降19.0%；尿素（实物量）153177吨，同比增长14.2%；水泥25.57万吨，同比下降1.5%；铁合金27100吨，同比增长36.9%；白酒1639千升，同比增长190.4%；纸板纸2033吨，同比下降28.1%。

全县注册登记非公经济总户数9645户，比去年同期增长19.47%；从业人员31683人，比去年同期增长13.58%，完成年度计划的113.6%；上交税金17523

万元，同比增长0.15%，完成年度计划的81.27%；增加值14536万元，同比增长0.07%，完成年度计划的100.07%。非公经济各项指标逐月上升，上交税金完成情况不理想。

2009年，全县乡镇企业增加值完成77549万元，完成考核数77422的100.2%；工业增加值完成35895万元，完成考核数34153万元的105.1%；农产品加工销售产值完成16666万元，完成年考核数16131万元的103.3%；上交税金4763万元，完成考核数4285万元的111.5%；职业技能鉴定241人，完成考核数180人的133.8%；企村结对数5对，完成考核任务的100%。

【工业经济运行情况】 2009年，受全球金融危机的影响，全县工业经济呈现出一季度开局不利，增速放缓，亏损企业增多；二季度出现逐步恢复增长的态势；三季度企稳回暖情况逐月看好；四季度增长速度加快。全年完成县域工业总产值27.5亿元。全县规模以上工业企业实现工业总产值187217万元，同比增长1.36%；规模以上工业企业实现销售收入160068万元，同比增长15.9%；实现利税总额18110万元，同比增长51.6%；实现利润总额7894万元，同比增长61.6%。

（一）重点项目建设顺利推进，工业固定资产投资继续保持高位增长。大为公司年产95万吨煤焦化项目和中枢水泥厂日产2500吨新型干法熟料生产线项目建设进展顺利，大为公司一号炉开始出焦，中枢水泥厂新建生产线进入设备调试阶段。全县工业固定资产投资额完成14.38亿元，是去年同期的2.05倍。工业固定资产投资占全社会固定资产投资的比重进一步加大。

（二）煤炭产业、建筑产业、烟草产业、生物资源加工产业等四大产业增加值占规模以上工业的比重达到80%以上，特别是生物资源加工业，在金融危机中继续保持稳定增长，有力地拉动了全县工业经济又好又快的发展。

（三）产业结构调整取得积极进展。淘汰了泸西县万宇矿业有限公司3600kVA矿热电炉1台；推行清洁生产企业3户；开展能耗500吨标准煤以上的重点用能企业能源审计3户；水泥行业先进生产技术发展迅速，新型干法旋窑水泥生产线即将建成投产；中枢水泥厂余热发电、95万吨煤焦化项目余热发展已完成全期规划工作；轻工经贸公司改制工作历时5年，11月5日出让协议最终签订。

（四）受金融危机冲击程度较深。全年工业企业虽有国家扩大内需、扶持企业、刺激经济复苏的好政策，但全球金融风暴对全球经济负面影响过深，市场仍旧疲软，经济复苏过慢，到12月份，虽然全县经济形势发展良好但仍有不少企业亏损，规模如以上企业仍有3户处于亏损状态。

（五）生产资金短缺制约工业企业正常生产。部分企业尤其是中小企业由于生产规模小，技术落后，抗风险能力弱，一些基础设施和生产设备必须更新，但由于资金欠缺，无法购置设备，企业技改无法到位，也就无法进行扩大再生产。

（六）电力成为影响工业经济制约发展的一个重要因素。按以往惯例，进入第四季度后是工业企业产销两旺的时期，但国庆长假后，因供电不足，铁合金企业全面停产，煤炭生产企业和水泥生产企业限电生产，企业经济效益明显受到影响。供电不足的主要原因是两个方面，一是泸西水库蓄水量只有往年的一半，县属水电站发电量大幅下滑。二是泸西电力体制的问题，大网有电也供不了电。

【企业改革】 2009年，企业改革的目标任务依然是集中精力、全力以赴完成泸西轻工经贸公司的改制工作。在做好轻工经贸公司改制工作的同时，继续抓好改制后企业的跟踪问效，认真协调妥善处理农机公司退休职工及百货公司部分职工的上访。

2009年10月15日，泸西县轻工经贸有限公司在历经两次公告出让流产的情况下，与昌平煤业有限公司董事长王贵平达成协商出让事宜，出让价格3626万元，泸西县轻工经贸有限公司负责将出让土地办成国有出让性质及交易税收所需费用由泸西县轻工经贸有限公司负责。11月5日，公司就协议出让事宜召开职工大会，应到会职工91人，实到会职工90人，87人签名同意出让协议，协议出让的最终签订，使轻工经贸有限公司的改制工作画上了圆满的句号。

改制后的企业，在重组、起步、发展的过程中依然面临着较多的困难，他们都需要有一个良好的发展环境。因此，对改制后的企业进行适时跟踪问效调查是十分必要的，对促进企业的和谐发展具有十分重要的意义。企业改革科自始至终都十分重视这项工作，坚持不懈地对改制企业做好跟踪问效，为企业的发展加油鼓劲，竭尽所能为企业职工排忧解难，提供一些力所能及的服务，为维护企业的社会稳定、共创和谐社会添砖加瓦。云南粤泸木业有限责任公司，经过重组后，投入几千万元资金实施技改，在生产的前期，泸西县经贸局积极为企业办实事，协调电力、提供生活住房，与企业领导分赴弥勒、邱北等地调查了解原材料市场，为企业的后期生产创造条件。至2009年4月公司收购原材料3万多吨，削片1.8万吨，共生产成平板3350m^3，实现销售收入370余万元。

【技术创新】 2009年，县委、县政府鼓励和支持企业建立技术研发中心，并给予一定的资金支持，引导企业加大研发投入，进行原始创新、集成创新和引进消化吸收再创新。继续扶持森菊公司、千山公司等生物资源加工企业打造"红药"品牌；扶持兰益酒厂、阿庐旅游食品有限公司等农副产品加工企业打造"红荞"系列食品品牌；扶持高原梨生产企业打造"红果"品牌，使"红药"成为国际知名品牌，"红荞"系列食品品牌和"红果"品牌成为全国知名品牌。

【安全管理】 2009年，县经贸局对安全生产工作做到早计划、早安排。在

2008年度工作总结和2009年度工作安排会议上，局领导专门就2008年度的安全生产工作作了总结，对2009年度的安全生产工作作了周密的安排和布置。并始终坚持每季度召开一次局安全生产领导小组会议。全年共召开安全生产专题会议5次，专题研究全系统的安全生产工作。并制定了《泸西县经贸系统落实安全生产监督管理责任的意见》，《泸西县经贸局开展“安全生产年”活动实施方案》，《泸西县经济贸易局特大安全事故应急处理预案》，《泸西县经贸局2009年开展安全生产隐患排查治理工作方案》。全系统干部职工坚持“安全第一、预防为主”的方针，始终把安全生产工作放在企业管理的首位，紧紧围绕加强安全生产管理，稳定发展，有效遏制重特大事故的发生，一年来，严格按照与县政府签订的《泸西县2009年安全生产目标管理责任状》的要求开展工作，坚持开展全系统和有关企业每月不少于一次的安全生产大检查活动。组织开展了春节及“两会”期间、汛期前后、“五一”黄金周和六月安全生产月大检查活动，在检查中采取企业自查、企业站督促检查、县局抽查的方式进行，检查中共发现安全隐患15处，整治15处，生产经营单位主要负责人及安全管理人员持证率达100%；特种作业人员持证率达100%；从业人员安全培训率达100%，全县经贸系统各行各业2009年未发生安全生产事故。

【节能减排】　泸西县节能减排领导小组办公室以“点点滴滴降成本，分分秒秒增效益”的节能意识为指导，以最好的管理，实现了最大的节能效益，取得了较好的成效：一是单位GDP能耗下降4.2%，圆满完成计划目标任务。二是节能重点项目顺利推进，2009年先后组织实施了伟洪吉宇化工有限责任公司30万吨循环流化床锅炉、云南泸西大为焦化有限公司95万吨/年煤焦化配套余热发电、中枢水泥厂日产2500吨干法熟料水泥生产线配套余热发电三个节能示范项目。三是圆满完成节能灯的推广任务，2009年州级部门下达的节能灯推广任务是6万只，实际完成62000只。四是新能源开发有较大突破，完成了总投资18亿元装机15万千瓦的东山风力发电项目的前期准备工作和太阳能发电项目的考察工作。五是重点企业节能工作取得新的成效，先后完成了伟洪吉宇化工有限责任公司、泸西建材工业有限责任公司、云南省圭山煤矿、红河煤焦化有限责任公司四家重点企业的能源审计工作。六是重点耗能企业能耗水平明显下降，其中，伟洪吉宇化工有限责任公司2009年完成能耗量7227吨标煤，是省政府下达的年度考核目标节能量7062吨标煤的102.34%。

【产业结构调整】　一是以推动煤化工产业群、铁合金产业群、建材产业群和烟草加工产业群、特色生物资源开发加工产业群发展为主，通过几年的努力，将打造成全州主要的煤化工生产加工基地、生物资源生产加工产业基地，重要的烟草生产加工基地、铁合金生产基地、建筑建材生产基地。二是坚持科学规划、优势产业集聚发展、可持续发展的原则，全面加快泸西工业园区建设步伐，着力改善园区软硬环境，努力将泸西工业园区打造成为省级一流的工业园区。三是以特色优势产业、劳动密集型产业和农产品加工业为主，大力发展除虫菊、灯盏花、荞系列、水果、干果、火腿、三七、半夏、草乌等农副产品加工、食品加工特色产业，使其成为县域经济发展的重要力量。四是在依托主要资源和支柱产业的基础上，充分发挥劳动力资源优势，积极发展电子电器配件组装、塑料制造、汽车配件、陶瓷等新产业。

【中小企业发展】　2009年，全县私营企业共有547户，从业人员11456人，资产总额65529万元，固定资产原值70716万元，固定资产净值64419万元，负债总额11524万元，中小企业营业总收入96675万元，中小企业总产值92415万元，增加值88557万元，利润总额15926万元，净利润12751万元，上缴税金10557万元，劳动者报酬11475万元。按国民经济行业划分：一是工业企业。工业企业总数551户，其中，采矿业177户，制造业374户；全县工业企业从业人员10119人，资产总额150751万元，固定资产原值147083万元，固定资产净值134395万元，负债总额10067万元，营业总收入105279万元，总产值98319万元，增加值78557万元，利润总额19572万元，净利润16489万元，上缴税金11269万元，劳动者报酬10453万元。二是建筑业。建筑企业总数3户，全县建筑企业从业人员3076人，资产总额10970万元，固定资产原值16429万元，固定资产净值13996万元，负债总额2674万元，营业总收入17543万元，总产值17543万元，增加值7746万元，利润总额2967万元，净利润2316万元，上缴税金2184万元，劳动者报酬4075万元。三是交通运输仓储业。交通运输仓储业总数3户，全县交通运输仓储业从业人员162人，资产总额1832万元，固定资产原值2754万元，固定资产净值2324万元，负债总额294万元，营业总收入2831万元，总产值2831万元，增加值1839万元，利润总额365万元，净利润297万元，上缴税金295万元，劳动者报酬298万元。

【大事记】　1月7日，“泸西现代物流中心”建设举行开工奠基仪式。

2月9~11日，由泸西县经贸局牵头组织，县委副书记张智俊和县委常委、常务副县长杨建发率队对全县10户规模以企业和10户中小企业进行调研。

3月1日，中央电视台第七套《致富经》栏目主编王德华等在云南省中小企业发展协会秘书长华松等同志的陪同下，到泸西县采访灯盏花、除虫菊产业的发展情况。

3月9日，以省国资委副主任白书云为组长的省促投资保增长抓落实调研督查工作第十一组，到泸西督查项目进行情况、存在困难和问题及解决问题的措施和方法。

4月1日，泸西县经贸局举行“泸

西县家电下乡活动”启动仪式。

6月16日，泸西县委、县政府召开推进新型工作业化大会，县直各部门、各乡镇、部分工业企业负责人等250余人参加了大会。

7月2日，省工信委监察处处长王荣，州经委副主任赵楠、节能科科长刘耿光，常务副县长杨建发，县经贸局局长李文彰，副局长赵瑾到大维公司、伟宏公司、中枢水泥厂督查节能工作。

8月19、20日，红河州人民政府副州长聂明率队到泸西县就三个省级重点工业项目进行调研督查。县委常委、常务副县长杨建发陪同调研督查组分别深入大为集团和中枢镇水泥厂，就95万吨/年煤焦化、6万吨聚甲醛、日产2500吨干法熟料水泥项目进行实地调研。

8月27日，州政府副秘书长张志明在县委常委、常务副县长杨建发陪同下到就泸西县工业经济发展状况进行调研，张副秘书长一行分别深入大为集团和森菊公司调研。

10月10日下午，审计署审计小组到泸西县对工业新建项目土地征用及环境规划进行审计。审计小组在经贸局及其他相关部门领导的陪同下，分别深入中枢水泥厂日产2500吨干法熟料生产线和大为集团年产95万吨煤焦化、60万吨聚甲醛项目进行审计。

10月15日，阿庐食品公司、千山分司、鑫晟魔芋厂参加了在上海市徐汇区举行的“红河州特色产品推介会”，该推介会由州委、州政府和上海市合作交流工作委员会、上海市合作交流办共同主办。

11月3日，县长张智俊率政府办、经贸局、国土资源局、发改局主要领导及相关部门工作人员到中枢镇水泥厂就日产2500吨新型干法熟料旋窑水泥生产线进行调研。

11月7日，省工信委工业园区管理处处长浦丽合、州经委主任吴建名到泸西县就工业发展状况进行调研，县委常委、常务副县长杨建发及经贸局、工业园区主要领导陪同。

11月28日，县委书记黄兆坤到中枢水泥厂，就日产2500吨新型熟料干法旋窑水泥生产线建设进度进行调研。县委组织部长师绍文、县效能监察局长卢涌铭、县经贸局局长李文彰等领导陪同调研。

12月16日，州人大常委会主任陈霖到泸西县调研工业发展情况。

12月26日，泸西县小团山煤矿、红河千山生物公司、红河天赢烟叶复烤有限公司的清洁审核工作，通过专家组验收。

（赵志东）

弥勒县经济贸易局

【简述】 面对金融危机和干旱对工业经济带来的不利影响，弥勒县经济局坚持以科学发展观为指导，深入学习贯彻党的十七届四中全会精神，按照县委、县政府年初确定的目标任务和工作部署，牢固树立“工业强县、品牌立县、旅游活县”的发展理念，及时把握国家扩大内需、促进经济增长带来的政策机遇，以创新体制为动力，以项目建设为支撑，以招商引资为突破，以优化环境为保障，努力克服全球金融危机带来的不利因素，抓项目、保增长、促发展，扎实推进各项工作，全县工业经济保持了健康较快的发展。

【工业经济运行情况】 全县完成现价工业总产值162.96亿元，同比增长10.5%。其中，规模以上工业完成139.9亿元，增长6.5%，规模以下工业完成23.06亿元，增长43.4%。工业增加值完成90.5亿元，占全县生产总值（GDP）121.8亿元的73.9%，工业投资完成19.15亿元，同比增长25.8%。规模以上工业增加值完成89.40亿元，增长7.3%；主营业务收入完成137.67亿元，增长12.5%；利税总额完成84.28亿元，增长7.3%；利润总额完成19.13亿元，增长5.4%。

全县乡镇企业增加值完成10.51亿元，同比增长18.8%，完成任务数10.42亿元的100.9%；工业增加值完成5.78亿元，增长23%，完成任务数5.58亿元的103.6%；上交税金完成1.29亿元，增长11.2%，完成任务数1.26亿元的102.4%；农产品加工业销售产值完成5.07亿元，增长22.27%，完成任务数5.06亿元的100.2%。完成乡镇企业职业技能鉴定256人，完成任务数200人的128%，企村结对完成5对，完成任务数5对的100%。

【企业改革】 全县原有22户县属国有企业，除2户上划行业管理、2户国有独资企业（粮食企业）外，全部完成了产权制度改革，其中，被非公有制经济收购、兼并的9户，实行民有民营的9户。2009年，完成了弥勒县木器厂、弥勒县二轻供销经理部、弥勒县兴泰建材厂三户企业改制工作。

【品牌建设】 “云南红”现有五大系列几十个品种的葡萄酒产品：1.干酒系列葡萄酒（干白、玫瑰蜜传奇、老树葡萄、茨中教堂、钓鱼台国宴等）；2.全汁柔红系列；3.起泡酒系列；4.彩云红系列葡萄酒（玫瑰蜜精酿、梅露辄、法国野、赤霞珠等）；5.高度酒系列（“高原魂”葡萄烈酒、“世纪之梦”白兰地）。公司被列为“国家级农业产业化龙头企业”、“国家农业旅游观光示范点”；被评为“中国名牌产品”、“中国国家葡萄酒十大影响力品牌”、“全国酿酒行业先进企业”、“云南名牌产品”、“云南名牌产品三十强”、“钓鱼台国宾馆国宴用酒”等；荣获“中国质量免检产品”、第三届“中国酒行业装潢大赛‘金爵奖’”、“云南红葡萄酒庄”、“市民心目中的最佳品牌”、法国巴黎首届“中国名茶名酒博览会特别奖”、“山水园林文明单位”、葡萄酒“A级产品”、“重合同、守信用”、“云南省质量免检产品”、“全国消费者评比信得过质量奖”、“著名商标”、“原产地产品”等较多的荣誉称号，并通过了国家安全饮品和ISO9001质量管理体系认证和出口产品卫生注册认证等。“煤及煤化工产业集群”跻身“中国产业集群品牌50强”。“虹叶牌”复混肥、“云龙牌”白砂糖荣获云南省名牌产品。

【安全管理】 一是层层签订目标责任书。按照省、州、县安全生产的工作部署，进一步完善安全生产监管体制，监督各企业认真履行安全生产职责，全面落实安全生产目标管理责任制。我局与17个已建水电站、4个城镇集体企业签订安全目标责任书174份。二是强化日常监管。围绕“安全生产年”活动主题，以“两会”、“两节”、“60周年大庆”期间安全生产工作为重点，广泛深入开展安全生产隐患排查专项整治，认真做好全县17个水电站和所辖4个城镇企业安全生产工作。2009年，我局及下属企业共开展检查1529次、检查单位21个、参检人数1841人次、检查部位4322个次，查出事故隐患75条，发出整改通知书10份，隐患整改75条，整改率达100 %，共投入安全隐患整改经费7.7万元。

【节能降耗】 综合运用经济、法律和行政手段，加强宣传，完善政策，落实责任，强化管理，指导企业加大投入，控制增量，优化结构，做到全民参与节能。坚持把节能降耗作为调整经济结构和转变发展方式的重要抓手和突破口，实现节能与发展相互促进；坚持推进重点耗能企业技术进步与加强节能基础工作相结合，强化企业节能的主体责任；坚持充分发挥市场机制作用与加强和改善宏观调控相结合，努力推进依法节能。2009年推广使用财政补贴节能灯61590支，万元GDP能耗下降4.2%。一是能源审计。根据州级下达的任务，组织县域内的6户重点耗能企业开展能源审计工作，即：弥勒县磷电化工公司、弥勒县天生桥水泥制造有限公司、弥勒县嘉麟实业公司、云南华电巡检司发电有限公司、弥勒县烟叶复烤公司、弥勒县吉成能源煤化工公司。6户企业已经全部完成了能源审计工作，审计报告全部通过专家评审。二是清洁生产。2009年，在3户企业中推行清洁生产，在1户企业中创建清洁生产合格单位。开展清洁生产的3户企业全部启动了第一轮的清洁生产工作，并上报了中期报告。创建清洁生产合格单位的企业也启动了第一轮清洁生产工作，到了预审核阶段。到目前为止全县30户规模以上工业企业有23户开展了清洁生产工作，占全县规模以上工业企业的77%，有16户企业通过了州经委组织的现场验收。三是资源综合利用。为规范资源综合利用工作，提高企业对发展循环经济和建设节约型社会重要性的认识，我局对符合资源综合利用的企业，认真做好资源综合利用认定工作。现已享受资源综合利用认定的企业户数为7户，其中，再生资源综合利用6户，新型墙体材料企业1户，有效推进综合利用和环境保护工作。

【中小企业发展情况】 2009年，全县非公有制经济增加值完成24.09亿元，同比增长21.44%，占全县国内生产总值的19.66%；上缴税金完成1.91亿元，同比增长1.21%，占地方财政收入的34.1%；从业人员3.34万人，同比增长12.81%；非公经济企业户数1.19万户，同比增长53.32%；注册资金28.9亿元，同比增长148.72%；消费品零售总额11.41亿元，同比增长22.36%，占全社会消费品零售总额的81%；固定资产投资完成31.71 亿元，占全社会固定资产投资的66%。

一批骨干中小企业逐步崛起，正向着规模化、集约化、产业化、现代化方向发展。2009年，全县年销售收入上亿元的规模以上工业企业11户：雄风公司、供电公司、力生公司、磷电化工公司、嘉麟实业公司、滇能发电厂、雷打滩电站、复烤公司、吉成能源煤化工公司、红河恒林化工公司、红河锦东化工公司；年销售收入上千万元的规模以上工业企业13户：高原葡萄酒公司、云牛乳业、红阳公司、康达彩印公司、拖白煤业公司、河湾水泥厂、康和甘油脂厂、天生桥水泥厂、千州生物有机肥公司、包装物资公司、东风和顺工贸公司、大丰化工公司、奥源全息防伪公司。

骨干工业企业正呈多样化发展趋势，为我县的产业结构调整和经济发展起到了积极的作用。工业经济整体覆盖了卷烟、煤及煤化工业、化工、冶炼、生物制肥、卷烟辅料、蔗糖、电力及载能工业、建材等产业体系，推进了我县产业结构的合理调整和不断优化。2009年，工业企业完成现价工业总产值162.96亿元，同比增长10.5%。规模以上工业增加值完成89.40亿元，增长7.3%，占全县GDP的73.4%。随着工业经济规模的不断扩大，创收能力逐步加大，为地方财政收入作出了较大贡献。据统计部门统计，2009年，纳入统计的规模以上30户工业企业共上缴税金65.16亿元。

【表彰】 2009年，红河雄风公司被评为云南省100户创新型非公有制企业；红河云牛乳业有限公司董事长林悫被评为云南省十佳非公有制企业创业之星；弥勒融资担保公司被评为云南省十佳非公有制企业服务机构。

【任职领导名单】

党委书记　李云安

局　　长　李长虹

副 局 长　高汝珍　刘　玲

　　　　　李志刚

屏边县经济贸易局

【基本情况】 屏边县的工业进入20世纪60年代末期，为了满足地方群众生产生活需要，开始创办以家庭作坊式为主的小型加工工业。70年代末80年代初，正当全国大搞经济建设之时，屏边因受自卫还击战争及战后恢复滞后的影响，工业经济失去良好的发展机遇。经过几十年的努力，才初步形成了以电力、化工、冶金、制药、建材、采矿、食品加工等具有地方特色的民族工业体系，90年代以后，随着屏边改革开放力度的不断加大，投资环境的改善，大量外域资金的注入，使小水电开发形成一定规模，与之相配套的化工、冶金工业得到迅速发展，成为全县工业的主力军；制药方面，通过活熊引流胆汁和人工繁殖黑熊技术的突破，以熊胆、大黄藤为原料的中成药开发在省内外享有盛誉。在工业化进程中，屏边县虽然立足于当地资源优势，建立了一定的工业基础，但现有的工业企业，几乎全部是原料型、资源型为主的劳动密集型工业企业，高新技术、高附加值的工业企业为空白，在资源最大化开发利用程度上，还没有得到充分的体现，全县尚处于初级产品生产时期，与发达地区，包括与红河州的内地市县相比，工业化程度还存在着明显的差距，发展任务十分艰巨。

“十一五”期间，随着交通等各项社会事业的蓬勃发展和中国--东盟自由贸易区的建立，屏边县委、政府审时度势，以加快发展为第一要务，聚精会神搞建设，一心一意谋发展。紧紧抓住昆河高速公路、泛亚铁路东线建设的大好机遇，依托昆明、河口国内外市场，实施“绿色经济立县、特色工业富县、科教文化兴县、生态旅游活县”四大战略，突出“生态建设、生物药业、电冶产业、旅游产业、市政建设、新农村建设”六大重点，加快生物制药、矿产、电力、生态旅游等优势产业建设步伐，全县经济社会各项事业稳步发展。年内黄磷厂的股权重组提质升级，大围山生物制药有限公司GMP改造工程顺利推进，生物科技产业基地滴水片区（工业园）启动建设及大理石开发等一批重大工业项目的落地建设，有力地推动屏边工业有新的突破和发展。

【工业经济运行情况】 2009年，全县工业产值完成54575万元，同比下降12.76%，其中，轻工业完成4557.3万元，同比上升45.39%；重工业完成50018.3，同比下降15.83%。国有企业完成2128.9万元，同比上升14.36%；集体企业完成18857.6万元，同比下降0.53%；股份制企业完成24966万元，同比下降31.28%；其他经济类型企业完成8623万元，同比上升59.34%。规模以上企业工业总产值完成36876.3万元，同比下降22.23%，环比下降22.23%；工业增加值完成9455.36万元，同比下降63.04%，主营业务收入完成34227.2万元，同比下降18.10%，利税总额完成5432万元，同比下降58.91%，利润完成3103.5万元，同比下降66.66%。

第三季度，在国家拉动内需政策效应的影响下，建材产品和居民消费品大幅增加，带动相关产业产品产量增长；钢铁市场不尽如人意，铁合金仍处低迷状态，具体表现为：

白酒完成1773.6吨，同比增长64.71%；茶叶完成335吨，同比增长19.22%；黄磷完成13522吨，同比增长52.43%。

大理石板材完成20200平方米，同比增长98.04%；红砖完成1460万块，同比下降10.32%；桶装水完成22900吨，同比下降11.92%；自来水完成83万立方米，同比增长16.9%。铁合金完成7967吨，同比下降17.99%；发电量完成66317万千瓦时，同比下降11.41%。

全县规模以上工业企业实现工业增加值9455.36万元，占目标任务数的63.04%；主营业务收入完成34227.2万元，占目标任务数的75.82%；利税总额完成5432.1万元，占目标任务数的38.80%，其中:利润总额完成3103.5万元，占目标任务数的31.04%，工业固定资产投资（不含电力）9257万元，占目标任务的115.71%。

【乡镇企业发展】 在国家各项利农、惠民政策的贯彻落实及扩内需效应的拉动下，全县农村市场活跃，居民消费欲望明显，使轻工业发展势头强劲，从而带动了乡镇企业平稳发展。全县乡镇企业实现增加值31643万元，占目标任务数的101.45%；工业增加值18587万元，占目标任务数的101.07%；上缴税金2559万元，占目标任务数的101.22%；农产品加工业销售产值3785万元，占目标任务数的101.99万元；企村结对4对，占目标任务数的100%；职业技能鉴定人数56人，占目标任务数的140%。

【非公经济发展】 2009年，县委、县政府狠抓省、州关于发展非公经济优惠政策的贯彻落实，加大服务工作力度，积极引导非公企业抓住国家利民政策、拉动内需的有利时机，非公经济发展稳中有升。全年非公经济实现增加值33856万元，占目标任务数的100.76%；上缴税金1718万元，占目标任务数的103%；从业人员6534人，占目标任务数的116.38%；社会消费品零售额20728万元。同比增长15.75%。

【信息化建设】 县经贸局拟定了信息服务建设方案，由于机构改革没有完成，年内未启动实施。

【技术创新】 屏边黄磷厂的电极升降系统一直以来都是采用人工看电流、电压表、手动按钮。由于人工控制电极升降存在诸多缺陷，一是难于保持三相功率平衡；二是人的固有惰性和情绪对操作的及时性和准确性的影响；这就导致电极升降跟不上电流的波动，而造成电耗偏高和产量偏低，导致电能耗升高。因此，根据专家意见及实际产生的效果情况，经与昆明颐能节能科技有限公司达成共识，由该公司对黄磷厂4套升降系统进行技术改造，实现了电极升降数字化智能控制项目技改。建成后，经科学测评考核，从数据对比上看，电炉运行平稳，化料量明显增加，吨料电耗有所降低，产量有所增加，提高了电炉的工作效率，降低了电能指标，既减轻了职工的劳动强度，同时规避了人工操作存在的缺陷。

【安全管理】 建立健全目标责任制，分别与系统内13家企业签订《屏边县经贸系统2009年度安全生产目标责任书》。推行“安全生产管理保证金制度”。组织开展“安全生产百日督查专项行动”和“6月安全生产月”宣传活动。对辖区内电力企业进行安全生产责任人公示，切实加强煤矿山的安全监管。组织系统内相关人员参加各种安全培训，督促整改各类大小隐患上百项，确保了行业安全生产。

【节能减排】 为实现节能降耗目标，

屏边县经贸局明确专人负责此项工作，先后从局机关、企业选送人员参加省、州业务学习培训，提高了履职监管能力；建立健全节能降耗目标管理体系，制定分解年度耗能计划，以文件形式下达到相关企业贯彻执行；对九千岩硅铁厂一、二号炉进行关闭淘汰，对九千岩硅铁厂开展能源审计，对电力公司组织开展清洁生产。通过各项节能措施的落实，圆满完成了州政府下达的单位GDP能耗下降4.315%的目标控制任务。

【产业结构调整】 根据屏边的工业发展情况及资源状况，随着生物科技产业基地（工业园）的启动建设，屏边将由电矿产业逐步向生物科技产业、生物药业推进发展。

【大事记】 3月7日，县经贸局开始启动家电下乡销售网点备案工作，同时选送业务骨干到省、州进行学习培训。

4月10日，启动了“万村千乡市场工程”建设。5月18日止，完成15家农家店的改造建设，并通过了县级的初验挂牌；同时，争取四寨集贸市场列入省市场工程建设项目。

7月23日，县城农贸市场列入全国“双百”工程项目。

10月14~16日，屏边县经贸局、财政局组成联合验收组对年度改造的15个“日用消费品农家店”进行了初步验收。

12月15日，“双百”工程项目及四寨乡村集贸市场建设通过州商务局验收。

2009年，全县销售冰箱602台，金额1126.34元；彩电574台，金额815479元，洗衣机475台，金额506583元，热水器430台，销售金额864643元。全部销售金额总计3475876元。全县已兑现补贴冰箱611台，兑现金额149415.43元，彩电527台，兑现金额100348元，洗衣机466台，兑现金额65957元。热水器389台，兑现金额101297.95元，补贴2068台。

2009年12月26日，屏边县生物科技产业基地（工业园）举行开工仪式。

【年度任职领导名单】

政协副主席、局长　木　伟
党委书记、副局长　邢林生
纪委书记　龙贵先
副 局 长　黄中胜　黎　智
陶艳辉（3月止）
李富祥（3任）

石屏县经济贸易局

【基本情况】 石屏县经济贸易局集石屏县乡镇企业局、石屏县煤炭管理局、石屏县发展非公有制经济办公室、石屏县豆制品特色产业园区办公室、石屏县糖业办公室、石屏县豆制品产业办公室和石屏县国企改革领导小组办公室为一体。同时，根据州上的规定，盐务管理局的职能设在县经贸局。

设8个职能股室，即：办公室、经济运行股、商务股、企改股、乡镇企业股、煤炭股、县糖办、县豆制品产业办。有干部职工42名，其中，行政编制29名，事业编制8名，工勤编制5名。

【工业经济运行情况】 2009年，由于受全球金融危机的影响，国家出台了扩大内需扶持政策，除黄磷市场价格倒挂，全年处于停产状况，影响产值3.4亿外，水泥、水泥包装袋、原煤、酱菜、白砂糖等产品产销两旺，保持工业经济稳步增长。全年实现工业总产值160800万元，比上年增长7.2%，实现工业增加值31576万元，同比增长6.9%。其中，轻工业完成产值79542万元，增22.51%，重工业完成产值81259万元，下降13.3%。轻工业较重工业快35.81个百分点。全县14户规模以上工业企业实现增加值21045万元，增14.8%，实现主营业务收入49870万元，同比增长-8.1%，实现利税6375万元，比上年增长-26.8%。10种主要工业产品产量7种上升3种下降，增幅较大的有水泥、原煤、红砖、食糖等产品，下降的有发电、铁矿石、铅精矿等产品。

【工业园区建设】 2009年，完成了石屏豆制品特色产业园区《总体规划》和《可研报告》的编制，并经过了州经委、省工业和信息化委员会审核认可。规划期限为2009~2025年，总规划面积1104.66公顷，功能结构为“一园三区”的组团式空间结构形态，包括城北豆制品加工区、城东豆腐加工区和宝秀加工制造区。园区定位为：以发展豆制品特色产业为主，其他加工制造业为辅，形成全国最大的豆制品集群产业区。

城北豆制品加工区已落户了神龟井食品有限公司、禽产品加工公司、吉祥果蔬有限公司，总投资1600万元，用地74亩。同时，完成了城东豆腐加工区49.7公顷和松村豆制品加工区21.5公顷的控制性详细规划。作为核心片区建设，城东豆腐加工区已入驻了石峰商贸公司、金鑫豆制品有限公司、城东豆制品加工厂等12户企业，总投资3000余万元，用地60多亩；松村豆制品加工区落户了山金矿业免烧砖厂，总投资1500万元，占地20余亩。宝秀加工制造区落户了盟吉升洗选厂，总投资1000万元。

【节能减排】 2009年，规模以上企业综合能耗为28947.36吨标准煤，比上年同期值93892.08吨标准煤下降69.17%；本期工业总产值59305.9万元，比上年同期值68176.4万元下降13%；本期单位产值能耗为0.4881吨标准煤/万元，比上年同期单位产值能耗1.3772吨标准煤下降64.56%，完成了州下达我县单位GDP能耗下降4%目标任务。五户重点企业的能源审计分别通过了省州级验收。实施了鑫磊锰业公司和辣云红酱菜厂两户企业的清洁生产审核。

【技术进步】 20户豆制品企业进一步实施了节能改造，利用锅炉冷凝水热量先期烤腐皮、冷凝水可以回收利用；建盖了近千平方米太阳能烤房，保证了节能减排工作任务的落实；实施了异龙水限责任泥有公司技术改造，窑外分解产量日提高280吨，能耗从175公斤/吨熟料下降到140公斤/吨熟料，电耗下降10%，合计节约标煤炭6218吨（不含生料、煤磨废气烘干节约煤耗）；恒誉实业有限公司更换调频电机100余台，新购编织机30台，促进了节能和技术进步的提升。

【中小企业发展情况】 2009年，全县共有中小企业425户；从业人员14983人，同比增长11.27%；注册资金53703万元，同比增长5%；上缴税金4893万元，同比增长-13.37%；完成增加值51450万元，同比增长-12%。由于全球金融危机的深度漫延，中小企业遭遇从未有过的严峻形势和巨大困难。增加值和上缴税金都比上年同期明显下降，主要原因是由于产品价格大幅下降，磷化工企业自2008年10月停产至今；60%以上非煤矿山企业纷纷缩减产能或限产、停产；获得生产许可证的33户豆制品加工企业有50%以上处于停产状态。

【企业改革工作】 2009年完成石屏县纵横公路建设投资开发有限责任公司制。根据《石屏县关于进一步深化国有企业改革的实施意见》结合企业实际，经石屏县十四届人民政府第9次常务会议研究决定县纵横公司参照石屏县电影发行放映公司改制的模式进行；完成新城锰矿企业改制。新城锰矿始建于1985年，由于政府参与管理，导致政企不分，责、权、利不明确，不利于国家对采矿行业的管理及安全生产，矿点分散，粗放的管理模式既不适应行业管理的规定又制约了企业的发展壮大。对新城锰矿的改制，按照“谁投资、谁所有、谁管理、谁受益”的原则，采取有偿转让的方式进行转让，转让后原企业注销，组建具有法人主体的民营企业，使矿山资源得以整合并逐步向职责明确、产权清晰、政企业分开，管理科学的现代企业制度迈进。

【安全管理】 在业务工作中，积极宣传贯彻相关法律法规，有效地抑制了重、特大责任事故的发生，全县2009年度有合法煤炭生产企业3户，6对矿井，产能26万吨，其中有5对生产矿井，产能20万吨，一对矿井待建，产能6万吨。全县煤炭安全生产工作，在县委、县政府及上级行业部门正确领导和指导下，在企业的共同努力下，上下联动，齐抓共管，狠抓现场管理和事故隐患整改，未发生安全伤亡事故。

【任职领导名单】

书　记　马云伟

局　长　杨忠顺

纪委书记、副局长　翟正勇

副局长　李　超　普亮明

元阳县经济贸易局

【基本情况】 2009年，元阳县共有工业生产企业和生产单位646个，从业人员2372 人，以矿产开采加工业和农副产品加工业为主。其中，矿产开采加工业42个、从业人员1159人；农副产品加工企业601个、从业人员2030人。全县共完成工业总产值46100万元，比去年的37900万元增长21.6 %，其中：轻工业产值完成10607万元，比去年的12600万元下降15.8%；重工业产值完成35510万元，比去年的25300万元增长40.6%。华西黄金公司、红泰糖业公司、元阳英茂糖业有限公司、县供电公司、慧丰公司、铁合金厂6户规模以上工业企业实现工业增加值21628万元，比上年16700.6万元增长29.5%；这6户工业企业有2户出现利润亏损，与上年的亏损户同等，亏损总额为257万元，比去年亏损的443万元减亏186万元，其中：红泰糖业公司亏损 204万元，较去年亏损的140万元增亏64万元，铁合金厂亏损53万元，较去年减亏390万元。

【工业经济运行情况】 2009年，全县完成工业总产值46100万元，同比增长21.6%，其中，轻工业完成10607万元，同比下降15.8%；重工业完成35510万元，同比增长40.6%。规模以上企业完成工业增加值21628万元，同比增长29.5%，完成考核数（19000万元）的113.8%；实现产品销售收入38221万元，同比增长16.5%，完成考核数（37500万元）的102%；实现利税总额15446万元，同比增长97.2%，完成考核数（9600万元）的160.9%；实现利润13967万元，同比增长123.9%，完成考核数（7800万元）的179%。

主要工业产品产量有增有减，整体运行平稳。生产白砂糖20890吨，同比增长40.23%；酒精3824千升（红泰公司生产酒精178吨，云南慧丰公司生产酒精2423吨），同比下降41.2%；生产白酒942千升，同比下滑34.13%；生产淀粉150吨，同比下降98.38%；生产糖浆3500吨，同比增加3448吨；生产锰铁1452吨，同比下降36.2%；成品金663.97千克，同比增长87.7%，含量金360.51千克，同比增长78.5%；铅精矿2765.74吨，同比增长153.8%；铜精矿粉337.8吨，同比下降29.9%；生产白银4706.19千克，同比增长90%；发电量4647万度，同比下降15.5%；自来水产量169万吨，同比增长7.6%，生产大理石板材316平方米，同比下降48%。

【企业改革】 2009年，我县进一步深化企业产权制度改革，组织实施了电力改制工作，完成了元阳供电有限责任公司下属四个水电站的资产评估，通过中介机构在相关网站及报刊进行产权转让公示，先后有广东中宝木业等17家公司进行洽谈，目前组织相关部门加紧实施。同时加强改制企业的跟踪问效工作，完成了王国公司、红泰公司改制扫尾工作。

【技术创新】 为了推动企业技术进步，着力抓好一批重点企业的技术改造项目建设，实现以科技进步带动经济增长。2009年，实施了元阳县华西黄金有限公司吨金项目200T选厂扩能技术改造工程，累计完成投资16184万元；元阳英茂糖业有限公司回渣节煤系统改造项目，完成投资800万元。

【安全管理】 2009年，元阳县认真落实企业安全生产责任，通过签订目标责任书，层层分解、层层抓落实，形成“要我安全、到我要安全”的工作格局，与24户生产企业签证了安全生产责任书，加强与安监、公安、国土、质监、劳动、工商等部门的协调与配合，在非煤矿山、危险化学品、建筑施工等领域组织开展联合执法。全年共派出安全生产检查62人（次），检查生产经营单位100多家（次），对检查中发现的安全隐患，及时督促进行整改。

【节能减排】 2009年，全面完成了全县单位GDP能耗下降率4.1%的目标。其中：规模以工业企业综合能耗总量为9733.93吨标准煤，比上年同期的25201.45吨减少了15467.52吨，下降率为61.38%；单位产值能耗为0.2772吨标准煤，比上年同期的0. 7495吨减少了0.4723吨，下降率为63.02 %。完成推广节能灯60341只，其中，紧凑型60121只、双端直管荧光灯110只、高压钠灯110只。

【产业结构调整】 元阳县进一步优化升级产业结构，充分利用境内资源优势，大力发展以甘蔗、木薯为主的糖酒、淀粉产业，以水能为主的电力产业开发，壮大以黄金为主的矿产品加工业。把传统支柱产业优化升级放在重要位置，用高新技术和先进适用技术改造传统产业，提高产品的技术含量和附加值。大力推广应用节能降耗技术，加快重大工业节能项目建设，切实加大对重大工业污染源的治理力度，促进经济发展方式的根本转变。通过优化结构，逐步实现了从传统、粗放的经营管理模式向创新转变；从初加工、粗加工产品为主的传统制造业向精深加工、高附加值为主的先进制造业转变。

【中小企业发展情况】 2009年，全县共有中小企业148户，比去年同期增长9.6%；从业人员2304人，比去年同期增长4.06%；完成生产总值9283万元，比去年同期增长1.18%；实现消费品零售总额为17536万元，比去年同期增长8.02%；上交各种税金1107万元，比去年同期增长35.6%。

【任职领导名单】

党委书记　石春明
局　　长　高少云
副 局 长　余锦荣
　　　　　李瑞升

文山壮族苗族自治州

文山州经济委员会

【概述】 2009年是文山建州以来发展困难较多、发展压力最大的一年，受金融危机影响，从2008年第四季度开始，全州规模以上工业企业出现负增长，停产半停产企业增多，企业亏损面扩大，企业发展信心严重受挫。2009年以来，全州工业战线围绕“保工业就是保发展、保就业、保稳定、保大局”的思路，坚定信心，抓好国家、省、州有关促进工业经济平稳较快增长政策和措施的落实，制定出台应对金融危机八条特殊措施，并对各县、企业落实情况进行了督导和落实，积极帮助停、减产企业提振精神，坚定信心，恢复生产，走出困境，努力化解金融危机带来的产销不畅、产品价格下滑、企业经营难度加大等方面的不利影响。全州工业经济在遏制住2月末规模以上工业负增长4.1%后，3月末实现1.4%的正增长，以后各月工业增幅均保持稳步回升，全州工业经济总体上保持了平稳运行的态势。

2009年，全州全部工业实现总产值208亿元、增长9.4%，全部工业增加值完成71.2亿元，增长16.8%，占全州GDP的比重为26%，比上年下降1个百分点，巩固了二产拉动GDP增长的主导地位；规模以上工业累计完成增加值60.8亿元、增长18.7%，增速在全省16个州、市中位居第三位，分别比全国、全省高7.7和7.5个百分点；规模以上工业主营业务收入125.8亿元、同比增长0.5%；规模以上工业利税总额25亿元、同比增长10.8%，规模以上工业利润总额15.6亿元、同比增长24.8%。

全年组织实施重点工业项目（不含电力类）84个，富宁5万吨/年高钛渣生产线建设等27个项目已竣工投产。全州完成非电力工业固定资产投资47.3亿元，增长46%，超额完成省下达的35亿元责任目标任务。各重大项目的相继实施和建成投产，对工业经济平稳快速增长起到了重要的支撑作用。

全州单位GDP能耗下降4.9%，淘汰拆除铁合金矿热电炉6台，装机容量25800kVA，淘汰拆除新街水泥厂2条10万吨产能水泥生产线，全面完成省下达节能降耗目标任务。

至2009年底，全州装机总量达到152万kW（其中，州县统调装机容量117万kW）、增长57%；全州500kV变电站1座，主变1台，变电容量75万kVA；220kV变电站4座，主变7台，变电容量120万kVA；110kV变电站29座，主变42台，变电容量153万kVA。全州共完成自发电量45.3亿kW.h、增长1.6%；完成购省电量电量19.1亿kW.h、增长73.6%。全州供电量虽受金融危机和企业开工不足的影响，但仍然达到56.6亿kW.h，增长23.7%，由于自发电量、购省电量提高，基本缓解了供需矛盾，有力地支持了全州社会经济发展。

全州非公经济完成增加值132.4亿元、同比增长14.8%，上缴税金9.7亿元、同比增长6.4%，从业人员13万人、同比增长12.5%，基本完成省考核任务。全州乡镇企业实现增加值58.75亿元、同比增长20.88%，工业增加值33.96亿元、同比增长29.92%，农产品加工业销售产值35.1亿元、同比增长42%。

【工业经济运行情况】 2009年，全州工业经济在遏制住2月末规模以上工业负增长4.1%后，3月末实现1.4%的正增长，以后各月工业增幅均保持稳步回升态势。全年全州工业完成现价总产值207.9亿元，增长9.4%；规模以上工业累计完成工业增加值60.8亿元，增长18.7%。增幅分别比一、二、三季度提高17.3、9.9和6.3个百分点。增速在全省16个州、市中位居第三位，分别比全国、全省增速高7.7和7.5个百分点。全部工业增加值完成71.2亿元，增长16.8%，占全州GDP的比重为26%，比上年下降1个百分点，巩固了二产拉动GDP增长的主导地位。八县工业总产值除马关县外均为两位数增长，文山、砚山县增速分别为14.2%和17%，丘北最高为20.1%，马关下降10.9%。

全州规模以上工业企业完成主营业务收入125.8亿元，增长0.5%；实现利税总额24.7亿元，增长10.8%；其中利润15.6亿元，增长24.8%。销售收入利税率为19.6%，仍处于历史较好的效益水平上。工业主要经济指标在11月前受危机严重冲击和价格大幅下跌影响一直下降，但随着扶持企业复产达产特殊措施的作用和主要产品价格的逐步回升，降幅逐月收窄，加之2008年12月份正是危机冲击最严重、产销和效益基数较低的时期，故2009年12月份的销售和效益出现了明显的翘尾巴现象，各主要指标扭降为增，这一成果实属来之不易。规模以上工业企业资产总额221.3亿元，增长3.8%；资产负债率63.2%，提高0.6个百分点；全员劳动生产率44.1万元/人，比上年提高0.3万元/人；入库国税10.3亿元，占全部国税收入的79%，工业仍然是全州财政收入的主要来源和重点支撑。

全州127户规模以上企业完成工业增加值占全部工业增加值的85.4%，比上年提高4个百分点，是工业经济发展的主要力量。作为低能耗的轻工行业生产实现快速增长，规模以上轻工企业实现增加值20.3亿元，增长30.9%，快于重工业16.9个百分点；业务收入30亿元，增长38.2%，高于重工业48.1个百分点。电力、建材、三七制药、烟草、农副产品加工等重点产业通过上马一批新建、技改重点项目，企业规模扩大，产值销售收入增长15%以上，成为拉动工业经济增长的主要因素。尽管受金融危机影响，产销受严重打击，矿业仍稳居支柱产业地位，限额以上企业产品销售收入42.5亿元，占全部的36.2 %。利税超5亿元的行业有冶金、电力行业，超2亿元的行业有烟叶加工、煤炭，超1亿元的行业有建材、农副产品加工。列入培育的各行业重点龙头企业借金融危机冲击之机练内功、强管理、抓项目、搞技改、调结构，夯实企业发展基础，为迎接下一轮经济复苏蓄势待发，华联锌铟、阿舍冶炼、电力股份、斗南锰业、特安呐制药、壮山水泥、文山煤业、兴建水泥等企业不断扩大企业生产规模，改进产品结构，培育核心竞争力，企业经济实力明显增强。

全州乡镇工业企业实现增加值30.8亿元，增长18%；乡镇企业应交税金6.2亿元，增长8%。非公经济预计实现增加值132.6亿元，增长14.5%；税金9.7亿元，增长6.4%。

12月底，全州规模以上停产、半停产企业4户，规模以下停产、半停产企业86户，分别比年初减少45户和212户，规模以上停产、半停产企业已有90%以上全面恢复正常生产经营。

【重点项目建设】　全州共完成工业（不含电力）固定资产投资47.3亿元，增长46%。完成省工信委下达目标任务35亿元的135 %和州56 亿元的85 %。实施重点工业项目84个，其中新开工项目46个，续建项目36个，前期工作2个。已投入试生产的有19个，其他项目实施顺利。其中：富宁5万吨/年高钛渣、砚山宏灿公司难选低品位铁矿资源综合利用、文山金和有色金属冶炼有限公司16500kVA铁合金扩建、砚山县滇常冶炼厂8万吨/年铁合金节能技改等27个项目已竣工投产。特安呐公司三七综合加工、广南壮乡2000t/d水泥熟料生产线建设项目近期可投入试生产；年产80万吨氧化铝厂、兴建公司4000t/d新型干法熟料水泥、阿舍冶炼厂18万吨/年铁合金节能、普阳煤化工公司二期电石、华联锌铟公司铜街至曼家寨矿段210万吨/年采矿和8000吨/日选矿扩建、富民糖业日处理6000吨甘蔗糖厂等一批重点项目进展顺利；氧化铝配套氯碱项目、文山州复烤厂搬迁扩建2个项目前期工作正有序推进，预计明年可开工建设，一批项目相继建成投产和实施，对工业经济较快增长起到了重要的支撑作用。

【信息化建设情况】　至2009年底，全州各级、各部门共配备专兼职政府信息公开、政务信息查询工作人员1100名，其中，专职人员580名；强化培训，年内全州共组织对8县人民政府和州属单位政府信息公开工作人员进行10余期专题培训，参训人员1500余人（次）；加强政府信息公开网站建设，截至2009年底，州政府门户网站总访问量达到2500万人次，全州共开通政府信息公开网站748个，上传各类信息7万余条，主网站州人民政府政府信息公开专网上传信息2万余条,全州信息上传信息总量和主网站上传信息总量均居全省第二；2008年以来，全州各级各部门通过网站、广播、电视、新闻发布会、报纸、电子显示屏等共向社会公开政府信息近20万条（次、期），其中，2009年公开政府信息8万余万条（次、期），召开新闻发布会50余次，州档案馆共计录入目录近60万条政府信息，扫描现行公开文件160余份，珍贵照片56张，极大地方便了社会公众查询档案。截至2009年底，累计接待政府信息公开咨询人员500余人（次），州图书馆共接待政府信息公开咨询人员300余人（次），全州各级各部门共接待政府信息公开咨询人员近3万人次。

加强培训，为四项制度网上发布系统普及应用提供技术支持，年内先后对全州各级各部门进行后台发布操作、安全维护、96128政务查询专线培训4次，培训人员440人次；全州96128政务查询专线系统于4月开始建设，5月30日开通投入试运行，6月25日和全省同步投入正式运行。年内全州96128专线查询平台共录入506个单位、2万余条政务基本信息，5月30日96128专线开通试运行至12月20日，全州96128专线查询中心共接到查询电话6356次，日均查询45.4人（次）。其中自6月25日系统正式投入运行以来共接到查询电话6215次，转接成功2351次，转接成功率91.97%，用户满意数2306次，用户满意率98.08%；转接失败587次，其中，时忙33次，无应答172次，用户挂机239次，其他原因143次。

2009年，全州先后对文山州移动分公司、文山州电信分公司新建1217个基站组织召开专家论证，共有1188个基站通过专家评审；年内对3265份无线电台站执照进行了年审；办理联通移交电信的208座基站、9座微波站的相关业务手续，做好联通、电信共893座新建基站的行政审查前期报告；全年征收无线电频率占用费326290元；开展清理违法使用对讲机专项整治活动，全州共检查对讲机使用单位近300家，检查对讲机804只，其中，办理设台手续的584只，未办理设台手续的171只，申请停用49只，下发责令改正通知书27份，限期整改通知书9份，封存决定书4份，封存对讲机13只，现场销毁（拆零）4只。二是进一步深化县级无线电管理工作，2009年，全州共有县级无线电管理领导小组8个，成员103人，无线电专（兼）职管理员28人；全年共举办2期县级无线电专（兼）职管理员无线电管理业务培训。三是大力支持3G事业发展，成立了文山州3G产业发展领导小组，在州无线电管理处及8县设立3G产业发展协调工作办公室，制定推动3G产业发展意见，协调各通信部门对新建铁塔、杆路、管道必须共建，已有的铁塔、杆路必须共享，及时协调频率造成的干扰；并在剥隘水库、高速公路及铁路等基础设施建设的规划中分别统筹考虑了基站建设和网络传输。

【技术创新】 2009年，文山州紧紧围绕省政府“三个一百”重点项目和州政府20个重大建设项目，共组织实施重点在建、新开工工业项目84个。通过采取层层分解，明确责任，同时启动重点项目领导挂钩督办制，明确了文山80万吨氧化铝厂建设等19个重点项目具体工作任务及目标，落实相关责任领导及责任科室，及时督导协调解决项目实施中的问题和困难，切实增强企业投资信心，确保各重点工业项目顺利推进，工业（不含电力）固定资产投资大幅增长。2009年全州完成非电工业固定资产投资56亿元、同比增长72.8%，超额完成省工信委下达的35亿元责任目标。

2009年组织实施的84个重点工业项目中，富宁5万吨/年高钛渣生产线建设、砚山宏灿公司难选低品位铁矿资源综合利用、麻栗坡紫金钨业公司5000吨/年APT粉生产线建设、文山金和有色金属冶炼有限公司16500kVA铁合金生产线技改扩建、砚山县滇常冶炼厂8万吨/年铁合金节能技改等27个项目已竣工投产。特安呐公司三七综合加工生产线技改、广南壮乡2000t/d水泥熟料生产线建设项目近期可完工投入试生产；年产80万吨氧化铝厂建设、兴建公司4000t/d新型干法熟料水泥生产线建设、壮山公司2500t/d新型干法熟料水泥生产线技改项目、砚山阿舍冶炼厂18万吨/年铁合金节能技改、普阳煤化工公司二期电石项目、华联锌铟公司铜街至曼家寨矿段210万吨/年采矿扩建工程和8000吨/日选矿扩建工程、马关云铜锌业公司高效提铟产业示范化工程、州煤业公司普阳煤矿五期扩建、富民糖业日处理6000吨甘蔗糖厂建设等一批重点项目进展顺利；氧化铝配套氯碱项目已开工建设；文山州复烤厂搬迁扩建等项目前期工作正有序推进，预计2010年可开工建设。这些项目的实施，对推动文山州工业固定资产投资快速增长，促进工业经济持续快速发展起到了十分重要的意义。

【安全管理】 2009年，全州经委系统正确处理安全生产、经济效益和社会稳定的关系，认真落实安全生产责任制，系统内没有发生一起重特大安全生产事故。

（一）认真贯彻落实国家、省、州安全生产电视电话会议精神。分别于2009年1月16日，2009年6月5日召开委机关全体干部职工大会，及时传达全国、省、州安全生产工作电视电话会议精神，要求全州经委系统干部职工从执政为民、科学发展、建设和谐社会的高度，重点抓好事故隐患的排查治理工作，坚决遏制重特大安全生产事故的发生。

（二）深入开展安全生产隐患排查治理工作。成立安全生产督查组，对全州经委系统内的重点企业和高危行业开展安全隐患排查治理工作，全面排查各生产经营单位的生产工艺流程、关键设备、作业环境等方面存在的隐患，做到突出重点，排查不留死角；加大隐患排查治理力度，加强对企业安全隐患排查治理工作的督促检查，对州政府“挂牌督办”的重大安全隐患，进行跟踪治理，督促企业按要求及时整改销号，坚决遏制重特大安全生产事故的发生。

（三）认真落实监管职责范围内的安全生产责任制。2009年初，州经委对工业企业、工业园区的部分重点企业进行了安全生产责任制的检查落实，认真查阅各企业与属地管理部门签订的安全生产责任状，督促生产经营单位认真落实安全生产主体责任，层层签订安全生产责任状，通过企业领导与车间、车间与班组逐级签订安全生产责任状，定期对照检查、年底考核，认真落实安全生产责任制，有效避免安全生产事故的发生。

（四）开展安全生产大检查，督促生产经营单位落实安全生产主体责任。州经委安全生产检查组分别在元旦、春节、“五一”及“十一”黄金周期间，到部分重点企业开展安全生产检查，对检查中发现的安全隐患，要求企业及时整改，消除隐患，创造良好的工作环境。

（五）认真组织开展6月“安全生产月”活动。成立“安全生产月”活动小组，拟定活动方案，做到组织，人员落实。6月7日，活动小组一行共7人在文山城双桥花园悬挂宣传横幅，以“关爱生命、安全发展”为主题，开展安全宣传咨询活动，在活动中共发放宣传资料400份，接受安全生产咨询34人次。

【节能减排】 2009年，全州规模以上工业实现增加值60.8亿元，增长18.7%，能源消费总量170万吨标准煤，增长3.46%；单位工业增加值能耗2.58吨标准煤/万元，下降12.8%；单位GDP能耗下降5.337%，淘汰落后生产能力铁合金25800kVA，水泥熟料20万吨。全面完成省政府下达文山州单位GDP能耗下降4.9%、淘汰落后生产能力铁合金21600kVA、水泥20万吨的目标任务。在冶炼、建材等重点工业行业大力推广清洁生产，严格按标准开展清洁生产审核验收工作，年内新增开展清洁生产审核工作的规模以上企业有23户，对云南华联锌铟股份有限公司等企业7个项目进行严格的节能评估审查，组织云南普阳煤化工有限责任公司等10户企业开展了能源审计工作；积极鼓励企业推广应用节能减排技术，云南文山斗南锰业股份有限公司25000kVA矿热电炉、云南壮山实业股份有限公司2500吨/日、云南兴建水泥有限责任公司4000吨/日项目低温余热发电项目进展顺利；贯彻执行国家相关产业政策，严格控制高耗能高污染行业过快增长，严把行业准入关，对铁合金、水泥、化工等行业进行严格审批上报；积极开展全州公共机构节能工作，2009年，全州公共机构节能工作以2006年为基数，实现总体水平降低20%以上；全面推进全社会节能工作，截至12月底，各行业主管部门考核指标已超额完成考核目标任务。教育：在全州学校推广1.8725万支节能灯，已创建2个节水、节电试点示范学校；交通：营业性公路载客、货汽车综合汽、柴油燃料单耗为每百吨公里7.98升；卫生：在各医院、保健院和卫生院推广0.4万支节能灯，西畴县鸡街中心卫生院、广南县坝美镇中心卫生院2个节电、节水试点示范单位已投入使用；林业：完成新建农村户用沼气池3.47万口，农村改灶0.94万户；商务：在大型商厦、宾馆（饭店）、写字楼、加油站、部分商业服务业、再生资源回收等6个商业行业推广使用1.264万支节能灯；建设：全州增加太阳能热利用面积0.995平方米，在广场、道路照明推广0.45万支节能灯；农业：农业机械单机能耗下降0.72%，大中型农机具更新比重达到3.65%，新建农村户用沼气池1.81万口。积极做好高效照明产品的推广工作，先后出台《文山州2009年推广高效照明产品实施方案》、《关于推广2009年国家财政补贴高效照明产品的通知》和《关于组织购买2009年国家财政补贴高效照明产品的通知》等文件，年内累计推广节能灯10.4万只，超额完成省下达的高效照明产品推广任务。

【产业结构调整】　2009年，认真贯彻2008年全州加快推进新型工业化大会的精神，按照巩固发展矿业、冶金和电力三个骨干产业，精深开发三七、制药、农副产品加工和生物资源等特色产业，改造提升煤炭、建材、装备制造等传统产业，加速发展乙炔化工、磷化工、燃料乙醇、木本油料、林浆纸等新兴产业，加快发展现代服务业的产业结构调整总体思路，紧紧围绕“文山州重点产业发展千亿工程实施意见”中各产业发展具体指导意见和目标，积极推动结构调整稳步开展。截至年底，低耗能工业较快增长，重点产业、企业带动作用明显。127户规模以上企业完成工业增加值占全部工业增加值的85.4%，比上年提高4个百分点，是工业经济发展的主要力量。作为低能耗的轻工行业生产实现快速增长，规模以上轻工企业实现增加值20.3亿元，增长30.9%，快于重工业16.9个百分点；业务收入30亿元，增长38.2%，高于重工业48.1个百分点。电力、建材、三七制药、烟草、农副产品加工等重点产业通过上马一批新建、技改重点项目，企业规模扩大，产值销售收入增长15%以上，成为拉动工业经济增长的主要因素。尽管受金融危机影响，产销受严重打击，矿业仍稳居支柱产业地位，限额以上企业产品销售收入42.5亿元，占全部的36.2 %。利税超5亿元的行业有冶金、电力行业，超2亿元的行业有烟叶加工、煤炭，超1亿元的行业有建材、农副产品加工。

【大事记】　1月6日，州经委党委组织全州开展文山州企业经营管理人才队伍建设研究专题调研。

2月17日，州人民政府在州政府会议厅召开全州工业经济工作会议，回顾2008年工业经济发展情况，并对2009年工业发展各项工作作安排部署。

2月23~24日，由省监察厅、省工信委、省节能办和省统计局等部门组成的省政府2008年度节能目标责任现场评价第二考核组对全州以及重点行业、有关企业2008年度节能目标完成情况和节能工作开展情况进行现场评价考核。

2月27日，州经委召开文山州盐务管理工作会议。

3月9日，州经委副主任刘云洲调任文山州人民政府副秘书长。

3月10~13日，由文山州经委组织的云南省清洁生产审核员第30期培训班在丘北县普者黑举行，来自昆明、昭通、楚雄等4州市的53家企业、4家中介机构、10个县市经委（经贸局）共126人参加了培训，其中州内有82人参训。

3月18日，州政府紧急召开促进全州工业经济平稳增长专题会议，研究应对金融危机特殊政策相关事宜；之后，出台了《文山州人民政府办公室印发〈关于积极应对金融危机促进全州工业经济平稳增长实施意见〉的通知》（文政办发〔2009〕54号）和《文山州人民政府办公室关于对部分企业生产性用电给予财政补贴的实施意见》（文政办发〔2009〕55号）。

3月31日，州经委党委召开了委机关第二批深入学习实践科学发展观活动动员大会。

4月9~13日，州经委牵头会同州统计局组成州人民政府应对金融危机促进全州工业经济平稳增长督导组，到八县就工业经济相关工作开展督导调研。

4月15日，州委、州人民政府联合召集各县、有关部门和各领域企业在州委小礼堂召开全州企业生产经营座谈会，重点研究企业生产经营中的困难和问题。

5月4日，州委常委、副州长姚堂文、州委指导检查组组长苏继群等一行5人到我委检查指导深入学习实践科学发展观活动，并对全州工业经济工作提出要求。

5月11~15日，州经委到8县和各工业园区就工业园区标准厂房建设、工业经济运行和重点工业项目建设情况开展调研。

6月12日~7月5日，州经委到8县开展全州非公有制经济发展情况调研。

7月23~24日，州经委与州政府法制办在文山普阳大酒店举办全州盐政执法培训。

7月23~24日，州经委党委在文山交通宾馆举办2009年党务干部培训班，组织州经委党委所属企业党组织51名企业党务干部开展培训。

8月24~26日，财政部、国家发展改革委委托重庆市财政评审中心和重庆市节能中心对我州申报的节能技术改造财政奖励资金项目进行节能专项核查。

9月10日，州人民政府与国电云南公司在文山举行水电资源整合及新能源开发合作框架协议签字仪式。

9月22~25日，州经委组织丘北县达平食品有限责任公司、云南津渝辣素有限责任公司、云南金泰得三七产业股份有限公司、砚山县丰林花生油厂、丘北县绿色食品冷冻厂、文山县江花民族印染厂等6户企业15名代表参加在广州国际会展中心举办的第六届中国国际中小企业博览会暨中西中小企业博览会。

9月30日，州经委党委召开规模以上非公企业和委属非公企业党组织学习实践科学发展观活动动员大会，正式启动规模以上非公企业和州经委党委所属22家非公企业党组织学习实践活动。

10月13日，州委、州人民政府组织召开全州加快非公有制经济发展暨工业园区建设工作会议，回顾近年来非公经济发展情况，并对今后一段时期全州非公经济和工业园区建设工作作安排部署。会上，州委、州政府对十强非公有制经济企业、40户非公有制经济先进企业、12户发展非公有制经济先进单位进行了表彰奖励。

11月2~3日，省政府第二督察组对我州2009年节能减排工作进行现场专项督查。

11月18~19日，云南省人民政府副省长和段琪率省工业和信息化委员会、省科技厅等部门对文山壮族苗族自治州工业经济发展进行调研，提出“重工抓铝业推动、轻工抓三七推动”的发展战略。

11月23日，州人民政府在马关县召开全州工业经济、工业投资、节能降耗和淘汰落后产能工作紧急会议，对年末最后40天的工业经济工作作安排部署。

11月25~27日，州经委成立调研工作组到八县紧急督导工业经济运行、工业固定资产投资、节能降耗和淘汰落后产能等四项指标完成情况。

12月17日，州经委组织八县经济商务局和重点企业召开全州工业经济运行和生产财务统计工作会议。

12月19日，在省工信委的大力支持下，州人民政府与云南冶金集团股份有限公司、云南白药集团股份有限公司在昆明翠湖宾馆签订战略合作协议。省政府副省长和段琪出席签字仪式，省工信委主任刘绍忠代表省政府致辞，州委常委、常务副州长徐爱民代表文山州人民政府与云南冶金集团股份有限公司、云南白药集团股份有限公司分别签订了《文山州人民政府与云南冶金集团股份有限公司铝土矿资源开发战略合作框架协议》和《文山州人民政府与云南白药集团股份有限公司合作开发文山三七产业战略协议》；丘北县人民政府与文山铝业有限公司签订了《丘北县人民政府与文山铝业有限公司关于整合—勘查—开发丘北县铝土矿资源协议书》。

【中小企业发展】 截至2009年底，全州登记注册的非公经济总户数60935户、增长16.2%，从业人130325人、增长12.6%，注册资金104.2亿元、增长28.6%，其中，个体工商户171631万元，增长46.8%，私营企业814319万元，增长27.8%；上缴税金9.7亿元，增长6.4%，完成增加值132.4亿元，增长14.2%。

截至2009年底，全州非公经济吸纳就业人员130325人，增长12.6%，连续三年保持两位数以上的增长，完成省考核任务的104.3%。非公经济吸纳社会就业能力的增强，有效地缓解了社会就业压力，为稳定社会、扩大就业发挥了积极作用。

自1998年建立非公经济统计制度以来，文山州非公经济上缴税金每年均保持两位数以上增长，特别是2006年至2008年之间，年均增长46%。2009年受全球金融危机影响，停产、半停产企业增多，上半年首次出现负增长，至2009年6月底，全州非公经济上缴税金同比下降9.3%。下半年，在州委、州政府各项应对危机措施的激励下，企业生产经营状况逐步企稳向好，截止2009年底，全州非公经济上缴税金97451万元，增长6.4%，增速较上年度下降近30个百分点。

受金融危机影响，2009年，全州初规模以上停产、半停产企业最多时达到49户，随着州和各县政府实施的特殊优惠政策拉动和市场逐步回暖，至2009年底已有90%以上的企业恢复生产。

【获省部级以上表彰的企业和个人名单】
广南县宏顺硅业有限公司董事长兼总经理王聪荣，获省政府对完成2009年度工业经济发展和节能责任目标先进个人称号。

华联锌铟股份有限公司、云南特安呐制药股份有限公司、云南壮山实业股份有限公司、云南木利锑业有限公司、云南太阳魂酒业有限公司获云南省百户创新型企业称号。

胡崇良（文山州煤业有限公司董事长）、刘达平（丘北达平食品有限责任公司董事长）、张兴舜（文山通用机械制造有限公司董事长）、张林木（砚山丰林花生油厂厂长）获云南省创业之星称号；

金朝水（云南文山三鑫集团有限公司董事长）获云南省公益之星称号；

文山州中小企业融资担保公司获云南省十佳非公企业服务机构称号。

【任职领导名单】

主　任　郑先进
副书记　许永谦
副主任　沈　碧
　　　　黄兆鑫
　　　　王维俊
　　　　刘云洲（至3月）
　　　　陈太红

（严　智）

丘北县经济商务局

【概述】 丘北县经济商务局是由原经济贸易局和乡镇企业局合并组建，于2005年6月正式挂牌成立的政府工作部门，6月20日成立中共丘北县经济商务局党委，加挂丘北县乡镇企业局、丘北县加快发展非公有制经济工作领导小组办公室及非公经济服务中心牌子。核定编制24人，现有职工26人，内设办公室、中小企业股、经济运行股、行业管理股、商务股、企业改革股6个职能股室，附设丘北县人民政府石油市场监督领导小组办公室、加快非公有制经济发展领导小组办公室、整顿和规范市场经济秩序领导小组办公室、节能减排领导小组办公室。直属国有企业、集体企业有瓷厂、云南制球厂等8户，党委下设

23个党支部，其中，局机关支部1个，离退休支部2个，共有223党员。

一年来，经济商务局认真按照县委、政府确定的工作思路、奋斗目标和主要工作任务，以开展深入学习实践科学发展观活动为契机，全力推进工业园区开发和重点项目建设，加快“工业强县”战略实施，抓好六大产业和龙头骨干企业培育扶持，着力化解金融危机和甲型HINI流感带来的工业产品销售难、市场价格下跌和企业融资难等瓶颈制约问题，努力促进工业经济、非公经济和商贸市场流通业平稳较快增长。

【工业经济运行情况】　全力推进重点项目建设，以项目建设促投资、保增长，打造新的经济增长点，增强工业经济发展后劲。组织召开了企业生产座谈会，采取“企业点题，政府埋单”的创新工作办法，强化经济运行的调节工作，积极化解制约企业正常生产的融资难、产品销售难及生产性用电等问题，促进企业生产运行正常推进。成功引进了三鑫集团公司投资建设电解锰项目和对锰矿资源进行勘探和投资建设电解锰生产线；引进山东客商投资建设新型页岩砖项目，2010年初可投入试生产；引入台商投资的15万吨工业硅项目，项目法人已与县人民政府签订了投资合作协议，如果前期洽谈的各项合作优惠条件和外商投资的各种手续能落实，就可进入投资实质性阶段。依托丰富优质的铝土矿资源优势，县人民政府与云南冶金集团文山铝业公司签订了《铝土矿资源整合、勘探、开发协议》，正在谋划建设年产80万吨氧化铝项目。2009年，全县完成工业固定资产投资（不包含水电开发）2.55亿元，完成工业总产值102185万元，同比增长20.1%，其中，国有工业完成5197万元，同比增长3.2%；集体工业完成396万元，同比增长-4.6%；股份制工业完成（含私营控股）51346万元，同比增长29.7%；个体私营工业（不含纳入限额以上统计的私营控股企业）完成45246万元，同比增长13%。按轻重工业分，轻工业完成73347万元，同比增长29.7%，重工业完成28828万元，同比增长0.9%。完成全部工业增加值25006 万元，按可比价同比增长10.3%，拉动全县GDP增长1.4个百分点；工业上缴税金4306万元，同比增长18.8%，拉动全部税收增长4.8个百分点。

【工业园区建设】　充分发挥工业经济服务中心职能作用，积极协调、筹措资金加快园区水、电、路基础设施建设，启动建设了110千伏安乐利变电站，即将建成投入运行，可为园区企业提供50000千伏安负荷用电完成小戛勒片区7632米的供水工程和900米的排水工程建设，以及部分项目用地“土地平整”，基础设施建设取得阶段性成果。协调解决好园区征地遇到的突出矛盾，做好土地报件工作，完成了华灿、筑辰、富亿、一吃福、广发、双龙油脂等项目用地土地使用证的办理，天野食品、牧旺饲料、电解锰项目批次报件土地报件，以及佳福建材、和谐砖厂等项目林地征用手续正在办理之中。截止2009年底，入园企业有28户，其中，云南太阳魂酒业、达平食品、云泰食品、普者黑畜牧业开发、双龙油脂公司等11户已建成投产，涉及辣椒、葡萄、畜产品、木材、石材等加工。入园企业累计完成固定资产投资4.55亿元，完成水、电、路基础设施1.3亿元，2009年工业园区实现工业总产值3.42亿元，同比增长30.2%，占全部工业产值的比重为33.45%；完成销售收入1.98亿元，同比增长21.78%；上缴国家税金563万元，同比增长4.36%，实现利润总额867万元，同比增长43.87%，安排948人就业，产业化平台建设初具雏形。

【重点产业和龙头企业培育】　充分发挥资源比较优势，认真按照省、州重点培育扶持产业政策和“增强扶优”的原则，积极帮助、协助重点企业做好项目建设可行性论证、立项等工作，筛选了7个辣椒加工、葡萄加工、畜产品加工项目，向省、州申报争取新型工业化、技术改造和非公经济发展专项资金扶持，激励和促进企业实施技术改造，加快技术创新和新产品开发。加强与上级行业主管部门的汇报，争取州生产性用电财政补贴，促进企业生产运行正常和降低生产成本。截至2009年底止，全县培育有规模以上工业企业15户，比年初增加4户。2009年，全县发电量46347万千瓦时，同比增长-4.6%，供电量45846万千瓦时，同比增长-6.3%，电力产业完成工业产值7390万元，同比增长-14.1%；农产品加工业完成产值51380万元，同比增长16.6%；建筑建材（含石材）工业完成产值1400万元，同比增长24.1%。限额以上工业完成产值53024万元，同比增长26.4%，占全部工业的比重达51.9%，拉动全部工业增长13个百分点；实现主营业务收入34508万元，同比增长30.7%；完成增加值13376万元，按可比价计算同比增长15.3%。

【非公经济建设】　以深入开展学习实践科学发展观活动为契机，以推进非公经济党建工作为抓手，组织了8户规模型非公经济参加深入学习实践科学发展观活动，扎实开展好企业党建工作，以党建促进企业管理规范化、决策科学化和运行标准化。建立了政府、银行、企业协调联系工作机制，定期不定期地召开企业生产经营座谈会、项目融资协调会、金融运行分析会，积极协调银行贷款向效益好、讲信用、还贷能力强的企业倾斜扶持，促进企业生产经营正常推进。强化非公经济运行的调节工作，加强对重点企业生产运行监测分析积极化解制约企业正常生产的产品销售库存压力、生产性用电等问题，提升非公企业生产运行效益。2009年，全县非公经济完成增加值92298万元，按可比价计算同比增长11.9%，占全县GDP的比重为41.63%，拉动GDP增长5.7个百分点；上交税金6633.7万元，同比增长31.7%；年末从业人员10462人，比年初增加1994人，增长23.5%；完成工业产值96592万元，同比增长21.3%；完成社会消费品零售总额65623万元，增长21.5%，各项经济指标均呈现两位数以上快速增长的运行态势。

【节能降耗工作】 设立了节能降耗专项资金并列入年度地方财政预算。强化目标责任制的落实和考核监督，把节能降耗工作分解落实到各乡镇，形成齐抓共管的工作机制。建立了规模以上能源消耗监控制度，督促企业抓好节能降耗措施的落实，降低企业生产能耗。确立了节能灯等产品定点销售点，加大节能产品宣传推广，提高全民节能意识，建立节能降耗长效工作机制。全县万元地区生产总值能耗下降3.5%，全县规模以上工业能源总消耗量5850吨标准煤，同比下降12.9%；单位产值能耗0.113吨标准煤，同比下降29.4%；单位工业增加值能耗0.446吨标准煤，同比下降25.8%。

【任职领导名单】

党委书记　毕永俊
局　　长　许光树
党委副书记　彭石培
副 局 长　李宏政
　　　　　杨光文
　　　　　张　庆

（舒跃昌）

广南县经济商务局

【基本情况】 广南县位于云南省东南部，文山州东北部，滇、桂、黔三省（区）交界处，是云南省通往广西、广东的交通要道之一，距昆明420公里，距南宁约450公里，距文山约160公里。

广南县辖7个镇11个乡，全县国土面积7810平方公里，居全省第三位，居住着壮、汉、苗、瑶、彝、回等民族，少数民族人口占总人口的63.17%。2009年末全县总人口77.7万人，农业人口占总人口的97.1%，生产总值完成35.6亿元，比上年（下同）增长11.6%。其中，第一产业增加值15.5亿元，增长7.2%；第二产业增加值7.4亿元，增长19%；第三产业增加值12.7亿元，增长12.7%。三次产业构成由上年的45：20：35调整为44：21：35。全社会固定资产投资完成34.6亿元，增长28%。完成建筑业增加值4.1亿元，增长26.3%，带动全县生产总值增长2.7个百分点，财政总收入完成2.22亿元，增长8.2%。

2009年末，全县共有电力企业15户，有矿山冶炼企业20户，有酿酒企业2户，制糖企业1户，木材企业5户，茶叶企业4户，茶油企业2户，大米加工企业4户，桐油加工企业1户，其他农特产品加工企业6户；有建材企业97户，其中，水泥生产企业2户，石材（石场）生产企业65户，页岩砖及免烧砖30户；全县登记注册工业企业户数160户，纳入统计规模以上企业14 户，规模以下企业 146 户。缴纳税金上百万元的企业有9户，其中，云南木利锑业有限公司和广南县电力有限公司缴纳税金上千万元，全县工业企业纳税额6000万元。

【工业经济运行情况】 2009年，全县工业经济在省、州和县委、县政府的正确领导、各相关部门的支持配合下，坚持以科学发展观为指导，全面贯彻落实省、州工业经济工作会议精神，紧紧围绕年度工作目标任务，努力克服金融危机带来的各种原材料、能源、运输价格继续上涨、资金紧缺、有色金属产品市场疲软价格下跌等不利因素的影响，整体工业经济继续保持增长态势。

2009年，全县累计完成现价工业总产值156338.4万元，同比增长6.59%。其中，轻工业实现产值29212.6万元，同比下降39.57%；重工业实现产值127125.8万元，同比增长29.28%；规模以上工业实现产值84328万元，同比增长11.35%；规模以下工业实现产值72010.4万元，同比增长1.5%。

从企业所有制形式看，集体企业完成144.1万元；股份合作企业完成4345.9万元；股份制企业完成65124万元；其他经济类型企业完成86724.4万元。

2009年，完成工业增加值32668万元，增长2.02%；限额以上工业增加值27797万元，增长2.2%；限额以上主营业务收入65200万元，增长10.5%；限额以上利税总额15300万元，增长8.9%；限额以上利润总额8000万元，减少6.3%。

重点工业产品与去年同期相比黄金、黄磷、铁合金、水泥、机制糖增长，锑减少。

【信息化建设】 2009年，县政府电子政务网络中心开始建设县级部门内部办公系统，政府办实现机关制发文件内部发文电子化，包括文件生成、文件收发、党务管理、档案管理、信息发布、政务信息查询功能模块。文件形成等要素可全部在网上实现。在文件收发、文件生成实现政府办与各部门内部发文电子化。公文交换平台自运行以来，文件交换系统运行较稳定，机关内部基本实现自动化办公，办事效率明显提高。

【企业改革】 截止2009年12月，全县34户国有企业进行不同形式的改革，其中，产权转让1户，股份合作制6户，股份制8户，兼并（合并）注销法人资格12户，合并重组6户，破产1户。2009年，根据广南县人民政府《关于将县农机公司划归经济经商务局管理的通知》（广政发〔2009〕30号）文件要求，5月完成广南县农业机械供应公司划转各种手续；8月配合水务局等部门完成广南县八宝三腊发电厂与云南曲直电力有限公司的改制兼并工作。

广南县原有集体企业25户，其中，工业企业7户，商贸流通企业15户，其他企业3户。截至2005年12月31日，对全县25户集体企业进行不同形式的改革，产权转让1户，股份合作制1户，股份制（有限责任公司）9户，被兼并（合并）5户，以资抵债2户，歇业解散3户。支付改革成本1，643万元，其中，企业净资产支付1，438万元，免收财政周转金及其占用费25万元，债务缩水180万元。从2006年至2009年，对已改革改制的企业进一步深化改革，经营者持大股的改革2户；产权制度改革1户；兼并1户。

对已改制的广南县健达食品公司及时调处土地纠纷，办理了土地证，明确了产权，解决了40多年无土地证带来的不良后果；为5户企业，其中，关闭破产企业3户，困难企业2户，涉及退休人员38人，办理了城镇职工基本医疗保险。

【技术创新】　运用先进适用技术改造提升传统产业，形成更多拥有自主知识产权的知名品牌。云南地矿资源股份有限公司广南金矿、斗月金业有限公司、堂上金矿有限公司、文山隆兴矿业有限公司等4户黄金生产企业积极运用先进设备和技术搞好矿山深部资源勘探和提高伴生元素利用率，2009年实现黄金产量1227公斤，同比增长12.05%；云南木利锑业有限责任公司加大技改工作力度，对三氧化二锑、锑酸钠和高纯锑等锑系列产品进行技改和开发，2009年虽然三氧化二锑国外市场需求疲软，公司仍实现产量4443吨，产值1.12亿元，利润800万元；广南县江南铁合金有限公司、八宝金龙铁合金厂2户企业加大技改力度，各实现产量1.45、1.82万吨，产值1、1.26亿元；对广南腾际化工有限责任公司黄磷生产线进行技改，矿热电炉容量达12500kVA，新增黄磷生产能力6000吨，达到年产黄磷1万吨规模。广南县冠桂糖业有限公司加大榨糖车间技改力度，使甘蔗处理能力从1000吨/日提高到1500吨/日，2008—2009榨季实现白糖产量1.98万吨，产值5451万元，利润500万元。

【安全管理】　年初，与13户工商企业签订了安全生产责任书，并督促企业按照要求与车间班组和个人层层签订责任书，形成安全生产人人有责的思想意识。要求各企业在例行的生产调度会上必须对安全生产工作进行安排和部署，对发现的安全隐患及时整改，要求企业招收新工人在上岗前必须经过岗位技术培训和有关的安全培训，并经考试合格后方能上岗，特种岗位从业人员必须取得相应的特种作业人员资格证方能上岗，所有从业人员必须熟悉自已岗位的安全操作规程，所有危险岗位人员必须穿戴和使用劳动防护用品用具。在“安全生产年”和“安全生产月”活动中，举办安全知识讲座37次，发布新闻（含报刊、电视台、广播、黑板报）61条，发放宣传资料 8000 份，出动宣传车辆4台3次，受训441人，开展知识竞赛、演讲比赛3次76人，进行文艺演出1场（次），深入车间、班组或经营门店宣传27次，召开座谈会（含法律法规知识讲座）10次188人，制作展板、专栏4块，悬挂标语（横幅）146条（块），接待咨询群众2次30人，投入宣传经费13，800元。召开安全生产和消防专题会议4次，开展八次安全和消防大检查，查出一般事故隐患24个，现场整改9个，限期整改15个。对各企业进行的技改建设项目，各企业按照安全生产的“三同时”进行。完善管理机制，实行长效管理。各企业进一步完善安全生产管理制度，建立健全长效安全生产管理体制，实行专人负责，定时检查和安全生产培训结合，做到安全生产工作有人管，有人具体抓，安全隐患有人检查，有人整改，有人跟踪落实，切实消除安全生产隐患。2009年，系统企业未发生死亡重大安全和消防责任事故。

【节能减排工作】　广南县根据国家产业政策的发展方向和省、州经委关于开展好循环经济的有关要求，切实把循环经济纳入转变经济增长方式的主要内容，通过积极开展宣传活动和对开展循环经济成效明显的企业重点给予帮助向上申报贷款贴息等多种手段，促进企业资源循环利用。部分重点行业、重点产业、重点企业初步形成一个“资源—产品—利用—废弃物—再生资源综合利用”的物质闭路循环流程，使物质和能量最大限度地合理流动和持久利用，有效提高了资源配置效率，为促进资源型县域经济可持续发展闯出了一条新路。2009年，全县范围内工业企业有广南广固水泥有限公司、腾际化工有限公司、云南木利锑业有限公司开展节能减排并取得了明显成效。

广固水泥有限公司在生产水泥过程中将废弃物分别使用在原料及二次配料中，经过不断的技术革新，达到了提高熟料质量的目的，使公司的混合材掺量从30%提高到40%以上，从而降低了生产成本，改善了产品性能，节约了资源，实现了工业废弃物的综合利用。并获得中华人民共和国国家质量监督检验检疫总局颁发的《全国工业产品生产许可证》和云南省资源综合利用认定委员会颁发的《资源综合利用认定》证书。

腾际化工有限公司从1987年投入黄磷生产以来，每年约产生磷渣3万吨，除部分用于生产硅肥和供应广固体水泥有限公司外，大部分作为废渣处理。由于量大，对堆场周围的环境造成一定影响。为了做好废渣的治理工作，减少和避免污染，开始借鉴全省其他黄磷生产厂家的经验，开展对磷渣进行资源综合利用的研究工作，经原广南县计经委批准立项实施年产1500万块磷渣砖生产线项目，所生产的产品经文山州产品质量监督检验所检验，达到国家75#砖的强度要求，经云南省卫生厅检测符合建筑材料放射卫生防护标准，并颁布建筑放射性检验合格证。云南省经委颁发了“新型墙体材料产品合格证”和云南省资源综合利用认定委员会颁发的“资源综合利用认定证书”。公司利用磷渣和炉底渣生产磷渣砖以来，基本上解决了工业废弃物对周边环境造成的二次污染问题，使上万吨的工业废弃物变废为宝，实现了环境和效益双丰收。

木利锑业有限公司针对矿山开采服役年限长，现有矿产资源日渐枯竭和冶炼所产生的矿渣没有得到充分利用又对环境有所污染的实际，公司将循环经济工作纳入重要日程，采矿方面，注重资源综合利用，做到高、低品位矿同时开采利用，使低品位矿的潜在价值得到了充分发挥；冶炼方面，将冶炼厂炼锑产生的废渣作生产水泥辅料供应广固水泥有限公司。企业通过积极开展循环经济工作，使现有矿山的服务年限得到延长，废渣既减少环境污染又得到充分利用，公司还计划在下步工作中通过加大技术改造力度等办法，使伴生矿和尾矿得到充分利用回收，再取得循环经济新突破。

2009年广南县淘汰落后产能设备

铁合金8000吨，黄磷6700吨生产线各一条。

【中小企业发展情况】 截至2009年底，广南县共有中小企业352户，注册资金74587万元，从业人员4913人，实现总产值156338万元，营业收入143500万元，利税总额21460万元；全县352户中小企业中，有工业企业162户，商贸流通企业8户，其他类型企业182户。中小企业涉及冶金、水电、制造、农业产业化开发及农特产品加工、环保、文化、医药、卫生、教育、科技信息等领域。

全县已初步形成以矿冶、能源、建材、农副产品加工四大产业为主的工业发展格局。2009年，全县实现矿业总产值5.3亿元，电站总装机容量达19万kW，年发电量9.5亿kW·H，建材业实现产值1.25亿元，农产品加工业实现产值1.48亿元。除电力企业主要布局在西洋江、清水江流域，其他企业主要布局在莲城、八宝、珠琳工业经济区。2009年末，全县登记注册的中小工业企业162户，其中：电力企业16户，矿山冶炼企业20户，水泥企业2户，茶叶企业7户、制糖企业1户，酿酒企业2户，建材企业97户，其他类型企业17户。

【表彰】 云南木利锑业有限公司于2009年6月被云南省人民政府评为“云南省创新型非公企业”。云南木利锑业有限公司戴灵同志2009年12月被中共云南省委和云南省总工会授予“云南道德模范提名奖”。广南县凯鑫生态茶业有限公司2009年9月被云南省工商行政管理局评为“重合同守信用企业”。

【年度任职领导名单】

党委书记　周光祥
局　　长　李　芸
副书记、纪委书记　胡　毅
副 局 长　陆启勇
　　　　　吴昌华
　　　　　袁叶胜

（张存碧）

普　洱　市

普洱市经济委员会

【概述】 2009年，普洱市面对国际和国内经济环境的诸多困难，按照市委、市政府 “增投入、保增长、调结构”的总体要求，以“深入学习实践科学发展观”活动为契机，树立迎难而上、开拓创新、真抓实干、雷厉风行的作风，采取一系列措施、找准突破口、落实责任制、加强协调服务、解决企业困难，突出抓好项目建设、产业培植、园区建设、企业生产、经济运行、贷款融资、技术改造创新和协调服务等重点工作，努力克服金融危机带来的不利影响，遏制工业经济下滑趋势，促进工业经济平稳较快发展。全市工业经济趋稳好转、投资平稳增长、企业亏损下降、效益明显改善等特点，整体运行逐步向好，呈现良好的发展态势。2009年，实现工业总产值101.93亿元，增长19.4%，规模以上工业企业完成增加值33.09亿元，增长18.2%；主营业务收入67.86亿元，增长10.7%；利税为9.32亿元，增长19.7%，其中利润为3.74亿元，增长48.2%。

【工业经济运行情况】 2009年，加强经济运行调控，一抓目标责任落实，及时召开全市经济工作会议，将各项工业目标任务分解落实到各县（区），并强化跟踪督促落实。二抓工业经济运行的监测、分析和调控，加强对重点产业、重点企业和重点产品的监测，全面把握全市工业经济运行动态，准确评判、主动应对全球金融危机对我市工业经济的影响，及时提出对策建议，为市委、市政府的科学决策提供依据。三抓生产要素的协调，保证煤电油运正常，确保全市经济稳健增长。四抓服务体系建设和完善管理制度，提高服务质量和效益。五抓推进企业上市工作，积极为拟上市企业寻找政策帮扶，继续做好龙生公司上市的培育工作，推动企业早日成功上市。

2009年，全市工业经济快速稳定发展，呈现出五个显著特点：一是工业总产值突破100亿元。扭转了自1至2月以来工业经济急剧下滑的严重局面，从3月份开始环比逐月回升，5月份总产值止跌，6月份总产值、增加值各项指标开始回暖转正， 8月份首次与全省基本持平，9月份开始超越全省平均速度，最终第四季度实现“V”型反转，全年实现工业总产值101.93亿元，一举突破百亿元大关，实现历史性跨越。二是工业增加值增速领先全省。规模以上工业增加值全年完成33.09亿元，同比增长18.2%，比全省高7个百分点。三是经济效益快速提升。全市规模以上企业完成主营业务收入67.86亿元，同比增10.7%；利税9.32亿元，同比增19.7%，其中：利润3.74亿元，同比增48.2%，增幅都超过两位数，超额完成省政府下达的目标任务。经济效益的快速提升，极大地支撑了全市财政收入的增长，全年完成地方财政一般预算收入16.6亿元，增长21.2%，有力地保证了民生和社会稳定。四是重点产业快速发展。电力完成产值19.11亿元，增加5.24亿元；造纸及纸制品业完成产值6.73亿元，增加0.9亿元；化学原料及化学制品制造业完成产值5.98亿元，增加1.98亿元，有力地支撑了全市工业经济发展。五是产值过亿元的企业迅速成长。年产值超亿元的企业达到19家，同比增5家。亿元企业完成工业总产值49.15亿元，同比增2.93亿元，占全市规模以上工业总产值的64.2%，对全市工业增长的贡献率达60%，拉动全市工业增长10.4个百分点，产业集中度和产业规模进一步提升。

【技术创新】 2009年，为贯彻落实中央提高自主创新能力、建设创新型国家的战略决策，充分发挥普洱市认定企业技术中心在本市技术创新体系中的引导与示范作用。根据《普洱市认定企业技术中心管理办法》的有关要求，由市经委牵头，组织有关部门和专家对云南茶兴机械有限责任公司、墨江地道酒业有限公司两家企业的技术中心开展调研与评价，审议确认云南茶兴机械有限责任公司、墨江地道酒业有限公司两家企业的技术中心为首批市认定企业技术中心。

【工业投资】 普洱市加快推进新型工业化进程，深入实施“工业强市”发展战略，积极推动重大重点工业项目建设，2009年全市工业投资成绩斐然。全市完成工业投资70.03亿元，同比增长12.2%，工业投资占全市固定资产投资172.29亿元的比重为40.65%，其中：水电产业完成投资51.69亿元，同比增长6.01%；非电力的工业投资完成18.34亿元，同比增长34.3%，其中：采矿建材业完成投资9.01亿元，同比增长34.2%，林产等制造业完成投资7.68亿元，同比增长34.2%，其他工业完成投资1.65亿元。

【安全管理】 2009年，是全市煤炭工业继续深化资源整合、加强煤矿安全排查隐患治理的一年，按照国务院把2009年定为“安全生产年”的总体工作部署，坚持“安全第一、预防为主、综合治理”的方针，紧紧围绕“三项行动”、“三项建设”，强化政府安全监管责任和企业主体责任，全面加强煤矿安全基础管理，加大安全隐患排查工作力度，努力减少煤矿事故总量、坚决遏制煤矿重特大事故。2009年，全市煤炭企业未发生人员伤亡事故。一年里，市经委一手抓安全管理目标，一手抓行业发展工作，加快推进煤炭资源整合进程，行业管理工作不断加强，全市煤炭行业得到健康持续稳步发展，各项工作取得较好的成绩，全年完成原煤产量达65.11万吨，比去年同期增长21.36%；完成现价工业产值13962.45万元，比去年同期增长26.92%。2009年共申报煤炭补助项目6个，共获得资金290万元，其中，2008年度关闭小煤矿3个，获中央财政整顿专项资金200万元；获得3项煤炭补助资金90万元。

【节能减排工作】 2009年，紧紧围绕“十一五”节能降耗目标任务，以资源综合循环利用为重点，以“低消耗、低排放、再利用、高效率”为核心，切实转变经济增长方式，努力构建资源节约型和环境友好型社会。组织召开全市工业经济暨节能减排工作会议，签订节能减排目标责任书，严格管理和控制高耗能、污染大的企业项目，严把项目准入关，积极推进节能技术改造。思茅建峰水泥有限公司4000t/d新型干法水泥生产线技改、普洱天壁水泥有限公司4000t/d新型干法水泥生产线技改搬迁、普洱市接力水泥有限公司2000t/d新型干法水泥生产线技改项目的余热发电项目已被省节能办确定为示范推广项目。依法关闭墨江兴仁工贸有限公司、江城县淀粉酒精厂、宁洱县菜子地铁厂、孟连县勐马铁合金厂4户企业。完成8户市级重点耗能企业能源审计工作，完成率为130%。加强对年综合能耗在5000吨标准煤以上企业的节能管理监督，完成了全市列入“双百”节能行动的7户企业能源审计工作。同时，认真做好高效照明产品的推广使用工作，目前已推广3万多只。

【产业结构调整】 2009年，普洱市紧紧围绕“工业强市”战略，牢固树立“发展抓经济，经济抓工业”的理念，把产业建设和工业发展摆在经济工作的首要位置，从实际出发，开发优势资源，加快培育特色优势产业，大力发展特色经济，发展茶叶、林业、电力、矿产四大支柱产业，积极培植壮大烟草、蚕桑、旅游等骨干产业，发展的重点更加彰显。把茶产业作为第一支柱产业，实现了由“农业普洱”、“文化普洱”到“科学普洱”的跨越，产值达13.7亿元，负增长3.7%，基本遏制了大幅下滑的势头。做好造林、护林、用林三篇文章，发展壮大林产工业，产值达24亿元，比去年同期增长19%。积极推进水电开发，龙马、土卡河、戈兰滩、居甫渡、泗南江5座中型电站所有机组投产发电。实现电力产值20.6亿元，比去年同期增长53.4%。采取规范整合、市场配置等措施，促进矿产资源优势向经济优势转变，矿业产值达25.9亿元，负增长6.7%，逐步企稳回升。加快培植蚕桑产业，产值达1.3亿元，比去年同期增长21.1%。构建思宁江墨工业经济带，加快普洱和景谷等工业园区建设。扶持发展一批工业企业，做优做强一批县域工业企业；以市场为导向，依靠优势抓产业，围绕特色做文章，培育一批支撑作用强、带动面广、产业链长、产品竞争力强的工业龙头企业，形成各具特色的产业集群，县域工业稳步发展。

【中小企业发展】 2009年，全市中小企业经济运行平稳，民间投资运行良好，消费品市场繁荣活跃，产业结构进一步优化，中小企业内在活力增强，运行质量和效益不断提高。全市中小企业达5.26万户，同比增17.99%；从业人员19.24万人，同比增6.09%；上缴税金8.35亿元，同比增4.51%；注册资金86亿元，同比增8.87%；中小企业增加值占GDP的38.4%，对全市经济发展的贡献率明显提高。

【大事记】 从2009年3月开始到8月底，根据普洱市委的统一部署，市经委周密安排，精心组织，狠抓落实，较好地完成了学习实践科学发展观活动各阶段的工作任务。这次学习实践活动，市经委共有164人（在职52人，离退休112人）参加了整个学习实践活动。

2009年，为延伸普洱市茶叶产业链，提高茶产品附加值，推进普洱茶产业从“农业普洱”到“文化普洱”，再到“科学普洱”的升级创新，未来还将步入“人文普洱”的新阶段，市委、市政府审时度势，以挖掘普洱茶的科学内涵为突破口，狠抓科技创新和产品研发，积极引进天津天士力集团在普洱市建设天士力现代生物茶工业园项目，该项目于2009年11月19日在思茅区倚象镇举行奠基仪式并正式开工建设。省人大常委会副主任程映萱宣布“天士力帝泊洱生物茶谷”开工。市委书记高旭升，市委副书记、市长沈培平，市委、市人大、市政府、市政协及国家有关部门、省直有关单位领导，新华社、中央电视台、凤凰卫视等媒体记者参加了奠基仪式。

2009年，省工信委《关于组织实施2009年重点工业项目行动计划的通知》，普洱市有10个项目列入云南省2009年重点工业项目“251”工程，其中：云南云景林纸股份有限公司年产9万吨纸浆技改项目，列入省政府确定的22项重大工业建设项目；普洱天壁水泥有限公司年产120万吨水泥生产线技改项目、思茅建峰水泥有限公司年产120万吨水泥生产线技改项目，列入省工信委牵头联系的50项重点工业项目；墨江地道酒业有限公司年产1万吨黄酒生产线建设项目等列入州市经委牵头联系的100项重点工业项目。

2009年，普洱市面对严峻困难与危机挑战，以科学发展观统领全局，上下一心、积极应对，想尽千方百计，制定应对政策，落实措施办法，提振企业信心，遏制经济滑坡，胜利实现“V”型反转，工业总产值首次突破100亿元大关。这是普洱工业发展史上新的里程碑，得到了市委、市政府的充分肯定。

【任职领导名单】

主　任　张若雷

副主任　唐永平　　杨　斌

　　　　苏　昆　　于成刚

（明　珠）

思茅区经济局

【综述】　2009年，思茅区经济局在上级部门及区委、区政府的正确领导下，坚持以邓小平理论和“三个代表”重要思想为指导，按照“农业稳区、工业强区、茶城名区、科教兴区、开放活区”的发展思路，以全面建设小康社会为目标，以加快发展为主题，走“二产带一产促三产”之路，全力推进新型工业化进程。围绕和市、区政府签订的各项考核责任书，从加快发展工业经济、非公经济和乡镇企业经济；稳步推进企业改革；指导企业加大技术进步和技术创新；推进工业循环经济发展；加强行业管理等方面开展工作，面对国内外复杂多变的经济环境，团结一心，攻坚克难，积极应对金融危机带来的不利影响，狠抓各项工作的落实，实现了经济止跌回暖，平稳发展。

区经济局内设行政办公室、综合经济股、技术进步与创新股、企业改革股、中小企业股、乡镇企业股共6个股室。

机关编制22名。其中，局长1名，副局长3名。

【工业经济运行情况】　2009年，受全球金融危机影响，区工业经济发展受到严重冲击，出现了近十年来最严重的经济下滑，一季度末，全区工业总产值同比下降37.3%；二季度末下降24.7%；三季度末下降10.4%，区委、政府高度重视，及时采取各种有力措施，加大服务扶持力度，力促工业经济平稳发展。通过多方努力，随着国内经济的逐步回暖，四月以后，区工业经济也逐步遏制下滑趋势，出现良好的发展势头。到十一月末全区工业总产值同比增长5.6%，实现了开年以来的首度止跌回升。

2009年，全区累计完成现价工业产值24.35亿元，按可比价格同比增长11.7%；完成工业增加值10亿元，同比增长12.3%，占全区生产总值（GDP）44.1亿元的22.7%。其中：规模以上工业企业完成产值19.72亿元，同比增长4.2%，完成工业增加值8.8亿元，同比增长10.6%；规模以下工业企业完成总产值4.6亿元，同比增长62%。轻工业完成产值2.2亿元，同比下降2.8%；重工业完成产值17.5亿元，同比增长4.9%。

【技术创新】　2009年，全区共25户企业实施工业投资项目33个，完成工业投资3.44亿元，未能全面完成市政府下达区3.9亿元的工业投资任务。其中，山水铜业和建峰水泥两户重点企业实施项目10个，完成投资1.93亿元；其他23户企业实施项目23个，完成投资1.51亿元（普洱工业园区建设投资开发公司7527万元投资被剔除）。

紧紧抓住国家拉动内需，促进增长的政策机遇，积极帮助企业争取国家、省、市、区项目资金扶持。全年共组织了12户企业12个项目申报省级财政技改贴息、非公经济发展、技术创新等扶持，共有8户企业8个项目获省级扶持资金共计565万元。同时，积极组织3户企业申报区优势产业扶持资金，获得区优势产业技改贷款贴息和搬迁补偿费30万元。获扶持企业数和资金额创历年之最，为区企业项目的顺利实施提供了有力的保障。

【节能减排】　深入机关、学校、企业和社区，积极开展节能宣传活动；与全区11户重点用能企业签订了2009年度节能目标责任书；做好企业节能日常管理等工作，加强对重点耗能领域、重点企业的定期监督、监测和检查，建立企业节能工作季报制度；及时研究解决工作中出现的问题和困难，帮助企业推进节能减排工作。还组织实施了“节能产品惠民工程”节能灯推广活动，全力推动我区4万支节能灯推广工作。通过努力，全区节能减排工作取得新进展，单位生产总值（GDP）能耗下降2.6951%，圆满完成市政府下达我区“单位生产总值能耗下降2.6%”的目标任务。

【中小企业发展】　一年来，思茅区经济局加强领导，强化服务，积极帮助非公有制企业（中小企业）应对金融危机的挑战，通过加快融资担保体系建设、召开银企座谈会、推进企业品牌战略、加强政策法规培训、积极争取政策资金扶持等工作，保持了我区非公有制经济的平稳、健康发展。2009年三季度，全区累计非公经济从业人员48581人。其中，个体工商户从业人员34406人，注册资金44617万元；私营企业从业人员14175人，注册资金51565万元。实现非公经济增加值103295万元，占全区生产总值的40.4%。非公经济上缴税金15932万元，其中，个体经济上缴6019万元，私营企业上缴9913万元。

【乡镇企业发展】　2009年1~10月，全区乡镇企业实现增加值59695万元，同比增长14%。其中：工业增加值39717万元，同比下降17.1%。乡镇企业上交税金9389万元，同比下降23.9%。实现农产品加工业销售产值94684万元。全年企村结对户数3户，职业技能鉴定培训人数160人，圆满完成考核目标任务。

【企业改革】　在区企改领导小组的领导下，我局继续开展对改制企业的指导、服务工作，妥善解决已改制企业的遗留问题。一是协调解决了改制、破产企业职工反映办理退休、享受荣誉津贴、生活补助费、工伤保险相关手续及遗属上访问题。二是对思茅兴达皮革制品有限公司漏评资产进行了清查，并组织现兴达皮革制品有限公司股东代表与上访职工代表就股权纠纷、职工安置等问题进行协商。三是参与协调解决北归咖啡公司股权纠纷问题；四是协助相关部门做好交运集团、云南茶叶机械总厂维稳工作；五是认真做好职工来信来访接访工作。热情接待来访人员，认真听取他们的意见和建议，及时化解矛盾，本着客观公正、实事求是的原则，认真答复企业职工来信来访。

【大记事】 1月，云南省工信委核准思茅建峰水泥有限公司4000t/d新型干法水泥熟料生产线技改项目。

云南三木（集团）有限公司《关于资产重组方案的请示》获得思茅区人民政府的批准。

2月，区委张书记带队，组团到澜沧江啤酒企业集团公司总部云县参加啤酒狂欢节。考察云县经济发展状况，落实思茅啤酒公司搬迁扩建事宜。

3月，组织建峰水泥公司、红塔木业公司、福通木业公司等企业申报2009年企业技术改造贷款财政贴息资金1488万元，申报数量和规模为历史之最。云南省工业和信息化委批准了普洱接力水泥有限公司2000t/d新型干法水泥熟料生产线技改项目前期工作。

区政府召开企业维稳排查工作会，全力维护企业稳定。中层以上干部积极参加交通运输集团职工上访维稳工作。

4月，《普洱工业园区总体规划环境影响评价报告》在昆明通过云南省环境科学研究院专家组审查。

区委、政府开展“学习实践科学发展观”工业经济大调研活动，首次明确三木集团公司规范经营行为，暂不改制。

区政府召开一季度经济运行分析会，工业经济遭遇近十年来的最低谷，工业总产值同比下降37.3%。

5月，组织召开思茅区2008年度节能表彰会及签订2009年度节能目标责任书。对思茅红塔木业公司、普洱市福通（集团）木业有限公司、思茅建峰水泥有限公司、思茅区经济局等4个节能管理优秀单位；云南龙生茶业股份有限公司、普洱市接力水泥有限责任公司、云南思茅山水铜业有限公司、思茅区政府办公室（行政股）、思茅区建设局5个节能合格单位进行表彰。

6月，天士力生物茶谷建设项目首次明确在倚象镇选址，区政府启动征地拆迁摸底调查工作。

区委、政府召开应对危机、推进工业经济发展银、政、企座谈会，全力协调解决中小企业融资难题。

7月，为做好思茅区2009年财政补贴高效照明产品的推广工作，完成普洱市下达我区4万只节能灯推广任务，思茅节能办制度下发《思茅区2009年高效照明产品推广实施方案》，有效推进我区节能灯工作的实施。

区政府召开上半年经济运行分析会，工业经济遭遇近十年来的最低谷，工业总产值同比下降24.7%。

区审计局对我局2008年度部门预算执行情况进行审计。

8月，三木集团公司董事长陈志星、副总经理陈卫才因涉嫌经济犯罪被检察院拘留。

思茅区经济局积极参加思茅区委、区政府组织的“第一届职工运动会”，区局24名职工积极报名参加4个项目18场比赛，获乒乓球双人第四名、羽毛球双人第四名、第六名的好成绩。

9 月，市人大检查贯彻落实《云南省中小企业促进条例》情况，一致好评。

政府再次召开银、政座谈会，全力协调解决重点工程贷款和中小企业融资难题。

10月，普洱接力水泥有限公司2000t/d新型干法水泥熟料生产线技改项目《节能方案》通过省工信委委托普洱市经委进行的行政审查。

区政府正式启动倚象片区天士力生物茶谷建设项目征地拆迁工作，一期用地约700余亩。

市、区党委政府举办第九届中国普洱茶节，区经济局派出周敏参加组委会工作，并积极参加系列活动。

区政府召开三季度经济运行分析会，工业经济逐步走出低谷，工业总产值同比下降10.4%。

普洱和易建材有限公司顺利通过市经委组织的第一轮清洁生产审核验收。

11月，区委组织部选派区林业局副局长李志远同志任三木集团公司党委书记、董事长。

区委、政府召开经济运行分析会，工业经济今年以来首次实现止跌回升，工业总产值同比下降5.6%。

12月，云南茶兴机械有限公司和云南龙生茶业股份有限公司顺利通过市经委组织的第一轮清洁生产审核验收。

普洱市政府常务会研究思茅主城区工业企业搬迁入园工作，初步明确补偿原则等相关事宜。

【任职领导名单】

局　长　杨存宏

副局长　白万清　邓　留　施　文

（李祖芳）

景东县经济和商务局

【概述】 2009年，景东县经济和商务局在县委、县人民政府、市商务局及市经委的正确领导下，以邓小平理论和“三个代表”重要思想为指导，认真学习党的十七大和十七届三中、四中全会精神，全面落实科学发展观，紧紧围绕推进新型工业化和实施“工业强县”战略目标，不断加快工业结构调整，着力促进工业投资增长和企业技术创新，全面强化节能降耗工作措施，强化安全生产监管工作，大力发展循环经济，稳步推进工业园区建设步伐，努力营造乡镇企业、非公经济发展环境，积极推进城乡市场繁荣。促进了全县工业、乡镇企业、非公经济、煤矿监督和商务工作平稳、健康的发展。

【开展学习实践科学发展观活动】 以深入开展学习实践科学发展观活动为契机，切实增强广大党员干部贯彻落实科学发展观的自觉性和坚定性，着力转变不适应不符合科学发展的思想观念，着力解决影响和制约科学发展的突出问题以及党员干部思想作风方面的突出问题，着力构建有利于科学发展的体制机制，推动我局经济和商务工作在科学发展道路上实现新的跨越。

【积极推行“阳光政府”四项制度】 在认真贯彻落实领导干部问责办法、三项制度等规定的同时，按照县人民政府关于“阳光政府”四项制度的实施意见，结合本部门实际，制定出重大决策听证、重要事项公示、重点工作通报、政务信息查询等四项制度实施办法及实施细则，通过四项制度的实施，使我局行政决策做到了公开透明，得到企业业主和广大群众的好评。自实施“阳光政府”四项制度以来，严格按照政府信息公开条例、保密法相关规定，严格执行信息上报、发布审核制度，通过网上公布信息133条、重要事项公示4项、重点工作通报4项、上报政务信息25条，已完成和超额完成政府下达的各项信息任务。

【工业经济运行情况】 2009年，全县实现工业总产值59072万元，比上年同期47830万元增加11242万元，增长23.50%；完成县确定年度目标57400万元的103%。10户规模以上工业企业实现工业总产值37088万元，比上年同期32527万元增加4561万元，增长14.02%；实现主营业务收入34100万元，比上年同期30421万元增加3679万元，增长12.09%；实现工业增加值18215万元，比上年同期14689万元增加3526万元，增长24%；实现利税总额3060万元，比上年同期2400万元增加660万元，增长27.5%；实现利润总额750万元，比同期671万元增加79万元，增长11.77%。规模以上工业企业主营业务收入、工业增加值、利税总额、利润总额四项指标分别完成市政府下达责任目标的100.29%、113.84%、102%、104.17%。

【工业投资】 全县全年工业投资保持增长态势，全县完成工业投资33859万元，其中，非电力工业投资完成32756万元，完成市下达责任目标1.9亿元的172.4%。在非电力工业投资32756万元中，采矿业完成投资16740万元，林产等制造业完成投资16016万元。创历史最好水平。

（一）景东力奥林产集团有限公司异地技改项目：景东力奥林产集团有限公司异地技改于2008年8月8日正式开工建设，技改建设项目主要是年产4万吨松香、2万吨歧化松香、2万吨松香树脂生产线；年产6万立方米高密度纤维板生产线；年产1万立方米集成材生产线。预算投资总额为23500万元，今年计划投资10000万元，完成投资16016万元，完成年度计划的160.2%，累计完成投资17876万元，完成计划投资的76.1%。目前，林化深加工项目土建及设备安装工程已基本结束，于2009年11月28日开始单机调试；高密度纤维板建设项目已完成90%土建及设备安装工程，预计2009年12月底前可进行单机调试；集成材项目建设项目已完成场地平整、厂房基础工程及主要设备的订购，预计 2010年4月底前建成投入生产。

（二）景东里竹山铁矿建设项目：景东里竹山铁矿建设项目已于2007年开始着手建设，建设规模为年处理矿石200万吨，项目分两期完成。一期建设规模为年处理100万吨矿石，一期预算总投资22000万元，今年计划投资13000万元，完成投资7300万元，完成年度计划的56.2%，累计完成投资15200万元，完成计划投资的69.1%。目前，一期工程公路、生活区、桥梁、尾矿库、选厂土建工程基本完成，设备已陆续到厂准备安装。预计2010年初试生产。

（三）景东鑫盛矿业卜勺铁矿：景东鑫盛矿业卜勺铁矿建设规模为年处理100万吨铁矿石，预算总投资12000万元，今年计划投资8000万元，完成投资8550万元，完成年度计划的106.9%，累计完成投资9550万元，完成计划投资的79.6%。目前，公路、生活区、桥梁、尾矿库、选厂土建工程基本完成，设备安装完成70%。预计2010年初投入生产。

（四）云南新玉泰水电有限公司勐片河电站：勐片河电站一级、二级、三级电站建设规模5.5万kW，预算总投资25000万元，今年计划投资3800万元，完成投资1103万元，完成年度计划的29.0%，累计完成投资2903万元，完成计划投资的11.6%。目前，一级建设已基本完工，二级站正在建设中。一级站预计2010年1月投入生产。

（五）大街煤业：2009年煤矿扩建年产煤15万吨，计划投资1500万元，共投资890万元，完成年度投资的59.3%。

【非公经济、乡镇企业发展】 2009年非公有制经济完成增加值86402万元，占任务数95.49%。完成税金7048万元，占任务数的117.6%，从业人员（年报数）达到17114人，占任务数的82.85%。

2009年，乡镇企业户数6017户，从业人员13374人，增加值17625万元，总产值39719万元；上交税金2237万元。

【节能降耗工作】 2009年，通过采取有效措施，加快水电产业发展，实施技术改造和开展高能耗企业的能源审计、重点企业的清洁生产工作，面向全社会宣传节能法规、政策，全力推广国家补贴的高效节能照明产品。2009年GDP能耗下降2.5%。根据县统计局对县内生产总值统计数据，和对重点用能单位购、耗、存的统计及全县用能的测算情况，圆满完成市政府下达我县的节能目标任务。

县域工业园区工作有了新突破。县工业园区进入省级规划设计阶段，各项前期准备工作有序开展，园区内已入驻3户企业。

【煤矿安全监管工作】 强化安全生产监管工作。我局不断强化煤矿安全监管工作力度，落实措施，建立健全安全生产监管机制机构，继续加强完善制度建设，不断加强与各职能部门的协调配合，加强煤矿安全基础管理和现场管理，把煤矿隐患排查治理检查专项行动与日常监管工作紧密结合起来，我局共开展煤矿安全检查25次，查出大小隐患58条，并对各级安监、监察部门查出的各类安全隐患，明确责任、规定整改限期，由我局对整改落实情况进行检查验收，确保隐患排查治理各项工作横向到边，纵向到底。2009年煤炭工业发展和安全工作目标任务，原煤产量6万吨，实现产值1800万元，死亡人数为零，层层签订煤矿安全目标责任制；全年共生产原煤65600吨、产值2112万元。煤矿企业未发生重伤以上安全事故，煤矿安全生产形势基本稳定。15万吨／年技改项目总投资3397.82万元，安全专篇投资558.2万元，计划工期2年，目前二号通风井已掘进150米，副井二期工程正式开工，掘进50米；现在，各项工作严格按设计要求和安全专篇要求开展工作。

【任职领导名单】

局　　长　唐　勇（园区管委会主任）

党委书记　杞登荣

党委副书记兼办公室主任　张　黎

副局长　谢应明（园区管委会副主任）

　　　　刘本军

　　　　郑　勇

（张　黎）

镇沅县经济和商务局

【基本情况】　镇沅彝族哈尼族拉祜族自治县位于云南省西南部、普洱市北部，地处哀牢山与无量山之间，县城恩乐镇距普洱市180公里，距昆明市448公里。镇沅是一个集山区、农业、民族、贫困为一体的国家扶贫开发工作重点县，辖5乡4镇111个村（居民委员会），总人口20.82万人，其中，农业人口18.54万人，占总人口的89.04%。居住着汉、彝、哈尼、拉祜、傣等22种民族，少数民族人口11.1万人，占总人口的53.3%。

2009年，全县实现生产总值（GDP）13.42亿元，其中，第一产业增加值5.95亿元，第二产业增加值3.16亿元，第三产业增加值4.31亿元。地方财政一般预算收入7203万元，财政总收入1.46亿元，财政总支出6.85亿元，社会固定资产投资总额7.05亿元，社会消费品零售总额4.18亿元，农民人均纯收入达2677元，城镇居民可支配收入1.08万元，粮食总产量8262万公斤。

镇沅彝族哈尼族拉祜族自治县经济和商务局，因政府机构改革，于2005年10月由原经济贸易局、乡镇企业局合并成立，加挂乡镇企业局、中小企业局、非公有制经济发展办公室、经济合作办公室牌子。属县人民政府工作部门，承担全县经济、商务、招商引资、企业改革等职能。市上对口部门有市经济委员会、市商务局、市经济合作办公室、市企业改革领导小组办公室等。

【工业经济运行情况】　2009年，全县实现工业总产值48934万元，同比增长14.7%，实现工业增加值17587万元，同比增长15.1%，占镇沅生产总值（GDP）的13.1%，还停留在农业化形态社会阶段，未步入工业县行列。有规模以上工业企业9户，即林产工业2户，林化工业1户，矿产工业3户，制糖业1户，建材业1户，电力供应业1户，从业人员1650人。规模以上工业企业实现总产值28512万元，同比增长27.2%；实现工业增加值13851万元，同比增长28.1%；完成销售收入23192万元，同比下降2.5%；实现利税总额1825万元，同比下降17%；实现利润总额574万元，同比增长34.5%。

主要工业产品黄金、褐煤、锯材、人造板、茶叶等。特色工业产品有五一茶（生态绿茶）、马邓茶（生态绿茶）、普洱茶、优质普洱茶籽油、优质松香（出口产品）、香菇（出口产品）、思茅松模压工业托盘（出口产品）、竹木复合集装箱底板、实木地板、思茅松改性木材等。

主要产业产量：全县有林产品有限责任公司、松香厂、昌龙林产工业有限公司、玉河股份林场等林业生产加工企业，其主要产品有原林、锯材、胶合板、细木工板、刨花板、纤维板、脂松香、松节油等。2009年，实现总产值4.12亿元，增长13.9%。

畜牧业：镇沅畜牧业保持了持续发展，各类畜禽全面增长，畜产品产量大幅提高，经济效益显著增加，肉类、禽蛋产量成倍增长。2009年，全年完成肉类总产1.43万吨，实现总产值2.72亿元，同比增长9.2%。

矿产业：镇沅地处哀牢山、无量山矿带，矿藏资源十分丰富。金属矿藏有金、银、铜、铁、铝等；非金属矿藏有盐、煤、石灰石、石膏、石棉、石英石、花岗石、瓷土等。其中哀牢山一带已探明巨型金矿带，远景储量达100吨，居全省第1位，全国第5位；盐矿储量4.2亿吨，煤矿储量达1.7亿吨以上。2009年，矿业企业探矿投资2097.7万元，固定资产投资7659.11万无。黄金、煤炭、铅锌等优势资源探、采矿权进一步整合，主要矿种进入规模化生产，实现总产值1.85亿元，比上年增长23.7%。

烤烟产业：镇沅从1992年全县开始种植烤烟，经过历年的发展，烤烟产业以成为我县经济发展的支柱产业，是农民稳定增收的主要来源。2009年，全县完成烤烟移栽5.46万亩，收购烟叶17.4万担，总产值1.28亿元。

【信息化建设情况】　2009年，镇沅有中国电信、中国移动、中国联通3户通信营运企业提供通信服务，其中，中国电信、中国联通同时开展固定电话通信和移动手机通信业务。中国移动在全县境内建有发射机站101座，拥有移动手机通信用户9万余户，通信覆盖率99%，移动上网用户不详。中国电信拥有固定电话通信用户18914户，移动手机通信用户8590户，建有发射机站41座，通信覆盖率99%，有互联网上网用户4790户。中国联通拥有固定电话通信用户470户，移动手机通信用户5600户，建有发射机站25座，通信覆盖率80%，有互联网上网用户560户。

互联网发展情况。在互联网上已建立的网站有镇沅信息网、镇沅农业信息网、镇沅林业信息网、镇沅商务之窗等网站，“数字乡村”工程正在加紧建设。

电子政务网络建设情况。已建成使用的政务内网有财政、税务、公检法、银行系统等专线网络，市、县、乡三级视频会议网络已开通，政务外网有政府信息公开网站，电子政务外网纵向网络已开通，但尚未启用。

广播电视网络建设情况。数字电视纵向网络已建设到乡（镇）一级，广播电视村村通工程正在加紧建设中。

【安全管理】 一是局机关成立安全生产工作领导小组，局长任组长，明确一名副局长主管安全，落实安全生产“两个主体”责任；内设机构设置专管安全生产的股室，具体抓安全生产工作；层层签订安全生产责任状，一级抓一级，层层抓落实；督促企业建立健全安全生产规章制度，建立安全生产操作规程，实行制度化管理；通过外出培训和企业内部培训相结合，加强企业职工安全培训，职工受安全教育面达100%，特殊岗位从业人员持证上岗率达100%；每逢节假日例行开展安全生产大检查，对煤矿、电力企业的安全生产检查每月至少开展两次，有隐患排查隐患，无隐患强化意识，从源头上治理，杜绝安全事故。通过开展一系列工作，2009年，全县工业企业事故重伤率、死亡率为零。

【节能减排工作】 2009年节能减排工作一是开展全民节能工作。以开展全国节能宣传周（6月14~20日）活动为契机，认真组织开展节能宣传工作，提高全民节能意识，与此同时，在全县机关、社区、学校、宾馆、商场等照明用电集中单位或地点推广使用节能灯具，全年共推广节能灯近2万只。二是开展企业节能工作。与规模以上工业企业和高能耗企业签订节能目标考核责任书，督促企业通过增加技改投入，推广应有先进生产工艺，淘汰落后产能，使企业能耗大幅度下降，全面完成单位GDP能耗下降2.5%的目标考核任务。三是推行清洁生产。发展循环经济，促进资源综合利用，减少排放，降低污染，2009年，镇沅共有2户企业通过清洁生产审核验收，同时对4户企业启动推行清洁生产。

【产业结构调整】 通过多年来的培植和打造，矿产业、林产业等支柱产业地位凸显。2009年，矿产业、林产林化产业工业产值比重占全县工业总产值的70.4%，9户规模以上工业企业总产值占全县工业总产值的比重达到58.27%，但从产品结构分析，产品为半成品的比例偏大，精深加工环境薄弱，产业链不长，产品科技含量不高，产品结构调整力度需进一步加强。

【任职领导名单】

党委书记　阳　春
局　　长　姜功勋
副 局 长　唐登红　　徐世发
　　　　　张新法　　邢红华

（普元和）

孟连县经济和商务局

【基本情况】 2009年，孟连县有工业企业46户（规模以上5户，规模以下41户）。全县完成工业总产值29297万元，同比增长6.94%，其中：规模以上工业完成总产值18783万元，同比增长10.27%；规模以下工业完成产值10514万元，同比增长5.57%；完成工业投资6860万元，同比增396.82%；完成利税总额3061万元，完成市考核任务1000万元的306.10%； 完成利润总额1403万元，完成市考核任务100万元的指标；完成工业投资6861万元，完成考核任务2000万元的343.05%；完成主营业务收入16979万元，完成考核任务19000万元的89.36%。

【主要工业产品实现较快增长】 2009年，10种主要工业产品产量呈7增3减。7增：生产白糖40785吨，同比增6.32%；生产砖3294万块，同比增4.74%；生产天然饮用矿泉水3956吨，同比增3.72%；生产精制茶1674吨，同比增12.88%；生产原煤25245吨，同比增62.84%；生产饮料酒33千升，同比增13.79%；生产塑料制品71吨，同比增446%。3减：生产酒精2215千升，同比减10.90%；发电量为11187万千瓦时，同比减3.31%；生产铁合金1531吨，同比减14.94%。

【产业发展情况】 （一）茶叶产业。2009年，茶叶面咱俩77817亩，比上年增加3193亩，增长4.28%，其中：采摘面积58860亩，比上年增加14984亩，增长34.15%。干茶产量1732吨，比上年增加300吨，增长20.95%。

（二）甘蔗产业。2009年，甘蔗面积70178亩，比上年减少14126亩，下降16.76%，产量317524吨，比上年减少22538吨，下降6.63%。

（三）咖啡产业。2009年，咖啡面积42498亩，比上年增加6913亩，增长19.43%，其中：投产面积21022亩，比上年增加7384亩，增长54.14%，产量2343吨，比上年增加709吨，增长43.39%。

（四）橡胶产业。2009年，橡胶种植290513亩，比上年增加9326亩，增长3.32%，开割面积130303亩，比上年增加9901亩，增长8.22%，干胶产量12993吨，比上年增加984吨，增长8.19%。

【乡镇企业经济稳中有升】 2009年，完成乡镇企业总产值44968万元，同比增长10.22%；完成增加值11945万元，同比增长10.11%；完成乡镇企业工业增加值6228万元，同比增4.76%；完成农产品加工业销售产值30269万元，同比增3.14%；乡镇企业上缴税金1472万元，同比减0.94%。

【重点工业项目稳步推进】 2009年，孟连县列入普洱市重点工业投资项目有：孟连昌裕糖业有限责任公司建设年产10万吨燃料乙醇生产线，一期5万吨项目和云南绿宝百瑞有限公司建设年产10万吨生物柴油2个项目。

2009年，昌裕糖业公司年产10万吨燃料乙醇生产线项目已争取省工信委立项备案，并完成投资500万元（木薯原料基地建设250万元，加工厂技改250万元）。云南绿宝百瑞有限公司年产10万吨生物柴油项目已向国家、省递交项目立项备案申请，已在境外（缅甸）发展小桐子面积70000余亩，累计投资近800万元。

【安全管理】 2009年，为全面做好安全生产管理工作，确保企业安全生产，一是全面贯彻落实煤炭安全主体责任，与景冒煤矿签订了安全生产责任状，做到任务层层分解，落实到人。二是认真开展煤炭安全生产检查工作。全年开展安全生产检查达35余次，出动车辆15辆、40余人次，提出整改意见15条。三是建立安全生产动态监控制度，及时掌握安全生产动态，并提出整改措施，确保各项措施得到落实。四是抓好煤矿各项专项检查工作。年内制定了《孟连县2009年煤炭安全生产月实施方案》、《孟连县国庆期间煤炭安全生产检查实施方案》和《孟连县煤矿安全生产执法行动实施方案》，并组成检查组进行专项检查，积极排查隐患，确保安全生产。五是认真抓好电力企业的防汛预案安全检查工作。组织相关部门对发电公司、云思腊福发电公司防汛抢险应急预案工作进行了检查。

【节能减排工作】 2009年，认真按照上级有关文件精神和要求，积极做好节能减排各项工作。一是将2009年度单位GDP能耗下降2.4%、淘汰落后生产能力（孟连勐马铁合金3600KVA）的节能减排工作目标任务分解到各相关企业，并与企业签订目标责任书，督促企业认真组织实施。二是加大节能宣传工作力度。在“6·5”世界环境日和“节能宣传周”等活动期间，开展以“减少污染——行动起来”、“安全用电，节约用电”为主题的节能宣传进校园、进社区活动，共发放宣传材料11530多份，悬挂节约能源宣传布标7条，宣传面达3万多人次。三是做好2009年高效节能照明产品推广工作。印发了《孟连县2009年高效照明产品推广实施方案》，以推进我县节能降耗工作。2009年，全县共推广高效节能照明灯3915只。四是按照上级对淘汰落后产能的有关规定，督促淘汰企业勐马铁合金厂积极准备好拆除方案，做好各项关停工作。同时组织相关部门，对勐马铁合金厂的拆毁工作进行了检查，通过察看现场和查阅痕迹资料，勐马铁合金厂已按规定做好拆除、关停工作，达到上级要求，并将关停材料上报市经委，完成了我县2009年淘汰落后产能的工作任务。

通过采取以上工作措施，全县2009年单位GDP能耗下降2.5%，关停淘汰了勐马铁合金厂，顺利完成了节能减排目标任务。

【非公经济（中小企业）发展】 2009年，全县非公有制经济实现增加值39757万元，比上年增长11.3%；上缴税金5167万元（含股份企业），从业人员9733人，注册资金42085万元。非公经济总户数3407户，其中:非公企业169户，个体工商户3236户。

【任职领导名单】

局　　长　郑　刚（至7月）

　　　　　魏启岳（7月任）

党委书记　邓永刚

副 局 长　云荣林　　罗继宁

纪委书记　刘忠国

西盟县经济和商务局

【概述】 2009年，西盟县经济和商务局在面对国内国外经济环境复杂多变的情况下，按照县委、县政府的总体部署，以“科学发展观”统揽全县经济工作，认真落实各项工业经济目标责任，真正为企业排忧解难，将对企业的服务工作落到实处。全县工业经济稳步运行。2009年，完成工业产值8953.6万元，较上年同期8228.4万元相比增长8.8%。按轻重工业完成产值分：轻工业完成产值5215万元，占全部工业总产值8953.6万元的58.2%；重工业完成产值3738万元，完成全部工业总产值8953.6万元的41.8%。全县年发电量6188.04万度，较上年同期7611.6万度相比下降19%（主要是受干旱的影响，造成发电量有所下降）；产白砂糖13567.55吨，较同期12655.1吨增长7.2%，产酒精946.7吨，较上年同期958.1吨相比下降1.2%；自来水生产量97.8万吨，较上年同期79.4万吨相比增长23.2%；全县完成工业固定资产投资（不含电力）2043万元，完成市下达任务数1000万元的204.3%。由于政策及市场因素的制约，西盟云天矿业公司仍处于缓建状态，2010年有望进入试运行。

规模以上企业运行态势良好，但成本居高不下，原材料上涨仍然是制约规模以上企业发展的瓶颈点，2009年，较好地完成了与市政府签定的四项考核指标。2009年，规模以上企业实际完成主营业务收6069.6万元，较上年同期5645万元相比增长7.5%，完成市下达任务数6000万元的101.6%；完成利税总额138.2万元，较上年同期115.2万元相比增长9.97%，完成市下达任务数130万元的106.3%。完成利润总额89.9万元，而上年同期为-221.9万元，超额完成市下达任务数-50万元；完成工业增加值2513.9万元，较上年同期2336.4万元相比增长7.6%，完成市下达任务数2400万元的104.7%。

【非公经济发展】 2009年，西盟县非公经济继续保持健康、稳步发展的良好势头，非公经济运行质量有所提高，非公经济各项经济指标较去年同期有所增长，全县登记注册的非公经济户数1302户（个体工商户1230户，私营企业72户），同比增长12%；注册资金12373万元（个体工商户4576万元，私营企业7797万元），同比增长11%；从业人员6748人（个体工商户3798人，私营企业2950人），同比增长5%，完成市考核目标1471万元的103%；非公经济增加值完成13594万元，增速13.4%完成考核目标数13585万元的100.06%。

【节能减排工作】 一年来，西盟县经济和商务局认真组织开展了节能减排宣传工作，将节能减排的宣传标语张贴到县属各主要企业的醒目位置。并经常深入到企业进行节能减排知识宣传，促进企业员工提高对节能减排的认识程度，逐步树立“节能减排从我做起”的意识。同时利用节能宣传周积极宣传，在县二中、县一中、县车站、小学、县温洲超市、县集贸市场、县政府大楼门口等悬挂了节能减排标语，发放了300个节能宣传袋，进一步提高了节能宣传工作的开展力度，把重点耗能企业纳入日常工作范畴，着重开展了绿色照明宣传工作，并会同中标企业在县集贸市场实施节能灯的推广工作，共推广财政补贴性节能灯1637只。加强了企业重点耗能环节的节能监管力度，2009年，西盟县实际完成单位GDP能耗下降2.4092%。超额2.4%的责任目标。

【技术改造】 2009年，认真贯彻省、市技术改造的相关文件精神，认真组织企业开展技术改造工作，但由于西盟县是国家级重点扶持县之一，财力匮乏，加之西盟的企业大部分运转困难，投入技改的资金也微乎其微。2009年，西盟昌裕糖业有限责任公司组织实施了酒精废醪液肥化（加PSB光合菌剂）处置工程，该工程于2008年开工至2009年1月9日正式投入试运行，2009年4月22日通过验收，每年实际实现化学需氧量减排50吨。该公司采用了无滤布真空吸滤机替代压滤机工程设备安装，代投入资金90万元，已安装完毕并投入使用，进一步削减了化学需氧量的排放，08＼09榨季原煤耗用电量690吨与07＼08榨季原煤耗用量为2906.67吨相比下降了76.26%。

【安全管理】 按照国务院实施“安全生产”的总体工作部署，认真贯彻省、市，安全生产工作有关精神，组织各企业认真开展了安全生产和管理工作，召开了安全生产工作会议，调整充实了安全生产领导小组，给安全生产工作提供了强有力的组织保障，特别在防汛防洪期间，认真组织和督促企业做好各项防汛防洪前期准备工作。并深入到矿业企业进行查看，大力宣传安全生产工作的重要性和必要性，让矿业企业全体员工都积极自发、自愿、主动的学习安全生产知识，牢固树立“安全为企业、安全为家人、安全为自己”的责任意识。2009年，县内各企业未发生安全生产事故，为企业的运行创造了良好的安全生产环境。

【任职领导名单】

局　长　赵文娟
书　记　朱如虎
副局长　苏　勇　　晏江鸿
　　　　岩　兵

（杨国谦）

西双版纳傣族自治州

西双版纳州经济委员会

【综述】 2009年，是新世纪以来西双版纳州经济发展遇到困难最多、挑战最大的一年。面对百年不遇的国际金融危机的严重冲击，国内经济普遍放缓、外部需求萎缩、开工不足等多重不利因素影响，在省委、省政府关心支持、州委、州政府的坚强领导和省工信委的指导帮助下，西双版纳州经委以开展深入学习实践科学发展观为动力，紧紧围绕保增长、保民生、保稳定、保生态的工作主线，坚决贯彻落实国家和省政府出台的应对金融危机的一系列政策措施，坚定信心、攻坚克难、沉着应对、共克时艰，努力化挑战为机遇，变压力为动力，突出抓好项目推进、园区建设、企业帮扶、运行监控、贷款融资、技术创新和协调服务等重点工作，有效遏止了经济增速下行态势，工业经济增速由2008年12月的11.1%跌至2009年2月低谷-2.2%后，逐步回升至2009年12月的12.2%，呈U形走势，工业经济止跌回升总体向好，全面完成了工业经济各项预期工作目标，保持了全州工业经济平稳较快发展的良好势头。

【工业经济运行情况】 2009年，全州采取积极有效措施，工业经济呈现企稳回升态势。受国际金融危机的严重冲击，2月末规模以上工业负增长2.2%，经济增速的下滑，外部需求的减弱，部分企业开工不足，经济效益大幅下滑，生产经营出现严重困难，亏损企业亏损面占规模以上工业企业总数的40%以上，企业利润大幅下降近60%。但随着一揽子经济刺激计划的贯彻落实，全力组织实施州委、州政府工业发展“百亿工程”，落实电价扶持政策，开展停产半停产和负增长企业帮扶服务，积极协调解决项目建设和企业生产经营中出现的困难和问题等一系列行之有效工作的开展，工业经济增速一季快于一季，从一季度末增速正增长1.5%，实现止跌回升，二季度增长2.1%，三季度增长7.7%，逐季保持稳步提高。全年规模以上工业累计完成总产值41.91亿元，增长15.3%，实现工业增加值26.90亿元，增长12.2%，增加值总量排在全省第12位，增速列居全省第9位，高于全省平均水平1个百分点，高于全国平均水平1.2个百分点。2009年全州三次产业在GDP的比重为29.4：29.6：41，工业经济发展为全州国民经济结构进一步优化作出了积极贡献。

2009年，重工业（规模以上，以下同）累计完成工业增加值20.85亿元，增长32.3%。主要重工业产品产量有较大增长。其中：发电量64.17亿度，增长115%；铁矿石原矿365.42万吨，增长17.5%；铁合金1.34万吨，增长16.7%；水泥39.67万吨，增长27.9%；黄金711.4千克，增长34.2%。这表明工业经济发展重工业主导格局正在进一步强化。

【重点项目建设】 以“增投产、保增长、促升级”为主线，重点对列入省景洪红塔建材2500吨/日新型干法水泥生产线、西双版纳金星啤酒10万吨/年生产线、佛兴红木家具生产线、汉麻公司5000吨/年汉麻韧皮纤维等5个项目，及列入全州重点督查的勐象竹业重组地板技改、瑞翔公司5万吨/年燃料乙醇2个项目进行跟踪督查，定期不定期召开项目推进协调会，研究解决项目推进过程中遇到的困难和问题。通过积极引导资金投向，景洪电站5台机组如期发电，全州发电量突破60亿度，达到64.17亿度，增长115%。电力行业实现工业增加值11.39亿元，占规模以上工业增加值的比重达到42.3%，电力行业发展跃居各行业之首，成为全州工业经济第一支柱产业。竹、麻和啤酒等一批工业企业相继建成投产，增强了全州工业经济发展后劲，有力地促进了工业结构调整。

【非公经济、乡镇企业发展】 2009年，州委、州政府召开西双版纳州加快发展非公有制经济发展大会。大张旗鼓的表彰奖励为非公有制经济发展作出贡献的优强企业、优秀企业家和个体工商户、先进单位，地促进了全州非公经济和乡镇企业发展。制定出台了《中共西双版纳州委　西双版纳州人民政府关于贯彻<中共云南省委　云南省人民政府关于加快非公有制经济发展的决定>的实施意见》。《实施意见》明确了我州非公经济新的发展思路和目标任务，从财政支持、税收支持、用地支持、金融支持4个方面进一步强化了扶持非公经济发展的政策措施，进一步引起各级各部门对非公经济发展的重视，为全州工业经济发展增添活力。努力搭建融资平台，拟出台《西双版纳州工业企业贷款贴息专项资金管理暂行办法》。全州非公经济实现增加值50.6亿元（快报数），占全州生产总值（GDP）比重达到37%；非公经济3.05万户，增长13%；从业人员9.1万人，增长9%；上缴税金6.6亿元，增长28%；全州乡镇企业发展紧紧围绕“三农”，围绕发展县域经济，围绕社会主义新农村建设为目标，始终把发展农产品加工业作为发展的主攻方向，全年增加值、乡镇企业工业增加值、产品加工销售产值分别完成12.50亿元、7.99亿元和7.89亿元，三项指标增幅均在20%以上；企村结对户数10对；职业技能鉴定250人。

【节能降耗工作】　2009年，在全球推动绿色、低碳和循环经济发展的背景下，制定出台了《西双版纳州2009年节能工作指导意见》等一系列节能政策措施，工业循环经济和节能降耗的政策法规体系进一步建立健全，工业降耗、资源综合利用、清洁生产等工作不断推进；继续实行节能目标责任制；高度重视建筑、交通、商业、农村、政府机构和居民生活等领域的节能降耗；进行广泛宣传、促进全民节能，开展节能周宣传和“能源短缺体验日”活动，发放节能宣传资料1万多份；各级节能办及相关企业300多人参加了清洁生产审核员和节能减排培训；建设农村沼气池2.4万口，节柴改灶8.3万户；超市、宾馆、商场、写字楼等公共场所高效节能灯具应用率已达到55%以上；勐仑植物园等A级以上景区节能灯利用已达60%以上，星级饭店综合能耗平均下降5%，观光酒店等11家星级饭店通过了“银叶”级绿色旅游饭店的评定；推广使用太阳能热水器16.58万户，占全州住户（不含流动常住人口）的65%；积极开展资源综合利用，获得省级认定企业12户，其中1户企业年度免税582万元。清洁生产推进加快，推进清洁生产企业60户，其中通过省、州审核验收47户。8户重点耗能企业开展能源审计。40多户企业自筹资金5000余万元，实施节能技术改造。加大淘汰落后生产能力、墙体材料革新、散装水泥和节能灯推广应用工作力度，组织实施绿色照明工程，推广高效照明产品13.2万支，完成年度目标任务10万支的132%；全州规模以上工业企业单位工业增加值能耗同比下降12%，单位GDP能耗下降5.1%，超额完成单位GDP能耗下降4.8%的目标任务，完成全州“十一五”节能目标进度的72%。能源消费量处于全省最低水平。全州各级财政安排节能专项资金85万元。

【工业园区建设】　2009年，《西双版纳州人民政府关于贯彻〈云南省人民政府关于加快工业园区建设的意见〉的实施意见》正式出台。全州三个工业园区在进一步理顺和完善管理服务体制，强化规划的科学指导，加快基础设施建设步伐，全面加强招商引资工作、积极推进特色产业聚集发展等方面取得积极进展。全州工业园区累计入园企业78户，年内新增入园企业15户；固定资产投资累计完成16.97亿元，年内新增固定资产投资8.29亿元。其中：景洪工业园区新增入园企业6户，新增固定资产投资额6.31亿元；勐海工业园区新增入园企业3户，新增固定资产投资额0.63亿元；磨憨进出口贸易加工园区新增入园企业6户，新增固定资产投资额1.35亿元。建材、木材加工、酒精制造、啤酒制造、农副产品加工等优势产业园区聚集成效明显。

【国企改革“四难”工作】　2009年，州委、州政府深入贯彻落实科学发展观，始终把改善民生作为保增长的出发点和落脚点，出台了《中共西双版纳州委办公室 州人民政府办公室关于切实解决国企改革下岗离岗失业人员困难的意见》（西办发〔2009〕20号）等一大批力度空前的惠民利民措施，确保了人民群众生活水平持续提高，切实履行维护社会政治稳定职责。重点做了两方面工作。一是解“四难”工作全面推进。为解决自1997年以来全州国有企业改革下岗离岗失业人员“再就业难、住房难、基本养老与基本医疗保险缴费难、投诉求助难”等问题，坚决打好“保增长、保民生、保稳定”攻坚战，在州委、州政府的统一领导下，以“大接访、大下访”为切入点，牵头落实、主动协调各县市、州直十一个行业主管部门，全面完成了全州152家已完成改制的国有企业的5096个下岗离岗失业人员情况摸底调查，有力地推动了对“20号”文件精神的贯彻落实。经过开展大量艰苦细致卓有成效的工作，顺利完成了预期各项目标任务，解“四难”工作取得了积极成效。截至2009年底，全州符合申领社会保险补贴条件的1506人，已兑现1411人，兑现率93.7%；全州符合住房保障条件家庭户数1512户，目前已开工建设廉租房1512套，预计2010年基本可入住新房；全州到各级就业部门登记的国有企业改制下岗离岗失业人员4934人，已实现再就业4515人，再就业率91.5%；全州应移交社区管理下岗离岗失业人员3638人，已移交3594人，移交率达98.8%。二是进一步加强矛盾纠纷排查调处和信访工作。通过“完善一个网络、树立两种观念、坚持三项制度”，加大矛盾纠纷排查调处力度，努力化解不稳定因素，切实履行好维护社会政治稳定职责。据统计，自深入开展解决国企改革下岗离岗失业人员“四难”工作以来，全州信访总量同比下降了52.5%，特别是集体信访总量下降了65.1%。解“四难”工作的顺利推进，有力地促进了社会和谐与稳定。

【大事记】　2月16日至18日，省政府副省长和段琪率省工信委、省科技厅、中科院昆明分院领导到西双版纳州就工业经济发展情况进行调研。副省长和段琪一行在州委书记江普生，副州长杨沙等领导的陪同下，先后深入西双版纳金星啤酒有限公司、汉麻产业投资控股有限公司、勐象竹业有限公司、勐海县华冠酒精有限责任公司景洪工业园区、勐海工业园区进行实地调研。副省长和段琪对西双版纳州工业和工业园区发展取得的成绩给予了肯定。

3月20日，西双版纳州工业经济暨节能工作会议在景洪召开。会议充分肯定了2008年全州工业经济和节能工作取得的成绩，全面分析了全州工业发展面临的形势，明确了2009年全州工业经济发展的目标，对2009年工业经济工作提出了具体要求。副州长岑化虎出席会议并作重要讲话。

4月14日，世界上第一条工业级别的汉麻纤维加工生产线在勐海工业园区正式投产。该生产线设计规模为5000吨汉麻纤维，综合投资2亿元的一期工程，可实现年产汉麻纤维2000吨，生产加工值达8000万元以上。该生产线由雅戈尔与宜科科技共同投资2亿元组建的汉麻产业投资控股有限公司投资。

5月27日，景洪水电厂5台35万千瓦机组全部投产发电。

6月22日至23日，省工信委王兴宁副主任率省统计局、省工信委调研组到版纳州就天然橡胶加工生产纳入工业产品统计进行专题调研。天然橡胶加工纳入工业产品统计成为现实，将进一步增大工业经济的整体规模。

2009年，全州累计发电量突破60亿度大关，达64.17亿度，同比增长115%。电力行业一跃成为全州工业经济新的龙头。

7月30日，中共西双版纳州委西双版纳州人民政府关于贯彻《中共云南省委云南省人民政府关于加快非公有制经济发展的决定的实施意见》出台，这是继2003年后的又一部支持非公有制经济加快发展的指导性文件。

8月5日，西双版纳州加快发展非公有制经济发展大会在景洪隆重召开。州委副书记、州长刀林荫，州委常委、景洪市委书记陈学刚，州委常委、州纪委书记李庆元，州人大副主任袁发先，副州长岑化虎，州政协副主席张德智及有关部门100余人参加了会议。州委副书记、州长刀林荫在会上作了重要讲话。会议表彰了全州20户非公有制经济优强企业、10名非公有制经济优秀企业家、10名非公有制经济优秀个体工商户和20个服务非公有制企业先进单位。

8月26日，西双版纳州人民政府关于贯彻《云南省人民政府关于加快工业园区建设的意见》的实施意见正式出台。

11月26日至28日，省委书记白恩培和随行的省委常委、省委秘书长杨应楠一行到西双版纳州进行调研。州委书记江普生，州委副书记、州长刀林荫，州委常委、州委秘书长李记臣，副州长岑化虎随同调研。

省委书记白恩培专程到景洪工业园区调研时强调“把工业园区建成旅游风景区，把入园企业建成旅游景点”，把企业建设与旅游业开发结合起来，大力提升外向物流水平、商贸水平和加工水平，提升“引进来”、“走出去”水平。

2009年，云南西双版纳小黑江水电规划环境影响评价及对策研究报告通过评审，州政府已批复同意小黑江水电规划报告。

2009年，景洪红塔建材有限责任公司与华新水泥股份有限公司建立战略合作伙伴关系，共同建设日产2500吨熟料新型干法水泥生产线技改项目。该项目计划总投资3.5亿元。

12月10日，年设计总产能20万吨的西双版纳金星啤酒有限公司一期10万吨生产线正式建成投产。中国第四大啤酒集团——金星啤酒集团正式落户景洪工业园区。

【任职领导名单】

书记、主任　柳壹华
常务副主任　赵洪中
副 主 任　张　腾　郭　勇
　　　　　兰　燕
副调研员　张仁明

（陈　琳）

景洪市经济局

【简述】 2009年，景洪市经济局在市委、市政府的正确领导下，坚持以科学发展观为指导，坚定不移地推进新型工业化道路，努力克服国际金融危机对实体经济的冲击、国内经济增速下滑等多重不利因素影响，坚决贯彻落实中央和省扩大内需、促进经济增长的重大战略决策，工业经济企稳向好的势头日趋明显，工业经济、乡镇企业、非公有制经济等各项工作取得明显成效，基本实现了预期目标。2009年，全市规模以上工业企业累计完成增加值13.79亿元，实现主营业务收入14.25亿元，实现利税总额2.9亿元，实现利润1.68亿元。

【工业经济运行情况】 2009年景洪工业经济步入了“十一五”计划的快车道。景洪工业经济快速增长，产品产量和经济效益快速提高。2009年工业总产值首次突破20亿元大关，达22.8亿元，同比增长45.3%；实现工业增加值13.79亿元，同比增长44.15%。全面推进新型工业化进程，切实转变经济增长方式，2009年全市非电工业投资完成4.3亿元，比上年增长246.2%，完成州下达目标2亿元的215%。

在走新型工业化道路指引下，景洪市为加快工业经济发展开启新的思路，市政府相继出台了《景洪市工业振兴指导意见》等一系列政策，加快推进新型工业化重点工程的实施。在矿业、电力、建材等优势产业的强力带动下，工业经济快速增长。2009年全市工业总产值跨越10亿、20亿元两大台阶，达到22.8亿元；增加值突破10亿元大关，达到13.79亿元，在全州排列第一位。一批优势产业和骨干企业擎起了我市工业经济的半壁江山。2009年，规模以上工业增加值完成13.79亿元，同比增长54.1%，增速居全州第一。工业占第二产业比重达92.3%，占全市GDP比重的18.4%。工业已成为2009年全市经济增长的重要拉动因素，支撑全市国民经济发展的主导作用显著增强。三次产业结构比重由2008年的26.7：27：46.3优化调整为2009年的23.5：33.1：43.4，以工业为主导的经济结构进一步增强，提前实现了“十一五”规划三次产业结构30：27：43的目标。

【重点工业项目建设】 云南勐象竹业有限公司年产30万吨漂白商品竹浆项目《可行性研究报告》已编制完成，《环境评估报告》、《水资源论证报告》、《节能审查报告》等已经委托中介机构进行编制；景洪红塔建材有限责任公司根据企业的发展需要，公司进行增资扩股，引进新的战略合作伙伴华新水泥股份有限公司共同建设日产2500吨水泥熟料的技改项目，并配套建设4.5mw纯低温余热发电系统，计划投资3.5亿元，该项目于2011年建成投产；版纳永发水泥有限公司年产85万吨水泥生产线项目大部分前期工作基本完成；西双版纳瑞翔贸易有限公司年产5万吨燃料乙醇建设项目厂区三通一平的基础建设已经完成，正在进行厂房建盖和设备安装，2010年9月有望建成投产。

【乡镇企业发展】 2009年，全市乡镇企业实现增加值5.14亿元，完成州定目标任务4.86亿元的105.8%，同比增长21.83%；其中，实现工业增加值2.72亿元，完成州定目标任务2.715亿元的100.01%，同比增长16.01%；上交税金0.6424亿元，完成州定目标任务0.6054亿元的106.11%，同比增长6.11%；实现农产品工业销售产值2.47亿元，完成州定目标任务2.46亿元的112.2%，同比增长17.01%。

产品产量：完成干胶产量81862.7吨，同比增长45.29%；毛茶产量4666.12吨，同比增长1.14%；精制茶1122吨，同比增长102.89%。完成企村结对4户，完成任务的100%；完成职业技能鉴定120人，完成目标数90人的120%。

【非公经济发展】 2009年，全市加大非公经济扶持力度，营造宽松发展环境，着力推进“三创两到位”，即：服务创优、全民创业、企业创新，金融支持到位、政策落实到位，为非公经济发展营造良好发展环境。市工商部门不断提高管理和服务水平，建立健全各种服务体系，创建优良的发展环境，促进非公经济发展壮大，引导非公企业诚信经营、文明经商；税务部门继续贯彻“放水养鱼”的扶持措施，对我市非公经济的发展起到了积极的促进作用；市人事劳动保障局积极为非公企业做好人才引进、推荐和培训工作，与用人单位和西双版纳职业技术学院共同举办校企双向交流会，组织召开进城务工人员专场招聘会，免费为农民工开展职业介绍，帮助下岗失业人员自谋职业、自主创业。非公企业18614户，吸纳从业人员5.1万人，上缴税金3.4亿元，实现非公经济增加值25.01亿元，占全市GDP的33.5%。

【节能降耗工作】 2009年，景洪市人民政府出台了《景洪市公共机构“十一五”后两年节能规划》、《景洪市公共机构节能降耗工作实施方案》、《景洪市公共机构节能目标评价考核办法》、《景洪市公共机构节能降耗行政问责制实施意见》等一系列节能政策措施，工业循环经济和节能降耗的政策法规体系进一步建立健全，工业降耗、资源综合利用、清洁生产等工作不断推进；市财政安排节能专项资金20万元；继续实行节能目标责任制；高度重视建筑、交通、商业、农村、政府机构和居民生活等领域的节能降耗；积极开展节能降耗宣传活动，进村进寨宣传节能知识，大力推广普及太阳能、沼气池、节柴灶、高效照明产品，宣传国家的惠农政策。全年共编印各种节能宣传资料11万份，发到11个乡镇、机关、企业累计发放节能宣传资料36530份，节能法规册子300本，节约能源法100份，工作简报13期630份；举办和组织参与不同形式的能源管理和统计培训班12期，参训人数470人；大力推广节能新技术、节能产品，全年共推广高效照明产品82172只，受惠城乡居民6229户，完成了上级下达2万支推广目标任务的410%；清洁生产推进加快，6户企业通过省、州审核验收，完成州下达目标3户的200%；建设农村沼气池1128口，节柴改灶1450户，完成目标任务的112%和145%；超市、宾馆、商场、写字楼等公共场所高效节能灯具应用率已达到85%以上，完成3户绿色饭店的创建工作；加大淘汰落后生产能力、墙体材料革新、散装水泥、节水器和节能设施的推广应用，对全市绿化喷灌系统进行改造；积极推广节能型、环保型车辆，淘汰高耗能及老旧车349辆，货运、客运车辆平均每公里油耗比去年分别下降12.83%、3.35%；积极开展资源综合利用，获得省级认定企业4户，其中2户企业年度免税1389.4万元；全市规模以上工业企业单位工业增加值能耗同比下降22.18%，完成单位GDP能耗下降5%的目标任务。

【安全管理】 安全生产，责任重大，全市始终把安全生产工作当作头等大事来抓。一是年初与下属企业签订安全生产（消防）责任状，同时要求企业内部层层签订责任状，增强了企业干部职工的安全责任意识，进一步落实了安全生产（消防）责任制。二是利用重大节日及“安全生产月”开展安全生产大检查及安全宣传活动。三是认真开展安全生产督促检查工作，发现问题及时整改。全年无重大安全生产事故发生。

【大事记】 5月12日，全市工业经济暨节能工作会议在景洪市宾馆召开。会议充分肯定了2008年工业经济和节能工作取得的成绩，全面分析了当时工业发展面临的形势，安排布置了工作重点，对2009年工业经济工作提出了具体要求。岩香副市长出席会议并作重要讲话。

5月27日，景洪电站5台35万千瓦机组全部投产发电。

2009年，全市累计发电量突破50亿度大关，达58.7亿度，同比增长131.6%。电力成为强力支撑我工业经济发展的龙头行业。

12月18日，景洪市加快发展非公有制经济发展大会在景洪隆重召开。景洪市委书记陈学刚，副市长岩香及有关部门400余人参加了会议。市委书记陈学刚在会上作了重要讲话。会议表彰了全市8户非公有制经济优强企业、39名非公有制经济优秀个体工商户、10个服务非公有制企业先进单位和10名展发展非公经济先进个人。

2009年，景洪红塔建材有限责任公司与华新水泥股份有限公司建立战略合作伙伴关系，共同建设日产2500吨熟料新型干法水泥生产线技改项目。该项目计划总投资3.5亿元。

【任职领导名单】

党委书记　罗学良

局　　长　李正才

副 局 长　梁双顶　唐伟任

（张　敏）

勐海县经济局

【概述】　2009年，勐海县积极应对国内外经济环境的重大变化，全县上下在县委、县政府的坚强领导下，以科学发展观为指导，坚定不移地推进新型工业化进程，实施工业富县战略，工业发展速度加快，对县域经济的贡献明显提高。一是积极探索发展“工业园区化、园区生态化”的新型工业，进一步做好工业园区基础设施建设，完成园区供排水设施、35kV变电站、云麻产业区和茶叶加工片区主干道等项目。鼓励和引导精制茶厂进入工业园区办厂，从而达到统一规划、统一利用资源、统一规范生产、统一管理和节约用地的目的。年内，新增入园企业3户（累计入园36户），新增固定资产投资0.63亿元。园区在调整产业结构、实现农副产品增值、吸纳劳动力等方面的作用逐步显现。二是抓好勐海茶厂扩建协调服务工作，支持龙头企业，做大、做强茶叶产业。三是加快水电、矿产业的发展步伐。积极开发水能资源，加快推进流沙河一级电站项目建设。继续规范矿业秩序，整合现有矿产企业，着力培植具备深加工能力、市场前景好的企业，鼓励引导骨干企业实现资产重组、改造扩能和技术创新。四是积极改善投资环境，构建工业发展新平台，扩大招商引资，加大扶持力度。吸引七彩云南、阳光房地产等一批实力企业前来投资。年内，七彩云南庆沣祥茶叶股份公司投资1600万元建成集加工、科研开发、工艺展示为一体的高标准普洱茶企业—勐海七彩云南茶厂，还与云南省茶科所合作成立“普洱茶产品检验中心”，建成云南首家普洱茶储存陈化研究中心。2009年，全县规模以上工业企业实现工业总产值14.8亿元，完成工业增加值8.5亿元，利税总额3.2亿元，利润总额2.2亿元。

【节能减排工作】　2009年，全县紧紧围绕年初州政府下达的年度GDP能耗下降5%的目标任务，继续层层分解节能目标责任，县政府分别与6个行政机关、6户企业和11个乡（镇）签订了《勐海县2009年节能目标责任书》，并建立目标责任追究制；积极组织2户综合能耗5000吨以上的重点能源企业开展审计工作；在骨干企业，民族村寨和重点乡镇开展节能示范建设，以推广财政补贴高效照明产品为突破口，重点实施推广节能灯、沼气、节柴改灶等项目，全年推广高效照明产品16741只，完成州下达任务的112%；积极支持和鼓励技术改造，一批节能项目取得新突破。在勐海工业园区兴建了全州第一家蒸压加汽砼砌块新型墙材厂，12月底竣工投产。勐海机砖厂投资数十万元，购进2万块/天（相当于6万块标砖）页岩空心砖设备，更替了目前生产的黏土实心砖。华冠酒精有限责任公司投资800多万元，采用高温发酵工艺，利用废糟液产沼气烧锅炉，变废为宝，既节能又环保，年可节煤达3286.8吨，直接经济效益223.5万元。全面实现年度节能目标任务。

【产业结构调整】　2009年，勐海县生产总值（GDP）完成34亿元，按可比价格计算，比上年增长10.4%。其中，第一产业增加值7.7亿元，比上年增长9.3%，拉动GDP增长1.9个百分点；第二产业增加值13.1亿元，比上年增长6.8%，抖动GDP增长2.8个百分点；第三产业增加值13.2亿元，增长14.9%，拉动GDP增长5.7个百分点。结构调整取得新进展，第一、二、三产业比重由上年的23：40：37 调整为23：38：39。人均GDP为10203元，比上年增长9.16%。

【非公（中小）企业发展】　勐海县是全州农业大县，从80 年代至今，县政府围绕农业产业发展办工业的方针，发展了制糖业、精制茶业、麻业、竹木加工业、精米加工业、木薯乙醇燃料酒精、制胶、生猪（牛）屠宰等农产品加工业。以境内外矿产资源为依托，发展了铁矿采选、锰矿和金矿冶炼等矿业；利用丰富的水力资源，开发建设了宾房、那达勐、天生桥等电站，发展了电力产业。经过二十多年的努力，中小企业发展迅速，经营领域进一步拓宽，综合实力不断增强，为繁荣城乡市场、扩大就业渠道、增加财税收入等方面发挥了重要作用。全县非公（中小）企业7528户，从业人员2.1万人，上缴税金1.3亿元，非公有制经济创造增加值14.97亿元，占全县生产总值的比重达44%。

【安全生产】　2009年，全县工业系统坚持以人为本，树立安全生产“责任重于泰山”的思想观念，充分发挥各方面的积极性，努力构建“统一领导，分级负责，人人参与，共同监管”的安全生产工作格局，进一步落实安全生产的规章制度与各项措施、健全安全生产的宣传、管理工作体系，建立能自我约束、不断完善的安全生产长效机制，责任落实，监管到位，安全生产管理工作再上一个新台阶。2009年发生各类安全生产事故52起，比上年下降25.7%，安全事故死亡23人，比上年下降4.2%。

【大事记】　4月14日，西双版纳汉麻投资控股有限公司年产5000吨韧皮纤维项目一期工程，在勐海工业园区举行隆重竣工典礼。该项目于2007年9月破土动工，一期工程总投资2亿元。总后张建春少将、国务院工程院院士姚穆、国资委李国林院士、省工信委周赤副主任、州委书记江普生、县委书记张兴、雅戈尔集团有限公司董事长李汝成、汉麻投资控股有限公司总经理张国君等领导和专家出席竣工剪彩仪式。

3月29日，光明集团云南石斛生物科技开发公司在勐海工业园区举行奠基挂牌仪式。新成立的光明食品集团云南石斛生物科技开发有限公司，预计总投资3亿元，将建成铁皮石斛GAP标准化示范种植基地1500亩，使勐海县成为全国最大的铁皮石斛种植基地。州委常委、常务副州长罗红江，州长助理李刚，勐海县党政领导及州直有关部门负责人，及光明集团董事会成员出席奠基挂牌仪式。州委书记江普生出席并致辞。

12月，全州第一家蒸压加汽砼砌块新型墙材厂在勐海工业园区竣工投厂。

2009年，南果河电站复建工程完工。

2009年，流沙河一级电站建设主体工程已全部完工，6月23日试运营72小时，6月30日正式发电。

【任职领导名单】

党组书记　龙程梅

局　　长　舒玉清

副 局 长　马志华　　米云锋

　　　　　李建华

（童　柏）

勐腊县经济局

【基本情况】 2009年，是勐腊县经济发展面临困难最大、挑战最为严峻的一年。全县工业经济基础十分薄弱，产业结构单一，以矿业开采为主，制造业为辅工业生产特点。纳入统计的规模以上工业企业仅有9户，只有新山矿业开发有限责任公司实现产值上亿元。全年完成工业总产值（现价）7.33亿元，比上年下降13.4%；完成工业增加值4.6亿元，同比增长7.29%；实现主营业务收入5.2亿元，同比下降27.08%；利税总额1.6亿元，同比下降47.09%；完成利润总额0.9亿元，同比下降58.46%。

【工业经济运行情况】 从工业经济运行的特点看：重工业开始回升，轻工业持续下滑。全年，重工业完成总产值5.34亿元，同比下降0.34%；实现主营业务收入4.40亿元，同比下降29.37%，完成利税1.54亿元，同比下降47.54%，实现利润0.92亿元，同比下降56.8%，规模以上重工业主要指标数均有小幅增长，轻工业完成总产值9764万元，同比下降15.6%。

从工业行业运行情况看：主要产品产量、产值、利润除电力保持增长，其他产品均持续下滑。电力行业：全年发电量11965万度，比上年增长532.4%；实现工业总产值6159万元，同比增长183.82%；实现利润1674万元，同比增长81.76%。采矿业：全年生产铁矿石279万吨，同比增长13.9%；实现总产值44909万元，同比下降7.7%，实现利润7677万元，同比下降62.38%。指标下降的主要原因是：采矿业受油价上涨、开采难度加剧、成本上升、价格下降（去年同期平均价194元/吨，今年同期平均价157元/吨，相差37元/吨）等诸多不良因素影响，产量、产值、增加值、利润等经济指标数全面下滑，是工业企业中影响最深、涉及面最广的企业。制糖业（2户企业）：08/09榨季，共生产白糖25187.45吨，同比下降18.23%；实现工业总产值9091万元，同比下降16.6%；实现利润-396万元，比去年同期减亏318万元。另一方面两家制糖企业主要靠境外种植来维持生产，生产成本逐渐上升，利润不断下降，糖价下降（今年白糖平均价2704.38元/吨较同期下滑了10.74%），影响了制糖业的经济效益。建材业（2户水泥厂）：1~12月生产水泥66264吨，同比下降1.5%；实现工业总产值2338万元，同比下降3.35%；实现利润-116万元。其中：大展水泥有限责任公司盈利9万元，勐醒水泥厂亏损125万元。勐醒水泥厂大幅亏损的原因是有半个月时间停产，导致水泥减产。制药业（1户企业）：1~12月共生产中成药16.48吨，同比下降4.57%；实现工业总产值673万元，同比增长0.15%；实现利润11万元。

【技术创新】 2009年，顺利完成了勐腊田野橡胶销售有限责任公司循环水改造、勐远大展水泥有限责任公司环保设施技改及云南中云勐腊糖业有限公司酒精废醪液污染减排3户企业的技改项目。

勐腊田野橡胶销售有限责任公司循环水改造项目技改，此项目总投资500万元，占地70余亩，完成6个污水塘处理池和2000立方米的高位蓄水池建设工程。已于2009年3月初顺利完成了循环水改造项目技改，并通过验收，达到污水处理循环使用的节能减排目的。

勐远大展水泥有限责任公司环保设施项目技改，此项目总投资268万元，完成了粉尘处理环保技改项目。已于2009年3月17日达标验收合格环保设施项目技改，使水循环利用率达到95%。

云南中云勐腊糖业有限公司污染减排项目技改，已于2009年4月9日通过州环保局达标验收，投资150万元完成利用微生物技术进一步治理酒精废醪液生产固体和液体有机肥技术，污染物去除率高，顺利完成酒精废醪液污染减排项目技改工作。

【安全管理】 2009年，根据县安委办的统一安排部署，认真抓好企业安全生产工作，制定出台了《安全生产年实施意见》和《六月安全生产月活动方案》，并与9个重点企业签订了安全生产目标责任书，采取定期不定期对企业进行检查，有效遏止了生产安全事故的发生，确保生产经营平稳发展。同时积极配合上级有关部门对辖区内的水电站防汛进行安全生产检查，确保全年无生产安全事故发生。

【节能降耗工作】 2009年，全县多措并举，稳步推进节能降耗工作。进一步强化责任目标，层层抓落实，分别与1个乡（镇）、7个职能部门及5户高耗能企业签订节能责任目标，并采取定期不定期的方式做好跟踪规范指导工作；组织相关部门召开专题工作会议，分析存在问题，提出具体措施；建立节能专项资金，并纳入财政预算；表彰和奖励在推动节能降耗工作成绩突出的优秀单位和个人；继续以制胶、水泥、采矿等行业为重点，积极推行清洁生产审核和能源审计工作；重视建筑、交通、政府、公用事业和居民等领域的公共节能降耗，年内，制定出台了《勐腊县“十一五”后两年公共机构节能规划》，把节能降耗和创建“五型”机关有机结合起来，为“依法节能、全民行动”打下坚实基础。2009年，全县4户企业完成清洁生产审核初验；2户企业已完成能源审计工作；征收新型墙体专项基金19.3万元；共推广节能灯15600万支；新建农村沼气池761口，节能改灶462户。圆满完成单位GDP能耗下降的目标。

【中小企业发展】 2009年，全县深入贯彻中央、省、州关于加快发展非公和乡镇企业一系列政策措施。协同相关部门认真做好对非公有制企业和乡镇企业的指导、管理和服务工作，加大整顿对企业的乱收费、乱罚款、乱摊派的工作力度，不断改善我县非公有制经济和乡镇企业发展环境。全年非公经济从业人员达1.93万人，上缴税金1.88亿元，实现经济增加值达13.3亿元，占全县GDP比重达38.8%。

【任职领导名单】

党组书记　何新民
局　　长　仓绍恩（10月止）
纪委书记　坚　飘
副 局 长　王连安
　　　　　汤校伟
　　　　　王晟星

大理白族自治州

大理州经济委员会

【基本情况】 大理白族自治州经济委员会于2005年组建，加挂大理州中小企业局、大理州乡镇企业局牌子，为州人民政府工作部门，负责全州工业经济的宏观指导，推进技术进步，负责承担乡镇企业、中小企业及非公经济管理职能。根据主要工作职责，大理州经济委员会内设13个职能科室，分别为：办公室、综合科、经济运行科（统计科）、科技科、中小企业科（州非公办）、乡镇企业科、企业服务体系科（州减负办）、重工业科、轻工业科、能源交通科、人事教育科（党委办公室）、煤炭安全科、节能监督管理科。

（邹红芳）

【经济运行情况】 2009年大理州工业经济战线认真贯彻落实中央和省委、省政府应对危机、提振经济的各种政策措施，坚定信心，化危为机。通过努力，全州工业投资、节能减排等工作取得明显进展，产业结构不断优化，多数企业效益改善，工业经济企稳增长，为大理州国民经济的稳定增长提供了坚实支撑，至2009年末，全州规模工业企业达到178户，比2008年净增20家。其中：销售收入上亿元的企业达30户，占全州工业经济总量的比重达49.14%；力帆骏马公司、大理卷烟厂两户企业产值首次突破50亿元大关和30亿元大关，红塔滇水、大理药业产值首次达5亿元。全州共有省级企业技术中心8个，年内新增2户（大理药业、洱宝实业），企业研发创新能力进一步增强。年内规模工业累计实现增加值91.08亿元，非电力固定资产投资34.5亿元，均全面完成了省下达的年度责任目标；累计完成现价工业总产值374.26亿元，同比增长13.6%（按可比价计算增长19.4%），超额完成了州人代会确定的“增长13%”的既定目标；累计实现规模工业增加值91.08亿元，按可比价计算增长16.2%，增速列居全省七个重点州市之首，分别高于全省、全国平均增速5个百分点和4.8个百分点。单位GDP能耗下降5.51%，超额完成了省、州既定“下降4.7%”的年度目标。

全州非公有制经济累计上缴税金15.3亿元，增长27.8%；非公经济累计实现增加值189亿元，增长13.8%，非公经济占全州经济总量的比重达46.4%，比上年提高0.5个百分点。

2009年，全州六大工业产业共完成工业产值265.3亿元，占全州工业经济总量的70.8%。对全州工业经济增长的贡献率达73.7%，直接拉动工业增长10个百分点。①机械产业实现高速增长。全年累计完成产值59.28亿元，增长32.93%。累计生产载货汽车59516辆，增长98.45%；生产中型拖拉机51008台，增长4.36%；②矿冶产业从下半年起逐渐走出困境，产销同步增长。全年累计完成产值59.83亿元，增长2.71%。累计生产电解锌13.67万吨，增长12.45%；黄金3356千克，增长35.51%；成品钢9.96万吨，增长9.32%；③建材产业产能持续释放。全年累计完成产值28.04亿元，增长14.46%。累计生产水泥685万吨，增长33.15%；④能源产业稳步推进，新能源建设快速发展，全年累计完成产值31.07亿元，增长21.21%。全州累计生产原煤265万吨，累计发电36.4亿千瓦时；⑤烟草产业较快增长。全年累计完成产值43.31亿元，增长14.25%，累计生产卷烟41.6万箱，超年初计划1.6万箱；⑥生物资源及优势农产品加工业稳步发展。全年累计完成产值43.78亿元，增长3.35%。

“保增长”措施有力，成效明显。一是建立重大经济发展项目协调机制，加大对重大经济发展项目的推进力度。针对工业项目建设中土地、环评、贷款、林地占用、水土保持、消防、安全评估以及水电路等因素对项目的制约，建立了全州重大项目协调机制。2009年全州确定了58个重大经济发展项目，召开了四次专题协调会，保证了一大批项目顺利实施，为全州工业经济平稳增长提供了有力的项目支撑。二是加大投资力度，助推企业技术改造的步伐。2009年州级财政投入补助资金4000万元，带动了53个工业项目的实施，完成技术改造投资31.87亿元，占不含电力工业固定资产投资的92.32%。三是以责任书的形式分解目标、明确责任；四是加强重点工业项目建设协调及督导服务，强力推进项目建设；五是加强经济运行调控，强化对停产、半停产企业的监控及信息反馈，完善运行报表制度，及时掌握经济运行动态；六是深入调查研究，积极开展停产、半停产企业、负增长企业帮扶活动；七是全面梳理有关政策措施，并予以贯彻落实；八是积极争取省级财政资金支持（累计争取6839万元），减缓企业资金需求压力，支持企业发展壮大。九是强化服务，引导企业顺势而为。

通过抓实上述各项重大举措，全州工业经济“保增长”取得明显成效：一是全州工业经济顺利实现企稳增长。工业总产值增速由2008年7月份的30.8%逐月下滑至2009年1月的-10.1%和2月份的-0.6%的谷底后，持续稳步回升，至年末达到了13.46%（按可比价计算增长19.4%），工业经济持续向好发展。二是县市工业经济运行明显转好。2009年末，祥云、永平、漾濞三县已顺利走出年初“下行”局面，成功实现“由降转升”，全州共有10县市实现增长，增速均在10%以上。三是多数企业相继实现复产，停产半停产规模企业由最高峰时期（2008年11月）的56户，下降为18户；负增长规模企业由最高峰时期（2009年7月）的102户，下降为85户。

（苏发高）

【技术创新】 2009年，大理药业股份有限公司和大理洱宝实业有限公司两户企业技术中心被省认定为第十二批省级企业技术中心，至此全州已有8家省级企业技术中心。2009年8家省认定企业技术中心科技活动经费支出占产品销售收入的比例达4.1%，其中，研发（R&D）经费投入强度达2.35%。

2009年，大理州工业企业不断强化品牌意识，提高质量意识，大力推进名牌战略的实施。全州12家企业生产的13个产品（5个产品为到期复评）顺利进入了2009年云南名牌产品初选名单，入选数量创历年之最。

2009年，全州坚持以重点产业、重点企业、重点项目为核心，加大技改投入力度，切实加快企业技术进步。2009年共投入各类财政补助资金达10764万元，大大促进了企业技改项目建设。2009年在建项目85个，其中技术改造项目72个，完成投资额31.87亿元，占总投资的92.32%。

（姜　辉）

【信息产业发展】 2009年末，全州移动电话交换容量达382万门，移动电话用户数达175.69万户，移动数据用户数达87.1万户，无线基站数达2758个；TD-SCDMA等3G网络建设以及农村移动信息富民工程建设按计划顺利推进，并推出高速手机上网、手机电视等新业务；固定电话交换容量达92.86万门，固定电话用户数达59.95万户；互联网宽带上网用户数达9.17万户；通信业务总量共计完成10.6亿元。与上年相比，除固定电话交换容量略有下降外，其余各项主要经济技术指标均有增长或较大幅度的增长。年内电子政务应用工作有新发展，无线电管理工作取得新突破。

州政府公共服务在线咨询系统应用在2008年建成州级主站点的基础上，年内进一步建成了12个县市政府公共服务在线咨询系统分站点，体系与数据结构采用集中控制、分级管理模式。全年累计办复各类问题3675个（不含以电话、电邮等非公开方式办复的问题），IP访问量达200489次，月平均访问量达1.67万次。同时，按照责任政府四项制度、特别是限时办结制的要求，初步建立了一套较为科学合理、切实可行的在线咨询服务工作制度与运作机制。在线咨询服务工作得到了上级的肯定和公众的认可。

2009年12月25日，正式开通发布了全新的“中国·大理”门户网站，网站增设了“大理视频新闻”等新栏目，强化了动态栏目的信息更新保障及日常维护管理工作，全面整合了州政府信息公开主站点以及阳光政府四项制度建设相关栏目内容。与此同时，全州政府信息公开网站群运行维护工作稳步推进，已进入较为规范的常态化运行阶段。

根据国家和省有关文件精神以及州人民政府指示精神，年内先后印发实施了《大理白族自治州人民政府关于支持和推进TD-SCDMA通信网络建设的通知》、《大理白族自治州人民政府办公室转发省人民政府办公厅关于大力支持第三代移动通信发展的通知》以及《大理白族自治州人民政府办公室关于加强农村移动信息富民工程建设工作的通知》等文件，有效推进了TD-SCDMA通信网络等3G通信网络建设工作，并积极协调龙山行政办公区有关单位，为确保建设单位按上级时间、任务、进度和质量要求圆满完成TD-SCDMA网络建设创造了有利的条件。同时，积极支持通信运营部门加强了农村移动信息富民工程建设工作，理顺和完善了相关的组织保障与工作机制。

2009年1月和6月，州无线电管理处在全州范围内组织开展了“无线电法规宣传月”和《云南省无线电电磁环境保护条例》宣传月活动，采取了悬挂标语、发放资料、广播电视宣传、网站宣传、短信宣传、现场解答等方式宣传无线电管理法规，通过开展无线电法规宣传使人民群众对电磁环境保护的重要性和必要性有了进一步认识，依法保护使用无线电频率资源的意识得到增强，无线电管理工作的社会认知度和无线电管理工作的权威有了一定提高。特别是2009年3月5日，大理市无线电管理委员会联合下关镇西大街社区居委会对西大街社区居民、下关第三小学师生开展了无线电管理知识讲座。州无线电管理处、大理移动公司、大理联通公司应邀为社区居民讲解了无线电管理的政策法规、频谱资源的合理利用、电磁辐射与人的健康等大家普遍关心的问题，同时向参会的社区居民发放《云南省无线电电磁环境保护条例释义》和无线电宣传画册，解答了居民电磁辐射对人体影响的疑问。无线电法规宣传进社区活动的开展，进一步拓展了无线电管理法规知识宣传的深度和广度，提高了无线电管理工作的社会影响，是无线电管理宣传工作的一次十分有益尝试。

为进一步加强对讲机的设置使用管理，加大对无线电台（站）非法设台和违规使用的执法力度，保护合法无线电台（站）权益，净化无线电电磁环境，维护电波秩序，2009年8月开始，全州按宣传发动、自查自检、抽查和重点检查、总结四个阶段，对12县市小区物业、建筑工地、旅游景区、餐饮娱乐场所、商场超市、度假村、宾馆和饭店等行业开展了清理违法使用对讲机专项执法活动，共清理对讲机1692台。大理市是全州工作的重点，擅自使用对讲机的单位有76家，8月27日和28日我处联合大理市无线电管理领导组以及大理市公安、建设、商务、旅游、经济等相关部门组成联合执法检查组，对大理市鸿城商业广场、鸿元体育中心、红山水泥股份公司、大理市第六建筑公司、亚星饭店、天龙八部影视城等6个单位进行了实地检查，共查出违规使用对讲机97台，联合执法检查组对6家违法设置使用无线电对讲机单位进行了调查笔录，并责令其整改，不符合规定的对讲机令其封存禁止使用，同时对如何合法使用无线电台以及规范使用无线电台的重要性和必要性进行了宣传教育。在清理整顿期间，共有18家单位相继补办了126台对讲机的设台手续。2008年12月8日，针对西湖旅游公司和地热国擅自设置使用对讲机、洱源广电网络公司逾期未缴纳频率占用费，以及通信基站擅自采用微波传输等问题，我处会同洱源县无委办组成联合工作组，深入实际进行了跟踪、督促和检查。

（张雄辉）

【节能减排】　2009年，省人民政府下达给大理州的节能目标为：万元GDP能耗下降4.7%。淘汰落后生产能力：淘汰炼铁生产能力10万吨。预计全年单位GDP能耗同比下降5.51%，规模以上工业单位增加值能耗下降14.16%。截至2009年，全州“十一五”节能总体目标完成进度为近80%，确保节能目标完成进度与“十一五”总体目标任务进度保持同步。 2009年2月，州人民政府分别与12县市人民政府、7个州级节能主管部门和12户重点耗能企业签订了2009年度节能降耗目标责任书，将年度节能目标责任指标分解到各县市、州级各有关部门和企业，并把节能降耗指标完成情况纳入经济社会发展综合评价体系，作为领导干部综合考核评价和企业负责人业绩考核的重要内容。州人民政府在去年安排100万元专项资金的基础上，2009年州级财政节能降耗专项资金增至500万元。一是对20个节能降耗、资源综合利用和节能灯推广示范项目安排扶持资金390万元。二是安排全州12县市、州统计局及7个州级节能主管部门节能“三体系”建设补助资金110万元。2009年，完成推广节能灯86万只，超额完成推广任务。

经过全州各级、各相关部门的努力，全州节能降耗工作扭转指标不降反升的局势，完成进度基本赶上了“十一五”总体目标任务，省人民政府考核后对大理州节能降耗工作给予了高度评价，州人民政府获得省政府表彰的2008年节能工作“节能优秀奖”；州经委获得“推广财政补贴高效照明产品工作先进单位”称号；2009年，州经委获得全省节能工作“节能优秀奖”。

【清洁生产和能源审计】　为全面推动清洁生产和能源审计工作的深入开展，2009年我州将清洁生产和能源审计工作目标任务纳入节能降耗目标责任书中。2009年全州共有11家企业启动清洁生产审核工作，有4户完成并通过省清洁生产办组织的清洁生产审核验收。全部中高费方案投入资金1773.95万元，年创经济效益615.19万元；节约标煤3524.57吨；节水35802立方米；节电69.7万度；减排废水20473立方米。2009年我州能源审计目标任务是6户企业完成能源审计工作，年内已有10户企业启动了能源审计，其中，7户企业已经完成能源审计并通过省能源审计专家评审。

以环洱海流域的工业企业和冶金、化工、建材等行业为重点，大力推行清洁生产。组织了300多人次参加清洁生产培训，企业开展清洁生产的意识普遍增强，开展清洁生产的主动性和积极性进一步提高，政府推动、企业主动、中介机构技术支持的框架基本形成。目前，我州已有20多户企业启动了清洁生产审核工作，8户企业通过了清洁生产审核验收。在本轮清洁生产实施过程中取得经济效益4239万元，实现节能量为18300吨标煤，节电634.8万度，节水45411吨。

（冯安梅）

【煤矿安全管理】　2009年，大理州以深入开展“安全生产年”活动为主线，以有效防范、坚决遏制重特大事故为目标。扎实开展安全生产宣传教育、安全生产执法、安全生产治理“三项行动”；切实加强安全生产法制体制机制、安全生产能力、安全生产监管队伍“三项建设”，充分发挥各级煤矿监管部门和煤矿企业的积极性，创造性，把质量标准化矿井建设作为治本之策，把“一通三防”、隐患排查治理、瓦斯防治、顶板管理、资源整合、培训教育、理顺机构、加强救援能力建设等内容作为工作的重点，推动安全生产状况的持续稳定好转，为实现全州煤炭安全生产状况明显好转的目标奠定坚实基础。大理州煤炭安全生产与安全管理工作取得了“一升三降” 的历史性突破：煤炭产量再创历史新高，达到259.19万吨，煤炭销售产值6.4亿元，原煤利税总额达1.3亿多元，职工年平均收入约30000元；煤矿生产安全事故和事故死亡人数和百万吨死亡率皆降至近二十多年来的新低，全州共发生煤矿生产安全事故2起，死亡4人， 死亡人数比省政府下达当年的控制指标少7人，事故比2008年减少15起，死亡人数减少13人，煤炭百万吨死亡率为1.54人，比2008年减少5.37人。同时，为增强煤矿企业人员的安全意识和安全管理能力，组织培训煤矿从业人员6874多人次；组织特员培训6期、瓦斯监控系统管理员3期，共1200多人。

（程　林）

【中小企业及非公经济发展】　通过改善发展环境、加强依法管理、拓宽融资渠道、提升创新能力、加大财政扶持、推进节能减排等方面的工作，大理州中小企业及非公经济健康发展。中小企业及非公经济已成为推动全州经济发展的基本力量、财政收入的重要来源、解决就业的重要渠道和维护社会稳定的关键因素，在全州经济社会发展中发挥着越来越重要的作用。2009年底，全州有中小企业4400户，其中，第一产业239户；第二产业1993户；第三产业2168户。全州非公有制经济组织达到77005户，从业人数达到20万人；实现增加值189亿元，上缴税金同步增长。中小企业及非公经济实现了速度、规模和效益的同步发展。

（毕家兴）

【大事记】 1月8日，大理州室内装饰行业协会在关召开会员大会，会议对理事会进行了换届选举，原州经委副调研员孙纯同志当选为会长，州经委李东主任被聘为特邀名誉会长。州政府程云川副州长、舒自明等领导到会指导。

1月9日，州委副书记、州长何金平在州委常委、州政府常务副州长马建全，州委常委、大理市委书记段玠，州政府副州长程云川，州政协副主席寇铸勋，州政府秘书长李超等领导的陪同下，率调研组对重点企业发展情况进行专题调研，并在力帆骏马公司召开了座谈会。何金平州长鼓励企业要坚定信心，抓住机遇，变“危”为“机”，立足实际，调整结构，整合资源，千方百计促进我州工业经济平稳较快发展。

2月25日，大理兴洲小额贷款有限公司正式挂牌成立。该公司注册资本达3250万元，由州市商会、州内部分民营企业和民营企业家共计12家股东现金出资，将为破解我州“三农”和中小企业贷款难题发挥积极作用。

3月4~6日，由省工信委许云副主任带队的省节能目标责任第四评价考核小组一行9人代表省政府对我州2008年节能目标责任完成情况进行现场评价考核。

3月26日，省政府大理专题工作会议召开，会议对大理建成云南最大汽车工业基地给予高度评价。期间，省委常委、常务副省长罗正富、省人大常委会副主任程映萱一行到云南力帆骏马车辆有限公司考察。省工信委主任刘绍忠率技创处陈云生处长、产业处宋海宁处长出席专题工作会议，刘主任表示省工信委将对大理州开发凤仪、加快新型工业化建设项目给予大力支持。

3月27日，结束省政府大理专题工作会议后，秦光荣省长率省级有关部门领导深入云南力帆骏马车辆有限公司检查指导工作，充分肯定了大理州在凤仪创新工业园区建成云南最大汽车生产基地，对建设滇西中心城市形成产业支撑表示积极支持。

4月，祥云飞龙公司被国家人力资源和社会保障部、中国有色金属工业协会授予全国有色金属行业先进集体。

4月30日，州政府召开全州煤炭安全生产工作会，总结2008年度煤炭安全生产工作，兑现了安全生产奖惩，安排部署了2009年度的安全生产工作，并签订了煤炭资源整合及安全生产责任状。

5月17~18日，全国企业联合会、企业家协会、省人民政府主办的全国“企业家活动日”在昆隆重举办，程云川副州长、李东主任带队，20多户企业的负责人共60多人参加了主会场活动，祥云飞龙公司总经理杨龙被表彰为全国优秀创业企业家，红塔滇水股份公司总经理徐敦山等三人被表彰为全省优秀企业家。推介发布了40多个工业招商引资项目，力帆骏马与湖南同心还签订了一个项目的合作协议。

5月，大理供电有限公司荣膺中国水电质量管理协会2008年度“全国电力行业用户满意服务”企业。

5月31日，“大理白族自治州无线电管理处”正式挂牌。管理处下设综合科、管理科、监测站，加挂稽查科牌子，负责全州无线电管理工作。人员编制12人。

6月5日，在2009年昆交会、第七届东盟华商会和云南省生物产业大会期间，州委、州政府在昆明举办大理州经济技术合作项目推介酒会，邀请了省内外出席昆交会、第七届东盟华商会和云南省生物产业大会的部分企业代表及嘉宾。州经委组织云南力帆骏马车辆有限公司等30户工业企业参加了酒会，各企业精心制作了易拉宝加大宣传，主动与华商交流，共谋发展，大理创新工业园区、祥云财富工业园区、宾川金鑫公司还参加了之前的第七届东盟华商西南项目洽谈会。

6月11~12日，云南省政协应对金融危机影响对策调研组一行到我州进行专题调研。副州长岳黎松代表州委、州政府就金融危机对大理州企业的影响及我州应对情况向调研组作了汇报。

7月23日，州政府召开全州上半年经济运行分析暨重大项目推进工作会议，州委副书记、州长何金平在会上作了重要讲话，州经委李东主任作了工业经济运行及重大经济发展项目建设专题发言。

8月7~8日，国家无线电管理局调研组一行4人，到大理州就广播电视和民用航空电磁干扰等无线电管理工作进行了调研

9月22日，大理州无线电事业发展规划领导组成立。州人民政府岳黎松副州长任组长，州政府副秘书长、州无线电管理处施双林处长任副组长兼办公室主任，州级19个部门的领导为成员。

9月25日，总投资277亿元、坝高294.5米、总库容149亿立方米、总装机容量420万千瓦的小湾电站首台机组投产发电。

9月28日，州政府、红塔集团在大理卷烟厂举行就地技改项目奠基暨开工仪式。

9月29日，昆钢集团与宾川县举行战略合作框架协议签字暨大理昆钢金鑫建材公司揭牌仪式。

10月21日，大理州市总工会为云南清逸堂实业有限公司举行中华全国总工会、中华全国工商业联合会授予“全国双爱双评先进单位”授牌仪式。

10月28日，大理金穗麦芽公司3万吨生产线投产。

11月27日，大理州企业家协会第二次会员大会在关召开，大会全面总结协会成立五年来的工作，修改了章程，选

举产生了理事会新一届理事、秘书长、副会长、会长，州经委主任李东当选为新一届理事会会长。

12月4日，中国家具协会、云南省工业和信息化委员会、云南省家具协会、云南省东南亚南亚经贸合作发展联合会、西南林学院木质科学与装饰工程学院、昆明理工大学艺术与传媒学院、大理州人民政府、剑川县人民政府8单位代表齐聚剑川，举行共建中国民族木雕家具产业基地签约暨揭牌仪式。

12月12日，漾濞县人民政府与国电电力云南新能源开发有限公司投资开发建设的“漾濞桑不老水电站” 签约仪式在深圳举行，计划装机2.5万千瓦，投资2.6亿元人民币，项目计划2011年底投产。

12月18日，大理州人民政府与国电电力发展股份有限公司携手开发新能源框架协议在龙山国际会议中心签约。同时，洱源、漾濞、云龙三县政府与国电电力云南新能源开发有限公司投资开发风电项目协议签约。

12月25日，宾川县举行年产5万吨燃料乙醇项目开工、燃料乙醇暨碳产业项目合作签约、云南师范大学华鑫生物产业研发中心揭牌仪式。祥云飞龙公司被国家人力资源和社会保障部、中国有色金属工业协会授予全国有色金属行业先进集体。

2009年，大理州人民政府被省人民政府表彰为云南省节能优秀奖；州人民政府副州长程云川、州经委副主任赵健昌、州统计局副局长管成金和大理啤酒有限公司工程师陈夏峰被评为全省节能先进个人。

祥云飞龙公司总经理杨龙被全国企业联合会表彰为第七届全国优秀创业企业家，红塔滇水股份公司总经理徐敦山等三人被表彰为第十一届云南省优秀企业家。

云南力帆骏马车辆有限公司、云南祥云飞龙有色金属公司、下关沱茶股份有限责任公司、大理药业股份有限公司、大理啤酒集团公司、大理东亚乳业公司、云南清逸堂实业公司、大理州银都水乡旅游投资有限公司等8户企业被省政府表彰为全省100户创新型非公有制企业；大理洱宝实业公司董事长李协鼎、大理华兴企业集团董事长施祥、大理漾濞核桃有限责任公司董事长倪文郁、大理红山水泥有限责任公司董事长陆绍华等4位企业家获创业之星称号；大理华兴企业集团董事长施祥获公益之星称号；大理中小企业融资担保有限公司获10佳非公服务机构称号。

【任职领导名单】

党委（组）书记、主任　李　东
党组成员、副主任　那玉海　李丹虹
赵道春　赵健昌
陶　鑫（7月任）
陈景元（7月起任调研员）

大理市经济局

【概述】 2009年，大理市辖区工业总产值、主营收入、税金三项主要经济指标与2008年同比保持健康平稳增长态势，只有利润指标有所下降，辖区内工业企业累计完成工业总产值1700306万元，同比增长15.67%。其中，中央、省、州属8户完成516591万元，同比增长15.47%；市属工业企业完成1183715万元，同比增长15.75%。

2009年，全市工业企业实现主营收入1473251万元，同比增长23.99%。其中：中央、省、州属工业企业完成488624万元，同比增长30.61%；市属工业企业完成984627万元，同比增长20.95%。规模工业企业实现主营收入1271071万元，同比增长27%。

2009年，辖区内工业企业实现税金245837万元，同比增长23.45%。其中：中央、省、州属工业企业实现税金213613万元，同比增长24.79%；市属工业企业实现税金32224万元，同比增长15.25%。规模工业企业实现税金239743万元，同比增长21.06%。

2009年，辖区内工业企业实现利润总额91324万元，同比下降3.49%。其中：中央、省、州属工业企业完成39511万元，同比下降12.59%；市属工业企业完成51813万元，同比增长4.84%。规模工业企业实现利润总额83759万元，同比下降1.18%。

66户规模工业企业完成工业总产值1319111万元，同比增长18.82%。其中，城镇规模工业企业42户完成766308万元，同比增长14.6%；乡镇规模工业企业24户完成552803万元，同比增长25.21%。

规模以上企业在全市辖区工业经济中的比重。辖区规模企业66户，2009年，实现工业总产值1319111万元，占辖区工业总产值1700306万元的77.58%；实现主营收入1271071万元，占辖区主营收入1473251万元的86.28%；实现税金239743万元，占辖区税金245837万元的97.52%；实现利润总额83759万元，占辖区利润总额91324万元的91.72%。

规模工业中分行业经济指标完成情况。2009年，（一）以大理卷烟、美登印务为特色的7户，卷烟及其辅料企业实现工业总产值357314万元，同比增长14.67%，分别占辖区工业总产值和规模工业总产值的21.01%和27.09%；实现主营收入337360万元，同比增长18.68%；上缴税金199378万元，同比增长24.19%；实现利润总额35903万元，同比下降6.65%。

（二）以力帆骏马为龙头的8户，汽车机械制造工业实现工业总产值450175万元，同比增长36.6%，分别占辖区工业总产值和规模工业总产值的26.48%和34.13%；实现主营收入428490万元，同比增长69.07%；上缴税金4719万元，同比下降32.06%；实现利润总额7326万元，同比增长125.28%。

（三）以云网大理供电局、大理供电公司等4户供电企业，实现工业总产值136069万元，同比增长20.7%，分别占辖区工业总产值和规模工业总产值的8%和10.32%；实现主营收入135743万元，同比增长20.41%；上缴税金10319万元，同比增长20.53%；实现利润总额7880万元，同比增长164.08%。

（四）以大啤有限、东亚乳业、大理娃哈哈食品、大力生饲料为骨干的14户,食品饮料及农副食品企业实现工业总产值143616万元，同比增长1.69%,分别占辖区工业总产值和规模工业总产值的8.45%和10.89%；实现主营收入139867万元，同比增长0.4%；上缴税金9755万元，同比增长15.39%；实现利润总额17456万元，同比下降15.96%。

（五）以滇西水泥、大理水泥、红山水泥为重点的6户,建材水泥企业实现工业总产值106827万元，同比增长12.57%,分别占辖区工业总产值和规模工业总产值的6.28%和8.1%；实现主营收入109430万元，同比增长16.99%；上缴税金10396万元，同比增长26.26%；利润总额2677万元，同比下降75.17%。

（六）以清逸堂纸业、滇西纺织为主的12户，轻纺工业实现工业总产值45653万元，同比增长0.15%，分别占辖区工业总产值和规模工业总产值的2.68%和3.46%；实现主营收入42564万元，同比下降2.74%；上缴税金1653万元，同比下降13.64%；实现利润总额5891万元，同比增长189.63%。

（七）以大理药业为主的4户,生物制药工业实现工业总产值59859万元，同比增长24.57%,分别占辖区工业总产值和规模工业总产值的3.52%和4.54%；实现主营收入59283万元，同比增长23.75%；上缴税金2693万元，同比增长10.55%；实现利润总额8265万元，同比增长28.2%。

（八）其他工业11户，实现工业总产值19598万元，同比下降26.09%，分别占辖区工业总产值和规模工业总产值的1.15%和1.49%；实现主营收入18334万元，同比下降32.39%；上缴税金840万元，同比下降15.15%；实现利润总额亏损1630万元。2009年，全市辖区工业总产值同比增长15.67%、主营收入同比增长23.99%、税金同比增长23.45%、利润总额同比下降3.49%。

【主要产品产量】 2009年，生产主要工业产品：①卷烟2080000万支，同比增长1.71%；②水泥398.29万吨，同比增长32.33%；③精制茶2256吨，同比增长28.91%；④啤酒133475千升，同比增长12.05%；⑤软饮料77737吨，同比下降18.09%；⑥乳制品116818吨，同比增长0.76%；⑦载货汽车42414辆，同比增长41.42%；⑧发电量87734万千瓦时，同比增长8.04%。

全年完成工业固定资产投资174684万元，同比增长19.84%，完成年度计划172000万元的101.56%。超计划进度1.56个百分点。

【任职领导名单】

党委书记　张建昆

局　　长　金建华

副 局 长　杨景德　　李春盛

　　　　　杨　光　　陈文学

（崔庆勇）

宾川县经济局

【概述】 2009年，宾川县经济局以深入开展学习实践科学发展观活动为契机，认真践行科学发展观，牢固树立“工业强县”理念，坚持走新型工业化道路，进一步转变经济发展方式，严格按照“营造一个氛围、搭建两大平台、实现三个新突破、做强四大产业、构建五个体系”的新型工业化发展思路，精心组织实施工业经济发展“倍增计划”。克服国际金融危机、地震、干旱、缺电等不利因素的影响，以项目拉动、园区推动、产业互动为抓手，进一步促进产业集聚，优化产业布局，推动全县工业经济又好又快发展，全县完成工业现价总产值150980万元，同比增长22.11%，为当年全州保持工业经济发展较好的少数县份之一。

【工业经济运行情况】 2009年，宾川县累计完成工业现价总产值150980万元，同比增长22.11%（规上企业完成41663万元，同比增长244.95%；规下企业完成109317万元，同比降-2.02%），增速高于全州8.5个百分点（全州增速是13.6%），增速在全州排名第四，居南涧县（48.4%）、鹤庆县（24%）、永平县（23.1%）之后，工业经济总量在全州排名第六位，较上年上升了一位，居大理市（170亿）、祥云县（68.9亿）、洱源县（25.6亿）、鹤庆县（23.6亿）、漾鼻县（15.8亿）之后。全县累计完成工业税金3609.2万元，同比增长56.9%；全县累计完成工业固定资产投资（不含电力）16270万元，同比增长42.7%。各项指标均超额完成了年初州委、州人民政府下达给宾川县的年度目标任务，并受到州委、州人民政府的表彰。

2009年，全县有规模以上企业17户，其中，新培植发展宾川太和华侨林化工有限公司、宾川县远东太阳能水塔有限责任公司和宽恳农副产品有限公司等3户。2009年，规模以上企业累计完成主营业务收入40696万元，同比增长95.3%，其中，销售收入达1000万以上的有5户，5000万元以上4户。累计完成增加值18546万元，同比增长89.8%。累计实现利税总额2876万元，多数企业扭亏为盈，企业经济效益明显好转。

2009年，电力完成购发电量19340万度，比上年净增4189万度，同比增长21.7%，生产原煤58万吨，比上年净增2万吨，同比增长3.6%，生产水泥34万吨，比上年净增25.2万吨，同比增长3.9倍，生产砖瓦49703万片，同比增23.9%。

【宾川水泥进行资产重组】 2009年9月，宾川县人民政府与昆钢控股有限公司达成战略合作协议，共同对宾川县内相关产业资源进行开发。昆钢控股有限公司下属企业——云南昆钢水泥建材集团有限公司与宾川县金鑫建材有限责任公司合作，按60：40的比例共同出资1亿元人民币在宾川注册成立了大理昆钢金鑫建材有限公司。并由大理昆钢金鑫建材有限公司出资2.456亿元，对宾川县金鑫建材有限责任公司所属的2000吨/日新型干法熟料水泥生产线进行了收购，实行控股经营。2009年共生产水泥34万吨，比上年净增25.2万吨，同比增长3.9倍。

【云南国巨年产9800吨葱蒜加工生产线项目正式启动】　云南国巨绿色食品公司（泰国国王食品公司）概算投资3000万元、年产9800吨葱蒜加工生产线项目，于2009年2月正式开工建设，预计到2010年6月底全面建成投产。该项目建成后，年可实现9360万元的产值，将成为全县最大的葱蒜加工企业。

【工业园区建设】　宾川县人民政府结合宾川实际提出了“一园多区”的工业园区发展思路，即：宾川工业园区对外就是一个园区（名称为“宾川福源工业园区”），园区内部又由生物资源产业区（即原糖厂片区）、加工制造产业区（即水泥厂片区）和能源产业区（即力角总府庄片区）等多个分区组成。并委托大理州城乡规划设计研究院完成了地形勘测、规划论证、可行性研究等工作，并于年内通过了县级审查、州级评审等工作。宾川县人民政府将加大资金投入力度，加快推进工业园区建设，力争用3~5年的时间，将工业园区打造成为全县工业发展的聚集区。

【节能降耗】　通过明确公共机构2009年至2010年节能措施、目标、任务，并与县级相关部门、各乡镇、华侨管理区和企业层层签订目标责任书，把节能降耗目标任务进行了层层分解并加强节能统计工作，积极推广高效照明节能灯，宾川县节能降耗工作取得了实效，圆满完成了GDP能耗下降4.9%的目标任务。2009年完成推广7.6万只节能灯，累计推广12万只，年节约800万度电，折合节约1000吨标煤。全县太阳能热水器、沼气池、节柴灶的利用，每年可节约82559吨标煤。

【宾川首家工业企业上缴税收突破1000万元】　2009年，宾川县太和华侨林化工业有限公司在全球金融危机漫延、经营非常困难的情况下，通过政府及有关部门的大力帮助和指导，灵活开展多种经营方式，实现主营业务收入6304万元，上缴税收达1006.34万元，成为宾川首家税收突破1000万元的工业企业，上缴税金仅次于大理州烟草公司宾川分公司，为宾川县财政增收和工业发展作出了重大的贡献。

【设立工业发展基金】　为实施“工业强县”发展战略，加快推进宾川县新型工业化进程，加大政府运用财政资金对工业发展的政策激励、扶持调控、导向引领作用，宾川县专项设立工业发展基金，从2009年起，宾川县财政每年预算安排500万元作为工业发展基金，并根据财政收入增长状况逐年增加资金额度，重点对县内工业企业发展进行扶持和奖励。

【争取扶持资金】　2009年，县经济局共为县内17户次企业争取项目扶持资金990.75万元（省、州876.95万元；县级113.8万元），为历史最高。

【职称评定工作】　2009年3~6月，宾川县经济局通过认真组织开展宾川县工程系列（综合）初级职务评审工作，对来自林业、广电、城建、交通、环保、电力、乡镇、煤矿企业等部门的45名申报人员（其中：初职申报人员30人，中职14人，副高1人）进行了认真细致审核，完成了初级专业技术职务评审并核发了资格证书，完成了中、高级推荐上报工作。

【对农副产品加工产业进行课题研究】为切实将生物资源优势转变为经济优势，根据县人民政府的统一安排部署，由县经济局牵头，县委政研室、农业局、统计局以及全县10个乡镇3个华侨管理区配合支持，紧紧围绕全县桔果、葡萄、石榴、核桃等优势农副产品资源，对全县农副产品加工产业进行了调查研究，并形成了《宾川县农副产品加工产业研究》一书，进一步摸清了宾川农副产品的资源情况，提出了具体的发展目标、发展思路、发展重点和发展措施。

【年产5万吨燃料乙醇、3万吨有机肥项目正式启动】　宾川县金鑫建材有限责任公司经过2007、2008年两年多前期工作的开展，建厂条件基本成熟，并和云南华云实业总公司共同出资组建云南华云金鑫生物科技有限公司对概算投资17600万元、年产5万吨燃料乙醇、3万吨有机肥项目进行开发建设，并于2009年12月25日正式启动建设，预计到2010年底可竣工投产。

【任职领导名单】

局　长　李　兴

副局长　陈树斌　　何敏轩

　　　　余　军　　蔡怀良

（李建钰）

洱源县经济局

【简述】　2009年，洱源县经济局按照工业发展第二轮“倍增计划”2009年度的任务目标，深入学习实践科学发展观和十七届三中、四中全会精神，全面贯彻落实县委十届五次全会和县“两会”精神，扎实抓好阳光政府四项制度建设，抓实第二轮工业经济“倍增计划”和节能减排的年度目标，采取强有力的措施积极应对全球金融危机，县域企业化“危”为“机”，县域工业经济从3月份起止跌回升，虽未完成年度目标任务，却已超额完成了州人民政府调整后的任务目标。

【工业经济运行情况】　2009年，经济局以建设生态文明示范县为工业经济发展的出发点，正确处理好工业发展与环境保护的关系，重点抓好生态企业、生态工业园区和生态工业，继续做强乳业、做优机械装配业、做大电矿业、做好农特产品加工，发展壮大建筑建材市场，加快“一园三区”建设步伐，抓实企业的节能减排和清洁生产，积极抓好项目建设，抓好资金争取，完善应对措施，为企业排忧解难，推动全县工业经济又好又快发展。2009年，全县完成工业总产值256136万元，同比增长10.51%，完成州定目标数的100.97%；完成工业增加值58005万元，同比增长2.69%，完成州定目标数的117.27%；实现主营业务收入247826万元，同比增长18.37%。其中，规模以上企业完成工业总产值206134万元，同比增长11%；工业增加值47830万元，同比增长-0.44%，完成州定目标数的100.78%；主营业务收入199660万元，同比增长12.63%，完成州定目标数的101.64%。完成税收4685万元，同比增长-9.96%；实现利润15181万元，同比增长33.62%。其中，规模以上工业利税总额15948万元，同比增长24.29%，完成州定目标数的127.58%；利润总额12061万元，同比增长43.5%，完成州定目标数的127.63%。固定资产投资完成2.4亿元，完成任务数的92.3%，同比增长179.7%。

【乡镇企业发展】 2009年，全县乡镇企业共有126家（工业有84家，包括14家采矿业，36家制造业和34家电力、燃气及水的生产和供应业），从业人员5074人，完成总产值38656万元，同比增长24.61%；增加值9837万元，同比增长32.93%；营业收入36789万元，同比增长5.12%；利润总额3139万元，同比增长12.19%；上交税金1100万元，同比增长12.13%。完成铁矿石原矿6万吨，石料0.8万立方米，发电量9409万千瓦/小时，粮食加工2350.49万吨，食用植物油1.26万吨，果制品0.91万吨，软饮料1.1万吨，精制茶5吨，砖6596万块，瓦2000万片。

全县乡镇企业个体工商户达4130户（工业672户，制造业597户，农产品加工业280户），从业人员6535人，完成总产值35775万元，同比增长7.64%；增加值8292万元，同比增长0.78%；实现利润总额3282万元，同比增长9.44%；上缴税金741万元，同比增长4.81%。

【重大项目建设】 一是长邑电站建设项目。大理鸿元集团投资12500万元，装机12600千瓦时，项目已完成工程量的90%，大坝、饮水系统、机电设备订购已完成，转入二期。预计12月底可以发电，年发电量可达8000万千瓦时。二是鑫宝石业石材加工项目。一期工程完成投资4900万元，建成了年产20万平方米的石材石板材生产线及配套设施。二期投资4100万元，建设年产60万平方米的生产线，正在征地和订购设备，现已订购了1500万元的机械设备。达产年可增加产值3000万元。三是西南红浓缩饲料、配合饲料生产线及相关设施项目。投资3000万元，完成年产8万吨浓缩饲料、配合饲料生产线及相关设施的建设，现已建成投产。年可增加产值5000万元，因金融危机，市场供求关系发生变化，只能以销定产。四是品红农业科技马铃薯生产线项目。投资3200万元，建设日处理800吨马铃薯，年产2万吨淀粉生产线及配套设施，已完成厂房建设和设备安装。现已收购了6000多吨马铃薯，正在进行机器调试和申报QS产品质量安全认证。五是华龙钛业2万吨高钛渣节能技改项目。投资3000万元，改造项目现已完成，正在调试阶段。因受世界金融危机的影响，产品滞销，企业一度处于困难。项目投产后，年可增加产值3000万元，年可节省能耗折币300万元。六是大宏新型建材研发生产项目。投资4060万元，建设6万平方米的新型建筑装饰材料生产线及设施，项目正在建设厂房，已完成工程量的50%。预计明年内可以投产，年可增加产值5000万元。七是洱宝实业低脂核桃乳核桃油生产项目。投资5980万元，建设年产2500吨核桃乳、500吨核桃油生产线及其配套设施，项目已完成了厂房建设和设备安装，正进行试运行，目前正办理QS产品质量安全认证。预计明年春节前可以投产，建成后年可增加产值5000万元。八是佳漶核桃食品加工项目。投资2500万元，建设年产2550吨核桃制品深加工生产线，项目已完成投资400多万元，厂房建设已完成，设备已订购等。预计明年3月份投产。九是军民彩印包装生产线技改项目。投资1580万元，建设彩印包装纸制品生产加工技改生产线。土建工程已完成，正在安装调试设备和试生产。十是华夏冷库续建项目。投资1600万元，建设8000吨储藏大蒜产品冷库及相关设施等。冷库已完成工程建设，进入扫尾和试运行阶段。其他相关设施正在建设，接近扫尾。十一是金盛农特产品绿豆芸豆精深加工生产线项目。投资1000万元，建设日处理500吨绿豆、芸豆加工生产线及配套设施等。项目工程进展顺利，预计年底可投产。十二是大理矿业钛业加工生产项目。总投资20亿元，建设高钛渣及金属钛等产品生产线及配套设施。目前正在探矿阶段。

【节能减排工作】 大理州下达给洱源县的任务是“单位GDP能耗下降4.9%”。为确保任务目标的实现，县委、县政府将节能目标任务分解落实到相关企业，建立了单位GDP能耗统计、监测和考核体系，实施节能技术示范项目。2009年，蝶泉乳业和乔后盐矿通过了清洁生产审核验收。在全县范围内推广高效节能灯7000多只。大力推行清洁生产，开展资源综合利用，发展循环经济，加强重点行业和企业节能工作，严格执行国家和省节能法规政策，执行国家标准，完善能源统计制度，节能减排各项工作扎实开展，取得较好成绩。全年规模以上企业综合能耗为44498吨标准煤，同比减少54.8%；万元产值综合耗能0.28吨标准煤，同比减少59.5%；万元增加值综合耗能1.08吨标准煤，同比减少63%。万元生产总值能耗下降4.9%。

【制度建设】 一是扎实开展深入学习实践科学发展观活动，通过学习实践活动，实现了党员干部受教育，科学发展上水平，人民群众得实惠的目标。二是认真开展了重大决策听证等阳光政府四项制度各项工作，确保我们的重要事项公示、重点工作通报和政务信息查询等工作在网上和单位公示栏内及时得到公示。我们公示的主要项目是市场收费标准和渔潭收费标准。三是认真做好政府公共服务的网上发布和在线咨询服务，做好114政府信息直通车的查询值班工作。共发布了22条信息。四是认真做好本单位的保密管理各项工作，使计算机、移动存储介质、办公网络使用管理情况和纸质涉密载体等的使用管理、相关制度建设等进一步得到加强，确保了党和国家秘密的安全。五是认真做好人民群众来信来访工作，主要接待和处理好奶粉厂改制时内退职工等的上访问题，解释了改制政策，解决了上访人员的疑难问题，维护了社会稳定。年内共处理了2件。六是认真办理县人民政府交办的人大代表建议批评意见和政协委员提案，办复率和满意率均达100%。

【表彰】 2009年4月，云南力帆骏马车辆有限公司拖拉机装配厂二车间被中华全国总工会命名为“工人先锋号”荣誉称号；2009年11月，云南力帆骏马车辆有限公司董事长马伟亮先生被云南省委，云南省人民政府授予第二届“兴滇人才奖”。

【任职领导名单】

党委书记、局长　杨文平

副书记　马丽姬（女）

副局长　李革平　　李向华

（梁红英）

鹤庆县经济局

【简述】 2009年，鹤庆县认真贯彻中央、省、州经济工作会议精神，积极采取给予企业优惠电价、承兑汇票贴现损失补助、协调流动资金贷款，协助推销工业产品，争取上级资金扶持等措施，克服金融危机对我县工业经济造成的严重冲击，全面完成了第二轮工业倍增计划年度目标任务。

【工业经济运行情况】 2009年，全县工业企业103户，工业个体工商户564户，注册资金34020万元。全县完成工业总产值235668万元，工业增加值68562万元，工业在全县国民经济中的比重达33.1%，工业经济成为推动全县经济快速发展的主要力量。2009年全县工业企业上缴税金为13406万元，占全县财政总收入的比重为47.6%，工业上缴税金已经成为全县财政收入的主要财源。

2009年，全县规模企业完成工业总产值120921万元，工业增加值35285万元，主营业务收入125272万元，利润总额17576万元，上缴税金10320万元，培育产值超亿元以上企业5户。2009年，规模企业总产值占全县工业总产值的比重为51.3%。

2009年，全县工业企业中，冶金、建材、电力、农副产品加工四大行业完成的总产值分别占全县工业总产值的41.2%、8.5%、7.2%和6.1%，是我县工业经济的四大支柱产业。

2009年，全县18个工业在建项目完成固定资产投资20.16亿元。

冶金工业　冶金是鹤庆县工业重点支柱产业之一，境内金、银、铁、锰、铝土、煤等矿产资源丰富，以北衙矿业公司、力量钢铁公司、锰业公司、科鑫矿业公司、诚成硅业公司等为代表的一批以矿产资源的采、选、冶为重点的企业快速成长，并得到长足发展。

2009年，全县冶金企业7户，从业人员2103人，总资产89258万元。2009年生产黄金2201千克、白银3003千克、铁精粉161180吨、生铁78324吨、锰矿石76807吨、铁合金29328吨、石油压裂支撑剂19247吨，实现工业总产值97085万元，主营业务收入82509万元，利润11263万元，税金7419万元，行业中上亿元产值的企业有5户，冶金产业工业总产值占全县的比重达41.2%，上交税金占全县工业税金的55.3%。

煤炭工业　鹤庆县有马煤炭公司和大理煤电公司松桂项目部两家煤炭企业，2009年生产原煤7.98万吨，完成总产值1307万元，完成营业收入1307万元（以销定产），完成增加值989万元，上缴税金243万元，利润总额亏损435万元。为解决马厂煤高硫、高灰分、低热卡的不足，扩大我县煤炭产能并适应市场需求，2009年，我县采取异地接替的方式，加大了煤炭资源整合的力度，完成了马厂煤矿技改扩能和松桂区块整合办证工作。并委托成都利科达公司对洗煤项目做可行性研究，完成了工艺流程，生产性实验。通过煤炭资源整合，重新核定马厂煤矿大王箐、堂上井生产能力为24（15+9）万吨。

电力工业　鹤庆县水电资源丰富，随着国家西部大开发战略的实施，鹤庆县小水电开发进入了快速全面发展时期，小水电的自发自供能力大幅度增加，既缓解了电力供需矛盾，又推动了地方经济的快速发展，促进了有色金属冶炼，水泥建材等产业的发展。

能源建设　2009年末，我县电力装机容量为87455千瓦，全县发电量3.75亿度，3户电力企业完成工业总产值16959万元，占全县工业总产值的7.2%，实现利税3827万元，从业人员416人。

电网建设　按照全省“一张网、全覆盖”的总体要求，2009年6月29日，鹤庆供电有限公司正式挂牌成立，公司全年完成供电量2.59亿度、发电量1902万度、完成销售收入10090万元，综合线损率6.69%，实现利润1112万元。完成了《2009～2013年鹤庆县110kV及以下配电网规划》的修编上报工作；完成投资1570万元的2009年中西部农网完善工程和无电地区电力建设工程，共改造一户一表3604户，解决了459户无电人口的用电问题；积极协助省电网公司完成了500kV黄坪变电站选址、地勘等协调工作，配合大理供电局完成了110kV北衙变电站建设工作；完成了35千伏辛屯、金墩、松桂变电站的集中控制改造；完成了公司办公调度大楼建设并投入使用。

建筑材料　2009年，鹤庆县以石材加工、砖瓦、水泥等为主的建筑材料工业继续保持较快增长，为经济发展做出了积极的贡献。建材企业按统计口径纳入统计的共有5户企业，此外各乡镇还有一些个体烧砖户、砂石料开采和石材加工户近40来户（未纳入统计）。

建材企业主要产品产量及从业人员

企业名称	年生产量	从业人员
大理三德水泥有限公司	80万吨	275人

续表

企业名称	年生产量	从业人员
鹤庆县大发砖厂	210万块	25人
鹤庆县菜园机制砖厂	295万块	36人
鹤庆县邑头机制砖厂	600万块	90人
鹤庆县花岗石厂	3万平方米	25人
乡镇其他烧砖户	2763万块	400人
砂石料开采和石材加工户	/	400人

2009年，建材企业总体运行良好，产值和税收等各项指标均与上年相比有较大增长，特别是三德水泥有限公司产值已过亿元，成为我县的纳税大户。

医药工业　鹤庆县医药工业长期发展滞后，全县生物制药企业一户——康益植物原料开发公司，主要以生产岩白菜粗品提取物为主，月产量500—1000kg，2009年实现工业总产值109.1万元，同比增长3.7%。

食品工业　多年来，鹤庆县食品工业依托资源优势和区位优势，并借助外来资本和先进技术实现了快速发展，形成了以制糖、白酒、腊味品加工为主的食品工业体系。2009年，我县食品工业企业4户，其中规模以上2户，规模以下2户，其余还有近30来户个体工商户从事腊味品加工和白酒酿造。

制糖　2009年，我县制糖企业一户，生产成品糖18730吨，主营业务收入5572万元。

白酒　2009年，我县生产白酒2052千升，实现工业总产值2462万元。鹤庆乾酒有限公司生产白酒1099千升，销售产值1338.9万元，实现利润总额28.8万元，利税总额396万元。

腊味品加工　2009年，县食品公司加工鲜火腿50吨，加工猪肝胙30吨，当年腊味品上市70吨，实现工业总产值260万元，实现利润36万元。

【节能减排】　2009年，认真贯彻落实全州节能工作会议精神，坚持发展与节能并举的指导方针，以产业结构调整为主线，以“两高”企业为重点，落实节能目标责任制，狠抓企业节能降耗，完成锰业公司清洁生产、诚成硅业公司能源审计工作。建立了经济、发改、统计三单位为主的节能协调工作机制，明确职责分工，加强能耗核算，强化数据联审，加强目标管理，确保节能目标顺利实现。

2009年，鹤庆县能源消费总量为404939吨标准煤（等价热值），其中，第一产业能源消费15347吨标准煤，第二产业能源消费328721吨标准煤（其中：规模以上工业能源消费260622吨标准煤，占能源消费总量的64%），第三产业能源消费22848吨标准煤，居民消费38022吨标准煤。

2009年，鹤庆县单位GDP（可比价）能耗为2.3875吨标准煤/万元，顺利完成了州人民政府下达下降4.75%目标任务。其中，第一产业单位增加值能耗0.34吨标准煤/万元，第二产业单位增加值能耗4.3007吨标准煤/万元，第三产业单位增加值能耗0.4786吨标准煤/万元。

【非公经济发展】　2009年，鹤庆县坚持把推进非公经济发展作为服务地方经济发展的重要举措来抓，进一步改进服务，优化发展环境，各部门协同配合，积极鼓励、支持和引导全县非公经济又好又快发展，推进非公经济实体数量上增加、规模上扩大、水平上提高，为实现全县经济增长12%作出了积极贡献。

2009年，全县新增个体工商户1262户，注册资本金 5346 万元，新增从业人员1397 人。全县非公企业达176户，个体工商户达5383户，非公从业人员1.22万人，注册资本金5.98亿元，同比增长17%，全县新增规模以上企业2户，全县规模企业达16户。

【工业园区建设】　2006年，县政府决定在原兴鹤工业园区一期工程占地700亩的基础上，对园区重新进行全面规划和升级。二期工程将园区分为“一园三片区”：一是生物及能源高新开发区。在目前兴鹤工业园区南面，规划面积1平方公里。二是铝产业开发区。规划面积4平方公里，以80万吨氧化铝厂建设为主。三是铁金矿冶开发区。规划面积3平方公里，以云地矿北衙分公司、力量钢铁公司为龙头，以黄金选冶、球团烧结、生铁冶炼项目为依托，到2012年达到年产黄金5吨，生铁45万吨，产值30亿元的规模。2009年以国资公司为实施主体，城建局为承建单位的兴鹤工业园区二期基础设施建设全面结束，通过努力，已争取到省工信委补助园区建设资金100万元，对北衙工业片区进行规划设计，已委托昆明高新技术开发区规划设计院进行设计。

2009年，北衙铁金矿冶工业园区引进鹤庆凌去资源综合利用有限公司投资4980万元，利用黄金公司选矿尾渣，新建年产40万吨氧化球团生产线。

【乡镇企业发展】　2009年，鹤庆县乡镇企业的发展坚持以科学发展观为指导，以结构调整和转变经济增长方式为主线，按照党的十七大提出“以促进农民增收为核心，发展乡镇企业，壮大县域经济，多渠道转移农民就业”的要求，以提高自主创新能力和核心竞争力为目标，以农副产品加工为重点，实施品牌培育工程和中小企业成长工程，实现了“又好又快”的良好发展态势。2009年，全县纳入统计口径的43户乡镇企业完成总产值104546万元，完成增加值31810万元，营业收入97566万元，实现利润总额7617万元，上缴税金10016万元，从业人员达5619人，年末资产总额达144666万元。

【任职领导名单】

局　长　张　群

副书记　刘湘云

副局长　严源灿　　李鸿斌

（刘湘云）

剑川县经济局

【机构设置】　根据中共剑川县委、剑川县人民政府《关于剑川县政府机构改革的实施意见》（剑发[2005]20号）和剑川县委办公室、剑川县人民政府办公室《关于印发剑川县人世政府机构设置方案的通知》（剑办发〔2005〕40号），剑川县经济局（加挂剑川县中小企业局、剑川县乡镇企业局、剑川县加快非公有制经济工作领导小组办公室牌子），为县人民政府的组成部门，负责全县工业经济的宏观领导，具有推进技术进步和乡镇企业、中小企业、非公经济管理的职能。

根据上述职责，剑川县经济局内设7个股（室）：党政办公室、综合股、科技股、能源交通股、中小企业股（县非公办）、工业股、煤炭安全生产股。

【工业经济运行情况】　2009年，剑川县经济局坚定不移地实施“工业强县”战略，构建以电力、矿冶、建材、生物资源开发和木器木雕为主导产业的工业体系，着力抓好一园、二片区（三组团）的工业总体规划，坚持把政府引导和市场机制结合起来，围绕“建成一个企业，振兴一项产业，带动一片群众，促进一方发展”的目标，工业经济得到长足发展。剑川县工业企业规模以上8户，重点企业15户。

全县汇总的单位数为4663个，比上年同期4185个增加478个，从业人员20206人，比上年同期20042人增加164人。七大行业完成增加值45793万元，营业收入127136万元，现价产值129283万元，利润总额5764万元，上交税金6363万元，劳动者报酬10934万元。其中累计完成工业增加值36100万元（规模以上重点企业完成20332万元，占总计的56.2%）。累计完成现价工业总产值109530万元。其中15户重点企业累计完成现价产值75851万元，占全县工业总产值109530万元的69.2%。累计完成工业销售收入94822万元。（规模以上重点企业完成51869万元，占总计的54.7%）。实现利润总额2340万元，比上年同期7811万元下滑70%（规模以上重点企业亏损2345万元，占总计的负102%）。应交国家税金5310万元（规模以上重点企业完成3379万元，占总计的63.3%）（详见附表）。

主要产品产量完成情况：完成锌锭6360吨，硫酸16706吨；累计完成铜1516吨；水泥770526吨，熟料666866吨；发电量9796万度；生铁完成21845吨；完成木雕小件4028件；奶粉完成892吨；自来水累计完成134万吨；原煤完成19万吨。

各行业经济完成情况：冶炼行业完成产值38470万元，占总产值109530万元的35.1%；采掘业完成产值14816万元，占总产值109530万元的13.5%；建筑建材业完成产值29655万元，占总产值109530万元的27.1%。木器木雕业完成产值7242万元，占总产值2233万元的6.6%；农副产品加工完成产值9276万元，占总产值109530万元的8.5%。其他工业完成产值10071万元，占总产值109530万元的9.2%。

【安全管理】　煤炭安全生产工作关乎人民群众的生命财产安全，关乎我县煤炭工业的发展，县经济局始终将煤炭安全生产工作摆在一切工作的首位来加以贯彻落实。一是认真及时地将中央、国务院和省州县关于加强煤炭安全生产工作的有关精神及有关要求传达贯彻到煤炭管理所、煤炭生产企业和每一个煤矿矿井以及每个煤炭员工身上，不断提高大家对煤炭安全生产积极性和紧迫性的认识，增强搞好煤炭安全生产的主动性和积极性。二是认真贯彻落实煤炭安全生产责任制，进一步健全经济局、煤管所、煤炭生产企业、煤炭矿井和煤炭员工各级安全生产责任体系，层层签订安全生产责任书，明确各级职责，细化工作措施，做到领导亲自抓、负总责，形成对煤炭安全生产工作人人有责齐抓共管的局面。三是加大关非打非力度，定期不定期对全县有煤炭资源的矿区进行巡查，及时予以打击和关闭，有效预防非法开采带来的安全隐患。四是为提高煤矿安全保障能力，积极开展煤矿安装“三条线”和实施“三推行”工作，认真实施井下通讯、压风管路和防尘供水管路系统工程，积极推进壁式采煤和支护方式改革工作，淘汰木支护，不断提高煤炭生产的安全度。五是积极开展煤炭安全生产检查工作。1至9月县经济局共组织开展了安全大检查、重点督查7次，参检人员共420多人（次），检查煤矿67矿井（次），检查停止作业点5个，从危险区域撤出作业人员18人，下达执法文书120份，其中现场检查笔录60份，现场处理决定书60份。通过整改，对查出的593件隐患做到了及时整改589件，隐患整改率达99%。通过狠抓煤炭安全生产工作，确保了我县煤炭生产的规范有序、安全发展。

【节能减排工作】　2009年，县经济局以提升可持续发展能力为目标，切实做好工业节能减排工作。建立了节能降耗统计、监测和考核体系，将节能指标完成情况纳入经济社会发展综合评价体系，并作为约束性指标纳入对领导干部综合考核评价和企业负责人业绩考核的重要内容；不断继续加大对企业节能减排工作的监督，11月中旬联同监察局、环保局对全县工业企业节能减排目标任务完成情况进行抽查；不断强化源头管理，狠抓能耗大户，大力实施节能技改项目，积极推广清洁生产，认真开展循环经济发展工作，鼓励企业加大对生产设备的节能改造。云南国资水泥剑川有限公司、马登阿宝生态食品加工厂、活发矿冶有限公司等企业在节能减排工作上投入了大量的资金用于节能设备改造，节能减排工作成效明显。2008年，云南国资水泥剑川有限公司、活发矿冶有限公司等两家企业被大理州人民政府评为节能减排先进企业。由于受金融危机的影响，2009年，高耗能矿冶企业大多停产，短期内恢复生产较为困难，加之现有生产企业加大了对节能工作的投入，2009年万元GDP能耗下降4.7%。

【中小企业发展】 立足剑川加快工业发展的实际，紧扣工业强县战略发展长远目标，中小企业得到长足发展。

（一）以水泥生产为龙头的建材工业稳定发展。

云南国资水泥剑川有限公司产品质量优良，设备运行正常，公司生产经营稳定，逐渐形成了以水涨生产为龙头，其他建材为支撑的发展格局。2009年生产水泥770526吨，实现现价工业产值20888万元，上缴税金1597万元。

（二）木器木雕产业逐步发展壮大。

剑川木雕，历史悠久，工艺精湛，有浓郁的民族文化特色，1996年被文化部命名为“木雕之乡”。全县从事木雕工艺生产的企业有12户，从业人员7000多人；主要产品有嵌石木雕家具，旅游工艺品，格子门系列，园林古建及室内装饰装修，现代家具五大门共260多个花色品种，产品远销世界各地。近年来，随着把木雕培植成支柱产业，特别是雕刻艺术的发展，公司+基地+农户的推广，全县涌现出一批像狮河等典型的“木雕专业村”，形成了“人人有巧气，户户是作坊”的产业格局。随着剑川工业园区从总体规划分为“一园、二片区、三组团”中的狮河木雕组的分步实施，加之2009年剑川又被中国家具协会授予“中国民族木雕家具产业基地”。这将为剑川木雕的发展注入了新的活力。

（三）生物资源和农副产品加工业有新的突破。

剑川县的生物资源丰富多样，多年来，发展农副产品加工业是我县发展非公有制经济的重要组成部分。农副产品加工企业有原生资源开发有限公司、阿宝生态食品加工厂、车记地参厂等。

（四）煤炭工业发展稳健。

剑川县有丰富的煤炭资源，主要颁布在剑阳、甸南、羊岑、弥沙4个乡镇。煤种全部为长焰煤，其中剑阳镇双河煤矿现已探明储量1201万吨，保有储量800万吨，生产矿井14对。双河煤矿从2001年起经过多次的治理整顿，不断加大了安全生产投入，完善了安全生产体系，建立健全了各项管理制度，使煤矿生产具备了基本安全生产条件，并通过了县、州、省三级验收，重新核发了“四证”，生产步入正常化。2009年生产原煤19万吨，实现工业产值4206万元，实现利润78万元，上缴税金253万元。

（五）其他中小企业在金融危机中积极发展。

大理银河乳业有限责任公司在“三鹿”事件曝光后，强化全程 管理，积极应对危机，坚持“诚实守信，质量为先”的经营理念，充分发挥了龙头企业的带动作用。2009年生产奶粉892吨，实现现价工业产值1746万元，上交税金27万元。

【年度任职领导名单】

党委书记、局长 赵 聪

副书记 何 奇

副局长 杨永宁 赵正元 杨琳瑛

（赵 聪 杨永宁）

弥渡县经济局

【概述】 2009年，是实施“十一五”规划的重要一年，也是弥渡县经济社会大跨越、大发展的关键一年。弥渡县经济局在县委、县政府的正确领导下，以邓小平理论、“三个代表”重要思想和科学发展观为指导，全面贯彻党的十七大、十七届四中全会、县委十届四次全会精神，推进工业兴则弥渡兴、工业强则弥渡强的工业强县战略，按照“全力抓经济，重点抓工业，突出抓招商”的基本思路，坚定不移地走新型工业化道路，克服世界金融危机带来的不利影响，开拓创新、锐意进取，工业发展取得了较好的成绩。

【工业经济运行情况】 认真落实《弥渡县国民经济和社会发展第十一个五年规划纲要》、《弥渡县新型工业化十一五规划纲要》，认真贯彻落实县委十届四次全会精神和大理州经济工作会议精神，局班子团结协作，认真履行政府赋予的职能职责，股室之间各司其职，抓重点，带一般，抓大扶小，深入所属企业，提供优质服务，为企业出谋划策，排忧解难。一年来，通过主管部门和企业的积极努力，确保了工业经济平稳运行。2009年全县工业总产值累计完成96044万元，与去年同期比增长19.8%。其中，轻工业总产值累计完成45395万元，与去年同期比增长12.7%；重工业总产值累计完成50649万元、与去年同期比增长26.98%；县级工业总产值累计完18696万元、与去年同期比下降7.3%；乡镇工业总产值累计完成77348万元、与去年同期比增长28.9%；全县工业销售产值累计完成84378万元、与去年同期比增长13.2%。节能降耗方面，切实加强对规模企业、重点能耗企业的管理，大力开展公共机构节能，在重点领域、重点行业开展节能目标管理工作，确保实现万元GDP能耗下降4.9%的节能目标任务。

【重点工业项目建设情况】 按照县委、县人民政府《关于印发2009年政府工作报告主要任务分解的通知》的要求，各项重点工作达到预期目标。一是九顶山铜矿二期技改扩建工程项目。2009年重点进行采矿方法试验和选矿技术改进，已取得成效。拟在二选厂再建一条日处理矿石2500吨以上的生产线，达到日处理矿石4000吨以上。从钼精矿中提取铼金属和老尾矿库尾矿再回收综合利用项目正在做科技攻关。1~9月受全球金融危机的影响，完成工业总产值3056.8万元，生产精矿含铜256.03吨，生产精矿含钼3 08.4吨，比去年同期的140.6增加1倍。二是金宝山铂钯开发项目。该项目2009年已累计完成投资1.5亿元。进厂公路工程和厂区公路建设工程、办公楼已经建成，井建工作共开拓坑道11300米，矿区便道工程进展顺利，尾矿库地质勘探、环评工作进一步开展。寅街镇白塔湾冶炼厂，征地100亩，工程现已启动。三是弥渡县200万吨新型干法水泥项目。项目下半年快速推进，办公楼、职工宿舍、水泥仓库、熟料粉磨线已启动建设。

【工业园区建设】　按照县委政府“工业强县”理念和省州进一步推进新型工业化会议精神，我县于2008年10月开始规划建设工业园区。依托弥渡矿产、生物资源及区位优势，弥渡工业园区规划为白塔湾片区、弥城片区、长坡岭片区“一园三区”，总规划面积12.12平方公里。园区产业定位为建材产业、农副产品精深加工、仓储物流为主。弥渡工业园区于2009年4月29日通过州级评审，8月21日通过省级评审，并于9月10日出台了《弥渡县工业园区管理办法（试行）》及优惠政策，10底获取省经委批复。为保障工业园区的电力供应，苴力桐子园110千伏、寅街白塔湾35千伏变电站相继开工，于年底投入运行。2009年已基本实现园区“五通一平”，增强了工业项目在园区的集聚能力，园区的软硬件环境得到提升，一批工业企业纷纷进入弥渡工业园区。2009年，年产200万吨干法水泥生产线、文泉刨花板厂、金宝山铂钯矿冶炼厂、年产100万标准张石棉瓦的乐兴石棉瓦厂、年产3.5万吨腌制品的老土罐绿色食品有限公司、年产300吨弥渡特色风味食品的曹氏卷蹄厂、年产8000吨碳酸饮料的红鑫食品有限公司已先后入驻园区。

【节能降耗】　2009年度，大理州人民政府下达我县节能目标任务为：单位GDP能耗下降4.9%，通过开展公共机构节能、交通节能、推广使用高效照明节能灯等活动，与规模企业、重点能耗企业签订“节能目标责任书”，将节能目标任务分解落实到各规模工业。同时，县节能办汇同县统计局对规模以上工业企业的能源统计人员进行统计业务培训，指导规模企业建立健全能源统计台账，每月对规模企业的节能降耗情况进行监测，及时协调解决节能降耗过程中存在的困难和问题，通过努力完成了年初下达的任务。全县综合能源消费总量为197462吨标煤，单位能耗为1.1128吨标煤，综合能耗比上年同期的187923.84吨增长5.07%，单位GDP能耗比上年的1.1698吨标煤下降4.9%。

【任职领导名单】

局　长　部永贵

副书记　李姝媚　　李增平　　杨晓康

（孙小刚）

南涧县经济局

【简述】　2009年，南涧县经济局在县委、县人民政府的领导下，坚持以邓小平理论和“三个代表”重要思想为指导，全体干部职工认真学习实践科学发展观，紧紧围绕年初确定的各项经济发展目标，积极实施“工业强县”战略，强化措施，狠抓落实，较好地完成了各项工作任务。

【经济指标完成情况】　2009年，全县工业总产值实现60100万元（现价），同比增长48.39%，工业增加值实现11153万元，同比增长6.62%，全县完成工业固定资产投资6116万元，同比增长32.32%，规模工业企业6户完成工业总产值16410万元，同比增长71.31%，规模企业完成增加值1338万元，同比增长19.46%，规模企业主营业务收入完成14195万元，同比增29.79%。乡镇企业完成总产值114310万元，同比增长61%，其中，工业总产值实现56440万元，同比增长58.6%，乡镇企业增加值实现30392万元，同比增长42.2%。其中：工业增加值实现11462万元，同比增长29%，乡镇企业营业收入实现81367万元，同比下降1%。上缴税金2277万元，同比增长74%。实现利润2981万元，同比下降6%，全县乡镇企业3853个，从业人员12756人。

【重点项目建设】　南涧开启矿业开发有限公司年产80万吨球团矿项目，一期年产25万吨球团铁矿工程设备安装完成，于9月正式投入生产。云南鑫乾矿业有限公司年产5万吨复合膨润土项目，总投资2600万元，一期年产2万吨复合膨润土生产线建成，于8月正式投入生产。南涧县飞龙钾盐综合回收有限责任公司建设钾盐综合回收生产线项目，总投资4900万元，于2009年10月动工，项目投产后，预计年产值达9400万元，实现利润1410万元，上缴税金1600万元。

【节能降耗】　2009年，县委、县人民政府高度重视节能降耗工作，县政府出台了《节油节电工作实施意见》和《高效照明产品推广实施意见》。强化节能目标和工作职责，县政府分别与各乡（镇）签订了年度节能降耗目标责任书；县经济局与5户规模以上企业签订了节能降耗责任状。2009年南涧县单位CDP能耗下降4.76%。

南涧县节能降耗突出重点，强化主要领域节能降耗。一是工业领域。促进产业结构优化，严把源头控制，把节能评估和环评作为固定资产投资项目强制性准入门槛。努力推进循环经济和清洁生产。二是建筑节能。推动建筑与太阳能一体工作，推广使用散装水泥和发展新型墙体材料。三是交通运输节能。降低车辆运营能耗消耗。四是节约用电。县电力有限责任公司定期开展线损分析，控制线损。县经济局积极推广高效照明产品，今年全县共推广节能灯10万只，预计年节电600万千瓦时。五是农村节能，大力发展农村户用沼气和畜禽养殖场沼气工程，开发利用太阳能，提高农村清洁能源利用率。

【工业园区规划】　2009年，县经济局聘请昆明建筑设计院的专家对南涧工业园区进行总体规划。园区规划为“一走廊、一片区、一组团”的空间结构。一走廊指县城至宝华镇沿214国道的绿色工业经济走廊，一片区指安定工业片区，一组团指白岩河工业组团。12月18日通过了南涧工业园区可研报告及规划初稿评审。

【工业经济“倍增计划”】 2009年，南涧县人民政府和大理州人民政府签订了《大理州第二轮工业经济“倍增计划”2009年度发展目标责任书》，全年完成工业总产值60100万元，完成年度目标60000万元的100.17%，完成工业增加值11153万元，完成年度目标12000万元92.9%，完成工业规模以上工业企业增加值1338万元，完成年度目标1300万元的102.92%，规模以上工业企业主营业务收入完成14915万元，完成年度目标10300万元的137.82%，规模以上工业企业实际上缴税金403.4万元，完成年度目标370万元的109.06%，全县完成工业固定资产投资6116万元，完成年度目标6000万元的101.9%。

【学习实践科学发展观活动】 根据县委、县人民政府的安排部署，南涧县经济局2009年3月1日正式开展学习实践科学发展观活动，整个学习活动分为三个阶段，第一阶段为学习调研阶段，这一阶段经济局成立了学习实践科学发展观领导小组，下设办公室，制定了方案。广泛动员部署，组织学习讨论，开展专题调研共撰写调研报告10篇。第二阶段为分析检查阶段，这一阶段主要广泛征求意见，召开专题民主生活会和组织生活会，组织群众评议，共发放征求意见表、调查问卷26份，对本单位学习实践活动进行测评，通过测评解决突出问题评价满意率92.3%，比较满意率0.07%，开展活动评价满意率84.6%，比较满意率0.15%。参评人员提出建议10条，第三阶段为整改落实阶段，主要包括制定整改方案，落实整改措施，解决突出问题，完善体制机制，进行总结。这一阶段经济局制定了《整改方案》，根据工业经济发展情况，提出了对策措施，健全和完善了单位内部管理制度，通过开展学习实践科学发展观活动，全体干部职工提高了对科学发展的认识，促进了全县工业经济快速发展。

【老干部工作】 南涧县经济局现有老干部29人，其中，离休干部7人，退休人员22人；县外安置3人，县内安置26人。县经济局全力做好老干部工作。一是坚持走访慰问，春节前夕对29名离退休人员进行走访慰问，召开了离退休人员座谈会，广泛地宣传党的路线、方针、政策，汇报了经济局的工作，请老干部提出建设意见，共提出建议8条，慰问活动共支出经费2500元。二是开展尊老敬老活动，“九九”敬老节，经济局开展尊老敬老活动，走访慰问老干部29人，慰问困难老人7人，共开支经费5000元。三是坚持入院探望，探望住院老干部10人次，共支出经费2000元。四是坚持领导干部联系老干部制度，县经济局四位领导每人联系2名老干部，听取老干部的建设意见，帮助老干部解决问题，及时了解和掌握离退休干部身体和生活情况，做到老干部提出的问题，件件有回音，事事有落实。

【任职领导名单】

局　　长　段家文

副 局 长　关其祥　常玉春　沙利彪

办公室主任　罗加跃

（罗加跃）

巍山县经济局

【概述】 2009年，巍山县工业战线干部职工深入贯彻落实科学发展观，立足县委县人民政府“工业强县”战略，围绕第二轮工业发展倍增计划，解放思想、创新发展、攻坚克难，通过强化经济运行监测，努力优化发展环境，狠抓重点项目，各项工作取得了较好成绩，为保持巍山工业经济平稳健康发展作出了积极努力，发挥了应有的作用。

【工业经济运行情况】 围绕第二轮工业倍增计划目标任务，进一步增强加快发展的紧迫感和责任感，努力推动全县工业经济持续稳定发展。今年以来，受国际金融危机等各种不利因素的影响，宏观经济形势比较严峻，全县工业经济运行面临巨大困难，工业经济增速明显放缓，企业生产经营困难，特别是规模以上工业企业主要经济指标下滑，生产形势严峻。2009年，全县工业累计完成现价产值120081万元，同比增长19.5%，工业增加值29520万元，同比增长7.3%。规模以上工业企业完成总产值28335万元，同比增长25万元，规模以上工业增加值完成5979万元，完成大理州人民政府下达工业经济主要目标数（简称下达目标任务，下同）的143.6%。全县工业累计实现固定资产投资11312万元。完成倍增计划年度目标任务的100.11%。全县规模以上企业8户；主营业务收入23614万元，同比减少5%，完成下达目标任务的145.15%，完成利润234万元，比上年同期-498万元增长732万元，完成下达目标任务的117%，上交税金1409万元，同比增长17.22%，完成税利总额1643，完成下达目标任务的109.5 %。主要产品产量：1~12月水泥12.29万吨，同比增长9.54%，中药制药293.71吨，同比增长15.66%，饮料酒4900吨，同比增长55.21%，扎染布122万米，同比下降5.43%，玻璃啤酒瓶28634吨，同比增长-8.29%，锑产品11444吨，同比增长8.77%，机制纸10115吨，同比增长0.17%。2009年规模以上企业各项经济指标大幅下降的原因是企业受外环境和宏观经济形势的影响，销售、价格都下降，再加上企业融资困难、资金紧张，制约了生产，导致企业主要经济指标下降。

【重点项目建设】 抓实重点项目的推进，培育工业经济增长点。一是结合全县工业产业发展方向，认真组织实施好重点工业发展项目的论证、储备和项目推进工作，为工业经济的发展培育新的增长点。2009年，全县共有无水氢氟酸生产线建设、泰龙水电站建设、啤酒瓶厂一炉两线技改、5万吨麦芽生产线建设5个项目列入全州重大经济发展项目。年底经过认真梳理落实，又相继提出了县重点项目9个。其中，4个工业项目被列为州2010年重大项目，南诏矿业公司无水氢氟酸项目已完成可行论证报告，已获取紫金乡上打比么采矿权，第一期选场建设已着手准备启动；泰龙公司水电站建设项目项目区小流域规划论证已通过州发改委组织的评审，正着手开展工程可研设计和开工前的各项准备工作，计划年内启动；大理州台宁麦芽公司第二条生产线已完成厂房主体基础工程，完成投资2400多万元，可转入设备安装阶段；华晶安厦玻璃制品有限公司玻璃啤酒瓶“一炉两线”技改项目，由于银行贷款资金难，难以开工。同时，超前谋划，科学论证，充分依托我县资源优势，坚持以市场、国家的产业政策和国民经济的发展规划为导向，继续规划、论证、储备一批新的、对全县发展有较大影响的工业经济发展项目。二是抓好项目建设的日常工作。在立足本县实情，促进经济发展的基础上，结合国家产业政策，围绕扶优扶强和用项目争取发展资金的大原则。县经济局2009年先后向省、州上报了一批工业扶持发展项目：一是上报了新建和续建重点项目7个。二是上报技术改造和技改扩建固定资产投资项目2个，分别是云南华晶安厦玻璃制品有限责任公司，项目概算总投资2300万元，“一炉两线技改扩建项目”和巍山县大仓文华农产品有限责任公司，项目概算总投资4800万元“异地搬迁技改扩建野生菌、核桃果仁和红花加工基地建设项目”，请州经委和州财政局视企业的贷款实情，分别给以上两项目技改贴息补助250万元和100万元。三是专题向州经委和州财政局提请项目前期工作经费项目3个，分别是巍山县兴巍民族工艺厂“柿染布”和“色织布”两个项目的新产品开发、建宏经贸有限责任公司“巍丰清香油厂生产线异地技改扩建项目生产技术”和大仓文华农产品有限责任公司异地搬迁技改扩建等，为企业争取纳入州的重点扶持对象，分别给予20万元、80万元和100万元的新产品开发和异地搬迁建设的项目“前期工作经费”扶持；四是为蓝龙有限责任公司和福禄食品有限责任公司，向省、州申报流动资金贴息项目2个，请求给予流动资金贷款贴息补助150万元和30万元的补助。五是在抓重点企业和重点项目发展的同时，积极服务企业，对永建镇小围埂清真菜子油有限公司、永建镇阿米咸菜厂、庙街酒业有限责任公司、大仓年丰农副产品加工厂、大仓新美家具厂、巍山县兴盛建材有限责任公司、大仓福兴汽车修理厂、大仓兴利石料加工厂和巍丰清香油厂等企业提请的工业项目用地，进行有效的协调和帮助，主动会同土地部门深入企业，实地踏查和确认，并提出部门意见呈报县人民政府。六是及时对台宁麦芽有限公司、蓝龙有限责任公司、大理鑫湖食品有限公司、伊杰菜子油有限责任公司、马氏木业制品有限责任公司、文华农产品有限责任公司和建宏经贸有限责任公司巍丰清香油厂等7个项目作出登记备案确认和批复。

【节能降耗工作】 认真落实好县人民政府组织项目建设工业发展招商引资工作会议精神，对节能减排、清洁生产等工作作了专门的安排部署和要求。2009年，全县计划完成单位GDP能耗1.108，下降率为4.9%。为做好节能降耗工作，一是细化分解年度目标任务。将年度节能降耗目标分解落实到乡镇、重点企业和行业。年初县人民政府在巍山县项目建设工业发展招商引资大会上同大理州中药制药有限责任公司等8户重点工业企业签订了2009年度节能降耗目标责任书。二是为认真贯彻执行省、州人民政府关于做好淘汰落后产能工作。2009至2010年计划淘汰高炉水泥有限责任公司立窑水泥生产线生产能力17万吨，已开始进行相关工作。上半年还完成了红大锑业有限责任公司的能源审计工作。三是在全县范围内继续积极推广使用节能灯。2009年推广使用节能灯5万只。四是为做好节能降耗工作，准确、按时上报统计数据。年初县经济局、县统计局联合召开重点企业工作会议。布置安排2009年节能降耗“三个体系”建设工作，要求节能统计人员建立健全台账。并传达学习节能工作方针政策、法律、法规。建立工作联络会商制度，严格审定统计数据，联审联报，及时准确上报统计数据。五是进一步加强节能法律法规的宣传教育，认真贯彻执行《中华人民共和国节约能源法》、《中华人民共和国清洁生产法》、《云南省节约能源条例》，提高全民全社会节能意识。六是积极协同相关部门及乡镇协调指导红大锑业有限责任公司做好节能减排环保工作，于2009年5月15日已恢复生产。该项工作通过上下多方努力，预计能完成年度下降4.9%的目标任务。

【工业园区建设】 创新思路，科学做好工业小区的规划建设。根据全县工业发展总体布局要求，积极做好工业园区的规划建设工作，明确了“按照一园多区的空间布局，立足各乡镇资源优势，科学规划各功能小区，规划一步到位，分期实施，努力打造交通便利、环境优美、经济效益高、社会效益好的功能小区，注重节能降耗、环境保护和资源综合利用，达到小区开发与社会发展、土地利用、资源节约、环境保护的和谐统一”的园区规划思路，加强调查研究，搞好小区选址，科学确定各小区功能定位。2009年，在原进行相关工作的基础上，先后进行了甸中农产品加工小区的地形勘测及规划文本编制、矿冶小区的选址、永建工业园的选址等前期工作，同时积极向上汇报我县工业小区建设情况，请求各级政府给予指导帮助及资金支持，目前已开展委托云南省轻纺工业设计院编制我县工业小区规划的各项相关工作。年内已按照县委、政府要求完成了全县工业园区的规划编制并通过了县级评审工作。

【开展对改制企业低收入职工住房困难情况调查】 为做好全县编制住房发展规划、健全住房制度，完善低收入家庭住房困难救助制度的基础工作，根据县人民政府有关通知精神，为认真做好国有企业（含改制企业）低收入职工家庭住房困难情况调查工作，经济局组建了由局党委书记兼副局长任组长、相关股室人员组成的经济局调查组积极开展调查工作。一是及时召开相关的会议，传达文件精神，所涉及企业的主要领导参加了会议，会上传达了县人民政府办公室内部明电《关于组织开展全县城镇低收入家庭及有关系统、行业、国有企业低收入职工家庭住房困难情况调查的紧急通知》（巍政界电〔2009〕22号）。二是要求所有涉及的13户企业要统一思想提高认识，认真按通知要求上报相关情况调查表。三是由调查组人员认真落实相关调查内容。通过对企业上报的调查表审核汇总情况看，经济局系统中计有大理州中药制药有限责任公司等两户企业的10名低收入职工符合低收入住房困难家庭上报条件并按时进行了上报。

【盐政管理工作】 一是认真组织了执法培训。年内盐政所的5名工作人员按要求参加省经委组织的盐政执法培训班的学习，经考核合格，取得执法证，8月份又参加了县依法行政培训学习。二是加强了对市场的监管。与公安、工商、质监、广电、县供销社及大仓供销社等单位联合对全县5个乡镇的食盐市场进行检查，同时请广电、报社进行了宣传，通过加大检查、教育、宣传力度，从根本上杜绝假冒食盐在全县流通。三是认真开展了相关宣传活动。在“5・15防治碘缺乏病日”宣传活动中，除围绕宣传主题外，在发放宣传画册、宣传资料，解答群众咨询时，强调购买碘盐要识别盐业生产企业标识，不买无生产日期或标误用不清的产品，食用加碘盐有利于身体健康，特别是母婴健康，现场以实物对比方法等进行宣传，共发放宣传材料500余份。

【乡镇企业发展】 2009年，全县乡镇企业完成现价总产值12.7631亿元，比上年10.6130亿元增长20.26%，其中，现价工业总产值9.0053亿元，比上年8.2199亿元增长9.55%；实现营业收入11.8652亿元，比上年10.9157亿元增长8.7%；利润总额1.0675亿元，比上年0.8320亿元增长28.31%；上缴税金0.2784亿元，比上年0.2534亿元增长9.87%；从业人数1.7910万人，比上年1.8084万人降0.96%。2009年度《乡镇企业统计报表》反映的主要经济指标为：企业个数93个，从业人员3906人，总产值5.4705亿元，增加值1.5948亿元，营业收入4.2175亿元，利润总额0.5483亿元，上缴税金0.1147亿元，劳动者报酬0.3727亿元，固定资产原值0.9394亿元。

2009年巍山县乡镇企业中共培训人数4855人次，其中：定向转移培训490人次、岗前培训849人次、在岗培训3516人次，投入培训经费44.7万元，涉及的企业行业主要是工业中的扎染、建材、冶炼、玻璃瓶生产、农副产品加工等企业。

巍山县乡镇企业的发展，仍然着重以农副产品加工和流通业、建筑建材业、采矿及冶炼、扎染等行业为发展重点，在县域经济中占有重要的位置，对农村和农民的增收起着积极的推动作用。

【任职领导名单】

局　长　张海洲

副局长　郭建华　　陈　斌

（孟继泽　张忠泽　杜云峰）

祥云县经济局

【概述】 2009年，祥云县制定了《关于促进工业经济平稳较快增长的九项措施》，县财政安排1000万元工业经济和非公有制经济发展专项扶持资金，加大了工业园区（小区）建设、项目建设、融资担保等方面的扶持力度。与10个部门、10个乡镇、46户企业签订了2009年度“工业发展目标责任书”、“节能降耗目标责任书”，把工业总产值、节能降耗、税收、重点项目建设列入考核目标。创新运行机制，建立了工业经济运行“旬报、月报、季报”、重点企业生产经营情况调查、重点项目建设进度调查定期报告“三项制度”。加大重点企业培植力度，把云园公司、治新公司、水电四局水工机械总厂祥云分厂纳入规模以上企业管理。多次召开全县重点企业经济运行分析会，强化预测预警和监测分析。建立帮扶机制，落实县级领导挂钩联系重点工业企业制度，由25名县级领导挂钩联系44户重点工业企业。县四班子和相关部门的主要领导多次深入厂矿、车间调研，帮助企业重点解决项目建设、维护稳定等方面的问题，“一企一策”帮助企业复产增产。设立了企业服务热线电话，及时受理企业反映的问题。召开了“重大经济发展项目推进会”、“政银企保联席会”，协调解决项目用地、银行贷款等问题。合理调配电量，落实延长丰水期电价执行时间等鼓励政策。积极协调物资运输平衡计划和燃油供应，保障企业要素需求。2009年，上报争取省州扶持的工业和非公经济发展项目34个，争取到国家和省州扶持资金3393.58万元，比上年增长64%。为19户企业协调争取固定资产投资和流动资金贷款4.39亿元；核实办结项目用地1084亩。供电5.08亿千瓦时，比上年增长26.77 %。保障了企业1245个火车皮、7.47万吨物资的铁路运输计划，为金融危机背景下全县工业和非公经济实现平稳较快增长提供了坚实的保障。

【经济运行情况】 2009年，全县工业经济呈现“下滑低开—抑滑止跌—温和回升”的运行态势，工业经济在“保增长、保民生、保稳定”上取得了明显成效：一是工业经济温和回升，增长速度渐次走高。从全年看，工业总产值当月完成量随市场波动，总趋势温和回升。工业总产值增幅由1月份负增长34.8%逐步回升到年末正增长14.8%，实现扭负为正，并渐次走高，呈恢复性增长，全年完成工业总产值68.95亿元。二是规模企业总量增加，速度效益同步增长。重点企业培育成效明显，云园公司、治新公司、水电四局水工机械总厂祥云分厂3户企业被国家统计部门确认为规模以上企业，全县规模以上企业达22户，占全县工业企业的10.53%；规模以上企业实现总产值50.26亿元，比上年增长19.86%，占全县的72.89%；利润总额2.17亿元，比上年增长67.06%。三是重点行业整体向好，支撑作用较为突出。矿冶、建材、农产品加工、化工、煤炭五大支柱产业实现工业总产值54.26亿元，比上年增长18.43%，占全县的78.69%。四是市场需求有所好转，产销衔接明显改善。全县锌、水泥、复混肥、煤炭等12种主要工业产品产量七升五降，综合产销率为96.15%，比上半年回升1.41个百分点，比上年回升0.22个百分点。

【重点项目建设】　2009年，全县共实施工业项目44个，其中列入州重大经济发展项目14个、县重点工业发展项目30个，完成工业固定资产投资6.87亿元，比上年增长24.23%，占全社会投资总量的49.53%。促成飞龙公司日处理2000吨氧化锌矿选矿、余热余压利用，复烤公司技改扩建每小时6000公斤打叶复烤等15个技改扩能和节能降耗项目竣工投产。中天公司年产10000吨精锑、飞龙公司三防渣库改扩建、禾众兴公司工业气体充装生产线、天南公司粉煤灰加工等4个项目正在加紧建设。开展了黄金公司难处理多金属矿综合回收、红蜘蛛公司日处理3000吨铜钼选矿厂等一批重大项目的前期工作，以项目实施拉动投资和经济增长。

【节能降耗工作】　围绕2009年全县单位GDP能耗下降4.98%的目标，分解落实全年目标任务。一是社会节能工作成效明显，面向大宗用户和居民用户推广节能灯具5万多只，完成州下达目标任务的250%；安装各种保温隔热面积30393平方米、太阳能热水器80280平方米；完成节柴改灶1000眼、新建沼气池587口、报废拖拉机409台、购置机具576台套，争取到国家农机购机补贴270万元。二是工业行业节能降耗实施了飞龙公司余热余压利用、建材（集团）公司能量系统优化等14个节能技改和资源综合利用项目，争取到州级节能降耗专项资金340万元；投入技改资金2000多万元，技改后年可节约45205吨标煤、新增利润2200万元；启动实施了太鼎公司能源审计和黄金公司、龙润公司清洁生产审核。

【工业园区建设】　财富工业园区建成区面积达5.5平方公里，入驻企业46户、项目76个，全年实现工业总产值43亿元。全县工业园区（小区）共有入园企业59户，实现工业总产值近47亿元，吸纳就业人员1万多人，聚集和辐射效应进一步凸现，成为祥云招商引资、聚集民间资本的有效载体和推动工业经济发展的重要平台。

【品牌建设】　一是实施名牌战略，“飞龙牌”锌锭、“花山牌”复合肥、“银龙牌”白厂丝、“祥龙牌”水泥产品通过了“云南省名牌产品”认证。二是推进技术进步，飞龙公司难处理复杂氧化锌矿两项专利技术分别荣获“中国有色金属工业科学技术一等奖”、“云南省科学技术一等奖”，原闻公司“元生牌”PE管材通过国际质量体系认证，扬帆公司的沼气发生器被农业部评为“农村能源优秀产品奖”。

【安全生产监管】　一是与系统内的重点工业企业签订了《祥云县重点工业企业2009年安全生产责任状》。二是实行企业安全生产一月一反馈，一季度一上报，半年一次大检查和不定期进行抽查，全年共组织各类安全生产检查16次。三是深入开展“全国安全生产月”活动，在全系统开展了安全生产月零事故活动，主要包括“三检查”、“三征集”、“三清除”活动。四是深入开展安全生产专项整治工作，根据省、州、县专项行动领导小组的要求，切实抓好建国六十周年期间安全生产隐患排查专项行动，加强对全县重点工业企业尾矿库事故隐患排查、检查，进一步巩固安全生产隐患排查治理专项行动的成果。

【乡镇企业发展】　2009年，乡镇企业经济指标平稳较快增长，运行质量良好，乡镇企业达11658个，从业人员达38024人，乡镇企业完成总产值38.59亿元、营业总收入37.68亿元、增加值10.20亿元、利润2.15亿元、上交税金1.46亿元，发放工资3.32亿元。生产煤炭132.01万吨、锌6.58万吨、瓦14220万片、食用植物油0.66万吨、食糖4.65万吨、酒类1.57万吨、麻丝3130吨。

【大事记】　1月8日，州长何金平、副州长程云川在县委书记杨建华的陪同下到飞龙公司调研。

1月19日，州政协主席袁爱光，州人大常委会副主任、州总工会主席彭增梅到祥云调研。

2月2日，副州长程云川率州经委、州财政局和相关市县负责人到我县调研中小企业发展情况。

2月8日，副省长孔垂柱在州委书记刘明的陪同下到祥云龙云公司调研。

2月14日，国家工信部原材料工业司司长贾银松、金属材料处处长常国武在省工信委、州政府、州经委相关领导陪同下，到飞龙公司调研有色金属生产情况。

2月18日，州政府考核组一行，对我县进行2008年度工业“倍增计划”、节能降耗责任目标考核。

3月13日，“省政府促投资保增长抓落实百日调研督查活动”第二组刘绍鸿副主任一行6人，到飞龙公司进行调研、督查。

3月31日，为采取有效措施应对金融危机，县委书记杨建华、县长赵基带领县四班子主要领导，深入飞龙公司、银龙公司等9户重点工业企业进行实地调研。之后，召开了由49户企业参加的座谈会，分析全县工业发展面临的困难和问题，研讨应对危机的办法措施，帮助企业提振信心、化解危机。

3月，国家工业和信息化部全国铅锌行业准入8户企业（第一批）名单公布，云南省有两家企业列入准入，祥云飞龙公司名列其中。

4月2日，县委、县政府组织召开“全县项目建设工业发展招商引资工作会议”，总结2008年全县项目建设工业发展招商引资工作，安排部署2009年工作；兑现第二轮工业经济“倍增计划”2008年度责任目标考核奖励；与相关签责单位签订了工业发展招商引资责任书；出台了《祥云县节能减排综合性工作方案》。

4月10日，省委副书记李纪恒在州委书记刘明、县委书记杨建华的陪同下到飞龙公司调研。

4月16日，根据县政府的安排，经济局召开了2009年工业经济运行工作会议。会议安排部署了2009年经济运行工作，与10个部门、10个乡镇、46户企业签订了工业发展、节能降耗责任书。

4月24日，州委常委、统战部部长杨秀星、州政协副主席寇铸勋一行到我县调研非公有制企业发展情况。

4月27日，州政协张树藩副主席一行8人到祥云县调研优势农产品深加工情况。

5月6日，县政府组织召开“祥云县政银企联席暨重大经济发展项目推进工作会议”，统筹协调解决工业项目建设中的资金、土地等问题，加快推进全县重大经济发展项目的实施。

5月6日，县人民政府出台了《关于促进工业经济平稳较快增长的九项措施》，县财政安排1000万元工业经济发展专项扶持资金，加大了对工业园区（小区）建设、项目建设、融资担保等方面的扶持力度。

5月14日，州政协副主席孙珍玲一行12人到我县开展“增投资保增长情况”专题调研。

7月16日，省委常委、副省长李江在县委书记杨建华、县长赵基的陪同下到祥云财富工业园区调研。

7月22日，县政府组织召开“祥云县重大项目建设和招商引资工作推进会议”，全面总结了上半年全县重大项目建设和招商引资工作情况，客观分析存在困难和问题，安排部署了下步工作。

8月21日，县委、县政府举行“2009年祥云县企业家协会资助大学生仪式”，对祥云5所中学的200名学子发放助学金80万元，其中，一般困难的学生100名，每名3000元；特别困难的学生100名，每名5000元。

9月2日，州人大常委会财经委主任委员赵旭一行10人，对我县贯彻《云南省中小企业促进条例》及中小企业发展情况进行执法检查。

10月23日，中共云南省委书记、省人大常委会主任白恩培在省委常委、省委秘书长杨应楠，省政协副主席、省林业厅党组书记白成亮等省、州有关领导陪同下，到祥云怀宝公司、龙云公司进行调研。

2009年，飞龙公司荣获“中国有色行业先进集体”、“云南省创新型非公有制企业”称号，建材（集团）公司荣获“全国化学分析大对比全优单位”；飞龙公司董事长杨龙荣获全国“关爱员工优秀民营企业家”、“第八届全国优秀创业企业家”，银龙公司董事长钱体辉荣获“云南省第十一届优秀企业家”称号。

2009年，飞龙公司、建材（集团）公司、红土印象公司等企业共为新农村建设捐款捐物120万元；为祥云“7.9”地震灾区捐款捐物75万元，支持灾区人民重建家园。

【任职领导名单】

党委书记　戴正钧

局　　长　李枝兴

企业局长　王嘉成

副 局 长　张永才　李东荣　陈志明

（张琴莲）

漾濞县经贸委

【概述】 2009年，漾濞工业经济坚定水电推动式工业发展的思路不动摇，以科学发展观统领工业经济工作，经常深入重点地区、重点企业，狠抓重点产业，扎实推进重点项目建设，经过努力工作，全县工业经济保持平稳较快发展的态势，取得了较好成绩。

【工业经济主要指标完成情况】 2009年，全县工业总产值完成164158万元，是2005年32000万元的5.13倍，完成“十一五”计划150000万元的109.44%；工业增加值完成38517万元，是2005年11006万元的3.50倍，完成“十一五”计划36500万元的105.53%全县一、二、三产业的比重从2005年42：33：25调整到30：50：20（2008年三次产业结构比例达为33：45：22），工业增加值占全县生产总值88498万元41.94%，完成上交税金4006万元。

2009年全县共有工业491户（含西洱河三、四级电站），其中，企业81户（国有5户，非公76户），个体工业410户（主要是农产品加工、修理等）。企业81户中，规模以上（年产值达500万元以上）企业10户，年产值达50万元以上500万元以下企业68户；年产值50万元以下3户。在建项目10个。拟建项目6个。

国有企业5户分别是：西洱河三、四级电站；华能大理发电有限公司徐村电站；漾濞供电有限责任公司；漾濞供排水有限责任公司。

规模以上企业10户分别是：大理大钢钢铁有限公司；漾濞跃进化工有限责任公司；玉龙钛业有限责任公司；漾濞供电有限责任公司；大理漾濞核桃有限责任公司；雪山河一级站；金盏河一级电站；漾濞水能开发有限责任公司向阳电站；华能大理发电有限公司徐村电站；大理祥龙能源开发公司沙坝电站。

工业企业按行业分：

（一）水电企业（电站）33座（含西洱河三、四级电站、两户企业产值不在漾濞统计,漾濞有部分税收。），装机容量36.523万kW，产值50万元以上30户；产值50万元以下3户。即：大理漾洱水电有限责任公司装机4.98万kW；西洱河三、四级电站装机10万kW；雪山河一级站装机9600kW；雪山河二级电站装机1300kW；雪山河三级电站装机1000kW；雪山河四级电站装机1000kW；漾濞紫阳绿色资源开发有限公司装机2630kW（紫阳河一级电站装机2000kW；紫阳河二级电站装机630kW）；漾濞广益电站装机3200kW；漾濞承汇水力发电有限公司（栗树坡电站）装机1000kW；木瓜树电站装机640kW；漾濞水能开发有限责任公司（向阳电站）装机26200kW；新源电站装机4000kW；劝桥河一级电站装机800kW；劝桥河二级电站装机1500kW；金盏河一级电站装机11100kW；金盏河二级电站装机2500kW；坪地坝电站装机800kW；上邑电站装机800kW；高峰电站装机960kW；亚源电站装机800kW；华能大理发电有限公司（徐村电站）装机8.58万kW；江东电力开发有限公司（平坡电站）装机2万kW，茅沙坪电站装机7500kW；艾拉河电站装机1000kW；大理祥龙能源开发公司沙坝电站装机2.64万kW；江桥电站装机400kW；紫阳河零级电站装机1200kW；菜坪电站装机0.24kW。产值50万元以下企业3户。即：太平一级电站装机400kW；石月亮电站装机400kW；虹管电站装机100kW。

（二）冶金企业8户，其中：产值50万元以上8户。即:大理大钢钢铁有限公司生产能力钢材30万吨；漾濞金牛冶炼厂生产能力锑氧粉150吨；玉龙钛业有限责任公司生产能力高钛渣5000吨；昌达选冶厂生产能力铜精矿2500吨；金盏河电解锌厂生产能力锌3000吨；顺濞宏英矿业有限公司生产能力8万吨；大理华烁锌氧粉厂生产能力10万吨（建成未生产）；漾濞盛达非金属矿加工厂年生产能力（硅粉）2400吨。

（三）化工企业6户，其中：产值50万元以上6户。漾濞跃进化工有限责任公司生产能力硫酸12万吨；松香厂生产能力松香、松节油4700吨；宏发塑料编织袋厂生产能力400万条；脉地空气分离厂年产氧气120万m^3（建成未生产）；漾濞塑料制品厂生产能力50吨；漾濞助农化肥有限公司生产能力5000吨。

（四）建筑建材企业10户。50万元以上10户，即：永庆砖厂年生产250万块；漾濞机制砖厂年生产200万块；马厂石灰粉厂年生产600吨；页岩砖厂年生产280万块；河西沙厂年生产6.6万m^3；小河江碎石厂年生产2.8万吨；董屯河砖厂生产能力800万块;飞檐石建材厂生产能力5万m^2；宝隆沙厂6万m^3；刘忠锡砖厂年生产500万块。

（五）机械及制造企业8户。其中：50万元以上8户。即:农机灯具厂年生产300件；大理西电电力器材厂年生产430吨；宝隆纸业年生产能力1万吨；旭发再生纸厂年生产400吨；漾濞核桃秀工艺品厂生产能力31.2万件；漾江电瓶厂年生产能力锌锭1000吨；大理漾濞安逸电动车业有限公司生产能力电动车5万辆；吉祥纸制品厂年生产80吨。

（六）农产品加工企业8户。其中50万以上8户。即：漾濞风味食品厂生产能力380吨；漾濞侨盛果仁加工厂年加工1600吨（果）；漾濞鸿益核桃仁加工厂年加工1200吨（果），广盈农副产品加工厂（原团山发展公司）年炒核桃60吨；漾濞兴林果品厂年加工100吨；永和园小春坝核桃加工厂年加工500吨；顺濞杰龙天然绿色食品加工厂年生产能力800吨。

（七）饮料、酒及水企业6户。其中50万以上6户。即:大理漾濞核桃有限公司生产能力6000吨；大理漾濞雪山清酒厂生产能力500吨；平坡多多饮料厂生产能力200吨；县供排水有限责任公司年供水81万吨；漾濞嘎密溪天然饮品厂年产50吨；苍山石门酒坊年产400吨；漾濞昌荣活性炭有限公司生产能力300吨。

（八）供电企业1户（50万元以上），即：漾濞县供电有限责任公司供电量9183.72万度。

（九）生物制药企业1户（50万元以上）。即：兴玲药业有限公司年产60吨。

【工业产品产量完成情况】 白酒2538吨，比上年2348吨增长8.09%；核桃乳系列产品929吨，比上年721吨增长28.85%；发电量139289万千瓦时，比上年108177万千瓦时增长28.76%；供电量完成9763万千瓦时，比上年10025万千瓦时下降2.61%；自来水94万吨，比上年93万吨增长1.08%；电解锌未生产，（锌价下跌,2007年11月至今无法生产）；高钛渣3620吨，比上年3265吨增长10.87%；硫酸48045吨，比上年100000吨下降51.96%；钢材产量96000吨，比上年87340吨增长9.92%；核桃仁加工3953吨，比上年3912吨增长1.05%；砂石达224230立方米，比上年127800立方米增长75.45%。

【行业发展状况 】 （一）发电企业产值完成28016万元（年初计划27105万元），比上年20554万元增长36.30%，占全部产值的17.07%。

（二）冶金企业完成产值68042万元（年初计划80001万元）、（大钢公司产值达44100万元，其中：钢材产量96000吨，平均单价4000元/吨，钢丕40000吨，产值达8000万元；玉龙冶炼厂生产高钛渣3620吨及其他，平均单价3750元/吨，产值完成2323万元，昌达选矿厂、平坡硅粉厂、顺濞选矿厂、双涧锂电实验室完成产值21619万元以上）比上年50657万元增长34.32%，占全部产值的41.45%。

（三）供电企业完成产值3828万元（年初计划3749万元），比上年3260万元增长17.42%（主要增长点用电价格从每度0.65元到0.75元以上），占全部产值的2.33%。

（四）化工企业产值完成10061万元（年初计划9223万元）、（跃进化工厂产值6114万元、宝龙公司产值2262万元、编织袋厂及塑料管厂产值1685万元），比上年13042万元下降22.86%，占全部产值的6.12%。

（五）农副产品加工业：以核桃加工为主的农副产品加工业，完成产值27816万元（核桃仁加工达3953吨，完成产值9080万元；白酒达2412吨，以每吨1.2万元计算，完成产值2936万元；核桃乳完成851吨，完成产值972万元，其他米线饵丝、糕点、屠宰及木制品加工完成产值14828万元）（年初计划28645万元），比上年27281万元增长1.96%，占全部产值的16.94%。

（六）其他砂石开采、选矿、砖瓦、汽车修理、农机灯具、等企业，完成产值26395万元（年初计划21277万元），比上年20264万元增长30.26%，占全部产值的16.09%。

【节能降耗工作】 根据州人民政府与县人民政府签订的《2009年节能降耗目标责任书》，今年节能任务是：单位GDP能耗比去年下降4.9%。围绕目标任务，县人民政府高度重视，制定了《漾濞彝族自治县2009年节能工作计划》，并于3月30日在全县2009年工作部署会议上同九个乡（镇）人民政府签订了2009年节能降耗责任书。并对全县节能降耗工作进行安排部署，在加强组织领导、建立激励机制、完善责任制度等方面，统筹规划，突出重点，抓住关键，采取了一系列的措施，做了大量基础性工作，把节能降耗各项措施落到实处，确保节能降耗目标任务圆满完成。通过努力工作，2009年全县规模以上工业企业节能降耗指标完成情况（预计）万元产值能耗0.58吨标准煤，比上年同期0.61吨准煤下降4.92%；万元增加值能耗为1.7吨标准煤，比上年同期1.75吨标准煤下降2.86%。

【任职领导名单】

党委书记　赵金伟

局　　长　苏万先

副 局 长　左劲松　赵　明　杨　荣

（石宝成）

永平县经济局

【基本情况】 永平县经济局于2005年机构改革改组建成立，加挂乡镇企业局、县加快非公有制经济工作领导小组办公室牌子，属县人民政府组成部门，规格为正科级机构。永平县经济局内设办公室、经济运行股、煤矿安全生产股、中小企业股、乡镇企业股、非公办、能源交通股及局属股（所）级全额所拨款事业单位1个（永平县工业项目管理服务中心），核定编制数17人，其中行政编制14人，工勤编制1人，事业编制2人。

【工业经济运行情况】 2009年，面对国际金融危机的严重影响和复杂的经济形势，永平县委、县政府紧紧围绕"保增长、保民生、保稳定"的目标，解放思想、迎难而上，共克时艰，化危为机、抢抓机遇，全力实施投资拉动战略，凝心聚力推进"三化"进程，县域经济实现了平稳较快发展。全县生产总值完成147260万元，同比增长11.5%；全社会固定资产投资完成63356万元，同比增长30.2%；财政总收入完成13988万元，同比增长18.9%，来自工业直接和间接的收入达3497万元，占财政总收入的比重达25%以上，其中，直接来自工业税收达1963万元，间接收入1534万元；农村经济总收入预计完成96261万元，同比增长8.5%；农民人均纯收入达2467元，同比增长19.5%。工业总产值完成80000万元，同比增长23.1%；工业增加值完成24000万元，同比增长14.9%；工业固定资产投资完成18079万元，增21.9%，全面完成了州下达的目标任务，工业经济实现平稳较快发展。

【信息化建设】 一是加强领导，不断改善信息化建设条件。2009年县经济局为加强信息化建设工作，新购置电脑2台、打印机2台、录音笔1支、信息公开专用手机一部，至2009年底实现每个股室一套办公电脑。二是积极参与培训，认真搞好信息化建设工作。积极参与州、县组织的信息化培训，先后有6人参加，开通了政府信息公开经济局平台，建立了工业数据库、企业信息简介等信息化建设工作。加强政府信息公开网络平台建设、维护与更新等业务技能的学习，为做好信息化工作提供了业务保障。三是加快网站建设，全面公开信息。县经济局按照县政府信息公开领导小组的统一部署，积极抓好政府信息公开网络平台建设维护与更新工作，保证网站信息的权威性、准确性、及时性，使群众第一时间方便、快捷地了解到政府信息公开内容。今年为止，共在网上发布信息12篇，其中：在"云南省重要事项公示系统"上发布信息1篇，在"云南省重点工作通报系统"上发布信息7篇，在政府门户网站上发布信息4篇。

【安全管理】 （一）认真做好煤矿安全生产法律法规政策的学习指导工作。一是学习煤矿安全生产的有关法律法规，重点学习了《煤炭法》、《安全生产法》、《矿山安全生产法》等法律法规政策。二是学习省州有关煤矿安全生产的各种文件。三是学习煤矿《职工安全生产手册》的各项规定。

（二）认真抓好平常的安全生产监督工作。我局本着"安全第一、预防为主"的方针，每季度对我县的两个煤矿企业进行一次安全生产大检查，对煤矿安全生产存在的隐患提出整改要求，企业也认真进行整改，把安全隐患消灭在萌芽状态。同时，我局按照州经委和县安委会的要求，在春节、五一节、三月街民族节、安全生产月、建国六十周年国庆节等节日进行安全生产大检查，使大家在节假日期间有一个安定祥和的气氛。

（三）认真搞好煤矿生产许可证及煤矿安全生产许可证年检工作。首先是企业对照煤矿生产许可证及煤矿安全生产许可证年检所需检查的内容进行认真的自查，在自查中做到边自查边整改，后我局组织有关人员进行初查。通过认真地工作，煤矿生产许可证及煤矿安全生产许可证年检工作以顺利完成。

（四）抓好企业建章立制和培训工作。今年我局要求企业认真抓好各项规章制度的建立和完善工作，企业完善各种规章制度，在平时的工作中用制度管理职工，用制度规范各项工作。同时，我局要求企业认真抓好职工的培训工作，对培训到期的职工和特种作业人员按要求进行培训。

（五）抓好"安全生产月"的各项工作。为认真贯彻落实煤矿"安全第一，预防为主，综合治理"的安全生产方针。今年我县和往年一样，认真组织抓好“安全生产月”的各项工作，成立永平县煤炭“安全生产月”活动领导小组，组织宣传煤矿安全生产法律法规和政策，开展了煤矿安全大检查。使煤矿安全生产工作得到进一步加强。

（六）认真抓好煤矿安全评价工作。为抓好煤矿安全评价工作，我局和煤矿企业共同配合，做好相关的前期准备工作。一是按照评价标准对煤矿从业人员资质不够或人数达不到要求的进行培训。二是由于我县没有煤矿安全救援应急队，我局与企业一起到与祥云救援应急队签订救援合同。三是在评价前做好相关的企业资料准备工作。四是在硬件上企业根据评价要求对生产采场存在的不规范和安全隐患进行了认真的整改。通过省煤矿安全评价中心评价，企业通过了安全评价工作。

（七）认真抓好煤炭资源整合工作。为提高煤炭产业的集中度，加强对煤炭资源的保护和开发利用，促进我县煤炭工业健康发展，根据《国务院关于促进煤炭工业健康发展的若干意见》（国发〔2005〕18号）、《国务院关于全面整顿和规范矿产资源开发秩序的通知》（国发〔2005〕28号）、《国务院办公厅转发国土资源部等部门对矿产资源进行整合意见的通知（国办发〔2006〕108号）、国家安监总局等11部委《关于加强煤矿安全生产规范煤炭资源整合的若干意见》（安监总煤〔2006〕48号和《大理白族自治州人民政府关于印发云南省煤炭资源整合工作实施方案的通知》（大政发〔2007〕66号）文件精神，结合本县实际，按照我县煤炭资源整合工作方案认真组织实施，已完成整合工作。

【节能减排】 2009年，在应对国际金融危机冲击，保增长任务十分繁重的情况下，全县上下努力践行科学发展观，认真贯彻落实党中央、国务院和省、州政府节能减排工作部署，坚持发展与节能同步、以改进企业生产工艺、启动能源审计、清洁生产审核工作，以构建节能型产业体系为目标，以产业结构调整为依托，以改进企业生产工艺、引进推广新技术为重点，切实加强组织领导，严格目标责任管理，节能减排工作取得了初步成效，圆满完成节能减排目标任务。

县人民政府于年初与各乡镇人民政府签订了《永平县“十一五”节能目标责任书》，并明确各乡镇长是节能降耗工作是第一责任人；二是督促重点耗能企业加大环保设备投入，三是对重点能耗企业实施了重点监控，依据企业2008年的能耗状况，对2009年的GDP产品能耗、万元产值能耗、万元产值电耗、节能投入等指标进行重点监测。明确由县人民政府分管副县长全面抓，经济局、统计局具体抓，任务分解落实考核到乡镇的工作格局。

2009年，新建农村户用沼气池2104口，新增农村节柴改灶2484口。农业机械单机能耗下降0.8%。

2009年，全县推广高效节能12240只，申请财政补贴52473元。

【产业结构调整】 永平县产业结构调整总体发展思路是：在空间布局上，实行大集中、小分散，建设一个工业园区、两个工业小区、一个工业带的聚集发展格局；在产业布局上，以生物资源开发产业为主导，以矿冶业和建材业为补充，近抓矿冶，中抓建材，远抓生物资源开发，长效项目与短平快项目结合，现实发展与可持续发展相结合；在产业发展进程上，立足县内资源优势以资源型、内向型、劳动密集型工业起步，依托交通区位优势逐步发展“两头在外”的外向型、资金技术密集型工业，提高产业效益。具体发展思路是：打造一个园区，即博南工业园区；建设一个工业带，即以矿冶业为重点的“厂水工业带”；培植三大产业，即以铜矿采选冶一体化为重点的矿冶业，以水泥、高岭土、石膏为重点的建材业，以核桃、红豆杉、林产品、肉产品加工为重点的生物资源开发产业三大产业。

【中小企业发展】 2009年，全县共有非公企业86户，从业人员2060人，非公经济组织创造增加值占全县GDP的49.5%。

【任职领导名单】

书记、局长　杨瑞华
副　局　长　王忠林　　杨大立
　　　　　　张国柱

德宏傣族景颇族自治州

德宏州经济委员会

【综述】 2009年,在德宏州委、州政府的正确领导和省工信委的指导、关心、支持下，德宏州经委系统干部职工深入贯彻落实科学发展观，以党的十七届三中、四中全会、省委八届七次全会和州委五届十次全会精神为指导，按照中央、省、州经济工作会议部署，紧紧围绕“保增长、保民生、保稳定”的总体要求，着力推进“工业倍增”行动计划，抓协调、强服务、求发展，使工业经济工作取得了较好成绩，全州工业经济继续保持了平稳较快的发展势头。2009年全州完成工业投资（不含电力）8.5亿元，同比增长23.1%。共向国家和省申报扶持项目102个，通过努力，全年共获得国家、省项目扶持53个，争取到贴息和项目扶持资金4253万元，有力地支持和促进了全州重点工业项目的生产和建设。5户企业完成了节能审计，2户申报资源综合利用的企业通过了省工信委的认定。

全州认真贯彻落实《省委、省政府关于加快非公有制经济发展的决定》等相关文件和全省中小企业暨非公有制经济发展大会精神，狠抓中小企业服务体系建设，目前全州已成立中小企业融资担保公司7户，小额贷款公司3户。

【工业经济运行情况】 德宏州完成工业总产值72.5亿元，同比增长26%，超计划10个百分点。全部工业增加值完成26.72亿元，同比增长26.2%，其中，规模以上工业完成增加值19.8亿元，同比增长31.4%；主营业务收入完成48.6亿元，同比增长17.7%；利税总额完成7.1亿元，同比增长12.7%；利润总额2.3亿元，下降17.1%。工业产品产量升多降少。新增水电装机容量94.91万千瓦，年发电量76.13亿千瓦小时，增长93.3%；水泥137.3万吨，增长35.5%；工业硅10.48万吨，增长69.5%；食糖47.35万吨，增长0.1%；电解铝1.35万吨，增长0.9%；酒精31829千升，下降13.8%；锡金属含量537吨，下降12.5%；机制纸及纸板2144吨，下降35%。企业生产经营明显好转。全州70户规模以上工业企业中，工业总产值负增长企业从年初的44户下降到30户，利润总额从一季度的亏损1599万元转为盈利2.3亿元。

【工业园区建设】 2009年，德宏州认真贯彻落实省政府《关于加快工业园区发展的若干意见》文件精神，加快推进工业园区建设。一是抓工作机制的建立和完善，进一步健全园区管理机构。潞西、瑞丽成立了园区管委会，其他县市也成立了相应的领导机构；二是抓工业园区发展规划，使园区建设进一步科学、规范和完善。三是抓公共服务平台建设，提升园区配套服务能力；四是抓规范管理，推进园区产业健康有序发展，充分发挥园区对地方工业的聚集、带动作用。至年底，全州工业园区累计入园企业190户，完成工业产值28亿元，工业增加值10.69亿元，销售收入17.13亿元，上交税金1.72亿元，实现利润1.71亿元。

【节能降耗工作】 2009年，按照省政府下达节能目标任务和要求，德宏州重点抓了以下几方面的工作：一是州政府与各县市政府签订了年度节能降耗目标责任书，进一步明确责任。二是州经委与州统计局联合举办了能源统计业务培训班，对县市经济局及重点节能企业统计人员102人进行了能源统计业务培训。三是抓好高效节能灯的推广工作，全州推广节能灯130018支，超额完成了省下达的年度目标任务。四是进一步做好能源审计及资源综合利用工作，5户企业完成了节能审计，2户申报资源综合利用的企业通过了省工信委的审核认定。通过采取有效措施，加大节能降耗工作，使全州万元GDP能耗下降4.3%，超额完成了省政府下达年度3.7%的目标任务。

【中小企业发展】 2009年，德宏州认真贯彻落实省委、省政府《关于加快非公有制经济发展的决定》等相关文件和全省中小企业暨非公有制经济发展大会精神，加快中小企业服务体系建设，成立中小企业融资担保公司7户，小额贷款公司3户。全州非公经济完成增加值50.4亿元，同比增长26%；上缴税金完成13.3亿元，同比增长17.7%；从业人员7.82万人，同比下降6%。

【乡镇企业发展】 2009年，德宏州以“加快农产品加工业发展、提升乡镇企业发展水平、服务三农”为目标，紧紧围绕保增长、保民生、保稳定的工作要求，积极应对金融危机对全州乡镇企业带来的影响，以农产品加工、转移农村劳动力为重点，继续推进企村结对共建社会主义新农村建设、农村劳动力的转移培训、劳动技能培训等工作，促进乡镇企业快速发展，较好地完成了各项目标任务。全年乡镇企业完成增加值13.31亿元，同比增长40.37%，其中，工业增加值9.75亿元，同比增长49.57%；实交税金2.52亿元，同比增长32.65%；农产品加工业销售产值完成26.92亿元，同比增长18.4%；职业技能鉴定完成268人；企村结对完成15户。

【技术创新】 2009年，德宏州加大了对企业引导帮持的工作力度，有力推动了企业技术进步，企业自主创新能力有了明显提高，创新理念进一步提升，创新环境正在形成，创新成效逐步显现，为全州工业经济平稳较快发展作出了贡献。一是积极争取省级技术创新扶持资金，引导企业资金的投向，继续加强对企业技术创新工作的指导、督促和服务，做好技改项目的申报工作。全年共组织申报技改项目25项，申报贴息资金6788.84 万元。经过努力，争取到国家和省技改项目17 项，贴息资金1680万元。二是加强对工业技改项目进展的督促。对2007~2008年获得省级扶持的11户企业的11个技改项目进行了验收。对德宏州弘安有限公司2500T/d新型干法水泥熟料生产线项目、盈江星云铝厂3万吨高纯度碳化硅项目、畹町源洋生物科技有限公司10万吨燃料乙醇生产线、瑞丽美格塑料技术开发有限公司年产1亿只塑料杯生产线项目、云南乔瑞集团畹町乔瑞水泥厂2500t/d新型干法水泥等项目进行了跟踪问效。

【安全生产管理】 2009年，德宏州经委系统按照省政府“一岗双责”的要求，加大“三项行动”和“三项建设”落实力度，进一步强化安全管理，以安全促生产、保发展，对州内11户重点技改项目的工业企业和入驻工业园区的15户企业进行了全面的安全生产隐患排查治理和督促检查工作，同时加强对盐业市场的监管，保证了市场食盐的安全。全年共出动盐政执法人员243人／次，出动车辆100辆／次，发放各类宣传材料21759份，查处涉盐违法案件32起，查获各类违法盐产品45614.5千克（其中假冒加碘食盐172.5千克）。

【大事记】 1月8日，德宏州老旧汽车更新领导小组在芒市召开了全州老旧汽车2008年度工作会议。会上，通报了2008年全州老旧汽车更新开展情况，并对2009年全州老旧汽车更新工作作了安排，州报废车回收定点企业德宏宏宇实业集团公司与各县市报废汽车回收网点签订了《2009年报废汽车回收与拆解安全经营责任书》。

2月24日，省工信委节能监察处王荣处长与省直有关部门领导一行5人，代表省政府对德宏州2008年节能降耗工作进行考核，全州单位GDP的能耗下降4.07%，超额完成了省下达的4%的年度目标任务。

3月9日，德宏州经委系统2008年度工作总结暨表彰会在芒市召开。会议传达贯彻了2009年全省工业经济工作会议精神，总结了2008年全州工业经济工作，安排部署2009年的工作。会上，各县市区经济局做了交流发言，并与州经委签订了2009年目标管理责任书，一批在2008年工作中表现突出的单位和个人受到了表彰和奖励。

3月12日，副省长和段琪带领省工信委等有关部门负责人对德宏非公经济发展和潞西、瑞丽两省级工业园区建设进行了专题调研，省工信委宋嘉林副主任及相关处室负责全程陪同调研，通过调研对工业园区标准厂房建设和全州工业企业发展加大了扶持力度。

5月16~17日，德宏州经委与德宏州统计局在德宏州委党校联合举办了首期能源统计业务培训班。省节能技术中心和省统计局的专家从能源及能源统计的基本概念、节能评价指标及其计算方法、地区单位GDP能耗核算、重点用能企业能源利用状况统计及其处理程序的基本操作、能源报表处理及其相关指标的计算六个方面到场进行了授课。

6月17~20日，省工业和信息化委员会主任刘绍忠率省工信委相关处室的处长一行7人，到德宏州专题调研工业发展工作。 在德宏期间，刘绍忠主任一行实地察看了有关企业，并与州委州政府领导进行了座谈。

7月20~25日，应德宏州委州政府的邀请，受省工信委刘绍忠主任的委派，省工信委轻工处武俊处长带领有关专家和人员一行9人到德宏开展食品、珠宝、家具产业发展规划编制调研。在德宏期间，调研组与州政府进行了座谈，听取了州政府领导的情况介绍，并深入有关企业了解情况，与州经委就规划编制工作交换了意见，确定了规划编制的指导思想和基本思路。

8月12日，梁河工业园区《总体规划》和《可行性研究报告》获得省工信委批准。

9月24日，畹町乔瑞2×2500t/d水泥生产建设项目获经云南省发展和改革委员会（云发改工业〔2009〕2201号）文件核准正式开工建设。

9月26日，德宏后谷咖啡有限公司年产2000吨速溶咖啡生产线项目竣工投产。

10月12~16日，德宏州人大常委会组织州内的省十一届人大代表围绕德宏“增投资、稳工业、促消费、保民生”目标，先后深入梁河、盈江、陇川、瑞丽、潞西五县市及有关工业企业对德宏州“十一五”工业发展规划完成情况进行了视察。省十一届人大代表、德宏州人大常委会余麻约主任在德宏州经济委员会闫生先赞主任及有关部门负责人的陪同下亲带队全程视察。

10月20~26日，由州委组织部、州经委和州委党校共同主办的第一期工业经济研修班于在德宏州委党校举行。培训会上，省工信委和州内的专家就如何加快推进中小企业发展、企业融资和工业园区建设等方面的内容进行了专题讲授，州内有关企业负责人介绍了产业发展中的经验和做法。

11月11日，中央扩大内需促进经济增长政策落实第二十四检查组组长郭炎炎一行到德宏检查工作。云南电网公司德宏供电局局长杨凡汇报了德宏供电局承担的中央扩大内需新增投资项目实施情况。检查组成员充分肯定了我州能够结合实际，认真贯彻落实国务院关于进一步扩大内需，促进经济增长各项政策措施，并对当前工作以及存在的问题提出了意见和建议。

12月15日，由段洪巡视员带队的省工信委调研组一行4人到德宏进行工业园区工作调研。调研组一行实地察看了潞西、瑞丽两个省级工业园区建设的进展情况，并听取了园区管委会的工作汇报。

【任职领导名单】

主　任　闫生赞

副主任　成保平

岳太湘

罗宏榆

（毕　鸣）

潞西市经济局

【工业经济运行情况】　2009年完成工业总产值24.17亿元，完成年初人代会确定目标22.53亿元的107.28%，比上年同期增长19%。其中：规模以上工业企业完成工业总产值18.64亿元，比上年同期增长19.05%；完成工业增加值5.67亿元，比上年同期增加25.5%，完成州下达目标任务数5.3亿元的106.98%；主营业收入完成19.25亿元，比上年同期增长16.2%，完成州下达目标任务数18.18亿元的105.89%；完成利税总额1.67亿元，比上年同期减少16.7%，完成州下达目标任务数3.15亿元的53%；完成利润0.2亿元，比上年同期减少74.8%，未完成州下达0.86亿元的目标任务数。

【企业改革工作】　2009年，在各级各部门的支持帮助下，顺利推进了芒市财富中心项目的建设和芒市造纸厂划地建房、文化活动室建设、拦河坝和挡土墙的施工建设等扫尾工作；协调处理市机械厂、批发站、服务公司等住房问题和原县运输公司、翻胎厂退休职工的养老保险和医疗保险问题；完成彩印厂破产扫尾工作；处理糖烟酒公司等历史遗留问题；完善已改制企业职工移交社区管理。认真搞好华侨农场、法帕水泥厂和二轻公司来信来访的解释和答复工作，成功处理了薄膜厂停工罢免厂长事件。完成了潞西市五金厂的改制工作，妥善处理好芒市木器厂职工的生产生活问题，整合兼并潞西市农机公司工作正在有序推进，同时，积极参与了云南英茂公司收购整合奥环糖厂工作。

【节能降耗】　全年节能降耗数万元GDP能耗下降3.2%，比州下达任务数下降5%，少1.8个百分点。一是在发展工业循环经济方面抓好了试点工作，使全市的工业项目取得较好的经济和社会效益。二是抓好清洁生产工作，经过技术改造，减少二氧化硫的排放，保证了空气质量；加大循环水改造，使污水排放量、COD含量逐年下降。三是开展资源综合利用，充分利用废弃物，解决了环境污染，化害为利，变废为宝；四是加大能源审计工作，2009年对永鑫硅业有限公司和越盛硅业有限责任公司的能源审计进行验收审核；五是大力宣传，开展全民节能，推广高效照明节能灯、太阳能利用和沼气替代能源等节约能源工作，确保全市节能目标实现，2009年发放国家补贴高效节能灯35000只。

【产业结构调整】　充分利用我市的自然资源及矿产资源优势，加大产业结构调整力度，加强监管，正确引导，合理开发。大力培植龙头企业，把发展农副产品加工业作为乡镇龙头企业的主攻方向，集中人力、物力、财力重点支持一批农副产品加工龙头企业，做大做强，做响品牌，引导企业向规模化、特色化方向发展，特别是在咖啡、粮食、茶叶、乳业、竹木产业上做好。

【中小企业发展】　2009年中小企业完成增加值41286万元，完成目标数的105%；其中：工业增加值完成36862万元，完成目标数的101%；实交税金完成10845万元，完成目标数的109%；农产品加工业销售产值完成92364万元，完成目标数的103%；完成企村结对户数4对，完成目标数的100%；完成职业技能鉴定人数70人，完成目标数的100%。

【任职领导名单】

党委书记、局长　杨国海

党委副书记　孔早约

副　局　长　滕开华

（番在良）

瑞丽市经济局

【经济运行】　2009年，瑞丽市完成工业总产值（现价）10740万元，比上年同期下降2.2%。其中，轻工业实现产值4110万元，同比增5.2%，占全市工业总产值的49.9%；重工业实现产值6620万元，同比下降6.3%，占全市工业总产值的50.1%（以上数字含珠宝业）。

规模以上企业工业增加值（含畹町）完成11431万元，比去年同期下降18.6%；主营业务收入完成38322万元，比去年同期下降2.3%；利税总额完成2786万元，比去年同期下降16%；利润总额完成-166万元，出现负增长。

制糖业实现总产值13647万元，同比下降29.0%，占全市工业产值10.3%，占规模以上工业产值的39.8%；水泥制造业实现总产值4312万元，同比下降20.1%，占规模以上工业产值的12.6%；制药业实现总产值2562万元，同比下降13.8%，占规模以上工业产值的7.5%；塑料制品实现总产值1164万元，同比增长19.2%，占规模以上工业产值的3.4%；硅业实现总产值7625万元，同比下降32.3%，占规模以上工业产值的22.2%；水生产和供应业实现总产值1148万元，同比增长10.1%，占规模以上工业产值的3.3%；通用设备制造业实现总产值1091万元，同比下降45.1%，占规模以上工业产值的3.2%；饮料制造业实现总产值850万元，同比下降1.3%，占规模以上工业产值的2.5%；工艺美术品制造业实现总产值1892万元，同比增长183.9%，占规模以上工业产值的5.5%。

2009全年全市完成工业增加值55300万元，完成工业增加值占瑞丽市地区生产总值（GDP）22%；完成规模以上工业增加值11431万元，完成工业增加值占瑞丽市地区生产总值（GDP）5%。

【招商引资工作】 2009年共完成立项批复41项，协议资金合计17.33亿元，实际到位资金8.25亿元。其中工业24项，协议资金6.1亿元；房地产4项，协议资金6.4亿元；商业12项，协议资金4.65亿元；畜牧业1项，协议资金1000万元。目前正在施工建设的工业园区二期入园项目10项，协议资金2.3亿元（实际到位资金3298万元）。2009年立项批复41个项目中，租地落实项目7个，自备地落实项目10个，政府新征地落实（在建）项目12个（工业园区二期10个、其他2个），未落实土地项目12个。全年共接待来自国内各省市、地州及缅籍客商46批次320多人；发放《瑞丽市投资指南》300多本，《瑞丽市招商引资项目册》280多册。

【非公经济】 2009年，全市非工经济增加值105345万元；在册个体工商户6365户，从业人员15780人，注册资金23368万元；私营企业372户，注册资金72279万元，从业人员5610人；2009年个私企业共上缴税金23102万元。

【乡镇企业发展】 2009年乡镇企业实现总产值61，700万元，同比增长0.2%；实现增加值14920万元，同比增长16%；实现营业收入59778万元，同比下降10%；实现利润827万元，同比增长10%。年末从业人数20672人，同比增长0.5%。

【工业园区建设】 2009年，轻工业园区二期既高档红木加工区整体推进步伐明显加快，园区建设已初具雏形。高档红木加工区项目规划占地1009亩，新入园项目10户，其中：红木家具加工企业7户，食品加工企业3户。基础设施投资6000多万元。

【节能降耗工作】 州政府下达瑞丽市节能降耗的目标任务为“十一五”期末单位GDP能耗比“十五”期末下降15%，年均下降3%，节约能源量3.1万吨标准煤，“十一五”期末单位GDP能耗实现1.446吨标准煤。2008年我市单位GDP能耗已实现1.434吨标准煤，2009年全年单位GDP能耗同比下降4.81%，提前并超额完成“十一五”目标任务。

【项目申报】 为在全市工业产业中推行清洁生产、推广循环经济，积极鼓励企业加大技改和环保设施的资金投入，以达到“节能、减排、增效”的目的。2009年扩大了向省里申报项目的数量和范围，共向省级主管部门申报扶持项目13个，为企业争取到各类项目扶持资金390万元。

【职称评定】 做好工程系列职称评定的申报、推荐和评审工作。全年申报70人，其中：副高1人，工程师5人，助理工程师17人，技术员47人。评审通过工程师5人，助理工程师15人，技术员47人。

【任职领导名单】

局　长　邓有忠

副局长　钟德毅

何汶美

（孔　晴）

梁河县经济局

【概述】 梁河县工业紧紧围绕县委、县政府年初确立的“农业立县、工业强县，商旅活县”的发展思路和全县年初确定的经济工作目标和任务，立足实际，扎实工作，加强综合协调，狠抓招商引资，推进资源转换，强化运行调节，解决突出矛盾，保证了经济工作平稳较快运行。

梁河县工业经过多年的发展，已形成制糖、锡金属采选、发电、制药、林产品加工、硅冶炼等10几个工业，产品近百个，其中：蔗糖、酒精、锡精矿、中成药、林产品、精制茶具有一定的比较优势，工业经济在全县国民经济中占有重要地位，它是全县经济的“支柱”，是财政收入的重要来源，是民族团结、社会稳定的重要保障。

全县有水电站12个，总装机容量为25.9776万kW，其中：已建电站7个，装机容量19.1376万kW，投资119818.9万元；在建电站2个（葫芦口电站、曩宋河流域梯级电站），装机容量4万kW，投资39350万元；拟建电站3个（中寨电站、三岔河电站、回渠河电站），装机容量2.8万kW，总投资27800万元。

梁河县仅有万鑫硅厂一家硅生产企业，建设规模为2×12500kVA。2009年该厂资产总额4949万元，资产负债率101%，产品产量8999吨，实现工业产值（现价）8150万元，销售收入7800多万元，上交税金500多万元。梁河县已获得国家批准硅冶炼待建项目3个分别为 1、德政复[2008]4号，建设2×12500kVA硅冶炼生产线。 2、德政复[2009]115号，建设2×12500kVA硅冶炼生产线。 3、德政复[2009]165号，建设2×12500kVA硅冶炼生产。工矿企业有云锡集团梁河矿业有限责任公司2009年完成销售收入10952万元、梁河县光坪锡矿二选厂2009年完成销售收入791万元、梁河县光坪锡矿三选厂2009年完成销售收入666万元，三户锡矿企业均为我县规模以上工业企业，梁河县奥环水泥粉磨公司2009年完成销售收入2369万元，梁河县三禾林业有限公司2009年完成销售收入398万元。

梁河县力量生物制品有限公司已建成日榨甘蔗4000吨规模的糖厂一座，2009年完成销售收入15348万元；梁河县益坤粮油工业有限责公司已建成日处理50吨油菜子生产线一条，日处理50吨稻谷生产线一条和日产15吨豌豆粉生产线一条，拥有400万公斤原料、成品仓库，配有齐全的检化验室。主要经营产品为“边花”牌系列大米，2009年完成销售收入1812万元；梁河县回龙生态茶业有限责任公司是一家拥有一流生产设备和实力的公司，2009年完成销售收入271万元，目前，全县茶叶产业已形成以梁河县回龙生态茶业有限责任公司为龙头，全县大小茶厂有50余个。

在生物资源特色产业方面，加工业中有一定规模企业的是云南南药梁河制药有限责任公司。该公司是由梁河制药厂改制成私营企业。2009年产量达620吨，实现工业现价产值1170万元，上缴税金54万元，资产总额3821万元。梁河县博源松香有限责任公司是专门收购加工松脂的私营企业，现有员工20人，2009年产松香956吨，松节油147吨，实现工业产值（现价）591万元，销售收入714万元。解决了劳动力转移问题及农民增收问题。

【工业经济运行情况】 纳入2009年统计范围规模以上的工业企业有8户，商贸流通企业5户，乡镇企业2838户（乡镇集体企业1户），非公企业2826户（私营企业94户，个体企业2732户）。

2009年，全县实现现价工业总产值50003万元，同比增长37.2%。规模以上工业完成现价工业总产值37211万元，同比增长30%，占全县工业总产值的74.4%；完成销售收入44452万元，同比增3%；完成工业增加值13610万元，同比增60%；实现利税总额9353万元，同比增180%；利润总额5584万元。

（一）制糖业：完成工业总产值14870万元，同比增1%；营业收入完成15348万元，同比增长0.2%；利润总额1214万元，同比扭亏增盈1214万元；实现税金1383万元，同比增8%。

（二）采掘业：完成工业总产值4453万元，同比减30%；营业收入完成12409万元，同比减36%；利润亏损122万元，增亏436万元；实现税金905万元，同比减54%。

（三）食品加工业（益坤粮油工业公司）：完成工业总产值1895万元，同比减3%；完成营业收入1812万元，同比增1%；利润亏损5万元，同比增亏41万元。

（四）制药业（制药厂）：完成工业总产值1171万元，同比增长242%；完成营业收入1987万元，同比增181%；利润亏损16万元，同比减亏14万元；实现税金43万元，同比增1.6倍。

（五）发电业（弄另电站）：完成工业总产值6672万元，完成营业收入5416万元，实现税金938万元，发电量38033万度。

（六）硅冶炼业（万鑫硅厂）：完成工业总产值8150万元，完成营业收入7480万元，实现税金500万元，生产硅8999吨。

（七）水泥制造业（奥环水泥粉磨站）：完成工业总产值2406万元，完成营业收入2369万元，生产水泥95102吨。

主要产品产量：食糖产量为48999吨，同比增3%；酒精2840千升，同比减27%；中成药620吨，同比增285%；大米3397吨，同比增72%；锡金属537吨，同比减18%；松香809吨，同比增128%。

【非公经济发展】 2009年，全县非公企业2826户（私营企业94户，个体企业2732户），比去年同期增15%；从业人员6012人（私营企业2535人，个体企业3477人），同比增28%；营业收入完成78359万元（私营企业62021万元，个体企业16338万元），同比增7%；上缴税金3112万元（私营企业2158万元，个体企业954万元），同比减7%。

【乡镇企业发展】 2009年，乡镇企业实现增加值9916万元，与去年同期相比增长29%；完成乡镇企业工业增加值4460万元，同比增22%；实交税金1513万元，同比增长115%；从业人员7727人。

【节能降耗工作】 2009年，全社会能源消费量67806吨标准煤，与去年同期60720.19吨标准煤，同比增11.66%。其中：规模以上工业能源消费量8141.6吨标准煤，与去年同期8104.76吨标准煤，同比增0.4%；2009年全社会单位增加值能耗0.9313吨标准煤／万元，与去年同期0.9649吨标准煤／万元，同比下降3.48%。其中：规模以上工业企业单位增加值能耗0.3742吨标准煤／万元，与去年同期0.4545吨标准煤／万元，同比下降17.66%。

【项目申报】 2009年，梁河县积极抓住国家实施扩大内需的机遇，共组织企业上报技改贴息项目5个，得到省工信委、财政厅支持4个，得到贴息资金360万元；上报非公经济项目5个，得到省工信委、财政厅支持2个，资金60万元；上报乡镇企业项目1户，得到贴息资金45万元；上报新型工业化项目1个，得到贴息资金50万元。全年共计向上实际争取得项目8个，得到贴息资金530万元。

【职称评定】 2009年，全县共评定初级专业技术职称人员7人，推荐到州中级评委中级专业技术职称人员10人，副高级专业技术职称1人。

【任职领导名单】

书记、局长：江朝湛

副书记：尹加林

副局长：曩国茂　曹成月　杨茂华　叶达和　郭云快

（张自恩）

陇川县经济局

【工业概况】 陇川县工业经过发展，至2009年，逐步形成食品、电冶、水电、制药、林竹等五大主导产业。

（一）电冶产业：全县已建成中晟、博鑫、冠华科龙、晶准、正丰5户硅冶炼企业，拥有硅冶炼设计生产规模139000kVA（已建成8.65万kVA）。

（二）食品产业：已建成陇川糖厂、德宏英茂景罕糖厂，形成日榨甘蔗8500吨规模，年产食糖165655吨，两户制糖企业全部通过清洁生产验收；投资3000万元、年产3000吨白酒规模的国瑞酒业有限公司，其厂房、基础设施建设基本完成，生产许可证已通过验收，现已进入白酒试制阶段；金泰茶厂、阿昌粮油等一批企业通过技术改造，生产规模和效益得到提升。目前，茶叶生产已形成了金泰、新中山、纵歌、香芝为龙头的加工企业；粮食已初步建成阿昌粮油有限责任公司、阿露窝罗米业有限责任公司、三象粮油有限责任公司等几户龙头加工企业；竹笋加工也已形成集强、松源、长通为龙头的加工企业。

（三）水电产业：全县已有闽宏、勐宛、龙源、宏源、汇源等7户水电开发企业，有水电站16座，总装机规模有6.125万千瓦，已建成8座（总装机容量为2.176万千瓦），在建5座（总装机容量为2.969万千瓦）、待建3座（总装机容量为0.98万千瓦）。

（四）药品产业：现已建成甸川公司章凤制药厂；目前正在抓紧华鑫源生物资源开发有限责任公司薯蓣皂素加工项目建设。

（五）林竹产业：已建有兴盛亚杰、福斯特等一批木材加工龙头企业，下一步县委、县政府将进一步加大对全县林竹加工企业的整合力度，确保优势资源向优势企业集中。2009年，全县共完成工业项目建设投资8539万元。

【工业经济运行情况】 2009年，全县工业完成总产值77525万元，增长8.67%。其中，轻工业完成产值54917万元，增长2.69%；重工业完成产值22608万元，增长26.59%；规模以上工业完成产值58355万元，下降0.75%，规模以下工业完成产值为19170万元，增长52.83%。工业产品产量：生产食糖165655吨，增长2.88%；酒精8931千升，下降0.75%；发电量9590.54万千瓦时，增长26.12%；工业硅20056吨，增长90.92%；抗生素类胶囊3430.85万粒，增长39.7%；精制茶278吨，下降44.06%。工业产品产销率为101.12%，增长3.01个百分点。全县工业企业实现工业增加值28100万元，增长9.1%。其中规模以上工业企业实现工业增加值21036万元，增长2.9%。实现主营业务收入59009万元，增长4.67%。全县工业共实现利税总额6337万元，下降36.7%；利润总额1329万元，下降76.23%。

【非公经济发展】 2009年，全县有个体工商户3778户，比2008年增加841户，增长28.63%；从业人员6705人，比2008年增加1445人，增长27.47%；注册资金8736万元，比2008年增加2422万元，增长38.35%。全县私营企业167户，比2008年增加32户，增长23.7%；从业人员2267人，比2008年增加187人，增长8.99%；注册资金29582万元，比2008年增加12068万元，增长68.9%。个体私营企业上缴税金3759万元，比2008年增加1083万元，增长40.47%。个体私营企业税收已占地方本级财政收入的54%。

【乡镇企业发展】 2009年，全县乡镇企业及乡镇企业个体工商户3851户，比2008年增加115户，增长3%，其中：企业12户，与2008年持平；从业人员6286人，比2008年增加181人，增长3%。共完成总产值21178万元，比2008年增加4498万元，增长26%；完成增加值10361万元，比2008年增加1902万元，增长22%，其中，完成工业增加值2673万元，比2008年增加504万元，增长23%；完成农产品加工业销售产值52423万元，比2008年增加36417万元，增长2.27倍；实现税金680万元，比2008年增加40万元，增长6%；实现利润3761万元，比2008年增加301万元，增长9%。

【节能降耗工作】 2009年，陇川积极推进甘蔗、林竹、生物制药、粮食等绿色产业经济发展，大力推进循环经济。在抓好新上工业项目控制节能降耗工作的同时，认真开展了“节能灯”等全民节能宣传教育活动，组织全县干部职工群众购买政府补贴节能灯16000多个；积极督促中晟硅业、立锦纸业等企业加强环保设施改造，减少污染排放；督促茶叶、精米、竹笋、酿酒等加工企业加强QS认证工作；督促章凤制药厂加强清洁生产审核工作。2009年，全县万元单位GDP能耗控制在1.2447吨标准煤，全面完成年度节能目标任务。

【国企改革】 陇川县国企改革主体工作2004年底基本结束，2009年，陇川国企办认真履行工作职责，先后按照县委、县政府要求，积极配合相关部门完成了对甸川工贸（集团）有限公司改制遗留、企业退休职工医疗保险、城子水泥预制管厂职工安置等遗留问题的处理工作。同时，全力做好职工来信来访工作，全年，共接待和处理各类信访事件7件，接访25人次，全部妥善地处理了国有企业改革遗留问题，有力维护了社会稳定。

【项目申报】 2009年，陇川积极抓住国家实施扩大内需的机遇，共组织企业申报各类贷款贴息项目9个，申报贷款贴息资金1345万元，目前，已有4个项目资金得到落实，共获得省级补助资金230万元。

【职称评定】 2009年，全县共评定初级专业技术职称人员1人，推荐到州中级评委中级专业技术职称人员7人，已全部得到评定通过。

【任职领导名单】

党委书记 杨跃平

局　　长 杨　森

副 局 长 孟光明　　余登庆

（张伍生）

畹町经济局

【概述】 畹町工业经过多年发展，从无到有，从小到大，经历了几十年的不断发壮大，目前已经具备了一定的规模，工业经济实力不断增强，已形成了国有、集体、股份制、私营、个体等多种所有制结构并存的工业发展格局，发展成为以制药、电力、水泥、啤酒、木制品、硅冶炼、水洗芝麻等为骨干的产业。瑞丽市工业园区畹町新型工业园区，在上级的关心、重视和大力支持下，认真贯彻落实省委、省政府《关于走新型工业化道路，实施工业强省战略的决定》精神，把加快工业发展与合理利用资源，保护生态环境结合起来，走一条运作机制新、科技含量高、经济效益好、融资方式活、资源消耗低、环境污染小、人力资源优势得到充分发展的新型工业化路子。畹町工管两委十分重视畹町新型工业园区的建设，目前园区的建设在良好的环境下，逐步形成以物流、农产品加工、矿产品加工和新型技术为主的新型工业化园区。“十一五”期间，先后得到上级的资金支持，强化了园区的基础设施建设，2009年瑞丽工业园区的规划修编为畹町新型工业园区的规范发展奠定了基础。

【主要产业】 一是水电产业。畹町供电辖区现有110kV变电站一座，35kV变电站3座。2009年中央扩大内需电网建设项目完成投资1260.49万元，其中改造35kV变电站一座，完成投资700万元；改造10kV及以下线路单项工程19个，完成投资560.49万元。目前这些改造项目已验收合格带电运行。二是电冶产业。全区已建成金谷、金华2户硅冶炼企业，拥有硅冶炼设计生产规模25500kVA（均已建成投产），其中畹町金谷硅业有限公司6500kVA硅冶炼炉2台，年生产能力15000吨，2009年共生产7200吨；畹町金华硅业有限公司12500kVA硅冶炼炉1台，年生产能力8000吨，2009年共生产1932吨。三是食品加工业。畹町啤酒厂年设计能力5万吨，于2002年2月建成2万吨普通啤酒生产线一期工程已生产至今。2009年共生产啤酒3031吨。目前，年生产能力2万吨的咖啡啤酒生产线正在建设之中。四是化工产业。畹町民鑫制药厂主要以大输液、葡萄糖注射液系列产品为主，年设计生产能力2000万瓶，2009年实际生产887万瓶。2010年该厂预计投入1800万元，新建年生产能力3000~3600万瓶塑料瓶包装大容量注射剂生产线一条。目前，土建工程已基本完工。五是建材产业。畹町康达水泥厂年设计生产能力10万吨，2009年共生产6.44万吨。由于该厂生产工艺采用的是立窑生产线，省政府已将其列入2010年12月31日前淘汰企业之一。

2009年8月下旬，云南乔瑞集团畹町乔瑞水泥有限公司2500t/d熟料新型干法水泥生产线正式破土动工，截止2010年2月，已投入3500万元。预计2010年投入1.1亿元基本完成土建工程，力争2011年建成投产。六是木材加工产业。畹町富年达木业有限公司主要生产高档柚木地板条，年设计生产能力30万平方米，2009年实际生产544立方米。七是珠宝加工产业。云南勐拱翡翠有限公司成立于2003年10月，公司紧紧依靠资源和区位的优势，确定了“宽容诚心，玉品人生”的经营理念，制定了“勐拱翡翠——A货的代名词”的经营目标，到2009年底，云南勐拱翡翠有限公司已在全国各地发展加盟商230多户，公司还相继成立了“云南和盛缅泰珠宝有限责任公司”和“云南中缅勐拱翡翠原石进出口有限公司”。

【工业经济运行情况】 2009年，全区共完成现价工业总产值13221万元，同比下降22.16%，其中重工业完成10492万元，同比下降27.53%；轻工业完成2729万元，同比增长8.82%。在总产值中，国有及年销售收入500万元以上非国有工业企业完成工业总产值11436万元，比上年同期下降26.67%。工业主要产品产量：2009年完成水泥6.44万吨，同比下降2.55%；木制品544立方米，同比下降24.13%；啤酒3031千升，同比下降9.14%；大输液887万瓶，同比下降7.89%；自来水供应42.29万吨，同比增长3.35%；工业硅9132吨，同比下降4.54%。2009年规模以上工业企业实际完成工业增加值3131.5万元，同比下降14.96%；完成主营业务收入13264万元，同比下降11.64%；完成利税总额-248.6万元，同比下降109.87%；完成利润总额-1098.8万元，同比下降188.83%。

【非公经济发展】 截止2009年12月底，全区共有在册私营企业114户，比上年同期增长4.59 %；从业人员1434人，比上年同期增长9.05%；注册资金23294万元，比上年同期增长57.07 %。全区共有在册个体工商户685户，比上年同期增长2.09%；从业人员1240人，比上年同期增长2.4%；注册资金1824万元，比上年同期增长10.95%。个体私营企业上缴税金达到3244万元。

【乡镇企业发展】 2009年，全区共有乡镇企业户数为799户，从业人员1990人。实际完成增加值1300万元，其中工业增加值970万元；实交税金255万元；农产品加工业销售产值实际完成1400万元；企村结对实际完成1户。

【项目申报】 2009年，在省、州经委、财政部门的大力支持下，经过我局积极的努力，共为企业争取到上级扶持资金407万元，其中技改资金207万元，非公企业流动资金贷款贴息50万元，可再生能源发展专项资金50万元，资源综合利用资金100万元，有力扶持了工业企业发展。

【职称评定】 2009年，全县共评定初级专业技术职称人员3人，推荐到州中级评委中级专业技术职称人员2人，副高通过1人。

【国企改革】 畹町国企改革主体工作2004年底基本结束，2009年，陇川国企办认真履行工作职责，先后按照工委、管委要求，积极配合相关部门完成了对边贸总公司改制，利群商号遗留职工安置等遗留问题的处理工作。同时，全力做好职工来信来访工作，全年，共接待和处理各类信访事件2件，接访30人次，全部妥善地处理了国有企业改革遗留问题，有力维护了社会稳定。

【任职领导名单】

局　长　刘晋玖

副局长　万怀臣

（周吉庆）

盈江县经济局

【概述】 盈江工业经过发展，至2009年，逐步形成电力、电冶、制糖、建材、木材加工等五大主导产业。（1）水电产业。截止2009年12月31日，全县已批建电站105座，总装机容量263.955万千瓦，现已建成投产59座，装机184.47万千瓦，在建电站23座，总装机60.54万千瓦；已批未建电站共23座，总装机16.05万千瓦。全年发电量646780.15万度，同比增长103.9%；行业总产值108732万元，同比增长110.9%；上交税金33258万元，占全县财政总收入的比重为64.2%；纳入规模统计15户企业实现增加值63751万元，同比增长81.99%，实现营业收入95087万元，同比增长119.12%，实现利润27489万元，同比增长109.90%，实现利税42612万元，同比增长126.2%。（2）电冶产业。全县有铝冶炼1户，年生产能力1.3万吨，硅炼业有8户规模为14.48万千伏安。全年铝平均不含税价格10564.9元/吨，同比减少5321.3元/吨，下降33.5%，工业硅全年综合不含税价8348元/吨，同比减少3659元/吨，下降30.5%，行业完成工业总产值46211万元（其中铝实现15402万元，硅实现30809万元），同比增长27.9%；共上交税金2771万元，占全县财政总收入的比重为5.4%。（3）制糖业。全县共有3户糖厂2008/2009榨季，全县甘蔗入榨量90.1万吨，产糖12.14万吨，平均含糖量15%。统计口径食糖产量为112437吨，同比增长8.32%；平均出糖率13.39%，上交税金1665万元，占全县财政总收入的比重为3.2%。行业完成总产值35819万元，同比增长26.36%；实现增加值12918万元，同比增长23.88%；实现营业收入38266万元，同比增长29.60%；实现利润2586万元，同比增长5.32%；实现利税6099万元，同比增长16.59%。（4）建材水泥制造业。全县共有4户水泥生产企业，设计生产能力106万吨/年。共生产水泥34.38万吨，同比增长59.92%。行业完成总产值10684万元，同比增长39.65%；上交税金963万元，占全县财政总收入的比重为1.9%，增加值1909万元，同比增长29.92%。实现营业收入11025万元，同比增长47.57%。（5）木材加工业。全县共有木材加工厂239户，这些企业生产的产品大部分是低档次产品和初级产品，甚至直接销售原料，真正具有一定生产规模和技术装备水平的企业很少。共实现工业产值2.09亿元，同比下降0.02%，占全县工业总产值比重为8.4%。

【工业经济运行情况】　2009年，全县工业实现增加值105978万元，同比增长49.6%，占GDP比重由2008年28.1%提高到34.5%，同比提高6.4个百分点，拉动GDP增长12.2个百分点，对全县经济的贡献率达57.8%。全县工业上交税金39324万元，同比增长88.9%，占全县财政总收入51785万元的75.9%，工业完成固定资产投资147749万元，占全社会固定资产投资总额295109万元的比重为50.1%;工业增势强劲，已成为全县经济发展的主要支撑力量。

2009年，实现发电量646780.2万度，同比增长103.9%，水泥34.38万吨，同比增长59.92%，工业硅35532万吨，同比增长149.8%，成品糖112437吨，同比增长8.32%，电解铝13477万吨，同比增长0.91%，酒精7982千升，同比下降2.25%。2009年州政府考核规模以上工业增加值、主营业务收入、利税总额、利润总额四项工业经济发展责任目标分别完成州定目标的147.3%、147.4%、183.9%、和185.9%，超额完成州政府下达的各项任务。

【非公经济发展】　2009年，全县共有非公经济户数6547户（私营企业575户，个体工商户5972户）比上年同期增长19.6%；注册资金253486元，比上年同期增长1.56%；全县非公经济上缴税金43171万元，比上年同期增长53.5%，占全县财政总收入的比重为83.4%，完成州经委下达任务数的196.23%；个私从业人员20556人，比上年同期增长12.6%，完成州经委下达任务数的108.19%。全县非公经济实现增加值176170万元，占全县GDP的比重为57.4，完成州经委下达任务数的160.15%。

【乡镇企业发展】　2009年，全县共有乡镇企业40748个，同比增1.33%；从业人员达11384人，同比增1.74%；实现增加值35253万元，同比增21.82%，完成州下达任务数的105.93%；工业增加值25761万元，同比增23.49%，完成州下达任务数的106.50%；上交税金7512万元，同比增29.56%，完成州下达任务数的122.22%；农产品加工业销售产值49321万元，同比增35.52%，完成州经委下达目标任务数的115.83%；实现现价总产值114394万元，同比增15.17%；营业收入116237万元，同比增18.67%；利润总额11027万元，同比增43.92%；完成企村结对4对，完成州政府下达的任务数的100%；职业技能鉴定73人，完成州经委下达目标任务数的104.28%。乡镇企业的发展，成为我县农村经济的主导力量和工业反哺农业的重要经济载体。

【节能降耗工作】　一年来，认真贯彻落实国家“节约资源，保护环境”是我国的基本国策，深入贯彻落实全国节能减排工作电视电话会议精神以及清洁生产有关文件精神，认真抓好节能降耗和清洁生产工作，实现了循环经济的持续发展。一是县政府与9户能耗企业签订了《2009年盈江县工业经济能耗指标责任书》，把节能降耗各项工作目标和任务层层分解落实到各重点载能企业，通过狠抓落实，确保节能目标任务落到实处。二是认真抓好工业硅、电解铝、水泥、制糖等四大重点产业13户重点企业的节能监管工作。三是大力推广节能灯的使用，共推广节能灯25900个。四是完成了3户糖厂的清洁生产审核和能源审核验收工作；完成了星云公司能源审计验收工作，正在开展清洁生产审核工作；完成了允罕水泥有限责任公司资源综合利用认证和能源审计工作，正在开展清洁生产审核工作；光明矿业有限责任公司硅厂和鑫丰元盛矿业有限公司硅厂等4户工业硅生产企业已经与中介机构签订清洁生产审核合同。五是于2009年12月31日前关闭淘汰芒桑水泥厂现有的两条水泥生产线。

2009年，完成了州政府下达的节能目标任务（全县单位GDP能耗下降10%，万元GDP能耗为1.868吨标准煤）。

【国企改革】　2009年，盈江县国企办认真履行工作职责，先后按照县委、县政府要求，为继续深化以产权制度为核心的企业改革，努力健全和完善现代企业制度，加快劣势企业淘汰步伐，以巩固完善为重点，以确保稳定为大局，以做大做强为目标，以加快发展为目的，结合我县企业改制实情，继续推进深化改革和完善工作。一是努力抓好第一轮国有企业改革遗留问题的处理及扫尾工作，一年来，接待上访件5件，妥善解决2件。二是协助做好盏西糖厂的改制工作。三是推动芒桑水泥厂企业改革，成立了改制领导小组，对企业进行清产核资；对历年应收款做了清查、库存材料做了实物盘点；协助企业完成芒桑水泥厂职工工龄、养老保险的核实。

【项目申报】 2009年，盈江县积极抓住国家实施扩大内需的机遇，共上报省级扶持项目15个，其中，非公经济重点项目4个，企业技术改造贷款财政贴息扶持项目7个，企业节能降耗专项资金项目2个，乡镇企业投资扶持项目2个。目前已经获得省级扶持项目7个，共计扶持资金440万元。其中：非公经济重点项目3个，共计120万元；企业技术改造贷款财政贴息扶持项目3个，共计250万元；企业节能降耗专项资金项目1个，70万元。

【工业园区建设】 盈江县工业园区东片区2007年完成土地收储120亩，全部安排入驻企业。昔马镇水电铝冶炼区于2006年底至2007年初完成土地收储684亩，已经全部安排给云南省盈江星云公司和电硅结合项目，该项目2009年5月已经获得省环境保护局环境影响评价审核工作，各项报建手续全部完成。《盈江县工业园区总体规划环境影响评价报告》和《盈江县工业园区一期开发控制性详细规划》即将编制完成。当前正在进行工业园区道路基础设施建设，计划投资2659.2万元的目瑙纵歌路北段延长线正在筹备开工建设，已经完成初步设计，正在开展各种报建手续，确保年底动工，计划明年8月前完成建设。

【盐政、电力执法】 一是对盐业市场实行有效监管。第一，在今年3.15、5.15活动中，到基层开展碘盐和碘缺乏病知识的宣传咨询和讲解活动，共出动车辆8辆次、人员24人次，发放各类宣传资料5000余份，发放宣传平衡营养盐600公斤。第二，加强对重点地区盐业的检查工作，一年来，共出动车辆95辆次，查处盐业违法案件2起，查处非法私盐215公斤，现场整顿98起。通过检查发现，今年所查处的违法案件及违法产品比去年同期有较大减少。第三，开展对辖区208户食盐经营户的进行验证工作。通过加大市场监管，有效维护了盐业市场的正常秩序。二是加强电力行政执法力度。积极深入企业进行电力法律、法规的宣传，下企业检查120人次，共查处窃电、违章用电案件7起，有效维护了电力正常秩序，保障了电力系统的安全稳定运行和电力行业的健康发展。

【职称评定】 2009年5月对全县申报工程系列职务的人员材料开展了评审和推荐，共收到评审材料20份，评定助理工程师5名，评定技术员4名，推荐各类工程师10名。

【任职领导名单】

党委书记　彭武全
局　　长　杨永刚
副 书 记　宋德辉
副 局 长　张　林　　荣新军
　　　　　寸维兰

（张景伟）

丽　江　市

丽江市经济委员会

【综述】 2009年，是极不平凡的一年，但丽江市工业系统在省工信委的关心、支持、帮助下，在市委、市政府的正确领导和在市人大、市政协的监督下，全市上下迎难而上，积极应对，认真实施国家、省、市“保增长”一揽子计划，认真贯彻落实省、市加快推进新型工业化大会精神，加快推进“水能富市”战略实施，市经委围绕年初确定的工作任务和目标，想尽千方百计，用好各项政策，狠抓措施落实，提振企业信心，遏制经济滑坡，力促企稳向好，全市工业经济发展最终实现了年度发展目标，实现了平稳较快发展。

【工业经济主要指标】 2009年，全市完成工业总产值66.5亿元，同比增长13.9%，其中，规模以上工业完成工业总产值51.4亿元，同比增长18.8%（现价）；实现工业增加值22.6亿元，同比增长17.2%，超省下达目标20.5亿元10个百分点；主营业务收入完成46.4亿元，同比增长14.4%，超省下达目标39亿元19个百分点；实现利税总额7.2亿元，同比增长11.6%，超省下达目标6.1亿元18个百分点；实现利润总额3.4亿元，同比下降1.6%，降幅比年初大幅收窄，超省下达目标2.76亿元23个百分点。

【行业管理】 一是调查了解全市工业行业发展状况，研究制定和落实行业管理有关措施。二是加强全市盐务工作监督和管理，严格盐政执法，规范销售企业食盐经营。三是按照《“十一五”丽江市水泥行业结构调整发展规划》完善了全市散装水泥组织管理机构建设，把散装水泥纳入规范管理。完成省散装水泥办下达我市的年度散装水泥任务指标。四是对丽江的铁合金、电石、铜、焦炭、建材行业进行清理整顿。五是加强领导和组织管理工作,开展了对全市四县一区报废汽车回收网点和报废汽车回收拆解市场专项检查工作。六是严把准入关，严格控制落后生产能力的项目审批，加快淘汰落后生产能力。坚持上大关小、扶优汰劣原则，严格执行国家产业政策和行业准入标准，引导企业向规模化、精深加工方向发展。继续加大关闭工艺落后、污染严重的小炼焦、小钢铁、小水泥、小煤矿等“十五小”和“新五小”企业。对不符合产业政策的“三高一低”（高投入、高消耗、高污染、低效率）企业加大差别电价实施力度，对工艺设备落后、附加值低的企业，采取经济、行政等综合手段，逐步淘汰。对丽江玉峰水泥有限公司淘汰落后产能工作进行宣传动员和前期准备工作。在年底前完成两条落后生产能力旋窑生产线的关闭，关闭生产能力20万吨。并到现场督促企业拆除淘汰落后生产工艺。七是推进乳制品行业。根据《云南省工业和信息化委关于做好乳制品企业整顿督导检查工作的通知》（云工信〔2009〕16号）要求，对丽江生态牛奶公司和永胜益多乳业公司进行了整顿检查工作，保障了乳制品的安全生产。

此外，根据《云南省人民政府办公厅转发国务院办公厅关于进一步推进墙体材料革新和推广节能建筑的通知》（云政办发〔2005〕124号）以及《丽江市人民政府办公室关于调整墙体材料革新管理工作的通知》（丽政办发〔2009〕1号）精神，根据我委要求，工业科积极认真地进行了墙改各项前期工作。向市人民政府提出了《关于成立丽江市墙体材料革新协调工作领导小组及其办事机构的请示》，就墙改工作逐步推进做好了准备工作。

【非公经济和乡镇企业】 中小企业和非公经济呈现良好发展势头。2009年，全市非公经济完成增加值56亿元，占全市GDP的47.8%，同比增长16.7%，完成年度责任目标的101.4%；上缴税金11.16亿元，同比增长3.6%，完成目标任务的148.8%；全市从业人员达89168人，同比增长17.3%，完成年度责任目标的108.7%。

2009年，全市乡镇企业完成增加值25.49亿元，比上年同期增长18.29%；上缴税金4.95亿元，比上年同期增长16.66%。其中工业增加值完成17.34亿元，比上年同期增长25.89%；农产品加工业销售产值8.22亿元，比上年同期增长25.71%，全面完成了省局下达的各项目标任务。2009年，乡镇企业的劳动者报酬支出达到9.43亿元，比上年同期增长3.25%，乡镇企业已日益成为增加农民收入的重要渠道。全市开展企村结对10户，三年累计企村结对户数已达到38户，企村结对有力促进了共建社会主义新农村活动的稳步推进，已经形成了“以企带村，以村促企，以工建农、互利共赢”的长效发展机制。

【工业投资和企业技术创新】 工业投资继续保持平稳增长。2009年，工业非电力投资完成17.9亿元，同比增长22%，完成全年计划目标的109%。

2009年上报技改贴息项目20个，计划投资15.4亿元，银行贷款9.8亿元。省经委第一批安排七个项目，贴息资金700万元。企业技术装备水平得到提高。促进了工业经济发展和产业优化。煤炭、电力、建材、生物医药、农特产品加工等成为市工业经济支柱产业。煤矿技改采用了瓦斯监测监控系统、区域联网等手段，使市煤矿瓦斯防治与治理上了新台阶，同时积极推动壁式采煤法新工艺，采用刮板运输技术和金属支柱等方式，使煤炭生产中回采率和安全系数都得到了相对提高。电力工业通过220万千伏输电线路技改，实现输电自动化，提高了电力输送能力。建材业通过技改使生产工艺趋于先进，生产能力在原来的基础上得到进一步提高。以生物医药为代表的映华集团，经过几次技改已建成的生产线均采用了国内行业先进工艺技术，公司还致力于企业自主创新，对现有工艺进行改造实验，使公司多条生产线平均收益率处于国内领先水平。农特产品加工企业永胜雷特生物工程公司等企业通过技改，产品质量和数量、效益得到提高。农产品加工业通过技改形成以三川火腿、天然植物油加工、魔芋加工、得一食品为代表的产业群体，并打造了一批名牌产品。

企业技术中心建设和企业自主创新。在丽江机床有限责任公司评定为技术中心之后，2009年5月，三川火腿有限公司、丽江红土地天然植物油开发有限公司、丽江中源绿色食品有限公司的技术中心，被省经委认定为省级技术中心。到2009年末，丽江市共有7户省级技术中心。以永保水泥有限责任公司、华盛化工为代表的部分企业加大研发经费投入，不断自主创新，并运用于实践，取得了良好的经济效益和社会效益。华利生物有限公司、红土地天然植物油有限公司等均与国内高等院校、科研机构合作共同开发研制出高附加值高的新产品。

资源综合利用和循环经济发展。永保水泥有限责任公司采用目前国内最先进、成熟的五旋风窑外预分解干法企业先进技术，结合市工业经济发展过程中形成的固体废弃物使废弃资源得到有效利用，变废为宝，降低产品成本，提高产品竞争能力，利用废渣达20多万吨，生产水泥36.5万吨，利用废纸1.3万吨。创办了2个煤矸石砖厂。有力地推动循环经济的发展。清洁生产审核累计45户，2009年验收16户，提出无低费方案499个，当年投入712万元，当年所取得的经济效益996万元，节约标准煤1703吨、节约电555.6万度、节约水16053吨、节约原材料50689吨。

【节能降耗】 2009年，丽江市节能减排目标是：单位GDP能耗下降3.9%；SO2削减0.003万吨，COD削减0.08万吨；淘汰落后生产能力：水泥熟料8万吨。年初以来，我市认真制订规划和方案，指导高耗能、高污染行业和企业实施节能减排工作。1~9月全市能源消费总量为980370.3吨标准煤，规模以上工业企业综合能源消费量（当量值）为782515.7吨标准煤，规模以上单位工业增加值能耗（可比价）下降8.8%。单位GDP能耗下降4.1417%，COD削减0.1427万吨，SO_2削减0.021万吨，高效照明节能灯的推广完成15万只。2009年，我市列入省政府关闭名单的玉峰水泥有限责任公司一条8万吨水泥湿法旋窑生产线，12月29日已正式关闭，未列入省淘汰落后产能计划的两条落后产能旋窑生产线，生产能力为20万吨，也进行了关闭。预计全年单位GDP能耗下降4.0%以上，能完成省下达的节能降耗目标。

【清洁生产】 在化工、有色、煤炭、建材等重点工业行业大力推进余热回收、高压变频节电、工业锅炉节能等重点技术，组织实施了2项重点节能示范项目。全面开展固定资产投资项目节能评估审查，积极推进全民节能行动和节能产品惠民工程。推进煤炭、电力、化工、建材和有色等重点行业能效对标管理。两个省级工业园区正在编制循环经济实施方案，启动了华坪工业园区工业循环经济试点工程。持续推进企业资源综合利用，推动循环经济发展。2009年，全市综合利用资源量25.86万吨，综合利用产品量45.09万吨，实现利润总额1529.8万元，45家企业开展了清洁生产审核，16家企业通过了清洁生产审核验收，高效照明节能灯的推广完成19.6万只，13户年耗能5000吨标准煤的工业企业进行了能源审计和节能规划的编制工作。提出无低费方案499个，产生经济效益996万元，节约标准煤1.7万吨，节电555.6万度，节水1.6万吨，节约原材料5.07万吨。

【工业园区建设】 按照园区规划和五年行动计划，合理布局，招商引资，精心组织实施，使入园企业、项目得到更好的落实和发展。2009年，玉龙县南口工业园区已有9户企业入园，累计完成投资3亿元，实现工业总产值2.8亿元；永胜县工业园区已有12户企业入园，累计完成投资2.25亿元，实现工业总产值6.7亿元；华坪县工业园区共有44户企业入园，投资规模20亿元，实现工业总产值10.5亿元。工业园区正在探索有特色、低成本、高效益的发展道路，认真把工业园区打造成我市特色产业集聚发展的主要平台，促进全市工业发展新的增长点以及县域主要产业的集聚地、招商引资的载体和高新技术企业的孵化基地。

【安全管理】 为做好全市煤炭安全生产工作，确保全市社会经济全面发展，市委、市政府高度重视，市经委积极履行煤矿安全监管职责，工作做到早安排，周密部署，上下联动，狠抓落实，使煤矿安全生产稳步推进：一是确保“春节”、“两会”期间安全生产，市经委都提前对全市的煤矿安全生产工作作了全面的安排部署，各县高度重视并认真贯彻落实，全市“春节”及“两会”期间未发生重大安全事故。二是6月10日召开了丽江市煤炭工业发展工作会议，会上与四个产煤县签订了2009年煤矿安全生产及煤炭资源整合工作目标责任状。三是切实抓好“安全生产年”各项工作。认真贯彻落实《国务院办公厅关于进一步推进安全生产“三项行动”的通知》（国办发〔2009〕32号）和《云南省人民政府关于开展“安全生产年”活动的实施意见》（云政发〔2009〕54号）及《云南煤矿安全监察局开展“安全生产年”活动实施意见》（云煤安发〔2009〕51号）精神，切实加强全市煤矿安全生产工作，有效预防和减少各类伤亡事故，杜绝重、特大煤矿事故发生，丽江市经济委员会制订了《丽江市经济委员会开展“安全生产年”活动实施意见》，促进了此项工作及“三项行动”工作的开展。四是继续开展隐患排查治理工作。2009年，制订了《丽江市煤矿安全生产隐患排查治理工作方案》，各县也分别制订方案，并认真开展了隐患排查治理工作，各县及煤矿企业建立了隐患排查治理长效机制，在春节复产验收工作当中，煤矿企业认真整治了查出的安全隐患得以恢复生产，确保了全市煤矿安全生产稳定好转。五是认真开展煤炭资源整合工作。2008年12月省煤炭资源整合工作领导小组批复了丽江市各县的煤炭资源整合方案，全市2008年底的136对生产及基建矿井到2010年底要减为98对，共要关闭38对，2009年按照整合方案关闭矿井6对。六是认真开展安全生产月活动。参加了市安委办组织的安全生产月基层行活动。与大理分局开展了联合执法、宣传教育、座谈会等一系列活动。七是根据《云南省工业和信息化委员会关于进一步开展煤矿安全隐患排查治理活动确保煤矿安全和矿区稳定的紧急通知》（云工信〔2009〕409号）的精神和要求，8月31日下发了丽市经能〔2009〕36号文件，对国庆节前及国庆期间全市的煤矿安全生产工作作了全面的安排部署。在国庆节前，各县煤炭主管部门认真贯彻落实国家、省、市的一系列文件精神，开展隐患排查，治理隐患，市经委在9月15日及25日、26日还分别对永胜、宁蒗进行了督促检查，保证了国庆期间煤矿安全生产。2009年，根据煤炭资源整合方案按计划按时整合关闭矿井6对。全市全年生产原煤725.1万吨，全年发生一般死亡事故2起4人，比上年9起8人事故起数下降7起，死亡人数下降4人，百万吨死亡率0.55人。煤矿安全生产工作创历年来最好水平。

【企业服务】 2009年，企业服务中心认真深入学习实践科学发展观，贯彻落实省工信委、市委、市政府的工作安排和全市工业经济座谈会议精神，认真履行职能，着力从培训、扶持、融资担保、信息建设等方面开展工作。一是认真做好对企业经营管理的培训工作。为了不断提升中小企业经营管理人员的素质，提升企业的市场竞争力，2009年，组织24名企业经营管理人员参加省经委组织实施的“银河培训工程”的培训。二是积极向上争取服务体系建设资金支持。根据《云南省工业和信息化委员会关于做好2009年中小企业服务体系专项补助资金申报工作的通知》的精神要求，积极组织相关企业做好专项补助资金申报工作；根据《云南省工业和信息化委员会 云南省地方税务局转发工业和信息化部 国家税务总局关于中小企业信用担保机构免征营业税有关问题的通知》要求，联合丽江市地方税务局组织华坪县兴隆融资担保有限公司按照相关要求做好申报工作；开展系统信息化统计工作、担保机构调查工作、“2009中国企业家活动日”项目推荐工作、中小企业服务资源调查、中小企业经营及融资情况调查、云南省工业人才队伍建设调查、云南省国有企业人员申办APEC商务旅行卡工作。

【机关建设】 结合贯彻落实科学发展观，加强党建，转变作风，狠抓落实。一年来，经委系统以科学发展为统领，以抓好党建促经济，抓好经济促发展为重点，创新党建工作的活动载体，找准“讲党性、抓机遇、重民生、谋发展”为主题的作风建设教育活动的结合点，以开展深入学习实践科学发展观活动为契机，结合“四项制度”的贯彻落实，推进制度建设，修订完善《服务承诺制度》、《限时办结制度》、《项目审批制度》等38项制度，形成了以制度管事，管人的高效、廉洁、透明、公正的机制。营造出了改革创新、团结干事的工作氛围，增强了全系统干部职工的创新意识、责任意识、服务意识和争先意识。

【挂钩扶贫工作】 根据市扶贫开发领导小组《关于下达2008年度市级挂钩扶贫整村推进项目计划通知》（丽贫发〔2008〕6号）文件的要求，2009年，市经委对整村推进项目作出了安排部署，制定了周密的实施计划，并进行严格的审批，明确了实施责任人，狠抓落实。通过大家艰苦不懈的努力，圆满完成了项目建设任务。一是认真实施1480米的村道建设项目。二是全力实施人畜饮水工程。全村干部积极组织群众投工投劳修建水池盖板，安装管道2000余米，共投入资金2.204万元，其中，市级财政专项资金1.302万元，群众投工投劳折资0.902万元，彻底解决了229人、460头牲畜的人畜饮水困难。三是对满下村原有的村民活动中心围墙及大门修建，共投入资金4.5万元，其中，市级财政专项资金2万元，群众投工投劳折资2.5万元。四是在产业扶持项目中，对该农村小组产业结构进行了调整。一年来，该小组发展吗咖种植115亩；投放三元母猪39头，种公猪1头。共投入资金4.95万元，其中，市级财政专项资金4.95万元。目前吗咖长势良好，猪种改良取得明显成效。五是争取技术部门的支持，聘请专家现场讲解示范，围绕畜禽饲养、药材种植，举办各类技术培训班3期，培训农民245余人次。六是推广绿色照明工程，节约电力资源。扶持挂钩牵头单位市经委为每户农户补助10只节能灯，共投入资金4350元。七是将村委会与主村道近100余米的土路进行改造，市经委为该镇协调提供水泥15吨。

华坪县经济贸易局

【概述】 华坪县在建国前就出现了简单的轻工、手工业作坊。建国后，工业经济逐步得到了发展，特别是党的十一届三中全会以来，历届县委、县政府解放思想，实事求是，抓住机遇，深化改革，1988年全县工业总产值首次超过了农业总产值。2000年以后，全县上下掀起了工业发展的高潮。

通过多年来的不懈努力，华坪工业已初步形成煤炭、电力、化工、建材等多门类共同发展格局，工业已成为推动全县经济增长和社会进步的重要力量。

华坪县属全国的100个重点产煤县之一，已探明储量1.2亿吨。改革开放以来，华坪县委、政府充分利用资源优势和区位优势，大力发展以煤炭开采、精深加工为主的煤炭产业，带动了全县工业经济的发展。2009年华坪县原煤达到613万吨，洗精煤达到220万吨，煤炭产业实现工业总产值19.14亿元，成为华坪县工业经济的支柱。为华坪经济社会的发展奠定了坚实的基础。

华坪县仅有一户化工企业。深化国有企业改革过程中，湖北宜化集团收购华坪化肥厂资产后成立了云南华盛化工有限公司，引进先进的技术、管理和企业文化，狠抓技改，强化管理，开拓市场，在短短几年时间里，已将华盛化工有限公司发展成为丽江市的重点骨干民营企业，为华坪工业企业的发展树立了典型的模范作用。2009年化工产业实现工业总产值2.85亿元。

改革开放以来，华坪县委、政府充分利用本县的水能资源，通过在永兴乡建立以私营电力开发为主的水电园区，实行“政府规划、一家管网、多家办电、公平竞争”的小水电梯级开发机制，一大批经济效益好的小水电站相继建成，到2009年华坪县共有水电站32座，总装机9.3万千瓦，实现工业总产值2.18亿元。

华坪县具有丰富的石灰石资源,为充分发挥华坪县境内石灰石资源的优势，做大做强建材产业，把建材产业培育成华坪县的又一工业支柱。2007年底，总投资4亿元的云南丽江水泥公司日产2000吨新型干法水泥熟料生产线建成投产，华坪县定华能源建材有限公司的日产2000吨水泥熟料生产线技改项目也于2009年12月投入试生产。2009年建材产业实现产值4.27亿元。

【工业经济运行情况】 2009年，华坪县实现工业总产值29.75亿元，比2008年增长13.5%，工业占GDP的比重达51%。规模以上工业完成总产值23.34亿元、比2008年增长23.6%，实现工业增加值11.23亿元，比2008年增长19.6%；工业企业主营业务收入22.9亿元，比2008年增长18.9%；税收总额4.17亿元，比2008年增长21.6%；利润总额2亿元、比2008年下降3%；现有规模以上工业企业24户，工业总产值上亿元企业8户。全年完成工业投资（不含电力）7.87亿元，增长20.2%。

【工业经济四项责任目标完成情况】 2009年，丽江市政府考核华坪县规模以上工业经济四项责任目标：工业增加值责任目标10.003亿元，实际完成11.23亿元，完成责任目标的112.2%；主营业务收入责任目标19.005亿元，实际完成22.9亿元，完成责任目标的120.5%；利税总额责任目标3.88亿元，实际完成4.63亿元，完成责任目标的119.3%；利润总额责任目标1.89亿元，实际完成2.07亿元，完成责任目标的109.5%。

【信息化建设】 华坪县经贸局设置了两名信息员，并参加了县委、县政府举办的信息员培训。建立了华坪县经贸局信息公开网站、云南华坪县商务之窗，公开了经贸局、商务局的各种信息，包括经贸局职能职责、四项制度建设、经贸局执行的法律法规等；在县委办的华坪信息上，华坪县经贸局也经常将各种工作简报报送县委办、政府办，圆满地完成了信息发送工作。

【安全管理】 一是安全生产管理机构：华坪县政府成立了以分管副县长为组长、安监、交警、消防、经贸、煤炭、水利、质监等部门为成员的安全生产工作领导小组，明确了各部门安全监管的职责。二是华坪县2009年发生重大安全事故11起，死亡15人。以上年相比，事故总起数下降35.3%，死亡人数下降21.1%。其中，煤炭企业发生4起，死亡6人，以上年相比，事故起数下降42.9%，死亡人数持平；道路交通事故5起，死亡7人，以上年相比，事故总数下降16.7%，死亡人数上升16.7%；消防火灾15起，无伤亡，直接经济损失331704.00元；非煤矿山企业无重大安全事故；工商企业发生1起，死亡1人，以上年相比，事故起数下降50%，死亡人数下降80%；建筑施工发生1起，死亡1人；水上运输、电力、水利林业等未发生重大安全事故。

【节能减排】 2009年，丽江市政府分解给华坪县的节能减排责任目标是：单位GDP能耗下降4.6%。通过能源审计、清洁生产审核、节能技术改造、淘汰落后产能等有力措施，2009年单位GDP能耗下降4.72%。

2009年，华坪县有13户企业开展了能源消费审计工作，能源审计报告于2009年12月18日通过了评审，全部合格。

2009年，华坪县有11户企业开展了清洁生产审核，已通过了市清洁生产办公室组织的验收。11户企业共实施无低费方案339项，投入资金471.5万元，当年产生效益746.5万元，节水35.69万吨，节电542.72万千瓦时，节能51079吨标准煤。减排氨氮109.44千克，COD211.79千克，二氧化硫412千克，工业固体废弃物5454.2吨，节能减排效果十分明显。

2009年，华坪县推广产值补贴高效照明产品（节能灯）27500只。

【资源综合利用】 随着华坪县工业经济的发展，产生了大量的工业废弃物，严重污染了环境。近年来，华坪县加大了工业废弃物的综合利用工作力度。

（一）煤矸石的综合利用。华坪

县通过近五十年的煤炭开采、加工，堆积了4000多万吨的煤矸石，对环境造成了极大的污染，占用了大量的土地。21世纪以来，国家加大了环保政策和土地保护政策的实施力度，华坪也加强了煤矸石综合利用工作。华坪的煤矸石综合利用主要从两个方面：一是煤矸石复选，以杨源煤焦有限公司为代表的几家企业，利用先进的洗煤工艺和设备将以前落后工艺产生的煤矸石进行二次洗选从中可回收大量的洗煤产品，经过复选的煤矸石用来生产矸石砖。二是用洗煤矸石生产矸石砖。利用煤矸石为原材料生产建筑用砖的矸石砖生产线，取代传统的黏土砖，对环保和土保工作起到了积极的作用。到2009年，全县已建成投产的矸石砖生产企业共有10户，总设计生产能力为2.5亿块标砖，年可消耗煤矸石50万吨。

（二）废弃石灰石资源的综合利用。华坪县兴泉镇范围有十几户冶金石灰生产企业，由于受生产设备的限制，对石灰石原料的块度要求很高，小块度的石料无法利用，只好作为废弃物到处堆放，占用土地，还成为发生泥石流的隐患。2002年以来，华坪县高源建材有限公司利用这些废弃的石灰石生产水泥，自有的矿山停止了开采，有效地保护了资源，减轻了环境污染。

（三）粉煤灰的综合利用。华盛化工有限公司每年消耗大量的煤炭，产生几万吨的粉煤灰。现在，这些粉煤灰都作为水泥生产的原料供给永保水泥公司和丽江水泥公司，变废为宝。

（四）矿井水和洗煤废水的综合利用。华坪县的煤矿大多数都将矿井水作为生产用水和绿化用水。洗煤废水经过沉淀处理后循环利用不外排。

（五）废纸资源的综合利用。华坪县红花纸业公司利用废弃的纸制品生产瓦楞纸和挂面纸，每年可回收利用废纸上万吨，不但回收了全县的废纸，还要从丽江攀枝花等地购进大量废纸才能满足生产需求。

（六）废旧轮胎的回收利用。随着运输服务业的快速发展，华坪县每年有大量的废旧轮胎产生，造成严重的环境污染和资源浪费。2007年，引进了湖北武汉大学的技术设备，建成了一个年产冷翻轮胎3000条的加工厂，延长了轮胎的使用寿命。

【任职领导名单】

党委书记　牛栎华
局　　长　张宁辉
纪委书记　江元华
副 局 长　杨泽斌　　石志洪
　　　　　李　铭

（文永聪）

永胜县经济局

【综述】 根据县委、县人民政府的总体要求和上级下达的工业经济发展目标任务，在县委、县人民政府的正确领导下，永胜县经济局紧紧围绕工业经济发展目标任务，以确保工业经济又好又快发展为主线，以发展规模以上企业为依托，抓住永胜县被列入全省40个工业强县和30个省级重点工业园区的历史机遇，坚定不移地实施“工业强县”战略。通过不懈努力，全县形成了以螺旋藻、食用菌、红花、食用植物油、蜂产品、中药材、三川火腿等为代表的生物资源和农特产品加工产业群，以映华集团为代表的生物制药业，以永保水泥为主的建材工业，以原煤、水电开发为主的能源工业，以宝坪铜业为主的矿产业等五大工业支柱产业，有力地推进了全县工业经济持续、稳定、健康发展。

【工业经济运行情况】 2009年，全县累计完成工业总产值140449万元（现价），同比增长17.01%（按可比口径计算），完成年度工业倍增目标14.5亿元的97.00%；完成工业增加值4.8亿元，同比增长17%，完成年度工业倍增目标4.5亿元的106.67%。

15户规模以上工业企业累计完成现价工业总产值109323万元，同比增长19.44%，占全县工业总产值的79.22%；完成工业增加值37671万元，同比增长21.11%，完成市下达年度目标31350万元的120.16%；完成主营业务收入98005万元，同比增长21.35%，完成市下达年度目标80270万元的122.09%；利税总额5783万元，同比增长20.19%；实现利润2700万元，同比增长36.57%。

【主要工业产品产量完成情况】 精制食用油1201吨，同比增长39.33%；日用陶瓷完成2663件，同比增长49.44%；水泥产量完成71.03万吨，同比下降2.36%；成品糖完成15423吨，同比下降10.46%；发电量完成24700万度，同比下降11.10%；铜完成543吨，同比下降11.99%；化学原料药完成59.79吨，同比下降35.03%；原煤完成22.44万吨，同比下降10.57%（煤炭因资源整合产量下滑）。

【非公经济快速增长】 全县非公经济累计完成增加值110098万元，完成目标任务11亿元的100.09%，同比增长22.26%；完成营业收入56573万元，同比增长38.91%；上缴税金6493万元。乡镇企业总产值105320万元，增加值26102万元。非公经济和乡镇企业已成为转移农村剩余劳动力和促进县域经济发展的主力军。

【工业投资】 一是根据国家产业政策及投资导向，结合实际，加强对工业投资工作的指导，全年完成非电力投资22223万元，同比增长26.27%，为实现工业经济量的增长奠定了基础。二是强化服务，引导企业开展技改工作。科学论证，积极争取，切实做好以技改项目为重点的项目论证、筛选、储备、上报工作，努力提升企业自主创新能力，增强企业产品科技水平及核心竞争力。上半年上报技改项目10个，其中三个项目得到省工业和信息化委员会250万元贷款贴息资金扶持。三是跟踪督查，认真做好项目实施情况的监管工作。不定期到企业了解项目实施情况，保障项目资金切实用在刀刃上。

【节能降耗工作】 根据《国务院关于印发节能降耗综合性工作方案的通知》和《云南省节能降耗综合性工作方

案》、《云南省人民政府关于进一步加强节能降耗工作的若干意见》的精神，以科学发展观为指导，结合县情实际制订并完善了《永胜县节能降耗工作实施方案》。

坚持按照“面向基层、贴近群众、形式多样、注重实效”的原则，通过电视、简报、黑板报、发放宣传资料、免费发放节能灯等多种形式对节能工作进行了广泛宣传，让节能降耗工作进企业、进工地、进农村、进机关、进学校，努力营造全民节能、保护环境的社会氛围，调动全社会参与节能的积极性。

鼓励重点用能企业节能技术进步和开展节能技术改造，积极争取节能降耗项目的支持，促进企业加大技改投资，加快技术进步降低资源消耗的步伐。通过认真研究省、市的扶持政策和对全县企业节能降耗情况进行论证，筛选出1个符合要求的项目（永胜瓷业公司节能技改项目）上报省经委争取项目扶持。

完成中央财政补贴节能灯推广10500只，积极为节能示范村争取免费节能灯1015只。

全年，市级下达节能降耗工作下降4%的目标任务可顺利完成。

【乡镇企业发展】 （一）继续深化乡镇企业改革。一是抓好六德水泥厂改制以来的善后处理问题，配合六德水泥厂积极向上级争取延缓关闭或保留工作。二是抓好县瓷厂改制的遗留问题，采取招商引资方式与外地企业合作联营，争取年内取得实质性进展。三是协助永胜第一建筑工程公司进行改制，目前安置职工、清理补交社保基金、新企业股东的确立等关键性工作已完成。四是基本解决了永胜县机械厂1998年改制遗留问题，正在兑现职工的各项下欠费用，可望12月底完全解决。

（二）加强企业职工培训。年内先后组织了两次企业管理人员参加了省工信委主办的培训。8月份有7户企业9人参加昆明班银河培训，11月份有28户企业48人参加丽江班中小企业经营管理培训。

（三）加强对企业的调研和服务。一是开展了永胜县2008年度获省级非公专项资金扶持及拉动内需项目资金扶持的企业项目建设调研，对在建项目、竣工项目的管理等提出了建议。二是为支持中小企业的发展，缓解企业融资困难，经常与建行、农行、农发行、信用社等四户金融机构保持互通信息，实时掌握企业生产经营情况和信贷信息，促进了银企合作向更好的方向发展。三是调查统计上报了永胜县近3年获省级名牌和省级著名商标获奖企业（永胜共6户），推荐上报谭国仁、彭宗林作为省级创业之星奖候选人，并获省政府表彰。中源公司上报为创新型非公企业，推荐上报中源公司为2008年省级村企结对先进企业；对全县重点中小企业资金需求和经营情况进行了详细调查并上报；为4户企业上报了2009年省级中小企业贴息资金扶持项目、9户乡镇企业发展专项资金项目、5户市级非公及中小企业专项资金扶持、2户省2009年服务业发展专项资金项目。推荐上报市、省中小企业发展储备项目2批14户。

【程海螺旋藻地理标志产品保护申报管理工作】 在县委政府及管委会领导下，经过管委会各成员单位的努力，程海螺旋藻地理标志产品经国家质检总局审核通过，已注册公告，出台并公布了《程海螺旋藻地理标志产品保护监督管理办法（试行）》、《程海螺旋藻地理标志产品保护监督管理办法实施细则》，组织程海湖周边及其地域保护范围内螺旋藻生产，加工合格企业及时申报使用程海螺旋藻地理标志产品。已有8户螺旋生产加工企业向管委会进行申报，经管委会审核通过，同意上报省质监局6户，已有3户企业经国家质量检验检疫总局审查合格，注册登记，核准使用程海螺旋藻地理标志保护产品专用标志，并已公告。专用标志已印制，核准使用的户企业已可按规定使用专用标志。

【工业园区建设】 为科学、合理地开发好永胜工业园区，2008年下半年开始，委托昆明理工大学环境学院进行环境影响评价工作，编制了《环评大纲》、《永胜县工业园区总体规划环境影响报告书》，于2009年初通过省环保局组织的专家评审。2009年5月通过云南省环境保护局组织的技术评审，获得《永胜工业园区总体规划环境影响报告审查》意见。

拟定了《永胜工业园区入园企业优惠政策》和《永胜工业园区建设管理实施方案》，为实现园区建设管理的有据可依奠定了基础。

随着园区软硬环境的不断完善和园区招商引资等工作的不断深入，入驻园区的9户企业相继竣工并投入生产，截至12月已建成投产6户，3户正在建设中，完成投资11200万元。企业投产后，将实现工业总产值20643万元，工业增加值6820万元，销售收入17508万元，利润720万元，利税980万元，解决就业320人，拉动投资16000万元。此外另有9户企业提出申请入驻县城中心园区，共需建设用地131亩，建设项目涉及螺旋藻深加工、乳制品加工、中药材加工、果脯加工、粮油加工、野生食用菌深加工等，项目计划总投资12500万元。园区完成了从“建设年”到“效益年”的角色转变。

【煤炭生产安全管理】 （一）加强对煤矿企业及从业人员的安全教育和培训。一年来，共深入煤矿矿区举办新工人培训班4次，培训新工人、颁证71人，复训工人169人次。及时按照云南省煤矿安全技术培训中心和华坪三级培训中心的通知要求，推荐和选送煤矿企业的矿长、副矿长以及特员进行了培训或复训，确保了我县煤矿特种作业人员和煤矿工人100%持证上岗，为促进我县煤矿企业的安全生产提供了有力的人才和技术保障。

（二）加强日常安全监管和服务，严格煤矿节后复产验收，确保了全年煤矿事故零死亡率。一是在各矿井广泛开展安全隐患排查治理和瓦斯治理及顶板治理等专项治理行动，有效改善了矿井的安全基础条件。二是对我县十一对生产矿井开展了严格、认真的节后复产验收，今年2对生产矿井经验收合格恢复了生产，其余矿井均因自检不合格或技改未进行验收。三是开展了全县合法煤矿企业的证照年检工作，确保了我县煤矿企业合法证照的有效延期。

（三）加强资源整合工作的组织实施。制定出台了永胜县煤炭资源整合工作实施步骤和时间表，以现有矿井为基础，对现有煤矿资源、已关闭矿井剩余资源、零星边角资源及待批资源，采取收购、兼并、重组、股份制改造等形式，优化资源配置，重新规划、设计、改造，提高生产能力，扩大矿井生产规模。

（四）继续加强煤炭价格调节基金征收管理工作。一是着力改善两个煤炭出境验票站的硬件设施条件，升级煤车过磅登记打印系统及电子监控系统，从硬件条件上控制出境煤炭资源的跑、冒、滴、漏和煤炭规费的流失。二是加强两个煤炭出境验票站的软件管理，重点是强化工作人员的职业道德建设和出境验票站管理制度的完善落实，杜绝人情验票、关系验票；采取必要的奖惩激励机制，对遵守职业道德，工作积极，秉公守纪的工作人员给予适当奖励，对违规违纪，弄虚作假的工作人员作出严肃处理。三是加强对煤票制作、运行、结算等环节的监督管理，防止因假票或结算不及时造成的规费流失。四是加强了对煤炭验票工作的督查，加大了巡查和抽查的力度，避免因出境工作人员的不负责或营私舞弊造成的规费流失。通过加强以上各方面的工作，全年共征收煤炭价格调节基金500万元，顺利完成县政府下达的目标任务。

【任职领导名单】

局　　长　王春祥（7月止）
党委书记　徐天海
纪委书记　杨全武
副 局 长　何守科　　王　峰
　　　　　史建昌　　陈友金

（周　婷）

玉龙县经济局

【综述】 2009年，玉龙县经济局下设党政综合办公室、综合股、运行股、企业股、信访办、小水电办等6个股室，在职职工15人，其中公务员8人，事业干部4人，工人3人。全县完成工业总产值4.9502亿元，同比增长25%；完成工业增加值1.7427亿元，同比增长19.2%。规模经济四项责任目标：增加值完成1.4846亿元，同比增长21.6%；产品销售收入完成3.8889亿元，同比增长64.9%；利税总额完成0.312亿元，同比增长18.3%；利润总额完成0.同比增长31.5%。县境内有出口经营权的工业企业7户,其中开展出口业务的企业4户，全年共实现出口交货值560万美元。全县在建工业项目有25个，共完成投资1.7662亿元（不含电力），完成计划目标1.7亿元的104%。

2009年，全县小水电开发在建电站续建项目3个，即新主河二级站、金庄河三级站、陇巴河二级站；列入2009年计划开工建设的有2个，即龙蟠新民河电站、石鼓格子河电站。目前已建成发电的小水电有金庄河四级站、金庄河五级站、石头电站、三股水电站、巨甸白塔电站、大具河电站、杵峰电站、陇巴河电站、灵龙电站、新主河三级站、仁河电站等12座，总设计装机容量2.58万千瓦。全年共转报项目24个（包括储备项目11个），为企业争取扶持资金210万元。全县乡镇企业（包括个体户）户数达5 595户，从业人员达 11 675人，实现营业收入608327亿元，同比增长20%；实现利润0.7665亿元，同比增长18%。

县经济局被县委政府授予“2009年度安全生产工作先进单位”、“2009年度固定资产投资工作先进单位”；被丽江市非公有制经济组织学习实践科学发展观活动指导小组授予“先进集体”。

【召开经济局党委第一次党员代表大会】 中共玉龙县经济局委员第一次代表大会于2009年8月28日在玉龙县政府一楼会议室召开，共有67名正式代表参加会议。根据选举结果，杨凌云、和学伟、叶建恩、和立文、沈相思、牛翔、和丽琴七位同志当选为中共玉龙县经济局委员会委员；和学伟、和永伟、刘建国三位同志当选为中共玉龙县经济局纪律检查委员会委员。

【任职领导名单】

书　记、局　　长　杨凌云
副书记、纪委书记　和学伟
副局长　刘建国　　牛　翔

（和丽琴）

宁蒗县经济贸易局

【工业基本情况】 宁蒗县目前有工业企业53户，其中规模以上工业企业11户，规模以下工业企业42户。11户规模以上企业中水力发电企业1户，白酒制造企业1户，水泥制造企业1户，铁合金冶炼企业1户，铁矿采选企业1户，烟煤和无烟煤的开采洗选企业5户，蔬菜、水果和坚果加工企业1户。

42户规模以下工业企业中白酒制造企业3户；水力发电企业3户；铁矿采选企业2户；蔬菜、水果和坚果加工企业3户；烟煤和无烟煤的开采洗选企业19户；粘土及其它土矿石开采企业1户；自来水的生产和供应企业2户；食用植物油加工企业1户；肉制品及副产品加工企业2户；其它常用有色金属矿采选企业1户；其它未列名的农副食品加工企业4户；其它针织品及纺织品制造企业1户。

【工业经济运行情况】 2009年，宁蒗县完成工业总产值4.8亿元，与上年相比，增长2.1%。其中，规模以上工业企业完成工业总产值2.65亿元，规模以下企业完成工业总产值2.15亿元；轻工业完成1.8亿元，重工业完成3亿元，重工业依然是工业经济的主导力量。完成工业增加值（现价）1.3亿元，按可比价计算同比增长3%；实现主营业务收入26125万元，与上年同期（20772万元）相比，增长25.77%；实现利税总额5440万元，与去年同期（4021万元）相比，增长35.29%；实现利润3208万元，与去年同期（2534万元）相比，增长26.6%。实现工业固定资产投资（不含电力）1.7617亿元，超额完成2009年1.6亿元的目标任务。

2009年，全县节能降耗工作取得了一定成效，实现单位GDP能耗下降3.8445%，完成了市内下达的单位GDP能耗下降3.7%的目标任务。

根据报表数据显示，从总体上看，虽然全县工业经济处于下滑态势，但从部分行业和企业看，工业产值又呈现大幅度增长趋势。2009年，宁蒗县首次出现一户工业总产值突破5000万元的工业企业（宁蒗县女儿珍生物工程有限责任公司）；全县规模以上两户轻工业实现工业产值10039万元，同比增长45.43%，占全县规模以上工业总产值的37.88%，增长结构呈现新的转变，9户规模以上重工业实现工业产值16461万元，同比下降30%，出现近年来少有的重工业增幅低于轻工业增幅的现象。

【非公经济、乡镇企业发展】 宁蒗县非公经济在困境中稳步发展，到2009年底，全县登记注册的私营企业共183户（分支机构18户），比上年末的162户增加21户，增长率为12.9%；注册资金31583万元，比上年末的27235万元增加4348万元，增长率为16%；全县在册个体工商户2750户，比上年末的2308户增加442户，增长19%。全县非公经济从业人员达到13600余人，完成现价非公经济增加值50969万元，上交税金9541万元。

乡镇企业（含个体工商户）实现增加值16860万元，完成全年目标任务，其中，实现工业增加值8460万元，超额完成全年目标任务。上交税金1970万元，完成全年1923万元的目标任务；实现农产品加工业销售产值5610万元，超额完成全年目标任务。

【工业园区筹建情况】 “无工不富”，工业经济在县域经济发展中起着举足轻重的作用，要实现工业经济在县域经济发展中起主导作用，实现宁蒗经济社会又好又快发展，就必须大力发展工业，走工业强县之路，建设发展工业园区是发展工业经济的必然选择。

宁蒗县有11户规模以上工业企业，其中有6户位于宁蒗县南端矿产资源丰富的战河乡和永宁坪乡，其位置远离处于宁蒗县北端的泸沽湖，在煤矿资源丰富的南面建设煤矿深加工工业园区（矿产品深加工园区）不会污染到泸沽湖。按照科学发展观的要求及科学构建现代产业体系的要求，结合我县实际及“一园多区”的构想，在县城周边规划建设生物资源深加工工业园区。目前，经县委、县人民政府的安排，县经济局正在精心研究，省工业园区协会领导及相关规划设计院领导已到宁蒗实地进行了调查，多方咨询，筹备宁蒗县工业园区。正在编制《可研报告》和《总体规划》

【企业经营管理人员培训】 为帮助中小企业克服国际金融危机的不利影响，苦练内功，迎难而上，保持平稳较快发展的良好势头。认真组织了42位宁蒗企业管理人员到丽江参加省工信委组织的中小企业融资策略和中小企业商业模式及中小企业战略管理培训。

为逐步扩大县规模以上工业经济总量，促进全县工业经济平稳运行，切实做好培植规模以上工业企业工作，我局认真落实省市相关文件精神，高度重视，认真组织达规企业到外进行新投产与新增工业企业统计业务及工业统计制度、工业经济运行分析和工业企业统计中需注意的问题进行培训。

【申报项目】 2009年，县经济局协助、指导相关企业申报市内项目6个，项目总投资10839万元，其中，银行贷款5880万元，目前这6个项目已报市经委，正在争取贴息资金中；协助、指导申报乡镇企业发展项资金2项，项目总投资10138万元，其中，银行贷款4900万元，申请省级财政扶持280万元，正在申报过程中；申报省级中小企业暨非公经济投资项目扶持资金2户，已上报汇总表，待省里列入后再具体申报项目；向中央扩大内需资金中小企业申请贴息的1户，目前申报材料经过审核，已上报；指导企业申报省级非公经济专项资金扶持的有1户，已得到50万元的扶持资金，正在拨付过程中；得到国家级扶持的1户，已到位200万元。

【任职领导名单】

局　长　阿洪权

书记、副局长 王洪军

副书记、纪委书记　杨春华

副局长　马正华　　杨正银

（吕志友）

怒江傈僳族自治州

怒江州经济委员会

【基本情况】　怒江州经济委员会主要负责全州工业经济运行调节、行业规划、产业政策、多种所有制企业发展的宏观指导。内设12个职能科室，即办公室、产业政策科、经济运行科、能源交通协调科、技术改造与资源综合利用科、中小企业科、乡镇企业科、教育培训科、节能科、节能监察科、盐务科等。怒江州工业经济在国际经济形势复杂多变，全球金融危机影响日益严峻的形势下，坚持以科学发展观，围绕省委、省政府“保民生、保稳定、保发展”的工作目标，积极采取优惠电价扶持、工业产品储备等措施，工业园区建设、节能降耗、中小企业发展、结构调整等方面取得较好成绩，全州工业经济企稳回升。

【工业经济指标完成情况】　2009年，全州工业增加值完成166000万元，增长8.4%；规模以上工业增加值完成129000万元，同比增长7.7%；实现主营业务收入完成269000万元，利税总额66800万元，利润37000万元。

主要工业产品产量：铜金属含量完成3586吨，比上年增长24%；铅金属含量完成9085吨，比上年增长17.36%；锡金属含量完成889吨，比上年增长103.4%，锌锭完成123000吨，比上年增长1.0%。工业产品产销率完成105%，同比提高2个百分点。

2009年，全州非公经济企业户数8454户，同比增长19%；从业人员27000人，同比增长8%；增加值完成173000万元，同比增长7.5%；上缴税金11000万元，同比增长9%。

2009年，工业固定资产投资（不含电力企业）完成40300万元，同比增长15%。

【工业园区建设】　工业园区已成为怒江工业经济的主要发展平台，园区的集聚、辐射、拉动功能不断增强。通过多年的努力，怒江规划建设了兰坪、泸水两个工业园区，兰坪工业园区列入全省重点扶持的30个工业园区之一，泸水园区列入全省重点扶持10个特色园区之一。其中兰坪工业园区规划面积10平方公里，分金顶、通甸、啦井3个片区，2020年工业总产值达到97亿元。金顶、通甸片区为有色金属冶炼及加工等重工业园，2020年实现工业总产值75亿元，主要以铜、铅、锌、银金属采选、冶炼及深加工为主，重点发展和壮大锌业。啦井片区充分利用特有生物资源，提高特色农产品的加工水平和产品质量，扩大加工规模，2020年实现工业产值7亿元。力争整个兰坪工业园区2020年工业总产值突破100亿元；泸水工业园区规划面积12.69平方公里，分硅工业片区、农特生物加工片区、建材加工片区、边贸物流片区。硅工业片区主要以生产金属硅为主，逐步向多晶硅方向发展，2020年实现工业产值32亿元。生物资源加工片区以泸水丰富的草果、核桃、漆树子加工为主，2020年实现工业产值5亿元。建材产业片区以发展水泥生产、免烧砖、石材为主，2020年实现工业产值7亿元。物流片区主要依托整个园区的原材料进口、产品出口、仓储，2020年实现工业产值6亿元。使四个片区的工业产值在2020年达到58亿元。两个园区的稳步建设、顺利推进，为怒江工业经济发展注入强劲的发展动力。

【信息化建设】　做好无线电台站行政许可工作，认真抓好新增台站审批，重点做好3G等新业务台站的审批和频率协调工作。今年共受理新增设台申请3次，批准新建GSM基站28个，CDMA基站15个；其次，强化行政执法手段，开展行政执法检查。积极开展了对讲机专项执法活动，共出动执法人员100余人次，发放清查资料385余份。利用固定站、小型站每周对对讲机频段进行48小时不间断监测；第三，举办学习班，加强级无线电专管员进行各项业务培训；第四加强无线电管理，推进第三代移动通信发展。

【体制改革】　2009年完成州交通运输集团、州物资公司、州林业总公司3户企业的改制扫尾工作。州交通运输集团改组成有限责任公司，兑现了职工经济补偿金，转变了职工身份，新组建的公司于2009年10月份挂牌运营，大部分职工在新公司就业；州物资公司进行拍卖，转变为民营企业，兑现了职工经济补偿金，转变了职工身份，大部分职工在新建的民营企业中就业；州林业总公司进行政策性关闭，兑现了职工经济补偿金，大部分职工在天保工程项目实施中安排就业。另外，州电网公司在原厂网分离改制的基础上，按照“全省一张网”的要求，上划、整合到南方电网公司。

【技术创新】　推进企业技术改造工作，主要实施了兰坪鹏辉公司新型电解铜、兰坪康华公司冶烟气制酸、三江铜业公司井下生产系统改造、贡山玉金铁矿公司改扩建项目。

【节能减排】 州经委、州统计局联合组成节能目标责任现场考核组对全州四县政府2008年节能目标完成情况进行现场评价考核，有力地督促了各县做好节能降耗工作；组织召开全州工业经济暨节能降耗工作会议，总结经验，明确目标，落实责任，制定了《怒江州2009年节能工作指导意见》，安排部署了节能降耗工作的重点和主要任务，与四县人民政府签订了目标责任书。狠抓工业节能降耗。开展节能项目申报，上报了云南金鼎锌业有限公司绿色照明、电机改造等节能技改项目、怒江宏盛锦盟硅业有限公司节电改造项目。金鼎公司的项目已得到省级财政50万元的节能降耗专项扶持资金；开展企业能源审计监察，怒江电网公司已完成能源审计工作，形成了能源审计报告。强化节能宣传，营造节能降耗的良好环境，配合省节能办宣传车队在六库开展节能知识展览宣传及到福贡县匹河乡架究村赠送节能灯活动。加强能源统计业务培训，召开全州规模以上工业企业的能源统计业务培训会议，完善节能统计月报制度，加强对节能指标的监测分析。开展节能灯推广工作，年内在全州推广节能灯5万只，完成了省节能办下达的任务，单位GDP能耗下降5.3%；规模以上工业企业综合能源消费量126548吨标煤，同比下降1%，单位工业增加值能耗0.71吨标准煤，同比下降 15%。

【中小企业发展】 认真组织非公有制经济和乡镇企业项目申报，积极争取扶持资金，选定上报38个符合当前产业政策、具有较好市场前景、带动辐射面广、具有一定的规模和科技含量的项目，其中，9户企业得到省里面的扶持资金527万元。开展治乱减负工作，完成对农产品加工业负担调查和清理取消涉农产品加工不合理收费的清理整顿工作。开展《云南省中小企业促进条例》执法检查，汇同州人大财经工委、州财政局、州地方税务局等部门，对兰坪县、福贡县进行执法检查。大力推进乡镇企业的发展，积极扶持农产品加工龙头企业，推进县域经济的发展，开展乡镇企业的培训工作，完成从业人员专业技术和职业技能培训200人。积极组织我州非公有制企业参加全省加快推进中小企业暨非公有制经济发展评优活动，有3户企业受到了省委、州政府的表彰。扩大中小企业的对外宣传力度，与云南中小企业协会联合，成功推荐制作了《“杨马鹿”赚起高山深处的财富》（怒盛华老窝火腿经贸有限公司）专题片，并在中央电视台第七套《致富经》栏目播出，宣传效果良好。

【技术职称评定】 认真组织开展了全州工程专业技术中级职务评审工作，全州共28人获得工程专业技术中级职称。

【大事记】 3月7日，州人民政府召开全州工业经济工作会议。州经济委、发改委、环保、国土资源、金融系统等部门主要领导，各县分管副县长、经济委主任、环保局局长，全州规模以上工业企业的负责人参加了会议。会上，州经济委员会主任张霖全面总结了2008年工业经济工作情况，安排部署2009年工作任务。副州长杜绍林就我州工业经济如何应对全球金融危机，作了重要讲话。

6 月，在全省加快非公有制经济发展大会上，怒江瑞兴牧业有限责任公司、贡山县荣华农资土产有限公司、福贡县恒大水电开发限公司三户企业被省政府评为中小企业暨非公经济参与扶贫开发先进单位

10 月29日，州经济委员会与州统计局联合召开全州工业经济统计和节能减排业务培训会议。各县经济委、统计局的业务工作人员，全州规模以上工业企业的统计员参加了业务培训会议。

10月18日，州委、州政府召开了全州经济运行分析会，会上指出“突出工业核心，全力以赴抓工业经济提速增效，苦战70天，千方百计确保完成或超额完成全年工作目标任务”，为全面完成年度目标，坚定了信心，奠定了基础。

【年度任职领导名单】

党组书记、主　任　李玉树

党组成员、副主任　李贵华

和泽芳

史　琳

福贡县经济委员会

【概况】 福贡县地处祖国西南边陲，位于云南省西北部横断山脉腹地怒江峡谷中段。东与兰坪县和维西县交界，南与泸水县相连，西与缅甸接壤，北与贡山县相邻。全县地势北高南低，怒江由北向南纵贯全境，形成一个从北向南狭长的“V”字型谷地。全县总面积2756.44平方公里，共有六乡一镇57个村公所。工业企业共有19家，从业人数545人，其中，全县水力发电企业17家，从业人数522人，拥有26座水力发电站，总装机容量31.49万kW，占全州水力发电总装机容量（80.2264万kW）的39.25%。在19家工业企业中，规模以上工业企业有5个（华泰公司、恒远公司、恒大公司、宏达公司和宏源公司），发电能力总装机10.476万kW，从业人数165人；农产品加工企业1个，矿山企业1个。中小水电独占鳌头，产业结构单一。

县境内蕴藏着丰富的矿产资源。目前已初步探明境内矿物资源有锡、沙金、铅锌、钨、铁、水晶石、云母、绿柱石、电气石、石棉、密玉、绿帘石、硅、大理石、石灰岩等矿种。矿藏资源主要以硅矿、大理石为主。已勘探的硅矿点有10个（裸露矿点可开采二、三十年左右），其中，注册的有五个：棉谷（浙江松田电器有限公司）、珠明林、沙瓦（浙江永康萤石有限公司）、同坪（泸水矿业有限公司）和司更门（怒江再峰水电开发有限公司）。大理石资源理论储量为24.3亿立方米，已提交资源量的大理石矿点有：拉甲木底、架科底（江西）、架弩。

境内河流有怒江干流,以及由碧罗雪山、高黎贡山山涧注入怒江的30条天然河。怒江支流水资源理论蕴藏量为52.98万kW。2009年新增建设完成中

小水电装机4.66万kW，全县总装机达31.49万kW。到2010年末，全县水力发电总装机可达36万kW，按全县已发电装机设计年利用小时的平均数计算，年发电可达19亿kW·h以上（若按全县可开发水电总装机52.98万kW计算，年发电可达26亿kW·h）。

【工业经济发展情况】 2009年，福贡县工业经济受全球性金融危机的冲击，致使全县工业经济效益大幅度下滑（负增长），虽然国内工业经济已表现出“企稳回升”的发展趋势，但福贡县的工业经济还没有明显的“回暖”现象，形势不容乐观。

2009年，现价产值完成10170.7万元，比2008年减少26.71%，完成年计划的58.84%，完成年计划（17028万元）的59.73%，完成州政府下达的“全部工业总产值”（14700万元）的69.19%。其中，规模企业4378万元，比2008年减少25.78%，完成年计划的63.82%；增加值完成3497.8万元，比2008年减少19.92%，完成年计划的64.58%。其中，规模企业1744.1万元，比2008年减少33.73%，完成年计划的78.23%，完成州政府下达的“规模以上工业增加值”（1000万元）的174.41%；利税总额完成-1744.3万元，从2008年的782.2万元下滑了2526.5万元，下滑比例达323%。其中，规模企业-998.4万元，与2008年同期（426.7万元）相比下滑了1,425.1万元，下滑比例为333.98%，没有完成州政府下达的“规模以上工业利税总额”（50万元）的指标。

在利税总额中：一是实交税金591.3万元，比2008年同期减少28.23%，其中，规模企业259.4万元，比2008年同期减少17.18%。二是利润总额亏损2,335.6万元，比2008年下滑高达5500.96%。其中，规模企业亏损1257.8万元，比2008年下滑1208.19%。电源企业亏损总额2701.5万元。

主要产品产量：发电量64263.6万kW·h，完成年计划的52.42%，比2008年同期减少26047.5万kW·h，降幅28.84 %。其中上网电量62833.6万kW·h，比2008年同比减少25119.3万kW·h，降幅为28.56%；大理石板材1935.8平方米，完成年计划的25.74%，比2008年减少73.69%；大理石工艺品170件，完成年计划的14.17%，比2008年减少84.9%；开采大理石荒料348.7立方米，完成年计划的49.81%，比2008年减少33.49%；生产鸡脚稗酒24.3吨，比2008年减少56.84%。

【亏损分析】 一是由于受自然条件限制，怒江支流的中小水电站没有建起蓄水池，都是依靠河水的自流量大小来发电，丰枯季节发电能力悬殊较大，加上电站数量多、装机小、分布广，限制着电源企业发电能力的最大化，造成年发电出力时间严重不足，难以形成全年比较稳定的发电能力，不能充分发挥其最大经济效益。由于2008年境内降雨量偏少，2009年的枯水期和5月中下旬水流量普遍小于往年，电源企业黄金发电月份发电能力下降，出力时间严重不足，2009年全县最高（丰水期）发电能力为总装机的85.8%，而最低（枯水期）时只占总装机的14%，全县电源企业减少发电25000万kW·h左右，减少了企业的收入。二是电源企业受电力产品产、销不平衡的制约日趋加剧，产能与耗能和电力外送负荷不配套，制约着电力产业的健康发展。目前怒江州边三县外输电力最大负载只有42万kW，而可控安全输送能力只有34万kW（34万kW可控安全输送能力只表示最大能力，并不能保证满负荷运转），而仅有的上省网的鹿马登“220kV”线路今年基本都只在9~7万kW负荷以内运行，致使丰水期的限发、窝电的程度非常严重。使电源企业发电出力时间严重不足，形成限发、窝电（这是导致工业经济效益下滑的主要因素）。2009年，全县电源企业平均出力为2316小时，比2008年减少1719小时，少发电4.6亿kW·h，按今年平均上网电价0.157元/度计算，电源企业比2008年减少收入7222万元。根据对全县电源企业发电情况跟踪调查的资料测算，2009年全县电源企业累计减少发电（按总装机应发电数计算）35000万kW·h（五家规模企业减少发电15000万kW·h），按2009年的全县平均上网电价0.157元/度计算，电源企业减少收入5495万元，各种税和水资源费减少收入500万元。三是受全球金融危机的影响，工业产品需求进一步下降。其主要表现为：1. 金属硅、铅锌等工业原材料产品的需求下降，工业原材料加工企业电力消耗能力萎缩（怒江电网110kV福兰线，丰水期基本上都在6万kW以内运行，比2008年同期减少了2万kW左右的外送能力），电源发电出力不断受限；2. 房地产市场疲软，对大理石建筑石材需求下降，汉白玉公司受到冲击，全年亏损69万元。3. 消费水平急剧下降，2009年“鸡脚稗”酒销售收入比去年减少了40%。

【工业园区筹建工作】 按照《怒江州人民政府关于加快工业园区建设的实施意见》（怒政发〔2009〕103号）文件要求，福贡县抓紧做好工业园区及工业小区的筹建工作。县经委把工业园区建设列入年度工作日程，作为县经委目前和将来一段时间内的重要工作方向。正在实施矿产资源情况、中小水电发展实力情况调查，开展环境影响评估等工作，理清“电矿结合”的发展思路，将县工业园区定位为“北重南轻”的发展模式。

主要工业项目 1. 建设年产20万吨工业硅，年消耗电力16亿kW·h的硅冶炼项目

——建设年产20万吨工业硅冶炼项目经济效益预测。二十个12500kVA冶炼炉，全年按9个月生产期计算，则年产工业硅15万吨。项目建成后年销售收入即15万吨（1.2万元/吨）共计180000万元，增值税（按6%计算）达10800万元。

——项目建设对我县电源企业创收情况简析。按12500kVA每小时耗电1.25万度，全年以9个月生产期计算，则二十个12500kVA的炉子年耗电量为16.425亿kW·h，按用电价0.21元/度（丰水期）

计算，可为电源企业提供创收34492万元收入的机会，可增加增值税及水资源费共计2726万元。

2. 建设年产5万吨高氯酸钾，年消耗电力5亿kW·h的化工厂项目

——建设年产5万吨高氯酸钾经济效益预测。该项目计划总投资35000万元。设计规模年产2万吨高氯酸钾（市场价8500元/吨左右）、3万吨氯酸钠（市场价7000元/吨左右）、15万吨双氧水（市场价1300元/吨左右）。项目建成后，年产值达57500万元

——项目建设对我县电源企业创收情况简析。高氯酸钾单位耗电按平均耗电量10000kW·h/吨计算，则年产5万吨高氯酸钾耗电量达5亿kW·h，可为电源企业提供创收10500万元（电价按0.21元/度计算）。

【任职领导名单】

主　任　阿庆林

副主任　和寿林

　　　　白顺祥

（李刚田）

泸水县经济委员会

【工业园区建设】 2007年9月，经省经委评审，批准成立泸水工业园区，园区总体规划面积12.69平方公里,共有四个功能片区：第一片为分水岭硅工业加工片区；第二片为农特生物加工片区，第三片为建材（石材、水泥）加工片区；第四片为边贸、矿产品、废旧物资物流片区。一园四片的格局辐射了三镇六乡，园区建设工作坚持“统一规划，分期实施，逐步推进”的原则，已完成先期开发的分水岭硅工业片区的地形测量、控制性详细规划等工作。根据省政府关于工业园区建设环境影响方面的要求，从2008年底开始至2009年11月，在云南省环境科技开发中心的精心组织下，通过州县相关部门的积极配合和支持，完成了工业园区总体规划环境影响评价，省环保厅和省工信委于2009年11月17日在昆明组织专家进行了审查。

园区110kV变电站建成并投入运营，220kV变电站一期工程将于2010年2月初投运。

2008年底以来，受金融危机的影响，园区硅冶企业先后停产，2008年11月至2009年3月15日，只有怒江宏盛锦盟公司维持着1台炉子保持正常生产，给园区建设工作推进带来了一定的压力，为缓解硅冶炼片区内入园硅冶炼企业流动资金的压力，在企业用地、房产手续等办理方面，要求各相关职能部门提供全方位的服务，采取相应便捷的方式，尽快办理完善相关手续，为企业融资创造良好的平台；对入驻硅冶炼片区并已投产的宏盛锦盟、宏鑫、金盛三户硅冶企业实行适当补贴，从2009年1月1日起至2009年3月31日止，按其应缴纳税收中县级收入部分等额予以补贴；对硅冶炼片区内入园硅冶企业在2009年4月30日前办理完善相应用地手续、交清相关费用的，县人民政府从县级收益中，按不低于25%的标准实行补助，专项用于企业在园区的基础设施建设。

通过努力，园区企业在克服金融危机产品价格不稳定、原料供应不畅、能源影响等困难的情况下，2009年共生产工业硅产品21072吨，实现工业产值1.9亿元，税收356万元。

服务好现有企业的同时，进一步扩大开放，加大引资力度，促进工业投资。由于受国际金融危机等影响，原来已经备案并已开工建设的项目，投资商投资信心受到影响，停止了继续投资，给园区建设正常推进带来一定的困难。经过多方努力，先后引进了浙江、福建投资商对原瑞巍公司和金志公司进行了产权接转，并于9月份先后启动了项目，现项目建设工作稳步推进，将于3月底分别建成1台炉子并投产。同时，引进了康华硅业公司在分水岭硅工业区建设年产7.5万吨工业硅项目建设，该公司目前正在抓紧建设，计划于2010年6月前建成3台炉子并投产。

【乡镇企业发展】 全县辖三镇六乡，截至2009年底，全县共有乡镇企业3444户，其中，六库镇1848户，乡镇企业产业涉及农业、食品加工、建筑建材、矿业开采加工、水电站、饮食服务等行业。按行业分：农业企业107户，工业企业459户，建筑建材企业8户，交通运输业405户，批发零售业1442户，住宿及餐饮业602户，服务业和娱乐业375户。

2009年，全县乡镇企业增加值完成49926万元，同比增长33%；现价总产值完成122525万元，同比增长27%；营业收入完成167454万元，同比增长31%；上缴税金5451万元，同比增长26%；利税总额28160万元，同比增长20%；资产总额64963万元，同比增长17%，资产负债率15%，比去年同期降低1个百分点。

迪庆藏族自治州

迪庆州经济委员会

【概述】 迪庆藏族自治州建立以来，地方工业经历了从无到有、从慢到快的坎坷历程。1998年响应党中央、国务院号召实行长江中上游天然林禁伐后，在20多年来培育的以森工为主的工业体系面临崩溃的关键时刻，州委、州政府及时调整了发展思路和产业重点，大力培育以生物、水电、矿产为支柱的新的工业体系，使迪庆州工业逐渐走上了新型工业化发展道路，“十五”和“十一五”期间，迪庆州工业连续8年保持了25%以上高速增长。2009年是迪庆州工业经济进入新世纪连续八年获得高速增长后受到冲击最大、面临困难最多、出台政策措施最频繁的一年。这一年，迪庆州积极应对复杂多变的国际国内经济环境，千方百计抓好国家、省、州有关刺激经济政策的落实，果断采取一系列针对性措施，有效遏制了经济滑坡，克服了国际金融危机带来的不利因素，工业经济最终取得了较好成绩。迪庆州工业经济在第二季度末基本遏制了大幅下滑，并扭负为正，增长逐月提速、增速逐季加快。

2009年，全州生产总值62.26亿元，比上年增长18.3%，全州工业完成总产值24.19亿元，增长0.3%，其中，规模以上工业完成总产值19.28亿元。在规模以上工业总产值中，轻工业产值5.97亿元，增长19.8%；重工业产值13.31亿元，下降7.2%。工业经济占GDP比重为22.2%；全州实现工业增加值13.80亿元，增长13.4%；工业对GDP增量的贡献率为19.4%，对全州经济增长的拉动力为3.5个百分点。

【工业投资】 2009年，全州组织实施技术改造和节能改造项目19个，全州工业投资（不含电力）完成10.58亿元，占全社会固定资产投资总额的11.31%，完成年度目标任务10亿元的105.8%。2009年迪庆州在重视现有企业技术改造提升和工业重点建设项目的同时，主要抓了与昆钢集团、云铜集团、云锡集团、云冶集团、云药集团、云工投公司等六户省属大企业集团的合作，在进行大量调研、商洽、论证等基础工作后，2009年12月7日，州人民政府与六大企业集团分别签订了战略合作协议。与省六大企业的合作，对迪庆州优势资源的开发，工业的整体提升，以及跨越式发展将起到积极的推动作用。

【节能降耗工作】 全州推广高效照明产品4.3万支。昆钢维西铁合金厂、老虎箐工业片区鑫源实业有限公司1500kVA精炼炉、沪营铁合金厂、开发区大祥金江水泥粉末站等一批落后产能退出了市场。建筑、交通、商业、农村等领域节能降耗取得新进展。“十一五”省政府下达迪庆州单位GDP能耗下降10%的总目标，作为正处于“十五”能耗基数较低的迪庆，要完成下降10%的目标，任务十分艰巨。过去的四年，州委、州人民政府的高度重视，2009年单位GDP能耗下降4.02%，大大高于省下达的3.1%目标，前四年已累计完成“十一五”目标的87%。

【工业园区建设】 迪庆香格里拉工业园区2004年被列入省级30户重点工业园区之后，迪庆香格里拉工业园区围绕优势资源，重点培育旅游、矿产、水电和生物四大支柱产业，使这些产业的深加工向园区聚集。园区总规划面积50km^2，总规划投资185.3亿元。到2009年底入园企业37户，迪庆香格里拉工业园区“一园六片区”已完成工业投资3.6亿元，增长21%，园区实现工业总产值9.6亿元，增长10.3%；实现工业增加值5.4亿元，增长17.4%；吸纳就业2060人。至2009年已得到省级新型工业化发展专项资金1480万元的扶持。到2009年末迪庆香格里拉工业园区累计完成基础设施投资31000万元，园区工业总产值已占到全州工业总产值的40%，全州15户规模以上工业企业中园区占7户，企业在园区的集聚效应已逐步形成。

【乡镇企业和非公经济发展】 2009年，全州乡镇企业实现总产值44.2亿元，同比增长6%；完成工业增加值7.39亿元；上缴税金2.22亿元；完成企业村结对数5户；完成职能技能鉴定人数318人；年末从业人数4.58万人；争取到省级乡镇企业发展专项资金扶持项目3个，计130万元。

非公经济实现增加值28.6亿元，增长5.5%，占全州生产总值的45.9%；非公经济完成固定资产投资9.95亿元，占全州固定资产投资的10.63%。非公经济企业户数达1.0万户，增长29.2%；从业人员3.6万人，增长8.3%；注册资本62.08亿元，同比增长56.73%；实现社会消费品零售总额11.86亿元，同比增长18.1%，占全州社会消费品零售总额比重达69.98%；上缴税金1.92亿元，增长14.3%；争取到省级非公有制发展专项资金扶持项目7个，计255万元。同时，加大政策的宣传力度，及时把省委、省人民政府，州委、州人民政府《关于加快非公有制经济的实施意见》和《加快乡镇企业发展的实施意见》贯彻到位，有力地促进了非公有制经济和乡镇企业的发展。

【成立协调领导小组】 面对复杂多变的经济形势，州人民政府成立了工业经济运行工作协调领导小组，加强对全州工业经济运行的组织领导、分析研究、调度指挥和预警预测，并组织相关部门深入企业第一线进行调研，全面掌握全州工业经济运行情况及存在的困难、问题，提出一系列应对金融危机，促进全州工业恢复增长的决策、参考建议。加强对生产要素的调度和调节，对停产、半停产企业采取分类指导的政策，加强帮扶、服务工作，帮助企业尽快恢复生产。

【政策扶持】 在千方百计争取省级各项工业发展扶持资金的同时，州人民政府出台了《迪庆州重点工业企业流动资金贷款贴息办法》、《迪庆州外贸企业出口产品奖励暂行办法》和《迪庆州重点耗能企业促生产丰水期电价优惠政策》等优惠政策，州人民政府在财政困难的情况下，拿出200万元资金配套上述政策，扶持鼓励企业生产。该政策对应对危机、保生产、保稳定、保发展起到了积极的作用。

继2004年云南省委、省人民政府召开全省加快新型工业化发展大会后，迪庆州委、州人民政府出台了《中共迪庆州委 迪庆州人民政府关于加快推进新型工业化的决定》（迪发〔2007〕11号），解决了长期以来困扰迪庆工业发展的认识问题，明确提出“工业兴则迪庆兴、工业强则迪庆强”的理念， 在州级财力困难的情况下，每年预算安排不低于500万元新型工业化发展专项资金，2007年至2009年已安排1500万元，绝大部分资金已安排到工业园区平台建设，少部分投入到州融资担保公司、流动资金贴息补贴、非公发展资金、外贸出口奖励资金等支出。

【产业结构调整】 加快产业结构调整步伐，加强与省属六大企业集团合作。矿产业以铜、铁、铅、锌等优势矿种的开发为主，依托矿山发展采选业，加快资源整合步伐，铜矿资源由云铜整合，铁矿资源由昆钢整合，深加工一律布局在园区。加快普朗铜矿、维西新兴工业片区30万吨还原铁、老虎箐工业片区30万吨铁合金、10万吨粗铜等大项目的前期工作步伐。通过资源整合，引进资金、技术、人才，实现资源、资金和技术的最佳结合，矿产资源综合开发利用水平进一步提高，逐步实现原矿不出州的目标。水电业是加快两江水电站的开发速度，积极培育地方用电市场，推进矿电结合产业的发展。生物产业在通过技术创新，扩大现有企业生产能力的基础上，不断增加花色品种和品牌创新能力，积极与农产品生产基地建设相配套，延伸农产品加工链条。

【任职领导名单】

主　任　赵永明

副主任　陈　东　　郜春元

　　　　余丽南　　阳书文

（魏　红）

香格里拉县经济委员会

【概述】 2009年，香格里拉县工业经济受到国际金融危机的影响，矿产品市场价格大幅度下跌，导致矿产企业一季度基本处于停产半瘫痪状态，二季度起，州委、州人民政府的坚强领导下，全县上下团结一致，克难奋进，突出重点，狠抓落实，采取了一系列恢复生产的积极措施，不断加强运行调节，工业经济总量保持平稳。

【工业经济主要指标完成情况】 2009年，香格里拉县现价工业总产值完成71601万元，比上年同期72855万元减少1254万元，下降1.72%，其中，轻工业完成38132万元，比上年同期33255万元,增加4877万元，增长15%；重工业完成33470万元，比上年同期39600万元，减少6230万元，下降15%；国有经济完成861万元，比上年同期1139万元减少278万元，下降24%；集体经济完成8118万元，比上年同期16871万元减少8753万元，下降52%；其他经济完成61146万元，比上年同期54846万元减少6300万元，下降12%。

全县规模以上工业企业完成增加值17072万元，同比下降11 %；完成主营业务收入36537万元，同比下降30 %；完成税金2799万元，同比下降54% ，完成利润额5222万元，同比下降34 %。

主要产品产量：钨精矿402吨，铜精矿6212吨，铅精矿238吨，锌精矿421吨，硫铁精矿22885吨，铜原矿1千吨，汉白玉石12000平方米，双飞粉1050吨，滑石粉550吨，大理石180立方米，发电量20866万度，水泥8万吨，松茸698吨，肉制品675吨，粮食加工3000吨，粮食制品200吨，食用植物油350吨，酒类80吨，砖510万块，瓦207万块，中小农具1万件，日用陶瓷5万件，工艺美术品39万元，干酪素140吨。

【技改和扶持】 2009年，全县工业增加值达32221万元，增长7.41%。完成技术改造投资5840万元，完成年初计划的146%。严格按照产业政策，狠抓项目工作，大力扶持优势企业。全年报送省级非公专项资金扶持项目八个，共争取到各项贴息扶持资金589万元。

【园区建设】 积极做好工业园区前期工作。工业园区作为近年来推进新型工业化发展的重要平台，在工业经济发展中起到积极的作用。为此，州委州政府依托优势资源分布及县域工业经济发展需要，实施了“一园六片”的迪庆香格里产工业园建设项目，我县就占了三个片区（舞凤山松茸加工片区、旺池卡食品、药品、旅游商品加工片区和格咱有色金属工业片区），这为县工业经济的发展搭建了很好的平台。为了加强工业园区建设，通过调研，向县委县政府提交《香格里拉县工业园区管理委员会设置方案》，《香格里拉工业园区旺池卡食品、药品、旅游商品加工片区建设标准厂房的方案》。县委、县政府进一步加大园区建设步伐，调整充实了园区管理委员会，这为我县工业园区的进一步发展打下了坚实的基础。

【企业改革】 根据州经济委安排完成了第二轮国有企业改革目标责任制工作，并完成自查报告、总结报告等书面材料报州经济委；在粮食企业改革方面，根据县委、政府的工作安排，严格按照企改政策稳步推进粮油工贸公司的改制工作。在认真做好企业部分上访职工思想稳定工作的同时，进一步完善方案，力求做深、做细每一环节工作，切实维护好社会稳定。

【非公有制经济发展】 2009年，香格里拉县非公经济总量进一步增长，结构不断优化，运行质量明显提高，企业效益普遍提升，非公经济综合实力和竞争力正在增强。主要经济指标稳步增长，非公经济发展态势良好。截至12月底，全县中小企业户数450户，从业人员4574人；注册资金381654万元；非公企业上交税金12653万元。

【乡镇企业发展】 2009年，全县乡镇企业完成营业收入113614万元，比上年的111062万元增2552万元；完成现价总产值122689万元，比上年的122213万元增476万元；完成增加值45675万元，比上年45539万元增136万元；完成利润总额16082万元，比上年的17653万元减1571万元；上交税金4923万元，比上年的8275万元减3352万元；劳动者报酬14770万元，比上年的12941万元增1829万元；从业人员年末人数17304人，比上年的17219人增85人%；企业个数8074个，比上年的8010个增加64个。

【节能减排】 节能减排是全面贯彻落实科学发展观，构建社会主义和谐社会的重大举措，是促进经济社会又好又快发展的基本要求。为把思想和行动统一到州委、州政府、县委、县政府的安排部署上来，围绕节能减排目标任务,采取了一系列的有效措施，扎实推进节能减排工作。

2009年，州政府与香格里拉县签订的单位GDP能耗下降4%，完成能耗下降4.45%。2009年全县规模以上工业企业综合能耗56436.53吨标准煤，比上年同期减少8064.15吨标准煤，减少12.5%，产值126657.2万元，比上年同期减少12624.2万元，减少9.06 %，产值能耗0.4456吨标准煤/万元，比上年同期0.017吨标准煤/万元，减少3.78%。

【任职领导名单】

主　任　和耀忠

副主任　和建升

维西县经济委员会

【综述】 维西县经济委员会是全县综合经济管理部门，承担着全县工商经济运行情况分析，工商企业的深化改革，工业企业的技术改造，工业园区的规划建设及管理，商贸流通市场的规划建设和监督管理以及商务活动的组织协调等工作职能。经委的工作宗旨是“面对基层，服务企业”，工作职能和宗旨决定了经委是政府的综合服务部门，因而长期以来县经委都把服务作为工作的重要理念，把为企业服务，为政府分忧，为维西经济社会发展，为维西的社会稳定和长治久安作为经委一切工作的出发点和归宿。

【实施政府信息公开制度，努力建设阳光政府】 2008年以来，经委根据《中共中央办公厅、国务院办公厅关于进一步推行政务公开的意见》（中办发〔2005〕12号）和《中华人民共和国政府信息公开条例》（国务院492号令）的要求，开展政府信息公开工作。为了确保质量，顺利实施，我委专门成立了政府信息公开工作领导小组，设立了办公室，配备了两名兼职工作人员重点负责此项工作。在设立信息公开查阅点的基础上，编制出本单位政府信息公开指南和目录，将经济委基本情况、机构职能、领导信息、四项制度、政策法规等12个方面的内容在政府网站上公开。2009年，共发布公文类政府信息54条，全文电子化率达100%。54条主动公开的信息分为：领导信息类信息5条；四项制度类信息2条；委办公文类信息1条；公告公示类信息2条；工作动态类信息2条；计划总结类信息6条；经济信息类信息2条；其他信息类信息34条。

2009年3月份以后，县经委根据维政办发〔2009〕68号和维政办发〔2009〕69号文件，及时成立了贯彻落实阳光政府四项制度领导小组，形成了主要领导亲自抓，全体干部职工齐心协力配合的工作格局。全委各股室根据不同职责，共收集整理出常见问题及解答信息23条，安装了“96128”查询专线电话，为经委系统实施阳光政府开展专线查询做好了充分准备。

【推进企业技术改造，努力打造维西企业品牌】 县经委充分发挥职能作用，积极引导企业组织编写项目。已累计编制上报了技术改造、流动资金贴息等25个项目，经过反复协调争取，先后已有12个省级项目，3个州级项目得到扶持，扶持资金达473万元。2008年实施技改项目2个，完成投资7000万元，2009年实施技改项目3个，完成投资500万元。康邦美味绿色生物资源开发公司开发生产的精制核桃油、核桃乳等系列产品已走向省内外市场，2008年公司实现产值630万元，2009年1~7月实现销售收入510万元；维西综合贸易股份合作公司开发生产的野生蜂蜜、羊肚菌、天麻等系列产品受到广大消费者的青睐，2008年该公司实现产值560万元，2009年7月30日实现销售收入480万元；维西食品股份合作公司生猪定点屠宰场机械化流水生产线已改造竣工可投入使用。维西“神川牌”、“嘎呗牌”产品的商标注册，包装设计已经完成，以“神川”品牌为标志的维西生态火腿将在年内与消费者见面。随着维西生物产品的开发，企业的品牌效应不断显现。康邦美味绿色生物资源开发公司被评定为国家“信誉、服务、质量”三优企业，荣获“国家质量安全全面达标食品”，企业已通过了ISO9001：2000质量管理体系认证，有机食品认证，HACCP认证等认证体系，成为迪庆州“农业产业化重点龙头企业”和“省级林业产业化重点龙头企业”。维西综合贸易股份合作公司2007年通过了ISO9001：2000国际质量管理体系认证，2008年通过了食品生产许可证即QS体系认证。2007年被州人民政府认定为“农业产业化重点龙头企业”，2008年5月被国务院认定为“国家级扶贫龙头企业”。

【工业园区建设】 维西新兴工业片区是迪庆香格里拉工业园区的一个重要组成部分，片区于2008年8月开始筹建，目前，片区已完成部分基础设施建设。即完成片区公路主干道1.78km，现已竣工投入使用；完成片区主干线引水工程4.7km，现已竣工验收投入使用；110kV输变电线路降压站工程，现已完成前期工作和降压站场地平整和部分线路及铁塔架设，片区施工用电和移动通讯已完工并投入使用，片区基础设施软环境建设已累计完成投资2012.5万元。入园企业维西东森矿冶有限公司120万吨选矿铁项目，已完成投资1410万元。由于受国际金融危机和人才技术等方面的因素，经董事会研究，120万吨选矿铁项目暂不上马。30万吨直接还原铁项目（第一期5万吨/年），计划投资11500万元，已完成投资1500万元。园区自2007年以来，累计到位省州扶持资金850万元。县委、县人民政府的高度关心重视，正全力推进工业园区建设，力争5万吨/年还原铁项目在年内竣工投产，发挥效益。

【节能减排工作】 根据2008年4月22日全州工业经济暨商务工作会议精神和县人民政府与州人民政府签订的节能减排工作责任状，县人民政府及时成立了节能减排工作领导小组及其办公室。经委作为节能减排办公室，根据有关文件精神，对维西2009年节能减排目标（即GDP能耗下降4%）进行了分解，把各项指标落实到各企业，转发了相关文件，于5月27日召开了维西县节能减排工作会议，掀起了全县上下重视节能减排工作的热潮。在全县节能减排工作会议上，县人民政府分管副县长，代表县人民政府作了题为“以科学发展为宗旨，积极开展全县节能减排工作，切实推进维西经济又好又快发展”的工作报告，制定下发了节能减排工作考核管理办法，将全县节能减排工作目标任务分解落实到各部门和各乡镇，明确了高耗能企业华茂水泥厂的清洁生产任务，同时确定了县内14户行政和企事业单位作为2009年高效节能灯推广试点单位，完成了GDP能耗下降4%的节能减排考核目标。

【安全生产工作】 为切实做好本系统安全生产工作，县经委根据与县人民政府签订的《安全生产责任状》和《中华人民共和国安全生产法》等法律法规，每年专门召开一次本系统各企业参加的安全生产会议。一是认真传达贯彻学习国家、省、州安全生产电视电话会议精神和全县安全生产工作会议精神。二是层层签订分解落实责任状，把安全生产工作任务分解到各企业。三是总结回顾上年度安全生产工作情况，总结成绩，找出问题，表彰先进企业。四是建立健全安全生产监督管理规章制度。五是定期不定期开展安全生产大检查和安全隐患的专项整治，切实强化系统内安全生产意识。六是加大对安全生产政策法律法规的宣传学习和安全生产工作技能培训。创造了27户所属企业连续三年来未出现安全生产重特大事故的佳绩，2008年被评为全县安全生产先进单位。

【积极参与新农村建设】 围绕县委中心工作，积极抽调德才兼备的干部职工11人，先后参加了经济普查、新农村指导员、千名干部入户促小康、千名干部送法进村促和谐和维稳工作等活动，受到了所到之处的充分肯定和好评。在第二批社会主义新农村建设指导员派出单位中，我委被州委州政府表彰为先进派出单位，被抽调人员被评为新农村指导员先进个人。2009年，我委还被县委县政府评定为县级文明单位。

【任职领导名单】

主　任　赵宗明

副主任　和学礼　　杨　钧

（赵宗明）

临　沧　市

临沧市经济委员会

【综述】 临沧市经济委员会是市政府综合经济职能部门，担负着工业、非公经济、乡镇企业发展、节能降耗等的重要职责。市经委机关内设10个科（室），即办公室、经济运行综合科、重工业管理科（加挂临沧市盐务管理局、市散装水泥办公室牌子）、轻工业管理科、中小企业科（加挂市非公办、市减负办牌子）、技术进步与创新科、煤炭安全监督管理科、乡镇企业科、节能监察科（加挂市节能办、墙改办、清洁生产办牌子）、老干部管理科。下辖热作科技指导站、经委管理人员培训中心两个事业单位。市经委设有委党组、机关党委，下设两个机关支部、一个老干支部，共有82名党员。有工会、妇联组织。2009年末，市经委有干部职工54人，其中，国家公务员43人，事业6人，工人5人。

2009年，是新世纪以来中国工业经济发展最为困难的一年，临沧工业经济发展也受到影响。面对金融危机影响的严峻形势，在市委、市政府的坚强领导下，全市经委系统以深入开展学习实践科学发展观活动为契机，紧扣“保增长、保民生、保稳定”的工作大局，围绕市委提升“三个核心指标”和抓“三子”、促“三化”的部署，突出保增长、扩内需、调结构三大主题，全面组织实施第二轮工业发展倍增计划，扎实开展“企业帮扶”、“企业自主创新”和“企村结对”等活动，实现了全市工业经济、非公经济、乡镇企业的平稳发展、节能降耗成效明显，较好完成了2009年各项目标任务，为全市经济社会发展作出了积极的贡献。

【工业经济平稳增长】 2009年，临沧市工业系统以科学发展观为统领，坚持新型工业化方向，大力推进“工业兴市”战略，按照“优势产业支撑，投资、创新驱动，龙头企业带动，工业园区聚集”的思路，持续实施工业发展倍增计划，积极落实中央、省、市一系列促进经济发展的政策措施，加大对工业经济的组织、协调、服务力度，着力解决经济运行中的突出矛盾和问题，狠抓优势产业、重点项目、龙头企业、园区建设、节能减排等重点工作，有效推动了工业结构调整和发展方式转变，实现了持续较快增长。全年实现工业增加值41.04亿元，同比增长7.6%，占全市GDP的23.2%；全部工业上交税金6.28亿元，占全市财政收入的37.4%。78户规模以上工业完成增加值28亿元、同比增长2.7%；实现主营业务收入64亿元、同比增长16.4%；实现利税总额12亿元、同比增长26.3%，其中：利润总额7.3亿元、同比增长52.1%；主营业务收入、利税、利润都超额完成计划目标。

2009年全市规模以上工业企业有78户，比2008年增加8户，规模以上工业累计完成增加值28亿元，同比增长2.7%；实现主营业务收入64亿元，同比增长16.4%；实现利税总额12亿元，同比增长26.3%；其中，利润总额7.3亿元，同比增长52.1%。

【产业结构逐步优化】 以生物、矿产、水能资源优势为基础，临沧市确立了“巩固提升糖、茶、酒及饮料、橡胶等传统优势产业，加快发展矿、电产业，积极培育绿色食品、浆纸等产业”的新型工业化重点产业发展思路，按照增量调整、存量优化并举的原则，加快招商引资，扩大工业投资；加快技术创新，推动产业升级，力促我市农产品加工产业、能源资源型产业的结构不断优化升级。目前，一糖独大的行业格局已得到较大改善，初步形成制糖、水电、矿产、酒及饮料、制茶五行业为主的特色产业体系。

2009年工业在三产中的比重保持稳定，三次产业结构由2008年36.3：32.8：30.9调整为2009年的36：33：31。工业内部结构趋向轻、重工业协调发展，轻工业累计完成增加值11.99亿元，同比增长4.85%；重工业累计完成增加值16亿元，同比增长1.25%，轻、重工业结构为43：57。

制糖行业　2003年以前，临沧市共有糖厂15座，日处理甘蔗能力3万吨，生产规模小，产业集中度低，资产质量差，体制不顺，经营机制不活，生产管理粗放，产品结构单一，市场竞争力弱，企业连年亏损，资产负债率为114%，蔗糖产业面临生死存亡的严峻挑战。此后，按照省委关于“将临沧建成全省最大的蔗糖产业基地”的要求，通过引进广西南华集团，广西南华集团、广西阳光公司实施行业整合，形成目前临沧南华糖业公司、凤糖集团、永糖集团为主三分天下的新格局，促进糖业由资源分散、各自为政、低效竞争向规模化、集约化发展。2005年以来，制糖生产线技改、糖酒联产废弃物综合循环利用、9.5万吨蔗渣浆纸生产线等一批项目的实施，推动制糖行业产能快速扩张，产量多年稳居全省首位，产品结构由单一的食糖、酒精向有机肥、木糖醇、药用酵母、活性炭、蔗渣浆纸等多元化发展，成为全市拉动力最强、产业链最长、吸纳就业最多、惠农最广的工业支柱产业。目前全市糖业企业资产总额到22.6亿，资产负债率为70.77%，制糖生产线到14条，日处理甘蔗能力4.3万吨，有机肥年生产能力19.4万吨，木糖醇年生产能力4800吨，企业拥有资产总额达22.55亿元，蔗糖产业覆盖全市8县（区）、涉及10多万户蔗农和5000多个产业工人。08/09榨季入榨甘蔗521.8万吨，同比增加39.7万吨，增长8.24%；生产食糖66.65万吨，同比增加7.94万吨，增长13.54%，占全省食糖产量的29.78%；生产酒精4.18万吨，同比增加1476吨，增长3.66%；累计完成增加值8.01亿元，为03/04榨季4.16亿元的1.93倍，年均增长14%。临沧市的蔗糖产业目前名列全省各州市第一，是重要的蔗糖生产基地，也是可延伸产业链的重要基础产业。

电力行业　临沧市水电资源丰富，澜沧江在境内流程232公里，全市除澜沧江和怒江干流外，水资源总量237亿立方米，水能资源理论蕴藏量233万千瓦，适宜地方近期开发利用的有113万千瓦。目前漫湾、大朝山、小湾三大电站总装机达705万千瓦，已建成地方小水电站总装机40万千瓦，为云南省最大的水电基地。电网建设方面，全市已经形成以220千伏和110千伏为主的电网格局。全市现有规模以上发电供电企业15户，其中，发电企业6户，供电企业9户。2009年，因金融危机影响，华东地区及本省市高载能行业用电量大幅下降，同时旱情导致澜沧江水量减少，发电量持续下滑。2009年电力行业完成发电量68万千瓦时，完成增加值10.73亿元，为2004年6.45亿元的1.77倍，年均增长10.7%。

矿产行业　临沧市地处“三江成矿带”南端，有独特的成矿地质条件。全市共发现矿产36种，铜矿、铅矿、锌矿、硅矿、贵、稀有金属储量相对较为丰富。近年来全市加快“矿电结合”产业的发展，引进优势企业进行资源开发与整合，矿业行业迅速发展成为全市的支柱产业。目前全市共有15户矿业采冶企业，其中规模以上企业13户。现有工业硅生产线10条，设计年生产能力5万吨；电锌生产线2条，设计年生产能力6万吨；铜精矿生产线1条，生产能力年产5000吨；水泥生产线8条，年生产能力85万吨。2009年电锌产量1.6万吨，工业硅产量2.4万吨，水泥产量54万吨，二氧化锗、锗锭、单晶锗等锗类产品产量25.6吨，原煤产量15万吨，矿产行业完成增加值5.02亿元，为2004年0.7亿元的7.21倍，年均增长48.4%。临沧市的矿产业是具有潜力开采条件的重要产业。

酒及饮料行业　临沧市少数民族众多，历来有酿酒、饮酒的传统习俗，别具特色的民族酒文化渊源深厚，酒工艺、酒品类较为丰富。近年民营企业快速崛起，酒及饮料行业规模大幅扩张。2009年，全市酒类生产企业（含个体工商户）160家左右，其中，规模以上企业2户。初步形成了以白酒、啤酒、果酒、果汁饮料为主的产品体系，市内白酒年生产能力13万吨，啤酒年生产能力2万吨，木瓜发酵酒年生产能力1万吨，生产茶饮料10万吨，果汁年生产能力4.5万吨。澜沧江集团已发展为全省跨区域发展的最大啤酒、白酒生产企业，茅粮集团凭借木瓜发酵酒在省内外具备了较高知名度，“澜沧江”、“司岗里”名牌影响力渐显。2009年酒饮料产量4.41万吨，完成增加值2.14亿元，为2004年1.81亿元的1.18倍，年均增长3.4%。

制茶行业　临沧市是云南省第一产茶大市，有丰富的野生茶树资源和规模较大的栽培古茶园、现代茶园，2009年，全市茶园面积约125.7万亩,茶叶农业产量产量4.71万吨。全市经QS认证的精制茶加工企业有130户，其中，规模以上企业18户，9户企业通过ISO9000系列认证，4户企业通过HACCP食品安全控制体系认证，形成以云南滇红集团公司（全国百强茶叶企业排名第53位）、双江勐库茶叶有限责任公司（全国百强茶叶企业排名第40位）、澜沧江茶业有限责任公司等企业为龙头的企业集群，已形成了绿茶、红茶、普洱茶三大茶类上千个品种的产品体系，精制茶年生产能力7万吨。自2007年“普洱茶”风波以来，制茶企业存货大量积压（仅滇红集团、勐库茶叶公司、澜沧江啤酒集团茶叶公司就积压精制茶3000余吨，占压资金约2.2亿元），资金短缺的局面一直没有得到有效缓解，导致新茶收购难、产品结构调整难，行业生产经营水平短期内难以全面恢复。2009年精制茶产量2.57万吨，完成增加值1.31亿元，为2004年0.38亿元的3.44倍，年均增长28%。

【工业投资持续增长】　2009年，临沧市委、市政府明确了以“招商引资为第一要务”，借助外力助推工业加快发展的思路，立足扩大开放，整合招商资源，优化投资环境，加快工业园区为核心的招商平台建设，狠抓重点领域、重点产业的招商。结合企业改革，通过产权转让、资产并购、联合重组等多种方式，先后引进广西南华集团、广西阳光公司、会泽东兴公司、祥云飞龙集团、云矿集团、鸿竣公司、汇华公司、西地公司、昆钢集团、云天化、澳华公司、拉法基、世纪金源集团等省内外实力较强的企业，实施了一批重大项目，拉动了地方投资、促进了技术进步、提高了管理水平，优化了资源配置，推动糖、茶、有色金属、水泥、畜禽加工等主要行业逐步向大、强、优、精方向发展。2009年，全市累计实施非电工业项目193个，完成投资48.3亿元，已竣工项目113个，竣工项目完成投资21.4亿元，其中，2009年强力推进“123”项目建设工程，实现了扩投资、保增长的目标，全年共实施工业项目71个，竣工项目15个，实际完成投资16亿元，同比增长

33.5%。

【非公经济健康发展】 企业是加快工业发展的微观主体，企业强则工业强。临沧市以发展非公经济为重点，着力优化政策环境，加强服务体系建设，实施企业培育和成长工程，发展了一批主业突出、竞争力较强的行业龙头和“专精特深”中小企业群体，培养了一批优秀企业经营者和专业技能人才。截止2009年，全市非公经济总量达到3.75万户，同比增长12.6%；非公经济增加值完成65亿元，同比增长21%，占全市GDP比重的37.6%；上缴税金4.23亿元，同比增长2.9%；从业人员10.51万人，同比增长8.4%。首轮工业发展倍增计划期间，通过实施销售倍增行动和企业上台阶行动，销售收入和上交税金同时排名前10位的“临沧十强企业” 脱颖而出，其中，南华糖业公司、澜沧江啤酒集团、永德糖业集团、鑫圆锗业股份公司、勐库茶叶公司等企业及其经营者多次荣获省级“百户优强企业”及优秀企业家称号，滇红集团自2006年起连续四年荣获“中国茶叶行业百强企业”殊荣。“十强企业”在全市工业企业中发挥了龙头带动作用，2008年“十强企业”完成工业增加值占规模以上企业增加值的56%，完成上交税金占全市工业上交税金的43%。

从乡镇企业发展情况来看，2009年全市乡镇企业（含个体工商户的总量指标）全年实现增加值26.13亿元，同比增长17.9%，其中：工业增加值15.51亿元，同比增长19.5%；上交税金3.93亿元，同比增长9.2%；农产品加工业销售产值48.18亿元，同比增长18.1%。累计开展“企村结队”企业46户，与55个村（组）结队。

【园区建设发展提速】 以促进产业集中布局、企业集聚发展为目标，着力抓好工业园区规划、建设、发展。临沧工业园区是临沧市唯一的省级园区，近年，园区不断创新融资和建设方式，加快基础设施建设；积极参加昆交会、泛珠会、各类项目推介会，谋划产业和项目招商，促进企业、项目入园；强化园区企业服务，加快园区项目建设，促进园区投资稳定增长。截止2009年，临沧工业园区累计完成基础设施投资4.29亿元；入园企业59户；入园企业完成投资15.77亿元。在推动临沧工业园区的同时，我市引导产业基础较好、资源要素相对集中的县（区）建设特色工业小区，积极推动镇康县矿电工业小区、沧源县勐省工业小区、临翔区博尚高岭土加工小区的规划编修工作，努力促进县域工业集聚、集约、集群发展。

【企业自主创新逐步增强】 强化创新对提升工业发展水平的驱动作用，推进工业领域创新行动。加强企业技术中心建设，提高自主创新和集成创新相结合的创新能力，加大重点领域创新投入，推广应用先进改造提升传统产业，鼓励企业加快新产品研发，争创名牌名标，增强核心竞争能力。截止2009年，南华晶莹糖业公司、鑫圆锗业公司、凤庆滇红集团公司、双江勐库茶叶有限公司4户企业通过省级企业技术中心认定；锗单晶、锗元器件、玻纤高岭土、竹浆粕、生绿茶饮、木瓜发酵干酒等一批“专、精、特、新”产品的研发、生产，推动相关企业市场竞争力和经济效益不断提高。“凤牌”红茶等7个产品获云南省名牌产品称号，“澜沧江”牌原生绿茶等5个产品获得云南省名牌农产品称号，“王子冠”商标、“晶菱”商标等23件商标获云南省著名商标称号，品牌效应逐步显现。

【节能降耗成效显著】 2009年，全市单位GDP能耗同比下降3.5%（规模以上企业工业增加值能耗同比下降28.05%），超额完成省下达单位GDP能耗下降3%的目标任务；推广使用节能灯 34万支，占年目标任务的170%，超额完成了省下达全年20万支节能灯推广的目标任务；有4个项目通过节能评估审查，9户企业完成能源审计报告，并通过评审验收。累计淘汰落后水泥生产能力43万吨、铁合金生产能力8600kVA，造纸生产能力1万吨； 46户工业企业通过市级清洁生产审核验收；三大糖业集团利用蔗渣生产纸浆、木糖、活性炭，利用糖蜜生产酒精、药用酵母和麦角固醇，利用酒精废醪液生产液态、固态有机肥等一批循环经济项目成功实施，其中临沧南华纸业公司9.5万吨蔗渣浆纸项目已进入试车，标志着临沧市循环经济发展取得较大突破。

【信息化建设】 2009年，认真抓好信息建设服务工作。一是搞好市、县（区）经委系统内部信息服务，加大工业经济和经委工作宣传力度，营造有利于工业发展的良好氛围。二是强化政务信息公开、查询服务，及时高效地为社会公众提供更人性化、更便捷的沟通渠道，保障公民知情权、参与权、表达权、监督权。三是加强经济信息的收集、整理、对外发布，及时为公众、企业提供政策法规、产业发展、技术创新、节能减排、市场行情等经济资讯。四是认真搞好经委信息网络系统定期定时清查、维护和系统升级，不断加强网络安全管理，防范、降低病毒木马入侵、攻击，提高网络运行安全性、稳定性、可靠性。五是结合电子政务建设，调整网络技术路线，通过动态路由和静态路由共存技术，实现经委网络平台在政务网、互联网间的切换和通用，提升经委网络技术基础。至目前，临沧经济发展网累计点击量达12万余人次，发布各类信息600余条。临沧市经济委员会政务信息公开网站发布信息378余条。

【表彰】 2009年6月3日，中共云南省委、云南省人民政府在昆明召开全省加快非公有制经济发展大会。会议对37户云南省百户创新型非公有制企业、11名云南省非公有制企业创业之星、3名云南省非公有制企业公益之星、6户云南省十佳非公有制企业服务机构进行了表彰。我市南华糖业有限公司、澜沧江啤酒企业集团有限公司、永德糖业集团有限公司、临沧鑫圆锗业股份有限公司、双江勐库茶叶有限责任公司5户企业获云南省百户创新型非公有制企业；凤庆糖业集团有限责任公司董事长王天权、镇康县鸿骏矿业开发有限公司总经理林少蓬、茅粮酒业集团有限公司董事长李宗城、碧丽源（云南）茶业有限公司董事长郇晓薇等4人获云南省非公有制企业创业之星；澜沧江啤酒企业集团有限公司董事长刘光汉获云南省非公有制企业公益之星。

由中国企业联合会、中国企业家协会、云南省人民政府主办，以“信心·使命·责任——全球经济变局下的中国企业家”为主题的2009全国企业家活动日于5月17日至18日在云南省昆明市国际贸易会展中心举行。会议对荣获“第五届袁宝华企业管理金奖”5人、“第八届全国优秀创业企业家”64人、“云南省第十一届优秀企业家”60人进行了表彰奖励，澜沧江啤酒企业（集团）有限公司董事长刘光汉、临沧鑫圆锗业股份有限公司董事长包文东获“云南省第十一届优秀企业家”荣誉称号。

【年度任职领导名单】

党组书记、主　任　张廷忠
党组成员、副主任　罗正武
　　　　　　　　　陆永波
　　　　　　　　　李　君

（杨家恒）

临翔区经济局

【基本情况】 临翔区经济局是负责全区国民经济运行综合经济管理的政府工作部门，加挂临翔区乡镇企业局牌子，实行一套班子两块牌子的管理体制。内设办公室、经济运行综合股、工业股（清洁生产办）、乡镇企业股（区非公办、减负办）、技术进步与创新股、煤炭安全监督管理股、节能监察股（区节能办）7个职能股室，并下设煤炭监察大队（事业单位）。临翔区经济局机关人员编制25名，其中:行政编制18名、参照公务员管理事业编制5名、机关工勤编制2名。科级领导职数4职，其中:局长1职（正科级）、副局长2职（副科级）、党组织负责人1职。下设的煤炭监察大队，核定事业编制10名。

2009年末，临翔区经济局实有人员35名（公务员25名、事业10名）。

【工业经济运行情况】 2009年，工业经济由于受全球金融危机的冲击，产品销售市场受到较大影响，尤其是锗金属、硅、松香、茶叶等行业影响较为明显，仅锗金属新产品的每吨产品销售价格就从去年的1.3万元下降至0.96万元，下降26%。通过上下共同努力，全区工业经济呈恢复性增长。全区完成工业总产值8.1亿元，同比增长6.9%，其中，规模以上累计完成工业总产值67129万元，同比增长5.18%，规模以上累计完成工业增加值33203万元，按可比价计算，同比增长15.3%。主营业务收入65140万元，同比增长1.56%；利润总额10304万元，同比下降45.19%；利税总额16638万元，同比下降47.62%。

全区非公经济户数7500多户，从业人员2.06万人，同比增7.85%，完成增加值10.98亿元，同比增19%；上缴税金9100万元，同比增长1.11%。

全区乡镇企业完成增加值34498万元，同比增长15.3%，上缴税金5599万元，同比增长20%。

工业企业技术改造项目资金投入大，项目进展良好。实施项目19个，其中结转项目10项，新开工项目9项。项目计划总投资11.38亿元，当年计划投资2.8亿元，当年实际完成投资1.3亿元。

节能减排初现成效。临翔区GDP能耗与去年同期相比下降了3.53%，圆满完成下降3.5%目标任务。

【煤炭安全生产监管】 一年来，区经济局进一步加强对煤炭企业的管理，与煤矿企业签定安全生产责任状，落实责任，加强安全检查。开展非法煤窑专项整治行动，出严厉打击非法开采行为。煤炭安全管理在加强日常监管的同时，不断创新机制，改变工作方法，加大处罚力度，工作成效明显。加强安全检查，及时排查煤矿安全隐患。共开展安全生产检查、巡查43次，参加人员199人次，共查出安全隐患及存在问题209条，其中：井下隐患及存在问题142条，地面存在问题67条，检查中发出安全检查现场笔录31份，发出现场撤出作业人员命令书3份，发出停产整顿通知书3份，发出复产通知6份，在贯彻上级部门有关安全生产的文件精神上，转发各煤矿省、市、区文件73件，共567份，发各煤矿有关煤矿安全生产通知文件17件，发出《通报》3期。1~12月，区经济局配合相关部门开展非法煤窑治理专项行动25次，共出动车辆243车次，人员947人次，使用炸药1746公斤，雷管582发，放炮线900余米，炸封取缔非法小煤窑325口，挖埋82井次，共计407井次。没收非法供电线路600余米，没收非法生产工具60余件，拆除工棚34间，没收非法煤炭200余吨。在对矿区进行巡查炸封非法煤窑的同时，在运输煤炭较频繁的路段，进行不定时的流动堵卡，检查运输煤炭车辆386车次，查处运输非法煤炭84车次，没收非法煤炭150余吨。

2009年，全区合法煤炭生产企业8户，其中，锗煤生产企业5户，燃料煤生产企业3户;全年共生产原煤5.97万吨，其中，锗煤4.94万吨，生活煤1.03万吨；完成原煤现价工业总产值1163.22万元，原煤产量比较上年同期13.58万吨下降56.04%。

服务企业做好煤炭资源整合工作，切实抓好煤炭安全生产工作，加大执法监察力度，坚决取缔非法小煤窑。全区8户合法煤矿企业，由于锗金属市场一度走入低谷，锗金属产品至今仍有价无市，市场低迷导致企业处于停产半停产状况，煤炭产量大幅下降。完成煤炭综合费用入库20万元，完成年初政府下达任务数150万元的13.33%。

2009年，全区煤矿企业发生两起死亡事故：6月21日，章驮乡安坑煤矿发生一起意外中毒事故，死亡3人；11月9日，章驮乡中寨朝相煤矿发生一起透水事故，死亡1人。

【项目争取】 积极为企业向上争取技

改贴息资金及其它项目资金。争取省工信委技术改造专项资金扶持贷款贴息项目2个，即：临沧鑫圆锗业公司红外光学锗镜头工程建设项目和天鸿公司高岭土生产技改项目。上报争取乡镇企业、中小企业建设项目贷款贴息项目4个，即：华庆食品有限公司年产2000吨香竹鸡、得竹饭系列食品加工项目，博海南美拉祜生态茶叶有限公司年产5000吨有机生态茶及年产15000吨精制茶生产线建设项目，临沧云兴盛茶业有限公司年产1000吨邦东昔归大叶种茶系列产品加工建设项目，临沧市临茶印象茶叶有限公司茶叶专项资金项目。

【全面开展“禁止使用粘土实心砖”工作】　按照临翔区被列为云南省2009年第二批“禁实”城市的实际，为切实开展“禁实”工作，促进新型墙体材料的开发和应用，限制粘土实心砖的生产和使用，保护临沧耕地资源及生态环境、节约能源。做好辖区墙体材料生产企业的摸底调查工作，全面撑握临翔区墙体材料生产企业的生产经营状况，引导和鼓励现有粘土实心砖生产企业进行技术改造，转型生产新型墙体材料产品，严格控制好新建和扩建实心粘土砖生产项目的准入。加大对“禁实”工作的宣传力度，为扎实推进“禁实”工作创造良好的舆论宣传氛围。

【节能减排工作】　（一）对10户规模以上工业企业2008年节能降耗指标完成情况和措施落实情况进行认真考核和评价，并将考核评价结果向社会进行公布。对未完成2008年节能目标任务的3户企业开展节能专项检查,帮助企业查找存在问题，督促企业制定整改措施。同时,引导并督促规模以上工业企业依法建立完善能源统计制度，帮助和指导企业建立健全能源基础台帐和原始统计记录，确保基础数据的准确性及真实性。协同统计局按月对规模以上工业企业能耗指标完成情况进行统计、分析和监测，并将存在问题及时向企业反馈，要求企业限期进行整改。

（二）引导企业加大节能投入，落实重点节能工程工作开展。一是组织企业抓好重点节能技改项目的实施，促进能耗降低。对鑫圆锗业公司红外光学锗镜头工程建设、火法生产线烟气余热发电、高效率太阳能电池用锗单晶及晶片产业化建设项目，大寨煤矿技改项目，贞元冶炼硅厂锅炉节能改造项目，佳源食品有限公司的技改扩建项目等节能技改项目做好服务和项目跟踪问效，促进项目的实施。二是积极帮助企业向上争取技改资金，支持企业开展技术改造。

（三）开展能源审计。对综合能耗在5000吨标准煤以上的三户重点工业企业（即贞元硅厂、鑫圆锗业公司及韭菜境坝煤业公司）开展能源审计。至11月20日，三户企业已全部完成审计工作，并将审计报告上报市经委。积极组织三户企业参加省节能办组织开展的重点用能企业能源利用状况填报培训。

（四）加大节能技术推广力度，大力发展循环经济。结合我区实际，着重推广余热余压利用、燃煤工业锅炉等节能技术和产品，全面推广和鼓励使用新型墙体材料。抓好晶鑫糖业公司、鑫圆锗业公司及宏杰砖厂的清洁生产及工业循环经济示范项目，加强对示范企业技术的指导和跟踪服务工作。

（五）抓好辖区范围内节能灯的宣传、推广工作。按照省、市相关补助政策，临翔区采取各项措施大力开展节能灯推广工作。共推广节能灯10.3万支，完成市上下达任务的187%。

（六）抓好省、市相关节能各项法律、法规、政策的宣传、贯彻落实工作。充分利用报刊、广播、电视、网络、等宣传舆论工具，广泛开展对节能政策、法规、措施等方面知识的宣传活动。今年，临翔区通过各种形式对省、市相关节能各项法律、法规、政策进行宣传，共发放宣传资料450份,制作宣传标语8幅。

【任职领导名单】

书　　记　何文平

副书记、局长 熊星达

副局长　李　荣　　罗　琦

（朱宏疆）

凤庆县经济局

【工业经济运行情况】　2009年，凤庆县完成工业增加值32530万元，同比增14.8%；实现全部工业税金入库2367.26万元，同比减39.68%；全县规模以上工业完成工业增加值20247万元，同比增22.35%；实现主营业务收入36800万元，同比减18.19%；实现利税总额2228万元，利润总额-301万元。

2009年全县完成乡镇企业增加值30087万元，同比增长16.7%，其中：完成工业增加值13474万元，同比增长19.4%；乡镇企业达11559户，从业人员29107人。

2009年全县完成非公经济增加值82060万元，同比增长30%；非公企业从业人员12620人，同比增加911人,增7.78%。

2009年实施工业建设项目17个，完成工业项目投资11550万元。

2009年向上争取到工业贴息扶持资金435万元。

2009年全县万元GDP能耗同比下降3.5%，淘汰落后生产能力铁合金3600 kVA。完成财政补贴节能灯推广销售6.23万只。

2009年销售500g纸塑盐2500吨，平衡营养盐21.68吨，生产加工用盐489吨、畜牧盐168吨、工业盐33.55吨。

【工业产品产量】　2009年，精制茶产量11146吨，增11.9%；食糖产量40655吨，增15%；酒精产量2893千升，增11.7%；发电量10149万千瓦时，减7.2%；水泥产量12.16万吨，增7.7%。

【重点项目建设】　2009年，宏达公司4000吨核桃鲜果处理生产线建设项目一期工程竣工投入生产；滇红公司年产2850吨大叶种高香型系列产品开发项目已通过验收；滇红公司整体搬迁工程顺利推进；南糯河电站完成工程建设并投入试生产。年产2800吨清真系列食品加工项目启动建设；利用核桃壳生产

10000吨活性炭建设项目已完成省级科研评审。

【煤矿监管和安全生产】 2009年，指导企业抓好职工的“三级安全”培训工作，企业职工培训率达到100%，有效扼制了特员无证上岗现象，消除了事故隐患。全年共开展大规模的企业安全生产检查4次和大乃坝煤矿安全专项检查4次，发放煤炭生产安全知识宣传资料100多份；对大乃坝矿井82名员工进行了为期2天的安全生产知识专题培训并颁发了《合格证书》；并组织开展了为强化煤矿企业员工抗灾防变能力和应急反应能力演练。

【盐务管理】 2009年，共出动宣传车120台次，设摊宣传100场次，发放宣传册13565套，宣传、咨询5万人次。全年共查处盐业违法案件22起，查处没收各类盐产品8557kg（其中：假冒盐1870kg、其他盐产品6687kg）；收缴罚款1.366万元，没收违法所得941元。

（董振斌）

沧源县经济局

【机构人员】 沧源佤族自治县经济局、城乡集体企业管理局内设10个股室。全县橡胶产业办和建材产业办设在经济局。核定编制12人，年末实有12人。

【工业经济运行情况】 全县有工业企业46户，其中，规模以上9户，分别为制糖企业1户，制茶企业2户，电力生产和供应企业2户，建材企业1户，金属冶炼企业1户，采矿企业2户。其中，煤炭企业1户。规模以下企业均为茶叶加工、砖瓦生产和小型水电企业。全部工业完成工业总产值45846万元，完成年初计划54100万元的86.8%；同比减17.0%。全县规模以上工业企业完成工业总产值28408万元，同比减35.5%，规模以下工业完成总产值20138万元，同比增38.7%；全县完成工业增加值17816万元，同比减7.4%，完成考核指标24000万元的74.23%；全县工业共上交税金3365万元，同比减13.3%，完成市考核目标6600万元的50.98%；全县规模以上工业完成工业增加值10767万元，同比减21.1%，完成年考核目标19800万元的54.4%；完成主营业务收入33212万元，同比减22.1%，完成考核目标45000万元的73.8%；完成利税总额-2804万元，与完成考核目标6000万元差额高达8804万元；完成利润总额-5418万元，与完成考核目标1800万元差额高达7218万元。

主要工业产品产量 天然民营橡胶完成689吨，比上年同期增31.5吨；初制茶叶完成427.5吨，比上年同期增159.35吨；精制茶叶完成2033.9吨，同比减3.9%；白酒250吨，比上年同期增19吨；砖1500万块，同比增17%；工艺品完成170000件，比上年同期增95000件；机制碳完成55吨，比上年同期增17吨；筷子完成40吨，比上年同期减8吨；松香完成300吨；白糖完成55514.62吨，同比增2.1%；酒精4347.18千升，同比增4.8%；原煤74287.11吨，同比减5%；发电量6038万度，同比减11.8%；水泥185185吨，同比减10%；由于沧源金腊云矿锌业有限公司已停产，我县主要工业产品锌锭和硫酸产量为零。

【非公经济发展】 全县登记在册的个体工商户、私营企业共有2993户，比上年同期增13.6%。其中，个体工商户2862户，比上年同期增11.9%，私营企业131户，比去年同期增20.1%；从业人员10850人，比上年同期增7.3%。其中，个体工商户从业人员6803人，私营企业从业人员4047人；注册资金29759万元，比上年同期增20.2%，其中：个体工商户注册资金5175万元，私营企业注册资金24584万元；上缴税金3900万元，比上年同期增34%，占我县全年财政收入 7768万元的50.9%。其中，个体户上交税金3078万元，同比增长61.5%，私营企业上交税金822万元，同比减18.1%；完成非公经济增加值40700万元，比去年同期增17.6%，占全县国民生产总值的37%；完成社会消费品零售额34440万元，与上年同期增16.3%，其中：个体户完成15654万元，私营企业完成18786万元；共实施招商引资项目28个，其中：内资项目26个。其中：历年接转项目22个，新签约项目6个，外资项目2个，实际到位资金47400万元。

【乡镇企业发展】 2009年，全县乡镇企业户数共有4534户，从业人员达8562人；实现增加值8883万元，比上年同期增16.5 %；工业增加值完成6084万元，比上年同期增17.5%；总产值完成28012万元，比上年同期增22.5%，营业收入完成29323万元，比上年同期增24%；利润总额完成1957万元，比上年同期增105.8%，税金完成1050元，比上年同期增6.7%，农产品工业销售产值完成38625万元；职业技能坚定40人，完成市考核目标的100%；企村结对完成1户，完成市考核目标的100%；主要是莲花塘煤矿在勐角乡莲花塘村进行挂钩扶贫，全村共有485户，人口2074人，为莲花塘村新修硬板路1.7公里， 为莲花塘村解决各项工作经费共10余万元。

【安全生产】 全县3家煤矿（4对矿井）共生产原煤74287.11吨，比去年同比减5%，实现产值1850万元，比上年同期减5%，上缴税金148万元，同期减38.58%，共投入安全技改资金1046万元，从业人员485人，其中：专业技术人员14人，特种作业人员146人。全县3家煤矿企业共组织职工学习法律法规知识和业务培训12期570人次，共培训复训特种作业人员7期122人，送省安全培中心培训复训矿长、副矿长共12人，3家煤矿职工持证上岗率达90%以上。年初时我局分别与三户煤矿企业签订了《安全生产责任书》，把安全生产作为工作重中之重来抓紧和抓好，层层分解，层层签订责任状；加大监管工作力度，强化培训工作。根据国家、省、市的安排部署，6月份开展了以“治理、隐患、防范事故”为主题的安全生产宣传活动，深入到三户煤矿企业，根据企业各自特点，开展了形式多样、丰富多彩的宣传活动，大力宣传《安全生产法》，不断增强广大职工的安全生产意识。2009年对三户煤矿（4对矿井）进行了机电和仪器的检测，基本达标合格，开展了煤井安全程度评价工作，均达B类矿井,完成了瓦斯等级鉴定工作，4对矿井均属于低瓦斯矿井。共深入到3户4对矿井进行监督检查,动用车辆24台／次。突出重点，加大执法检查力度，有计划、分步骤的对煤矿进行安全隐患排查治理工作，共开展安全检查36／次，查出各类安全隐患193条，在监管部门的督促下，隐患治理率达100%，下发《隐患整改通知书》24份，并已整改完毕。煤炭行业重大伤亡事故为零。

【节能减排】　全年单位GDP能耗下降4.01%。全县GDP完成97027万元（可比价），能耗消费总量172131.28吨标准吨煤。

2009年，两户重点能耗企业节能责任目标：沧源县金腊云矿锌业有限公司由于2008年10月份以来一直停产，单位产品能耗为零；沧源县建材水泥有限责任公司单位产品能耗下降9.16%。

根据2009年节能统计数据显示，两户重点企业单位产品能耗：沧源县金腊云矿锌业有限公司由于2008年10月份以来一直停产，单位（电锌）综合能耗为零；沧源县建材水泥有限责任公司每吨水泥综合能耗是172.47千克标准煤吨，比去年同期的189.87千克标准煤吨，下降9.16%。

年内，共推广节能灯13180支。其中，横店得邦紧凑型节能灯11580只；佛山照明1500只；上海亚明高压钠灯100只，完成市政府下达1.5万支推广任务的87.9%。

【工业固定资产投资】　年内，工业固定资产投资完成11101万元，累计完成投资25458万元。实际投资项目18个。其中，续建项目8个；新建项目10个，实际完成投资11066万元（续建项目完成投资额2901万元；新建项目完成投资额8165万元）。

【任职领导名单】

局　长　陈树勇

副局长　李中才　　陈兴忠

（魏春珍）

云县经济局

【概述】　近年来，云县县委、政府抓住临沧工业园区（云县片区）被省列为30个重点园区、云县被省列为47个县域经济试点县和全省10个发展工业循环经济试点县的重大发展机遇，千方百计加快新型工业化步伐。加大招商引资，使云县企业发展迅速。电、酒、糖、茶、矿等一批骨干产业不断发展壮大，形成了独具特色的"水电工业"基地，云南省最大的酒工业基地，区域性商贸服务中心，培育了云南澜沧江啤酒企业集团、云南茅粮酒业集团等一批有一定实力和影响力的龙头企业，开发了云南老窖、茅粮骄子酒、"司岗里"木瓜发酵酒等一批知名产品。2009年，云县继续落实"工业强县"发展战略，认真学习贯彻中央、省、市经济工作会议精神，紧紧围绕《云县人民政府关于推进工业强县又好又快发展的实施意见》及年初确定的各项经济发展目标任务,以科学发展观为指导，积极应对金融危机，以保增长为目标，突出重点、加强服务，扎实实施工业倍增计划，加强工业经济运行监测、分析，重点针对制糖企业和蔗农生产积极性不高，普洱茶市场低迷，水电前期有电难卖，后期"有价无电"等问题，多方统筹协调，健全体制机制，寻求政策支持，坚定企业发展信心，着力破解企业发展的"瓶颈"，努力做到"危"中寻"机"，变不利为有利。确保全县工业经济由"寒"变"暖"，保持良好的发展态势。2009年，实现生产总值25亿元，增长10.7%，完成财政总收入4.03亿元，下降3.8%。

【机构设置】　云县经济局是云县人民政府经济管理与监测的综合协调服务部门，于1997年8月组建，9月30日正式挂牌运营，前身为云县经济贸易委员会、云县经济贸易局。现加挂云县乡镇企业局牌子，实行一套班子，两块牌子运行，内设办公室、经济运行综合分析股、工业股（云县盐务局）、中小企业股（非公经济办、生产加工企业专委办）、节能监察股、乡镇企业股等六个股室。县编办核定编制职数25人，（行政编制职数11人，推公编制职数12人，工勤编制职数2人）。全局现有职工27人，其中，在职行政、推公人员25人，工勤人员2人；退休干部23人（企业改制后划转代管5人）。

【工业经济运行情况】　2009年，完成总产值250280万元，比上年同期235276万元增15004万元，增长6.4%；实现工业销售产值225060万元，比上年同期223219万元增1841万元，增长0.8%，比上年同期138972万元增2859万元，增长2.1%，其中，规模以上（年销售产值500万元以上云县甘化公司、云县幸福糖业公司、云南啤酒企业集团、云南茅粮酒业集团、云南云塑企业集团、云县供电有限公司、云县水泥有限公司、云县江天矿冶公司、云县嘉木茶叶制品公司、云县天龙生态茶叶公司、云南华能漫湾水电厂）11户工业，完成总产值201607万元，比上年同期193317万元增8290万元，增长4.3%；实现工业销售产值187832万元，比上年同期183777万元增4055万元，增长2.2%；实现工业增加值128329万元，比上年同期125026万元增3303万元，增长2.6%。完成责任目标132600万元的96.78%；实现主营业务收入242936万元（含华能漫湾水电厂1~12月），比上年同期108493万元（含华能漫湾水电厂1~5月23717万元）增134443万元，增长1.24倍，完成责任目标190000万元的127.86%；实现利税总额80482万元（含华能漫湾水电厂1~12月上交税金、实现利润），比上年同期23389万元（含华能漫湾水电厂1~5月利润2345万元，1~12月上交税金8819万元）增57093万元，增长2.44倍，完成责任目标39000万元的206.36%；实现利润总额58836万元（含华能漫湾水电厂1~12月），比上年同期7920万元（含华能漫湾水电厂1~5月2345万元）增50916万元，增长6.43倍，完成责任目标23700

万元的248.25%。规模以下工业完成总产值48673万元，比上年同期41959万元增6714万元，增长16.0%；实现工业销售产值37228万元，比上年同期39442万元减2214万元，下降5.6%；实现工业增加值13502万元，比上年同期13946万元减444万元，下降3.2%。

全县工业完成增加值180176万元（含大朝山电站38345万元），比上年同期177972万元（含大朝山电站39000万元）增2204万元，增长1.24%，完成市政府183000万元考核目标的98.46%。受增值税转型等客观因素影响，工业企业上交税金较上年出现大幅下滑，全县工业实际上交税金23787万元（含大朝山电站9796万元），比上年同期30220万元（含大朝山电站12929万元）减6433万元，下降21.29%，完成市政府32400万元考核目标的73.42%。

主要工业产品产量　完成食糖产量79732吨，同比增长9.8%；酒精产量5929 千升，同比下降1.4%；机制纸及纸板产量2448吨，同比增长6.2%；饮料酒产量38609千升，同比增长28.3%；啤酒产量21838 千升，同比增长9.8%；白酒产量15793千升，同比增长56.8%；硅3445吨，同比增长11.4%;精制茶产量2275吨，同比增长33.6%；水泥产量94950吨，同比增长11.5%；发电量581950万度，同比下降20%。

电力工业　总装机155万kW的华能漫湾水电厂，发电量565360万度，比上年同期713301万度减147941万度，下降20.7%。电力工业（不含大朝山电站）完成总产值97450万元，比上年同期105831万元减8381 万元，下降7.9%；实现增加值78071万元，同比下降8.7%，上交税金6837万元，比上年同期9089万元减2252万元，下降24.8%。总装机135万kW的大朝山电站，发电量537000万度，比上年同期67亿度下降19.85%，实现增加值38345万元，同比下降1.7%，上缴税金9796万元，同比下降24.2%；两大电站增加值占全县工业增加值的64.6%。

制糖业　2008／2009榨季两制糖企业甘蔗入榨量61.69万吨，比上年同期59.79万吨增1.9万吨，增长3.2%；食糖产量79423吨，比上年同期72282吨增7141吨，增长9.9%；酒精产量5929千升，比上年同期6010千升减81千升，下降1.4%；完成工业总产值31411万元，比上年同期24042万元增7369万元，增长30.7%；实现销售收入23864万元，比上年同期23460万元增404万元，增长1.7%；实现利润1934万元，比上年同期-2883万元增4817万元，增长1.7倍；上交税金2549万元，比上年同期1547万元增1002万元，增长64.8%。

酒产业　云县酒产业主要有云南啤酒集团、云南茅粮集团、云县家盟茶酒有限责任公司，生产饮料酒36301千升，比上年同期28450千升增7851千升，增长27.6%；完成工业总产值43917万元，比上年同期33714万元增10203万元，增长30.3%；实现销售收入40313万元，比上年同期30834万元增9479万元，增长30.7%；实现利润4619万元，比上年同期3349万元增1270万元，增长37.9%；上交税金1028万元，比上年同期1755万元减727万元，下降41.4%。

矿产业　铜精矿产量2897吨，比上年同期3206吨减309吨，下降9.6%；完成工业总产值15471万元，比上年同期19202万元减3731万元，下降19.4%；实现销售收入13715万元，比上年同期15463万元减1748万元，下降11.3%；实现利润2267万元，比上年同期4961万元减2694万元，下降54.3%；上交税金2168 万元，比上年同期2713万元减545万元，下降20.1%。

茶产业　精制茶产量1148吨，比上年同期345吨增803 吨，增长2.3倍；完成工业总产值2846万元，比上年同期1255 万元增1591万元，增长1.3倍；实现销售收入2571万元，比上年同期1679万元增892万元，增长53.1%；实现利润5万元，比上年同期-13万元增18万元，增长1.4倍；上交税金154万元，比上年同期109万元增45万元，增长41.3%。

【工业投资】　全县引进工业项目3个，总投资8.6亿元，到位资金1.6亿元，续建、在建项目22个，总投资189608万元，累计完成投资98129万元，2009年完成投资48937万元，同比增长2.1倍。随着核桃产业深加工产品项目、单晶硅生产线项目的实施，云县的工业产业结构进一步合理优化。

【节能降耗】　云县工业节能降耗、资源综合利用、清洁生产等工作有序开展，通过推广先进适用的资源节约和综合利用技术、工艺、设备及加强管理，促进了产品能耗和物耗水平不断降低。规模以上工业企业万元工业总产值综合能耗为0.1742吨标煤，单位产值能耗下降8.65%；规模以上工业企业万元工业增加值综合能耗为0.2743吨标煤，单位可比价增加值能耗下降5.86%。

【乡镇企业发展】　全县乡镇企业实现增加值74930万元，同比增长23%，完成市下达考核目标71225万元的105.2%。其中，工业实现增加值53473万元，同比增长19%，完成市下达考核目标53069万元的100.8%；实现营业收入207719万元，同比增长32%；实现利润22002万元，同比增长3%；上交税金12036万元，同比增长23%。

【非公经济发展】　全县共有非公经济户数5983户，同比增长2.3%；注册资金72314万元，同比增长16.4%；从业人18716人，同比增长7.5%，完成市下达考核目标1.87万人的100%；上交税金（按市非公办要求统计五项税之和）5872万元，同比下降20.5%，完成市下达考核目标8000万元的73.4%。

【基层党组织建设】　云县经济局党委，始终坚持围绕中心，服务大局，深入开展科学发展观学习实践活动和“一团火、一面旗、一盘棋”主题实践活动，全面抓好党的思想、组织和作风建设，维护社会和谐稳定，局党委下属云塑集团党总支、局机关支部、局离退休支部、云县建司支部、云县二轻公司支部、云县民族福利造纸厂支部、云县水泥厂支部、云县医药公司支部、云县盐业公司支部、云县嘉木公司支部、云县天华公司支部、云县源盛供排水公司支部、云南茅粮集团支部、云县佳盛公司支部、云县盘河金电公司支部、孟定橡胶公司支部等1个总支16支部，年内共发展新党员12名，党员总数186名。

【工会工作】 积极协助党、政班子抓好职工工会工作，维护职工合法权益，关心职工身心健康利益，帮助解决职工实际困难，协调处理企业改制后反映的热点、焦点问题。积极组织开展全体干部职工开展不同方式的娱乐活动。在庆祝临沧建市5周年之际，组织职工参加全县万人广场舞赛事活动。

【安全生产】 认真加强生产加工企业安全生产专委监管宣传教育，不断进行实地督察指导，切实规范企业各项管理规章，改进运作规程，提高运行质量，确保生产加工安全，年内无重特大安全事故发生。

【盐务监管】 切实加强盐产品流通经营监督管理，依法严肃查处盐产品非正常流通渠道，规范执法，依法执法，全面维护广大人民群众食盐终端消费健康利益。通过组织，经临沧市法制办培训考试，13人取得执法证资格。依法查处非法运输盐产品1000kg以上案件5件，涉案人员5人，经简易程序办结2件，一般程序办结3件，依法没收、销毁盐产品13.6125吨。

【受表彰情况】 2009年6月，云南茅粮集团董事长李宗城被云南省委、省政府评为“全省非公企业创业之星”。

2009年8月，云南茅粮司岗里木瓜发酵酒被评为“全国著名品牌”。

2009年10月，云南茅粮集团董事长李宗城被云南省人民政府授予“云南省第三届中国特色社会主义建设者”称号。

2009年12月，云南茅粮集团董事长李宗城被省政府评为全省建国六十周年酿酒行业“十大功勋人物”。

2009年12月，云南茅粮集团生产的白酒被省政府评为全省建国六十周年酿酒行业“十大功勋品牌”。

2009年12月，云南茅粮司岗里木瓜发酵酒被省政府列为“全省接待用酒”。

2009年5月4日，云南澜沧江啤酒企业集团董事长刘光汉被云南企业联合会、云南企业家协会评为“十一届优秀企业家”。

2009年12月18日，云南老窖酒荣获云南日报云南酒类消市场“十大最具成长性品牌”称号。

2009年12月18日，云南澜沧江啤酒荣获云南日报“云南大功勋品牌”称号。

2009年9月9日云南澜沧江啤酒企业集团董事长刘光汉被中国扶贫开发协会授予“中国扶贫开发典型人物”称号。

2009年12月18日，云南澜沧江啤酒企业集团董事长刘光汉被云南日报社等评为“云南十大功勋人物”。

【任职领导名单】

党委书记　罗廷良
局　　长　姜登荣
副 局 长　鲁正芳
　　　　　杨雁林
　　　　　刘少虎
系统工会主席　蔡继武

（汤　瀛）

镇康县经济局

【基本情况】 镇康县经济局是县人民政府的组成部门，承担着全县工业经济、乡镇企业、非公经济发展和节能降耗等工作职责。经济局内设办公室、经济运行综合股、工业管理股、乡镇企业股、中小企业股、节能监察股、技术进步与创新股等7个职能股室。同时，县政府的工业园区规划办公室、工业特色小区规划办公室、工业发展倍增计划办公室、橡胶产业协调办公室、非公经济发展办公室、企业减负办公室、节能减排办公室、清洁生产办公室、新墙材革新办公室、水泥厂搬迁协调办公室等10个临时办公室设在经济局，负责相应的日常业务。经济局人员编制14名 2009年，经济局实有在职干部职工16人，人员超编2人。

2009年，镇康县有法人企业166户（不包括金融、电信、石油部门），注册资金4.82亿元，从业人员3667人，完成销售收入11.28亿元，完成增加值3.49亿元，上交税金7175万元。其中，工业企业53户，从业人员2524人，完成增加值30782万元，上交税金5876万元。

工业企业中，产值或收入上亿元的企业3户、3000~10000万元的4户、1000~3000万元的4户、300~1000万元的5户。根据《中华人民共和国中小企业标准暂行规定》，镇康南华南伞糖业有限公司达到中型企业标准，其余为小型企业。2009年，统计部门确认的镇康县规模以上企业8户。

2009年，镇康县有个体、私营企业3158户，注册资金46674万元。非公经济从业人员7839人，完成增加值49408万元，上缴税金3572万元。

2009年，镇康县能源消费总量128835.52吨标准煤，万元GDP能耗1.1362吨标准煤，较上年下降2.81%。

【工业经济运行情况】 受全球金融危机影响，镇康县食糖、矿产品等主要工业产品生产成本上升，销售价格下滑，企业利润空间缩小，甚至难以正常生产。

全县完成工业增加值31592万元，同比下降4.74%，完成年初计划37000万元的85.38%。工业实现税金5876万元，同比下降21.77%，完成年初计划10200万元的57.6%。规模以上企业完成增加值27179万元，占年初计划34000万元的79.94%；完成主营业务收入87117万元，占年初计划70000万元的124.45%；利税总额6029万元，占年初计划8900万元的67.74%；利润总额979万元，占年初计划3000万元的32.63%。乡镇企业完成增加值32735万元，占年初计划33966万元的96.38%；农产品加工业完成销售产值35648万元，占年初计划33262万元的107.17%。非公有制经济完成增加值49408万元，占年初计划59000万元的83.74%；上缴税金3572万元，占年初计划4500万元的79.4%。

主要工业品产量 食糖：109336吨，同比增长32.48%。

酒精：7645千升，同比增长14.46%；发电量：34429万千瓦时，同比增长13.15%；锌锭：4941吨，同比增长44.52%。

锌精矿：13201吨，同比下降37.1%；铜精矿：1134吨，同比下降21.75%；金属硅：9108吨，同比增长48.73%；水泥：8800吨，同比下降63.33%；饮料酒：166千升，同比增长2.47%。

【工业重点项目建设】 2009年，镇康县实施重点工业建设项目10个，计划总投资58454万元，实际完成投资49793万元，占计划数的85.18%。

多金属低品位矿、尾矿渣资源综合利用项目：由镇康县东鸿锌业有限公司实施，主要建设内容是技改并扩建勐捧冶炼厂，使年产锌锭规模达到2万吨。项目于2009年11月18日点火试运行，当年完成投资4800万元。

镇康日产2000吨熟料水泥生产线项目：由镇康水泥建材有限公司实施，2009年完成投资16599万元，计划2010年6月建成投产。

小河边铁矿选厂及铁矿综合开发项目：由镇康县海山矿业开发有限责任公司实施，于6月6日试生产，于10月初正式投产，2009年完成投资3000万元。

凤尾河电站扩建项目：由云南镇康县汇华水电有限公司实施，对原凤尾河电站实施搬迁扩建，装机4万千瓦，2009年完成投资8110万元，计划2010年4月份投产发电。

劝桥河电站建设项目：由云南镇康县汇华水电有限公司实施，新建装机1.6万千瓦，2009年完成投资6030万元，计划2010年底投产发电。

镇康县汇华硅业有限公司硅厂三期项目：新建12500kVA硅冶炼炉2台，使总规模达到6台，2009年完成投资900万元，计划2010年5月份建成投产。

镇康县兴达矿产工贸有限责任公司矿山综合开发项目：主要内容是探矿，2009年完成投资1844万元。

大丫口电站建设项目：由云投粤电水电开发有限责任公司实施。大丫口电站设计装机10.2万千瓦。总投资概算88664万元，2009年基本完成进场公路，完成坝前交通桥、导流隧洞贯通等工程，当年完成投资5910万元。

昆钢振兴矿业开发有限公司铁矿综合开发项目：主要是选厂技改，2009年完成投资2500万元。

镇康县炎辉实业有限公司大理石开发项目：主要是加工厂房建设，2009年完成投资100万元。

【产业结构】 在不断的发展与调整中，镇康的工业形成了以矿产业、特色农产品加工业和水电业为支撑，建材业以及其他加工、制造业为补充的相对多元化的产业结构体系。主要产业或行业2009年增加值情况。

矿产业：包括硅冶炼业共完成增加值14578万元，占全部工业增加值的46.14%；

甘蔗制糖业：完成增加值11054万元，占全部工业增加值的34.99%；

水电发、供电业：完成增加值3750万元，占全部工业增加值的11.87%；

其他：主要是建材、其他农产品加工业及个体工业，完成增加值2210万元，占全部工业增加值的7%。

工业发展上，以资源为依托，以市场为主导，以企业为主体的发展机制初步形成。可持续发展意识进一步提高，统筹经济发展与社会文明的进步，正确处理工业发展与节能减排等，愈来愈受到政府、企业及社会的关注，新型工业化进程不断推进。在矿业开发上，引导优势资源向优势企业配置，强化安全隐患治理，控制环境污染和生态破坏。开发从单纯的原矿开采、洗选发展到建设冶炼厂进行深加工冶炼。

以甘蔗制糖业为代表的农产品加工业，在自身实现效益的同时，有力地推进了农业产业化发展，给农民带来真正实惠。

2009年，建成发电的水电站装机6.31万千瓦，在建的水电站装机15.8万千瓦，水电发电业在增加工业总量的同时，也为经济社会的发展提供着有力的能源保障。

【节能降耗】 通过淘汰落后产能、严格建设项目能耗审核、实施重点耗能企业节能责任目标管理、开展节能灯推广及节能法规宣传教育等措施，2009年节能降耗取得预期成效。全县能源消费总量128835.52吨标准煤，万元GDP能耗1.1362吨标准煤，较上年下降2.81%，完成上级下达下降2.8%的责任目标。

【大事记】 1月17日，总投资4亿元的镇康县2000吨/日熟料水泥生产线项目开工建设“三通一平”工程。该项目由省发改委于2008年批准同意开展前期工作，由昆明钢铁控股有限责任公司投资，在镇康县注册成立镇康水泥建材有限公司具体实施。

4月15日，曲靖市人才服务团到镇康开展“工业经济运行分析”专题讲座，县工业发展倍增计划工作领导小组成员单位相关人员、规模以上企业负责人及会统业务人员共50多人听取了讲座。

10月，经济局完成了《镇康县志·工业篇（1978～2005）》送审稿的修编。

根据节能办的统一部署，镇康县2009年推广了自镇流荧光灯9000支，基本完成了上级下达的推广任务。

【任职领导名单】

局　长　李永清
副局长　杨忠文（8月任主任科员）
　　　　尹光乔
　　　　罗惠兰（女）

（杨忠文）

永德县经济局

【工业企业概况】 2009年，永德县列入统计的工业企业37户，其中：规模以上企业9户，规模以下企业27户。制糖企业2户，饮料生产企业1户，制茶企业11户，电力企业3户，矿产企业8

户，建材企业3户，酒类生产企业1户，林产品及林脂化工企业3户，其他加工企业5户。

2009年，全县实现工业现价总产值78210.1万元，同比减1.49%；实现工业现价销售产值71107.6万元,同比减0.48%；实现工业增加值22285.3万元，同比增长5.62%；实现税金4642万元,同比减28.3%。

【信息化建设情况】 2009年，县内有信息经营管理企业4户，分别是中国电信股份有限公司永德分公司、中国移动通迅集团云南有限公司永德分公司、中国联合通迅有限公司永德分公司、永德县广电网络公司。信息网络覆盖全县10个乡镇118个村民（居民）委员会。

【产业结构情况】 （一）糖业 全县有云南永德糖业集团有限责任公司和永德大雪山实业公司2户制糖企业，有日处理甘蔗4000吨的生产线1条、日处理甘蔗2000吨的生产线2条，主要工业产品为白砂糖和酒精，2009年，全年共生产白糖157077吨，同比增16.56%；生产酒精10685吨，同比增3.74%；实现工业现价总产值49986.4万元。

（二）饮料产业 2009年,全县有饮料生产企业1户（云南玉丹食品饮料有限责任公司）,主要以生产“玉丹”系列品牌饮料为主，全年共生产饮料5686吨，实现工业现价总产值2121.3万元。

（三）茶产业 2009年，全县有茶叶加工企业11户，主要以生产绿茶、普洱茶、CTC红碎茶等产品为主，全年共生产各类精制茶1914吨，同比增长23.40%，实现工业现价总产值5750.4万元。

（四）水电产业 2009年，全县有水力发电、供电企业3户，全年发电量10222万度，实现工业现价总产值4807.3万元。

（五）建材产业 2009年，全县有建材企业3户（其中：有年产10万吨水泥的生产企业1户、有页岩红砖厂2户），生产水泥80900吨，生产红砖3585万块。实现工业现价总产值2663.9万元。

（六）矿业 全县有矿产企业8户，进行矿产开采和精选，主要开采煤矿、石膏和铅锌矿、铜矿、锡矿开采及精选等。由于受国际金融危机的影响，2009年，是我县矿产企业发展最为困难的一年，大部分企业生产经营极不正常，一度出现停厂半停厂状态，全年只采煤11664吨、开采石膏80000吨、精选锡矿57吨、精选铜矿3吨、铅矿采选1352吨、锌矿采选2925吨，共实现工业现价总产值7846.9万元。

（七）林产品及林脂化工产业 2009年，全县有林产品及林脂化工企业3户。经营、加工木材3590立方米，生产林脂化工产品749吨，实现工业现价产值858.4万元。

（八）酒产业 2009年，全县有酒类生产企业1户，全年共生产“老白干”牌白酒110吨，实现工业现价总产值158万元。

（九）其他产业 2009年，全县有糕点加工等其他加工企业5户，实现工业现价总产值627万元。

【体制改革】 2009年8月4日,根据《临沧市机构编制委员会办公室关于单设县（区）商务局工作机构的通知》（临编办发〔2008〕12号）和《临沧市机构编制委员会办公室对永德县编委关于永德县人民政府单独设立商务局请示的批复》（〔2008〕19号）文件精神及县委政府的要求，永德县经济局和永德县商务局正式分设办公。

【技术创新】 永德糖业集团有限责任公司实施制糖废弃物蔗渣资源生产木糖醇和生产糖用高效活性炭开发。建设年产3000吨结晶木糖醇生产线一条，年处理甘蔗渣10.67吨；建设利用制糖废弃物蔗渣生产活性炭生产线一条，年产活性炭4000吨。

【安全生产管理】 2009年，县经济局认真履行煤矿安全生产监管职责，认真落实煤矿安全生产责任制，组织相关乡镇和煤矿企业签订了煤矿安全生产责任状，加大煤矿安全生产监督管理力度，健全和完善了煤矿重特大事故应急救援预案，定期不定期的对企业进行煤矿安全生产检查和对非法开采进行打击，实现了零伤亡事故的年度考核目标，连续三年获得市级年度安全奖。

【节能减排】 2009年，在全县范围内深入开展企业清洁生产审验工作和大力推广农村沼气、太阳能及节能灯具的使用。全县已累计通过清洁生产市级审验的企业5户、正在申请审验的1户、正在组织实施的2户,全年共推广实用节能灯具30000只，产值能耗为0.1911吨标煤／万元，同比下降26.7%。

【大事记】 1月19日，分别以（永政经发〔2009〕6号）和（永政经发〔2009〕7号）文件帮助云南永德糖业集团公司、永德县大雪山实业公司转报，请求市经委将永德糖业集团公司甘蔗渣废弃物资源综合利用项目及大雪山实业公司采用生物技术利用糖制业三废生产有机肥建设项目列入工业节能减排技术改造储备项目。

2月5日，以（永政经发〔2009〕2号）文件批复，同意给予云南永德糖业集团有限责任公司年产1800吨活性碳搬迁技改项目备案。

3月10日，与永德县财政局联发，以（永政经发〔2009〕13号）文件帮助永德县糖业集团有限责任公司、云南玉丹食品饮料有限责任公司、云南永德松桦林化制品有限责任公司、临沧胜彤生物开发有限责任公司上报请示，请求市经委帮助协调解决4户企业申报的2009年技改项目贷款贴息资金856万元。

3月26日，县人民政府组织召开了由经济局、财政局、发改局等11个部门参加的全县综合经济社会发展管理工作会议，县经济局全体班子成员及股所级负责人参加了会议，局长何鑫同志代表局作了“认清形势、坚定信心、推动全县工商业经济平稳较快增长”的发言，发言中全面总结2008年度工业经济工作和商务工作完成情况及提出2009年发展目标及工作措施。会上，县人民政府还分别和各职能部门及乡镇人民政府签订了《2009年永德县乡镇企业发展目标责任书》和《永德县2009年度煤矿安全生产责任书》。

3月27日，经局班子研究。成立经济局深入学习科学发展观活动领导小组，制定学习活动方案，召开学习活动动员会，全面安排部署学习活动的各项内容。局内学习实践科学发展观活动正式开始。

6月1~10日，按市政府的要求，组织了永德糖集团、乌木龙银竹茶叶有限责任公司两户企业参加了第七届昆交会，共展出糖、茶两大类24个品种的商品，推介旅游开发、民族文化开发、农产品开发等招商引资项目16个。

6月30日，组织申报云南永德天源电力开发有限公司、云南永德县松山水泥有限责任公司、永德县供销有限责任公司、永德银竹茶叶有限责任公司、云南省临沧市永德县永康镇镇勐底农场、永德县康华粮食实业有限责任公司、云南永德县紫玉茶厂等企业为受金融危机影响的困难企业。

8月27~28日，按（临经发〔2009〕150号）文件要求，由局内分管领导带队，组织煤矿矿长、副矿长、技术人员等12人参加的检查组对凤庆县黄果园煤矿安全生产情况进行了交叉检查。

8月4日,根据《临沧市机构编制委员会办公室关于单设县（区）商务局工作机构的通知》（临编办发〔2008〕12号）和《临沧市机构编制委员会办公室对永德县编委关于永德县人民政府单独设立商务局请示的批复》（〔2008〕19号）文件精神，永德县经济局和永德县商务局正式分设办公。

8月13~14日，省工信委和省财厅领导以及市经委重工科科长张毅江等一行5人到我县检查永德松山水泥厂及原格桑公司的淘汰落后产能工作开展情况。

8月18日，历经5个月的经济局干部职工深入学习实践科学发展观活动圆满完成各阶段的学习活动任务，全局25名干部职参加了学习活动，班子成员及干部职工的政治理论水平和服务意识得到了不同程度的提高。

10月22日，市经委张廷忠主任带领市经委经济运行综合科、轻工科等科室领导到永德县检查1至9月份工业经济运行情况。

2009年12月28日，召开全县乡镇企业及农产品加工企业统计年报工作会，全县10个乡镇企业办统计人员和5户重点乡镇企业统计人员出席了会议，会议对相关统计业务进行了培训，并对年报工作进行了安排，表彰奖励了2009年度乡镇企业统计先进工作者。

【任职领导名单】

局　　长　何　鑫

总支书记　李云山

副 局 长　李兰香　　杨新学

（左志斌）

双江县经济局

【工业经济】 2009年，双江县全部工业完成工业总产值81379万元，同比增长6.93%；工业增加值24518万元，同比增长7.2%；上交税金完成3970万元，同比下降18.91%。全县工业入库税金占同期财政收入的比重达51.57%，对财政增长的支持作用明显。其中：规模以上工业企业实现工业增加值 22000万元，实现主营业务收入53427万元，实现利税3588万元，实现利润671万元。

【非公有制经济】 全年非公经济总量达3278户同比增长12.22%。非公经济增加值：考核目标为全年30000万元，实际完成30000万元，完成责任目标的100%；上缴税金目标考核为全年7100万元，实际完成6140万元，完成责任目标的86.48%；从业人员目标考核为全年9900，实际完成9980人，完成责任目标的101%。

【乡镇企业】 2009年完成增加值15629万元，同比增长27.6%，完成目标任务的100.1%。其中：工业增加值14190万元，同比增长35%，完成目标任务的113%；实现现价总产值55897万元，同比增长103%；上交税金2812万元，同比增长45.8%，完成目标任务的102%；实现利润1857万元，同比增长32%。完成2户企业“企村”结对（云南双江勐库镇丰华茶厂、云南临沧晶莹纸业有限公司）投入资金3.4万元，带动农户256户，4286人，吸纳农村就业40人，村民人均增收123元。

【企业节能降耗】 2009年，全县十户重点工业企业综合能耗达36576.78吨标煤，同比下降25.08%；万元工业增加值能耗1.54吨标煤，同比下降29.05%；完成市政府下达我县万元GDP能耗下降4%的目标任务。

【煤炭安全生产】 强化日常监督管理，加强基础设施建设投入，进一步理顺企业内部运作机制，加强管理人员和煤炭工人的培训，提高工人劳动技能。全年开展煤矿安全检查16次，年内先后组织培训工人250多人次，到外地考察学习1次，全年无重特大事故发生，实现零亡、零伤亡。

【任职领导名单】

局　长　张晏红

副局长　浦文才

　　　　王应会

　　　　董华灿

（何根平）

耿马县经济局

【基本情况】 耿马县经济局根据《耿马傣族佤族自治县人民政府办公室关于印发县经济局职能配置内设机构和人员编制方案的通知》（耿政办发〔2005〕153号）于2006年4月组建，2008年8月县商务局分出后，县政府办对县经济局人员编制进行了调整，安排经济局机关人员编制24名，其中：行政编制9名；参公编制9名；工勤编制2名，热作服务中心事业编制4名。县经济局是作为县人民政府的组成部门，承担着全县工业经济、乡镇企业、非公经济发展和节能降耗等工作职责。经济局内设办公室、经济运行综合股、工业和煤矿监管股、乡镇企业和中小企业股、技术进步与创新股、热作服务中心等6个职能股室。2009年经济局有干部职工29名，其中，公务员19名,工勤7名，事业人员3名。

【工业经济运行情况】 2009年，全县共有集体、私营、个体等独立核算工业企业724户，其中，工业企业60户、规模以上工业企业9户，主要分布在勐永至贺派的羊耿线、勐简至清水河的勐清线2个工业带上，涵盖蔗糖、橡胶、制茶、酒精、香蕉、粮油、畜禽产品、矿业、建筑建材等各行各业，已初步形成一定规模。

2009年，全县工业累计完成工业总产值（现价）78932万元，同比增13.16%；完成工业增加值31294万元，按可比价计算，同比增17.6%，其中，规模以上工业企业完成26029万元，按可比价计算，同比增13.9%。全县工业扭转了年初负增长的局面。主要呈现以下特点：一是制糖业对全县工业经济增长拉动作用明显。由于前期糖价下滑，制糖业对我县经济增长拉动作用减弱，但随着糖价的上扬制糖业依然是拉动全县经济增长的主力军。08/09榨季共入榨甘蔗131.89万吨，比去年同期增1.6万吨；产白砂糖16.89万吨，比去年同期增1.02万吨。制糖业完成工业总产值60696万元，同比增15.9%，占全县总产值的76.9%；完成工业增加值23094万元，同比增21.8%，占全县工业增加值的73.8%。二是工业对地方财政收入增长的支撑作用减弱。由于金融危机对全县中小企业生产经营造成的影响逐步加深，受增值税转型和企业效益下滑等多重因素的影响，工业企业上交税金较上年出现大幅下滑，对财政收入的贡献率下降。2009年，全部工业企业上交税金6853万元，同比下降4.57%。三是主要工业产品产量三增六减。在重点监测的9种产品中，除白砂糖及精制茶同比有所增长以外，其余产品均不同程度出现下降。其中：生产机制白砂糖168905吨，同比增6.40%；生产酒精15334千升，同比增5.9%（鑫承酒精厂3096千升，同比增5.34%）；生产化学药品原料药1220吨，同比减62.63%；精制茶2119吨，同比增54.11%；发电量6805万度，同比减0.64%（小水电5896万度，同比减3.47%）；生产水泥23742吨，同比减59.26%；原煤4984吨，同比减1.87%；砖7734万块，同比减8.25%；生产瓦66万片，同比减51.11%。四是规模以上工业企业主导地位仍较明显。从全年工业经济运行情况看，规模以上工业企业支撑全县工业经济作用突出，依然是拉动县域经济平稳增长的主要力量。2009年，规模以上工业企业完成工业总产值66805万元，同比增长11.5%，占全县工业总产值的84.64%；完成工业增加值26029万元，同比增13.9%，占全县工业增加值的83.17 %；上交税金6167万元，同比减2.65%，占全县工业税金的89.99%；实现主营业收入62211万元，同比增12.5%；实现利税总额6985万元，同比增12.7%；利润总额713万元，同比减亏496.11%。

【非公经济发展】 2009年，全县共有非公有制企业5310户，同比增1.55%，其中，私营企业155户，同比增15.67%；个体工商户5155户，同比增1.18%。从业人员14000人，同比增9.08%，完成考核目标13600人的102.94%，其中：私营企业6550人，同比增17.64%；个体工商户7450人，同比增2.52%。注册资金54008万元，同比增17.44%，其中：私营企业40138万元，同比增18.43%，个体工商户13870万元，同比增14.68%。上缴税金6400万元，同比减27.1%，完成考核目标5400万元的118.52%。完成增加值90630万元，同比增34.27%，完成考核目标85500万元的106%。实现社会消费品零售额65482万元，同比增30.333%。

【节能减排】 2009年是完成“十一五”节能目标具有决定性意义的一年，也是耿马县节能减排的攻坚年。县经济局紧紧围绕市政府下达2009年单位GDP能耗同比下降2.5%的责任目标，认真抓好工业、建筑、重点项目等重点领域节能工作。发挥公共机构特别是政府机构在节能降耗中表率作用，积极推进全社会节能降耗。一是认真开展全县公共机构能源资源消耗调查统计工作；二是积极做好全县节能灯推广调查申报工作；三是拟定了《耿马傣族佤族自治县人民政府关于推进墙体材料革新和推广节能建筑的实施意见》；四是具体负责编制了《耿马傣族佤族自治县2009~2010年公共机构节能规划》；及时把耿马全社会节能降耗年度目标落实到县直各单位、各部门及重点能耗工业企业，进一步强化职责，确保我县年度目标和“十一五”节能降耗控制指标的实现。

2009年全县GDP能耗同比下降2.5%。9户规模以上工业企业累计综合能耗为6563.78吨标煤，实现工业产值66805万元。综合能耗比去年同期下降70.75%，工业产值比去年同期增11.19%，单位产值能耗比去年同期下降81.94%。

【工业重点项目建设】 2009年，县经济局上报市经委工业投资新建设项目9个，无技改项目，项目计划总投资17.44亿元，至年底累计完成投资105674万元。新建项目9个：

一是骑马岭水电站。该项目建设装机容量2.2万千瓦，项目总投资40000万元，目前累计完成投资5871万元，占项目总投资的14.7%。

二是临沧南华纸业有限公司。项目总投资93658万元，目前累计完成投资81644万元，占项目总投资的71.73%。

三是铁厂河水电站。该项目建设装机容量12600千瓦，项目总投资5000万元，目前累计完成投资2720万元。

四是河外大理石厂年产30万立方米大理石系列产品加工项目。该项目总投资2亿元，目前累计完成投资5000万元，占项目总投资的25%，县统计局已列入竣工投产。

五是耿马南华糖业公司新建日产208吨有机肥生产线。项目总投资1403万元，目前累计完成投资2186万元，占项目总投资的155.89%,该项目已竣工投产。

六是耿马南华勐永糖业公司新建日产22吨有机肥生产线。项目总投资621万元,目前累计完成投资950万元,占项目总投资的153%，该项目已竣工投产。

七是华良矿业有限公司日处理1000吨浮选矿。该项目总投资12000万元，目前累计完成投资5641万元，占项目总投资的47.01%，从2009年1月停厂至今。

八是云南天然橡胶股份有限公司孟定分公司年产2 万吨标胶生产线。该项目总投资880万元，目前累计完成投资862万元，占项目总投资的97.95%，该项目已竣工投产。

九是孟洲精米加工厂日产50吨无公害优质大米精加工生产线建设项目。该项目总投资800万元，目前累计完成投资800万元，占项目总投资的100%，该项目已竣工投产。

【任职领导名单】

书　记　叶德辉

局　长　陈云松

副局长　赵临坤　　周兴国

　　　　杨　青

（何耿强）

第五编

Gong Ye Yuan Qu

工业园区

云南省国防科工办研究设计院

院领导班子

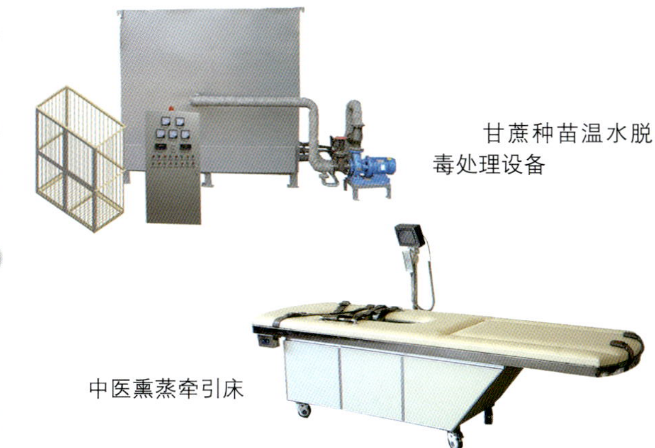

甘蔗种苗温水脱毒处理设备

中医熏蒸牵引床

1979年11月27日经云南省革委会批准设立了云南省第五机械工业局综合研究所。1984年，因云南省第五机械工业局并入云南省国防科工办，研究所即更名为“云南省国防科工办综合研究所”。1994年10月18日经云南省编制委员会批准，更名为“云南省国防科工办研究设计院”，2010年2月，因云南省国防科工办更名为云南省国防科工局，云南省国防科工办综合研究所经省编委批准更名为“云南省国防科工局研究设计院（加挂云南省国防科工局综合研究所）”。

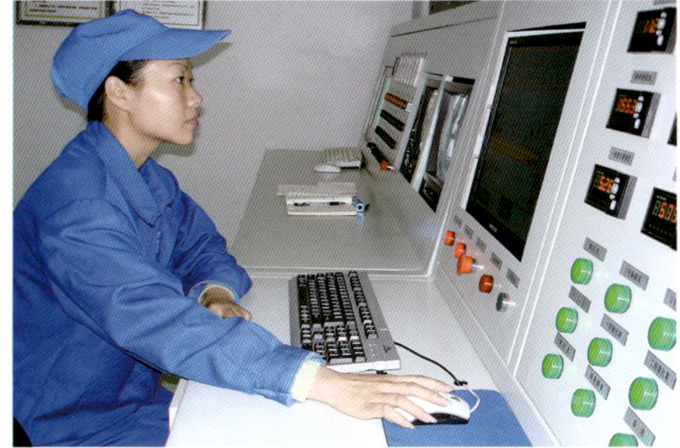

监控项目——金沙人化工乳化线控制总台

目前，云南省国防科工局研究设计院有4530平方米的办公面积，有在职职工人数67人，主系列技术人员40人，辅助系列技术人员13人。其中高级职称17人，中级职称25人。

监控项目——安化4、6号粉状线电子监控控制室

云南省国防科工局研究设计院的宗旨和业务范围为：开展军民产品研究，为国防工业和社会提供服务；非标设备、自动控制温室工程、太阳能系列产品设计制造安装；工业与民用建筑工程设计、造价咨询、管理；建设工程质量检验施工监理；计算机软硬件开发推广应用培训；情报信息采集推广运用；压力容器设计；网络设计施工安装；安全技术防范工程设计、施工；环保监测及三废防治技术研究及综合管理。

云南省煤

局长王源明到生产一线检查工作

书记胡克宁在雪域高原钻探施工工地

云南省煤田地质局成立于1960年，1997年8月下划云南省管理，经云南省编委核定为省属事业单位，全局现有职工2519人，其中，离退休职工1509人，在职职工1010人。在职职工中工程技术人员412人，其中，教授级高工4人，副高工35人，工程师 100余人。工程技术人员比例为41%。局机关现设党政办公室、人事培训处、综合管理处、财务处、纪检监察处、地质处、安监工程处、科技处8个处室，下辖云南省143煤田地质勘探队、云南省198煤田地质勘探队、云南省199煤田地质勘探队、云南省煤炭地质勘查院、云南省煤炭产品质量检验站和昆明工程勘察公司等单位。主要承担全省煤炭资源勘查工作。具备固体矿产勘查资质（甲级）、气体矿产勘查资质（甲级）、勘查工程施工（钻探）资质（甲级）、岩矿鉴定与岩矿测试（煤）（甲级）资质和水文地质（乙级）、工程地质（乙级）、环境地质调查（乙级）、地球物理勘查（乙级）、液体矿产勘查（乙级）以及煤矿安全评价等资质。

50年来，云南省煤田地质局在云南省累计完成钻探进尺260多万米，提交各类地质报告650余件，提交科研报告12件，查明各种级别的煤炭储量290多亿吨，保有资源储量270多亿吨，新增资源量225亿吨。多次获省部级以上各种优秀报告奖励。为云南省煤炭工业的发展做出了重要贡献。

1998年以来，围绕全省社会经济发展的中心工作，积极主动加强煤炭资源勘查，承担起了全省90%以上的煤炭资源勘查工作。先后完成了《云南省三江地区煤炭资源调查评价》、《云南省富源县老厂矿区四勘区详查》、《云南祥云-鄂嘉地区生态煤资源调查评价》、《云南省煤层气资源评价》、《云南省液化褐煤资源调查评价》、《昭通市煤炭资源调查评价》、《富源县雨汪、白龙山煤矿勘探》、《云南省威信县新庄煤矿区勘探》、《云南省富源县大河煤矿区中深部普查报告》、《恩洪中深部普详查》等各类国家和地方的煤炭资源勘查及科研重大项目。特别是在全国率先实施了对云南省煤炭资源有效供给能力的评价，《云南省煤炭资源有效供给能力评价》成果得到了国家和省的有关专家的一致好评，完成的《云南省威信县新庄煤矿区观音山井田勘探报告》获中国煤炭工业学会第十四届优质地质报告特等奖，《云南省富源县白龙山煤矿勘探报告》获中国煤炭工业学会第十四届优质地质报告二等奖，《云南省富源县大河煤矿区中深部普查报告》获十四届新发现矿产资源优质地质报告奖，《云南省昭通市煤炭资源调查评价报告》获中国煤炭工业学会第十四届优质专业地质报告一等奖。为省各级政府科学决策，合理勘

探开发利用煤炭资源提供了重要依据。2004年承担了由省科技厅于立项的《云南煤层气勘探开发技术研究》，该项目对我省煤层气存藏条件、勘探开发工艺技术、煤层气开发有利区块的选择及我省煤层气开发前景等进行了研究，取得了初步成果。为研究及开发我省的煤层气资源奠定了基础。目前云南省内所有大的煤炭生产企业的地质勘查工作均由云南省煤田地质局承担。

改革开放以来，特别是2006年国务院关于加强地质工作的决定（国发〔2006〕4号）颁布以来，按照事业单位企业管理的思路，戴好事业的帽子，走好企业的路子，通过大胆尝试，不断强化以局为单元的产业、队伍和所有制结构调整力度，巩固煤炭地质勘查基础，努力开拓非煤地质、地质延伸、煤矿技术服务、煤层气资源勘探开发、水文、工程、环境地质勘察以及宾馆酒店等多种经营市场，同时，也在云南省煤炭资源评价、液化褐煤资源评价、资源勘探技术工艺、煤炭脱硫、瓦斯检测、煤质检测、煤矿生产能力核定、硅藻土材料和碳素材料研究等方面做了大量科学调查与研究工作，取得了良好的成果。克服事业经费严重不足，地勘市场竞争激烈等一系列困难，在激烈的市场竞争中求得生存与发展。为了开发利用昭通丰富的煤炭资源，发展地方经济，积极与昭通市政府合作，按规划组织勘探和开发。积极筹措资金，发挥专业优势，云南省电力投资公司、粤电集团公司合作；与云天化集团合作，在昭通市威信、镇雄、彝良等矿区进行煤炭资源的勘查开发项目，在促进昭通煤炭资源整体规划、整装勘探、科学开发方面发挥了积极有效的作用。

2002年。通过与中联公司和美国远东能源公司的合作，引进资金，加快了对云南煤层气的风险勘探步伐。先后在恩洪、老厂、昭通矿区施工了13口煤层气参数+生产实验井，并在煤层气藏形成理论，煤层气勘探和煤层气压裂、排采等于方面进行了实践和探索，EH—02井的点火成功，标志着云南省煤层气勘探开发工作取得阶段性进展，这是在我国长江以南煤层气勘探开发中第一口实施煤层气排采并点火成功的钻井。

多年来，为了适应改革和市场发展的需要，紧紧围绕国家和行业改革的要求，不断强化事企分体运行机制，基本走出了一条内部企业化发展的路子。

今后，云南省煤田地质局将继续发扬“以献身地质事业为荣、以找矿立功为荣、以艰苦奋斗为荣”的“三光荣”精神。认真学习贯彻党的十七大精神，落实科学发展观，按照省委省政府的工作部署和云南省工信委的工作安排，锐意进取，大胆改革，扎实工作，努力实现全局经济又好又快的发展。要紧紧围绕云南省社会、经济建设的中心任务，紧紧抓住新一轮资源勘查国家产业政策给予的良好契机，在省内外和国外资源勘查领域继续拓展市场空间。进一步加大非煤矿产资源、煤层气勘探力度，做好矿山地质技术服务工作、做好洁净煤的煤科研工作，积极配合推动威信煤电一体化、再造一个云天化的煤炭资源开发、昭通市彝良县小发路优质无烟煤开发以及镇雄煤电一体化煤炭资源开发等项目。找更多煤、建更多矿，为建设“富裕、文明、开放、和谐”的云南做出应有的贡献。

昆明煤炭科学研究所

昆明煤炭科学研究所始建于1978年，是云南省煤炭行业唯一的科研机构，全所现有职工65人，其中有高级工程师15人，工程师17人，主要由采矿、通风、安全、机电、地质、煤化工等专业的技术人员组成。

昆明煤炭科学研究所下设有：云南煤矿安全评价中心、云南省煤矿安全计量监测站、云南省煤炭产品质量监督检验站（昆明）、瓦斯研究室、办公室、财务室。

昆明煤炭科学研究所开展的业务主要有：煤矿安全评价，矿用安全仪器、仪表检定，煤炭产品质量检测，煤层瓦斯参数测试，煤自燃倾向性鉴定，煤尘爆炸危险性鉴定，矿井瓦斯等级鉴定，矿井生产能力核定，煤炭开采方法与安全技术，洁净煤技术的开发及推广应用、矿山环保治理技术，煤炭综合利用，与煤伴生矿产开发利用，活性炭及炭素材料产品开发与应用，与煤矿安全生产有关的技术咨询、服务技术等。近年来，完成煤矿矿井安全评价3000余项，检测煤矿安全仪器、仪表60000余台，省部级科技计划项目10余项，完成企业委托的科研项目40余项，获得发明专利2项。

昆明煤炭科学研究所以服务云南煤炭行业为宗旨，专业、专心、专注的完成企业委托的每一个项目，及时、准确、客观、公正地提交各类技术报告及科研成果，优质高效地为煤炭企业提供技术服务。

地　　址：昆明市民航路67号　　邮　编：650041
电　　话：0871－3314740　3395280　3394811　3344370
电子信箱：kmrics@vip169.com　　传　真：0871－3343194

云南能源职业技术学院

30年来，云南能源职业技术学院为云南省和周边省份的煤炭、电力、机械、冶金等行业输送了20000余名中、高级专业技术人才，其中：大中专毕业生1万多人，为企业培训技术职工近8000人，培训管理干部近3500人，为云南经济社会的发展，特别是为能源、煤炭工业的发展做出了较大贡献。

现有教职工250人，教师191人。教师中博士1人、研究生42人；教授1人，副教授54人；具有“双师型”素质的专业课和专业基础课教师66人。

学院设有成人教育学院、资源与环境工程系、机械与电气工程系、计算机与信息工程系、经济与工商管理系、人文与社会科学系（基础课教学部）及思想政治理论课教学部等7个院、系、部。开办有煤矿开采技术、矿井通风与安全、矿山地质、工程测量技术、矿山机电、煤炭深加工与利用、机电一体化技术、发电厂及电力系统、水电站动力设备与管理、计算机应用技术、会计、物流管理、文秘、广告设计与制作等29个高职专业，形成了适应云南省经济社会发展需要的专业体系。2009年，在校生已达1万名。

学院通过省教育厅人才培养水平评估为“良好”，被全省煤炭协会授予“全省煤炭教育先进单位”称号，被中国煤炭教育协会批准为“全省煤炭行业紧缺人才培训基地”，连续3年被省教育厅授予毕业生就业工作先进单位。

目前，学院在上级部门的关心支持下，正致力于新校区建设和省级示范性高职院校创建工作。

井口实习

煤矿实习

订单教育签约仪式

电力自动化实习

GPS测量实习

云南省化工高级技工学校

在全国石油化工职业院校化工仪表维修工大赛中取得中职组团体二等奖

云南省化工高级技工学校，是云南省较早开办的一所化工类职业学校，是云南省首批八家省级重点技校之一、首批五家国家级重点技校之一、首批两家高级技校之一，是云南省高技能人才培训基地之一。在云南省首家开办高级技工和技师培训班，在云南省职教界首家通过ISO9001质量体系的社会认证，是全国化工高级技工（技师）教育教学指导委员会副主任学校，石油和化工行业职业教育与培训全国示范性实训基地。曾先后获云南省“三委三厅”联合授予的“云南省职业技术教育先进单位”、教育部、国家经贸委、劳动和社会保障部联合授予的“全国职业教育先进单位”、云南省人民政府授予的“云南省职工经济技术创新工程先进单位”等荣誉称号。

学校设有化工工艺、环境监测与分析化验、电气自动化、化工仪表检修、机械加工与维修、机电一体化等十多个专业。拥有与相关专业配套的50余个设备设施较为先进的实验室。建有室内体育馆、400米标准跑道田径运动场等设施。

多年来，教师自主研发设计的多个教学实训装置和项目分别获中国职工教育和职业培训协会优秀科研成果一等奖、二等奖及多个优秀奖，多篇学术论文分别在多种国家级刊物上发表，在校学生则多次在全国职业院校学生技能大赛中获个人全能一、二、三等奖，毕业生广受用人单位欢迎，就业率一直保持在96%以上。

地址：云南省开远市西北路299号
Tel：0873—7122986 http：//www.ynhggjjx.com
Fax：0873—7123740 E-mail：ynhggjjx@163.com

企业职工技能培训考试现场

培训学员在实作训练中

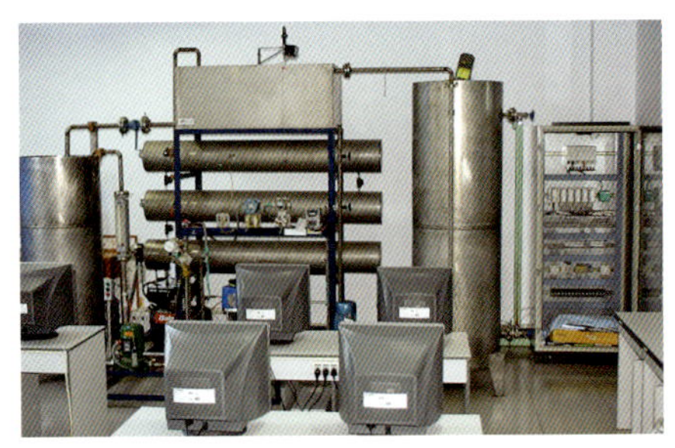
2004年自主研发获中国职协优秀成果一等奖的“DCS过程控制系统实训装置”

2008自主研发获中国职协优秀成果二等奖的精馏和吸收实训装置

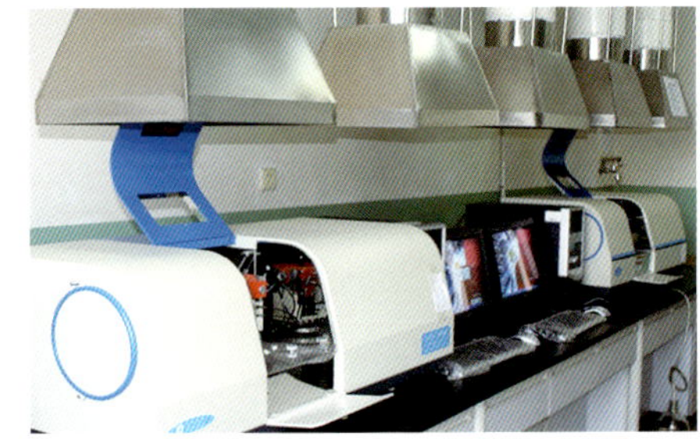
具有TAS-990型、TAS-986型等原子吸收分光光度计的实验室。

普洱市思茅区经济局

局长　杨存宏

思茅区是普洱市的政治、经济和文化中心，自然资源丰富，区位优势明显。以前，由于交通不便、信息落后等原因，工业经济发展滞后，经济基础薄弱。自1982年思茅恢复独立县治以后，思茅的工业从无到有，逐步发展，但在相当一段时期，由于基础薄弱，加之规划、管理不到位，工业经济发展仍然十分缓慢。2000年，全区工业总产值只有4.7亿元，工业增加值1.67亿元。

通过不断深化国有企业改革，改善投资环境，加大招商引资力度,落实扶持政策，加大工业投入，强化企业管理等一系列措施，思茅区的工业经济得到长足发展。初步形成了茶产业、林产品加工业、金属矿采选业、电力工业、建材工业、食品加工业、生物资源加工业等一批骨干产业群体。2009年，完成茶产业工业产值0.7亿元、完成林产业工业产值4亿元、完成金属矿采选业工业产值3亿元、完成电力工业产值4.6亿元、完成建材工业产值3亿元，支柱产业支撑作用初步显现。工业经济总量居普洱市首位，占全市总量的四分之一左右；拥有规模以上工业企业22户；年产值上亿元的企业由2002年的1户发展到2009年的7户。2009年，全区累计完成现价工业产值24.35亿元，同比增长11.7%；完成工业增加值10亿元,同比增长12.3%，占全区生产总值（GDP）44亿元的23%。2000年至2009年，全区累计完成工业总产值130亿元，年均增长20%；累计完成工业增加值47亿元，年均增长21%。工业增加值占全区生产总值的比重逐年提高：从2004年的15.4%，到2005年的16.2%、2006年的20%、2007年的23%、2008年的25%、2009年的23%。工业经济从无到有，发展壮大，步入稳健发展的快车道。“工业强区”战略成效显著。

在市、区党委政府强有力的推动下，普洱工业园区建设工作取得新突破。至2009年底，已累计完成水、电、路等基础设施建设投资8.2亿元，满足企业入驻的需要；累计入园企业62户，已建成投产27户；入园企业累计完成投资3.46亿元。2009年，入园企业累计完成工业产值1.4亿元；销售收入1.57亿元；税金315万元；利润1162万元。

森盛林化公司松香生产线

金陵药业石斛基地

大唐汉方厂景

龙生公司普洱茶生产基地

建峰水泥公司外景

盈江县经济局

局领导班子

云南省工信委刘绍忠主任一行莅临盈江视察

盈江县委书记王明山一行踏勘工业园区选址

2010年工业经济与商务工作会议

2009年是盈江县近几年来工业经济发展最为困难的一年，面对严峻复杂的形势，盈江县委县政府明确指出，确保国民经济平稳较快发展，维护社会和谐稳定，关键在工业，保工业就是保稳定，保工业就是保发展、就是保就业、就是保稳定、就是保大局、就是保生产力。紧紧围绕推进新型工业化和实施工业倍增“511”工程，面对市场价格疲软给电冶、建材行业带来的巨大压力，积极采取各种应对措施，用好用活电硅价格联动政策。2009年全县工业增加值首次突破10亿元大关，实现工业总产值24.88亿元，同比增长58.4%，跃居全州第一，提前一年完成“十一五”规划工业发展21亿元的目标。

盈江县工业对全县经济增长的贡献逐年增加，占GDP的比重也在逐年增大，2009年全县实现增加值10.59亿元，首次突破10亿元大关，同比增长49.6%，实现工业产值24.88亿元，同比增长58.4%，跃居全州首位；占GDP比重由2008年28.1%提高到34.5%，同比提高6.4个百分点，拉动GDP增长12.2个百分点，对全县经济的贡献率达57.8%。全县工业上交税金3.93亿元，同比增长88.9%，占全县财政总收入5.17亿元的75.9%，工业完成固定资产投资14.77亿元，占全社会固定资产投资总额29.51亿元的比重为50.1%；工业增势强劲，已成为全县经济发展的主要支撑力量。

全体职工合影

维西县经济委员会

主任　赵宗明

工业园片区开工仪式

在维西县委、政府的坚强领导下，维西县经济委员会全面履行工作职责，把推进实现维西工业强县发展战略和全力打造生物龙头加工企业作为经委工作的出发点和归宿；以全面提高经委干部队伍素质和树立经委机关新现象为抓手，以全力打造维西企业品牌、营造维西企业文化氛围为最高境界。在电力工业、冶炼工业和生物加工业以及建材工业的发展上迈出了新步伐。澜沧江和金沙江支流的17座水电站进入了全面开发阶段，全面建成后将实现43万千瓦以上的装机，以澜沧江为标志的里底电站已进入实质性建设开发阶段，电力工业已成为维西工业经济的领跑企业。

菖蒲塘和庆福铁矿开发以及50万吨／年熔融还原铁项目的落成，使香格里拉工业园区维西新兴工业片区的发展进入了实质性阶段。

康邦美味绿色生物资源开发公司、维西碧罗雪山生物资源开发公司和维西神川生态食品股份合作公司开发生产的核桃系列产品、野生蜂蜜、野生黑木耳和维西风味的“神川”牌火腿相继与消费者见面，并逐步走向省内外市场。

在努力抓好工业发展的同时，维西经委加大了与省州工信委等相关部门的衔接协调力度，得到了省州在资金和政策上的大力扶持。近三年来，省州相关部门累计扶持维西县企业的资金已超千万元，大大增强了维西县企业发展后劲。在省州各级各部门的关心支持下，维西工业强县的趋势已经形成。

维西县经委始终奉行突出重点，全面推进的工作宗旨，在抓好服务企业的同时，还重视加强经委党建工作，自觉服从服务于县委政府的中心工作，积极抽调德才兼备的同志参加县里组织的各种工作队等，得到了群众的好评和县委政府的充分肯定。先后有两位同志受到了州委表彰，单位也先后被州委州政府、县委县政府表彰为先进派出单位。在工作成绩显著和所管辖企业长足发展的同时，还创造了26家企业三年来未发生重特大安全生产伤亡事故的佳绩，连续两年被县人民政府授予“安全生产先进单位”称号。

奖给：2008—2009年度
先进党委
中共维西县直属机关工作委员会
二〇〇九年七月一日

（2006、2007）年度社会治安综合治理暨平安创建工作
二等奖
中共维西县委
维西县人民政府
二〇〇八年六月

第二批社会主义新农村建设指导员
先进派出单位
中共迪庆州委
迪庆州人民政府
二〇〇九年二月

奖给：2009年度安全生产工作
先进单位
维西傈僳族自治县人民政府
维西傈僳族自治县安全生产委员会
二〇一〇年三月八日

奖给：县经济委员会
《维西傈僳族自治县志（1978～2005）》编纂工作
先进单位
维西傈僳族自治县人民政府
二〇一〇年二月

剑川县经济局

中共云南省委书记、省人大常委会主任白恩培在剑川考察

近年来，剑川县坚定不移地实施“工业强县”战略，构建以电力、矿冶、建材、生物资源开发和木器木雕为主导产业的工业体系，着力抓好一园、二片区（三组团）的工业总体规划，坚持把政府引导和市场机制结合起来，围绕“建成一个企业，振兴一项产业，带动一片群众，促进一方发展”的目标，全县工业经济得到长足发展。

全县2009年累计完成现价工业总产值109530万元，其中：15户重点企业累计完成现价工业产值75851万元，占全县工业总产值10953万元的69.2%。规模以上的重点企业完成现价工业产值51869万元，占全县工业总产值10953万元的54.7%。

工业小区建设有序发展。上兰工业小区自2000年初启动以来，发挥优势突出特色，2009年小区生产锌锭2276吨，生产镉锭1471吨，生产铅锌精矿1850吨，生产红砖600万块，完成供水20万立方。实现工业产值7703万元，上缴税金415万元。

水泥公司

木雕家具产业基地

云南民爆集团有限责任公司

云南民爆集团有限责任公司成立于2006年4月30日，隶属于云南省国防科工局，是目前中国最大的民爆器材生产企业，国家认定的高新技术企业，云南省百强企业。主营民用爆破器材生产、民爆科研开发、民爆专用非标设备设计制造、民爆产品性能检测和工程爆破服务，兼营医药、生物化工、玻璃制品、机械加工、塑钢建材等。注册资金7.2956亿元。现有资产36亿元。

公司位于云南省昆明市，现有14个分支机构：全资子公司6个（云南燃一化工有限责任公司、云南燃二化工有限公司、云南安化有限责任公司、云南包装厂、云南海云工贸总公司、云南模三机械有限责任公司）；控股公司4个（四川省宜宾威力化工有限责任公司、黔西南州乐呵化工有限责任公司、西昌永盛实业有限责任公司、海南云海民爆有限责任公司）；全资分公司2个（昆阳分公司、大红山分公司）；控股分公司2个（海南昌江分公司、兰坪分公司）；现有职工10159人，其中各类专业技术人员1639人，占职工人数的16.1%，科研技术力量雄厚。

公司以民爆器材生产、销售为主，拥有国内最先进的炸药、雷管、索类等民爆器材生产装备和生产技术，产品门类齐全，炸药、雷管生产能力居全国第一，产品主要销往云南、四川、重庆、贵州、广西、海南、江苏、宁夏、新疆等10多个省市区和东南亚、非州等国家。部分民爆器材生产技术及生产线已成功转让到印度、缅甸、泰国、老挝等国家。企业的民爆技术装备、安全质量管理及经济效益均处于国内同行业先进水平。

公司本着“踏实、守信、共赢”的经营宗旨，对内加强规划调整，优化资源配置，以先进的技术、工艺、装备确保各生产线本质安全水平，提高公司核心竞争力;对外加强合作，积极参与全国范围内民爆生产企业的整合重组，并涉足医药、生物化工等多种行业，增强公司市场运营能力和抗风险能力，努力把公司打造成为中国民爆行业最具竞争实力的名牌企业。

现场混装炸药车

普通塑料导爆索

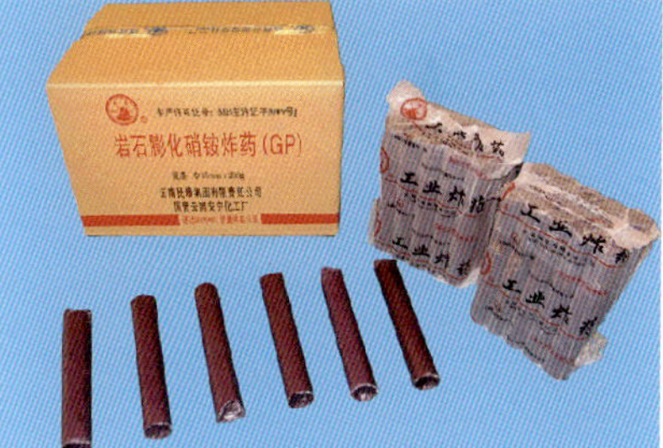
岩石膨化硝铵炸药

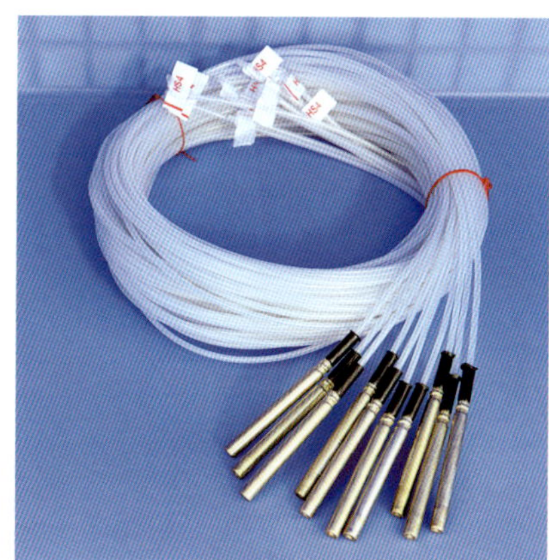
工业电子雷管

昆明经济技术开发区

昆明经济技术开发区始建于1992年5月，2000年2月经国务院批准为国家级的经济技术开发区，是全国56个国家级经开区之一，也是云南省唯一的国家级经开区。开发区位于昆明市主城区东部，目前，经开区规划控制面积达156.6平方公里，常住人口8万多人。

建区以来,经开区坚持国务院确定的“三为主、二致力、一促进”发展方针,经济、社会发展取得令人瞩目的成就。“十五”期间，经济增长速度年均达到31.2%，经济规模不断壮大，运行质量显著提高，综合实力明显增强，主要经济指标在中西部16个国家级开发区中居于中上地位；“十五”期间，经开区着力打造绿色经开、平安经开、和谐经开，经济、社会的健康、协调、快速发展，为经开区“二次创业”的腾飞奠定了坚实基础。

不断推进“小政府，大服务”的优越行政管理体制和服务型政府工作。经开区作为制度创新的试验示范区，构建了精简、高效、廉洁的行政管理体制，管委会通过ISO9001、14001质量环境管理体系认证，一个全面质量管理的、以顾客为导向的服务型政府机关日趋走向成熟，为企业提供高品质的公共服务产品。

目前，经开区正在开展昆明信息产业基地、昆明光电子产业基地、云南（昆明）出口加工区和（昆明）深圳产业基地等园区建设，成为云南产业集聚度最高的地区。

今后，经开区将以昆明信息产业基地、昆明光电子产业基地、云南（昆明）出口加工区、深圳工业园等产业园区和省市几个重点项目为载体，打造十亿元的企业，汇聚百亿元的产业。至2010年，工业生产总值达到200亿元，财政总收入20亿元；2015年工业总产值达到1000亿元，财政总收入达到100亿元，单位生产总值能耗明显优于全市平均水平。开发区将成为云南省重要的制造业聚集区、科技创新中心、高新技术产业化载体、对外贸易和承接服务外包的主要基地，吸纳跨国公司和国内优秀企业投资的重要承接地，成为体制与机制创新的先行区，人与自然协调统一发展、环境优美的现代化新城区，实现产业支撑现代新昆明的宏伟目标.

官渡工业园区

KUNMING 官渡 GUANDU

为认真贯彻落实昆明市委、市政府《关于加快开发区及工业园区发展的意见》精神，官渡区规划实施了官渡工业园区开发建设，园区总体规划面积89.72平方公里，经云南省工业和信息化委员会批准纳入省级工业园区管理。

园区由空间上虽互不相连但基本处于同一产业链且关联度紧密的四大片区组成。

●**方旺片区**：规划面积5.49平方公里，重点发展机械加工、数控机床等现代装备制造业及相关配套产业，同时，因势利导，整合提升现代物流业，发展第三方物流及其它物流增值服务；

●**西冲片区**：规划面积25.05平方公里，重点开发昆明国际包装印刷产业基地项目，大力发展包装印刷产业及配套产业、原辅材料生产制造、配送和综合服务等；

●**宝象片区**：规划面积12.31平方公里，依托正在建设的昆明新机场，重点发展技术含量高、附加值高的生物医药及相关配套产业和现代物流配送产业；

●**小哨片区**：规划面积46.87平方公里，打造国际化、生态化、现代化的新昆明临空经济新区。

"一园四片"平面图

2009年，规模以上工业企业主营业务收入完成345000万元；规模以上工业企业增加值完成116500万元；规模以上工业企业利税总额完成29000万元。工业项目固定资产投资额完成106900万元，基础设施投资额完成44413.21万元，地方财政一般预算收入完成9753万元。完成土地协议收储面积4349.89亩，完成基础设施建设"五通一平"面积1797亩。引入内资（市外资金）项目86个，到位资金26.60亿元；引入外资项目2个，到位资金2407.44万美元。

昆明国际包装印刷文化城

办公大楼

标准化厂房

昆明南疆制药有限公司

杨林工业园区

市领导到园区调研

1992年，杨林工业园凭借资源禀赋、区位优势成为云南较早的开发区之一。

建区之初，园区内杂草丛生、乱石浅滩，基本没有一块平整的土地，更不要说水、电、路“三通”了。那时的“开发区”仅仅只是一个规划概念，整个园区第一次总规时面积为4.7平方公里，一期规划仅为900多亩，连一平方公里都不到。

18年来，历届园区人的砥砺奋发从未松过劲。从建园那天起，杨林工业园区管委会始终坚持“统一规划、分步实施、滚动发展”原则，用现代“愚公移山”和“精卫填海”精神，不为困难所惧，不为定势所困，不为视野所限，不断创新发展思路、发展理念和发展载体，在荒坡浅滩上一寸一寸、一块一块地拓展着发展空间，逐步探索完善园区开发、建设的方向。

越来越多的企业被吸引并纷纷落地入驻，园区的建设步伐加快，4.7平方公里的规划已经远远不能满足发展。经过三次修编，规划面积从最初的4.7平方公里先后扩容为24.7平方公里，并逐渐把这片曾经沉寂的土地变成了嵩明县域经济发展的大舞台、工业强县的主战场。

聚力发展活力涌现。随着招商引资力度不断加大，“杨林工业园区”品牌越来越具竞争力，园区人“励精图治、打造一流园区”的辛勤努力终于换来了园区的第一轮大嬗变：截至2007年，园区入驻47家企业，建成投产34家，工业总产值8亿元，同比增41%；工业增加值2.38亿元，同比增84%；完成税收4083万元，同比增43%。

逐渐进入加快发展阶段的杨林工业园区成为了嵩明县域经济发展中当然不让的新增长极，并填补了嵩明“农业大县”历史的工业空白。

作为“昆曲工业走廊”第一站、昆明工业产业转型的主要承接地，园区经济新布阵启动：科学规划先行，以培育特色产业和高新技术产品群为发展目标，以规模化、产业化、专业化、生态化为发展方向，以园中园的特色布局“一线穿珠”；坚持发展大项目、大企业、大集群、大产业的思路，以“总量扩张、产业提升、布局优化、质态提升”形成核心竞争力，形成新优势，拓展新空间；突出招商这一龙头地位，多形式构建招商网络，创新招商形式，以大招商、大项目促大发展。

为了让项目招得进来、落得下去、建得快、发展好，园区重点突出了招商、建设、服务，并在全市率先用企业化运作模式来进行园区建设。两年里，共投入基础设施建设资金2亿多元，园区基础设施配套程度实现质的突破，仅用了15天的时间就完成了北干道的征地、拆迁、迁坟、道路平整；投资3亿美金的云南名永硅项目从招商引资到开工建设只用了一个月的时间；高科技企业“魅力欧亚”仅用了一年多的时间就由投产进入扩张阶段。仅短短两年的时间里，燕京啤酒、力神重工、云南建工、云冶集团、多晶硅项目、沈机集团等投资上亿元的龙头企业纷纷入驻，实现了园区“无大项目”的历史性突破。

正确的发展决策，科学的发展模式，孕育了累累硕果：截止至2009年底，园区项目结构渐趋合理，高新技术产业和新能源产业逐渐增多，入园项目推进速度加快，园区发展势头更加强劲，呈现出跳跃式发展的良好态势，入驻企业达到112家，建成投产企业为55户，规模以上企业38户，实现规模以上工业增加值42565万元，同比增长7.7%；工业总产值达212541万元，同比增长5.42%。同时，在全区经济稳步增长的牵引下，财税收入快速增加，全区地方一般预算收入5404万元，同比增长128%。据介绍，仅2009年上半年，杨林园区规模以上工业总产值占了嵩明县的76.8%，经济贡献率有目共睹。

如今，昆明“一主四辅”的总规划、嵩明北部生态卫星城的打造、新空港临空经济的邻翼、昆明半小时经济圈的融入、省级一流和国家级开发区的创建……发展新优势日益凸显，新的发展标杆不但改变着嵩明长期以来偏离主城、自求发展的状况，而且加速了杨林工业园区发展步伐，不断搭建、拓展更大的平台。2009年5月,杨林工业园区在省市园区中率先加入中国包装联合会，建立“中国包装印刷产业基地”。

按照刚刚完成新修编的总体规划，杨林园区将在如今机械装备制造、兰茂文化产业、多晶硅产业的特色产业聚集基础上，重点发展机电装备加工、精细化工及现代物流，辅以农特产品加工、制药产业，即“三大两小”核心产业，并辅以新型材料、家具制造、橡胶制品、环保科技的“多业并举”格局，把装备制造园、包装印刷园、兰茂药物园、仓储物流园、新型材料园、家具园等六个“园中园”打造成核心竞争力，形成和其它工业园区不同的特色，错位发展。

园区加工企业

基础设施建设

杨林工业园区距离新空港仅10公里。目前，无论是从产业布局规划的调整还是浪潮逐高的招商引资，嵩明县对园区“临空经济”的定位已经成为了园区建设、工业突破的不二标杆。进入“临空时代”，嵩明县和杨林工业园区有备而来。良好的区位优势、交通优势一向是杨林工业园区发展的“长板”。如今,盯住“临空经济带”新区位优势，杨林工业园正谋划借势腾飞。

石林彝族自治县经济局
石林彝族自治县生态工业集中区管理委员会

近年来，中共石林县委、县人民政府高度重视石林县工业经济发展，作出了一系列关于石林工业发展的重要大决策，吹响了向“工业强县”进军的号角。

工业经济是石林县经济社会发展的重要突破口。石林县委、县政府指定并实施“11235工业突破”战略：即以“工业强县”为目标，以打造石林生态工业集中区为载体，以科技创新、品牌创建为动力，突破土地开发利用、基础设施建设、招商引资三个瓶颈，重点发展旅游商品建设、农产品加工、先进制造业、生物制药、新能源产业为主的五大产业。

2008年3月13日召开了全县园区建设工业突破发展会议，成立了县“工业突破园区建设招商引资指挥部”，出台了《中共石林彝族自治县委、石林彝族自治县人民政府关于加快生态工业集中区建设促进全县工业突破性发展的意见》，提出全县工作重心从抓农业等传统常规工作转移到抓工业突破，园区建设、招商引资、软环境建设上来。从领导力量和工作重点上加强了对生态工业集中区建设和工业经济、非公经济主管部门的力度，努力为工业经济和非公企业发展营造良好的投资环境和优惠的政策环境。

目前，石林基本形成了烟草、建材、煤炭、电力、食品、制造、新能源等七大行业。

2009年，全县完成工业总产值300918万元，同比增28%；工业增加值80070万元，同比增25%，其中规模以上工业增加值完成35300万元，同比增25%，规模以上工业主营业务收入完成93300万元，同比增22%。全县工业固定资产投资44700万元。计划投资37亿元的166兆瓦太阳能光伏网发电试验示范基地、年产120万吨水泥扩建等一批重点工业项目落户开工，有力促进了全县工业的加速发展。

石林生态工业集中区规划总面积28.65平方公里，包括一园五区：核心片区、西街口工业片区、北大村工业片区、大屯工业片区、圭山工业片区。重点发展以特色产业旅游商品加工、农特产品加工、先进制造、生物制药、新能源产业、石材深加工、煤炭工业为主的七大产业。

2009年，工业集中区完成规模以上工业主营业务收入21975万元，同比增25%；规模以上工业增加值10588万元，同比增22%；实现利税总额2912万元，同比增12%，地方财政一般预算收入1000万元；工业固定资产投资15086万元，同比增32%；基础设施投资12000万元；完成“”五通一平面积1450亩。

经过多年的开拓进取和艰苦奋斗，石林工业经济经历了起步、发展、调整、提高、突破等阶段，工业企业的规模从小到大，数量由少到多，行业从零散到集中，经济结构发展到国有、集体、私营、外资及股份制多种形式，工业经济基本形成了以农产品加工、建筑建材、装备制造业等为主导产业的工业生产体系格局。在县委、县人民政府的高度重视和支持下，石林工业经济必然会步入又好又快发展的快速轨道。

东川再就业特色产业园

省委书记白恩培，原省委副书记、省长徐荣凯等领导视察东川再就业特色产业园建设情况

2009年，云南省东川再就业特色产业园企业受到金融风暴的巨大冲击，停产半停产企业增多，园区以有色金属为主的工业经济受到重创，区委、区政府及时出台扶持政策，想方设法帮助企业恢复生产，园区企业顶住压力，取得了经济发展的新成绩。2009年，东川再就业特色产业园规模以上企业完成工业增加值8.7亿元，完成目标值8.14亿元的106.93%；规模以上企业主营业务收入60.62亿元，完成目标值20.7亿元的292.85%；规模以上企业实现利税总额1.74亿元，完成目标值0.9亿元的193.23%；地方财政一般预算收入完成0.51亿元，完成目标值0.5亿元的100.3%；工业固定资产投资完成3.72亿元，完成目标任务2.89亿元的128.64%；基础设施投资完成1.03亿元，完成目标值0.8亿元的128.83%；亿元以上工业项目开工数3个，完成目标值的75%；完成土地预收储3372.83亩，完成两年突破土地收储目标值3000亩的112.43%，超进度19.2个百分点；五通一平完成1013.65亩，完成目标值1000亩的101.37%。

2009年，东川区纳入统计的项目共84个，实际到位内资14.17亿元，完成市级下达的全年内资任务10亿元的141.7%。纳入统计的外资项目3个，到位外资504万美元，完成市级下达的全年外资任务100万美元的504%。

2009年，特区管委会严格按照两年突破工程要求和市委、市政府下达的责任目标，坚持以规划为龙头、设计先行的工作方针，大力推进工业园区基础设施建设、“五通一平”和土地收储等工作，各项工作取得了新进展。

云南省委常委、昆明市委书记仇和率市、县（区）领导观摩昆明中恒金属粉业有限公司

兑现特区优惠政策，向特区企业返还税款

晋宁工业园区

云南省委副书记李纪恒，云南省委常委、昆明市委书记仇和到晋宁工业园区视察

晋宁县地处滇池南岸，区位优越、交通便捷、资源丰富、风光秀丽，县城距昆明市区53公里，距玉溪市区38公里，昆玉、安晋、环湖高速，昆洛、晋江公路，昆玉（泛亚）铁路穿境而过。境内磷、硅、铁等矿产资源丰富，是世界四大磷都之一。是古滇国的都邑所在地，伟大的航海家郑和的故里。是现代新昆明建设中西城和南城的核心区域，是云南省最具发展潜力的县区之一。

晋宁工业园区规划面积17.55平方公里，按产业定位不同分为5个片区，分别发展精细磷化工、商贸物流、生物资源加工、生态旅游、新型建材、装备制造及配套产业。较好的工业基础和优异的投资环境，为晋宁工业园区的发展奠定了坚实基础。至2009年12月，晋宁园区共有签约、开工、在建、投产企业共有145个。其中：竣工投产项目60个，在建项目70个，签约未开工项目15个。亿元以上工业项目开工5个。2009年1至11月份，园区共引进新签约项目51个。在建70个项目中：有外资项目3个，计划投资498.7万美元，实际利用外资492.9万美元，同期相比增加了347.9万美元；内资项目67个，较2008年新增27个，计划投资61.56亿元，实际到位资金13.8亿元，同期相比增加了8.84亿元。目前已经有云天化集团、腾晋物流、云南中正公司、台成公司、云仁轮胎以及一批食品、新型建材项目落户园区，形成了精细磷化工，精密机床、食品、物流等优势产业集群，晋宁工业园区对新昆明西、南城的产业支撑功能日渐显现。

2009年，在金融风暴的严重影响下，晋宁工业园区完成固定资产投资、规模以上工业总产值、规模以上工业增加值、规模以上工业主营业务收入分别为11.16亿元、20.11亿元、5.31亿元、14.97亿元，完成实交税金、地方一般预算收入分别达0.67亿元、0.3051亿元，从业人员2018人。

晋宁是一个美丽的地方，更是块正在加速开发的热土，是投资兴业的理想选择，我们竭诚欢迎各位客商到晋宁来投资兴业，共谋发展！

园区企业开业庆典

管委会庆祝建国60周年纪念大会

海口工业园区

昆明海口工业园区根据市委、市政府《关于加快开发区及工业园区发展的意见》（昆发〔2008〕10号）要求，园区拟定了“一站式服务中心方案”，并于2009年5月进行了完善。按照“需进必进，充分授权，就近办结”的原则，经区政府审批后正式设立了昆明海口工业园区“一站式”服务中心，确定了入驻“一站式”服务中心的9个区级部门，制订了园区“一站式”服务中心《管理办法》、《行为规范》、《预约服务制度》、《上门服务制度》、《全程代理服务制度》、《考勤制度》等，为企业提供从申请到建设、投产的全过程高效优质服务，努力做到“办事不出园”。

目前，园区基础设施建设得到较大改善，5、6号道路、磷化工片区辅道、一期供水管网工程已完工，进入竣工验收阶段。在建工程中，7号道路已完成路基及排水管道施工，8号道路A、B标已完成路基施工，园区取水站（土建部分）、二期供水管网工程正在快速推进。

电力建设工作上，园区已完成园区一期用地范围内昆明供电局所属10kV上哨线迁改、昆明铁路局昆明供电段所属 10kV昆阳支线迁改、昆明马龙化工有限公司所属6kV白塔线迁改、中国电信股份有限公司昆明分公司所属通信光缆迁改。目前正在进行磷化工片区昆明马龙化工有限公司所属10kV五海线迁改、昆明供电局所属10kV上哨线迁改，达子村场平地块内昆明供电局所属10kV上哨线迁改。

截止2009年底，与园区管委会签订正式入园协议项目28个，协议投资29亿元；来园洽谈项目中，意向入园项目64个；现已开工建设项目15个，其中亿元以上项目8个。园区竣工投产项目3个，其中亿元以上竣工生产项目1个。

园区企业

园区企业一角

园区远眺

三环120万吨磷铵项目

寻甸特色产业园区

寻甸回族彝族自治县属现代新昆明一小时经济圈范围，是云南省40个工业发展重点县，昆明市新兴的重化工业和能源基地，重要的农副产品生产、加工和供应基地。全县国土面积3598平方公里，水资源总量21亿立方米，矿藏资源丰富，褐煤、磷矿、硅藻土三大主要矿产资源已探明储量分别为3.5亿吨、4亿吨、1.9亿吨，具有广阔的开采和综合开发前景。

褐煤洁净化项目开工

寻甸特色产业园区是云南省8个特色产业园区之一。现有园区规划核心区总面积23.2平方公里，形成“一园三片”的总体布局。其中金所片区规划面积11.2平方公里，是以煤电磷化、建材产业链为主，集商贸服务为一体的新型重化工、能源及建材工业基地，重点发展磷酸盐、精细煤磷化工、水泥及制品、制造业等产业；塘子工业片区规划面积2.8平方公里，由磷硫一体、矿化冶产业区和制药、农产品加工区、温泉度假两部分组成；先锋片区规划面积9.2平方公里，属矿产资源基地，依托丰富的褐煤、磷矿、硅藻土等资源，为县域工业经济发展提供稳定的原材料保障。目前，园区正邀请苏州科技大学空间设计研究所、苏州未来建筑设计有限公司对工业园区总体规划进行修编，走城园互动暨城园一体化的发展模式，集中体现城园一体化、资源集约化、经济循环化、环境生态化的发展方向。通过规划修编后园区总面积将扩展到60平方公里左右。

DSC08438南磷集团PVC项目

2006年10月，寻甸被确定为省级特色产业园区。按照筹建特色产业园区的要求，组建园区管委会筹建办，2008年5月正式成立园区管委会。在县委、政府正确领导下和市直相关部门的关心支持下，园区管委会紧紧围绕“工业强县”的发展战略，切实加强对工业经济工作的领导、协调和服务，深化改革，调整结构，扩大招商，加快发展，努力做大做强工业。截止2009年12月底，园区共有入园企业54户，其中规模以上企业 14户，从业人员7346人。目前，已形成了以煤化工、磷化工、建材、食品加工、制药等为主的产业体系，工业经济呈现出了强劲的发展势头。四年来（2006年1月1日至2009年12月31日），园区累计完成工业总产值78亿2800万元，实现增加值19亿3940万元，上缴税金3亿9530万元，实现利润3亿6570万元。通过三年的建设与发展，工业园区已初步形成寻甸经济发展的核心区，对外开放的先行区，工业发展的集聚区和经济发展的主要增长点。

塘子片区金柯制药厂

龙蟒集团全景副本

禄劝工业园区

园区企业奠基仪式

入园企业

禄劝工业园区成立于2006年4月，2009年2月被列为省级工业园区。园区规划控制范围28.8平方公里，规划用地范围14平方公里，布局结构分为“一园三片”，即崇德片区、屏茂片区、普渡河流域电矿结合开发片区。

崇德片区用地范围11.24平方公里，规划以钛、磷化工、石材、水泥建材、电石乙炔生产加工等为主导产业；屏茂片区规划用地范围1.82平方公里，规划以农特产品加工为主导产业；普渡河流域电矿结合开发片区用地范围0.94平方公里，以水电、矿产、新能源开发为主导产业，包括普渡河流域水电梯级开发项目和20万吨电石项目。目前，入驻园区企业达38户，其中规模以上企业7户。

◆已建成投产项目：隆辉石材加工、昆明崇德水泥有限公司日产2000吨水泥孰料生产、赛珠电站、克田电站、小蓬祖电站等。

◆在建项目：云铜海绵钛、乾华竖炉球团、玖久制丝、鑫潮石材加工、川云食品加工、茂利核桃加工、新龙磷化工、新鸿基方解石加工、磷酸盐厂黄磷技改项目、恒安电石生产、铁索桥电站、江边电站、铅厂电站、鲁基厂电站、甲岩电站等。

△资源优势。县内大小河流436条，水能蕴藏量110.23万千瓦，电力设施完善，电力供应充足。全县已建和在建水电站34座，总装机容量83.216万千瓦，年发电量40亿度，完全能满足生产、生活和外来投资企业发展的需要；铁、铜、钛、磷、铅锌、砂岩、石灰石、芒硝、岩盐等矿藏遍布全县16个乡镇，有矿产资源天然宝库之称。

△投资导向

◆重点引进发展潜力大、产业链长、辐射带动性强的重化工、矿产资源深加工等产业化开发项目，比如，磷化工、钛产业、芒硝、铜、铁深加工、电石乙炔、石材精深加工等。

◆随着西部大开发、泛珠江三角经济区和东西部经济合作交流等，东部和中部发达地区的产业将向西部转移，有条件接受产业转移。

◆把园区基础设施建设纳入市场化运作，逐步形成社会化投资、产业化经营、企业化管理的开发建设模式。比如，园区供水、污水处理、房地产开发、园区绿化美化、餐饮、娱乐、商贸、物流等建设项目。

◆农业产业开发、农副产品深加工、种养殖业等方面的投资开发。比如，生物制药、蚕丝加工、撒坝火腿加工、野生食用菌加工、玉米、马铃薯、荞麦、板栗、蜂蜜等农产品深加工、畜禽养殖、肉类加工等项目。

◆地址：禄劝屏山镇崇德小平坝
◆联系人：赵 洪
◆联系电话：0871—8991777
◆传　真：0871—8991966
◆E-mail:lqgwh8991777@163.com。

建设中的小蓬祖电站大坝

2005年6月投产发电，装机1.26万千瓦的小河口电站发电厂房

富民工业园区

富民工业园区是昆明市工业布局规划中的重化工产业区和昆明市的钛产业基地，2008年12月升格为省级工业园区。按“三区一中心”规划布局，规划控制面积为10.22平方公里。即：北营钛产业基地、麦竜生物资源加工业区、大营新型建材工业区、奎南物流中心。

功能定位为：依托县内钛矿、盐矿、特色农产品等资源优势和高质量的生态环境优势，全力打造全国重要的钛产业基地，云南省重要的特色生物资源加工业区和新型建材产业基地。

园区招商引资优势

1. 区位优势。富民县是昆明“一主四辅”都市圈的北部辅城，县城距昆明主城区23公里。园区沿昆禄公路和昆武高速公路两条主轴布局，交通区位优势极为优越。

2. 钛产业发展优势。富民县已建成高钛渣生产企业5家、钛白粉生产企业1家，在建钛白粉项目3个，2012年钛产业投资规模将达到27.2亿元，年产钛白粉14万吨（锐钛型11万吨、金红石型3万吨），金属钛1万吨，预计总产值30亿元以上。

3. 盐产业优势。富民县盐矿位于富民工业园区北营钛产业基地旁的罗免乡高仓村委会，已探明的远景储量32亿吨（品位Na2SO428.86%、NaCl49.68%），可开采量6.1亿吨，是发展氯碱工业上游产品的主要原料。

4. 生物资源优势。富民县生态环境优良，现已形成了大树杨梅、鲜食葡萄、樱桃、板栗等特色经济林果，茭瓜、山药、豌豆等优质蔬菜以及花卉，鸵鸟、野猪等特色种养殖业，先后被列为省、市生猪、禽蛋、板栗、优质大米生产基地和“菜篮子”工程基地。

5. 政策优势。富民县属昆明市社会经济发展的欠发达地区，享受昆明市委、市政府北部县区经济社会发展扶持政策。富民工业园区地处滇池流域下游，符合昆明市重化工产业布局，是昆明市承接产业转移的重点区域。

园区招商引资提质增效

1. 钛产业。依托富民县钛矿储量约为765.8万吨，可开采量590.8万吨的资源基础，以及昆明市委、市政府把富民列为昆明市钛产业基地的品牌优势，以建成投产的云南大互通钛业有限公司和在建的云南泽昌钛业有限公司、富民龙腾钛业有限责任公司、云南隆源钛业有限公司为主的钛产业集聚发展初步显现。到2010年，全县钛白粉年产量将突破15万吨，占全国钛白粉年总产量（120万吨）的12.5%，规模位居全国第一。

2. 生物资源加工业。依托富民县经济林果、特色养殖业规模优势，已建成品世食品、佑康酒业两家食品、饮料加工企业，启动开发的东元生态食品加工园416亩土地一级开发，新落户食品加工企业5家，快乐王子饮料项目已开工，计划2010年6月竣工投产、乡吧佬、向阳糕点、明华酒业、云狮山泉等食品加工企业即将开工建设。

3. 建材业。依托彩玉石、玄武岩、石灰石等存量丰富的石材资源优势，以建成投产的云南国资水泥日产2000吨干法水泥熟料项目为龙头，商品混凝土、预制混凝土构件、石材装饰材料项目等建材产业发展迅速。

富民博盛建材商品砼生产线

昆明钛产业基地

佑康酒业芦荟饮料生产车间

品世食品产品

国资水泥富民有限公司

富民龙腾钛业有限责任公司

泽昌钛业公司果图

云南隆源钛业有限公司效果图

昆明经济技术开发区新兴产业孵化园区

（国家级创业服务中心）

云南省委常委、昆明市委书记仇和，昆明经济技术开发区主任张宁等领导莅临园区参观指导

国家科技部火炬中心段俊虎副主任、科技部火炬高技术产业开发中心孵化器管理处隋志强副处长及云南省科技厅徐宝明副厅长等领导为园区获得"国家级高新技术创业服务中心"授牌

昆明经济技术开发区新兴产业科技孵化园区（国家级创业服务中心）（以下简称孵化区），是国家级昆明经济技术开发区的重要配套科技园区。

园区主要通过为入孵企业提供研发、中试生产、经营场地和标准工业厂房共享设施，提供政策、管理、法律、财务、融资、市场推广和培训等方面的服务，是一个以科技成果转化，为社会培养成功的科技企业和企业家，促进高新技术产业发展的重要载体，是国家级昆明经济技术开发区重点建设项目之一，为降低企业的创业风险和创业成本，提高企业的成活率和成功率提供了有效的保障。

近年来孵化区先后被认定为"经开区科技企业孵化器"、"云南省优秀科技企业孵化器"、"国家级科技企业孵化器"等殊荣。

孵化区成立于2005年7月，占地面积2.7万平方米，总建筑面积4.6万平方米，为入驻企业提供2.1万平方米现代化办公场地、2.2万平方米标准工业厂房及6000平方米的公共服务设施。

2009年10月31日，中国技术创业协会全国孵化联盟在昆明成立，随着联盟的成立，备受期待的首支全国性专业孵化基金——中国孵化器投资基金（简称"中孵基金"）也在基金发起签约仪式后，受到社会各方的热烈回应和积极参与。成立大会上，昆明经济技术开发区新兴产业孵化区管理有限公司被推选为理事长单位，公司董事长赵和当选为该孵化区联盟理事长。至此，新兴科技孵化区实现了华丽升级，为云南孵化器迎来黄金发展期奠定了基础。

园区

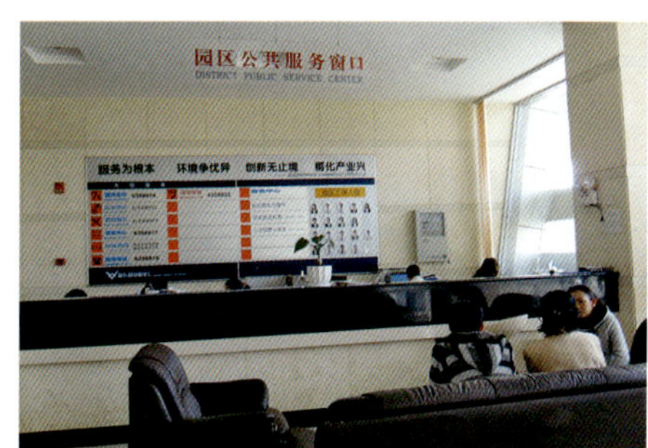

大厅服务窗口

宜良工业园区

施工中的入园企业

宜良工业园区于2008年3月成立，2009年2月25日升格为省级工业园区。按照科学性、前瞻性和可持续发展相结合的原则，科学选址，高起点规划，适度超前，逐步形成“二园六片”的产业布局。充分考虑未来与新昆明大绕城高速公路的连接和水泥原材料资源利用，逐步发展形成以金珠、红狮、汇江、强力控股等年产值50亿元的建材产业集群；全力支持巨利达、金和铸造、宜字玛钢、非标铸造等企业技术改造，产业提升，形成年产值60亿元的冶金铸造产业。培育家具制造、板材加工、五金配套等年产值50亿元的特色产业。结合宜良丰富的农产品资源，以现有的漳州达隆、川达食品、华润麦芽、青美蔬菜、东方希望、晨农集团等企业为基础，形成以禽、蛋、乳制品、蔬菜加工等年产值30亿元的农产品加工产业。启动狗街再生纸加工片区开发建设，力争建成年产值20亿元的再生纸加工产业。积极争取云铜集团搬迁项目落户木龙片区，形成年产值50亿元以上的有色金属产业。

建设中的入园企业

2009年，园区基础设施建设完成投资16624万元；招商引资到位资金70752.24万元。其中：县外资金69962.24万元，县内资金790万元。

园区现有企业33家，其中规模以上工业企业19家。2008年以来，工业园区规模以上工业增加值累计完成12.67亿元；规模以上工业主营业务收入累计完成48.55亿元；规模以上工业利税总额累计完成2.53亿元；地方财政一般预算收入累计完成4543万元；工业项目固定资产投资累计完成11.81亿元。收储土地3000亩；完成"五通一平"面积3000亩；基础设施投资累计完成1.71亿元。

曲靖南海子工业园区

云南省纪委书记李汉柏到园区考察

云南省副省长和段琪到园区考察

南海子工业园区是云南省30个重点工业园区之一，是曲靖经济技术开发区打造现代工业基地，建设秀美城市新区的重要组成部分。

园区位于曲靖市麒麟区和马龙县交界处，规划总面积30.32 km^2。距昆明市120km，曲靖城区7km，马龙县城11km，距新建的昆明国际机场90km。园区交通发达，物流便捷。320国道、昆曲高速公路、贵昆铁路东西向贯穿园区，并在园区建有火车站；环城北路由南至北横贯园区，连通昆曲高速公路；整个园区形成了公路、铁路、航空立体交通网络，人流、物流极为便利。

园区建设坚持走新型工业化道路，以工业化带动城市化，将园区建成高起点、高水平、高科技的光电产业工业园区；承接东部产业转移，减轻就业压力的载体；发展节约型经济、循环型经济、创新型经济，功能齐全的和谐园区。力争2020年实现工业销售收入300亿元。

园区已完成了可行性研究报告、地质灾害评估、矿产资源压覆论证、水土保持方案、林地资源调查、环境影响评估编制评审等所有前期工作，转入实质性开发阶段。

园区基础设施建设已全面启动。园区自来水厂、污水处理厂管网工程、110kv和220kv变电站、道路等配套建设已基本结束，完全能满足园区入驻企业的生产生活要求。

园区建设走“政府引导、市场运作”路子，组建了云南曲靖南海新区开发有限责任公司，负责园区基础设施建设及投资、土地综合开发、市政配套工程建设、经营、管理等业务。公司作为园区开发的载体，融资的平台，正积极开展工作，加快园区基础设施建设。

园区把招商引资作为工作的重中之重，以高新技术、劳动密集型、新材料产业作为招商引资的重点，以园招商、以地招商、以商招商成效明显，已引进项目20个，总投资50亿元。其中：云南冶金集团昆明冶研新材料股份有限公司3000吨/年多晶硅产业化项目通过扎实的前期工作和反复论证，最后确定在南海子工业园区投资建设，2007年4月20日云南冶金集团公司与市政府签订建设协议。为保证项目的高起点和技术领先，确定主体生产工艺及设备全面引进欧美等先进技术；产品为半导体级，具有成本低、环境好、能耗低等优点，是我国在建和拟建多晶硅项目技术和工艺最先进的一家（中国国家工程咨询公司提供的数据比较）。项目已列入了“云南省20个重点推进工业建设项目”。一期3000t/a多晶硅项目，主体工程于2008年11月10日正式开工，项目总投资294，641.81万元，到目前为止已签定合同24.5亿元；现正积极地从组织、人员、技术、资金、物质、营销、外部条件几个方面开展生产准备工作。截止目前，项目已完成投资20余亿元。二期7000t/a多晶硅和5000吨深加工项目，总投资将超过100亿人民币。红云集团投资20亿元现代仓储物流项目、投资3.5亿元铝型材加工项目、交警支队驾考中心、检测线项目已落户园区。

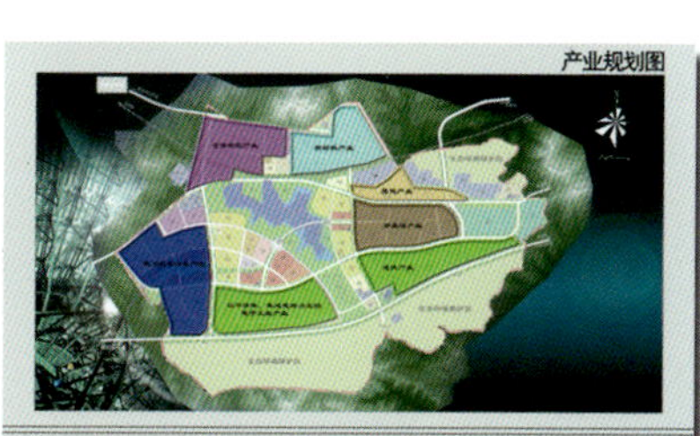

在市委、市政府、开发区管委会的领导下，在各级各部门的关心支持下，南海子工业园区自加压力，与时俱进，发挥优势，以打造现代工业基地，建设秀美城市新区为目标，循着园区规划建设的美好蓝图，以最大的气魄，下最大的决心，营造招商的舆论环境、亲商的社会环境、便商的服务环境、护商的法制环境，诚邀海内外有识之士到南海子工业园区考察合作，共谋发展大计。

曲靖西城工业园区

云南省纪委书记李汉柏到园区考察

云南省副省长和段琪到园区考察

曲靖西城工业园区是全省三十个重点工业园区之一。园区位于曲靖中心城区西北部，地跨麒麟区西城和建宁两个街道办事处，建设用地规划面积20.37平方公里。规划区主要以外向型、科技型、低能耗、符合环保标准的生产性项目为主，是环保生态型绿色规划区。主要发展有色金属综合利用及深加工、汽车配套及配件、两烟配套、机电加工和现代农业科技及食品加工等五个主导产业；辅之以生物制药、农副产品加工、汽车销售服务、印刷包装、新型建材、物流等产业。

西城工业园区以高起点规划、高强度投入、高标准建设、高效率服务，2008年7月，西城工业园区被省委、省政府授予“云南省十佳优秀工业园区”荣誉称号，2008年、2009年连续两年被麒麟区政府及开发区管委会评为“先进集体”。规划区依托西城工业园区现有产业基础和发展的有利条件，进行科工贸一体化、产学研一条龙的建设规划，采用边招商、边建设、边发展的方式在对本地现有轻工业企业和外贸企业进行产业升级改造的同时，引进轻工业各类企业，聚集产业。

西城工业园区以“造环境、强服务、重招商、兴产业、促发展”为主要任务，坚持“工业强市、循环发展”的方针，不断加强园区基础设施建设、努力改善投资环境、营造良好的发展环境。目前，西城工业园区引进项目40多个，已建15个，在建14个，2009年昆交会签约项目3个，已完成近5平方公里的建成面积。

西城工业园区以其得天独厚的区位优势、良好的投资环境、产业扶持等政策以及“保姆式”的服务积极招引和推进项目建设。截止2009年12月底，西城工业园区工业总产值完成45.19亿元；工业增加值完成17.49亿元；销售收入完成38.81亿元；税收完成3.34亿元；实现利润2.24亿元；固定资产投资完成9.38亿元。

目前，西城工业园区已初步形成冶金、生物制药、特色轻工业的产业基础，按照专业化、产业化、效益化、生态化的方向，使西城工业园区发展再上新台阶，成为全省30个重点工业园区中工业门类较为齐全、支柱产业明显、经济实力较强的工业园区，对曲靖市乃至全省产业结构调整起到积极的带动作用。

云南省工信委主任刘绍忠视察园区建设情况

云南驰宏锗股份有限公司厂区全景

宣威特色工业园区

120万吨水泥项目开工仪式

宇恒水泥

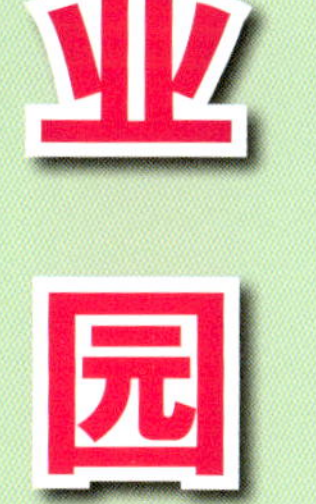

云峰硫酸主装置远景

宣电全景

走进宣威北片区，迎面扑来的是整洁宽广的街道、高耸林立的楼群、毗邻栉次的商场、川流不息的车辆、精美优雅的招牌以及精神焕发的行人……在绿树红花的映衬中，安然而和谐，古朴而青春，宁静而放纵，浓烈的地方文化与精锐的现代意识结合，给你带来最强烈的体验和冲击。这就是宣威经济开发区，宣威城最耀眼的新市区！

再看虹桥特色工业基地、羊场磷化工基地、凤凰山循环经济基地，早已厂房林立，道路纵横，管道交错，车水马龙，忙碌的园区人们正在日夜奋战，争分夺秒。到处机声轰鸣、马达飞转、风生水起，无不透射着宣威人敢干事、干大事的豪情和梦想。昭示着园区人宏伟、快速、创新、争先的奋进精神！

2009年底，园区共入驻工业企业89户，其中规模以上工业企业20户。共实现工业总产值67.5亿元，占全市的54.9%;工业增加值23.6亿元，占全市的49%;本级财政收入2.9亿元，占全市的37%;完成固定资产投资17.7亿元，占全市的20%。累计完成园区基础设施投资7.5286亿元。

宣威特色工业园区的前身是宣威经济开发区，成立于1994年，规划面积6平方公里（2006年经国土资源部和国家发改委重新审核认定）属省级经济开发区。在1993年到2004年的十年间，主要以城市新区建设为目标，以新片区规划、房地产开发、市政基础设施建设、物业管理及市区工商服务业招商引资为主要内容。

2003年以后，随着国家推进新型工业化战略的全面推进，市委、政府毅然决策，促进开发区二次创业。规划了凤凰山基地12.07平方公里、羊场基地2.4平方公里和虹桥基地11.7平方公里。2006年8月省经委批准增设宣威特色工业园区，统称“一区三基地”，实行“两块牌子，一套人马”管理。布局和构建了三大支撑产业体系：即凤凰山电化一体化、羊场磷电一体化、虹桥食品加工及轻工特色产业。

十五年来，宣威特色工业园区先后经过了艰苦创业期、十年摸索期、辗转徘徊期、脱胎换骨期等艰难历程。今天，已顺利进入了加速发展的崭新时期，各项事业繁荣兴旺，已成为宣威新型工业化、新城区拓展和新经济增长点的龙头！

师 宗 工

曲靖市委书记赵立雄到师宗工业园区调研

师宗工业园区成立以来，紧紧围绕县委、县政府建设现代工业强县的战略目标，坚持“政府引导，市场导向，企业参与”的原则，采取“管委会+公司”的运作模式，全力推进师宗新型工业化进程。科学的将师宗工业园区规划为“一园两片”，总面积为42.95平方千米，定位为集煤化工、冶金、建材、农特产品以及其他新型产业为一体的资源循环型和生态环保型示范园区。其中，大同片区面积22.83平方千米，产业定位为轻工区，主要发展新型建材、林产品加工、生物制药、农特产品加工、仓储物流和烟叶复烤等产业；矣腊片区面积20.12平方千米，产业定位为重工区，主要发展煤化工、冶金、机械制造和其他加工制造业。

为了让企业（项目）有一个良好的投资建设发展环境，园区管委会扎实推进园区水、电、路等基础配套设施建设工作。园区基础配套设施建设项目（一期）计划总投资2.6亿元，已投资2.1亿元，完成矣腊片区一期市政二级道路、县城至竹基段二级道路及园区供水、供电、通讯等配套设施建设工作。在此基础上，我县又从税费、土地、产业扶持、环境及服务等方面制定了《园区若干优惠政策暂行规定》、《园区管理办法》、《园区土地征收办法》和相关入园程序制度等文件，积极配合项目业主办理各项手续，协调处理项目建设中遇到的困难和问题，为项目入驻园区建设创造了良好的软环境。

在做好园区规划及基础设施建设的同时，切实加大宣传力度和招商引资力度，积极引进了昆钢98万吨煤焦化、云南天高镍业有限公司60万吨镍合金、昆钢150万吨洗煤厂等一批实力雄厚、带动性强、发展前景好的项目进入园区，有力带动了园区经济快速向前发展。目前，园区共有企业（项目）26个，计划总投资75亿元，其中，已建成投产企业（项目）11个，2009年，实现工业总产值11.6亿元，较上年增长20.45%，占全县GDP的34.8%。在建项目9个，计划总投资35.5亿元,现已累计完成投资11.6亿元，昆钢98万吨煤焦化项目计划总投资16亿元，已完成投资9.7亿元， 2010年年底全部建成投产；投资13亿元的云南天高镍业有限公司 60万吨镍合金项目完成土地征用，即将启动建设。拟入园项目6个，计划总投资27.9亿元。

2010年，园区可实现工业总产值20.77亿元，较上年增长79%，占全县GDP的54.6%。到2020年，力争把师宗工业园区建成曲靖市重要的煤化工基地、建材基地、木材深加工基地、农畜产品深加工基地，形成具有特色的 “现代化循环型、生态型综合产业工业园”，工业总产值达200亿元以上，就业人口达8万人以上，最终实现“工业强县”的总体战略目标。

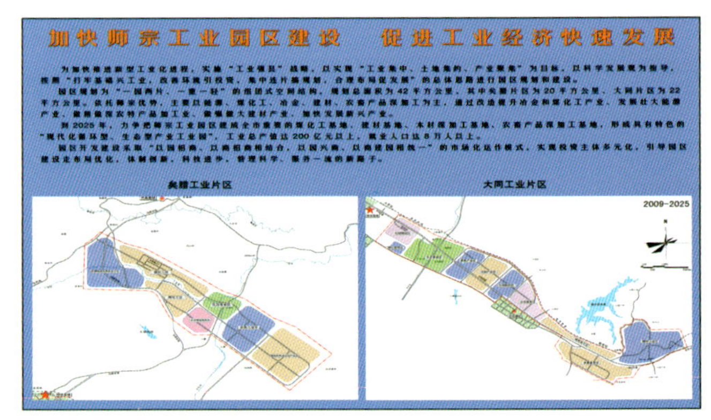

业园区

云南省工信委副主任周赤到师宗工业园区调研

云南天高镍业有限公司60万吨镍合金生产项目开工典礼。该项目计划投资13亿元，建成后，可实现产值80亿元，利税4亿元。

生产中的入园企业

园区内加工的农特产品

云南煤化工（曲靖）

云南煤化工（曲靖）基地管理委员会成立于2004年5月14日，为曲靖市政府派出机构，行使市政府所赋予的职能。2008年初，云南煤化工（曲靖）基地管委会牌子移交沾益县（现正报请省、市更名为曲靖煤化工工业园区）。由沾益县人民政府县长任管委会主任，主管工业的副县长任管委会副主任，沾益县经济局局长任副主任兼办公室主任，管委会挂靠沾益县经济局。2008年7月，制定了《云南煤化工（曲靖）基地管理办法（暂行）》（沾办发〔2008〕17号）。办法规定，煤化工基地管委会是沾益县人民政府的派出机构，对基地实行统一领导、统一规划、统一管理，负责对基地的规划、建设、招商引资以及基地区内企业的项目申报、综合协调等方面进行全方位服务。管委会下设办公室在县经济局，负责做好日常工作。

2009年，曲靖煤化工工业园区入驻企业24户，现纳入规模以上的企业有11户，资产总额212亿元，从业人员11850人。园区实现工业总产值113.08亿元，比2008年的99.69亿元增长13.43%，占全部工业总产值比重为84.39%；工业增加值21.04亿元，比2008年的16.58亿元增长26.90%；工业税金4.32亿元，比2008年的3.99亿元增长8.27%，占全部工业税金比重为80.60%；利润总额1.4亿元，比2008年的-2.27亿元增长161.67%，占全部工业利润比重为27.03%。

曲靖煤化工工业园区总体按照“一园四片三中心”进行规划布局，为组团式空间结构，一园即曲靖煤化工工业园；四片分别为花山煤化工片区，白水冶金能源片区，城西轻工片区，天生桥物流片区；三中心分别为天生桥物流中心，天生桥煤炭交易中心，白水物流中心。主导产业为煤化工、冶金能源、轻工业、非公经济及物流配套。远期规划至2020年，规划总面积为40.1平方公里（其中花山煤化工片区14.62平方公里，白水片区15.14平方公里，城西轻工片区7.79平方公里，天生桥物流片区2.55平方公里），规划总投资1000亿元，规划产值1350亿元。

2009年，园区投资项目共有22项，计划总投资92.21亿元，累计完成投资60.56亿元。其中：已建项目12项，实际投资33.71亿元；在建项目10项，实际投资26.84亿元

整个园区标准厂房主要集中于白水片区和城西轻工业片区，白水片区已建成标准厂房面积48.8万平方

基地管理委员会

米，总投资33.7亿元。其中，曲靖铝业原来一期投资14亿元，建设面积22万平方米，二期投资18.4亿元，建设面积25万平方米。2012年曲靖铝业将投资60亿元，建设面积71万平方米。

2009年，全面启动园区规划建设工作。编制完成了《曲靖煤化工工业园区总体规划》、《曲靖煤化工工业园区可行性研究报告》、《曲靖煤化工工业园区（花山核心区）基础设施建设项目水土保持方案可行性研究报告书》、《曲靖煤化工工业园区总体规划花山核心园区环境影响报告书》、《曲靖煤化工工业园区花山核心区建设项目地质灾害危险性评估报告》。《沾益工业园区总体规划》、《沾益工业园区建设可行性研究报告》编制工作已经完成，并通过市级初评后，修改完善上报省级评审。

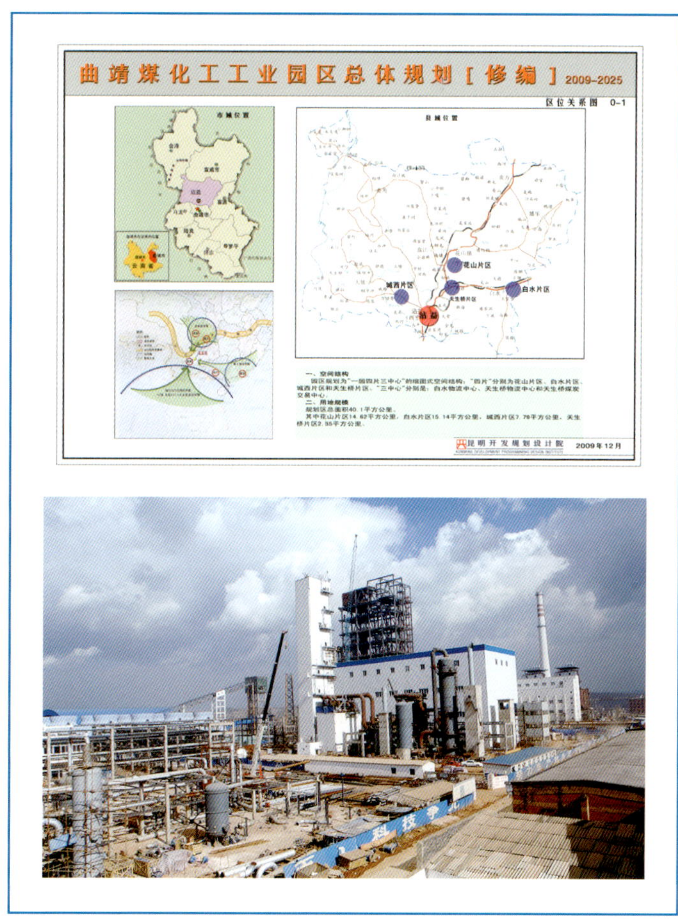

马龙工业园区

云南省委书记白恩培在曲靖市委书记赵立雄陪同下视察马龙工业园区

云南省政协主席王学仁、省政府常务副省长罗正富等省市领导视察小寨循环经济片区

云南省委常委、副省长李江调研马龙工业

马龙县委、政府高度重视工业发展，2003年提出并实施“工业强县”战略，坚持走新型工业化道路，积极探索循环经济发展，强化招商引资，科学合理规划布局，狠抓措施落实，马龙工业在创新中迅速发展。到2009年底，全县已有工业企业98户，涉及冶金、建材、化工、煤焦、机械制造、轻工、食品、印刷等8个行业，规模以上企业达22户，全县完成工业总产值34.5亿元。

马龙工业园区于2000年12月开始规划建设，2007年正式启动建设并快速推进，园区规划布局“一园五片”，规划总面积68.6平方公里，现已建成7.53平方公里。到2009年底，累计引进了69户企业入驻园区，全部入园企业累计完成投资16.35亿元，累计投入基础设施建设资金1.389亿元，2009年先后完成了潘马大道、马纳路园区段改扩建工程、园区内部道路、通信工程、管委会办公楼、园区内部绿化、潘马大道绿化等工程，基本实现了水、电、路、通讯配套。2009年工业园区完成工业总产值275000万元，同比增长9.6%；完成工业增加值56000万元，同比增长5.6%；完成销售收入260000万元，同比增16.2%。

马龙工业园区以建设“特色产业聚集区、循环经济示范区、机制创新试验区”为目标，将马龙工业园区打造成云南重要的玻璃深加工基地；曲靖重要的冶金产业、机械制造和建材产业基地；曲靖较大的生物资源加工基地。通过几年的发展，闯出了一条工业企业快速集聚、支柱产业不断壮大、工业发展与生态建设相协调的工业发展道路，特别在探索循环经济发展过程中，按照产业聚集化、行业集成化、技术高新化、装备大型化、废弃物无害化及减量化、再利用、资源化的“三R”原则，创建了独具特色的小寨模式，实现了3条循环链，一是10户企业形成了产品生产加工循环链；二是充分利用焦炉煤气10户企业形成了煤气回收利用循环，这一循环可为循环链中的企业每年节约8.7万吨标准煤，降低生产成本5000万元，同时为两个焦化企业增加1.1亿元的销售收入，有效地解决了煤气资源的外排污染浪费问题；三是水资源循环，企业用水均采用闭路循环使用，实现了零排放，每年可节约用水149.8万吨。循环经济的发展，使马龙在新型工业化道路上取得了可喜的成绩，成为全县经济发展的带动区和发展循环经济的示范点，得到了各级的肯定和认可。

云南省工信委主任刘绍忠视察马龙工业

曲靖市市长岳跃生视察马龙工业

驻滇商会130余人视察马龙工业

麒麟区越州工业园区

云南省委副书记李纪恒到园区考察

云南省副省长和段琪到园区考察

越州工业园区成立于2004年，位于曲靖市麒麟区越州镇，交通便捷，距昆明150公里、南昆铁路70公里、贵昆铁路30公里、恩洪主焦煤矿区30公里。昆曲高速公路、曲陆高速公路、320国道、石恩二级公路、沾潦公路、黄罗公路纵横相连。

园区以资源的高效利用和循环利用为核心，以"减量化、再利用、资源化"为原则，以低消耗、低排放、高效率为目标，集中规划面积27.89平方公里，建设以工业为支撑的珠江源大城市越州组团，以煤炭等优势资源进行综合利用为主的转化加工区、走新型工业化道路，发展循环经济工业集聚区。2008年，越州工业园区《总体规划》《可研报告》《环评报告》通过省级评审。

园区基础条件较好，资源丰富，水、电充足，目前，园区形成了以煤化工、冶金、建材、陶瓷、煤气和余热发电为主的五大产业。在园区内集聚化发展的数十家企业中，形成了相互依赖相互促进的跨煤炭、化工、冶金、电力的循环经济联产系统。

园区成立以来，引进规模以上工业企业23户，2009年完成工业总产值 60.14 亿元，工业增加值18.04亿元，上缴税金2.24亿元，实现利润1.96亿元。固定资产投资6.4 亿元，从业人员12800人。分别是2003年的12.9倍、11.6倍、13.9倍、3.2倍。

2009年7月13日，省委副书记李纪恒，2009年5月5日，省政府副省长和段琪分别到越州工业园区企业考察，对企业在循环经济、资源综合利用、节能减排方面取得的成绩给予了较高肯定。

评审会现场

庆典仪式

振戎油库全景

大理滇西纺织有限责任公司

2009年，园区完成工业总产值55.37亿元，同比增长31.10%，占市辖区工业总产值的32.57%；上缴税金完成1.46亿元。2009年园区汽车产业共生产各类载货汽车42414辆，完成产值43亿元,同比增长34.16%，占园区工业总产值的77.66 %;上缴税金4057万元。

园区管委会成立以来，充分利用大理创新工业园区投资开发有限公司这个融资平台，向银行累计贷款1.1亿元,有力地推动了园区基础设施建设。目前园区内总长10.52公里，总投资1.23亿元的9条主干道建设已基本建成并投入使用，覆盖开发面积达6平方公里。东山110千伏变电站项目已完成主体工程建设，预计2010年6月底以前可以投入使用。

力帆骏马车辆有限公司

园区内有五个项目已建成投产：总投资超过20亿元的云南力帆骏马车辆有限公司及相关配套企业、总投资1.5亿元的滇西纺织有限责任公司异地搬迁技改项目、总投资7100万元的大理金穗麦芽公司年产3万吨麦芽生产线项目，以及云南普尔顿集团ＰＥ管材生产线、大理民族塑料厂异地搬迁技改项目已建成投产。

2009年，恒力塑编包装袋生产项目、年产1500吨无纺布生产项目、大理电力装备产品生产项目、年产5000吨高铬球异地搬迁技改项目、年产80万平方米汽车安全玻璃深加工生产、狮岗木器厂木材加工、5000吨中药饮片、博云塑料、顺丰生物肥等九个项目已陆续开工建设，预计2010年可投入生产。

力帆骏马最新研发的农机具

祥云财富工业园区

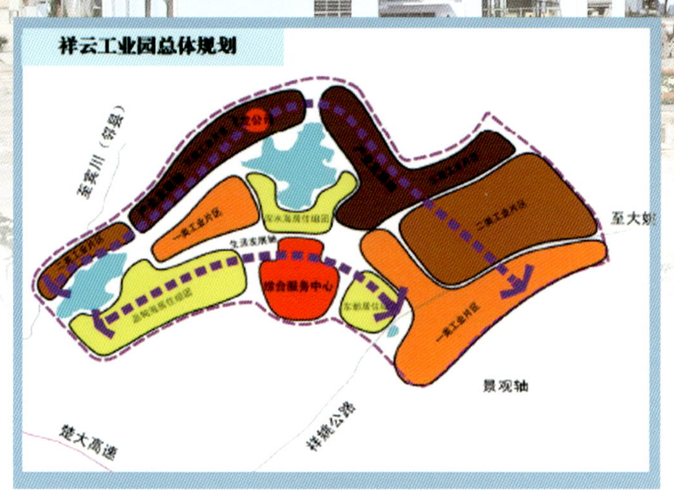

总体规划

祥云是大理州的东大门，地处滇西咽喉，交通便捷，运输方式齐全。320国道、楚大高速公路、广大铁路、祥临（祥云至临沧）公路、祥宁路（祥云—宾川—宁蒗）穿境而过。位于三江（金沙江、怒江、澜沧江）成矿带，境内及周边地区水、电、有色金属、非金属矿及优质无烟煤储量丰富。

祥云财富工业园区总体规划面积50平方公里，建成区面积7平方公里，以矿冶、化工、制造加工为主，其中锌、铅、铟等部分矿冶产品产量位居全省前列。园区内地势平缓，内部循环的交通网络已形成，生产生活用水、用电可保障供给，通讯及电信网络设施完善，计划在2010至2012年3年内分批建设标准厂房面积50万平方米，现已启动实施。为加快园区的建设发展，祥云县委、县政府出台了《关于进一步完善招商引资工作的决定》、《关于加快财富工业园区建设发展的决定》、《关于加快全县工业暨非公有制经济发展的意见》等一系列招商引资和扶持企业发展的优惠政策措施，“以新增增值税地方留成的50%返还园区，专项用于加快园区建设发展和对企业的扶持。”

经过几年的发展，园区成为全省40个重点工业园区、10个循环经济园区、大理州重点发展的2个工业园区之一，2008年被评为全省10个优秀工业园区之一。目前，有46家企业76个项目，2009年，实现工业总产值43亿元。

优美的厂区环境

先进的污水处理设施

洱源县邓川工业园区

洱源县邓川工业园区成立于2002年，属省级30个重点工业园区之一，园区总体规划面积为20.72平方公里，分“一园三片区”。园区成立以来，先后累计投资2500多万元，重点实施了以坟冢、光缆搬迁和主干道、供电、供水排水等为重点的设施建设及绿化、亮化、美化工程，较好地满足了入园企业生产和发展的需要。实现累计引资4.4亿元、工业产值40多亿元、利税3亿多元，现已将邓川片区初步建设成为云南省重要的农用车生产装配基地，滇西规模最大的乳制品生产基地以及洱源绿色生态食品加工基地。2009年，园区完成工业总产值20.789亿元（占全县工业总产值的81.2%），增加值4.53亿元（占全县工业增加值的92.4%），分别比上年增长11.2%和6.7%，入园企业达45户，其中规模以上企业8户，年末平均从业人员3786人，新认定省级企业技术中心1家。

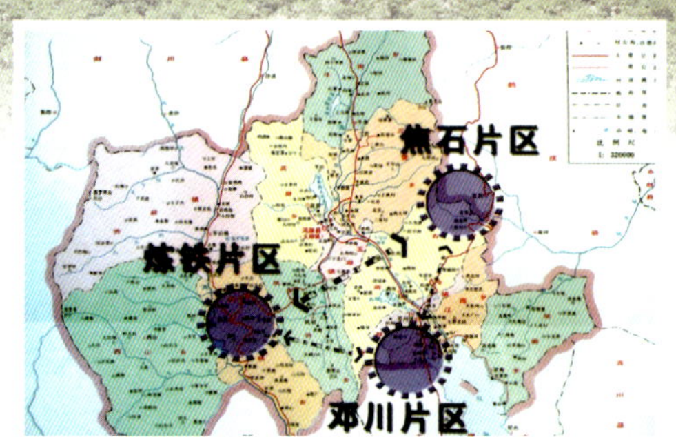

邓川工业园区“一园三区”图

园区产业发展充分依托全县生物资源、矿产资源和区位等优势，加强规划指导，正确处理发展工业与洱海保护的关系，着力打造“一园三区”发展格局。一是“一园三区”总体规划修编已于2009年4月份和9月份分别通过州经委和省工信委评审，批准实施。总体规划扩编进一步拓宽了我县工业发展空间，“一园三区”总面积达20.72平方公里。二是明确产业发展布局，严把企业准入。在符合产业政策的前提下，在邓川片区重点发展农用机械装配、乳制品生产、生物制药、绿色食品和农特产品加工为主的产业，着力将邓川片区建设成为生态工业园区。在焦石和炼铁两个片区重点发展矿产品加工业。把有可能对洱海水源造成污染危害的项目调整到炼铁和焦石片区。三是加快工业园区环境影响评价报告编制工作，计划在2010年完成报告评审。四是以项目化抓实园区科学发展。2009年着重谋划实施的重点建设项目有：一是估算投资690万元，在邓川片区建成长1.5公里、宽25米的邓（邓川）马（马甲邑）路及连结南北主干道道路建设项目。二是邓川片区东西主干道管网建设绿化项目，概算投资100万元。三是启动焦石片区、炼铁片区的基础设施建设。

“蝶泉“牌婴幼儿奶粉

鑫宝石业公司

力帆骏马集团邓川拖拉机装配厂产品

邓川农特产品开发有限公司

新希望云南邓川蝶泉乳业有限公司

弥勒工业园区

弥勒工业园区于2003年被省政府确定为云南省30个重点工业园区之一，2004年，经县委、县人民政府批准，成立弥勒工业园区管委会并下设办公室，2005年12月，县委、县人民政府把工业园区办公室更名为弥勒工业园区管理委员会，为县人民政府的派出机构。机构规格由正科级升为副县（处）级，设主任1名，副主任2名（正科）；2008年成立了由县委书记为组长，县长、县委副书记、县人民政府分管副县长为副组长的弥勒工业园区建设领导小组，负责园区建设的领导和组织协调工作；2009年，县委、县政府任命县经济局局长、县招商局局长兼任弥勒工业园区管委会副主任，进一步强化了对园区工作的领导。

几年来，弥勒工业园区入住企业达28户，累计完成工业总产值35.25亿元，年平均递增33.25%；实现销售收入35.08亿元，年平均递增32%；实现工业增加值6.42亿元，年平均递增21.5%；园区企业从业人员超过4000人；企业累计完成投资8.64亿元。

2005年12月，弥勒工业园区总体规划和可行性研究报告经专家评审后，省经委正式批准组织实施；2009年，弥勒工业园区开始编制《弥勒工业园区环境影响评价报告》，预计2010年5月通过评审。

通过几年的努力，园区已经形成了康和集团、烟用物资、红河云牛乳业有限公司、奥源全息防伪包装、吉诚焦化、吉成新型建材等为主的一批具有较强市场竞争力的企业集团及烟草配套一体化、磷电一体化、煤电一体化等分工协作、专业互补、关联性强的产业群体。

云牛乳业公司生产车间

红河奥源

烟用物资公司

云牛公司

康和公司

红河工业园区

云南省省长秦光荣、副省长和段琪等领导为红河工业园区化工产业园年产15万吨二甲醚项目开工典礼剪彩　（邓海江　摄）

红河州委书记刘一平在红河工业园区开发建设第一次领导小组会议上要求“举全州之力加快红河工业园区建设”

2009年7月，州政府与云锡集团、昆钢集团签订协议，在红河工业园区内合作建设《云锡产业园》和《昆钢红河产业园》　（邓海江）

红河工业园区在红河州委、州政府的正确领导下，在园区企业、管委会全体职工的共同努力下，紧紧围绕年初确定的经济发展目标和工作思路，以党的十七大精神为指导，认真贯彻落实科学发展观，坚持以产业项目建设为中心、以基础设施建设为重点、以招商引资为突破、以队伍建设为保障，各项工作取得了可喜的成绩。园区整体工作在困境中保持了持续、稳步、健康发展的良好态势。

2009年，园区完成工业总产值90.84亿元，完成年计划的101%，同比增长17.3%；实现工业增加值16.13亿元，完成年计划的161.3%，同比增长19%；实现销售收入87.4亿元，完成年计划的102.8%，同比增长16.7%；上缴税金2.94亿元，完成年计划的117.7%，同比增长9.1%；盈亏相抵后，企业亏损9187万元，同比增长66.5%。园区体制内财政总收入完成2.76亿元，完成年计划的172.85%，同比增长65.28%(其中地方一般预算收入完成1.17亿元，完成年计划的160.53%，同比增长77%)。园区完成固定资产投资27.32亿元,完成年计划的101.2%，同比增长8.4%。

2009年，园区接待各类客商120多人次，洽谈项目36项（产业项目34项、流通项目1项、城市配套项目1项）。新签订投资协议项目14个，协议投资额27.7亿元。2009年投资项目实际到位资金16.6亿元，其中州外到位资金13.95亿元（含省外到位资金7.64亿元），全面实现了年初预定的各项招商引资任务。

2009年7月，红河州人民政府与昆钢控股有限公司、云锡集团（控股）有限公司共同签订了《共建昆钢红河产业园》、《共建红河工业园区云锡产业园》战略合作协议，明确了两大集团在红河近期、中期和远期发展思路，并在划定的区域范围内，分别建设以钢铁产品和有色金属产品为主的产业园，为园区今后的快速发展奠定了良好的基础。除现有建设项目外，昆钢产业园近期计划投资40亿元，远期规划投资100亿元，到2012年实现销售收入100亿元，到2018年将实现销售收入200亿元；云锡产业园近期新规划的2.2平方公里产业片区投资27亿元以上，到2014年底，实现工业总产值120~180亿元。

红河州委书记刘一平在州人民政府副州长、红河工业园区管委会主任聂明陪同下到园区企业调研

管委会领导深入企业现场办公，帮助企业解决生产经营中的困难和问题

截止2009年底，园区产业建设已累计完成投资89亿元。其中基础设施建设已累计投入资金7亿多元，开展道路网络、供水、供电、通讯、排污排洪等基础设施建设。目前首期开发的20平方公里范围内设施已基本建成，硬件环境日趋完善。

目前，园区9条道路中已有7条道路通车，2009年4月，采用BT模式建设的园区9#道路通车初验，2#道路于12月通过终验并移交管委会使用；1#道路个旧段目前已顺利与红河大道搭接；6#道路因涉及铅铜项目管道埋设影响工期后延，计划9条道路将在2010年上半年全面建成通车。

由蒙自鑫源供水公司、蒙自四通公司、云锡供水公司划片负责实施的近40公里的园区供水管网已全面铺设完成并已实现供水，为园区企业生产生活用水提供了保证。委托红河供电局承建的全长3公里的园区4#道路沿线供电线路网络已建设完成，冶金材料加工区6平方公里的电力专项规划已全面展开；涉及云锡10万吨铜项目建设的红大一、二回220kV线路搬迁及110kV电网建设已全面完成；与红钢产能配套的220kV草坝变-红钢变送电线路工程的项目及大屯变-红钢变送电线路工程计划于2010年一季度完成，两条输变线路的建成，将为红钢生产提供充足的电力保障。

标准厂房等项目已着手实施，其中综合服务用房项目进入全面施工阶段，计划2010年一季度完成主体工程；标准厂房已开始场地平整，玉蒙铁路下穿隧道建设项目已得到了铁路部门支持，前期工作已近尾声。

重大项目顺利推进，其中：红钢烧结系统、220kV总降变电配套项目工程计划2010年一季度全面完成，并将形成200万吨钢、120万吨轧钢的生产能力；为进一步实现产能的综合配套，现该公司已启动年产60万吨型材轧钢生产线的建设。云锡集团年产10万吨铅项目现已完成投资6亿多元，计划2010年一季度试车投产；云锡年产10万吨铜项目已加快建设，整个项目建设计划在2011年初建成。开远明威公司总投资 3 .5亿元的年产 5 万吨造纸技改项目于2009年8月开工，计划2011年上半年建成投产。

经过6年多的发展，红河工业园区逐步形成了以大型企业集团为依托、以重点项目为骨干、以中小企业为补充配套的产业格局，园区经济总量不断增加，发展后劲不断增强。

红钢公司40万吨高速线材生产线正在高速运转（邓海江　摄）

整洁明亮的云铝润鑫铝业生产车间（邓海江　摄）

红河县特色产业园区

为深入贯彻落实省、州关于推进新型工业化建设的指示精神和红河州《加快红河南部六县工业发展指导意见》，巩固和提升红河县蔗糖、淀粉、生物化工等新型工业化和特色支柱产业，自2006年来，县委、县政府结合县域实际，提出了“一城带三区”的县域经济发展思路，（即：改造老城区，东托凹腰山新区，南连莲花新区，西北开发特色产业园区）。把红河县特色产业园区的建设列入县城总体规划和开发重点。2007年10月，为进一步做好园区土地开发和总体发展，委托云南省城乡规划设计研究院城镇体系分院编制了《红河县特色产业园总体规划》和《红河县特色产业园可行性研究报告》，规划选择把我县最具优势棕榈制品加工，生物资源开发、新型建材等为主导的特色产业引入园区，在空间上按照“三心、两翼、两轴、六组团”的布局进行科学规划。并于2008年8月27日通过了省、州相关部门审查。园区建设按照“边建设边开发和成熟一片开发一片”的原则，目前已有8家企业入驻园区，2009年实现工业总产值1.15亿元，利税1380万元，从业人员达673人。

自项目启动以来，分期组织实施特色产业区道路工程建设：一期工程开挖原勐龙中学片区道路土石方全长2.4公里；二期工程改造原勐龙中学岔路至元红柏油路岔口道路建设2.5公里；三期工程开挖莲花大道至园区2.8公里道路土石方。共完成投资1320万元。2010年计划改造莲花大道至园区4.2公里道路，预计总投资443万元。目前已完成测设等前期工作。

红河县特色产业园区具有离县城近，交通便利，待开发的土地有300多公顷，“投资沃土，开发乐园”、“一分投入，十分回报”，热诚欢迎各地企业和企业家投资，合作开发。

花岗石厂房一角打磨机

红河棕业有限责任公司生产的棕丝软垫

驻园企业红河棕业有限责任公司

驻园企业红河恒桑石材有限公司生产车间

驻园企业红河糖业有限责任公司

文山县工业发展管理委员会

云南省2009年“三个一百”新开工重点建设项目之一的文山氧化铝配套建设氯碱项目奠基典礼现场

开化镇塘子寨建材片区一角

2009年，文山县工业发展管理委员会在县委、县政府的正确领导和上级有关部门的关心支持下，以建设“云南铝都”为目标，园区基础设施、项目建设、工业产业结构调整、新型工业化发展成效明显，特别是园区经济稳步回升、企恢工作取得阶段性成果。从2005年到2009年，共引进企业40户，累计完成投资28.87亿，实现工业总产值48.8亿元、工业增加值34.2亿元、上缴税金3.36亿元、利润5.39亿元、解决就业2900人。其中，2009年新引进企业3户，完成投资16亿元，实现工业总产值13.8亿元、工业增加值4.5亿元、销售收入12.76亿元、税金1亿元、利润1.4亿元，同比分别增长9.5%、9.2%、8.4%、1%、7.6%、7.4%，经济指标逐季度上升，总体好于预期。产值上5000万元的有3户，上1亿元的有1户、上2亿元的2户，龙头企业带动效应明显，产业结构进一步优化。

随着园区建设的不断发展壮大，特别是由于城市规划修编，土地利用规划修编，煤炭资源支撑乏力，新建德厚河水库、文船文都公路，以及云桂铁路和蒙自经文山至百色、丘北经砚山至文山的铁路等因素，调整规划已成为园区进一步发展的迫切需要。因此，我委多次召开规划专题会议讨论，走访园区企业和听取社会各界的建议，集思广益，结合以上各种因素，将马塘工业园区规划重新进行调整为：马塘工业园区布局上以平文、文蒙、文砚、文都、文船公路文山段两侧和新建云桂铁路线路和蒙自经文山至百色、丘北经砚山至文山的铁路为重点，建议取消清水沟煤炭工业片区规划，新增东山农特产品加工片区规划和蚂蝗塘仓储物流片区规划，原花桥特色产品加工片区南移变更为古木特色产品加工片区，引导轻工产品加工企业进入马塘塘子寨冶金工业延伸片区，增加甲马石片环境容量，承接铝产业发展，以马塘为重点，形成“一园七片”的发展格局。规划调整后总体布局为“借六线布七点结八县成一园”带动全州的区域经济发展。调整规划后整个园区的规划总面积为68.77平方公里，功能定位为以冶金、特色产品加工、化工、机械加工、建筑建材发展为主，以发展仓储物流、科技研究为辅的综合性工业园区。

按照国家产业政策和园区产业规划，马塘工业园区把做大做强冶金、化工、建材、特色产品加工、机械加工等产业，形成以大项目为主，中小项目为辅的良好发展格局作为工作重点。工管委将采取八大举措，狠抓2010年各项主要经济指标，争取实现在2009年基础上保持20%以上增长。

总投资47亿元，年产80万吨氧化铝厂施工现场

昭阳工业

云南省副省长和段琪（左三）、云南省经委主任刘绍忠（左一）及相关领导对昭阳区褐煤开发作指示

昭通市委书记夜礼斌（前排中）、市委副书记张登亮（左二）、市委常委、市政府副市长何刚（右二）、市委常委、区委书记马吉林（左一）专题研究昭通褐煤化工试验基地规划情况

昭阳工业园区于2004年8月24日云南省政府昭通现场办公会确定申报，2006年10月18日《云南省人民政府关于印发“十一五”新型工业化发展规划纳要的通知》（云政发〔2006〕156号）将昭阳工业园区列为全省30个重点园区之一。根据省经委产业〔2007〕6号文件，昭阳工业园区的《可行性研究报告》和《总体规划》于2006年11月22日经省经委及专家评审通过，成为昭通市唯一一个省级重点工业园区，2009年12月10日，云南省环保厅行文关于提交《昭通市昭阳工业园区总体规划环境影响报告书》审查意见的函（云环函〔2009〕254号）。

为做好工业园区的工作，昭通市机构编制委员会批复成立云南省昭阳工业园区管理委员会，机构为正处级，从事工业园区的规划、开发、建设、管理、协调等工作。昭阳工业园区规划面积45.78平方公里，可集中摆放工业项目，承接企业集群。园区位于云南省东北部距昆明320公里，地处云、贵、川、渝三省一市的中心点，具有良好的区位优势，由铁路、公路、航空组成的立体交通网络，为昭阳区的发展创造了良好的条件。

云南省政府在昭通召开昭通煤化工产业发展现场调研会商会

园区总体规划由“一园五区”组成：箐门片区4.6平方公里，龙泉片区1.5平方公里，机电工业基地5平方公里，褐煤化工基地24.68平方公里，矿冶加工基地约10平方公里。其中，基于褐煤化工产业开发，编制了《昭通煤化工业产业基地总体规划》和《可行性研究报告》，形成专业规划。

昭阳工业园区产业定位：充分利用昭通市丰富的农产品资源、生物资源、建材资源、煤炭资源、不断提升产品档次和质量，着力打造农特产业加工、生物制药、建筑建材、褐煤化工、矿冶加

园区

昭通市人民政府市长王敏正对工业园区工作作指导

昭阳工业园区管理委员会主任夏维勇汇报园区规划工作

工等主导产业，并依托区位优势，发展机电加工业和高新技术产业，同时在园区内布局商业开发，辅以医院、学校等社会事业布局，形成以工业园区为主导的综合经济开发区。

近期建设目标：做好工业园区内基础设施建设等相磁基础性工作，全面开发工业项目，重点筛选一批农特产品、生物开发、建筑建材、煤化工试验和高新技术等有一定规模的项目，全方位扶持其开工上马，基本形成园区雏形。

昭阳区委副书记、区长曹阜忠向云南省副省长和段琪（左二）及相关领导汇报昭阳区褐煤分布情况

昭阳工业园区《总体规划》和《可研报告》审查会

鲁甸工业园区

近年来，鲁甸县委、政府坚持科学发展观，实施“工业强县”和“可持续发展”战略，以“结构调整为主线、改革开放为动力、项目建设为支撑、园区建设为依托”，加快发展循环经济，不断整合优势资源，调整和优化产业结构。充分利用各类资源优势、交通优势和区位条件，营造招商引资平台，加大对重点行业、骨干企业的扶持发展力度，逐步形成了以“能源、化工、矿业、建材、农特产品加工”为支撑的鲁甸特色工业体系。

鲁甸工业园区管委会于2009年12月25日挂牌成立，内设综合办、建设办、规划办和招商办四个科室和环保分局、国土分局、公安分局、安监分局四个派出机构，核定编制24人。

鲁甸工业园区属昭通市市级重点工业园区，分为一园两区，即茨院工业片区和桃源工业片区，总规划面积13.33平方公里，其中茨院工业园区规划7.29平方公里，桃源工业园区规划6.04平方公里，距省会昆明市310公里，距昭通城10公里，距昭通机场和火车站25公里，昆水公路和213国道穿越县境，具有得天独厚的区位优势和地理优势。园区的环评、总规、详规和可研于2009年9月通过市级评审，园区内水、电、路、通讯等基础设施建设已基本完成。

市、县领导为万隆化工有限公司第一期项目硫酸厂竣工投产剪裁

鲁甸县委江书记、县政府保县长、县新型工业化领导组组长保明康等领导到桃源工业片区调研万隆化工建设情况

昊龙集团办公楼

昆交会上领导视察鲁甸园区展位

鲁甸工业园区挂牌成立仪式

园区管委会自成立以来，在县委、政府的坚强领导下，在县新型工业化领导小组的直接领导下，紧紧围绕县委、政府提出的“工业倍增计划和“十二五”发展的宏伟目标，不断改善园区投资环境，增强服务意识，加大招商引资力度，强化基础设施配套建设。服务一线，大胆创新，抓细节，抓规范，提高办事效率，加强园区的对外宣传力度，树立园区形象，扩大园区知名度，使工业园区成为鲁甸对外开放的窗口、经济发展的主阵地，努力将鲁甸工业园区打造为创业最宽松、服务最良好、人居最安全、效益最突出的新型工业园区。

截止2009年底，全县共有工业企业55户，其中，规模以上13户，入园工业企业有21户，其中，规模以上企业7户。2009年全县工业总产值完成156106万元，同比增长34.8%；其中，规模以上工业企业完成产值141037万元，增加值60108万元，同比增长32.8%；规模以下工业完成产值15069万元，同比增长75.7%；工业增加值在全县生产总值中的比重为 33.8%；工业经济效益稳步提高。

我们将以诚挚的双手，真诚欢迎有识之士到鲁甸工业园区投资、创业，展示辉煌！

鲁甸工业经济发展大会

年产60万吨水泥厂

玉溪高新技术开发区

合作签字仪式

经济工作会议

2009年，玉溪高新技术开发区全面落实中央、省市关于“保增长、扩内需、调结构”的总体要求，深化区情认识，理清发展思路，全力破解经济总量不大、发展后劲不足的难题，进一步明确“强工业、保增长”的具体措施，狠抓落实，有效地促进了园区经济平稳较快增长。

2009年高新区实现生产总值29.34亿元（不含红塔集团），同比增长27.3%；技工贸总收入76.2亿元，同比增长20%；工业总产值（现价）44.7亿元，同比增长11.1%；全社会固定资产投资7.4亿元，同比增长12.6%；地方财政一般预算收入1.95亿元，同比增长13.4%；进出口总额1493万美元，同比增长53.1%；招商引资到位资金5.2亿元，同比增长104.5%；社会消费品零售总额11.9亿元，同比增长25.5%；规模以上工业增加值15.3亿元，同比增长19%，主营业务收入43.6亿元，同比增长11.8%，利税总额5.8亿元，同比增长47.2%，利润总额3.6亿元，同比增长84%。

树立招商引资工作是经济工作第一生命线的理念，招商引资和项目建设稳步推进。一是全年招商引资项目实际到位国内资金5.2亿元，同比增长104.5%，国外资金57万美元。二是签约项目4项，投资总额达8.3亿元。三是全年完成了10个新增投资总额不低于5000万元的储备项目，投资总额达8.9亿元。四是全力推进三个重点项目的建设。截至目前，达利集团食品项目完成了工程土建建筑框架，云锡同乐太阳能光热光电产业项目动工建设，玉溪沃森疫苗二期工程项目已基本完成土建工程。五是在做好重点项目推进工作的同时，继续全力推进往年结转的在建项目。六是完成了玉溪望子隆生物制药有限公司“以脂肝丸为主的天然药物系列产品规模化生产项目”的竣工综合验收，其他符合验收条件的项目正在做准备工作，全年完成验收项目4个。七是完成项目备案13个，其中生产性项目有7个。八是根据玉高开委发[2007]45号文件要求，继续加大对整改企业的检查督促力度。九是云南玉溪农产品加工出口示范区项目、健坤生物药业辅酶Q10终端产品产业化项目、云南司艾特药业治疗艾滋病中药、天然药物“复方SH”临床试验项目被云南省生物产业大会确定为重点招商项目。十是为做好高新科技创业园的招商宣传，提升招商能力，完成了《玉溪高新区高新科技创业园管理办法（暂定）》和《玉溪高新区高新科技创业园设置及职能（暂定）》的初稿及创业园招商宣传册的编制，为下一步顺利开展创业园项目招商奠定了基础。

华宁县工业园区

为加快实施“工业强县”战略，切实推进华宁磷化工循环经济特色工业园区建设步伐，促进工业经济又好又快发展，县委政府高度重视工业园区建设工作，要求以工业园区建设为突破口，深入贯彻落实科学发展观，大力推进新型工业化进程。按照“小机构、大服务、高效率”的要求，完善和创新工业园区管理体制和机制。

2009年，园区完成固定资产投资35000万元，工业总产值完成51591万元；工业增加值完成12302万元；实现销售收入51900万元；上缴税金3800万元；从业人员1905人。

为加快华宁县工业园区建设步伐，县委政府于2008年10月组建成立了华宁县工业园区建设指挥部、工业园区管理委员会。落实办公地点、经费，购置办公设备，抽调到位人员9人，园区各项工作高效、有序开展。

一、及时组织规划修编工作，《云南华宁磷化工循环经济特色工业园区总体规划》（修编）于2009年3月通过省级评审，环境影响报告书于9月30日通过了市级审查。

二、搭建融资平台，筹资组建华宁县华融投资有限公司，成功融资2100万元，投资1800万元收储土地368亩。

三、加快莲花塘片区基础设施建设，已完成1.1公里园区主干道路、应急抽水站、蓄水池及二条10千伏线路搬迁工程建设项目，总投资469万元。

四、抓好在建项目建设，谋划拟建项目发展。一是做好跟踪协调推进工作，加强与施工方沟通联系，协调解决项目建设过程中资金、社会协调方面的困难和问题，确保云天化集团4×1.25万吨黄磷、玉珠公司日产3000吨水泥熟料、海南金鹿集团年产1万台拖拉机、昌盛公司年产300吨核桃油、中泰鼎越陶瓷有限公司日产2.5万片琉璃瓦和3000平方米劈开砖、兴阜磷化工有限公司年产120万吨磷矿石浮选等在建项目顺利推进。二是加强协调沟通，协助投资方及时解决土地、环评等制约开工的各种因素，力争汇鑫公司2×1.25万吨黄磷、同创公司年产3万吨轻质碳酸钙、云天化集团年产2万吨甲酸钠和20万吨磷矿粉矿烧结等项目年内开工建设。三是做好汇鑫磷化工公司年产6万吨五氧化二磷、玉珠公司一线技改日产1500吨水泥、日产15吨马铃薯片食品加工等项目前期工作。

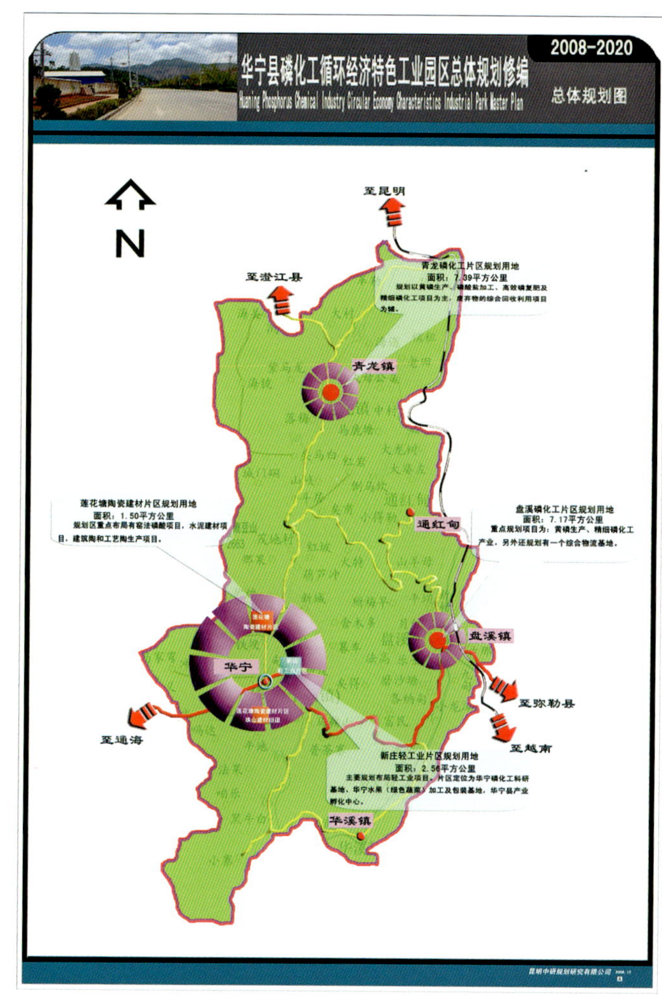

开工庆典

生产中的企业

正在建设中的入园企业

基础设施建设

禄丰工业园区

2007年11月26日，云南冶金集团总公司钛产业基地奠基典礼在禄丰工业园区勤丰片区内举行。时任云南省委常委、楚雄州委书记曹建方等领导出席典礼仪式。

禄丰工业园区地处滇中腹地，距省会昆明97公里，距州府楚雄85公里，成昆铁路、320国道、安楚高速公路呈川字型贯穿园区，素有“恐龙之乡、化石之仓”和“滇西咽喉”的美誉，是楚雄州连接昆明的东大门，是滇中经济区和楚雄经济板块的重要组成部分，处于昆明城市经济圈的辐射范围。

2008年1月，禄丰县委、县人民政府紧紧围绕“工业兴、禄丰兴”的发展理念，提出实施工业强县战略，并根据省、州推进新型工业化工作的部署，全面贯彻落实科学发展观，成立了禄丰工业园区管理委员会，明确禄丰工业园区管理委员会为禄丰县人民政府领导管理工业园区的副处级派出机构，内设3个副科级机构，分别是：办公室、经济发展局、规划建设局。核定禄丰工业园区管理委员会事业编制10名，工勤编制1名，其中主任1名（副处级）、副主任1名（正科级）、副科级领导职数3名，人员实行国家公务员制度管理，人员经费列入县财政全额预算。目前，禄丰工业园区管理委员会实有人员10名。

2009年9月23日，云南钛业股份有限公司揭牌暨年产2万吨钛材深加工项目奠基仪式在禄丰工业园区土官片区内指挥营村举行，云南省副省长和段琪及省、州、县、昆钢方面200多人出席仪式。

至2009年底，经省工业和信息化委员会批准，禄丰工业园区规划面积为58.37平方公里，由金山片区（35.5平方公里）、勤丰片区（9.9平方公里）、土官片区（12.97平方公里）三个片区组成，已开发面积为15平方公里，入园企业18户，3个片区的《总体规划》《可行性研究报告》《环境影响评价报告》均通过上级批准实施。经过几年来的建设与发展，禄丰工业园区现已建设成为以冶金产业为主体，配套发展化工产业、建材产业和机电产品加工产业，集贸易、加工业、服务业等为一体的现代工业综合园区，并于2004年被省确定为全省重点扶持的30个园区之一。

2009年，园区实现工业总产值592972万元，同比增长5.1%工业增加值115028万元，同比增长8.9%，销售收入564639万元，同比增长5.3%，税收35254万元，同比增长4.7%，利润71133.8万元，同比增长6.2%。禄丰工业园区作为实现新型工业化跨越式发展的重要平台作用得到进一步显现。

2010年5月11日，云南旅游产业城项目在禄丰工业园区土官片区举行开工仪式，图为参会领导为仪式剪彩。

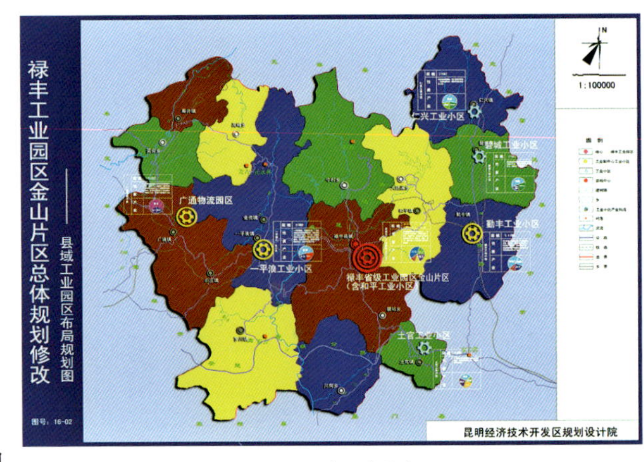

工业园区布局规划图

大姚县工业园区

正在建设的园区标准化厂房

为着力实施“工业强县”战略，加快推进新型工业化进程，推动全县经济社会又好又快发展，云南大姚特色工业园区规划建设工作，在省、州经委和各级各部门的关心支持下，园区规划建设各项工作稳步推进。2009年，全县工业园区累计完成现价工业总产值13.26亿元。

大姚特色工业园区总规划面积16.77km^2，总体布局为“一园四片区”，即：金碧片区、六苴桂花片区、三岔河片区和南山坝片区。金碧工业片区：依托县城服务体系，以绿色食品加工、天然制药、轻纺工业为核心，建设生物资源加工区、轻纺工业区；六苴桂花工业片区：依托周边丰富的铜矿资源发展有色金属工业，建设有色金属采选及加工工业区；三岔河工业片区：依托辖区内丰富的水能资源，建设水电工业区；南山坝片区：利用荒山荒坡办工业，解决金碧片区工业发展用地不足及发展工业对城市环境的压力，主要发展二、三类工业。

目前，园区建设进展顺利，工业园区正成为全县工业经济发展的主阵地，园区建设促进了全县工业经济的快速发展。一是加强领导，健全机构。县委、县人民政府组建成立了由主管工业的副县长任管委会主任的工业园区管理委员会，全力抓好工业园区的规划建设工作。二是科学布局，规划先行。云南大姚特色工业园区建设《可研》、《总规》于2007年7月通过州级评审；金碧片区《控规》已通过县级审查；园区《环评》已通过州级评审。三是园区基础建设快速推进。金碧工业片区南过境干线（工业大道白塔屯段）及5＃、6＃道路建设项目，金碧片区35kv、110kv电力线路迁改工程项目，南山坝工业片区配套基础设施建设项目全面启动。四是引企入园工作实现突破。截至2009年底，入园企业达15户，其中，已建成投产2户，2010年上半年即将建成投产6户。园区累计完成投资6.55亿元。

展望未来，大姚县委、县人民政府将紧紧围绕“超前性规划、高起点建设、全方位招商、多渠道融资”的目标，以园区建设为依托，提高质量，扩大增量，着力实施“工业强县”发展战略，通过夯实基础、强招商、优服务、抓协调，不断创新工作思路，真抓实干，大姚特色工业园区建设必将迎来更加灿烂辉煌的明天！

金碧工业片区锦亿土特产有限公司已建成投产

森盛木业有限公司正在进行机械设备安装调试

临沧工业园区

临沧工业园区2009年经济工作会议

临沧工业园区组建于2004年12月，是云南省第一批重点建设的30个工业园区之一，由临翔片区和云县片区两部分组成，总规划面积22.15平方公里，其中，临翔片区占地9.98平方公里，云县片区占地12.17平方公里。

临沧工业园区管委会是临沧市人民政府的派出常设机构，融合了市属30多个部门的工作职能，对园区的开发建设进行全面管理。管委会实行“小机构、大服务”的精简、高效行政运行模式，按照“特区、特事、特办”的原则办事，坚持“企业投资审批一条龙服务、项目建设全方位服务和企业入园后经常性服务”的宗旨，竭诚为投资商提供良好的投资环境和完善的服务。

临沧位于滇西南，东邻普洱，北连大理，西接保山，西南与缅甸交界，国境线长达290多公里，有一个国家级口岸和两个省级口岸。临沧自然资源得天独厚，有丰富的水利、电力、生物、森林、矿产、畜牧和药材等资源，以及丰富多彩的多民族文化和风光绮丽的自然景观，是“世界著名的滇红之乡、亚洲独具特色的水电基地、中国佤族文化的荟萃之地、云南重要的蔗糖和酒业生产基地、昆明通往缅甸仰光的陆上捷径”，也是目前云南省正在规划建设的面向南亚、东南亚桥头堡的重要前沿。面对国家提出的东部产业转移战略，临沧工业园区凭借其独有的资源优势，将成为承接东部产业向西部地区转移的“新洼地”。

截止2009年底，园区累计完成基础设施建设投资4.29亿元，完成道路修建10条，完成了给排水、强弱电地下管线211公里，道路竣工面积达295万平方米，园区已开发片区主体路网骨架初见雏形，基础设施得到了较大改善。2009年，园区企业实际完成固定资产投资6.52亿元，有力地推动了全市产业结构的调整和产品结构的优化，新型工业化发展平台初步形成。同年实现产品销售收入5.69亿元，同比增长15.7%；完成工业总产值6.55亿元，同比增长36.7%；完成工业增加值3.43亿元，同比增长22.5%;完成财政总收入5128万元，同比增长24.9%，其中地方一般预算收入完成2579万元,同比增长21.1%。

2009年，园区企业共实现利税1.67亿元，园区产业聚集优势和经济体制优势初步显现。与建立初期相比，园区实现了工业总产值增长3倍、工业增加值增长5倍、财政收入增长12倍的好成绩。

建设中的高快客运站

已建成的临翔片区东一号路

云南临沧鑫圆锗业股份有限公司

保山市水长工业园区

云维保山有机化工有限公司效果图（鸟瞰）

保山市水长工业园区于2008年7月正式成立，是保山市人民政府直属的正处级机构。总体规划布局为"一园三片"（一园即保山水长工业园，三片即蒲缥、水长、华兴工业片区），规划总面积46平方公里。蒲缥片区规划面积28.6平方公里，规划为冶金及矿业、建材、机电、物流等产业。水长、华兴片区规划面积18.01平方公里，规划为化工、特色建材、生物资源开发等产业。

目前，实施的重点基础设施项目有：水长片区一道桥水库引水工程，道路一线工程、红岩水库、朝阳水库扩容及蒲缥片区进厂道路和供水供电工程建设；水长片区生活用水扩建、道路二线、碓房引水、鱼洞水库提水泵站、浪田坝水库加固、园区电网增容扩建、污水处理、垃圾排放等基础设施建设及配套项目的筹备工作。

园区自开发建设以来，与7户企业（集团）签订了合作协议，协议投资137.1亿元。目前，已先后引进了昆钢嘉华水泥建材有限公司、云南云维股份有限公司、云南双友冶金股份有限公司等市内外规模企业入驻落户。其中：保山昆钢嘉华水泥建材有限公司是云南昆明钢铁控股有限公司、美力（香港）投资有限公司和香港昌兴矿业集团有限公司共同出资组建的中外合资企业。企业生产规模为年产高标号水泥120万吨，总投资约4.2亿元，主营"西麟"牌水泥。云南云维有机化工有限公司20万吨电石5万吨醋酸乙烯建设项目，设计生产能力为年产20万吨电石、5万吨醋酸乙烯、10万吨EVA，全部项目总投资36.9亿元，总占地75公顷。云南双友冶金股份有限公司50万吨轮胎钢丝基材项目是利用本地资源和本地市场淘汰落后产能，已于2009年3月25日开始土地平整，预计2010年底前可投入生产。

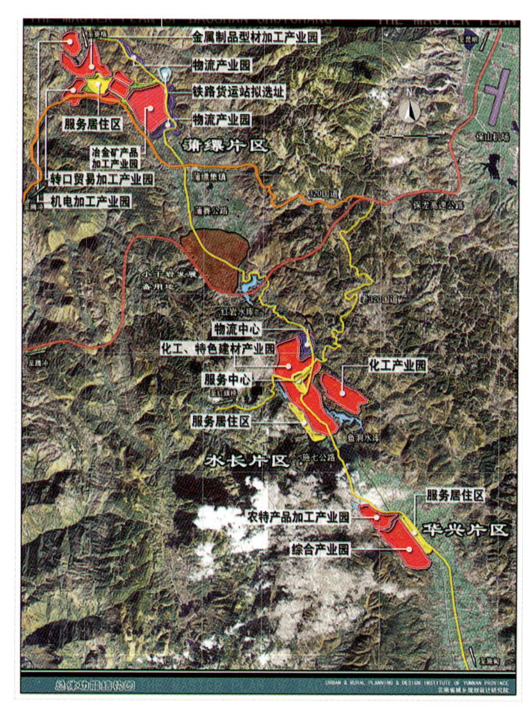

保山市水长工业园区总体功能结构图

昆钢嘉华水泥建材有限公司生产区全景图

云南腾冲

云南腾冲经济开发区（腾冲工业园区）是省政府1999年批准设立的，是国务院公告保留的省级开发区，是云南40个省级重点工业园区之一。开发区（工业园区）总体规划面积25平方公里，规划布局为“一园三片区”及石材产业园区、物流园区。“一园”:石头山工业园区，规划面积6.92平方公里，重点发展林产品加工、石材加工、生物资源加工、旅游产品加工等产业。“三片区”为:猴桥、滇滩、芒棒。滇滩片区:规划面积6平方公里，以发展矿电结合的重化工业、矿产品采选、冶炼加工及关联产业为主；猴桥片区:规划面积4平方公里，以外向型出口加工、家电、电子产品、汽车、摩托车、机械组装、能源环保产业等产业;芒棒工业片区:规划面积2平方公里，主要发展煤化工产业。石材产业园区规划面积3.2平方公里，主要发展石材加工业。物流园区规划面积3.1平方公里，主要发展仓储、物流产业。

到2009年12月止，石头山工业园区一期2.68平方公里，已投入建设资金3亿多元，完成了供水、排水、供电、道路、通信、有线电视基础设施“六通”建设；累计引进企业45户，引进计划投资13.13亿元，实际完成固定资产投资6.2亿元；累计实现工业产值22.38亿元，实现销售收入19.8亿元，实现税收1.76亿元，为下岗工人和城乡富余劳动力提供就业岗位2800多个。初步形成了木制品、石材和生物制品加工三大产业群体，成为我县工业发展的重要载体和平台。

园区一角

园区一角

经济开发区

木材产品

石材产品

丽江南口工业园区

云南省委书记、省人大常委会主任白恩培（前左一）考察园区

云南省工信委主任刘绍忠（前右一）到园区调研

玉龙县委、县政府认真贯彻落实科学发展观，在认真调研、反复论证的基础上，立足玉龙县及周边地区丰富的生物及农产业资源，利用原丽江南口老工业区的国有资产以及优越的地理位置和便利的交通条件，决定建设以生物资源创新产业和生物产品精深加工为重点，独具园林化特征和旅游观光特点的丽江南口工业园。

园区一期规划用地168.83公顷，园区二期规划将越过蛇山向南发展，使总面积达4平方公里以上。园区把主导产业定位于生物资源的精深加工，在企业招商入园过程中，严格遵循了“三不准”和“三鼓励”原则，即有悖于园区产业导向的项目不准入园，污染严重的项目不准入园，高耗能的项目不准入园；生物资源精深加工的项目鼓励入园，科技含量高的项目鼓励入园，产业链长、带动效应高的项目鼓励入园。园区管委会还与入园企业签订了入园企业责任书，对企业在土地使用、项目投资、建设期限、规划许可、环境保护等方面应履行的义务作了明确界定。

2003-2009年累计完成基础设施建设投资8000多万元。基础设施的建设逐步完善，使园区更具吸引力和凝聚力。2009年园区企业出口创汇占全市出口创汇总额的30%，占全县出口创汇总额的100%。2009年园区企业拉动了1700个就业岗位（不包括临时工和季节工），缓解玉龙县的社会就业压力。

通过六年多的建设和发展，园区极大地推动了玉龙县新型工业化、农业产业化、城镇化的步伐，促进了社会主义新农村建设和农民增收，带动了第三产业和社会就业，进而促进了经济社会的全面协调发展。入园企业数从2003年的3家增加到2009年的9家，净增6家；园区企业总产值从2003年的1813万元增长到2009年的32719万元，净增30906万元，年平均递增62%，占全县工业总产值的72%；增加值从2003年的750万元增长到2009年的11458万元，净增10708万元，年平均递增58%，占全县工业增加值的67%；产品销售收入从2003年的2048万元增长到2009年的30502万元，净增28454万元，年平均递增57%；利税总额从2003年的179万元增长到2009年的3631万元，净增3452万元，年平均递增65%。

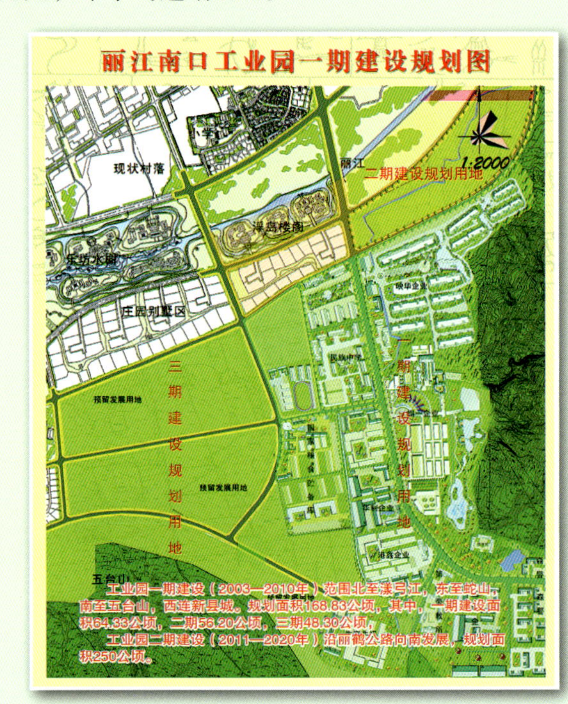

磨憨进出口贸易加工园区

十一五期间磨憨管委会始终把招商引资工作放在突出位置，牢固树立“投资者的需求就是我们的努力方向”和“企业至上、发展第一”的服务宗旨，突出“服务”主题，不断优化投资环境，简化办事程序，降低门槛，为投资者提供全方位的服务，全面打造快捷高效的发展平台，努力把磨憨建成服务的“高地”、成本的“洼地”、投资的“福地”。经过努力，共引进招商引资项目28项，合同金额约17.9亿元。国际客运物流中心、磨憨云维仓储物流中心、德殷商品展城等正在紧张施工中，即将开工项目有磨憨中劲物流中心、磨憨景泰物流中心、磨憨红木交易市场等。目前共有入园企业28户，从业人员220人，其中2009年新入园企业6户，完成工业投资1.35亿元，同比增长70.1%，完成工业总产值1257万元，同比增长63.5%，实现工业增加值550万元，同比增长90.3%。

“十二五”期间，磨憨进出口贸易加工园区将面临着前所未有的发展前景：昆曼国际公路全线贯通，中国—东盟自由贸易区建设将快速推前，澜沧江·湄公河次区域合作将稳步推进，已开展前期工作的泛亚铁路也将从磨憨经过，磨憨进出口贸易加工园区将抓住机遇全面实现“大开放、大开发、大发展”宏伟目标，利用磨憨独特的区位优势，利用国内和国际两种资源和两个市场，以中国——东盟互补产品的深度开发为重点，建立互补产业产品生产基地，未来贸易区产业经济发展主要面向老挝及东南亚市场，以出口加工产业为主，发展出口蔬菜包装、温带水果工出口、生物制药、高新技术产品生产、家用电器的组装，手工艺品加工、珠宝加工和旅游纪念品开发，替代进口棕榈油生产加工、橡胶深加工等项目。

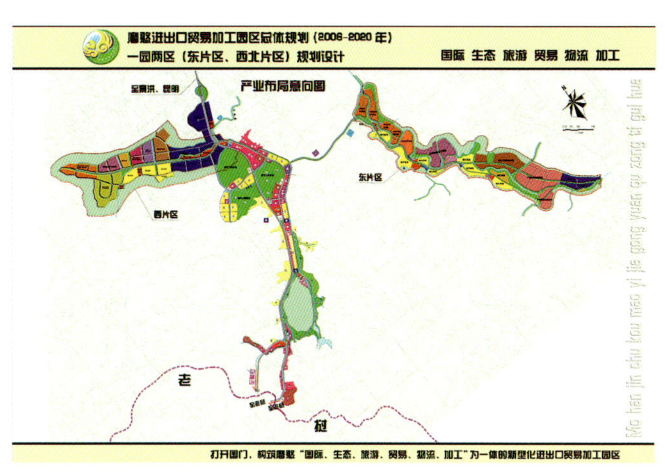

产业意向规划图

“十二五”期间，按照园区产业发展规划，将继续加大招商引资力度，争取更多的企业入园。充分挖掘磨憨优势和潜力，通过城市经营的理念，推动片区资源整合与建设发展，实现社会、经济、环境效益全面升值，通过园区的规划建设，加强产业向园集聚发展，培育产业集群，促进产业机构优化升级，推动经济增长方式的根本性转变，充分发挥土地经济效益，最大限度满足生产及生活需要，完善配套设施，建立良好的投资环境，实现规划与质量、速度和效益的统一，将园区建设成高效、方便舒适和优美的现代化工业园区。

磨憨进出口贸易加工园区远景

普洱工业园区

2009年11月10日，云南省副省长和段琪到普洱工业园区视察

普洱工业园区是全省30个重点工业园区之一，园区《总体规划》于2006年6月1日通过了省经委审查，规划面积21平方公里，共分四个片区。其中，普洱茶加工科技园区6.41km^2，重点发展普洱茶、生物药业和食品加工业。整碗片区7.08km^2，重点发展林产品深加工、林化工及新型建筑建材产业。莲花片区2.6km^2，重点发展以铜、铅、锌为主的有色冶金及化工产业。曼歇坝片区4.97km^2，重点发展仓储、物流及劳动密集型加工业。随着天津天士力集团落户普洱及企业发展的需要，《普洱工业园区总体规划》将根据实际情况进行必要的调整，扩大为五个片区35平方公里，目前正在《总体规划》调整的前期准备工作。

截止2009年底，累计投入建设资金7.9亿元（不含天士力园区），完成了主要的水、电、路及通讯等基础设施建设，基本能够满足企业入园需求，累计入园企业60户，其中27户投入生产或试生产；天士力园区一期工程于2009年底启动建设，规划用地793.242亩，建设面积约25万平方米，目前正在进行征地补偿、拆迁安置及项目区土地整理工作；莲花冶金、化工片区已有3户企业建成投产；整碗林产林化片区先行开发建设1.5平方公里，目前已有2户企业入驻建设；曼歇坝商贸物流片区正在进行各项前期准备工作。

普洱工业园区充分发挥园区建设投资开发有限公司平台作用，拓宽融资渠道，全力筹措园区建设所需资金，加大基础设施建设力度。2009年，共投入资金10573万元，完成茶叶交易市场、农贸市场扫尾工程及附属工程，完成河道改造工程720米，累计完成8720米；完成道路铺设1600米，累计完成10600米；完成挖填土方60万方，累计完成400万方；完成排污管道铺设800米，累计完成9800米；实施园区绿化美化亮化工程栽种绿化树1125棵、绿化草坪8400平方米；完成110KV茶园变电站及木乃河片区管网建设；架设水管2000余米，累计完成12000米。

2009年签订企业投资协议24户，协议投资额50500万元，招商引资实际到位资金21302 万元，其中市外招商引资完成15156万元，完成项目申报5个，共回收资金3729.84万元。

2009年，普洱工业园区共有30户企业入园建设，完成固定资产投资33111万元，实现工业总产值12209万元，工业销售收入13530 万元，工业增加值4273万元，上缴税金246万元。

入园企业
园区建设远景

昆明经济开发区

【综述】　2009年，昆明经济开发区面对建区以来经济发展最困难的一年，在省委、省政府和市委、市政府的领导下，以邓小平理论和“三个代表”重要思想为指导，深入贯彻落实科学发展观，发扬“团结求实、开拓创新，励精图治、争创一流”的经开精神，进一步解放思想，坚定信心，勇于创新，齐心协力、共克时艰，千方百计保增长、保民生、保稳定，经济发展回升向好，各项经济指标均达到建区以来的最好水平，招商引资实现新的突破，基础设施建设成效显著、社会事业全面进步，以“实体化”为核心的管理体制改革总体到位，城乡一体化建设稳步推进，跨越式发展实现了良好开局。

2009年，昆明经开区在面对金融危机的强烈冲击下，经济仍保持高速、健康增长态势。实现园区生产总值74.21亿元，比上年增长24.61%，其中，第二产业实现增加值48.83亿元，增长25.93%，第三产业实现增加值24.49亿元，增长24.98%，一、二、三产业比例为1.2：65.8：33.0。按从业人员计算，全区人均增加值12.6万元，比上年增长19.54%。

全区在册企业实现营业总收入365.2亿元，同比增长21.85%，其中第二产业完成营业收入154.5亿元，第三产业完成营业收入210.7亿元。

财政收入稳步增长。全区完成地方财政收入14.02亿元，比上年增长45.35%，地方财政收入中税收收入13.065亿元，占地方财政收入的比重达93.2%；实现地方财政一般预算收入6.39亿元，比上年增长50.35%。地方财政一般预算支出5.46亿元，增长39.37%。

进位争先取得实效，投资环境进一步改善。据商务部2009年11月份发布的国家级经济技术开发区投资综合环境评价结果显示，昆明经开区的综合排名位列全国54家开发区第34名，比2007年一举提升6名。2009年，昆明经开区成功获批为国家科技兴贸出口创新基地（光机电），成为全国58家科技兴贸出口创新基地之一，也是目前云南省唯一的科技兴贸出口创新基地。基地的认定，将进一步推动云南省光机电一体化产业的发展，成为区域经济结构调整和促进外贸增长方式转变的强大引擎，成为具备较强国际竞争力和较强带动作用的产业创新聚集区。

【经济运行情况】　工业经济有效抗击了全球金融危机的影响，保持较快发展。2009年，昆明经开区实现工业增加值47.5亿元，比上年增长26.49%，工业增加值占园区生产总值的比重为64%，比去年同期提高2.7个百分点；实现工业总产值171.57亿元，同比增长23.87%，其中外商及港澳台投资企业完成28.61亿元，同比增长32.99%。规模以上工业企业平均产值1.46亿元，比去年同期平均提高0.22亿元；规模以上工业实现增加值46.08亿元，可比增长17.12%，比全市平均增速高7个多百分点，规模以上工业增加值占全市的比重达8.7%，比去年同期提高1.3个百分点。

轻重工业均实现增长。2009年，全区规模以上工业企业实现产值164.71亿元，同比增长22.62%，其中，轻工业实现产值80.06亿元，同比增长24.98%，重工业实现产值84.64亿元，同比增长20.45%，轻工业增速快于重工业增速4.53个百分点；轻重工业结构比由2008年的47.69：52.31调整为48.61：51.39。

主导产业实现快速增长，支柱作用明显。全区装备制造、医药化工、食品饮料和烟草及配套等四大主导产业共完成工业总产值121.56亿元，比上年增长37.08%，占全区规模以上工业总产值的73.81%，比上年提高8.07个百分点，其中装备制造业实现产值65.3亿元，同比增长36.16%；医药化工业实现产值8.09亿元，同比增长35.28%，食品饮料业实现产值16.53亿元，同比增长98.2%，烟草及配套业实现产值31.64亿元，同比增长19.85%。

重点骨干企业拉动作用显著。全区工业产值超过1亿元的企业有33家，比上年增加8家，产值合计占全区的80.26%，其中，产值过10亿元的企业3家，产值合计占全区的31%。康师傅控股（昆明）有限公司、昆明雪兰牛奶有限公司、云南云缆电缆（集团）有限公司、云南盟生药业有限公司、云南希陶药业有限公司、云南昆钢重型设备制造集团有限公司等企业发展势头强劲，生产规模快速扩张，为经开区工业经济进一步发展提供了保障。

高新技术产业规模不断壮大。2009年，全区高新技术企业实现工业总产值42.94亿元，比上年增长33.4%，实现主营业务收入41.57亿元，比上年增长40.01%，产值和销售收入占全区工业产值和销售的比重分别比去年提高1.8个和3个百分点。

工业经济效益大幅提升。据初步统计，2009年全区113户规模以上工业企业现有资产总计163.66亿元，比上年增长17.48%；全部从业人员平均人数22995人，比上年增长14.82%；实现主营业务收入143.57亿元，比上年增长23.49%；实现利税总额11.2亿元，同比增长34.29%，其中利润总额（正负抵）5.79亿元，比上年增长66.28%；税金总额5.42亿元，比上年增长11.49%。规模以上工业经济效益综合指数达到207.26，比上年提高13.76个百分点。其中，总资产贡献率7.94%，同比上升0.95个百分点；资产保值增值率119.87%，同比增长9.7个百分点；资产负债率60.34%，同比下降0.79个百分点；流动资产周转率1.41次，同比下降0.12个百分点；成本费用利润率4.25%，同比上升1.29个百分点；全员劳动生产率20.04万元/人，同比增加1.13万元/人；产品销售率95.7%，同比上升2.33个百分点。

建筑业发展势头良好。按法人在地原则统计，全年建筑业实现总产值6.15亿元，同比增长24.01%。实现增加值1.13亿元，比上年增长8.13%。建筑企业全年人均劳动生产率12.54万元，增长14.73%。

第三产业稳步发展。2009年，昆明经开区第三产业实现增加值24.49亿元，比上年增长24.98%，其中交通运输、仓储邮政业实现增加值0.96亿元，批发和零售业实现增加值9.71亿元，住宿和餐饮业实现增加值0.15亿元，房地产业实现增加值0.82亿元,其他服务业实现增加值12.85亿元。

批发零售业：2009年，批发零售业实现增加值9.71亿元，增长13.97%。限额以上批发零售业企业实现销售额169.1亿元，增长15.16%，其中批发额158.2亿元，增长15.45%，占销售额的93.55%；零售额10.87亿元，增长10.81%，占销售额的6.45%。

交通运输仓储邮电业：交通运输仓储邮电业实现增加值0.96亿元，增长225.42%，增长较快的原因主要是昆明航空有限公司的加盟。

房地产业：2009年，昆明经开区房地产开发建设项目主要有果林溪谷（一、二期）、蓝苑静园、嘉仕苑、佳逸盛景、都市高尔夫、溪麓南郡、思兰雅苑等，投资额达到14.88亿元。2009年，商品房屋施工面积为125.6万平方米，商品房屋竣工面积29.56万平方米，销售面积为23.23万平方米，销售金额达到8.82亿元。

其他服务业：第三产业中除批发零售业、交通运输邮电业、房地产业等以外的其他行业均属于其他服务业范围。2009年，其他服务业实现增加值12.85亿元，增长24.39%。

【投资促进工作】 结合国家政策导向和产业发展方向，重点引进税源型、科技型、创新型、龙头型和总部型项目，制定出台了《2009年促进招商引资若干政策的规定》、《2009年招商引资工作实施意见》、《招商引资中介奖励管理办法及细则》等一系列招商引资促进政策及措施，有效地推动了全区招商引资工作的顺利开展。

2009年度，经开区工商分局共办理新登记及迁入企业2626户（迁入150户），注册资本180.66亿元。2009年度新登记及迁入企业为上年度的2.1倍、注册资本为2.88倍。2009年新批准设立外商投资企业31家，实际引进市外资金124.8亿元，合同利用外资4.59亿美元，实际利用外资（不考虑系数）12930万美元，合同外资和实际利用外资分别是去年同期的2.51倍和1.38 倍；全区协议融资额31.26亿元，并做到了100%实际到账，为全区开发建设提供了充足的资金保障。

【科技创新】 不断完善鼓励科技创新政策服务体系，逐年增加扶持规模，持续促进科技发展。2009年，相继制定出台了《昆明经济技术开发区关于鼓励企业引进资金增资扩产实施办法》、《昆明经济技术开发区关于中小企业技术改造贷款贴息的实施办法》、《昆明经济技术开发区鼓励留学人员和博士等高层次人才进区创办企业实施办法》等系列扶持政策。组织企业承担国家、省市科技计划项目35项，获国家、省市科技计划项目扶持资金3333万元；新认定国家高新技术企业14家,全年投入科技扶持资金3490.17万元。全区获省级科技进步奖6项，市级科技进步奖6项，市科学技术奖专利奖5项。

【出口贸易】 2009年，在全球金融危机的不利影响下，昆明经开区积极推动出口工作，制定并印发了《昆明经济技术开发区鼓励区内企业开拓国际市场实施办法》，从政策上给予出口企业扶持。全年进出口额实现高速增长，出口创历史新高。全区实现进出口总值3.44亿美元，比上年增长56.36%，其中进口总值完成6432万美元，下降16.75%，出口总值完成2.79亿美元，增长95.32%。

新入驻企业对出口拉动作用大。2009年全区实现产品出口的企业有85家，其中，出口额超过500万美元的有25家，比上年增加20家，出口总额1.99亿美元，占全区出口额的71.33%。出口额超过1000万美元的企业有5家，比上年增加1家，共实现出口额6329万美元，占全区的22.64%。出口总额中,2009年新入驻企业实现出口2.03亿美元，占出口总额的比重达72.63%。

2009年昆明经开区发生贸易关系的国家和地区有102个。在主要出口目的地中，对美国的出口占16.01%、其次是德国占6.64%、新加坡占6.02%、缅甸占5.82%、日本4.85%阿拉伯联合酋长国占3.87%，对以上六国的出口额均超过1000万美元。

【固定资产投资】 固定资产投资稳定增长。2009年，昆明经济技术开发区以国家扩大内需为契机，及时调整固定资产投资结构，保持了投资的快速、健康增长，全社会固定资产投资完成60.06亿元，在去年基础上增长54.4%，完成目标任务数的106.49%；其中工业项目固定资产投资完成28.01亿元，在去年基础上增长45.22%，完成目标任务数的107.6%，工业项目投资占全区固定资产投资的46.64%。全年工业施工项目79个，其中，投资额超亿元的项目16个，完成投资14.79亿元，占工业项目投资总额的52.8%。云内动力、天达光伏二期、统一食品、昆钢重装、南天信息设备、玉柴机器等为代表的一批符合国家产业政策的项目，增强了昆明经开区主导产业优势地位，为开发区进一步发展奠定了良好的基础。

【环境保护和节能减排】 2009年，编制完成了《昆明经济技术开发区环境保护及生态建设规划》，全区环境质量状况保持基本稳定，主要污染物排放总量基本得到控制，2009年全区削减二氧化硫排放量28.789吨，超额完成市政府下达的14吨减排任务，完成率达205.6%。生态环境总体水平保持良好，以宝象河、马料河、洛龙河为重点的水污染综合整治工作取得较好的成果，我区环保投资指数＞2%。经开区管委会利用德国政府贷款和德国促进贷款共计6000万欧元建设的“经开区倪家营污水处理及再生利用工程”和“经开区综合环境整治工程”已进入实施阶段。大力开展城乡园林绿化工作，目前，经开区共新增绿地面积122公顷，种植乔木16万株，建设苗圃10余个，苗木10万余株。

清洁生产节能减排工作有力推进。在继续推进第一、二、三批企业开展清洁生产审核基础上，2009年新推动第四批36家企业开展审核工作。截至目前，经开区共推动123家企业开展清洁生产审核工作，企业涉及机械制造、生物制药、食品加工等11个行业。2009年有24家企业通过清洁生产审核验收，累计54家企业通过验收，累计实施无低费方案1130个，中/高费方案118个,全部方案投入资金6147.23万元，年产生经济效益10628.62万元，节电631.06万度，节水33.17万吨，节约能源800吨标煤,节能、降耗、减污、增效取得了阶段性成果。

【园区开发建设】　经开区实施实体化管理后，根据开发建设情况，不断提高经开区城乡规划统筹工作水平，开展规划研究和提供技术服务，确保城乡规划建设按照规划顺利进行。

（一）编制完成《昆明经济技术产业区总体规划》。

（二）依据新编《总规》，进一步完善各片区控详规，编制完成《昆明经济技术开发区清水生物片区控制性详细规划》，启动《昆明经济技术开发区普照、海子片区控制性详细规划》编制、《信息产业基地和羊甫—出口加工区控制性详细规划》修改工作；完成螺蛳湾小商品加工区小商品市场加工区修详规。

积极推进城中村改造和新型社区的建设工作，编制完《昆明经济技术开发区迁村并点规划（一期方案）》，出具了10个城中村的规划指导意见，指导完成了10个城中村的改造专项规划，其中4个村的改造专项规划经规委会审议通过。

（三）基础设施建设 2009年，以各重点项目配套设施建设为突破口，以信息产业基地、出口加工区、新加坡工业园、大冲工业片区、洛羊物流片区等各专业园区开发建设为龙头，加快推进基础设施建设，在基建投资、土地征用收储、园区道路、综合管线建设方面取得了重大进展。2009年，全区累计完成基础设施投资69491万元；收储呈贡县047号地块、东盟商贸港二期用地、洛羊镇2005年第一、二批次用地共2202.27亩土地，新增“五通一平”面积2504亩；完成道路投资29024万元，新建或改造广福路东延线、经开103号路、鸿运大道、云大西路等道路20093米，全区给水工程、供电工程、煤气工程、通信及路灯及线路的迁改工作等综合管线建设共完成投资1.24亿元。

（四）园区项目建设　随着园区基础设施建设的不断推进，各专业园区的项目建设也全面铺开。目前，信息产业基地项目建设已全面启动，共有近五十余家企业入驻开工建设，其中二十余家已建成投产；深圳工业园区新落实了昆明航空公司、华润燃气公司、中药产业基地等4个项目，总投资约88.8亿元；洛羊物流片区中“中国－东盟商贸港”项目二期用地已经取得土地使用权，正筹备开工建设；新加坡工业园片区目前已有原呈贡洽谈的及我区后续联系的多家企业入驻，其中统一集团食品生产项目总投资5700万美元，目前已投产，鸿翔药业整体搬迁及生产基地建设项目总投资1.6亿元，目前土地使用权已经取得，项目进入开工建设。

【大事记】　1月1日，经开区管委会实行了全员聘任、聘用制。

2月1日，经开区按照市委市政府关于开展“工作作风改进年及行政效能提升年”活动的要求，开展机关作风效能建设考核工作。

2月11日，经开区在信息产业基地举行基础设施、重点项目开工誓师大会暨果林溪谷二期项目开工仪式。

2月19日，在市委书记仇和陪同下，白恩培书记、秦光荣省长、李纪恒副书记、罗正富常务副省长、杨应楠秘书长等省委省政府领导率省级相关部门到昆明工业经开区信息产业基地进行现场调研。

2月26日，经开区举办2009年春风行动暨首场招聘会，共有60余家驻区企业到场，提供就业岗位897个，前往洽谈的求职者达2000余人。

3月5日，经开区召开2009年经济工作会，会上管委会主任张宁做了题为《三年变样打基础 两年拼搏大跨越》的报告。

3月6日，经开区召开2009年党建暨党风廉政建设工作会，党工委书记戴速做了名为《永葆先进性　提高执政力为经开区“两年大跨越”提供坚强组织保证》的讲话，会上，戴速书记与下属党组织和有关部门签订了“党风廉政建设”责任书。

3月30日，财政部与德国复兴信贷银行签署利用德国促进性贷款昆明经济技术开发区环境综合整治项目贷款协议。

4月8日，昆明经济技术开发区召开机关委员代表大会，按《中国共产党基层组织选举工作暂行条例》规定，换届选举经开区机关新一届党委。

5月4日，经开区全区各级团组织负责人、学生代表及各界青年代表120余人在阿拉乡宝象桥举行经开区纪念“五·四”运动90周年暨“环保实践周”活动。

5月11日，经开区召开首次用地类项目推进专题会议。

5月19日，经开区第一轮工作创新建议活动正式开展，张宁主任发表题为“凝心聚力谋发展开拓创新力争先”的倡议书。

5月20日，昆明经济技术开发区成立云南省留学服务中心分中心。

5月22日，昆明经济技术开发区管委会与中国进出口银行成都分行签订环境综合整治工程4.5亿元人民币贷款协议。

6月2日，经开区机关妇女委员会成立大会，会议选举产生了经开区机关第一届妇女委员会。

6月6日，第十七届昆交会上，经开区签订了中国——东盟商贸港项目、中石油昆仑燃气总部基地项目、特种变压器生产项目、重型装备制造基地项目等27个项目。

6月6日~6月10日，2009年昆交会205亿投资规模落户经开区。

6月，昆明经济技术开发区“追赶型、跨越式、超常规”倍增发展行动计划正式确立。

8月5日，省委书记、省人大常委会主任白恩培在经开区调研时强调，发展工业认识要高、观念要新、结构要优、政策要活、招商要诚、作风要实；宁可少要GDP，也决不回到高消耗、高污染、唯GDP的传统工业老路，以新型工业化道路引领云南现代化。要保持锐意进取不停步、努力拼搏不懈怠、团结干事不分心、改革开放不松劲，当好新型工业化道路的领头羊。

8月7日，昆明经开区管委会ISO9001、ISO14001管理体系顺利通过北京新世纪认证有限公司的换证复评现场审核。

9月9日，经开区管委会召开庆祝第25个教师节暨表彰大会。管委会主任张宁及委领导分别为“先进集体”、“杰出园丁”、“优秀园丁”、“先进教育工作者”颁奖。会上，经开区管委会主任张宁表示，要增强加快发展教育的责任感和使命感；不断提高教师队伍的整体素质；做强做大教育品牌；全面实施素质教育；努力创建平安校园；努力推进教育事业再上新台阶。

9月25日，经开区获批国家科技兴贸创新基地。

9月28日，经开区举行云南变压器电器股份有限公司项目、昆明螺蛳湾国际商贸城小商品加工基地项目开工仪式。

9~10月，经开区组织开展国庆合唱、征文、书法摄影绘画展等多项庆祝活动，唱响主旋律，歌颂新中国，激励广大干部职工和辖区群众为现代新昆明建设和经开区两年跨域发展而不懈奋斗。

10月9日，云南省财政厅、昆明市政府、经开区签订了德国政府贷款“昆明经开区污水处理与再生利用项目”和德国促进贷款“昆明经开区环境综合整治项目”的再转贷协议，两个项目共利用德国贷款6000万欧元。此举标志着两个项目均进入了实质性的实施阶段。云南省财政厅厅长陈秋生表示“这是云南省环境保护领域第一次利用德国政府贷款和德国促进贷款，标志着云南省在对外融资方面取得了新的突破。”

10月31日，来自北京、上海、昆明、成都等地的30余家各类孵化器、投资融资机构齐聚昆明经开区，共同见证了中国技术创业协会孵化器联盟的成立。与此同时，由上海天亿投资集团有限公司、昆明经开区新兴产业孵化区管理有限公司等6家公司作为发起人，共同出资成立了全国第一支由政府引导成立的全国性的为孵化器企业服务的“孵化基金”。

11月4日，由省、市人大代表组成的考察团在经开区调研，走访进区企业，了解经开区发展形势。

11月16日，共青团经开区机关团委成立并召开了第一次团员青年大会，大会选举产生了第一届机关团委书记。

12月12日，经开区组织召开首届优秀人才表彰大会，授予陈先东等8名同志“经开区首届优秀人才”称号。

12月底，经开区根据市劳动和社会保障局统计的数据，超额300%完成被征地人员基本养老保险参保任务数，在全市范围内位列第一名。

【任职领导名单】

主　任　张　宁

副主任　谭翔浔　　段永明

　　　　王路生　　吴永刚

党工委副书记　张正坤　李志波

昆明海口工业园区

【简述】 昆明海口工业园区在区委、区政府的正确领导下，在区属各职能部门的关心和帮助下，园区全体干部职工深入贯彻学习党的十七大、十七届四中全会精神，按照市委、区委九届五次全会及区委工作会确定的目标要求，努力实践科学发展观，扎实工作，开拓进取，狠抓责任落实，完善工作机制，健全工作措施，强化任务目标，牢固树立“超常规、高速度、跨越式”发展意识，积极排除招商引资和经济运行工作中的困难和问题，园区各项工作按照年初既定的任务目标持续发展。经济建设和社会发展各项事业全面进步，为推动园区在新的形势下加快发展打下了坚实基础。

【主要经济指标完成情况】 规模以上工业主营业务收入完成69.49亿元，完成年度目标任务91.7亿元的75.77%；规模以上工业增加值完成14.01亿元，完成年度目标任务19.98亿元的70.11%；规模以上工业利税总额负3.86亿元；地方财政一般预算收入完成5360万元，完成年度目标任务5300万元的101.13%。工业固定资产投资完成13.8055亿元，完成目标任务11.8564亿元的116.44%；预收储土地完成2742亩，完成年度目标任务2500亩的109.68%，实际完成收储面积1206亩；“五通一平”面积完成1321亩，完成年度目标任务1000亩的132.1%；亿元以上工业项目开工企业5个，完成年度目标的125%；园区基础设施建设投资完成2.25亿元，完成年度目标任务2亿元的112.5%；规模以上工业万元增加值能耗下降6.5%，完成任务100%。

【园区内部建设情况】 园区管委会紧紧围绕“坚持以科学发展观为指导，全力推进现代新园区跨越式发展”这一主题，把园区工作与省、市、区保增长、保民生、保稳定各项任务结合起来，与工业突破、园区建设、招商引资、园区软环境建设等重点工作结合起来，与开展“行政效能提升年”和“干部作风改进年”活动结合起来，与切实加强领导班子思想政治建设，开展“执行力、创新力和凝聚力”建设巡察结合起来，努力使学习科学发展观理论与推动科学发展的实践紧密结合、相互促进，着力增强学习实践活动的实际效果。

根据市委、市政府《关于加快开发区及工业园区发展的意见》（昆发〔2008〕10号）要求，园区于拟定了“一站式服务中心方案”，并于2009年5月进行了完善。按照“需进必进，充分授权，就近办结”的原则，经区政府审批后正式设立了昆明海口工业园区“一站式”服务中心，确定了入驻“一站式”服务中心的9个区级部门，制订了园区“一站式”服务中心《管理办法》、《行为规范》、《预约服务制度》、《上门服务制度》、《全程代理服务制度》、《考勤制度》等，为企业提供从申请到建设、投产的全过程高效优质服务，努力做到“办事不出园”。今后随着园区的发展需要，再适时调整和充实入驻“一站式”服务中心的部门。

结合园区实际，园区将市、区政府考核指标进行分解、落实，责任到处（室）、工作落实到个人。逐步建立健全园区各项规章制度，先后出台了园区考勤制度、车辆管理制度、值班制度、园区基础设施建设管理办法、园区安全管理办法等规章制度。园区领导班子带头，在园区实行“5加2”、“白加黑”等工作制度，带领园区广大干部职工为实现西山区经济跨越式发展做出自己的奉献。

【招商引资工作】 园区坚持以转变工作职能、强化服务质量为重点，努力营造良好的招商引资环境，招商引资工作取得了突破性的进展，落地企业数量与质量都有大幅度的改善。一是来园洽谈企业数量多，来园洽谈企业涉及化工、机械制造、光学仪器、机床制造等行业。随着园区环境的不断改善，硬件与软件都在不断得到强化，来园洽谈企业越来越多，园区在企业中的口碑和影响逐渐深入。二是落地企业质量高。面对企业日渐增多的大好形势，园区按照确定的产业定位、投资强度、节能降耗等相关指标逐一排选，对于高产值、高税收、高附加值的企业，我们确立优先权，优先立项、优先划地、优先签约。截至12月，来园区洽谈企业86家，与园区签订入园协议的企业项目21个（鹏翼达天然气项目因行业规划原因没有进入园区，昆明柯帅混凝土添加剂项目因选址问题没有入驻园区），协议资金29.18亿元，总用地面积1715亩；现已开工在建项目12个（含8个工业项目、4个基础设施配套项目）。

【基础设施建设】 园区5、6号道路、磷化工片区辅道、一期供水管网工程已完工，进入竣工验收阶段。在建工程中，7号道路已完成路基及排水管道施工，8号道路A、B标已完成路基施工，园区取水站（土建部分）、二期供水管网工程正在快速推进。“五通一平”面积完成1148亩，完成目标任务1000亩的114.8%，已经超额完成年度目标任务。

电力建设工作上，园区已完成园区一期用地范围内昆明供电局所属10kV上哨线迁改、昆明铁路局昆明供电段所属10kV昆阳支线迁改、昆明马龙化工有限公司所属6kV白塔线迁改、中国电信股份有限公司昆明分公司所属通信光缆迁改。目前正在进行磷化工片区昆明马龙化工有限公司所属10kV五海线迁改、昆明供电局所属10kV上哨线迁改，达子村场平地块内昆明供电局所属10kV上哨线迁改。

【环境保护、节能减排及安全管理】 园区在招商引资工作中，严格按照环保要求，严把企业及项目入园关，完善入园项目和拟入园项目的环评手续，杜绝了高能耗、高污染的项目进入园区。

园区认真贯彻落实《西山区节能减排工作方案》，积极配合其他职能部门协调做好区域内的节能减排工作，通过园区加强协调及企业自身技术改造、产业结构调整，认真落实了国家淘汰落后产能政策，达到了节能减排相关工作要求。

园区积极配合相关职能部门抓好园区内安全生产主体责任的落实，切实将安全生产阵地设置到最前线。一是督促园区企业和施工单位进一步建立完善安全生产各项工作管理制度；二是加强对员工教育培训，提高员工安全生产素质；三是督促企业和施工单位认真组织开展隐患自查自纠，全面排查和治理隐患；四是加强应急管理，提高防范和应对事故灾难的能力，遏制重特大事故的发生。同时，园区管委会严格执行节假日领导带班值班制度，落实各项防范措施，确保万无一失。通过采取一系列安全措施，年内园区未发生重大安全事故。

安宁工业园区

【概述】 2004年，《云南省新型工业化重点产业发展规划纲要》明确安宁工业园区为云南省30个重点发展的产业园区。2005年，安宁市坚持工业强市战略，注重园区建设，完善园区组织机构，成立安宁工业园区管理委员会办公室，办公室下设在安宁市发改局；2006年，结合园区发展实际需要，经 市委决定将“安宁工业园区管委会办公室”由安宁市发改局划入安宁市经贸局合署办公，设园区办公室为常设机构，并增加专职副主任加强工作协调，从市环保局、广电局、规划局、连然镇各抽调1名临时工作人员负责处理园区办日常工作。2008年，安宁市按照“小机构、大服务，精简、高效”的原则，进一步调整、充实工业园区管委会机构和人员配置，不断加强党工委班子及机关支部建设，推行实体化管理。根据中共昆明市委、昆明市人民政府《关于加快开发区及工业园区发展的意见》（昆发〔2008〕10号），经市政府研究，决定将安宁工业园区管理委员会由非常设机构调整为市政府派出机构，在市委、市政府的领导下，代表市政府在安宁工业园区行使行政管理职能和经济发展职能。同时，注资5600万元成立安宁工业园区投资开发有限公司，负责工业园区实体化运作和投、融资等基础设施开发建设工作，安宁工业园区管委会由市政府分管副市长任管委会党工委书记、主任，并设专职副主任1人，兼职副主任2人，管委会下设综合办公室、经济发展局、规划建设局、财政分局四个职能部门，部门负责人按实职副科配备，为园区实体化运作逐步构筑良好的运行基础。同时，园区行政服务中心与安宁为民服务中心合署办公，

2009年，安宁工业园区管理委员会，全面贯彻落实科学发展观，紧紧围绕昆明市开发区暨工业园区工作会议精神，按照聚焦招商引资，聚力园区建设的总体部署，以行政效能提升年和干部作风改进、转变工作作风促进科学发展、创建国家级经济开发区和国家新型工业化产业示范基地“两创”工作为契机，全力推进党的思想建设、组织建设和作风建设，加强制度建设，强化内部管理，找准园区建设的有效突破点，抓规划、建平台、强基础、引项目，加快推进园区总规优化，麒麟片区控制性详细规划编制，强化招商工作，完善基础设施，深化项目服务，深入推进园区职能调整，妥善解决发展中的各类矛盾问题，全力建设“学习型、廉洁型、效能型、服务型”四型机关，努力改善经济社会发展软环境，增强园区产业聚集力、项目吸引力、承载力，为园区经济社会又好又快发展积极努力。

【主要经济指标完成情况】 面对安宁市经济发展的严峻形势，年初市政府确定保增长工作目标，园区管委会通过加强企业走访、经济运行形势分析，确保将保增长工作落到实处，到9月底止，我市经济已呈现止跌企稳、经济逐步回暖的态势，1~9月，园区实现规模以上工业企业主营业务收入264.9亿元，完成目标任务得的67%；规模以上工业增加值41.9亿元，完成年度目标任务的74.6%。完成利税总额10.6亿元，完成年度目标任务的83.7%；园区财政一般预算收入3.56亿元，完成年度目标任务的79%；基础设施投资3.43亿元，完成目标任务的68.7%；工业固定资产投资14.03亿元，完成目标任务的61.6%；亿元以上开工项目有金地化工30万吨/年硫酸及配套生产项目、金色田野化肥有限公司搬迁项目、云天化国际富瑞分公司2×80万吨/年硫酸制酸余热回收（HRS）综合利用项目、西河管道项目、安宁国际物流园项目共5个，完成目标任务的83.3%。

【园区规划建设】 根据安宁市委关于《安宁工业园区规划专题会议纪要》（第18号），由于武家庄片区功能定位和规划发生变化，武家庄一号、二号主干道建设任务由安宁工业园区管委会移交至连然街道办事处作城市干道修建。工业园区管委会在2008年完成园区总规修编的基础上，积极开展片区控制性详细规划编制工作，完成了对《安宁工业园区总体规划》（2008~2020）的优化调整工作及麒麟片区控制性详细规划编制工作，两个规划的最终成果已通过专家评审并在作最终完善，安宁工业园区由原来的“三片一基地”调整为向草铺、青龙及禄脿三镇集中，规划总辖区面积为395平方公里，可建设用地为67平方公里；园区总体规划环评已重新委托编制单位进一步补充修改，9月底，修改成果已报省环保厅等待审查批复。

【招商引资】 园区招商引资平台以项目引进和项目推进为核心，坚持解放思想、创新机制、发挥优势、强化措施，根据工作流程、办事程序、产业指导等多个方面的需要，积极开展编制《园区招商引资工作思考》、《园区招商工作指南》及《工业园区招商引资宣传册》等。截至9月30日共接待洽谈项目54个，提交市项目办初审项目19个，通过会审项目8个，完成签约项目6个，平台组招商引资协议引进投资总额约360亿元。到9月30日，实际到位资金项目46个，到位资金总额约15.16亿元人民币（该数值为平台统计数据），完成安宁市下达的16亿平台招商引资目标任务的94.75%。其中，昆明市外到位资金项目26个，协议投资额合计为79.53亿元，实际到位资金合计约12.94亿元。昆明市内到位资金项目20个，

协议投资总额为6.93亿元；到位资金约2.22亿元。

【园区重点基础设施建设】 园区管委会始终按照安宁市委、市政府的工作思想坚持把基础设施建设及“园中园”建设作为园区开发建设的重中之重，坚持“适度超前，梯度推进”的原则，先规划后建设，先地下后地上，通过BT、BOT等方式，大力推进水电路等基础设施建设，尽快形成开发框架，为招商引资项目落地建设奠定良好基础。工业园区迅速完成草铺片区为核心的园区总体规划调整及重点发展区域控制性详细规划编制、实施工作，打造麒麟起步区成为轻工业中小型企业为主的“园中园”，积极开展建设安宁工业园区国家级中小企业科技孵化基地一期建设工程项目，目前，项目可行性研究报告正在编制中。围绕武钢草铺项目先后启动了安宁工业园区快速运输通道安宁至禄脿段和草铺至县街段、西一绕道路及安宁至县街等4条主要交通干道建设；根据已完成的安宁工业园区麒麟片区控制性详细规划，迅速开展安宁工业园区麒麟片区一号路、二号路道路建设工作，两条主干道计划总投资为1.15亿元，计划2009年11月30日开工，2011年11月30日竣工，该项目施工图设计现已通过规委会评审；金方工业园规划、征地拆迁及“三通一平”、园区主干道建设工程快速有效推进，控制性详细规划已完成，干海底片区控制性详细规划已通过于市规委会讨论；加快推进安宁草铺片区生产水厂项目，现已完成前期准备工作及土地收储工作，正开展项目的BOT投资人招标，努力推进草铺片区截污干管及污水处理厂建设项目，目前草铺片区截污干管及污水处理厂项目方案基本完成规划布局，正积极开展园区范围内的给排水专项规划工作。建成草铺500kV变电站及二期工程项目、权甫220kV变电站及麒麟110kV变电站扩容工程项目，计划建设2座企业专用220kV变电站，并加强与规划片区草铺编制单位对接，积极组织开展安宁工业园区电力专项规划工作。

【融资工作】 2008年9月，注资成立了的安宁工业园区投资开发有限公司，主要承担资产经营、管理和基础设施投、融资等工作。公司以资本运作为核心，抢抓政策先机，创新运作模式、大力开展投融资工作。园区投资开发有限公司2009年1~10月，与富滇银行和中融国际信托投资公司合作，分1年期和2年期发行5亿元云南新工业信托股权投资理财产品，资金全部到位；落实富滇银行对草铺镇柳树村搬迁安置项目贷款1亿元；落实中国银行安宁支行向安宁工业园区运输快速通道（县街至草铺一级公路）项目贷款1.45亿元；落实安宁市草铺镇柳树村搬迁工程场地平整土石方开挖工程项目贷款人民币2000万元，实现融资7.65亿元。

【土地收储】 2008年，昆明园区突破招商引资考核领导小组对工业园区“两年突破工程”工作进行考核。考核组最终认可2008年园区完成土地收储700亩（园区范围内已落实土地报批手续的其他项目用地），完成五通一平面积4800亩（3.2平方公里），未完成的任务转入2009年度目标。2009年，昆明市调整下达安宁工业园区收储土地8300亩（5.53平方公里），完成五通一平面积1200亩（0.8平方公里）。

土地收储工作主要依托草钢项目及其他工业用地项目。武钢集团草铺工业园区已经完成6375亩（4.25平方公里）土地预收储工作，项目土地预审获国家土地部门批复，目前开始办理用地报批手续；安晋线片区已完成1000亩（0.67平方公里）土地收储工作；共完成目标任务的88.97%，同时，安宁工业园区麒麟片区正计划开展2000亩（1.33平方公里）土地预收储工作。园区将积极配合相关部门和项目业主办理用地报批，力争完成全年土地收储任务。

园区“五通一平”在2008年完成面积4800亩的基础上，草铺片区武钢项目现已完成1575亩的五通一平工作，完成目标任务的131%，随着麒麟片区道路基础工程建设及金方工业群甘海底项目启动建设开发，年底能够完成1200亩的五通一平建设任务。

当前，工业园区创建国家级经济技术开发区及创建国家新型工业化磷盐化工产业示范基地“两创”工作，正按上级具体要求和部署，专门组织召开专家论证会，于9月5日，针对申报材料的组织、上报工作安排进行周密安排，迅速开展相关规划调整、产业规划编制等工作，到10月26日，完成了向昆明市经委及省工业和信息化委员会报送相关材料的基本工作，相关规划调整、产业规划编制、申报后续工作还将按照上级工作推进具体要求全力开展，后续还有很多对上汇报、横向协调联系工作需要持续深入开展，管委会已按上级及市工作部署，明确了工作推进具体责任，力争“两创”工作能有所成效。

呈贡工业园区

【概述】 呈贡工业园区是云南省省级重点工业园区之一，以七甸街道为发展重点，规划控制范围126平方公里，规划建设用地规模29.76平方公里，现状人口1.45万人，规划人口18万人。园区发展定位为：中国西部地区的生物资源研发中心，云南省的绿色产业基地和新昆明有色金属等机关报型材料制造业基地。

2009年是呈贡工业园区拼搏发展之年，呈贡工业园区管委会坚持以科学发展观为指导，围绕“园区建设、产业发展”的目标，积极推进实体化改革，按照工业园区化，园区城市化、布局专业化、机制市场化的要求，以规划为先导，项目建设为引领，招商引资为重点，征地拆迁为保障，实体化改革为动力，经济增长为发展目标，坚持高起点、高标准规划建设，坚持市场运作、实体经营，综合开发、配置资源、有序发展，实施重点突破、重点发展，做大产业，做优项目，创新管理机制和开发模式，统筹城乡发展，工业园区各项工作呈现新气象、新格局、新局面。在2009年市委观摩会中，工业园区管委会两次被选为现场观摩点，并被评为全市唯一的一家“和谐工业园区”。

【经济指标完成情况】 全年工业园区实现规模以上工业企业增加值84215万元，占目标任务83280万元的101%。地方财政一般预算收入9514万元，占目标任务9500万元的100.1%。工业固定资产投资138377万元，占目标任务96795万元的143%。基础设施投入44328万元，占目标任务40000万元的111%。

【招商引资及产业项目】 认真落实“四个招商机制”，全力推进项目落地和产业发展，确保全年招商引资任务的完成。全年完成招商引资到位市外资金19.144亿元，占目标任务5亿元的383%。外资940万美元，占目标任务500万美元的188%。年内引进工业项目15个，占目标任务10个的150%；开工项目33个，占目标任务9个的366%，其中亿元以上工业项目5个，占目标任务4个的125%；竣工项目17个，占目标任务6个的283%；全年续建、新建项目共28个。其中，云南信威食品、云铝4万吨耐热高强度铝合金圆杆项目等6个项目已建成生产。云南铝业8万吨铝材深加工、云白药原料药加工项目、中铝昆明铜业有限公司铜材深加工项目等22个项目建设顺利推进。呈贡工业园区引进了以云南信威食品、昆明嘉华食品、云南白药原料药、云南欣农等为代表的绿色产业，以中国铝业昆明铜业、云南铝业铝材深加工、福建辉煌铜业等为代表有色金属深加工产业，以云南庆泰、昆明以贤烟机等为代表机械、电器制造行业，形成了以绿色产业、新材料产业及机械、电器制造业为主的产业聚集效应。

【融资工作】 为促进资本流入园区，广泛吸纳社会资金，呈贡工业园区管委会以园区为载体，以项目为平台，转变融资观念，创新融资方式，利用呈贡绿园排水管网公司、昆明春融公司、昆明春欣公司三个融资平台，由公司积极主动与各金融机构进行对接，撬动银行资金，吸引更多社会资金用于园区建设，充分利用资源。全年累计到位融资资金11.52亿元，占目标任务10亿元的115%。其中，银行借款10.88亿元；BT模式融资940万美元。

【基础设施建设】 呈贡工业园区按照园区发展规划和产业布局，把强基础作为切入点，大力推进以道路、给排水及土地平整为主的基础设施建设，发挥基础设施的先导效应，增强园区的吸引力和凝聚力。通过努力，先后建成了长2240米、宽36米的园区主干道和长5600米、宽20米的次干道及管网、路灯、绿化等配套工程；完成了日供水2200立方米的自来水厂及管网建设；完成日处理1万吨的污水处理厂及排污管网配套工程项目。完成了110千伏变电站建设。按Ⅱ级市政道路标准，长8.6公里、宽60米、双向6车道、连接七甸片区与呈贡新城的新呈七公路目全面进入路基施工。投资5900万元、长2400米的小哨箐片区Ⅰ、Ⅱ、Ⅲ号主次干道已完成总工程量的85%。投资2110万元、长1300米的大哨片区Ⅰ、Ⅱ号主次干道已完成总工程量的90%。

【征地拆迁】 积极做好征地拆迁工作确保项目建设顺利推进。做到拆迁无障碍，征地保项目，提高土地运作水平。全年预收储土地5273.20亩，占全年任务数1800亩的260%；完成征地4445.48亩，占全年任务数1200亩的370.46%；完成土地出让1360.28亩，占全年任务数的136%。完成拆迁户数104户，占目标任务100户的104%，拆迁面积17970.35平方米，占目标任务2000平方米的898.5%。

【规划发展】 完成了园区控制性详细规划，编制了园区内产业发展、基础设施建设等专项规划。完成瑶冲河治理项目可行性研究报告编制及环境影响评价报告评审，项目“环评”、“水土保持方案”已编制完成，并通过专家评审，项目设计正在进行中。

【新型社区建设】 新型社区建设项目规划已完成规划设计方案比选和修建性详细规划，并经呈贡新区规委审查通过，并报市规委审批。现正进行施工图设计。

【绿化美化】 完成七甸小哨箐主干道入口景观绿化工程及七甸小哨箐高压走廊产业隔离带绿化工程及园区污水处理厂绿化工程。种植乔木约133750株（5厘米以上乔木25000株）。种植攀缘植物约5000株，共计新增绿地面积约4万m^3，园区建设用地绿化率达28%，绿化覆盖率达29%，完成投资410万元。石安路两侧12.13公里补绿正在施工；昆河铁路两侧绿化工程招标变更后正在重新招标。

【抢险给水】 针对辖区范围内冬季枯水、旱情严重、给水紧张的情况，紧急启动并完成七甸抗旱抢险应急给水保民生工程，即三十亩龙潭、麦地营地下取水点、三丘田地下取水点三处给水工程。通过40天的奋战，实现了竣工通水，确保抗旱保民生。

【机制创新】 按照实体化管理的要求，结合工业园区工作实际，把七甸街道副科以上干部聘到工业园区进行交叉任职，对各部门的工作进行职责明确，工业园区管委会成为集人事权、财权、事权“三权”的实体，实现真正意义上的实体化管理。实行管人管事相结合的新机制，把目标任务通过竞标定责落实到部门、细化到人，实行挂图作战、成果倒逼和绩效考核，建章立制，健全完善规章制度和考核办法，实施动态化管理，变身份管理为岗位管理，提高工作效率和办事效率，形成了“一高二强三好”的工作局面。“一高”即工作效率高；“二强”即敬业精神强、团队精神强；“三好”即工作纪律好、工作作风好、工作形象好。

【社会事业】 大力解决失地农民就业问题。2009年，工业园区辖区企业提供就业岗位数1000人、安置七甸农民就业数为1000人。坚持“四个一点”的办法抓好医疗保险失地农民全员参保工作。认真抓好“四创两争”工作，建立健全创卫和督查新机制，工业园区辖区内市容市貌整治效果明显。加大教育投人，不断改善办学条件，投资900万元的七甸九年义务教育标准化学校主体工程竣工验收；加强教师队伍建设，教师节之际，隆重召开了呈贡工业园区第一届教师节庆祝表彰大会，营造了良好的尊师重教氛围，全面实施园区人才兴区战略。加快完善医疗卫生服务工作，七甸卫生院改扩建项目，已完成规划选址，正在进行项目初步设计和市场运作招标。切实加强社会主义精神文明建设和法制建设，加强社会治安综合治理，妥善处理信访和突发事件，维护社会稳定。

（*颜吉祥*）

寻甸特色产业园区

【概述】 寻甸特色产业园区是云南省8个特色产业园区之一。现有园区规划核心区总面积23.2平方公里，形成“一园三片”的总体布局。其中金所片区规划面积11.2平方公里，是以煤电磷化、建材产业链为主，集商贸服务为一体的新型重化工、能源及建材工业基地，重点发展磷酸盐、精细煤磷化工、水泥及制品、制造业等产业；塘子工业片区规划面积2.8平方公里，由磷硫一体、矿化冶产业区和制药、农产品加工区、温泉度假两部分组成；先锋片区规划面积9.2平方公里，属矿产资源基地，依托丰富的褐煤、磷矿、硅藻土等资源，为县域工业经济发展提供稳定的原材料保障。目前，园区正邀请苏州科技大学空间设计研究所、苏州未来建筑设计有限公司对工业园区总体规划进行修编，走城园互动暨城园一体化的发展模式，集中体现城园一体化、资源集约化、经济循环化、环境生态化的发展方向。通过规划修编后园区总面积将扩展到80平方公里左右。

在县委、政府正确领导下和市直相关部门的关心支持下，园区管委会紧紧围绕“工业强县”的发展战略，切实加强对工业经济工作的领导、协调和服务，深化改革，调整结构，扩大招商，加快发展，努力做大做强工业。截止2009年12月底，园区共有入园企业 54户，其中，规模以上企业 14户，从业人员7346人。已形成了以煤化工、磷化工、建材、食品加工、制药等为主的产业体系，工业经济呈现出了强劲的发展势头。四年来，园区累计完成工业总产值78亿2800万元，实现增加值19亿3940万元，上缴税金3亿9530万元，实现利润3亿6570万元。通过三年的建设与发展，工业园区已初步形成寻甸经济发展的核心区，对外开放的先行区，工业发展的集聚区和经济发展的主要增长点。

【招商引资工作】 四年来，园区始终把招商引资工作作为园区发展的生命线，采取有力措施，加强服务协调，全力推进招商引资和项目建设。共引进项目17个，总投资额达80亿3500万元，其中，引进规模以上项目16个，分别是：云南煤化集团投资45亿元的褐煤洁净化利用示范项目；先锋煤业公司投资4亿3000万元的300万吨煤矿技改扩建项目；云南固磊材料有限公司投资2400万元的加气增压混凝土项目；昆明南瑞腐殖酸生物化工有限公司投资5000万元的腐殖酸钠项目；南磷二期投资12亿元的13万吨PVC及配套项目；寻甸龙蟒磷化工有限公司一期投资2.8亿元的40万吨磷酸盐项目；云南泰康消防化工集团寻甸公司投资1.6亿元开发建设的年产25万吨磷酸铵盐干粉灭火剂项目；龙蟒投资9800万元的33万吨硫黄制酸项目；南磷集团投资1亿9000万元利用工业废渣建设日产2000吨水泥熟料项目；滇木公司投资5000万元高密度纤维板项目；邦力圣电力器材有限公司投资2000万元的电力器材项目；南磷集团三期投资10亿元，年产13万吨PVC、10万吨烧碱、7万吨磷酸、7万吨三聚磷酸钠、1万吨次磷酸钠、1万吨三氯化磷、1.3万吨亚硫酸、5000吨褐煤蜡、20万吨电石生产项目；昆明永逵工贸有限公司投资300万元的汽车配件项目；寻甸先锋硅藻土开发有限公司投资3000万元的硅藻土及附属产品项目等，其他项目2个分别是旭东磷化集团、国能化工技改项目。

2009年，新引进项目4个，其中，湖南熊猫烟花集团股份有限公司投资1亿元建设的云南熊猫烟花有限公司已注册成立；管委会国有金泰投资开发有限公司与云南骏宝工业园区开发有限公司合作投资5亿元进行羊街装备制造园基础设施建设项目已签订投资合同，公司注册相关事宜已完成，正积极着手招商引资。另外两个项目：昆明骏宝机电技术有限公司投资5亿元建设摩托车配件生产项目，昆明爱科特生物科技有限公司投资13000万元建设的年产7000吨生物饲用酶添加剂项目属于协议引资项目。

【重大项目建设】 一是总投资38.9亿元,由褐煤洁净化煤气、年产50万吨甲醇及液化甲烷气、年产18.6万吨煤焦油加工及合成油、综合供热及动力公用联合装置4个项目组成的云南先锋化工有限公司褐煤洁净化利用试验示范项目。项目总工期32个月，预计于2011年12月全部建成投产。项目于2008年7月26日举行奠基仪式，2009年4月23日正式开工建设，2009年内项目完成投资5.224亿元，主要用于场地土建、设备采购、办公设施建设等。二是云南南磷集团寻甸磷电有限公司南磷三期投资1.8亿元的39万吨PVC及30万吨烧碱项目二期工程，2009年累计完成投资1.7679亿元。三是加气增压混凝土项目。该项目由云南固磊材料有限公司投资建设，年产20万立方米加气增压混凝土，总投资2400万元，于2008年6月4日开工建设，土建工程2009年1月竣工，目前累计完成投资4360万元。四是腐殖酸开发项目。由昆明南瑞腐殖酸生物化工有限公司投资开发的腐殖酸开发项目，总投资4900万元。五是云南南磷集团寻甸磷电有限公司年产5000吨褐煤蜡生产项目。项目总投资5111万元，主要建设内容为扩建年产4条1000吨褐煤蜡系列产品，项目分四期建设，一期已完成主体设备安装、试压，10kW电路架设等工程，进入试生产，累计完成投资540万元。六是云南东源先锋科技公司年产2万吨硅藻土沥青改性剂项目。总投资5000万元，于2008年4月开工建设，目前已进入试生产阶段。七是年产1000吨复合酶项目。项目技术研发单位为云南师大生物技术研究所，主要原料为淀粉、甘油，产品主要用作饲料添加剂，售价每吨3万元。5月6日，项目方进行了实地查看，初步选址在金所工业片区。项目分两期进行，一期占地20亩，建设周期6个月，投资1500万元，可解决100人就业问题。八是年产25万吨磷酸铵盐干粉灭火剂项目。由云南泰康消防化工集团寻甸公司投资开发建设的年产25万吨磷酸铵盐干粉灭火剂项目（一期10万吨）。总投资1.6亿元，2008年4月开工建设，目前已完成工厂的重点设施建设，其中磷矿制浆装置、磷酸生产装置、磷酸浓缩装置、MAP生产装置已建设完成并投入生产，整个项目建设累计完成投资1.1亿元。九是烟花爆竹项目。今年7月，熊猫烟花集团股份有限公司经过多次到寻实地考察后，决定在寻甸成立云南熊猫烟花有限公司，在寻甸塘子镇易隆村委会选址建设面向云南省及东南亚地区的烟花爆竹批发销售基地，项目计划总投资为人民币1亿元，分两期进行，一期投资6000万元，需用地约60亩。二期投资4000万元，需用地约40亩。目前已注册成立云南熊猫烟花有限公司。十是云南先锋煤业开发公司年产300万吨褐煤改扩建项目。该项目是褐煤洁净化利用试验示范项目的配套项目。项目总投资4.2亿元。2009年内完成投资8285万元。

【基础设施建设】 按照工程建设“三高”的要求，积极争取省市资金支持，切实加强园区各项基础设施建设，并取得了突破性进展。四年来完成新征土地6693亩，完成“五通一平”及覆盖面积3180亩。累计投资1.35亿元，完成园区南北主干道1号路1.3公里路基及路面硬化，东西次干道2号路2.2 公里路基及路面硬化，4号道路1.1公里路基及路面硬化；1号路2公里延长线路基工程，已完成工程量的90%，车辆可以通行；开工建设商贸服务区土方回填及“一横三纵”道路路基、路面工程及排水工程，目前已完成雨污管的铺设。采取BOT模式建设运营，与云南汇润净化系统有限公司签订特许经营合同，建设金所片区污水处理厂，首期设计为日处理6000立方米污水，7月21日办公楼奠基，已完成工程挡土墙建设和办公楼建设；秉承“环保先行”的原则，切实加强环境保护工程建设，龙蟒集团投资5000万元建设全长7公里渣管及渣场；南磷集团投资1000万元，建成排污管线13公里；完成龙蟒集团3.5kV电力线路建设：分别于2009年8月1日，9月1日，开工建设110kV和220kV变电站各一座。共投资546.45万元，对金河路、园区已建成的1号路、2号路、4号路实施绿化工程；对金河路、园区已建成的1号路、岔街实施亮化工程。

【园区各项规划】 （一）园区总规修编工作。在苏州科技大学空间设计研究所、苏州未来建筑设计有限公司和昆明市规划设计院的共同努力下，园区总规修编各项工作已完成，2010年1月19日县委召开规委会会议，原则上通过了总规修编方案，目前正积极着手报批。

（二）园区金所片区核心区控制性详规编制工作。由昆明市规划设计院经开区分院负责编制园区金所片区核心区控制性详规，在设计单位与园区规划部门的密切配合下，于2009年3月11日组织相关部门进行了评审。

（三）羊街装备制造园规划工作。聘请昆明开发规划设计院、云南省机械研究设计院分别进行专项规划和可行性研究编制，7月14日规划和可行性研究通过评审。

【组建投资开发公司】 2008年6月3日，管委会组建的园区发展市场开发主体——寻甸金泰投资开发有限公司完成登记注册，公司类型：有限责任公司（国有独资）；注册资本：人民币5000万元。公司投资的方针是：广开融资渠道，扩大投资资金的总量，提高资金的使用效率，有效运作国有资产，对园区路桥、给排水、污水处理、绿化、环保、房地产开发等基础设施建设各方面进行直接和间接投资。通过融资贷款，突破园区基础设施建设瓶颈，为园区基础设施建设提供有力的资金保障。实现国有资产保值增值，扩大公司的资本金。同时，充分发挥好投融资职能，加大投融资工作力度，严格落实责任，充分发挥公司的贷款主体作用，努力为园区经济建设争取一批金融机构信贷资金，同时，在国家扩大内需的政策背景下，抢抓机遇，积极向政府争取项目、资金、政策，为园区基础设施建设积累资金。

昭阳工业园区

【简述】 2009年，昭阳工业园区在上级有关部门的关心支持下，昭阳区委、区政府高度重视昭阳工业园区建设工作，认真贯彻全市工业园区建设工作会议和全省工业园区现场座谈会议精神。以科学发展观为指导、坚持科学规划、聚集发展、分步实施、实质开发的原则，加强基础设施建设，加大招商引资力度，园区项目和产业聚集取得一定成效，昭阳工业园区是全省30个省级重点工业园区之一，总规划面积45.78平方公里，形成“一园五区”的格局：箐门片区4.6平方公里；龙泉片区1.5平方公里；机电工业基地5平方公里；褐煤工业基地24.68平方公里。根据省政府昭通工业发展的有关会议精神，在北闸以驰宏10万吨／年电锌项目为支撑，规划了约10平方公里的矿冶加工基地。园区基础设施建设的各项工作进展顺利，箐门启动片区510亩批次用地、315亩村庄集体建设用地及沟、塘、路、坎等非耕地的土地征用工作已全面完成；启动片区路网及配套设施建设已基本完成，园区内路网的地勘、设计、入园企业布局方案及耕植土取土工作已全面完成；10余家企业已入园开始厂房建设，2009年完成总投资9260万元。2009年，纳入园区管理企业完成工业总产值5.85亿元，同比增25.61％；工业增加值1.76亿元，同比增25.78％；销售收入5.59亿元，同比增25.21％；税收完成0.53亿元，同比增27.73％，解决就业1600多人。随着园区基础设施的不断改善，加快了民间资金的转移，为昭阳区经济发展注入了新的活力，使园区成为全区新的经济增长点。

园区管委会狠抓园区内产业扶持，着力培育六大主导产业。一是以生物制药为重点的生物创新产业；二是以马铃薯、苹果、魔芋、蔬菜、苦荞、畜产品等资源为主的农特产品精深加工业；三是以华新昭通水泥项目为依托的建筑建材业；四是以丰富的褐煤、无烟煤为资源的能源化工业以及以电解锌为主的有色金属业；五是以机械制造、电子加工为支撑的机电工业产业；六是围绕“云南北大门”和“西南商贸重镇”的定位目标，借助园区平台，着力培育现代物流业。通过引进、培育主导产业，逐步提升园区的综合实力。

【基础设施建设】 昭阳工业园区箐门启动片区主导产业以农特产品、生物制药、高新技术为主。园区启动片区项目按“统一规划，分期实施，分段推进，滚动发展”的原则，以财政资金为引线，自筹资本金进行开发建设。省财政、省经委先后扶持资金1200万元，用于规划、可研、贴息等前期相关工作；市政府投入资金2360万元，建设园区西面快速主干道昭通大道；区政府也投入资金1840万元，建设园区北面、东面主干道箐门一纵。为昭阳工业园区启动片区开发创造了有利条件。累计完成园区基础设施投资1.5亿元。期间，昭阳工业园区管委会已向农业发展银行贷款1.4亿元用于农特产品加工基地建设。其中，2007年3月30日获准中长期贷款5000万元、4月29日获准短期贷款5000万元，2008年2月20日获准中长期贷款4000万元。基地建设工作进展顺利，银政合作迈出步伐，取得了初步成效。同时，就昭阳工业园区基础设施建设，园区管委会成立了昭阳工业投资开发经营有限公司，还与云南省工业投资公司谈成了合作协议，由园区投资公司与省工业投资公司合作，共同商讨开发园区基础设施建设相关事宜，加快园区基础设施建设步伐。

【招商引资】 按照“一园五区”的布局，因地制宜，结合昭阳区国有企业改制工作的实际，盘活闲置资产，现纳入园区 管理企业已有16户，入园工业企业完成投资额近7亿元，园区管委会特别注重大项目的引进，已分别同云南驰宏公司签订了电解锌项目，项目占地约2000亩，总投资16亿元以上，正在开展项目选址等前期工作；同云南工投集团基础产业公司签订了褐煤炭质还原剂多开发项目，项目占地约1000亩，总投资5亿元以上，该项目已进入论证阶段；就合作的相关事宜正在商谈中。同时，园区管委会还特别注重当地特色产业的发展，已同香港威宝、万和酱菜、广丰煤业、农达塑胶、万宝饲料、四季食品等10户企业签订了入园协议，各项目在2009年9月29日举行了入园开工仪式，项目涉及农产品加工、食品加工、塑料制品、饲料生产、科技研发等项目，协议总投资5亿元。

【褐煤化工基地建设】 2008年3月18日，省政府副省长和段琪到昭通调研时，对昭通褐煤资源开发工作做了重要指示，正式拉开了昭通褐煤化工试验基地建设的序幕。2008年6月25日至26日，在省政府昭通煤化工产业发展现场调研会商会上，明确了昭通褐煤化工试验基地是昭阳工业园区的一部分，作为园区的支撑产业；明确了开发范围。

根据省政府调研会商会议精神，省经委已委托有关部门着手编制昭通煤化工产业规划。园区管委会委也委托西部规划设计院编制完成了煤化工产业基地总体规划及可行性研究报告。区政府也就原合法褐煤矿进行了整合，已整合收归区政府的有2个矿权，正与工投集团基础产业公司商谈褐煤炭质还原剂项目。

【软环境建设】 昭阳工业园区积极创造一流的软环境建设，竭诚为所有投资者提供优良的环境、优质的服务、优惠的政策，让投资者得到理想的回报。一是优化行政环境。园区管委会严格执行打造“今日昭通效率”的要求，全面贯彻落实好“四项制度”，敢贴“红线”走，善打“擦边球”，切实为投资者提供优质服务。二是优化市场环境。充分运用市场机制配置好土地资源，积极为投资者提高土地保障和优质服务，对招商引资项目，实行一事一议，给予最大限度的优惠。三是强化服务意识。进一步建立健全服务体系。对进入工业园区的招商引资项目，园区管委会都将确定具体工作协调部门，具体协调责任人，专门负责协调外商投资的管理、协调、服务等日常事务工作。

【任职领导名单】

主　任　夏维勇

副主任　秦明聪　　蒋仕奇

（鲁　云）

玉溪高新技术开发区

【简述】　2009年，玉溪高新区认真贯彻落实市委三届五次全会、市三届人大二次会议以及市政府三届三次全会和市政府高新区专题调研会精神，按照“五保”要求，积极应对国际金融危机对实体经济的影响，面对国际金融危机持续曼延和宏观经济周期性调整的严峻局面，高新区全面落实中央、省市关于“保增长、扩内需、调结构”的总体要求，深化区情认识，理清发展思路，全力破解经济总量不大、发展后劲不足的难题，进一步明确“强工业、保增长”的具体措施，狠抓落实，有效地促进了园区经济平稳较快增长。围绕建设“开放、创新、生态、和谐”高新区的总体目标，坚持以园区开发为依托，以招商引资为先导，以加快高新技术产业培植为重点，以科技创新为动力，以制度创新为保障，统一思想、增强信心，抢抓机遇、开拓创新，强化措施、狠抓落实，园区经济保持平稳增长，社会事业管理水平不断提高。

2009年，玉溪高新区生产总值28亿元（不含红塔集团），同比增长15.6%；技工贸总收入73亿元，增长15%；工业总产值（现价）47亿元，增长10.6 %；全社会固定资产投资6.8亿元，增长4%；地方财政一般预算收入1.84亿元，同比增长6%；进出口总额1500万美元，同比增长53.8%；招商引资到位资金5亿元，同比增长97.6%；社会消费品零售总额11.2亿元，同比增长17.5%；规模以上工业增加值15亿元，增长16.9%；主营业务收入45亿元，增长15.4%；利税总额5亿元，增长26.5%；利润总额2.8 亿元，增长45%。

【招商引资和项目建设】　树立招商引资工作是经济工作第一生命线的理念，招商引资和项目建设稳步推进。一是全年招商引资项目实际到位国内资金5亿元，同比增长97.6%，国外资金57万美元。二是签约项目4项，投资总额达8.3亿元。三是全年完成了10个新增投资总额不低于5000万元的储备项目，投资总额达8.9亿元。四是全力推进三个重点项目的建设。截至目前，达利集团食品项目完成了工程土建建筑框架，预计明年1月底土建完工；云锡同乐太阳能光热光电产业项目基本完成前期工作手续，于6月动工，现正平整场地，10月底做基础打桩工程；玉溪沃森疫苗二期工程项目完成了备案，于七月动工建设，2010年上半年投产营运。五是在做好重点项目推进工作的同时，继续全力推进往年结转的在建项目。即西班牙爱西贝特工业输送带项目土建及室内装修已全部完工，正在设备安装调试，11月试生产；沈阳引信公司软件开发项目正在做规划设计，11月动工；玉溪矿业研究院项目已全部建成并投入使用；明珠花卉公司二期和联合花卉公司的二期工程已完并投入使用。六是完成了玉溪望子隆生物制药有限公司“以脂肝丸为主的天然药物系列产品规模化生产项目”的竣工综合验收。其他符合验收条件的项目正在做准备工作，预计全年完成验收项目4个。七是完成项目备案13个，其中，生产性项目有7个。八是根据玉高开委发[2007]45号文件要求，继续加大对整改企业的检查督促力度。九是云南玉溪农产品加工出口示范区项目、玉溪健坤生物药业辅酶Q10终端产品产业化项目、云南司艾特药业治疗艾滋病中药、天然药物“复方SH”临床试验项目、云南龙威生物玉溪产业化基地暨分子生物学中心实验室项目为被云南省生物产业大会确定为重点招商项目。十是为做好高新科技创业园的招商宣传，提升招商能力，完成了《玉溪高新区高新科技创业园管理办法（暂定）》和《玉溪高新区高新科技创业园设置及职能（暂定）》的初稿及创业园招商宣传册的编制，为下一步顺利开展创业园项目招商奠定了基础。

【基础设施建设】　抓住国家扩大内需的机遇，进一步加大园区基础设施建设力度。一是认真做好九龙片区、高龙潭片区控制性详细规划编制及方案评审工作。二是积极推进高新科技创业园及广场建设。已完成大楼主体和裙楼建设，消防以及智能化、内外装工程正在进行施工，科技公园已开工建设，整个项目已完成投资9000多万元。三是抚仙路改造工程正在施工，12月底将竣工通车。四是启动了九龙片区四经、五纬路的建设。五是完成了南片区约29278平方米的人行道地砖铺设以及约15083平方米的绿化。该项目为项目单位及市民出行提供了便利，美化了城市环境。六是会同红塔区交通局组织实施了高仓立交桥路面破损修复工作。七是配合协助市供电局完成了九龙片区两个变电站的选址和前期报批工作，110kV变电站已开工建设。八是完成了九龙工业园区九条道路水土保持方案和地质灾害评审。九是根据市政府的统一安排，进一步做好创建国家级园林城市的有关前期工作。

【土地收储工作】 一是完成了九龙片区北城镇区域236亩土地收储和报批工作，确保了道路基础设施及220kVA高古楼变电站用地。二是完成了高龙潭片区1262亩土地征收，29户拆迁和9个集体小组地上附着物协议签订工作。三是完成了胜利水库片区瓦窑进山道路8.7亩土地收储及供应给红塔集团作为绿化用地工作。四是组织上报农用地转用两个批次和一个单独项目选址共计667亩土地，确保九龙片区园区道路、燃气站、农用模塑料厂、印刷厂、纸箱厂、春和变电站等新引进项目的用地。五是全年供地上报审批1227亩，预计可收取土地出让金2亿元。六是做好九龙片区1200亩土地地上青苗等附作物的清理和整理问题，保证园区项目顺利用地。七是妥善解决好有关历史遗留问题，盘活存量土地，提高土地利用率。八是协助并督促化肥厂履行搬迁协议，由于种种原因，影响了化肥厂的搬迁，及时完善了化肥厂的搬迁补充协议。九是完成了东风水库-化肥厂专用输水管收购协议；十是完成了高新区研和片区552亩土地移交的有关手续和1000万元补偿款项的收回。

【企业管理服务工作】 一是深入贯彻市委、市政府关于加快推进新型工业化的决定，全面落实各项扶持政策和工作措施。二是积极配合省市相关部门，及时将园区具有自主创新、生产工艺先进、产品性能优越、市场发展前景好、符合国家产业政策的项目筛选上报。全年共组织上报省级以上项目10个，市级专项13个，争取省市已下达园区企业扶持专项资金累计700万元。三是积极组织推荐云南天宏香精香料有限公司、玉溪创新彩印有限公司为云南省创新型试点企业。四是按照省经委的要求，经过筛选，及时组织玉溪沃森、维和制药、云南南宝分别申报“国家一类新药冻干A、C群脑膜炎球菌结合疫苗产业化示范工程”、“植物标准提取物产业化工程建设”、“除虫菊品种选育”、“植物源杀菌剂新产品开发”。五是根据省发改委关于填报《云南省生物产业发展重大项目》的通知要求，及时组织园区企业申报2009-2012年、2009-2015年云南省生物产业发展重大项目，共申报了4户企业的8个项目。六是积极组织高新技术企业的复审认定。年内恩典科技已顺利通过复审认定，科技彩印、天宏香精香料、东魅包装等3户企业已通过市级初审上报省科技厅。七是加快企业技术中心建设步伐。天宏香精香料有限公司的技术中心已通过市级认定，望子隆生物制药有限公司的省级技术中心已通过专家评审，维和制药股份有限公司的玉溪市中药现代化工程技术研究中心通过了市级评审。八是按时启动中建电气、创新彩印、浩盛玻璃3户企业的清洁生产审核和红塔塑胶、维和制药、新蓝景等3户企业的能源审计工作。

【财税融资稳步运行】 一是面对全球金融危机的影响，税务、财政从强化税收征管入手，提升服务水平，充分挖掘税收增长潜力，为完成全年的税收任务打下了良好的基础，全年地方一般预算收入达1.84亿元，比上年同期增长6%。二是拓展融资渠道，圆满完成了“玉溪财富”4亿元理财产品的发行工作。三是加强全年财政预算资金和其他融资资金的收支管理，优化支出结构，确保高龙潭片区征地拆迁补偿及报批规费、九龙片区已征地报批规费、科技创业园建设、九龙片区基础设施建设等重点建设项目的资金。四是完成了南片区14条道路整体资产评估及产权划拨工作。五是按照省财政厅要求，认真做好2008年度区内18户企业的所得税税源调查工作。六是配合市审计局做好2008年度高新区预算执行情况和其他财政收支情况的审计。七是认真落实支持园区企业发展的各项优惠政策，对园区26户企业42个奖项奖金拨付到位。推荐上报非公经济发展专项资金近10个项目。

【综合管理】 一是阳光政府四项制度建设取得初步成果，成功组织了玉溪高新区高龙潭片区控制性详细规划听证会，“阳光工商”创建活动深入推进。二是园区劳动监察力度进一步加大。在2008年度被检的139户企业中，今年全日制用工劳动合同签订率在90%以上，社会保险的购买率比2008年增加10%以上。全年共受理劳动争议案件69件，市长热线4件，追付工资及押金款131.1万元。三是切实加强市场监管，促进各类市场主体健康发展。目前已对辖区内企业、个体工商户进行年检686户、验照2030户，建立1962户个体工商户档案，建立541户企业副档。四是推动企业实施商标战略，辖区内共有驰名商标1件，著名商标7件，知名商标3件；注册商标140多余件，正在申报注册商标4件。五是在市区相关部门的共同努力下，经过大量深入细致的工作，圆满完成了凯歌王海怡酒楼债务纠纷调解及拍卖工作。六是全力维护园区社会稳定，及时妥善处理企业债务纠纷、劳资纠纷、征用土地、上访讨薪、裁员搬迁等方面引发的矛盾纠纷。七是加强对区内群众关心的热点难点问题的排查和解决。年内处理市长热线交办件7件，受理群众来电来访22件，办结率100%。八是认真开展消防安全专项整治，抓好挂牌督办重大火灾隐患整改工作，与28户重点企业签订了消防安全目标管理责任书。截至目前，园区未发生任何消防安全事故。九是加强对高新区规划控制范围内的大庙山、胜利水库片区、九龙片区的监管力度，加强对规划、建设、环保等方面的执法力度，杜绝乱挖乱采乱建等违章、违法行为的发生。十是切实加强药品生产企业的监督检查，建立驻厂监督工作制度，积极配合国家局和省局开展企业GMP认证工作。十一是在“质量和安全年”活动中，认真开展了食品添加剂、农资、汽车用膜、计量器具、特种设备等专项整治行动，质量监督和打假治劣工作取得新成效，共查办案子18起。

【党建和精神文明建设】 一是通过开展深入学习实践科学发展观活动，广大干部职工对科学发展观的认识有了新提高，领导科学发展、促进社会和谐的能力有了新提高。二是为庆祝建国六十周年，丰富园区干部职工的文体活动，增强凝聚力、团结力，展示园区职工的新风采，成功举办了高新区“迎国庆，歌唱祖国”合唱比赛和第四届职工体育运动会。三是切实加强党风廉政建设和反腐败工作，严格执行廉洁从政的各项规定，签订了《玉溪高新区党委党风廉政建设责任书》、《玉溪高新区党委班子成员党风廉政建设责任书》、《玉溪高新区管委会党风廉政建设主任、副主任责任书》。四是组织广大青年团员在高新区新农村建设点春和镇飞井村委会开展了以“生态玉溪建设、青春建功行动”为主题的环保系列活动。五是积极响应市妇联号召，积极组织开展“生态文明家庭”创建纪念林树木认养活动。六是认真组织开展“生态文明之家”创建系列活动和“职工书屋”等活动。积极在有条件的企业中建立工会组织，深入企业慰问困难职工、困难家庭。七是认真组织《云南省公务员八条禁令》、《管委会部门负责人及工作人员问责办法》等制度的检查落实。

（党政办）

保山工业园区

【基本情况】 保山工业园区在原“省级个私经济实验区”取得成功经验的基础上，新规划设立的保山工业经济开发区——保山工业园区。2003年11月3日，保山工业园区开发建设项目被正式列为云南省推进新型工业化30个重点工业园区开发建设项目之一。保山工业园区总体规划为“一园三片”，规划面积28平方公里，其中大、小堡子片区21.7平方公里；板桥科技轻纺工业片区，占地5.3平方公里；老营电矿冶金工业片区，占地1平方公里.重点建设发展农特产品加工、进出口加工和电矿冶金三大产业基地。规划沿城市外围交通主干线两侧向北延伸，构成一轴、一线、一核心的空间产业布局。

2009年，园区完成工业产值7.47亿元，同比增长19.1%（2009年康发钢铁有限责任公司停产，产值仅为1133万元，而2008年该公司产值为1.1亿元。剔除康发钢铁有限责任公司的产值，园区工业总产值同比增长42.4%）；完成工业增加值2.09亿元，同比增长34%；上缴税金9744.3万元；同比增长19.7%；实现销售总额5.12亿元，同比增长43%；实现利润3280.4万元；就业人数3277人。园区完成固定资产投资3333万元，企业完成固定资产投资2.3亿元。

【园区开发建设】 2009年，园区累计完成开发建设面积1.5平方公里；征用土地1950亩，其中下村片1060亩,老营80亩,大小堡子310亩，板桥500亩；报批土地1100亩，其中本年报批378.8亩，向企业提供工业用地680亩、商业用地115亩；共引进入园企业33户，其中：建成投产企业16户，在建企业12户，新入园企业5户。

2009年，园区完成基础设施投资3333万元，同比增长10.6%，圆满完成年初考核任务。各片区基本完成水电供应，收储土地正在实施回填工程，老营变电站建设顺利推进；园区内企业全年完成固定资产投资2.3亿元，同比增长53.3%，重点项目建设顺利推进。一是永昌创业园的开发建设工作顺利交接，投入1000万元收储130多亩土地；二是继续抓好了下村产业孵化园的征地善后工作，帮助村民妥善落实了村民发展用地问题，解决了村小组预留用地的回购工作；投入100万元为村民解决了道路和泄洪防汛工程。

【开展学习实践科学发展观活动】 工业园区自2009年3月下旬开展深入学习实践科学发展观活动工作以来，在区委、直属机关工委和第七指导检查组的正确领导下，园区机关党支部紧密结合加快园区科学发展实际，精心组织实施，扎扎实实推进，取得了阶段性成效。

园区作为学习实践活动的单位，对学习实践活动的三个阶段、十四个环节工作做了精心安排，并在活动中创新学习实践活动的有效载体，组织开展了“个人形象一面旗、工作热情一团火、谋事布局一盘棋”和“万名干部下基层，千名群众进机关”等主题实践活动，查找了影响制约科学发展的突出问题和涉及群众生产生活的实际问题，进一步理清了发展思路、明晰了工作举措，密切了党群干群关系。

学习实践活动过程中，园区捐资15000元修建滇西抗战烈士陵园，干部职工学习培训达16个学时，先后召开12个座谈会，拟定7个文件，学习实践指导检查组4名成员（含组长）和园区16名参学人员深入入园企业,发放20份意见征求表,收集到领导班子及班子成员肯定、批评、意见和建议类意见,形成3篇心得体会、4个调研报告、2篇案例分析、1个分析检查报告、1个整改方案，撰写50期简报、印发1500份，园区机关党支部1篇简报被保山广播电视台采用。

【融资平台作用明显】 2007年8月正式成立的保山市隆阳区工业园区信用担保中心，注册资金500万元。该中心为园区企业提供贷款担保与再担保，开展担保配套的咨询、项目论证、代理等一系列服务，为符合担保条件的园区内企业提供信用担保和配套服务，目前共为10户企业担保贷款5850万元，在金融危机的背景下，保证了企业的正常生产经营，实现了“保就业、保稳定、保发展”的目标。2009年帮助映山红甜柿开发公司、董氏藕粉厂、保龙食品有限责任公司等企业担保融资，解决了企业资金短缺的困难。

【扶贫工作】　2009年，园区挂钩的扶贫村是瓦马乡山心村，该村位于保山西北方向,距保山131公里。该村有476人，人均纯收入758元，人均耕地面积为3.5亩，以种植包谷、小麦为主，是典型的贫困村。一年来管委会先后拨付2万元用于解决中岭岗人畜饮水工程和交叉公路的修缮，帮助该村改善以农业生产、生活、交通等为主的基础设施建设，对山心村提供了力所能及的帮助。

【招商工作】　园区招商工作稳步开展，效果明显。一是进一步完善了招商引资机制，引进储备项目21个。二是完善了项目信息资源共享平台，加快了信息传播辐射。三是抓好项目招商，抓住“广交会”、“昆交会”的良好机遇，加大项目的推介与宣传，组织招商人员参加省内外各种节会，积极参加省经济委员会和工业园区协会组织的全省新型化工业推进会和各种园区交流及项目推介会，加强了与各工业园区的沟通交流，认真学习发展较好园区的成功经验，探索完善更适合自身发展的招商引资机制。

2009年，园区新引进入企业5户，分别为：保山市坤源商贸有限责任公司、云南景兰热作科技有限责任公司、保山志云工贸公司、保山市果润实业有限公司、保山市栋力有限责任公司。

腾冲经济开发区

【基本情况】　云南腾冲经济开发区（腾冲工业园区）是省政府1999年批准设立的，是国务院公告保留的省级开发区，是云南40个省级重点工业园区之一。开发区（工业园区）总体规划面积24.12平方公里，规划布局为“一园三片区”及石材产业园区、物流园区。“一园”:石头山工业园区，规划面积6.92平方公里，重点发展林产品加工、石材加工、生物资源加工、旅游产品加工等产业。“三片区”为：猴桥、滇滩、芒棒。滇滩片区：规划面积6平方公里，以发展矿电结合的重化工业、矿产品采选、冶炼加工及关联产业为主；猴桥片区：规划面积4平方公里，以外向型出口加工、家电、电子产品、汽车、摩托车、机械组装、能源环保产业等产业；芒棒工业片区：规划面积2平方公里，主要发展煤化工产业。石材产业园区规划面积3.2平方公里，主要发展石材加工业。物流园区规划面积2平方公里，主要发展仓储、物流产业。

腾冲经济开发区与缅甸山水相连，国境线长148.075公里，自古就是西南边陲的重要通商口岸和边防重镇，古代“南方丝绸之路”就经过腾冲进入缅甸。腾冲县城距缅甸密支那仅200公里、距印度雷多602公里，境内现有国家一类口岸——猴桥，还有滇滩、自治和三岔河等16条边境通道，是中缅贸易的重要前沿。目前中印公路，腾冲—密支那段已建成通车，密支那—印度段正在做设计，中印铁路已在做前期工作，中印国际大通道即将打通，腾冲将成为通往南亚最便捷的陆路通道。

到2009年12月止，石头山工业园区一期2.68平方公里，已投入建设资金3亿多元，完成了供水、排水、供电、道路、通信、有线电视基础设施“六通”建设；累计引进企业45户，计划投资13.13亿元，实际完成固定资产投资6.2亿元；累计实现工业产值22.38亿元，实现销售收入19.8亿元，实现税收1.76亿元，为下岗工人和城乡富余劳动力提供就业岗位2800多个。其中，2009年，实现工业产值10亿元（含矿产品加工片区），同比增15%，实现销售收入9亿元，同比增18.42%，税收9000万元，同比增12.5%。初步形成了木制品、石材和生物制品加工三大产业群体，成为腾冲县工业发展的重要载体和平台。

【重点项目建设】　园区管委会加强企业调研，帮助企业克服困难，积极推进重点项目建设。2009年，园区共有续建、新建项目10个，计划总投资54899万元，已完成投资20698万元。其中，一是投资6738万元的古林公司年产4万立方集装箱板、1万立方复合地板生产线建设项目，累计完成投资2580万元，完成厂房建设及设备安装，正在进行试生产，预计年新增产值3000万元。二是投资530万元的古林公司年产2万吨甲醛生产线建设项目，完成投资500万元，已建成投产。三是投资1800万元的林瑞公司创新技术开发及油漆生产线改扩建项目，完成投资800万元，完成新型高档木门、室外木门技术研发及设备安装，实现试生产，已申报高档木门、室外木门技术专利及外观专利。四是投资5988万元的和顺鑫生态食品开发公司2200吨/年核桃系列产品及100吨/年红花油茶生产线，已完成投资1400万元，完成了场地平整工作，正在进行厂房建设，预计2010年3月建成投产，年新增产值3000万元。五是投资2080万元的腾冲县制药厂“心脉隆”浸膏生产线，已完成投资600万元，年新增产值1700万元。六是投资1460万元的腾越工艺品厂2.5万件/年工艺品生产线，完成投资1400万元，已建成投产，年新增产值1800万元。七是投资2.58亿元的云天化国际银山化肥厂10万吨含硫尾砂资源综合利用循环经济项目，已完成投资7021万元，预计2010年上半年建成，年新增产值2.5亿元。八是投资8247万元的南方电网公司220千伏变电站建设项目，已投资6000万元，完成了土建工程，正在进行设备安装、调试。九是投资1000万元的杜鹃王旅游产品开发公司，旅游产品加工生产线建设项目，于2009年9月开工建设，已投资100万元，正在进行场地平整工程，预计2009年6月建成投产，年新增产值2000万元。十是投资1256万元的富源经贸公司工艺品加工厂建设项目，已完成投资200万元，正在进行场地平整。

【全县工业发展规划工作】 根据县委书记到工业园区调研指示精神，在深入调研的基础上，管委会牵头完成了县委、县政府《关于进一步加快全县工业发展的意见》的编写工作，并经县委、政府研究实施。根据《意见》调整了腾冲工业园区规划布局，将腾冲工业园区规划布局为“一园三片区”，即石头山工业园、滇滩重工业加工片区、猴桥外向型工业加工片区和芒棒工业片区，并定位了各片区产业发展方向，制定了园区今后五年发展目标，即：到2014年，腾冲工业园区实现产值163亿元，实现税收12亿元。优化了园区产业结构，即：做足矿电、做优建材、主攻生物资源加工。对除石头山工业园外的三片区进行了初步选址，为着力打造全县工业发展核心区做好了前期工作。同时，积极配合全县鲜花大道建设工程和门户治理工程的开展，全力推进石头山工业园区沿腾梁公路边10米绿化景观带建设工作。

【帮扶工作】 一是领导挂钩帮扶。管委会领导班子成员分别挂钩到44户入园企业，并经常深入到挂钩企业进行调研，及时了解企业生产、经营情况，帮助协调解决各种困难、问题。二是积极整合资源，加快产品转型。主动为生产经营不善的企业寻找新的投资商或合作伙伴，采用场地出租、合作联建等方式促成了富安经贸公司与大有木业、长森木制品厂与敬农科技公司、海华木制品厂与福建客商的合作，重新整合了资源，有效利用了闲置土地。引导企业进行技术革新，增强了企业的发展后劲。协助古林公司建成了中密度板、胶合板、集装箱板、甲醛等生产线，企业产品从单一的实木门，发展到中密度板、胶合板、集装箱板、实木门、甲醛等多种产品，优化了产品结构，使资源达到综合利用，生产成本得到降低，顺应了市场需求，也实现了企业可持续发展。三是协助企业破解融资难题。主动拓宽融资渠道，积极地为企业争取扶持资金，协调贷款，先后为古林、林瑞、大有等企业协调贷款1920万元，缓解公司资金紧缺问题。四是稳定企业员工队伍。园区党委通过发挥党支部战斗堡垒作用和党员先锋模范作用，带领员工坚定发展信心，一方面加强技能教育培训，不断增强员工就业能力，另一方面鼓励员工积极参与企业管理，为企业发展出谋献策。为稳定企业员工队伍，企业工会组织还与企业主签订了《共同约定行动倡议确认书》，双方约定携手共渡难关。

【招商引资工作】 围绕县委提出的“323”战略，金融危机期间，认真抓好招商引资工作，坚决贯彻落实好县委、政府提出的“招商引资提速工程”。通过努力，2009年引进企业4户，引进计划投资18235万元。其中，年初引进南方电网公司220千伏变电站建设项目,计划投资 8247万元；6月，引进腾冲县和顺鑫生态食品开发有限公司到园区投资建设“年产2200吨核桃系列产品及100吨红花油茶生产线”项目，引进计划投资5988万元；9月，引进云南腾冲杜鹃王旅游产品开发有限公司建设“旅游产品加工生产线”项目，引进计划投资1000万元。12月，引进云南楚雄永兴建工集团有限公司建设“商品混凝土”项目，引进计划投资3000万元。

【深入实践科学发展观】 在园区党委的统一安排部署下，通过加强组织领导、广泛宣传动员、抓好贯彻落实，按计划、按步骤、按时限，认真组织开展了深入学习实践科学发展观活动和学习党的十七届四中全会精神活动。在学习实践活动中，结合园区实际工作，着力解决党员在大兴密切联系群众、求真务实、艰苦奋斗和批评与自我批评“四风”方面存在的问题，积极帮助企业化解金融危机带来的不利影响，协助企业生产转型，寻找新的出路，帮助企业加强技术创新、管理创新，坚持做到学习活动与企业生产“两不误、两促进”。

【非公企业党建工作和机关作风建设】 以科学发展观和党的十七届四中全会精神为指导，不断加强党建工作，提高为企业服务的质量和水平，积极探索加强和改进非公企业党建工作的有效途径和方法，帮助非公企业克服困难，实现可持续发展。

【挂钩帮扶工作】 管委会高度重视帮扶工作，积极帮助企业渡过难关，严格落实扶贫政策，多措并举帮助所挂钩的中和乡东坪村和闫家冲村的群众脱贫致富，积极协助村、社围绕“种好三棵树，提升两片叶，突破畜牧业”发展农业产业，支持产业发展、学校、人饮、道路等基础设施建设。

【社会治安综合治理、安全生产、消防安全等工作】 与各企业签订了各项责任书，认真抓好工作落实；加强宣传和隐患排查，开展经常性的检查督促工作；对入园企业尾矿库等安全生产隐患进行了专项排查治理，保证了企业安全生产。同时，开展了禁毒防艾、安全生产、科普等知识宣传活动。另外，还做好了园区水、电、路等设施的日常管护工作，做好政务信息公开、档案管理、保密、后勤保障、接待等工作及县委政府交办的其他工作。

楚雄经济开发区

【简介】 楚雄经济开发区是1992年8月经云南省政府批准设立的省级开发区，是中国开发区协会成员单位。首期规划面积19平方公里，1999年5月，楚雄市实施“以区带镇”战略，将永安镇划入开发区管理，管辖面积113平方公里。2006年4月，原永安镇与原东瓜镇完成合并，成立新的东瓜镇，由开发区代管，管辖面积229平方公里（含开发区建成区）。现有居民住户22293户，总人口64493人。建区十八年来，秉持以开放促开发，以开发促发展，充分发挥了开发区在彝州经济建设中的“排头兵”、改革开放的试验田和窗口示范区作用、成为了楚雄城市化发展的新样榜；坚持强化基础建区，加大资金投入，筑巢引凤。实施了一系列基础设施和绿化、美化、亮化建设工程，积极搭建产业发展平台，着力规划构建了天然药物产业园、绿色食品加工园和冶金建材化工产业园区。投入基础设施建设资金近16.14亿元，建成道路37公里，共79.9万平方米，修建桥梁9座，绿化面积达360万平方米，开发建成区面积扩展到15.8平方公里，绿化率达到36.00%。区内现已形成以工业、商贸、旅游、居住等为一体的综合性经济区域。按照“项目、招商、引资第一”的方针，着力推进招商引资兴区和培植产业强区的发展战略并取得了明显成效。到2009年累计引进立项项目821项，建成项目440项，引进投资184.67亿元，区内聚集了各类企业724户。滇中有色金属公司、盘龙云海药业、老拨云堂药业、云南开关厂、国资水泥等一批知名骨干企业陆续成长起来。以冶金建材化工、天然制药、机电加工、绿色食品加工等为主的产业体系逐步形成，支撑带动作用日益明显，商贸旅游服务业快速发展。

【工业经济概述】 2009年，楚雄经济开发区党委、管委会在市委、市政府的正确领导下，团结和带领全区广大干部群众，紧紧围绕“调结构、促内需、保增长、保民生、保稳定”的工作大局，认真贯彻落实应对金融危机的各项措施，把保持经济平稳较快发展作为经济工作的首要任务，着力化解发展中的各种困难和问题，全力抓好增投资、保增长、促和谐的各项工作，工业经济实现了平稳较快发展。全区主导产业实现产值（出）32.5亿元，比上年增长19.51%，实现增加值8.7亿元，占全区生产总值的50.43%。实现生产总值（GDP）17.25亿元，增长15.88%；实现财政总收入6.24亿元，增长14.64%，其中，地方一般预算收入2.95亿元，增长19.23%。23户规模以上工业企业亏损5户，比上年减少3户，减亏2.32亿元，下降86.28%。5户企业申报高新技术企业。2009年，全区工业总产值首次突破30亿元，达30.36亿元，增长18.23%，发展迈上了新台阶。实现工业增加值7.29亿元，增长13.68%，对全区GDP的贡献率达到42.28%。

【固定资产投资】 2009年，为促进保增长措施落到实处，楚雄经济开发区采取了一系列措施，加大了投资力度。以西北片区、工业园区路网、供排水等配套项目建设和建成区道路、绿化、亮化、美化、电力、通讯等改造投资为重点的一批基础设施建设项目如期推进；组织上报项目63个，争取到各类扶持资金1270万元，滇中有色、仁恒化肥、云南开关厂等一批重点工业企业技改项目顺利建成投产，新世纪药业等招商项目加快投资进度；城镇和房地产投资呈现双高增长，以解决民生为重点的安置小区有序推进；认真落实国家促进房地产业健康发展的政策措施，彝人古镇、彝人民居商贸城等一批商贸旅游地产项目加快实施；帮助项目单位克服发展中遇到的困难和问题，强化项目资金到位率，促进了投资的快速增长。完成固定资产投资20.74亿元，增长20.42%，拉动GDP增长4.7个百分点。

【招商引资工作】 楚雄经济开发区为增强发展后劲，一是进一步加强对招商引资工作的领导，完善招商引资考评机制，强化组织保障，不断深化政策招商、情感招商、环境招商、服务招商和领导招商，努力营造引商、安商、扶商、富商的良好氛围。二是强化招商信息的捕捉，抢抓招商机遇，变坐等上门为主动出击，实行小分队招商，切实提高招商引资的实效性。三是突出产业项目招商，深化与大企业、大集团合作，云南白药集团药用化妆品产业化、太阳历文化园资产转让及二期改造提升等一批带动作用明显的大项目顺利签约。四是突出软硬环境建设，打造招商品牌，促进项目聚集。全年批准立项项目37项，协议投资14.58亿元；签约项目12项，其中工业项目11项。在12项签约项目中当年开工10项；完成州外到位资金10.79亿元，增长30.5%。

【产业发展】 2009年，楚雄经济开发区继续健全完善培育发展主导产业的工作机制，切实把产业培植作为培强做大新区的重要基础工作。一是突出重点，全力推进滇中有色公司10万吨粗铜技改、仁恒化肥20万吨复合肥技改等一批重点产业项目建成投产；狠抓云南开关厂、楚雄矿冶、思远公司、国资水泥楚雄公司、天腾化工等骨干企业的发展。二是推进天然制药业资产盘活与整合，在引进云南白药、宇斯药业、新世纪药业、保元堂药业等一批新制药项目的同时，支持盘龙云海、老拨云堂、云中制药、天利药业、广泰生物等骨干企业加快发展；采取托管方式盘活万裕药业，帮助太阳药业引进合作伙伴实现恢复生产，积极稳妥、依法依规处置万鹤鸣药业闲置资产，推动药业资源整合，促进药业良性发展。全年主导产业实现增加值86754万元，增长16.62%，占GDP的50.29%。其中，天然药业实现增加值14136万元，增长3.1%；冶金建材化工业实现增加值33186万元，增长17.57%；机电制造加工业实现增加值23815万元，增长18.04%；绿色食品加工业实现增加值1072万元，增长48.45%；商贸旅游服务业实现增加值14545万元，增长22.31%。

（尹　华　田　娀）

禄丰工业园区

【概况】　禄丰工业园区地处滇中腹地，距省会昆明97公里，距州府楚雄85公里，成昆铁路、320国道、安楚高速公路呈川字型贯穿园区，素有“恐龙之乡、化石之仓”和“滇西咽喉”的美誉，是楚雄州连接昆明的东大门，是滇中经济区和楚雄经济板块的重要组成部分，处于昆明城市经济圈的辐射范围。

2003年以来，县委、县人民政府牢固树立“工业兴、禄丰兴”的发展理念，提出实施工业强县战略，并根据省、州推进新型工业化工作的部署，进一步统一思想认识，确立“兴工强县、引资兴县”的战略目标，全面贯彻落实科学发展观，按照“政府规划、政策引导、市场运作、企业开发”的原则，实施分类指导、重点突破、重点发展，创新体制和开发模式，大力推进禄丰工业园区建设，形成功能定位明确、产业特色突出、品牌效应提升的园区发展体系，为推进禄丰新型工业化跨越式发展奠定了坚实的基础。

园区内现有云南德胜钢铁有限公司、云南德胜煤化工有限公司、云南奕标水泥集团有限公司、云南钛业股份有限公司、昆钢力信钢结构工程有限公司、云南银宝钢结构工程有限公司、云南云马缸套制造公司、云南禄丰勤攀磷化工公司、云南金丰矿冶有限公司、云南中胜磷化工有限公司等冶金、建材、化工企业，可围绕现有产业搞协作、搞配套，进行产品深加工，提高产品附加值，延伸产业链，打造资本密集型、技术密集型产业，形成产业集群优势。

【机构设置】　2008年1月，根据楚雄州机构编制委员会《关于同意成立禄丰工业园区管理委员会的批复》（楚编发〔2007〕109号）和禄丰县机构编制委员会《关于成立禄丰工业园区管理委员会的通知》（禄编发〔2008〕16号）精神，批准成立禄丰工业园区管理委员会，明确禄丰工业园区管理委员会为禄丰县人民政府领导管理工业园区的副处级派出机构，内设3个副科级机构，分别是：办公室、经济发展局、规划建设局。核定禄丰工业园区管理委员会事业编制10名，工勤编制1名，其中主任1名（副处级）、副主任1名（正科级）、副科级领导职数3名，人员实行国家公务员制度管理，人员经费列入县财政全额预算。

【园区发展现状】　2009年底，经省工业和信息化委员会批准，禄丰工业园区规划面积为58.37平方公里，由金山片区（35.5平方公里）、勤丰片区（9.9平方公里）、土官片区（12.97平方公里）三个片区组成，已开发面积为15平方公里，入园企业18户，3个片区的《总体规划》《可行性研究报告》《环境影响评价报告》均通过上级批准实施。经过几年来的建设与发展，禄丰工业园区现已建设成为以冶金产业为主体，配套发展化工产业、建材产业和机电产品加工产业，集贸易、加工业、服务业等为一体的现代工业综合园区，并于2004年被省确定为全省重点扶持的30个园区之一。其中：金山片区定位为以冶金、建材产业为主体，配套发展化工、机电及高新技术等产业的现代化工业聚集区；勤丰片区定位为以冶金、化工产业为主体，发展新型物流产业为生产配套服务的工业聚集区；土官片区定位为以旅游商品生产加工为主，配套产品展示交易、休闲度假和新型工业等建设项目的综合旅游文化项目区。

2009年，禄丰工业园区管委会着力完善园区规划、可行性研究报告、环境影响评价报告的编制、审批等基础性工作，并在省工信委及州、县党委、政府的坚强领导下，大力开展招商引资及基础设施配套建设工作，成功引进云南钛业股份有限公司年产2万吨钛材深加工项目落户土官片区建设，启动土官片区水、电、路等基础设施配套建设工作和勤丰片区社会化服务区建设前期筹备工作，围绕金山片区内德钢公司节能减排项目的实施做好相关规划调整等工作，各项工作有序推进，取得了一定成绩。

2009年，园区实现工业总产值592972万元，同比增长5.1%工业增加值115028万元，同比增长8.9%，销售收入564639万元，同比增长5.3%，税收35254万元，同比增长4.7%，利润71133.8万元，同比增长6.2%。禄丰工业园区作为实现新型工业化跨越式发展的重要平台作用得到进一步显现。

【基础设施建设】　建设完善的基础设施是招商引资竞争力构成的关键因素，也是推进工业集中、土地集约、产业聚集，形成可持续发展的园区环境的必然选择。2009年，禄丰工业园区在县财政投入困难的情况下，通过借鉴周边地区建设模式，一是于2009年12月10日，在土官片区启动了我县第一个采取BT模式建设的项目——“云钛路”建设项目，项目投资3000万余元，全长3.2公里，宽24米，双向4车道。二是于2009年12月25日启动了土官片区老鸦关水库至云南钛业股份有限公司年产2万吨钛材深加工项目基地供水管线建设项目，该供水管线项目投资1000余万元，同样采取BT模式建设，供水管线全长8.76千米，采用管径500、400球墨铸铁管填埋安装施工。三是于2010年1月3日开工建设云南钛业股份有限公司2万吨钛材深加工项目10kV双回线路工程，供电线路项目投资300余万元，由县财政直接出资建设，线路全长4031米。该片区水、电、路配套建设不仅为当前入驻企业解决实际需要，还将为土官片区建设发展奠定基础。四是积极筹划勤丰片区社会化服务区建设前期工作。

【招商引资工作】　2009年4月25日，楚雄州人民政府与昆明钢铁控股有限公司签订战略合作协议，协议利用昆钢资金、管理、技术、人才和市场协同等方面的优势，加快推进楚雄州新型工业化进程，共同在楚雄州打造钛材加工基地，在此协议基础上，通过州、县人民政府的努力，成功引进云南钛业股份有限公司年产2万吨钛材深加工项目入驻土官片区建设。该项目计划总投资22.5亿元，其中，一期计划投资2.9亿元。项目自2009年9月23日启动建设以来，政企双方各项工作进展顺利，推进速度较快,计划于2010年7月建成投产。该项目2010年经营工作的目标为：产量5000吨、销售收入5亿元、利润5000万元。

2009年12月29日，经与昆明钢铁控股有限公司充分协商，禄丰县人民政府与昆明钢铁控股有限公司签署了《土官20万吨民用钢结构及装备制造基地项目合作协议书》，计划由昆明钢铁控股有限公司投资7.5亿元在土官片区建设年产20万吨民用钢结构项目。

2010年，拟入驻土官片区的项目还有茅粮集团年产30万吨木瓜酒品项目、云南银宝钢结构工程有限公司年产5万吨钢结构项目等。

【云南旅游产业城项目建设工作】　2008年9月，经与投资商多次接洽，禄丰县人民政府与云南奥尊投资有限公司签订了《云南现代旅游产业城建设项目投资意向书》，拟对禄丰县土官镇实施开发。项目规划控制面积约53.54平方公里，实际建设面积为30.78平方公里。项目区具体内容包括现代新型工业、高新技术、文化创意基地等，项目建成后将成为禄丰乃至楚雄的一个经济新区，可融入昆明经济圈发展，又是昆明未来的后花园。项目遵循“政府主导、企业自主、市场运作、以项目招商、滚动发展”的模式，按照“科学定位、统一规划、合理布局、整体推进、分期建设”的原则组织实施。项目自2008年9月5日签订相关协议以来，获得了省发展和改革委员会批准立项并开展前期工作的批复；完成了项目区12平方公里1：500地形图测量、土官镇境内40平方公里水文资料调查、土地利用调查、村庄房屋调查及老鸦关水库、梅域村水库扩容方案编制、项目区给排水及道路专业规划编制等工作。

（赵志伟）

红河工业园区

【概述】　2009年，红河工业园区在州委州政府的正确领导下，在园区企业、管委会全体职工的共同努力下，紧紧围绕年初确定的经济发展目标和工作思路，以党的十七大精神为指导，认真贯彻落实科学发展观，团结一心、迎难而上，沉着应对金融危机的挑战和考验，坚持以产业项目建设为中心、以基础设施建设为重点、以招商引资为突破、以队伍建设为保障，各项工作取得了可喜的成绩。园区整体工作在困境中保持了持续、稳步、健康发展的良好态势。

2009年，园区完成工业总产值90.84亿元，完成年计划的101%，同比增长17.3%；实现工业增加值16.13亿元，完成年计划的161.3%，同比增长19%；实现销售收入87.4亿元，完成年计划的102.8%，同比增长16.7%；上缴税金2.94亿元，完成年计划的117.7%，同比增长9.1%；盈亏相抵后，企业亏损9187万元，同比增长66.5%。园区体制内财政总收入完成2.76亿元，完成年计划的172.85%，同比增长65.28%（其中地方一般预算收入完成1.17亿元，完成年计划的160.53%，同比增长77%）。园区完成固定资产投资27.32亿元，完成年计划的101.2%，同比增长8.4%。

【招商引资工作】　园区管委会始终把招商引资作为园区发展的生命线,千方百计采取措施加大招商引资力度。一是以大企业（集团）和红河州及周边地区资源开发利用为重点，围绕现有企业产业链的延伸，有针对性地开展了资源招商、产业招商、环境招商、以商招商、委托招商等多种形式的招商活动。重点对矿产资源、生物资源以及园区已形成的产业资源要素市场进行收集、分析整理，筛选出8个方面的项目对外进行招商引资。二是积极做好入园项目跟踪服务，协调乡镇和有关部门，解决存在的困难和问题，推进园区产业项目的实施。三是学习和借鉴先进园区经验，及时掌握招商引资政策的变化、调整和完善招商引资政策，改善新形势下的投资环境。四是加强宣传和项目推介工作，借助园区网络平台发布招商引资项目，进行政策宣传，积极组织和参与昆交会、珠洽会、西交会、边交会及中国企业家活动日等招商引资活动，加强项目推介、展示园区形象、广交各类朋友。2009年，园区接待各类客商120多人次，洽谈项目36项（其中产业项目34项、流通项目1项、城市配套项目1项）。新签订投资协议项目14个，协议投资额27.7亿元。2009年投资项目实际到位资金16.6亿元，其中州外到位资金13.95亿元（含省外到位资金7.64亿元），全面实现了年初预定的各项招商引资任务。

【探索建园新模式,推进“园中园”建设】 为加快园区发展步伐，按照州委州政府提出的“依托大资源、引进大企业、实施大战略、实现大发展”的战略发展思路，充分发挥大企业（集团）在资金、技术、人才、品牌、管理等方面的优势，2009年7月，红河州人民政府与昆钢控股有限公司、云锡集团（控股）有限公司共同签订了《共建昆钢红河产业园》、《共建红河工业园区云锡产业园》战略合作协议，明确了两大集团在红河近期、中期和远期发展思路，并在划定的区域范围内，分别建设以钢铁产品和有色金属产品为主的产业园，为园区今后的快速发展奠定了良好的基础。除现有建设项目外，昆钢产业园近期计划投资40亿元，远期规划投资100亿元，到2012年实现销售收入100亿元，到2018年将实现销售收入200亿元；云锡产业园近期新规划的2.2平方公里产业片区投资27亿元以上，到2014年底，实现工业总产值120~180亿元。目前两个产业园已在启动实施部分项目。园中园产业的建设和发展，为探索建园新模式，推进园区更高、更新、更快发展注入了新的活力。

【基础设施建设】 良好的基础设施环境，是做好招商引资、吸引客商的重要条件，管委会一直将其列为重要工作来抓。截至2009年底，已累计投入资金7亿多元，开展道路网络、供水、供电、通讯、排污排洪等基础设施建设。目前首期开发的20平方公里范围内设施已基本建成，硬件环境日趋完善。主要开展的工作有：

道路建设顺利推进　园区9条道路中已有7条道路通车，2009年4月，采用BT模式建设的园区9#道路通车初验，2#道路于12月通过终验并移交管委会使用；1#道路个旧段目前已顺利与红河大道搭接；6#道路因涉及铅铜项目管道埋设影响工期后延，计划9条道路将在2010年上半年全面建成通车。在道路建设的同时，管委会按照务实、精简、高效和“管得住、管得好”的原则，积极探索委托管理等新模式，对园区规划、道路、光缆、绿化等公共设施加强管理和执法，维护环境安全。目前已引入保洁公司对园区道路进行清扫管护，并在8#、9#道路种植了行道树，美化了园区环境，确保园区道路的清洁畅通和安全。

供排水管网、强弱电管网配套建设　由蒙自鑫源供水公司、蒙自四通公司、云锡供水公司划片负责实施的近40公里的园区供水管网已全面铺设完成并已实现供水，为园区企业生产生活用水提供了保证。委托红河供电局承建的全长3公里的园区4#道路沿线供电线路网络已建设完成，冶金材料加工区6平方公里的电力专项规划已全面展开；涉及云锡10万吨铜项目建设的红大一、二回220kV线路搬迁及110kV电网建设已全面完成；与红钢产能配套的220kV草坝变-红钢变送电线路工程的项目及大屯变-红钢变送电线路工程计划于2010年一季度完成，两条输变线路的建成，将为红钢生产提供充足的电力保障。

标准厂房建设　标准厂房、园区综合服务用房、8#道路延长线、玉蒙铁路下穿隧道、蓝天路改造等工程项目的立项、选址、初设评审、施工图审查等前期工作顺利完成。其中综合服务用房项目进入全面施工阶段，计划2010年一季度完成主体工程；标准厂房已开始场地平整，玉蒙铁路下穿隧道建设项目已得到了铁路部门支持，前期工作已近尾声。

【推进重大项目建设】 继上年红钢新增100万吨钢铁、解化集团年产15万吨二甲醚配套20万吨甲醇、云锡化工新增6000吨甲基锡、云锡矿机公司大型机械铸、铆焊等项目相继建成投产后，目前红钢、云锡、明威、建材熔剂公司、大通磷化工厂等一批技改工程正在紧锣密鼓地进行。其中：红钢烧结系统、220kV总降变电配套项目工程计划2010年一季度全面完成，并将形成200万吨钢、120万吨轧钢的生产能力；为进一步实现产能的综合配套，现该公司已启动年产60万吨型材轧钢生产线的建设。云锡集团年产10万吨铅项目现已完成投资6亿多元，计划2010年一季度试车投产；云锡年产10万吨铜项目已加快建设，整个项目建设计划在2011年初建成。开远明威公司总投资3.5亿元的年产5万吨造纸技改项目于2009年8月开工，计划2011年上半年建成投产。此外，润鑫公司完善10万吨电解铝技改工程、红钢200万吨钢配套工程中的3#高炉、3#转炉、3#连铸机系统、红磷节能技术改造、红河建材熔剂公司年产5000万块混凝土砖、三丰混凝土等项目建成投产，园区经济总量不断增加。

昆钢重装集团钢结构加工及维检基地、红磷80万吨/年硫黄制酸低热能回收、润鑫新增15万吨铝、10万吨铝带材加工、云锡机械铸造二期改造等项目以及新审批入园的金星啤酒厂10万吨啤酒、中石油中石化公司油库建设、大通天然气公司天然气管道输送系统工程、红河生物科技有限公司露水草蜕皮激素、灯盏花素及三七叶甙等一批项目正在抓紧前期建设工作，管委会正积极为企业创造条件，争取尽快开工建设。在加快重大项目建设的同时，红河金城生物、光伏太阳能、四方钢构、锦山耐磨、红河恒际、罗次物流等一批中小项目已先后开工建设，并将在近期内投产。

【园区管理和协调服务工作】 面对金融危机的影响，园区管委会和企业团结一心、沉着应对、克服困难。一是管委会加强对企业的走访调研，引导企业认清形势、正视困难，配合企业利用停工停产之时机，填平补缺、查遗补漏、夯实基础。通过挖掘生产潜力，降本增效，把经济下行带来的影响降到最低程度。二是完善管委会机关干部职工与企业项目挂钩联系责任制，要求全体干部职工转变观念、转变作风、深入基层，想方设法为企业解决生产生活中的困难和问题。如充分发挥园区职能作用，采取资金暂借方式帮助企业置换银行高息贷款，降低企业财务成本。三是加大政策资金扶持力度，按照园区优惠政策，在国家政策范围内，最大限度地给予园区企业在房产税、土地使用税、城市建设配套费等方面的减免和优惠，支持企业共渡难关。四是转变工作方式、简化办事程序、提高办事效率，大力营造良好的园区环境。通过采取一系列的政策措施，园区企业经营环境逐步得到改善，2009年下半年，企业全面复产，被动局面逐步得到扭转。

【开展学习实践科学发展观活动】 按照红河州委、州政府的统一部署，2009年，管委会在机关内部认真组织开展了科学发展观学习实践活动，成立了以主要领导为组长的科学发展观学习实践活动领导小组，提出了学习调研、分析检查、整改落实三个阶段的目标任务，制定了详细的工作方案和具体工作流程表，精心组织、认真安排、稳步推进，取得了明显成效。一是坚持理论联系实际，把加强学习，提高认识贯穿于整个学习实践活动的始终，组织机关全体干部职工认真学习了党的十七大精神和《毛泽东邓小平江泽民论科学发展》、《科学发展观重要论述摘编》《深入学习实践科学发展观活动领导干部学习文件选编》以及中央、省委有关学习实践活动的重要文件精神。二是在学习的基础上，组织干部职工深入园区企业、村社开展调研，结合金融危机下园区的生存与发展等主题，撰写心得体会和调研文章，进一步激发干部职工的责任感和紧迫感。在学习活动中，管委会共组织集中学习和培训15次，开展理论中心学习活动1次，组织职工参加学习实践科学发展观百题知识竞赛1次，组织参加"践行科学发展从我做起"演讲比赛1次，职工撰写学习心得体会23篇，撰写调研文章20篇，组织专题讨论和心得交流2次，编印活动简报18期。三是在深入调研、广泛征求意见和查找问题的基础上，对收集的七个方面18条意见进行认真疏理分析，针对企业效益下降、产业项目建设推进慢、征地难、项目落地难、建设资金融资难等热点难点问题进行认真分析研究，按照轻重缓急和难易程度，分别制定整改方案和整改措施，落实责任领导、责任部门和具体责任人，进行整改落实。通过努力，一些突出的矛盾逐步得到缓解，一些难点问题逐步等到解决，广大干部职工深切感受到了学习实践活动带来的新变化。

通过学习实践活动，管委会全体干部职工提高了觉悟、转变了观念、增强了素质，精神面貌发生了深刻的变化。通过召开领导班子专题民主生活会和党员组织生活会，使党员特别是党员领导干部讲党性、重品行、作表率，改进工作作风的自觉性进一步提高，解放思想、科学发展的意识进一步增强，团结进取、促进发展的信心更加坚定。通过学习实践活动，找准了影响园区科学发展的突出问题，明确了今后努力的方向。同时，逐步理顺了园区各种关系，及时解决了干部职工关心的问题，有力地促进了各项工作的开展。

泸西工业园区

【简述】 2009年，在县委、县人民政府的正确领导下，在县属有关部门的支持配合下，园区管委会紧紧围绕年初确定的工业园区基础设施建设"三年突破工程"中心目标任务，统一思想，振奋精神，开拓创新，真抓实干，采取有力措施为入园企业项目建设做好协调服务工作，千方百计克服和解决工作中遇到的困难和问题，各项工作取得了新的成绩，促进了园区基础设施及入园项目建设工作的向前推进。

【各项经济指标完成情况】 受全球金融危机的影响，上半年，在园企业各项经济指标一路下滑，个别企业利税指标出现了负增长。随着国家扩大内需保增长刺激经济复苏计划的实施，大部分在园企业各项经济指标在下半年逐步回升。2009年，工业园区完成工业总产值63000万元，同比增长4.83%；完成工业增加值19000万元，同比增长13.09%；完成销售收入55500万元，同比增长1.09%，实现税收3500万元，同比增长84.21%；完成项目建设固定资产投资109687万元；完成基础设施建设投资5055万元。园区各项经济指标呈现回升态势，经济聚集示范作用明显增强。

【基础设施建设】 物流通道、主干道工程项目加快建设速度。物流通道工程项目全长2569米，路基宽度24.5米，总投资1600万元。于2008年8月8日正式开工建设，截止2009年11月20日，已完成厚度为0.15米碎石垫层及1780立方米水稳层埔设的备料，并计划于12月底全面完成路面硬化工作。截至目前，已完成项目建设投资1100万元。总投资2116.6万元的主干道工程项目建设路基开挖已全面完成；完成土石方回填7万立方米，完成全部工程量的96%；完成污水管网安装2169米、雨水管网1500米，完成项目建设总投资550万元。

吾者水库至重化工片区二期引水工程项目建设顺利完成。为解决95万吨/

年煤焦化项目年底投产后的生产、生活用水问题，按照县人民政府与云维集团公司达成的共识，吾者水库向园区二期引水工程项目由泸西大为焦化公司承担建设，总投资700万元，已全面完成该工程项目建设，并向重化工片区供水。

园区排水系统工程项目建设按计划实施。园区排水系统工程项目全长21.2公里，预计总投资2811.65万元。按照“一次性规划设计，分段实施”的原则进行建设。第一段，工业园区规划污水处理厂排放口至白水镇益谷机械闸，全长5.5公里，现已全面启动该工程建设，并完成第一段管网工程管沟开挖3000米，完成项目建设投资500万元。第二段，益谷坝至老干洞水库，全长10.9公里，现已完成1：500带状地形图的测量工作。第三段：老干洞至胜利机械闸，全长4.8公里。第二、三段废水排放工程均采取BT模式，由昆明博大实业有限公司投资建设，现已完成施工图纸设计，并与第一段排污系统工程同步开工建设。

板桥河供水工程项目建设顺利启动。为确保园区项目建成投产后，供水工程项目同步投入使用，县委、县人民政府与省煤化集团有限公司、云维集团公司领导达成共识，双方组建投资公司共同开发建设。该项目全长25.6公里，预计总投资7800万元，年设计供水量2000万余立方米，日供水量6万立方米。该工程项目于10月30日完成施工图纸设计、项目用地丈量及放线工作，现已完成管沟开挖9000米，累计完成项目建设投资 600万元。

110kV输电线路工程项目建设圆满完成。110kV输电线路项目建设总投资1605万元，架设线路约23KM。该项目于2009年3月12日开工建设，现已全面完成该工程项目建设。

220kV输变电站工程项目完成建设前期准备工作。220kV吾者输变电站工程项目预计总投资18932万元，该工程项目选址位于泸西县白水镇吾乃白村东南侧300米处，占地面积约60亩。现已完成项目可行性研究报告编制及项目审查。2009年3月，云南省电网公司核发了云电计〔2008〕485号《关于220kV吾者（泸西）输变电站工程可行性研究报告的批复》；2009年4月2日红河供电局对该项目进行了初步设计现场调查工作，对站址确认、供水方案、进出线规划、对侧负荷等进行了现场查勘；2009年5月22日进行了场地详查；初步设计方案于2009年7月编制完成；2009年8月省电网公司组织相关工程技术人员对初步设计方案进行了审查；2009年10月已完成变电站站址用地丈量工作，于2009年12月开展三通一平工作， 2011年3月底前完成该项目建设并投入使用。

【重点项目建设】 （一）总投资18亿元的95万吨/年煤焦化项目是全省2008年100个新开工的重点建设项目之一，该项目自开工建设以来，各项工作按期推进。在基本完成项目基础工程建设的同时，2009年5月26日1号焦炉开始筑炉，经过两个月的紧张施工，2009年7月26日全面完成焦炉烟囱建设施工工程，2009年 10月14日1号焦炉成功进行点火烘炉；焦炉装煤、推焦车、电仪、805（备煤系统）、配煤仓及煤塔设备安装已全面完成；2009年9月9日开工筑炉的2#焦炉及附属工程初冷器、机氨槽安装，新鲜水、循环水、化学水、制冷站、工艺外管等工程正加快施工进度；制造周期长的设备及标准设备已全部到位；电气设备、电气材料、仪表设备、仪表材料、工艺阀门等正加快安装进度。截止11月20日，已签订设计、设备采购、施工合同11.2亿元，预付设备采购款5.95亿元，累计完成项目建设投资8.86亿元。

（二）日产2500吨新型干法熟料水泥项目建设至2009年11月20日，已完成原料库、熟料库、水泥磨、成品库、均化库、石灰库、黏土库、中控室、煤磨、200m深井、高位水池等工程建设。目前，土建工程已全面完成，并计划于12月份进行部分设备安装。现已完成土建基础设施建设投资6130万元，签订设备订购合同1.6亿元，支付设备订购款2870万元，设备厂家垫资5700万元，累计完成项目投资1.47亿元。

（三）6万吨/年聚甲醛工程塑料项目是云南泸西大为焦化有限公司为延长煤化产品产业链，提高产品附加值，发展循环经济，增强企业整体实力，计划利用自产甲醇就地建设6万吨/年聚甲醛工程塑料的二期工程项目，该拟建项目预计总投资16.31亿元。省煤化集团公司拟计划将该项目建设走中、高端产品的开发，并将通过技术比选后确定实施方案，待95万吨/年煤焦化项目竣工投产后启动该项目的建设。

【招商引资工作】 按照县委、县人民政府的安排部署，园区管委会不断加大招商引资力度，努力营造“重商、亲商、安商、富商”的良好氛围，切实把招商引资工作和入驻园区项目作为重要工作来抓：一是积极与省煤化集团公司、云维集团公司相关领导协调沟通，通过各级各部门的共同努力，于2009年6月6日在昆交会上成功举行了6万吨/年聚甲醛项目投资框架协议签字仪式。二是通过加大招商引资力度，促成了阿庐旅游食品有限责任公司、荞系列产品开发项目落户生物食品加工片区投资建厂，并完成项目用地丈量工作。

【阳光政府四项制度建设】 为切实履行工业园区管委会各项职责，提高工作质量和办事效率，建立和完善了各项规章制度：一是制定了《泸西工业园区管理委员会工作规则和内部管理制度》，建立健全各项奖惩激励机制，实行目标管理考核制度；实行定期督查督办制，将各科（室）每周或半个月的主要工作目标具体化，并定任务、定时间、定人员，由办公室进行督查督办，使各项工作制度化、规范化，不断提高了管委会工作质量和效率。二是结合重点工作，切实推进阳光政府四项制度建设，将贯彻落实“四项制度”作为当前和今后一段时期工作的重中之重抓紧抓好。三是认真开展听证、公示、通报、回复政务信息查询工作。自4月10日，泸西县正式启动阳光政府四项制度建设工作以来，管委会举行了5项重要事项公示，并在重要事项公示网上发布公告10条，通报具体项目21份61项，接收96128政务信息查询回复4项。通过开展阳光政府四项制度建设，促进和提高了园区管委会各项工作的有效开展。

弥勒工业园区

【基本情况】 弥勒工业园区成立于2004年2月，是云南省政府第一批确定的全省30个重点工业园区之一，2005年底总规和可研通过了省经委的评审并开始实施。弥勒工业园区采用“一园两区”的格局，由弥阳和朋普两个工业区组成，考虑到弥勒的工业现状及发展趋势，在规划中同时将茶花山和白沙坡片区纳入园区管理。园区总规划面积1559公顷，投资估算总额30.8亿元。实施期为2005年至2020年，近期（2005~2010年）规划建设投资6.9亿元，面积304公顷；远期（2011~2020年）完成规划全部建设内容，届时年销售收入将达到140~180亿元。

现已有红河云牛乳业、全息防伪包装有限公司、康和集团、磷电化工有限责任公司、烟用物资公司、“600×2MW煤电一体化”、“30万吨氨醇联产”、“竹浆纸一体化项目”等大型企业和项目入驻园区，园区内形成了康和集团、磷电化工有限责任公司、烟用物资公司、红河云牛乳业、全息防伪包装有限公司及磷电化工一体化、煤电化工一体化等大型龙头企业分工协作、专业互补、关联性强的产业群体。

通过大企业和大项目的带动，园区的聚集效应和规模效应正在显现，截止2009年12月底，园区企业达28户，其中，规模以上入园工业企业8户，从业人员4100人，工业企业完成固定资产投资8.64亿元。其中，2009年完成固定资产投资2.12亿元，实现工业总产值11.10亿元，工业增加值3.20亿元，税收0.46亿元，销售收入10.20亿元，实现利润0.37亿元。

【基础设施建设】 由南方电网公司投资约2亿元，征地50亩，在朋普工业区内新建22万千伏安变电站项目正有序推进；在朋普工业区修建了长1700米，宽9米的朋普工业区配套进场混凝土道路。该条道路总投资410万元，其中，园区投资30万元，该道路已于2009年11月竣工，对朋普工业区的基础设施建设起到较大的推动作用。

【重点项目建设】 （一）2009年9月10日，国家环保部（环审〔2009〕413号）文件对年产20.4万吨的竹浆纸一体化项目的环境影响评价报告书给予批复，目前正在向国家发改委进行申报审核工作。

（二）广东东送集团、弥勒吉诚能源有限责任公司、弥勒县嘉林实业有限责任公司三家合作建设的100万吨煤焦化多联产项目已于11月7日正式开工建设。

（三）朋普工业区220千伏变电站建设工程进展顺利。

（四）乾森公司60万吨粉磨站于2009年10月份开工建设。

（五）由红河思源工程发展有限公司投资1200万元的建家佳轻质复合夹芯墙板厂在园区建成，该厂预计2010年5月正式投产，年产量可达120万平方米，产值达7000万元。

【招商引资工作】 认真筹备参加第十七届昆交会。园区通过制作展版资料、发放富有地方特色的招商引资项目等方式有效对弥勒、对园区进行宣传。积极参加第五届珠洽会，吸取先进地区经验。积极组织吉诚焦化厂100万吨机焦项目参加2009年全国“企业家活动日”签约仪式，加强弥勒县工业企业与知名企业的合作交流。

【园区规划调整、环评编制工作】 弥勒工业园区于2005年年底完成总体规划和可行性研究报告，同年通过省经委的评审并组织实施以来，取得了一定进展，但随着县域经济的发展，原园区规划已不能更好地适应弥勒工业经济发展的需要，为此弥勒工业园区管委会提出《关于工业园区规划调整和编制工业园区环境影响评价报告的请示》，具体调整方案为：一是保留原规划中的弥阳片区和朋普片区，同时将红河云牛乳业和原茄尼醇片约0.72km^{2}纳入到弥阳片区。二是将茶花山包括两个焦化厂、玻璃项目及80万吨机焦化项目在内的大约5.94km^{2}的片区作为一个片区纳入到总规中。三是将锦东化工公司周围大约2.77km^{2}的片区作为一片纳入到总规中，同时将白沙坡以磷电一体化为主的片区纳入园区管理范围。此方案于2009年3月27日县第十三届人民政府第八次常务会议研究通过。

2009年11月，管委会与昆明理工大学签订编制弥勒工业园区总体规划环境影响评价报告协议，由昆明理工大学为弥勒工业园区制作园区规划环评报告，预计2010年5月底有望通过省环保局的环境影响报告的评审。

【各项工作协调推进】 （一）2009年为加强弥勒工业园区的组织和工作协调力度，县人民政府任命县经济局局长、县招商局局长兼任弥勒工业园区管委会副主任，进一步强化了对园区工作的协调和领导力度。

（二）注重加强干部职工的学习培训。为学习借鉴省外发达工业园区的先进经验，不断改进工作方法，加快弥勒工业园区建设，管委会先后组织部分干部职工到四川绵羊国家高新技术开发区、成都高新技术开发区、昆明高新区、昆明经开区等地考察学习，了解当地党委政府扶持园区发展的相关政策及园区建设发展中对土地、规划建设等方面的做法和成功经验。

（三）加强了勤政廉政建设。注重党章学习，坚持“以教倡廉，以制保廉，以勤促廉”，标本兼治，着力治本。通过完善责任体系、健全监督网络，重点规范财务管理、政府采购、项目招投标等各项制度，提高了廉政建设系统程度。

（四）认真抓好责任政府四项制度、阳光政府四项制度的落实，不断提升服务质量，提高工作效率。

【任职领导名单】

管委会主　任　莫永刚

管委会副主任　李云增

（杨克平）

文山三七药物产业园区

【园区概况】　云南文山三七药物产业园区是国家审核通过的省级重点工业园区，是云南省人民政府打造“云药”产业的重点项目，是以开发文山三七生物资源为主的特色生物科技园区，是集加工、研发、信息、物流、培训、文化旅游、管理服务等为一体的功能完善、结构合理的新型工业化基地。

云南文山三七药物产业园区地处新平坝片区，文山县城南客运站对面，紧邻文山县城50米大街，距文山普者黑机场25公里，距中越边境的国家级口岸——天保口岸120公里；距衡昆高速公路有30公里；距云南省水运大通道、珠江航运第一港——富宁港200公里。具有便利的交通条件。

【三七产业优势】　三七为五加科人参属植物，是驰名中外的传统名贵中药材，也是我国民间最早使用的药食同源植物之一，享有“金不换”、“南国神草”和“参中之王”等美誉。三七使用历史悠久，其活血化淤、消肿定痛之功效早在《本草纲目》中就有文字记载，被载为是治疗一切血症的良药。现代中医药研究表明，三七作为一种品质稳定、疗效显著的植物药，在心脑血管系统、神经系统、免疫系统等方面均具有独特的预防和治疗功效，因而进一步揭示了三七巨大的开发潜力和广阔的市场前景。文山因其独特的自然环境成为三七的原产地和主产地，种植历史至今已有600余年，三七面积和产量常年保持在10万亩和900万公斤左右，文山三七品质最优，是世界公认的三七道地药材产区，中国著名的“三七之乡”。

经过近几年来不懈努力，三七产业打下了扎实基础，一是实施了三七GAP、有机三七标准化原料基地建设，组建了三七种植协会和种植合作社等自律行业组织，形成了全国最大的标准化三七原料基地，建立了稳定的文山三七原料保障体系。二是完成《文山三七》国家标准、三七标准化基地（GAP、有机三七）、证明商标、地理标志产品保护等申报认证，初步建立了文山三七产业行业标准和政府公共知识产权保护体系。三是颁布实施《文山三七发展条例》及其实施细则，并根据园区发展需要，制定出台了园区开发建设配套政策和入园企业优惠政策，从土地、财税等方面对园区和园区内企业给予优惠，初步建立了文山三七产业法律政策保障体系。四是在园区内建设食药监、海关、质检、药检、公安等相关行政服务项目，逐步建立健全三七行政服务体系。

【三七园区建设成果】　2009年，园区实现销售收入17.98亿元，工业总产值 10.17 亿元，工业增加值4.98亿元，应交税金3249万元，利润总额1.22亿元，同比增长分别为46.17%、11.15%、11.15%、0.75%、70.32%；2010年一季度，园区实现销售收入6.45亿元，加工业总产值 1.28 亿元，实现税利0.6亿元，增幅分别为203.53%、-20.26%、154.04%。截至目前，园区累计投资约8亿元，其中基础设施累计完成投资1.44亿元。

已建成特安呐公司文山三七国际交易中心和药品、保健食品厂房、三七初加工中心厂房，七丹公司三七饮片项目主体工程已完成，苗乡公司、金三奇公司入园投资项目已开工建设，金达利、三七庄、康尔佳公司投资项目前期工作已完成，即将启动。目前，园区加工业片区已初具规模，形成年产值50亿元以上的能力。

【行政服务区配套项目建设】　州食药监局、州药检所、文山县公安局新平派出所已完工投入使用，海关办公楼已启动，园区培训中心和文山三七研究院农业工程实验室项目正在做开工准备。

【招商引资工作】　国内知名企业云南白药集团、天津天士力集团等开始介入文山三七产业开发，签订了框架协议，其中云科药业已和文山州人民政府签订了三七总皂苷提取生产线建设合同，项目建设的前期工作已启动。

【大事记】　11月18~19日，副省长和段琪带领省政府办公厅、工信委、科技厅等有关部门负责人到文山就三七产业和铝业开发工作进行了专题调研。州长黄文武、副州长李国沛及州经委、州发改委、州科技局、州三七特产局、文山县和砚山县两县有关部门领导陪同调研。和副省长先后深入我州的金不换（集团）公司、文山齐氏生物三七科技开发有限公司、三七展示馆、三七药物产业园区、特安呐制药厂及其三七初加工中心、人羞花公司、文山七花公司、文山三七研究院等实地调研，现场指导三七产业开发工作。19日下午，州人民政府举行了文山州工作情况汇报会，和段琪副省长在听取黄文武州长关于我州经济社会发展情况汇报后，就如何做好“十二五”文山经济工作，强调提出把产业发展作为经济工作的重中之重来抓，产业发展要以生产性产业为主，文山的工业发展要做到“轻工业抓三七推动，重工业抓铝业推动”。

（宋开贵）

文山马塘工业园区

【概述】　2009年，文山县马塘工业园区管理委员会在县委、县政府的正确领导和上级有关部门的关心支持下，紧紧围绕年初确定的目标任务，以建设“云南铝都”为目标，以细致服务为纽带，以克服金融危机、狠抓企恢工作为突破口，强化措施，攻坚克难，使园区基础设施、项目建设、工业产业结构调整、新型工业化发展成效明显，特别是园区经济稳步回升、企恢工作取得阶段性成果。园区发展呈现出经济总量快速增长、工业结构不断优化、贡献率逐年提高、园区规模不断扩大、园区特色逐步显现、发展环境逐步改善的六大特点。随着氧化铝及氯碱等重大项目的开工建设，云南铝工业基地（云南铝都）即将形成，马塘工业园区必将成为文山县发展通道经济，以及全州发展大通道经济的重要推进器，甚至是带动滇东南区域经济发展的辐射源。到2009年，共引进企业40户，累计完成投资28.87亿，实现工业总产值48.8亿元，工业增加值34.2亿元，上缴税金3.36亿元，利润5.39亿元，解决就业2900人。其中，2009年新引进企业3户，完成投资16亿元，实现工业总产值13.8亿元，工业增加值4.5亿元，销售收入12.76亿元，税金1亿元，利润1.4亿元，同比分别增长9.5%、9.2%、8.4%、1%、7.6%、7.4%，经济指标逐季度上升，总体好于预期。产值上5000万元的有3户，上1亿元的有1户、上2亿元的2户，龙头企业带动效应明显，产业结构进一步优化。园区年产品产能达：硅锰合金20万吨、锌5万吨、硫酸5万吨、铁合金10万吨、精锑1万吨、硅1万吨、复合肥10万吨、金属锰6万吨、免烧砖4亿块、混凝土100万立方米、石材100万平方米、水泥250万吨，以及即将形成的氧化铝80万吨、烧碱10万吨、PVC12万吨、石灰30万吨。

【企业恢复工作】　为全力应对金融危机对文山县工业带来的消极影响，2009年，园区管委会领导多次深入企业，对黑色、有色等冶炼工业企业进行调研，实施现场办公，排查一批企业遇到的困难，解决一批企业反映的问题，稳定一批企业的正常经营，促使一批企业加速发展。在千方百计控制企业停产、半停产扩大化的同时，多措并举积极帮助企业尽快恢复生产。一是帮助企业分析恢复生产面临的机遇，鼓励企业树立信心，抢抓机遇，变被动为主动，积极寻求发展路子。二是多次深入园区企业开展调查研究，现场办公帮助企业解决生产经营中的困难和问题，对供电、用地、道路等提出解决办法，为县委、政府决策提供依据，最大限度扶持企业尽快恢复生产。三是支持和鼓励企业进行技术改造，加快企业技术进步和产业升级步伐，优化产业结构。四是积极引导规模大、有实力的企业对规模小的企业予以兼并整合，促进企业的良性发展。五是突出政府的第一推动力作用，加快企业周边环境绿化、道路建设、社会治安综合治理等配套服务，提升园区的吸引力和承载能力。六是1~4月针对园区冶炼企业居多的实际，在认真执行工业用电调整价格的基础上，积极协调州电力部门再下调电价0.03元/度，切实帮助企业降低生产成本。七是县委、县政府在充分调研企业生产经营中存在的困难问题和结合“州八条”优惠措施的基础上，出台《文山县积极应对金融危机促进工业经济平稳增长的实施意见》，该意见从财政奖补政策、解决企业融资困难、加快工业园区基础设施建设和优化发展环境4大方面提出了10条措施，以更大力度应对世界金融危机造成的不利影响，促使企业恢复生产工作取得了阶段性成果。截至年底，园区内37户投产企业，一季度统计停产20余户，除解化复合肥、文富磷肥厂、信达3户企业和部分采石场因其他原因停产外，其余企业生产正常，企业恢复生产工作取得阶段性成果。

【重点项目建设】　2009年，园区管委会建立健全了由主要领导总负责，副职和相关人员通力协作，密切跟踪，紧盯不懈，为各项目提供了全方位、全过程、全天候的服务，促成中泰、万达2户企业建成投产，氧化铝、氯碱等4个项目建设稳步推进。

（一）氧化铝项目。重点抓好氧化铝项目综合协调服务工作的同时，高度重视铝企业建设中的热点难点问题，及时整理汇报资料，上报县委、政府两办，进一步明确各相关部门责任，逐步抓好落实，项目建设取得了可喜成绩。一是完成厂区征地2565亩。二是完成通水、通电、地形图测量。三是完成铝厂厂区2万立方生产用水水池的建设及6.5公里输水管道的铺设。四是完成铝厂赤泥库征地1645.441亩及赤泥库至磨菲新寨6.8公里和甲马石地界至白革龙村2.8公里道路基础工程建设。五是矿山开发于2009年7月28日、29日，分别在红舍克、卖酒坪两矿山举行开工仪式。目前，红舍克矿山场地平整基本完工，卖酒坪矿山场地平整工程完成55%。六是原料系统均化库主体完成，磨矿车间、原矿仓基础施工完成，溶出系统高压隔膜泵房、停留罐施工全部完成，分解系统全部完成，蒸发及热电系统主要厂房进行主体施工，焙烧系统施工氧化铝大仓及焙烧炉基础、大型非标槽体完成85%工作量，煤气站工程地质勘察完成80%。七是钢材采供情况，现已签订物资合同2.3亿元，共采购钢材4.6万吨，约占工程钢材总量的50%。八是签订进口设备及国内制造周期长的大中型设备订购合同6.3亿元，且货已到场。整个项目累计完成投资174974万元，其中今年完成投资105188万元，预计6月达到调试、投产条件。

（二）30万吨烧碱、40万吨PVC一期10万吨烧碱、12万吨PVC综合项目（以下简称氯碱综合项目）。至年底，已完成公司工商注册、税务登记等工作，以及项目可研报告、环评报告、职业评价、安全评价、节能专篇等编制工作，项目于3月12日获得省发改委备案，并且被列为全省2009年100个新开工重大项目。项目建设用地预审的承诺书、申请报告、建设用地申请表等材料已上报省国土资源厅。拟选厂址勘察工作已经结束，厂区蓝线图（初稿）绘制完成。国土部门已初步提供土地价格，电力部门已制定出项目建设和生产供电方案，定于2010年2月25日举行奠基仪式。

（三）续建项目。一是文山县中泰锰业有限公司3万吨/年电解锰一期工程。于4月下旬投产，完成投资6500万元。二是金仪铟业有限公司铟生产线技改项目。完成基础建设，正进行设备安装，累计完成投资3060万元。三是文山万达冶炼公司12500kVA铁合金生产线技改搬迁项目。于7月上旬投产，实际投资2860万元。年产量达2.1万吨，目前生产正常。四是文山县万兴铸钢厂迁建。完成基础设施建设，正进行设备安装，完成投资365.2万元。五是金和16500kVA技改项目。进入试生产，完成投资2000万元，预计2010年1月正式投产。

【基础设施建设】 2009年，马塘工业园区按照“项目建设到那里，基础设施就跟进到那里”的基本思路，多次召开专题会议研究部署，多方筹措资金，加大投入力度，加强园区道路、供排水、电力和通信设施建设，进一步优化了投资硬环境。一是水：积极联系水务部门筹备启动小河尾水库—新开田片区日供水50000立方复线供水管网工程建设前期工作。已完成方案设计。二是电：经我委多次牵头组织相关部门进行选址，促成文山州电力股份有限公司总投资5000万元，在甲马石片区新建的城北110千伏安变电站正式动工建设，完成投资318万元。同时对城南110千伏安变电站也进行了初选址。三是路：投资80万元，完成中泰公司、万达冶炼公司7×1200米进场道路路面硬化工程，5月建成投入使用；投资220万元，完成平文公路至金和公司7.5×2800米弹石路建设;完成新开田片区金仪公司进厂道路的硬化工程；启动甲马石片区平文公路至氧化铝赤泥库道路前期筹备工作，完成入口处300米道路的硬化工程。

【园区规划】 随着园区建设的不断发展壮大，特别是由于城市规划修编，土地利用规划修编，煤炭资源支撑乏力，新建德厚河水库、文船文都公路，以及云桂铁路和蒙自经文山至百色、丘北经砚山至文山的铁路等因素，调整规划已成为园区进一步发展的迫切需要。因此，园区管委会多次召开规划专题会议讨论，走访园区企业和听取社会各界的建议，集思广益，结合以上各种因素，将马塘工业园区规划重新进行调整为：马塘工业园区布局上以平文、文蒙、文砚、文都、文船公路文山段两侧和新建云桂铁路线路和蒙自经文山至百色、丘北经砚山至文山的铁路为重点，建议取消清水沟煤炭工业片区规划，新增东山农特产品加工片区规划和蚂蝗塘仓储物流片区规划，原花桥特色产品加工片区南移变更为古木特色产品加工片区，引导轻工产品加工企业进入马塘塘子寨冶金工业延伸片区，增加甲马石片环境容量，承接铝产业发展，以马塘为重点，形成“一园七片”的发展格局。规划调整后总体布局为“借六线布七点结八县成一园”带动全州的区域经济发展。调整规划后整个园区的规划总面积为68.77平方公里，功能定位为以冶金、特色产品加工、化工、机械加工、建筑建材发展为主，以发展仓储物流、科技研究为辅的综合性工业园区。

【新型工业化】 2009年，园区管委会按照县委、政府加快推进新型工业化进程的总体要求，从规划调整、技改创新、产业培育、信息化利用、企业管理等方面入手，采取转变园区工业经济发展方式，挖潜改造和引进战略合作伙伴，实施大企业、大集团带动战略，签订节能减排目标责任书等措施，着力发展环循经济。启动建设的新开田冶金、甲马石铝工业、塘子寨建材三个片区的循环经济体系已初步建立。其中，新开田冶金片区天龙公司锌焙砂等冶炼企业产生的副产品硫酸可就地供应文富磷肥厂和中泰3万吨电解金属锰作为生产原料；金和、建国、万达等铁合金企业每年产生的12万吨水淬渣可供应壮山水公司作为生产水泥配料，年可节约成本500万元。塘子寨建材片区壮山公司散装水泥和建材企业碎石就近生产混凝土和新型墙材。甲马石铝工业片区以氧化铝为主，配套石灰、烧碱、PVC、电石的链条式循环经济体系初步形成。

【平安园区创建】 按照省、州、县安全生产工作的要求，园区管委会组织人员从八个方面加强对园区企业进行安全监管：一是加强安全生产培训，提高从业人员素质，使其对其岗位的安全操作规程、安全注意事项以及违反规章所造成的严重后果有具体了解。二是健全企业安全生产规章制度，规范安全责任，对安全生产规章制度和技术标准执行情况进行定期检查，发现问题及时纠正。三是加大企业安全生产投入，确保安全生产经费专款专用，定期检查安全防护设施。四是完善安全生产事故应急救援预案，成立应急救援队伍，配备应急救援装备和器材。五是继续完善企业（生产）负责人又是安全生产第一责任人的“一岗双责”责任制；六是制定并实施“安全生产年”活动方案。七是认真贯彻执行《文山县落实生产经营单位安全生产主体责任规定》。八是继续加强对事故易发点的监控，杜绝安全事故发生。全年共检查企业安全10次，出动车辆12台次，人员37人次，发出整改通知6份。通过采取以上措施，全年园区无一起安全责任事故发生。同时，狠抓综治维稳工作，采取了一系列有效措施认真开展社会治安综合治理各项工作，使园区治安状况良好，单位内部安定团结。

【信息化和电子政务平台建设】 按照国家、省、州、县加快推进新型工业化进程要求，为打造文山县工业发展平台，我委结合马塘工业园区工作实际，对政府信息网站单位子网原设置的公开栏目进行了更换，共开设了园区信息、政务公开、发展规划、服务业务、机构职能、招商项目、文件通知等7个栏目，并对所有栏目内容按照督办要求进行了清理和更新，上传新信息115条。

丘北县工业园区

丘北工业园区位于丘北县城所在地锦屏镇，距省会昆明280公里，距州府文山114公里，距普者黑机场80公里，云桂铁路、普炭一级公路贯穿园区，交通便利。园区于2006年正式成立。一期规划占地8.21平方公里。根据园区的产业发展和用地条件，园区规划为“一园、两轴、三区”的组团式空间结构：一园是丘北特色工业园区，两轴为沿东西走向的305省道接丘广公路和北门河北侧规划主干道形成的园区的两条产业发展轴，三区是园区共设三个功能区：一是北门河生物资源加工区，规划占地2.61平方公里，重点发展辣椒、红豆杉、三七为主的特色农副产品、林产品和生物制药等产业；二是八道哨制酒和旅游商品开发区，规划占地1.06平方公里，重点发展葡萄酒业和旅游产品开发，规划建设成为集加工、科研、旅游为一体的综合性加工区；三是小嘎勒冶金化工和建材区，规划占地4.54平方公里，重点发展以硅、锰为主的精细化工、冶金和新型建材工业。园区基础设施建设规划总投资7.5亿元，到2015和2020年，园区规划完成工业总产值分别达34.8亿元和80亿元，为国家创造财政收入分别达到2.44亿元和5.58亿元。

通过几年来的建设和发展，丘北工业园区建设已初具规模，园区产业集聚效应对丘北县域经济发展的促进作用日益明显。软硬件设施得到了进一步完善。在硬件建设上，坚持以项目实施为重点，统一规划、分布实施、滚动开发，加快园区基础设施建设。现共已投入资金1.3亿元相续建成园区供排水工程、项目用地平整、供电和园区主干道建设，极大地满足入园企业用水、用电、交通运输需求。同时，积极向上级部门争取项目资金，努力与金融部门做好协调，为园区的基础设施建设提供资金保障。目前，园区主干道全部贯通，供电、供水工程已建成并投入使用，园区内已能提供完善的水、电、路和网络工程服务，为入园企业提供良好的投资环境和服务设施；目前共依法征用土地1108亩，其中水田292亩、旱地718亩、林地98亩，已办理土地报件1050亩，极大地满足了园区企业用地需求。在软件建设上，为保证园区软硬件设施的同步发展，努力在全县营造“亲商、爱商、护商、重商”的良好氛围，县委政府制定出台了《丘北工业园区管理办法》、《丘北工业园区入园企业后续服务管理办法》、《丘北工业园区入园企业安全生产管理办法》等一系列的管理和服务措施，规范入园程序，制定和完善入园管理服务体系，切实将省、州发展非公有制经济的优惠政策和措施用好用活用足，对入园企业在贷款、融资、担保、贴息等方面优先给予支持，定期不定期召开入园企业座谈会，对每个企业实行专人跟踪服务，随时了解和掌握企业生产经营情况，及时帮助企业解决困难和问题，使企业进入丘北工业园区后能够充分感受到良好的投资环境和得到优质的管理服务。

截止2009年底，共有规模以上的入园企业26户，其中13户已建成投产，12户在建设之中，1户正准备入园建设。园区内现已完成基础设施建设投资1.3亿元，入园企业完成固定资产投资4.6亿元。2009年，园区共实现工业总产值4.6亿元，增加值1.8亿元，可安排就业958人，园区平台作用初步体现，产业聚集效应日益明显。

【任职领导名单】

主　任：许光树

副主任：张海燕

（钱定菊）

普洱工业园区

【综述】 普洱工业园区是全省30个重点工业园区之一，园区《总体规划》于2006年6月1日通过了省经委审查，规划面积21平方公里，共分四个片区。其中，普洱茶加工科技园区6.41km^2，重点发展普洱茶、生物药业和食品加工业。整碗片区7.08km^2，重点发展林产品深加工、林化工及新型建筑建材产业。莲花片区2.6km^2，重点发展以铜、铅、锌为主的有色冶金及化工产业。曼歇坝片区4.97km^2，重点发展仓储、物流及劳动密集型加工业。随着天津天士力集团落户普洱及企业发展的需要，《普洱工业园区总体规划》将根据实际情况进行必要的调整，扩大为五个片区35平方公里。

普洱工业园区于2006年6月开始筹建，11月启动建设，目前重点发展建设了普洱茶加工科技园区。截止2009年底，累计投入建设资金7.9亿元（不含天士力园区），完成了主要的水、电、路及通讯等基础设施建设，基本能够满足企业入园需求，累计入园企业60户，其中，27户投入生产或试生产；天士力园区一期工程于2009年底启动建设，规划用地793.242亩，建设面积约25万平方米，正在进行征地补偿、拆迁安置及项目区土地整理工作；莲花冶金、化工片区已有3户企业建成投产；整碗林产林化片区先行开发建设1.5平方公里，已有2户企业入驻建设；曼歇坝商贸物流片区正在进行各项前期准备工作。

2009年，普洱工业园区共有30户企业入园建设，完成固定资产投资33111万元，实现工业总产值12209万元，工业销售收入13530 万元，工业增加值4273万元，上缴税金246万元。

【技术创新】 普洱工业园区历来重注技术创新，坚持走新型工业化道路，园区管委会多方协调资金，通过贷款贴息等方式支持入园企业开展技术创新。在园区正面引导及相关优惠政策鼓励下，各入园企业不断引进新的技术、管理经验和加工设备，积极开展技术创新，提升产品质量，提高企业效益。玉龙茶业公司利用多年积累的普洱茶发酵工艺经验和数据与昆明旭邦机械制造公司合作，根据普洱茶发酵的要素、原理联合研发了普洱茶自动化发酵生产线，彻底改变了传统普洱茶发酵的不确定因素，从根本上保证了普洱茶产品质量的稳定，为普洱茶精深加工产品的质量、功效控制提供了保障。玉龙茶业有限公司已向云南省科技厅申报专利并得到受理，首台试验生产线设备已安装、调试并投入试生产，取得了良好效果。2010年，该公司计划收购加工茶业60000吨，实现产值1.5亿元，完成出口销售100万美元；普洱桑莱特咖啡有限公司投资2450万元建成了占地面积17亩的咖啡加工车间，并从国外引进了先进的咖啡豆加工设备，整个加工过程全是自动化流水线作业，每年能够加工咖啡15000吨以上；天士力集团生产的帝泊洱固态速溶普洱茶珍选用普洱市生态种植的大叶种普洱茶为原料，经现代生物发酵及数字化萃取，制成接近纳米级的高倍普洱茶精华——普洱因子，普洱因子由“茶色素、茶多酚、茶多糖、咖啡碱”四大元素科学配比而成，饮用后能迅速被人体所吸收。经科学验证，该产品在降血糖、降血脂、消食解油腻、调节代谢平衡等多个方面有突出的健康功效，将成为现代人生活的健康伙伴。

【节能减排】 节能减排是我国经济和社会发展的长远战略方针，普洱工业园区高度重视节能减排工作，切实把节能作为落实科学发展观、构建和谐社会的重要实践抓紧抓好。一是按照党中央、国务院关于建设节约型、环境友好型社会的要求，以《中华人民共和国节约能源法》和《公共机构节能条例》为依据，以提高单位能源利用效率为核心，以建设节约型机关为目标，加强领导、健全组织、强化管理、深化宣传，积极推进园区节能工作的开展，充分发挥机关在整个园区节能工作中的示范作用。二是本着“立足资源优势，确立新兴产业发展方向”的原则，引进新型加工工艺，重点发展普洱茶精深加工、生物药业、新型建材等节能环保的产业。三是配合环境保护等职能部门，加强对入园的重点企业进行定期监督、监测和检查，及时研究解决工作中出现的困难和问题，帮助企业推进节能减排工作。目前，普洱建峰水泥有限公司已经通过了省政府开展的“双百能源审计”工作。四是积极开展企业清洁生产管理工作，支持和鼓励企业开展清洁生产。目前，已有福通木业、澜沧江啤酒、沪海木业等急需入园企业通过了清洁生产审核验收工作。

【安全管理】 安全责任重于泰山，安全生产是企业健康发展的前提条件。普洱工业园区坚持“安全第一、预防为主、综合治理”的方针，切实履行好安全生产监管责任，做到“一岗双责”。切实把维护人民群众的生命财产、各企业安全发展，融入园区各项工作之中，为建设生态园区、和谐园区、创造安全稳定的环境。于2006年12月成立了安全生产工作领导小组及办公室，负责园区安全生产工作。领导小组自成立以来每月组织召开一次安全生产例会，每年进行两次安全大检查，定期或不定期的对园区内各入园企业和施工企业进行安全检查，对检查中发现的安全隐患及时指出进行整改，并对园区内的重点企业安全隐患认真进行专题排查整改。同时利用各种会议多种形式对入园企业及建筑施工企业进行安全宣传教育，并督促企业办理安全相关手续。园区自成立以来没有发生过安全生产事故，未造成人员伤亡和经济损失，确保了园区安全生产工作稳定运行的良好态势。

2009年，普洱工业园区管委会与入园企业签订安全目标管理责任书，全面贯彻落实生产经营单位负责人安全生产“一岗双责”责任制，并进行细化考核。将生产经营单位的主要负责人（法定代表人）作为安全生产的第一责任人，对安全生产工作全面负责，并设置和配备与安全生产工作相适应的管理机构和人员。要求企业建立健全以安全生产责任制、安全操作规程、安全培训教育、安全监督检查、重大危险源监控、事故隐患整改、事故应急救援等为主要内容的规章制度。要求企业按照规定提取安全费用、缴纳风险抵押金、为全体职工（含农民工）办理工伤保险，为高危行业从业人员办理人身意外伤害保险；要求企业制定应急救援预案，每年至少开展1次应急救援演练，并依法做好生产安全事故报告和应急救援工作。

【园区建设】　（一）基础设施建设　普洱工业园区充分发挥园区建设投资开发有限公司平台作用，拓宽融资渠道，全力筹措园区建设所需资金，加大基础设施建设力度。2009年，共投入资金10573万元，完成茶叶交易市场、农贸市场扫尾工程及附属工程，完成河道改造工程720米，累计完成8720米；完成道路铺设1600米，累计完成10600米；完成挖填土方60万方，累计完成400万方；完成排污管道铺设800米，累计完成9800米；实施园区绿化美化亮化工程栽种绿化树1125棵、绿化草坪8400平方米；完成110kV茶园变电站及木乃河片区管网建设；架设水管2000余米，累计完成12000米。

（二）调整和完善园区规划　普洱工业园区结合实际需要，在坚持总规不变的基础上，不断完善园区规划。一是为充分发挥现有基础设施作用，确保城区急需搬迁的企业及时搬迁，满足城区建设发展需要。根据专家建议，拟将普洱茶加工科技园区在原《总规》不变基础上，进行“园外园”规划，即原普洱茶加工科技园区6.41平方公里核心区域功能布局保持不变的前提下，充分利用现有山形、箐沟、森林作为隔离带和天然屏障，在核心区域以外拓展北部“大青树轻工园”0.5平方公里，东部“新型建材园”0.5平方公里，东南部“生物药业园”0.5平方公里，南部“大平掌综合产业园”1.5平方公里，西部“综合商务区”约0.5平方公里。二是在木乃河至整碗之间规划700亩土地安置林产企业，促进各区块之间功能互补，提高资源利用效率和工业用地集约利用开发水平，以形成科学合理的产业布局。三是积极做好大平掌、三棵桩村民小组农民预留用地规划及综合服务区用地规划。四是认真做好企业规划审核，严格把关，共审核30户企业总体规划方案和单体建筑立面造型规划。五是补测地形图150公顷，认真做好道路、河道、场平等相关工程数据整理归类入库。六是按省市有关领导和部门要求，委托市建筑勘察设计院对园区《总规》修编，加快将天士力园区纳入普洱工业园区总规划范围。目前，《园区总体规划》调整方案已初步确定，正在争取通过市人民政府评审后报省级主评审。

（三）土地征收和报批工作　随着招商引资和园区建设发展的需要，工业园区建设用地需求与供地矛盾越来越大，再加上原征地中的遗留问题一直未得到妥善解决，已成为制约园区发展的一大瓶颈。为切实解决好园区工业发展用地问题，在为大企业预留用地的基础上，主要做好以下几方面工作：一是加大土地征收力度。2009年以来，园区全力配合思茅区、南屏镇认真研究征地工作方案，统筹安排部署征地工作，共征收700余亩土地，向急需入园的企业及时提供了土地，并与涉及征地的大青树及大平掌村民小组签订了征地协议。二是做好土地报批工作。在资金极为困难的情况下，积极筹集资金，完善各种报件材料，上报省国土资源厅受理待批土地325.35亩，累计完成土地上报审批手续1011.65亩。三是完成林地征占用报批222亩，累计完成979亩林地的审批，上报待批144亩。四是积极协调做好涉及17户企业的土地挂牌出让准备工作。

（四）招商和资金筹措工作　在努力加快基础设施建设，搭建招商平台、“筑巢引凤”的同时，突出重点，积极对接服务好城区搬迁企业，认真做好大企业、大项目入园各项准备工作。2009年签订企业投资协议24户，协议投资额50500万元，招商引资实际到位资金21302万元，其中市外招商引资完成15156万元，完成项目申报5个，共回收资金3729.84万元。

（五）营造园区和谐发展大环境　为解决好园区发展建设中显现出来的各种矛盾，妥善协调好各方面的利益关系，帮助失地农民创造安居、创业的良好环境，园区采取了一系列措施。一是加强政策研究，认真做好失地农民安置预案，积极筹备用市、区两级产业扶持资金和农户的门面出租相结合的方式，解决过渡时期失地农民的口粮问题。积极争取公交站点建设，认真落实原对失地农民的扶持项目。二是创造条件，积极组织失地农民开展就业培训和劳务输出，据不完全统计，在园区建设三年时间里，失地农民参加短工4.6万人次，累计收入近184万元。木乃河村民小组运输收入达200万元。三是及时解决上访群众的合理诉求，园区制定了群众来访工作制度，每季度不定期分析研究解决群众上访案件，全年共受理来信来访50余件，基本得到了妥善解决。加强与村组干部、村民代表的联系沟通，依靠乡镇村和职能部门的力量，妥善解决了木乃河、三棵桩、大平掌等失地农民普遍关心的预留用地规划建设以及施工单位拖欠农民工工资等问题，使各种矛盾纠纷化解在萌芽状态，没有引发群体性上访事件，维护了社会稳定。

（艾从富）

景洪工业园区

【基本情况】　景洪工业园区地处云南省最南端，距省会昆明600余公里，与老挝、缅甸接壤，与泰国毗邻，规划面积4.58平方公里，由嘎栋和景哈小区构成。产业定位：高新技术及生物技术产业、制药业、橡胶加工、绿色食品加工、包装和彩印业、旅游产品及纺织服装加工、进出口产品加工业和现代服务等产业为主导。

2009年，在州委、州政府的正确领导下，西双版纳景洪工业园区区域经济实现快速增长。全年完成财政收入8427万元，增长462%，其中基金预算收入7147万元，税收收入1200万元，非税收入80万元。人均GDP为14750 元，同比增长8932元，增长153.52%,其中非公有制经济占生产总值的比重为67.19%；园区辖区内共完成固定资产投资6.17亿元，同比增加5.0339万元，增长443%；完成工业增加值5053 元，增长203.12%；实际利用内外资2.58亿元，增长54.7%。

【管理体制改革】 2009年，园区领导管理体制改革进一步深化，机关干部队伍建设取得成效。按照州委“废、改、立”的要求，健全完善了工作职责、学习、会议、公文处理、保密、车辆管理、廉政、考勤、行政问责、信访、财务管理等一系列工作制度，大力推进阳光政府四项制度的实施。年初，园区党委结合干部职工的个人意愿、特长和工作需要，通过公开报名、竞岗演说、综合测评、组织考察、公开竞岗、双向选择等程序，完成了12名科级干部的竞争上岗和8名一般干部的双向选岗，对6个部门的领导班子进行了调整充实。通过竞争上岗和双向选择，广大干部职工受到了一次深刻的爱岗敬业教育，激发了干部职工的积极性和创造性。

【基础设施建设】 2009年，基础设施新增投资12283.18万元。完成6号路第一、二公里投资4379.65万元（占总投资额的90%），已于4月10日建成通车，绿化、给排水、电力管沟等配套设施建设进展顺利。14号、16号、17号支干道建设稳步推进，已完成投资2375万元。一期开发（2040亩）范围内的房屋拆迁、原热带花卉示范园拆迁处置工作已按《目标考核方案》要求顺利完成。7条电力、通讯、广播电视线路基本改造完成（尚有10条仍未能搬迁），过渡期供电改造工程已建成投入使用。给水管网和排污管网建设进展顺利，110千伏输变电站已开工建设，服务中心楼主体工程已竣工，入园项目生产、生活所需的“三通一平”基础设施条件明显改善。

【招商工作】 2009年以来，管委会积极与吉恩公司团结协作，始终坚持把招商引资工作作为园区发展的生命线来抓，建立了项目领导责任制。从征地办证到项目入园建成投产，实行一条龙保姆式、贴身式服务，形成了“在谈项目抓签约、签约项目抓动工、动工项目抓竣工、竣工项目抓投产、投产项目抓达标、后续项目抓储备”的景洪工业园区招商工作模式。2009年，园区共开展招商洽谈项目36个，累计招商洽谈各类项目118个；受理入园项目申请9个，其中，泰资项目1个；在谈项目2个；新引进项目6个，项目总投资额2.6亿元，完成年度项目招商计划的100%。到2009年底，已有13个投资大、发展前景好、带动作用强的项目正式进入园区（众联橡胶、佛兴红木家具、天胶木业、沧江木材、安厦明都国际、金星啤酒、云宇建材、云江混凝土、天友管桩、绿恒橡胶机械、泰国钓鱼牌健胃丸、联华五环汽配、景洪国家粮食储备库），涉及橡胶制品、家具建材生产、食品加工、机械制造、生物制药等众多行业和领域，总投资额约为11亿元，预计建成后每年可实现销售收入20多亿元。这些项目中，投资2700万元的天胶木业已经建成投产；投资2.45亿元的金星啤酒一期建设基本完成投入试生产；投资4959万元的众联橡胶、投资1.5亿元的佛兴红木家具等一批项目正在加紧开工建设，地质勘探、区内回填、工厂平面设计、施工图设计等工作正在开展，各工业项目建设进展顺利。另有广西玉柴机器、上海地康药业、澜沧江白酒、罗永润滑油（泰资）等一批项目和外资企业已递交入园申请，正在抓紧进行入园协议磋商。

2009年园区重点投资项目顺利建设，经济发展局不断加快完善园区重点项目前期工作，积极申报项目，争取国家、省、州政策及资金支持，2009年共争取各种项目资金195万元（不含廉租房项目资金），其中，省09年第一批预算内投资贴息资金50万元；州级预算内前期工作经费两批共40万元；公共商务信息服务平台建设项目资金5万元，省工信委2009年第一批新型工业化发展专项资金100万元，促进了园区重点项目有序推进。

【固定资产投资】 2009年，园区辖区内共完成固定资产投资6.17亿元（完成年度责任目标的101%），同比增加5.0339万元（增长443 %）；完成财政收入8427万元（完成年计划的105%），其中基金预算收入7147万元，税收收入1200万元（提前完成年度计划）,非税收入80万元。年初引进的金星啤酒厂已完成投资1.45亿元，办公楼、生产车间已竣工，厂房装修、厂区绿化、污水处理池建设进展顺利，已于12月10日正式投产。众联橡胶、佛兴红木家具、安厦名都国际、云江混凝土搅拌站等项目已完成投资23840.63万元，项目备案、环评类别确认、地质勘探、施工图设计、工程预算等前期工作已完成，目前正在进行土建基础建设。联华五环汽车修理、云宇建材等一批小规模纳税企业已建成投产。

【社会事业】 2009年，为更好地贯彻落实好州委提出的“好于过去，不低于城市居民人均收入水平”目标要求，园区党委、管委会以培养一批“有文化、懂技术、会经营”的高素质新型农民为载体，以新农村建设规划为蓝图，以加强基础设施建设为重点，不断拓宽农民就业渠道，稳步推进高效农业，形成了“农业与工业、农村与城市、农民与居民”和谐发展的良好格局。2009年，共组织培训刺绣382人、美容美发8人、农村经纪人8人、企业招聘86人；转移被征地农民上岗就业25人，办理“贷免扶补”1户、“小额信贷”5户；完成6个村寨的新农村基础设施建设，完成10个村寨的平面图及地形测绘规划，10个村寨启动了水、电、路、通讯、广播电视等基础设施建设。制定出台了失地农民增收计划，扶持发展庭院经济384户，共栽种杨桃、柚子、莲雾、海船、咖喱罗、三吖果2252株；刺五加、火龙果等高效农业已成农民增收致富的新亮点。2009年，农民人均现金收入已达4450元，同比增长10%。辖区内广泛开展了文明村、文明户评比活动和平安园区创建、无毒村寨创建活动。目前，广大农民群众逐渐体验到了“离土不离家、入园又进城、村民变居民、生活更美好”的美好愿景，明白了“园区是我家、建设靠大家”的责任，想开发、盼开发成为区内广大群众的共识。

【大事记】 2月17日，由全国啤酒生产企业四强之一的金星啤酒集团在西双版纳州投资兴建的花园式啤酒生产基地——西双版纳金星啤酒有限公司开工庆典在景洪工业园区隆重举行。金星啤酒集团有限公司是集工、贸、科研一体化的全国大型啤酒企业集团，总资产逾60亿元，在河南、贵州等地独资兴建了17家啤酒分公司，产销能力突破200万吨，啤酒年生产能力位居全国第四强。该项目总投资2.45亿元，年总计划生产能力20万吨，建成后将成为西双版纳第一家大型啤酒生产企业。项目一期投资1.45亿元，规划占地110亩，年生产能力10万吨。省人民政府副省长和段琪、中共西双版纳州委书记江普生、省政府副秘书长叶燎原等省有关领导及州、市相关部委办局和企事业单位、各宣传媒体的领导和嘉宾出席开工庆典。

3月30日下午，西双版纳州人民政府岑化虎副州长深入景洪工业园区开展调研时强调：要再进一步加快园区各项基础设施建设进度,确保20万吨金星啤酒厂一期工程、西双版纳众联天然橡胶混炼胶生产线建设竣工投产，完成园区主干道6号路及综合示范区基础设施配套建设，新建园区4条支干道和佛兴红木家具厂。尽快落实州委提出的“离土不离家，入园又进城，农民变居民，生活更美好”，以及农民失地后收入水平“好于过去，不低于城市居民收入水平”的工作总目标。

11月27日，省委书记白恩培和随行的省委常委、省委秘书长杨应楠一道，专程来到景洪工业园区，对园区的规划设计和招商引资等情况进行了深入调研。

12月10号，金星啤酒集团西双版纳金星啤酒有限公司在景洪工业园区竣工投产。州委书记江普生、州委副书记、州长刀林荫、州人大常委会主任杨建明、州政协主席杨志祥、州委常委、州委秘书长李记臣、副州长岑化虎及金星啤酒集团总经理张峰等有关领导出席竣工投产庆典。

【任职领导名单】

书　记、主　　任　马力勇

副书记、常务副主任　李忠华

（刘　松）

大理创新工业园区

【概述】 大理创新工业园区自2003年省政府大理滇西中心城市建设现场办公会之后开始建设。是首批省级30个重点工业园区之一，园区规划总面积为47.32平方公里，涵盖凤仪适于开发建设的大部分地区及上登工业区，其中建设总用地45.33平方公里，适于开发面积近30平方公里，产业发展重点定位在新型工业和现代物流业。经过近七年的努力，在省州党委政府的重视支持下，本着统一规划、合理布局、综合开发、集约发展的原则，大理创新工业园区取得了长足的发展。2008年，被评为“云南省十个优秀工业园区”之一。2009年，园区完成工业总产值55.37亿元，同比增长31.1%，占全市辖区工业总产值的32.57%；上缴税金1.74亿元。工业总产值为园区创建之初的3.8亿元的14倍。

【基础设施建设】 为把工业园区建设成为工业经济、物流产业发展的有效载体，园区的开发建设坚持高起点规划、高标准建设，先后投入200余万元，在形成总体规划的基础上，完成了汽车及机械制造产业片区、纺织服装产业片区及中小企业产业片区共6平方公里控制性详细规划，2.51平方公里的大理物流园区（一期）控制性详细规划，园区道路及管线专项规划及园区总体规划环评报告。

园区采取集中连片式和组团式开发，产业片区按南、北两园布局。北园为工业产业发展区，重点发展汽车及机械制造业、建材业、纺织及服装业、轻工业等新型工业；南园为仓储物流产业片区，以广大铁路大理货运枢纽站为依托，重点建设大理物流园区；沿波罗江以西凤仪镇老城区为服务保障区，重点提供产业发展的配套服务保障。

大理市人民政府投资15亿元建成的大凤一级公路，在凤仪片区通达近10.4公里，贯穿整个园区，形成了由南向北贯穿的主干道，对园区的路网体系具有支撑作用。同时，园区在产业片区腹地累计投入资金1.4961亿元，实施基础设施道路建设，建成了包括给水、排水、电力、电信、路灯、绿化配套的园区道路14千米，对园区的开发建设、项目入园起到关键的作用。东山110千伏变电站项目已完成主体工程建设，正加紧输电线路铺设工作。目前已完成的波罗江沿岸综合管网建设工程及凤仪老城区提升改造工程，对园区的形象建设和服务保障功能起到积极的作用。通过加大基础设施建设投入，工业园区、物流园区、服务保障区的功能作用更加突出，发展速度不断加快。

【产业发展特点鲜明】 园区充分发挥大理良好的城市基础功能和地处滇西中心的地位，结合机械制造行业对技术、资金、人才、物流、市场支撑的需求特点，突出以机械制造业，特别是有良好基础的载货汽车制造业为发展重点。以云南力帆骏马车辆有限公司为龙头的汽车及机械制造业，投入12亿元，建成了年产3万辆中、轻卡汽车的汽车制造厂及云南三环车桥有限公司前后桥生产、大理远东传动机械有限公司传动轴生产等10余个配套项目，在此基础上，云南力帆骏马车辆有限公司加大投资力度，2008年完成了年产100万套钢圈钢板生产线，2009年完成了总投资6.5亿元的汽车驾驶室模具生产线建设。通过不断加强对重点产业、龙头企业的扶持，2009年园区汽车产业共生产各类载货汽车42414辆，完成产值43亿元,同比增长36.99%，占园区工业总产值的79.3％，汽车工业已成为园区的支撑产业。

【产业聚集效应初步显现】 为实现园区成为全市新增工业、老城区原有工业企业聚集地的目标，通过加强与驻外招商分局的联系，强化服务，积极引进适合的外来企业，对老城区工业企业通过整合提升，使具有发展前景的工业企业入驻园区。目前，总投资1.5亿元的滇西纺织公司6万锭棉纺、800台布机生产项目，大理金穗麦芽公司总投资7000万元年产3万吨麦芽生产线等十余个项目已建成投产或即将建成投产。恒力塑编包装袋生产项目、年产1500吨无纺布生产项目、大理电力装备产品生产项目、年产5000吨高铬球异地搬迁技改项目、年产80万平方米汽车安全玻璃深加工生产、狮岗木器厂木材加工、5000吨中药饮片、博云塑料、顺丰生物肥、升降式脚手架生产、恒丰印铁制盖、滇西电业局修配厂等十二个项目已陆续开工建设，年内可投入生产。云南省物流产业集团大理投资项目、大理州二手车交易市场、鸡鸣江禽蛋生产加工、大理州现代医药物流平台等项目正在抓紧办理供地手续，力争年内完成供地并开工建设。大理变压器厂、康师傅矿物水、活塞生产异地搬迁技改等项目将结合园区标准厂房建设同步开展实施。

【产业发展水平不断提高】 按照新型工业化发展及大理市整体发展的要求，园区在产业发展水平方面，特别注重技术的先进性和适用性，从而保证园区发展的环保性和可持续性。通过淘汰落后产能，适用先进技术，园区首先在水泥建材业方面实现了突破，完成总投资7亿元，先后完成了红塔滇西水泥集团有限公司等3个企业新型干法旋窑生产线的建设，新增日产新型干法旋窑水泥9000吨的生产能力，辖区内水泥年生产能力达到500万吨。同时以提高科技水平、加强研发能力为重点，不断强化相关工作，目前已有云南力帆骏马车辆有限公司、红塔滇西水泥集团有限公司获得省级技术中心的认定。

【资金筹集方式不断创新】 工业园区基础设施建设任务重、投资大，资金不足已成为制约工业园区发展的最大瓶颈。园区管委会创新资金筹集方式，组建起“大理创新工业园区投资开发有限公司”，承担园区开发建设融资平台及项目实施主体的职能。园区投资开发公司成立后，积极开展融资贷款工作并取得成效，已累计向银行贷款2亿余元，2009年6月又及时办理了大理州农发行9000万元的短期（一年期）贷款转为中长期（八年期）贷款的有关手续。资金筹集方式的创新，为园区开展基础设施建设、构建产业发展平台发挥了积极的作用。

【物流园区开发建设局面逐步形成】 物流园区已集聚中央储备粮大理直属库、中石化云南省大理振戎油库等五户大型仓储企业，达到各类商品容量近25万吨的规模，2009年完成铁路物流作业量近400万吨。在“十一五”期间在完成相关规划的基础上，启动了估算投资约2亿元的大理物流园区道路基础设施建设项目，其中总投资为2000余万元的物流园区1、2、3号路将在年内开工建设，相应的物流项目的入园建设工作已着手实施，物流园区开发建设的局面正逐步形成。

【园区开发建设效果显著】 以工业园区开发建设为标志的凤仪开发不断深入，园区作为大理中心城市建设的产业支撑，特别是保护洱海、保护海西的重要组成部分，园区的开发建设发挥了积极作用。一是彻底打破了大理工业在两城区及洱海周边分散布局的格局，促进了大理市工业经济布局的根本性变化。二是以深化国企改革、调整工业经济结构为契机，有计划地将分散在两城区及洱海周边的工业企业迁入园区，使城区的环境得到改善，城市功能更加优化。三是大力集聚新型工业产业，缩减了洱海周边工业污染物的排放量，洱海生态环境得到了恢复和保护；四是推动了全市工业经济及园区经济的快速健康发展。2009年，园区工业总产值占全市辖区工业总产值的32.57%，是园区设立之初的14倍。园区已成为全市新增工业及城区老企业的聚集地，成为推进新型工业化及循环经济的示范区。

邓川工业园区

【基本情况】 洱源县邓川工业园区成立于2002年，属省级30个重点工业园区之一，园区总体规划面积为20.72平方公里，分“一园三片区”。园区成立以来，先后累计投资2500多万元，重点实施了以坟冢、光缆搬迁和主干道、供电、供水排水等为重点的设施建设及绿化、亮化、美化工程，较好地满足了入园企业生产和发展的需要。实现累计引资4.4亿元、工业产值40多亿元、利税3亿多元，现已将邓川片区初步建设成为云南省重要的农用车生产装配基地，滇西规模最大的乳制品生产基地以及洱源绿色生态食品加工基地。2009年，园区完成工业总产值20.789亿元（占全县工业总产值的81.2%），增加值4.53亿元（占全县工业增加值的92.4%），分别比上年增长11.2%和6.7%，入园企业达45户，其中规模以上企业8户，年末平均从业人员3786人，新认定省级企业技术中心1家。

【园区建设】 园区产业发展充分依托全县生物资源、矿产资源和区位等优势，加强规划指导，正确处理发展工业与洱海保护的关系，着力打造“一园三区”发展格局。一是“一园三区”总体规划修编已于2009年4月份和9月份分别通过州经委和省工信委评审，批准实施。总体规划扩编进一步拓宽了工业发展空间，“一园三区”总面积达20.72平方公里。二是明确产业发展布局，严把企业准入。在符合产业政策的前提下，在邓川片区重点发展农用机械装配、乳制品生产、生物制药、绿色食品和农特产品加工为主的产业，着力将邓川片区建设成为生态工业园区。在焦石和炼铁两个片区重点发展矿产品加工业。把有可能对洱海水源造成污染危害的项目调整到炼铁和焦石片区。三是加快工业园区环境影响评价报告编制工作，计划在2010年完成报告评审。四是以项目化抓实园区科学发展。2009年着重谋划实施的重点建设项目有：一是估算投资690万元，在邓川片区建成长1.5公里、宽25米的邓（邓川）马（马甲邑）路及连结南北主干道道路建设项目。二是邓川片区东西主干道管网建设绿化项目，概算投资100万元。三是启动焦石片区、炼铁片区的基础设施建设。

【项目服务】 园区管委会把企业项目投资服务工作作为一项重要工作来抓，按在建项目抓进度，建成项目抓投产的工作思路，积极发挥协调和服务职责，明确专职人员，全力配合协助抓好工业项目建设。先后参与鑫宝石业公司二期工程建设，邓川农特公司日处理800吨马铃薯淀粉加工项目搬迁，锦洋生物血清厂生物血清生产线二期工程和军民彩印厂技改扩建等建设项目的土地征用、坟冢搬迁以及社会矛盾纠纷等调处工作，保障了建设项目的顺利实施。

【招商引资工作】 2009年，管委会通过“走出去”的方式，宣传工业园区发展，借鉴发达地区办工业园区的先进经验和做法，展示园区优势，提升形象，是创新园区工作的重要元素。园区管委会注重把参加“昆交会”、领导干部外出培训，以及各种刊物资料宣传作为学习交流和促进招商引资的重要工作来抓，积极宣传邓川工业园区建设发展，吸引外来投资。年内，引进入驻焦石片区企业1户，完成投资1500万元，已于10月开始投产。

【自身建设】 2009年，管委会以第二批深入学习实践科学发展观活动活动为契机，努力提高园区管理和服务水平。一是积极谋划建立工业园区担保体系和机制，为企业提供融资服务。二是全力争取实现对园区企业“一站式、一条龙”服务和园区“实体化管理”。三是努力改善办公、服务环境，加强制度建设，提高全体干部素质，提升服务协调能力，创新工作方式方法，塑造良好的园区形象，为园区实现年度重点工作提供坚实保障。

【任职领导名单】

主　　任　张志雄（县委常委、常务副县长）

常务副主任　李　强

副 主 任　毛漾华

祥云财富工业园区

【基本情况】 祥云财富工业园区于2001年5月18日正式挂牌成立。总规划控制面积50平方公里，规划布局为矿冶、化工、制造加工三个片区，其中，矿冶片区已初具规模，建成区面积达7平方公里，聚集了园区有色金属冶炼加工的主要企业项目。园区以有色金属冶炼加工为主，主要产品有金、银、锌、铜、铅、铁、铟、铅酸蓄电池、白厂丝及丝制品、化肥等产品，生产规模为22.5万吨电锌、8万吨电解铅、1.8吨黄金、50吨银、3600吨铜、8000吨水工制件加工、15吨金属铟、80万吨球团矿、100万吨复混肥、8000绪缫丝生产。园区有新、老祥宾公路纵贯南北，新祥宾公路与财富工业大道连接线道路长8.5公里。园区生产用水主要由浑水海水库提供，生活用水及部分生产用水由祥云县新城区3万立方米/日供水厂提供。有35kV、110kV和220kV变电站各1座，在建110kV变电站1座。有程控电话交换站、C网基站、移动基站、电视信号专线等通信设施。已开通县城至园区的公共交通专线。

【工业经济运行情况】 2009年，园区实现工业总产值43亿元，同比增长20%；实现工业增加值8.87亿元，同比下降5.23%；完成国地两税1.99亿元，同比增长16%；有职工10102人，同比增长19%；完成固定资产投资3.42亿元，同比增长151%。2009年入园项目4个（技改项目1个），截至年末，共有企业46家项目76个。

【安全管理】 园区全面推行安全生产责任制，从基础性工作、制度建设等方面加强对企业生产的安全管理，年初园区管委会与企业签订了安全生产目标管理责任书，2009年，园区未出现重大安全生产事故。

【节能减排】 飞龙公司顺利完成了"电铅底吹炉、电铅烟化炉、硫酸沸腾炉烟气废热锅炉替代燃煤工业锅炉及电机系统节能工程、能量系统优化工程项目"的改造。黄金公司建成烟气循环焙烧烟气配套制酸系统用于对工业"废气"的治理。2009年园区万元工业增加值综合能耗同比下降7.13%。

【中小企业发展情况】 园区46家企业中全部为中小企业，经过几年的发展，中小企业逐步发展壮大，各种组织机构逐步建立。已有工业总产值达10亿元以上的企业有1户，5亿元以上的企业2户，1亿元以上的企业有2户，1000万元以上的有6户。已建立基层工会组织的有飞龙有色金属股份有限公司、黄金公司、平南公司、银龙公司业、大维肥业等企业，2009年，新建基层工会组织4家：祥云县恒信农资有限公司工会委员会、祥云县恒星饲料有限公司工会委员会、中国水利水电工程局水工机械祥云分厂工会委员会、大理州红蜘蛛矿业有限公司工会委员会。

【大事记】 根据园区规划和发展的实际，园区管委会、国土资源局及祥城镇严格遵守现行土地法律法规及政策，共同配合，于2009年3-7月，对园区规划范围制造加工片区内的适宜工业项目用地地块进行一次性统一收储，共完成土地收储724.23亩。

1月9日，州政府何金平州长率州级相关部门领导到祥云县财富工业园区进行调研。

2月，云南祥云飞龙有色金属股份有限公司（锌冶炼系统）被国家工业和信息化部列入符合《铅锌行业准入条件》的企业名单（第一批）。

3月，云南祥云飞龙有色金属股份有限公司荣获人力资源和社会保障部、中国有色金属协会"中国有色金属行业先进集体"称号。

4月，飞龙公司新建2000t/d氧化锌矿选矿项目建成。目前，项目已投入正常生产。

4月，云南祥云飞龙有色金属股份有限公司总经理杨龙以"难处理复杂氧化锌矿和氧化锌矿浸出渣提取锌新工艺"获得云南省人民政府"云南省科学技术奖励技术发明类一等奖"。

5月，财富工业园区管委会在云南省档案工作"八项工程"验收考核中，荣获三星级档案室称号。

5月，天南粉煤灰项目落户园区。该项目以粉煤灰为原料，进行综合利用及开发，生产出多种建材产品。该项目的建成投产，将有效缓解粉尘污染对工业园区的环境压力。

6月，云南祥云飞龙有色金属股份有限公司荣获云南省人民政府"云南省创新型非公有制企业"称号。

8月24日，受云南省城市测量专家组的委托，由省城市勘察规划协会3名专家及祥云县相关部门专业技术人员共7人组成了专家组，对财富工业园区1:500数字化地形图测绘成果工作进行了验收，并一次性通过。

9月24日，园区管委会组织召开了有园区企业参加的安全生产工作会议。会议分析了园区安全生产形势，对安全生产工作进行了安排部署，同时对企业负责人及安全生产技术人员进行了业务培训，并签订了安全生产责任状。

9月，大理州烟叶复烤公司技改扩建6000kg/h打叶复烤项目建成。

10月，祥云县中天锑业有限责任公司3万吨一期1万吨锑品冶炼项目入园建设。

10月，财富工业园区北环线即园区工业大道建设列入祥姚路建设一并启动实施。

11月，祥云县五套班子及县级相关部门领导到昆明、玉溪等地重点考察园区建设及国有大中型企业。

2009年，省、州政府加大对财富工业园区的支持力度，共下拨项目扶持资金310万元，其中，省级扶持资金100万元，州级扶持资金210万元。

【年度任职领导名单】

主　任　杨　祥

副主任　赵　云

秦能臣（9月止）　邹红芳

（王云耀）

丽江南口工业园区

【综述】 玉龙县地处低纬度、高海拔地带，干湿季明显而四季不分明，可谓冬暖夏凉，四季如春。由于其独特的地理及气候特点，辖区内生物资源独具特色，境内有2,900多种种子植物，200多种花卉植物，2,000多种药材，被誉为

“高山植物王国”和“药材之乡”，丰富的中药材资源、林业资源和农副产品资源亟待开发和利用。为园区创造了极为有利的资源条件。且丽江洁净的自然环境，赋予了这些特色经济产品绿色、环保的内涵，可以在国内外注册为绿色食品，竞争优势十分明显。玉龙纳西族自治县自2003年设立以来，经济社会发展面临诸多困难和问题，主要表现为：财政困难，贫困面大，产业结构矛盾突出。2003年，在全县GDP的比重中，第一产业为38.7%，第二产业为16%，其中，工业所占的比重仅为3.9%，更显薄弱和落后。2003年底，省委、省政府召开了全省加快推进新型工业化大会，确定了工业强省战略方针。县委、县政府认真贯彻落实科学发展观，抓住机遇，顺势而谋、乘势而上，在认真调研、反复论证的基础上，立足玉龙县及周边地区丰富的生物及农产业资源，利用原丽江南口老工业区的国有资产以及优越的地理位置和便利的交通条件，决定建设以生物资源创新产业和生物产品精深加工为重点，独具园林化特征和旅游观光特点的丽江南口工业园。

【建设发展情况】　2003年，管委会聘请省工业经济联合会、云南省企业技术进步服务中心对园区建设进行可行性研究。可研报告经过数次修订，于2005年6月份通过市级评审。同时依据丽江南口工业园总体规划纳入玉龙新县城总体规划的实际，为了更好地规划建设好园区，管委会于2003年聘请省城乡规划设计院对园区进行控制性详细规划。经多次修订，控制性详细规划于2005年5月通过市级评审。《可研》和《详规》已于2006年9月28日通过省级评审，为纳入省级园区项目奠定了基础。园区一期规划用地168.83公顷，园区二期规划将越过蛇山向南发展，使总面积达4平方公里以上。

根据《总规》的总体规划，按《详规》实施步骤的要求，一是投资1638万元完成了全长1260米的园区32米主干道一期工程项目。二是投资440万元完成了建筑面积3000平方米、占地面积2660平方米的园区多功能服务厅工程项目。三是投资2800万元完成了全长1820米的园区32米主干道二期工程项目。四是投资2100万元完成了全长1531米、宽20米的园区北环路一期工程项目。五是投资400万元修建了南口工业园信息中心机房，极大地改善了南口工业园乃至玉龙新县城的通信和网络设施，推进了园区信息化建设步伐。2003~2009年累计完成基础设施建设投资8000多万元。基础设施的建设逐步完善，使园区更具吸引力和凝聚力。

【招商引资】　园区采取“以园招商、以项目招商，以商建园、以商兴园”的市场运作模式先后吸引了映华集团、得一食品公司、玉元食品公司、瓦莎毕公司、华丽公司、丽江生态牛奶公司、云南港鑫生物科技有限公司等企业入园。入园企业累计完成投资2.5亿元，初步形成了生物资源精深加工的产业群体，部分企业的产品已走向国外市场，具有进出口经营权的企业从2003年的2家增加到2009年的5家，2009年出口创汇有实绩的企业已达4家。出口交货值从2003年的124万美元增长到2009年的953万美元，年平均递增41%，2003~2009年累计完成出口交货值3793万美元。2009年园区企业出口创汇占全市出口创汇总额的30%，占全县出口创汇总额的100%。

园区把主导产业定位于生物资源的精深加工，在企业招商入园过程中，严格遵循了“三不准”和“三鼓励”原则，即有悖于园区产业导向的项目不准入园，污染严重的项目不准入园，高耗能的项目不准入园；生物资源精深加工的项目鼓励入园，科技含量高的项目鼓励入园，产业链长、带动效应高的项目鼓励入园。园区管委会还与入园企业签订了入园企业责任书，对企业在土地使用、项目投资、建设期限、规划许可、环境保护等方面应履行的义务作了明确界定。2007年对《丽江南口工业园管理办法》作了进一步修订，为园区的建设和管理提供了有力的政策保障，也为园区的持续健康发展提供了制度保障。

在县人民政府和市、县科技部门积极争取下，南口工业园被省科技厅列为重点扶持的科技园区，并为入园企业牵线搭桥，让他们与技术力量雄厚的国内科研院所、高等院校合作开发项目。至2009年，园内企业分别与中国农大食品工业学院、北京林业大学园艺学院、上海交大农学院、南京林业大学、南开大学、清华大学、云南大学等多家科研院校签订了合作协议。协议的签订和实施为企业的发展提供了科技支撑，提高了园区企业的科技创新能力，为下一步争创名牌产品奠定了一定的基础。

【园区特点及成效】　丽江南口是原丽江地区和丽江县的老工业区。由于国家产业政策调整等诸多原因，位于南口的原丽江造纸厂等七家地方国有企业相继破产或歇业。入园企业通过收购破产或歇业的地方国有企业，为企业争得了建设用地，同时也为园区建设提供了丰富的土地来源，避免了征用耕地的情况。园区先后盘活了闲置土地近1000多亩。

党的十六大提出要坚持以信息化带动工业化，以工业化促进信息化，走出一条科技含量高、经济效益好、资源消耗低、环境污染少、人力资源优势得到充分发挥的新型工业化路子，而南口工业园区建设就是紧紧依托丽江丰富的资源，以生物资源精深加工为主业，发展低污染、低耗能、可再生的新型工业，符合发展循环经济和丽江旅游业发展的环保要求。积极引进从事农产品种植、加工、销售的农业产业化龙头企业，把资源优势转化为经济优势。园区企业的发展有效带动了玉龙县薯蓣、青梅、芸豆、魔芋、山嵛菜等一大批农产业的发展，提高了农产品的附加值，增加了农民的收入，推动了农业产业化和产业工业化步伐，形成了工业带动农业，农业促进工业发展的产业带动特色，达到了资源循环利用，农业和工业互为条件、协调发展的目标，推动了社会主义新农村建设。据统计，园区企业收购农产品从2003年的4962万元增长到2009年的7000万元，年平均递增9%，2003~2009年累计完成农产品收购近5亿元。

园区是玉龙新县城建设的一部分，因此，它的建设和发展进一步完善了城市功能，有力地推动了玉龙县城镇化的发展进程。同时，由于丽江这个品牌效应，将聚集许多有发展潜力的企业入园投资，由此将提供大量的就业岗位，通过各种职业教育和培训把农民转化成为具有一定技能的产业工人，转移农村剩余劳动力，降低农业劳动力的比重、提高城市化水平，有效解决城镇化发展的“瓶颈”，做到工业化带动城镇化。2009年，园区企业拉动了1700个就业岗位（不包括临时工和季节工），缓解玉龙县的社会就业压力。

【经济运行情况】 通过六年多的建设和发展，园区极大地推动了玉龙县新型工业化、农业产业化、城镇化的步伐，促进了社会主义新农村建设和农民增收，带动了第三产业和社会就业，进而促进了经济社会的全面协调发展。入园企业数从2003年的3家增加到2009年的9家，净增6家；园区企业总产值从2003年的1813万元增长到2009年的32719万元，净增30906万元，年平均递增62%，占全县工业总产值的72%；增加值从2003年的750万元增长到2009年的11458万元，净增10708万元，年平均递增58%，占全县工业增加值的67%；产品销售收入从2003年的2048万元增长到2009年的30502万元，净增28454万元，年平均递增57%；利税总额从2003年的179万元增长到2009年的3631万元，净增3452万元，年平均递增65%。

【任职领导名单】

主　任　叶建恩（投资公司董事长兼总经理）

副主任　和永伟

投资公司副董事长兼副总经理　舒庆梅

（和永伟）

兰坪工业园区

【基本情况】 兰坪工业园区是省级30个重点工业园区之一，于2005年6月成立了兰坪工业园区管理委员会，园区总体以“一园三片”的思路构建兰坪工业园区（分别是金顶片区、通甸片区和啦井片区）。园区规划面积为12.68平方公里，其中：金顶片区（规划面积5.08平方公里）、通甸片区（规划面积6.97平方公里）、啦井片区（规划面积0.63平方公里）。园区产业定位为：金顶、通甸片区以铜、铅、锌、银的采选冶及精加工为主，发展壮大以锌金属为重点的相关产业，强化提升建材、化工等配套产业，把兰坪建设成国家级有色金属基地，啦井片区加大农特产品的加工规模和数量，建设兰坪绿色产品加工基地。园区发展定位为建设成为国家级有色金属产业基地和怒江州主要生物资源加工基地。

截至2009年底，园区共入驻企业 4户，云南金鼎锌业公司、康亚华电解锌厂、云南国资水泥剑川有限公司兰坪分公司和紫兴五味子酒厂4家企业入园，完成固定资产投资约17亿元。金顶片区已建成年产11万吨电锌和6万吨硫酸的企业生产规模，总投资达11.7亿元。通甸片区已建成年产4万吨电锌及60万吨水泥的企业生产规模，总投资4.77亿元。拉井片区已建成年产500吨的古道酒、300吨的五味子饮品加工及杜仲茶初加工生产规模。

【经济指标完成状况】 2009年，园区实现工业总产值16.55亿元，同比减少27.19%；工业增加值完成9.61亿元，同比减少25.45%；企业销售收入17.94亿元，同比下降20.23%；上缴税收2.68亿元，同比下降16.77%；实现利润1.53亿元，同比下降62.68%，就业人数4620人，同比减少638人。

【园区规划】 在完成了《怒江兰坪工业园区总体规划》和《怒江兰坪工业园区建设可行性研究报告》修编的基础上，委托云南新世纪环境学会开展园区环境影响评价已通过省环保局审查，此规划成果将 为兰坪园区建设提供科学依据，进一步明确了园区主导产业和发展思路。

【基础设施建设】 园区已开发建设3平方公里，征用土地面积3302亩，累计完成基础设施投资4亿多元，建成了54公里道路网、两座钢筋砼T型梁桥、110kV和220kV两座变电站、58公里供水管网、五座尾矿库和一座污水处理厂，绿化率11%，为入园企业构筑了良好的投资创业平台。一是金顶片区建成一条长3.6KM、宽12米的沥青公路，2座钢筋混凝土T型梁桥，总投资4936万元。二是建成了一座220kV的企业自备变电站。极大地改善了园区投资硬环境。

【组建公司】 为改革投融资体制，探索创立政府引导，企业投资，银企合作的多元化融资的市场化运作方式，积极争取金融机构的专项授信扶持，增加园区信用贷款规模。经县委、县政府同意成立了兰坪工业园区投资开发有限公司，公司的成立将为园区建设提供强大的资金扶持打下了坚实的基础。

【招商引资】 园区管委会不断创新招商手段，积极拓展招商渠道，采取定向招商、委托民间组织招商、上网招商、以商招商等方式，用发展的眼光招商，从单纯的引进资金向引进技术和管理人才转变，从小项目向大项目和高新技术转变，从简单的招商“引”资向招商“选”资转变。随着工业园区承载空间进一步扩大，园区招商引资势头强劲，招商质量不断提高。

【培训就业】 2009年，按“发展产业、引进企业、培训就业”三结合的工作思路，有针对性地对园区失地农民免费进行综合素质和技能培训，积极推荐就业，形成了满足就业、服务企业、形成产业的良好格局。

【服务企业】 管委会树立“企业至上”的服务理念，全力为企业创造良好的发展环境。为切实解决企业生产发展中遇到的融资、技改、招工等问题。对在建企业实行全程跟踪服务，积极协调建设过程中的杆线管网搬迁、当地关系协调等，促使企业早建成、早投产。对新进企业，派专人联系，一跟到底，为企业协调办理入园相关手续。企业从落户园区到建成投产的周期正在呈逐步缩短的趋势。

【队伍建设】 工业园区管理委员会坚持以人为本，充分发挥人的决定性作用，建立了经常性的学习制度，对全体干部职工进行经常性的业务知识及政治理论培训。送职工参加上级组织的培训活动等，采取多形式多渠道，对全员进行培训，培养一支懂经济、会管理，有大局和服务意识的高素质干部队伍。

【社会事务】 2009年，园区管委会进一步理顺内部管理体制，健全科室机构，认真做好党务政务和社会事业工作。均全面完成了县委县政府交办的任务。管委会被表彰为“社会治安综合治理平安”先进单位和先进个人等各种荣誉称号。

临沧工业园区

【简述】 2009年是国际国内经济形势最为复杂严峻的一年，也是临沧工业园区建设发展中“化危为机、难中求进”的一年。一年来，在市委、市政府的正确领导下，在省、市、县（区）各级各部门的大力支持和帮助下，园区管委会以科学发展观为统领，紧扣“扩投资、保增长、调结构、促发展”这一主线，攻坚克难，扎实工作，全面完成年初制定的各项目标任务。

【主要经济指标完成情况】 2009年，园区全年实现产品销售收入5.69亿元，同比增长15.7%；完成工业总产值6.55亿元，同比增长36.7%，完成承诺目标5.98亿元的109.5%；完成工业增加值3.43亿元，同比增长22.5%，完成承诺目标3.36亿元的102.1%；完成财政总收入5128万元，同比增长24.9%，完成承诺目标4723万元的108.6%，其中地方一般预算收入完成2549万元，同比增长21.1%；上划中央和省级税收收入2579万元；园区财政基金预算收入完成2701万元，完成年初预算的108%。与园区建立之初相比，实现了工业总产值增长3倍、工业增加值增长5倍，财政收入增长12倍。

【基础设施建设】 按照一体化发展的要求，通过不断拓展BT、BOT合作模式，有效推进园区基础设施建设。云县片区入园路、临翔片区东一号路、一号桥等13项基础设施建设工程已竣工投入使用；2009年投入1.1亿元启动实施了临翔片区滨河绿化工程等11项基础设施建设项目。园区累计完成基础设施建设投资4.29亿元，完成道路修建10条，完成了给排水、强弱电地下管线21.1公里，道路竣工面积达29.5万平方米，园区主体路网骨架初见雏形，基础设施建设得到了较大改善。

【招商引资工作】 管委会始终把招商引资作为园区建设和发展的第一要务，坚持“走出去，引进来”相结合的招商战略，创新招商方式，重点突出了产业招商、资源招商、项目招商、环境招商和以商招商。年内，先后与省内外120多家企业进行投资洽谈，与60多家达成了入园意向，实际引进企业（项目）10户，新增注册资本金5847.4万元，实现招商引资金额1.53亿元。新引进的10个项目中，6个项目已开工建设，1个项目已竣工投产，3个项目正进行前期准备，招商项目年内实际投资到位资金7.1亿元。项目储备率、入园签约率、资金到位率和项目开工率不断提高。截止2009年底，园区实际注册企业达59户，注册资本金10亿元。

2009年，在建项目23个，总投资16.9亿元，当年完成7.1亿元。

【产业集群发展初具规模】 按照“产业布局合理、功能定位准确、产业导向清晰、产业效益明显”的要求，园区坚持以市场为导向，企业为龙头，项目为抓手，提升核心竞争力为重点，着力优化软硬环境和强化政策措施配套，促进了生产要素的集聚和资源的优化配置，有效推进了园区产业集约集群发展。截止2009年底，园区项目已覆盖水电、矿业、建材、造纸、生物制药、制茶、畜产品加工、食品生产、服务型产业和房地产开发等十大领域，59户园区企业中，工业企业31户，服务业28户，初步形成了企业向园区集中、项目在园区聚集、产业在园区升级和二、三产业协同发展的格局。2009年园区企业实现利税1.67亿元，园区产业聚集优势和经济体制优势初步显现。

【新型工业化发展】 按照“投产企业抓扩规，在建企业抓投产，协议企业抓开工”的工作思路，通过上下联动、合力攻坚，有效推动了园区企业产品升级改造和技术创新，加快推进了园区重点企业项目的建设投产步伐。鑫圆锗业公司通过引进高新技术人才，建立锗业研究所，实施锗金属系列产品深加工，生产太阳能锗单晶、红外锗单晶等高端产品，产品附加值快速提升；临沧南华纸业有限公司年产9.5万吨蔗渣浆纸建设项目进展顺利，即将投产；云南澳华食品公司年加工100万头生猪生产线建设项目建成投产；云南广福药业有限责任公司成功实施二次招商，通过技术改造，实现产品升级，重新打造临沧生物制药品牌；法国拉法基瑞安有限公司投资建设的年产80万吨水泥生产项目已完成启动建设准备。全年，园区企业实际完成固定资产投资6.52亿元，同比增长50.6%。这批企业的发展，有力地推动了全市产业结构的调整和产品结构的优化，为推进全市新型工业化发展注入了新的活力。

【党建工作】 一是深入开展学习实践科学发展观活动，以“三走进三破解”和“三个一”主题实践活动为载体，创新学习方式、明确学习标准，突出实践特色，夯实了科学发展基础，强化了机关效能建设，进一步推动了园区的科学发展。二是以“三力”建设主题实践活动为切入点，进一步加强园区领导班子自身建设。认真组织开展理论中心组学习活动，有针对性地邀请专家学者到园区进行现代经济、政治、法律、规划、环保、建设等时代前沿知识讲座，不断更新知识层面，开阔视野，提升战略思维。严格执行民主集中制原则，做到凡属重大事项坚持集体研究和集体决策，有效维护了班子的团结、民主、和谐。三是以党风廉政建设责任制为抓手，把廉洁从政各项规定贯穿到招商引资、资源出让、工程建设、项目招投标、资金使用和政府采购等各个环节，进一步规范行政行为，增强了机关干部廉洁自律意识和拒腐防变的能力。四是着力实施“人才兴园”战略，抓学习提高、抓培训提升、抓实践锻炼和抓技能训练，优化了人才的培养储备，强化了园区一岗多能和一专多能的复合型人才建设。

【各项社会事务工作同步开展】 在抓好园区建设工作的同时，始终服从和服务于全市的工作大局，认真抓好各项相关工作。一是支持新农村建设和民营企业发展，严格按照组织要求选派骨干力量担任驻企业指导员，切实为挂钩联系点农民群众解决实际问题，较好地完成了挂钩村新农村建设各项任务和促进了挂钩民营企业的创新发展，年内工业园区管委会被市委评定为市级新农村建设扶贫挂钩优秀单位。二是积极实施绿色通道建设工程管护工作。三是认真组织开展“文明单位”创建工作，年内管委会机关被授予区级“文明单位”荣誉称号。四是全面推进行政审批制度改革和政府信息公开，按照“合法、合理、公开、效能、责任、监督”的原则，进一步精简行政审批项目，压缩行政审批时限，简化行政审批程序，规范了行政审批行为，畅通了政府信息公开查询渠道，有效促进了“依法治园”工作的开展。五是扎实开展“五星级”档案室创建工作，顺利通过市政府的评审验收，获得了星级档案室创建的最高殊荣。

第六编

Zhong Dian Da Zhong Xing
Gong Ye Qi Ye

重点大中型工业企业

红塔烟草（集团）有限责任公司

【综述】　红塔烟草（集团）有限责任公司前身是玉溪卷烟厂，1995年改制为玉溪红塔烟草（集团）有限责任公司，2005年12月2日，正式更名为红塔烟草（集团）有限责任公司（以下简称“红塔集团”）。截至2009年底，红塔集团以母分公司形式拥有云南省内玉溪卷烟厂、楚雄卷烟厂、大理卷烟厂、昭通卷烟厂4家不具有法人资格的生产厂；控股海南红塔卷烟有限责任公司、红塔辽宁烟草有限责任公司、香港红塔国际烟草有限公司、老挝寮中红塔好运烟草有限公司；参股吉林烟草工业有限责任公司；拥有云南红塔集团有限公司和云南红塔烟叶物资有限责任公司2个全资子公司。红塔集团拥有总资产811.81亿元，其中，固定资产92.17亿元、流动资产515.94亿元，资产负债率为17.53%。红塔集团（含玉溪、楚雄、大理、昭通卷烟厂）共有在岗员工9929人，其中，博士研究生学历8人、硕士研究生学历257人、本科学历1788人，专业技术聘任人员3698人，高级技师13人、技师684人。

2009年，红塔集团被国务院国资委授予“2008年度信息报送先进单位”、“2009年重点企业信息报送先进单位”荣誉称号；被国家统计局云南调查总队授予“2008年度云南省企业（集团）统计工作先进单位”、“2009年企业集团监测调查统计一等奖”、“采购经理统计调查二等奖”；被国家统计局授予“2007年全国投入产出先进单位”；被云南省人民政府授予“云南省标准化工作贡献奖”；被云南省质量协会、云南省总工会、中国共产主义青年团云南省委员会、云南省科学技术协会、云南省妇女联合会联合授予“2009年云南省质量管理小组活动优秀企业”；被中国文化管理学会授予“中国文化管理十佳单位”荣誉称号；“红塔山”卷烟品牌在《新世纪周刊》主办的第四届“和谐·责任”爱心品牌评选中，被评为第四届“和谐·责任”爱心品牌。同年，红塔集团技术中心被中华全国总工会授予“全国女职工建功立业标兵岗”荣誉称号。

【卷烟生产经营】　2009年，红塔集团（省内玉溪、楚雄、大理、昭通卷烟厂）生产卷烟1697.45亿支（339.49万箱），比上年增长2.12%。内销卷烟生产1664.5亿支（332.9万箱），比上年增长1.87%，其中，一类烟 258.8亿支（51.76万箱），增长13.68%；二类烟2.6亿支（0.52万箱），增长8.33%；三类烟 843.95亿支（168.79万箱），增长25.73%；四类烟431.65 亿支（86.33万箱），下降28.38%；五类烟127.5亿支（25.5万箱），下降1.92%。出口卷烟生产 32.95 亿支（6.59万箱），比上年增长 17.05 %，其中，一类烟 10.25亿支（2.05万箱），增长5.67%；三类烟 13.7亿支（2.74万箱），增长275.34%；五类烟 9 亿支（1.8万箱），下降39.19%。

销售卷烟 1678.65亿支（335.73万箱），比上年增长2.9%。内销卷烟1646.7亿支（329.34万箱），比上年增长2.72%，其中，一类烟261.15亿支（52.23万箱），增长25.16%；二类烟1.4 亿支（0.28万箱），下降42.86 %；三类烟827.7亿支（165.54 万箱），增长23.92 %；四类烟 429.15 亿支（85.83万箱），下降34.65%；五类烟127.3亿支（25.46万箱），增长4.6%。出口卷烟销售 31.95 亿支（6.39万箱），比上年增长13.3 %，其中：一类烟 10.25亿支（2.05万箱），增长5.13%；三类烟13.7亿支（2.74万箱），增长275.34%；五类烟8亿支（1.6万箱），下降45.95%。

全年红塔集团本部及省内四厂实现销售收入402.39亿元，同比增长10.42%。实现税利300.2亿元，同比增长10.08%，其中，税金260.75亿元，同比增长15.64%；利润39.44亿元，同比下降16.46%。三项费用率为9.95%。

控股企业红塔辽宁烟草有限责任公司生产卷烟260.3亿支（52.06万箱），比上年下降0.02%，实现税利27.36亿元，比上年增长9.31%；海南红塔卷烟有限责任公司生产卷烟82.5 亿支（16.5万箱），比上年增长6.93%，实现税利7.12亿元，比上年增长15.21%。

参股吉林烟草工业有限责任公司生产红塔集团品牌卷烟69.7亿支（13.94万箱），比上年下降25.05%。

品牌联营加工生产677.95亿支（135.59万箱），比上年增长0.21%。

集团全年卷烟生产综合能耗2.86千克标煤/万支，烟叶、嘴棒、盘纸平均消耗分别为6.246 千克/万支、1676.78 支/万支、607.1 米/万支，比上年分别增加0.06%、下降14.83%、0.49%，水、电平均消耗为0.087吨/万支、5.19千瓦时/万支。

【主要产品】　2009年，红塔集团新开发了“玉溪”（软和谐）、“玉溪”（软境界）、“红塔山”（软经典100）、“红塔山”（硬国际100）的卷烟，“玉溪”（硬境界）、“红塔山”（硬人为峰）卷烟停产。全年境内销售一类烟261.15 亿支（52.23万箱），同比增长25.16%；二类烟1.4 亿支（0.28万箱），同比下降41.67%。三大品牌“玉溪”、“红塔山”、“红梅”工业销售分别为260.55亿支（52.11万箱），同比增长25.17 %；1079.4 亿支（215.88万箱），同比增长26.43%；871.35亿支（174.27万箱），同比减少7.9 %。“玉溪”、“红塔山”、“红梅”工业销售额分别为253.95亿元，同比增长29.84%；368.31亿元，同比增长30.53%；141.12亿元，同比减少10.43%。“玉溪”品牌全国商业销量位居一类烟第3位，“红塔山”品牌商业销量在全国性重点骨干品牌中排名第2位，在三类烟中销量排名第1位。

【原料保障】 2009年，红塔集团原料工作初步实现了从“种什么买什么”向“要什么种什么”的转变，从传统买卖关系向品牌导向型生产关系转变，从严格工商分离向加强工商协同转变，全年完成国内外烟叶采购432.74万担。制定《核心原料基地单元建设规划》，在全国11个省、43个县，签订了基地单元建设及新烟区开发协议，扎实开展烟叶资源配置方式改革试点工作。在玉溪、楚雄、大理、昭通四州（市）开展600亩的NC297、NC471品种区域适应性试验和肥料梯度试验，绿色有机烟叶种植研究在行业内率先获得国家权威部门认证。采用新的烟叶83级工业分级体系，对193.52万担烟叶进行细化分级，分切打叶、核心模块加工特色工艺取得阶段性成果，原料品质稳定性和使用价值进一步提升。

【科技创新】 红塔集团技术中心成立于1997年，1998年被国家经贸委、海关总署、国家税务总局评定为“国家认定企业技术中心”。2001年5月，经人事部、全国博士后管理委员会批准设立企业博士后科研工作站。2003年3月，技术中心质量监督检测站通过中国实验室国家认可委员会（已更名为“中国合格评定国家认可委员会（CNAS）”）认可，成为国家认可实验室,并于2008年再次通过中国合格评定国家认可委员会（CNAS）现场复评审。技术中心下设产品研究开发一室、产品研究开发二室、香精香料研究室、原料研究室、工艺技术科、工艺管理科、产品策划室、烟草化学研究室、质量监督检测站、综合管理科和博士后科研工作站11个职能科室（站）。2009年3月、8月，红塔集团技术中心挂牌成立了海南技术分中心和东北技术分中心，开展卷烟产品区域化口味特征研究和当地烟叶适应性研究。2009年10月23日，红塔集团技术中心在国家发展和改革委员会公布的国家认定企业技术中心2009年度评价结果中，以81.4分再次名列全国烟草行业第一位，首次排名云南省企业技术中心第一位。

2009年，技术中心不断增强创新能力，突出产品特色，提高产品质量，提升产品市场核心竞争力，在减害降焦、产品研发、原料研究、特色工艺推广、卷烟品牌许可生产均质化加工等方面取得显著成效。申请专利7项（发明专利1项，实用新型专利6项），获实用新型受理专利3项，获实用新型授权专利4项；发明专利初审合格5项，发明专利进入实质审查5项。发表科技论文78篇（国内核心期刊76 篇，国际重要期刊SCI源刊2篇），参与制定标准52项（国际标准1项，行业标准4项，企业标准47项）。年内，申请国家局、云南中烟工业公司鉴定项目14项，获奖14项，其中：国家烟草专卖局科技进步奖二等奖1项，云南省科技厅科技进步奖三等奖3项，云南中烟工业公司科技进步奖10项。

【市场营销】 2009年，红塔集团紧紧围绕“努力打造世界领先品牌”战略目标，继续深化实施“做精做强‘玉溪’，做强做大‘红塔山’”的品牌发展战略，确立“玉溪”在高档品牌中的强势地位，努力把“红塔山”打造成为世界领先品牌。巩固提升“玉溪”和一、二类“红塔山”市场竞争力，发挥“红梅”品牌战略性资源作用，高度关注市场变化，确保价格稳定，加强品牌维护，从而实现品牌“结构不断优化，档次持续提升，价格保持稳定，销量稳定增长”。年内，红塔集团市场营销中心不断深化中心非法人实体建设，完成了组织机构调整，建立了四部一室（业务部、品牌部、物流部、政工部、办公室）、33个省区的组织架构，优化了业务流程，提高集团市场营运、市场调控和市场响应能力。以高端产品销售为重点，深入开展市场推广活动，配合产品上市组织开展了“玉溪·和谐”（软）、“红塔山·经典150”上市推广、“红塔山”（国际100）上市推广等活动。加强市场分析研究，制定集团品牌中长期发展规划，推动建立品牌管理“规划—计划—方案”的战略战术执行体系，重点开展集团各级市场的深度调研，完成《新二类市场的研究分析报告》、《品类初探》、《“红塔三大品牌资源的运用及配置问题”》等10多篇专题研究报告，为三大品牌持续稳定发展提供支持。加强工商协同营销理论探索，按国家局部署，牵头完成《工商协同准确定位研究子课题》和《工商协同营销评价体系研究子课题》的研究。加强工商战略合作，逐步推进与全国33个省（区、市）的战略协同，同22个省级商业公司签订“工商协同战略合作协议”，增强品牌发展的渠道支撑力。8月，挂牌成立市场营销中心东北分中心，完成红塔集团营销团队与红塔辽宁公司营销团队的全面整合，实现资源的优化配置，共同推进东北市场的快速发展。年内，红塔集团市场营销中心荣获“2009年度全国卷烟销售工作先进单位”一等奖。

【多元化经营】 云南红塔集团有限公司原名为云南红塔（集团）总公司，1993年11月10日成立，注册资本56亿元。1996年1月29日，云南红塔（集团）总公司申请注销的同时改制为云南红塔实业有限责任公司；2001年7月24日，公司更名为云南红塔投资有限责任公司；2003年12月25日，公司又更名为云南红塔集团有限公司，为红塔烟草（集团）有限责任公司全资子公司，负责红塔集团多元化经营管理。目前，云南红塔集团有限公司已发展成为跨行业、跨地区、跨所有制经营的集团化企业，投资项目涉及能源、交通、金融、化工、酒店、医药、建材机电、汽车等多个领域。云南红塔集团有限公司内设能源交通、机电建材、物业管理、计划财务、轻化工管理、综合管理6个科。至2009年，云南红塔集团有限公司全资、控股和参股的投资项目69个，公司本部累计实现利润46.49亿元，其中09年公司本部实现利润3.3亿元。

2009年，云南红塔集团有限公司在继续加快处置不良资产，努力盘活存量资产的同时，不断加强对多元化存续企业的监管与考核，努力做实做强被列入“强身圈”的企业，做到瘦身与强身“两手抓、两不误”，大部分投资企业经受住了全球金融危机的严峻考验，实现了经济效益和社会效益双丰收。

【企业管理】 标准化管理。不断完善企业标准体系，组织开展企业标准体系自评，编制并下发集团标准化工作规划（2009~2011）和集团2009年度标准制修订计划表，牵头承担或积极参与行业标准制（修）订13项。2009年，集团成为行业首家通过国家标准化管理委员会现场审核确认的国家AAAA级“标准化良好行为企业”，被列为“国家标准化单位”，被云南省人民政府授予“云南省标准化工作贡献奖”。

对标管理。成立对标工作领导小组，下设对标工作办公室，建立对标联系人制度，以加强全面预算管理、突出成本费用控制作为对标工作的中心环节，引导各中心、卷烟工厂实行标杆管理，在行业公布的40项指标中，集团有23项达到或超过行业平均指标。绩效管理。根据对标管理实践和“四大中心”非法人实体建设的深入推进，修订完善《红塔集团绩效管理制度》、《绩效考核与分配挂钩管理办法》等绩效管理制度，制定《“四大中心”非法人实体建设考核激励管理方案》；对绩效考核指标的设计思路进行调整，完善集团及部门年度关键绩效指标；将对标指标纳入绩效考核体系，提升集团对各部门绩效工资的可控比例；严格考核，增强部门责任意识、经营意识，充分发挥绩效考核的激励作用。

全面质量管理。完善质量管理体系，制定卷烟产品质量综合评价标准，及时下发《红塔集团关于进一步加强质量管理工作的通知》，组织开展质量管理专题调研工作，发布《质量管理工作改进措施计划表》和《质量管理标准修订计划表》，召开多次质量管理专题会议，明确质量事故的主责部门和整改措施，最大限度防止质量事故发生；完善烟用烟料和采购标准中质量指标的检测方法，加强质量风险评估预警机制，启动烟用材料质量控制前移管理考核体系，在进入卷烟生产过程前杜绝原料、烟用材料使用质量风险，建立涵盖安全、卫生、质量、成本以及设备适应性的烟用材料质量综合评价体系，加强质量信息收集和分析，增强防范质量风险的预见能力。2009年，集团产品在行业各级质量抽检中，合格率均为100%。

【信息化建设】 2009年，依照一体化战略规划，集团优化ERP系统，实施管理信息系统深化项目，通过与ERP的完整集成，构建以SAP公司的 ERP管理信息系统为核心，以业务流程整合为目标，满足集团生产经营业务及管理需求的新的红塔集团管理信息系统平台。规范信息建设标准，构建集团数据中心，加快资源整合，加强数据管理，推进信息化项目建设。年内安排建设项目总数21项，其中：竣工项目12项，在建项目9项。通过加强信息化标准体系建设、信息化制度建设、信息化考核等工作，促进信息技术与管理的融合。在信息化建设工作中引入新的管理理念，按照授权与专业化管理相结合的原则，健全管理制度和管理标准，组织编制了《员工代码编制方法》、《半成品代码编制方法》等5个标准，修订并发布了《计算机网络建设标准》等标准。

【合作交流】 2009年，红塔集团加强对外合作交流，先后与沈阳市烟草公司签署工商协同营销合作协议、与广西壮族自治区烟草公司签署战略合作协议、与北京市烟草专卖局（公司）等19家烟草商业企业签订了工商协同营销战略合作协议，进一步明确了工商分工，促进了工商互动，确保了工商双方在思想和行动上的统一。

积极开展国际市场拓展工作，与国际合作企业进行多次交流和沟通，为集团下一步推进以东南亚、东欧和欧洲、南美、中东为主“四大板块”市场开拓打好基础。年内，伊朗国家烟草公司、伊朗工业部及伊朗美西国际烟草有限公司组成的访问团、法国摩迪公司首席执行官维卢泰、老挝政府代表团、印度烟草委员会主席巴布、中国台湾三商福宝公司卷烟经销商和帝国烟草访问团、阿根廷胡胡伊省烟草合作有限公司董事会主席Mr.Del Frari Alino Carlos和越南国家工业贸易部副部长裴春区、越南国家烟草公司董事会主席阮太生、升龙卷烟厂厂长邓春方等到红塔集团访问交流。

【技术改造】 2009年，红塔集团中烟施伟策再造烟叶项目得到国家发改委的正式批复，项目各项工作有序推进。玉溪卷烟厂复烤一车间易地搬迁技术改造项目由中国烟草专卖局发展计划司主持开标，完成总体规划方案招标文件的发售。玉溪卷烟厂新建烟叶存储仓库项目获中国烟草总公司批复，项目购置土地724.6亩，投资总额13亿。元江复烤片烟醇化储备库新建项目获中国烟草总公司批复，项目购置土地95亩，投资总额1.9亿。楚雄卷烟厂易地技改项目年内共启动建设115个工程，分选车间和30万担原烟堆场于9月1日投入使用，场区内一纵三横主干道路全面贯通，给排水工程等已建设完工，联合工房和打叶复烤工房正抓紧建设。大理卷烟厂就地技改项目初步设计方案通过云南省住房和城乡建设厅审查，进入全面建设实施阶段。

【人力资源管理】 2009年，红塔集团扎实推进用工分配制度改革，创新人力资源管理体系，制定《红塔烟草（集团）有限责任公司用工分配制度改革方案》，经云南中烟工业公司批复同意后，于2009年12月1日正式实施。成立人才开发管理科，加大人力资源规划及管理研究、员工职业发展通道建设和专业技术职务管理工作力度。做好专业技术职务的评聘管理工作，集团本部和省内四厂具有专业技术资格的在岗人数达3698人，其中，高职38人，中职1158

人，初职2502人。全年，共举办各类培训560项，培训员工34921人次；通过职业技能鉴定689人次，其中4人通过国家局组织的高级技师鉴定。

注重人才培养，提高员工职业技能水平。在与中国人民大学联合举办的2006级工商管理硕士（MBA）班毕业典礼上，有43名学员取得硕士学位；举办首届以高速机为主的“红塔杯”烟机设备维修职业技能竞赛，10名选手被授予“红塔集团烟草技术能手”荣誉称号，其中4名选手被同时授予“云南中烟工业公司技术能手”荣誉称号；举办首届卷包设备操作工技能竞赛，有20名选手被授予“红塔集团烟草技术能手”荣誉称号；参加云南中烟工业公司举办的第二届云南烟草工业系统烟叶分级职业技能竞赛，有7名选手被授予“云南中烟工业公司技术能手”荣誉称号；参加第四届全国烟草行业烟叶分级职业技能竞赛，有1人被授予“全国烟草技术能手”荣誉称号。

【党风廉政建设】 严格执行领导人员廉洁从业各项规定，集团董事会、监事会成员和党政领导班子成员分别与云南中烟工业公司党组签订《云南中烟工业企业领导人员廉洁从业承诺书》，集团省内四厂纪检监察部门与重点岗位中层管理人员和业务人员签订《廉政承诺书》或《履职承诺书》。成立督察室，加强对集团重大项目、重大采购项目、重大资金使用及工作执行情况的监督检查，建立健全反腐倡廉制度，制定印发《红塔集团贯彻落实〈建立健全惩治和预防腐败体系2008~2012年工作规划〉实施办法》和《红塔集团督察工作规定（试行）》。加强廉政监督，各级纪检监察部门参加工程项目、物资采购、宣传促销招标投标、商务谈判等廉政监督活动1117次，签订《工程建设廉政合同》414份。认真开展反腐倡廉教育活动，全年组织观看正反典型案例警示教育片十几部60场（次），受教育的党员干部职工达3000余人（次）；邀请《中国纪检监察报》的李本刚社长和云南省纪委领导为中层管理人员、纪检委员和部分党员作专题报告；邀请玉溪市检察院领导对物资采购、工程建设、多元化投资等重点部门和关键环节的党员、中层管理人员和业务人员作关于商业贿赂和预防职务犯罪专题讲座；组织重点部门和关键岗位的中层管理人员和业务人员400余人到警示教育基地和监狱实地参观，接受在押服刑人员“现身说法”警示教育；采取廉政教育专题报告会、演讲比赛、廉政座谈会、编发廉政短信、寄送廉政慰问信等形式开展廉政文化教育活动11次，1211人次参与。

【企业文化】 2009年，红塔集团紧密围绕“促进文化落地”的企业文化建设核心工作，大力推进母子文化建设，以行业行为规范建设试点工作为契机，推动集团行为文化建设“上水平”。制定下发《红塔集团深入推进母子文化建设指导意见》，加强对各生产厂子文化建设的管理和指导，深化母子文化建设；以玉溪卷烟厂、红塔辽宁公司为试点，积极推进子文化系统建设，开展红塔母子文化建设交流活动，加快省内四厂、四大中心的子文化系统建设进度；深入开展红塔文化架构体系的宣贯活动，围绕行业文化架构体系和红塔文化理念体系，持续有效地进行红塔文化宣讲和培训；启动行业行为规范文化建设试点工作，形成红塔集团行为规范试点建设实施方案，初步提炼企业窗口岗位和技术研发人员、市场营销人员、原料供应人员的职业行为规范。

【公益事业】 红塔集团热心社会公益事业，全年累计为公益事业捐款近7000万元。

救助灾害：向楚雄州“7·9”地震灾区捐款200万；向乌鲁木齐“7·5”事件受灾地区捐款100万；向大理宾川“11·2”地震灾区捐款100万元；向昭通市捐赠救灾款255万元。

扶贫济困：资助昭通市扶贫工作438万元；向南华县羊草河捐赠扶贫款30万元；资助云南大学贡山县科技扶贫项目款20万元；资助西盟县扶贫款50万元；资助新平县平掌乡扶贫款50万元；资助红塔区小石桥彝族乡扶贫款20万元；资助元江县那诺乡扶贫款15万元；向大理州捐赠扶贫款4万元；资助大理州经济困难大学生100万元；全年累计向贡山县捐赠扶贫款127万余元。

资助教育事业：全年累计资助教育事业3800多万元。其中，向贡山县一中捐赠91.18万元，捐建辽宁省宽甸县青椅山镇希望小学70万元，捐赠大理州农村义务教育事业400万元，资助楚雄州教育事业207万元，捐赠易门县小学基础设施建设款100万元，捐赠玉溪市中小学危房改造款1000万元。

资助环境保护和城市建设：向红塔区生态文明村建设基金捐款300万元，用于改善生态环境；向大理州鹤庆县朵美乡后山村街面硬化工程和大理州鹤庆县松桂镇红塔山文化广场建设分别捐款20万元、35万元；向大理州南涧县捐赠修路款80万元。

其他社会公共和福利事业：向云南省敬老爱民促进会捐款100万元，向云南省老龄事业发展基金会助老工程捐赠20万元，为玉溪市革命烈士纪念碑修缮捐款20万元，全年累计向社会公共和福利事业捐款500多万元。

【任职领导名单】

党委书记　柳万东（~2009.10）
　　　　　谢昆彧（2009.10~）

董 事 长　柳万东

监事会主席　曹　航

总　裁　李穗明

副总裁　张国良（兼云南中烟工业公司巡视员）谢昆彧　蒋顺华　葛孚明　李剑波　王　勇　张建华

党委副书记、纪委书记　施永超

（马红影　雷　帆）

企事业风采

Qi Shi Ye Feng Cai

《云南工业和信息化年鉴》协办单位

（排名不分先后）

云南锡业集团（控股）有限责任公司

云南煤化工集团有限公司

云天化集团有限责任公司

安宁工业园区

云南铜业（集团）有限公司

云南省投资控股集团有限公司

国电宣威发电有限公司

云南路桥股份有限公司

云南驰宏锌锗股份有限公司

云南昆钢现代物流有限公司

云南申创矿业发展有限公司

杨林工业园区

云南云河药业有限公司

云南坤达陶粒工贸有限公司

云南锡业集团（控股）有限责任公司

2009年5月15日下午，中共中央政治局委员、国务院副总理张德江（右二）到云锡考察

云南锡业集团（控股）有限责任公司（以下简称云锡），是2006年经云南省人民政府批准由原来的云南锡业公司整体改制设立，是世界锡行业排名第一的锡生产、加工企业，是世界锡生产企业中产业链最长、最完整的企业。云锡成立至今已有120多年的历史，是国家520户重点企业之一，中国企业500强之一，云南省重点培养的十大企业集团之一，代表着中国锡工业的领先水平，具有较强的国际竞争力。新中国成立以来，国家把云锡作为全国156个重点建设项目之一加以投资建设。经过120多年的发展，云锡已发展成为集地质勘探、采矿、选矿、冶炼、锡化工、锡材深加工、有色金属新材料、贵金属材料、建筑建材、房地产开发、机械制造、仓储运输、国际物流、科研设计和产业化开发等为一体的国有特大型有色金属联合企业，世界最大的锡生产、加工基地和世界最大的锡化工中心、世界最大的锡材加工中心，以及世界级的稀贵金属研发中心。

云锡现有40多个全资、控股子公司，有云南锡业股份有限公司、贵研铂业股份有限公司、YTC资源有限公司三个境内外上市公司。在北京、上海、湖南、深圳、武汉、成都、昆明以及香港、美国、德国、澳大利亚等国家和地区均有下属公司及机构。公司有职工近3万人，全部管辖人口近15万。

云锡主体生产系统现有锡冶炼7万吨、锡化工及锡材4万吨的生产能力。产品以精锡、焊锡及锡材、锡化工系列为主，同时生产铜、铅、锌、镍、铟、银、铋、金、铂、钯、铑、铱、钌、锇、贵金属高纯材料、特种功能材料、信息功能材料、环境、催化功能材料及有色化工产品等共25个系列1474多个品种。有41种产品和设备出口56个国家和地区，企业自营出口创汇连续多年居云南省第一。主导产品“云锡牌”精锡是“中国名牌产品”、国家质量免检产品，国内市场占有率为50%，国际市场占有率达20%，在伦敦金属交易所注册了“YT”交易席位，是国际知名品牌；云锡的两件商标“云锡YT”和“贵研SPM及图”被国家工商总局认定为“中国驰名商标”；锡铅焊料在国内同类产品中唯一获国家质量金奖。公司通过了ISO10012.1计量检测体系认证、ISO9001质量管理体系认证、ISO14001环境管理体系认证和OHSAS18001职业健康安全管理体系论证。

云锡拥有国家级的企业技术中心和全国最大的锡业研究开发机构，拥有世界著名的昆明贵金属研究所。云锡在锡矿采、选、冶、锡化工、锡材深加工、砷化工和贵金属研究等方面具有全国乃至世界领先的技术开发能力，拥有自主知识产权，有先进的采、选、冶生产装备，锡选冶技术和设备居世界领先水平。

云锡坚持以科学发展观为指导，走云锡特色新型工业化道路，强势推进大企业大集团战略，着力打造有色金属产业、新能源产业、稀贵金属产业、房地产及建筑产业、优势特色产业和新兴产业六大产业板块，推动跨越式可持续发展。

主要经济指标完成情况

2009年，云锡同其它全国有色大企业一样，生产经营遭受到了国际金融危机的严重冲击。在省委、省政府的正确领导下，在各级政府部门的大力支持和帮助下，云锡全司干部职工坚定信念、团结拼搏，以高昂的斗志、科学的态度积极应对国际金融危机带来的严峻挑战，及时制定应对金融危机的“双十四条”应急措施和挖潜创效的九大措施，扎实开展“管理创新年”活动，大力推进低成本战略，强管理，降成本，调结构，拓市场，牢牢把握生产经营工作主动权。在全司干部职工的团结拼搏下，云锡已从国际金融危机造成的巨大冲击中稳健走出，圆满完成了省政府考核指标，取得了较好成效。

——全年共完成有色金属总产量10.88万吨，其中：锡产品55898吨，贵金属产品123吨，锡材产量14476吨，锡化工产量10594吨。

——全年实现销售收入110.8亿元，利润总额3.3亿元，利税总额10.6亿元，企业增加值28.5亿元。

科技创新成效显著

2009年，按照“自主研发，积极引进，加速转化，创新发展”的科技兴企战略要求，以昆明贵金属研究所、云锡研究设计院为核心研发实体，着力推进科技创新，充分发挥科技创新在拓产业、调结构、降成本、促发展中的重要作用，不断加大力度用高新技术和先进适用技术改造提升传统产业，优化传统产业和产品结构，实现传统产业结构调整和优化升级，加大力度实现由初加工向高科技深加工转变，加大力度实现从资源依赖型向创新趋动型转变。围绕云锡产业发展及生产经营中亟待解决的重大技术问题，加大科技投入力度，为六大产业板块的打造提供强大的科技支撑，不断提升企业的核心竞争力。

9月17日，中国共产党云南锡业集团（控股）有限责任公司第九次代表大会隆重召开

9月16日晚，云锡控股公司举行庆祝新中国成立60周年职工合唱比赛

围绕锡、铜、铅、镍、稀贵金属、新能源材料产业的发展，研究制订了创新能力平台建设发展规划。以重大项目的实施为依托，进一步加大平台建设投入，提升和完善平台配置，拓展平台研发功能、研发领域，为提高科研工作效率和创新水平奠定了基础，为加快产业发展提供了平台支撑。2009年云锡控股公司被云南省认定为“锡工程技术开发中心”，贵研铂业公司成功申报了“国家级重点试验室”。

通过实施“人才兴企”战略，多渠道、多形式地做好人才培养、引进和使用工作，营造尊重劳动、尊重知识、尊重人才、尊重创造的良好氛围。至2009年末，有各类专业技术人员5523人，设立有色金属冶金、材料学、工业催化三个硕士学位授权点，材料学博士学位联合培养点，建有企业博士后科研工作流动站，高层次人才培养和聚集的功能进一步增强。

集中力量组织实施一批重大科技项目，全年开展科技计划项目119项。高松矿田北段地质成矿规律及找矿研究、卡房钨多金属矿资源开发利用关键技术及产业化研究、红土镍矿综合利用产业化工艺技术攻关等重大技术攻关项目取得阶段性成效，逆酯甲基锡新产品开发、贵金属均相催化剂开发、动力电池材料工艺技术研发取得突破性进展。围绕提高效率、降低成本，提高技术经济指标、资源综合利用等，加快了新技术、新工艺、新装备以及科技成果的转化应用与生产技术攻关工作，全年共实施创新创效项目70项，61个项目取得成效，科技创新创效措施成效显著。贵研铂业公司成为“昆明国家稀贵金属新材料产业化基地”主要承担单位。云锡全年共申请专利38项，其中：受理24项，获授权发明专利12项。锡国家级技术中心省级技考核排名一直居于前三名，2009年在全国575家中考核排名第150名，拥有发明专利排名第34名。7项科技成果获得省级以上奖励。

大力开展节能降耗和发展循环经济

加大力度推进节能减排节支降耗，推进清洁生产，大力发展循环经济，通过提高全流程技术经济指标提高能源、资源利用率，改变高投入、高消耗、高排放、低效率的生产方式。开展好绿色照明进万家活动，共计使用各种节能灯具23500盏，容量822千瓦，年节电550多万千瓦时。加大力度实施节能改造工程，积极采用节能新技术和新设备，加快对采、选、冶、化工生产设备进行节能技术改造，大幅度提高资源的开发利用水平，进一步提高能源综合利用效率。2009年实际完成节能量67198吨标准煤，完成云南省政府考核节能目标的296.6%，云锡荣获“第八届全国设备管理优秀单位”称号，云锡控股公司领导获“第四届全国设备管理优秀工作者”荣誉称号。按照国家有关要求，首次建立和完善了循环经济指标体系。紧紧围绕“两个循环”，抓好循环经济扩展和延伸工作，延伸产业链，推进循环经济产业化的拓展。

重点建设项目加快推进

个旧区域性矿山生产系统优化基本完成，“三大平台”中的1360平台、1600平台以及中央竖井、中央通风井、大马芦竖井“三井”建设加紧施工。老厂3个500吨/日硫化矿基地、松矿高峰山1000吨/日硫化矿基地、采选分公司高峰山1500吨/日硫化矿基地、卡房分矿3000吨/日多金属矿基地建设进展顺利。郴州屋场坪锡矿1500吨/日采选项目竣工并投入了生产。卡房3000吨/日多金属选厂、老厂3000吨/日锡铜硫化矿选厂抓紧施工建设。云锡尾矿库综合治理、开发利用项目抓紧实施。7万吨/年锡冶炼系统技改工程已竣工投产。10万吨/年铅项目建设提速推进，10万吨/年铜项目各项建设工作全面展开。云锡产业园项目、澳炉烟气治理项目、有价金属综合回收基地建设、贵金属资源高效循环利用冶金技术集成及产业化示范项目、元江镍业直流电炉抓紧实施。郴州云湘冶炼厂技改工作抓紧推进。光热光电产业积极推进，云锡同乐太阳能光热产业一期建设项目开始施工；新能源材料及动力电池项目按照公司确定的发展方式和发展目标正抓紧前期各项工作。

抓紧施工的十万吨铅项目工程

“云锡YT”牌商标荣获中国驰名商标称号

公司总部

彩云之南　绚丽云铜

2009年是云铜发展史上极其不平凡的一年，也是公司科学稳健发展，成绩辉煌的一年。面对后危机时代仍然严峻的市场形势和压力，云铜集团深入贯彻落实党的十七大精神，以科学发展观为统领，积极响应中铝公司党组“六个非常”和“一保二压三从紧”的号召，以“管理创新”为主题，坚定“信心为魂、现金为王、降本为先、资源为重、发展为本、安全稳定为基”的基本方略，全面落实“出手要快、出拳要重、措施要准、工作要实”的总要求，进一步确立了“优化结构、突出主业，加强管理，效益优先”的发展思路，构建“两级治理、统分结合、集中管理、分级负责”的管控模式，企业由速度规模型向效益主导型转变，全年实现营业收入190.7亿元，利润8.05亿元目标，圆满完成云南省政府、中铝公司下达的利润目标，为加快云铜集团新一轮发展奠定了坚实的基础。

为把云铜集团打造成中铝优先发展铜板块的核心企业，云铜集团制定了2010-2012年“228163”三年发展规划目标，即到2012年末，实现资源储量2000万吨（其中铜资源储量900万吨，钛资源500万吨，磷资源500万吨，铅锌资源100万吨），自产铜精矿含铜产量20万吨，粗炼产能80万吨，精炼铜产能100万吨，实现销售收入600亿元，利税30亿元。“228163”目标已成为云铜集团做强做优，构建一流企业，打造百年云铜的强大助推动力，全公司干部职工正以昂扬的拼搏斗志开创崭新的未来。

地　址（Add）：云南省昆明市人民东路111号（111 Renmin East Rd.,Kunming,Yunnan,China）
电　话（Tel）：0871-3175096　\ 传　真（Fax）：0871-3124834　\ 邮　编（P c）：650051
E-mail：YCl@email.yunnancopper.com　\ 网　址(Website)：http://www.yunnancopper.com

云南南磷集团股份有限公司

地址：中国云南昆明护国大厦20楼
电话：86-871-3138337 传真：86-871-3179663
邮编：650021
网址：www.yunphos.com

公司简介

云南南磷集团股份有限公司是以氯碱化工、磷化工为核心产业，集研发、生产、经营、进出口贸易为一体的综合性化上产业集团公司。拥有下属全资子公司及中外台资企业23家，职工3000余人。自1997年以来始终保持黄磷和赤磷出口中国第一，从2004年开始成为中国第二大磷酸出口商，连续十年在云南省民营企业中上缴税金和出口创汇名列前茅。

2009年，南磷集团荣获中国制造业企业500强第469名和化学原料及化学制品制造业第30名，中国化工企业500强第79名，中国化工最具成长性企业第30名，全国工商联上规模民营企业226名。是省级企业技术中心，多次获得云南省名牌产品称号。

品牌营销

南磷集团始终奉行“诚实、守信、双赢”的经营理念和“质量是企业的生命”的质量理念，着力打造国际品牌，以质量求生存，以诚信求发展。南磷产品除了畅销国内，还远销美国、澳洲、欧洲以及日本等东亚和东南亚国家。在国际国内市场有口皆碑。YUNPHOS、南磷、金云岭商标深受客商信任。

为更好地服务客户，南磷集团在中国首创使用专用国际标准罐式集装箱装载黄磷和磷酸，并借助自己在广西防城港码头建设的储罐设施用液体散装船大量运输产品。

公司理念　绿色·环保·关爱

循环经济产业链

近年来，南磷集团坚持科学发展观，努力转变生产发展方式，走新型工业化道路。大力发展循环经济，着力打造以氯碱化工和磷化工为龙头，以环境治理、清洁生产为基点，各产业相互支撑、循环利用的产业循环经济发展模式，把氯碱化工和磷化工结合起来，形成了“劣质煤热电——离子膜烧碱——PVC树脂——磷碱产品及深加工——工业废渣制水泥”的一体化循环经济产业链，同时探索了一条矿电结合、碱磷结合、走深加工高附加值的绿色环保发展路子。

目前，南磷集团在云南的嵩明、罗平、陆良、寻甸、禄劝及广西的防城、江苏的泰兴等地建立了生产基地，形成了自备动力电10万KW、聚氯乙烯26万吨／年、烧碱20万吨／年、黄磷10.5万吨／年、磷酸30万吨／年、三聚磷酸钠13万吨／年、电石30万吨／年和电石渣水泥80万吨／年的生产能力。

社会责任

多年来，南磷通过各种形式为新农村建设、希望工程、扶贫救灾、城市基础设施建设共计投入5000余万元。在云南省多个贫困县积极招收当地农村剩余劳动力和城镇再就业人员，建立省市级高校毕业生就业见习示范基地，同时通过自身的发展，惠泽一方，带动贫困地区发展。

云南冶金集团股份有限公司

党委书记、董事长　董　英

党委副书记、总经理　田　永

云南冶金集团股份有限公司是以铝、铅锌、锰、钛、硅五大产业为主，集采选冶、加工、勘探、科研、设计、工程施工、装备制造、内外贸、物流以及冶金高等教育为一体的大型企业集团。集团拥有成员单位50家，其中控股2家A股上市公司。目前已形成采矿200万吨、选矿260万吨，有色金属冶炼80万吨、深加工30万吨，铁合金及工业硅25万吨的年生产能力。集团连续8年入围中国企业500强，综合实力位居全国有色金属行业和云南省属企业前列。

多年来，集团一直秉承“履践先行、勇者无疆”的创业精神，以“改革、创新、责任、诚信、和谐”的发展理念，以“行业领先、世界一流”的目标定位，依靠科技进步，走出了一条“资源节约、环境友好、循环可持续”的新型工业化发展道路。集团主体企业生产工艺、技术装备和环保、节能减排指标处于国内领先、国际先进水平，其中云铝公司和驰宏公司已分别成为电解铝和铅锌生产的标杆企业；云铝公司是全国有色行业、中西部地区工业企业中唯一被评定的“国家环境友好企业”，荣获“中华环境优秀奖”；驰宏公司是国家第一批循环经济试点企业，荣获全国矿产资源合理开发利用先进矿山企业称号。集团拥有1个国家级技术中心、1个博士后科研工作站、1个国家甲级大型综合设计院、1个国家级国际科技合作基地、1个国家示范性建设高职院校，拥有“高铁硫化锌精矿加压酸浸技术”、“IY铅熔炼技术”、“深度净化长周期锌电积”、“云铝CHYG—30型预焙铝电解槽系列技术”等一批处于行业领先、具有自主知识产权的专有核心技术。2000年以来，集团获省部级以上科技成果奖68项，其中获国家科技进步二等奖3项；获授权专利171项。集团先后荣获全国五一劳动奖状、全国模范劳动关系和谐企业、中华慈善奖、中国诚信典型示范企业、全国有色金属行业科技工作先进单位和云南省省属企业管理创新和科技创新优秀企业等荣誉称号。

今后，集团将坚持以科学发展观为指导，以打造代表行业发展方向领军企业为目标，着力建设铝、铅锌、锰、钛、硅五大产业，努力把集团发展成为具有较高社会美誉度、较强市场竞争力和较大行业影响力的国际知名矿业公司。

办公大楼

控股企业云南驰宏锌锗股份有限公司

集团控股企业云南铝业股份有限公司

富滇银行 FUDIAN BANK

领导为富滇银行西双版纳分行揭牌

富滇银行楚雄分行开业

2009年是富滇银行恢复更名后的第二年，恢复更名两年以来，富滇银行经营管理工作全面贯彻党的十七届三中全会、省委八届七次全委会和中央经济工作会议精神，在省委、省政府的正确领导下，在省财政厅、省金融办、人民银行昆明中心支行和云南银监局的指导、帮助下，认真贯彻落实董事会和行党委的各项工作要求，深入贯彻落实科学发展观，立足扩大内需、保持经济平稳较快增长这一重点，紧紧围绕5年战略发展规划确定的总体发展目标和发展战略，积极应对国际金融危机深化和蔓延的不利影响，通过扩规模、调结构、强管理等政策措施，全面深化、整体推进各项改革，经营管理工作迈上新的台阶。

截至2009年末，富滇银行本外币资产总额533.14亿元，全口径存款（按考核口径统计,下同）余额 455.36亿元，各项贷款余额293.58亿元，实现拨备前利润5.97亿元，不良贷款率2.23 %，较上年下降 0.76个百分点，银行卡累计发卡量288万张。全行业务发展逐年稳步、积极推进，资产总量及存、贷款总量持续稳健增长，盈利水平显著提高，资金运行总体平稳，不良贷款及不良贷款率实现“双降”。

业务拓展篇

2009年3月，我行正式面向社会推出上海黄金交易所个人实物黄金延期交收业务（简称T+D业务）。

2009年6月5日 我行与老挝外贸银行在老挝首都万象共同签署双方银行业务合作备忘录。

2009年9月9日，我行与昭通市人民政府签订《银政合作框架协议》。

2009年11月13日，我行被财政部、中国人民银行确定为全国12家储蓄国债（电子式）试点银行之一，正式获准开办储蓄国债（电子式）业务。

2009年，我行先后推出“富滇稳健”、“云南新工业信托”、“兴滇信托”、“云南城投水务单一资金信托”等一系列理财产品。

重要活动篇

2009年3月15日，老挝人民民主共和国党中央政治局委员、政府常务副总理宋沙瓦·凌沙瓦、老挝驻昆明总领事潘大伟、副总理秘书赛萨纳·西提篷一行到我行参观座谈。

2009年6月27日、28日，我行成功协办云南资本市场与产业发展高层论坛暨第二届春城金融论坛。

2009年9月14日，我行与省政协经济委员会共同举办“云南省政协企业家论坛——富滇理财沙龙”活动。

2009年9月23日，由我行主办的云南省铁路建设地方配套资金银团贷款第一次银团会议暨银团合同签约仪式在昆隆重举行。

区域布局篇

2009年3月26日，我行红河分行成立，并在红河州府所在地蒙自举行了开业庆典仪式。

2009年9月4日，我行在云南省大理白族自治州成立分行并举行开业庆典仪式。

2009年11月18日，我行在云南省西双版纳傣族自治州成立分行并举行开业庆典仪式。

2009年11月24日，我行成立小企业信贷专营中心，并举行开业庆典暨中小企业金融产品发布会。我行成为昆明地区首家开设小企业信贷专营中心的金融机构。

2009年12月16日，禄丰龙城富滇村镇银行成立并举行开业庆典仪式。

2009年12月19日，富滇银行瑞丽支行成立并举行开业庆典仪式。

2009年12月24日，富滇银行楚雄分行成立并举行开业庆典仪式。

荣誉表彰篇

2009年4月，我行国债业务荣获2008年云南省国债业务考核评比一等奖。

2009年8月15日，在由银行家杂志社主办的“2009中国商业银行竞争力评价报告”发布会上，我行喜获“2008年最佳公司治理城市商业银行奖”。

2009年11月22日，我行荣获 “2009全国支持中小企业发展十佳商业银行”称号。

云南驰宏锌锗

全国政协主席贾庆林到公司视察　　（王秀芬　摄）

云南驰宏锌锗股份有限公司成立于2000年7月18日，是云南冶金集团股份有限公司控股的A股上市公司，以铅锌产业为主，集地质勘探、采矿、选矿、冶金、化工、深加工和科研为一体的国家第一批循环经济试点企业。公司拥有分公司2个、全资子公司4个、控股公司5个，在云南会泽、昭通，内蒙古拥有多座自备矿山，原料自给率达70%以上，职工9000余人。公司注册资本1007765961元人民币，2009年末资产总额78.4亿元。

云南驰宏锌锗股份有限公司2009年生产铅锌金属27万吨，同比增长0.06%；工业硫酸34万吨，同比增长9%；锗产品含锗16吨，同比增长4.8%；金银产品产量同比增长30%；公司通过推进精细化管理和技改攻关，提升各项技术经济指标，重点考核的16项指标有9项提升明显，其中，析出铅直流电耗达到116.75 Kwh/t，同比下降0.44 Kwh/t，继续保持国内最好水平，铅锌选矿回收率、锌湿法直收率、锌焙烧直收率等经济技术指标接近或达到国内先进水平，可比产品总成本同比下降15%，成本费用控制在历史最好水平。在铅锌市场综合价格比2008年平均下降20%，销售

股份有限公司

收入同比下降17.83%的不利情况下，实现利税总额7.5亿元，同比增长19%；其中，实现利润2.6亿元，同比增长73%，为地方经济发展和社会稳定做出了较大贡献。

公司围绕资源增储，投资6000万元加速老矿区深部和外围找探矿工作，积极实施“走出去”战略，利用境内外“两种资源”。与加拿大塞尔温矿业公司签署框架协议成立合资公司，并获得国家发改委批准，这对进一步加强公司资源保障能力、走向国际舞台、提升行业竞争力等都具有十分重要的意义。在国内，公司不断加大矿权整合力度，与西藏、内蒙等地矿山企业达成了合作协议，完成了昆明弗拉瑞矿业有限公司65%股权控股等工作。

员工风采

2009年，公司充分利用原材料价格处于低位的难得机遇，依托国家、省、市加大固定资产投资拉动经济增长的有利政策，集中力量办理前期环评、征地、融资和启动等工作。全年开展重点项目建设七个，完成固定资产投资10亿元。其中，会泽16万吨铅锌技改项目《项目环评报告》于2009年1月19日获得国家环保部的正式批复，现已进入厂房施工和设备招投标阶段；呼伦贝尔驰宏20万吨铅锌冶炼项目环评审批等前期准备工作正在积极进行中；昭通10万吨锌冶炼项目于6月6日获云南省发改委备案，现已确定厂址，快速开展前期准备工作；昭通2000t/d选厂建成投产，7月23日开始投料试车；研发基地一期工程于12月13日正式投入使用；30t/a锗项目已完成主体建设，进行设备安装调试阶段；800t/a镉项

环境宜人的驰宏公司职工生活小区

云南驰宏锌锗

目湿法部分土建施工也已基本完成。

2009年完成科研投入15,000万元，新申请专利7项，目前公司共拥有授权专利25项，并获得国家高新技术企业认证。其中，“富氧顶吹-鼓风炉强化还原-大极板长周期电解炼铅新工艺及产业化项目”荣获国家科技进步二等奖；“铅锌冶炼烟气制酸环保节能技术的研究与运用”获国家环保部2009年环境保护科技进步三等奖；“矿山废渣胶结膏体充填”和“硫酸铅渣富氧顶吹熔炼关键技术及产业化运用”两项成果分别获得云南省职工百家节能减排创新成果奖；公司承担的滇东北铅锌镉多金属资源综合利用关键技术研究和光纤四氯化锗项目列入国家科技支撑计划。在人才培养方面，公司坚持以科研和项目建设培养和锻炼人才，先后与清华大学、北京有色研究院等科研院所开展多项科技攻关合作，实施在职工程硕士、工商管理硕士人才战略培养计划，培养核心人才，组织不同层级的管理干部600多人，到厦门和昆明两地开展培训；与昆明理工大学签署了《科教战略合作框架协议》，拉开了多专业、宽领域的校企合作序幕。

公司认真落实安全生产主体责任，严格按照“一岗双责”制要求，全面落实安全管理责任，扎实开展综合性安全生产大

驰宏公司的世界首座用于铅冶炼的艾萨炉

驰宏公司研发基地大楼

股份有限公司

检查和岗位危害辨识活动，2009年查出事故隐患27项，下达隐患整改通知书9项，整改反馈8项，组织培训、换证290人次，开展各类事故演练47次，全年实现八大事故为零，在册员工未发生一起生产性工亡事故和重伤事故。在节能减排方面，全年利用余热发电5000万kw·h，三废达标排放合格率达到100%，工业水重复利用率达到96.2%，废水处理后回用9160.7万m3，厂区绿化率达到40%以上。通过了云南省环保厅组织的清洁生产验收和云南省技能减排督察组的检查，公司凭借先进的环保指标，经受住了各级环保部门的检查，得到了国家环保部的高度肯定，树立了环保标杆形象。

2009年12月15日，中共中央政治局常委、全国政协主席贾庆林到公司视察，对公司资源接替、技术创新、节能环保等方面给予了高度评价。国家发改委副秘书长杨伟民、省委书记白恩培、省委副书记李纪恒、副省长罗正富、和段琪，市委书记赵立雄、市长岳跃生等领导也多次到公司考察调研，为公司的发展改革引路把脉。

2009年，驰宏公司在国内870家上市企业中脱颖而出，被上交所授予“2009年度董事会提名奖”，荣获云南省文明单位称号、云南省五一劳动奖状、云南省标准化突出贡献奖、全省节能工作突出贡献奖等多项荣誉。

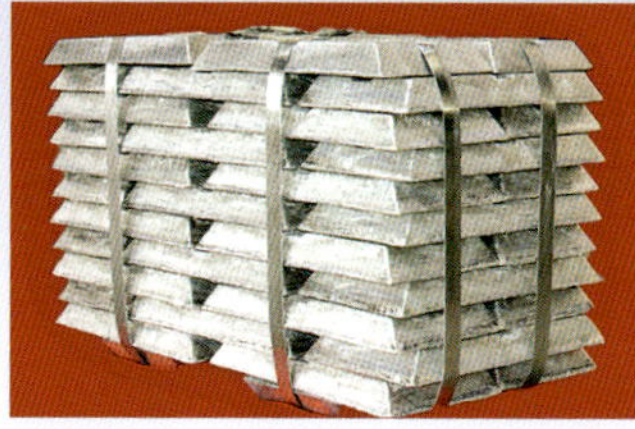
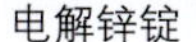
电解锌锭

电解铅锭

驰宏公司生产的锗产品

驰宏公司生产的黄金产品

驰宏公司生产的银产品

会泽数字化绿色清洁矿山全景

国电宣威发电有

团结务实的领导班子

国电宣威发电有限责任公司（以下简称公司）位于云南省宣威市南郊，东枕贵昆铁路，西踏326国道，南倚宣电水库，北邻宣威市城区。公司是由五个投资方共同组建的发电公司，五家股东的参股比例为：国电电力发展股份有限公司41%（相对控股）、云南省投资控股集团有限公司34%、云南耀荣电力股份有限公司10%、云南银塔电力工程有限公司10%、云南电力设计实业有限公司5%。截止2009年12月，公司总装机容量6×300MW，在职员工1317人，离退休员工873人,固定资产原值69.49亿元。公司是目前云南电网第二大火力发电企业，是云南电网重要的电源支撑点，也是中国国电集团公司、国电电力发展股份有限公司在滇最大的发电企业。

公司前身为始建于1958年的云南省宣威发电厂。1960年首台25MW机组投产发电，后经四期工程建设后，至1978年建成4台25MW、2台50MW机组，总装机容量为200MW。一至四期工程建成的6台老机组2001年全部拆除，6台老机组到关停拆除时止累计发电299.77亿千瓦时。

云南省宣威发电厂2000年3月改制为云南宣威发电有限责任公司，2002年1月，又改制为国电宣威发电有限责任公司。

在51年的风雨历程中，公司始终牢记国有企业的使命和责任，继承和发扬云南电力工业的优良传统和作风，艰苦奋斗，开拓进取，破旧立新，抓住国家实施西部大开发和“西电东送” 的战略机遇，分期实施五、六、七期扩建工程，五期扩建工程两台300MW机组分别于2001年1月和10月建成投产，成为国家“西电东送”的第一个投产项目；六期扩建工程两台300MW机组分别于2003年12月和2004年6月投产发电；七期扩建工程两台机组分别于2006年6月和11月投产发电。新机组投产以来，运行情况良好，截止2009年12月，新机组累计发电548.48亿千瓦时。2002年1月至2009年12月，共上缴各项税费16.07亿元。

在注重经济效益的同时，公司还先后投入6亿多元开展节能降耗、节能减排工作。到2009年3月，六台机

公司坚持周一升国旗仪式

机组检修

组全部实现脱硫，每年可削减SO_2排放量3万吨。公司积极推广和使用等离子点火、变频控制、小油枪等节能新技术并取得良好效果，实现了少油甚至无油点火，能耗指标大幅下降。2009年，公司共完成发电量91.63亿千瓦时;完成供电标煤耗率337.47克/千瓦时，较2001年下降24.53克/千瓦时；厂用电率5.78%，在包括脱硫系统的情况下较2001年下降1.42个百分点，节能效果明显。

在做大做强主业的同时，公司还立足实际，大力发展多种经营，着力打造服务地方、服务社会的平台。公司多种经营范围涉及煤炭开发、生产、洗选、运输、销售，建材、商贸、餐饮、信息、粉煤灰开发利用及有色金属矿产资源开发等多个领域。煤炭产业立足电煤供应，滚动开发，由小到大，初具规模；粉煤灰开发利用产业独辟蹊径，等级灰外销省内外多个重点水电站，煤灰砖覆盖全市，灰渣和脱硫石膏供应附近水泥厂。

在各级地方政府的关心支持、指导帮助下，公司领导班子团结带领广大干部员工，坚持以发展为主题，多年来，公司生产安全，员工队伍稳定，经营管理规范有序，党风廉政、精神文明建设成效显著，生产生活环境焕然一新。2002年以来，公司先后荣获“全国五一劳动奖状”、“云南省文明单位”、“云南省劳动关系和谐企业”、“中国国电集团公司四星级发电企业”、“全国电力行业实施卓越绩效模式先进企业”等数十项荣誉称号，为促进曲靖经济社会及云南电力工业的发展作出了积极贡献。

职工文艺晚会

集中控制室

安全月活动

党员突击队

职工生活小区

坚守岗位

撰稿人：殷　林　李拥军　姚丽萍
摄　影：赵　敏　冯　彦　李拥军
电　话：0874-7257109
传　真：0874-7253480
邮　编：655410
地　址：云南省宣威市电厂路一号

中国铁建

昆明中铁大型养路

2009年7月25日，中共中央总书记，国家主席、中央军委主席胡锦涛在云南省委书记、省人大常委会主任白恩培，云南省委常委、昆明市委书记仇和等领导陪同下到昆明中铁集团公司考察。

昆明中铁大型养路机械集团有限公司隶属于国务院国资委管理的中国铁建股份有限公司，始建于1954年。公司肩负着“为铁路强基固本”的神圣使命，全体员工崇尚“诚信、创新永恒，精品、人品同在”的核心价值观，发扬“不畏艰险，勇攀高峰，领先行业，创誉中外”的企业精神，长期致力于铁路养路机械化事业，是中国铁路养路机械行业的领军企业。

昆明中铁通过引进技术、联合开发和自主研发，积累了一批自有技术和核心技术，具备了较强的自主创新能力，形成了清筛、捣固、配砟、稳定等多个系列30多种产品配套的格局，产品遍布全国各铁路局、工程局、地方铁路和城市地铁，市场占有率超过80%，是中国研发制造能力最强、产销量最大的铁路大型养路机械制造和修理基地。为了提升大型养路机械设备的生产能力、创新能力和研发能力，由中国铁建股份有限公司投资在昆明建设国家大型铁路养护设备昆明产业基地，该项目被列为云南省和昆明市的重点项目，一期工程于2010年1月投产，全部工程将于年底竣工，公司的制造能力达到年产大型养路机械300台以上。

大型养路机械是铁路技术装备现代化的重要组成部分，对提高线路质量和作业效率具有重要作用，是确保铁路高速重载和安全运营不可缺少的重要装备。随着中国铁路的技术进步和装备现代化的发展，大型养路机械的综合作业范围覆盖了全国繁忙干线的大修、维修作业主要项目，大大提高了线路维修作业质量，结束了我国铁路依靠人工

2007年11月15日，云南省委书记、省人大常委会主任白恩培（左三）就振兴云南省装备制造业到昆明中铁集团公司调研

2008年8月6日，云南省委副书记、省长秦光荣（前排左二）就加快推进云南省新型工业化步伐到昆明中铁集团公司调研

机械集团有限公司

2009年5月15日，中共中央政治局委员、国务院副总理张德江在国务院国资委主任李荣融，云南省委常委、昆明市委书记仇和等领导陪同下到昆明中铁集团公司考察。

养护的历史，促进了铁路工务修程、修制的改革。在我国铁路历次大面积提速和青藏铁路等新线建设中发挥了不可替代的作用，使我国铁路养路机械的整体技术装备水平进入了世界先进行列。

昆明中铁集团公司将继续坚持“自主创新、突出重点、支撑发展、引领未来”的指导方针，以“掌握世界一流技术、生产世界一流产品、建成世界一流基地”为目标，按照“引进先进技术、联合设计生产、打造中国品牌”的总体要求，坚持“高标准、讲科学、不懈怠”，大力推进原始创新、集成创新、引进消化吸收再创新，全面提升企业的自主创新能力，推进产业结构调整，转变经济发展方式，实施精益化管理，把企业做大做强，建设成为世界一流的铁路养护机械设备基地，为铁路装备现代化贡献力量。

全国文明单位

产业基地组装车间

大型养路机械在青藏铁路唐古拉山作业

大型养路机械在提速线路上进行维修作业

QS-650全断面道砟清筛机

DWL-48连续走行捣固稳定车

地址：云南省昆明市官渡区羊方旺384号
网址：www.kcrc.com.cn
邮编：650215
电话：0871-3920888
传真：0871-3920051

云天化集团

2009年5月14日，中共中央政治局委员、国务院副总理张德江在国务院国资委主任李荣融，云南省省委常委、省委秘书长杨应楠和副省长和段琪的陪同下，到云天化集团安宁草铺工业园区视察。

2009年9月8日，由云天化集团投资援建的扶贫项目——龙陵县腊勐乡云天化沙子坡希望小学落成典礼。图为云天化集团董事长董华（右一）、工会主席李维育（左二）代表集团接受龙新乡赠送的锦旗。

云天化集团是以云天化集团有限责任公司为母公司，控股一批生产经营型子公司的产业集团。云天化集团有限责任公司的前身云南天然气化工厂，是我国二十世纪七十年代引进国外成套设备建成的13家大化肥企业之一，始建于1974年，1977年建成投产，1991年被评为首家云南省国家一级企业。1997年，云南天然气化工厂整体改制为云南省人民政府授权经营的国有独资有限责任公司。2000年，云天化集团总部由云南省水富县搬迁至昆明市。

改制前的云南天然气化工厂是一家以氮肥生产和经销为主营业务的化肥生产企业。改制以后，特别是进入新世纪以来，云天化集团紧紧抓住一系列重大历史性机遇，开始了在搞好生产经营的前提下，通过技术改造、资本运作、新项目建设、产业整合等重要手段，走低成本扩张道路发展壮大企业的探索，打造了磷复肥、玻纤新材料、磷矿采选等一批在国内外具有比较优势的产业平台，形成了“以肥为主、相关多元”的产业结构和产品结构，企业的生产经营和改革发展上了一个新台阶。2005年，云天化集团营业收入超过100亿元，排名中国石化行业销售收入和综合效益前十强，跻身中国化工前三强；2007年营业收入超过200亿元；2008年营业收入超过300亿元，排名中国企业500强第219位；2009年云天化集团排名中国企业500强第194 位，同时排名中国制造业500强第97位、中国化工企业500强首位、中国化肥企业100强首位。

2009年，是云天化集团发展史上最为困难的一年。2008年四季度以来，随着全球金融危机的不断蔓延，云天化集团既要面对来自国内外市场持续低迷的直接冲击，又要面对危机和关税政策频繁变动所造成的“两高库存”计提减值的巨大压力，还要面对天然气供应紧张、化肥运价上调等一系列非危机因素的影响，集团生产经营经受了前所未有的严峻考验。面对复杂而困

云天化集团磷化工产业生产基地-马龙产业黄磷装置

有限责任公司

难的经营形势，云天化集团以“积极应对金融危机，确保正常生产经营”为年度工作中心，采取了一系列行之有效的措施应对危机，确保了集团全年生产经营和各项工作的正常开展。2009年四季度，云天化集团结束连续亏损13个月的被动局面，实现当期盈利，集团实现触底回升，企稳向好。

2009年末，云天化集团拥有总资产576亿元，净资产136亿元，控股“云天化”、“马龙产业”、“云南盐化”三家上市公司。

2009年9月9日，云天化国际红磷分公司年产80万吨硫酸装置一次性化工投料试车成功。该装置是一套技术较为先进、配套完整的节能环保型大型硫磺制酸系统，其中配套的云南省首套引进的HRS低温位热能回收装置从美国孟莫克公司引进，可充分利用余热蒸汽发电，降低污染，节能效果明显。

位于晋宁县昆阳磷矿的云天化集团矿山复垦植被区鲜花大道

位于安宁市草铺工业园区的云天化集团磷肥生产基地

位于昆明市滇池路的云天化集团有限责任公司总部园区

南天电子信息产业股份有限公司

南天电子信息产业股份有限公司（简称南天信息），是集软件开发、系统集成和金融设备与其它信息化产品的开发、生产为一体的国内著名的IT信息化服务厂商，于1999年8月18日在深圳证券交易所上市。南天致力于信息产业高新技术的研发和推广应用，具有二十多年实施金融行业和国家部份重点行业信息化建设工程的丰富经验，具备较高水平的IT专业服务业务能力和技术积累。

南天信息的经营管理机构及软件研发机构设立于北京，金融设备生产、研发中心设立于昆明。南天信息两大主营业务：信息化产品与IT专业服务，分别从事于各类信息化产品的研究开发、制造、销售、技术支持和售后服务；提供行业应用软件和整体解决方案的IT专业信息服务。南天信息在国内设立了6个区域性子公司，分别为北京南天信息工程有限公司(负责北方区)、上海南天电脑系统有限公司(负责华东区)、广州南天电脑系统有限公司(负责华南区)、昆明南天电脑有限公司(负责西南区)、西安南天电脑系统有限公司(负责西北区)、武汉南天电脑系统有限公司(负责华中区)，并在全国各大中城市设有办事处，形成了覆盖全国的应用开发及销售服务体系。另外，还设立了两个专业公司即北京南天软件有限公司和深圳东华科技有限公司。

南天信息在中国金融行业市场及IT专业服务业中具有突出的优势地位。通过遍布全国的区域公司和分支机构与中国金融行业及其它行业进行广泛的合作，南天信息已成为中国金融电子信息市场最主要的金融专用设备产品供应商及IT专业服务提供商。

南天SMT生产线

南天PR2系列高级存折打印机

南天软件

中国电信股份有限公司云南分公司

2009年6月25日，云南省委副书记、省长秦光荣出席“云南省96128政务信息查询专线”开通仪式。

2009年5月17日，云南省人民政府与中国电信等三大央企签署通信领域战略合作协议。图为：云南省副省长和段琪（右）中国电信党组书记尚冰（左）在签字仪式上。

2009年12月28日下午2点30分，中国电信云南公司第一百万名“我的E家”用户在昆明分公司中心营业厅产生。

2009年7月6日，由中国电信云南公司建设维护的云南文明网上线开通仪式在昆明举行。

2009年是中国电信股份有限公司云南分公司(简称“中国电信云南公司”)发展史上具有里程碑意义的一年。这一年中国电信实现全业务运营，迈出了企业转型发展的关键一步。一年来，通过深入学习实践科学发展观，坚定不移地推进聚焦客户的信息化创新战略，积极探索全业务运营规律，全面实施“跨越计划”，实现了全业务开局之年的平稳健康发展。

深入学习实践科学发展观，为加快发展转型注入活力。通过开展学习实践科学发展观活动，进一步推动中国电信云南公司科学发展的思路，以“跨越计划”为载体，坚持边学边改，边查边改，提出了6大类、21个整改项目、71项具体整改措施，解决了一批制约中国电信云南公司发展的突出问题和涉及群众切身利益的现实问题，得到广大党员干部和群众的高度评价，群众满意度达到98.77%。

积极探索全业务运营规律，经营工作取得可喜成绩。2009年完成业务收入49.55亿元。在收入保持增长的情况下，非话收入占比稳步提升；移动通信服务收入稳定增长；集中解决了一批基础服务问题，全业务服务标准达标率超过95.9%。

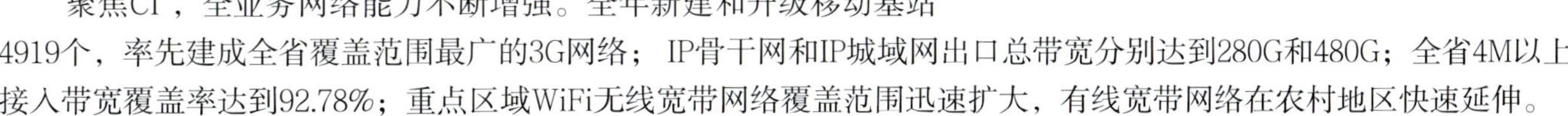

聚焦CI^2，全业务网络能力不断增强。全年新建和升级移动基站4919个，率先建成全省覆盖范围最广的3G网络；IP骨干网和IP城域网出口总带宽分别达到280G和480G；全省4M以上接入带宽覆盖率达到92.78%；重点区域WiFi无线宽带网络覆盖范围迅速扩大，有线宽带网络在农村地区快速延伸。

强化精确管理，资源配置能力逐步提高。建立风险预算调控机制；强化责任预算管理，关注资源产出效益，有效降低终端补贴占收比，缩短重点业务量收管控周期，提高重点滚动资源的使用效益；优化投资结构，关注信息化和ICT等项目的实施，保证重点业务的投资；加强网络资源管理工作，营业前台资源确认率达到95%以上，自动配线率达到70%以上。

创新体制机制，全业务运营能力得到增强。实施一体化组织绩效管理试点；建立省级SBU管理模式；推进省级财务共享中心（SSC）建设工作，实现网络资产分公司全省一本帐集中核算；不断完善内控体系建设；加强干部队伍和后备人员队伍建设，稳步开展人力资源机制创新试点，促进人员的合理流动，为逐步调整员工队伍结构创造条件。

云南德胜钢

云南省委书记白恩培在楚雄德钢视察

云南省省长秦光荣在德胜钢铁公司视察

集团再度与韩国SK、越南VPS公司签约

云南德胜钢铁有限公司位于神奇秀美的滇中腹地，素有“恐龙之乡”和“化石之仓”之美誉的禄丰县。这里四季如春，风光秀美。

公司创立于2000年8月，集炼铁、炼钢、轧钢、发电、矿产资源开发、国际贸易为一体，主要产品有规格齐全的螺纹钢、盘圆、盘圆螺纹钢材系列产品，以及氧气、氮气、氩气等化工产品。目前具有150万吨铁、150万吨钢、150万吨材的综合生产能力，是云南省最大的民营钢铁制造企业。公司占地4000余亩，员工3500余人，拥有各类专业技术人员500余人。

云南德胜钢铁有限公司是ISO9001：2000国际质量体系和ISO14001EHS/OHSMS环境/职业健康安全管理体系认证企业，公司生产的“德威”牌系列产品荣获云南省名牌产品、国家质量免检荣誉称号，深受用户好评，市场占有率不断增加。公司创立以来，始终坚持“以人为本、科技创新、铸造品牌、追求卓越”的质量方针，强化企业内部管理，积极拓展国内、国际市场，在各级党委、政府以及社会各界的大力支持下，取得了显著的经济和社会效益。公司荣获“全国就业与社会保障先进企业”荣誉称号，是云南省国有企业改革重点示范企业之一，被云南省委、省政府授予云南省“云岭先锋”流动红旗先进单位、“非公有制企业参与国企改革先进

铁有限公司

企业”、“云南省非公经济优强企业”和“非公有制企业纳税大户”、重点扶持的十大“倍增企业”“云南省扶贫先进集体”、“云南省社会光彩事业先进集体”和云南省“双10户”工业企业，连续多年名列全国私营企业纳税百强排行榜前10位，2007年名列全国私营企业纳税排行第21位，公司被评为“全国优秀民营科技企业”、“中国黑色金属冶炼及压延加工业纳税百强企业”，公司总经理李贵国被表彰为“全国优秀民营科技企业家”。

公司在抓好生产经营的同时，重点完成了四期技改建设项目，实现了产业升级，提升了装备水平，为公司今后发展奠定了良好的基础。在技改工程中，同步配套建设了污染治理设施，投资建设了综合污水处理循环利用工程和高炉煤气余热、余压发电等一大批资源综合利用项目。到目前为止，公司自发电量达到了总用电量的58%，污水处理量达到3500m3/h，污水循环使用率达到95%以上，节能效益显著，市场竞争力进一步提高。

公司在生产经营中，始终对产品质量给予高度的重视。产品质量稳定，性能指标优越，售后服务到位，公司产品幅射四川、重庆、云南、广西、贵州以及东南沿海诸多城市，部份产品已远销东南亚等海外市场。一大批国内外著名企业已和公司结成了稳固的战略伙伴关系，如中冶十四公司、中钢集团、陕西鼓风机集团、四川仪表集团及澳大利亚FMG矿业公司、韩国SK商社、大宇集团、越南VPS集团等。同时，集团还积极参与到国家重点工程建设中，如国家重点三峡工程、贵州盘南电厂、溪骆渡电站、向家坝电站及遵渝、贵昆、西攀、昆攀、大丽等国家重点高速公路工程都有公司产品的成功运用。

德钢公司愿与社会各界携手并进，共铸辉煌。

楚钢制氧厂

办公大楼

现代化的高速线材生产线

楚钢炼钢生产

产品螺纹钢

一汽通用红塔

6万辆下线庆典仪式

机器人生产线

一汽通用红塔云南汽车制造有限公司，其前身是一汽红塔云南汽车制造有限公司，2009年全面进入一汽通用合资公司体系，成为一汽通用公司的控股公司。公司承担着轻型载货汽车、工程车、轻型客车系列产品及其零部件和总成的生产。具有双班年产整车10万辆的综合能力。

厂区面积127万平方米；生产建筑面积19.81万平方米；机构设置为13个职能部门、6个专业厂。现有在岗员工2708人。

驾驶室装焊生产线引进日本狄原公司技术，全封闭阴极电泳涂装生产线，其冲压、焊接、油漆、总装四大工艺自动化水平居国内轻卡行业前列。

产品研发实现计算机辅助设计和网络化管理；三维设计采用UG NX4、CATIA等软件；引进了美国Delimitek-USA(德利科技)公司的三坐标测量机，运用逆向工程进行产品三维数据设计。引入UG NX4机械运动分析软件、I-DEAS有限元分析软件进行产品设计分析论证；引进日本大限数控加工中心，模夹具全面采用计算机辅助设计，与产品设计实现数据共享。

云南汽车制造有限公司

2001年通过ISO9001：2000版质量体系认证；2003年通过“3C”认证。2004年当选为“全国五一劳动奖状”企业。2006年通过国家标准化良好行为AAA级认证，同年确定为“国家汽车整车出口基地企业”。2007年列为云南省“创新型试点企业”。2008年认定为“云南高新技术企业”；2009年产、销量分别达到7万辆和6.9万辆；几年来商品车出口东南亚、美洲、中东等20多个国家和地区。

把安全、节能和环保作为新产品开发的重点方向，转变发展方式，调整产品结构，实施产品技术升级，淘汰落后产品，加大产品综合技术性能提升工作力度，提高燃油经济性，降低尾气排放。2009年“商用车操纵性能改善QC成果”获中国机械工业质量管理协会三等奖。“解放霸铃综合技术开发”获云南省科学技术进步类二等奖。

以信息化建设为突破口，拉动基础管理水平提高。加大信息化建设的投入，提升公司CAD/ CAE/ CAM应用水平和产品开发能力；加强了PDM/CAPP系统的功能完善与升级管理，进一步统一编码和数据管理，促进了销售、财务、整车档案等管理系统的软件应用升级；改善员工信息化办公条件，提升了员工的工作效率和公司的信息化应用水平。

围绕一汽集团轻型车的规划目标，借助美国通用的管理经验和资源，集聚股东优势，加速技术进步和管理创新，推进“学习型企业”创建工作，实现既定经营目标：近期到2011年实现产销10万辆；中期到2015年实现产销20万辆；再经过几年的努力，迈上30万辆产销台阶。

云南航天工

高原型节能灶

高原型节能灶

云南航天工业总公司（简称云南航天总公司）隶属中国航天科工集团，是军民结合的国有大二型企业。云南航天总公司地处昆明国家经济技术开发区，占地43万平方米（648.5亩），建筑面积20万平方米。现有职工总数906人，其中各类专业人员247人。

2009年，云南航天总公司累计实现工业总产值2.02亿元，完成年计划的101.3%，同比增长22.3%；累计实现营业收入4.02亿元，完成年计划的101%，同比增长29%；实现工业增加值4650万元，完成年计划的107%，同比增长11%；实现利润615万元，完成年计划的153%，全面完成了集团公司下达的各项经营目标。在岗职工年人均收入28258元，同比增长超过16 %。

2009年，为适应云南航天总公司快速发展的需要，对云南航天电器有限公司进行了调整重组，注销其独立法人资格，设置为云南航天总公司的分公司，使云南航天总公司本部真正实现了实体化，进一步理顺了主业产品的管理、研发与生产流程。

2009年，昆明制冷设备厂破产工作小组以坚定的政治信念，科学严谨的工作态度，求真务实的工作作风，认真学习破产的有关政策、法律法规，全面完成了昆明制冷设备厂政策性破产工作。

2009年，云南航天总公司全年没有发生死亡事故、重伤事故。有害作业点检测合格率为96%，一般隐患整改完成率100%。2009年年末，在中国航天科工集团公司安全生产考评中自评分达到80分以上。

通过多年新产品的开发，截止2009年底，云南航天总公司先后开发了炊事车、宿营车、车载炊事设备、车载锅炉、节能炉灶、燃烧器、大板车厢和方舱等七大系列产品。通过技术创新，各

业 总 公 司

项技术性能指标达到了国内先进水平，为进一步研制更高性能的节能减排加热设备奠定了基础。

云南航天总公司党委、纪委结合实际，制定了《关于贯彻落实〈国有企业领导人员廉洁从业若干规定〉的具体实施办法》和《云航总公司贯彻落实〈建立健全惩治和预防腐败体系2008-2012年工作规划〉的具体实施方案》，并进一步完善“三重一大”决策制度，强化对权力运行的制约和监督；开展成本管理效能监察工作，促进企业经济效益提高。

高原型节能灶

源天地而動

源天简介

云南玉溪源天生物产业开发有限责任公司是集产、学、研为一体的综合性生物产业开发企业。位于玉溪市峨山县小街镇源天生物产业园，占地面积650亩，产业集群包括：20万吨/年复混肥、有机-无机复混肥、有机肥, 8万吨/年食用油脂, 10万吨/年生物柴油, 300吨/年除虫菊原药和5000吨/年植物原药及公共卫生制剂。

集团下设多家分公司，汇聚大量行业专业人才，拥有先进完备的硬件、软件管理体系，与多家大专院校和科研机构建立了长期的合作关系。依托“双百”工程省级重点项目的实施，以“源天地而动”为企业理念，致力于打造国际化的生物产业集团。

环保作业的生产理念

源天生物坚持“崇尚自然，关爱环境”的环境管理方针，利用高新技术发展生物产业，遵循“资源-农产品-农业废弃物-再利用”的循环经济理念，变废为宝，将大量难利用和利用价值低的农业系统产物进行资源化利用，实现最大限度的转化增值。

全程质量管控体系

源天生物生产管理部、质检部等各职能部门紧密配合，从进厂原料、生产工序中间控制、成品检验等环节进行全程质量跟踪和保障，以确保公司出厂产品符合国家或行业标准的要求，保证出厂产品合格率100%。　公司通过ISO9001：2008质量管理体系，ISO14001：2004环境管理体系的认证。

强大的科研力量

为实现公司的可持续发展，源天生物引进管理、研发、技术、生产等各类人才近百人，并与中国农科院、中国农大、南京农大、西北农林科技大学、中粮集团无锡科学研究设计院、中科院昆明植物研究所、云南农业大学、云南烟草农业科学研究院、红塔集团、玉溪市烟草公司、玉溪市农业科学研究院、玉溪市土肥站等多家科研院所建立了长期合作研发关系，使公司在生物产业领域的技术研发中始终处于行业的最前沿。

云南黄金矿业集团股份有限公司是由云南地矿总公司（集团）作为主发起人，于2001年8月29日联合上海国金投资有限公司、云南冶金集团总公司、昆明金马源生物工程有限公司、中国地质大学、北京矿冶研究总院共同注册设立了云南地矿资源股份有限公司。2009年年初，公司引进深圳大百汇、北京易初莲花、北京康巴拉等三家战略合作伙伴，顺利完成了增资扩股，建立起了较为规范的现代股份制企业。2009年5月18日，更名为“云南黄金矿业集团股份有限公司”，公司具有规范的股份制公司框架和法人治理结构，下设有38个分子公司、矿山、控股公司及参股公司，辖5个规模型黄金生产矿山。公司以矿产资源的勘查、矿产品开采、选冶和销售为主营业务，是一家集探、采、选、冶、贸产业一体化的现代企业。

集团公司现有员工1947人。其中，博士生2人，硕士研究生28人，高级专业技术人员100人，中级专业技术人员225人，拥有一个专业技术门类齐备、人才层次合理、装备优良、研发能力强的专业技术型团队。

公司设有科技研发部门，组建了以外聘院士为牵头人的专家委员会和精干的科研队伍，配备了先进的科研设备，每年从公司销售额中提取一定比例的科研经费，以保障公司科技创新的可持续进行。目前，已有多项科技创新成果运用到地质勘查和矿山生产中，其中，“西南三江南段有色金属基地勘查成果”获国土资源部科学技术一等奖，“西南三江铜、金多金属成矿系统与勘查评价”获国家科技进步一等奖；“万象平原钾盐矿勘查评价”获国土资源部科学技术一等奖，云南省德钦县羊拉－鲁春铜多金属矿化集中区评价、云南省鹤庆县北衙铁金多金属矿详查、云南省金平县长安金矿详查等三个项目获得国土资源部2006年度全国地质勘查行业优秀找矿项目一等奖，获得国土资源部2006年度全国地质勘查行业先进集体称号。公司生产的“滇金”被认定为上海黄金期交所履约交割金锭之一。

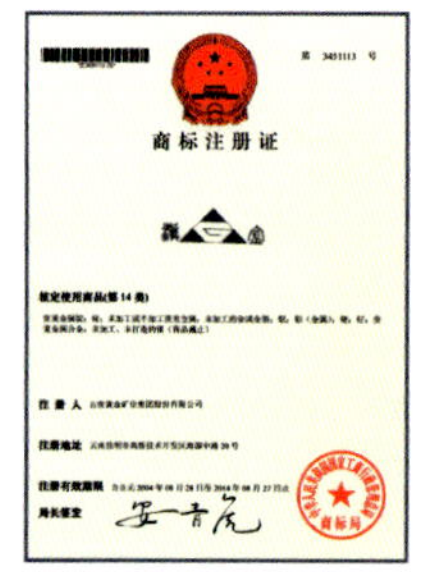

产品规格

“滇金”投资金条，纯度大于99.99%，主要规格：10g、20g、30g、98g、168g、500g。并提供个性化的定制服务，量身打造个性化产品

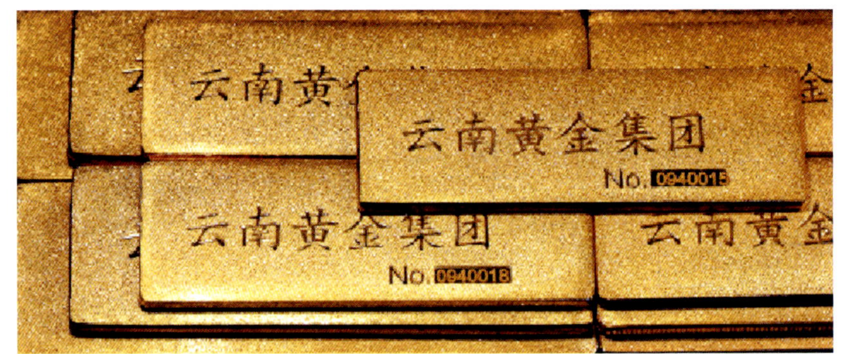

云南临沧鑫圆锗业(股份)有限公司

云南省副省长和段琪（右二）到公司视察

董事长　包文东

云南临沧鑫圆锗业股份有限公司，前身为临沧地区冶炼厂，注册资本9360万元，具有30余年的锗生产历史，公司以雄厚的资源优势为依托，以市场为导向，以经济效益为中心，积极开展高端产品，是国内唯一拥有锗矿采选、精深加工及研发一体化，锗产业链较为完整的锗生产龙头企业和高新技术企业。2005～2009年连续五年保持锗生产和销量全国第一，2009年锗产品销售量占全国总销售量的45%，全国第一、亚洲之首。主要产品有:二氧化锗、有机锗、区熔锗、锗单晶、锗红外光学元件、红外光学锗镜头、太阳能级锗晶片等，通过了ISO9001国际质量管理体系认证。

公司先后被国家及省市政府相关部门评定为“高新技术企业”、“云南省百户优强工业企业”、“云南省创新型非公有制企业”、“重合同守信用单位”、“科学技术进步单位”、“工商企业诚信单位”、“劳动关系和谐企业”等，董事长兼总经理包文东被评为全省百名优秀企业家。

2010年2月26日，公司顺利通过了中国证监会的核准，于2010年6月8日挂牌上市成功，成为了国内唯一一家主营业务为锗生产和加工的上市公司。

2009年末员工人数402人，其中，锗晶体专家4人，科技带头人11人，大专以上学历人员占员工总数的29.6%，拥有一支专业从事锗精深产品研发的专业队伍。率先成立了第一家锗业研究所，拥有以中科院及工程院院士为核心的外部技术支持团队10人。承担着国家十一五科技支撑计划项目“光电子产业锗系列产品开发关键技术研究”中的“高效率太阳能电池用锗单晶及晶片产业化”和“超高纯锗单晶及应用技术研究”两大子课题的研究开发。目前已成功地研制出了高效率太阳能电池用锗单晶片，填补了国内空白，为公司进入锗高端市场奠定了坚实的基础。至2009年12月，公司已获得和授权的专利6项，其中发明专利5项；先后承担了国家锗行业标准制（修）订项目14项，已颁布实施12项；获得省、市科技进步奖3项。

2010年1月，经国家科学技术部审批，授牌认定临沧为“临沧国家锗材料高新技术产业化基地”，公司被授牌认定为“临沧国家锗材料高新技术产业化基地骨干企业”。

云南金鼎锌业有限公司

YUNNAN JIN DING XI YE YOU XIAN GONG SI

2005年8月26日公司十万吨电锌项目投产典礼

云南金鼎锌业有限公司是云南省和四川宏达集团强强携手合作，以增资扩股的方式组建而成的集采、选、冶一体的有色冶金企业，是云南省十一户重点企业集团（公司）之一。公司一期建设项目已建成年产10万吨电锌规模，各条生产线工艺、设备先进，流程畅通，各项生产技经指标达标。2009年公司完成工业总产值（现价）17.04亿元，实现销售收入19.43亿元，完成工业增加值9.54亿元。

2009年在生产经营外部环境急剧恶化的严峻形势下，公司及时调整经营策略，采取应对措施，强化管理，狠抓落实，各项工作取得了显著成效。技术创新和技术进步工作取得新进展，全年共开展83项员工“五小”技术创新项目，上报优秀技术创新成果39项，氧化矿选矿工艺技术已经取得了实质性的突破。公司技术开发中心经省工信委组织评审，取得了省级企业技术中心的资格，属怒江州第一家省认定企业技术中心。安全生产实现全年死亡事故为零的好成绩，重、轻伤事故率明显下降。在环保治理和减排工作上，强化了检测监控手段，落实防治规划和措施，严格开展自查自检，杜绝偷排、漏排和违规排放行为。节能工作公司全年完成节能量6819.9吨标准煤，完成年计划的227.33%。重点项目建设方面，公司努力推进二期年产10万吨电锌重点项目的筹备、建设工作，已完成了项目设计工作，并作好了开工前的准备，确保了项目一旦获得批准，即可进入开工建设。

公司办公大楼外景

10万吨电解锌生产线

云南省玉溪市峨山墩煌钢铁有限责任公司

采矿化验

高炉循环水坝

矿山一角

云南省玉溪市峨山墩煌钢铁有限责任公司是一个以生产铸造生铁为主导产品的冶炼企业，是峨山县具有较大生产能力和发展潜力的钢铁企业。其生产的低硫、低磷铸造生铁是生产机床铸件必不可少的原料，是峨山优质铸造生铁的原料基地。

峨山墩煌钢铁公司位于峨山县境内，属省级玉溪研和工业园区(峨山县城东郊工业区五里箐)，距离峨山县城6公里，公司地址紧靠213国道，交通十分便利，公司占地面积80余亩，现有职工400余人，其中助理工程师以上技术人员10余人。公司于2008年通过了能源审计和清洁生产审核验收，公司现有255m^{3}炼铁高炉一座，配套一条带式烧结机生产线，可年产生铁15万吨。墩煌钢铁公司通过与玉溪恒茂铸造有限责任公司和峨山恒昌东兴铸造有限责任公司的参股合作，组成了由恒茂公司控股的联合企业，已真正形成集采矿、选矿、冶炼、铸造一体化产业完整的强有力的企业联合体。

公司生产车间一角

怒江供电有限公司

云南电网公司总经理廖泽龙（右）与怒江州州长签署公司重组协议，开启怒江电力发展新纪元

怒江供电有限公司总经理杨勇(前右三)深入建设工地检查指导工作

怒江供电有限公司下辖泸水、兰坪、福贡、贡山四个分公司，设党委办、办公室、资产财务部、电力调度、电网规划建设等十六个部门，担负着全州4县29个乡镇52万城乡居民和工农业生产生活用电的保障任务。

公司现拥有110千伏变电站7座，设计容量55万千伏安，在运行容量48万千伏安，110千伏开关站9座，110千伏线路1011.5千米；拥有35千伏变电站 23座，变电容量8.45万千伏安，35千伏线路606千米，10千伏线路2580千伏，已形成110千伏辐射全州四县，35千伏连接各乡镇，与云南主网220千伏和迪庆电网联网运行的主网架，“电矿结合，东西互动”的战略格局基本形成。

公司组建以来，紧紧围绕“矿电强州”和“三基地、一品牌”的战略目标，解放思想，坚持电网适度超前的科学发展观，团结和依靠全体干部员工发扬了众志成城，共克时艰的敬业精神，最大限度地确保了全州城乡居民生产生活用电，为全州经济社会发展做出了积极贡献，电力对全州国民经济增长的贡献日益凸现，逐年提升。

在全省“一张网，全覆盖”的战略目标深入推进下，公司顺利上划云南电网公司，开启了怒江电力发展的新纪元，这是怒江各族人民共享改革发展成果，实现怒江“二次跨越”的重大历史机遇。公司广大干部员工满怀期待，充满信心。站在新的历史起点，公司将在云南电网公司的领导下，充分认识在技术、人才、安全生产管理等方面与南网的差距，勇于面对存在的问题，紧紧依托南网大平台，共享南网技术、管理、人才、资本优势，促进怒江电力产业改造升级、持续发展，立足怒江，服务怒江，为实现怒江“二次跨越”作出新的更大的贡献。

110KV福黄输电线路跨越海拔4300米的碧罗雪山段

110Kv金鼎锌业变电站厂景

公司办公楼

云南昆钢煤焦化有限公司

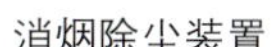

消烟除尘装置

煤调湿装置

干熄焦装置

云南昆钢煤焦化有限公司（以下简称“公司”）成立于2007年12月，注册资本12亿元人民币。公司是昆钢控股公司的全资子公司，是一家跨地区从事煤焦化一体化生产经营的企业集团。公司下属安宁分公司及昆明焦化制气有限公司、云南昆钢燃气工程有限公司、师宗煤焦化工有限公司三个全资子公司。公司现拥有8座焦炉，炉型分别为2座58-Ⅰ型、2座JN60-3型、2座JN43-80型和2座JNDK43-99D型焦炉，一套140t/h干熄焦处理设施（正在建设75t/h、90t/h的两套干熄焦处理设施）、一套15万吨焦油深加工装置、一套5万吨苯加氢化产品深加工装置。公司的主要产品有焦炭、焦炉煤气、粗苯、轻苯、重苯、焦化苯、焦化甲苯、焦化二甲苯、非芳烃、煤焦油、工业萘、煤沥青、混合蒽油、粗酚、洗油、脱酚酚油、软煤沥青、燃料油、硫酸铵、工业硫磺等20种化工产品。2009年，公司生产焦炭255万吨、商品煤气8.59亿立方米、化工产品23.8万吨，实现销售收入46.76亿元，利润总额1.76亿元。截止2009年底，公司资产总额33.29亿元，净资产17.14亿元。

云南云河

董事长　刘　剑

总经理　胡松谋

云南云河药业有限公司（简称云河药业）前身是国有的云南省个旧市制药厂，始建于1958年，坐落在人杰地灵的世界著名锡都——个旧市。2002年初按现代企业制度改制为民营股份有限公司。经过多年的艰苦努力，云河药业已发展成为国家“GMP认证企业”、“高新技术企业”、“中药现代化企业”和“云南民营优秀科技企业”。2006年9月，“云杉牌”龙血竭胶囊获得美国FDA认证，取得了进入美国市场的通行证。

云河药业现占地52亩，建筑面积30000余m2；总资产10680万元，净资产5000余万元。拥有新建的符合GMP标准的大容量、小容量注射剂、片剂、胶囊剂、颗粒剂、散剂、糖浆剂、酊剂、口服溶液、合剂、中药原料药、滴丸剂等12个剂型的九条现代化药品生产线。云河药业依托云南省得天独厚的天然药物宝库和东南亚地道天然药材资源，挖掘中华医学精华的传统医药、民族药秘方，多年来先后研制出具有自主知识产权的，畅销国内外的“云杉牌”虎力散、虎力散胶囊、香果健消片、龙血竭、龙血竭胶囊、败酱片等国家中药保护的特色品种，另外还有四十多个传统中药品种和西药品种共六十多个规格的产品。“云杉牌”商标被评为“云南省著名商标”、“云杉牌”虎力散（云南风湿灵）被国家外经贸部授予“出口产品品质优良”荣誉证书，“云杉牌”龙血竭胶囊被评为“云南名牌”产品。

云河药业现有员工300余人，其中大专以上学历的占53%，拥有各类技术职称的占61%。拥有覆盖全国31个省、市、区的办事处和经销商队伍，并成立了海外市场部，积极拓展国际市场。目前，公司已进入高速发展阶段。

云河药业坚持“以人为本，科技创新，和谐共赢，共同发展”的理念；以“根植民族医药，服务人类健康”为宗旨，与时俱进，奋发向上，为发展和振兴中华民族的传统医药作出积极的贡献。

3-03胶囊操作

药业有限公司

技术中心

2-03注射剂

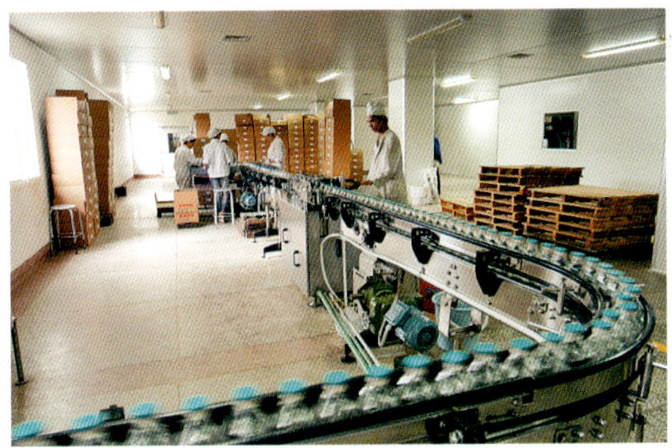

2-05注射剂

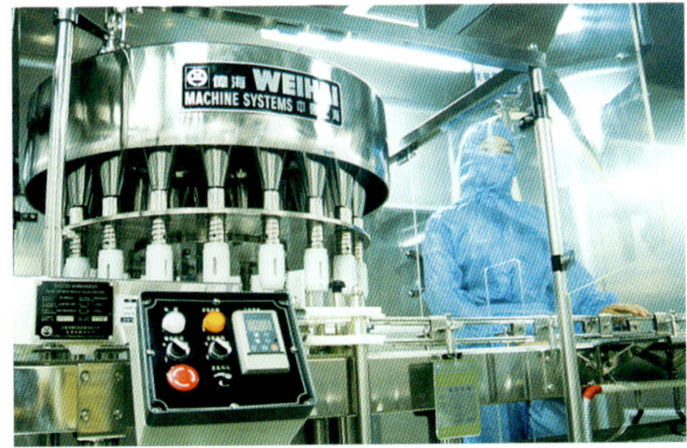

2-01 CJ-0注射剂

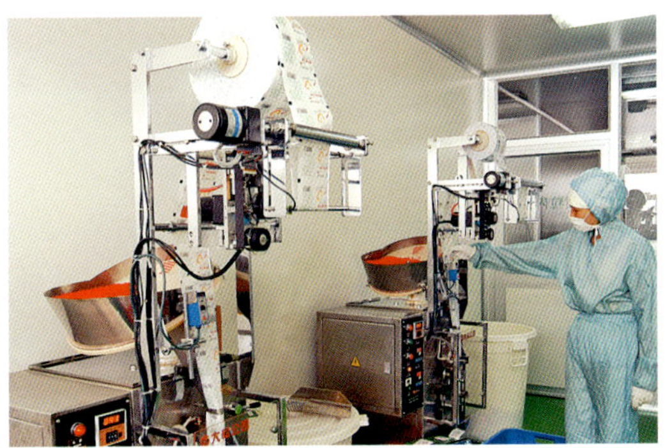

生产车间

云河药业
YUNHEYAOYE
云南云河

公司系列产品:

国药准字Z53020999
龙血竭胶囊
Longxuejie Jiaonang
活血散瘀，定痛止血，敛疮生肌。用于跌打损伤，瘀血作痛，妇女气血凝滞，外伤出血，脓疮久不收口。
0.3g/粒×12粒/板×3板/盒
云南云河药业有限公司

复方龙血竭胶囊
Fufang Longxuejie Jiaonang
12粒/板×2板/盒
云南云河药业有限公司

国药准字Z53020999
龙血竭胶囊
Longxuejie Jiaonang
0.3g/粒×12粒/板×2板/盒
云南云河药业有限公司

国药准字Z53020808
虎力散胶囊
云南云河药业有限公司

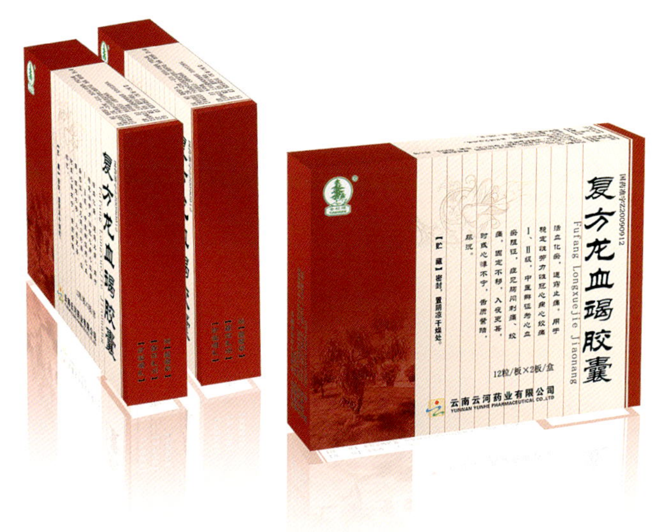

药业有限公司

公司系列产品：

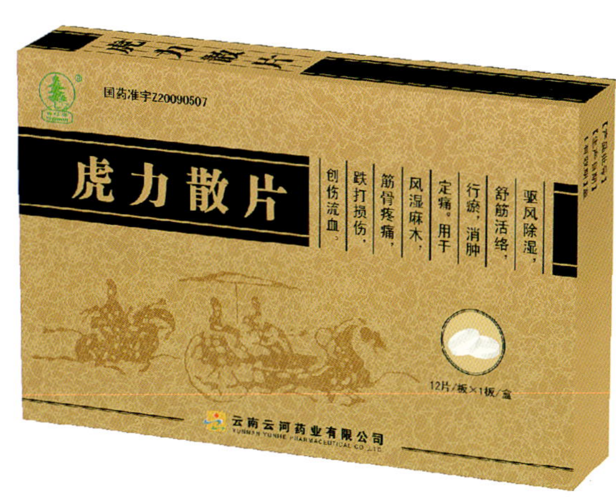

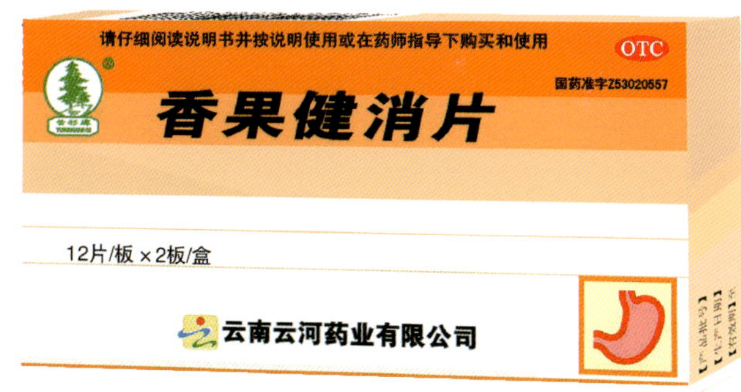

生产基地地址：云南省个旧市老阳山
邮　　编：661000
电　　话：0873-2122589
传　　真：0873-2169128
销售公司地址：云南省昆明市高新区海源中路30号
邮　　编：660106
电　　话：0871-8303288
传　　真：0871-8350368
公司网址：http://www.ynyunhe.com
公司邮箱：yunhezjb@163.com

云南盐化股份有限公司

YUNNAN SALT & SALT CHEMICAL Co.,Ltd.

云南盐化股份有限公司（英文名称：YUNNAN SALT & SALT CHEMICAL Co.,Ltd.，以下简称“公司”）前身为云南省盐业总公司（国有全资公司），是由云南轻纺集团有限公司作为主发起人，联合云南有色地质矿业有限公司、云南创立投资管理有限公司、云南省国有资产经营有限责任公司、云南省开发投资有限公司、中国盐业总公司、安宁市工业总公司，于2002年7月以发起设立方式设立的股份有限公司（国有控股公司）。公司注册资本18,585万元人民币，其中，云南轻纺集团有限公司占股本总额的43.38%。

2003年6月，云南省实施化工行业整合，云南轻纺集团有限公司整体划入云天化集团有限责任公司，云天化集团有限责任公司成为公司的实际控制人。

2006年6月，公司7000万A股股票在深圳证券交易所上市，成为云天化集团有限责任公司控股的第三家上市公司。

公司是由5个生产企业（昆明盐矿、一平浪盐矿、乔后盐矿、普洱制盐分公司、天塑分公司）、1个全资企业（云南天聚化工有限责任公司）、2个控股企业（云南普阳煤化工有限责任公司、文山黄家坪水电开发投资有限责任公司）、4个参股企业（勐腊天勐对外经济贸易有限责任公司、云南天南冶化工有限责任公司、云南四方化工有限公司、云南云天化联合商务有限公司）和遍布全省的15个营销分公司组成的大型盐和盐化工企业，同时也是云南省政府授权唯一经营合格碘盐的企业，现有装置的年生产能力为：100万吨精制盐、15万吨PVC（聚氯乙烯）、13万吨烧碱、12万吨电石、6万吨芒硝，经营范围包括食盐、工业盐、营养盐、日化盐、芒硝、PVC、烧碱、盐酸、液氯、电石等系列产品。

云天化集团云南盐化股份有限公司远景

公司于2003年8月通过ISO9001质量管理体系认证，2005年3月通过ISO14001环境管理体系认证，2006年3月通过OHSAS18001职业健康安全管理体系认证。

公司坚持“盐为基础、盐化结合、协调发展”的产业发展战略，充分利用云南丰富的盐矿资源，大力发展盐和盐化工产品及深加工产品，扩大经营规模，丰富产品结构，降低运营成本，提高产品的科技含量和市场占有率。同时，强化内部管理，努力开拓国内外产品市场，培育成本领先优势，把公司打造成为一个管理规范、运转高效、经济效益不断攀升、具有较强竞争能力和抗风险能力的优秀盐和盐化工企业。

云南昆钢水泥建材集团有限公司

党委书记、董事长 丁华辉

总经理 李元华

昆钢集团公司党委书记、董事长王长勇到新型建材厂调研

云南昆钢水泥建材集团有限公司（以下简称公司）是昆钢实施“主业优强，相关多元”发展战略，于2008年12月成立的控股子公司。集团公司现有员工2100人，专业技术人员177人，高级职称7人，中级职称51人。公司现有10个分子公司，其中：红河建材熔剂有限公司、云南昆钢新型墙材厂、镇康水泥建材有限公司、师宗分公司和云南昆钢工业废渣利用开发有限公司为独资控股分子公司；云南昆钢嘉华水泥有限公司、保山昆钢嘉华水泥有限公司、曲靖昆钢嘉华水泥有限公司、大理昆钢金鑫水泥有限公司和宾川县大丰工贸有限责任公司为合资控股子公司。

公司以科学发展观为指导，充分利用昆钢固体废弃物资源大力发展建材产业，走一条资源综合利用高、环境污染小、社会经济效益好的新型工业化道路，力争2015年达到销售收入56.47亿元，实现利润5亿元，为昆钢创造更好的社会效益和经济效益。

公司现有两条日产2000吨新型干法水泥熟料生产线、一条日产3000吨新型干法水泥熟料生产线、两条日产4000吨新型干法水泥熟料生产线，一条年产60万吨粒化高炉矿渣微粉生产线，一条年产30万立方米蒸压加气混凝土砌块生产线、一条年产20万立方米蒸压加气混凝土砌块生产线，一条年产1亿块混凝土砖生产线、三条年产5000万块混凝土砖生产线。每年可向社会提供各等级新型干法水泥520万吨，粒化高炉矿渣微粉60万吨，蒸压加气混凝土砌块50万立方米，混凝土砖2.5亿块。公司在红河州建水县建设一条日产2000吨新型干法水泥熟料生产线于2010年2月10日点火，在临沧市镇康县建设一条日产2000吨新型干法水泥熟料生产线计划今年6月6日点火，此外，在本部拟建一条年产150万吨的钢渣硅酸盐水泥生产线。根据云南省委省政府及昆钢集团的安排和部署，公司实行“以战略重组为主”的发展战略，2010年水泥产量将突破1000万吨，将公司打造成为云南省水泥建材行业具有较强影响力的大型企业。

新整合的大理昆钢金鑫水泥公司

建设中的紫燕日产2000吨水泥生产线

昆钢嘉华绿化日产6000吨水泥生产线

云南瑞升烟草技术

云南瑞升烟草技术（集团）有限公司（以下简称瑞升集团）前身为云南瑞升科技有限公司于2001年3月由云南烟草研究院香精香料中心改制而成立的科技孵化型高新技术企业。公司经过业务拓展不断发展壮大，于2005年11月组建成立云南瑞升烟草技术（集团）有限公司。瑞升集团致力于卷烟减害技术和产品的开发，并充分利用废弃烟草资源开发具有显著减害功能的再造烟叶、新材料，依托云南的自然资源不断开发独具特色的香精香料。

瑞升集团利用企业灵活的机制和体制不断发展壮大，先后被认定为国家高新技术企业，2009年被国家知识产权局认定为“第四批全国企事业知识产权试点单位”。2008年被云南省政府认定为云南省优强工业企业，2009年认定为“云南省创新型试点企业”，创新型非公有制企业。瑞升集团作为一个新兴的高新技术企业，这几年取得了飞速的发展，企业也不断壮大，目前已经发展成为国内卷烟配套技术和材料领域中重要的开发和生产企业。

瑞升集团以降低卷烟的危害和加大对烟草废弃物的综合利用为核心目标，系统集成相关的技术，瑞升秉承现代化公司的管理模式，特别重视技术、产品的研发和市场营销，把成熟的产品成立专业化公司负责专业的生产，构建哑铃型的创新型高新技术企业。

瑞升集团拥有原值超过4千万元的科研仪器设备，能对对烟草中各种特征化学成分及主要有害成分进行分析。公司现已申请专利92项，其中发明专利78项，专利已有28项获得授权，瑞升集团成果转化率达到71.4%。在科研项目方面公司获得各类科研奖项44项。公司拥有自主研发相关产品的小试、中试线、生产平台和成果转化平台。

净油提取设备

新办公大楼

（集团）有限公司

特色高品质造纸法再造烟叶产品

滤嘴棒用颗粒

三元多孔颗粒

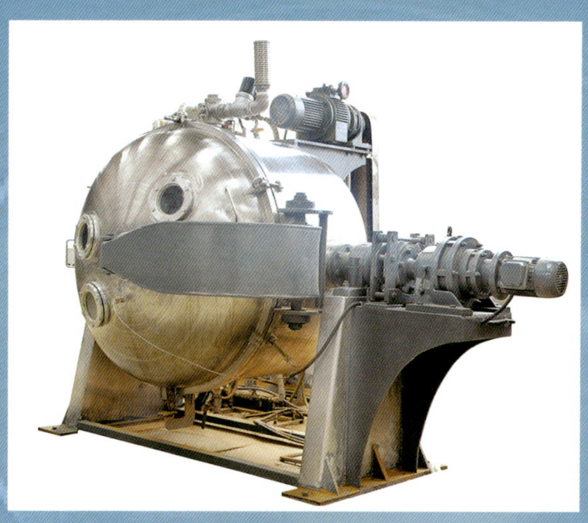

烟草真空加料设备

云南省通信产业服务有限公司

云南省通信产业服务有限公司是中国通信服务股份有限公司出资设立的全资子公司。中国通信服务股份有限公司是经国务院同意、国务院国有资产管理委员会批准，在国家工商行政管理总局登记注册成立，在香港联交所主板成功上市的大型国有企业，由中国电信集团公司控股。公司为各通信运营商、设备制造商、专用通信网及社会公众客户提供通信网络建设服务、外包服务、内容应用及其他服务等。2008年公司被评为昆明市级文明单位。

云南省通信产业服务有限公司拥有先进的技术、齐全的业务、良好的业绩、完备的资质、广泛的本地化服务网络和独具特色的一体化信息化服务模式，以及具有经验丰富和良好执行能力的管理团队。

公司组织架构

中国电信集团公司
↓
中国通信服务股份有限公司
↓
云南省通信产业服务有限公司
↓
- 云南邮电工程有限公司
- 云南邮电规划设计院有限公司
- 云南奋进通信工程监理有限公司
- 云南电信网信集团网信物业管理有限公司
- 云南省通信产业物流有限公司
- 综合部、财务部、人力资源部、市场部、风险管理部
- IT业务中心
- 信息服务中心
- 工程维护中心
- 营销中心
- 软件服务支撑中心

卓越的项目实施能力、丰富的管理运营经验

区域领先地位

云南省通信产业服务有限公司是云南省最强的通信网络建设、信息化建设服务的一体化集成服务公司。具有强大的网络建设及维护能力，是云南通信传输网、移动通信2G、3G网、宽带数据网的主要建设公司。

拥有各类国家级资质

目前拥有“计算机信息系统集成贰级资质”、“涉及国家秘密的计算机信息系统集成乙级资质”、“软件企业CMMI3认证”、“通信工程总承包二级及建筑智能化专业承包三级资质”、“软件企业认定证书”、“ISO9000质量管理体系认证证书”、“电信增值业务经营许可证”等多项资质和许可证。

←2009年6月公司通过美国SEI（Software Engineering Institute）组织的认证达到CMMI Level3水平。

信息系统集成资质

人才济济的员工队伍

云南公司总员工4000余人，各类专业技术人员1800人，其中具有高级职称100余人，中级职称400余人，项目经理200人，软件工程师资格200余人。

国际项目合作经验

中国通信服务已开展国际业务的区域：亚洲、非洲、中东地区、南美洲。云南省通信产业服务有限公司代表中国通信服务在开展东南亚、南亚区域的通信建设国际业务，已开展的国际合作项目国家：马尔代夫、老挝、沙特、印尼、也门、柬埔寨等。

通信网络建设专业化服务项目案例

可提供建设规划设计、施工、监理服务

为各通信运营商提供传输网，骨干网、数据宽带网、接入网，移动网，2G移动网（GSM、CDMA），3G移动网（CDMA2000、WCDMA、TD-SCDMA），卫星通信，微波通信等技术服务、施工及监理业务。

可提供信息化建设一体化解决方案

政府信息化 电子政务项目建设、法院信息化管理平台建设。成功案例：云南电子政务一期、二期、三期、四期建设项目；昆明市中级人民法院综合信息管理系统。

教育信息化 农村中小学校远程教育、大学数字校园平台。成功案例：贵州农村中小学现代远程教育工程（百亿工程）；广西农村中小学现代远程教育工程；云南农村中小学现代远程教育工程一期、二期、三期。

企业信息化 电子商务平台。成功案例：红塔烟草（集团）有限公司楚雄卷烟厂异地搬迁项目计算机网络系统；云南电信空中充值平台。

社会信息化 视频监控、呼叫中心项目。成功案例：昆明、大理、迪庆、曲靖等地平安城市项目。

软件开发 已具有的自主知识产品：POWEREGE认证服务器；大理全球眼维护管理系统。

图一：由云南省通信产业服务有限公司建设施工的卫星通信地面站工程；图二：云南省通信产业服务有限公司设计完成的信息化建设一体化示意图；图三：网络集成、软件开发、网络维护是中国通信服务云南公司主营之一。图为正在进行系统测试。

可承接通信网络运营的整体业务流程外包项目

通信网络维护 基于运营商的网络建成后的网络维护（管线维护、设备维护和基站维护）外包承接。成功案例：云南电信C网基站、网络维护；云南电信IT系统支撑维护。

网络优化 基于已运营网络的能力提升和系统升级业务（网络监控中心的建设、移动网络优化）的外包。成功案例：云南电信统一充值系统。

网络运营 呼叫中心、短信彩信平台、互联网业务的经营外包。云南电信10000号、C1000号。

图四：维护工程师正在进行设施运行情况检查；图五：云南邮电工程公司正建设c网基站施工现场。

以人为本　回报社会

“以人为本，回报社会”是公司企业文化核心价值观和行为准则的主要内容。多年来公司一直践行自已的价值观，2008年先后组织500多人次、近100万元物资参加贵州抗冰雪、汶川抗震救灾活动。2009年7月9日楚雄州姚安县光屯乡发生6.0级地震的第一时间，云南邮电工程有限公司立即组织3只设备通信抢修小分队，1只线路抢修小分队，带着蓄电池、发电机、照明设备、电源线等奔赴楚雄、南华及牟定地震现场，投入通信抢险中。

图六：云南省通信产业服务有限公司董长赵俊达、总经理卿德明亲临四川灾区指挥抗震救灾

图七：2008年汶川大地震中，云南省通信产业服务有限公司参与在漩口通信抢险中成绩卓著，使电信成为漩口第一家通信抢通的运营商

图八：云南省通信产业服务有限公司赴贵州通信抢险员工冒着风雪抬运通信电杆

公司地址：昆明市北京路605号驰宇大厦　邮编：650051　传真：0871-3147268　电话：0871-5120188

杭仙湖水长清

云南省

GROUP LIVING IN YUN

集团创始人李明定，现任董事长兼总裁李建鹏（右）

团结奋进的领导班子

云南省活发集团位于玉溪市红塔区春和镇刘总旗工业区，距中心城区三公里。集团成立于2008年8月，注册资金2.5亿元，集团创始人李明定，现任集团董事长兼总裁李建鹏。

改革开放后，李明定从事木材生意及建筑等积累了一定的资金，于2000年2月承包玉溪市刘总旗钢铁厂，后更名为玉溪市刘总旗活发钢铁厂，在不断完善经营理念和正确的方针指导下，企业稳步发展壮大。继承包玉溪市刘总旗钢铁厂后，公司相继收购成立了勐腊县新山矿业开发有限公司、玉溪金鹿运输有限公司、云南省华瑞房地产开发有限公司、玉溪市福玉钢铁有限公司、玉溪祥华冶炼有限公司、西双版纳州活发大酒店、峨山小法·矿山、玉溪市平安商贸有限公司、玉溪市刘总旗水泥厂、玉溪市师旗宏东冶炼有限公司、玉溪市莲池冶炼有限公司、玉溪市大营街水泥制造有限公司、玉溪市强豪矿业有限公司、西双版纳银通大厦、玉溪市再生物资利用有限公司等企业。经过10余年的艰苦创业，形成了以钢铁生产为龙头，集采矿、冶炼、建筑、建材、化工、运输、商贸、住宿、餐饮服务为一体的“云南省活发集团”。

2008年云南省活发集团被省委省政府评为云南省100强企业，受到省委省政府的表彰。2009年底云南省

活发集团

NAN PROVINCE ISSUED

活发集团拥有资产总额29亿元，所有者权益总额15.57亿元，集团下属企业27家，现有职工6000余人。2009年实现产值40.33亿元，销售收入37.07亿元，利税5.27亿元，完成工业增加值6.15亿元，上缴国家税收3.23亿元。

云南省活发集团在自身发展的同时，勇于承担社会责任，积极参与公益事业。近年来集团为抗震救灾，捐资助学、抗旱救灾、扶贫捐赠等公益事业累计捐款数千万元。在各级政府的领导下，集团将继续努力，做大做强，为构建和谐社会作出新贡献。

云南省活发集团活发大酒店

云南路桥股

董事长　鲁仕泽

云南路桥股份有限公司是经云南省人民政府批准，由1999年经分立式改制设立的云南省第四公路桥梁工程有限责任公司整体变更成立。其前身云南省第四公路桥梁工程公司成立于1952年。

云南路桥股份有限公司由云南省第四公路桥梁工程公司、中国平安保险、中交投资、云南省交通规划设计研究院、浙商创投等五十六家股东组成，注册资本35000万元，是云南省交通系统唯一的国有控股企业；具有对外经营许可权、公路工程施工总承包壹级资质及各项路桥、隧道专业承包壹级资质、机场道路工程专业承包贰级和市政公用工程贰级资质，是云南省交通系统骨干施工企业，也是云南交通系统第一家规范运作并准备上市的股份制企业。

公司总部设有12个职能部门和1个省级技术中心。下辖5个投资开发公司，14个工程处，32个项目经理部。现有员工1488人，大专以上学历476人，其中研究生9人；各类专业技术人员661人，

中华全国总工会主席尉健行亲切接见公司董事长

公司领导班子

份有限公司

其中高级专业技术人员47人，中级专业技术人员151人，初级专业技术人员463人；各类技术工人376人；取得全国一级建造师执业资格60人，二级建造师执业资格63人。拥有国内外著名厂家生产的桥梁、隧道、路面、路基等成套的专业施工及检测设备共1000余台/套，总功率10万余千瓦。具有年完成产值20亿元以上的生产能力。

公司的经营范围：公路、桥梁、隧道、水利、市政、房屋等工程建筑以及工程测绘、新材料的研制与应用、道路监控系统的研制与开发；对生物工程、房地产、电力、旅游、环保、信息产业的投资；承包境外公路工程和境内国际招标工程以及上述境外工程所需的设备、材料出口；对外派遣实施上述境外工程所需的劳务人员。

楚大高速公路

公司的经营战略：以昆明为中心，立足本省，面向全国，走出国门。

公司成立以来，逢山开路，遇水架桥，共修建各种等级公路4000余公里（高速公路近300公里），高等级路面400多万平方米，各类大中型桥梁300余座，计长约4万米，隧道3万余米。“八·五”、“九·五”、十·五”、“十一·五”以来，积极参加了省内外重点高等级公路的建设和临沧机场主跑道工程、泸沽湖机场专用公路建设以及昆明市、安宁市、楚雄市、大理市等主要市政工程的建设。

碧鸡关隧道

公司视质量为企业的生命，严格执行全员质量管理，继2000年通过ISO9002质量管理体系认证后，2004年2月又通过了质量、环境、职业安全健康综合管理体系认证。所承建的工程项目，严格按技术规范和施工工艺要求施工，工程质量优良品率达100%，合格率为100%，工程质量始终保持优良。其中主承建的昆明至玉溪高速公路荣获2002年度中国建筑工程“鲁班奖”（国家优质工程奖）；2004年代表中华人民共和国援建的昆曼公路老挝境内磨丁至楠伦桥段工程被国家商务部评为优良工程，被老挝交通运输建设邮电部评价为老挝境内最好的公路，并被老挝政府授予友谊勋章献。

五十年代修建的景洪澜沧江大桥

为了保持企业的可持续性发展，公司又确立了“以上市为主线，以公路工程施工为基础、借助云南路桥的品牌优势、区位优势、资质优势、延长产业链、建立新的经济支撑点，不断做大做强云南路桥”的发

云南路桥股

北江大桥

浙江诸永高速公路

个屯一级公路

展目标。在云南省委省政府、昆明市委市政府和各有关部门以及云南省交通运输厅的大力支持和帮助下，公司分别与相关中介机构签订了上市服务协议。2007年11月，被云南省人民政府列为重点扶持的拟上市企业之一。

在稳定和发展主业的同时，公司还以BOT、BT、总承包、合作建设等方式，积极参与公路和其它行业的投资建设。先后投资建设了个旧至大屯一级公路隧道、国道323线景谷至永平二级公路、景谷威远江水电站、普洱磨思高速公路等项目，四个项目总投资达56亿元。这些项目的建设、建成，树立了“云南路桥”这一良好的品牌形象，标志着云南路桥走上了产业资本和金融资本相结合的跨越式发展道路。“云南路桥”这一品牌正在云岭大地上崛起腾飞。

近10年来，公司一年迈上一个新台阶，产值逐年递增，主要经济技术指标实现快速、稳步增长，综合实力居全省同行业前列。截止2009年底，公司总资产达32.29亿元，公司净资产达9.24亿元。10年来，公司共完成产值115.55亿元，实现利税 13.05亿元，为国家公路建设和云南社会经济发展作出了积极的贡献。

公司曾荣获全国五·一劳动奖状、全国模范职工之家、全国优秀施工企业、全国优秀建筑企业、中国优秀诚信企业等光荣称号；进入全国交通系统综合实力100强、云南省建筑施工企业综合实力100强和云南百强企业行列。公司董事长鲁仕泽荣获交通部标兵、全国五·一劳动奖章、全国优秀企业家、全国建筑业优秀企业家、全面建设小康社会模范人物等光荣称号。

面对世界经济一体化的发展趋势，公司将按照邓小平理论、“三个代表”重要思想和党的十七大精神的指引，认真落实科学发展观，紧紧抓住国家西部大开发和加大基础设施建设这一良好契机，围绕制定的发展战略目标，笃守企业诚信，全面提高企业综合实力，使经济效益与社会效益同步增长，把云南路桥做大做强，为国家的交通建设和云南省的社会经济发展做出新的、更大的贡献。

份 有 限 公 司

授予
模范职工之家
中华全国总工会
二〇〇〇年十月

五一劳动奖状
（先进企事业）
中华全国总工会
1998年4月

全国优秀施工企业
二〇〇七
中国施工企业管理协会

云南路桥股份有限公司
全国守合同重信用企业
国家工商行政管理总局
二〇〇七年七月

全国用户满意施工企业
二〇〇三年度
中国施工企业管理协会

中国建筑工程鲁班奖

后所煤矿

矿长　蔡建芳

书记　蔡昌吉

后所煤矿始建于1970年，40年来经历了建设指挥部时期和改革发展时期二个历史阶段。

上个世纪八十年代，后所煤矿确立了采煤机械化为立矿之本的方针。采煤机组从BM100型薄煤层滚筒采煤机、MDY150型中厚煤层单滚筒采煤机，到MW240型双滚筒采煤机、MG135/320－AW型双滚筒采煤机。采煤机械化程度从八五期间的63.78%提高到十五期间的77.5%，“十一五”前三年已达91.5%，掘进装载机械化程度保持在98%以上，为云南煤炭井工矿之首。

九十年代中期，后所煤矿在管理体制和经营机制上实行分路突围、分块搞活，进行分立式改制，组建云南东源实业股份公司、云南东源实业集团，建立现代企业制度。在产业结构上，以煤为主，发展多种经营，先后建成2×1.2万千瓦煤矸石电厂、年产1.3万吨的电解铝厂，并在镇雄开发无烟煤基地，在白水建设年产30万吨的电解铝厂，十五期间，煤、电、铝、建筑、建材多业并举，多种经营产值已超过煤炭产业产值，属后所煤矿的鼎盛时期，成为云南煤炭行业的龙头企业。先后获得了38项省部级以上称号，曾被誉为“云煤明星”，现隶属于云南东源煤电股份有限公司。

进入“十一五”以后所煤矿为龙头整合云南煤炭行业组建云南东源煤业集团，随着整合和部分产业的集中管理，后所煤矿及时调整了企业的定位和发展思路，立足煤炭开采与深加工相适应的主体地位，把握煤炭资源的有效回收、安全生产、成本控制、质量管理四个重点，发挥机械化装备优势、人才技术优势、区位市场优势，集中力量发展矿区煤炭产业，抓住机遇创收创效，做实做细做优企业。在企业内部大力倡导以煤为主、以职工为本、以矿为家、职工与企业共谋发展的企业理念。

2009年，自产原煤141.46万吨，掘进进尺37244米，洗精煤产量42万吨，发电量13152万度，商品煤销售总量94.17万吨，生产经营总值51865万元，工业增加值21955万元，销售收入50603万元。

展望“十二·五”，后所煤矿将在保持矿区煤炭生产的基础上，在昭通市镇雄长岭矿井、塘房矿井发展综掘综采，建成年产180万吨的无烟煤基地，再创企业新的辉煌。

大庆矿井竖井

打磨沟矿井工业广场

综合采煤机

矿井水处理系统

综合掘进机

云南兴建水泥有限公司

XING JIAN

公司大门

云南兴建水泥有限公司成立于2005年10月12日，注册资本21890万元，总投资5.6亿元，拥有一条2000t/d和一条4000t/d新型干法旋窑熟料水泥生产线。

2000t/d生产线2006年12月26日建成投产，总投资26254万元。是云南省重点技术改造和产业升级项目之一，是云南省第五条、文山州第一条日产2000吨（熟料）级以上的新型干法水泥生产线。4000t/d生产线设计年产水泥150万吨，2010年6月建成投产，总投资3亿元，列为了2008-2012年云南省“200”个重点工业项目之一和云南省2009年重点工业项目“251”工程之一，同时列为了省政府拉动内需的“300”工程之一。两期生产线日产6000吨熟料、年产水泥260万吨。

公司“兴建”牌水泥被评为“2009年云南名牌产品”，“兴建”牌商标被评为“2009年云南省著名商标”，获得“云南省清洁生产合格单位”、“云南省劳动保护I级诚信企业”、“文山州非公有制经济十强企业”等荣誉称号，公司通过ISO9001国际质量管理体系认证、产品质量认证、环境管理体系认证、职业健康安全管理体系认证，取得云南省经委颁发的“资源综合利用认定证书”。

厂区全景

法定代表人（董事长、总经理）：杨朝文
厂址（砚山）：砚山—西畴公路旁
电话：0876－3660366

云南玉溪仙福钢铁（集团）有限公司

云南玉溪仙福钢铁（集团）有限公司是由福建省长乐市投资者从民间自筹资金于2001年在新平县兴办的民营股份制企业。通过8年的稳步发展，已形成集矿山开采、炼铁、炼钢、轧材为一体的中型钢铁联合企业，达到年产铁60万吨、钢70万吨、钢材50万吨的生产能力。

公司是ISO9001:2000质量管理体系认证企业，钢铁系列产品为120×120、150×150连铸钢坯，HRB335Φ8-25mm钢筋混凝土用普通热轧钢筋，HPB235Φ6.5-10mm钢筋混凝土用热轧光圆钢筋，“仙福”品牌为云南省著名商标，2009年列为云南省重点企业主要产品，远销省内外及东南亚市场。

公司创建以来，大力实施品牌和可持续发展战略，不断更新工艺设备，延伸产业链，实现了产品升级，逐步形成以“依托两种资源，面向两个市场”为主要特色的经营发展模式，走出了一条“资源节约型，环境友好型”的新型工业化道路。2009年，面对国际金融危机的持续蔓延，公司加快节能新技术的应用，12000KW 的高炉煤气回收余热发电站和80万吨低品位矿综合利用备料场顺利竣工投产。在不停产，不减产，不裁员的前提下，全年招收新职工667人，固定资产投资9242万元，提前两年完成省政府下达的十一五节能减排目标任务。实现工业总产值29.85亿元，增加值3.04亿元，上交税金1.18亿元，实现了“保增长、保就业”的承诺。

公司在健康稳定发展中， 主动承担社会责任，大力实施工业反哺农业、农村劳动力转移与培训工程，带动地方脱贫致富。在新农村建设中，密切与周边群众的鱼水关系，积极做好环境保护工作，向地方光彩、公益事业等捐款近6000万元，先后荣获“云南省优秀民营科技企业奖”、“纳税大户”、“ 云南省2008百强企业22强”、“劳动关系和谐企业”、“公益之星”等多项殊荣，为社会和谐发展做出积极的贡献。

公司秉承“厚德立信、品正至诚、追求卓越、以臻至上”的核心理念，愿与新老朋友携手合作，共谋发展、共赢未来。

线材生产线

线　材

转炉炼钢

昆明云内动力股份有限公司

云南省委常委、昆明市委书记仇和到公司考察

昆明云内动力股份有限公司是我国内燃机行业上市公司，为国家大一型重点企业。是中国汽车零部件发动机行业龙头企业，国家第二批及云南省首批创新型试点企业、高新技术企业，科技部授予的第四批“国际科技合作基地”。

公司拥有从事柴油机生产的成都云内动力有限公司和从事汽车整车生产的云内动力达州汽车有限公司等多家子公司。目前，公司已具备柴油发动机50万台的生产能力，是西南地区最大的柴油机生产基地，成为集汽车、发动机及零部件生产、销售为一体的跨地域大型企业。

在开拓进取、不断创新中，公司产品已逐步跨越商用车和乘用车两个市场。“云内动力”成为中国内燃机行业知名品牌。产品与东风、一汽集团、北汽福田、江淮、跃进、北京汽车、资阳南骏、成都王牌等国内知名汽车厂家建立了长期、稳定的批量配套关系，并有部分产品整机出口或随整车出口泰国、越南、马来西亚、巴基斯坦、伊朗、埃及、阿尔及利亚、俄罗斯等国家和地区。

公司在全国设立了25个驻外营销部和700余个技术服务站，呈梯次展开，覆盖区域广阔，形成集产品销售、用户服务、配件供应、信息收集等为一体的营销网络体系，为用户提供及时、优质的服务。

公司一贯坚持“意志统一、纪律严明、素质精良、管理严谨”的企业精神，勇于创新、不断进取。公司的使命是“品质驱动世界，绿色造就未来”；公司的愿景是“成为具有品牌领导力、国际竞争力的发动机供应商”。

签字仪式

车间生产线

红河恒昊矿业股份有限公司

镍铁出炉

硫化镍矿选厂

高冰镍冶炼厂

红河恒昊矿业股份有限公司是中国最大的民营镍业企业，也是云南省百强企业之一。截至2009年末，公司总资产超过15亿元。公司现有员工2000多人，拥有一支以博士、硕士和本科为骨干并有着丰富经验的中高层管理人员和工程技术人员队伍。恒昊矿业在走专业化道路的同时，选择有发展前景的产业扩展发展空间，积极寻求多方面的发展与合作。

在国内，恒昊矿业在云南金平县拥有硫化镍矿山、选厂、冶炼厂各一座，年产高冰镍3000吨，并与中国最大的镍生产企业——金川集团公司进行了多方位的合作，形成战略合作伙伴关系。公司还在新疆哈密拥有硫化镍矿山和选厂，年采选镍精矿1000吨。

海外方面，公司与印尼、菲律宾矿产开发商合作开发了几处不低于40万吨镍金属的红土镍矿山，每年开采红土镍矿100万吨以上，部分用于生产镍铁、部分对外销售。此外，公司计划在广西钦州新建一座年产镍金属1万吨的镍铁冶炼厂，该项目计划于今年下半年动工，2012年年初建成投产。公司在湖南省洪江市控股振远钒电有限公司，该公司拥有一座石煤型钒矿，利用钒矿的矿石，一期可实现年生产1200吨五氧化二钒的规模，计划今年6月投产。同时，公司在2007年3月成立了技术中心，承担公司重大的战略课题的研究、开发及成果转化任务。

红土镍矿山

红土镍矿到达国内港口

公司大楼

云南省玉溪市太标太阳能设备有限公司

太标，西部太阳能产业领导者。企业集太阳能研发、制造、安装、销售、售后服务为一体，是西南地区生产能力及规模最大的太阳能热水器生产基地。

公司现有专利发明20余项，已全面通过IS09001:2008国际质量体系认证及ISO14001：2004 环境质量体系认证。

2009年太标成为家电下乡品牌。据数据显示，2009年太标家电下乡产品销量全国第四名，占据了云南76%以上的市场份额。2010年，太标已成功在重庆、广东、广西、贵州、湖北、湖南、四川等7省市中标。

2010年1月太标公司斥资7.5个亿占地576亩的太标工业园已全面动工，建成后的太标工业园将达到年产100万套太阳能热水器及2000万支真空管的规模，届时将成为西部地区太阳能制造、研发、营销、物流以及节能旅游示范中心，为继续引领西部太阳能产业的发展奠定坚实的基础。

“取太阳之光 创太标辉煌”，太标会不断努力，使公司成为一个具有一流文化、一流团队、一流管理、一流效益的大型现代化企业，为绿色环保事业做出新的更大的贡献。

太标太阳能
TAIBIAO SOLAR ENERGY

原配一体机工作原理

太标原配一体机 比打电话更安全

云南昆钢重型装备制造集团有限公司

云南省委书记白恩培（右二），云南省委常委、昆明市委书记仇和（右一）到公司视察

龙港基地十露天跨

160吨行吊

与德国合作制造的盾构机在组装中

省内具有标志地位的320平米烧结环冷机

钢铁冶炼设备的设计及制造

大型非标设备及构件的设计及构造

云南昆钢重型装备制造集团有限公司成立于2008年12月27日，是昆钢控股公司下属二级国有全资子公司。注册资金贰亿元，注册于昆明经济技术开发区。

重装集团的核心产业基地位于昆明经济技术开发区内的龙港。装备有在云南具备标志地位及领先水平的8米、12.5米数控立铣车、12.5米滚齿机、260数控落地镗、3*8米、5*20米数控龙门铣、3150吨的大型锻压设备等一批极限级机加工装备。以大型铸钢件、大型锻件和重型非标设备、重型结构件、重型起重设备、耐磨材料等产品服务于云南省冶金、电力、矿山、建筑等产业，形成了在西南地区融大型成套设备研究、开发、设计、制造能力为一体、在云南具有龙头骨干地位的装备制造企业。

重装集团挂牌伊始，德国海瑞克公司即与之签约合作生产盾构机。有力肯定了昆钢建立重装集团以填补云南省重型装备制造产业空白的选择。

2009，重装成立首年，销售收入即达14亿元。排名昆明市第18位。

2010年4月28日，首批盾构机成功剪彩，投入昆明市地铁建设。2010年底，重装集团销售收入将完成20亿元。2013年将以50亿元的销售目标实现跨跃式发展。昆钢重装集团将以集群化的产业优势及具备极限能力的装备优势，把云南重型装备制造的水平推向新的高度！

曲靖市盛凯焦化有限责任公司

公司生产区一角

曲靖市盛凯焦化有限责任公司2003年9月在曲靖市麒麟区越州水城工业园区注册成立，经过近七年的发展，现已形成120万吨/年焦炭、30万吨/年选煤的生产能力，2010年实现工业总产值4.66亿元，是麒麟区重点企业。

随着企业的发展，公司先后招录了部分国企下岗人员，解决了近千名农村富余劳动力的就业问题，拉动了周边相关产业的发展，为地方经济发展做出了贡献。与此同时，公司积极投身社会公益事业，以捐资助学、农田水利建设、866工程、大型公益活动捐赠等形式捐资上千万元，得到了社会各界的好评。

公司格言：艰苦奋斗是我们的道路，严谨求实是我们的作风，团结奉献是我们的精神，求索创新是我们的动力，客户满意是我们的追求，质量保证是我们的根本，发展壮大是我们的目标。

公司将努力践行科学发展的理论体系，以优秀的核心价值观和企业文化、具有竞争优势的战略、通过集焦战略的管理体系保证战略得以强力执行，并凝铸成为自身的核心竞争力，在高端煤炭产品领域具有明显的竞争优势。盛凯坚信，勇于创新的激情，永不满足的挑战精神，高效而专业的团队，必将使公司成为行业的佼佼者。

公司办公大楼

云南玉溪水松纸厂

SHUISONG

印刷废气回收净化装备

产品检测中心

抗菌接装纸样品

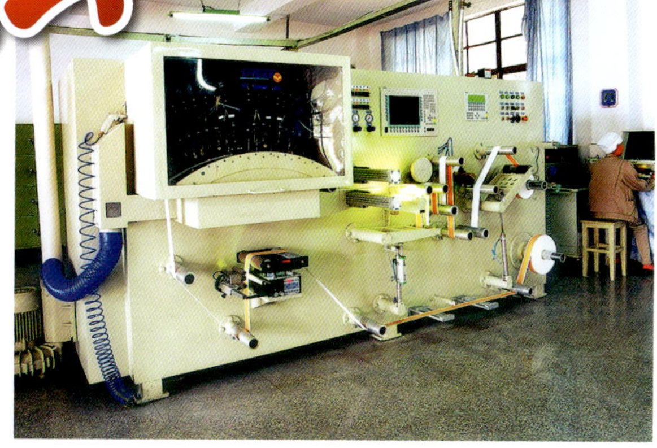
激光打孔技术设备

云南玉溪水松纸厂成立于1988年，现有固定资产原值31613万元，2009年营业收入75630万元，实现利税18523万元，产品销量占全国接装纸市场的四分之一以上，一直保持着亚洲同行业中产品品种和质量、技术和装备、规模和效益第一。

科技创新是企业风貌的最大亮点。企业自创建以来一直把创新作为战略决策的首要工作来抓，力求在原有的基础上走出自我，不断提高。在科技厅的支持和帮助下，先后承担并完成了两个国家级星火计划项目、三个国家级火炬计划项目、一个国家级科技攻关计划项目、一个国家级技术创新项目、一个省级重大科技攻关计划项目、一个国家级科技攻关计划项目、五个省级技术创新项目和两个省院省校合作项目，还承担实施了四个省发改委的技术研发或成果转化项目，六个省经委的技改项目。先后获得两项云南省技术进步一等奖、一项云南省技术进步二等奖、一项云南省技术进步三等奖，三个国家级重点新产品，已申请67项专利技术（其中授权48项）。从先进技术设备的引进、消化吸收、改造创新，到研制开发具有自主知识产权的先进技术设备，企业的每一次发展，都印下了一步技术进步的足迹。

建厂二十年来，创造了对行业发展产生积极影响的十三项第一（第一张国产高平滑接装纸、第一张国产高档凹印接装纸、第一张国产电子打孔接装纸、第一张国产高精度牌名接装纸、第一桶国产高档印刷接装纸专用油墨、第一台国产盘纸高精度分切技术设备、第一台国产薄型基材激光打孔技术设备、国际上第一台多单元电子打孔技术设备、国际上第一张抗菌接装纸、全国同行唯一一家接装纸生产规模突破一万吨、全国同行第一家“卷烟配套材料生产基地定点企业”、全国同行第一家“国家级高新技术企业”、全国同行第一家“全国火炬优秀企业”）。其中以抗菌接装纸、激光打孔技术设备、废气净化回收再利用等项目最为显著。

中国航油集团云南石油有限公司2004年12月22日在云南省工商行政管理局注册（原称“云南陆地石油有限公司”），并在2005年2月23日正式对外宣布成立。

2004年11月30日，中国航油集团陆地石油有限公司昆明项目筹备组接管了中国航油云南公司羊方凹储油库以及机场发油库83年油罐等部分设备，在原“云南民航油料经营开发公司”基础上整合，于12月22日在云南省工商行政管理局注册成立中国航油集团陆地石油有限公司云南分公司。组建成立后的中国航油集团陆地石油有限公司云南分公司，公司性质为：国有独资公司，隶属中国航油集团陆地石油有限公司。后经云南省工商行政管理局核准，公司名称变更为：云南陆地石油有限公司。

云南公司主要承担着昆明巫家坝国际机场航空煤油的接卸、储存、转输业务；从事成品油采购、仓储、配送、销售服务等一系列的经营管理，2005年实现油品总周转量70万吨，2006年实现油品总周转70.76万吨，2007年实现油品总周转80万吨，2008年达120万吨，2009年突破了140万吨。现拥有储油库1座，发油库1座，油罐41个，总库容量达4.8万立方米，拥有159地油输油管线13公里，铁路接卸油专用车位34个，拥有一套完整的航油和成品油收发系统7辆运油车和16座加油站。2008年2月22日，云南公司喜获商务部颁发的《成品油批发经营资质》，2008年，云南公司机场加油一站和二站同时被共青团云南省委授予“青年文明号”荣誉称号，2009年，机场加油一站被共青团中央授予“青年文明号”荣誉称号。

2010年1月11日，经云南省工商行政管理局核准，公司正式变更名称为“中国航油集团云南石油有限公司”。

样品检验

云南石油有限公司

储存

转输

【公司荣誉与称号】

2005年，云南公司被中国航油集团陆地石油总部授予“突出贡献奖”和“航油转输服务奖”。

2006年，云南公司党委被中国航油集团公司党委授予“先进基层党组织”荣誉称号，被中国航油集团陆地石油总部授予“加油站达标工作优秀组织奖”。

2006年、2008年云南公司党委两次被中国航油集团公司党委授予“‘四好’领导班子先进集体”荣誉称号。2008、2009年公司连续获得中国航油集团公司“安康杯”优秀企业荣誉。

公司羊方凹储油库2006—2007年连续两年被中国航油集团陆地石油总部授予“红旗油库”荣誉称号。

公司机场加油一站2005年—2007年连续三年被中国航油集团陆地石油总部授予“红旗加油站”称号；2008年被中国航油集团公司授予“‘三基’工作标杆加油站”和“红旗地面加油站”称号。机场加油一站、二站和团结加油站获得云南省“青年文明号”称号。

2009年，公司羊方凹储油库和机场加油一站分别被中国航油集团公司授予“红旗油库”和“红旗加油站”。

2009年，公司机场加油一站获得团中央级“青年文明号”荣誉称号。

精心服务

运输

曲靖市瑞泰煤业有限责任公司

曲靖市瑞泰煤业有限责任公司（以下简称公司），属社会福利企业，地处罗平、富源、麒麟两县一区交界处。公司于2004年4月29日经曲靖市麒麟区工商行政管理局审核批准正式成立，公司注册资金510万元。公司主营：原煤采购、再进行加工，销往全国各地。

公司于2007年投资1500万元对设备进行技改，通过技改，生产工艺成熟，投产后已实现了无排放、低能耗、无污染的目标，主要经济技术指标、工艺参数及环保均达到设计要求。公司现生产能力达年产30万吨优质煤炭加工企业，耗用原煤39万吨。产品市场供不应求，市场前景好。公司劳动定员178人，其中管理人员10人（专业技术人员10人），生产性人员168人。公司拥有资产总计2627万元，其中固定资产原值2319万元，固定资产净值1928万元，流动资产699万元；生产正常可实现利税356万元。

2009年，公司在省、市、区煤炭主管部门、工商、税务、质检、环保等部门的正确领导与关心支持下，认真学习党的方针、政策，与时俱进、开拓进取，高举邓小平理论的伟大旗帜。认真执行福利企业的有关政策、法律、法规。坚持正确的办厂方向，维护国家税收优惠政策的严肃性，切实保障残疾人的合法权益。认真接受煤炭主管部门、民政、税务、工商、质检、环保部门的监督和管理。

生产线一角

公司于2009年3月同云南省煤炭产品质量监督检验站签订了《煤炭经营企业委托省煤炭质检站进行煤质检验的协议书》，2010年4月份又签订2010年的协议。每年不低于10次抽样到质检站进行检验比对。2009年生产经营期间，共采购原煤13万吨，原煤最高购进价格890元，最低购进价格520元，生产优质煤炭产品11万吨，焦煤最高销售价格1050元，最低销售价格880元。公司生产出来的煤炭产品主要发往省内的玉溪、昆明、曲靖等炼焦作动力煤，省外的广东、广西、自贡等地，产品运输以公路汽车运输为主。从2009年1月到12月31日止销售收入达9396万元，由于市场价格不稳定，全年盈利141万元。2009年上缴各种税金303万元。

公司项目施工前委托云南省环境科技开发中心对该项目进行环境影响评价，出具《环评报告》，并得到了区、市环保局的同意后，公司又增设许多良好的环保设施，在储煤场周边安装水管、喷头，适时进行增湿防尘，厂内进行绿化，有专人负责。在生产过程中，区环保局进行了环境监测，生产没有对周边环境造成影响，准予生产。

公司坚持“以人为本，依法经营”的经营理念，发扬“求实创新、开拓进取、分享成功、奉献社会”的企业精神，努力实现良好的经济效益和社会效益，为当地经济快速、社会和谐发展做出应有贡献。

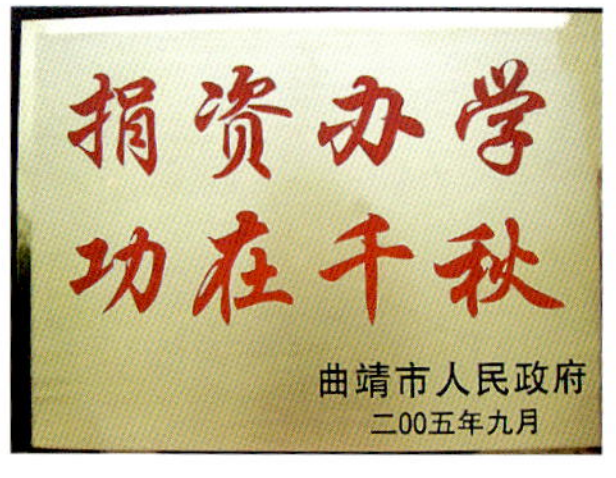

厂区远景

云南德春绿色食品有限公司成立于1999年5月，占地面积为6000平方米，法人代表付东升，注册资金500万元人民币，公司现有职工138人。

云南德春绿色食品有限公司利用澄江当地的鲜藕资源及无污染的自然环境，从事藕粉加工，推动绿色农业的产业化发展，致力于发展生产符合人类健康的纯天然绿色食品。公司先后开发出鲜花型(玫瑰花、茉莉花、桂花)、红枣型、咸鲜味型等不同口味的藕粉；根据不同消费人群开发推出了中老年、锌强化、钙强化、无糖、高级营养、藕全粉等口感更好、营养更全面的速溶藕粉。公司的主导产品除藕粉外，还生产蜜饯类产品，推出了玫瑰花糖、茉莉花糖，桂花糖。并利用云南蔬菜品种多、四季都有常青菜的有利条件，研发了新一代低糖蔬菜脯，现已试生产的有苦瓜、胡萝卜、佛手瓜脯，其生产工艺采用传统工艺与现代技术相结合，生产出的蔬菜脯能最大限度的保留蔬菜原有的营养成分及其口味，并改良了口感，让消费者随时都能享受到与蔬菜营养价值相近的食品。公司成立至今，产品遍布省内各州（市）县，深受广大消费者喜爱，并于2008年开始开发四川、广西、广东等省外市场，已经取得了可喜的成绩，计划在未来几年陆续开发国内其他市场。

公司先后获得国家“A”级绿色食品认证、QS认证、GB/T 22000-2006/ISO 22000:2005食品安全管理体系认证、GB/T 19001-2008 idt ISO 9001:2008质量管理体系认证、玉溪市食品卫生等级A级单位、云南省农产品加工龙头企业、玉溪市农产品产业化经营市级龙头企业、云南省著名商标、市县“守信用，重合同企业”云南省消费者协会授予的云南省消费者喜爱商品、诚信单位等称号。

国电云南电力有限公司

国电云南分公司是中国国电集团公司于2004年5月31日成立的在滇分支管理机构，国电云南电力有限公司是中国国电集团公司于2008年12月23日以法人投资方式设立的在滇全资子公司。

国电云南分（子）公司并行运行，共同代表中国国电集团公司履行在滇单位的经营、管理和监督职责，以及国电集团在滇的电源开发、发展职责。所辖单位有：国电小龙潭发电厂、国电大寨水力发电厂、国电六郎洞水力发电厂等3个内部核算电厂和国电阳宗海发电有限公司、国电开远发电有限公司、国电迪庆香格里拉发电有限责任公司、国电云南阿墨江发电有限公司、国电德宏福榕大盈江水电开发有限公司、国电怒江水电开发公司斯得河电厂等6个控股公司以及分公司归口管理的国电宣威发电有限责任公司、国电云南龙源风力发电有限公司。国电云南公司贯彻国电方略，服务云南国民经济和社会发展，主要从事电源、热源、煤炭、水资源、风能、太阳能、垃圾发电的开发、投资、建设、经营和管理，组织电力（热力）生产和销售等业务。

2009年末，国电云南公司资产总额149.24亿元，在册员工5484人，离退休职工3323人，拥有可控容量387.05万千瓦,占云南电网统调容量的15.76%，累计完成发电量1127.45亿千瓦时,上缴利税34.19亿元，在云南电网中承担着主力发电作用，为云南省经济平稳较快增长做出了突出贡献，2004、2005、2008、2009年先后被云南省政府授予“特殊贡献奖”、“云南省百户优强工业企业”、“云南省电力保障突出贡献奖”等荣誉称号。

公司自成立以来，始终坚持文化铸企、文化强企的方针，坚持“坚持发展为本，实现科技领先，构筑人才高地，形成国电特色”的要求，坚持“忠诚集团，造福云南，厚报股东，幸福员工”的理念，落实科学发展观，打造绿色环保电厂，为云南经济和电力工业发展，为构建“和谐云南”贡献力量。

中国国电集团公司副总经理于崇德、国电云南公司总经理李宏远到国电阳宗海发电有限公司检查指导工作

国电云南公司总经理李宏远与红河州人民政府签订战略框架协议

国电云南公司党组书记、副总经理刘宏荣与怒江州人民政府签订资源整合开发框架协议

国电云南公司副总经理程岩到国电六郎洞发电厂检查安全生产工作

云南省怒江斯得河水电厂

努力打造国内一流循环流化床发电机组

国电开远发电有限公司

精心操作

花园式的生产区

国电开远发电有限公司成立于2004年5月19日，是国电小龙潭发电厂三期2×300MW机组扩建工程的项目公司，股东方为中国国电集团公司和云南省投资控股集团有限公司。生产厂址位于云南省开远市小龙潭镇，公司拥有国电集团唯一的300MW大型循环流化床发电机组。

国电开远发电有限公司始终秉承“以电兴业，强企报国”的宗旨，坚持安全保电，节能减排，服务社会，造福一方。自2006年12月首台机组投产以来，连续三年实现无事故记录，安全生产纪录超过1200天，截止2009年末累计发电87亿多千瓦时，圆满完成抗冰保电、奥运保电、抗旱保电任务。公司先后荣获中国国电“精神文明建设优秀奖”、“优秀基层工会”、“五四红旗团委”、“国电二级奖状”、“国电云南公司先进单位”、“红河州安全生产先进单位”、“开远市节能减排优秀企业”等荣誉称号，2009年被中央文明委授予“全国文明单位”称号。

展望“十二五”，国电开远发电有限公司将抓住机遇，克难奋进，把2台300MW机组打造成国内一流循环流化床发电机组，把公司打造成安全环保效益型国电在滇窗口电厂，为云南省经济社会和谐发展、全面建设小康社会做出更大的贡献。

总经理：杨跃明
单位地址：云南省开远市智源北路60号
邮　编：661600
联系电话：0873-7278672
传　真：0873-8278999

举行国庆歌咏比赛

支援抗旱救灾

国电阳宗海发电有限公司

阳电公司新一届党委班子

厂区一角

厂区一角

国电阳宗海发电有限公司（以下简称“公司”）地处云南省昆明市东南36公里处，位于宜良县汤池镇。北有安石公路、南昆铁路通过，南临风光怡人、景色秀美的高原湖泊阳宗海，附近有可保、凤鸣煤矿，属近水靠煤、交通便利的坑口电厂。公司距电网七甸变电站11公里，现有2台200兆瓦机组，2台300兆瓦机组，总装机容量100兆瓦，对昆明地区电力负荷、电压支撑具有非常重要的作用。

国电阳宗海发电有限公司的前身为1959兴建的云南阳宗海发电厂。装机容量为60兆瓦，1994年6月30日，五台机组全部退役，累计发电量102亿kw.h。1994年1月9日，阳宗海发电厂改扩建2×200MW工程破土动工。1995年11月28日，由云南省电力公司51%、云南红塔实业有限责任公司32%、云南省开发投资公司17%。共同投资组建“云南阳宗海发电有限责任公司”正式挂牌成立，是云南电力在全国首家跨行业引入企业资金集资办电的独立发电企业。2002年12月，原云南省电力公司控股的51%股权划转中国国电集团公司，公司更名为“国电阳宗海发电有限公司”。

2005年11月15日，公司三期扩建工程正式动工。2007年11月，三期2台300兆瓦机组相继投产发电，公司迈进百万千瓦级火力发电企业行列。

公司坚持贯彻落实科学发展观，着力构建和谐企业，全力打造安全本质型、节能环保型、企业文化支撑型和可持续发展型电厂，为社会经济发展和文明建设不断作出新贡献。至2009年末，公司累计发电321.04亿千瓦时，上缴税金10.25亿元。连年9年保持“云南省文明单位”称号，连续两届成为“云南省百强企业”、“昆明市双百强企业”、“昆明市园林单位”、“昆明市社会综合治理先进集体”等荣誉称号。

贵州威顿晶磷公司电子材料有限公司

云南化工设计院有限公司

云南云天化国际红磷分公司
80万吨年硫磺制酸总承包工程

云南云天化国际富瑞分公司
60万吨磷铵总承包工程

云南保山兰都大酒店

云南磷肥工业公司6万吨黄磷装置

云南盘龙云海药业有限公司鸟瞰图

云南化工设计院有限公司是云南省化工设计院整体改制设立的工程有限公司，原院始建于1974年，隶属云南煤化工集团有限公司。是知识密集、人才集中、为国家和社会提供智力服务和技术支持的科技型企业，云南省综合性甲级骨干勘察设计单位。

公司持有国家发改委、建设部、国家质检总局和云南省建设厅颁发的工程咨询、工程设计、工程总承包、工程监理、A1、A2、A3类压力容器、GB、GC、GD类类压力管道、环境污染防治工程甲（乙）级证书。主要承揽国内外化工石化医药、建筑、轻纺、市政公用、环境污染防治工程的咨询、设计、总承包、监理业务。

公司组织机构建全，技术力量雄厚，设计装备先进，质量管理体系持续有效。设有咨询、设计、工程、监理、经营、技术、财务、办公等生产和管理部门。现有职工146人，其中各级各类国家注册咨询工程师、注册设计工程师、注册监理工程师和注册造价建造师68人。享受政府特贴专家5人，教授级高工6人，高级工程师56人，工程师52人。“八五”以来，多次投资进行技术装备和信息化建设，建成单位集成局域网络，拥有各类微机装备系统和先进适用的应用软件，图文机出率100%，实现了生产设计、项目管理、办公事务的一体化管理。公司持有ISO9001：2008中国国家认可委和英国皇家认可委颁发的CNACR、UKAS证书，具有较高的技术业务水平和市场客户信誉。

公司始建以来，坚持以咨询设计为主，拓展总承包监理业务，争取高新技术产业，坚持持续发展的经营方针，完成了化工化肥、轻纺食品、生工医药（如硫酸、磷酸、盐酸、硝酸、烧碱、电石、黄磷、磷酸盐、农药、橡胶、食品、医药、生物）及民用建筑、市政公用、环保热电等工程项目的咨询、设计、总承包、监理业务1000多项。曾先后与美国、法国、英国、德国、意大利、西班牙、俄罗斯、日本等国进行技术交流与合作设计，获得国家及部省级奖励72项， 是建设部和原化工部“八·五” 、“九·五”化工建设与科技进步先进单位，国家科委和信息产业部“九·五”计算机CAD应用先进集体，中国石油和化工勘察设计协会“AA”级信用企业，国务院国资委、国家科委、国家发改委、中国科协“讲理想、比贡献”先进集体，昆明市双文明建设先进单位，为云南经济建设和化工事业的发展做出了重要的贡献。

一平浪煤矿机修厂

一平浪煤矿机修厂地处云南省楚雄州禄丰县一平浪镇干海资。是云南省大型国有企业云南煤化工集团有限公司东源煤业有限公司一平浪煤矿的下属企业。由机修厂、能达实业公司、水电管理所、有线电视站组成。

一平浪煤矿机修厂技术力量雄厚。具备较强的矿用产品制造和机电配件加工能力。拥有健全的铸造冶炼、机械制造加工、质量测试检验以及机电安装维护设施器具和运输装备设备，拥有规范的生产管理和质量监控体系。“象山”牌系列MF40／系列缝管锚杆、FTZXS Φ300-600mm系列橡胶涂覆布正压风筒、MG1.1-6A固定式和0.7M3翻斗式矿车、2JPPB-15型耙矿绞车、JH-8型回柱绞车、JD-1型调度绞车获国家煤安标志认证，系列矿用产品销售到楚雄、大理、丽江、红河、玉溪、曲靖、昭通等地。机修厂还可以根据用户需求，研发和生产系列矿用产品。

一平浪煤矿机修厂具备较强的矿井机电设备设施管理、安装、维修能力。多年来，机修厂以规范的操作工艺和严密的质量控制检验，承接了许多矿内外各单位矿井大型设备维修，重要设备年检，配件加工生产，机电工程安装检修、测试等工作，树立了良好的形象，赢得了矿内各单位及周边友邻单位的信赖。

厂址：楚雄州禄丰县一平浪煤矿干海资
邮编：651217
电话：0878-4829420（矿车、绞车）4829439（锚杆、风筒）

绞车

绞车

风筒

矿车

云南宣威磷电有限责任公司

“澄星集团宣威磷电羊场中学奖学基金”成立仪式截影（左7为澄星集团李兴总裁）

公司于2003年8月注册成立，位于宣威市羊场工业园区，距宣威市区44公里，占地面积1200多亩，现有职工860余人。是曲靖、宣威两级市委、市政府根据国家西部大开发战略部署，为巩固曲靖市能源化工基地、实现工业强市目标、妥善解决云南省滇东磷化工公司破产后员工再就业问题而引进江苏澄星磷化工股份有限公司投资建设的全资子公司。

公司立足曲靖、宣威两地的磷矿、煤炭资源优势，总投资50亿元，以“磷电一体化”为主导，磷化工为主体，走煤、电、矿、磷、化、建循环开发路子，符合国家产业政策和云南省磷化工产业发展规划及矿产资源整合政策，是新型工业化的典范。截止目前，磷电一体化项目分两期建成，一期主要建成40万吨／年磷矿、70万吨／年煤矿、150MW发电装置、8万吨／年黄磷装置工程；二期规划建设6500吨/年泥磷制酸、2.5万吨/年磷酸、3.2万吨/年三聚磷酸钠、黄磷尾气综合利用、7500万块/年磷渣制砖、小箐火车站、120万吨／年矿渣水泥、60万吨/年焦化厂等项目。

2004年以来公司先后被各级政府评为云南省“双百”重点建设项目、“云南省优强工业企业”、“2008年度企业纳税突出贡献奖”、“循环经济试点企业”、“云南省创新型非公有制企业”、“曲靖市重点企业”、“曲靖市产品质量管理工作先进单位”、“2008年度综合考核先进企业”、“市级文明单位”。

宣威磷电始终以重责任、守信誉、求发展为原则，企业发展不忘回报社会、造福桑梓，公司先后捐资100万元支持宣威市一癌症村；捐资60万元支持羊场镇新农村建设；成立500万元“澄星羊场中学奖学基金”；汶川大地震和去年7月我省特大旱灾以来，在生产不正常和金融危机双重打击的情况下，公司及员工仍与灾区人民心连心，积极捐款、全力救灾、同舟共济，帮助他们度过难关，抒写了一首首感人诗篇。

我们坚信，在各级党委、政府的关心支持和全体员工不屑努力下，宣威磷电的明天会更加辉煌，为宣威乃至云南经济建设作出更多、更大的贡献。

公司自备黄磷储罐罐区一角

厂区一角

服务到家

精心加工

仔细检测

云南开关厂

生产车间

设备

生产车间

云南开关厂位于云南省楚雄经济技术开发区，始建于1966年，是一个有着40余年历史的大型电力装备制造企业，隶属于云南省国防科工局。工厂占地面积40余万平方米，总资产6.6亿元，注册资金13952万元。是全国高压开关重点生产企业和高新技术企业，全国高压开关行业协会常务理事单位，开关设备研发、制造综合能力在西南地区排名第一，主要从事50万伏及以下电压等级高低压输变电设备的研发、制造与销售，近3年完成22类新产品的研发，其中6种产品先后获得9项省级科技成果奖，4种产品被推荐为省名牌产品，申请并获得了14项专利，正在办理5项。工厂现有职员800余人，净资产2.3亿，总资产6.6亿。已具备年产开关十亿元产能。

云开人视产品质量为企业的生命，近年来，企业不断推进信息化建设，已经实施了（ERP：企业资源计划；OA：协同办公；CAD：计算机辅助设计；CAPP：计算机辅助工艺过程；PDM：产品数据管理；CAM：计算机辅助制造；CRM：营销及客记关系管理）。“云开牌”商标被评为“云南省著名商标”，正在申报“中国驰名商标”已经受理，企业也由“云南省高新技术企业”晋升为“国家级高新技术企业”。工厂于1997年在云南省内较早通过ISO9000质量管理体系认证，2010年4月企业又通过了中国船级社认证公司的ISO9001：2008质量管理体系、ISO14001:2004环境管理体系及GB/T28001-2001职业健康安全管理体系三体系认证并获得证书，标志着工厂的质量保证体系和产品质量管理水平以及在关注环境、保障人身安全等各方面管理工作都进入了一个崭新的阶段。

云南开关厂以“诚信、高效、专业、稳健”的企业理念，不断进取，在新的历史机遇中，云南开关厂正在为加速实现市场国际化、管理现代化的一流企业进行不懈的努力。

厂区一角

云南云景林纸股份有限公司

YUNNAN YUN-JING FORESTRY & PULP MILL CO.,LTD.

感恩自然 天地仁怀

▲ 云南云景林纸股份有限公司花园式工厂

云南云景林纸股份有限公司（以下简称云景公司）是云南省投资控股集团有限公司（以下简称云投集团）下属控股子公司。云景公司总投资19.6亿元，其中浆厂部分16.1亿元，林基地部分3.5亿元，是国家“八五”、云南省“八五”和“九五”期间的重点建设项目，是云南省首次利用亚洲开发银行贷款，以当地森林资源开发和永续利用、振兴边疆少数民族地方经济为目的，按照林纸结合模式兴建的国内第一家林纸一体化企业。目前，云景公司拥有100万亩林基地和年产10万吨的纸浆厂一个，已建成原料林基地90多万亩。主产品为漂白硫酸盐针叶木浆、桉木浆和竹杂混合浆等系列商品木浆；此外，还有松节油、塔尔油、盐酸、液氯等副产品；年产值达6亿多元、上缴税费7000万元以上。

云景公司秉承“走绿色、生态和文明的循环经济发展之路”的理念，历来十分重视清洁生产、节能减排和环境保护。截至目前，公司累计投入环保建设资金约3.2亿元，占项目总投资的19.8%。经过连续不断实施清洁生产和节能减排措施，公司“三废”排放提前三年达到国家最新排放标准的要求，处于全国同行业的先进水平，成为行业环保的先进典范，较好地实现了环境效益、社会效益和经济效益的三统一。

▲ 先进的污水处理系统

2009年10月18日，云景公司9万吨纸浆技改项目正式开工建设，并列为云南省2010年100项在建重点建设项目之一，技改项目投资8.6亿元，建设期两年。项目完成后，云景公司生产规模将达到每年20万吨以上，产值10亿元以上。随着产能的提高，将极大地带动山区农民致富、财政增收和企业增效，促进当地经济社会的发展。

▲ 思茅松造纸工业原料林基地

▲ 桉树造纸工业原料林基地

▲ “三针”牌漂白硫酸盐纸浆

使命 忠诚 一流

地址：中国·云南景谷县林纸路300号 邮编：666400
电话：0879-5410198 传真：0879-5410193 http://www.yjlzh.com

云南华电昆明发电有限公司

厂区一角

精心操作

运输设备

云南华电昆明发电有限公司是由中国华电集团公司出资成立的国有独资公司。规划容量4×300MW，分两期建设。一期工程建设2×300MW机组。公司位于云南省安宁市青龙镇，距昆明市50km，是云南电网昆明负荷中心的骨干电源点。公司投入生产运行对满足云南省经济发展和西电东送的需要，调整电源结构、缓解枯期缺电，保证负荷中心昆明市用电的安全与可靠具有十分重要的意义。

公司设计燃用为滇东烟煤，燃煤采用汽车、火车联合运输，进厂燃煤全部采用火车运输，煤场紧邻成昆铁路青龙寺车站。灰场位于距厂址约1.8km的大箐沟，循环冷却水取自距厂址1.5km的螳螂川，电力送出以4回220kV线路接入系统，双π断草铺-普吉线路形成两回至草铺、两回至普吉的接入系统格局，线路仅长8公里。第一台机组于2005年12月投产，第二台机组于2006年10月投产。

厂区远景

云南省化工研究院

云南省化工研究院成立于1957年，是云南省省级重点研究开发机构。2001年整体进入云天化集团有限责任公司，成为云天化集团的技术研究开发中心，是云天化集团国家企业技术中心和博士后科研工作站的技术依托单位，是化学工业(全国)磷化学工程技术中心和云南省省级化工产学研联合研究开发中心。主要从事磷化工、化肥、农药、高分子材料领域的新产品研制和新技术开发，化工产品及中间控制分析方法研究，化工工程设计和产业化开发工作。具有完备的化工及相关领域的小试、中试、工程开发及产业化研究手段和设施，具有国家工程咨询甲级资质，国家工程设计乙级资质，安全生产检测检验机构乙级资质，创办的《云南化工》是云南省唯一向国内外公开发行的化工科技期刊。依托于云南省化工研究院建设的云南省化工产品质量监督检验站，是云南省化工产品质量监督检验机构，国家注册认可实验室。

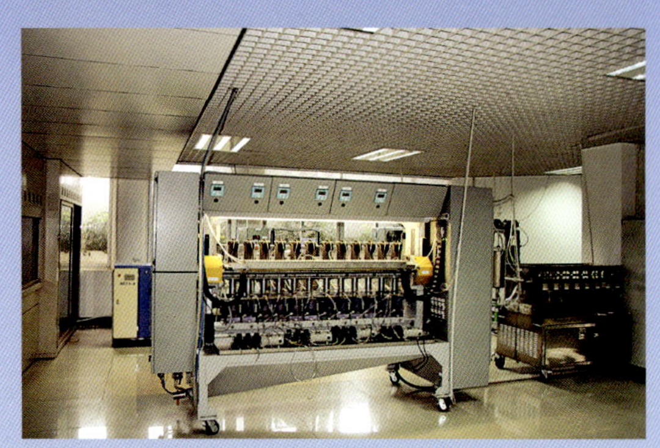

建院50多年来，云南省化工研究院承担了国家、部委、云南省科技计划等项目900余项，涉及化肥、农药、磷化工、有机化工、高分子材料、分析测试等领域的新产品和新技术开发，取得重大科技成果和专有技术200余项。以高效利用反应热副产工业蒸汽的热法磷酸生产技术、农药百菌清原药及制剂、半水物湿法磷酸、粉状磷酸一铵、多功能磷酸盐生产技术、聚磷酸铵和多聚磷酸、高品质磷酸钙盐生产技术、中低品位磷矿选矿技术及浮选药剂、电子级磷酸生产技术等一系列技术开发项目实施了产业化，为云南省乃至我国国民经济的发展作出了积极的贡献，为云南磷化工在全国处于领先地位发挥了积极作用。高效利用反应热副产工业蒸汽的热法磷酸生产技术等100余项成果获得了国家技术发明奖、国家科技进步奖及部、省级奖励。

新的历史时期，云南省化工研究院将按照“自主创新，重点跨越，支撑发展，引领未来”的科技方针，建立以科研质量求生存，以技术特色求发展的理念，进一步加强和提高对云天化集团的技术支持、服务能力。在钾盐矿工程化关键技术研究与开发；磷石膏和氟硅资源综合利用技术开发；化肥产品多元化、专用化及功能化开发与应用；电子级磷酸产品开发；低碳经济及节能减排综合研究方面，形成一批拥有自主知识产权并使之产业化的科技成果，成为云天化集团重大技术创新、技术人才聚集中心，建成国内一流、有一定影响力的企业集团技术中心。

国家技术发明奖
证书
为表彰国家技术发明奖获得者，特颁发此证书。
项目名称：高效利用反应热副产工业蒸汽的热法磷酸生产技术
奖励等级：二等
获奖者：梅毅(云南省化工研究院)
证书号：2008-F-213-2-02-R01

法人代表，院长：张宗凡
联系电话：0871-4327016 4327008
传　　真：0871-4327017 4322218
单位地址：昆明市滇池路1417号
Email: yuanban@rd.yth.cn　　邮政编码：650228
网　　址：http://www.ynhyy.cn

研究院科技楼

昆明船舶设备集团有限公司

2009年7月，云南省人民政府、中国船舶重工集团公司签署战略合作协议。

2009年11月，昆船公司成功中标昆明新机场行李分拣系统、信息工程等项目。

昆明船舶设备集团有限公司（简称昆船公司）是中国船舶重工集团公司控股，国家开发银行、华融资产管理公司参股的有限责任公司，国家重点保军骨干企业，云南省高新技术企业，主要从事水中兵器、烟草机械、自动化物流系统的研发和生产。自80年代军转民以来，昆船公司始终坚持“引进技术、集成创新、自主研制”的技术创新之路。“十·五”以来，工业总产值、营业收入、利润总额等生产经营指标持续快速增长，经济总量逐年提高，至今发展成为我国最强最大的烟草制丝和打叶复烤成套设备研发生产基地，最强最大的自动化物流系统研发生产基地。

2009年，昆船公司凭着“强烈的发展欲望、执着的拼搏精神、持续的技术创新、贴身的营销模式”，坚定信心，迎难而上，圆满实现年度奋斗目标，全年实现新增合同30亿元，同比增长19.48%；实现营业收入25.1亿元，同比增长19%；实现工业总产值26.58亿元，同比增长20.33%；实现工业增加值7.18亿元，同比增长16.63%；实现利润9088万元，扣除增值税退税政策变动影响因素，实际增长30%。

2009年，昆船物流继续以烟草行业为重点，实施大项目带动战略，采取市场技术一体化经营，实现新增合同8亿元，巩固和提升了昆船物流在烟草工业领域的优势地位。通过新型条烟分拣及补货系统等新产品、新技术的推广，增强了昆船物流在烟草商业配送领域的竞争力，AGV等主机销售取得较好成绩，昆船物流在非烟行业的影响力不断扩大。

2009年是昆船公司技术开发成果集中显现的一年。历时两年多开发的机场装备项目形成国产重大装备创新成果，开辟机场装备新领域取得了阶段性胜利，成功中标昆明新机场行李分拣系统、信息工程等项目，总金额达6.5亿元。新型切丝机、节能型打叶机、高速条烟分拣系统等一批具有自主知识产权的新产品得到应用，并在实际应用中不断进行验证、完善开发，形成了多个创新成果的展示平台。

全年筛选申报专利47项，获专利授权41项。公司被命名为全国首批企事业专利示范单位，被确定为云南省自动化物流系统及装备工程技术研究中心。26项科技成果分获省、部、市科学技术进步奖，其中，“自主知识产权AGV单机及系统”项目获云南省科技进步一等奖，“货币自动化物流系统集成”项目获中国物流与采购联合会科技进步一等奖，某军品项目获中船重工科技进步一等奖。2009年，“昆船牌”烟草制丝成套设备、自动化物流系统第三次复评为云南名牌产品。

位于昆明国家经济技术开发区、占地千亩的昆船工业区

红河锦山耐磨防腐设备制造有限公司

红河锦山耐磨防腐设备制造有限公司成立于2003年，是研发、生产选矿及化工成套设备的专业厂家，厂址在世界著名的锡都——个旧。

曾于荣获联合国TIPS中国国家分部颁发的“科技创新之星”奖的企业主创人——高级工程师李家林及其团队，通过多年的不懈努力，现已获得12项专利（其中1项发明专利），专利技术转化为生产力率达到80%，成果经省级科技成果鉴定，分别达到国内领先和国内先进水平，曾获全国发明展览会银奖、铜奖及云南省科技进步三等奖。目前还在相关领域与国内院校联合开展技术研发。

企业主导产品定位于竞争力强，市场前景较大的高效、节能、环保选矿及化工设备。

序号	产品名称	主要产品技术特点
1	GMF型 耐磨防腐离心泵	产品实现了金属构件与高硬、轻质、耐磨、防腐的非金属复合材料的整体组合，采用过流件密封与机械密封相结合的新型工艺设计，在压力为2kg/cm^2～6kg/cm^{2}时，密封水压仅需泵出口压力的10%～15%，基本实现工作过程中不再使用密封水，仅用冷却水，可节约水封水71倍，该结构设计获国家专利，属国内首创。 该成果若应用于云南省近万台砂浆泵上，则可为云南省年节约用水1.19亿吨，折合人民币3.57亿元。同时，该产品超强的密封性能、耐磨防腐功能，将成为浓度要求严格的浮选、化工工艺的最佳配套产品，是实现节能减排的理想选型设备。
2	CL移动式 高效节能磨矿机	产品国内同比，具有节能40%～50%、可移动、密封性能好、传动部件使用寿命长2倍～3倍、噪声低30分贝～40分贝等特点，获国家专利，达到国内先进水平。 据统计，云南省使用的磨矿机近5000台，平均装机容量为45kW，如果将现有的设备进行改造，使用节能近50%的CL磨机，则一年平均可为云南省节约电耗7.6亿度，约5.3亿元人民币，节约油耗近1亿元。
3	CL高分比 系列摇床	产品对粗、细粒级的有用矿石均有特佳的选别效果，特别对400—1000网目的超微细粒矿石，选别粒级回收率从目前常规摇床的35—40%左右，提高到60%—70%；经测试综合回收率比现有的常规摇床回收率高8—10个百分点；同时摇床面具有比常规床面耐用3-5倍，在温差变化较大（如零上36℃——零下25℃）的情况下，不变形等特点。经权威部门检测：各项技术指标均优于或达到国家及企业标准，该项技术获国家发明专利。 如在日处理1000吨的选矿厂、锡矿石入选品位为0.5%的相同工艺流程中与常规产品同比，回收率可提高10%。则每年（330天）可多回收合格金属 165吨，按每吨合格矿8万元计，折合人民币 1320万元，可见该产品的推广使用将产生显著的社会及经济效益。

依靠技术进步和团结协作，如今公司经历了注册资金11万元，仅靠租用临时车间平组织生产——租用约3000m^{2}的土地建厂房——置地约6700m^{2}建盖厂房——目前在红河工业园区置地80亩准备建盖厂房等四个阶段的发展。

2006——2007年，公司连续两年被红河州工商行政管理局授予“守合同、重信用”企业。

在技术水平、产品质价格和服务日趋激烈的市场竞争中，依靠科技进步，使产品形成了品牌优势。2009年被认定为“云南省高新技术企业”，产值近千万元。公司已由一个名不见经传的民营小厂，发展成为拥有自主知识产权、自主品牌、自主市场的高新技术企业。

红云红河烟草（集团）有限责任公司

【概况】 红云红河烟草（集团）有限责任公司（简称红云红河集团）成立于2008年11月8日，由原红云烟草（集团）有限责任公司和原红河烟草（集团）有限责任公司红河卷烟厂、新疆卷烟厂合并组建，下辖昆明卷烟厂、红河卷烟厂、曲靖卷烟厂、会泽卷烟厂、新疆卷烟厂、乌兰浩特卷烟厂六个生产厂，控股山西昆明烟草有限责任公司，参股内蒙古昆明卷烟有限责任公司。拥有“云烟”、“红河”、“小熊猫”、“红山茶”、“石林”等多个中国卷烟“百牌号”产品，核心品牌“云烟”、“红河”为“中国驰名商标”、“中国名牌产品”。

2009年，在国家烟草专卖局、云南中烟工业公司和地方党委政府的正确领导和关心支持下，集团认真贯彻落实全国烟草和云南中烟工作会议精神，按照行业“烟叶防过热，卷烟上水平，税利保增长”的主要任务和云南省委省政府“打牢基础、优化结构、整合资源、永攀高峰”的发展要求，牢固树立“两个至上”行业共同价值观，明确“做精做强云烟，做实做大红河，做稳做特小熊猫”的“2＋1”品牌发展战略和构建云烟“清甜香”品类特色品牌的发展规划，牢牢把握科学发展观“一条主线”，强化品牌和资源“两项整合”，着力提升现代管理、规范运作、科技创新、市场营销和协调发展“五个水平”，努力建设“严格规范、富有效率、充满活力”的红云红河集团。

截至2009年底，总资产507.25亿元，年卷烟生产能力551万箱。全年集团品牌市场规模470.38万箱，其中云烟单品牌年创税利突破200亿元，红河单品牌年产销量突破200万箱，集团整体运行呈现出产销协调均衡、品牌结构上移、企业形象提升、实力持续增强的良好发展态势。列中国企业500强第118位、制造业500强第53位、企业效益200佳第39位、烟草加工业第1位，获全国五一劳动奖状、全国烟草行业先进集体、全国卷烟销售工作先进单位、全国质量管理小组活动优秀企业等荣誉称号。

【卷烟生产经营】 2009年，集团生产卷烟（不含出口烟）420.48万箱、同比增长2.51%，其中，一类烟36.59万箱、二类烟3.56万箱、三类烟152.09万箱、四类烟187.8万箱、五类烟40.44万箱；销售卷烟（不含出口烟）421.18万箱、同比增长2.68%。全年生产、销售出口卷烟2.49万箱。全年实现销售收入456.36亿元、同比增长6.82%，实现税利353.34亿元、同比增长6.66%，其中省内企业全年实现税利317.27亿元、同比增长5.48%。

【体制机制建设】 集团本着“统筹规划、划分职责、统一协调、先易后难、分步实施”的原则完成管理及业务整合，按现代企业和产权制度设立董事会、监事会、经理层和党委会，制定公司章程、总裁班子和党委班子议事规则，组建集团总部4中心14部室（营销中心、技术中心、制造中心、采购中心、党政办公室、人力资源部、发展改革部、财务部、审计部（内管办）、信息管理部、海外拓展部、宣传策划部、行政管理部、设备基建部、多元化投资管理部、政工部、纪检监察部、工会综合办公室）的组织架构和相应的党工团组织，成立44个跨部门管理委员会或领导小组，逐步理顺与各生产厂工作流程和工作关系，出台涵盖集团各领域的20项基本管理制度及72个支撑细则和规定，昆明卷烟分厂整体融入昆明卷烟厂，技改指挥部划归昆明卷烟厂管理，加强总部与生产点管理人员互动融合，搭建起资产、计划、品牌、研发、营销、原料、采购和宣传“八统一”运作平台。

【市场营销和品牌整合】 按照“准确定位、有机对接、突出品牌、全面提升”的要求，集团深入推进工商协同一体化营销，完善战略、品牌、市场、信息、服务和评估“5+1”模式，与12家省级、25家市级烟草公司签订了战略协议。始终把全面提升品牌市场竞争力作为经济运行的首要任务，着力提升云烟结构，扩大红河规模，突出小熊猫特色。在上半年充分准备的基础上，下半年品牌整合全面提速，红山茶和石林快速有序整合，低类烟向非低类烟、四类烟向三类烟、三类烟向高三类烟加速转移，全年云烟、红河、小熊猫三个品牌累计销售367.51万箱，品牌集中度为78.13%，集团品牌定位更为清晰，品牌布局更趋合理，品牌价值不断提升，结构和效益同步提高。

【生产管理】 集团严格执行云南中烟工业公司下达的计划指标，依据市场反馈信息调配生产要素，依托产销调度例会解决好生产运行中存在的困难和问题，全面开展“贯标”和“对标”活动、“优秀卷烟工厂”创建和“企业标准化良好行为”建设，落实质量、卷烟物耗、环境安全、能源、设备、生产作业计划与现场管理、成本费用等“7项考核”，持续完善质量分析追踪判异标准和涵盖各生产环节的质量预警系统，突出关键工序、关键岗位和关键时段的过程监控，努力打造生产厂为质量和成本控制中心；统筹集团产能布局，顺利完成昆烟和原昆烟分厂较大规模的设备整体搬迁整合，实施曲烟、山昆、蒙昆加工红河品牌技术改造，进一步形成了品牌互动加工、重点规格相对集中的生产格局；积极开展QC活动，3项成果获行业奖励，17项成果获云南中烟表彰，两个小组被评为全国优秀质量管理小组，集团获“云南质量管理小组活动优秀企业”称号，全年出口商检、行检、抽检合格率均为100%；全面推行清洁生产，分解落实节能减排目标，全年集团二氧化硫排放量为510.78吨，同比下降6.27%，烟草粉尘排放浓度平均值为22.12mg/立方米，卷烟生产万元产值能耗为14.02千克标煤、同比下降6.47%，万支卷烟综合能耗为3.15千克标煤、同比下降4.83%；系统推进“三标一体”建设，年初启动了红河卷烟厂贯标认证，认真组织集团年度内审，顺利通过了北京新世纪认证公司现场审核和第三方监督审核；坚持“安全第一、预防为主、综合治理”，逐级签订安全责任书，深入开展“安全专项整治、安全隐患整改、安全生产督查”等专项活动，切实加强安全设施、安全管理体系、安全管理队伍建设，完善应急预案，规范安全行为，实现了集团安全工作“六无”目标。

【基地建设】 围绕行业烟叶资源配置方式改革要求，集团加强工商原料发展战略目标、烤烟生产、采购调拨、科技项目、信息沟通协同和基地保障、评价机制“5+2”品牌导向型原料基地建设，选择5省10市38县为原料基地，基地烟叶采购量达387.8万担、占总采购量的90%；深入推进原料差异化战略，积极承担开展“特色优质烟叶开发”等科研项目，以“红大”和美引品种等作为基地主栽品种，省内基地一乡一品种植，分品种分烟叶单收单调，建立云烟109、H3、SF04等新品小区试验，努力推进优质烟叶向特色烟叶转变；按照昆烟“三随机两交换”、曲烟“智能型全封闭密码”、红烟“入厂调度制”的模式采购烟叶，加强仓储管理，加大红河烟叶进入重点骨干品牌的比重，提高烟叶使用效率。截至2009年底，集团共验收入库烟叶392万担，占总采购计划的92%，其中省内烟叶339.76万担，红大等四个优良品种占集团省内调拨量的70.3%；同时，积极调剂调入和购进进口烟叶，集团原料储备更加充足，烟叶等级结构更趋合理，收购纯度和工商交接合格率不断提高，有效保证了品牌特有风格的持续竞争优势。

【科技创新】 围绕品牌发展战略，集团以“清甜香”品类构建为切入点，加快技术中心建设步伐，深化产校院合作，建立博士后科研站，抓紧开展“云南清甜香科技发展有限公司”的实际运作，以项目带动加快中式卷烟关键领域的突破性研究，增强技术集成创新能力；根据品牌文化定位、产品功能、区域市场和消费心理等细分市场，加强品牌维护、新品开发和产品升级，完成云烟（红印象）、云烟（WIN）、云烟（软紫）、红河（奔腾）、二类新品研制，提高科学技术对集团品牌发展的驱动力和贡献率；强化“减害降焦”研究，抓紧研发储备3mg、5mg、6mg、8mg等低焦油、低危害、高香气、高品质系列新品，重视产品质量安全，开展烟用材料VOC、重金属、烟气7种有害成分和16种禁用添加剂的检测和控制，立足长远努力解决好“吸烟与健康”这一重大课题；构建“清甜香”技术支撑体系，实施“增香保润”重大专项，形成了一批具有自主知识产权的专有技术和专利产品，并成功转化应用到产品的改造开发中；全年共完成国家局及云南中烟科技项目9项，获云南省科技进步奖3项，云南中烟科技进步奖8项，获发明专利授权2项、外观专利授权4项，集团累计获授权专利87项，为品牌发展提供了有力的技术支撑。

【科学发展】 集团按照“党员干部受教育、科学发展上水平、人民群众得实惠”的要求精心组织，密切配合，扎实推进深入学习实践科学发展观活动。

按照“精简统一、扁平高效”的原则，健全机制、理顺流程、完善制度，采取属地管理、科学设置、归口工作的方式，做到党组织和行政的机构配套、工作机制配套、业务流程配套。以“三看三思三增强”为主线，以“集团发展我推动，和谐家园我奉献”活动为载体，坚持高起点谋划，高标准推进，在加强学习上下功夫，在查找问题上下功夫，在理清思路上下功夫，机关党委的服务型机关建设、昆烟的人心融合工程、红烟的“责任、批评与超越”实践、曲烟的6S管理进班组、会烟的弱项指标整改、新烟的“三定二查”工作模式、乌烟的“感恩·敬业·责任”爱岗教育活动都体现了自身特色。活动期间，集团领导班子带头深入销区和生产一线搞调研、推新品、听意见，掌握第一手资料；各级党组织把解决制约集团科学发展的突出问题和群众反映的热点问题作为学习实践活动的出发点，通过召开党委中心组学习、专题报告会、民主生活会等形式，围绕“七个着力点”和“七个关键点”全面查找问题，共征求到意见建议7类117条，并制定《整改落实方案》，拿出了24条切实有效的整改举措。通过学习实践活动，集团全体党员干部的大局意识、责任意识和危机意识更加强烈，在要不要改革、能不能发展、怎样科学发展等重大问题上达成了共识，有效促进了生产经营各项工作的全面推进，切实做到了真学、真懂、真用。

【和谐建设】 集团以“和谐建设”为主旋律，牢固树立“两个至上”共同价值观，加强企业文化建设，积极构建以“和谐、创新、超越”企业精神为核心的文化理念体系，集团被中企联纳入全国企业文化优秀案例，获“中国企业文化十佳单位”称号。建立集团视觉识别系统，编印《红云红河集团视觉形象手册》，注重结合实际加强文化宣贯，以点带面分步推进质量、品牌、安全、廉政、服务等子文化建设。以“讲党性、重品行、作表率”为重点加强各级“四好领导班子”建设，以提升综合素质和执行能力为重点加强干部队伍建设，广泛开展多层次多类别职业技能竞赛，全年共调整、聘任（任命）中级管理人员459人次，组织各类培训475起22874人次，录用应届毕业生130人。开展评优树模工程，2009年共有5名员工荣获行业“烟草技术能手”称号，其中一名获“全国技术能手”称号，17名员工获行业、省、市和云南中烟劳模表彰。

以维护职工合法权益为重点，以抓好二级职代会建设为着力点，通过建机制、搭平台、提素质，把工会建设成集团领导和各级组织联系职工的桥梁和纽带。健全青工职业技能提升机制和团干部培养机制，以开展“岗位建功”主题实践活动创新工作方式，充分发挥青年员工的生力军作用。全面推进用工分配制度改革，集团总部及昆烟、曲烟、会烟于2009年1月起实施新的工改方案，红烟、新烟和乌烟于10月正式启动，集团员工工改满意度92%。加强多元化投资企业管理，落实职责、监管和规范“三到位”要求，挖掘内部潜力，提升经营素质，不断增强三产经营管理能力。积极做好甲型H1N1流感防控，加强信访稳定工作，设立集团及各厂爱心帮扶金，办理员工长期综合医疗团体健康保险，落实好离退休员工“六个老有”和“两项待遇”。统一内外宣传，促进内聚人心、外树形象，《今日红云红河》获全国企业报刊评比一等奖，红云红河网站自6月1日改版后日均点击量3.5万人次，年访问量列中国烟草类网站第1位。积极承担社会责任，持续推进兴边富民、抗震救灾、对口帮扶、捐资助学、文化扶贫等社会公益活动，全年捐资3400多万用于各项社会公益活动，集团被评为“云南省社会扶贫先进单位”，营造了“上上下下红云红河人，里里外外大和谐”的浓厚氛围。

【大事记】 3月26日，云南省副省长曹建方到集团曲烟卷烟厂考察调研。

5月6日，云南省委副书记李纪恒到集团会泽卷烟厂调研技术改造工作。

5月15日，由中国卷烟销售公司主办，云南中烟工业公司和红云红河集团承办的“云烟品牌发展论坛”在昆明开幕，此次论坛以“工商协同，合力打造中式卷烟代表品牌；工商携手，共铸清甜香品类特色品牌”为主题。国家烟草专卖局局长姜成康，云南省委副书记、省长秦光荣，云南省人大常委会副主任程映萱，云南省副省长曹建方，中国卷烟销售公司总经理吴庚宏，国家烟草专卖局、中国卷烟销售公司相关司、局、部室领导，云南省委、省政府相关领导，全国33个省（区）市、行业36个重点城市烟草专卖局（公司）领导出席论坛开幕大会。

5月15日，国家烟草专卖局局长姜成康在云南省人大常委会副主任程映萱、副省长曹建方等领导陪同下，到集团昆明卷烟厂易地技改项目工地视察。

6月19日，集团捐资200万元在昆明理工大学设立“红云园丁奖”及“红河助学金”，省人大副主任杨保建、省政府副省长曹建方等领导出席在昆明理工大学举行的捐赠仪式。

12月2日、29日，集团分别捐资100万元在云南农业大学和云南财经大学设立“红云园丁奖”及“红河助学金”，云南省副省长曹建方、省政府办公厅副秘书长蒋兆岗等出席捐赠仪式。

【任职领导成名单】

党委书记 姚庆艳
董事长 邱建康
监事会主席 文华玖
总裁 朱绍明
副总裁 武怡 许力为 谷宏
毕凤林 和国刚 李恒
冯斌 王家寿
党委副书记 朱俊英
纪委书记 魏志刚
工会主席 朱俊英

（杨裕萍 朱懿）

云南锡业集团（控股）有限责任公司

【概况】 云南锡业集团（控股）有限责任公司（以下简称云锡），是2006年经云南省人民政府批准由原来的云南锡业公司整体改制设立，是世界锡行业排名第一的锡生产、加工企业，是世界锡生产企业中产业链最长、最完整的企业。云锡成立至今已有120多年的历史，是国家520户重点企业之一，中国企业500强之一，云南省重点培养的十大企业集团之一，代表着中国锡工业的领先水平，具有较强的国际竞争力。新中国成立以来，国家把云锡作为全国156个重点建设项目之一加以投资建设。经过120多年的发展，云锡已发展成为集地质勘探、采矿、选矿、冶炼、锡化工、锡材深加工、有色金属新材料、贵金属材料、建筑建材、房地产开发、机械制造、仓储运输、国际物流、科研设计和产业化开发等为一体的国有特大型有色金属联合企业，世界最大的锡生产、加工基地和世界最大的锡化工中心、世界最大的锡材加工中心，以及世界级的稀贵金属研发中心。

云锡现有40多个全资、控股子公司，有云南锡业股份有限公司、贵研铂业股份有限公司、YTC资源有限公司三个境内外上市公司。在北京、上海、湖南、深圳、武汉、成都、昆明以及香港、美国、德国、澳大利亚等国家和地区均有下属公司及机构。公司有职工近3万人，全部管辖人口近15万。

云锡主体生产系统现有锡冶炼7万吨、锡化工及锡材4万吨的生产能力。产品以精锡、焊锡及锡材、锡化工系列为主，同时生产铜、铅、锌、镍、铟、银、铋、金、铂、钯、铑、铱、钌、锇、贵金属高纯材料、特种功能材料、信息功能材料、环境、催化功能材料及有色化工产品等共25个系列1474多个品种。有41种产品和设备出口56个国家和地区，企业自营出口创汇连续多年居云南省第一。主导产品“云锡牌”精锡是“中国名牌产品”、国家质量免检产品，国内市场占有率为50%，国际市场占有率达20%，在伦敦金属交易所注册了“YT”交易席位，是国际知名品牌；云锡的两件商标“云锡YT”和“贵研SPM及图”被国家工商总局认定为“中国驰名商标”；锡铅焊料在国内同类产品中唯一获国家质量金奖。公司通过了ISO10012.1计量检测体系认证、ISO9001质量管理体系认证、ISO14001环境管理体系认证和OHSAS18001职业健康安全管理体系论证。

云锡拥有国家级的企业技术中心和全国最大的锡业研究开发机构，拥有世界著名的昆明贵金属研究所。云锡在锡矿采、选、冶、锡化工、锡材深加工、砷化工和贵金属研究等方面具有全国乃至世界领先的技术开发能力，拥有自主知识产权，有先进的采、选、冶生产装备，锡选冶技术和设备居世界领先水平。

云锡坚持以科学发展观为指导，走云锡特色新型工业化道路，强势推进大企业大集团战略，着力打造有色金属产业、新能源产业、稀贵金属产业、房地产及建筑产业、优势特色产业和新兴产业六大产业板块，推动跨越式可持续发展。

【主要经济指标完成情况】 2009年，云锡同其它全国有色大企业一样，生产经营遭受到了国际金融危机的严重冲击。在省委、省政府的正确领导下，在各级政府部门的大力支持和帮助下，云锡全司干部职工坚定信念、团结拼搏，以高昂的斗志、科学的态度积极应对国际金融危机带来的严峻挑战，及时制定应对金融危机的“双十四条”应急措施和挖潜创效的九大措施，扎实开展“管理创新年”活动，大力推进低成本战略，强管理，降成本，调结构，拓市场，牢牢把握生产经营工作主动权。在全司干部职工的团结拼搏下，云锡已从国际金融危机造成的巨大冲击中稳健走出，圆满完成了省政府考核指标，取得了较好成效。

——全年共完成有色金属总产量10.88万吨，其中：锡产品55898吨，贵金属产品123吨，锡材产量14476吨，锡化工产量10594吨。

——全年实现销售收入110.8亿元，利润总额3.3亿元，利税总额10.6亿元，企业增加值28.5亿元。

【科技创新】 按照“自主研发，积极引进，加速转化，创新发展”的科技兴企战略要求，以昆明贵金属研究所、云锡研究设计院为核心研发实体，着力推进科技创新，充分发挥科技创新在拓产业、调结构、降成本、促发展中的重要作用，不断加大力度用高新技术和先进适用技术改造提升传统产业，优化传统产业和产品结构，实现传统产业结构调整和优化升级，加大力度实现由初加工向高科技深加工转变，加大力度实现从资源依赖型向创新趋动型转变。围绕云锡产业发展及生产经营中亟待解决的重大技术问题，加大科技投入力度，为六大产业板块的打造提供强大的科技支撑，不断提升企业的核心竞争力。

围绕锡、铜、铅、镍、稀贵金属、新能源材料产业的发展，研究制订了创新能力平台建设发展规划。以重大项目的实施为依托，进一步加大平台建设投入，提升和完善平台配置，拓展平台研发功能、研发领域，为提高科研工作效率和创新水平奠定了基础，为加快产业发展提供了平台支撑。2009年云锡控股公司被云南省认定为“锡工程技术开发中心”，贵研铂业公司成功申报了“国家级重点试验室”。

通过实施“人才兴企”战略，多渠道、多形式地做好人才培养、引进和使用工作，营造尊重劳动、尊重知识、尊重人才、尊重创造的良好氛围。至2009年末，有各类专业技术人员5523人，设立有色金属冶金、材料学、工业催化三个硕士学位授权点，材料学博士学位联合培养点，建有企业博士后科研工作流动站，高层次人才培养和聚集的功能进一步增强。

集中力量组织实施一批重大科技项目，全年开展科技计划项目119项。高松矿田北段地质成矿规律及找矿研究、卡房钨多金属矿资源开发利用关键技术及产业化研究、红土镍矿综合利用产业化工艺技术攻关等重大技术攻关项目取得阶段性成效，逆酯甲基锡新产品开发、贵金属均相催化剂开发、动力电池材料工艺技术研发取得突破性进展。围绕提高效率、降低成本，提高技术经济指标、资源综合利用等，加快了新技术、新工艺、新装备以及科技成果的转化应用与生产技术攻关工作，全年共实施创新创效项目70项，61个项目取得成效，科技创新创效措施成效显著。贵研铂业公司成为“昆明国家稀贵金属新材料产业化基地”主要承担单位。云锡全年共申请专利38项，其中：受理24项，获授权发明专利12项。锡国家级技术中心省级技考核排名一直居于前三名，2009年在全国575家中考核排名第150名，拥有发明专利排名第34名。7项科技成果获得省级以上奖励。

【安全工作】 以推进本质安全清洁型企业建设为目标，以安全生产标准化和职业安全健康管理体系建设为重点，以深入开展“安全生产年”活动为主线，加大安全生产综合管理，以更加严密的管理、更加科学的方法、更加有力的措施，进一步强化企业安全生产管理主体责任的落实和督促检查工作。广泛开展安全宣传学习活动，大力发挥舆论监督和引导作用，控股公司荣获全国总工会、国家安监总局举办的“安康杯”安全知识竞赛优秀组织奖。组织开展好六月“安全生产月”，举办了以“平安云锡”为主题的职工“一封安全家书”活动和演讲比赛。积极做好职工安全生产教育培训，不断提高职工安全素质，重视新入厂人员的三级安全教育，大力开展现场培训，着力筹建现场培训基地。深入开展安全生产年专项整治工作，强化矿山、危化危爆物品等重大危险源的监管，进一步夯实安全管理基础。认真做好尾矿库专项整治工作，国务院安全生产督查组查出的尾矿库隐患已全部整改完毕；省政府挂牌督办的牛坝塃、小凹塘、木登洞、大凹塘、火谷都五个尾矿库隐患基本消除；云锡在省内的27座尾矿库已通过各级人民政府组织的验收。防灾预案的各项防范措施不断完善，郴州公司、梁河公司的边坡得到治理，卡房分矿东瓜林坑口南部滑坡体和荨麻冲泥石流地质灾害易发点处于有效的监控和防范，确保了安全生产。高度重视职业病防治工作，认真贯彻《职业病防治法》，严格执行《云锡集团公司职业卫生健康管理办法》，坚持不懈地做好职业病防治工作，搞好职业健康监护，抓好工程防护技术工作和工艺改造，持续加大对改善工作环境的投入，矿山井下粉尘合格率、氡气合格率、氡子体合格率稳步提高，职工生产、生活环境大为改善，极大地提高了职业卫生安全本质化水平，云锡职业健康安全水平不断提高，职业病患者的平均寿命稳定在74岁以上。2009年云锡有22个下属二级单位实现了安全生产目标，生产安全指标控制在省政府考核指标以内。

【节能降耗和循环经济】　加大力度推进节能减排节支降耗，推进清洁生产，大力发展循环经济，通过提高全流程技术经济指标提高能源、资源利用率，改变高投入、高消耗、高排放、低效率的生产方式。不断健全能源管理机构和制度，形成节能管理网络，促进规范管理。进一步完善节能考核体系，强化能源精细化管理，细化作业工序能耗考核指标，加强能源计量和统计工作，充分挖掘节能潜力。加强现场管理，提高设备运行效率，巩固和深化创建无泄漏工厂（车间）工作。开展好绿色照明进万家活动，共计使用各种节能灯具23500盏，容量822千瓦，年节电550多万千瓦时。加大力度实施节能改造工程，积极采用节能新技术和新设备，加快对采、选、冶、化工生产设备进行节能技术改造，大幅度提高资源的开发利用水平，进一步提高能源综合利用效率。2009年实际完成节能量67198吨标准煤，完成云南省政府考核节能目标的296.6%，云锡荣获“第八届全国设备管理优秀单位”称号，云锡控股公司领导获“第四届全国设备管理优秀工作者”荣誉称号。按照国家有关要求，首次建立和完善了循环经济指标体系。紧紧围绕“两个循环”，抓好循环经济扩展和延伸工作，延伸产业链，推进循环经济产业化的拓展。

【重点建设项目】　个旧区域性矿山生产系统优化基本完成，“三大平台”中的1360平台、1600平台以及中央竖井、中央通风井、大马芦竖井“三井”建设加紧施工。老厂3个500吨/日硫化矿基地、松矿高峰山1000吨/日硫化矿基地、采选分公司高峰山1500吨/日硫化矿基地、卡房分矿3000吨/日多金属矿基地建设进展顺利。郴州屋场坪锡矿1500吨/日采选项目竣工并投入了生产。卡房3000吨/日多金属选厂、老厂3000吨/日锡铜硫化矿选厂抓紧施工建设。云锡尾矿库综合治理、开发利用项目抓紧实施。7万吨/年锡冶炼系统技改工程已竣工投产。10万吨/年铅项目建设提速推进，10万吨/年铜项目各项建设工作全面展开。云锡产业园项目、澳炉烟气治理项目、有价金属综合回收基地建设、贵金属资源高效循环利用冶金技术集成及产业化示范项目、元江镍业直流电炉抓紧实施。郴州云湘冶炼厂技改工作抓紧推进。光热光电产业积极推进，云锡同乐太阳能光热产业一期建设项目开始施工；新能源材料及动力电池项目按照公司确定的发展方式和发展目标正抓紧前期各项工作。

昆明钢铁控股有限公司

【综述】　2009年是昆明钢铁控股有限公司有史以来生产经营极为困难、压力最大的一年，也是公司砥砺奋进、经受考验的一年。昆钢认真贯彻中央和省委、省政府“保增长、保民生、保稳定”的部署要求，积极应对国际金融危机的严重影响，坚定信心调结构，坚持不懈转方式，坚定不移促发展，团结和带领广大干部职工，奋力拼搏，沉着应对，按照“五坚持五调整一转化”发展思路，以变应变调结构，求真务实转方式，扎实推进新型工业化，着力培育具有明显发展前景的新一轮经济产业，为昆钢攻坚克难、逆势而上，打造新的增长点和生命力奠定了坚实基础。

2009年，公司实现销售收入410亿元，完成工业增加值57.77亿元，完成任务56亿的103.17%，同比增32.68%；业务收入410.55亿元，完成任务340亿的120.75%，同比增长10.20%；利税总额28.19亿元，完成任务10亿的281.93%，同比增长72.27%；利润总额10.56亿元，完成任务3亿的351.89%，同比增长370.96%。均较好完成省委、省政府下达的任务指标。

2009年，控股、集团公司固定资产投资立项共254项，累计新增投资计划666609.57万元。其中，工程项目121项，累计投资660265.38万元；采购项目106项，累计投资4656.06万元；研发项目（昆钢控办）14项，累计投资1688.13万元；开展前期工作13项。全司累计完成固定资产投资36.77亿元，同比增长4.53%，其中，控股集团25.18亿元，占68.49%，昆钢股份11.59亿元，占31.52%。

【产业结构调整】　昆钢顺应全球经济一体化和企业集团大型化发展趋势，大力推进“主业优强、相关多元”发展战略，把提升竞争力的着力点从制造商向服务商转变，进一步加快钢铁产业链的延伸和非钢产业的发展速度，下大力气改变产业单一的历史现状，有效规避“一荣俱荣、一损俱损”的市场风险。在昆钢控股公司重新进入中国企业500强的基础上，非钢产业板块体量不断增大，质量效益不断提升，公司上下“为效益而战，为生存发展而战”，统筹协调，积极推进结构调整和区域布局，加大效益目标市场的运营力度。一是推进钢材产品研发和结构优化工作。累计开发14个品种钢，高效抗震钢得到大量推广使用，“双高”产品比例大幅提升。二是积极发展有色金属产业。成功利用钒钛钢渣生产出高纯度五氧化二钒，填补了云南省空白；发起组建云南钛业股份有限公司，公司年产2万吨钛材加工项目开工建设；大红山铜精矿、镁合金等项目均在推进之中。三是大力发展用钢产业。钢结构房屋设计与开发、城市灯杆制造、钢复合板等新型产业正在培育和推广。四是产业发展与区域布局紧密结合。与省内7个州市携手推进新型工业化建设项目，积极拓展四川攀枝花钒钛铁矿资源，控股玉溪商业银行，与濮耐合作重组昆钢耐火材料公司，在越南、老挝等境外业务继续推进。五是淘汰落后、调整结构、节能减排的390万吨/年高级板材草铺项目已报国家有关部门待批，以六高炉异地大修改造为主的185万吨/年高性能抗震钢项目开始场平。

【技术创新】 2009年，从公司到各单位高度重视科技创新工作，全体员工的科技创新意识进一步增强，科技创新工作取得了显著的成绩。公司组织开展的RHB500抗震热轧带肋钢筋研发试制项目，已列入云南省科技计划项目，研发试制工作已取得阶段性成果，已能实现批量生产，产品已应用到昆明新机场等国家和省重点工程的建设中，获得了用户的肯定；以公司科技计划项目“60钢高碳硬线试制”、“70高碳硬线钢研发”两个项目相继通过验收为标志，公司采用转炉-连铸工艺研发试制优质碳素结构钢的工作已完成；利用现有轧钢设备，走钢钛联合的道路，研究开发钛板卷生产技术，得到了省科技厅的重视，将其列入了省科技计划项目，2009年，已生产了400多吨钛板卷，并成立云南钛业股份有限公司，专业从事钛产品的生产；10月29日至11月1日，省科技厅组织专家到惠民铁矿对我司承担的省科技计划项目“惠民铁矿加工技术研究开发”进行了现场查定，专家组认为已完成了小型试验、扩大试验、半工业试验，申报的“利用高磷低铁难选铁矿石生产铁水的方法”和“用高磷还原铁生产低磷铁水的方法”两项发明专利已获受理，指标均已达到项目任务书规定的考核要求。为了增加对难选冶矿的研究开发手段，公司在王家滩矿区建成了昆钢难选冶铁矿小型连选试验室，拥有一套50公斤/小时级的连选试验装置。

玉钢已基本掌握高炉冶炼钒钛磁铁矿技术和提钒炼钢技术。铁水含钒0.20～0.25%，达到了提钒的要求，钒渣综合品位65～70%。高炉钒钛矿冶炼已进入正常生产，炼钢实现了工业化提钒。玉溪华云五氧化二钒工程项目已建成投产，生产出了合格的五氧化二钒产品。

组织开展了“直接还原-炼钢工艺实施V、Ti铁矿资源综合利用试验研究”、“昆钢直接还原铁分析方法标准研究”两个项目，正在办理“微波技术制备直接还原铁试验研究”项目的立项手续。建成了3条年产2.5万吨的隧道窑，用于生产直接还原铁，已生产出了产品。

重装集团启动了行车系列产品研发工作，“350吨冶金铸造起重机研发”项目已列入省科技计划项目。还将相继组织开展QD160t通用桥式起重机、起重机电气控制系统、LH32t（小轮压）电动葫芦桥式起重机、QZ20t抓斗桥式起重机、YZ250t铸造起重机、75/30tA型双梁门式起重机、100t及以下桥式起重机通用件工艺、QE（20+20）t双小车加料桥式起重机等产品和工艺的研究开发。

开展了微波技术处理焦化废水药剂和配方研究，与微波技术相匹配的工艺流程优化和工艺参数研究，并建设了一套日处理4800立方米/日规模的示范工程项目。处理后出水水质达到GB/T19923-2005标准要求，实现循环使用，每年回用量可达173万立方米，如按回用水价格0.67元/立方米计算，年循环回用水价值可达115.91万元，环境效益和社会效益显著。该工艺技术不仅适用于昆钢焦化生化出水处理，也可推广应用于国内其他焦化废水处理。该项目对全省乃至全国均具有十分良好的示范效果 。

“昆钢2000m^{3}高炉炉体上涨成因研究及治理”项目于5月15日通过了省科技厅组织的验收和鉴定。专家组认为，项目的研究成果总体水平达到国内领先水平。

2009年，“双机架炉卷轧机引进、消化和再创新”技术获云南省科学技术奖二等奖，“细晶粒热轧带肋钢筋研发及产业化”技术获云南省科学技术奖三等奖；“昆钢大红山铁精矿管道输送技术研发应用”技术获玉溪市科学技术奖一等奖，“改善玉钢中宽带质量分析研究”项目获玉溪市科学技术奖二等奖。11项科技成果获得安宁市科学技术奖，其中，一等奖2项，二等奖3项，三等奖6项。获奖成果数量为历史之最。

【知识产权工作】 昆钢2006年被国家知识产权局列为第三批全国企事业知识产权试点企业，2009年3月19日接受了专家组验收考评，在各级领导及相关单位的积极配合、共同努力下，昆钢的知识产权试点工作以95分的综合评分被评定为优秀，圆满完成了知识产权试点工作。

2009年1至11月10日，昆钢获得5件专利授权。昆钢目前拥有专利47件，其中，发明专利10件。

首次申请国际专利。“钛板卷退火工艺”同时在德国、奥地利提出专利申请，专利保护范围延伸到了国外。

【品牌建设】　热轧带肋钢筋“云南名牌产品”荣誉到期通过复评，继续保持该荣誉。标准件用钢、彩色涂层钢板及钢带、热轧带肋钢筋、热轧光圆钢筋、预应力混凝土用钢棒专用母材、起重机、高碳锰铁、硫酸铵、工业萘、镁碳砖10个产品荣获“昆明名牌产品”称号。非钢产业产品名牌荣誉实现了“零”的突破。

【安全生产】　全司全年共发生工伤事故24起，造成24人轻伤，1人重伤，无工亡。全年实现职工公亡事故为零。省政府下达的各项安全目标得到较好控制。

年初以公司1号文件下发了《昆明钢铁控股有限公司2009年职业健康安全工作安排意见》，并组织召开了2009年全司安全生产工作年会，总结分析了2008年安全工作，安排布置2009年的工作。会上表彰了2008年度安全先进集体和个人，31家二级单位与公司签订了《2009年度职业健康安全管理责任状》。同时要求各单位层层落实责任，逐级完成厂矿与车间、车间与班组、班组与个人的安全责任状落实工作。

从2008年10月至2009年1季度，公司全面开展了中层管理人员安全生产法律法规学习及考试工作。所有中层管理人员全部参加了学习、培训及考试，成绩优良。该项工作的组织开展，得到了省市安全主管部门的高度评价，进一步促进和提高了中层管理人员对安全生产工作重要性的认识，更加明确了中层管理人员自身肩负的安全管理职责，并因此在全公司范围内掀起了以领导干部带头学习安全生产知识的良好学习氛围。随后，各单位纷纷组织了对部门、科室、车间管理人员的安全培训及考试活动，收效良好。公司委托云南省安全宣传教育中心到公司举办了三期“安全生产管理资格”培训班（大红山一期，公司本部两期），共有462名厂长、经理、安全管理人员参加了培训，为满足公司高速发展的需求，共组织起重工、电工、焊工、煤气工、压力容器工等特种作业人员取、复证培训79期，参加取证培训1905人，复证培训6814人，确保特殊工种持证上岗率达100%。

2009年，组织完成草铺新区安全预评价和职业卫生预评价工作，并通过专家组评审；大红山矿400万吨项目通过安全竣工验收并取得安全生产许可证；玉钢60万吨棒材、红钢80万吨棒线、40万吨线材项目通过省安监局安全竣工验收；吸附制氧工程、直接还原铁、钛业项目等项目安全、职业卫生预评价工作均按节点要求完成。

按年度计划安排，认真组织开展上半年安全大检查。为认真落实年初公司安全生产会议提出的各项工作任务，公司于6月30日至7月11日在全司范围内组织开展了安全大检查。检查共开具“三违”行为考核通知书A类“三违”行为39起、B类17起、C类3起，考核金额15400元，开具限期整改通知书5份，出具检查情况书面反馈意见31份。

昆钢公司在去年专项整治的基础上，按国家安监总局“四清楚、一消除、四达标、三完善”和“七个一”的整治要求，对每个尾矿库的设计、安全生产许可证持证以及管理、运行情况进行全面检查。在公司检查督促下，各尾矿库单位采取有效措施，确保整改资金投入，使问题得到及时整改，运行管理得到了明显加强，确保了所有尾矿库处于安全正常运行状态。为确保矿山标准化工作的稳步推进，公司制定并下发了“昆钢矿山标准化工作实施方案”，各矿山单位与公司签订了《昆钢公司矿山安全标准化建设责任状》，明确了安全标准化建设具体的工作要求及应达到的等级目标。

2009年，“安全生产月”期间，全公司及各单位在公共场所、醒目位置悬挂安全宣传横幅82条，共出安全宣传专栏、橱窗80期；组织安全培训教育考试45期，3694名职工接受了培训；各单位共组织安全隐患专项检查50余次；组织安全知识竞赛25场，有3596人参加了竞赛；组织11170余名职工集中观看了安全教育专题系列录像。全司先后有11个单位有针对性的组织了火灾、煤气泄漏、熔融金属喷溅等应急预案的演练。通过演练，进一步提高了干部职工面对突发事件时的应急处置能力和救援操作技能，并为今后完善应急预案和开展演练打下坚实基础。

2009年，昆钢结合公司实际对原《昆明钢铁控股有限公司劳动防护用品管理办法》进行了修订，进一步对各单位和部门在劳保用品的发放、使用、监督中的管理职能职责作了明确规定，规范了劳保用品的发放工作。制定了《昆明钢铁控股有限公司“安全奖励资金”管理办法（试行）》，办法增加了对群众性事故隐患举报以及在紧急状态下，由于采取措施得当，有效控制事态扩大，减少人员伤亡及经济损失的有功人员或集体的奖励。

2009年，公司用于安全隐患整改、劳动防护用品发放、安全培训教育等方面的安全投入费用为7339万元。在全员购买工伤保险的基础上，为1956名涉及高危行业岗位职工购买了意外伤害险，共计保费109万元，经济政策的落实，有效地保障了高危行业岗位人员的切身利益。

【节能减排】　2009年，按上年价计算产值后确定，控股公司、集团本部、股份本部分别完成节能量55200吨、7692吨、115805吨标煤；全年均超额完成责任目标。SO2、COD排放量均完成全年减排任务。

一年来，节能减排工作围绕省市节能减排目标任务认真分析研究，并召开专题会议，进一步明确目标，层层分解，落实责任，共计27家单位签订节能减排责任状；进一步完善节能减排工作例会制度，加强指导督查力度，紧紧围绕节能减排指标，切实抓好节能减排目标的落实。进一步建立健全以专兼职节能减排管理人员为骨干，纵向到底、横向到边的管理体系，55个单位，有专兼职93人；进一步完善节能减排目标考核体系，做到检查有标准，考核有依据，压力层层传递，年初与各二级单位签订节能减排责任状，按月考核各单位及单位负责人，节能减排激励约束机制初步建立。全年被考核单位12个，考核金额108.3万元；考核正、副职领导11人，考核金额8.1万元。

为履行国家建设项目环保管理法规要求，杜绝新污染的产生，公司和各项目单位同心协力，积极做好项目前期工作，严把设计和环评关，先后组织完成了玉溪五氧化二钒、师宗焦化、昆焦干熄焦、土官钛板材加工、迪庆铁合金等项目环评15项，其中，由国家环保部审批的1项、省环保厅审批的5项、由地方环保部门审批的9项。同时组织开展了54万吨/年钢渣磁选尾渣综合利用项目、炼钢厂钢渣回收利用改造、易门碾担山年产200万吨石灰石、高性能抗震钢、大红山铁精矿管道扩能技术改造等 9个项目的环评工作。办理完成了昆焦煤气改扩建工程、红钢80万吨/年棒线等5个项目的环保“三同时”竣工验收和大红山400万吨/年工程环保现场验收。

列入2009年的18项重点节能改造项目中，12项已基本按计划进度完成改造；2项暂缓（棒线厂蓄热式加热炉改造、煤气放散塔伴烧系统技术改造）；其余4项工作（完善能源动力能源计量器具配备、红钢高炉鼓风除湿系统前期工作、本部炼钢低温蒸汽回收综合利用、水泵、风机系统节能改造）正积极推进。

2009年，公司计划重点污染减排项目共计14项，已完成9项、因技术和前期条件不成熟未开工建设5项。（本部2号130m2烧结机烟气脱硫项目、本部球团成品料堆场扬尘治理项目、耐材公司4、6号竖窑烟尘治理项目，红钢烧结烟气脱硫项目、高炉炉顶放散污染治理项目）。

本部、昆焦废水综合治理以及本部三烧1号130m2烧结机烟气脱硫项目整改调试和玉钢2台100m2烧结机烟气脱硫项目建设是我司今年污染减排的首要项目。经过近一年来的努力，公司投资10967.6万元的废水综合整治工作已基本全面完成，实现了本部焦化生产废水零排放和昆焦生活污水全部回用的预期目标，取得了年减排废水 400万吨、COD284吨的显著环境效益；本部和红、玉钢烧结烟气脱硫工作总体进展顺利，均取得了不同程度的进步。

本部全年含铁尘泥产生量为24.7万吨、利用量为 24.6万吨、利用率99.52%；高炉渣产生量为146.9万吨、利用量146.5万吨、利用率99.71%。利用水渣、粉煤灰、石粉、山沙、水泥、石灰、钢渣、脱硫渣等生产免烧砖2912.9万块，生产蒸汽混凝土砌块13273m^3，实现销售收入636.1万元，利润15.7万元。股份公司全年钢渣回收利用情况：回收钢渣108.5万吨，其中，本部59.5万吨、红钢23.9万吨、玉钢25.1万吨，全部回收利用。其中本部钢渣回收工程2009年5月8日投产，累计回收渣钢9.0万吨；红钢钢渣从4月份开始堆存待处理，钢渣回收工程9月份起开始试运行，累计回收渣钢1.2万吨；玉钢委托外部单位采用成熟的钢渣回收工艺处理后渣钢自用，累计回收渣钢2.5万吨。利用高炉瓦斯泥（灰）生产氧化锌情况：瓦斯泥利用量5303.4吨，瓦斯灰（次级）利用量5465.1吨，生产氧化锌粉400.9金属吨，实现销售收入238.9万元。利用氧化渣生产磁性材料情况：氧化渣利用量2.2万吨，生产锶铁氧体预烧料18083.2吨，磁件562.8吨，实现销售收入3939.3万元。利用钒渣生产五氧化二钒情况：钒渣利用量1.3吨，生产五氧化二钒681吨，实现销售收入3503.8万元。

2009年，在各级政府主管部门的大力支持下，通过了国家检查组对昆钢6个节能奖励资金项目的节能量审核专项工作。申报国家节能奖励资金4个项目，获批2个项目总金额2858万元；申报省级节能奖励资金6个项目，获批1个项目金额100万元，经国家节能量审核通过昆钢2008年项目清算节能奖励资金832万元，2009年共计到账资金2511万元。牵头组织拟定了《昆明钢铁控股有限公司政府专项补助资金管理办法（试行）》。做好出台《昆明钢铁有限公司能源管理暂行办法》及相关配套细则。

2009年，为强化全民节能减排意识，公司编写了《昆钢节能减排知识汇编》，在全司范围内进行宣传；在昆明市组织的2009年节能知识竞赛活动中，昆钢控股公司荣获组织一等奖，煤焦化公司安宁分公司荣获组织二等奖。动员公司职工踊跃认购各种规格型号的节能灯近33万只；通过招标与世纪卓克能源科技有限公司签订《节能服务框架协议》，所属单位方案确立6家，已实施4家。由节能减排中心承担的省科技计划项目《5MW烧结机低温余热回收发电利用技术研究与示范》结题总结已基本完成，已报省科技厅待评审结题。接受云南省政府及有关部门的节能减排专项督查，节能技改项目的工作措施得到落实，为昆钢实现“十一五”节能目标奠定基础。昆钢先后获得云南省节能办财政补贴高效照明产品推广先进单位荣誉，并获得中共安宁市委、安宁市人民政府节能减排工作先进集体；云南省节能突出贡献单位；云南省“五一”劳动奖状等荣誉。

【重点项目建设】 玉钢提钒炼钢于2月26日正式建成投产；焊管搬迁工程管线钢项目于3月30日负荷试车成功；昆钢综合原料场工程3月24日汽车受料槽系统胶带机投料带负荷试车、铁路中转槽系统4月23日带料（烧结矿）试车成功、5月12日混匀配料系统堆料机带负荷试车成功；红钢水源站二期工程项目于2009年4月25日供水投入运行；昆钢炼钢一作业转炉二次除尘及混铁炉除尘改造工程2009年4月13日试车成功投运；六高炉四号热风炉 5月25日热风炉正式投入试运行；红钢3号转炉、3号连铸机 5月31日晚系统联动试车成功投入运行；炼铁厂变压吸附制氧工程5月1日投产进入试运行；昆钢棒线厂大盘卷改造工程于7月29日进行交工验收。

师宗4000t/d水泥项目于4月12日成功生产出合格水泥产品、5月23日水泥包装线投入运行实现全线试生产；昆钢新型建材项目于二月份交工验收工作；4月17日昆明焦化制气厂5万吨/年苯加氢项目交工验收，标志着昆明城市煤气改造工程基本建设完成；昆钢玉溪华云五氧化二钒工程项目4月30日投运，5月18日生产工艺线全面打通生产出合格产品；耐火材料公司直接还原铁项目于5月4日1号窑正式建成投入试生产运行。

昆钢凌波小区三期3月25日交工验收；晨景花园（A区）廉租房6月30日交工验收；昆钢二净化站至十四冶管庄片区供水改造工程6月30日交工验收。

云南电网公司

【概述】 云南电网公司是中国南方电网公司的全资子公司，是云南省域电网运营和交易的主体，是云南省实施“西电东送”、“云电外送”和培育电力支柱产业的重要企业。公司总部设14个职能部门和1个工会办公室，下设昆明供电局等16个州（市）供电局、调度中心等30个分公司，另有送变电工程公司等87个全资子公司，电力试验研究院（集团）公司等11个控股公司。截至2009年底，公司职工64154人。

2009年，云南电网公司抓住开展学习实践科学发展观活动的良好契机，迎难而上，砥砺奋进，以提高供电可靠率作为总抓手，围绕建设“中国领先的省级电网运营企业”战略目标，坚持“3213”工作思路，推进“1149”战略实施工程，贯彻落实中央“保增长、保民生、保稳定”的决策部署，突出加强增供扩销，突出加强电网发展，突出加强挖潜增效，统筹兼顾系统推进各项工作。全年实现营业收入393.01亿元，同比增长16.73%。实现利税35.24亿元。2009年底公司资产总额634.5亿元，同比增长19.89%。

【电力供应】 成立增供扩销领导小组，制定落实“十大”措施，实行领导对口挂钩联系机制，全力以赴增供扩销保增长。跟踪分析市场需求变化，适时调整增供扩销策略。加大市场开拓力度，优化业务流程，充分挖掘用电市场潜力，省内日供电量29次创新高，最高达2.07亿千瓦时。昆明、曲靖供电局年售电量分别突破200亿千瓦时和100亿千瓦时。深化节能调度，加强中小水电管理，大幅增加送广东电量，努力把云南资源优势转化为经济优势。全年完成售电量985.07亿千瓦时，同比增长18.08%。其中，省内售电量688.9亿千瓦时，同比增长10.25%；西电东送电量255.18亿千瓦时，同比增长43.48%。

【优质服务】 以客户为中心，推进营销服务文化建设，深入开展“万家灯火、南网情深”优质服务活动。扩大营销“一体化”管理覆盖面，客户服务支持系统在81个县级供电企业上线运行。开展纠风与供电服务检查，强化投诉管理，投诉办结率和处理满意率均为100%。持续推进“绿色行动”，帮助客户节能降耗，试点项目平均节电率达到30%以上。供电服务在云南省社情民意调查中总体满意度名列第一。

以城农网建设改造为契机，加大配网投资建设力度，完成了17项重点“卡脖子”工程和提高供电可靠率工程。制定了35千伏及以下配电网设备装备技术原则，开展了配网转供电能力分析，着力提高配电网技术装备水平和运行效率。拓宽带电作业范围，首次开展了500千伏紧凑型线路带电作业，全面推广10千伏带电更换柱上断路器作业，全年开展带电作业2078次。开发应用综合停电管理信息系统，加强客户侧停复电管理，计划停电按时停送电率分别达到89.69%和88.31%。全年城市供电可靠率（RS1）99.887%，同比提高0.014个百分点。农村供电可靠率（RS1）99.608%，同比提高0.15个百分点。客户全年平均停电时间14.57小时，同比缩短5.18小时。

【电网建设】 全年完成电网建设投资140.08亿元。其中，中央扩大内需投资52.42亿元。累计投产110千伏及以上输变电工程项目71项，建成投产输电线路3105千米，变电容量904万千伏安。其中500千伏线路建成投产1151千米，变电容量300万千伏安；220千伏线路建成投产867千米，变电容量315万千伏安；110千伏线路建成投产1087千米，变电容量289万千伏安。顺利投产了小湾电站送出及南通道串补等重点工程，西电东送输电能力达到580万千瓦。500千伏和平输变电工程被评为南方电网建设优质工程，500千伏砚山变电站被评为中国电力行业优质工程和国家优质工程银奖。

开展了全省16州（市）2009～2013年电网专题规划，完成了云南电网“十二五”及中长期发展规划，初步形成了“四个区域”、“四大直流外送通道”和“两纵两横一中心”的远景蓝图。加大项目前期工作力度，实现了所有项目在核准后开工。成立电网建设督导组对工程建设进行“挂牌督办”，推行“零缺陷”投产，进一步规范了工程建设全过程管理。

【安全生产】 坚持“体系化、规范化、指标化”的总体思路，统筹推进安全风险管理体系和生产规范化建设。全面分析安全生产薄弱环节，系统提出了云南电网八项运行、十项人身、五项恶性误操作风险，以及重要设备运行维护和作业的十项工作要求。制定风险评估与作业管控文件，形成了统一规范的安全生产管理手册。编制了装设接地线、线路工作防触电、变电检查高处防坠落等指导意见，降低作业风险。建立输变电设备状态评价标准体系，完成了113座变电站和270条线路的状态评价，积极开展状态检修试点。推广应用安全生产管理信息系统，初步建成了安全生产一体化管理平台。

认真开展“安全生产年”活动，扎实推进“三项行动”和人员责任事故治理行动，对“两票”执行和城农网建设现场进行安全检查。强化农电安全过程管理，完成了34家县级供电企业安全性评价复评工作。建设了一体化调度技术支持系统，逐步分离地调、配调。健全电网安全稳定分级分析机制，分析层级从主网延伸到110千伏电网，全年未发生低频振荡。加强应急常态机制建设，成功应对了楚雄“7.9”地震等自然灾害。加大警企协作打击涉电违法犯罪力度，全年立案165起，同比下降82%。圆满完成了国庆60周年保供电工作，全年未发生人身死亡事故、恶性误操作事故和重大电网设备事故，发生一般事故17起，公司安全生产保持了平稳态势，为近七年来最好水平。

【电网运行主要指标】 电网频率合格率100%；综合电压合格率99.2%，同比提高0.09个百分点；城市居民端电压合格率99.22%，同比提高0.1个百分点；农村居民端电压合格率95.27%，同比增加0.16个百分点；城市供电可靠率（RS1）99.887%，同比提高0.01个百分点；农村供电可靠率（RS1）99.608%，同比提高0.15个百分点；500千伏输电线路可用系数99.42%；500千伏继电保护正确动作率100%。220千伏及以上继电保护正确动作率99.92%。

【电力科技与信息化】 积极推进信息化“登高计划”，开展了266个科技和信息化项目研究，15项成果获得南方电网公司和云南省科学技术奖。全年完成科技开发投资1.388亿元。

【基础管理】 启动了公司“十二五”发展规划编制工作。整合五项责任制和综合计划管理，按照“三位一体”模式开展组织绩效考核。以资产全寿命周期和客户全生命周期管理为主线，开展了供电核心业务流程优化工作。完善供电局“创先”方案，扎实推进昆明、曲靖、红河、玉溪、楚雄供电局“创先”工作。积极开展内控风险研究，编制了劳动用工、营销业务法律风险控制手册。健全社会责任报告指标体系，发布了年度社会责任报告。加强督查督办和巡视工作，全年督办任务全部按期完成。

深化农电管理体制改革，签订了41个地方供电企业国有产权划转协议，公司供电营业区覆盖了全省16个州（市），基本实现了网架、管理、资产“一张网”。深入推进农电“一体化”管理，组建农电管理督导大队，强化对县级供电企业的指导和服务。50家县级供电企业基础管理达南方电网公司标准，提前一年完成“十一五”达标任务。扎实开展农电线损“四分”管理，所有县级供电企业线损率下降到15%以内。大力推进无电人口通电工程，完成了8.7万户无电人口通电工作，昆明、玉溪、楚雄、西双版纳实现户户通电。

【经营管理】 高度关注金融危机对公司经营的影响和冲击，及时调整经营策略，化解风险，保持了稳健经营。深化全面预算管理，从严控制非生产性费用，可控单位供电成本降低16.1元/千千瓦时，五项专控费用实现“零增长”。深挖资金潜力，母公司资金集中率90%以上，有效降低了融资成本。

建立了审计联席会议制度，开展专业联动的联合审计，巩固了依法经营合力。深入开展“审计整改年”活动，集中整改了958个问题。扩宽审计服务覆盖面，开展了内控制度、大修、技改、安措、信息化等五个方面的审计调查。全年完成550个项目的审计，提出审计意见1618条，促进增收节支5483万元。

【次区域电力合作】 电力出口逆势快速增长，2009年，对越送电电量40.99亿千瓦时，同比增长29.88%；创汇2.09亿美元。截至2009年底，累计送电突破百亿千瓦时大关，达到109.47亿千瓦时，累计电费收入5.15亿美元。建成投产了115千伏与老挝北部联网工程，为开拓国外电力市场打开了新通道。大力引进优质电力资源，累计购缅甸电量15.75亿千瓦时，电力贸易合作从单纯的电力出口逐步发展为电力进出口并重。

【队伍建设】 不断巩固基层单位“四好”领导班子建设成果，制定了《进一步加强县级供电企业“四好”领导班子建设和管理的意见》。以举办高端讲座等形式开展理想信念、爱岗敬业教育，不断提升领导干部的思想境界。深化干部人事制度改革，开展了公选处级干部工作。强化后备干部队伍建设，选派了12名优秀科级干部和班组长到怒江、迪庆供电局挂职锻炼。大力践行“一线工作法”，公司处级以上干部撰写调研报告616篇，解决了基层一线900多个实际问题。

制定员工素质工程分解推进计划和考核办法，纳入组织绩效管理，开展了实施效果评价。建立健全持证上岗激励约束制度，持证上岗率达到95.15%。在南方电网系统首家开展安全生产技能认证培训和考核，完成了供电企业岗位能力素质模型及行为评价标准研究。研究生工作站和博士后科研站建设取得积极进展，4名博士后、14名研究生已进站开展科研工作。加大校企合作力度，与重大、浙大等高校签订战略合作框架协议，为公司发展提供了有力的智力支持。加强教育培训体系和培训基地建设，进一步提升培训质量和效果，大规模开展分类分层培训，全员培训率达97.28%。

【党群工作】 加强基层党建工作，广泛开展“特色党支部”和“党员先锋岗”创建活动，增强了基层组织创新活力，实现了党建与生产管理的有机融合。创新思想政治工作途径，建立了公司安全心理应急预案和行为训练系统，初步构建了员工情绪控制与疏导平台。推进党建质量管理体系建设，建立健全三级目标体系。开展党建评估体系研究，完成了研究报告和实施方案。深入开展廉洁文化“六进”活动，创办《清廉云电》杂志，充分利用公司监督保障网广泛开展廉洁文化教育。深化廉洁从业风险管理，识别了72个重点岗位的1038个廉洁从业危险点，不断完善廉洁风险识别与自控机制建设。深入落实党风廉政建设责任制，稳步推进惩防体系建设，层层签订了1659份党风廉政建设责任书，建立了142个城农网建设廉政监督联系点。开展“三重一大”制度落实情况监督检查，进一步规范了各单位的决策管理。

整合企业文化建设资源，灵活多样地宣贯南网方略、公司战略及网省公司工作会议精神。加大新闻宣传力度，在省级以上主流媒体发稿979篇，《云南电业》被评为全国“优秀电力期刊”。认真做好综治维稳工作，深入开展矛盾纠纷排查调处和“积案化解年”活动，推行“零报告”制度，确保了敏感时段的和谐稳定。认真做好离退休服务工作，举办了“祖国在我心中”系列活动，丰富老同志精神文化生活。广泛开展劳动竞赛和技能比武，创建“和谐温馨变电站”，评选了公司首届“十大杰出青年”，充分调动了广大员工的积极性和创造性。

【深入学习实践科学发展观】　公司按照南方电网公司党组的统一部署，围绕“党员干部受教育、科学发展上水平、人民群众得实惠”的总体要求，紧扣“提高供电可靠率，科学发展上水平”的主题，广泛开展学习实践科学发展观活动。认真开展专题调研，用科学发展的理念思考公司工作，在思想认识上实现了新提高，在发展思路上形成了新共识。将践行南网方略与学习实践活动有机结合起来，认真开展解放思想大讨论，全面排查影响和制约公司科学发展的突出问题和职工群众关心的热点问题，深入剖析问题根源，形成了《分析检查报告》和《整改落实方案》。通过学习实践活动，深入分析形势机遇，公司科学发展的基础更加坚实，发展思路更加完善。广大干部员工对学习实践活动的总体满意率达到100%，得到了南方电网公司领导的充分肯定。

【获得荣誉】　2009年，公司荣获中央企业先进集体、全国精神文明建设先进单位、全国民族团结进步模范集体、中央企业思想政治工作先进单位等荣誉称号。公司系统7个团组织被命名为中央及云南省“青年文明号”或“五四红旗团委”。在南方电网公司对12家分子公司开展的五项责任制考核中名列第2名。

云天化集团有限责任公司

【概述】　云天化集团是以云天化集团有限责任公司为母公司，控股一批生产经营型子公司的产业集团。云天化集团有限责任公司的前身云南天然气化工厂，是我国二十世纪七十年代引进国外成套设备建成的13家大化肥企业之一，始建于1974年，1977年建成投产，1991年被评为首家云南省国家一级企业。1997年，云南天然气化工厂整体改制为云南省人民政府授权经营的国有独资有限责任公司。2000年，云天化集团总部由云南省水富县搬迁至昆明市。

改制前的云南天然气化工厂是一家以氮肥生产和经销为主营业务的化肥生产企业。改制以后，特别是进入新世纪以来，云天化集团紧紧抓住一系列重大历史性机遇，开始了在搞好生产经营的前提下，通过技术改造、资本运作、新项目建设、产业整合等重要手段，走低成本扩张道路发展壮大企业的探索，打造了磷复肥、玻纤新材料、磷矿采选等一批在国内外具有比较优势的产业平台，形成了“以肥为主、相关多元”的产业结构和产品结构，企业的生产经营和改革发展上了一个新台阶。2005年，云天化集团营业收入超过100亿元，排名中国石化行业销售收入和综合效益前十强，跻身中国化工前三强；2007年营业收入超过200亿元；2008年营业收入超过300亿元，排名中国企业500强第219位；2009年云天化集团排名中国企业500强第194 位，同时排名中国制造业500强第97位、中国化工企业500强首位、中国化肥企业100强首位。

2009年，是云天化集团发展史上最为困难的一年。2008年四季度以来，随着全球金融危机的不断蔓延，云天化集团既要面对来自国内外市场持续低迷的直接冲击，又要面对危机和关税政策频繁变动所造成的“两高库存”计提减值的巨大压力，还要面对天然气供应紧张、化肥运价上调等一系列非危机因素的影响，集团生产经营经受了前所未有的严峻考验。面对复杂而困难的经营形势，云天化集团以“积极应对金融危机，确保正常生产经营”为年度工作中心，采取了一系列行之有效的措施应对危机，确保了集团全年生产经营和各项工作的正常开展。2009年四季度，云天化集团结束连续亏损13个月的被动局面，实现当期盈利，集团实现触底回升，企稳向好。

2009年末，云天化集团拥有总资产576亿元，净资产136亿元，控股“云天化”、“马龙产业”、“云南盐化”三家上市公司。

【主要经济指标完成情况】　2009年是云天化集团发展史上最为困难的一年，从2008年上半年往前推至2001年，7年来，云天化集团生产经营和改革发展顺利进行，实现了企业的快速发展。2001年末至2007年末，云天化集团的营业收入从13.53亿元增至224.41亿元，增长

16倍；利润总额从0.75亿元增至19.70亿元，增长26倍；利税总额从1.60亿元增至29.09亿元，增长18倍；工业增加值从3.30亿元增至54.27亿元，增长16倍。更为重要的是，在这期间，云天化集团打造了一批在国内外具有比较优势的产业平台，形成了“以肥为主、相关多元”的产业结构和产品结构，发展成为以化肥为主业，以有机化工、玻纤新材料、盐及盐化工、磷矿采选和磷化工为重要发展方向的产业集团。

2008年下半年起，受全球金融危机和国家宏观调控政策重大调整的影响，企业生产经营形势急转直下，云天化集团遭遇到前所未有的冲击。逆境面前，云天化集团采取一系列措施克服金融危机、政策变化、市场波动等因素造成的困难，确保了生产经营的正常进行，2008年实现营业收入310.09亿元，工业增加值62.45亿元，利税总额32.07亿元，利润总额8.79亿元。

2009年，随着全球金融危机的不断蔓延，云天化集团既要面对来自国内外市场持续低迷的直接冲击，又要面对危机和关税政策频繁变动所造成的“两高库存”计提减值的巨大压力，还要面对天然气供应紧张、化肥运价上调等一系列非危机因素的影响，集团生产经营经受了前所未有的严峻考验。面对复杂而困难的经营形势，云天化集团以“积极应对金融危机，确保正常生产经营”为年度工作中心，采取了一系列行之有效的措施应对危机，确保了集团全年生产经营和各项工作的正常开展。2009年四季度，云天化集团结束连续亏损13个月的被动局面，实现当期盈利，集团实现触底回升，企稳向好。但由于2008年形成的“两高库存”减值计提多数要在2009年消化，加上市场价格大幅下滑等因素，云天化集团2009年实现营业收入257.3亿元，工业增加值41.92亿元，利税总额-9.65亿元，利润总额-27.28亿元。

主要产品产量：生产合成氨88.48万吨，尿素62.07万吨，磷酸二铵241.78万吨，聚甲醛4.24万吨，季戊四醇8933吨，玻璃纤维28.7万吨，精制盐87.83万吨，烧碱9.4万吨，聚氯乙烯10万吨，黄磷7.3万吨，磷矿开采1067万吨。

【技术创新】 2009年，云天化集团狠抓“十一五”技术创新目标任务的落实，重点围绕集团六大产业，在资源综合利用、节能减排、新产业培育及产业链延伸等方面组织开展技术创新工作，全年科技活动投入5.16亿元，占当年销售收入的2%；在研及新开项目38项，完成验收16项；全年申请国家发明专利20项，获发明专利授权7项，获云南省科技奖励2项。2009年，云天化集团技术中心通过国家考核。

2009年，围绕可溶性固体钾盐矿采选及加工技术产业化开发的技术瓶颈，重点开展了可溶性固体钾盐矿综合利用研究基础平台建设，促进了云天化集团在老挝的钾盐开发项目的技术研究。该项目获得国家发改委技术创新能力专项支持。

2009年，云天化集团与云南农业大学签订了战略合作框架协议，组织筛选了合作项目。参加云南省大学名校技术成果交易会，分别与中国矿业大学、武汉工程大学签订合作意向3个，组织实施云南中寮矿业开发投资有限公司老挝项目矿井安全技术研究、磷矿短流程柱浮选技术及磷矿采选工程技术研究中心建设。开展与省科技厅战略发展顾问米勒院士团队、中南大学、中国矿业大学、四川大学、四川化工控股集团等单位的技术交流，进一步提高云天化集团产学研合作广度和深度。

【制度建设】 2009年制定、修改完善了云天化集团《重大技术创新项目管理规定》、《技术委员会工作制度》、《科技创新目标责任考核办法》、《科技开发经费管理办法》、《研发项目管理办法》，为集团技术创新工作提供制度保障。

【循环经济、节能降耗】 2009年，云天化集团完成国家循环经济试点实施方案的修订及上报工作，并印发实施。持续推进云天化集团循环经济和节能减排各项工作。组织申报红磷节能技改项目、硫酸低温位热能回收项目、大型热法磷酸装置热能利用项目等国家级、省级专项项目。

一批新技术成功研发并逐步投入运用。在大型浮选生产装置上采用了自主开发的胶磷矿浮选技术，可将P2O5含量为24%的原矿提高到30%左右，选矿回收率达到86%以上，取得较好的经济效益和社会效益；重庆国际复合材料有限公司积极调整玻纤产品结构，先后研发高模量玻纤、风电用纱、电子细纱等高附加值的中高端产品，加大差异化产品的销售比重，市场份额稳步提高。

【节能减排】 2009年，云天化集团大力实施重点节能工程和节能技术改造，投入节能技改资金 4.16亿元，用于40多个项目的节能技改，节能减排取得明显成效。2009年建成运行的重点节能技改项目有：云天化国际红磷分公司和云峰分公司硫酸低温位热能回收技术改造项目、云天化国际红磷分公司节能降耗技改项目、云南盐化昆明盐矿“双十”工程配套75吨锅炉项目、马龙产业昆明马龙I期热法磷酸装置余热回收利用改造项目、部分风机水泵电机节能改造项目、绿色照明改造项目。2009年正在实施的重点节能技改项目有：云天化国际三环分公司和富瑞分公司硫酸低温位热能回收技术改造项目、马龙产业黄磷尾气综合利用项目。

2009年，云天化集团综合能源消耗为180.17万吨标准煤，比2008年下降10.92%；可比价产值（2008年可比价）能耗为0.729吨标准煤/万元，同比下降23.88%；实现节能量56.51万吨标准煤，较好地完成了年度节能目标，超额完成与省政府签订的年度节能责任目标，云天化集团有限责任公司获得省政府授予的2009年度“节能突出贡献奖”。

【安全生产】 2009年，云天化集团坚持“安全发展”、“清洁发展”理念和“安全第一、预防为主、综合治理”方针，以“治理隐患，防范事故”为中心，以责任制落实为主线，落实“安全生产年”政府各项工作部署，全面提升集团安全环保管理水平。

安全生产。深入开展“安全生产年”活动，推进安全生产“三项行动”和“三项建设”；开展隐患排查、“四个百分百”等安全生产大检查活动，落实企业主体责任。开展非煤矿山专项整治，2008～2009年投入2745万元治理高陡边坡等两项重大隐患，2009年底完成治理；开展以压力管道、压力容器等特种设备为重点的安全隐患专项整治和危化品生产专项整治；开展尾矿库专项整治，集团在用的15座尾矿库全部通过政府整治验收并取得安全生产许可证；全年共查出安全隐患6743项，整改完成6625项，整改率达98.25%。2009年，云天化集团发布《事故管理制度》、《生产安全事故应急救援综合预案》、《防震减灾专项应急预案》；全集团共形成应急预案403个，开展应急演练228次，持续完善事故应急管理机制；持续推进安全标准化建设，云天化股份有限公司、云南三环中化化肥有限公司、云天化国际三环分公司、富瑞分公司和云峰分公司共5户企业通过省安监局“危险化学品从业单位安全生产标准化二级企业”认证；扎实开展“安全生产月”活动，云天化集团有限责任公司荣获全国“安全生产月活动优秀单位”称号。2009年，云天化集团共落实安全投入1.56亿元，为安全生产提供了必要条件；集团全年发生死亡事故1起，死亡1人，千人死亡率为0.03；无重伤事故，千人重伤率为0，千人负伤率为0.84；未发生较大以上生产安全事故，未突破省政府下达的安全控制指标和集团年初的控制目标。

【清洁生产】 贯彻“清洁发展”理念，全年落实环保投入1.76亿元，开展环保现场检查38次，强化了环保目标管理和过程控制，保证了环保装备水平。落实政府环保工作部署，组织开展废气、废水重点监控企业特别是7家国控企业和3家省控企业环保现状调查；贯彻落实昆明市政府开展的“一湖两江”流域水环境保护工作，推进企业废水零排放进程；实施环境在线监测，全集团共有废水、废气在线监测系统30套，其中25套受政府环保部门直接监控。推进企业清洁生产，2009年，云天化股份有限公司、云南磷化集团有限公司、云南云天化国际及其下属分公司共7户企业获得“云南省清洁生产合格单位”称号。生态建设工作深入推进，云天化集团全资子公司云南磷化集团有限公司完成复垦植被面积2397亩，正在申报参评国家级“绿色矿山企业”。

【重大项目建设】 2009年，面对国际金融危机的冲击和影响，云天化集团继续按照“调整节奏，控制强度，有保有压，确保重点”的原则，切实加强对建设项目和项目投资节奏的控制。一年中正式开工的项目有云天化股份有限公司水富煤代气技改项目、云南天创科技有限公司3万吨/年电子级磷酸项目；建成投产的项目有云天化股份有限公司重庆分公司二期聚甲醛项目C套装置、云南天腾化工有限公司二期30万吨/年高塔复合肥装置、云天化国际红磷分公司节能降耗技术改造项目工程、青海云天化国际化肥有限公司磷复肥项目一期工程；正常推进的项目有内蒙古呼伦贝尔金新化工有限公司“5080”项目（50万吨/年合成氨、80万吨/年尿素项目）、云南中寮矿业开发投资有限公司老挝钾盐项目、云南磷化集团有限公司晋宁450万吨/年磷矿采选项目、云南云天化国际化工股份有限公司硫酸低温位热能回收及蒸汽平衡项目。对其他项目暂停建设或放缓进度，压缩投资。2009年，云天化集团完成省内投资22.67亿元，完成云天化集团与省政府签订的确保22亿元的投资责任目标。

2009年，云天化集团10个项目列入云南省“三个一百”重点建设项目计划，7个项目列入省政府确定的22项重大工业建设项目，2个项目列入省工信委牵头联系的50项重点工业项目，6个项目列入省100项重点节能示范项目。重点建设项目进展情况如下：

（一）云天化国际化工股份有限公司低温位热能回收技术项目

该项目为云南省“三个一百”重点建设项目计划项目及省100项重点节能示范项目。低温位热能回收技术项目是在现有硫酸装置的基础上，采用美国孟莫克公司低温位热能回收技术，改造硫黄制酸装置，使硫酸装置整个生产过程中的热能回收利用率由原来的60%提高到90%以上。2009年底项目基本建成并进入试运行阶段。项目总投资69158.53万元。

（二）云天化国际化工股份有限公司红磷分公司节能降耗技改项目

该项目为云南省“三个一百”重点建设项目计划项目。新建80万吨/年硫酸、20万吨/年磷酸装置，淘汰8万吨/年、10万吨/年2套硫酸和1套10万吨/年磷酸装置；配套建设磨矿装置、磷酸浓缩系统、氟硅酸钠装置、磷石膏输渣管线等工程。2009年底项目基本建成并进入试运行阶段。项目总投资48932万元。

（三）云南云天化股份有限公司水富煤代气技改工程项目

该项目为省政府确定的22项重大工业建设项目。项目充分利用原有公用工程，采用SHELL加压粉煤气化工艺技术，建设26万吨/年甲醇，副产6500吨/年硫黄生产装置。截至2009年底，项目正在施工建设。项目总投资94690万元。

（四）云南磷化集团有限公司450万吨/年磷矿采选工程项目

该项目为云南省“三个一百”重点建设项目计划项目及省政府确定的22项重大工业建设项目。项目为采选一体化项目，设计磷矿开采能力450万吨/年，磷矿浮选能力450万吨/年，产出精矿296.19万吨/年。截至2009年底，项目正在施工建设。项目总投资110769万元。

（五）云南磷化集团有限公司50万吨/年MDCP项目

该项目为云南省“三个一百”重点建设项目计划项目及省政府确定的22项重大工业建设项目。项目新建80万吨/年硫黄制酸装置、30万吨/年湿法磷酸装置、50万吨/年料浆造粒法MDCP（饲料级）装置、3万吨/年氟硅酸钠装置，并利用渣酸生产副产品MAP。截至2009年底，项目已完成备案工作，有关行政审批事项正报送各级政府主管部门审查；因松林庄搬迁未落实，环评报告尚未通过，项目进度受到影响。项目总投资99950万元，累计完成投资3112万元。

（六）云南盐化股份有限公司80万吨/年真空制盐项目

该项目为云南省“三个一百”重点建设项目计划项目及省政府确定的22项重大工业建设项目。项目拟新建采输卤工程、卤水精制工程、制盐工程、辅助工程及公用工程设施。截至2009年底，项目完成核准并获得批复，正开展前期行政许可手续的办理工作。项目总投资37441万元。

（莫永平　尤芳雯）

云南冶金集团股份有限公司

【综述】 云南冶金集团股份有限公司是以铝、铅锌、锰、钛、硅五大产业为主，集采选冶、加工、勘探、科研、设计、工程施工、装备制造、内外贸、物流以及冶金高等教育为一体的大型企业集团。多年来，集团一直秉持“履践先行、勇者无疆”的创业精神，以“改革、创新、责任、诚信、和谐”的发展理念，以“行业领先、世界一流”的目标定位，依靠科技进步，走出了一条“资源节约、环境友好、循环可持续”的新型工业化发展道路。截止2009年底，集团拥有成员单位50家，其中控股2家A股上市公司；目前已形成采矿200万吨、选矿260万吨，有色金属冶炼80万吨、深加工30万吨，铁合金及工业硅25万吨的年生产能力。集团连续8年入围中国企业500强，综合实力位居全国有色金属行业和云南省属企业前列。

【生产经营情况】 在2009年席卷全球的金融海啸中，云南冶金集团所生产的主要产品都是“重灾区”。面对异常严峻的生产经营形势，云南冶金集团紧紧抓住国家和云南省出台一揽子刺激经济政策措施的有利时机，在危机中寻找机遇，在困难中加快发展，继续保持了快速健康稳定的良好发展势头。集团全年生产有色金属73.3万吨，同比增长3.32%，其中电解铝42.38万吨、电锌21.02万吨、电铅 9.92万吨，同比分别增长6.83%、2.81%、-8.54%；生产铁合金15.11万吨、工业硅1.23万吨，同比分别增长13.48%、269.88%。其他产品中，生产锰粉14069吨，高锰酸钾3859吨；黄金144千克，白银181.86吨，锗产品含锗16.05吨，铋产品21吨；硫酸35.72万吨。全年实现营业收入 123.23亿元、工业增加值30.14亿元、进出口总额3.23亿美元；利税 11.96亿元，其中利润 2.38亿元。2009年末，资产总额为364.48亿元，所有者权益151.00亿元，其中，归属于母公司所有者权益76.66亿元，同比分别增长48.16%、38.27%和7%。从整体上看，在市场情况不好、停产限产较多、生产组织难度大等极为不利的条件下，集团的产品产量同比仍有所增长，而且在主要产品销售均价同比下降超过25%的情况下仍实现盈利。

【重点项目建设】 2009年，集团在建产业项目26个，总投资额超过300亿元，全年完成投资62亿元，其中，省内投资完成58亿，超额完成省政府考核目标，创下集团年度在建项目最多、投资总额最大、完成投资最好的纪录。其中，云铝公司4万吨/年铝合金圆杆项目4月份建成投产，润鑫公司240kA曲面阴极节能电解槽9月底通电投产，驰宏公司昭通铅锌矿2000吨/日选厂7月份开始投料试车，新立公司8万吨/年高钛渣项目10月份投入试生产；呼伦贝尔驰宏公司20万吨/年铅锌冶炼项目5月份全面开工建设，永昌公司20万吨/年深部矿山接替工程项目10月份开工建设，驰宏公司30吨/年铅锌矿伴生金属锗资源综合利用项目12月份开工建设，新立公司1万吨/年海绵钛项目6月份开工建设；文山铝业公司80万吨/年氧化铝项目等项目按计划推进。与此同时，陆续启动了一批产业建设项目前期工作。

【企业改革改制】 经过近两年的努力，云南冶金集团财务有限公司获中国银监会批准开业，并于2009年12月29日揭牌成立，成为云南省首家企业集团财务公司，为集团发展五大产业搭建起了强大的金融支撑平台。斗南公司通过产权调整和资产整合等规范运作，已基本具备了上市条件。为强化物流对集团产业的支撑，集团进出口公司改制为集国际国内贸易、物流多元化经营的股份制公司。为进一步理顺和明晰集团产权关系，开展了集团内部产业整合、辅业剥离的研究、策划和落实工作。坚持多渠道、多方式融资，集团全年股权、债权融资约140亿，为集团加快发展提供了强有力的资金支持，同时全年还争取到国家和云南省各种专项资金扶持超过2亿元。不断推进内部改革和管理创新，ISO9000质量管理体系贯标工作进入试运行，进一步建立完善了各项规章制度，理顺了工作流程，同时加快信息化建设步伐，启用“集团协同办公管理平台”等系统，提高了集团本部的管理效率。

【并购重组、资源整合】 2009年，集团结合自身产业发展需要，抓住低成本扩张的有利时机，充分发挥集团改制重组后融资能力强、现金流充足的优势，投入40多亿元，实施了一系列并购重组，进一步拓展了集团发展空间。在内蒙古收购荣达公司51%股权，有望在甲乌拉矿区获得铅锌资源储量300万吨左右；增资重组昆明力神重工公司，着手构建集团自有装备制造平台；收购美铝上海公司100%股权，进一步做强做大铝加工产业；云铝公司收购文山城乡开发投资公司持有文山铝业公司22%的出资；澜沧公司收购普洱市山河工贸公司萝卜山铅锌矿等3宗矿权及采选厂；驰宏公司收购昆明弗拉瑞矿业公司65%股权；永昌公司与香港东风资源公司完成双向增资重组永昌硅业公司和东鸿锌业公司工作。在找探矿和资源整合上，澜沧公司全国危机矿山接替资源找矿项目取得较大进展，新探获铅锌金属储量近11万吨，并在矿区深部探获了储量较大的钼矿体；驰宏公司整合昭通彝良洛泽河西片区2个矿权，在会泽铅锌矿周边找探矿增加矿石储量120多万吨；鹤庆溢鑫公司取得3个区块的探矿权；永昌公司新办理了6个硅矿石采矿权。此外，集团还在西藏和加拿大、澳大利亚等地积极开展矿产资源整合等合作项目前期工作，为推进资源整合和产业发展奠定了基础。

【科技创新】　2009年，集团共获国家和省、市科技项目立项14项，其中，“低温低电压铝电解新技术”被列为国家科技支撑计划项目；“漩涡柱铅闪速熔炼节能示范工程”被列为国家发改委2009年重点节能示范工程项目；“新型医用钛材和粉末冶金制备工艺研究”被列为国家科技部项目。“富氧顶吹-鼓风炉强化还原——大极板、长周期电解炼铅新工艺及产业化”获国家科技进步二等奖；全年共获中国有色金属工业科学技术进步一等奖2项、二等奖2项，获云南省科学技术进步二等奖1项、三等奖4项；申请专利62件，获授权专利58件；在第十八届全国发明展览会上，获金奖3项、银奖5项、铜奖5项。创新体系建设进一步加强，集团技术中心试验研究基地建设进展顺利，驰宏公司研发基地一期工程建成投入使用，铅锌技术分中心、铝技术分中心正式运作；继云铝公司之后，驰宏公司、斗南公司通过了国家高新技术企业认证，冶研新材料公司、新美铝公司也通过初步论证；斗南公司、永昌公司被列为省第四批创新型试点企业，集团技术中心1个团队被认定为省科技厅创新团队；涌鑫公司铝电解节能减排产学研研发基地申报“云南省工程技术研究中心”已通过专家认定。

【节能减排、安全生产】　集团和各企业坚持把达到或超过历史最好水平作为考核目标，对所有经济技术指标从严考核。2009年，纳入集团考核的39项指标，同比稳定改善27项，其中，5项质量指标全部稳定提高，10项资源利用指标同比稳定提高5项，24项消耗指标同比17项下降。继续推进以能效为重点的对标管理工作，积极参与建立云南省有色行业主要工业产品单位能耗指标体系，编制了铝、铅、锌三个能效对标指南。全年完成节能量6.47万吨标准煤，SO2减排1400吨，超额完成省政府考核指标；获准实施国家级和省级节能减排技改项目9个，项目完成后，预计每年节能量达14.24万吨标准煤。云铝公司“炭素煅烧生产脱硫减排项目”投入试生产，每年可减排SO2400吨。驰宏公司余热发电超过5000万kWh，首次达到设计能力。斗南公司全部采用优质复合球团生产，提质降耗效果明显，被列为云南省发展工业循环经济100户试点企业，并被评为全国绿化模范单位。集团有9个项目被评为“云南省职工百佳节能减排创新成果”。集团全面贯彻落实“安全生产年”各项工作要求，加强安全生产管理和基础设施建设投入，加大安全隐患排查整改和事故惩处力度，积极培育安全文化，安全生产工作得到进一步加强。截止2009年底，集团4家矿山企业达到五级以上矿山安全标准化水平。

【党建工作与和谐企业建设】　2009年，在党的建设上，认真开展了深入学习实践科学发展观活动；先后召开集团股份公司、云铝公司和华昆公司党代会，选举产生了新一届党委班子和纪委班子；全年共调整提拔副处级以上干部95人，增强了班子的整体功能和合力；首次在集团内部组织了副处级干部公开招考，12名优秀年轻干部得到提拔使用；全年新增享受省政府特殊津贴专家3人，正高级职称26人、副高级职称93人；组织签订了党风建设和领导人员廉洁从业责任书，深入开展“做党的忠诚卫士、当群众的贴心人”主题实践活动，学习贯彻“三项法规和一个意见”，扎实开展工程建设领域突出问题专项治理和效能监察工作，确保了广大干部的廉洁从业和健康发展等。在和谐企业建设上，2009年，集团被评为中国诚信典型示范企业；集团企业文化建设被中国有色金属工业协会评为管理创新成果二等奖；集团工会荣获云南省职工职业道德建设十佳单位，集团团委荣获云南省五四红旗团委称号；涌现出全国文明单位1家、全国精神文明建设工作先进单位2家、省级文明单位2家，全国有色金属行业劳模5人、全国有色金属行业第四届技术能手2人，云南省五一劳动奖状2家、云南省五一劳动奖章3人。坚持开展“扶贫济困送温暖”，全年慰问困难职工和帮助职工子女上学经费达300多万元，捐助600多万元继续在兰坪、盈江、龙陵、维西等地开展对口扶贫和建设希望学校。

（尹兆阳）

云南铜业集团

【企业概况】 云南铜业（集团）有限公司（以下简称“云铜集团”），1996年4月经中国有色金属工业总公司、云南省人民政府批准，由当时的云南冶炼厂、东川矿务局、易门矿务局、大姚铜矿、牟定铜矿“一厂四矿”组建而成的企业集团。云铜集团是以铜为主产业，同时发展锌、钼、钛、铅等有色金属，并综合回收利用稀贵、稀散金属，集地质勘探、采、选、冶、加工为整体的企业集团。产业涉及矿产资源开发、科技研发、期货经纪、房地产、化工等领域。

截至2009年12月，云铜集团有全资、控股二级公司（含1户上市公司）36户，参股二级公司18户，全部劳动关系人员23878人。拥有19个系列、120余种产品。公司主产品“铁峰牌”高纯阴极铜、黄金、白银、硫酸为国优、省优产品，“铁峰”牌高纯阴极铜被国家确定为“走向世界的100家中国名牌产品”，在伦敦金属交易所注册。“铁峰”牌黄金、白银在伦敦金银市场协会注册。

【主要经济指标完成情况】 2009年，面对严峻的市场形势和挑战，云铜集团坚决贯彻中铝公司“一保二压三从紧”和“六非常”的基本方针，高举“信心为魂、现金为王、降本为先、资源为重、发展为本、安全稳定为基”的旗帜，干当前、谋发展、解难题，出台一系列确保控亏增盈目标实现的措施办法，从职能管理、专业管理，全员、全方位、全过程强化降本增效，经营上精打细算，管理上精心雕琢，生产上精心组织，工作上精益求精，文化上注重精神引领，打赢了控亏增盈攻坚战。实现销售收入192亿元，同比减少38.17%，完成年计划118.52%；实现利润4.34亿元。公司总资产404亿元，净资产139亿元，资产负债率65.73%。省政府工业增加值考核指标31亿元，实际完成40亿元，完成129%；利润考核指标8亿元，实际完成4.31亿元，完成计划的53.88%。

产品产量完成情况：1. 矿山自产铜金属9.94万吨，同比增长6.08%，完成年计划的101.34%。其中，自产精矿含铜9.52万吨，同比增长6.38%，完成年计划的102.29%。2. 生产精炼铜29.27万吨，同比降低23.94%，完成年计划的101.75%。其中，高纯阴极铜28.66万吨，同比降低24.45%，完成年计划的102.19%。3. 生产锌产品5.38万吨，同比降低22.99%，完成年计划179.40%。4. 生产黄金8122千克，同比降低26.72%，完成年计划148.48%。5. 生产白银317189千克，同比降低11.84%，完成年计划117.48%。6. 生产硫酸88.7万吨。同比增长0.68%，完成年计划124.05%。7. 生产铁精矿93.63万吨，同比降低2.55%，完成年计划93.83%。

【节能降耗】 2009年，云铜集团完成万元产值能耗节能量24744吨标准煤。主要产品能耗指标情况为：铜冶炼综合能耗（总厂本部）300.48千克标煤/吨，同比下降0.76%；粗铜综合能耗（冶炼总厂综合）370.31千克标煤/吨，同比下降14.93%。

【科技创新】 2009年，云铜集团实施重点科技计划项目9项，列支专项科研经费1300万元，实施一般性科技项目57项，以选矿技术攻关为突破口，通过实施重点科技项目、推广适用新技术、提升生产工艺技术指标、争取各级政府科技经费、进行高新技术企业认定等，实现全集团科技创效14522万元。2009年，云铜集团执行期中的科技项目57项，其中，重点科技项目22项。重点科技项目全年共立项7项，验收4项，有5项科技成果获得国家、省部级6项奖励，其中，难处理氧化铜矿资源高效选冶新技术荣获国家技术发明二等奖；次氧化锌粉综合回收利用技术产业化荣获中国铝业公司科学技术进步一等奖；大型企业（集团）电子商务平台建设荣获中国有色金属工业科技进步二等奖；提高炭质脉石铜矿生产指标技术攻关 、铜火法精炼燃煤回转式阳极炉工艺技术荣获中国有色金属工业科技进步三等奖。

2009年，云铜集团共申请职务发明专利4件；授权职务专利7件，（发明专利3件、实用新型专利4件）。截止2009年末公司累计申请110件专利（发明38件、实用新型44件）；已授权的职务专利92件。

以玉溪矿业为依托的云铜矿山研究院落成，并配备了具有当今世界先进水平的研发仪器设备，形成研发力量较集中、系统配套较完善的有色金属矿山研发平台；云铜设计院已经完成了组织机构的设立及人员设置工作，获得冶金行业综合乙级资质，投入运作。以冶炼总厂为依托的冶金研究院正在制定人员配置和运行模式方案。

【安全生产】 2009年，云铜集团坚持“安全第一、预防为主、综合治理”的安全生产方针和“安全发展”的指导原则，紧紧围绕“四强化，三推进，一加强，一增强”的工作部署，认真贯彻落实中铝公司、云南省政府、省安全生产监督管理局等有关部门文件精神，切实加强安全生产管理工作。

2009年 1月1日，公司下发了《云南铜业（集团）有限公司二〇〇九年安全环保工作要点的通知》，提出了2009年安全环保工作的指导思想、工作思路、工作目标、工作要点。把安全环保工作放在各项工作的首位。严格按“八个坚持、三个完善、一个结合、一个发挥”的总要求，总体部署，精心组织，持续深入开展安全生产隐患排查治理工作。公司所属15户企业共排查出事故隐患8773项，其中，一般事故隐患8617项，已整改8587项，整改率99.6%，较大隐患156项，已整改151项，整改率96.8%。

开展“安全生产年”活动，推进“三项建设”和“三项行动”工作。印发了《云南铜业（集团）有限公司安全生产“三项行动”“三项建设”活动实施方案》，提出了完善安全生产管理制度、加强外引外联企业安全监管和对外协作经济实体综合安全管理、加强重大危险源（点）管理、加强职业卫生管理、加强安全生产许可证照管理、加强现场安全生产管理、加大安全生产保障工作力度、做好安全生产培训工作、严格执行事故报告制度、加强安全文化建设等10个方面的工作重点。公司所属各企业按照集团公司总体部署，全面启动，细化方案，认真实施，分阶段落实。

公司所属各企业严格按《云南铜业（集团）有限公司关于开展尾矿库专项排查治理工作实施方案的通知》要求，把排查工作做深、做细、做实；严格按“四清楚、一消除、四达标、三完善、五凡是”的要求对尾矿库进行专项整治。6月30日前，公司全面完成尾矿库专项整治任务，33座尾矿库实现全面治理达标验收。

2009年，公司及各企业认真组织开展六月“安全生产月”活动，共制定安排部署“安全生产月”活动文件56个，成立活动领导小组68个，召开会议和利用电视讲话动员1674人/52次，张贴悬挂宣传标语3614条，报刊宣传文章186篇，出黑板报橱窗158期/36板，共组织学习安全法律法规，安全生产知识9871人/61次，特殊工种作业人员培训考核取证1039人，组织开展安全知识竞赛活动5990人/次，安全教育学习11152人次，开展安全生产大检查440人次，查出隐患1287条，整改1252条，整改率达97%。

【节能减排】　2009年是云铜集团全面完成“十一五”节能工作的关键年，公司节能工作稳步发展，全面超额完成省政府2009年对云铜集团节能量的考核目标：2000吨标准煤；17户所属企业完成公司节能量目标：18002吨标准煤。

2009年公司所属17户主要生产企业工业生产能源消费量达325687吨标准煤。

能源结构与能源消费比例表

能源名称	单位	2008年	2009年	2009年能源消费比例 %
能源合计	吨标准煤	382 072.45	325 686.78	100.00
其中 ①电力	万千瓦时	158 597.08	157 749.99	59.53
②原煤	吨	75 458.58	48 991.37	10.74
③其他洗煤	吨	641.19	0.00	0.00
④焦碳	吨	143 056.05	102 009.73	26.02
⑤汽油	吨	449.73	379.27	0.17
⑥煤油	吨	423.91	274.91	0.12
⑦柴油	吨	8 216.11	7 260.06	3.25
⑧燃料油	吨	7.00	0.00	0.00
⑨煤气	万立方米	159.00	95.00	0.17

主要产品能耗指标表

指标名称	指标值（kgce/t）		同比增（+）减（–）	备注
	2008年	2009年		
铜冶炼综合能耗	302.77	300.48	–2.29	冶炼加工总厂
粗铜综合能耗	434.77	370.31	–64.46	
其中，冶炼加工总厂	153.63	152.13	–1.50	

续表

指标名称	指标值（kgce/t）		同比增（+）减（-）	备　注
	2008年	2009年		
滇中、易门、凯通	1 049.49	879.12	-170.37	
粗铜综合电耗	842.11	943.44	+101.33	
其中，冶炼加工总厂	895.80	958.22	+62.42	
滇中、易门、凯通	724.71	908.87	+184.16	
铜电解直流电单耗	284.70	253.91	-30.79	冶炼加工总厂
电锌综合能耗	1 250.37	1 241.28	-9.09	统计范围改变修正2008年数据，原数据1 265.50
采掘（剥）综合能耗	0.81	0.68	-0.13	
选矿综合能耗	3.45	3.27	-0.18	统计范围改变修正2008年数据，原数据3.31
电积铜综合能耗	599.98	595.56	-4.42	统计范围改变修正2008年数据，原数据816.87
硫酸综合能耗	19.68	18.11	-1.57	统计范围改变修正2008年数据，原数据19.75

【重点项目建设】 2009年，云铜集团完成固定资产投173,985.17万元，其中：产业结构、品种结构调整方面完成投资75734.64万元；矿产资源开发项目完成投资67407.39万元；节能降耗项目完成投资2986.04万元；安全、环保治理项目完成投资5545.96万元；生产辅助项目完成投资18673.53万元；非主业项目完成投资3637.61万元。

（一）云铜股份加工总厂新增电解产能技改项目：项目概算总投资61,980.38万元，2009年完成投资6531.47万元，截至2009年末项目累计完成63450.04万元，已完成电解槽、两台进口行车、进口机组主体设备、进口机组二次灌浆和机组工艺管道的安装。

（二）广东清远云铜10万吨/再生铜电解及配套工程：项目概算总投资70,175.33万元，2009年完成投资6085万元，截至2009年末项目累计完成23910万元，已完成电解主厂房95%的土建工程量，硅整流房95%的土建工程量，循环厂房、成品库85%的土建工程量。

（三）凉山矿业昆鹏10万吨阳极铜冶炼项目：项目概算总投资127615.80万元，2009年完成投资51714.32万元，截至2009年末项目累计完成77790.32万元。主生产区及辅助生产区将基本完工：熔炼主厂房、精矿仓等土建和安装全部完成，艾萨炉、电炉、转炉、阳极炉、余热锅炉、收尘器等设备全部安装完成，等待联合试车运行。

（四）玉溪矿业大红山铜矿西部矿段采矿工程：项目概算总投资125,376.87万元，2009年完成投资7684.37万元，截至2009年末项目累计完成20817.10万元，累计完成工程量8832.05米/59048.53立方米。

（五）迪庆有色公司普朗铜矿一期采选工程：项目概算总投资496801万元，2009年完成投资14092.29万元，截至2009年末项目累计完成96137.57万元，累计完成矿山井巷工程12256米/244650立方米，其中，从溜破系统位置到选矿厂之间的3540胶带运输平硐已经完成，掘进长度2842.8米/35720.78立方米。

（六）楚雄矿冶小河—石门坎矿段探矿措施项目：项目概算总投资28,540万元，2009年完成投资8217万元，截至2009年末项目累计完成14328万元。工程累计完成：1~3#竖井井筒2245米/63938立方米；主运输道1695米/14626立方米；主运输道：912米/7986立方米。

（七）楚雄矿冶六苴“刀把”Ⅳ期工程：项目概算总投资12368万元，2009年完成投资3284万元，截至2009年末项目累计完成5483万元。工程量累计完成：10941米/82744立方米。

（八）迪庆矿业公司羊拉铜矿里农矿段采选工程：项目概算总投资43794.19万元，2009年完成投资3945.73万元，截至2009年末项目累计完成40724.56万元。项目在试生产的同时按计划有序推进尾砂充填工程的实施。

（九）达亚公司狮凤山深部十七、十八中段持续接替工程项目：项目概算总投资7469.6万元，2009年完成投资3193.33万元，截至2009年末，项目累计完成6797.06万元，累计完成工程量7168米/63577.4立方米。

（十）星焰公司牟定郝家河铜矿深部采矿技改工程：项目概算总投资32278.34万元，2009年完成投资4052万元，截至2009年末，项目累计完成4052万元。主井共施工108米，副井共施工145米；深部4#材料斜井涌水大，进展缓慢，施工共完成50米；1680运输平巷正在施工，共完成600米。

（张劲锋　訾迅霆　黄绕生）

云南煤化工集团有限公司

【基本情况】　云南煤化工集团有限公司（以下简称云南煤化集团）是在云南省委、省政府实施大企业大集团战略中，于2005年8月组建成立的省属大型企业集团。云南煤化集团下辖云南云维集团有限公司、云南东源煤电股份有限公司、云南解化清洁能源开发有限公司等10余家企事业单位，拥有一家上市公司-云南云维股份有限公司，下属单位主要分布在云南昆明、曲靖、红河、昭通等地。现有员工5万余人，2009年底总资产达到327亿元，净资产98亿元。

云南煤化集团以洁净煤产业为主，实行多元发展，业务涵盖煤炭采选及综合利用、煤电铝、炼焦及焦油化工、新型煤气化液化、大型化工机械制造、国际国内贸易、房地产等，跨越煤、电、机械、化工、冶炼等五个行业，主要产品有煤炭、焦炭、尿素、合成氨、二甲醚、甲醇、硝酸铵、纯碱、粗苯、聚乙烯醇、醋酸乙烯、电解铝、水泥、电石等30余种，现已形成从煤炭开采控制到煤炭深加工，从初级产品到终端高附加值产品的完整的煤化工产业链。

云南煤化集团经过多年的发展，拥有了一步法甲醇制汽油专利技术，5.5米侧装捣固焦炉技术、焦炉气制甲醇技术、褐煤洁净化液化技术、碎煤熔渣气化技术等一批处于国际国内领先地位的专有技术；拥有目前亚洲单系列生产能力最大的50万吨合成氨生产装置，拥有西南最大的化工装备制造公司；利用有部分知识产权的碎煤溶渣加压气化技术建设了二甲醚项目。

现已形成年生产能力：煤炭开采能力860万吨、洗选能力1000万吨、合成氨92万吨、尿素80万吨、硝铵48万吨、硝酸钾 9万吨；纯碱、氯化铵各20万吨，聚乙烯醇3万吨，焦炭450万吨，二甲醚15万吨，甲醇76万吨，资源综合利用电厂总装机容量118.5MW，电解铝38万吨的规模。公司30余种产品中有多种被评为云南省名牌产品和国家免检产品，其中省名牌产品有花山牌、红河牌尿素、珠源牌纯碱、花山牌氯化铵、云维牌聚乙烯醇、花山牌工业甲醇、云维牌乙酸乙烯脂、复混肥；免检产品有花山牌尿素、云维牌聚乙烯醇。

【经营情况】　2009年是云南煤化集团成立以来生产经营极为困难的一年，也是集团发展历程中极不平凡的一年。一年来，在省委、省政府和省国资委的领导下，集团领导班子团结带领全体干部职工，按照集团党委和董事会的要求，积极应对，攻坚克难，有效抵御了金融危机的影响，最大限度地保证了集团生产经营的平稳运行，实现了“保生产、保市场、保工资、保稳定”的目标，为全面完成集团“十一五”规划目标任务奠定了良好基础。

2009年，云南煤化集团销售收入145.36亿元，同比下降6.63%；完成工业增加值18.88亿元，同比下降25.03%；完成利税总额9.15亿元，同比下降29.15%；利润1.51亿元，同比下降18.24%。

全集团2009年累计完成固定资产投资50.66亿元，与去年同期相比减少2760万元。

【采取积极有力的应对措施，有效抵御了金融危机的影响，“四保”目标顺利实现】　受国际金融危机的持续影响，面对市场持续低迷、价格大幅下降、产品积压严重、经济效益大幅下滑等一系列困难，集团及所属企业冷静分析、果断决策、采取了一系列有力措施，实现了经济的稳步回升，有效抵御了金融危机的影响，实现了“保生产、保市场、保工资、保稳定”的目标。一是以开展管理年和成本效益年的“两年”活动为载体，强化生产管理，优化生产结构，充分挖掘装置的生产能力，使现有装置实现效益最大化。通过狠抓生产组织、产品销售来充分释放产能；通过狠抓已建成生产装置的正常投运，已投产项目的按时达产达标，实现集团扭亏增盈；通过狠抓企业管理、班组管理，严格管理制度，强化制度执行力，提升企业管理水平；通过狠抓财务资金管理和对标活动，各项成本费用和非生产性支出得到有效控制。二是加强市场开拓工作，保住已有市场，扩大市场范围。在国际市场需求下降、国内市场竞争加剧的严峻形势下，认真分析市场形势，多方搜集市场信息，适时调整销售策略，积极开展降库存活动，盘活了存量资金。充分利用金融危机背景下铁路运力阶段性宽松的难得契机，迅速拓展省外市场。在铁路运力不能完全保证的情况下，迅速做出决策，大量通过公路向省外运输焦炭和其他产品，占领并巩固省外市场。与相关企业联合，建立销售、定价互信互动机制，加强协同配合，携手共渡难关。三是迅速调整经营策略，变被动限产保价为积极提产降本，应对价格竞争。面对市场需求低迷，价格竞争激烈的外部形势，为降低单位产品成本，发挥规模优势，提高产品价格竞争力，从4月份开始，调整了被动的限产保价策略，及时提高了生产负荷，大幅降低了单位产品成本，夺回了产品销售的主动权。针对各主要产品上游原材料市场、下游产成品销售市场的复苏情况，采取“以销定产”的策略，及时调整生产负荷和生产结构。同时，充分用好省政府扶持工业经济增长的各项政策，积极参与省政府组织的化肥和有色金属储备。四是创新绩效管理，严控工资总额。金融危机以来，集团坚决贯彻上级党委、政府“不减员，不减薪”的要求，在确保员工基本工资的同时，严格薪酬管理和绩效考核，对工资总额进行动态管控。在极其困难的情况下，通过努力，在实现“保工资”的同时，2009年全集团在岗职工人年平均工资同比实现了增长了。

【安全生产和节能减排工作】 2009年，由于生产经营困难，也给企业安全生产和节能减排带来严峻的挑战、巨大的压力。面对困难和压力，集团上下坚持安全生产分级责任制，坚持领导干部一岗双责制，狠抓煤炭生产和化工生产安全管理，扎实开展了隐患排查治理、无工亡月活动、百日安全活动等系列主题安全活动，集团安全生产形势总体平稳，特别是煤炭安全生产创造了历史最好水平。同时，针对清洁生产和节能减排工作中的薄弱环节，集团坚决按国家的有关要求，采取有力的节能减排措施，加大节能减排投入力度，提高了节能减排的效果。

【重点项目建设】 按照“预算从紧、投资从严、适度发展、保证一定增速”的总要求，严格控制建设项目投资，调整了项目工作步骤，调整了资金使用计划，对项目投入保持了适度的投资力度，项目建设按计划投入，稳步推进。2009年建设项目总计30项，投资完成50.66亿元。目前已有1，4丁二醇、5万吨炭黑、20万吨醋酸、95万吨焦化、8万吨尾气制氨、硝酸铵装置技改、恩洪清水沟矿井、曲靖铝业电解铝二期一段等10余个项目建成投产，这一批项目的建成投产，将极大增强集团的发展后劲，为进一步提升集团经济总量和整体实力奠定了坚实基础。

【融资工作】 一是积极建设和用好集团总部这一重要的融资平台，为企业的生产经营和发展筹措必要的资金。集团全年共获得银行授信259.4亿元，向企业提供资金49.88亿元，提供贷款担保78.72亿元。二是积极引进三峡总公司、省工业投资公司等战略合作伙伴，共引进资金20亿元，极大地改善企业资本结构。三是成功实现原解化公司省财政借款1.35亿元的债转股，3300万元贷款利息的豁免；成功将云南省投资控股集团持有解化5840万元的股权无偿划给云南煤化集团；收购省工业投资公司在原解化的股权8700万元。四是充分利用上市公司的融资平台，云维股份在2009年11月完成了5200万股股份的公开增发，募集资金8.4亿元。

【企业改革改制】 一是原解化公司、瑞气公司合并组成解化分公司，并引进三峡公司组建了云南解化清洁能源开发有限公司；引进省工业投资公司组建了云南先锋化工有限公司。二是完成了云轮公司破产财产及土地使用权变现，云轮公司破产终结；完成了化工实业股份有限公司的清算工作。三是撤销兴化分公司和营销分公司，组建成立了云南煤化集团经贸分公司。四是完成了煤建公司破产后的重组工作，组建成立了云南东源矿山工程公司。

【技术创新】 一是积极申报省级科技计划项目。向省科技厅申报了《6万吨/年宽馏分煤焦油加氢产业化开发》（解化公司）、《基于集成式多元热释电红外技术的煤矿专用气体分析开发及应用示范》（东源公司）、《高性能耐磨耐热聚甲醛的研究开发》（橡胶研究所）等3个项目，获得680万元的科研经费支持。二是积极推进技术创新项目，加快科研步伐。与上海711所、五环工程公司合作的大型国产化粉煤气化技术研发项目已完成了初步设计审查，大为装备公司承担的特种材料加工及设备制造项目已完成，与清华大学合作的浆态床甲醇合成技术产业化项目已生产出甲醇产品。6万吨/年宽馏分煤焦油加氢产业化开发、褐煤提质处理等项目都在有序推进。三是加强科研机构建设，构建技术创新平台。为充分发挥云南省橡胶制品研究所在集团煤化工产业发展中的研发作用，更名组建了云南煤化工应用技术研究院。在2009年云南煤化工工程技术研究中心获得省级认定的基础上，积极参与申报了国家技术中心的认定工作。集团还与中国三峡集团总公司、中科院签订合作协议，共同投资组建中国褐煤洁净利用工程研究中心。

【人力资源管理】 一是大力推进集团人力资源信息化建设，集团及所属独立核算的35家单位基本上线运行，初步解决了人力资源内部数据共享以及信息不对称问题，为集团人力资源的有效利用与管理能力的提升奠定了基础。二是与云南能源职业技术学院、省化工学校和省工业高级技校合作，培养集团所需的高技能人才。完成了两个工种共计31名高级技师的培训鉴定，18人通过鉴定获得高级技师资格，实现了集团高级技师零的突破；完成了多个工种共计150多名技师的培训鉴定等工作。同时，在三所院校中设立了每年10万元的“云南煤化奖学金”，奖励有志于云南煤化工事业的优秀学生。三是贯彻落实国务院、国家七部委以及云南省10部门关于高校毕业生就业见习工作的文件精神，分别在云维公司和东源公司创建两个“高校毕业生就业见习基地”，目前已有184名高校毕业生就业见习。

2009年，云南煤化工集团荣获“全国五一劳动奖状”和“2009年中国最具创新力企业”称号，荣列“2009年中国企业500强”第348位、“2009年中国制造业500强”第193位，荣获“2009年中国化肥企业100强”称号。

第七编

Xiang Guan Hang Ye Xie Hui

相关行业协会

云南省化工行业协会

2009年不断蔓延的全球金融危机给中国工业带来巨大的冲击，也是新世纪以来云南化工最困难的一年。回眸2009，云南化工可以用4句话进行概括：市场低迷、价格下滑、大幅亏损、深陷困境。1～11月，累计完成工业产值353.32亿元，同比443.07亿元，下降20.26%；累计完成工业销售产值367.57亿元，同比435.29亿元，下降15.56%；亏损25.27亿元（2008年利润25.84亿元）。面对严峻形势，我协会坚持以科学发展观统领全局，充分发挥协会“服务、参谋、桥梁”作用，在有关部门和各会员单位的大力支持下，不畏艰险、积极应对、努力工作，取得较好成效。

一、积极应对危机，促进行业脱困

2008年9月15日，以美国著名投资银行雷曼兄弟公司宣告破产为标志的金融危机引发了百年未遇的世界经济危机。国际金融危机对中国经济造成了严重影响，特别是工业经济受冲击最大，在39个工业大类行业中,石化行业又是受冲击最严重的行业之一。危机后化工产品价格出现腰斩的严峻格局。国际市场低迷、国内需求萎缩、传统产业产能过剩、出口受限、供大于求的矛盾日愈加剧，价格已经下探到成本线甚至低于成本线，化工企业正经受着国际金融危机的严重冲击、行业多年快速发展中积累的结构性矛盾和国家相关政策三重叠加的严峻考验，大企业受到重创，中小企业陷入困境。我协会于今年2月和9月，分别组织了两次调研，调研的企业既有国有大型企业集团，又有民营企业，基本涵盖了云南化工的各子行业。调研后，在认真汇总分析有关情况，抓住行业发展中的难点、热点问题的基础上，编写了题为《应对金融风暴振兴云南化工调研报告》（云化协字〔2009〕012号）、《云南化学工业产业振兴规划发展思路》和《保生存 谋发展——当前云南化工应对危机专题调查报告》（云化协字〔2009〕039号）等上报省政府、政府有关部门和有关企业，向政府反映企业的心声，为政府有关部门制定政策出谋划策，为企业走出困境建言献策，以促进云南化学工业健康持续发展。

二、参与行业发展规划、标准等的编制、评审工作

（一）组织编制《云南省钛产业发展规划》。为了使云南省钛产业健康发展，协会受省工信委的委托，组织编写《云南省钛产业规划》。完成30000多字的《云南省钛产业发展规划（初稿）》编写并进行协会内部修改后，于9月组织专家、编写小组成员对《云南省钛产业发展规划（初稿）》进行评审。根据评审意见修改后，12月省工信委组织编写小组领导小组成员和专家对《云南省钛产业发展规划》进行评审，专家组一致认为：该规划基本达到了规划编制的规范要求，同意通过评审并提出修改意见。协会完成修改工作，报请有关部门审定。

（二）编制部分行业《能效对标指南》。省工信委与省节能办委托协会编制《云南省黄磷企业能效对标指南》、《云南省合成氨企业能效对标指南》、《云南省烧碱企业能效对标指南》，在马龙产业、神农汇丰等企业的支持下于6月按期完成了编写工作。省节能办于11月组织专家对全省各行业的能效对指南进行评审，评审修改后，不久将以云南省工业和信息化委员会和云南省人民政府节能工作领导小组办公室的名义向社会公布，网上发布。

（三）编制昭通镇雄煤化工初步规划方案。受云南省投资控股集团有限公司委托，编制“昭通镇雄煤化工初步规划方案”。

（四）参加云南省发展和改革委组织的《云南省人民政府关于贯彻落实石化产业调整和振兴规划的实施意见》（代拟稿）意见征求会；《云南省石油和化学产业发展规划纲要》征求意见会；《云南省石油和化工产业发展规划》预审、评审会。

三、大力推动节能减排，促进行业持续发展

（一）参加省工信委在昆明举办的中国—欧盟能源环境项目的耗能行业能效水平对标管理项目政策研讨会。协会王鉴副会长在会上作了题为“怎样推动云南省化工行业对标管理工作”的发言。他重点强调了要做好4个方面工作：一是加大对能效对标工作的宣传力度，层层落实能效对标管理工作的组织机构；二是树典范，实行分类指导扎实推进能效对标管理工作的开展；三是对标工作不能搞形式、走过场，一定要把能效对标工作抓实抓出成效；四是政府要加大对能源对标管理工作引导和推动的力度。

（二）参加云南省能源审核报告专家评审第5批审核会议。对昆明奥特龙能源科技有限公司的《澄江磷化工金龙有限责任公司能源审计报告》、《云南澄江磷化工广龙磷酸盐厂能源审计报告》及云南博石节能工程技术有限公司的《云南旭东磷化集团旭东化工有限公司能源审计报告》进行审核，提出修改意见。

（三）完成云南国能化工公司能源审计，并已经省组织专家审核通过。协助有关部门完成企业能源审计、企业节能量审核工作。并参与省有关单位组织的“能源审计”、“能源评估”等培训。

（四）组织完成编制磷矿采选、电石两个行业的清洁生产合格单位评价指标体系工作。

（五）举办合成氨、氯碱、焦化、磷矿采选、电石5个行业清洁生产合格单位评价指标体系培训班。合格单位评价指标体系制定完成并发布后，按省工信委的要求，必须组织相关人员进行培训，让其充分了解指标体系的内容及操作方法、计算依据等，企业才能更好地开展此项工作。培训工作的开展对推动化工企业的清洁生产将起到积极作用。

（六）参加清洁生产合格单位验收。参加对云南云天化国际化工有限公司所属的4个分公司（即云峰分公司、红磷分公司、三环分公司、富瑞分公司）及云天化国际化工本部的清洁生产合格单位验收；参加云天化股份有限公司、云南磷化集团有限公司等清洁生产合格单位验收。

（七）参加云天化国际化工三环分公司清洁生产审核。云天化国际化工股份有限公司三环分公司于2006年被国家环境保护总局列为陶氏化学清洁生产示范合作项目。三环分公司根据陶氏化学推行清洁生产的工作程序和评价方法开展了细致的工作，进行了72项无低费方案，实施后获益40.363万元；11项中、高费方案实施投入资金5835.16万吨，年创效益5591.00万元。降低磷矿消耗13.6%，硫黄消耗1.9%；综合能耗下降30.3%；外排COD下降78.5%；排放氟化物降低73.6%；外排磷酸盐下降75.6%，获得了显著的效益。2008年9月英国GPK咨询公司经过现场调查、统计，并与世界上不同工厂采用不同磷矿用硫酸生产湿法磷酸进行比较后认为，三环分公司磷酸生产的消耗已达到国际先进水平，并作为云天化国际化工的内部标杆进行推广。省市联合组成的专家组一致同意审核合格，报国家环境保护总局。

（八）参加全省清洁生产工作现场会议。云南省化工行业清洁生产办公室及协会领导参加由省政府主持召开的全省清洁生产工作现场会议。这次现场会的主要内容是对去年云南省清洁生产工作作出贡献的单位和个人进行表彰。云南省化工行业协会再次被评为全省清洁生产工作先进单位，受到了省政府的表彰，会后协会向省清洁生产办公室作了“下一步工作安排意见”的书面汇报。

四、加强“品牌”培育，提升行业竞争力

（一）组织化工企业积极申报《云南名牌》工作。根据省政府主管领导的指示精神，《云南名牌》工作继续开展，并要做得更好。云南省多家化工企业积极申报。企业申报名牌材料是否达到要求，对名牌申报成功与否十分关键。为做好此项工作，应企业要求对多家企业的申报材料进行了详细的检查，发现问题及时纠正，杜绝了因上报材料不符合要求而被淘汰的可能性，确保了申报材料的质量。通过两次评审及现场核查，经名牌推委会全体会议审定并投票表决，化工行业共有33个产品（其中复评产品28个、新申报产品5个）通过，荣获2009年度“云南名牌”产品。约占全省“云南名牌”产品总数的六分之一左右，名列各行业前茅。

（二）应昆明市质量技术监督局之邀，参加专家组对《昆明名牌》进行的两轮评审。化工各企业积极参与，经申报、评审和现场核查，昆明市名牌战略推进委员会全体会议审查、公示等程序，使云南省化工行业中一批条件较好，但又达不到云南名牌条件企业的产品获得了首届“昆明名牌”的称号，其获奖化工企业比例也名列各行业前茅。

五、反映行业诉求，发挥桥梁作用

针对行业、企业发展中存在的需要政策性支持的难点、热点问题，形成了《振兴云南化肥工业的建议》（云化协字〔2009〕007号）、《请求国家对高浓度磷复肥企业给予优惠政策以渡危机的报告》（云化协字〔2009〕010号）、《关于支持〈推广使用商品有机肥，减轻农业面源污染〉提案的建议》（云化协字〔2009〕015号）、《关于开展〈云南省中低品位磷矿开发利用专题研究〉的请示》（云化协字〔2009〕024号）、《关于开展〈云南省石油化工、天然气化工和煤化工协调发展相互促进专题研究〉的请示》（云化协字〔2009〕023号）、《关于磷矿资源税额标准的意见》（云化协字〔2009〕030号）、《关于续编化工行业清洁生产合格单位指标体系的报告》（云化协字〔2009〕035号）、《关于云南大为制氨有限公司50万吨/年合成氨装置生产用电申请执行化肥生产用电的报告》（云化协字〔2009〕037号）等文件及时上报政府及有关部门、中国石油和化学工业协会。

六、认真履行职责，做好协会各项工作

（一）坚持做好行业统计、分析、发布工作。坚持每月、每季做好行业统计和行业的经济运行分析发布工作。完成了2008年全省化工行业统计工作。收录汇总80多家主要化工生产企业的生产经营信息，并将主要汇总部分打印成册，报送省政府有关部门和企业。

（二）坚持办好协会发行的报刊、网站。圆满完成了《云南化工安全》、《云南化工科技信息报》全年的编辑、出版、发行工作。保质保量按时送达读者手中。

（三）为企业排忧解难。2009年春季，正值用肥季节，云南省各氮肥企业原料煤、燃料煤供应紧张，致使部分企业减产、停产。为贯彻国家工业和信息化部《关于促进化肥生产确保春耕用肥的紧急通知》精神，3月与曲靖市经委共同召开“氮肥企业与供煤矿山供需协调会”，并形成了会议纪要。会后各氮肥企业原料煤、燃料煤供应情况逐渐缓解。确保化肥生产和大春用肥。积极组织好化肥出省铁路运输计划安排，为各企业持续稳定生产和销售服务。

（四）坚持定期召开 “尿素价格自律执委会”。尿素价格自律执委会2009年召开了7次尿素价格自律执委会议。通过会议，各尿素企业互相交流信息，根据市场行情、利用价格杠杆不断调整营销策略，积极应对市场。在尿素生产、营销方面为企业服务，尽量让企业不受或少受损失。

（五）积极推荐企业参与“全国农化服务中心”挂牌活动。2009年9月1日，中国石油和化学工业协会农化服务办公室发文《关于授予第一批“全国农化服务中心”挂牌单位的通知》，全国共有23家企业被授予第一批“全国农化服务中心”挂牌单位。经云南省化工行业协会化肥专委会复混肥工作部推荐，中国石油和化学工业协会农化服务办公室审核通过，云南云天化国际化工股份有限公司、云南解化清洁能源开发有限公司解化分公司、云南云叶化肥股份有限公司、昆明劲勋化工有限公司4家企业被授予第一批“全国农化服务中心”挂牌单位。

（六）认真做好过磷酸钙生产企业产能认定工作。根据《云南省经委关于印发〈云南省2008-2012年磷化工结构调整工作指导意见〉的通知》云工信［2009］163号文中“……赋予协会（云南省化工行业协会）在过磷酸钙产业结构调整中直接行使各生产企业产能规模认定权……”精神。协会化肥专委会组织专家组先后对41家过磷酸钙生产企业进行了生产能力现场考核。由于不少企业均进行了扩能技改，虽然生产企业户数有所减少，但总产能却增加了。经过考核的41家企业，过磷酸钙总产能达到了932万吨/年。

（七）充分发挥桥梁作用。昆钢双扶福利分厂因发展需要，想增加新产品，需要了解一些相关信息，增加部分生产设备。协会得知后，与联系中华涂料有限责任公司给他们介绍了相关信息，并参观了中华涂料有限责任公司，使他们对新项目的立项有了更清晰的思路。昆明双马化工厂因经营转向，要处理厂内的生产设备，协会又将此信息介绍给昆钢双扶福利分厂，使两家企业既解决了问题，又节省不少资金。云大科技有限公司因改制将农药部分剥离出来，成立了昆明云大科技有限公司，生产场地也从省外搬回云南，在安宁购置了50亩地准备在此处建生产厂，该地紧邻盐化股份的生产基地。协会得知后多次至昆明云大科技有限公司、盐化股份和天丰农药公司，建议3家企业联合起来搞一个精细化工园，带动云南精细化工产业的发展。

（八）基本完成《云南省志·化学工业志》的编撰工作。由云南省化工行业协会牵头，云南省煤化工集团有限公司、云天化集团有限责任公司共同承编的第二轮《云南省志·化学工业志》（初稿），经修志人员查阅3625卷档案目录，调阅档案1000多卷，向全省各化工企事业发函500多封，收集有关方面资料200多万字和反映企业生产装置、工艺技术的照片上百张的基础上进行认真加工编修，形成50多万字的初稿。经云南省化工志编委会主要领导审阅后，于2009年6月23日召开《云南省志·化学工业志》（初稿）评审会，聘请云南省地方志办公室的领导和有关负责人、原省化工厅（局）的老领导、有关专家和撰稿人等共60多人进行评审。评审会上省志办田文桢副主任说：“在化工系统领导的重视和支持下，经过修志人员的辛勤耕耘和顽强拼搏，一部装帧规范整齐、资料丰富翔实、文字朴实流畅的化工志送审稿已完成。可以说这部送审稿是化工系统修志人员向国庆60周年的一份献礼，对云南化工事业的一个总结，是云南化工系统改革开放的一个缩影。”田副主任认为《云南省志·化学工业志》（初稿）比较清晰地反映了云南省改革开放以来至2005年化工事业发展的基本脉络，详尽地提供了丰富的历史资料，语句通顺，层次分明，按照志书审查验收的标准：指导思想明确，资料丰富翔实，史实清楚，文风朴实流畅，文字简洁明了，符合志体的要求，志稿基本达到了上述的标准。他相信，经过再次精雕细刻修改后，该志稿可以争取成为一部精品良志。参加评审会的领导、专家和有关人员在会上都踊跃发言，发表了很好的修改意见。会后，省化工志办根据评审修改意见进行修改完善，已基本完成修改工作。

云南省企业家协会（云南省企业联合会）

云南省企业家协会（云南省企业联合会），在省委、省政府和中国企联的关怀下，在省工信委、省民政厅的直接领导下，在各州市企联、省级行业协会和会员企业以及社会各界的大力支持下，全力配合组委会成功地在昆明举办了2009年全国企业家活动日主会场活动。

在十七届四中全会和省委八届七次全会的精神鼓舞下，我们正在认真践行科学发展观，在“保企业、保就业、保稳定”中充分发挥企业组织代表作用，为云南企业和企业家抵御和应对全球金融危机出谋划策。全国企业家活动日在昆明成功举办，不仅极大地提振了我省企业和企业家的信心，也让省企联这一平台得到云南社会各界广泛认知认可。省企联通过这次大型活动，不仅锻炼了队伍，也为下一步更好的调动全省企业和企业家的力量，紧紧围绕全省经济社会发展的中心任务开展工作夯实了基础。

一、精心组织2009年全国企业家活动日。

省企业联合会会长牛绍尧2008年9月参加中国企业联合会第八届全国会员代表大会时，向中国企业联合会会长王忠禹提出将2009全国企业家活动日安排在云南举办的建议。牛绍尧会长返昆后，向省委、省政府作了汇报，得到了省委书记白恩培、省长秦光荣的首肯。经省政府与中国企业联合会协商，2009

年全国企业家活动日定于5月16日至18日在昆明举办。

省委、省政府对这次盛会非常重视。白恩培书记批示“支持全国企业家活动日在昆明举办，争取办成最好的活动日，不仅在接待方面要好，在宣传云南、展示云南、招商引资方面也要好”。秦光荣省长批示“要把一些招商引资的项目准备好”。罗正富、和段琪两位副省长也作了相应批示，并亲自主持召开了15个厅局参加的协调会。

省企联在这次活动中充分发挥桥梁和纽带的作用，为省委、省政府与中企联之间，为我省企业家与全国企业家之间进行有效沟通的提供了便捷的通道。尤其是省政府在“2009年全国企业家活动日”组织筹备方案中批示“原则同意《方案》，请云南省企业联合会、云南省企业家协会牵头做好有关工作”，省政府对企联寄予的厚望迅速变成大家的行动力和执行力，抓紧各项筹备工作的落实，同时充分调动各会员单位积极性，特别是理事会成员单位积极参与筹备工作，并给予大力支持。

2月23~24日，中企联在广州召开省级企联会长联席会议，会上牛绍尧会长盛情邀请各省市自治区企联会长积极组织本省企业家参加今年5月在昆明举办的“2009全国企业家活动日”活动。

2月27日，与省工信委联合发出云工信（2009）47号评优通知，开展第十一届云南省优秀企业家评选活动，通过通过认真审核、评比，最终确定60名优秀企业家，并于5月4日形成《关于表彰云南省第十一届优秀企业家的决定》，5月17日与全国企业家一同表彰。

3月6日，牵头组织召开了有省工商联、外商投资协会、民营科技实业家协会、乡镇企业协会、个私协会、青企协会、女企协会等协会副会长、秘书长参加的第六次协调劳动关系联络员工作会，就如何迎接全国企业家活动日进行工作动员，并从各自的角度做好充分的准备，更好的贴近企业和企业家群体，提高整体协同作战的能力。

3月10日，召开了全省企联秘书长会议，全省各州市企联和经委相关领导出席了会议，省工信委周赤副主任出席会议并做了重要讲话，要求各州全力以赴配合省里做好各方面的工作，迎接“2009全国企业家活动日”的顺利举办，办出云南特色，展示云南风采。

3月11~16日，中企联执行副会长尹援平率考察组一行七人，对我省“全国企业家活动日”筹备工作情况进行全方位的检查，考察结束后对我省筹备工作给予了充分的肯定。结束之际，刘绍忠主任向考察组介绍了我省筹备工作的情况，特别说明省工信委已经抽调40多人承担筹备工作，相关厅局也有专人负责这项工作。同时，我省具有丰富的、组织大型会议的经验，一定能把“2009全国企业家活动日”办好，请中企联领导放心，也请王忠禹会长放心。

作为省企联的主管部门省工信委主动承担工作重担，迅速组成强大的工作班子，一些重大的事项，刘绍忠主任亲自组织实施，竭尽全力精心做好会议的筹备工作，为这次大型活动的圆满成功奠定了坚实的基础。

5月16~18日，鲜花簇拥的昆明市迎来了四海宾朋，张瑞敏来了，柳传志来了，鲁冠球也来了……中央和全国各地对这次企业家活动日十分重视，国务院副总理张德江到昆与参会的大企业老总座谈，国务院领导、云南省、昆明市暨一些州市领导及企业家、全国知名企业及企业家代表1200人参加了会议。大会颁发了“袁宝华企业管理金奖”、表彰了64位全国优秀创业企业家和60位云南省优秀企业家，同时举办了企业家论坛、国内外知名企业家演讲、云南省招商引资发布会和昆明市重点项目的招商引资推介会等活动。

2009年全国企业家活动日暨全国优秀创业企业家表彰活动在昆明举办，大大激发了我省企业家勇于创业创新的企业家精神，为我省企业家提供了一个向全国优秀创业企业家学习的良机和经验交流的平台，为我省招商引资、加快发展提供了一次难得的机遇。

同时，我省在这次大型活动中表彰了60位优秀企业家，壮大了云南省优秀企业家队伍，弘扬了企业家们的创业热情，为企业家们群策群力抵御金融风暴注入了活力和行动力，有力地促进了我省经济平稳较快的增长。

这次大型会议活动正像刘绍忠主任所言，办成了全国最好的活动日，省委、省政府领导、中企联领导对会议的成功举办表示了肯定，许多企业家参会后表示惊讶，云南能办出如此高规格的活动真是想不到，有些企业家表示真是要重新认识云南，以及来滇投资的发展机会。

二、在搞好“全国企业家活动日”的同时，企联的其它工作也正常开展，并借“全国企业家活动日”的影响力进行了创新，为我省的企业提供务实高效的服务。

1. 组织企业家论坛和沙龙活动，为企业、企业家提供高层次的学习交流平台。为给我省企业家提供一个互相学习、沟通、交流的平台，省企联积极组织企业家论坛系列活动，使企业家们分享企业成功的经验，探索企业做强做大的发展途径，为企业和企业家充电扩能。

从4月22日开始，由省企联牵头主办的“云岭经济暨企业领袖高峰论坛”拉开序幕，至年底已经举办了十三期公益性讲座，邀请中国一流的经济学家和企业家现身说法，旨在把中国最前沿的经济智慧传递到云南，大家结合各自的企业情况找到最佳的发展途径，进而推动云南经济社会健康发展。

7月5日，首届云南企业家精英论坛在昆明隆重举行，本次论坛聚集政府高层、工商界和学术界的领袖，就云南企业、云南经济在新经济形势下的发展和文化变革之道进行高层对话。副省长曹建方到会并致辞。牛绍尧会长做了《以无愧于时代的精神奋勇当先》的重要讲话。论坛特邀文化名人、著名作家余秋雨进行精彩演讲，余秋雨指出：“企业家的文化责任不仅仅是提高自己的文化品味，而是要参与文化的创造。”

11月27日，首次举办“云南企业家沙龙”活动，白恩培书记亲自参加，通过企业家沙龙活动，促进企业家与省领导直接交流对话，使省领导直接听到企业家的呼声，也使企业家们及时了解省委、省政府的方针政策和领导对企业的要求，上下沟通促进全省经济发展。

三、继续开展云南省100强企业排序活动，分析企业发展动态，为政府决策和企业发展提供重要的参考依据。

在总结百强企业三次排序的基础上，根据省政府领导批示精神，今年我们继续开展了2008年度云南省100强企业排序工作，并于9月1日进行发布。

与往次排序相比，本次排序显示出云南的大企业在2008年度受到了严峻的挑战，过去贡献较大的有色金属行业出现了后退迹象。但在云南省委、省政府的正确领导下，企业界通过强化经营管理、抢抓市场机遇、调整企业策略，比较有效地应对了全球金融风暴的不利影响，整体保持了较好的发展态势。

排序显示，前30强企业的营业收入达到了4006亿元，占百强总额的81.2%。如果说，百强是云南经济的中坚力量。那么，前30强企业就是云南经济发展的核心力量。而过百亿的企业，就是云南经济发展当之无愧的龙头。

四、发挥企业（雇主）组织代表作用，充分调动企业在构建和谐社会中积极性，进一步做好协调劳动关系三方机制工作。

省企联作为政府授权的我省企业（雇主）组织代表，通过参与协调劳动关系三方机制工作，充分发挥企业在构建和谐企业和和谐社会中积极作用。雇主工作是企联新的立会之本，这一工作要求我们，对劳动关系方面带有全局性、倾向性的重大问题进行调研和协商，站在雇主的角度提出政策性的建议，促进企业和社会稳定。

2月18日，与省总工会、省人保厅联合转发人力资源和社会保障部、中华全国总工会、中国企业联合会/中国企业家协会《关于应对当前经济形势稳定劳动关系的指导意见》。3月15日，为削减金融风暴对我省社会经济的影响，三方在昆明联合主办全省企业开展坚定信心、共度难关“共同约定行动”签约仪式，并向全省企业界发出倡议。南磷、越钢等11户企业参与签约。

五、积极推进企业管理创新，保护环境，强化企业自律管理，加速企业现代化的过程不断转型升级。

省委、省政府提出转变经济发展方式，其中重要一点就是通过创新来推动增长和发展。我省有不少优秀的企业在创新方面取得了显著的成效。我们要加强对企业管理创新和企业成功经验的调查研究和分析，组织各种形式的研讨活动，为会员企业进一步创新发展思路提供借鉴。

同时，要做好企业现代化管理创新成果的培育、申报和评审工作，探索中国特色的企业管理现代化创新之道，把企业管理工作提高到一个新水平。云南滇东能源有限公司申报的《以建设和运营无缝高效衔接为导向的火电项目管理》成果，被评为二等奖；10月通过省企联的推荐，云南大朝山水电公司的成果又进入新一轮评选程序。

2008年底至2009年初，为了吸取“阳宗海砷污染事件”的深刻教训，保护好美丽的九大高原湖泊和七彩云南，在保护环境中发展壮大企业规模。我会根据省委、省政府“生态立省、环境优先”的战略部署，向全省企联系统发出了《关于组织开展“阳宗海砷污染事件”讨论的通知》，要求会员企业总结生态环境建设中的经验教训和改进措施。

同时，积极配合省经委组织召开了云南省中小企业“保护母亲湖行动”座谈会，九大高原湖泊流域的30户企业庄严地在“保护母亲湖，建设工业文明承诺书”上签了字，并向云南省九湖流域企业界发出了“云南省中小企业保护母亲湖行动倡仪书”。曲靖市企联、丽江市企业家协会、红河州企联、大理州企业家协会积极响应，组织企业开展讨论，如何在保护环境中加速发展。

6月23日，组织部分企业集团董事长、总经理参加省检察院分析云铜“11·28”案件的警示教育座谈会。2007年云铜集团发生了“11·28”案件。案件的发生，不仅损害了企业自身形象，也给企业带来严重的损失。省企联认为结合企业的实际，以此作为全省开展警示教育的重点很有必要。

为消除企业和员工对艾滋病的歧视，正确认识艾滋病对人类社会以及企业的影响。3月30日配合中企联在昆明召开了“工作场所预防艾滋病”国际研讨会，探讨国内外艾滋病的流行趋势，以及如何开展工作场所预防艾滋病的手段。

六、积极参与各级企联活动，通过交流学习掌握各级企联动态，取长补短，同时也提升了省企联的影响力，进一步扩大企联的会员队伍。

9月4~6日，中国企业500强发布会在杭州召开，我会牵头组织26人参加的云南企业家代表团，由牛绍尧会长带队参加，我省企业家代表昆钢集团王长勇董事长参加大会的转型与升级平行论坛。

新一届企联班子建立后，借元旦、春节、国庆、中秋等中国人传统佳节之际，邀请省老领导、企业家代表联谊座谈，增强企业发展的共识，有力地提升了省企联的影响力。目前，要求入会的企业明显增多，且大多是影响力较大的民营企业。

6. 通过咨询与培训加大对企业的服务力度，同时通过扩大对内对外宣传，扩大云南企业和企业家在全国的影响力。

省企联在做好为企业提供咨询服务的同时，还根据中国企联的授权和要求，组织有关教育培训机构，做好职业经理人的培训和认证工作。今年，在昆明、大理、丽江各开办了一次职业经理人培训班。

七、宣传工作方面，除定期出版协会的通讯与社会、会员联络外，借助挂靠我会的中国企业报云南记者站，扩大对内对外宣传。今年借全国企业家活动日之际，5月15日在中国企业报推出云南特刊，集中宣传云南、云南企业和企业家，随后在中国企业报的大力支持下，今年7月后定期推出地方特刊《彩云南》，原来每年刊发云南报道稿件100篇左右，2009年已经突破200篇，扩大了云南企业和企业家在全国的影响力。中国企业报云南记者站也连续6年被评为驻滇优秀记者站。

云南省工业经济联合会

2009年，在上级主管部门的指导下、在会员单位和全社会的大力支持下，云南省工业经济联合会努力践行科学发展观，紧紧围绕省委、省政府、省工信委（原省经委）的中心工作，按工经联年初制定的工作思路和工作目标开展各项工作，经全会工作人员共同努力，在调查研究、咨询服务、内部管理等方面做了一些实事，尤其是针对企业如何应对“金融危机”方面增加了工作力度，较好完成计划任务。全年共开展咨询服务100多项次，走访企业60多次；承接专项研究五个；编辑发行《云南工业》12期，计35万字；更新网络信息680多条，点击率月平均288次；举办各类培训班、论坛、推介会7次。

一、不断深化对科学发展观的认识

全党开展深入学习实践科学发展观活动，是党在十七大作出的战略决策，是用中国特色社会主义理论，武装全党的重大举措，是“三个代表”重要思想学习教育活动和保持共产党员先进性教育活动的继续。

2008年，工经联按省委、省政府、省工信委（原省经委）要求，参加了第一批深入学习实践科学发展观活动。在学习实践活动中，结合单位实际，除认真学习科学发展的有关文件外，始终把握好“提高思想认识、解决突出问题、创新体制机制、创新工作方式”四个目标；体现四个注重：注重学习科学发展观与解放思想紧密结合，与单位的实践结合；注重深入调研、注重突出一个重点、注重学以致用。由于目标明确，重点突出，学习实践活动收到了较好效果。

按中央和省委的部署，从2009年9月~2010年2月，用5个月的时间，集中时间和精力开展第三批深入学习实践科学发展观活动。按省委深入学习实践科学发展观活动领导小组的安排部署，由省民政厅牵头全省新社会组织开展深入学习实践活动指导和协调。9月25日省工信委在充分吸取第一批学习实践活动成功经验和作了大量准备工作的基础上，就新社会组织深入学习实践科学发展观活动在委管50个协会中进行的动员部署。在参加第一批学实践科学发展观活动时，我会已取得了一些成功经验。现又参加第三批学习实践科学发展观活动，为提高时效，结合单位实际，成立了学习实践领导小组，确定了专职联络员，制定了学习实践活动时间表，明确了此次学习活动应着重思考和解决的问题，坚持科学发展观，增强协会发展活力；贯彻领会党的十七届四中全会精神，搞好协会基层党支部的建设，发挥好党的基层组织在协会中的作用。在取得第一阶段成果的基础上，认真进行分析检查，主动征求主管部门和企业对云南省工业经济联合会在学习实践活动中分析报告的意见，通过两次参加深入学习科学发展观活动，云南省工业经济联合会的发展活力进一步得到增强、人员素质进一步得到提升、服务质量进一步提高，将协会逐步办成以市场为导向、面向社会、自主发展、政府放心、企业信任的学习型社团组织。

二、围绕“转危为机”加强调研，做好服务

虽然国家和省为应对金融危机出台了一系列促进工业发展的政策措施逐步开始见效，工业生产下滑的势头初步得到遏制，工业整体运行正朝着积极向好方向发展。但金融危机对工业的影响仍在持续。为让更多的企业对金融危机的影响有更深刻的认识，提高应对危机的信心，我会紧紧围绕省委、省政府提出的“增投资、调结构、扩内需、保增长、稳工业、保就业、保稳定”的要求，开展了一系列工作。

（一）利用刊物和网络传递信息。金融危机对我省的工业经济影响十分明显。一季度前，重化工产品出口、出省量下降，有色金属、钢铁、化肥、食糖等产品大量积压，企业被迫压缩产量，就业压力随之增加。由于外部需求缩减，工业品价格下降，造成企业成本上升，利润下降，亏损增加，工业经济的形势十分严峻。为了让更多的企业了解金融危机对实体经济的影响及如何应对金融危机，“转危为机”，结合我省工业经济的实际，在《云南工业》和网络及时刊载了《在全球金融危机面前中国企业该做什么》、《对当前经济形势的看法与对策措施》《国际金融危机冲击下中国工业的反应》等十几篇文章供企业学习参考。当国家和省政府出台和启动一系列应对金融危机的政策措施时，为帮助企业正确理解和应用好相关政策，我们又刊载了《国际金融危机为云南转变经济增长方式、调整产业结构发展生物产业带来契机》、《应对危机的现实选择》、《贯彻落实科学发展观，加快生物产业的发展》《解读十大支柱产业调整振兴规划》、《东川工业经济解困的对策及建议》、《启动内需的关键在改变一次分配的格局》《制定扩大内需的政策时应考虑社会结构》、《在企业建立激励机制和约束机制同等重要》、《中国式降薪风暴的反思》等文章。当我省工业经济回暖，向好发展时，我们又刊载了《关于当前工业经济形势分析和四季度工业经济运行的建议》等文章，以便让更多的经济主管部门和企业保持清醒的头脑，充分认清当前工业经济的发展态势，把握好“转危为机”的机遇。

（二）举办讲座和论坛，增强信心。工经联除利用刊物和网络平台及时传递信息外，还举办或参与专题讲座和论坛。如在云内动力举办的《转危为机坚定信心促进昆明机电工业发展论坛》，11家企业在会上进行了现场交流，与会企业一致认为：“这次金融危机对我省工业经济的影响是深刻的，但只要坚定信心、抓住机遇，走自主创新和发展品牌之路，调整好产业结构、产品结构，是能够“转危为机”的。这次论坛对企业坚定信心，积极应对金融危机起到了较好作用。

（三）调研走访，交流信息。我省由于产业结构和地理位置的原因，历来都有“反应滞后”的情况，这次金融风暴对我省的影响也不例外。金融风暴波及之初，工经联就有针对性地开始走访一些企业，开展一些专项调研，了解企业在金融风暴影响下的生产经营情况，及时向有关部门反映企业的诉求，尽力协助企业解决问题。同时，还通过各种会议和我会部分领导参加国资委国资督导之机，与州、市和企业进行交流，更多地了解州、市和企业的情况，向州、市和企业通报工业经济运行情况和应对金融风暴的政策措施和成功的经验。

三、发挥综合性协会作用　推动行业、区域工业经济发展。

县域工业是县域经济的主导和重要支撑。经过多年发展，我省涌现了一批具有一定工业基础的县，但是多数县的工业基础十分薄弱。多年来，工经联一直致力于推动行业和县域经济的发展工作，2009年，先后和市机电科技协会与西门子PLM软件公司共同举办了“制造业产品研发技术研讨会”；组织有关企业到石林县参加项目推介会并进行考查；承担了《迪庆州五年行动计划》、《巧家县2010~2020年工业发展规划》、《云南省支柱产业人才队伍建设研究》、《嵩明县杨林工业园区装备制造产业园组建方案》四个课题及《做强做大装备制造 创新打造百年西仪》等专题研究。现《云南省支柱产业人才队伍建设研究》已通过评审验收，其他三个课题及专项研究已完成初稿。专家组和省人力资源和社会保障厅对我会参与的《云南省支柱产业人才队伍建设研究》给予了高度评价，他们认为在没有完整数据支撑的情况下，能综合考虑各种影响因素，建立的预测模型适用、可行，提出的建议科学，有很强的可操作性，尤其是云南省高级人才建设方案符合云南省的实际，便于实施。

四、咨询服务有效推进

咨询服务工作在2008年加大个性化服务的基础上，2009年在咨询的面和质上又有所提高。全年咨询服务100余家次，这一百多家次中既有老客户也有新客户；既有会员单位，也有非会员单位。咨询的内容涉及产业政策、投融资、市场开发、产品研发、技术创新、企业整合、企业管理、招商引资等。面对企业的咨询要求，省工经联始终坚持不论企业大小，是否是工经联会员单位，均做到有求必应，服务到位，让企业乘兴而来，满意而归。为推动县域工业经济，工经联组织相关人员二上迪庆；四下昭通巧家；五赴昭通镇雄，为县域经济的发展作了大量工作。尤其是镇雄县，他虽然是一个资源大县、人口大县，但同时也是一个全国的贫困县。从昆明乘车至镇雄约需12~14小时，交通十分不便。省工经联自2005年便开始对镇雄工业进行咨询服务工作，至今已四年多，期间县领导、县经贸局局长已换过两任，但对工经联的咨询工作均给予了高度评价。县委、县政府领导在全县领导干部大会上对省工经联多年来就镇雄工业发展所作的工作表示感谢，并在成立园区领导小组的政府文件中明确：镇雄工业园建设的可研、总规、环评等咨询服务工作全权交由省工经联负责协调。这是对我会多年咨询工作的充分肯定和高度信任。

五、各项管理工作得到加强

省工经联自1991年成立以来，坚持以严格自律为办会标准，以创建学习型社团组织为目标。先后制定了一系列会规章制度，各种规章制度已达16个。这些规章制度，较好地调动了工作人员的积极性，得到合作单位、专家们认可和好评，对工经联的长远发展起到了积极作用。正是因为工经联工作人员能照章办事，严格要求自己，多年来未发生过一起违章事件。2009年我会财务先后接受了审计厅、财政厅、国税局、地税局的专项审计，均未发现违规操作现象。平时严格按与工信委签订的综合治理目标责任要求防治隐患，严格执行国家保密规定，全年收发各类文件上万份，未发生失泄密事件，行车3万多公里，未出现安全事故，确保了单位政治、财物、人生安全。

此外，工经联受省工信委委托，承担了《辉煌60年—云南工业》大型画册的编撰出版工作。《辉煌60年—云南工业》从不同的侧面较为客观、全面地记录了云南工业60年发展的轨迹和所取得的成果。和段琪副省长为该画册作序。

云南省磷化工协会

一、呼吁国家调整有关政策，挽救我国磷化工产业

2002年，国土资源部将磷矿列为2010年后不能满足国民经济发展需求的20个矿种之一，引起各方关注。几年来国家出台政策，限制磷矿出口，磷矿资源产区政府也相继制定保护本地磷矿资源的地方管理办法，对此，业内褒贬不一，对我国磷化工产业的可持续发展，产生了某种负面影响。尤其国家从2007年6月1日起首次对出口磷酸二铵开征20%暂定出口关税的基础上，于2008年2月15日、4月20日的2个月内，先后3次调高全部磷复肥的出口关税，使磷复肥出口关税达到130—135%，其时间跨度之短，征税范围之广，实施力度之大，史无前例，世界罕见，对我国磷复肥产业造成前所未有的严重伤害，据业内不完全统计，损失超过200亿元。

反思上述，究其原因，可初步看出，我国业内人士与国土资源部门对我国磷矿资源开发利用现状的认识与前景预期存在“不当”，在舆论宣传上存在“失当”，而国家出台的加征100%特别出口关税政策，则是“致命的一击”，属明显的人为“失误”，是“人祸”。为此，协会就我国磷矿资源特点、我国磷复肥等后加工产业对磷矿需求、我国磷矿资源服务年限预测等3个方面进行分析，形成“应正确定位我国磷矿资源现状与前景——我国磷矿资源服务年限分析”一文，呼吁政府有关部门，按照“科学发展观”来审视、研究、规划我国磷矿资源的科学开发利用，不应“闭关锁国”，不要再出现因政策失误而严重伤害我国磷化工产业健康持续发展的现象。

此文先后刊登在《磷肥与复肥》、《农资导报》、《云南工业》上，引起同行关注和赞同，中国磷肥工业协会将这篇文章报送中央有关部门参阅，期望国家尽快调整有关政策，挽救我国磷肥工业。

同时，协会还积极参加全国性专业会议，在会议上宣传和呼吁。今年以来，先后在贵阳、昆明、杭州、南宁、北京、九寨沟、宜昌、成都等10个专业会议上发言，文章编入会议“论文集”、“资料汇编”等，是历年来参会最多的一年。其中，《我国磷矿资源与黄磷工业前景》一文引起中国无机盐工业协会关注和重视，表示以协会名义将文章和发言中的基本观点和建议向中央政府有关部门反映，争取政府支持。

据悉，国土资源部近期已将磷矿从2010年后不能满足国民经济发展需求的20个矿种之一中解放出来，改为2020年前能够满足国民经济发展需求。其他有关政策的调整也在积极研究协调，发展趋势向好。因此，我们还要坚持不懈地宣传、反映、呼吁，促使中央政府有关部门按科学发展观办事，挽救我国磷化工产业。

二、考察省外企业，探索云南省磷化工健康发展道路

近年来，省外磷化工企业在产品结构调整、资源综合利用、节能减排、产能扩张、技术创新等方面的理论、思路、作法和经验，值得我们学习借鉴。

2009年，根据云南省磷化工发展的需要，先后考察了部分省外企业的重点磷化工生产和建设现场。他们分别是四川蓥峰、宏达、龙蟒的饲料级钙盐、工业级铵盐，贵州瓮福的工业级钠盐（湿法），贵州开磷“836”（两套）在建工程，湖北宜化、甘肃金化的厂内磷矿浮选，江苏双狮、湖北宜化的HRS，甘肃金川高硅不锈钢材料在大型硫酸装置上的应用，江苏三普NPK钢带造粒等。另外，还参加了“全国工业副产石膏综合利用技术交流会”。他们的经验对云南省磷化工企业探索新时期的健康发展道路，具有现实意义。

三、组织技术交流，推动云南省磷化工节能减排与综合利用的进展

云南省磷化工产业节能减排与综合利用的任务任重道远，为了推动这方面工作的广泛开展，今年先后组织四次技术交流活动。一是邀请川大3位教授到昆介绍“中低品位磷矿处理新工艺”、“湿法磷酸的膜净化”、“气提脱F法制MDCP”、“磷石膏生产高强度建筑砌块”、“精细磷酸盐新工艺”等5项科技成果。二是邀请江苏三普总工到昆介绍“钢带造粒制粒状尿基NPK”、“单轴卧式造粒机制粒状MCP、DCP、MDCP”等2项产业化应用技术。三是组织召开“硫酸低温位热能回收利用国产化工业技术与设备材料专题报告会”，中石化南京副总工和湛江中明总工分别介绍了他们开发的国产化低温位热能回收技术，产业化EPC工程项目正在实施中，旅顺滨城介绍他们生产的高硅不锈钢材料在大中型硫酸装置上的应用，并与湛江中明合作，参与EPC工程项目。这次报告会有28个单位90余人参会，会议效果好。四是组织召开“云天化国际化工红磷分公司现场会”，这次会议重点交流红磷分公司节能减排技改项目实施效果与经验，参观红磷分公司生产区现场。

四、积极做好协会基本工作

一是经常深入企业现场调研交流，针对企业存在的问题进行信息与咨询服务，对重点企业与重点项目，进行重点关注与深入，给以具体建议及相关支持，使企业受益；二是继续做好有关数据的收集统计、“简报”编写、参与《云贵大磷肥“4+2”高峰论坛》活动等信息交流，为企业、行业和政府提供可供参考的有关信息；三是为行业与企业发展规划提供策划建议，坚持协会为企业、行业与政府服务的宗旨。例如，今年以来，先后参加了华宁磷化工循环经济特色工业园区《总体规划》（修编）和《可研报告》、《安宁市工业产业发展规划》的评审、《曲靖市麒麟区循环经济产业示范发展规划》的论证、《提高我国制造业产品质量途径的研究》（化肥部分）课题研究报告的审定，以及若干企业发展项目《可研报告》、《初步设计》的论证与评审等。

云南省包装行业协会

2009年，在省工信委的指导和广大会员单位和行业的大力支持下，协会以新社会组织学习实践科学发展观活动为统领，贯彻落实省包协六届三次理事会的工作意见，引导包装企业应对金融危机，加强行业诚信建设，深化水泥包装行业的自律活动，启动瓦楞纸箱行业的自律活动；开展行业统计分析，为政府服务，进行技术职称申报初审，加强《云南包装网》的建设和坚持《云南包装信息》的刊发，组织了培训、考察、参观，引导包装企业开展技术改造和技术创新，开发新产品，开拓市场。经过努力，基本完成了三届理事会的工作意见。

一、积极参加云南省新社会组织科学发展观学习实践活动

根据党中央的部署和云南省委的安排，协会被列入省工信委的第三批新社会组织开展深入学习实践科学发展活动单位。按照省工信委的安排和活动要求，9月，协会刘忠义会长，沈承忠秘书长参加了工信委组织的深入学习实践科学发展观活动动员大会，11月上旬参加了转段学习、组织生活会和分析检查，12月协会进行了总结和整改落实。参加活动以来，协会对学习实践活动非常重视，认识到这是党和国家对协会政治上的重视和关怀，是对协会坚持科学发展，增强组织活力的政治举措。协会认真处理好工作和学习的矛盾，采取自学和集中组织学习结合的办法，学习了党的十七大精神，十七届四中全会和省委八届七次全会精神，学习《毛泽东邓小平江泽民论科学发展观》和《科学发展观重要论述摘编》以及新社会组织管理的相关规定和法律法规和有关领导的讲话。

结合工作实际，协会深入企业调查研究、征求意见，查找自身存在的主要问题并认真进行分析检查。讨论和制定了整改落实方案，结合年终工作总结搞好学习实践活动的总结整改，并把重点放在进一步明确协会今后开展活动和提供服务的措施上。这些整改措施主要是：一是以科学发展观为指导，不断提高对行业协会地位作用的认识，加强协会自身建设，提高服务能力，进一步发挥好行业协会的职能作用；二是协会工作要引导包装企业加强技技术改造和技术创新，转变生产方式，注重节能、环保、适度包装和产品质量，促进云南包装产业迈上新台阶。三是努力扩大协会服务覆盖面，把会员发展、会员联系作为一项重要工作来抓。四是开展行业自律工作，加强行业诚信建设。五是丰富协会服务内容，继续办好行业培训、交流、考察、参展等活动。

二、帮助企业树立信心，积极应对金融危机对行业的影响

由于包装行业是为多个行业配套的产业，综合性较强，金融危机对不同产业的影响对包装行业也不同程度的产生影响。协会作为行业的一个服务平台，密切关注形势的发展，帮助企业增强信心，积极应对金融危机的影响。一是及时向企业提供政府关于应对金融危机的一系列政策措施，利用协会信息服务平台及时刊登《云南省人民政府关于加快中小企业发展的若干意见》和其他政策文件，让企业及时了解政策支持渠道，争取国家对中小企业的政策扶持。二是及时向水泥包装袋企业提供市场供需信息，指导企业安排生产经营，避免盲目生产。三是在纸箱行业的原纸价格大幅波动时，发布相关信息，提醒企业在生产经营中应注意的问题，呼吁各纸箱企业进一步加强行业团结，形成行业合力，抱团取暖；并积极与政府及相关用户企业沟通，取得他们对瓦楞纸箱行业价格诉求的理解。

三、召开六届三次理事会，统筹安排好协会一年工作

3月27日，云南省包装行业协会六届三次理事会在昆明云天花苑酒店顺利召开。协会理事、常务理事、副会长、名誉会长、专委会分会负责人共52人参加了会议，省工业和信息化委员会王助理巡视员、产业政策处殷副处长等出席了会议，昆明彩印有限公司董事长、协会副会长温家祥同志主持了会议。会议听取并审议通过了由刘忠义会长所作的2008年工作总结及2009年工作意见，审议并通过了省包协2008年财务收支报告，听取关于设置云南省包协法律咨询服务部的说明。会议还审批了新会员，表彰了2008年度分支机构先进集体、先进个人，为各分支机构颁发登记证书和印章。原省政府副秘书长、名誉会长郑春敏同志及省工业和信息化委员会王助理巡视员分别作了讲话。

四、完成2008年云南省规模以上包装工业统计分析工作

协会一直把统计工作作为服务行业、服务会员、服务政府的一项重要工作，克服经费少，人力少、资料少、时间少的困难，努力把统计工作做实做好，得到了工信委相关处室和会员单位的肯定。2008年云南省包装工业受国际金融危机的影响，发展速度有所减慢；随着国家保增长，促内需，调结构，保民生等一列政策的落实，经过广大职工努力，全省包装工业在危机之年保持了稳平较快的发展。云南省规模以上204户包装企业完成工业总产值99.97亿元，同比增长6.9%，完成销售额99.51亿元，同比增长6.3%，完成工业增加值27.5亿元，同比下降11.3%，实现税利17.74亿元，同比增长4.7%，其中，利润11.94亿元，同比增长3.8%。由于金融危机的影响，在云南工业利润下降20.1%的情况下，云南省包装企业还能保持利润有小幅增长。云南包装工业平稳较快发展，保障了云南省1718.5亿元零售商品、680万大箱卷烟以及49.86亿美元出口商品的包装需求，为云南经济战胜危机，求得发展作出了贡献。

其特点：一是包装企业亏损面大幅减少。2005~2007年云南省包装企业亏损面平均29.76%，08年统计204户企业，亏损5户，亏损面为2.1%，是本世纪来的最好年份。二是民营、私营经济蓬勃发展。民营、私营企业数量从07年的83户增加到94户，完成销售额23.45亿元，同比增长38.7%，实现税利2.02亿元，同比增长20.2%，其中实现利润增长17.2%。三是塑料包装的发展明显加快。纳入统计的规模以上塑料包装企业近三年来基本是48户，08年增加到64户，完成工业总产值22.93亿元，同比增长38.9%，销售额22.19亿元，增长31.3%，实现税利1.64亿元，增长42.6%，成为云南省包装工业发展较快的产业。四是纸制品包装快速发展。2008年统计的41户企业，完成工业总产值17.55亿元，同比增长40.8%，销售额16.98亿元，同比增长46.6%，实现税利2.49亿元，增长20.3%，成为云南省快速发展的产业。五是包装印刷、玻璃容器和其他包装平稳发展。包装印刷是云南省包装工业的支柱产业，2008年工业总产值完成43亿元，增长1.5%，销售额增长1.98%。玻璃包装和其他包装工业总产值增长都在两位数，在困难之年实现平稳发展。六是包装产品规模化生产有新进步。

2008年云南省包装工业销售额过亿元的企业23户，比上年增加5户。存在的主要问题：一是工业增加值下滑明显，比07年下降11.3%；二是补贴收入下降，07年云南省包装企业得到政府补贴资金6990万元，08年得到4806万元，下降31.2%；三是产业结构调整进展缓慢。

五、行业自律工作有新进展

水泥包装袋行业自律活动已经开展五年，得到制袋企业的认可和好评。协会总结水泥包装袋自律的经验，在瓦楞纸箱行业推广，瓦楞纸箱行业自律公约在2008年底的行业大会上通过。2009年瓦楞纸箱行业自律活动已经启动。

水泥包装袋行业自律经过几年活动，行业低价无序竞争的势头得到了明显遏制，销售价格基本控制在年初测算的行业平均生产成本范围内；产品质量有明显改进；产业结构调整成效显著，多数竞争乏力的企业或者被兼并，或者退出市场，水泥包装袋生产正向具有一定规模、管理规范、注重信誉的生产的企业集中；水泥包装袋企业生产和经营效果好于往年。按照《自律公约》和水泥包装袋十四次自律工作小组会议精神，协会牵头组成两个调研考核小组深入31户企业进行了实地检查考评。对管理、质量、信誉好的企业进行表彰，对存在不足采取措施逐步解决，引导行业自律健康发展。

按照《瓦楞纸箱行业管理、质量、诚信自律公约》的约定和瓦楞纸箱行业自律领导小组第三次会议的意见，为了在云南省更好地贯彻实施GB/T6543-2008《运输包装用单瓦楞纸箱和双瓦楞纸箱》国家标准，保障产品质量，遏制低质低价无序竞争行为，协会牵头组织实施瓦楞纸箱星级评定活动。在企业自愿申报的基础上，按照《云南瓦楞纸箱行业星级企业评定现场考核表》和《云南省瓦楞纸箱生产企业信用等级评价表》，于9月2日至11月23日对14家企业进行了现场考核。考核小组在听取企业情况汇报的基础上，在现场采取定性与定量相结合的办法逐项进行评定，并按要求进行了现场抽样检验。考核小组汇总考核情况后进行初评，并向自律领导小组汇报，由自律小组进行综合评定企业星级。召开行业大会进行总结表彰。同时便于生产企业控制生产成本，指导企业销售和用户采购，协会在进行大量调查的基础上，对合格瓦楞纸箱行业平均生产成本进行测算，并进行公告。

六、服务政府，积极协助省工信委完成好相关任务

在云南省政府机构改革后，云南省包装行业协会归口由云南省工业和信息化委员会主管。2009年1月，云南省召开了从未有过的全省工业行业协会座谈会，和段琪副省长出席会议并强调进一步发挥行业协会作用问题。1月国务院办公厅下发了《关于治理过度包装的通知》，根据《通知》精神和云南省工信委领导的指示，协会提出了关于治理商品过度包装的工作意见被工信委相关处室采纳，形成了《云南工信委关于贯彻落实〈国务院办公厅关于治理过度包装的通知〉的通知》，下发全省贯彻执行。

2009年4月，受云南省清洁生产办公室委托,云南省包装行业协会组织起草的《云南省包装行业清洁生产合格单位评价指标体系（暂行）》由省清洁生产办正式对外发布。《评价体系》发布后，协会及时向行业进行通报，组织会员单位进行学习，号召有条件的企业争创清洁生产合格单位。今年各地通过清洁生产审核的包装企业都比往有所增加，特别是昆明地区滇池流域的包装企业通过审核验收的企业大幅增加，协会一年来努力贯彻党和国家关于清洁生产的政策和法律法规，不断加大工作的推进力度，与政府、服务中介做好沟通和协调服务工作，积极参加政府有关部门组织的清洁生产审核验收。由于协会对清洁生产工作做出成绩，云南省包装行业协会被评为《云南省清洁生产先进单位》，秘书长沈承忠同志被评为《云南省清洁生产先进个人》，受到省政府的表彰。

七、适应会员需要，不断拓宽服务范围

为了适应协会活动及会员单位生产经营活动法律服务的需要，通过六届三次理事会同意，协会设置了法律咨询服务部，挂靠在会员单位——云南何国辉律师事务所。8月14日，协会与昆明彩印有限责任公司、何国辉律师事务所联合举办了企业合同法律风险防范培训会，来自昆明地区包装行业的同仁以及相关人士共100多人参加培训。中国企业法律风险防范实战专家,协会法律咨询服务部主任、何国辉律主任律师作了企业合同法律风险防范生动演讲，到会人员普遍反映，收获很大。协会法律服务部还帮助一些企业解决合同纠纷问题，受到企业的欢迎。

2009年省质量技术监督局把水泥包装袋列入行政监督抽查产品，抽检结果与用户使用情况出入较大，制袋企业对此反映强烈。为此，协会专门走访了省质量技术监督局和云南省建材产品质量监督检验站，就水泥包装袋防潮性能实验条件及相关问题进行磋商。提出防潮性能试验条件应与国家水泥包装袋检验中心进行批量对比试验的建议。省建材检验站采纳了协会建议，专门送样到北京国家水泥包装袋检验中心进行对比实验，并开始对实验室进行改造。

积极配合职称改革办公室做好包装行业专业技术职称申报初审工作。根据国家技术职务申报、评审的有关精神和省人力资源厅的安排，协会下发了专业技术职务申报通知，积极组织包装企业申报，并对申报人员认真进行初审。2009年云南省包装行业有8家企业52人申报，经评审委员会评审，有45位人取得技术职务任职资格。其中高级工程师4人；工程师8人；助理工程师30人；技术员4人。

2009年，协会为培养包装人才，利用协会的资源优势，为校企联谊参观活动牵线搭桥。帮助西南林学院包装工程系完成了包装工程专业07级学生到企业的认知实习活动，学院组织学生先后参观考察了玉溪水松纸厂、玉溪红塔塑胶有限公司、昆明福保彩印包装厂、楚雄燃二玻璃制品有限公司、云南楚兴包装材料有限公司等云南省十余家包装印刷企业。活动充实了学生的学习内容，扩大了学生的视野，促进了人才的培养，拉近了学校和企业的联系。

八、不断丰富“考察、培训、办展、研讨”等活动内容

（一）“2009励华国际瓦楞展会”是全球范围内规模最大、档次最高、专业性最强、门类最齐全的专业展。为了提高云南省瓦楞纸箱企业装备、技术、管理水平，协会组织瓦楞纸箱企业赴上海考察、参观。昆明福保包装集团、大理大啤包装公司、曲靖烟草包装厂、通海奥艺包装公司等8家企业共28名同志到上海参观考察。由于专业对口，参观人员不仅在设备、技术、管理方面开阔了眼界，获取了不少市场信息，而且通过研讨和实地考察上海企业，增加了很多感性和理论方面的见识。

（二）6月12日，云南省包装行业协会和云南省印刷行业协会携手加拿大Corel公司、美国ADOBE公司在昆明理工大专家楼举办了包装印刷计算机平面设计软件技术应用交流讲座，全省印刷包装企业的相关领导和版面设计制作人员、设计公司领导和版面设计制作人员、各有关大专院校师生等70多人参加了讲座。讲座得到了云南省新闻出版局等单位的大力支持和协助。加拿大COREL公司资深专家、美国ADOBE公司资深工程师，省新闻出版局版权处何德彦调研员等对相关问题进行了讲解培训。

（三）6月17~19日，由云南省包装行业协会、云南省印刷行业协会、《印刷世界》编辑部联合于在香格里拉召开了“应用环保型印刷材料及企业经营管理研讨会”。云南省从事包装印刷、商务印刷、书刊出版印刷的企业领导和代表以及国内外环保材料、设备供应商113人出席了会议。研讨会既有国内外厂商专家的技术讲座，又有本省企业的经验交流；既有行业调查报告，又有国内知名专家环保材料应用的报告，使到会代表得到了不少技术、材料、设备的新信息和新经验，对云南省印刷行业贯彻实施国家节能减排，保护环境，提高印品竞争力将起到积极的促进作用。

（四）10月16~25日，由协会组织的云南包装工业考察团赴日本、韩国进行了为期10天的考察学习。通过参观考察，学习了两国先进的包装理念、技术和管理。大家感触深，提高大，表示要虚心学习发达国家的经验，努力提高职工素质，重视信息化与工业化的结合，使云南省包装工业上一个新台阶。

（五）11月24~27日，由云南省包装行业协会、《印刷世界》杂志联合在昆明举办了“包装装潢印刷工艺、质量控制培训及研讨班”。来自云南昆明、玉溪、红河、大理、楚雄、昭通、开远等地20余家包装印刷企业的50多名企业技术骨干参加了此次培训研讨。培训班聘请了国内包装印刷领域平印专家杨泳先生、产品质量管理专家郑绍楠先生亲临到场，针对包装印刷企业印刷工艺、质量控制问题作了专题讲座。深圳劲嘉彩印集团股份有限公司、湖南常德金鹏包装印刷有限公司也派出了凹印专家到昆传经送宝，向培训研讨班学员作专题讲座。很多学员带着生产实际中遇到的问题与专家交流，均得到满意的解答和帮助。

九、信息服务工作不断加强

搞好行业信息服务是协会工作的重要内容。作为协会主要信息服务平台的《云南包装信息》、《云南包装网》，2009年服务内容和方法有所改进，版面、版块和栏目结构进行了一些创新，发挥了联系政府、联系行业、联系企业以及在会员间相互沟通学习等方面的积极作用。《云南包装信息》按时完成了6期的出版和发行工作。云南包装网自开通以来,特别是《庆祝改革开放三十周年，云南省包装工业成果视频展播》活动的成功开展以来，受到了各级政府、企事业单位领导及同行的好评，视频浏览量达到每个视频18000次以上，网站总流量达230万人次，省包装网全球排名342万名，中国网站排名

20万名。为了进一步活跃信息服务，协会还于10月25日发出了《关于进一步加强“云南包装网”建设的通知》，提出了包括建立“云南包装网”和“云南包装信息”通讯员队伍在内的4条措。目前，“云南包装QQ群”已经开始建立，一些会员单位在协会的帮助下，加快了企业网站开发建设的步子，一些企业网站建立起了与协会网站的链接。

云南省食品行业协会

2009年，是极不平凡的一年。面对国际金融危机持续扩散蔓延的巨大冲击，云南省食品行业深入贯彻科学发展观，按照“保增长，扩内需，保民生，保稳定”的战略部署，坚定信心，真抓实干，化“危”为“机”，努力抓好生产、经营，为全省经济平稳健康发展作出了贡献。

一、深入企业调查研究

长期以来，云南省食品企业除烟草企业外，大都生产经营规模小，市场覆盖面窄，抵御市场风险能力弱。但是，他们生产的产品与百姓生活息息相关，与国家“保民生、扩内需、保稳定”的大局密不可分。2009年，协会先后到昆明、玉溪、楚雄、文山、红河、普洱、西双版纳等州市，昆明雪兰、昆明前进、昆明高上高、宜良李烧鸭、云南宏斌、易门象山、大龙口、云泉豆瓣、勐海茶业等二十余家乳业、肉类、酒类、调味品生产企业交流座谈，各企业认真贯彻中央和省委、省政府刺激经济保增长、扩大内需惠民生的各项方针政策，信心十足，努力生产，对面临的困难。企业积极主动应对，不断挖掘潜力，降低成本、努力拓展销路，在CPL、PPL双下降的形势下，顾全大局、自行消化各种不利因素，确保了市场供应，维护了社会稳定。企业最可贵的是为国分忧，为民着想，经受了考验，也带动了全行业的发展。通过调研，深受教育和鼓舞，也有力地促进了协会的工作，对企业反映的问题和要求，我们及时向有关部门反映。

二、抓好食品安全，维护消费者权益

引导和帮助企业诚信守法生产经营，历来是协会工作的重点。2009年6月1日《中华人民共和国食品安全法》正式实施，国务院办公厅发出了《关于认真贯彻实施食品安全法的通知》，这是我国食品安全进入法制化轨道的新里程碑。贯彻国家法律法规，省食协责任重大，义不容辞。一方面加强自身的学习，进一步提高法治意识和依法治食的责任感，通过《云南食品》内刊和《云南食品行业网》积极宣传食品安全法，鼓励和引导企业加强食品安全信用体系建设，加强行业自律，自觉接受社会监督，为广大人民群众的身体健康和生命安全提供有效保障；另一方面协会配合省食品安全委员会开展打击违法添加非食用物质和滥用食品添加剂专项治理，在全省范围从7个方面进行重点集中整治，收到了较好的效果。

三、为科技兴食献计出力

（一）企业发展的根本出路在于科技兴食。鉴于云南省食品企业长期处于小、散、弱状况，协会充分发挥专家委员会的职能作用，有针对性地帮助企业解决产品开发中采用新工艺、新技术、新产品遇到的问题，为10多家企业和单位进行了咨询，从选择项目、推荐项目、节能减排、降耗增效和招商引资等方面，为企业做一些实实在在的工作。2009年，省工信委下达了125项、总投资约245亿元的工业和信息技改项目计划，食协积极配合贯彻落实，食品工业技改项目共60个，资金约27.3亿元，涉及食品行业的酿酒、果蔬加工、食用菌、茶叶加工、咖啡、屠宰肉类加工、食用油和粮油制品加工、调味品、乳品、生物工程等。这是省政府应对金融危机，扶持优势企业发展，鼓励技术创新的重大举措。

（二）云南省酱菜企业多次反映原料盐的有关问题，协会专门派员向省政府及省工信委反映，省盐务局及时调查并妥善处理了此问题，为企业减轻了负担。

（三）配合省质量技术监督局开展云南省实施技术标准战略的研究及标准化工作现状调查，完成食品行业标准现状调查的有关工作，贯彻实施省政府技术标准战略。

四、帮助企业提升软硬实力，增强知名度

企业要发展壮大，必须不断提高员工的综合素质和企业的知名度。2009年协会继续配合有关部门做好重信誉、创品牌、树形象的工作。

（一）参与云南名牌、昆明名牌的推荐工作。2009年又有19家企业的20个产品获得云南名牌称号；8家企业、9个产品获昆明名牌称号（已公示）。

（二）组织企业申报技术职称。全年全行业有41人被评定初、中、高级职称。

（三）经省食协推荐，云南省宏斌食品有限公司荣获中食协2007~2008年度全国食品行业科技进步优秀企业、优秀项目称号，总经理任宏斌评为先进科技带头人。在广州烘焙食品展览会《中华国饼》评选中，昆明吉庆祥食品有限公司生产的“石筋沙琪玛”，昆明冠生园食品有限公司生产的“绿豆糕”，玉溪市红塔食品有限公司生产的“云腿白饼”，被定名为“中华国饼”，为云南滇式糕饼争得了荣誉。昆明市吉和商贸有限公司欧景和、昆明吉庆祥食品有限公司杨荣坤、昆明冠生园食品有限公司林尚勇等同志，被评为第一届烘焙食品国家评委。昆明市高上高食品有限公司总经理高厚基同志被评聘为全国肉类食品国家评委。云南大山饮品公司被授予全国饮料“信得过企业”称号，公司董事长山国勇当选为国家矿泉水分会副会长。他们获得的荣誉是我们云南食品行业的骄傲。

（四）穿针引线，加强经济技术交流合作。2009年6月，省食协受云南省科技厅的委托，组织云南省20余家肉类食品生产加工企业参加“云南肉类食品安全及可追溯性国际论坛”，论坛以“肉类食品安全新技术研究与应用”、“肉类食品安全与公共政策”、“肉类食品安全风险评估技术”、“肉类食品安全可追溯体系建设”、“肉类食品安检测技术”等为主题，欧盟食品安全局和省内外的10位知名专家和企业作了丰富精彩的发言，200多人参会，他们学习了解世界肉类食品安全先进技术成果，开阔了视野，增长了知识，反映受益匪浅。5月继续组织云南省食品企业到省外参展（如到河南螺河参展），了解市场，扩大交流。昆明大禹食品饮料公司通过到省外参加展会，广交朋友，开拓了省外市场；云南易门益生绿色食品公司、楚雄云泉酱园食品有限公司等单位参展后感触很深，表示今后要多参加类似活动，走出去宣传云南，过去外省大多数消费者不了解云南的产品，通过宣传展示，能提高了企业和产品的认知度，推荐自己的产品，开拓市场。

（五）加强企业信息服务平台建设。协会2008年对《云南食品》进行了改版后，加强了行业信息分析，为企业提供了更多的有效信息。2009年又加大力度，在拓展信息、提高云南省食品企业和产品的知名度上下功夫。在云南省食品行业网站上设立了企业平台，专门对外展示云南省食品企业形象和产品，发布招商引资信息，一年来运行效果良好。

云南省煤炭工业协会

2009年云南省煤炭工业协会在原煤炭工业局以及省工信委的领导和帮助下，工作得到有关单位的大力支持，高举中国特色社会主义旗帜，坚持以邓小平理论和“三个代表”重要思想为指导，全面学习实践科学发展观，按照协会“章程”的规定，团结广大会员，努力开展活动，尽管在金融危机的影响和云南煤炭工业管理体制重大变化的形势下,为云南煤炭的健康发展做出了一定的贡献。

一、组织新技术研究与学术交流

2009年8月，联合学会及煤经会在文三召开了省内“三会”学术年会。“三会”秘书处就结合云南省煤炭科学发展与创新的实际，为会议做了充分准备。年初下发了学术活动及论文征集通知。广大会员单位十分重视这项工作，如后所煤矿、恩洪煤矿、圭山煤矿等单位，矿行政专门发文，组织开展学术活动和论文评选，并把撰写论文情况作为专业技术干部业绩考核的重要内容之一。由于领导的重视和广大会员的积极参与，在本单位召开的科技会或学术交流会上，不少单位组织的论文数量达到数十篇，后所煤矿论文达126篇；不少单位的领导，如富源县的杨副县长、宣威市煤炭局包局长、圭山煤矿马矿长等领导同志都带头亲自撰写了论文。2009年选送到“三会”的论文数量达到了136篇，创历史纪录。论文的质量和学术水平也有了一定的提高。经组织各专业的专家评审，评选出优秀论文30篇，在学术年会上交流。从中评选出15篇工程技术类优秀论文，参加九月份在南宁召开的西南五省（区、市）煤炭学会学术年会进行交流。学术活动的大力开展，进一步推动了企业技术创新。

二、办好《云南煤炭》杂志

由云南煤监局和省煤炭工业局主办，东源煤电集团公司、曲靖市煤炭局和小龙潭矿务局协办，“三会”承办的《云南煤炭》期刊，按照服务云南煤炭行业的办刊宗旨，围绕全省煤炭行业中心工作，大力宣传煤炭法律法规和国家产业政策，推广先进适用技术和管理经验，开展学术研讨。年度内按期编辑发行了《云南煤炭》季刊4期，共1万册，发表各类文章95篇，其中:煤矿采掘、机电、地质测量45篇；安全生产23篇，企业管理12篇，教育卫生类9篇，政策及局领导讲话6篇。在为政府和企业服务的同时，也为行业各类专业技术人员提供了一个学习交流的平台，这对人才的成长和发现有着积极的作用。

三、贯彻国家安监总局瓦斯治理的新规定，普及煤矿安全科技知识

省煤炭工业协会与中国煤科总院重庆院联合，在当地煤管部门的支持组织下，分别在昆明市和昭通市各举办了一场瓦斯防治专题讲座。当地煤管部门和煤炭企业负责人共300多人听了讲座。

为了推进煤矿技术进步，在省局领导下，参与组织了在昆明国贸中心举办的煤矿专用设备展览会。

四、认真开展技术咨询服务

一是在省局的主持下，组织有关专家，全程参加了全省十四州、市各产煤县（市、区）煤炭资源整合的技术论证工作，为云南省煤炭资源整合工作的顺利推进作出了有益的贡献。二是受省局委托审查了煤矿安全预评价报告16份；受设计单位和企业委托，对7部煤矿初步设计进行了设计咨询；受煤矿安全评价协会委托，组织专家对574个煤矿安全现状评价报告进行了审查；应邀对石林煤炭协会的筹建进行了工作指导。

五、按照中国煤炭工业协会的安排，完成了云南省煤矿基本情况的调查

完成了参加全国煤矿高产高效矿井、双十佳煤矿、双十佳矿长和优秀矿长的推荐工作。

云南省工业园区协会

云南省工业园区协会自成立以来，协会坚持以邓小平理论和“三个代表”重要思想为指导，紧密结合云南省工业园区的实际发展情况，深入贯彻落实科学发展观，在省工信委指导下，认真履行“服务、传导”职能，工作取得了较好成效，得到了省级有关部门和各工业园区的支持与肯定。协会会员已有104家，遍布省、州、市和县，包括各重点工业园区、特色工业园区和地州工业园区。协会进一步牢固树立“以会员为中心”的思想，竭尽全力为会员单位提供服务。2009年，为全面贯彻实施《中共云南省委、云南省人民政府关于进一步加快推进新型工业化的决定》精神，加快重点工业园区建设、构筑新型工业化平台的要求，帮助工业园区提升经济发展层次，加快实质性建设步伐，协会热诚为全省工业园区的建设发展做好综合协调服务工作，充分发挥协会在政府、工业园区和企业之间的桥梁纽带作用，为促进工业园区的健康稳定发展发挥了积极作用。

一、建立全省工业园区招商引资项目库和全省工业园区企业服务基地项目储备库

协会建设了具有600多个招商引资项目的项目库，并针对工业园区实际情况逐年更新，以方便有意向投资的企业查找项目。加强企业与园区的联系，共同着力引进和积极争取更多的高新技术和重大投资项目；为贯彻落实中央提出的“保增长、扩内需、调结构、促就业”的决策部署，实施“十大工业调整和振兴规划”，充分发挥中央财政资金在促进中小企业发展中的作用，帮助园区及园区内企业更好地争取国家的项目支持和资金支持，以项目建设推动园区和园区内企业发展，不断壮大实力，协会建设全省工业园区企业服务基地项目储备库，做好园区企业服务基地建设项目储备和管理工作，包括园区物流基地建设项目、园区信息化平台建设项目、园区中小企业孵化器建设项目和园区创业服务中心建设，强化项目前期准备。

二、加强全省工业园区管理干部的培训工作

（一）在协助好省工信委开展的园区培训的基础上，协会积极筹备邀请各知名教授和赴省外院校对园区领导干部进行培训，拓宽云南省工业园区管理工作人员的思路，帮助园区逐步建立一支高素质的园区管理人才队伍。

（二）组织园区管理干部赴省外发达工业园区学习管理模式和发展经验，提高云南省工业园区管理水平，建立、建全科学、高效的园区管理体制。

（三）将工业园区领导干部培训纳入省院省校合作项目。为认真贯彻中央经济工作会议精神，以科学发展观指导工业园区规划建设，加快落实《中华人民共和国节约能源法》、《国务院关于落实科学发展观加强环境保护的决定》（国发〔2005〕39号）、《国务院关于加快推进循环经济发展的若干意见》（国发〔2005〕22号）和《国务院关于印发节能减排综合性工作方案的通知》，促进节能减排工作的全面和深入开展，加强园区节能减排和环境保护，推行清洁生产，大力发展循环经济，提高园区节能减排工作的管理水平、科技水平和实效性，实现云南省园区向环境友好型、资源节约型工业园区发展的目标，2009年10月，协会组织云南省50个园区领导赴上海参加以园区节能减排为主题的高级研修班。本次研修班纳入省政府滇沪人才培训计划合作范围，邀请相关专业知名教授、专家进行授课，并考察学习上海部分工业园区节能减排政策措施。

三、组织工业园区开展形式多样的招商引资活动

（一）2009年，协会以“园区展示、招商引资、互利共赢、合作发展”为主题，组织了云南省56个工业园区参展了在此次会易会，进一步展示云南省工业园区形象，扩大园区宣传，充分发挥区位优势，进一步提升招商引资水平、拓展招商领域，展示云南省工业园区“走出去、引进来”战略稳步发展的积极推动作用，达到了预期目的和效果。

（二）坚持以信息化带动工业化，充分利用信息技术手段，做好“云南省工业园区招商引资网”的更新维护工作，在更大范围、更宽领域、更高层次宣传云南省工业园区。

（三）为宣传云南省招商引资优势和推动地区间合作，增进与省外工业园区之间的沟通和交流，启迪思想，提高认识，创新举措，化解制约，学习借鉴发达地区工业园区以大规模企业为龙头带动产业集群的发展模式和科学合理的内部机构设置，建设好园区招商引资的服务型平台，提升云南省工业园区的开发建设水平，2009年7月28日至8月10日，协会组织云南省部分工业园区管理干部及有关部门负责人一行24人前往河北省、山西省和内蒙古自治区三省的重点开发区进行学习考察与经验交流。

（四）为学习利用外资典范地区在招商引资、土地管理、园区规划及招商队伍建设等方面的丰富经验，提高云南省各工业园区创新管理水平及招商引资部门的招商能力，推动招商引资工作及工业园区建设的顺利进行，加强地区间交流与合作，促进地方经济又好又快发展，2009年3月5~12日，协会组织云南省工业园区管理人员赴昆山市参与“第二期苏州与昆山招商引资操作实务、招商队伍建设、土地创新利用及园区规划”经验交流会。

四、改版升级会刊《园区之声》

为宣传党和政府的政策法规，传递园区动态与信息，交流园区工作经验，探讨园区建设的思想观点、做法，介绍园区发展的新方法、新举措、新成果，我协会有质有量定期出版刊物《园区之声》，2009年对刊物内容及封面进行全新改版升级。

五、帮助工业园区开展信息化建设服务工作和环境影响管理评价工作

认真贯彻落实省委、省政府加快云南省工业园区发展要求，坚持以信息化带动工业化，以工业化促进信息化，充分利用信息技术手段，加快园区管理信息系统建设和招商引资步伐，使云南省工业园区尽快走上科技含量高、经济效益好、资源消耗低、环境污染小的新型工业化的道路，协会积极协助园区做好环评工作，协助园区开展节能减排，推行循环经济。

六、积极发挥传导作用

认真倾听会员呼声，反映会员合理诉求，促进会员做优做强，建立联系会员制度，加强了与地方协会的沟通与合作；通过会刊、网站、编写年度报告、组织课题研究等加强行业发展和创新研究，发挥上传下达、内外沟通的桥梁纽带作用。

七、认真开展学习实践科学发展观活动

2009年9月以来，协会高度重视、行动迅速，组织协会工作人员认真学习中共中央和上级党委有关开展学习实践科学发展观活动文件精神，对学习实践活动的指导思想、主要原则、工作目标任务、对象、范围、学习实践活动的方法步骤、组织领导、各阶段时间安排进行了全面部署，广泛征求意见，积极开展组织生活会和领导班子专题民主生活会，撰写分析检查报告。

云南省中小企业发展协会

云南省中小企业发展协会自2008年8月份成立以来，面对国际金融危机给中小企业带来的严重影响，我们广泛走访会员企业，倾听企业的意见和要求，在工信委领导和相关处室的指导与支持下，遵照协会要全心全意为企业服务的宗旨，努力克服人员新、经费少和经验不足的困难，积极为会员企业做好沟通、协调和服务工作，始终保持协会工作与企业意愿的高度一致性，较好体现了协会的代表性和服务功能，较好发挥了协会的桥梁和纽带作用。

一、努力做好为企业的服务工作

（一）广泛深入宣传党和政府促进中小企业发展的政策措施，配合政府为中小企业营造良好的政策环境。金融危机发生后，各级党委政府制定实施了多项积极促进中小企业发展的扶持政策，作为中小企业发展协会,必须充分发挥其桥梁纽带作用，努力沟通协调，通过各种可利用的有效渠道把党和政府的扶持及优惠政策传递到会员企业，为企业学习和利用好政策提供服务。在《国务院关于进一步促进中小企业发展若干意见》（国发〔2009〕36号）和《中共云南省委云南省人民政府关于加快非公有制经济发展的决定》（云发〔2009〕9号），及《云南省人民政府关于加快中小企业发展的若干意见》（云政发〔2008〕253号）文件下发后，我们首先在协会网站上发布，同时在协会会刊上登载。在全省非公大会召开之后，为了把省委和省政府对促进全省中小企业又好又快发展的坚定决心更广泛更深入地传达给会员企业，协会还专门编印了《中小企业之友》特刊下发给会员。在积极宣传党和政府政策的同时，我们还注意在实际领域积极主动地为企业做好政策服务工作，营造促进中小企业发展的良好政策环境。今年十月份玉溪市一些企业为了减轻负担，降低生产成本，保证和维持正常生产经营，要求工业用盐价格不上调，协会了解到这一情况后，积极主动向工信委领导反映企业要求，在工信委领导经过调查和协调后，使问题得到了很好的解决，满足了企业的要求，保证了企业在资金困难情况下的正常生产。

（二）积极拓宽融资渠道，帮助企业摆脱生产困难。协会成立正值金融风暴来袭，解决中小企业融资问题是当务之急。协会在组建工作机构过程中就已经开始研究和着手帮助企业解决资金短缺问题。协会积极与华夏银行合作，并在昆明和楚雄确定40多户中小企业开展试点，密切企业与银行的联系，力求在解决中小企业贷款难的问题上有所进展和突破。同时，我们还向企业推荐了信誉较好实力较强的投融资公司，并向其介绍了一些中小企业生产经营的相关状况，支持投融资公司深入企业进行调研并建立合作关系。在为会员企业融资方面，协会始终力求寻找更多的途径解决会员企业贷款难的问题，对有到云南投资意愿的投资商，协会不遗余力地向其推荐企业，甚至引领投资商直接到企业开展调研。总之，为在金融危机中帮助中小企业特别是困难企业渡过难关，保证企业生产经营的正常开展，协会较为充分地发挥了服务和协调功能。

（三）努力搭建咨询平台，为会员企业提供便捷有效的咨询服务。咨询服务是协会日常工作的重要组成部分，也是体现协会桥梁纽带作用的重要环节。为了便于会员企业咨询，解决企业急于解决的问题，协会同云南省天途律师事务所签订了合作协议，并强调以促进中小企业健康发展为中心，以提高中小企业管理者素质和经营管理水平，维护中小企业合法权益为目标，为会员企业提供优质高效法律维权服务。协会还与云南天瑞会计师事务有限公司建立合作关系，专门为会员企业提供从企业筹建到各种经营阶段的各项财税服务。为了向会员企业提供经营管理、制订发展规划和经营策略等方面的咨询服务，协会还建立了资深并具有相关专门知识的专家队伍，只要企业有需求，通过协会秘书处随时可与相关专家联系，为企业进行咨询和开展培训工作提供便捷高效的服务。同时，秘书处开始着手建立在协会网站上的联系方式，通过网络了解企业需求和意愿，协会将按照企业的需要为企业咨询服务牵线搭桥，提供方便。

（四）全力投入中博会的组展工作，为会员企业走出云南创造条件。在协会成立一周年之际，协会接受了协助省工信委中小企业处组织云南省部分中小企业参加第六届中国国际中小企业博览会的任务。从参与组团开始，协会就全力以赴投入备展工作。由于省工信委领导高度重视，中小处指导有力，企业参展积极主动，组展工作进展顺利。全省有100多户中小企业报名参展，最后优选了具有明显特色的44户中小企业参展，涉及食品、医药、工艺品等行业，分布于云南省昭通、保山、红河、文山、普洱、版纳、大理、德宏、丽江、临沧十个州市，突出了苗族、彝族、白族、傣族等多个具有民族特色的产品。并在为时四天的参展过程中取得了明显效果。参展的44户企业共洽谈项目约228个，成功签约项目71个，其中代理、销售、合作等合同金额16758万元，意向金额25867万元，合计签约金额4.26亿元。红河州泸西阿庐旅游食品有限责任公司的苦荞系列产品深受参展客商的青睐，展会第一天就洽谈合作合同金额约2000万元。据不完全统计，展会期间云南省展台共接洽国内外客商逾2万人次。

展会期间，除进行中小企业产品、技术和服务的展示及洽谈和交易外，还举办论坛、推介会、对接洽谈等丰富多彩的活动。通过这些活动，云南省中小企业不仅大大提升了项目推介和项目洽谈的能力，还通过现场交流、学习、观摩，使云南省中小企业开阔了眼界、增长了见识。

二、努力做好企业的宣传推介工作

广泛地宣传推介会员企业，使企业在更大范围展示形象、推销产品，是中小企业寻找合作伙伴、寻求更好发展的重要途径和策略。协会始终牢牢抓住企业的迫切需求，利用各种媒介宣传企业，为企业彰显风采建立平台。

首先，我们利用协会创办的刊物《中小企业之友》，免费刊登会员企业广告，刊登企业生产经营特点和创新发展状况，刊登企业家创业历程和企业追求发展与回报社会的奋斗目标。在已印发的十一期《中小企业之友》中，刊登广告55篇；刊登推介企业文章共32篇，其中刊登企业家特写27篇，这些宣传推介文章及图片为企业提升知名度，为增强企业产品的广告效应都起到了很好的作用。此外，我们还利用协会网站宣传企业。网站自建立以来，已将会员企业的基本情况包括企业简介和产品介绍等信息发布在了协会网站上。同时，还将会员投稿的文艺类作品、管理类文章等进行了发布。

在我们利用自己创办媒体宣传企业的同时，我们还与中央电视台七频道《致富经》栏目合作，先后同中央电视台记者一起采访了十多户中小企业，并把这些企业创业和生产的主要产品录制成专题节目在央视七频道播放，为中小企业闯大市场创造了良好的展示、宣传和推介机会，对企业寻求合作、拓展生产起到了很大的推动作用。如《灯盏花引发的财富传奇》在央视播出后，泸西县经贸局反映，“本来就是香馍馍一个的千山公司更加成了抢手货，热线电话抢个不停，表示合作的客商一个接着一个。”在关于普洱市“㑇伲农牧集团”和“澜沧古茶集团公司”的《牛仔的财富棋局》和《六旬老太的摇钱树》在央视播出后，引起了社会各界的广泛关注和反响。普洱市经委总结了六个方面的宣传效果。一是引起了政府部门的关心，相关部门如经委、科技、财政、发改委、农业、扶贫办、环保等部门纷纷到公司进行考察，并为公司发展壮大献计献策。二是农民朋友参与企业发展的积极性高涨。在节目播出后的一段时间里，不少本地及外地农民朋友前往企业或打电话进行咨询。㑇伲农牧集团带动的咖啡种植管理农户2100户、肉牛养殖户2000户都表示愿意与公司合作，并要求扩大经营管理规模。以前持观望态度的农户，在看了央视报道后表示，如果公司能提供相关技术培训、咖啡苗木、种牛等条件，他们愿意与公司长期合作发展。目前，公司已向周边地区农户无偿提供咖啡苗木100万株、种牛100头。此外，省外农民朋友相继来公司咨询考察的有60多人次。三是吸引了人才。节目播出后，因公司先进的循环经济理念和美好的发展前景，吸引不少外地人才趋之若鹜，纷纷投递简历和来电咨询，希望加入公司共同发展，迄今已收到求职简历30多份，电话咨询100多次。四是寻求投资合作的伙伴多了，先后有5人有意向公司投资合作。五是提升了企业的知名度。节目播出后，天津、山东、新疆等地不断有人前来公司考察，对公司的产品兴趣浓厚，如果合作成功，公司产品将占有更大的销售市场。六是激励了创业者的创业精神。节目不仅让人们了解了刘明辉、杜春峰的创业过程，也了解了他们事业发展历程和经营理念，增强了许多创业者的创业信心，更加深了许多创业者对创业的艰难性、曲折性和科学性的认识，为其成功创业提供了有力的参考和借鉴。

央视七频道《致富经》栏目已播报了《失而复得的一千万》、《神秘老手艺成就的财富传奇》、《4斤猪毛卖上一头猪的价》、《把三级品卖成一级价的财富传奇》、《靠松茸成就的财富梦想》、《公牛引发的财富奇缘》《“杨马鹿”赚取高山深处的财富》等节目，集中反映了云南省部分中小企业的创业经验和发展历程，在彰显企业风采的同时，也为企业扩大影响，力求又好又快发展创造了机会。

三、努力搞好协会自身建设

协会发展需要自身的规范与强化，需要具有可持续发展的内在动力，需要不断增强吸引力和凝聚力。一年来，我们在自身建设方面重点抓了四个方面的工作。一是努力扩大协会影响，抓紧会员的发展工作。协会成立以来，我们一直面向全省的中小企业开展好服务工作。主要目的在于为促进中小企业更好更快发展作出贡献，同时不断扩大协会的影响，以吸引更多的企业加入协会。在日常工作中，只要是中小企业找到协会，协会都义不容辞地予以接待并帮助解决企业提出的困难。我们与央视七频道采访报道的企业共10家，其中有一半以上是非会员企业。协会服务的对象是全省中小企业，凡是有利于中小企业发展的事，协会都要按章程规定的职能主动去想去做；只要中小企业需要帮助，协会都要积极提供服务，在服务中扩大协会的影响，吸纳新的会员。一年来，有32家企业要求加入协会，壮大了我们的会员队伍。二是加深协会与会员之间的亲密关系。协会成立以来，我们一直以把协会办成会员企业之家作为我们工作的努力方向。一年中，我们先后走访了会员企业30余家，每到一家企业我们都认真听取会员的要求、意见和建议，倾听他们的经营管理经验和在经营中所要解决的实际困难。对企业提出的问题，该协会帮助解决的协会尽全力去协调，该向政府反映的协会积极反映，总之要尽心尽力地履行协会职责，尽协会所能帮助企业排忧解难，努力保持会员企业发展与协会行为的高度一致性。同时，我们还把每位会员企业的“生日”和企业家的生日了解清楚，记在心里，每逢“生日”，协会必须向企业和企业家发贺电，并赠送生日礼物。以此保持协会与企业的经常性联系，密切感情，增进友谊，共谋发展。三是积极建立广泛的外部联系。为了更好地开展协会工作，更有效地为会员企业服务，更充分地利用好各种社会资源，协会在日常工作中努力与外界相关部门和单位建立经常性的联系和良好的合作关系。首先我们十分注意搞好与省民政厅的关系，协会的领导部门是民政厅。协会较大的相关活动，都注意向民政厅请示和报告，求得民政厅的指导和支持。同时我们还非常注意密切与省工信委的关系。协会的主管部门是省工信委，协会的整体工作必须在工信委指导下才能有效开展，协会的日常工作必须严格置于工信委领导和主管处室的直接指导下。所以，我们始终坚持大事请示报告的制度，始终坚持认真贯彻落实工信委领导指示的制度，始终坚持努力完成工信委领导交办工作任务的制度，在工信委领导和相关处室的关心与指导下，保证了协会工作的有效、顺利和平稳开展。

其次，协会还与中国中小企业协会和外省中小企业协会及社会相关部门建立了良好关系，在工作中互通有无，相互支持，促进了协会工作的深入开展。在省工信委中小处的支持和指导下，我们协会在与中国中小企业协会密切配合中，被中国中小企业协会评为2009年度“促进中小企业创新发展成绩显著机构”。为了扩大影响和拓展协会与会员的活动范围，我们还先后与深州市中小企业发展促进会、重庆市中小企业协会、温州市中小企业发展促进会、天津市中小企业经济发展协会、广东省中小企业发展促进会、海南省中小企业联合会、中国中小企业国际合作协会等外省市协会建立了友好关系，努力为会员企业拓展发展空间创造有利条件。

一年来，协会在省工信委领导和主管处室的关心与支持下，在广大会员企业的密切配合下，虽然做了一些工作，也取得了一定的成效，但距离服务企业、促进发展的目标还相差甚远。一是调查研究工作做得不够系统，不够深入，对企业的需求和意愿了解的不细、不深、不全面，也没有从全局的角度向政府提出更多更有价值的意见和建议。二是协会虽然做了很多努力，但由于措施不力，很多可以利用的社会资源未能充分利用起来。三是有针对性、有特色的活动开展的少，没有充分显现协会的生气与活力。在新的一年里，协会将转变观念，拓展思维，在工作抓法上寻求更多的创新。

云南省糖业协会

一、紧抓稳定原料、农民收入两个着力点

糖价受市场供求变化的影响每年都有较大波动，糖厂的效益也有盈有亏。糖价的波动不能直接传导到农民，使面积和产量大幅波动。2004年全省糖厂基本完成改制、整合以后，我们都认识到原料的稳定涉及企业的效益，如何保护农民的收入是我们的社会责任。因此、糖厂应成为一道“防火墙”，使波动的糖价传导到农民得到缓冲，减少农民的损失，稳定糖厂原料供应，从短期看、糖厂可能会盈（如06年）、也可能会亏（如08年），但从长期看，农民不受折腾能使原料稳定，糖厂总有盈利的机会，以丰补歉，既保证了农民收入，也对糖厂有利。不论在市场有利或不利的情况下，都必须把稳定原料摆在首位，才能应对市场的风险，从近几年的实际运作看，我们都不因市场变化而大幅波动蔗价，即使亏损也不拖欠农民的蔗款，这是云南省糖产量少有波动并逐步有增长的一个重要原因。

稳定原料必须要保持甘蔗合理的

比价，三年来，由于物价上涨，特别是农用资料和人工的涨幅较大，不断压缩农民的收入空间。与宏观形势变化相适应，省糖协建议各地适当调整收购价，亏损时不降价，盈利时给农民一定补偿或微升蔗价，也得到糖厂的认同。云南省平均综合蔗价05/06榨季是194.74元/吨，06/07榨季是201.9元/吨，07/08榨季是213.49元/吨，08/09榨季预计会达到230元/吨，都保持了逐年略有增加的势头。从云南省的实际看，蔗价的调整要把握适度，糖厂能承受的原则。

云南省的甘蔗定价机制既不同于湛江地区的“三放开”，也不同于广西区的全省统一定价，而是采取各县自定的原则，这一机制适应了各地经济发展不平衡，农作物比价不一致的实际，政府、农民、糖厂都能接受，符合云南省的省情，起到共同发展的效果。

二、建议并支持国家对食糖的调控措施

制糖业是已经放开的竞争性行业，产量的高低受糖价的波动和自然灾害的轻重影响很大，供求不平衡每年都会遇到，因此、国家为稳定糖市及时采取国家储备的收放措施是一个很有效的手段，特别在近四年中，糖产量的波动幅度很大，省糖协分析省内外的产量变化和收集糖厂的意见，每年对国家储备的收放都提出很重要的建议：

（一）面对国产糖增加，建议扩大国库吞吐能力从160万吨增加到330万吨。

（二）为发挥调控的及时性，建议扩大原糖、白糖比例。

（三）国家收储价应在糖厂平均成本线以上，才能保证农、工、商三方的利益。

（四）多年要求在云南产区建立国家储备库，以应对滇糖产量增加和缓解外运的困难（此项目前正在落实）。

（五）每年的收放措施要在产量预测后即时公告，提高收放措施的前瞻性和透明度，以稳定市场的心态。

（六）努力把握准确的信息和可靠的数据为企业和政府服务

协会的一个重要职能就是要为企业和政府提供较为准确的信息和可靠的数据作为生产和发展决策的参数，准确的信息和数据有利于正确的决策，失实的数据和信息会导致错误的判断，因此、省糖协的原则是：不准确不可靠的信息和数据分析证实后才向企业传递，发布的必须要可靠、有根据，才不会误导企业。对云南省产量的预测，我们也是经过农业种植面积，企业入榨面积，单产和糖分三个阶段的预测才判断出总产量，所以误差相对不大，得到省内外糖业界的认可。

（七）努力作好政企、银企、工商、运输、生产质量环保间的协调。

三、抓好协会日常性工作

（一）沟通各级政府部门和行业之间的联系和情况反映，定期报告生产运行情况、产销快报；争取国家增加工业临时储备糖指标；邀请政府决策部门负责人参加有较大影响的形势分析会；直接对关系市场稳定的收放措施提出建议等沟通、协调工作，使云南糖业在政府管理的很多工作中得到一定的重视和地位。

（二）针对云南糖业生产运行和发展中资金困难，部分商业银行不愿意贷款的实际，省糖协主动与省农发行沟通介绍企业的运行状况和资金情况，得到农发行的谅解和支持，逐年增贷生产周转资金，从2005年度开始贷款时的6.8亿增加到08/09年的17.8亿元，缓解了大部分制糖企业的资金困难。糖协在引导企业按时按量归还贷款方面也作了沟通和促进工作，得到了银行对糖厂的信任，并有继续增加贷款资金的可能。

（三）云南糖业的主体是生产企业，但产品的销售运输，部分企业的资金周转又离不开商业企业的配合和支持，我们既要通过商业企业的购销卖出和外运产品，也要通过电子交易平台进行中短期交易，这是云南产销一体化的一个重要模式，可以改善“产大销难”的状况，因此几年来，糖协一手抓生产企业，一手沟通商业，不论是讨论糖业的问题，还是开会研究市场问题，我们都把商业企业作为重要的一环，支持其为云南糖的销售和运输而努力。

（四）针对云南省食糖外运的困难，糖协经常保持向省工信委、铁路部门之间的汇报和沟通，我们一方面申报运输量大的重点企业，而在运输最紧张的阶段，我们采取月报计划的方式争取管理部门的重视，促进增加外运量，同时在运输困难产品有较多积压时，更争取向省政府部门反映。几年来，特别在07和08年运输最困难的时候，在省政府和运输部门的支持下，都完成了铁路外运任务。

（五）由于国家对食品质量安全的高度重视，食糖质量标准和卫生标准逐步提高。糖协主动与省质检部门多次汇报协商取得支持，在不变更国家法令的基础上，研究出各方都能接受的临时解决办法，既不直接违法，也使糖厂生产不遭受重大损失，生产得以正常运行。这种协商处理问题的办法，使其他省区也得以仿照解决。

（六）坚持开好每年的全国食糖形势分析会，这个会已经开了十年，得到国家宏观调控部门的重视和支持，也得到了国内糖业界的认可，已成为糖业界仅次于每年11月全国食糖产销工作会的另一个重要会议，对提高云南省食糖销售和第二产糖大省的地位有明显的作用。同时在省工信委的支持和领导下，按时开好每年的成本统计分析会和全省制糖生产座谈会，为每年的生产分析、形势判断、及时解决问题起到指导作用。

（七）为了总结回顾云南糖业的发展进程，收集详细全面的历史资料和数据，供今后的发展借鉴，省糖协邀请部分专家和糖业发展的参与者共同编写了“云南制糖工业五十年”一本综合性资料，既完成中糖协要求编写“中国糖业大全”〈云南篇〉的任务，也为关心和了解云南糖业发展的有关人员提供比较详细的资料。

（八）加强协会自身的建设。省糖业协会成立十三年来，坚持公平、公正、公开，为政府和企业服务的原则，起到一定的作用，但又存在人员老化、服务能力不强的缺点，近期要尽快增加新生力量，调整年龄梯度，稳定工作人员，并组织协调会员共同研究糖业潜在的困难，在政府部门的指导下找出解决困难的措施，使我们这个行业不辜负各级政府的期。

四、大事记

9月15日，省糖协在丽江市组织召开了全省制糖企业财务成本分析会。编印权威性的《云南省2008/2009年榨季制糖企业生产技术财务成本汇总表》。为全省各级政府有关部门、各制糖企业了解分析全省糖业发展情况，提供全面、系统、准确的行业资料。

10月28日，省糖协积极协助省工信委在瑞丽市召开2009/2010年榨季全省制糖行业工作会议。会议全面总结了2008/2009年榨季全省制糖生产销售工作情况，分析新榨季的糖业形势，安排部署新榨季的产销工作。

10月29日，经云南省工业和信息化委员会批准，云南省糖业协会在瑞丽市召开第四届会员代表大会。换届选举产生了以邓毅为理事长,杨运生等为副理事长、杨运生兼任秘书长、理事组成的第五届云南省糖业协会领导班子。

11月18日，省糖协在昆明市组织召开了全省糖业技术交流会。组织全省各制糖企业、省内有关科研单位、大专院校的专家学者全面总结、交流了近两年来云南省推广先进适用新技术、新工艺、新设备以及节能减排、清洁生产、循环经济、自动化控制、信息化管理等方面的最新成果及经验教训。组织汇编《云南省甘蔗糖学会2009年技术交流论文集》，并在29遍论文中评选出优秀论文11遍。会议上对获得优秀论文奖的一至三等奖论文作者颁发了证书和奖金。会议还邀请广东、广西同行到会交流介绍了目前国内糖业最新技术发展状况。这次会议将会对云南省糖业技术进步起到很好的促进作用。

五、 云南省糖业面临的主要困难

云南省制糖业在近十年中经过改制、整合后，不论是产量和质量，还是原料管理和工作管理，都取得明显的进步和提高。即使在最困难的07/08榨季工厂亏损、效益下降时，我们制糖企业也没有拖欠农民的蔗款和银行的贷款，完成了企业应尽的社会责任。但我们也要清醒地认识到云南制糖业在经济迅速发展的今天又面临新的困难，如果解决得不好，制糖业的发展可能会遇到较大的挫折。

云南制糖业在五十多年的发展中，在云南边疆地区农业经济的初期发展中确实起到过很重要的作用。食糖生产是农产品加工业，产品的附加值主要在下游行业，因而食糖生产的利润率和GDP贡献率不可能很高。随着云南经济不断发展，新兴产业不断增强（如冶金、电力、化工等等行业），制糖业对全省和州市GDP的贡献率则相对下降，全行业仅占全省1%左右，全省制糖业的销售收入低于一个大型集团的销售收入。同时制糖业承担了农民增收，给财政增税的社会责任。当供求不平衡、糖价波动较大的年份，制糖业承担的社会压力更大。如果我们这个行业不能实现农民增收、财政增税，不能使农民和政府看到这个行业有希望的前景，则这个行业从骨干产业自然降为地方传统产业，在农作物的竞争中更可能成为逐步萎缩、被替代的夕阳产业，这是我们必须面对的省情和现实。因此，逐步增加农民收入，稳定原料资源，提高行业整体效益，增加财税收入，是我们全行业都要关心的主要问题，也是制糖业能否稳定持续发展的基本条件。

（一）企业（公司）分散、产量低，销售方式陈旧，市场空间逐年缩小，全省29个法人单位平均产糖量仅7.68万吨，只有三个集团的产量达到20万吨以上，其他都在15万吨以下，产糖10万吨以下的企业有23家，占法人单位的80%，因此在国内市场上“人微言轻”、没有多大的话语权，虽然我们是第二大产糖省，但整体的竞争力仍然薄弱。

（二）优势农产品的挤压竞争，农产品比价在不断变化，在农业劳动力成本和种植成本不断上升的压力下，仅靠有限的蔗价来稳定糖料面积和产量的困难不断加大，一些农民逐渐失去种植糖料的信心。

（三）市场竞争就是资源竞争和成本竞争，在食糖供大于求的情况下，低成本竞争的趋势，给云南糖带来新的压力，特别是原料成本在逐年上升的趋势下，压力更大，我们不能把希望寄托于产品涨价的机遇，因为那是不稳固和短期的现象。因此，在不影响农民收入的前提下，还要继续降低成本。

（四）企业分散、小型、产品单一的格局，很难有充足的资源和资金开发综合利用和深层次开发，一个企业（集团）仅依靠单一产品不可能提高综合效益，一旦市场出现变化就“捉襟见肘”，因此，多品种经营是无法回避的问题。

云南省无线电协会

2009年，云南省无线电协会在省相关领导、部门和业务主管单位的关心、指导，以及各会员单位的配合、支持下，坚持以科学发展观为统领，以服务会员、服务社会、服务政府为宗旨，认真贯彻落实《国务院办公厅关于加快推进行业协会商会改革和发展的若干意见》（国办发〔2007〕36号）、《工业和信息化部关于充分发挥行业协会作用的指导意见》（工信部产业〔2009〕126号）及《云南省人民政府办公厅关于培育和发展行业协会的指导意见》（云政办发〔2006〕51号）三个文件精神，在各级无线电管理机构调整变化和电信运营企业重组的情况下，紧密结合实际，努力开展工作，取得了一定成绩，促进了协会的建设和发展，发挥了协会应有的作用。

一、开展科学认识电磁辐射知识的宣传

为进一步贯彻落实省人大常委会领导到电信运营单位视察时关于"要组织进行正确的宣传，普及准确的移动通信电磁辐射知识"的指示，根据移动通信行业基站建设和运营的实际需要，协会采取打电话、发推介函、征订函和写介绍文章等方式，抓紧了对自行组织编撰出版的《移动通信电磁辐射知识100问》一书的发行和宣传工作。这本书，正是针对当前移动通信建设中出现的新情况、新问题，运用科学发展的观点和唯物辩证的方法进行分析研究，以世界卫生组织（WHO）的国际EMF计划的研究成果和对于移动通信射频场所作的结论为立论的根本依据，采用问答方式，从客观和主观、有利和不利、正确和错误等不同角度，运用翔实资料和大量实例，科学地讲解有关电磁辐射知识，解惑移动通信电磁辐射产生的种种疑难问题，澄清一些因偶然事件造成的没有科学依据的传言，并对移动通信的建设和发展提出了一些有益的建议，实用性、可读性较强，是一本内容较为丰富的电磁辐射知识科普宣传资料和工具书。这本书既适合于电信行业工程技术人员和政府相关部门管理人员的需要，也适合于关注移动通信建设和发展的社会公众人士阅读参考，不仅受到有关省领导和无线电管理部门的好评，也深受省内外移动通信行业的欢迎，纷纷要求提供。目前已向省内外发行了6000余册。

3月份，玉溪电信公司就《移动通信电磁辐射知识100问》举办讲座，顾延宽副会长受邀为该公司的工程建设、网络维护、市场营销人员100余人进行了讲解，反映很好。

二、开展了对3G布网建设站址获取情况的调查

根据国家完成电信运营企业重组并发放三张3G牌照，各大运营公司开始大规模进行3G布网建设，全国各地普遍碰到因基站电磁辐射问题影响到基站站址获取的情况，协会对省内外移动通信运营企业在3G建设中碰到的相关问题，专门有重点地作了调查了解，并编发《电磁辐射纠纷频频发生 移动通信3G布网建设屡屡受阻》简报，介绍了典型案例，提出了意见和建议，供政府有关部门和各会员单位领导参考。协会建议政府有关部门加大宣传力度,做好建设规划和协调工作。也希望各会员单位引起高度重视，依靠当地党委、政府及有关管理部门，积极采取有力措施，不仅要做好获取基站前的宣传和安民告示工作，而且要做好基站天线的美化并与周围景观协调一致的工作,妥善处理好电磁辐射纠纷问题，以推动移动通信的健康发展，维护社会的和谐与稳定。

三、帮助解决基站电磁辐射疑惑问题

2009年4月底5月初，昆明市区圆通幼儿园反映，该园南面楼顶有一座某公司的移动通信基站,由于基站距离幼儿园太近，幼儿园和家长都担心学生受到电磁波的辐射，请求协会帮助解决。协会对此非常重视，立即组织人员到实地察看，尔后商请省无线电监测中心进行了测试。监测中心专此出具了《电磁辐射测试报告》，表明该幼儿园中的电磁波实测强度低于国标《电磁辐射防护规定》和国标《环境电磁波卫生标准》，从而解除了幼儿园和学生家长的后顾之忧。事后，协会在第1期《简报》上以此为例编发了一则"特讯"，明确提出："由于部分基站建设不规范和对正确认识电磁辐射知识的宣传不到位，仍引起一些移动用户和社会公众对电磁辐射危害的疑虑及担心，不少找到无线电管理部门和无线电协会反映这方面的问题。为此，协会建议各电信运营公司应引起足够的重视，并加以妥善解决"。

四、被邀参加有关会议并指定交流了云南无线电协会建设和发展情况

3月30日，中国无线电协会在北京召开了协会成立暨第一届会员代表大会，云南省杨有祥会长被邀参加了会议，并当选为中国无线电协会常务理事。会后，还被指定报送了《在服务中求发展 谱写协会新篇章》的交流文章，登载于《中国无线电》刊物第5期，受到了相关单位的好评。

8月5日，作为常务理事的杨有祥会长参加了中国无线电协会在北京召开的第一次常务理事会议，了解了中国无线电协会组织机构设置和无线电协会今后在经济建设和社会发展中如何牢记社会责任和广大会员的重托，加强自身建设,建立健全各项规章制度，不断提高业务素质和协调服务水平，充分发挥桥梁和纽带作用，当好政府的参谋和助手等方面的发展思路。特别探讨了政府和企业如何购买服务，协会如何争取政府部门及业务主管单位支持，进一步拓展服务领域、提高服务水平方面的问题，明确了协会今后发展的方向和工作重点。中国无线电协会还为常务理事单位颁发了牌匾及证书。

11月23日，杨有祥会长参加了中国无线电协会在武汉召开的全国无线电协会座谈会。根据会议要求，云南省无线电协会结合学习实践科学发展观活动，专门研究准备了《学习实践科学发展观 不断推进协会建设和发展》的会议材料，在会上进行了交流，受到了好评。

五、认真做好协会的日常工作

一是通过电脑网络搜索、打电话联系和个别走访等形势，及时了解掌握相关信息，不断进行分析和综合整理，做好信息通报交流工作。二是坚持议事制度，如移动通信3G网络布网建设情况、协会如何争取服务项目、协会的工作思路和发展思路等都能不断进行酝酿研究，统一思想认识。三是根据需要及要求，做好上报下传工作，先后制发了七个文件及三期简报。四是结合协会工作，撰写了五篇有阅读参考价值的文章。

云南电力行业协会

2009年，云南省电力行业协会在省委、省政府及相关政府部门的关心指导下，在理事单位和会员单位的大力支持下，充分利用协会平台，加强调研、加强协调、加强沟通、提升服务，较好地完成了各项工作任务，取得了一定成绩。

一、围绕服务和市场需求，增强调研功能，为政府、企业提供决策依据

为贯彻落实国家发改委节能减排和可持续发展战略，根据《云南省节能办关于召开编制“五大重点耗能行业能效水平对标指南”启动会的通知》精神，受云南省人民政府节能办和工信委节能处的委托，组织完成了“云南省火电企业能效水平对标指南”的编制，通过了省节能办和省工业与信息化委员会组织的专家评审，近期工信委将向全省发布。今年以来，受云南电网公司委托，我会开展了云南全额收购可再生能源研究工作，该项工作已于10月份完成，顺利通过评审组的评审。受云南电网公司企业发展与管理研究中心的委托，组织开展《电网企业合同管理培训教材编写》工作，目前，该项目已经完成，于12月25日通过评审专家组的评审。受云南电网公司的委托，我会调研部于10月份承担了《云南水电研究》课题，该项目正按计划进度有序实施。受云南电网公司的委托，准备承担《云南矿产业与电力产业协同发展研究》项目，目前，已完成项目启动前的准备工作。

二、深入开展学习实践科学发展观活动，推动协会和行业又好又快发展

2009年按照省工信委的统一部署和要求，我会开展深入学习实践科学发展观活动。从9月下旬着手准备，到12月22日先后完成了学习调研、分析检查、整改落实三个阶段的主要任务，基本达到了预期的目的。协会党支部按照中央14号文件要求，协会党支部坚持把深化学习、提高认识贯穿学习实践活动的全过程，组织党员学好“三本书”、学习胡锦涛总书记等中央领导同志一系列重要讲话，深刻理解科学发展观科学内涵、精神实质和根本要求。采取集中培训、分批学习、交流研讨等多种形式，抓好科学发展观学习培训工作，有力推动了学习实践活动的深入开展。进一步把科学发展观转化为推动协会科学发展的坚强意志，转化为谋划协会科学发展的思路，转化为引导行业科学发展的实际能力和措施。

三、以推动管理创新为主线，深化服务内容，促进云南省电力行业企业管理水平的提升

一是认真做好2008年度云南省电力行业企业管理创新成果的申报评审推荐工作。2008年度云南省电力行业企业管理创新成果申报，共有24个单位43项成果，经评审专家评审，报评审委员会审定，共评出创新成果奖37项,其中一等奖1项,二等奖9项,三等奖20项,优秀奖7项，推荐到中电联申报全国电力行业企业管理创新成果奖6项，其中获一等奖1项，二等奖1项，三等奖4项。二是召开了2008年度云南省电力行业企业管理创新成果发布评审会。5月份组织召开了云南省电力行业2008年度企业管理创新成果发布评审会。来自全省电力行业37个单位，97位代表参加了会议。这次成果发布评审会，共有23家单位发布交流创新成果36项，其中：供电企业成果25项，发电企业成果6个，设计、制造、施工企业成果5个。评审专家根据《云南省电力行业企业管理创新成果评审办法》中的评审原则，就发布成果的创新性、实践性、效益性等方面给出了客观的评价。三是本着为会员单位服务的宗旨，为会员单位申报企业管理创新成果提供咨询服务。今年企业管理创新成果申报期间，我会先后对多家会员单位提供多次咨询指导。2月20日，普洱供电局举办了企业管理创新成果暨写作讲座培训，我会结合“企业管理创新、企业管理创新成果的评审、企业管理创新成果报告的撰写、企业管理成果的发布”四个方面，重点就企业管理的基本概念企业管理创新、成果的申报程序、成果的评审程序、成果报告的重点、成果报告幻灯片的制作和发布时的表述等知识要点进行了详细传授讲解。同时，对华能澜沧江水电有限公司、华宁电力公司等企业也开展咨询指导。四是圆满完成了农电局委托的第四次云南电网混凝土电杆临时使用许可证换证审查工作。为做好2009年云南电网混凝土电杆临时使用许可证更换（申办）工作,3月份我会在昆明举办了环形混凝土电杆新标准宣贯培训班，来自全省各地的环形混凝土电杆生产企业及云南电网公司所属供电局、地方电力公司等30个单位，电杆生产企业主要负责人、技术人员及供电局、地方电力公司相关专业人员53人参加了培训。同时，按云南电网公司农电局“每个企业都要走到”的要求，评审专家组分三个现场复检小组，深入到16个州、市（保山市2家由德宏供电局推荐）57个县（市），完成了所有申报企业的第一次现场复检。完成了10个州、市18个县（市）的26家企业的重大缺陷第二次现场复检，占申报企业总数的36.6%，因各企业整改时间不同，到7月份历时半年，按期完成了电杆换证复检工作，确保招投标工作的顺利进行，从而为“农网建设百日会战”提供了有力保证，受到了农电局的好评。

四、开展评先选优工作，促进企业管理水平的提高

推荐会员单位参加“2009年度安装行业优秀项目经理”的申报评选、

"2009年全国电力建设优秀项目经理"及"中国工程建设职业经理人"的申报工作。根据中国电力建设企业协会的文件要求，我们推荐了云南省送变电工程公司参加"2009年度安装行业优秀项目经理"的申报评选、"2009年全国电力建设优秀项目经理"及"中国工程建设职业经理人"的申报，中国水利水电第十四工程局有限公司参加"2009年全国电力建设优秀项目经理"申报工作。

做好云南省电力行业优秀企业、优秀企业家的申报评审工作。我们对评审委员会部分委员因工作变动进行了调整，根据申报评审程序要求，做到"公平、公正、公开"。经评选，云南省送变电工程公司等8家企业获得"云南省电力行业优秀企业"殊荣；中国水利水电第十四工程局有限公司副总经理兼总经济师王曙平等9位领导获得"云南省电力行业优秀企业家"光荣称号；云南省送变电工程公司、国投云南大朝山水电有限公司获得"全国电力行业优秀企业"称号，中国水利水电第十四工程局有限公司副总经理兼总经济师王曙平、云南电力建设监理咨询有限责任公司经理刘卫获"全国电力行业优秀企业家"殊荣。

五、积极搭建平台，促进企业学习交流

中电联于3月20日在北京召开"2009年中国电力改革与发展经济预测会"，协会共组织1 6家会员单位36人参加了会议，会后编印下发了会议资料。为了进一步开展和推动云南省电力行业企业管理创新活动，8月，我会组织17家会员单位共35人参加中电联组织的全国电力行业企业管理创新成果交流会，是参会人员最多的省份，充分体现了云南电力企业领导对企业管理创新活动的高度重视。各交流单位的精彩发言，使与会代表耳目一新，受益匪浅。通过观摩学习，对提高云南省电力企业管理水平具有积极的意义。10月份底，组织部分获奖单位和个人参加了中电联在北京召开的"全国电力行业企业管理经验交流会暨表彰大会"。

六、加强QC小组活动体系建设，质量管理小组活动工作成绩显著

年初召开了"云南省电力行业第十八次QC成果资料评审"会议，组织19位质量专家评委对供电、发电及电力建设企业申报的95个优秀QC小组成果进行认真评审。3月初，召开了"云南省电力行业质量管理活动成果评审委员会"会议，对质量专家评委的评审情况进行逐一复审。

3月底，举办了"云南省电力行业第十八次QC成果发布会"，共发表50个优秀QC小组活动成果。

按照水电质协、云南省质协的要求，择优推荐参加全国电力行业和云南省质协优秀QC小组、质量信得过班组、质量管理小组活动优秀企业、质量管理小组活动卓越领导者和优秀推荐者的评选。为使参加中国水利电力质量管理协会电力分会和云南省质量协会发布的QC成果取得好成绩，参会前组织了7个QC小组代表进行发布前的预演，并请专家指导。云南省电力行业2009年度荣获全国电力行业优秀QC小组9个、全国电力行业质量信得过班组2个、全国电力行业质量管理小组活动优秀企业2家、全国电力行业质量管理小组活动卓越领导者2名、全国电力行业质量管理小组活动优秀推进者2名。荣获全国电力建设优秀QC 小组8个。荣获云南省优秀QC小组30个、云南省质量信得过班组8个、云南省质量管理小组活动优秀企业3家、云南省质量管理小组活动卓越领导者4名、云南省质量管理小组活动优秀推进者4名。

七、坚持正确的舆论导向，宣传工作开创新局面

2009年，协会始终坚持服务会员单位的理念，秉承"宣传方针政策、传播行业信息、交流工作经验、展示云电形象"的宗旨，全力打造一个供会员单位学习交流、参考借鉴的平台。3月31日完成了2009年《云南电力年鉴》的撰稿和组稿任务，9月下旬完成了《云南电力年鉴》的全部发行任务。全书共采用文稿213篇584页110万字；共刊登图片稿件98页682幅，其中部分图片彩页为今年新增内容。2009年《云南电力行业信息》共发行12期，其所设的12个栏目均围绕全行业的工作重点展开。截止2009年12月，云南省电力行协网站用稿量为6958篇，网站的点击率已达60万人次，月均用稿623篇，日均来稿量突破20篇。通过网络宣传平台，拉近了会员与行协间的距离，增进了会员对行协的关注、参与和支持。

云南省节能协会

2009年云南省节能协会在省工信委、省节能办的领导支持下，认真履行协会职责，主要组织开展了能源审计；节能量审核；节能评估；节能篇章编写；节能技改项目咨询服务；能源培训及节能宣传等工作。

一、能源审计工作

（一）组织并参加各种能源审计培训，认真学习能源审计有关文件、政策、法律法规，提高能源审计认识，掌握能源审计要领。建立了一支懂政策、会审计的能源审计队伍。

（二）在省工信委、省节能办的领导支持下，在协会能源审计工作人员的共同努力下，完成了保山烟叶复烤有限公司；永昌铅锌分公司、硅业分公司；振兴铅业有限责任公司；云南华电昆明发电有限公司5家企业的能源审计工作，通过能源审计产生的节能量为12836吨标准煤。

（三）帮助其他中介公司（博本钰能源科技有限公司）完成能源审计报告（西双版纳勐醒水泥厂；勐腊勐远大展水泥有限公司；建水宏溪经贸有限公司）三份修改工作。

在协会完成的5家企业能源审计报告中对保山烟叶复烤有限公司提出：对大功率机台及集群设备进行就地无功补偿，提高企业内部功率因数。结合公司生产发展规划，开展研究企业配套动力设备运行存在“大马拉小车”实际情况，查找企业节能潜力。增加锅炉给水，给煤计量装置，调修或更换蒸汽计量装置，完善分支热力管网保温，提高操作水平和锅炉热效率。35kV/0.4kV降压供电，0.4kV侧经低压配电室采用电容器集中补偿，功率因数在0.93左右，建议在主要耗电设备附近再增加就地无功补偿，使功率因数达到0.95左右，两台35kV/400kV并联运行的主变压器负荷率偏低（50%左右），属非经济运行状态。建议调整和减小供电变压器的配置容量，提高变压器运行负荷率等建议。

对永昌铅锌分公司提出：继续强化能源工作的科学管理，进一步深化、细化节能管理制度，搞好能源计量、统计、指标考核等基础工作，实行节能奖惩，总结推广先进的节能技术和经验，强化关键工艺耗能的控制，特别是电耗的控制。应单独列出并直接指导节能管理工作的制度应有：1. 能源采购和审批制度；2. 能源成本财务管理制度；3. 生产使用各种能源的管理制度；4. 能源计量统计制度；5. 能源计量器具管理制度；6. 能源消耗定额；7. 节能考核奖惩制度等。应尽快建立和完善各车间、工序和产品单耗考核管理体系。实行分级考核，细化工序及产品能耗定额考核，实行节奖超罚的鼓励办法，进一步挖潜企业在管理、设备运行、生产控制等方面的节能潜力。对能源的计量仪器仪表管理重视程度不够，能源计量器具配置不全，还难于在车间内部制定和实行工序能耗定额考核。进一步完善一、二、三级各种能源计量器具的配置工作。能源计量：应包括电力、原煤、蒸汽、和水的计量。建立各生产工序、主、铺生产系统的能源消耗分类统计报表，报表内容细化到主要生产、辅助生产、照明、运输和其他系统，使之有利于细化车间及工序的考核。加强能源采购管理，搞好煤质的检验工作。加强生产设备和管网维护管理。继续抓好技术改造项目的实施和投用，尽快发挥作用，优化节能降耗的作业条件，实现达产达标，精心组织，精心操作，创造节能减排的高水平。应尽快落实完成节能技术改造项目所需的资金，加快更新淘汰型设备等建议。

对硅业分公司提出：加强节能管理网络和节能队伍的建设、培养一批既有专业知识又有责任心的骨干人才。加强设备管理和工艺管理，合理调配辅机设备的开机数量和开仃时间，使生产设备处于最佳运行状态，提高电炉的运转时间和热工稳定，降低冶炼电耗。加强原、燃料堆场管理，要尽量减少自然流失和混料，雨季可适当搭建雨棚减少流失。 建议对2#、4#、5#、6#、7#冶炼电炉的高温风机和13台低压风机，分批进行交流变频改造，按年运行300天，节能20%计算（已改造过的1#、3#电炉高温风机节电实测33.3%），年节电可达670万千瓦小时、节电效果显著。对1#、2#、3#、4#电炉变压器分期分批进行低压侧的无功补偿，从理论分析或已经进行补偿的5#、6#、7#电炉变压器看，补偿后不但能增加供电容量，提高产品产量外，保守估算年节电也在600万kW·h以上，是个节电的好项目。分公司七台冶炼电炉，可建一座12~14MW的纯低温余热电站，投资虽然较大，但效益很好，而且可缓解地区供电的不足。建议增加和改变现有10kV侧的功率因数补偿等建议。

对振兴铅业有限责任公司提出：以立足现有生产设备，改进生产管理和技术管理，改进操作方法，加强电网、流体管网和蒸汽管网的合理布局和改造，开展清洁文明生产，杜绝跑、冒、滴、漏等现象，提高能源的利用效果。重视设备的维修保养，在生产间隙期间，进行设备技术改造，认真检查和维修设备，精心调试。在生产期间组织均衡生产，减少设备空转运行。认真实行设备的日保养和周保养，随时检查设备运行情况，使设备经常处于最佳的经济运行状态，加强对重要设备重点部位的管理，认真实行定时、定点的巡回检查及润滑，坚持以预防为主、维修为辅的设备管理原则，采取动态维修与预防性设备维修维护模式，及时发现和排除设备的故障和隐患。确保设备经常处于长周期、安全、稳定运行的良好技术状态，进一步挖掘设备节能潜力。推广先进适用的节能技术，开展设备状态检测，加强设备技术改造，采用高效的节能电动机、高效风机，提高机电系统效率。推广变频调速技术，改善风机、磨机类电机系统的调节方式，淘汰落后工艺和设备，促进工艺装备的升级换代。对局部相对落后的工艺及设备进行节能改造。通过以主体生产工序设备的技术改造为重点，积极推广利用节能新技术、新产品，进一步提高电能利用效率，全面达到能耗先进水平。加强原煤的采购、计量、库存和验收管理，开展煤质分析检验工作，不断强化企业的能源基础管理工作。强化能源计量和能源统计工作。增加配置能源计量仪器、仪表，加强能源消耗的计量抄表、记录、统计工作的力度。尽快完善各车间、工序及主要耗能设备的计量器具配备，提高完好率和计量率。加强耗能统计工作，配齐各种能源消耗的统计报表，以利于细化对工序及产品的耗能考核。加强节能管理网络和节能工作队伍的建设。重视和加强行之有效的节能措施，提高工艺及装备的使用效率，分工序及主要耗能设备进行强化、细化定额考核奖惩措施，制定完成能耗限额标准和赶超国内、省内同行业先进水平的努力方向和奋斗目标。

对云南华电昆明发电有限公司提

出：电力生产设备一旦发生运行故障，容易造成能源的极大损失和浪费，使设备的经济运行受到严重影响。企业应加强企业设备的维修管理工作，监督检查做好设备的维护保养，严格执行设备运行的操作规程，仔细检查重要设备的运行状况，认真作好设备检查记录和运行记录，做好设备事故预防工作，减少设备运行故障，是节能降耗的前提。确保机组煤粉系统运行正常，尽量防止和减少堵断煤故障现象，力保锅炉的燃烧系统随时处于最佳工作状态，防止造成能源的浪费和故障损失，提高机组设备运行稳定的经济运行性能。应严把原煤、燃料油采购质量关，加强煤场管理，增设必要的煤场防护技术措施，减少进公司能源的自然损失。坚持搞好煤质的分析检验工作，加强分析化验人员的技术培训，提高分析化验数据的准确性。加强与省调信息管理，避免每年自5月份后由于进入丰水期及年底电网用电量大幅下降，造成开停机频繁、负荷率偏低、单机运行、主要设备偏离效率点运行，锅炉效率、汽轮机效率低等不利因素的发生。加强本厂生产调度管理，搞好设备维修和保养，降低辅助或附属设备的故障停机率，加强疏水器、蒸汽管网检查工作，抓好辅机设备的优化运行等建议。

5家企业共60多条改进建议，供企业参考改进。目的是帮助企业合理使用能源，提高能源管理水平，促进节能减排工作完成，使能源审计工作落到实处。

（四）根据能源审计现状，对云南省节能服务机构目前面临的困难和问题提出存在问题及建议。

存在的问题：存在能源审计报告质量差，中介机构不熟悉企业能源消耗情况，不懂能源统计，更搞不清楚能源内部转换等问题。如：勐腊县勐远大展水泥有限公司；西双版纳勐醒水泥厂等多次评审未通过单位。存在能源审计中介机构只管赚钱，对企业不负责任，违背了国家开展能源审计的初衷，对企业也毫无指导作用，企业出钱做审计，达不到审计目的。企业不满意、政府部门也不满意。如：对开远糖厂；建水宏溪经贸有限公司等企业开展能源审计的中介机构。存在低价竞争，恶意扰乱市场，形成鱼龙混杂的局面。

提出的建议：一是规范云南省能源审计市场，发挥各级能源管理部门、行业协会作用，指定懂能源、有信誉的能源审计中介机构，开展能源审计工作；二是坚决杜绝人情中介机构、人情审计单位，为审计而审计事件发生；三是坚决取缔那些不懂能源审计、不会能源审计，误事、误人、误企业、误政府的能源审计中介机构；四是下达审计计划，统一收费标准，把云南省能源审计工作真正落在实处，帮助企业合理使用能源，提高能源管理水平，促进节能减排工作完成，使能源审计工作落到实处。

二、节能量审核

（一）完成昆明金水铜冶炼有限公司1.5万吨/粗铜、3万吨/年烟气制硫酸项目节能量预审核，项目年节能量4434吨标准煤；10.5万吨/年阳极铜、30万吨/年烟气制硫酸改扩建项目节能量预审核，预期节能量39457吨标准煤。

（二）完成罗平锌电公司22㎡沸腾炉余热回收利用节能项目节能量审核，预期节能量4915吨标准煤，实际节能量6055吨标准煤。48㎡沸腾炉余热回收利用节能项目节能量预审核，预期节能量10714吨标准煤。

（三）昆明川金诺化工有限公司10万吨/年饲料级硫酸二氢钙技术改造项目硫酸改扩建余热利用措施节能量预审核，预期节能量19367.74吨标准煤。

三、节能评估

（一）完成富源县竹园镇久安煤矿黄磷厂20000千伏安黄磷电炉技改项目节能评估工作，预计年节电660×104千瓦左右，折合2310吨标准煤。

（二）云南滇东水泥有限公司（陆良滇锦粉磨有限公司），80万吨/年水泥及矿粉磨生产线技改工程节能评估，预计年节电100×104千瓦左右，折合350吨标准煤。60万吨/年水泥及矿粉磨生产线技改工程节能评估工作。

（三）昆明金水铜冶炼有限公司《10.5万吨/年阳极铜、30万吨/年烟气制硫酸改扩建项目》可行性研究报告的节能评估，预计年节约506.47吨标准煤。

四、节能技改项目咨询服务

（一）协助完成昆明金水铜冶炼有限公司6MW烟气余热发电可行性研究报告编写工作，预计年节约14800吨标准煤。属国家十大重点节能工程（余热余压利用项目）。

（二）协助省节能办对双百企业的能源审计报告进行评审工作。

协助部分地州市进行企业能源审计报告评审工作。

（三）协助省发改委、省科技厅、昆明市经委、昆明市科技局等单位开展节能项目的立项论证平、成果验收等工作。

五、培训、学习

（一）组织开展5期160人企业能源审计培训工作。

（二）参加省工信委节能办举办的中介机构能源审计培训提高班（50人）授课工作。

（三）参加了全国高科技教工委标准化专业委员会组办的（能源管理师）学习培训，经考试合格节能协会有9人取得国家人力资源社会保障部职业技术人员知识更新工程管理司颁发的《高级能源管理师》证书，是云南省最早获得的资质证书。

（四）3人参加了中国能源研究会企业能源管理专业委员会在昆明举办的“节能目标责任现场评价考核和企业节能项目技术经济评价方法”培训班学习。

六、积极开展节能宣传活动

（一）编辑出版发行24期《云南节能通讯》，宣传党和国家的能源方针政策、传播科普知识、传递节能信息、推广节能产品、交流节能先进经验及工作方法，推动会员单位节能减排工作，促进节能技术进步和节能管理进步，对于280家会员单位节能管理工作起到积极作用。

（二）2009年全国节能宣传周活动期间，协会首先利用《云南节能通讯》刊登了国家和云南省《关于开展2009年全国节能宣传周活动安排的通知》，把国家及省有关活动安排，活动要求等事宜及时传达给各会员单位；动员各会员单位积极开展节能宣传周活动。同时协会主要领导及顾问16人参加了云南省组织的节能宣传活动。

（三）参加了云南省科协组织的“节能减排”科普活动。2010年云南省节能协会将在云南省工信委、省节能办的领导支持下，利用协会从事节能事业近30多年，开展节能工作时间长，熟悉国家和云南省的节能历史、方针、政策、法律、法规、标准、信息、节能科研、国内外节能先进经验。有一批长期从事节能减排工作的高级科技人才和管理人才支撑协会的工作的有力条件，继续努力为云南省节能工作作出贡献。

云南省清洁生产协会

2009年云南省清洁生产协会在省民政厅和行业主管部门省工信委的领导下,在省清洁生产办公室以及省工信委资源处等相关部门的关心支持下,坚持科学发展观,认真贯彻落实《中华人民共和国清洁生产促进法》和《云南省清洁生产促进条例》，围绕中心，服务大局，以服务社会、规范管理、加强宣传培训为核心，努力为云南省节能减排、清洁生产工作作出应有的贡献力量。

一、认真办好清洁生产审核员培训班

2009年，协会配合州市经委，先后为昭通市、文山州及昆明市经开区等州市举办了4期清洁生产审核员培训班。有179个单位派员参加了学习培训，参加学习人数393人。其中，有367人经考试合格，领取了“清洁生产审核员合格证书”，进一步壮大了全省从事清洁生产审核服务工作的技术骨干队伍。

二、搭平台，促服务，大力宣传清洁生产

一是以《云南清洁生产简讯》为窗口，大力宣传清洁生产。紧紧围绕推行清洁生产，促进节能减排的宗旨，2009年共编辑简讯12期。通过重要政策、基层工作动态、经验交流、新知识、新视野、问题探讨等栏目，传递党和国家有关政策法规，各地的经验交流，为政府决策提供参考，为企业开展清洁生产找方向。全年共向300多个部门和企业发放3600多期，及时宣传交流了推进清洁生产，促进节能减排的意义及全省推进清洁生产的情况。二是通过开通“云南清洁生产网”更好、更快的推动全省清洁生产宣传活动，增强服务手段、扩大服务范围、提高服务质量。 在省工信委领导的关心支持下，通过努力，开通了“云南清洁生产网”，它是为企业提供相关清洁生产知识、政策法规及清洁生产先进技术的信息交流平台,网站的开通实现了信息双向交流，为宣传和服务清洁生产提供了更有效的手段。

三、加强中介服务机构的自律和规范

受清洁生产办公室委托和要求，对30多家中介机构进行了年度工作考评。进一步了解掌握了中介机构的服务情况，加强了对中介机构的自律，规范了清洁生产市场，也增强了协会同中介机构的沟通与合作。

云南省交通运输行业协会

云南省交通运输行业协会在省工信委、省民间组织管理局的领导下，在各位会领导和全体理事的关心支持下,在协会秘书处全体工作人员的共同努力下，一直以来，坚持为企业、行业和政府服务的根本宗旨，积极为企业服务，促进相关行业健康发展，围绕经济热点和难点问题开展调研，为政府部门出谋划策，依据国家法律和协会章程开展各项活动，建立自律机制，积极发挥政府和企业的桥梁和纽带作用。

一、努力完善组织建设，不断拓宽协会服务面

云南省交通运输行业协会于2009年12月10日在昆明云安会都召开了协会2009年年会暨六届二次理事会议。会议由协会副会长、昆明新机场建设指挥部副指挥长、云南机场集团有限责任公司总裁助理王进胜同志主持，会议听取了昆明铁路局副局长张广州受宋修德会长委托到会所作的《云南省交通运输行业协会一年来工作情况总结及下一步工作打算》，审议了云南新储物流有限公司昆明分公司等七家企业及张毅江等两位同志的入会申请。省州市政府有关部门领导、协会理事、团体会员单位代表，省内重点生产企业物流、运输部门负责人及提出了入会申请的代表共80余人参加了会议。

云南省工业和信息化委员会交通与物流处处长陈钟耕、云南省发改委基础产业处副处长周民欣、云南省邮政公司副总经理、协会副会长杜卫红、云南省交通运输厅运输管理处副处长刁文旭、云南省商务厅外贸处副处长马丽馨参加会议并先后发表了讲话。云南省公路运输管理局副局长丛列、云南省工业和信息化委员会交通与物流处副处长何群毅、孔令海、协会秘书长刘宏波参加了会议。

会议认为，协会在省工信委、省民间组织管理局的领导下，在各位会领导和全体理事的关心支持下,在协会秘书处全体工作人员的共同努力下，一直以来，坚持为企业、行业和政府服务的根本宗旨，积极为会员单位服务，促进相关行业健康发展，围绕经济热点和难点问题开展调研，为政府部门出谋划策，依据国家法律和协会章程开展各项活动，积极发挥政府和企业的桥梁和纽带作用。

会议指出，今年10月份以后，全省经济有所回暖，并在企稳回升的基础上继续保持总体向好的态势，多方数据显示，工业经济运行情况也在逐步恢复和不断好转。这离不开政府相关部门的正确领导，离不开有关企业的支持和配合，同时也离不开协会在政府与企业间所起到的“上下沟通，左右协调，辅助政府，服务企业”作用。

会议要求，协会在今后一段时间的工作中一要进一步搞好调查研究工作，深入会员企业，多渠道了解、收集会员企业的意见和要求，及时向相关部门反映，组织认真学习政府部门相关方针政策，支持和鼓励会员企业开展调查研究工作，撰写有见解的调研报告；二要进一步搞好服务工作，继续建立和完善协会与企业的联系制度，畅通与会员单位的沟通渠道，帮助会员企业解决实际困难；三要进一步搞好宣传交流工作，完善更新云南交通网（www.ynjt.net.cn），提高《云南交邮简讯》质量，力争形式多种多样，加强与会员间的沟通和交流；四要进一步强化自身建设加强行业自律工作，扩大协会工作范围，充实工作人员提高服务和自我发展能力；五要继续开展深入学习实践科学发展观活动。

会议决定，批准云南新储物流有限公司昆明分公司、楚雄盛发物流服务有限公司、云南英茂糖业有限公司、云南云景林纸股份有限公司、云南昆阳磷肥厂有限公司、云南煤化工集团有限公司兴化经贸分公司、云南天腾化工有限公司七家单位会员及张毅江、杨建宇两位个人会员的入会申请。

2.为加强协会与各会员单位及有关单位之间的沟通与联系，促使协会工作保持正常稳定发展，并在新形势下更好地发挥协会作用，协会秘书处就2009年有关工作情况向各会员单位和有关单位发出《协会工作调查函》进行问卷调查，并进行收集整理，归纳出组织建设、调查研究工作、信息交流服务、培训考察、协调服务等方面的宝贵意见。通过此次问卷调查加强了与各有关单位的联系和沟通，在充分了解和综合各有关单位对协会工作的意见和建议后将在今后的工作中逐一改进和完善，促使协会更好地坚持服务宗旨，做好各项工作。

二、积极调研，为政府部门制定政策出谋划策

（一）就公路货运信息平台建设问题赴河南安阳进行考察为有效解决公路货运物流信息不对称的问题，大大降低空载率，以达到节省汽油柴油、节约能源、提高运力、提升运输效率，建设环境友好型、资源节约型社会的目的，省交通运输行业协会与省道路运输协会在原省经委交通处和省公路运输管理局的领导及支持下，共同推动建设云南公路货物运输信息平台。信息平台将按政府部门引导，协会推动参与，市场化模式运作。2009年2月26日至3月1日，原省经委交通处、省公路运输管理局、云南省道路运输协会、交通运输行业协会及相关企业负责人赴河南安阳对“八卦联网”进行为期四天的考察学习，学习借鉴他省建设公路货运信息平台的成功经验，吸取建设运营过程中不足之处的经验教训，以利指导云南省公路货运信息平台的建设推动工作。

（二）与中铁特货昆明直属营业部联合对云南省公铁大件运输现状进行调研随着云南水电建设项目的全面展开和铁路建设的提速，云南省变压器数量和发往全国的铁路牵引变压器数量都显著增加。为规范大件运输市场、降低生产企业物流成本、消除安全隐患，2009年5月，协会与中铁特货昆明直属营业部联合对云南省大件运输现状进行了跟踪和调研。形成的调研报告提交省工信委召开的云南省大件运输座谈会讨论，得到与会代表的一致好评。

（三）对保山工业园区物流需求进行调研2009年6月，省工信委组织、省交通运输行业协会及相关物流企业对保山市工业园区重点项目物流需求情况进行调研。调研组实地了解了保山市水长工业园区入园重点项目建成后的物流需求，并参观了保山工业园区保山物流中心建设项目。两工业园区负责人对调研组着眼未来、提早谋划、服务基层的工作作风给予充分肯定，并呼吁大瑞铁路大保段建设能延伸至工业企业比较集中的蒲缥以远，尽早建成，以满足保山工业企业物流需求。

（四）从2009年开始，协会每月向云南省铁路运输联席会议提供的数据中增加了生产企业库存量变动数据图，较以往更全面、更清晰的反映每月库存数据的变化动向，为政府部门和铁路运输部门提供及时、有效、可靠的数据，使企业运输情况及困难第一时间得到反映。近期，为更客观、有效地将铁路运输企业有关信息上报给省工信委、昆明铁路局，协会已与网络公司达成协议，准备在铁路运输大客户管理界面新增加“当日待运量”这一数据的信息提报工作，每月固定15号上报。

三、加强沟通，作好信息交流服务工作

（一）每月按时编印《云南交邮简讯》一册，及时为会员单位及政府有关部门提供业内最新综合资讯。

（二）协会秘书处在云南省交通

厅、昆明铁路局、云南机场集团公司、东方航空云南公司、省邮政局、云南电信、移动、联通等部门、单位的支持配合下，完成了2008年度《中国交通年鉴·云南省交通邮电部分》的撰写工作，为云南省交通运输及邮政、电信的发展和取得的成绩作了宣传和展示，受到中国交通运输协会的好评。

（三）与省工信委交通与物流处合作，不断完善更新云南省交通运输多媒体信息网站平台——云南交通网（www.ynjt.net.cn）。在四年多的实践中，云南交通网一直致力为政府了解企业信息、企业了解政策提供双向沟通的信息平台。特别是网站铁路运输专栏，在加强企业与政府部门之间信息的交流，促进铁路运输信息资源共享，保障企业重点物资运输需求方面，作出了明显成效，为省工信委及时平衡全省铁路运力、缓解运输需求矛盾提供了强有力的支持。截止2009年11月底，网站点击率已突破15万人次，经常上网企业超过100多家，每日点击率均在100次以上。网站共向网友提供涉及交通运输方面的综合信息2574条，工作动态343条，政策法规125条，调查研究54条，知识窗38条，并积极帮助网友回答和解决涉及交通运输方面的相关问题。

四、创新培训考察内容，提高业内人员素质

为加强沟通，抓住机遇，促进云南省相关企业在东南亚、南亚国家拓展发展空间，推动全省物流业健康发展，协会于2008年12月第二次组织云南省相关人员赴该地区进行物流通道与贸易商务考察。考察期间，考察团成员分别与西双版纳海事局领导及泰国清莱商会对口企业负责人进行了座谈，并实地考察、参观了泰国北部公路。通过考察，考察团成员对澜沧江—湄公河物流通道的运输、通关、检验、检疫等方面情况有了全面了解，对泰（北部）与云南的贸易状况也有了初步认识。为扩大影响，充实效果，协会将根据需要，加强与省内外相关机构合作，继续开展此类活动。

五、充分发挥协调服务功能，为会员单位排忧解难

（一）为加强会员单位上网宣传工作，更好地传播行业信息，交流服务经验，协会继续对拥有自办网站的各团体会员单位安排了链接。

（二）为加强会员企业宣传展示工作，更好地服务会员企业，提高协会内部交流刊物《云南交邮简讯》的办刊质量，丰富刊物的内容特色，编辑部准备在《云南交邮简讯》刊物中专门留出一定版面用于刊登会员企业的宣传展示材料，诚邀各会员企业积极参与。

（三）对部分困难会员企业，协会实行会费减免，对跨行业、跨部门的联系事宜，积极协调，牵线搭桥，本着共赢的原则，妥善协调有关工作。

六、创新工作内容，积极开创与国际机构的合作

（一）召开“东方多瑙河—航运的绿色使命之船舶防污染措施的推广与宣传”专题培训班2009年3月20~22日，在云南省交通运输厅科技处、原省经委交通处及云南省航务管理局的支持下，由世界自然基金会资助，云南省交通运输行业协会主办、西双版纳海事局协办的“东方多瑙河—航运的绿色使命之船舶防污染措施的推广与宣传”专题培训班在西双版纳州景洪市成功召开。共有来自澜沧江—湄公河航道上运营的各航运公司部分管理人员及相关管理部门的部分领导干部40余人参加此次培训班。

此次培训班是协会继2008年成功举办“东方多瑙河—航运的绿色使命”澜沧江—湄公河航运环保研讨会后，开展国际交流、与国际组织及兄弟单位之间合作方面的又一次积极尝试。

（二）参加世界自然基金会EFN2006~2008年项目总结研讨会　2009年5月7~10日世界自然基金会昆明项目办组织召开的“世界自然基金会EFN 2006~2008 年项目总结研讨会”在大理召开。本次研讨会主要总结和交流EFN项目过去三年的成果和经验，听取相关政府部门今后5年在可持续发展与环境保护方面的发展规划，讨论云南可持续发展与环境保护方面的策略和行动规划。协会派相关工作人员参加了此次总结研讨会，并在研讨会上发言，系统介绍了协会2008年、2009年举办的“东方多瑙河——航运的绿色使命”澜沧江——湄公河航运环保研讨会和“东方多瑙河——航运的绿色使命”之船舶防污染措施的推广与宣传专题培训班两个项目的成果和经验，并在研讨会上将相关图片、印刷资料汇编等与到会其他单位同仁进行交流展示。

七、扩大工作覆盖范围，增强与友邻单位的合作关系

（一）中国物流百强企业评选活动在经济领域尤其是物流界被普遍誉为权威性强、可信度高，对推动我国物流企业发展起到积极作用的一项评选活动。2009年6月，协会协助中国物流百强企业评选组织委员会转发了《中国物流百强企业评选组织委员会关于开展“2009年度中国百强企业”评选活动的通知》，号召协会各有关会员企业、相关单位积极参与评选。

（二）2009年9月，泰国国家商业部出口促进厅主办的2009年泰国国际物流展览会在泰国曼谷国际会展中心（BITEC）举办。展览会上有来自泰国及东南亚国家的180多个公司参展，展出面积9600多平方米，展出内容包括国际运输服务，货运代理，仓储设备和仓储服务，国际快递，物流信息自动识别管理系统，包装设备，金融和保险服务等。协会协助泰王国驻昆总领事馆商务处转发了《2009年泰国国际物流展览会邀请函》，号召有意前往此次展览会参观、洽谈的单位或企业积极参与，并进行了相应安排。

八、开展学习实践科学发展观活动

根据中央和省委的部署，按照省新社会组织深入学习实践科学发展观活动指导小组的要求，协会在省工信委的组织和领导下从2009年9月份开始开展第三批学习实践科学发展观活动。活动开展以来，协会领导高度重视，对学习实践活动做了全面动员和具体部署，组织协会党员同志学好理论，提高认识，统一思想，转变观念，讨论交流等，较好地完成了第一、第二、第三阶段任务，取得了阶段性成果。

在第一阶段学习实践中分别从充分做好思想动员工作，认真开展学习讨论活动，积极组织调研交流活动，深化学习成果指导实际工作四个方面完成各项工作。11月份起全面落实第二阶段的分析检查工作，严格按照全省新社会组织开展深入学习实践科学发展观第二阶段工作流程的要求，紧密结合协会自身实际情况，继续强化理论学习；积极开展调研讨论，广泛听取会员意见；深刻剖析问题原因，组织专题民主生活会；通过认真分析、反复讨论，多方征求意见，数次反复修改后形成包括三项措施、两点要求的分析检查报告，顺利完成分析检查阶段的各项工作任务。12月份起重点开展第三阶段的整改落实工作，在第三阶段我们按科学发展观所赋予的指导思想，针对存在的突出问题，进行认真思考和筹划，听取宝贵意见和建议，制定解决措施，切实把学习实践活动不断引向深入，使协会各项工作实现快速、全面地推进，为协会进一步发展奠定了良好的基础。同时，我们也感到协会所做的工作与上级的要求，与会员企业的期望相比还有一定差距，在今后的工作中一定加强整改。虽然深入学习实践科学发展观活动已结束，但还要一直以科学发展观作为思想指导，继续指导协会今后的工作学习和发展。

云南省软件行业协会

一、认真贯彻落实国家软件产业相关政策，把协会工作落在实处

协会认真贯彻落实国务院关于《鼓励软件产业和集成电路产业发展的若干政策》（国发〔2000〕18号文件）、《振兴软件产业行动纲要》及云南省鼓励软件产业和集成电路优惠政策实施细则，特别是在落实软件企业税收政策方面予以重点支持，并联合各相关部门召开座谈会，落实好退税政策。“双软”认证关系到国发〔2000〕18号文的落实，也是企业切身利益的保证。因此，在认定的全过程中我们首先是透彻了解文件精神，准确把握认定标准，积极鼓励企业申报，耐心细致地解答在申报中提出的疑难问题，并要求他们如实申报，遵守程序。由于协会能够正确地理解、把握认定标准，同主管部门和企业保持密切联系，对企业进行热情的辅导和帮助。宣传并落实软件企业、软件产品管理办法，积极帮助云南省有条件的企业参与软件企业认定和软件产品登记备案，对申报企业的申报资料进行了严格认真的资料审核、审核过程中，主要集中在申报企业是否缺少资料，提供资料是否完善，申报表填写是否合格，如何补正等。

二、严格执行国家工信部关于“双软”认定的有关规定，认真做好“软件企业认定”和“软件产品登记”工作

“软件企业认定”和“软件产品登记”是国发〔2000〕18号文件的中心内容，是政府扶持软件产业发展的具体措施，是企业享受优惠政策的前提，这也是目前政府赋予软件行业协会的重要职能。多年来，我们一直把“双软”认定工作作为协会工作的重点，集中力量抓紧抓好 。

到2009年12月止，协助云南省“双软”主管单位批准认定的软件企业共计142户（2009年新认定软件企业21户）、批准备案的软件产品共计457个（2009年新认定软件产品软件产品87个）；共有92户软件企业参加了年度软件企业检审，其中，89户软件企业通过年审。

三、认真开展计算机信息系统集成资质的申报评测、年度监督检查和换证工作

（一）2009年协助云南省信息主管单位开展了计算机信息系统集成资质单位的年度监督检查，09年共有58家计算机信息系统资质单位参加年度监督检查，其中，57家顺利通过了年度检查；09年有7家资质单位需进行资质换证申报云南省计算机系统集成单位74家（一级资质单位1家、二级资质单位11家、三级资质单位19家、四级质单位43家），全部顺利通过了年审自查。

（二）新认定计算机信息系统集成资质单位11家（三级资质4家、四级资质7家），并已全部通过了测评，并已向云南省信息主管单位进行推荐申报，截止到今年底云南省共有计算机系统集成单位74家（一级资质单位1家、二级资质单位11家、三级资质单位19家、四级质单位43家），进一步增强了云南省的IT产业实力，得到了政府和企业的一致好评。

（三）认真开展计算机信息系统集成资质的年度监督检查和换证工作。随着云南省计算机信息系统单位的不断增加，每年年审工作量越来越大，09年共有58家计算机信息系统资质单位参加年度监督检查，其中57家顺利通过了年度检查，09年有7家资质单位需进行资质换证申报，并已全部通过了测评。今年计算机信息系统集成资质单位年审和换证工作集中在一个年度，协会在人员少、时间紧的情况下，集中精力、加班加点，在信产部资质认证办规定时间内，按质按量地完成了计算机信息系统集成单位的年审级换证工作。

四、加强协会自身建设

协会在会员和理事会的共同努力下，在业务主管单位的领导和支持下，在实践中锻炼，在探索中前进。遵循“服务会员、服务社会”的宗旨，以促进产业发展为目标，不断提高工作能力、生存能力和发展能力，使协会成为政府依靠的机构、成为云南省软件产业的一个基本和重要的工作机构。2009年根据《中共中央关于在全党开展深入学习实践科学发展观活动的意见》和中央、省委、省工信委关于开展新社会组织深入学习实践科学发展观活动的一系列指示精神，结合云南省软件行业协会学习实践科学发展观分析检查报告讨论意见制定整改方案及总结。在深入学习实践科学发展观中结合协会的工作特点在改进服务态度，规范工作行为，加强自身建设，提高办事效率，遵守国家法律、法规、接受公众监督。积极宣传贯彻政府部门的有关政策法规，向有关政府主管部门反映行业和会员的愿望和要求、对本行业发展的技术经济政策、法规的制定进行研讨以及提出建议。改进协会工作作风，提供优质服务。对企业办事人员做到热情接待，文明用语，耐心解答，认真办理；加快协会网站信息更新等。

协会的会员单位以软件企业为主，基本上覆盖了软件开发、生产、销售、系统集成、服务众多业务门类。今后，我会将在推动软件产业发展，为软件企业提供服务的过程中，一方面发挥政府与企业间桥梁作用，同时积极做好政府部门的参谋和助手，协助政府开展服务，用自己的实际行动支持政府的体制改革和职能转换，努力把协会建设成能承担社会职能的行业组织，配合和协助政府部门做好工作，以更好的服务和实力吸引我市的软件企业加入我们的组织，营造更为广泛的合作和交流平台。

云南省物流协会

2009年，云南省物流协会在云南省工业和信息化委员会的领导下，在有关领导及业务部门的指导、帮助和支持下，在广大会员单位的积极配合支持下，秉承切实为政府、行业、企业服务的宗旨，紧密结合全省物流行业深化改革、整合资源、抓住机遇、科学发展的指导思想，积极贯彻协会二届一次理事会会议精神，认真履行工作职责，坚持开门办会，深入开展调查研究，主动配合政府有关部门积极开展工作，取得了一些成绩。一年来，协会队伍不断扩大，社会影响力得到了进一步提升。

一、将协会机构名称变更为“云南省物流协会”

协会从2004年3月22日成立以来，一直沿用“云南现代物流协会”之名。随着社会的向前发展，尤其是物流业的快速发展，国家将物流业列为十大振兴规划之中。随着《国务院关于印发物流业调整和振兴规划的通知》（国发〔2009〕8号）下发，为认真贯彻落实好国家、省物流规划和发展政策、法律及法规精神；促进物流行业规范化管理，规范物流协会名称，更好地提升物流企业形象；充分发挥好省物流协会的职能作用及政府部门与物流企业间的桥梁和纽带作用，提高为物流企业服务水平与服务质量；促进物流企业国内和国外业务顺利开展；经请示、协调和申报，于2009年经云南省工业和信息化委员会批准将“云南现代物流协会”更名为“云南省物流协会”，并由省民政厅批准登记完毕，相继完成了组织机构代码证、税务登记证等名称变更手续。

二、热诚为会员服务

（一）密切与会员单位之间的联系。2009年，协会工作人员采取走访、电话、电子邮件等形式，加强与企业之间的联系，与企业领导及有关部门领导进行交流、沟通，听取了企业提出的宝贵建议，了解和掌握企业人才、业务培训等方面的需求，针对性地开展了一些服务工作。

（二）对部分物流市场开展了摸底调查工作，收集了相关资料。为协会更好地服务于主管部门及会员单位提供了依据。

（三）网站的更新、建设与管理工作。

1. 协会丰富网站内容，增强网站功能，拓展服务领域，对原网站进行了彻底的更新。新的网站中文名为：云南物流网；打破了旧网站内容少，功能不全等格局。

2. 加强了对网站的维护管理，确保网站能正常开通和使用，为政府及企业提供了一个物流信息电子窗口，大大提高了高捷快速的信息传递和工作效率，云南物流网不失为一个方便的物流信息通道。

3. 为了向企业提供最新的物流政策、物流基础设施建设、物流行业信息、促进物流发展的举措信息，协会尽可能做到天天有新信息，无论是政策方面，还是行业资讯或物流市场供求信息，为企业的经营发展规划提供了有力的参考依据，也为促进企业的经营和发展尽了微薄之力。

4. 网站还设置了“物流前沿”、“行业物流”、“经典案例”栏目，便于学习掌握行业发展及动态，学习业务知识，提升理论水平。网站新增了“人才频道”、“企业招聘”栏目。企业可以自己注册，自设密码，在网站发布企业、人才招聘信息，修改企业变更信息。除开展有关招聘工作外，还可增强企业的知名度，促进物流企业经济发展。网站底端设有滚动栏目，是宣传企业、与企业网站相连接的极好栏目。此外，“培训认证”、“会展信息”、“数据超市”、“物流聚焦”、“供求信息”、“在线咨询”、“招商合作”、“学术研讨”、“物流工具”等栏目，均能为企业提供无限的商机。用好“云南物流网”，对企业的经营与发展，对个人业务与理论水平的提高，都将会有极大的帮助。

（四）问卷调查工作。为了解企业情况及其需求，协会开展了有关的工作征询及意见反馈活动。2009年编制了多份不同内容、不同形式的问卷调查表，了解企业最新的实际状况。同时还编制了“校企对接活动意见征询表”，分别向企业和学校征询意见，做好校企对接工作。

这些活动，为开展服务工作奠定了基础，有效地促进下一步的工作及活动的开展。

（五）学习培训工作。为促进从业人员学习专业知识，提高物流理论知识水平；强化企业管理，提高管理水平；协会组织开展了三期物流理论知识专题讲座。

1. 为开拓从业人员视野，引导年轻从业人员及新职员从基础知识学起，奠定好学习基础，于5月9日在云南省交通职业技术学院开展“现代物流专业知识详解”专题讲座。云南省劳动和社会保障厅、云南省工业和信息化委员会等部门领导莅临讲座会场。各物流企业报名听讲人员79名。讲座由云南省交通职业技术学院交通运输管理系黄主任主讲。新颖、幽默风趣的讲解，深得听讲人员的赞赏，令与会人员受益匪浅。

2. 为促进企业拓展营销思路，筹划营销方案，深化营销谋略，开拓营销领域，增加营销方式与渠道，于6月6日在昆明学院人民西路校区组织开展了“现代物流市场营销方式”专题讲座。讲座由昆明学院物流专业老师胡老师主讲。各物流企业报名听讲人员77名。

3. 第三期讲座于2009年7月18日上午在昆明理工大学白龙校区交通工程学院举办，为“物流系统工程和规划设计”专题讲座。聘请了理工大学交通工程管理系杨主任讲解。报名听讲人员74名，有44名各大物流企业的中高层领导前往听讲。

三次讲座中，昆明中远物流有限公司、中铁快运股份有限公司、云南邮政物流服务有限公司、云南空港物流有限公司等都积极组织参加学习，并提出了自己的观点。

（六）组织物流企业中高层领导参加“走出去战略专题讲座”和“制造业与物流业联动发展大会”。帮助企业领导了解国内国际市场，拓展企业家发展思路，制定营销规划和战略决策。

1. 2009年9月18日，组织物流企业领导到金龙饭店吟龙阁听取中国商务广告协会副会长、中国广告学术委员会常务委员、中国最具影响力的策划人、“中国式营销”推动者张晓岚主讲的“国际市场与中国式营销”专题讲座。讲座为帮助企业提高在国内、国际市场营销和运营风险管理的能力，促进企业营销额的有效增长而举办。在云南省物流协会报名听讲的有23人，包括云南省邮政物流服务有限公司、云南空港物流有限公司等物流企业人员。

2. 2009年9月25日，组织听取中国第一本出口风险管理专著的作者、商务部外贸发展局“全国进出口企业经理集训班”主讲专家冯斌先生的“中国出口企业运营风险管理”专题讲座。听大师讲座，受到新颖理念的启迪，对物流企业制定营销规划和战略决策，将有极大的裨益，有助于促进企业的营销。

3. 2009年10月29日，在云安会都贵宾楼召开了第二届全国制造业与物流业联动发展大会。为促进企业间的交流与协作，了解两业联动工作情况、政策与措施，学习其经验与做法，协会组织了相关企业人员参加了该会。

三、外联工作

（一）2009年6月5日，第四届中国——南亚商务论坛在昆明佳华广场酒店举行。云南现代物流协会曹荣新会长应邀参加了本论坛会议。400余名国际贸易机构、南亚联盟工商会、南亚国家驻华使节、国内外有关企业及研究南亚问题的专家学者共同对“金融危机下的中国——南亚经贸合作”展开了讨论。

会议中，举行了“中国——南亚商务论坛秘书处”、“中国南亚商务秘书处”揭牌仪式，并确定了昆明作为两秘书处固定的办公地点。

（二）参加广西贵港市（昆明）港口推介会。为加深与工信委、市政府、云南省商务厅、云南省交通运输厅、昆明海关、昆明铁路局等部门间的关系，加强与昆钢集团、煤化集团等大型企业间的联系，促进与广西壮族自治区经济委员会、贵港市政府之间的合作，协会领导于2009年8月26日，到泰丽国际酒店参加了广西贵港市（昆明）港口推介会。

（三）2009年9月9日至13日，由泰国国家商业部出口促进厅主办的2009年泰国国际物流展览会在泰国曼谷国际会展中心（BITEC）举办，有来自泰国及东南亚国家的180多个公司参展。因展出内容包括国际运输服务、货运代理、仓储设备、仓促服务、国际快递、物流信息自动识别管理系统、包装设备、金融和保险服务等，所以，协会及时将信息传递给各单位。同时，与泰王国驻昆明总领事馆商务处联系，协调有关事务。

（四）2009年11月中下旬，协会会长、常务副秘书长，先后应邀到泰国清莱省参加泰北与云南的国际物流会议；随后又随同由市委书记仇和率领的昆明市经贸考察团出访东盟泰国，并参加泰国曼谷的招商会。

（五）对外联系交流工作。与广东省物流行业协会、贵阳市物流行业协会、成都市物流协会、重庆市物流协会等多个物流协会均有密切的合作与联系，共同交流区域及国内物流发展事态等。协会长期以来与东南亚、南亚联盟国的商会、协会建立起友好的关系，对东盟贸易、物流的发展进行交流和深入研究；协会会长还担任泰国北部十省总商会总顾问，对云南与泰国的物流和贸易发展提出一些建设性意见和建议。

协会多家会员单位都与东南亚多个国家建立起国际物流和贸易业务，并取得了可喜的成绩。通过协会的推荐和桥梁作用，云南省相继有更多的物流企业与东盟国家的企业建立合作关系，为云南省的经济发展作出更大贡献。

四、做好政府部门与企业间桥梁和纽带工作

（一）为促进企业发展，力争为企业创造良好的条件，根据国家发展和改革委员会经济运行调节局《关于进一步做好物流企业营业税差额纳税试点推荐工作的通知》精神，协会协助云南省工业与信息化委员会做了申报推荐工作。根据文件的相关要求和规定，完成了报送昆明中远物流有限公司、云南永绅物流有限公司的推荐报送工作。

（二）根据云发改收费〔2009〕1409号《云南省发展和改革委员会关于清理规范行业协会、中介组织服务收费的通知》精神，完成了云南省工业和信息化委员会安排部署的行业协会、中介组织服务收费的清理整顿、总结工作。

（三）根据云南省工业和信息化委员会的安排部署，协会按时完成了云南省第三批深入学习实践科学发展观活动的相关学习活动内容和工作任务。

（四）为更好地贯彻执行国务院《物流业调整和振兴规划》精神，促进昆明物流业的发展，促进昆明经济发展，协会积极配合昆明市商务局做好昆明市申报“全国流通领域现代物流示范城市”和物流示范企业的创建、申报和推荐工作；申报推荐的物流企业有：昆明市凉亭粮食批发交易市场、云南省东辉国际货代物流有限公司、云南省新铁物流有限公司、中铁快运股份有限公司昆明分公司、昆明中远物流有限公司、云南邮政物流服务有限公司。

云南省香料行业协会

2009年，省香料行业协会在省工信委、省民政厅等部门的领导和指导下，竭力围绕协会章程确定的宗旨，通过全体会员单位及工作人员的共同努力，协会在服务政府、行业和企业方面开展了一些力所能及的工作。

（一）参加省政府2009年1月14日在昆明召开的云南省工业行业协会座谈会。香料行业协会对当前如何应对金融危机作了书面汇报，提出企业应对危机的思路。

（二）组织召开香料协会二届二次会员代表大会。

会议听取和审议了香料行业协会2008年工作报告，组织企业进行交流，促进企业共同发展。协会会员代表及相关单位40余人出席会议，省民政厅民间组织管理局、省轻纺工业行业协会、省生物创新办、省质量技术监督局、省出入境检验检疫局等部门的领导出席了会议并就协会工作及行业政策等方面的问题发表了讲话。

（三）配合省工信委轻工处办理省政协的两个题案。

香料协会对《发展香料产业将云南建成为“东方格拉斯”》（474提案）及《关于加大产业结构调整力度，扶持云南香料产业成为新型工业化着力点》（404提案）提供了咨询服务，建议云南要发展天然香料须加强基地建设，各级政府应对香料产业进行统一规划并给予相应的政策扶持。

（四）对中国香料香精化妆品工业协会提出的“关于香料香精展会问题”提出意见及建议。

（五）推荐相关企业参与云南省工业经济联合会的投稿编撰工作。

为庆祝建国60周年，纪念改革开放30周年，总结和展示云南推进新型工业化成果，以及经济社会发展取得的辉煌成就，协会推荐7家企业参与云南省工业经济联合会的投稿编撰工作。

（六）根据省政府云政办发〔2004〕57号文件要求，协会参与云南省轻纺工业行业协会《云南省志·轻纺工业志》香料行业部分的编撰工作。

（七）协会对笙盟农业公司发展天然香料、鸢尾、迷迭香的种植发展给予了指导、咨询服务。对企业销售香料油时，运输途中发生泄漏事故，协会出据油料价格证明，尽力维护企业的合法利益。

（八）做好信息咨询工作。在中国香化协会的指导下，协会配合省质监局，继续为云南省香料企业生产许可证的发放，做好咨询工作。

（九）搞好行业交流。协会及时转发了由中国香化协会与上海应用技术学院共同承办的《第七届中国高级香料香精专业应用技术培训班的通知》，以帮助企业了解国内外香料香精行业近期发展状况及天然香料的市场趋势，掌握烟用香精新技术的开发和应用以及天然香料和合成香料技术的开发和应用。

（十）积极发展会员不断壮大协会力量，今年经协会二届五次理事会研究同意发展大理发标香料厂为会员单位。

（十一）认真办好协会刊物，及时提供信息支持，引导。2009年编印《云南香料香精》信息4期。

（十二）坚持做好协会日常工作。认真答复会员单位咨询事项，保证协会工作正常运转，认真履行协会的职责，发挥桥梁纽带作用，按照省民政厅、省质监局的要求，及时办理了各种证照的年检、登记等工作。

云南省塑料行业协会

2009年，世界经济经受到了严峻的挑战，我国政府为了应对危机出台一揽子促经济、保民生计划，并根据形势变化不断丰富、完善，中国经济运行出现积极变化，有利条件和积极因素增多，走入企稳回升的关键时期。云南省塑料行业协会在省民政厅、省工信委的正确领导和各会员单位的大力支持下，认真贯彻落实科学发展观，加强协会自身建设，完善管理制度，积极寻求多方合作，发挥协会职能作用，树立良好的行业形象，为云南省塑料企业和有关单位搭建快捷的信息交流平台，更好地为会员单位、政府、行业服务。

一、开展深入学习实践科学发展观活动

云南省塑料行业协会在省民政厅的统一部署和省工信委组织科学发展观学习实践活动办公室的指导下，按照《新社会组织开展深入学习实践科学发展观整改阶段工作意见》的要求，参加省工信委组织的学习实践科学发展观活动动员会议及民主生活会议，协会把学习教育贯穿学习实践活动始终，组织深入学习党的十七届三中全会精神，学习毛泽东同志的《实践论》和胡锦涛等同志在《纪念党的十一届三中全会召开30周年大会上的讲话》等一系列重要讲话精神和省委有关部署精神，专门安排时间，采取个人学、集中学、辅导学、交流学等多种方式，圆满地完成学习调研阶段、分析检查阶段、整改落实阶段的各项工作。

二、开展云南省聚乙烯微膜示范企业标准的复审工作和支持农膜企业办理微膜企业标准备案

协会经过向省质监局汇报并广泛征求意见后于2009年元月12日召开了云南省聚乙烯微膜示范企业标准技术审查会，大家普遍认为，协会在2005年制订的云南省聚乙烯微膜示范企业标准经过多年实践考验，是个好标准，主要指标也是科学、合理的，不必修改。技术审查会决定：除了封面按照省质监局标准化处的要求修改外，其余部分不作改变。接着协会以2009年1号文件通知农膜企业开展微膜企业标准复审、备案工作，各农膜企业积极响应，有90%以上的企业到当地质监部门完成备案工作。

三、组团参加2009年国际橡塑展

5月18~21日，由雅式展览服务有限公司主办的“第二十三届中国国际塑料橡胶工业展览会”在广州召开，云南省塑料行业协会第一次组团参加，有12个企业34位代表前往参观，普尔顿管业公司还租用摊位让云南产品第一次在国际橡塑展亮相，这两个第一次为云南产品走向全国，走向世界开了个头。云南省参会企业在展会期间收集了大量实用的技术资料，观看了新设备、新产品、新技术、新材料的展示，有的企业还与设备、原料、助剂供应商达成意向。通过参加此次展会，大家看到了云南省塑料行业与沿海地区的差异。企业负责人纷纷表示收获很大，不仅目睹了当今塑料行业的新设备、新产品、新技术、新材料，而且也找到了企业存在的差距，对今后如何提高生产力、调整产品结构和技术改造有重要的参考价值。

四、继续开展微膜产品行业自律，促进农膜产品质量稳定、提高

这方面工作从2008年11月已着手开展，第一阶段自查自纠，第二阶段协会抽样检验，随机抽取的十一个农膜产品全部合格。3月9日和3月26日协会两次以《农膜简报》形式将农膜行业自律情况和抽样检验名单、送样检验名单向社会公布，同时发布在《云南塑料》和《云南工业》两个网站上，并向省、州、市、县的各有关部门、公司寄送了356份《农膜简报》。针对市场上假冒伪劣产品的动态，协会又以《农膜简报》形式发布了《警惕当前农膜市场的不良行为》，引导消费者正确选购农膜。

五、召开第二届一次会员大会暨第二届四次理事会

2009年9月24日上午，云南省塑料行业协会第二届一次会员大会暨第二届四次理事会在昆明金山生态园举行。会议按预定议程进行，协会秘书长靳树伟主持会议。省民政厅张瑞林处长，省中低产田地改造综合协调领导小组朱毅科长和谭仲夏老师到会指导工作。会议首先由詹家驹理事长作“珍惜机遇，调整结构，提高素质”的讲话，分析了云南省塑料行业的现状、市场问题、市场特点和党中央、国务院、省委、省政府一系列保增长、保民生、保稳定的政策，特别是促进农业稳定发展、农民持续增收的政策，及全省中低产田地改造及农村饮用水安全工程做好配套服务的要求，并简要报告了2008年度协会完成的工作和2010年工作初步的打算。在靳树伟秘书长的主持下大会通过了2008年理事会工作报告和2008年协会财务报告；增补了昆明瑜隆工贸有限公司等13家企业为理事单位，除名昆明自发塑料有限公司等6家理事单位。接着由詹家驹理事长主持理事会，进入审查和表决程序，经审查全体通过确认了下列文件和议案，理事会审议通过的文件和议案分别有：（1）协会秘书处增补云南普尔顿企业集团有限公司等26家企业为会员单位，除名昆明自发塑料有限公司等6家会员单位的备案名单；（2）增补澄江恺达塑胶有限公司等9家公司为常务理事单位，除名昆明自发塑料有限公司等6家公司常务理事单位；（3）增补云南普尔顿企业集团有限公司等7家企业为副理事长单位；（4）增补云南普尔顿企业集团有限公司等6家企业为塑料管道专委会副主任委员，除名昆明自发塑料有限公司塑料包装专委会副主任委。

六、推荐全省中低产田地改造及农村饮用水安全工程使用塑料管材企业及产品名单

为认真贯彻省委、省政府关于为全省中低产田地改造及农村饮用水安全工程做好配套服务的要求，加强塑料行业在生产、经营中的质量、安全和诚信管理，保障消费者合法权益，维护市场秩序。云南省塑料行业协会在省工信委的指导下，经过三次广泛讨论和征求意见，确定了《推荐中低产田地改造用塑料管活动办法（试行稿）》，协会于4月23日正式下发通知执行。第一批有21家塑料管生产企业、45个塑料管产品申报云南省塑料行业协会推荐全省中低产田地改造及农村饮用水安全工程使用塑料管。协会按公平、公开、公正的原则对自愿申请参与行业自律活动的企业和产品经初审、公示、现场核查、专家评审等程序，于2009年8月19日确定了具有配套服务能力的12家企业及具备一定生产质量管理条件的21个产品作为第一批推荐名单向全省公布；第二批申报的企业有16家，17个产品，经初审、公示、现场核查、专家评审等程序，于2009年12月28日确定了具有配套能力的14家企业及具备一定生产质量管理条件的15个产品，作为第二批推荐名单向全省公布。两次推荐共印发了600多份文件资料寄送省、州、市、县各有关部门、公司，并在《云南塑料》、《云南工业》两个网站上进行长期展示，还分别于2009年9月23日、2010年1月14日在省主流媒体《云南日报》上登载。这个工作得到了省政府中低产田地改造协调领导工作小组和省农业厅、省烟草公司的肯定和支持。

七、推动科技进步，促进节能降耗

协会市场技术部经过将近一年的工作，通过与鲁谷（北京）科技有限公司的接洽和对该公司开发生产的LG系列电加热节能产品进行研究，判断该公司节能产品可以使用。4月17日，在昆明春叶塑料制成品有限公司总经理林辉忠的支持下，用7号吹膜机和8号吹膜机进行了节电改造。改造结果良好，节电明显（升温节电率54%~57%，生产过程耗电每吨农膜节电47~50度，加热部分节电率72%~82%），工作环境改善，口膜温度均匀，农膜厚度控制精度从15%提高到10%，为全省塑料企业节能降耗树立了学习的榜样。

八、完成了协会四个专委会正式登记备案工作

2001年云南省塑料行业协会成立时就同时登记成立了四个专委会，近年随着政策法规的要求逐渐提高，需要每一个都单独申报和办理登记备案工作，协会按新的要求完成了这项工作，于7月2日获准登记，四个专委会成为有法律地位的专委会。

九、推荐中国塑协专家委员会专家

这项工作2009年2月23日以云塑协（2009）35号文件发出通知，经过认真细致的工作，我们根据中国塑协推荐专家资质要求，向中国塑协推荐了靳树伟、周听昌为企业管理专家，詹家驹为行业管理专家，经审查中国塑协已正式确认和聘请上述三人为中国塑协专家。

十、推荐中国塑料行业“先进单位”和“先进个人”

根据中国塑协〔2009〕第036号文件精神，经过认真细致的工作，按照文件评选条件要求，玉溪旭日塑料有限责任公司等八个单位获得中国塑料行业“先进单位”荣誉；靳树伟等7位同志获得中国塑料行业“先进个人”荣誉。

十一、做好宣传和信息交流工作

（一）以每月定期的《云南塑料信息》开展行业信息交流；为会员单位牵线搭桥，介绍了十八条经贸合作信息。

（二）加大《云南塑料》网的宣传力度

为了提高协会的知名度和管理效率，整合行业信息和资源，搭建云南塑料行业信息交流平台，协会免费为有网站的会员单位在《云南塑料》网上进行友情链接，发布信息，受到了广大会员单位的好评。

（三）多次以“简报”、“农膜简报”形式向各级政府部门、会员单位、社会公众通报重大问题。

十二、组织塑料行业企业厂长、经理参加有价值的培训活动

在省级协作单位的支持下，协会两次组织企业领导以免费名额参加高层次宏观论坛和中国—东盟自由贸易区知识讲座。通过学习，使参加培训的企业经理、厂长增长了知识，大家普遍反映较好。

云南省耐磨耐蚀耐热材料协会

云南省耐磨耐蚀耐热材料协会（简称“三耐”材料协会），在省工信委和省民政厅指导和帮助下，全体会员单位共同努力，本着“为企业服务，为政府服务，为社会服务”的根本宗旨，开拓进取，积极开展工作及活动。

一、科学定位，明确方向，找准目标

通过学习实践科学发展观，用科学发展观作指导，总结协会20年来正、反两方面的经验，结合新形势的要求，实现了科学定位，明确了方向，找准了目标，增强了信心。

省“三耐”材料协会的定位是：1. 高新及先进“三耐”材料技术型的专业性协会；2.“科研、生产、使用”单位联合组建的综合性协会；3.“三耐”产品生产企业和“三耐”技术服务企业组成的行业性协会。因此它是一个集材料科技专业性“产学研用”综合性和“三耐”材料产业行业性为一体的复合型协会。与此密切相关的是“三耐”材料产业科学定位，“三耐”材料产业发展趋势，未来应定位于“大三耐材料产业”，所谓“大三耐材料产业”：一是强调其涵盖的产业内容更广泛，拓展到“表面复合技术、摩擦学技术、腐蚀科学与工程技术”等工业共性技术的广阔领域。二是强调其产业结构的优化升级，它不仅包括传统的三耐材料产业，还包括现代三耐材料产业。发展低成本、高性能的三耐材料产品和“三耐技术”是“大三耐材料产业”的可持续发展路线，也是我们的主攻方向。“大三耐材料产业”的基本功能是为云南省10大重点产业和相关产业服务，为出口创汇服务，主要提供市场需求的产品和技术等一系列生产性服务，应定位于制造与服务的交叉、融合的位置上。特别是在当今“三耐产品”产能过剩情况下，就不能只满足提供产品，还要延伸价值链，不仅要卖产品，还要卖服务。要实现“从产品导向到服务导向的转变”，以制造和服务的融合、互动，大力发展“服务型的大三耐材料产品制造业”，其中也包括发展“高端知识服务企业”。

二、“三耐”产品市场调查与“三耐”产品制造业调查

根据2008~2009年调查的不完全统计，云南省年消耗“耐磨、耐蚀、耐热”产品在43万吨以上。其中，耐热、耐蚀产品约6.5万吨左右。总价值约35亿元左右。市场需求的约60%产品是由省外供货。云南省“三耐”材料制造业经过25年来的发展，已初具规模，也有高水平技术和高质量产品，为经济和社会发展作出了贡献。据近期调查不完全统计，云南“三耐”产品制造企业计有180个左右，其中，规模性企业约占15%左右，“小、散、弱”的局面仍未得到根本转变，总体水平不高，自主创新能力低。“大三耐材料”制造企业中，99%是民营企业、中小企业，其自主创新能力和水平低于全国水平，表现在一是创新意识薄弱，无意创新；二是无力创新，绝大多数企业人才、技术、资金条件普遍不足；三是难以创新，多数企业融资难，税负重，国家支持较少；四是不敢创新，绝大多数企业认为知识产权保护不力，市场风险大。由此造成创新成果太少、太微，科技对产业发展的贡献率很低。然而严酷的现实又警示我们：企业自主创新才是我们的出路，要以自主创新推动“大三耐材料”产业实现跨越式发展，把增强自主创新能力作为调整产业结构和产品结构转变经济增长方式的中心环节，把坚持自主创新作为建设资源节约型和环境友好型企业的先导和基础。建议政府部门要加大对民营企业自主创新的支持力度，努力营造鼓励民营企业创新的有利环境，引导云南“大三耐材料”产业的广大民营企业做精做强做大，更好更多更有效地为10大重点产业和相关产业服务，本质上就是为众多产业的“节能、降耗、减排”作出实质性贡献。

三、新材料新产品开发

为适应化工、建材、电力、冶金等行业对新型耐蚀材料和新型耐高温材料的需求。2009年，我们和云天化国际化工富瑞公司合作，共同发展新型特种不锈钢，并签订“SMCR新型不锈钢系列产品开发”科技合作协议。预计开发成功后，SMCR新型耐蚀钢将在磷化工、盐化工、氯碱工业中有不少应用。SMCR新型耐热钢将在高温回转窑三个系统中有较广应用，在电力、冶金中也会有较好应用。本项目将于2010年完成。

四、开展“耐磨、耐蚀、耐热”产品生产资质认定

根据企业要求，决定开展“耐磨、耐蚀、耐热”产品生产资质认定，并制订“耐磨、耐蚀、耐热”产品资质证实施纲要（试行），已发至各会员单位和相关单位，广泛征求意见，修改完善，拟在2010年逐步试行。

五、制订、修订“行规行约”和“协会服务办法”

总结过去经验并根据新形势的要求，出台“云南省耐磨耐蚀耐热材料行业规约”以及“云南省省耐磨耐蚀耐热材料协会服务办法”，现已发至各会员单位及相关单位广泛征求意见，以便修订完善，使其更合理、更有效、更具可操作性。

六、协助云南建工集团混凝土公司开发新型添加剂

并联系玉溪澎达公司进行合作，充分利用玉钢和惠钢的废水砂，合资开办一个企业，促进会员单位间的合作。

七、建设“试验生产基地”

总结协会20年的经验，其活动经费主要依靠有关“试验生产基地”的支持，每年会费只是杯水车薪。由于原有“基地”搬迁等原因而终止，造成2008年、2009年经费困难，为此，我们和有关企业合作，共建一个“新型三耐材料试验生产基地”，项目进展顺利，可望于2010年3月投入运行。

云南磷化集团有限公司

云南磷化集团有限公司是云天化集团有限责任公司的全资子公司，中国目前最大的现代化露天磷矿采选、大型磷化工企业，“中国化工行业技术创新示范企业”，“国家金属非金属矿山安全标准化一级企业”，云南省清洁生产合格单位。注册商标“倚阳”牌为云南省著名商标。

45年的建设发展，特别是改制9年来，云南磷化集团以科学发展观为统领，坚持“企业效益、社会效益、资源效益和环境效益”并举、诚信务实、创新发展的经营发展理念，被国土资源部授予“全国矿产资源合理开发利用先进矿山企业”，成为云南省“矿业开发与环境保护”典范。

采矿生产与复垦植被

现在的云南磷化集团，集地质勘查、矿山设计、磷矿采选、磷化工、技术研发、生产经营及多种经营、多元化发展为一体，拥有较雄厚的磷矿资源实力，建设有昆阳磷矿、海口磷矿、晋宁磷矿、尖山磷矿四座大型露天矿山，5套磷矿擦洗装置。拥有荣获国家科技进步一等奖的采矿技术和国际一流的现代化采掘运输装备，磷矿开采主要技术经济指标位居国内行业先进水平。形成了年采剥总量超过3000万立方米，磷矿开采820万吨，擦洗选矿加工828万吨；建设有海口、安宁、晋宁3套磷矿浮选装置，浮选生产能力850万吨，选矿试剂生产能力10万吨；黄磷生产能力1万吨，具有大型土石方专业和民航机场场道专业一级资质，以及优良的工程施工业绩；80万吨硫酸、30万吨磷酸、50万吨饲料级磷酸氢钙产品的大型磷化工项目，将于2011年建成投产。

公司下属海口磷矿200万/年浮选厂全景

云南国资水泥

云南国资水泥东骏有限公司位于云南省昆明市官渡区大板桥镇康朗村，现有员工490余人，是云南瑞安建材投资有限公司全资控股子公司。公司拥有云南省首条新型干法日产4000吨熟料水泥生产线，是工艺技术先进、环保节能型新型水泥生产企业，年产熟料124万吨，年产高标号水泥148万吨。公司主要生产P.O52.5、P.O42.5、P.S42.5、P.S32.5等各种等级水泥产品以及通用硅酸盐水泥，产品注册商标为“石林牌”水泥。

公司始终秉承以创造最大的社会、经济、环境综合效益为已任，以市场为主导，以人才为纽带，以资本为后盾，以科技为力量，以品牌为龙头，以服务为保障的经营理念，为社会经济发展做出努力。自2006年建成投产以来，产品“石林牌”水泥逐渐获得广大用户的认可和青睐，成为云南省内重点建设工程、基础设施建设项目首选产品。2007年被中国质量协会、北京质量信用评估中心授予“中国21315质量信用等级证”；2007年9月荣获2006-2007年度“质量信誉A级荣誉”。公司一贯本着对社会高度负责的态度，不断完善内部管理体制，优化生产工艺，坚持以“让石林牌水泥成为用户的最佳选择，把质量的改进变成职工的不懈追求”的质量方针，运营好“全国先进，云南第一”的生态环保的新型窑外分解示范生产线，不断向建成为“绿色、环保、质量”新型水泥企业目标奋进，实现经济效益、环境效益和社会效益的和谐发展，为云南经济和社会建设做出积极的贡献。

东骏公司水泥商标

东骏有限公司

总经理：张福寿

公司地址：昆明市官渡区大板桥镇康朗村

邮编：650211

电话：（0871）-7396503（传真）

经营部电话：（0871）-7395276

传真：（0871）-7395276

公司网址:http://www.yndjcement.cn

厂区一角

云南省建筑材料产品质量监督检验站

云南省建筑材料产品质量监督检验站（以下简称建材站）是依据计量法、标准化法等法律法规，于1992年7月1日由云南省机构编制委员会第38号文批准独立建站，为国家全额拨款的事业单位，现有编制22名，具有独立的事业法人资格，是全省唯一的法定的省级建材产品专业质检机构。

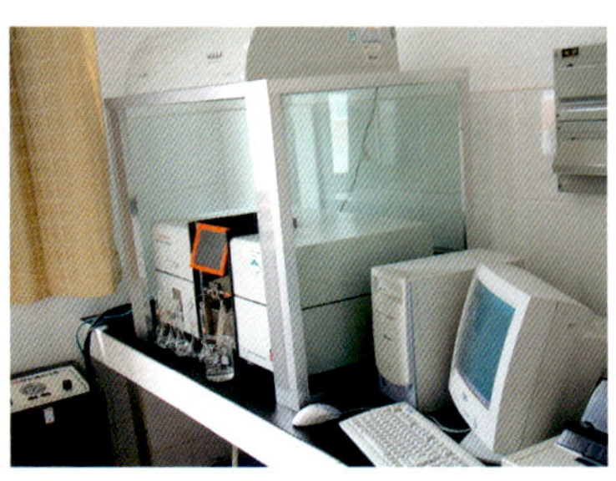

精密仪器

建材站依据《计量法》、《标准化法》、《产品质量法》及ISO/IEC17025:1999《检测和校准实验室能力的通用要求》等法律法规及标准对实验室的要求开展工作。于1988年7月1日获得《计量认证合格证书》（R0102），于1996年8月20日获得《中华人民共和国产品质量监督检验站授权证书》（滇04号），于2002年5月29日获得中国合格评定国家认可委员会实验室认可（No.L1492）。

建材站自建站以来，一直从事建材产品检验工作。检验的类别涉及委托检验、仲裁检验、监督检验、鉴定检验等。检验的产品主要有水泥、水泥制品、墙体材料、防水卷材、建筑陶瓷、建筑涂料、隔热材料、耐火材料、非金属矿等九大类两百余种产品的检验。

办公大楼

建材站现有高级工程师职称5人，工程师职称8人，助理工程师职称3人，占全站人数72%，另外高级技师2人。

建材站自划归云南省质量技术监督局领导后，自身建设取得了长足发展。从2003年底以来，建材站新开展了防水卷材、墙体屋面装饰材料、耐火材料等类别中的检测项目近100余项，新增加检测设备60多套，其中包括添置材料老化仪（填补云南省老化试验空白）、水泥颗粒级配分析仪、耐火材料实验检测仪器等具有国内先进水平的实验装备，固定资产总额达到1018.84万元，较2003年固定资产279万元，增加了265%。

建材站在参与国家水泥质检中心举办的全国水泥品质指标检验大对比活动中，已连续四次（每两年一次）取得了“全优”的成绩。在粉煤灰、石材放射性分析、防水卷材、煤炭常规分析等能力验证活动中，均获得“满意结果”（在三个层次的评价标准中依次为“满意结果”、“可疑结果”、“不满意结果”，“满意结果”为最高层次评价结果）。

以人为本●和谐共生

创业、激情、创新是公司高速发展的关键

昆明阳光基业股份有限公司

INTRODUCTION ON THE COMPANY

昆明阳光基业股份有限公司成立于1993年，注册资本5000万元，总资产5.71亿元，是云南省最早、最大从事工业节能、工业自动化、软件研发的知名企业，享有良好的社会声誉，得到了业界广泛的认同。公司下属四家全资子公司，一家控股公司。

公司致力于“用先进的数字技术和节能技术发展循环经济”，以“成为中国新型工业化进程中最具价值的能效服务商，做优秀的企业公民”为愿景。秉承这一思想，立足于国际化、全国化、专业化的发展路线，确立了“以工业节能为主线，以核心设备制造为承载，以软件和自动化技术为技术支撑，发展相关多元化业务体系”的业务战略。公司创建了云南省首家节能研究设计院，投资3000万元与清华大学合作成立了“清华—阳光工业节能减排研发中心”。公司是国家认定高新技术企业，是省、市两级企业技术中心，公司“SUNWISE”商标获得中国著名品牌称号和云南省著名商标称号，在申请工业余热利用专项技术专利23项，已正式获批4项，获得软件著作权登记24项。公司被中国节能产业协会（EMCA）评选为“2007年中国节能服务产业最具成长性的企业”、“2008年中国节能服务产业明星企业”、“2009年中国节能服务产业20强企业”。

电话：0871－5817861
传真：0871－5817860
网址：www.kmsunwise.com

景谷林化有限公司

公司产品

公司产品

厂区一角

景谷林化有限公司于2007年在云南省景谷县注册成立，是一家从事松脂资源培育、松脂收购、脂松香、脂松节油和松香改性树脂等深加工业务的专业公司。公司以当地丰富的思茅松资源为基础，以市场为导向，运用国内外先进的生产技术和生产工艺，走“资源消耗少、科技含量高、经济效益好、环境污染小”新型工业化发展之路。项目总投资11488万元，分两期建设，2009年末已完成固定资产投资6500多万元，其中：第一期项目投资4500万元于2008年5月建成投产，生产规模为：脂松香30000吨、松香改性树酯10000吨、松节油6000吨；第二期项目建设正在稳步推进，计划于2010年10月建成投产。

公司主营业务：森林资源培育、松脂原料收购、加工及销售业务，主要产品有：脂松香、脂松节油、松香改性树酯。其中松香改性树酯系列产品可根据用户要求订单生产，包括：松香甘油酯系列、松香季戊四醇酯系列、道路标线涂料专用树酯系列、马林酸改性松香树酯系列、醇溶性马林酸改性树酯系列。

资源背景：公司驻地景谷县森林资源非常丰富，是云南省松脂资源的主产区。共有林业用地875万亩，森林覆盖率高达74.7%，其中可供采脂的优良树种思茅松占一半以上，年可采脂量在6万吨以上。随着松脂增产综合技术（高效采脂技术）的推广应用，以及高产脂林基地建设，预计今后每年净增松脂5000吨左右，10年后将达10万吨以上。

技术支撑：公司拥有在林化产品方面从事多年开发、生产、销售、管理经验的高素质人才团队和大专院校专家组成的顾问团，投资建设的生产线采用自主创新和引进国内先进的生产工艺及生产设备，高效、节能、环保。通过第一期项目的实施运作，产品质量稳定，优级品率达99.8%，已得到国内外用户的肯定和认可。

市场营销及社会效益分析

1. 市场营销　根据公司立足国内、积极开拓国外市场的营销战略，2009年度通过第一期项目投产运行，由于产品质量过硬，货源稳定，产品已远销国内外，并被云南省人民政府授予“2009年度出口创汇先进企业”、云南省林业厅授予“林业产业省级龙头企业”、普洱市人民政府授予“2009年度进出口贸易十佳企业”等荣誉称号，公司形象和信誉度得到进一步提升。

2. 社会效益分析　项目运行不仅为当地社会就业、财政增收作出贡献，同时将对推动社会主义新农村建设和带动林区农民脱致富产生积极影响，第一期生产线投产后，年支付当地2万多户脂农松脂款25000-30000万元，带动林区农民脱贫致富效益明显。

景谷林化有限公司将致力于发展脂松香精深加工产业，优化资源配置，优化林业产业结构，创建云南省林化名牌产品，促进产品的更新换代，增强企业经营活力和新产品开发能力，提高林化产品质量和市场竞争力，走绿色可持续健康发展之路。

公司将着力原料基地建设，努力创建一个原料基地化、采脂集约化、品种深度化、生产现代化的林化企业。公司竭诚与全球朋友进行广泛合作，共同发展。

公司地址：云南省景谷县工业园区06号（民利村）
电　话：0879-5220888　传真：0879-5222256　邮政编码：666400

景谷林化有限公司
JING GU FORESTRY CHEMICALS CO., LTD

云南省火电建设公司

总经理　段高雄

云南省火电建设公司成立于1953年，是云南电网公司全资子公司，注册资本金11785万元，具有电力工程施工总承包壹级、房屋建筑工程施工总承包贰级、高耸构筑物工程专业承包壹级、土石方工程专业承包壹级、起重设备安装工程专业承包贰级、预拌商品混凝土专业承包贰级、承装（修、试）电力施工许可证（一级）、电力工程调试（送变电工程类甲级、火电工程类乙级）等多项资质。2003年通过质量、环境及职业健康安全管理体系认证。

公司主营业务为：火电厂建筑及设备安装工程、工业与民用建筑及设备安装工程、成套设备检修工程、500kV及以下变电站建筑及设备安装工程、治污环保工程、各种压力容器及压力管道安装工程、金属结构加工等。能够承担600MW及以下各种装机容量电源工程和500kV及以下各种电压等级输变电工程的建筑、安装、调试及运行检修维护工程。

飞船架线路

公司现有职工1993人，有专业技术职称人员达662人，其中具有高级职称人员72人，中级职称人员218人,初级职称372人；持项目经理证人员62人、一级注册建造师27人、一级临时注册建造师9人、注册安全工程师14人。拥有4000t·m 、1250t·m塔吊，500t 、250t 、150t级履带吊等大型起重机械105台套，以及其它施工机械、运输机械设备、调试设备、机加工设备、焊接设备1720台（件），能满足同时施工两台600MW机组的需要。拥有输电线路牵引机、张力机35台件,能同时满足2条500kV输电线路和4条220kV输电线路施工；GPS测量系统4套，全站仪6台,飞艇放线装置4套。调试设备能满足500kV变电站的安装、调试和检修维护工作。

500kV大德线施工

公司守合同重信用，多次获得“全国电力行业优秀施工企业”、“全国用户满意施工企业”、“全国建设工程质量管理先进企业”、“全国守合同、重信用企业”、“省级文明单位”等荣誉，公司承建的云南宣威电厂五期扩建工程荣获“2003年度中国建筑工程鲁班奖”，成为云南电力首个建筑工程质量最高奖；宣威电厂六期工程获得“2006年度全国用户满意工程”；开远电厂工程荣获“2007年度中国建筑工程鲁班奖”。

宣威市倘塘镇启龙

法人代表　孔令兵

煤矿捐资建设的新农村项目

煤矿捐资建设的新农村项目

启龙煤矿组建于1992年12月25日，2003年12月25日改制为个人独资企业，设计生产能力27万吨/年，实际生产能力达20万吨/年，现有职工511人，年上缴国家税收达上千万元。

启龙煤矿在法人孔令兵的带领下，认真贯彻落实《安全生产》、《煤炭法》、《矿产资源法》、《煤矿安全规程》、《国务院关于预防煤矿安全生产重特大事故的特别规定》、《关于加强小煤矿安全基础管理的指导意见》、《曲靖市地方煤矿安全生产工作重大和较大隐患治理处罚实施细则》及各级党委、政府关于安全生产的有关会议、文件精神。同时，以学习实践科学发展观为动力，坚持以人为本，坚持安全发展，坚持“安全第一、预防为主、综合治理”的方针。

启龙煤矿在重效益、保质量的同时，把安全生产和抓制度建设放在了重要位置。首先，建立全面、科学、准确，有针对性和可操作性的作业规程；其次，建立岗位责任制，做到责任明确，任务清晰；其三，建立安全管理制度及监督制度；其四，建立安全奖惩制度，做到奖罚分明。更为重要的是，启龙煤矿更注重制度的贯彻落实，从实际出发，既保证了安全生产，又提升了企业绩效。启龙煤矿加大安全投入，强化安全管理，做到安全教育全员化、全过程化，定期或不定期组织安全知识竞赛，把竞赛取得的成绩作为晋升和工资考核的一部分，真正做到学有所用，用有所得，让每个员工充分体会到企业给自己带来的实惠。

在各级党委、政府的关心和支持下，在行业管理部门的监督下，启龙煤矿在技术改造，硬件基础设施建设上也加大了投入，使各项指标都符合了安全生产的要求。

启龙煤矿在取得经济效益的同时也给社会带来了较大的利益。

一、新农村866工程建设捐款170余万元。

二、投资办学及贫困学生帮扶捐款90余万元。

三、抗旱救灾及贫困残疾人帮助捐款20余万元。

四、其它公益类事业捐款近50万元。

启龙煤矿在多年的生产经营中认真落实党中央、国务院及各级党委、政府的各项法律、法规及各项会议、文件精神外，在建设安全责任制、建立劳动福利制度，提高劳动就业保障等方面也做出了具努力，为社会增添了一笔可喜的财富。

煤矿

煤矿建设的宣威综合楼建筑设计方案

煤矿捐资建设的新农村项目

滇东

云南滇东

云南滇东水泥有限公司始创于1993年，其前身是陆良县滇东水泥厂。地处陆良县城东南16公里的马街大龙潭村，距昆明148公里，曲靖60公里。这里交通便利、群山环抱，风景秀丽，石灰石资源十分丰富，公司发展前景广阔。

当我们以战略的眼光、开放的思维审视今天，谋划未来时，建设云南最具实力的水泥生产基地，成为我们在新的发展历程中的重要课题。公司于2005年12月，在原有的场地上投资1.7亿元，技改2000t/d熟料新型干法回转窑生产线。该线采用高原型5级旋风预热器加分解炉技术，回转窑Φ4.0×60m，生产可靠、技术先进，熟料28天强度达65Mpa以上，工艺自动化采用DCS系统、PMINS信息系统控制技术，生产工艺达到国内同规模生产线先进水平，“三废”排放达到国家排放标准。该项目于2007年1月竣工投产，年产熟料60万吨，年产普通硅酸盐水泥能力达到90万吨，是滇东地区最大的水泥骨干企业之一。

水泥有限公司

公司检测手段完善，技术力量雄厚，先后取得计量、化验室合格证、生产许可证和全面质量管理合格证，以完善的质保体系保证滇东水泥的一流的质量和一流的服务。严格按照ISO90001标准组织生产，自创始之初之今，出厂水泥合格率和富裕标号合格率始终保持两个100%。公司多次被陆良县人民政府评为“重合同守信用先进企业”，96年“滇东牌”普通硅酸盐42.5水泥获“省级金奖”产品；98年被云南省乡镇企业质量管理监测中心评为“云南水泥明星企业”；2004年被中国建筑材料流通协会评为“全国质量过硬重点推广建材产品”；2005年获中国轻产业质量保障中心“全国产品质量监督抽查合格”证书。

十六年的创业历程中，孕育了以“滇东”为核心的精神文化成果。“求实 创新 团结 奉献”镌刻了滇东人十六年的风雨历程，时代赋予滇东人新的历史使命，全体员工本着“追求更高的质量，奉献更好的服务，坚持科学的管理，弘扬诚信的滇东”的企业发展方针，为客户提供更好的服务，为带动陆良的全面发展做出贡献！全力打造滇东建材行业的航母。

昆明神犁设备制造有限责任公司
Kunming Shenli Equipment Manufacture Co. Ltd

系列产品

昆明神犁设备制造有限责任公司（Kunming Shenli Equipment Manufacture Co. Ltd）是由原昆明市手扶拖拉机厂在2009年改制而成立。昆明市手扶拖拉机厂成立于1974年，是国家机械工业的重点企业，也是原机械工业部在云南省唯一的拖拉机定点生产厂家，国家二级企业。公司目前有职工500多人，其中拥有各类专业技术人中70人，高级职称4人，拥有各种制造和检测设备500多台套，公司已在三十多年的拖拉机及各类农业机械的研发和生产经验，培养了一大批拖拉机专业工程技术人员和工人技师。目前公司的产品已发展到了四大系列，三十多个品种和型号。其中手扶拖拉机已形成了系列化、功率普系含盖了4至20马力，年生产能力达到了5万台套，产品畅销云南省及东南亚周边国家和地区，年出口各种拖拉机及农机具6-8千台套。

经过多年的努力，公司产品荣获了全国小拖30万用户评选的“双十佳”称号，获“云南名牌”产品称号。荣获云南省科技进步三等奖，昆明市科技进步三等奖等。公司拥有国家专利六项。云峰牌产品在广大用户中建立了良好的信誉，受到了农民朋友的青睐和好评。公司拥有完善的质量保证体系和售后服务网络，为广大用户提供了品质优良的产品和及时到位的售后服务。

系列产品

寻甸龙蟒磷化工有限责任公司

厂区一角

厂区一角

寻甸龙蟒磷化工有限责任公司是四川龙蟒集团全资独立法人企业。公司位于云南省昆明市寻甸县金所工业园区内，昆（明）一曲（靖）、嵩（明）--待（补）高速公路旁，距离昆明市87KM。公司占地35.35万M^2。主要从事饲料级磷酸氢钙、饲料级磷酸二氢钙、肥料级磷酸氢钙、氟硅酸盐、矿产品的开采、销售和服务。

四川龙蟒集团“蟒”牌饲料磷酸盐的国内市场占有率超过40%，并远销韩国、泰国、日本、菲律宾、新加坡、马来西亚、澳大利亚、台湾等国家和地区。

寻甸龙蟒磷化工有限责任公司注册资本2亿元，于2008年8月建成投产，现有职工700余人，专业技术人员150余人，目前具备年产饲料级磷酸钙盐30万吨/年生产能力，饲料磷酸盐产品以出口为主，引领国内饲钙产品升级换代。

公司依据GB/T19001-2000和《欧盟饲料级磷酸氢钙、磷酸二氢钙和预混料生产商操作规范》（4.0）要求建立了“质量安全管理体系”，在国内首家采用独立知识产权——湿法浓缩磷酸净化工艺技术生产饲料级磷酸氢钙和磷酸二氢钙，产品质量指标达到国际先进水平。并于2009年取得了ISO9001和FAMI-QS（欧洲饲料添加剂和预混料生产商操作规范）质量体系双认证，为产品畅销东南亚、出口欧美创造了条件。

公司秉承“高品质、低成本、服务优”的经营理念，以“做最优秀的企业公民”为使命，以“卓越龙蟒、全球龙蟒、百年龙蟒”为愿景。通过科学的管理，一流的人才队伍及完善的应用服务体系，竭诚向海内外用户提供各类品质精良的产品，为社会创造更大的价值。

企业地址：云南省昆明市寻甸县金所工业园区
邮政编码：655204
联系电话：0871-2731366
传　　真：0871-2731598
企业网站：http:/www.lomon.com/
电子邮箱：xdlomon@163.com

曲靖市宣威宇恒水泥有限公司

曲靖市陈军副市长一行在宣威市长夏新建的陪同下到宇恒视察、指导工作

低温余热发电中控室

曲靖市宣威宇恒水泥有限公司创建于2003年4月19日，位于宣威市宛水街道办事处凤凰村，属曲靖市重点骨干企业，现有资产4.6亿元，员工600余人。公司年产水泥规模达210万吨，创产值5亿余元、利税1.5亿元；现生产的水泥品种有普通硅酸盐水泥52.5级、42.5级和复合硅酸盐水泥32.5级。

公司拥有目前国内最先进的新型干法旋窑水泥熟料生产线两条(一条1000t/d，一条3000t/d)，2007年9月在沾益天生桥建成年产120万吨水泥粉磨站（现为沾益县宇恒水泥有限公司），生产过程全部由DCS西门子计算机集散控制系统监控，全自动工业分析。在生产经营过程中，公司不忘落实科学发展观，积极开展清洁生产，加强资源综合利用，发展循环经济，确保排污完全符合国家标准，实现全年无污水外排，同时年消耗周边工矿企业废矿、废渣43万余吨，年利用窑头、窑尾废气余热发电达4350万度，提高了资源利用率，已获批为循环经济试点企业，并通过了上海质量管理体系审核中心的“GB / T19001－2008 idt ISO 9001：2008”质量管理体系认证。

熟料库、水泥库

2009年公司实现销售收入50772万元,实现利润总额9470万元，上缴税金5702万元,与上一年相比分别增长了57.74%、81.21%和29.71%。公司生产的“共创”牌水泥在历年省、市质量技术监督部门抽样检验中均符合标准要求，被多次认定为“质量无投诉产品”。2009年公司“共创”牌水泥产品被云南省名牌战略推进委员会评审为“云南名牌产品”，公司先后获得“云南省中小企业暨非公有制经济优强企业100强”、“明星工业企业”、“发展散装水泥先进单位”等荣誉称号。公司已成为环境效益、经济效益和社会效益较为显著的企业。

公司地址：宣威市宛水街道办事处凤凰村
邮政编码：655400
销售热线：0874-7250111，7250019（传真）
公 司 办：0874-7250292（兼传真）

大理滇西纺织有限责任公司
DALI DIANXI TEXTILE CO.LDT

党委书记、董事长兼总经理　芮雪虹

大理滇西纺织有限责任公司,位于国家级历史文化名城、五朵金花故乡——大理、坐落在壮美秀丽的苍山脚下，洱海之滨，始建于1969年，2007年重组，整体搬迁至大理凤仪创新工业园区，获自营进出口经营权、IS09000质量体系认证。属国有独资企业。

经搬迁技改，形成6万枚绵纺纱锭、158台无梭织机生产规模，拥有意大利进口3.6米剑杆织机和自动络筒机，日本进口3.4米喷汽织机，国内领先的清梳联合机、精梳机、细纱机、浆纱机、大型电子提花机等设备。年生产能力为纱：5366吨，布：400万米，服装20万件（套）。主要产品为10-150英支纯棉纱，1-3.4米幅宽高档提花坯布，各类学生、劳保服装及床上用品，生产的“苍山牌”棉纱销往东南亚国家，“三塔牌”坯布销往欧美、非洲市场，产品供不应求。

经过技术改造，公司生产技术水平和产品质量、品种达到国内先进水平，成为云南省纺织龙头企业。

工人正在作业

车间一角

6万锭绵纱生产线

进口无梭织机生产线

宣威发电粉煤灰开发有限责任公司

储灰库

火车散装图

宣威发电粉煤灰开发有限责任公司是国电宣威发电有限责任公司下属的多经企业，该公司生产的“绿威”牌粉煤灰通过中国质量检验协会审核验证，核定为“2000年－2005年全国质量检验稳定合格产品”。

公司目前运行的4套分选设备,年产量达到Ⅰ级粉煤灰30万吨，Ⅱ级粉煤灰45万吨，Ⅲ级粉煤灰156万吨，灰渣30余万吨。

应用范围

可用作水利水电大坝、公路桥梁建设、公众住房建造的混凝土掺和料，建筑建材生产原料，酸性土壤改良，化工填料，灰熔合金提取等领域。

我公司生产的各级“绿威”牌粉煤灰已经在华能澜沧江水电有限公司的小湾水电站、景洪水电站、糯扎渡电站、功果桥电站等；金沙江流域的溪洛渡电站、向家坝电站；二滩水电开发有限责任公司的锦屏一级水电站；广西龙滩水电站；云南昭通高桥水电站、庙林电站、天花板电站；凤凰谷电站、雷打滩水电站、糯租电站；昭待高速公路、六沾铁路、混凝土搅拌站及周边水泥厂等许多建设单位和施工单位广泛应用，深受用户的好评。

产品特性

作混凝土掺和料：1、后期活性好，强度高。2、减少混凝土用水量，降低混凝土水化热，减少因水分蒸发收缩引起的裂缝。3、抗氯离子掺透及腐蚀能力强有利于一般混凝土，抗掺透强，流动性好。4、节省水泥用量，改善生态环境。

作为水泥（生产）掺和料：1、使后期强度提高，性能改善。2、降低水泥成本，降低水泥生产能耗。3、清洁生产，改善生态环境。

公司地址：云南 宣威市电厂路1号
总 经 理：罗　彦
电　　话：0874－7257802/7257836
传　　真：0874－7257835

宣威电厂全景

云南金恒实业有限公司

云南金恒实业有限公司是一家专注于绿色环保塑料管道领域，集研发、生产、销售为一体的民营高科技企业。公司承扬国家"以塑代钢"、"以塑代木"的政策，积极响应国家"建设可持续性发展社会"的号召，深入塑料领域研发并不断创新生产出无污染、可回收的"金恒"牌系列新产品，代替传统材料产品。作为云南省塑料管道行业的龙头企业，目前公司的主要产品包括：建筑排水用硬聚氯乙烯（PVC-U）管材、管件；地下通信管道（PVC-U）用塑料管材、管件；埋地通信用硬聚氯乙烯(PVC-U)多孔一体管材、管件；环保无铅高抗冲饮水用（PVC－M）管道；给水用硬聚氯乙烯（PVC-U）管材、管件；HDPE中空壁缠绕管；给水用聚乙烯(PE)管材、管件；电工阻燃（PVC）穿线管套、电线槽、电线盒及配件；冷热水用聚丙烯（PP-R）管材、管件；埋地式高压电力电缆用氯化聚氯乙烯(PVC-C)套管；埋地排污用硬聚氯乙烯（PVC-U）双壁波纹管材等系列产品。

公司地址：昆明市高新产业开发区民办科技园2号(小石坝)，占地10万平方米，固定资产1亿元人民币；年生产能力达21万吨，年产值超过12亿元，拥有员工800余人，其中高级技术人员61人，中级科研人员42人，拥有国内外引进的生产设备90台套、高素质的员工队伍、科学的生产工艺流程，生产出高品质的塑料产品，公司具备完善的售后服务体系，并运用现代化高科技创造国际一流的塑料产品。

公司全面通过ISO9001:2000质量管理体系认证，ISO14001:2004环境管理体系认证，通过中国环境标志产品认证，2007年获得"国家免检"产品、"中国建材AAA企业"、"中国著名品牌"、"重合同守信誉先进单位"、"全国质量过硬可信赖建材产品"、"用户首选无毒害绿色环保百佳畅销品牌"、"全国商业及服务型企业售后服务行业十佳称号"、"国家权威检测质量过硬放心产品"、"全国重质量守信用公众满意单位"、"云南省卫生许可批件"、"云南新技术新产品推广证"、"国家电力入网证"、"2006年云南省企事业诚信单位"、"2008年云南省塑料行业放心产品"等各项荣誉，为争创国际塑料产品一流企业的目标而奋斗！

公司部分产品：

昆明玻利源燃油

公司标志

昆明玻利源燃油化工有限公司是具有独立法人，经济独立核算的经济实体，公司成立于1998年，面向全省的冶金、化工、建材、食品、饲料、宾馆、制药、医院等行业供应低价优质的燃料油及煤化工产品、焦油、甲醛、硫磺等化工产品。公司以“信、和、实、严”为企业精神，秉承一流产品，一流服务的品质观和不断进取的理念。

燃料油方面：公司拥有铁路专运线直达油库和全省最大的燃料油储油罐及配套的现代化装、卸、保温设施。公司拥有丰富的燃料油使用经验、完整的燃烧技术，和足够的仓储能力，现拥有一支专门从事生产用燃烧系统设计、维修队伍和专用运输车辆。为了更好的满足市场对燃料油的需要，我公司不仅有12000吨储量的工业燃料油罐外，还建有两座存储4000吨进口优质燃料油储罐，专门为燃油锅炉和进口燃烧设备及窑炉提供指定用油（进口180#，国产20#、250#、2#燃料油、4#燃料油）。公司还设有燃油质量检测化验室，实施国家ISO9002质量认证体系。我公司直接从新疆、甘肃、广东等全国各大炼油厂和国外进货，最大福利的让利给顾客，对于客户的要求我们能快速的满足，给客户满意的答复，我公司愿为所有使用的用户提供优质低价的燃料和燃烧技术服务。

化工产品方面，我公司有压缩气体，液化气体；易燃气体；燃烧固体、自燃物品和遇湿易燃物品；氧化剂等44中危险化学品的经营权，目前以甲醛、煤化工产品、焦油为主，并配有专用运输车辆，省内外均有我公司客户。

经过多年的发展和不断努力，我公司现在已和地供应商及用户之间建立了长期稳定的合作关系，欢迎各界莅临我公司参观。指导工作，真诚希望能与您和合作。

基地一角

储存罐

化工有限公司

《关于燃料油替代0#柴油用于生产的情况分析及对比报告》

经济价值比较

就目前市场价格来看，燃料油价格和0#柴油价格有着明显的差别：计算差价为800-1200元/吨，说明每使用1吨燃料油就可节约1000元（取中间差价1000元作为标准）的成本，如果每月使用燃料油30吨的话，比使用柴油月节约3万元，年节约33万元（按11个月来核算，扣除节假日，设备检修日期）对企业降低生产、经营成本，提高市场竞争力有很大的帮助；

例如：

1) 0#柴油价格=6500元/吨

日用柴油量=1吨/日

月用柴油总量=1*30=30吨/月

年消耗柴油总量=30*11=330吨/年（按11个月来核算，扣除节假日，设备检修日期）

年消耗柴油总费用=330*6500=2145000元/年

2) 180#燃料油价格=5500元/吨

日用燃料油量=1吨/日

月用燃料油总量=1*30=30吨/月

年消耗燃料油总量=30*11=330吨/年（按11个月来核算，扣除节假日，设备检修日期）

年消耗燃料油总费用=330*5500=1815000元/年

3) 全年节省总费用=2145000-1815000=330000元

全年可以节省429万元人民币，列表如下：

名　　称		柴　油	燃料油
1	燃料价格（吨/元）	6500	5500
2	日用燃油量（吨/日）	1	1
3	月用燃油总量（吨/月）	30	30
4	年用燃油总量（吨/年）	330	330
5	全年耗油总费用（元/年）	2145000	1815000
改造后总的全年节省费用		330000元（33万人民币）	

注：以上经济性分析核算，是在柴油和燃料油的发热量10000大卡/公斤按0#柴油与燃料油差价的全年平均价的相同基础上算出来。

价格随行就市，燃料油价格与0#柴油价格相比每吨约有800~1200元的差价。

公司地址：昆明市高新技术产业开发区科医路176号四楼

邮　　编：650106　电话：8183524　传真：8185200

云南省通海化工有限责任公司

云南省通海化工有限责任公司位于云南省通海县杨广镇马家湾，距离昆明市137公里，距玉溪市40公里，距通海县城15公里，公司三面环山，一面临湖，所处位置的交通极为便利。

公司是由原通海氮肥厂于2000年12月经改制组建的民营企业，通海氮肥厂始建于1971年10月，1973年5月建成投产，原设计生产能力为3000吨/年合成氨，经过三十多年的发展，现已达到5万吨/年合成氨（其中碳酸氢铵4万吨/年、甲醇1万吨/年、液氨3万吨/年），1.5万吨/年甲醛，1万吨/年二甲醚，1.3万吨/年碳酸钙系列产品的生产规模，2009年完成工业总产值11459万元，实现利税2701万元，从原来的小氮肥厂发展成为一个中二型化工企业。

公司现有职工600余人，其中各类专业技术人员62人，资产总额为16922万元，已保持连续二十多年的盈利，1999年12月经省、市、县环保部门组织验收，成为云南省100家环保达标验收企业之一，2004年经省、市两级经贸委、财政局共同推荐，成为云南省两家获得“清洁生产”示范企业之一，由于良好的社会效益和经济效益，被原化工部授予“先进单位”，云南省政府授予“云南省中小企业暨非公有制优强企业”，省经委授予“优秀管理达标企业”，省科委授予“科技先进企业”，玉溪市委、市政府授予“玉溪市优秀企业”等称号。

二甲醚生产装置

变压吸附脱碳装置

生产车间场景

云南岭东印刷包装有限公司

云南岭东印刷包装有限公司是云南红塔集团楚雄卷烟厂与香港岭东（实业）集团有限公司共同投资，于一九九五年四月合资兴建的专业配套卷烟用外包装商标及各类高档礼盒外包装印刷生产的彩印企业。

公司注册资本为467.77万美元，总投资635.12万美元，总资产1.7亿元，香港岭东（实业）集团有限公司占总投资的55%，云南红塔集团楚雄卷烟厂占总投资的45%。公司经营范围覆盖商标印刷、高档包装盒、外包装纸箱生产和出版物印刷,是投资上规模、管理科学、服务完善的现代化包装印刷企业。

岭东公司拥有先进的凹印、胶印、纸板生产设备，以及与主生产设备配套的多台套压凸、烫金、模切机、七层瓦楞纸板流水生产线、三色、四色印刷开槽机等后工序处理设备、产品质量检测设备及仪器；公司秉承“以卓越精神，创完美品质”的企业理念，建立了一套完备的质量管理体系，拥有一支综合素质较高的管理队伍，培育了一批业务能力强的员工队伍。

公司经过多年发展，取得了良好的经济和社会效益，截止2009年底，企业拥有固定资产9175万元，累计上缴国家税金15529万元；安排600余社会人员就业。董事长庄小峰先生被楚雄州政府评为“楚雄州十大优秀外来投资商”； 企业商标“岭东”于2005年12月被云南省工商行政管理局评定为“云南省著名商标”；公司先后被省委、省政府评为“云南省非公经济优强企业”，被省政府评为“云南省创新型非公有制企业”“云南省连续两年先进外商投资企业”，被楚雄州委州政府评为“先进外资企业”、“依法诚信缴纳国税先进企业”，被云南省监察厅认定为“省级重点保护非公有制企业”，被楚雄市委市政府评为“楚雄市（2003~2007年）工业经济发展先进单位”，被云南日报社评为“云南省优秀民营科技企业”， 两次被省包装行业协会评为“云南包装30强”，被云南省对外贸易经济合作厅认定为“外商投资先进技术企业”；公司还多次被云南红塔集团有限公司及楚雄开发区管委会评为“安全生产先进单位”、“明星企业”等一系列荣誉称号。公司发展的同时，积极承担着社会责任，回报社会，自成立至今，岭东以捐资助学、援建学校、赈灾、拥军、扶持文化事业等各种形式累计向社会捐资300余万元。

展望未来，云南岭东印刷包装有限公司将再接再厉，以崭新的面貌、更加饱满的热情，为地方经济发展作贡献。

昆明市西山云兴仓储运输公司

昆明市西山云兴仓储运输公司位于云南省昆明市西郊大普吉，隶属云南云铜锌业股份有限公司，系云南铜业股份有限公司专用铁路的货运终点站。根据国务院1956年《[总]周字35号文》批准建设，由原云南冶炼厂投资，铁道部第三公路工程局施工。1959年开始建设，1961年10月交付使用。我公司专用铁路原建为米轨，后于1970年设计，由第十四冶金建设公司第三建设公司施工改为准轨。在人员配置及技术设备上具备独立完成货物运输相关工作的条件。

由昆明西站中心点至我公司专用铁路中心点里程为10.5公里，包括平玻、团钢、鑫宝、云友、德兴岔线在内总延长线约22公里。计有装卸线21条；有人看守道口15个，其中双人道口6个；无人看守道口11个；货场面积51025平方米、仓库面积41900平方米、货棚面积21866平方米，年运输能力140万吨/年。沿途穿越西山区和五华区2个行政区、3个办事处、5个居民委员会及12个自然村。

西山云兴仓储运输公司担负着云南铜业股份有限公司、云南云铜锌业股份有限公司、昆明玻璃股份有限公司、云友铁路储运有限公司等三十余家单位货物的整车到发、取送调车及一部分装卸工作，日平均作业量约65辆。公司同时还开展了危险货物的运输，产品涉及硫酸、硫磺、氢氧化钠(纯碱)、溶剂油、硫酸铜、成品油、松节油、酒精、蒎烯、液氯、汽油、煤油、柴油等。

云南金精新金属材料有限公司

公司领导

化验样品

云南金精新金属材料有限公司（简称云南金精公司）是四川金广实业集团于2007年5月依法注册的有限公司，属四川金广集团全资企业。2009年金广集团产值118亿元，云南金精公司年产值3.8亿元，上交利税880万。正在凤凰山工业园区正在新建的两台12500KVA矿热炉的新厂（产值预计超过4.5亿元），预计10月一期一程建成投产，到时整个金精公司产值将超过8亿元。

云南金精公司下设宣威市铁合金分公司和冶炼分公司（四个分厂）。原矿主要从东南亚及南非进口，主要产品为铬系合金、镍系合金。现有职工584人，90%为当地职工。公司为所有职工都买了养老、医疗、失业、生育、工伤五大保险。

“仁本为怀，共栖共荣”是企业的核心价值观，“忠诚敬业，拼搏进取”是企业的精神；“以诚信交友、按原则办事、靠本事吃饭、凭良心做人”是企业的原则；“管理人性化，决策民主化”是企业的管理理念；“最好的质量，最低的成本，最高的待遇，最好的环境”是企业的目标。“想要自己过得好，就必须让身边的兄弟都过好，只有身边的兄弟都过好了，自己才能真正过得好。”这是金广集团企业文化的最终体现。

云南金精公司在金广集团董事长陈陆文先生的大仁大爱之心的领导下，在金精公司总经理何国洪先生的带领下，为最终实现“最好的质量、最低的成本、最高的待遇、最好的环境”的宏伟目标而奋斗。

车间巡检

冶炼现场

景东力奥林产集团有限公司

景东力奥林产集团有限公司为云南力奥投资有限公司的全资公司。2006年12月，云南力奥投资公司，全资收购景东南国莹银林产集团有限公司，更名为景东力奥林产集团有限公司。

景东力奥林产集团有限公司是一个集木材加工、林产化工、林果加工为一体的综合性林产工业集团公司。公司注册资金5000万元，现有总资产64264万元。公司法人蔡旭东，公司总经理熊坎。公司下属七个公司，即：景东力奥林产集团林业化工有限公司、景东力奥林产集团天然饮品有限公司、景东力奥林产集团银生木业有限公司、景东力奥林产集团康嘉木业有限公司、景东力奥林产集团物业管理有限公司、景东力奥房地产有限公司、景东华龙木业有限公司。

公司经营业务为：林业资源的培育、开发、利用，林化、林果加工及房地产开发等。

已建成年产4万吨松香、2万吨歧化松香、2万吨松香树脂生产线，年产6万立方米高密度纤维板生产线，年产1万立方米集成材生产线，年产2000吨核桃乳饮生产线。正在筹建年产4万立方米胶合板生产线，年产2万立方米家具材生产线以及开展高档家具生产和房地产开发等工作。

厂区一角

厂区一角

松香生产线

高密度纤维板

景东佳浩茧丝绸有限公司

车间生产线

精心作业

景东佳浩公司是2003年6月通过景东县委、县人民政府招商引资入驻景东的民营企业，法人代表孙永美女士。通过几年的努力，公司得到快速发展，员工人数达608人，注册资本1500万元，总资产1亿元。公司自进驻以来，始终坚持以“公司+基地+农户”的模式组织引导、扶持、发展全县的蚕桑产业。截止2009年底，公司在景东县共计投资8500万元发展蚕桑资金。其中：投资3500万元建设桑园5.2万亩，投产3万亩；在12个乡（镇）、134个村、1274个小组、扶持1.01万户农户养蚕。投资1300万元建成鲜茧收烘站13个，蚕用物资服务站13个。投资3700万元建成年处理干茧1500吨，年产生丝500吨的缫丝厂一座。

2009年，公司实现工农业总产值1.02亿元，其中：生产鲜茧2020吨，鲜茧产值4411万元；生产白厂丝329吨，实现工业总产值5800万元。全年完成销售收入（不含税）7200万元，实现利润53万元，上缴税金138万元。

在切实做好、做实、做强景东县蚕桑产业的同时，公司将着力打造“佳浩蚕茧”、“佳浩丝绸”品牌，不断扩大蚕茧、生丝深加工规模，延伸产业链，努力把景东县建成云南省一流的蚕茧、丝绸工业基地。

云南康丰糖业（集团）有限公司

云南康丰糖业（集团）有限公司组建于2000年。集团公司抓住糖业整合的机遇持续发展，规模不断扩大，实力不断增强。现集团公司拥有龙塘、勐糯、旧城、龙坪、昌宁勐统5个制糖公司，生产规模为日处理甘蔗10000吨，日产酒精12万升。公司下设天潭矿泉、勐糯复肥、龙山硅厂、龙陵宾馆、保山康丰房地产、小额信贷、新型建材等子公司，经营范围涉及食品、饮料、酒店服务、冶炼、金融、建材、水电、房地产开发等多个行业。至今，集团公司拥有员工1700人，资产总额9.6亿元，年创产值6.1亿元，年缴税金5000多万元，是云南省四大制糖集团之一。

集团公司已通过ISO9000国际质量管理体系和云南省商务管理体系（YC）以及国家食品（QC）认证，公司"龙珠"牌商标被评为"云南省著名商标"、"云南名牌产品"称号。公司先后荣获"省级农业产业化优秀龙头企业"、"国家扶贫龙头企业"、"全国轻工行业先进集体"、"云南省先进企业"、"云南省社会扶贫先进企业"、"云南省优秀纳税企业"、保山市"十五"扶贫开发先进集体等荣誉称号，同时被中国农业银行云南省分行和云南省农业厅确定为金融服务"三农"云南行动计划重点扶持企业。

康丰集团

公司地址：云南省保山市人民路40号
电　　话：0875—2121369
传　　真：0875—2121996
网　　址：www.kfsugar.com
邮　　箱：ynkf@kfsugar.com

旧城分公司
昌宁康丰公司

云南新蓝景化学工业有限公司

云南新蓝景化学工业有限公司成立于2003年3月，注册资金伍仟万元。2005年8月建成投产，公司坐落于玉溪市高新技术开发区，玉溪市地理位置优越，交通发达，历史悠久，素有云烟之乡，滇中明珠的美誉。云南新蓝景化学工业有限公司是一家专业的乙醇（无水乙醇）生产企业，同时也是一家专业的有机溶剂制造企业，企业拥有高素质员工180多人，其中高级技术人员达到40人，高级管理人员25人，设计生产能力达十万吨，目前可年产高品质食用乙醇及无水乙醇50000吨，公司拥有专业危货运输车队；公司的特种设备操作人员全部经过严格的专业培训，持证上岗，并且通过了环保局、安全生产监督管理局、技术监督局，消防等一系列的职能部门的全面验收，所有设施功能全部达到国家的规定要求。公司生产的产品应用领域涉及生物制药、化工、涂料、油墨、印刷、电子等多个行业，深受广大消费者的欢迎认可。公司着力开发建设的四个网络体系成效显著，营销队伍体系精明强干，直销网络体系布局合理，信息反馈体系敏锐快捷，售后跟踪服务体系优质高效。公司生产经营的乙醇、有机溶剂、无水乙醇等产品先后进入多个省份和地区，每年可创税收上千万元。公司以改革为动力，积极探索转机建制，加强管理，使公司体制进一步完善，资本结构进一步优化，企业产权结构进一步多元化，公司现代企业制度和法人治理结构进一步规范和完善。

随着国家的燃料乙醇产业导向，云南省十一五发展规划的大好契机为云南新蓝景化学工业有限公司企业的发展带来了勃勃生机，云南新蓝景公司将以市场为导向，以科技为支撑，以管理为依托，逐步形成了以酒精为基础，以酒精深加工为主导，以综合利用和综合开发为双翼的发展格局。

面对云南乙醇产业会议后的机遇和挑战，云南新蓝景化学工业公司经过蓄势调整，在原“一体两翼”战略的基础上，根据企业的发展，又重新确立了“以农产品为基础，以生物能源为主导，以综合利用和酒精深加工为双翼”的新的发展战略。该战略以高新技术为主导，以生物能源为核心产业，以产品价值多次开发、资源最大化利用为手段，致力于农产品的全面、综合、规模、系统的开发利用，从而使现有产业得以优化、提升和延伸。目前，企业已制订了 60 万吨农产品加工转化的五年发展规划，正着手加紧新蓝景生态工业园区规划、建设的实施，今后云南新蓝景将成为国内大型的农产品综合加工转化基地和生物能源产品研发生产基地，实现农产品综合深加工产业链条内产品的多元化，建立农产品资源、生物能源产品、可再生资源的新型循环工业经济体系，走新型工业化道路，实现我国农业产业化发展和传统产业的升级改造。同时，又可提升公司的企业理念和战略层次，把支撑企业发展的“一体两翼”战略提升到与自然、社会、经济实现最高融合境界的绿色理念和可持续发展战略，形成生产、环保、资源再利用的持续发展良性循环，实现企业的跨跃式发展。云南新蓝景化学工业有限公司综合实力将进入同行业强势企业之林，成为面向全国、面向未来的新型农产品加工基地和可再生资源基地。

生产区

储罐区

车间一角

KBN 昆明贝克诺顿制药

普及全球医药成就

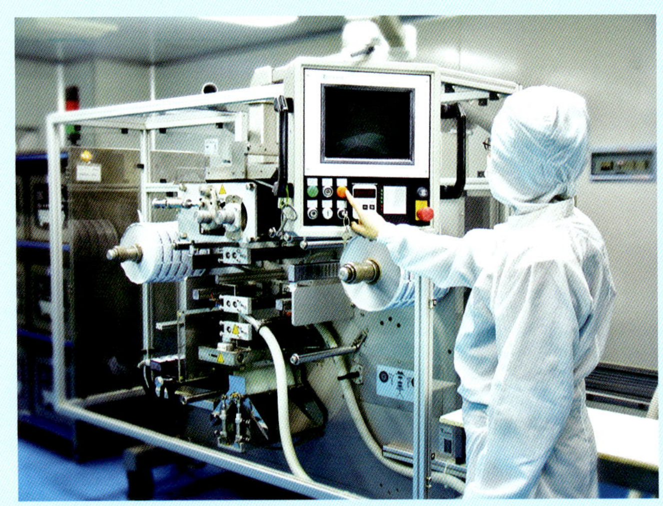

阿莫西林干混悬剂生产线

理念："普及全球医药成就"为己任

追溯到上世纪90年代，中方与美国IVAX公司共同出资建立的昆明贝克诺顿制药有限公司（以下简称KBN）在整个国内外市场的搏奕中勤修内功、塑造品牌，不断学习和借鉴西方的先进技术和现代企业的管理方法，成了一家中西合璧的现代化企业。2005年下半年，以色列TEVA公司以76亿美元收购贝克诺顿原外资方美国IVAX制药公司，成为KBN的外方股东。凭借在制药行业的百年资历，致力于非专利药品的研究开发、生产和推广的TEVA公司现是全球排名前20位的跨国制药企业和全球最大的非专利药制药公司。在良好的合资商业模式中，KBN不断地从合资方汲取养分和资源，将信息化融入GMP精髓中，严把药品质量关，凭着现代的管理机制，机敏的市场触角，在竞争激烈的市场大潮中KBN近五年乘风破浪、高速发展。

KBN总经理戴晓畅博士认为，"鉴于中国医药市场环境和国内医药研发现状，整个医药产业发展形势很严峻，药品降价，药企利润减少，但国家医疗改革也使得农村医药市场潜力巨大，另外全球医药研发也在向中国转移，OTC市场正在快速发展。繁此种种，无论客观形势如何变化，KBN始终充分利用自身合资的优势，普及全球医药成就为己任。"尽管每年国际学术研究的成果在不断地刷新世界医学、医疗领域的记录，全球数以万计的新药被研制出来，但真正能进入寻常百姓家的却屈指可数。作为合资企业，KBN深刻地看到，真正的医药成就不仅是一种新药被发明，而且是一种好药被普及。

对医药企业而言，药品质量的管控和企业运营效率是成败的关键。基于传统管理方式的弊端已毕现无遗，企业的经营管理必须依托于一套完善的信息系统来开展。因此，进行企业管理的创新与提升，KBN毅然决然地拿起"信息化"这个有力的武器。

选型：信息化建设的三个重点

迫切利用信息化强身健体的KBN在着手规划信息化时，并没有急于求成，苍促上马，而是认识到信息化建设是一个系统工程，必须始终贯彻全局、整体的观念。必须坚持强调以下三点：

全局性：对企业来讲，如果缺乏对IT系统规划的全局观念，"头痛医头，脚痛医脚"，简单追求一些片面应用，最后导致应用系统建设的分散，业务系统不能衔接、数据不能共享，那么KBN的整体运作将很难被带动起来。所以，KBN规划信息化系统建设时，眼光不局限于管理中个别环节的"改良"，而是希望从全局角度构筑完整的信息化蓝图。因此，KBN引进ERP、OA等，一气呵成，全力推进信息化。

前瞻性："人无远虑，必有近忧"，企业发展亦同此理。KBN对信息化系统建设提出前瞻性要求。近期，以OA、物流、财务、人力资源管理为重点，然后突破生产管理、质量管理，在业务信息化后，再实现"分销"、"电子商务"、"客户关系管理"、"供应链管理"等。

专业性：药品是特殊商品，药品的生产、经营管理每个环节都有很多不同于其它商品的特殊要求。比如：药品分类管理、GMP、有效期管理，而且制药流程工序复杂，生产控制难度大，质量要求极高。行业的特殊性对ERP系统以及合作伙伴提出相当高的要求。

2008年-2010年KBN在昆明市科技局领导下，推进实施的《制药企业生产质量管理信息系统开发-- 基于GMP的制药企业综合管理信息系统开发与应用项目》，就充分体现了这三大原则。

实施：把握行业特色，信息化融入GMP精髓

"GMP"（Good Manufacturing Practice，药品生产质量管理规范）。它是一种特别注重制造过程中产品质量与卫生安全的自主性管理制度。GMP对制药企业的机构人员、厂房设施、设备、物料、生产、质量、销售与回收等进行了严格规定，是药品生产和质量管理的基本准则。根

有限公司

据国务院公布的《药品管理法实施条例》规定，2004年6月30日前药品生产企业必须通过GMP认证，未通过的将停止其生产资格。然而，从1998年，昆明贝克诺顿就是云南省第一家、全国最早一批通过国家药品GMP认证的企业；2005年6月，再次成为云南省第一批通过国家GMP再次认证的企业；2010年3月再次以优异的“成绩”通过GMP第三次认证。技术是企业的生产力，质量是企业生命的保障源，18年来昆明贝克诺顿像珍惜自己生命一样地去搞好产品的质量，在巩固和完善的基础上，推进GMP的正常化、规范化和日常化，因而昆明贝克诺顿的GMP管理一直都在国内同行业中处于领先水平。KBN认识到相对医药行业的现代化、科学化、制度化、规范化管理及提高行业整体素质和市场竞争能力而言，加强医药企业的信息化建设迫在眉睫。正所谓“没有医药企业的信息化，就不可能有医药企业的现代化。”而药品质量是企业的生命线，在信息化建设中必须全面贯彻GMP，KBN对此丝毫不含糊。将信息化贯穿到药品生产企业管理的每一个环节，并针对医药行业特殊特点，将新品开发、生产管理、质量管理等子系统全程融入GMP精髓，可以有效帮助企业加强质量控制、产品跟踪、数据分析，并支持企业不断地提高产品质量和客户服务水平。

收获：ERP、OA、GMP三管齐下显威力

GMP确保了企业的质量管理，ERP优化了企业的业务管理，OA提高了企业的办公效率，三者相辅相成，成为推动KBN不断蒸蒸日上发展的助推器。KBN在药品有效期管理、批次跟踪、新品开发管理、质量分析、成本管理等方面更新观念、创新突破，近五年来销售业绩持续高速增长。药品质量方面，KBN生产的药品评价抽验及药品监督抽验的合格率均达100%，市场评价方面，KBN是云南省连续五年未出现省外药监部门有关药品质量协查函的企业。

实施企业办公信息化以后，日常办公管理的效率也得到显著提高。以前，由于办公受距离的限制，无法随时了解部门的相关动态并进行有效监控。如今，基于OA系统帮助企业实现了办公管理的自动化、流程化、数字化。OA系统中电子邮件、在线短信、电子论坛等多种方式方便了企业内部的沟通，使管理者同员工保持有效、快捷的工作交流与信息沟通，排除了信息沟通不畅给企业发展带来的羁绊。通过OA系统、ERP系统，领导可以及时有效地监控各部门、各个员工的工作进度情况；实时全面掌控各部门的工作办理效率状态，及时发现问题并解决，工作办理人员也可以跟踪工作的后续办公情况，从而减少差错、防止低效办公。对于一个全国化并正在走向国际化运作的公司，目前KBN在全国有25个办事处，并且在缅甸设有分支机构，通过OA系统、ERP系统完美地实现了全国各地的信息化办公，KBN的信息化建设不仅提高了企业内工作效率而且正在促进着KBN国际化、全球化的步伐。

多年来，信息化管理理念已经融入到KBN的每一个环节，我们能够看到，信息化建设对作为医药企业的KBN发挥的作用是十分明显的：一是规范了企业内部管理，通过信息化，企业进行了业务流程的优化，确立了数据标准，优化了经营管理机制；二是企业在连续保持销售快速增长的同时，非常明显地降低了经营管理成本；三是实现了信息共享和系统集成，使企业的内部资源得到了很好的整合；四是实现了决策的科学化，因为企业经营者的决策正确与否，取决于对企业当前的经营状况、资源和市场动态这些因素用数字反映的准确性，而通过ERP系统，可以实时反映业务运行及经营管理的情况，包括市场情况、库存情况、产品质量检验情况等。

对于一家负责任的制药企业，“信息化”更大的意义是加强了KBN在同行业GMP的领先优势，进一步提升了KBN的质量管理水平，使KBN能更好地以优质药品和优先解决方案满足中国民众医疗健康需要的责任和义务，并提高了KBN的核心竞争力。未来，KBN将充分发挥“信息化”优势，进一步提高产品引进、生产质量控制、市场推广以及社区服务的水平，实现“普及全球医药成就”的企业理念。

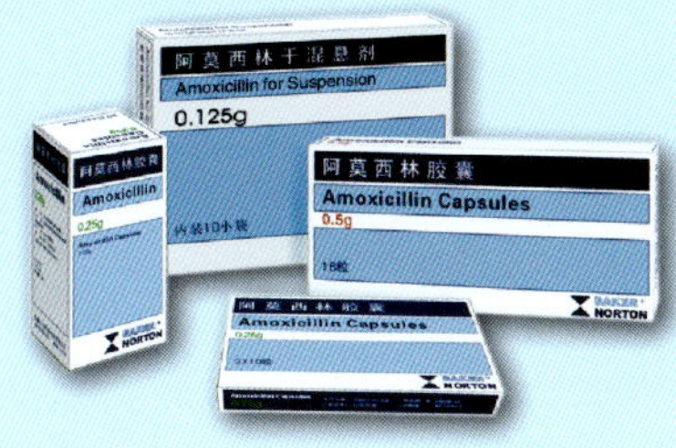

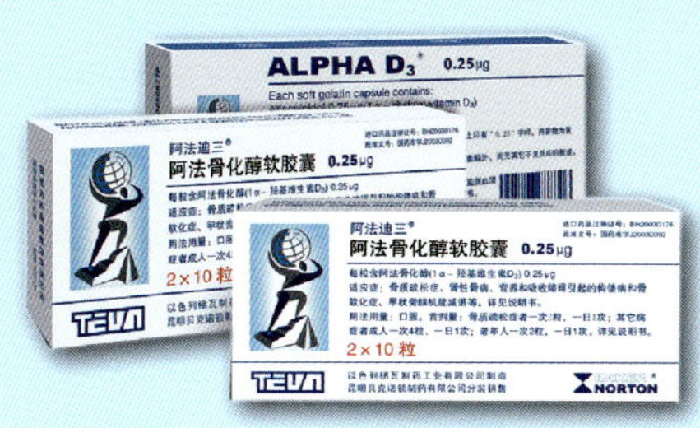

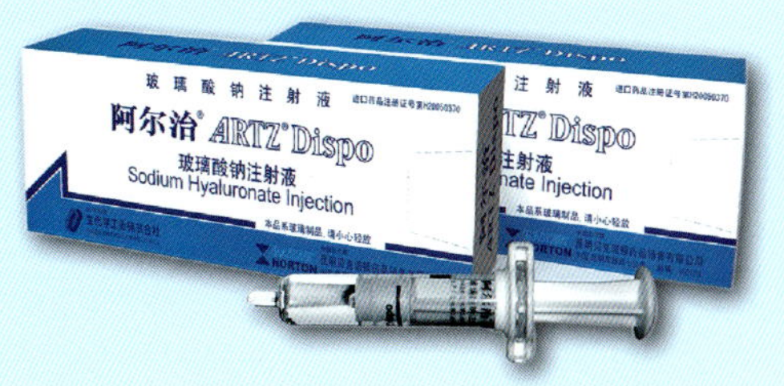

公司产品

云南万芳生物技术有限公司

中共中央总书记、国家主席胡锦涛到公司视察

2009年9月，云南省委常委、副省长李江到公司视察

生产实验室一角

生产车间

公司新建研发生产基地效果图

云南万芳生物技术有限公司创建于2000年7月，以科研人员、管理团队为主体，集科研、生产和销售为一体的民营企业。

公司在2002年先后批准获得博士流动站、云南省级、市级技术中心、云南省高新技术企业。在2003年获得昆明市“信得过企业”称号。2008年11月被云南省科技厅、省财政厅等四部门认定为高新技术企业。公司奉行质量第一的经营理念，加强企业内部管理，并于2006年6月通过ISO9001：2000质量管理体系认证。

公司自成立以来，以科学技术为核心，以博士后科研工作分站及省、市技术中心为研发平台，以不断进取为宗旨，以技术创新为公司的发展目标，以市场的需求为基础，不断开发研究和技术创新，为产品开发和市场推广打下了坚实的基础。

公司一直致力于生物酶技术的研究和开发，在烟草发酵酶制剂、烟用功能性添加剂、烟用梗丝复合酶制剂等领域取得了较大的进展。公司产品—烟草发酵酶制剂在2002年荣获的韩国国际发明展览会金奖。公司2007年研制的新产品—烟用梗丝复合酶制剂， 2009年4月获得了云南省科技成果鉴定证书（云科奖鉴字【2009】044号），并在2009年中国昆明发明博览会上获得银奖。

公司目前拥有发明专利1项，已申请发明专利7项，并均已进入了公布公告期。

公司产品烟草发酵酶制剂、梗丝复合酶制剂、新型在线酶制剂等产品，以其特有的作用和性能，已被国内各大卷烟集团认可并应用，展现出较大的发展潜力和广阔的市场前景，不仅为传统的烟草工业注入了新的生机，同时也为公司的发展奠定了坚实的基础。

云南澄江金山化工有限公司

董事长　吴家春

云南澄江金山化工有限公司是一家依托总公司2X17000吨/年的黄磷生产装置，致力于黄磷深加工为主的股份制企业。成立于2008年7月，注册资本200万元，固定资产2236万元。公司所在地澄江县九村镇东溪哨工业园区。

公司目前建成了三条生产线，一是年产40000吨高纯度磷酸产品生产线，生产的工业磷酸、食品添加磷酸的各项批标优于国家标准指标，电子级磷酸能满足用户的需要；二是年产3000吨的五氧化二磷产品生产线，产品达到国家试剂级标准；三是年产200吨/年阻燃剂的中试生产线。与北京理工大学等高校合作开发生产用于环氧树脂的反应型有机磷阻燃剂甲基膦酸酐，正在进行其它磷系阻燃剂的开发工作。

公司将进一步实施结构调整，加大创新力度，加强开发工作，坚持“以磷为主，深度加工，多种经营”的发展方针，努力成为具有较强国际市场竞争力的磷化工企业。

公司董事长吴家春携全体员工竭诚欢迎社会各界朋友、企业、同仁前来公司加强合作，共谋发展大计！

云南新平南恩糖纸有限责任公司

云南新平南恩糖纸有限责任公司位于新平县城西部，居于红河上游戛洒江畔。公司始建于1979年，是玉溪市较大的民政福利企业，也是新平县最大的农产品加工企业，涉及五个乡镇六万多蔗农。公司占地面积290余亩，固定资产2.86亿，在职职工1000余人，各类专业技术人员50余人。拥有日处理甘蔗2200吨和年产3.5万吨浆板纸、年产2万吨生活用纸三条生产线，是集制糖、造纸生产为一体的循环式资源综合利用型企业。

白砂糖

公司始终坚持“蔗农、竹农、员工共同致富，财政增收，社会和谐”的企业发展理念，牢固树立“人力资源是基础，科学技术是保障，诚信是企业灵魂”的发展宗旨。凭借地处低海拔河谷热坝地理条件优势，整合了甘蔗、竹子等地方农业优势资源，走出了一条“公司+基地+农户”的发展路子，实现了农业资源化和资源工业化的发展目标，成为推动地方经济社会发展的龙头企业。

公司设备先进，技术力量雄厚，工艺精良，拥有碱回收等国内外先进成熟的造纸治污工艺及设备。公司于2003年通过ISO9001：2000标准质量管理体系认证；2007年5月获得绿色食品证书；2008年通过节能审计、清洁生产审核验收，公司“南恩牌”商标被认定为“云南省著名商标”和“玉溪市知名商标”；2009年7月“南恩”牌一级白砂糖被云南省名牌农产品认定管理办公室认定为“云南名牌农产品”。

南恩公司的长远发展目标就是要做好糖、纸业，通过不断延伸产业链、不断开发新产品，特别是高附加值的新产品，提高产品附加值，实现产值、利税最大化。

纸产品：10万吨浆，5万吨纸。“十二五”内做好10万吨浆、5万吨纸的市场调研、规划、科研，做强现有的造纸生产线，确保达到2万吨的产量，探索建立竹子基地的模式。

白糖产品：以水田带动山地发展。总产31万吨，入榨29.8万吨，其中：1.6万亩水田，产量19万吨；地蔗2万亩，产量12万吨。产糖4万吨。做好水田和山地的发展规划。千方百计营造好发展的良好氛围。

公司将继续以市场为导向，以热区资源为依托，以“南恩”牌一级白砂糖、浆板纸和生活用纸为主导产品，不断优化产业结构和产品结构，延伸产业链，确立了向多元化、集团化经营的发展战略，全力打造为一家立足云南、面向全国的现代企业。

造纸蔗渣原料

生活用纸

浆板纸

云南天达化工实业有限公司

云天化集团草铺工业园区厂大门

铁路物流

供电系统

消防应急救援

云南天达化工实业有限公司是云天化集团有限责任公司下属子公司，以公用工程服务于云天化集团草铺工业园区，提供消防应急救援、铁路运输、供电以及供水供气、公路运输、物业管理、设备修造及金加工、工程设计及监理等业务的服务性企业。

草铺工业园区是云天化集团规模最大的高浓度磷复肥生产基地。公司从2007年9月成立以来，对外积极加强与供电、供水、铁路运输等部门的联系和协调，不断满足园区生产需求；对内协调好各单位水电气（汽）的平衡和经济运行，最大限度地做好服务保障工作；公司内部注重加强基础管理，转变观念，利用昆明供电局VIP大客户、铁道部运输大客户、省级应急救援队伍建设等有利条件，广泛开展打造一流的服务品牌。2009年，铁路运输方面荣获“云南省铁路装卸车作业效率先进单位”称号，消防保卫工作荣获云南省公安厅颁发的“全省企业事业单位治安保卫工作先进集体”荣誉称号。在满足园区各生产企业对公用工程、铁路运输等各方面要求的同时，公司取得了较好的经济效益。

2010年，在集团公司的领导下，公司党政工团结一心，继续深入开展“供电、铁路运输、消防应急救援”三大品牌的建设活动，遵循“立足天达、服务园区”的经营宗旨，锐意进取，共克时艰，按照年初董事会下达的年度生产经营计划和公司年度生产经营目标，做好园区消汽防应急救援工作，完成铁路物流运输270万吨，确保供电67000万千瓦时的经营目标任务，统筹兼顾，合理调配资源，满足园区生产，进一步做好后勤服务保障工作，不断提升服务意识和品牌意识，力争2010年，把三项业务品牌打造成为集团一流、省内知名的服务品牌。

单位名称：云南天达化工实业有限公司
地　　址：安宁市草铺镇
邮　　编：650309
党群工作部
联系电话：8750323 8750326

峨山县万得利自然资源开发有限公司

董事长　杨忠和

峨山县万得利自然资源开发有限公司创建于1996年6月，公司在董事长杨忠和的带领下，紧紧抓住国家改革开放、大力发展非公经济的契机，经过十三年的不懈努力，公司不断发展壮大，公司按照“以人为本、诚信经营、发展经济、回报社会”经营理念，从一个创业初注册资金60万元的小企业，逐步发展成为现拥有资产4.5亿元，年上缴税金1000多万元，从业员工1400余人（其中原国有企业下岗职工800余人，农村剩余劳动力600余人），集县内铁矿采、选、冶炼、焙烧磁选、建材石料开采、水泥生产、汽车运输、林业种植、加工、县外有色金属采、选等为一体的综合性民营企业。

2004年—2005年公司实现销售收入4.7亿元，被评为省百强企业第75位，实现税利4639.4万元，上缴税金4023万元，上缴税收排名省第162位，属云南省的纳税大户。

从2003年5月至今，公司共捐资1500多万元用于社会公益事业，参与新农村建设，捐资助学，扶贫帮困，建盖高平忠和希望小学、峨山江心屿大桥建设、抗震救灾、抗旱救灾等。

公司董事长杨忠和先后被省市各级政府部门评为：云南省中国特色社会主义建设者、云南省劳动模范、优秀企业家、云南省首届创业之星、云南省拔尖乡土人才、云南省公益之星等荣誉称号。

年产60万吨干法旋窑水泥熟料生产线项目奠基仪式

办公大楼

年处理60万吨贫褐铁矿焙烧磁选厂

昆明高新五华科技园创业服务中心

云南省委常委、市委书记仇和视察科技园

昆明高新五华科技园创业服务中心（以下简称创业中心）以促进科技成果转化、培养高新技术企业和企业家为宗旨，承担着培育创新型企业、促进科技成果转化、建立和完善五华科技产业园创新体系的重要职责。

自2004年2月成立以来，创业中心在金鼎科技园已拥有超过30000平方米的孵化场地，为入孵企业提供办公、研发、小试、中试、小规模生产等场地。在孵企业达90余家，毕业企业27家，孵化企业涉及电子信息、生物技术、光学光机电、新材料新能源、节能环保等多个行业领域。2007年，创业中心通过了云南省第一批省级科技企业孵化器认定；2008年，创业中心通过了国家科技部“国家级高新技术创业服务中心”评审认定。2009年，创业中心被评为“昆明市十佳非公有制服务机构”。2010年创业中心通过大学生科技创业见习基地试点单位认定。

国家级创业中心授牌仪式

五华区中小科技企业创业园竣工典礼

昆明北理工科技孵化器有限公司

昆明北理工科技孵化器有限公司作为云南省省院省校合作的重要成果之一，由昆明高新五华科技园创业服务中心和北京理工科技园科技发展有限公司于2004年9月共同出资成立。孵化器成立五年来专注打造孵化环境，成为培育科技中小企业的基地。在孵化器的实践工作中，作为技术转移活动最活跃的聚集地，技术转移已成为昆明北理工孵化器最具特色、最有效、最具潜力的服务手段，转移工作确实促进孵化企业成长壮大。

昆明北理工科技孵化器整合资源，通过技术转移手段帮助孵化企业提高产品科技含量，打开市场，扩大影响力，实现盈利。昆明晶瑞科技有限公司作为太阳能光伏产业参与和实践者之一，通过昆明北理工科技孵化器技术转移手段的支持下，凭借其有效地提高和保持太阳能电池板光电转换效率的技术，在公司成立的短短半年时间做到上千万元销售，产品远销省内外及东南亚国家。云南弗兰替生物工程有限公司生产的滇橄榄味道含片，通过技术转移服务，即将进入北京市场及新加坡、日本市场。昆明线敌生物科技有限公司生产的床土调酸剂通过技术转移服务，现已在省内多个地州市找到经销商，打开了产品市场。这充分证明孵化器技术转移服务，对孵化企业及自身成长起到了不可小觑的作用。

昆明北理工科技孵化器依靠北京理工大学雄厚的科研能力，积极为企业牵线搭桥，促成与北理工的科技合作，实现技术的引进。在今年刚结束的云南昆明第一届大院名校科技成果展示交易会上，昆明北理工孵化器促进北京理工大学与云南方签订4项合作协议：与昆明七零五所科技发展总公司、昆明北理工科技孵化器有限公司签订《高能电池及电源管理系统在混合动力客车及水下运载器中的运用及关键技术研究机产业化》项目合同；与昆明云内动力股份有限公司、昆明北理工科技孵化器有限公司签订《混合动力客车动力发电系统研制及产业化关键技术》项目合同；与昆明北方红外技术股份有限公司签订《大倍率红外连续变焦镜头系统》项目合同；与昆明市科技局签订了2010年至2015年的市院市校合作协议。该批协议的签订，再次证明了孵化器技术转移服务对企业成长、地方经济发展起到的巨大作用。

昆明嘉和科技开发有限公司

公司领导

公司远景

昆明嘉和科技开发有限公司成立于1998年，位于国家级昆明经济技术开发区信息产业基地，占地40000m²，现有员工228人，是西南地区最大的集专业研发、生产和销售耐腐蚀、耐磨蚀、耐高温化工、有色冶金用泵及阀门、各式管式分酸器等配套产品为一体的高新技术企业，年生产能力达20000台套。

公司以打造世界一流耐酸泵生产企业为目标，秉承“踏踏实实做人、勤勤恳恳经营”的经营理念，坚持走科技创新发展之路，不断用高新技术改造泵制造业。现已研发、生产出20多个系列、600多个规格的产品，拥有专利19项，已成为我国最大的高温浓硫酸液下泵生产企业和磷酸泵生产的骨干企业，产品成功应用于国内磷化工、有色冶金、石油化工、煤化工等行业的上千家企业，并出口韩国、赞比亚、越南、埃及、土耳其等国家，深受用户好评，并在社会各界赢得广泛赞誉。公司先后获得“云南省民营百强企业”、“云南省创新型企业”、“云南省省级技术中心”、“高新技术企业”、“云南最具成长性民营企业”、“全国机械工业质量效益型先进企业”“嘉和”牌云南省著名商标等20多项殊荣。

云南省石屏异龙水泥有限责任公司

董事长　郭建明

总经理　李醉鑫

云南省原副省长李新华到公司进行调研

云南省石屏异龙水泥有限责任公司是伴随着我国改革开放的历史，沐浴着改革开放的春风成长起来的县属工业企业。1985年乡镇企业异军突起，推动了农村经济进一步发展。企业先由原陶村乡政府发起筹建，后经县人民政府协调，石屏县林业系统的各厂司参与投资入股，经八年艰苦奋斗，于1993年5月建成了年产6万吨的第一条回转窑水泥生产线。到1998年4月又历经三次技改扩建，完成了第二条生产线建设，使年产量达到了20万吨。

1996年8月企业为明晰产权，按公司法改制为石屏石龙水泥有限责任公司。2000年1月经过产权制度改革，公司股权一次性整体出让给郭建明、李醉鑫等4位自然人，企业性质改变为民营企业，名称改为云南省石屏异龙水泥有限责任公司。

公司现有员工300人，固定资产7300多万元，年产水泥20万吨。生产工艺采用现代干法回转窑生产线，生产控制采用电子计算机，微机失重秤、钙铁铝率值分析仪及自动化中央控制系统等现代先进设备，生产过程和质量控制及时准确。

公司于2003年通过ISO9001：2000国际质量体系认证和产品质量认证。产品特点是标号高，早强性能好，碱含量和游离氧化钙低，各批号水泥质量稳定。产品已广泛用于各种高层框架结构建筑、普通民用建筑、隧道、桥涵等工程及水泥制品加工。产品自1995年以来，在西南第一大桥—景洪大桥、玉（溪）—元（江）、鸡（街）—石（屏）及蒙（自）—新（街）等高等级公路和水库水利等国家重点工程中多次中标。产品可靠的质量，稳定的性能，企业规范严格的管理赢得了用户的好评。企业自改制以后，采用现代企业管理方法，以ISO9000管理为载体，提升企业管理水平，取得了较好的经济效益和社会效益。

红河州委领导到公司调研

主导产品：52.5、42.5、32.5等级普通、复合、矿渣、磷渣硅酸盐水泥，60Mpa以上水泥熟料，并可预约生产62.5等级水泥，大坝、道路、快硬等特种水泥。

云南永保特种水泥

董事长　谭国仁

云南永保特种水泥股份有限公司的前身是永胜水泥厂，建于1993年初，经云南省经委[1993]512号文件批准建设，1995年1月建成投产，1999年改制为丽江永保水泥有限责任公司，2008年注册为云南永保特种水泥股份有限公司。公司现有永胜总公司和丽江分公司两个水泥生产企业，有1000t/d水泥熟料新型干法旋窑生产线1条、1500t/d水泥熟料新型干法旋窑生产线2条、2000t/d水泥熟料新型干法旋窑生产线1条，年生产水泥总规模为200万吨。

金沙江中游河段一库八级水能资源开发项目的启动，给丽江的水泥企业带来了千载难逢的历史性机遇。为抓住机遇，做大做强永保水泥，目前，永保公司正在丽江分公司实施1条4500t/d水泥熟料生产线技改扩建工程，在永胜总公司实施1条3000t/d水泥熟料生产线技改扩建工程，计划2010年建成投产，届时公司水泥生产规模将达到500万吨。

永保水泥始终不渝地狠抓产品质量管理，产品获“云南省名牌产品”和“国家免检产品”等殊荣。2003年3月，企业质量管理体系顺利通过ISO9001：2000认证，2005年5月，产品普通硅酸盐水泥、中热硅酸盐水泥通过产品质量认证，2008年，企业通过安全体系认证和环保体系认证。

目前，永保水泥主要供给金安桥、鲁地拉、龙开口、阿海和梨园五大水电站建设工程。

得益于党的改革开放的政策和市县各级各部门的支持帮助，十五年来企业得到了了跨越式的发展，曾先后被评为云南省乡镇企业50强、云南省综合实力100强、云南省百强优强企业、国家建材重点企业。发展了的永保公司把回报社会作为己任，富而思源、扶危济困，十余年来，永保公司在捐资助学、抗灾救灾、社会主义新农村建设等社会公益事业方面无偿投入资金2000余万元，为社会公益事业做出了积级的贡献，受到群众的高度赞誉和广泛好评。

公司董事长谭国仁同志在改革开放初期就开始了他人生的创业，三十年来，他从搞建筑公司到创办水泥厂，一直在创业的道路上执著地前行，为丽江的新型工业化发展和地方经济建设做出了突出贡献，曾荣获丽

生产区一角

永保总公司

股份有限公司

江市优秀共产党员、丽江市劳动模范、云南省优秀企业家、云南省劳动模范、云南省中国特色社会主义事业建设者、云南省优秀企业党委书记、云南省光彩之星等众多荣誉，被选为永胜县人大常委、丽江市党代表、丽江市人大代表、丽江市工商联副会长、丽江市政协常委、云南省政协委员等荣誉。

永保公司将以科学发展观为指导，加大解放思想、更新观念的力度，紧紧围绕金沙江中游河段水利水电开发带来的机遇，调整经营战略，以生产特种水泥为主，力争在服务各大水电站建设的同时，企业也得到更大的发展。

永保公司龙队在表演

董事长谭国仁捐资修建的满官村南大路及大门

总公司地址：丽江市永胜县期纳镇满官村
分公司地址：丽江市古城区金山乡文化村
董事长、总经理：谭国仁
联系电话：0888-6843618(传真)
电子邮箱：ccww2002@163.com
http：//www.ljyongbao.com

永保水泥丽江金山分公司

云南一通太阳能科技有限公司

公司成立于1994年11月，是从事太阳能热利用系统、产品、部件的研究、开发、生产、销售、安装的综合性民营企业。公司注册资金1058万元，2009年度公司资产总额5324万元，现生产区占地16000平方米，建筑面积21000平方米。2000年我公司获得云南省建设厅首批颁发的一级资质证书，经济社会效益显著。公司拥有省级企业技术中心，参与对太阳热水器国家标准制定。高度重视技术创新工作，截止2009年底公司获得了近15项实用新型专利、申请受理13项及发明专利2项、自2000以来共计荣获二十多项荣誉，2007年荣获“云南省著名商标”、2008年荣获“云南名牌产品”、2009年荣获国家“高新技术企业”、2007年、2009年连续两届获得“守合同重信用”企业。近年来公司完成太阳能工程1000多项，已经覆盖云南全省所有地、州，市、县，及贵州、四川等省，并辐射到越南得北部地区。

借“家电下乡”东风，一通太阳能短期内迅速建立遍布全省900多家销售网络，专业高端的专卖店，近1000辆售后服务车建立起：“售前、售中、售后”三位一体的营销体系，为消费者提供更优秀的产品、更优秀的服务。

云南省腾冲制药厂

云南省腾冲制药厂成立于1956年，前身为地方国营制药厂，1997年改制为股份制企业。1998年兼并历经五十多年历史的积淀，具有了雄厚的制药技术基础。不断汲取现代科学技术的基础上具备了一流的检测手段。两者的有机结合，使“腾药”产品有了过硬的质量，造就的知名品种有人参再造丸、六味地黄丸、六灵丸、藿香正气水、感冒清热颗粒、清肺抑火片等。被国家评为全国中成药行业“优秀企业”金奖单位，“腾药”牌商标为云南省著名商标。2006年12月获得国家商务部授予的“中华老字号”称号。2009年11月获“高新技术企业”，“保山市技术创新中心”。

2009年底，企业总资产为上亿元，完成销售额1.20亿元，利润总额1600万元，上缴税金1285万元，员工249人。年生产规模为2000余吨，主要剂型有丸剂（大蜜丸、小蜜丸、水丸、水蜜丸）、片剂、颗粒剂、散剂、酒剂、酊剂、糖浆剂，国药准字品种128个，均是天然药物，并于2003年12月28日一次性全部通过药品GMP认证，获得中华人民共和国“药品GMP”证书。2008年10月顺利通过五年一次的GMP再认证。

历经十余年的研发过程，历经国家新药评审委员会的五年五次评审，于2004年7月23日获得了新药证书，2006年获生产批文，同年12月27日该产品生产线心脉隆、原料药顺利通过国家食品药品监督管理局GMP现场认证，2007年3月19日获得了GMP证书，主治慢性充血性心力衰竭，慢性肺原性心脏产，对继发于肺心病，心肌病的心衰效果特别明显；为综合利用药源—美洲大蠊干品，“腾药”目前正致力于“心脉隆”产品的后续开发，利用提取“心脉隆”产品后的物质和云南天然植物，进行化妆品及保健品的生产，这为“腾药”的快速发展注入了新的活力。

通海县宏伟农机商贸有限公司

公司参与文体活动

通海县宏伟农机商贸有限公司，主要从事“宏牛”牌多功能系列微耕机的研究、生产和销售。首家填补了云南省没有微耕机生产企业的空白。企业体制：私营有限责任公司，公司成立于2001年，厂址坐落于通海县里山工业园区，注册资金550万元（人民币），职工人数140人。现已开发出微型耕整机、手扶拖拉机、起垄机3个系列的成熟产品，全部产品获得云南省农业厅颁发的“农业机械推广鉴定证书”。

现生产规模为：年产1万台“宏牛”牌微耕机生产线和微耕机拖拉机配件生产线，实际生产能力达到设计标准。产品销售网点已遍及云南省各州市，覆盖面达90%，确保完善的售后服务，在各经销点建立维修等配套服务网络。现向邻省和邻国口岸发展。

2009年5月至10月在省内的红河哈尼族彝族自治州、昭通市进行“宏牛”牌 “起垄机”的示范，得到了当地烤烟种植农户的一致好评，现已被玉溪市、红河哈尼族彝族自治州、昭通市的烟草部门定为：中国烟草补贴产品。

近年来，公司先后承担了国家、省、市科技计划项目4项，获得具有自主知识产权专利技术5项，2005年“宏牛”牌多功能微耕机荣获玉溪市政府科学技术“三等”奖，2006年获云南省质量技术监督局颁发的《创建标准化企业良好行为AA级证书》，同年3月在红河州小型农业机械，农田作业竞赛中获“一等”奖。同时“宏牛”牌多功能微耕机荣获国家科技部、国家环境保护总局、国家质量监督检验检疫总局、商务部等部委颁发的《国家重点新产品证书》。

2009年“宏牛”牌商标通过省、市、县三级有关部门综合考核，评为：“云南省著名商标”、“玉溪市知名商标”。

根据云南省农业厅农业机械化管理处统计，通海县宏伟农机商贸有限公司，生产的“宏牛”牌微型耕整机，在省内外众多品牌竞争的同时，于2005年度首批首次进入云南省农业机械购置补贴产品目录，连续4年（2009年还未公布）全省农业机械购置补贴同类产品销售第一。2010年微耕机已进入新疆维吾自治区及新疆维吾自治区建设兵团、贵州省《2010年农业机械购置补贴产品目录》。

公司始终以“宏牛品牌质量至上，诚信为本用户至尊”为发展念。

销售现场

现场回访用户

云南保山利根丝绸有限公司

云南省委书记白恩培在原市长李正阳陪同下到公司视察指导

公司领导集体

省财政厅领导莅临公司指导工作

云南保山利根丝绸有限公司是一家集蚕种繁育、蚕桑生产、蚕茧收购、茧丝绸加工为一体的现代化民营企业，实行“公司+基地+农户”的农业产业化模式。先后被评为国家级“扶贫龙头企业”、“蚕桑基地建设单位”、“农业产业化重点龙头企业”，商务部“东桑西移工程先进单位”、云南省茧丝绸协会会长单位。

历经10年艰苦创业，公司在云南省保山市已建成优质蚕桑基地12万亩，在保山工业园建成投产了占地120亩、建筑面积50000m^{2}的缫丝及丝绸织造厂，主要产品及生产能力为年产优质白厂丝680吨、高档真丝经编绸300万米、纯天然丝绵被15000条，其中真丝经编绸以其品种多样、风格独特、技术领先而独领风骚，产品大部分出口欧美等高端市场。2009年度，公司实现产值1.5亿元、销售收入1.2亿元，利税1200万元。

公司科技创新能力处于同行业世界先进水平。先后从国内外引进创艺2006系列自动循环热风自动烘茧机、20组Fr2000优选型自动缫丝生产设备、4台套卡尔迈耶公司制造的HK93—IE28德产真丝经编机，并不断进行技术升级改造。通过与江南大学、云南省蚕蜂研究所等院所建立长期合作关系，在蚕种繁育、蚕桑生产和丝绸深加工技术上不断进行科技创新，可变换生产编织不同品种、风格、结构的真丝经编绸产品，更好的适应国际市场需求的变化。

“十二五”期间，公司将继续抓住国家西部大开发和东桑西移的机遇，充分发挥云南永昌古丝绸之路的资源优势，在丝绸加工方面不断创新，着力打造“利根”品牌，为建设“丝绸强国”作出应有贡献。

云南保山利根丝绸有限公司　NO.0852

农业产业化
国家重点龙头企业

中华人民共和国农业部
二零零八年八月

云南保山利根丝绸有限公司

国家扶贫龙头企业

国务院扶贫开发领导小组办公室
二零零八年四月

董事长、总经理：徐利根
地　址：保山市隆阳区板桥镇（保山工业园）
电　话（传真）：0875—2848038
网　址：www.ynlgsc.com

云南理想药业有限公司

公司远眺

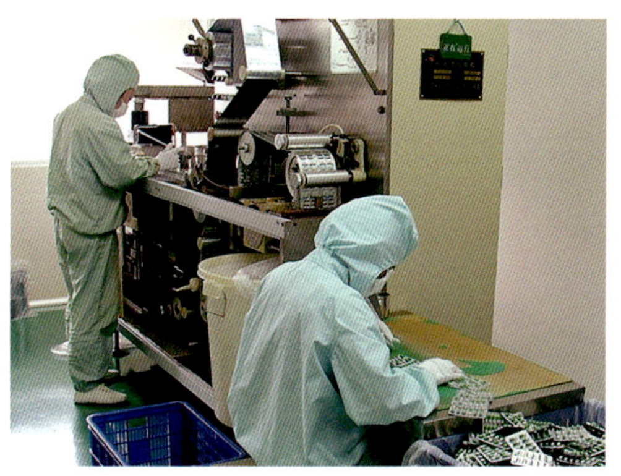

洁净生产车间

检　验

云南理想药业有限公司是专业致力于肾脏疾患治疗药品研发和生产的高新技术制药企业。公司成立于1996年，位于云南昆明国家级高新技术产业开发区，拥有中药提取、胶囊剂、颗粒剂和片剂生产线，各方面的综合指标都达到了国内领先水平。2002年公司率先通过了国家药品GMP认证，被评定为“高新企业”、“先进生产技术企业”、“优秀企业”、“昆明市花园式单位”等。

“十年辉煌，源于理想”，公司主要产品有：国药准字肾衰宁胶囊、国药准字血尿安胶囊、国药准字表热清颗粒和冬宝胶囊。它们为公司在肾内科治疗领域赢得了广大医务工作者和患者的认可。

云南理想药业秉承“以市场为导向，用科技做支撑”的方针，多年来培养了一大批高素质的科研人才和管理队伍，依托全国多家著名科研机构，组建起一个高起点的科研平台——云南理想肾脏病研究院。公司2001年被列为国家中药现代化科技产业（云南）基地，昆明市“中成药规模化生产”重点科技计划项目，让公司的发展步入了新的历史时期。

“理想”的事业是为人类健康服务的事业，“忠实于科学，献身于健康”是理想药业的经营理念。公司将在全球化的浪潮中，理想人将以“追求最好、实现理想”的企业宗旨，“质量是理想人的生命”的企业信念，充分发挥自身专科品牌优势，努力做大做强，为光大祖国的中医药事业、为人类的健康做出新的更大的贡献！

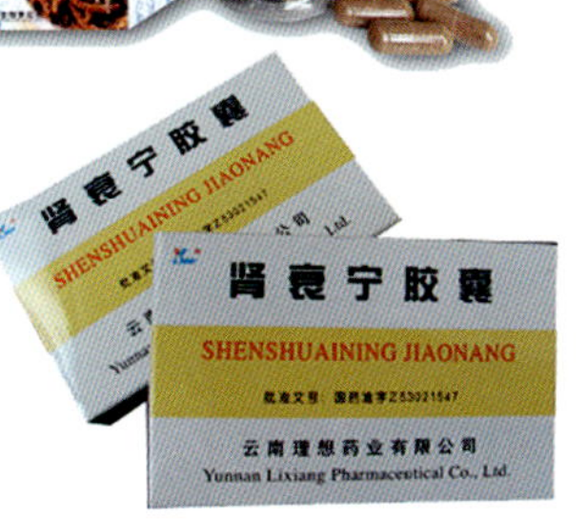

主要产品

泸西县兰益

公司大门

泸西县兰益酿造有限公司最早成立于1953年9月，至今已有56年白酒酿造历史，公司位于泸西县中枢镇东新路12号，拥有酿造生产区和成品灌装生产区两个生产基地，其中灌装生产区为新扩建，位于县城阿庐大街，两生产区总占地面积40余亩。

公司现有员工260人，其中销售人员约80人。公司的主导产品有：荞酒、松子酒两大系列产品十八个品种，市场网络覆盖省内各地州县，辐射全国十多个省区。

公司近几年的发展情况，可以用公司经营宗旨来概括："以市场为导向，以品质求生存，以科技创新求发展。"

一、以市场为导向，产销两旺

2009年我公司实现销售收入6900万余元，产值5800万余元，比2008年增幅均超过40%，能在经济危机的大形势下，取得近三年连年产销增幅达40%左右的成绩，这与公司持续市场投入密不可分。

市场方面：一是连年增加广告投入，引领消费需求。从2006年起，公司在2004年即被云南省工商局评定为"云南省著名商标"的基础上，坚定了打造"兰益"品牌，走品牌路线的决心，并在随后几年，持续通过投入报纸、电台、户外媒体等方式持续提升品牌影响力。2008年6月7日，"兰益营养型松子酒、荞酒"科技创新新闻发布会在北京钓鱼台国宾馆隆重召开，国家有关部门领导和国家级新闻媒体二十多家出席了本次新闻发布会，首启云南酒企业在首都"心脏"召开新闻发布会的先河。2009年10月份，兰益公司中英文网站建成，成为对国内外宣传的又一平台。经过一系列宣传活动，"兰益"品牌知名度和美誉度在云南酒企中名列前茅。

二是持续拓展销售渠道，近三年来，兰益各地区域经销商从二十家增加到七十家，2009年6月份至10月份，经过省州多部门多程序审批，获得外贸企业的资质，通过对区域经销商的开发和销售渠道的管理，有效提升了市场覆盖率和市场占有率。

三是建立自己的营销队伍，不断完善营销系统组织机构，销售人员从十多人发展到八十人，建立了昆明、曲靖、红河州、大理四个省内办事处和一个省外办事

酿造有限公司

处，并在昆明建立了公司营销中心，成立了相应销售职能管理部门。营销队伍的不断扩建及组织机构的日趋完善，为公司进一步拓展市场奠定了坚实的基础。

二、以品质求生存，不断提升管理水平

品质是品牌的基础，公司一直将品质决定生存的理念于生产管理之中，并通过一系列的管理体系和认证活动来提升企业的管理水平。

公司最早于2002年首批在云南省酒企中取得白酒安全生产许可证，并于2007年1月份、2010年1月份连续两次通过省、州技术监督局组织的换证审核，并取得A级合格资格，2005年8月份和2007年7月份，公司还连续两年获得云南省酒科所和昆明市酒协评定的“云南八大小曲酒生产企业”称号。

2009年1月份，公司通过ISO9001:2001质量体系认证和省商务厅商务管理体系“YC”认证。

2009年11月份，通过红河州经委组织的清洁生产审核。

2009年6月份开始，公司开始推行生产现场5S管理，对规范现场起到了一定作用。

通过管理水平的提升，多年来公司成品抽检酒体合格率一直保持100%，包装合格率保持在99.95%以上。

三、以科技创新求发展，持续优化产品结构

公司产品在市场上历久不衰，科技创新功不可没。

1995年，公司在云南省内首家成功开发杯装荞酒，在市场上一炮而红，至今在市场上保持了省内杯装酒产销量第一的成绩，被誉为“云南第一杯”。

1999年，公司在省内首家开发松子酒，创造了一个前所未有的酒类新品，培育出一个新的消费群体，至今保持了省内松子酒市场占有率第一和松子酒第一品牌的成绩。

公司非常重视科技创新，长期与四川大学、省酒科所专家保持科研合作关系，目前拥有自主知识产权专利5项。

1997年，公司“兰益”牌杯装荞酒获中国专利新技术新产品博览会金奖，2000年，公司“兰益”牌松子酒获香港国际新产品新技术博览会金奖，

系列产品

至此，公司荞酒、松子酒两大系列产品逐步成型。

2008年，公司营养型荞酒、松子酒开发成功，并在北京钓鱼台国宾馆召开新闻发布会。

2010年，公司计划加大投入，开发一些高端产品，使公司产品形成荞酒、松子酒两大系列，杯装、瓶装两种形式，高、中、低档不同层次搭配合理的产品结构。

公司多年的发展，对带动地方相关产业发展，如：运输、广告、包装物等起到了积极的作用，对解决地方就业作出了应有贡献，更对当地荞麦种植等农业产业起到了推动作用，但随着进一步的发展，生产场地受限，生产能力不足，融资困难等瓶颈问题也显现出来，需要政府各级部门的支持帮助。

昭通市宏联实业有限责任公司

董事长　李大宏

亲切慰问职工

昭通市宏联实业有限责任公司是一家以云南优质猪鬃毛为依托，连接千家万户，集猪鬃收购、加工、销售为一体的外向型农副产品加工龙头企业。公司设立于1998年12月，现住昭通市昭阳区凤凰办事处南温泉社区，经济性质为民营有限责任公司。2002年，公司取得了自营出口经营资格，公司目前的注册资本为2000万元人民币。

公司守法诚信,管理科学规范,已通过ISO9001：2000质量管理体系认证.获得了许多荣誉: 2004-2005年被云南省工商局公示为“守合同、重信用”企业；2007年被国家工商总局公示为第四批（2006年度）全国“守合同重信用”企业；2003年,被昭通市人民政府评为先进企业私营企业；2004年10月获得全省学习实践三个代表重要思想先进集体，11月被省经委认定为云南省第一批县域工业特色产业重点企业，12月被评为全省促进再就业工作先进集体；2005年12月由云南省农业产业化经营协调领导组评定为农业产业化经营省级重点龙头企业；2006年1月，被省乡企局确定为云南省第一批重点农产品加工企业；2006年12月被国家农业部确定为全国农产品加工出口示范企业；2008年9月被评定为云南省农产品加工出口先进企业，10月被昭通市人民政府评为全市10户优强工业企业之一，2009年被评为省级先进扶贫企业。

昭通市宏联实业有限责任公司在继续做好猪鬃产业的同时，立足昭通的农业优势资源，以“市场＋公司＋基地＋农户＋科技”的产业模式，大力发展核桃产业。通过引进核桃新品种建立核桃苗圃示范基地100亩，进行核桃产品综合开发，建设年加工5000吨核桃系列食品的生产线，主要生产核桃仁、核桃油、核桃油保健食品软胶囊、核桃蛋白粉、核桃蛋白肽等产品。现已在昭阳工业园区开工建设新厂房。建成后，每年可加工核桃5000吨，经济效益显著，对非公中小型农业企业的技术创新和持续发展具有明显的促进作用。公司在2009年已收购、加工、销售核桃仁800多吨，为核桃产品综合开发打下了良好的基础。

云南昭通金沙旅游产品开发有限责任公司是宏联公司下属的一个公司。专门从事旅游商品、工艺礼品、民族文化产品、艺术收藏品市场研究、产品开发与销售。公司设有市场部、设计部、产品部、销售部和财务部，拥有金沙绣艺（十字锈）、木刻板画系列和民族民间传统文化产品，重点突出昭通地方特色、宣传昭通各旅游景点、树立昭通旅游品牌，带动了一大批下岗女职工、农村妇女为主体的人员就业或再就业。

2009年，在国际市场相对萧条的情况下，公司产值仍然达到6330万元（加上由宏联公司控股的葡萄井鬃业公司的产值2050万元，总产值为8380万元，销售收入7588万元），出口创汇310万美元。

公司董事长李大宏同志在2004年被评为昭通市劳动模范，2005年被评为云南省劳动模范、被云南省人民政府评为优秀乡镇企业家和云南省第一批优秀中国特色社会主义事业建设者，2008年7月被昭通市经委党委评为优秀党务工作者，被云南省政府评为云南省百名优秀工业企业家。

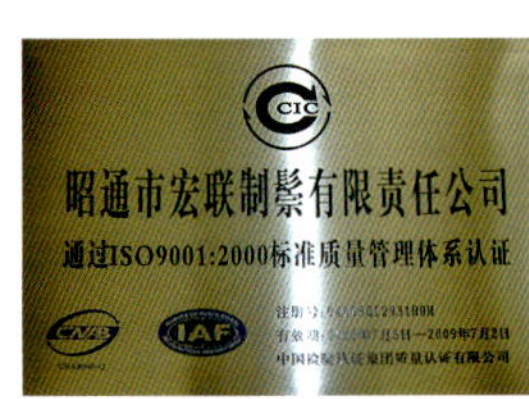

昆明邦伊特种涂料有限公司

耐高温涂料实例

公司产品

昆明邦伊特种涂料有限公司是一家具有相当规模，现代化的管理企业。专业生产化工防腐涂料、重防腐涂料、卷钢涂料、船舶涂料、道路标线涂料、建筑内外墙涂料的专业公司，年生产能力2000吨，100多个品种。 我公司始终遵循“质量第一、诚信立业、发展改革、使之服务”的原则，管理更加优质科学化，其稳定、优质的产品质量、深得用户好评。公司地处云南省昆明市大板桥,地理位置优越，交通十分便利。

主要产品：

车间底漆专用防锈底漆

高氯化聚乙烯、氯磺化聚乙烯涂料系列

环氧涂料系列

聚氨酯、氟碳涂料系列

氯化橡胶、丙烯酸涂料系列

耐高温涂料系列

油罐内壁、地下管道涂料系列

橡塑互穿网络涂料系列

其他涂料系列

总经理陈峰携全体员工，感谢新老客户的真诚合作和支持，共谋发展，并一如既往的为您提供优质高效的产品及最佳地服务，我们随时恭候您的光临，共创明天的辉煌。

涂料施工现场

厂房一角

云南大西洋焊接材料有限公司

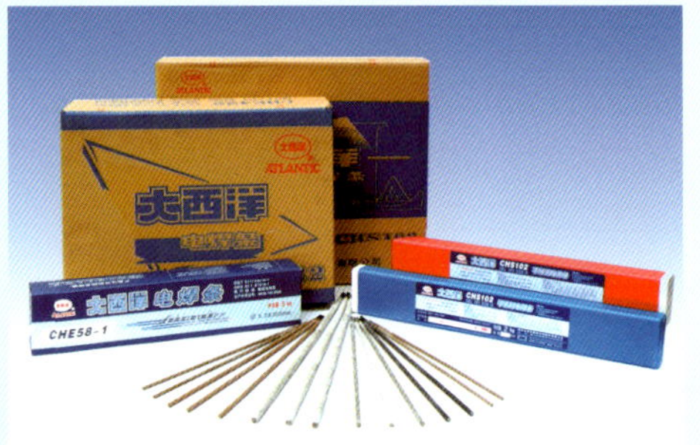

公司产品

云南大西洋焊接材料有限公司是由中国上市公司——“四川大西洋焊接材料股份有限公司”控股于1993年发起设立。公司注册资本2000万元，其中四川大西洋焊接材料股份有限公司投入1100万元，占总投资额的55%，云南省机电设备总公司投入900万元，占总投资额的45%。

公司全部使用“大西洋焊接材料”的先进生产工艺、技术和其它工业产权，年设计生产能力3万吨电焊条及1.5万吨烧结焊剂，产品质量达到AWS、JIS和GB标准，广泛应用于电站、锅炉、压力容器、桥梁、船舶、车辆、高层建筑、重型机械设备等重要领域，公司自成立以来，一直沿着健康、快速、稳定的发展轨道运行，由弱到小，由小变强，资产总额由建厂初期的1500万元发展到目前的1.19亿元，截止2009年12月累计生产普通电焊条31.9万吨，生产焊剂9274吨，销售电焊条31.51万吨，销售焊剂6036吨，实现利润12344万元，上缴税金8917万元。特别是近年来云南重点工程如：漫湾电站、大朝山电站、昆玉、楚大、昆曲、大保高速公路、宣威火电站、世博会工程、二环路改扩建、昆明新机场、昆明地铁等无一不是选用大西洋牌焊接材料。

公司产品覆盖整个云南市场，市场占有率在95%以上，同时拥有自营进出口权，产品远销缅甸、泰国等国家，深受用户的一致肯定。

我公司先后被评为云南省首届对内合作先进企业、云南省商业企业诚信单位、市工行“AAA”特级信用企业，ISO9001质量管理体系获证优秀企业，首届昆明市劳动保障诚信一级单位，2005年度昆明工业主营业务收入百强企业，2009年6月被中共云南市委、昆明市人民政府评为昆明市20佳成长性中小企业。总经理李元先后被评为昆明市第四届、第六届优秀企业家。

公司产品用于高层建筑

公司产品用于机车制造

公司产品用于航天

公司产品用于舰船

星耀生物 XINGYAOBIO

云南星耀生物制品有限公司

一、云南星耀生物制品有限公司长期专业从事微生物农药新技术和新产品的研究、开发与推广应用。主要开发和推广四大类产品：细菌，真菌，病毒，植物源。企业属高新生物技术企业，国家农药定点生产企业，云南省微生物农药产业化示范主要基地。

1. 企业所有制性质：自然人独资（一人独资有限责任公司）

2. 基本情况：公司成立于2007年。公司前身云南星耀生物制品厂创办于1993年，是云南省科技厅下属企业并于2007年3月完成整体改制，企业变更为云南星耀生物制品有限公司。

3. 主营业务： 细菌 真菌 病毒 植物源 产品

二、行业地位

企业与中国农业大学植保学院、浙江大学生命科学院、云南大学微生物发酵重点实验室、云南农大植物病理重点实验室、山东科学院

生物研究所、中科院微生物研究所等科研院所建立了长期的技术项目合作关系，承担并完成了多个包括省科技攻关，省院省校，国家重点等项目及产品的研发生产。有着较强的生物技术力量和丰富的市场营销经验。公司已研发成功的几个新产品经科技厅组织的专家鉴定认为技术处于国内领先或前沿水平。在杀虫真菌、病毒防治剂、细菌性杀菌剂等方面已走在了国内同行的前面；在云南已成为了生物防治剂生产销售的领先企业。

三、主要项目成果（产品）

1. 10亿／克枯草芽孢杆菌可湿性粉剂——云南省省院省校合作

国家科技成果重点推广产品

项目名称：《农作物土传病害生防菌剂研制与开发》；

承担单位：（云南方）云南星耀生物制品有限公司 合作方 云南农业大学云南省植物病理重点实验室，中国农业大学植保学院生物防治实验室）

2. 100亿/ml球孢白僵菌分生孢子悬乳剂——云南省省院省校合作

项目名称：《丝孢真菌杀虫剂的研制与开发》

完成单位：云南星耀生物制品有限公司 合作单位：浙江大学微生物研究所、云南省植保植检站；

3. 2亿/克绿色木霉菌水分散性微粒剂——云南省科技攻关项目

项目名称：《绿色木霉菌水分散性微粒剂的研制与开发》

完成单位：云南星耀生物制品有限公司 合作单位：山东省科学院生物技术研究所

4. 100亿／克芽孢杆菌可湿性粉剂——云南省创新强省计划项目-

项目名称：《防治十字花科作物根仲病微生物制剂的研制与开发》

承担单位：云南星耀生物制品有限公司

合作方 云南农业大学工程中心

5. 1000万PIB/克松毛虫质型多角体病毒制剂云南省科技攻关

5亿PIB/ml松毛虫质型多角体病毒母液（原药）

项目名称：《松毛虫病毒制剂生产及应用关键技术》"

合作方： 云南省林业科学院

6. 《无公害蔬菜产业化关键技术与示范》 云南省科技攻关

合作方：云南农大植保学院、晨农公司

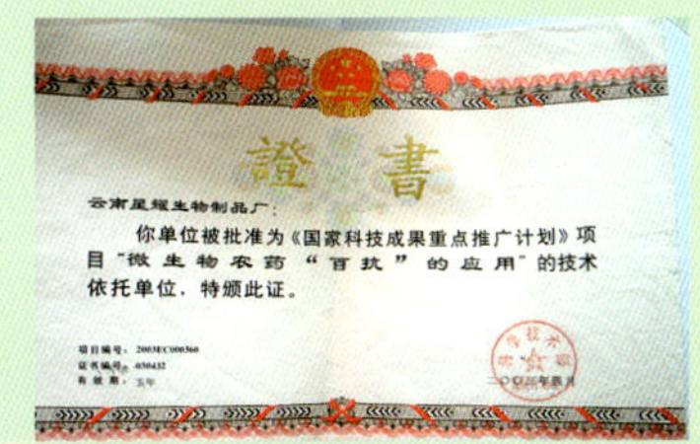

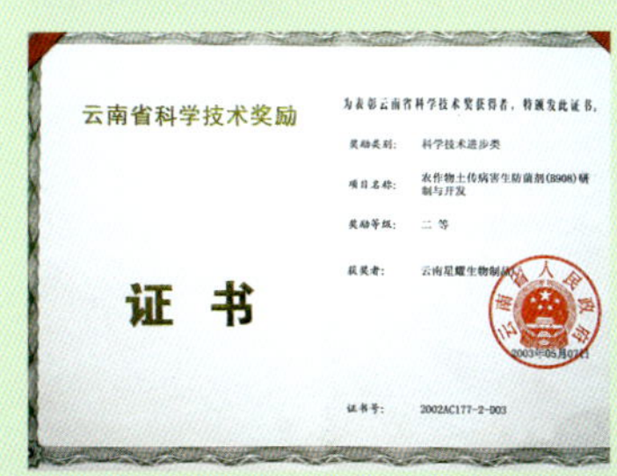

公司一角

公司基地规划效果图

办公大楼

云南易门山里香食品有限责任公司

云南易门山里香食品有限责任公司（原云南易门浦贝山里香食品厂），创建于2000年6月，现有员工68人，其中各类科技人员20人；总资产1080.5万元，其中固定资产546.4万元，年产值达1250万元。主要从事“山里香”品牌系列产品的生产开发，是以“公司+基地+农户”的发展模式，集生产、加工、销售为一体的特色农产品开发生产企业，现已成功开发规模生产有机即食野菜、独具地方特色豆豉、野生菌三大系列，40多个品种，80余种包装的产品投放市场，并打进昆明“沃尔玛”、“七彩云南”等大型超市及销往80个市、县零售网点，主要产品远销北京、四川、香港等省、市、地区，深受消费者的青睐。2007年实现销售收入1250.26万元，其中：有机即食菜蕨产品750.2万元，野生菌（山珍）25万元，豆豉475.06万元，带动农户15000户，户均增收500元。

公司领导

近年来在上级农业主管的关心支持下，与上海大学合作共同组建了“上海大学——云南易门山里香食品有限责任公司企业技术中心”，依托上海大学雄厚的科研力量和先进的食品生产加工工艺技术和质量管理控制理念，开展科技攻关，加快农业资源产业山野菜、野生菌、豆豉新产品研制开发步伐。2005年与上海大学合作承担的云南省省院省校科技合作计划“利用云南野生蕨菜资源研究开发有机食品”项目于2007年8月通过省科技厅组织专家验收鉴定，专家一致认为达到国内先进水平。该技术被易门县人民政府评为2007年度易门县科技进步一等奖，并推荐参加玉溪市人民政府科技成果评奖。公司多个产品已通过国家农业部农产品质量安全中心“无公害农产品”及“产地”认证；有机即食蕨菜系列产品已获得“有机食品”认证并被云南省经济委员会认定为云南省新产品，荣获2003-2004年度全国食品工业科技进步优秀项目奖。随着公司规模的不断发展壮大，有力地促进了农产业结构的调整优化，2007年公司被省委、省政府列为农业产业化经营省级重点龙头企业。“山里香”系列产品以爽口开胃、咸辣适中、香辣突出、营养丰富等特点，受到国内外消费者的青睐，国内外市场占有率不断扩大，2007年“浦贝山里香”商标已被云南省工商局认定为云南省著名商标，企业呈现产、销两旺的发展态势。为把“山里香”系列产品做大做强，促进易门县特色农产品加工产业的发展，增加地方财政收入，带动当地农户创业致富，有力支持社会主义新农村建设。

云南变压器电气股份有限公司

公司简介

云南变压器电气股份有限公司位于云南省省会—昆明，有七十多年的变压器制造史，经过不断的创新发展，综合经济指标已名列同行业前列。公司是国家定点生产220kV级及以下电压等级的变压器专业厂家之一，也是目前西南地区最大容量变压器制造企业之一。公司于1999年通过了ISO9001质量体系认证，年生产能力1100万kVA。

主要产品

电力变压器、铁道电气化牵引变压器、箱式变压器、H级绝缘赛格迈干式变压器、牵引整流干式变压器。

地址：云南省昆明市西山区春雨雨路265号　电话：0871-8218052
传真：0871-8217753　邮编：650100　网址：http://www.yntec.com/

云南国资水泥红河有限公司

云南省副省长高峰到公司调研

云南国资水泥红河有限公司（云南省开远水泥厂）于1969年建成投产，先后建成6条水泥熟料生产线，目前拥有两条日产2000吨新型干法水泥熟料生产线。

按照“熟料基地+粉磨站”模式，公司从1996年至2008年，先后在呈贡、弥勒、砚山、河口、个旧、石屏等县市建成了6个水泥粉磨分公司，年水泥生产能力300万吨，是一家跨地区生产经营、拥有雄厚技术力量的大型水泥企业。

公司主要生产各等级强度的“红河”牌普通硅酸盐水泥、矿渣硅酸盐水泥和复合硅酸盐水泥，还可根据用户需要生产公路稳定层水泥、道路硅酸盐水泥、中热硅酸盐水泥等。到目前为止，出厂水泥合格率和富裕强度合格率已连续20余年100%合格，是云南建材行业中首家实现产品质量全优的企业。产品覆盖云南大部分地区并远销越南、缅甸等地，被广泛应用于桥梁、隧道、机场、铁路、公路、电站、水库、高层建筑等工程，在用户中享有较高声誉。

1993年公司荣获全国“五一”劳动奖状；1994年获全国水泥产品质量“百佳企业”荣誉，被推荐为“中华水泥精品”；2004年荣获国家免检产品称号；2005年获国家建材优秀企业、优秀建材产品称号；2007年，荣获云南省建材行业先进集体、全国建材行业先进集体称号；1997年荣获云南省首批名牌产品称号并一直保持至今。

为贯彻落实科学发展观，实现云南省节能减排目标，2007—2008年，公司先后将仍能正常生产、排放达标且效益良好的1-4号湿法生产线关停、拆除，这是为优势产业发展腾出环境容量空间的重要举措，充分体现了公司认真贯彻落实科学发展观，用责任报效社会，做好节能减排工作的决心。

按照《水泥工业产业发展政策》要求，公司是云南省首家在日产2000吨新型干法水泥熟料生产线（一线）上配套建设纯低温余热电站的水泥企业。项目装机容量为4.5MW，总投资3000万元，于2007年5月实现并网发电，推动了公司水泥生产向生态环保型方向发展。2007年4月，公司清洁生产审核通过了省、州经委专家组的验收，成为红河州内第一家通过清洁生产审核验收的企业。

今后的工作中，公司将一如既往地贯彻“安全是第一要务”理念，不断强化基础管理，通过科技进步和持续改进，使企业向着环境友好型、资源节约型的创新企业迈进，实现企业与环境、社会的和谐发展，为广大客户提供优质的产品和满意的服务，为云南省和国家的经济建设做出更加积极的贡献。

董事长　李波文

总经理　吴　许

云南生物谷灯盏花药业有限公司

云南生物谷灯盏花药业有限公司成立于1999年6月，注册资本金6000万元，截至2009年末总资产4.67亿元,实现企业总销售收入超过3亿元，在册员工人数280人，拥有国家专利42项，其中发明专利25项，获得授权的12项。

公司是专业化研究、开发、生产治疗缺血性心脑血管疾病的药品－灯盏细辛系列药品的企业，是云南省重点制药企业、云南省农业产业化龙头企业、云南名牌产品30强企业和云南省优强企业。是国家“863”计划和“国家十一五科技支撑计划”等国家重点科技计划项目承担单位。公司的“生物谷”商标2003年起连续被评为云南省著名商标。公司的主导产品灯盏细辛注射液自2003年起连续被评为“云南名牌产品”。根据国家《高新技术企业认定管理办法》2008年12月被认定为云南省首批国家高新技术企业。经过持续的技术改造，公司已形成了年产小容量注射剂6000万支、粉针剂1000万支、胶囊2亿粒、片剂8亿片、滴丸剂10亿粒、软胶囊剂5500万粒、提取及精制原料药200吨的生产能力，其中小容量注射剂、片剂、胶囊剂、抗肿瘤药注射剂、冻干粉针剂、滴丸剂、原料药及保健食品生产线都通过了国家药品GMP认证。2004年通过了ISO9001：2000质量管理体系认证，2005年通过了ISO14001环境管理体系认证，2006年通过了清洁生产现场审核。公司成立以来，经营业绩突出，工业总产值、销售收入和利税总额等三项指标连续几年均名列云南省医药工业企业前列。

公司致力于植物药的研究、开发、生产，是目前国内唯一一家以生产灯盏细辛（云南灯盏花）系列产品为主的企业，经国家批准设立了企业博士后科研工作站和国家认定企业技术中心，是云南省特色植物药工程技术研究中心。主导产品“灯盏细辛注射液”以云南特有药用植物灯盏花为原料，提取其有效部位制成，对各种缺血性心脑血管疾病总有效率达95%以上，安全性高，是真正具有急救意义的极少数中成药之一，在全国灯盏花系列药品市场中占有50%以上的份额。列入了“重点国家级火炬计划项目”、“国家中药保护品种”、“全国中医院急诊必备用药”、《国家基本药物目录》和《国家基本医疗保险药品目录》，自2003年起被连续评为“云南名牌产品”。

新上市产品“灯盏生脉胶囊”为灯盏细辛与人参、麦冬、五味子组成的复方口服制剂，适用于脑梗塞、脑出血恢复期治疗，对降低血脂、预防二次中风有良好的疗效，进入了《国家基本医疗保险和工伤保险药品目录》，并且在马来西亚注册成功，2007年被列入“十一五国家科技支撑计划2006BAI04A02　　课题”临床实验用药。该产品目前已经创造了云南医药行业的销售奇迹，即将成为公司又一个“金牛产品”，数年后销售额预计将达20亿元。

新药“灯盏花滴丸”采用微粉化生产工艺，有效提高了生物利用度高，使疗效显著增加，目前已投放市场。“注射用灯盏细辛粉针”是在“灯盏细辛注射液”基础上研制的新产品，具有更好的稳定性，目前将进入生产批文审批阶段。

公司秉持“经营健康、健康经营”的管理理念，以先进的科研生产、经营管理和市场销售创立“生物谷”知名品牌，打造灯盏花系列名牌产品，提供客户需要的产品与服务，为发展民族医药产业，服务人类健康事业做出贡献。

公司厂区远景

昆明市宜良滇王食品有限公司

原昆明市委书记杨崇勇到公司视察

省、市林业（厅、局）领导到公司调研

昆明市宜良滇王食品有限公司创建于1993年，是一家以板栗制品加工为主的民营企业。公司先后被评为《诚信企业》、《先进私营企业》、《食品放心企业》、《昆明市农业产业化重点龙头企业》、《云南省林业产业化重点龙头企业》。“滇王”商标荣获《云南省著名商标》，“滇王甘栗”系列产品取得了《中国绿色食品证书》、《云南省名牌农产品》，并连续荣获昆明国际农业博览会《优质产品金奖》等称号。

2005年公司率先在云南建成年加工500吨板栗制品生产线，主要生产“滇王甘栗”、“滇王月饼”等系列产品。“滇王甘栗”无添加、无着色、原汁原味、栗香爽口，老幼皆宜。产品远销省内外，深受广大消费者的好评，板栗采收、冷藏、加工技术2009年通过云南省科技厅成果鉴定，处于国内先进水平，为云南板栗产业的健康发展奠定了坚实的基础。

2010年公司已在宜良食品工业园区征用土地35亩，计划投资5300万元，通过2—3年时间，建成年加工销售板栗制品2000吨的生产规模，实现产值上亿元，利税超千万元的滇王食品集团公司。

热忱欢迎海内外各界人士莅临本公司参观、指导、洽谈、订货、共谋发展大计！

法人、总经理：王崇云
地址：云南省宜良县城育才路5号
电话：0871—7523008
网址：www.dianwangfoods.com.cn
Email:dianwangshipin@126.com

包装车间

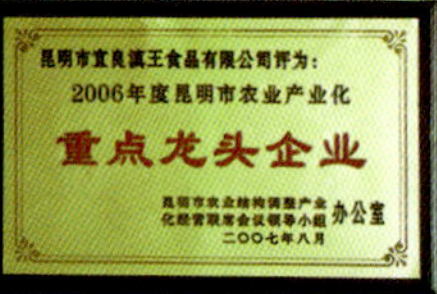

云南才华物流有限公司

货运整装待发

云南才华物流有限公司是一家专业从事公铁联运、危险品运输、仓储、货物配送与物流方案策划为一体的专业物流公司。自95年创立以来，已在全国二十个城市设有分支机构，拥有一支团结、务实、拼搏、创新的专业物流队伍，员工人数现已超过800名，在昆南租用两条铁路专用线、物流配送中转储存仓库面积超20000余平方米，年货物运量接近百万吨，在公路方面，公司自身车辆投入近千万元，目前运作路线主要是江苏（丹阳）、浙江（金华、温岭、杭州）、云南（昆明）、广西（南宁）、陕西（西安）全线对开，公司为各行各业客户提供仓储、运输、信息综合性物流服务，以“优质、安全、及时、方便、低耗，提供全天候物流服务”为服务宗旨，以完善的内部管理与严格的质量管理，良好的服务质量赢得了客户的称赞。目前，我公司又在晋宁国际物流园区建立了新的仓库与配套建筑，占地40亩，面积达30000余平方米，具有先进装卸设施、现代化储存设备和智能化综合办公楼，其在环保理念、地理优势、管理理念方面都将符合社会各界客户理想理念中的物流集散基地的标准。在物流服务中我们所提供的特色服务主要有以下几个方面：

（1）物流咨询：用科学、经济的方式为客户提供物流方案的策划、组织和实施。

（2）多式联运：对大批量、长距离的货物可组织公路、铁路、水路等多种方式的联合运输，实行门到门全程跟踪运输服务。在确保安全、及时的条件下，尽可能为客户降低物流成本。

（3）仓储服务：设立大型仓库和堆场，为客户提供各类物资的保管、存储和中转配送服务。公司配有专职客服人员，可及时、准确全程跟踪货物运送流程，并及时将信息反馈给客户。

（4）公司从事铁路到达接卸、零担拼装及整车发运、危险品运输、大件运输等多项铁路业务，丰富的物流运送经验也将进一步减少客户转运成本

（5）为客户提供个性化服务与各类增值服务：公司针对不同的业务流程制定不同的项目服务及操作流程。从而，给客户带来高效、可靠的物流支持。

（6）独特的物流信息管理系统：公司目前自主开发的物流信息系统是以仓储、运输综合资源优化、控制管理为一体，具有“才华特色”的物流信息管理系统，可以实现物流管理的信息化、自动化、网络化、使各相关数据实现了资源共享，初步实现了公司内部即时传输物流信息，加快了货物的中转、集货及配送的流转速度，做到合理配载、及时运送。

忙碌的装卸场地

昆明贵研药业有限公司

KUN MING GUI YAN YAO YE YOU XIAN GONG SI

昆明贵研药业有限公司成立于2004年6月，是专业从事铂族金属抗肿瘤药物生产和研发的高新技术企业。主要产品包括顺铂、卡铂及奥沙利铂等，产品质量符合中国药典、美国药典及欧洲药典等相关药典标准的要求。公司的顺铂、卡铂的原料药生产线于2004年9月、2007年12月两次通过国家GMP认证，2009年5月公司获得奥沙利铂原料药生产注册批件，2009年8月奥沙利铂原料药生产线通过国家GMP认证。

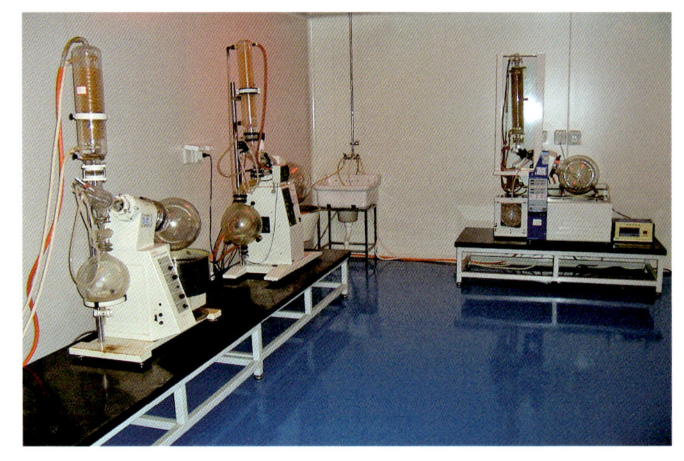

大型旋转蒸发仪

目前，公司厂区位于昆明国家高新区，场地包括普通生产区、洁净区和检测中心等，总面积约2100m^2。拥有满足产品生产、科研和质量检验所需的先进生产设备及现代分析仪器。产品70%通过贸易商出口到韩国、俄罗斯、南美等地，国内市场占有率达50%左右。

公司拥有奈达铂、舒铂、甲啶铂及赛特铂等铂族金属抗肿瘤药物及其关键中间体的制备技术，开展的科研课题包括新结构铂抗癌药和其他抗肿瘤药物的研究，自公司成立以来完成国家科技型中小企业技术创新基金项目1项，昆明市科技型中小企业技术创新基金项目2项，目前承担昆明市重点项目一项，拥有获授权国家发明专利5项，获受理国家发明专利6项，国内外核心刊物发表研究论文10余篇。公司于2006年8月获云南省高新技术企业称号，2008年10月企业技术中心通过昆明市认定，2008年12月被确定为昆明市第二批创新试点单位，2009年4月获昆明市知识产权试点示范单位称号，2009年8月通过国家高新技术企业认定，2010年1月公司的铂族金属抗肿瘤药物工程技术研究中心通过云南省科技厅认定。

公司现有员工23人，其中研究员3人，高级工程师1人，工程师5人。博士研究生1人，硕士学位3人，11人具有本科学历，硕士生导师2人。贵研药业拥有丰富的管理经验和雄厚的人才资本，正朝着建成国内铂族金属抗肿瘤药物生产基地与技术创新平台的目标稳步前进。

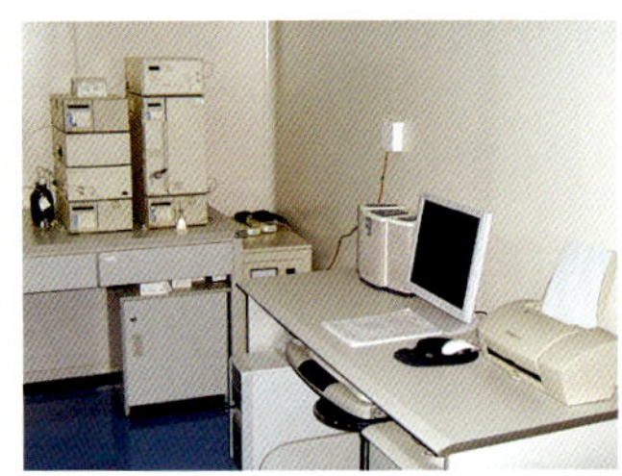

高效液相色谱仪（上下图）

纯化水制备系统

合成反应器

红外光谱仪

云南西仪工业股份有限公司

云南省委书记白恩培（右二）、昆明市委书记仇和（左二）等省市领导莅临西仪公司检查

西仪机床参展2009年昆交会

总经理　杨　波

“西仪股份”在深圳证券交易所挂牌上市

云南西仪工业股份有限公司隶属于中国兵器装备集团公司，有着70年的发展历程，位于昆明市西山区海口，2008年“西仪股份”在深交所中小企业板挂牌上市。

公司总资产超过8亿元，员工3000余人，其中，中高级职称工程技术管理人员300余人。拥有雄厚的机械加工、锻造、砂铸、精密铸造、表面处理、热处理和刀、夹、量等模具设计加工能力。

公司现已形成以汽车发动机连杆产品、其他工业产品、数控机床及功能部件产品三大轴心板块共同发展的良好局面。

西仪连杆已经建设成为国内规模最大、技术最先进、市场占有率最高、业务流程最完整的汽车发动机连杆专业化研发及生产基地，具备年产总成1000万支的能力。西仪技术中心被认定为省级技术中心，研发生产0.8L—2.5L系列产品29个品种。西仪连杆已与长安汽车、上汽、一汽、比亚迪等20余厂家建立了配套关系。

公司与云南CY集团、昆明机床、台正精密机械等合作，成功进入了数控机床制造领域，2009年机床及零部件实现销售收入上亿元，在广东、福建、浙江、江苏、贵州、上海、重庆、成都等地区已形成批量销售。

三大轴心板块共同发展的良好局面，将促进公司又好又快发展，在新的一轮挑战中做大做强。

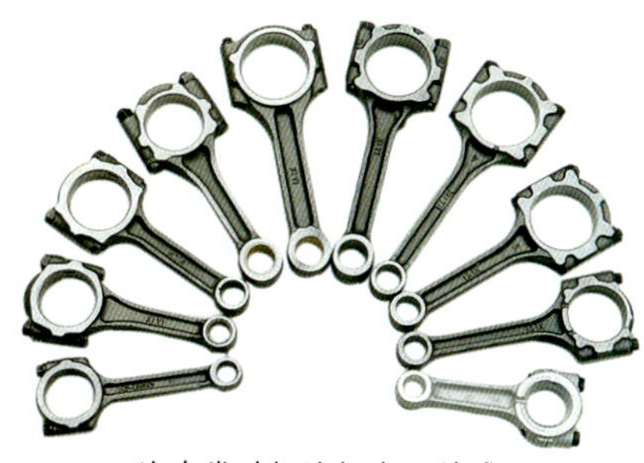
汽车发动机连杆产品总成

云南邦特新材料有限公司

云南邦特新材料有限公司专业从事有机化工原料——电石的生产和经销。现与云南省国防科工局下属的国营9815厂合资，在原5500kvA容量,年产电石1万吨设施基础上，扩建为16500kvA容量、年产电石3万吨规模，实现年产值1亿元以上。扩建后的企业由我公司独立经营。

电石分厂办公楼

在项目建设中，完全按照国家行业准入条件实施，从炉型设计、变压器选型、原料加工、以及炉气利用等方面都精心设计，认真施工，创新思维，做到了一次开炉成功，长期正常生产，易损配件消耗偏低的生产状态，以至标准电石用电单耗从未突破国家规定的技改项目电炉用电单耗3400kw·h/t的指标，产量超设计能力。我公司被国家电石工业协会接收为理事单位，曾参与国家二次电石行业准入条件的讨论，并提交修订意见，被国家采纳。在《中国电石工业》刊物2010年第二期发表题为《电石行业大有作为》论文，受国家电石工业协会表彰。

节能与减排是云南邦特新材料有限公司长期从事电石生产中高度重视、认真实践、取得实效、持续认真探索的重要课题。生产电石需要消耗大量电能，节能便成为各个电石企业高度关注的问题。我公司确定：珍惜资源，再创节能新佳绩的发展目标。于2010年和昆明理工大学真空冶金国家工程实验室达成合作协议，由我公司出资，并提出研发思路，实施以技术手段提高焦炭固定炭的科研项目，意在改变电石行业用炭质量下降，能耗大幅上涨的不利局面。以实实在在的行动，落实节能减排的目标。

我国电石行业在六十年代就使用90%固定碳的焦炭生产电石，而现在的焦炭只能达到80%固定炭，这是真正影响我国电石行业能耗偏高的主要因素。碳素原料中含有20%以上的灰份，在电炉内生成电石的同时，灰份中的氧化物也要被还原，既消耗电能，又消耗碳素，还原后的杂质混入电石中，降低电石质量。生产实践证明，炉料中每增加1%的灰份要多消耗电能50-60kw·h。若把碳素原料中的灰份减少10%，每吨电石降低能耗500kw·h。我国年消耗电石1400万吨以上，则每年仅电石行业便能节约用电70亿kw·h；相当于节约标煤86万吨。焦碳提高固定碳后，每吨电石用量又减少用碳150kg以上，电石行业每年节约标准煤100多万吨，其效益是可观的。

电石行业还存在的一个问题是二氧化碳的排放，每生产一吨电石，排放700多公斤CO_2，年排放总量为1000万吨左右，所以被称为高排放、高污染行业。如何减少排放是电石行业面临的重大课题。云南邦特新材料有限公司在省科技厅大力支持下，确立实践利用CO_2生产碳化砖项目。其原理是，将电石炉排放的粉尘收集，加入煤渣、石屑等骨料，再加入粉石灰，加水搅拌后制成砖坯。使石灰粉由氧化钙反应成氢氧化钙，然后将砖坯放置于砖窑，再把从电石炉和石灰窑排放的CO_2气体经管道引入砖窑，砖坯中的氢氧化钙吸收CO_2，还原反应为碳酸钙，产生了砖的强度，又吸收了CO_2，经实践，效果良好。一方面实现减排目标，一方面又利用了废物，产生效益。

联系人：孔祥能
电　话：0874-6827370
地　址：陆良县芳华镇浑水塘

16500kvA半密闭电石炉

实验室固定碳为90%的型焦

生产水循环冷却系统

布袋除尘系统

云南农垦工业有限公司

总经理　徐克平

云南农垦工业有限公司（以下简称工业公司）组建于2008年11月，是云南农垦集团出资组建的法人独资公司。公司的组建是云南农垦集团深入贯彻云南省委省政府《关于深化改革加快农垦发展的意见》精神，加快“二次创业”，主攻工业发展战略实施的重要举措。公司注册资金1亿元，总资产2.6亿元，净资产1.65亿元，现有员工930人，其中工程技术人员186人，企业标志是“VICDA”。工业公司旗下有6家全资企业、3家控股企业和2家参股企业，工业公司主要涉足汽车零部件、新型建筑钢模板、热带作物机械等加工产业，及云南小粒咖啡、土豆片、芦荟、果蔬等食品加工产业，并设有自己的研发工作中心。

公司经营辐射面较广泛，在云南昆明、曲靖及西安等城市共设有10个生产经营基地，总占地面积约817亩。其中“春鹰”汽车钢板弹簧、“维克达”汽车车桥、“维克达”传动轴，获得云南省名牌产品的荣誉。产品在广西、云南、贵州等地为东风柳州汽车有限公司、柳州五菱汽车工业有限公司、一汽红塔云南汽车制造有限公司、云南力帆骏马车辆有限公司、贵州万达客车股份有限公司、广西钦州力帆机械有限公司等多家知名汽车、农用车制造企业被大量采用，并得到采购方的一致肯定，因此市场销量也在日益增加。“春鹰”新型建筑钢模板式公司控股的云南春鹰亚西泰克模板制造有限公司在引进吸收美国同类产品技术的基础上，结合中国建筑市场实际研制开发的、拥有七项国家专利技术的新型建筑模板产品，在云南、四川、广西、贵州等省区的工民建、大型水电桥梁等建筑项目中取得了较好的推广运用，随着技术的革新，质量不断提高，产品先后出口到美国、罗马尼亚、利比亚、埃塞俄比亚等多个国家。“天使”土豆片在国内市场具有较高的知名度和良好的销售业绩，“天使”土豆片因此荣获云南名牌称号，“天使”品牌荣膺云南著名商标。

工业公司在技术创新方面成效卓著。云南春鹰模板制造有限公司通过5年多的技术磨合和发展，09年成为模板协会的理事单位，中国模板协会支撑脚手架标准的参编单位，中国模板协会新型组合模板标准的主编单位，和云南省租赁协会常务理事副会长单位。09年一年就申报4项新型实用专利，公司和云南省建工集团共同申报的“新型65系列模板制作安装施工工法”被评为2007-2008年度国家二级工法（工法编号：GJEJGF064-2008）钢模板不仅消化吸收了美国的西蒙斯模板技术，而且荣获了7项国家新型实用技术专利。

昆明春鹰汽车销售服务有限公司通过积极寻求合作伙伴，与云南交通职业技术学院合作创建了全国第27家，云南省唯一一家上海华普汽车A级4S店，正是这种积极创新机制的指导思想使我们以优秀的成绩获得了“2009年度上海华普功勋经销商”称号，被上海华普评为“2009年度优秀经销商企划案例”，并收录在册。并获得8万元奖励。

地址：中国-云南-昆明-五华区普吉路200号
电话：0871-5397169　5397197
传真：0871-5397169　5397157
网址：http://www.yn-vicda.com
邮编：650101

新平鲁奎山水

新平鲁奎山水泥有限责任公司位于昆洛公路213国道2332公里处，紧靠玉元高速公路，交通便利，区位优越。公司前身为扬武水泥厂，创建于1992年，1996年随着鲁奎山矿冶（集团）公司的成立，更名为鲁奎山矿冶（集团）扬武水泥有限责任公司。2003年6月改制为民营企业，注册成立新平鲁奎山水泥有限责任公司，公司占地总面积88360平方米，原有一条规模为年产20万吨水泥现代生产线，公司通过对生产工艺设备进行了技术改造，深化、细化环保治理工作，加大环保治理力度，进行无烟工程改造和环保设施改造，2006年实现了花园式工厂。

公司技术力量雄厚，生产设备先进，检验设施完善，2005年通过ISO9001：2000国际质量管理体系认证，2006年通过清洁生产达标验收,2008年通过能源审计，2008年12月获得玉溪市知名商标，并多次荣获“重合同、守信用”企业称号，“质量管理先进单位”、“质量、服务、信誉”3A企业称号。

公司始终坚持“质量第一、顾客至上、信誉为本”的宗旨，信守“创新卓越，自强诚信”的企业精神，依靠先进的工艺设备和完善的质量检测体系，保证出厂水泥合格率“三个”100%，主要产品“鲁奎山”牌P.O42.5和P.S32.5等级矿渣硅酸盐水泥，经检测被评为“绿色建材产品”。产品不仅畅销本地，而且远销普洱、景洪、红河等地，深受广大用户青睐。

近年来，公司以科技为先导，以技术进步为动力，积极引进新技术、新工艺、新设备，走节能、环保兴企之路，倡导“以质量求生存，以信誉求发展”的理念，发挥“我靠企业生存、企业靠我发展”的团队精神，通过公司全体员工的努力，实现“节能、降耗、减排、增效”的生产经营目标，积极支持新农村建设,累计捐赠水泥合计170多万元,达到承担社会责任和提高经济效益双赢效果。

为加快工业经济发展,壮大企业实力,按照新平县委、县政府“强基础、调结构、建支柱”的发展模式，公司目前正在建设2000t/d新型干法水泥熟料生产线技改工程，热诚欢迎社会各界人士光临我公司指导工作、洽谈业务。

CERTIFICATE OF REGISTRATION

Registration No.: J08Q10071R1M

This is to certify that the Quality Management System of

Xinping Lukuishan Cement Ltd.

Dakaimen, Yangwu Town, Xinping County, Yuxi City, Yunnan Province, 653412, P. R. China

has been audited to conform to the following Quality Management System Standard:

ISO 9001:2000

For the whole process of production and service of

P.O 42.5 and P.S 32.5 cement

Date of Initial Issuance: 02-25-2005

Date of Issuance after Reassessment: 01-14-2008 Expiry Date: 01-13-2011

World Standards Certification Center Inc.　Issued by:

WSC ISO9001　IAF　JAS-ANZ

国际标准认证证书

注册号：J08Q10071R1M

兹证明

新平鲁奎山水泥有限责任公司

地址：云南省玉溪市新平县扬武镇大开门，653412

质量管理体系符合

ISO 9001:2000

该体系覆盖范围

P.O 42.5、P.S 32.5水泥的生产和服务

初次发证日期：2005年2月25日

复评发证日期：2008年1月14日；有效期至2011年1月13日

北京世标认证中心有限公司　签发：

WSC ISO9001　IAF　JAS-ANZ

泥有限责任公司

公司厂区一角

地　址：云南省玉溪市新平县扬武镇大开门
邮　编：653412
联系人：挪贵忠
电　话（传真）：0877-7081084
邮　箱：lkssn@126.com

沈机集团 昆明机床股份有限公司

沈机集团昆明机床股份有限公司是我国机械工业生产大型精密机床的骨干企业，是云南省乃至中国机床行业唯一拥有A股和H股的上市公司。公司位于风景美丽、四季如春的昆明北郊茨坝，现有职工人数2386人，占地面积27万平方米。拥有总资产20亿元，资产负债率38.44%。主导产品有卧式铣镗床和数控卧式铣镗床、卧式铣镗加工中心、数控刨台卧式铣镗床和刨台卧式铣镗加工中心、数控落地铣镗床和落地铣镗加工中心、精密卧式加工中心、数控重型回转工作台、坐标镗床和数控坐标镗床、数控定梁（动梁）龙门镗铣床系列等产品。以其精度高、精度保持性好、质量优、可靠性水平高在国内外享有较高盛誉，其中大型数控落地铣镗床在国内市场占有率为第一。数控落地铣镗床、落地铣镗加工中心、精密卧式加工中心分别出口到加拿大、美国、韩国、巴西、土耳其、俄罗斯、伊朗、印度、澳大利亚等国家和地区。

公司紧紧抓住国家振兴装备制造业，发展高档数控机床的有利条件，持续推进创新工作，不断调整产品结构，提高市场竞争能力，使得企业各项经营指标持续攀升，即便在2009年受国际金融危机较大冲击的情况下，仍保持了平稳发展的良好态势。2009年，实现营业收入13.72亿元人民币，净利润2.48亿元人民币，产品数控化率超过80%，高新技术产品收入连续三年占营业收入比例超过60%以上。在全国百家机械工业重点联系企业主要经济效益综合指数名列前茅。荣获全国机械工业质量效益型先进企业等荣誉称号，中国装备工业最具品牌价值企业50强，连续三年被评为全国上市公司价值百强。

公司将秉承“客户至上、质量至上、精密至上”的精神，继续谱写新的篇章，朝着国际化、世界级知名企业目标迈进，让昆明机床这颗明珠更加璀璨夺目。

董事长高明辉，总经理张晓毅先生携全体员工、竭诚欢迎国内外客户，有识之士前来洽谈、合作、共创美好未来。

TH61140卧式加工中心

FMS柔性制造生产线

XK2130龙门铣床

TK6920落地镗铣床

公司地址：中国云南省昆明市茨坝路23号
电话：0871-6166625　　传真：0871-6166628
网址：www.kmtcl.com.cn　　邮箱：luotao@ kmtcl.com.cn

云南磷源化工有限公司

生产车间

云南磷源化工有限公司是2002年7月根据省、市、县深化国有企业改革文件精神，经市县政府批准，由原有企业“云南省会泽磷肥厂”改制组建的有限责任公司。公司现有资产1.6亿多元，职工600人，拥有年产黄磷1.0万吨、过磷酸钙10万吨、钙镁磷肥10万吨、复合肥3万吨、硫酸4万吨、锌焙砂矿2万吨、锌氧粉6000吨集化工冶金为一体并拥有自营进出口权的中型化冶生产企业，公司下设钙镁、过磷酸钙、硫酸、黄磷、复合肥及磷矿山六个分厂、公司以体制创新、机制转换和结构优化为动力，以创建节约型、环保型的现代企业为目标，坚持走节能降耗、减污增效的新型工业化道路。公司现已成为曲靖市30家重点企业之一，多次被省市县授予“优秀管理企业，明星企业”等称号，并于2003年12月通过ISO9001：2000国际质量管理体系认证。

公司地处滇东北会泽县境内，位于213国道线上，距昆明200公里、贵昆铁路100多公里、长江码头300多公里，交通便捷，境内磷矿、铅锌矿储量丰富，具有显著的资源和区位优势，公司依据辖区内丰富的矿产资源和当地丰富的电力条件，大力发展化冶企业。

公司始终坚持“管理是企业永恒的主题，发展是企业永恒的主题以及安全环保、文明进步的理念”作为公司经营管理的宗旨。并以“质量第一，开拓进取，卓越创新，精诚合作，信誉至上”的质量方针，以产品质量合格率100%的质量目标严格组织生产，提供服务。

董事长夏金龙携全体员工热忱欢迎各级领导、社会各界朋友、有识之士莅临参观指导工作，洽谈业务，共谋发展大业，为社会作出最大的贡献!

办公大楼

法人代表：夏金龙
联系电话：0874—5652898 5652069
传　　真：0874—5652938
邮　　编：654211
邮　　址：zoulygs@126.com
公司地址：曲靖市会泽县者海镇

云南省药物研究所

云南省药物研究所始建于1956年，地处昆明市著名风景区西山脚下，美丽的滇池湖畔。占地约36亩，总资产上亿元（不包括土地及无形资产），净资产9000多万元。是一所专门从事天然药物研究开发的省级科研机构。2000年科研院所转制整体进入云南医药集团，现属云南白药集团托管。在各级领导及社会各界的关心支持下，以研究所为基础，2005 年成为“国家认定企业技术中心”；由省科技厅协调领导，依托云南省药物研究所平台，组建了云南省民族药工程技术研究中心；是国家中药现代化科技产业（云南）基地——中药工程技术及制剂研究中心的承担单位。研究所下属的药物安全性评价（GLP）中心，于2006年通过国家食品药品监督管理局GLP认证，成为全国第十六家、云南省第一家通过国家GLP认证的机构 。

研究所设置天然药物资源研究中心、天然药物筛选研究中心、药物安全性评价（GLP）中心、药物制剂研究中心等研究部门。具备研发新药的能力。在中药、天然药物有效成份提取分离、药物分析、药理学、毒理学、生药学以及民族民间单验方的收集整理、新剂型开发等方面取得了许多科研成果 。形成了系统的中药、天然药物、民族药研发体系及其技术储备和支撑条件 。通过验收的云南天然药物创新团队，正在积极完成国家发改委项目“中药、天然药物中试生产平台建设”。

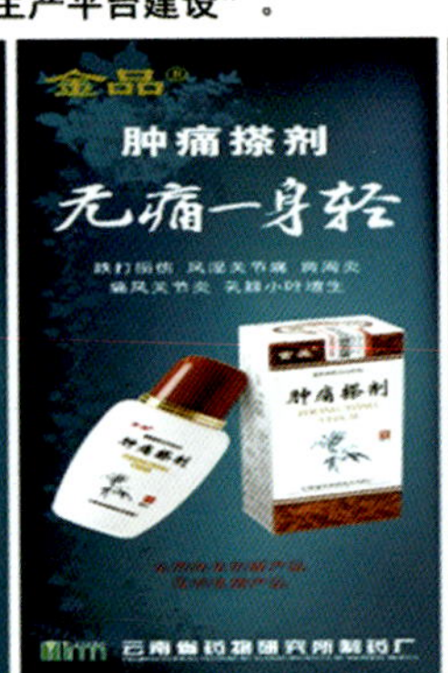

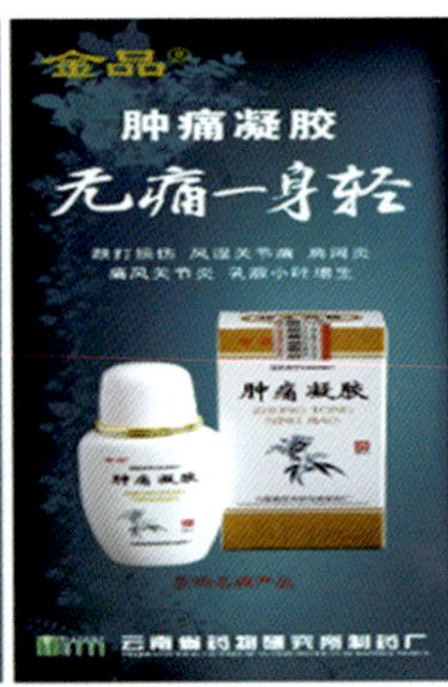

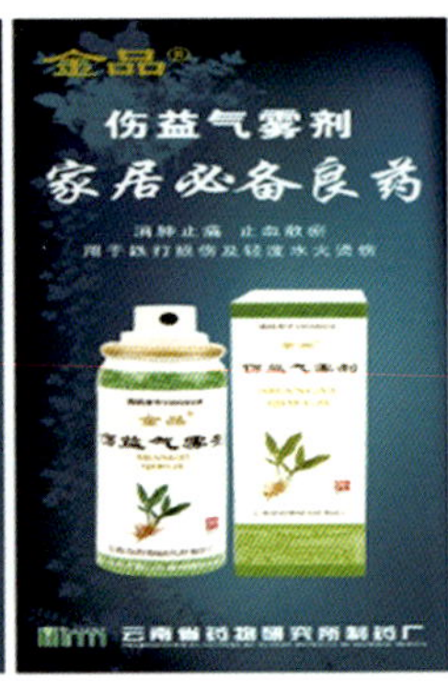

国家GMP认证的云南省药物研究所制药厂，拥有自主知识产权的独家生产新药品种痛舒胶囊、肿痛气雾剂、肿痛搽剂、肿痛凝胶、伤益气雾剂、胆清片共6个 。药厂成立以来，得到社会各方的支持，通过全体员工的大力协作，销售的药品深得顾客的好评，为企业树立了良好的形象和信誉。

建所50余年来，作为主要研究单位之一参与研发了著名的“青蒿素”，立足云南丰富的天然药物资源，先后研发了降压灵、傣肌松、灯盏花素、益脉康、三七冠心宁、血塞通、七叶神安片、胆清片、痛舒胶囊、肿痛气雾剂、肿痛搽剂、肿痛凝胶、伤益气雾剂等30余个新药，全部实施了成果转化和产业推广，部分已成为省内外的知名品种和支撑品牌。

在云南天然药物资源研究方面，研究所积累近4万多份云南药用植物腊叶标本 。整理出版了《滇南本草》，主编出版了《云南天然药物图鉴》（第一、二、三、四、五卷）、《云南民族药志》、《云南中药志》、《云南药用植物名录》、《云南重要天然药物》等著作。取得几十项有较大影响的科研成果，获得国家和省部级以上奖励30余项，其中青蒿素的研究获国家发明二等奖；三七冠心宁研究获省科技成果二等奖、卫生部乙级科技成果奖；三七总皂苷注射液研究获省科研成果二等奖；灯盏花素、益脉康、胆清片等研究获省科技成果三等奖；“金品系列药物研究开发及产业化”项目2004年度获云南省科技进步二等奖，第十五届全国发明展览会获金奖，其中痛舒胶囊获2005年度国家重点新品种证书；痛舒胶囊、肿痛气雾剂成为云南名牌产品；金品＠获云南省著名商标。2009年痛舒胶囊（片）、肿痛气雾剂列入国家医保用药。2008年，“云南特色天然药物筛选评价研究”获云南省科技进步二等奖。2009年获国家科技部“推进中药现代化十年建设”先进集体及先进个人表彰。

云南具有得天独厚的天然药物资源优势，、丰富多彩的民族药潜力巨大，我们竭诚与各界有识之士开展合作，共同为人类健康事业做出新的贡献。

昆明青松吉物流有限公司

货物堆场

公司总部办公楼

昆明青松吉物流有限公司前身为昆明市矣六运输队，成立于1992年，为了适应市场经济的发展，于2003年3月改制为昆明青松吉物流有限公司，下设昆明市官渡区青松吉装卸队，代办铁路、公路运输，集装卸、运输、仓储于一体。

组织机构情况：

公司共有员工700多人，其中管理人员80多人，占总人数的10%左右，大中专学历员工占员工总数的30%，运输队驾驶员100多人，装卸队拥有技术熟练的机械操作人员及普通装卸工人500余人。

宗旨：诚信、务实、优质、快捷。

经营情况：

多年来我公司与省内外包括：北京、重庆、成都、上海、广州、河北、福建等地诸多客户合作，为客户提供优质、方便、快捷的铁路货物装卸、运输、仓储服务，创造了良好的社会效益和经济效益。年均：装卸作业量达200万吨；铁路到达业务达42万吨；铁路发送业务达38万吨。在全国15个省、市、自治区近40个大中城市建立了合作网络公司，与多家企业建立了长期的合作关系。凭着稳定、可靠、安全的运营网络，科学的资源整合，先进的管理技术，可为各类企业提供全方位的物流服务。

技术能力及资质情况：

公司现有分拨场地35000多平方米，大小装卸作业机械35台，各类运输车辆120余辆，自备箱200余组，年装卸作业量可达280万吨，拥有4级道路运输资质。可以承接大型装卸作业业务，并给予较好的完成工作任务。

获得荣誉情况：

在十多年的经营过程中，公司获得了昆明东站、地方政府、合作单位的诸多好评。获得昆明市人民政府授予的“龙头企业”、“文明单位”；昆明市官渡区人民政府授予的“重合同、守信用企业”、“文明单位”、“龙头企业”；云南省道路运输企业协会授予的“道路运输先进企业”；昆明铁路局多次授予我队“昆明铁路局文明装卸队”；昆明市官渡区凉亭地区综合管理处授予的“综合治理先进单位”等诸多荣誉。在装卸、运输、仓储过程中，杜绝了路风不良事件的发生。在综合治理、文明装卸、安全运输、快捷优质服务方面取得了较好的成绩，圆满完成了各项装卸运输任务。现我公司全体员工正以饱满的工作热情，向更高的巅峰挑战！

运输车队

云南上磷化工有限责任公司

云南上磷化工有限责任公司位于著名航海家郑和故里——云南晋宁，行政区划隶属于春城昆明。

公司所处位置地理坐标为东经102° 42′ 30″—102° 45′ 20″，北纬24° 35′ 36″—24° 40′ 30″，属典型的亚热带气候，常年气候温和。

公司原为国有企业晋宁县上蒜磷矿，始建于1972年，1985年扩建，经过多年的长足发展，1995年被国家划分企业类型小组划分为国家中型二档企业，2004年适应市场经济的发展，按照国家体制改革的要求，改制为民营企业。公司现有员工280人，其中中级以上技术职称人员35人。公司下设磷矿石采区、塑料分厂、磷肥分厂，主要产品有磷矿石、磷矿粉、过磷酸钙、塑料编织袋。塑料分厂以其优质的产品和完善的服务被云南省塑编行业协会吸收为会员单位。

2009年度，公司本着“安全第一、预防为主”的方针组织生产，建立健全各种安全生产规章制度、操作规程和应急预案，真正做到了量化考核，责任到人。

2009年内继续开展质量管理体系和环境管理体系的认证工作，接受了认证公司专家的年度监督审核，通过检查，专家们一致通过了上磷公司的质量、环境管理体系2009年度监督审核，对认证三年来我公司在各方面取得的较大进步给予充分的肯定。

2009年，清洁生产在各生产部门得到了卓有成效的开展，在生产过程中严格遵守相关环境保护法律法规，做到达标排放，清洁生产，保护环境。年内投资60万元对磷肥分厂和塑料分厂的生产设备进行了技改，取得了较好的节能效果。磷矿粉每吨节电0.24度，电除尘效果更加明显。塑料分厂拉丝工段每吨丝的配件耗材降低了8元。

通过努力，公司得到了上级部门的肯定。2009年6月被中共昆明市委、昆明市人民政府评为“成长性中小企业”。2010年1月17日，中国民营企业家协会授予公司“中国优秀民营企业荣誉称号”。

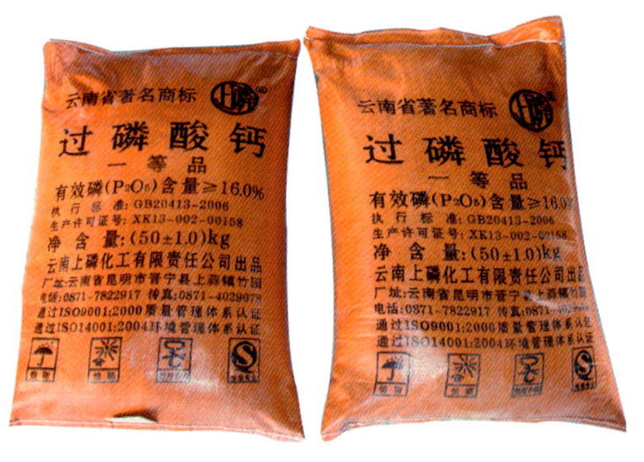

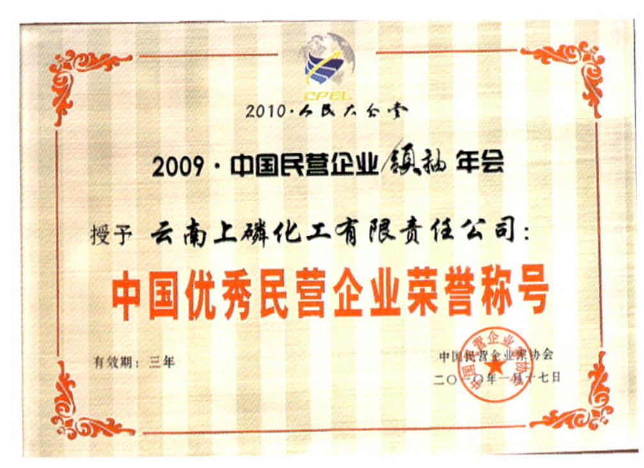

公司名称：云南上磷化工有限责任公司
地　　址：云南省昆明市晋宁县上蒜镇竹园村
邮政编码：650607
联 系 人：徐廷标
联系电话：0871-7822605

德宏后谷咖啡有限公司

云南省委书记、省人大常委会主任白恩培到公司视察

云南省委副书记李纪恒在州委书记赵金陪同下视察户育基地

2008年5月26日，速溶咖啡生产线新闻发布会

德宏后谷咖啡有限公司是国家九部委认定的农业产业化重点龙头企业。公司成立至今，现有员工1300多人，下设芒市、戛中、盈江、昆明、临沧、速溶粉六个子（分）公司，是云南省高新技术企业、云南省上市培育工程重点企业和党政科技“一把手”州委书记工程。

目前，“后谷”商标已被评为“云南省著名商标”、德宏州重点扶持商标，公司产品被评定为A级绿色食品，获得“云南名牌农产品”称号。作为行业龙头，公司坚持以科技为先导，以建设社会主义新农村为己任，敢为人先、锐意进取、不断创新，为进一步将后谷公司打造成为国际一流的咖啡专业化企业，力争2011年排队上市，制定并实施了三大发展战略：

（1）扩大咖啡原料种植基地，实现咖农纯收入10亿元。

（2）加快咖啡深加工产品开发，实现咖啡粉出口100亿元目标。

（3）实施品牌战略，实现国内咖啡销售突破1000亿元目标。

在实施三大战略中提高咖农种植咖啡的积极性和稳定咖农的经济效益是公司发展咖啡产业的着眼点，公司积极开展自主研发与引进国内外先进技术相结合的办法，成功研制出国产最大的速溶咖啡粉生产线，于2008年,在潞西市风平镇投资1.1亿元建设年产3000吨速溶咖啡粉项目。公司在响应各级党委、政府号召的同时，充分发挥龙头企业的作用和优势，积极把带动农民增收致富工作推向更深、更广、更远的领域，在种植咖啡的村村寨寨成立农业产业协会，指导帮助农户发展农村经济，同时公司又投入4.63亿元新建10000吨速溶咖啡生产项目，投资4.5亿元启动12万亩咖啡新种项目，扩大农村农户受益范围，并积极打造咖啡民族品牌，将咖啡事业引入更高、更广的天空。

立信会计师事务所有限公司云南分所

云审集团董事长、云南分所负责人　温　琳

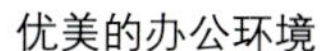

优美的办公环境

荣誉墙

立信会计师事务所有限公司云南分所前身为云南省审计厅审计事务所，2000年脱钩改制，成立云南云审会计师事务所，2008年加入立信会计师事务所有限公司，具有中央企业审计查证资格、金融相关审计业务资格、执行外商投资企业验资、查帐资格，能承接境外业务、上市公司（包括H、A股）、IPO业务；属云南省资深中介咨询机构，有较强专业队伍，其中注册会计师62名，注册税务师21名，注册资产评估师18人，

云南分所业务遍及云南省内外，涉及国家机关、事业单位、烟草、电力、冶金、化工、公路、水利、电网、航空、金融、电信、农牧业、旅游、房地产等领域，与省内有影响的大型企业均有良好业务关系，连续多年在全省会计师事务所排名第三，全国排名百强，公司恪守“诚信严谨、公正客观、勤勉善学、开拓创新”的质量方针，执业质量和风险控制能力在云南同行业处于前列。

云南云审建设工程造价咨询有限公司前身为云南省审计厅审计事务所投资审计中心，1995年成立。是首批获得建设部工程造价咨询甲级资质，云南省工程造价咨询行业首批通过ISO9000质量体系认证的单位。2001、2005年度被省建设厅评为建设工程造价咨询先进单位。2006—2008年营业收入综合排名名列全国百强，属云南省为数不多的年经营收入逾千万的中介咨询机构。

公司现有专业技术人员72人，其中造价工程师17人；咨询工程师6人；高级工程师、高级经济师16人；高级职称16人、中级职称56人；是一支中、青结合的造价咨询专业队伍。承担过世博园、昆钢6号高炉、鸡石公路、昆明新机场、昆明轨道交通等一大批对云南社会经济有重大影响的项目，在冶金、化工、水利水电、通信行业、公路、民用建筑等基本建设审核业务具有丰富的工程造价审核经验。

公司奉行“以质量求生存，以信誉谋发展”的经营理念，以客户满意为焦点，致力于在服务中提高，在提高中创新，在创新中发展。

朝气蓬勃的云审团队

会泽滇北工贸有限公司

曲靖市市长岳跃生到公司视察

董事长、总经理 陈本和

下属水泥厂

会泽滇北工贸有限公司成立于1994年5月。公司坚持诚信为本迎市场，科技创新求发展，“回报社会、造福桑梓”的发展经营理念，不断地做强做优企业，现公司已具备年产铅、锌6.5万吨、水泥60万吨的生产规模，属云南省百强企业，曲靖市30户重点骨干企业。公司下辖一个分公司、两个分厂共六条生产线，即：

一、滇北冶炼总厂：该厂拥有8.4m2 鼓风炉一座和与之配套的5.2万吨电铅生产线。该技术来源于原会泽铅锌矿，目前公司生产的“金钟山”牌电铅深得客户青睐，产品在国内十分紧俏，供不应求。另外还有￠2.4×38m 的回转窑一条，年生产氧化锌粉6000吨，产品制粒烘干供电炉进一步提炼。

二、滇北水泥厂：该厂于2006年4月正式开工建设，于2007年12月18日竣工投产。拥有￠3.5×55m的回转窑生产线一条，年产水泥60万吨。由中国成都水泥研究院、云南省水泥研究设计院设计。全厂设备均属国类名牌产品，采用DCS系统控制，属会泽县首家干法旋窑水泥生产线。目前生产的“滇北牌”水泥在市场上深得客户信赖，远销贵州威宁及巧家、昭通等市、县，填补了会泽地区水利工程、桥梁、隧道等工程使用优质水泥的空白。该厂使用冶炼废渣既降低了生产成本又保护了环境，极大地提升了产品的竞争力，为发展循环经济闯出了一条新路。

三、会泽诚成锌电实业有限公司：该公司拥有3500KVA电炉一座，2004年3月建成投产，属当时亚洲第一，世界第二大炼锌电炉，由北京设计总院和公司共同研究开发设计，为云南乃至中国的电炉炼锌发展奠定了坚实的基础。通过不断地探索和实验，2006年6月，、电炉——电热精馏炉生产精锌新工艺研究获得成功并建成投产，该项目获得了云南省科技厅的技术创新奖励。

随着公司的不断发展壮大，公司“回报社会，造福桑梓”的发展理念不断地得以实现，从成立至今已对社会公益事业捐资2000余万元，为会泽社会经济的和谐发展做出了突出的贡献，得到了社会各界的广泛赞誉，多次受到了省、市、县的表彰。2009年7月3日，公司董事长陈本和被授予“全国扶残助残先进个人”称号，受到了党和国家领导人胡锦涛、温家宝等领导的亲切会见和表彰。

云南普洱天壁水泥有限公司

云南普洱天壁水泥有限公司位于云南省普洱市宁洱县城西郊。1970年建成投产，现拥有两条新型干法旋窑生产线和两条生产能力各为10万吨机械化立窑生产线，年总产量达90万吨规模。公司拥有固定资产1.7亿元，占地面积444109m2，正式员工500余人，拥有各类高、中级工程技术人员100余人，公司技术力量雄厚，生产设备先进，检测手段、科技含量高，设施齐全。已取得52.5级硅酸盐水泥生产许可证和42.5级中热硅酸盐水泥生产许可证，计量合格证、化验室合格证、环保达标合格证书，并通过ISO9001-2008质量管理体系认证和“天壁牌”42.5级普通硅酸盐水泥产品质量认证。公司的“天壁牌”商标荣获云南省著名商标称号，在其他各领域获得多项荣誉称号。公司同时还兼营建筑建材工业研究设计、宾馆、旅游、渡假服务、房地产等行业。

天壁水泥，作为云南省和普洱市的知名品牌，公司始终坚持“质量为本，诚实守信”的方针，弘扬“务实高效、开拓进取、敏捷快速”的企业精神，以“追求卓越、发展共赢”的战略战术，占领市场，以高品质的水泥、高质量的服务保证国家重点工程5大电站、高速公路、主要桥梁建设的水泥供应。同时，为真正实现技术是第一生产力，人才是企业的根本的全新理念，公司积极引进技术人员、管理人员、邀请技术资深专家对技术人员进行培训，加强技术交流，不断适应水泥生产新技术的发展。2003年公司通过了ISO9001-2000质量管理体系认证、“天壁牌”42.5级普通硅酸盐水泥通过了产品质量认证。公司连年荣获云南省建材行业“质量管理活动先进企业”称号；荣获“云南省质量效益型先进企业特别奖”；在全省第二次水泥品质指标检验大对比获“优秀”单位称号；荣获普洱市“重合同、守信用”单位称号。连续十九年保持出厂水泥合格率、出厂水泥富裕强度合格率、出厂水泥袋重合格率三个100%，产品在理念权威机构的监督抽查中均为合格。在国内外市场始终保持良好的信誉，得到广大用户的好评。在同领域市场上占有了举足轻重的地位。

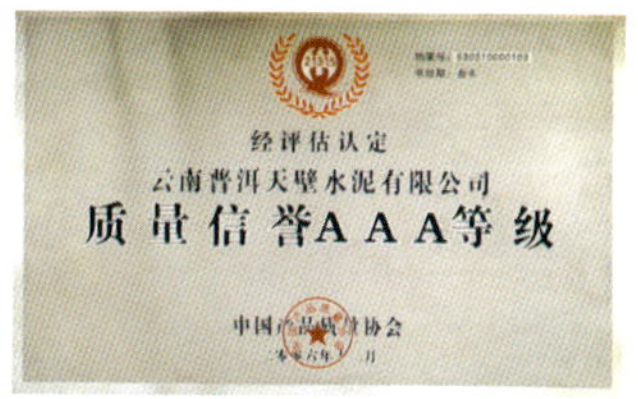

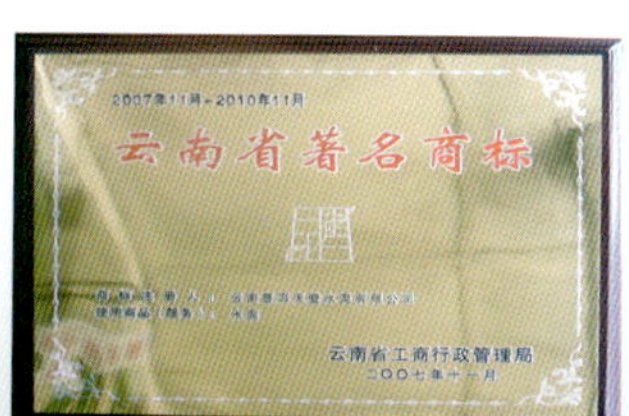

云南金泰得三七产业股份有限公司

公司经营管理团队

年产30吨三七总皂苷的现代化生产线

办公大楼全景

云南金泰得三七产业股份有限公司是云南省较早开发和利用三七生物资源进行药品生产、研究及销售的企业之一，是昆明制药集团股份有限公司控股的独立法人子公司，公司位于云南省富宁县金药路69号。公司产品包括：一、原料药类：三七总皂苷、黄藤素、八角茴香油、岩白菜素、肉桂油等；二、制剂药类：血塞通片、血塞通颗粒、血塞通滴丸、黄藤素片、田七花叶颗粒等，共计三十多个品种，其中："双富"牌血塞通片和血塞通颗粒为国家中药保护品种。公司严格实行规范化、标准化的管理，具有现代化药品生产线技术装备达到国际或国内先进水平；建立了完善的质量保障体系，年生产片剂能力达2亿片、颗粒剂1亿袋、滴丸剂1.5亿粒、散剂500万袋，原料药年生产能力达50吨，成为血塞通制剂药品和三七总皂苷原料药的全国主要生产厂家，整体生产线通过了国家GMP认证。

2009年完成工业总产值7133万元，销售收入7332万元，实现利税648万元；拥有总资产玖千多万元。凭借产品的优势和优良的产品质量以及诚实守信的经营，公司生产的"双富"牌血塞通系列产品，在广大消费者中树立了良好的产品品牌形象，先后被评为"云南省名牌产品"、"重信用守合同单位"、"优秀工业企业"和"高新技术企业"及"云南AAAA级品牌企业"等荣誉称号，被共青团省委列为"青年就业创业见习基地"。

在各级党委政府及社会各届人士的关心和支持下，金泰得公司将通过不懈的努力，不断完善自己我，超越自我，打造成为以三七系列药物为主体，其他天然植物和地方特色产品并肩发展的全国较大的原料药生产和三七产品深加工龙头企业，为人类的健康和社会经济的发展做出更大的贡献。

公司地址：云南省富宁县新华镇金药路69号　邮政编码：663400
联系电话：0876-6122383　3512221　传真：0876-6122383　0871-3512280
电子信箱：office.jtd@holley.cn

香格里拉® Shangri-La™ 香格里拉酒业股份有限公司

［2009年9月，蓬莱］，由华泽集团旗下香格里拉酒业投资兴建的“水境酒庄”在中国葡萄酒黄金海岸区——山东蓬莱正式奠基。

来自山东省、烟台市、蓬莱地区的领导、葡萄酒行业协会、知名葡萄酒专家及众多媒体参加了“香格里拉水境酒庄”的奠基典礼。

香格里拉水境酒庄建筑物占地面积200亩，由法国波尔多著名葡萄酒庄设计院进行规划设计，是一所定位为“高端酒庄酒生产”与“红酒主题休闲度假”为一体的顶级精品酒庄，建成后将是香格里拉品牌最主要的消费体验区。

香格里拉酒业成立于2000年，已经在红酒领域浸润近10年，被业内推举为最具发展潜力的红酒品牌。2008年，华泽集团整合香格里拉酒业后，更加注重在稀缺资源上的战略性投资，继在云南高原无污染区域投资万亩有机葡萄产区后，此次又在中国葡萄酒黄金海岸区域投资集高端酒庄酒生产和红酒消费体验于一体的“香格里拉水境酒庄”。

［2009年11月,福州］11月28日，香格里拉高原葡萄酒上市暨鉴赏晚宴在福州香格里拉酒店隆重举行。在充满高贵时尚气息的宴会厅，嘉宾云集，有来自云南迪庆州、福建省政界军界的领导，还汇聚了国内外红酒专家、香格里拉酒业合作伙伴及福建各主流媒体的记者，大家共同为云南迪庆高原葡萄产区的开发和香格里拉高原葡萄酒在福建的率先上市而举杯庆祝。

会议上，葡萄酒专家、西北农林科技大学副校长、葡萄酒学院名誉院长李华教授对香格里拉高原葡萄产区给予了高度评价。葡萄酒专家、“克隆宾杯”第三届烟台国际葡萄酒大赛总裁判长马佩选女士，回顾了大赛上“香格里拉高原1900干红葡萄酒”获得大赛特别金奖的过程，并对此款产品赞赏有加。来自英伦的专业红酒师艾德华博士也对此次隆重推出的新品“香格里拉高原赤霞珠”的特点进行了介绍，他认为，这款酒的酒体丰厚有力，入口柔和，成熟的单宁细腻柔滑、层次丰富，不愧为一款风格独特的高品质的葡萄酒。

共有14家福建省主要媒体对此次会议进行了报道，有的媒体更以“香格里拉葡萄酒赢在产区”的高调标题进行了专题报道，使福建消费者对云南香格里拉高原产区的神秘和高原产品产生了极大的兴趣，扩大了香格里拉高原葡萄酒在福建市场的影响力。

主要产品

［2009年11月,北京］继香格里拉1900、2700取得了骄人的战绩之后，香格里拉酒业的又一力作——香格里拉高原赤霞珠也震撼上市。

赤霞珠是云南主要种植的葡萄类型，这里因为离天空很近，又坐拥雪山、草甸，有着别处望尘莫及的地理优势，天空和山水的灵气孕育的赤霞珠可谓颗颗天地菁华，所酿的酒也自然别有一番风味。更难能可贵的是，生长在这里的葡萄有着极佳的抗病能力，更由于云南独特的民族风俗让葡萄有着纯天然的生长环境，整体来看，高原赤霞珠的产地——香格里拉迪庆高原产区堪称国内生物动力学的一个典范。

［2009年9月，烟台］“克隆宾杯”第三届烟台国际葡萄酒大赛举行颁奖典礼，来自世界各地的40款葡萄酒的生产商、代理商、经销商的代表齐聚葡萄酒城烟台，感受由葡萄酒带来的无限魅力。

本次大赛由烟台国际葡萄酒节组委会主办、国家葡萄酒质量监督检验中心、中国葡萄酒信息网承办，于9月24日在烟台国际会展中心成功举办，来自10个国家近百家企业的160个酒样参赛。

最终经过19位国家级葡萄酒评委的品评，共有40款酒获奖。其中云南香格里拉酒业股份有限公司选送的“香格里拉高原1900干红葡萄酒 2007”和澳大利亚华人葡萄酒协会选送的“澳大利亚蒙娜丽校舍红—西拉维奥尼”（Munari Estate Schoolhouse Red Shiraz Viognier 2005）分别获得本次大赛国产酒和进口酒的特别金奖。

玉溪市王棋机械制件厂

公司简介

玉溪市王棋机械制件厂，地址位于北城镇玉丰路下段(北城岔路口)，创建于1987年12月，是专业生产各种型号的烟机切丝刀片，本厂主要生产SY14机、SQ344机、SQ35机、KTC系列的切丝机刀片，产品的特点是硬度高、耐磨性能优，锋利、工艺独特，在全国烟草行业中深受好评，是昆明二机集团有限公司切丝机配套厂品。

本厂还生产各种型号的高、中、低密度的聚苯乙烯的泡沫产品，本厂有泡沫生产线，设备先进，自动化程度高，生产的各种泡沫受到广大客户的好评。

多年来，一直坚持以科学业技术为先导，市场需求为导向，产品质量求生存，顾客满意为宗旨，加强管理水平和经营理念，并以较快的速度稳步发展，于2008年全面推行ISO900 1—2008质量管理体系，引进先进的管理模式，采用“P、D、C、A”及过程控制的方法，使我厂的产品质量及顾客满意义得到了较大的提高，成为顾客信得过的企业。

电　话：0877—2080685
传　真：0877—2080764
联系人：秦忠兴

维西尚良聚龙湖酒厂

厂长　施尚良

主要产品

尚良聚龙湖酒厂位于维西县保和镇南门街194号，始建于1998年。是维西县一家具有独立知识产权，经国家工商局和质监局认定登记的酿酒企业。

企业配备了两条现代酿酒生产线，主要生产经营青稞酒、燕麦酒等酒精饮料。经过几年努力，不断积累酿酒经验，改进酿酒工艺，同时进行了一系列的市场开拓和宣传活动，逐渐开发了以“聚龙湖”、“阿尺木刮”等品牌为主的系列燕麦酒、陈酿青稞酒、麦子酒等，这些酒饮料受到了藏区群众的青睐，市场占有率不断提高，仅在维西，企业就占有了45%以上的市场份额。

企业在创业的过程中，经历了从小作坊到有一定规模的酿酒工厂，从卖散装酒到创建自身品牌并取得了成功的过程，走过了许多的风风雨雨，靠着信誉和质量在当地市场获得了很好的声誉和份额。生产的品牌酒不仅满足了藏区群众的生活需要，还得到了周边地区如怒江、大理、丽江和西藏一些地区群众的认可。在发展中，企业也得到了有关主管单位和各部门的扶持和鼓励，2004年，企业法人施尚良先生被共青团中央、农业部授予“全国农村青年创业致富带头人”荣誉称号，这极大的鼓励了企业的创业激情，2007年，企业被确定为迪庆州第二批扶贫型龙头企业，2008年，在维西县经济委员会的全力支持下，企业生产的品牌酒赴昆交会进行了展销，受到了广大省内外消费者的充分肯定。

2009年企业取得了历史性的发展，营业额也取得历史性突破。“阿尺木刮”燕麦酒被云南省农业发展银行确定为系统活动专攻酒，“聚龙湖”商标也获得了国家工商总局审定为云南省省级著名商标。

实验车间一角

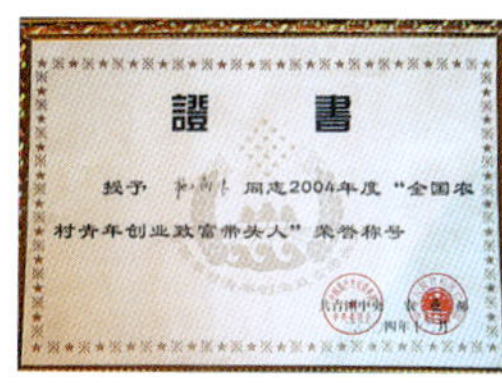

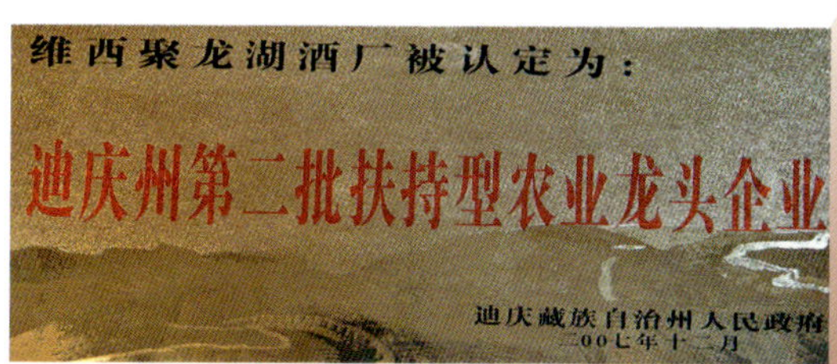

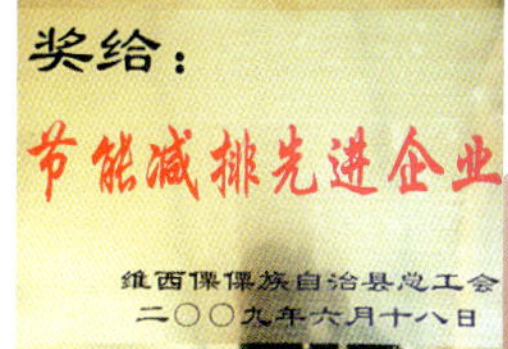

云南石金企业发展

副省长高峰、昆明市市长张祖林等领导到公司视察指导（右一：云南省副省长高峰；右二：昆明市市长张祖林；左一：云南石金集团董事长赵文良；左二：昆明市西山区委书记柳文炜）

省委常委、市委书记仇和等领导到公司视察工作（中：省委常委、昆明市委书记仇和；右一：石林县委书记罗朝锋；左一：云南石金集团董事长赵文良）

云南石金企业发展集团有限公司是2005年7月注册登记的民营企业，企业法人赵文良，注册资金1000万元，是云南省的重点民营企业。主要从事石材加工销售、房地产开发和学前幼儿教育三大行业。集团公司下辖石林石材有限公司、石林天恒石工艺品开发有限公司、石金幼儿园，现有员工560人。

石林石材有限公司是石金集团的下属企业，主营大理石开采、加工、销售。自石林石材有限公司成立以来，企业始终坚持“办社会满意的企业，做客户满意的服务，经营创新、管理创新、技术创新”的指导思想和“以销定产、适度库存、满足需求、保障供给”的生产经营方针，在董事长赵文良先生的带领下，从注册资金50万元，资产400万元的企业发展成为现有总资产9600余万元的龙头企业。

其一，落实人才培养。公司始终坚持“选贤人、用能人、造就新人”的战略“走出去、请进来”的培训方法，强化对员工的职业道德和技能培训，培养了一大批工程师，熟练的技术骨干和工作能手，确保了公司的各项目标的实现。

其二，推进制度建设。公司坚持用制度激励员工，杜绝任人唯亲、坚持任人唯贤，在建立健全安全保障、工作职责、劳动纪律等各项管理制度的基础上，为进一步推进公司改革进程，确保各部门责、权、利同一步到位。对公司集中管控的人、财、物、权适度下放 。由各部门独立自主管控，部门有独立自主招聘使用或辞退员工。考核发放工资和奖金的自主权。相继完善了工资发放制度，员工福利待遇制度，绩效目标管理考核制度，持之以恒、抓好落实。员工工资当月发放，从未拖欠员工工资。经市、县劳动监察部门调查核实，评定为昆明市劳动保障诚信一级单位。为逐步提高员工福利待遇。自2006年，企业试行补充养老保险制度，对工作相对稳定的员工给予补充养老保险，月人均180元左右，年终一次性兑现给员工。2008年起为员工购买养老、失业、工伤、医疗、生育、人生意外伤害、重特大疾病七大保险，解决了员工的后顾之忧，稳定了员工队伍，真正体现了董事长“善待自己的员工从老总做起，热爱自己的企业从小事落实，诚信于人待于人”的经营理念和做人的人格。为把绩效目标考核不断推向深入，更上一个新台阶，实现公司有效益，员工有利益的目标。紧紧围绕千斤重担人人挑，人人头上有指标，把工作目标细化到各部门，签定目标考核责任书，进一步明确责、权、利，对超额完成目标任务的，无论超额多大，年终一次性兑现。大大提高了员工的主观能动性、积极性、创造性。

其三，注重创新发展。企业始终坚持经营创新、管理创新、技术创新的发展思路。成立了课题革新小组，在董事长赵文良先生的带领下，研制发明了“多刀多级石材切割机”并获得国家专利。此设备成功应用于“多刀多级石材切割专利设备节源技术开发应用项目”。主要针对一般大理石加工机械难以加工矿山开采过程中产生的边角废料进行加工，使废料变废为宝。通过精加工，使边角废料在不改变产品性能的情况下，转化为优质的大理石产品。有效节约了石材资源，提高了生产效

集团有限公司

率，增加了经济效益，更为重要的是解决了矿山环境污染的问题。对保护利用资源，降低成本具有较好的现实意义。在石材行业加工中起到了示范作用。该设备生产的产品已有3个分别获得国家知识产权局颁发的“外观型设计专利证书”产品投放市场以来，深受广大用户的青睐，有较强的竞争优势，为企业创造了较好的经济效益。“石林石材”系列产品被中国建材流通协会，中华全国工商联合会评为“中国招投标采购指定产品”并获得中国建筑材料企业管理协会颁发的“中国绿色建材产品推广证书”“中华人民共和国进出口企业资格证书。

其四，承担社会责任。企业勇担社会责任，回报社会，2006年新增投资2800余万元，在石林县城东城区建盖了一所占地面积20亩，建筑面积15000平方米的高标准现代化幼儿园，组建了石林县幼儿教育集团，为民族地区幼儿教育事业的发展奠定了基础，作出了重要贡献。云南省高峰副省长亲临石金幼儿园指导，亲笔题词“点石成金、布道于人”。

“石金人”的艰辛与付出，创新与发展，实现了“点石成金，布道于人；精益求精，质量第一；诚信打造今天，努力共创明天”的企业文化，并以“多元化的投资，专业化的发展模式”不断铸造了历史的辉煌。

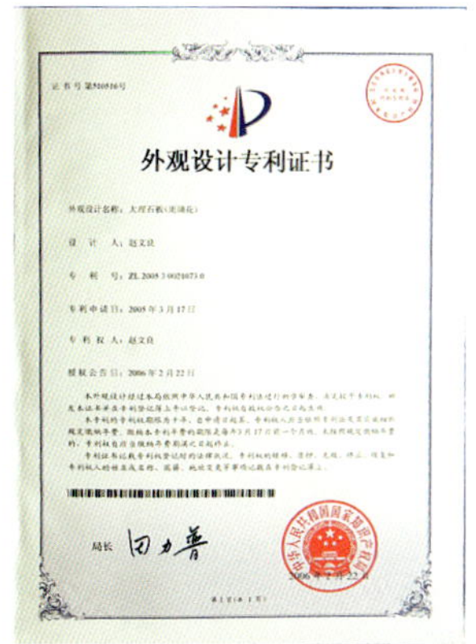
外观设计专利证书

实用新型专利证书

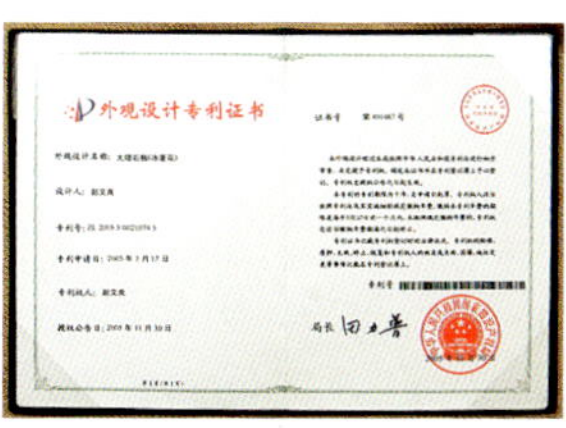
外观设计专利证书

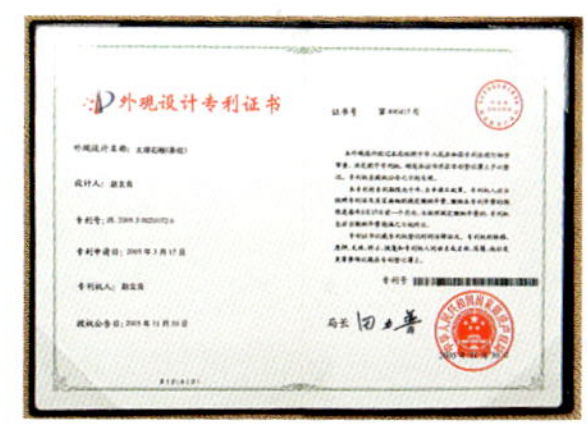
外观设计专利证书

荣誉证书

赵文良同志：

为表彰您在改革开放三十年中为中国民营科技事业的发展作出的贡献，经评审委员会评审，授予您中国民营科技发展杰出贡献优秀企业家，特颁此证，以资鼓励。

中国民营科技促进会

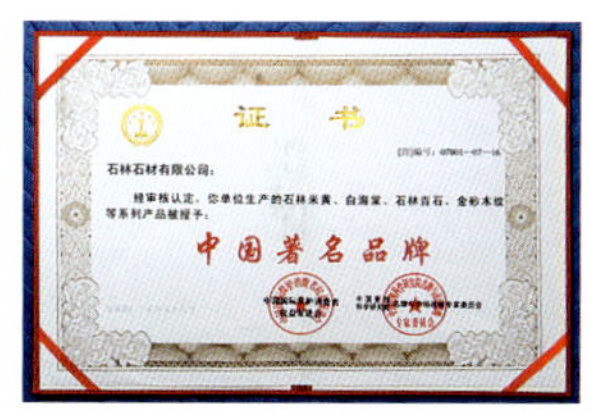
证书

石林石材有限公司：

经审核认定，你单位生产的石林米黄、白海棠、石林青石、金彩木纹等系列产品被授予：

中国著名品牌

荣誉证书

赵文良同志：

经评审，授予你昆明市优秀乡镇企业家称号，特发此证，以资鼓励。

昆明市人民政府

二〇〇五年四月

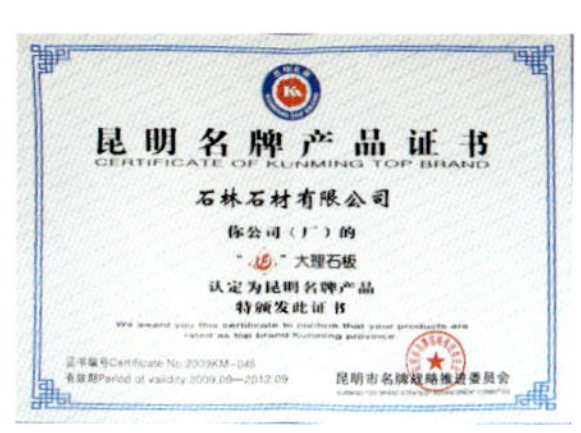
昆明名牌产品证书

CERTIFICATE OF KUNMING TOP BRAND

石林石材有限公司

你公司（厂）的

“ ”大理石板

认定为昆明名牌产品

特颁发此证书

证书编号Certificate No:2009KM-046

有效期Period of validity:2009.09—2012.09

昆明市名牌战略推进委员会

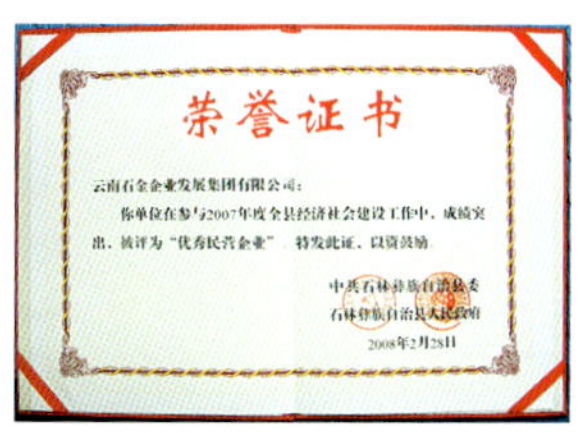
荣誉证书

云南石金企业发展集团有限公司：

你单位在参与2007年度全县经济社会建设工作中，成绩突出，被评为“优秀民营企业”，特发此证，以资鼓励。

中共石林彝族自治县委

石林彝族自治县人民政府

2008年2月28日

幼儿园

云南官房迈腾有限公司

云南官房迈腾有限公司隶属于云南官房企业集团，在集团公司的支持和公司领导的关怀下，经过公司十多年的发展，公司办公区及厂区占地一万多平方米，建筑面积8800平方米，注册资金2700万元，拥有固定资产5000万元，流动资产4800万元，公司拥有员工450人，其中有高、中级专业技术职称人员43名，公司取得了金属门窗工程专业承包壹级资质及钢结构工程专业承包壹级资质。公司在同行业内率先通过了国际IS09000：2001的质量体系认证。

迈腾公司的产品主要以金属制品为主，拥有价值5000余万元的各型专业设备80多台（套），其中LGJ32、LGJ-14液压全自动彩板型材生产线各一条，ZOJ-2纵剪机组一套，各类钢结构、金属门窗制作安装专业设备60余台套，其中1997年投资3000万元从意大利 萨瓦尼尼公司引进了“S4+P4+P2”柔性板材生产线。该公司生产线采用了意大利专利技术的多功位冲头，及ABT折弯系统，是一条具有国际先进水平的金属板材加工系统。另外公司拥有意大利“飞幕、陶林”、德国“威格玛”、铝合金门窗、加铝塑、铝木隔热断桥、塑钢门窗及钢塑共挤门窗专业生产线。是西南地区较为先进的生产线。现公司已形成了铝合金门窗、塑钢门窗、钢塑共挤门窗的专业生产线。

公司在建筑业内取得了多项荣誉，其中有：红河州政府及直属机关办公楼工程荣获了国家工程建设质量奖审定委员会颁发的国家优质工程奖；公司配套的红河州官房大酒店荣获国家“鲁班”奖；荣获云南省2005年度建筑业百强企业专业承包十二强；公司的“神骏”商标还被评为了云南省名牌产品。

目前公司产品有各类金属门窗、彩钢蜂巢门系列、欧款电动车库门、彩板板式厨柜及办公家具、密集架、金属钢网架等产品并拥有49项国家专利。年生产安装门100万平方米、各类门5万平方米、厨具3000套的生产、安装能力，近几年工业产值已经突破了1亿元。产品主要配套于各大房地产开发的居民小区、别墅、商务楼、政府工程、各大院校等，覆盖了云南全省及其他部分省、市、区。在社会上受到了一定的好评并获得了多项国家荣誉。

目前公司正在以科技求新，在竞争中求发展的理念，积极探索，不断创新，争取有更大的进步及作为来回报社会。

地　　址：云南省昆明市关上空军驻地六号院
电　　话：0871-7162762、7162763
传　　真：0871-7162765
邮　　编：650200
电子邮件：gs_mt@guanfang.com.cn

子母防盗门

铝合金门窗

红河官房大酒店钢结构实景

云南官房钢结构工程有限公司

云南官房钢结构工程有限公司隶属于云南官房企业集团，成立于2006年11月2日，注册资金1500万元，由官房建筑集团股份有限公司委托云南官房迈腾有限公司控股51%，职工参股49%，年产量8000–10000吨。是云南地区从事轻钢结构、幕墙生产、制作、安装的专业企业。具有钢结构专业承包资质一级，是该行业中生产规模、市场份额、技术力量较强的施工企业，是云南地区主要的钢结构设计、制作、销售、施工安装一体化的专业公司。

公司生产基地占地使用面积13200多平方米，生产厂房4200多平方米，各种机械设备、检测设备77台（套），价值250.9万元。拥有新型钢结构生产制造机械组合设备——数控多头火焰切割机、自动埋弧焊机、自动翻转组立机、H型钢矫正机、抛丸清理机组、折弯机、三维数控钻穿等，拥有钢结构设计及快速准确的预决算电脑程序。公司注重科技人员的招聘、培养，在职职工500多人，其中高、中级技术人员、经济管理人员40多人，公司下设7个部门，1个生产车间和十几个安装队，我公司拥有完善的管理制度和管理体系，自始至终坚持“以顾客满意为宗旨、以质量服务双优树形象、以持续改进为永恒目标”的质量方针。

我公司将不断开拓创新，以精良的钢结构设备，加之公司员工兢兢业业的敬业精神，严格监控每一生产环节，以精益求精的质量、优良的服务，通过自身不懈的努力，立足云南，走向全国，为云南经济腾飞做出贡献。

地　　址：云南省昆明市关上空军驻地六号院
电　　话：0871–7162762、7162763
传　　真：0871–7162765
邮　　编：650200
电子邮件：gs_mt@guanfang.com.cn

江东好世界钢结构实景

保山官房大酒店门窗钢结构实景

绥江县烟囱坝浙浦水泥有限责任公司

公司大门

职工宿舍区

职工食堂

绥江县烟囱坝浙浦水泥有限责任公司是一家集生产、销售于一体，专业生产PC32.5、PC32.5R、PO42.5、PO42.5R、和PO52.5级水泥的股份制民营企业。公司位于云南省昭通市绥江县新滩镇小烧房，占地15.3公顷。目前拥有一条2000t/d新型干法熟料水泥生产线，该生产线总投资2.26亿元，年创税1800余万元。公司现有员工260人，拥有各类中、高级技术人员55人，管理人员28人。本科、大专文化学历占15%，中专、高中文化学历占30%，初中文化占55%。

公司本着高度的社会责任感，奉行“以人为本，质量为先，诚信经营”的经营理念，始终以顾客为关注焦点，坚持以顾客利益为重，以完善的检测手段、规范的服务和现代化的管理为基础，立足市场、服务客户。

公司董事长张国良代表全体员工欢迎各方朋友莅临公司指导工作！

联系电话：0870-7932076

厂区一角

公司开展员工文体活动

主要产品

玉林泉

云南玉林泉酒业有限公司

YUNNAN YULINQUAN LIQUOR CO.,LTD.

地址：云南省玉溪市峨山县双江镇玉林村　电话：0877—4010319
品牌代理：沃肯营销机构

云南玉林泉酒业有限公司坐落在新中国第一个彝族自治县——玉溪市峨山县玉林泉水资源自然保护区内。这里青山环抱、四季如春，甘冽的泉水、清新的空气、淳朴的民风以及得天独厚的自然优势赋予了玉林泉酒的百年醇香。玉林泉酒始创于清朝中叶，民国年间便驰名于滇中，距今已有280多年的历史。玉林泉酒始终固守云南传统的小曲小罐发酵工艺，产品以绵、甜、净、爽的独特风格及个性魅力，获得广大消费者的喜爱以及白酒专家的好评。

2005年10月，世界500强企业——泰国TCC集团全资收购玉林泉酒业，成为中国白酒行业第一家外商独资企业，云南省唯一的全国重点白酒生产企业。玉林泉酒业在未被TCC集团收购前一直受资金和产能的困扰，而且销售市场范围小、品牌影响面狭窄，仅仅属于典型的区域性品牌。被收购后，TCC集团以雄厚的资金实力和先进的管理理念，坚持玉林泉品牌不变、玉林泉品质不变、玉林泉生产工艺不变、玉林泉生产场地不变、玉林泉纯粮酿造不变“五个不变”原则，凭借玉林泉酒业超强的技术创新能力和优异的产品品质，将玉林泉酒业打造成为中国大型小曲清香型白酒生产基地和国际知名品牌。

目前，企业拥有总资产近2亿元，共有员工500余人（其中专业技术及管理人员80余人），拥有国家级白酒评委1名，国家注册高级评酒师3名。公司先后投资了3000多万元人民币进行了第一期白酒生产技改扩建工程，使企业年产能达到了7500吨，企业取得了较好的经济效益及社会效益。研发的新产品（53度原浆酒、12年50度年陈酿、20年52度陈酿、53度珍藏版玉林泉以及50度大经典酒）一经上市，并以其独特优异的品质引领云南小曲白酒跻身于中、高档白酒行列，改写云南有好烟、好茶无好酒的历史。近年来，公司产品的销售量以60%的速度在增长。

2007年，玉林泉酒荣获“云南十佳名酒”荣誉称号，并在评选中获得专家评分第一名；玉林泉注册商标连续两届被评为“云南著名商标”；连续八届蝉联“云南省消费者喜爱商品”称号；被中国酿酒工业协会评选为“全国酒类产品质量安全诚信品牌”和国家级白酒评酒委员换届考核样品酒；在国家商务部举办的“中国名牌”评选活动中，玉林泉酒业作为云南省唯一参评品牌获得专家好评，成为云南省唯一参与中国“小曲白酒”国家标准制定企业；被省、市政府评为“重合同、守信用”企业；被云南省商务厅评选为云南省2008年度外商投资优秀企业；玉林泉酒被专家推崇为“云南省小曲清香型白酒的典型代表”，成为全国37家重点白酒生产企业；2009年，玉林泉酒业加入了中国酿酒工业协会主持的国家重点科研项目“中国白酒169计划”，荣耀成为该项目研究协作单位之一；2009年9月19日荣获中国酿酒工业协会授予的“中国小曲白酒香型”代表称号，玉林泉晋升“国字号”，与茅台、五粮液并肩。

昆明辰龙润东科技

法定代表人　徐有生

昆明辰龙润东科技有限公司是在云南省人民政府有关部门领导的支持下，于1992年10月创办了《云南矿冶高新技术研究开发中心》（以下简称中心）的基础上，为有利于具体运作，“中心”于2002年6月改制为《昆明辰龙润东科技有限公司》，进入昆明国家高新技术产业开发区登记注册。

昆明辰龙润东科技有限公司现具有自主知识产权并可直接工程化和产业化高科技项目20多项，其知识资本价值数十亿元，全与环境保护和资源的节约化利用及可持续发展相关。其中获四项国际金奖、一项国际铜奖；五项国内金奖、一项国内金奖精品、三项国内铜奖。已获10多项中国专利，其余正在申报中。

微波能和热等离子体技术的结合在矿冶中的应用、具体节能、高效（生产的经济的）、消除或减少环境污染、使游戏而宝贵又不可再生的矿产资源节约化利用（提高有价金属综合回收率）；实现矿产资源循环利用等效果。该技术对整个矿冶业（含黑色和有色金属）技术具有广泛意义，是改造老企业和开拓矿冶新工艺的矿冶高技术。该技术用于硫（砷）直接转化呈元素硫（砷）回收，从根本上解决了长期以来硫（砷）化矿冶炼脱硫（砷）过程中产生SO_2(砷氧化物)气体逸出污染大气破坏人类赖以生存的自然生态环境的不可避免性，随着该技术的工程化产业化应用，行将推动着一场矿冶技术革命。因此，该技术对矿冶业技术具有划时代意义。

污水微波处理法

一、技术摘要

本发明（专利号：ZL99II5I41.0）为集微波场对单相流或多相流流体的稀相选择性供能；微波对流体中吸波物质化反应具有的强烈的催化作用；微波对流体的穿透作用及其杀灭微生物的功效等八大独特（与传统供能法相较）优点为一体的一中污水物化处理法。与传统污水处理法相较，微波污水处理法具有单位污水处理投资强度低、占地面积小、污水处理工程可大也可小型分散化（堵住污染源头）、污水处理工艺流程短、污水中污染物降解物化反应迅速、单位污水处理综合能耗低、单位污水处理运行费用低、污水中污染物清除彻底、污水处理进程不受环境温度及原污水污染浓度的影响、污水

有限公司

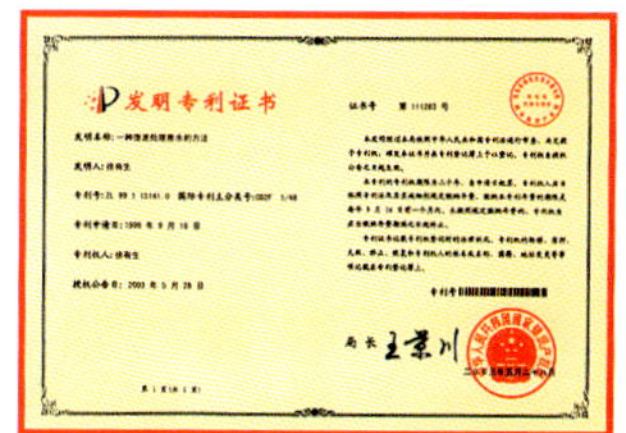

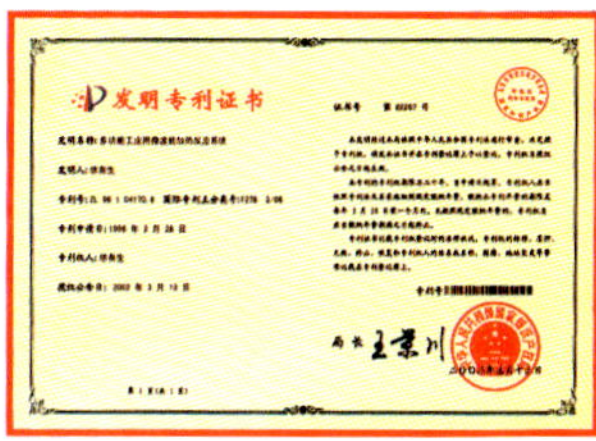

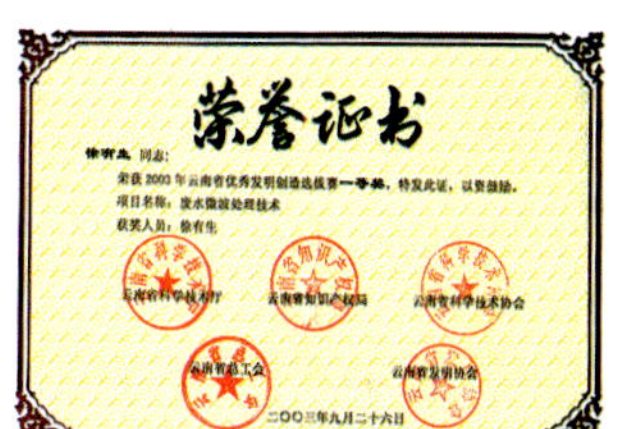

处理过程可根据需要随意开停、实现谁的可持续利用及使污水资源化和水的循环经济、杀灭污水中病原体、把已被污染的江河池塘湖泊谁净化为生活的及工业的农业的安全绿色用水等优点。因此，污水微波处理法将为从源头上消除因人类的生活和生产活动给江河湖泊带入的污染，使人类生活步入水环境良性循环，解决人类面临的世界性“水荒”作贡献。

二、污水微波处理技术状态

微波能在工业生产中的应用技术研究我们始于1983年，1986年开始了微波在污水处理中的应用研究。其工业应用的关键是工业实用型微波炉的设计。在历时八年的开发并于1999年最终运行成功成熟的“多功能工业微波炉”（固体处理）的基础上设计生产的工业化“流体处理专用工业微波炉”用于污水处理，安装在北京大兴污水微波处理师范基地，于2002年4月一次性运行成功，具体应用于北京大兴污水处理厂二次水及滨河污水（市政污水）的示范性处理。对滨河污水处理的效果经中国环境监测总站实地取样分析测试，全部理化指标达到或低于二类污染物最高允许排放国家一级标准；“流体处理专用工业微波炉”经北京预防医学研究中心实地检测，在生产过程中产生的微波泄漏100%符合国家规定的卫生标准，对人体绝对安全；该技术经建设部科技信息研究所查新部检索，实现工业化国内外属首次；污水微波处理机组产品标准已经北京市技术监督局登记注册。

对某炼油厂石化系统综合性污水处理厂产出二次水（未达标排放）处理产出清水其理化指标已完全全满足生产用水要求。

“云南省九湖流域水污染防治城市污水处理厂深度脱氮除磷城市节水及城市污水资源化示范工程”对市政污水微波一次性处理产出清水，其主要理化指标可达国家地面水环境质量标准Ⅰ~Ⅱ类。对城镇污水处理厂产出二次水经微波一次性深度处理其产出水水质主要理化指标优于国际地表Ⅰ类水。

污水微波处理技术已成熟。微波输出功率40KVA的“流体处理专用工业微波炉”单台日处理市政污水量可达5000~8000m3/日。

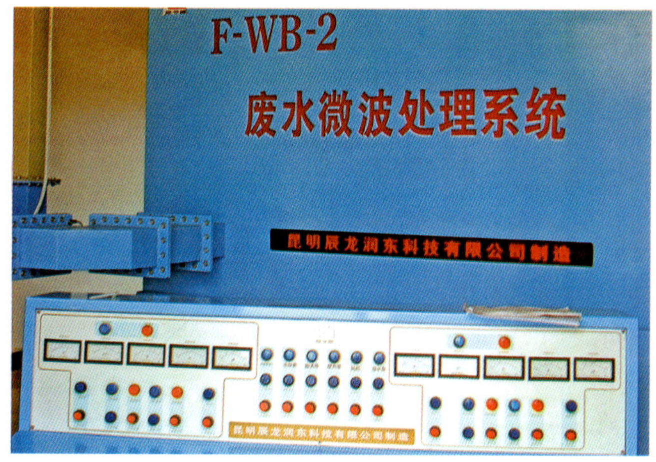

维西县碧罗雪山生物资源开发有限责任公司

企业法人 张学军

全体员工合影

维西县碧罗雪山生物资源开发有限责任公司依托当地丰富的生物资源优势，致力于当地农特产品的开发。对当地农特产品进行深加工，延伸产业链，增加附加值。建设完成了综合性农产品加工厂（厂房占地3200m2），以及三个原料生产基地，基地参与农户达2300多户。目前公司开发的系列产品主要有：野生蜂蜜、野生核桃油、野生食用菌、野生名贵药材等。

近年来，公司的经营状况得到较大改善，收入得到不断提高。2008年实现销售收入780万元，上交税金40万元；2009年实现销售收入1200万元，上交税金85万元；2010年计划突破2000万元，目前已达到980万元。公司于2007年通过了ISO9001：2000国际质量体系认证,于2008年通过了3个类别的食品生产许可证（1、蜂蜜；2、食用植物油；3、干制蔬菜、食用菌），开发的部分农特产品(蜂蜜、羊肚菌、核桃油)已通过有机食品认证，深受消费者青睐。公司于2007年被迪庆州人民政府认定为“农业产业化重点龙头企业”，2008年5月被国务院认定为“国家级扶贫龙头企业”，2009年被云南省农业厅认定为“产业化经营与农产品加工省级重点龙头企业”。董事长张学军被迪庆州人民政府授予“十五期间优秀企业家”称号，2009年被中共维西县委授予“优秀共产党员”称号。

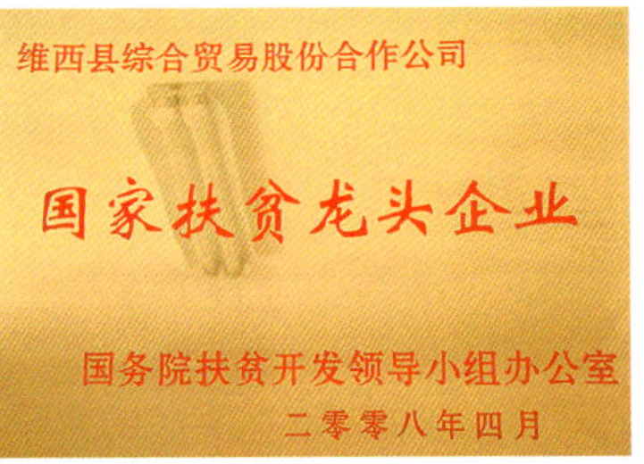

办公大楼

第八编

Fu Lu

附 录

云南省2009年按资产总额排序前100名的企业

序号	企业名称	资产总额（亿元）
1	华能澜沧江水电有限公司（小湾）	573.97
2	玉溪红塔烟草（集团）有限责任公司	403.10
3	红云红河烟草（集团）有限公司	217.47
4	云南铜业股份有限公司	191.15
5	云南锡业集团（控股）有限责任公司	190.66
6	武钢集团昆明钢铁股份有限公司	141.11
7	曲靖烟厂	138.77
8	昆明钢铁集团有限责任公司	135.56
9	云南省昆明供电局	124.58
10	云南滇东能源有限责任公司	116.46
11	红云红河烟草（集团）有限责任公司红河卷烟厂	115.29
12	云南大唐国际李仙江流域水电开发有限公司	88.97
13	玉溪红塔烟草（集团）楚雄卷烟厂	77.89
14	云南驰宏锌锗股份有限公司	76.31
15	云南铝业股份有限公司	75.70
16	云南云天化股份有限公司	67.65
17	云南电网公司曲靖供电局	59.47
18	国电宣威发电有限责任公司	58.77
19	云南烟草集团有限责任公司昭通卷烟厂	57.53
20	云南电网公司红河供电局	52.58
21	云南磷化集团有限公司	52.27
22	云南大为制焦有限公司	51.53
23	云南电网公司普洱供电局	47.80
24	云南省小龙潭矿务局	46.94
25	云南德胜钢铁有限公司	46.36
26	大理卷烟厂	44.92
27	云南白药集团股份有限公司	43.83
28	红河钢铁有限公司	43.35
29	云南电网公司玉溪供电局	42.93
30	云南电网公司楚雄供电局	41.69
31	云南电网公司大理供电局	40.86
32	国投云南大朝山水电有限公司	39.76
33	云南天安化工有限公司	39.66
34	云南解化清洁能源有限公司解化化工分公司	38.07
35	云南云维股份有限公司	37.29
36	云南电网公司昭通供电局	36.42

续表

序号	企业名称	资产总额（亿元）
37	安宁市永昌钢铁有限公司	35.19
38	昆明云内动力股份有限公司	34.29
39	中铁昆明大型养路机械集团有限公司	33.02
40	云南金鼎锌业有限公司	32.90
41	盈江县多源水电开发有限公司	32.59
42	玉溪矿业有限公司	32.54
43	云南东源煤业集团曲靖铝业有限公司	32.22
44	云南黄金矿业集股份有限公司	31.68
45	国投曲靖发电有限公司	31.57
46	玉溪大红山矿业有限公司	30.70
47	云南云维集团有限公司	30.45
48	云南省保山电力股份有限公司	30.42
49	玉溪新兴钢铁有限公司	30.25
50	国电阳宗海发电有限公司	29.52
51	云南保山槟榔江水电开发有限公司	28.05
52	国电开远发电有限公司	24.85
53	昆明冶研新材料股份有限公司	24.70
54	云南南磷集团寻甸磷电有限公司	24.59
55	昆明通用水务自来水有限公司	24.40
56	云南三环中化化肥有限公司	24.35
57	云南华电巡检司发电有限公司	24.11
58	云南华电昆明发电有限公司	23.50
59	祥云县飞龙有色金属股份有限公司	22.89
60	云南华联锌铟股份有限公司	22.82
61	云南大唐国际文山水电开发有限公司	21.23
62	云南大唐国际红河发电有限责任公司	21.09
63	一汽红塔云南汽车制造有限公司	20.74
64	文山麻栗坡紫金钨业集团有限公司	20.73
65	云南力帆骏马车辆有限公司	20.11
66	云南电网公司德宏供电局	19.61
67	云南天达化工实业有限公司	19.56
68	云南滇能禄劝电磷开发有限公司	19.53
69	华能漫湾水电厂	19.35
70	云南电网公司临沧供电局	19.26
71	云南盐化股份有限公司	19.14
72	水富县张窝电站	18.79
73	云南楚雄矿冶股份有限公司	18.44

续表

序号	企业名称	资产总额（亿元）
74	云南文山电力股份有限公司	18.29
75	云南云天化国际化工股份有限公司富瑞分公司	18.16
76	云南曲靖麒麟焦化有限责任公司	17.38
77	昆明焦化制气有限公司	17.18
78	云南云景林纸股份有限公司（景谷）	17.16
79	云南电网公司文山分公司	17.13
80	曲靖大为焦化制供气有限公司	16.98
81	泸西大为焦化有限公司	16.60
82	云南云天化国际化工股份有限公司红磷分公司	16.56
83	云南云天化国际化工股份有般公司三环分公司	16.40
84	云南高桥发电有限公司	16.31
85	云南南天电子信息产业股份有限公司	16.01
86	楚雄德胜煤化工有限公司	15.97
87	云南润鑫铝业有限公司	15.87
88	云南滇能泗南江水电开发有限公司	15.38
89	玉溪汇溪金属铸造制品有限公司	14.74
90	蒙自矿冶有限责任公司	14.35
91	云南玉溪仙福钢铁（集团）有限公司	13.92
92	云南省烟草烟叶公司	13.66
93	云南保山苏帕河水电开发有限公司	13.55
94	云南昆钢重型装备制造集团有限公司	13.54
95	云南宣威市磷电有限责任公司	13.38
96	国电迪庆香格里拉发电有限责任公司	13.16
97	云南昆钢嘉华水泥建材有限公司	13.13
98	云南云峰化学工业有限公司	12.92
99	云南民爆集团有限责任公司	12.63
100	德宏州龙江水电开发有限公司	12.61

云南省2009年按主营业务收入排序前100名的企业

序号	单位详细名称	主营业务收入（亿元）
1	玉溪红塔烟草（集团）有限责任公司	278.01
2	红云红河烟草（集团）有限公司	184.62
3	武钢集团昆明钢铁股份有限公司	153.48
4	云南铜业股份有限公司	149.46
5	曲靖烟厂	117.81
6	红云红河烟草（集团）有限责任公司红河卷烟厂	97.88
7	云南锡业集团（控股）有限责任公司	95.55
8	云南电网公司曲靖供电厂	76.99
9	云南省昆明供电局	75.58
10	玉溪红塔烟草（集团）楚雄卷烟厂	53.72
11	云南德胜钢铁有限公司	52.02
12	玉溪新兴钢铁有限公司	44.68
13	红河钢铁有限公司	44.54
14	云南力帆骏马车辆有限公司	40.78
15	云南烟草集团有限责任公司昭通卷烟厂	39.68
16	云南铝业股份有限公司	38.91
17	云南驰宏辞锗股份有限公司	36.09
18	云南滇东能源有限责任公司	33.82
19	大理卷烟厂	30.98
20	一汽红塔云南汽车制造有限公司	29.67
21	云南云天化国际化工股份有限公司富瑞分公司	29.26
22	云南昆钢煤焦化有限公司安宁分公司	27.34
23	云南黄金矿业集团股份有限公司	27.00
24	祥云县飞龙有色金属股份有限公司	26.95
25	昆明钢铁集团有限责任公司	25.96
26	云南电网公司玉溪供电局	25.03
27	云南电网公司红河供电局	24.92
28	云南白药集团股份有限公司	24.34
29	国电宣威发电有限责任公司	24.27
30	安宁市永昌钢铁有限公司	23.44
31	云南大为制焦有限公	23.31
32	玉溪汇溪金属铸造制品有限公司	22.94
33	华能澜沧江水电有限公司（小湾）	22.12
34	云南磷化集团有限公司	21.90
35	云南铜业凯通有色金属有限公司	21.87

续表

序号	单位详细名称	主营业务收入（亿元）
36	中铁昆明大型养路机械集团有限公司	21.32
37	昆明云内动力股份有限公司	21.14
38	云南乘风有色金属股份有限公司	20.51
39	云南东源煤业集团曲靖铝业有限公司	20.29
40	云南金鼎锌业有限公司	19.43
41	云南省烟草烟叶公司	19.42
42	昆明焦化制气有限公司	18.95
43	云南云天化国际化工股份有限公司三环分公司	18.79
44	昆明金水铜冶炼有限公司	18.01
45	云南玉溪仙福钢铁（集团）有限公司	17.25
46	云南曲靖麒麟焦化有限责任公司	17.17
47	国投曲靖发电有限公司	16.89
48	文山州烟草公司	16.29
49	云南云天化股份有限公司	16.01
50	云南云峰化学工业有限公司	15.96
51	云南三环中化嘉吉化肥有限公司	15. 77
52	玉溪大红山矿业有限公司	15.60
53	云南玉溪玉昆钢集团有限公司	14.76
54	云南南磷集团寻甸磷电有限公司	14.53
55	云南盐化股份有限公司	14.34
56	云南云天化国际化工股份有限公司红磷分公司	14.23
57	昆明电缆集团股份有限公司	14.20
58	云南省小龙潭矿务局	14.16
59	国电阳宗海发电有限公司	14.06
60	云南昆钢重型装备制造集团有限公司	14.03
61	云南力帆骏马车辆有限公司拖拉机装配厂	13.90
62	云南弘祥化工有限公司	13.89
63	楚雄德胜煤化工有限公司	13.63
64	云南锡业锡材有限公司	13.28
65	曲靖大为焦化制供气有限公司	13.00
66	云南玉溪仙福轧钢有限公司	12.84
67	云南省曲靖双友钢铁有限公司	12.81
68	沈机集团昆明机床股份有限公司	12.15
69	昆明醋酸纤维有限公司	11.94
70	云南文山电力股份有限公司	11.16
71	云南三环中化化肥有限公司	11.12
72	蒙自矿冶有限责任公司	11.06

续表

序号	单位详细名称	主营业务收入（亿元）
73	玉溪矿业有限公司	10.76
74	云南罗平锌电股份有限公司	10.75
75	红河恒林化工有限公司	10.72
76	云南德宏英茂糖业有限公司	9.96
77	云南润鑫铝业有限公司	9.81
78	国投云南大朝山水电有限公司	9.62
79	云南金恒实业有限公司	9.55
80	楚雄滇中有色金属有限责任公司	9.53
81	云南解化清洁能源有限公司解化化工分公司	9.47
82	华能漫湾水电厂	9.27
83	云南省玉溪市活发集团洛河钢铁有限公司	9.07
84	贵研铂业股份有限公司	8.93
85	云南振兴铝业有限责任公司	8.69
86	云南云铜锌业股份有限公司	8.69
87	云南大唐国际红河发电有限责任公司	8.62
88	易门铜业有限公司	8.57
89	云南电网公司大理供电局	8.57
90	云南楚雄矿冶股份有限公司	8.54
91	云南电网公司楚雄供电局	8.41
92	玉溪市华盛钢铁有限责任公司	8.38
93	云南丰瑞油脂有限公司	8.25
94	国电开远发电有限公司	8.12
95	云南宣威市磷电有限责任公司	8.10
96	云南云维股份有限公司	8.00
97	云南烟草大理烟叶复烤有限责任公司	7.92
98	云南电网公司昭通供电局	7.92
99	云南华联锌铟股份有限公司	7.92
100	云南华电巡检司发电有限公司	7.87

云南省2009年按利税总额排序前100名的企业

序号	企业名称	利税总额（亿元）
1	玉溪红塔烟草（集团）有限责任公司	203.71
2	红云红河烟草（集团）有限公司	146.22
3	曲靖烟厂	93.30
4	红云红河烟草（集团）有限责任公司红河卷烟厂	77.51
5	玉溪红塔烟草（集团）楚雄卷烟厂	39.36
6	云南烟草集团有限责任公司昭通卷烟厂	29.07
7	大理卷烟厂	22.70
8	云南锡业集团（控股）有限责任公司	9.91
9	云南力帆骏马车辆有限公司	8.97
10	云南德胜钢铁有限公司	8.31
11	云南白药集团股份有限公司	7.78
12	云南驰宏锌锗股份有限公司	6.28
13	云南省昆明供电局	6.19
14	云南磷化集团有限公司	5.96
15	文山州烟草公司	5.85
16	国投云南大朝山水电有限公司	5.55
17	云南省烟草烟叶公司	5.51
18	玉溪新兴钢铁有限公司	5.14
19	云南铜业股份有限公司	4.96
20	云南省小龙潭矿务局	4.33
21	玉溪大红山矿业有限公司	4.16
22	国电宣威发电有限责任公司	3.99
23	云南金鼎锌业有限公司	3.95
24	昆明醋酸纤维有限公司	3.93
25	云南云天化股份有限公司	3.84
26	蒙自矿冶有限责任公司	3.84
27	云南昆钢煤焦化有限公司安宁分公司	3.62
28	玉溪汇溪金属铸造制品有限公司	3.52
29	云南黄金矿业集团股份有限公司	3.47
30	昆明钢铁集团有限责任公司	3.44
31	云南特安呐制药股份有限公司	3.39
32	武钢集团昆明钢铁股份有限公司	3.34
33	云南峨山矿冶（集团）有限责任公司	3.33
34	沈机集团昆明机床股份有限公司	3.24
35	昆明通用水务自来水有限公司	3.23

续表

序号	企业名称	利税总额（亿元）
36	文山煤业有限责任公司普阳煤矿	3.08
37	云南电网公司曲靖供电局	2.99
38	玉溪矿业有限公司	2.91
39	云南华联锌铟股份有限公司	2.91
40	中铁昆明大型养路机械集团有限公司	2.88
41	云南弘祥化工有限公司	2.85
42	红河钢铁有限公司	2.82
43	云南玉溪仙福钢铁（集团）有限公司	2.78
44	云南滇东能源有限责任公司	2.69
45	祥云县飞龙有色金属股份有限公司	2.57
46	云南罗平锌电股份有限公司	2.50
47	昆明云内动力股份有限公司	2.47
48	昆明伟建彩印有限公司	2.44
49	云南曲靖麒麟焦化有限责任公司	2.36
50	云南铜业凯通有色金属有限公司	2.29
51	云南玉溪玉昆钢集团有限公司	2.21
52	云南天宁矿业有限公司	2.21
53	云南力帆骏马车辆有限公司拖拉机装配厂	2.19
54	华新水泥（昭通）有限公司	2.17
55	昆明金水铜冶炼有限公司	2.11
56	勐腊县新山矿业开发有限公司	2.11
57	国投曲靖发电有限公司	2.08
58	云南文山电力股份有限公司	2.06
59	云南电网公司玉溪供电局	2.04
60	云南电网公司红河供电局	2.03
61	国营云南安宁化工厂	2.02
62	国电阳宗海发电有限公司	2.00
63	云南民爆集团有限责任公司	1.93
64	云南变压器电气股份有限公司	1.89
65	大理娃哈哈食品有限公司	1.88
66	墨江县矿业有限公司	1.88
67	云南玉溪仙福轧钢有限公司	1.77
68	国营云南燃料一厂	1.74
69	云南红塔蓝鹰纸业有限公司	1.72
70	楚雄德胜煤化工有限公司	1.69
71	宣威市宇恒水泥有限公司	1.63
72	云南大为制焦有限公司	1.59

续表

序号	企业名称	利税总额（亿元）
73	云南文山斗南锰业股份有限公司	1.53
74	昆明滇虹药业有限公司	1.51
75	盈江县多源水电开发有限公司	1.51
76	云南昆船瑞升科技有限公司	1.50
77	国电开远发电有限公司	1.47
78	云南华电巡检司发电有限公司	1.43
79	元阳县华西黄金有限公司	1.43
80	云南德宏英茂糖业有限公司	1.38
81	云南锡业锡材有限公司	1.36
82	富源县老厂乡恒达煤矿	1.34
83	云南楚雄矿冶股份有限公司	1.32
84	云南盐化股份有限公司	1.31
85	云南昊龙实业集团乐红铅锌采选有限公司	1.29
86	富源县十八连山乡雄达煤矿	1.26
87	国营云南包装厂	1.25
88	勐海茶业有限责任公司	1.25
89	中国医学科学院医学生物学研究所	1.23
90	玉溪沃森生物制药有限公司	1.23
91	一汽红塔云南汽车制造有限公司	1.23
92	云南侨通包装印刷有限公司	1.22
93	可口可乐（云南）饮料有限公司	1.21
94	云南先锋煤业开发有限公司	1.16
95	云南通变电器有限公司	1.14
96	云南临沧鑫圆锗业股份有限公司	1.14
97	中国南方电网鲁布革水力发电厂	1.12
98	云南解化清洁能源有限公司解化化工分公司	1.09
99	华能澜沧江水电有限公司（小湾）	1.08
100	云南省保山电力股份有限公司	1.07

云南省2009年按职工人数排序前100名的企业

序号	企业名称	职工人数（人）
1	云南锡业集团（控股）有限责任公司	28929
2	红云红河烟草（集团）有限公司	14700
3	武钢集团昆明钢铁股份有限公司	8576
4	云南驰宏锌锗股份有限公司	8255
5	蒙自矿冶有限责任公司	6800
6	祥云县飞龙有色金属股份有限公司	6349
7	昆明钢铁集团有限责任公司	5225
8	云南金鼎锌业有限公司	4597
9	曲靖烟厂	4326
10	玉溪红塔烟草（集团）有限责任公司	4272
11	云南省小龙潭矿务局	4172
12	云南楚雄矿冶股份有限公司	4053
13	云南磷化集团有限公司	4015
14	云南盐化股份有限公司	3943
15	云南力帆骏马车辆有限公司	3851
16	云南铝业股份有限公司	3743
17	云南德胜钢铁有限公司	3394
18	云南西仪工业股份有限公司	3352
19	云南解化清洁能源有限公司解化化工分公司	3281
20	云南省昆明供电局	3269
21	一平浪煤矿	3114
22	云南省羊场煤矿	3106
23	云南云天化股份有限公司	3013
24	一汽红塔云南汽车制造有限公司	2811
25	云南云维股份有限公司	2715
26	安宁市永昌钢铁有限公司	2613
27	红河钢铁有限公司	2592
28	云南铜业股份有限公司	2590
29	云南罗平锌电股份有限公司	2561
30	玉溪新兴钢铁有限公司	2531
31	云南后所煤矿	2503
32	云南千佛茧丝绸集团有限公司	2425
33	沈机集团昆明机床股份有限公司	2406
34	云南大为制焦有限公司	2371
35	玉溪矿业有限公司	2323

续表

序号	企业名称	职工人数（人）
36	云南文山电力股份有限公司	2253
37	华坪县定华能源有限责任公司	2234
38	云南省保山电力股份有限公司	2204
39	云南玉溪仙福钢铁（集团）有限公司	2169
40	云南昆钢重型装备制造集团有限公司	2151
41	云南云峰化学工业有限公司	2073
42	云南烟草集团有限责任公司昭通卷烟厂	2030
43	云南永德糖业集团有限公司	2025
44	云南德宏英茂糖业有限公司	2006
45	云南云维集团有限公司	1964
46	云南电网公司曲靖供电局	1927
47	昆明云内动力股份有限公司	1918
48	玉溪汇溪金属铸造制品有限公司	1913
49	云南南磷集团寻甸磷电有限公司	1865
50	云南电网公司红河供电局	1846
51	云南烟草保山香料烟有限责任公司	1837
52	云南恩洪煤矿	1806
53	云南昆船第一机械有限公司	1802
54	云南省田坝煤矿	1796
55	玉溪红塔烟草（集团）楚雄卷烟厂	1795
56	国营云南安宁化工厂	1769
57	云南澜沧铅矿有限公司	1767
58	云南景谷林业股份有限公司	1748
59	云南省富源矿厂	1747
60	华能澜沧江水电有限公司（小湾）	1745
61	云南纺织（集团）股份有限公司	1707
62	云南昆船第二机械有限公司	1628
63	云南文山斗南锰业股份有限公司	1626
64	云南云天化国际化工股份有限公司三环分公司	1612
65	红河天赢烟叶复烤有限责任公司	1609
66	云南CY集团有限公司	1596
67	昆明滇虹药业有限公司	1596
68	云南永昌铅锌股份有限公司	1559
69	国营云南燃料一厂	1543
70	云南白药集团股份有限公司	1528
71	云南省元江县金珂集团糖业有限责任公司	1517
72	德宏供电有限公司	1501

续表

序号	企业名称	职工人数（人）
73	云南金沙矿业股份有限公司	1465
74	云南东源煤业集团曲靖铝业有限公司	1450
75	云南华联锌铟股份有限公司	1422
76	泸西县顺达矿产实业有限公司	1440
77	大理卷烟厂	1399
78	云南云天化国际化工股份有限公司红磷分公司	1399
79	云南力帆骏马车辆有限公司拖拉机装配厂	1398
80	云南昊龙实业集团乐红铅锌采选有限公司	1362
81	云南昊龙实业集团宏鑫铅锌采选有限公司	1360
82	昆明焦化制气有限公司	1327
83	云南达亚有色金属有限公司	1305
84	云南省曲靖化学工业有限公司	1289
85	云南冶金力神重工有限公司	1285
86	国营云南包装厂	1248
87	云南昆钢机械设备制造建安工程有限公司	1228
88	玉溪市塔甸煤矿有限责任公司	1228
89	云南省兴云煤矿	1224
90	国营云南机器三厂	1216
91	云南乘风有色金属股份有限公司	1207
92	昆明电机厂有限公司	1202
93	云南电网公司大理供电局	1198
94	可口可乐（云南）饮料有限公司	1195
95	云南北方光电仪器有限公司	1191
96	昆明电缆集团股份有限公司	1177
97	云南省圭山煤矿	1157
98	富源县老厂乡舍乌福利煤矿	1123
99	峨山彝族自治县甸中炼铁厂	1122
100	云南玉溪玉昆钢集团有限公司	1121

2009年中国服务业企业500强名单

名次	企业名称	营业收入（万元）
1	国家电网公司	126031199
2	中国移动通信集团公司	49012279
3	中国工商银行股份有限公司	47340600
4	中国建设银行股份有限公司	39867200
5	中国人寿保险（集团）公司	38950383
6	中国农业银行股份有限公司	33842700
7	中国银行股份有限公司	33474100
8	中国南方电网有限责任公司	31242311
9	中国中化集团公司	24302851
10	中国电信集团公司	24289580
11	中国中信集团公司	20906492
12	中粮集团有限公司	17828588
13	百联集团有限公司	17387384
14	中国中钢集团公司	16404265
15	中国联合网络通信集团有限公司	15905644
16	中国人民保险集团股份有限公司	15364044
17	中国邮政集团公司	15354898
18	中国平安保险（集团）股份有限公司	14783500
19	华润（集团）有限公司	14582761
20	交通银行股份有限公司	13355200
21	江苏苏宁电器集团有限公司	11700267
22	浙江省物产集团公司	11321946
23	天津市物资集团总公司	10818806
24	国美电器控股有限公司	10680000
25	中国铁路物资总公司	10517877
26	中国太平洋保险（集团）股份有限公司	10431400
27	中国机械工业集团有限公司	10349796
28	中国航空油料集团公司	9369984
29	中国外运长航集团有限公司	7425970
30	新华人寿保险股份有限公司	7365968
31	山西煤炭运销集团有限公司	7243878
32	大连大商集团有限公司	7053590
33	中国通用技术（集团）控股有限责任公司	6858110
34	中国医药集团总公司	6449536
35	上海铁路局	5997743

续表

名次	企业名称	营业收入（万元）
36	上海绿地（集团）有限公司	5929560
37	泰康人寿保险股份有限公司	5793242
38	沈阳铁路局	5674852
39	北京铁路局	5659573
40	中国南方航空集团公司	5643103
41	中国农业生产资料集团公司	5308964
42	广东物资集团公司	5263629
43	中国航空集团公司	5241539
44	招商银行股份有限公司	5144600
45	万科企业股份有限公司	4888100
46	太原铁路局	4724265
47	国家开发投资公司	4672443
48	中国海运（集团）总公司	4495291
49	广东省广新外贸集团有限公司	4328724
50	广州铁路（集团）公司	4290459
51	新疆广汇实业投资（集团）有限责任公司	4248362
52	中国民生银行股份有限公司	4206000
53	厦门建发集团有限公司	4183451
54	成都铁路局	4126045
55	浙江省能源集团有限公司	4062852
56	郑州铁路局	4015615
57	中国东方航空股份有限公司	3983130
58	中国港中旅集团公司	3961826
59	珠海振戎公司	3829359
60	上海浦东发展银行股份有限公司	3682393
61	海航集团有限公司	3585626
62	浙江省兴合集团公司	3557197
63	庞大汽贸集团股份有限公司	3550177
64	安徽省徽商集团有限公司	3437883
65	中国诚通控股集团有限公司	3392191
66	物美控股集团有限公司	3263992
67	武汉铁路局	3150989
68	厦门国贸控股有限公司	3136399
69	世纪金源投资集团有限公司	3057500
70	哈尔滨铁路局	3028074
71	浙江省国际贸易集团有限公司	3010101
72	济南铁路局	2949841

续表

名次	企业名称	营业收入（万元）
73	西安铁路局	2929000
74	广东省交通集团有限公司	2817248
75	南昌铁路局	2803195
76	江苏苏宁环球集团有限公司	2736821
77	浪潮集团有限公司	2718586
78	北京控股集团有限公司	2673231
79	呼和浩特铁路局	2652680
80	广东发展银行股份有限公司	2566016
81	山东省商业集团有限公司	2564116
82	重庆商社（集团）有限公司	2470124
83	广东省丝绸纺织集团有限公司	2469248
84	大连万达集团股份有限公司	2466434
85	华侨城集团公司	2419707
86	北京首都旅游集团有限责任公司	2309686
87	山西煤炭进出口集团有限公司	2302889
88	中国工艺（集团）公司	2273608
89	中天发展控股集团有限公司	2202733
90	上海华冶钢铁集团有限公司	2201935
91	浙江省商业集团有限公司	2190215
92	浙江省交通投资集团有限公司	2184321
93	天津一商集团有限公司	2150540
94	武汉商联（集团）股份有限公司	2141619
95	合肥百货大楼集团股份有限公司	2090000
96	申能（集团）有限公司	2088316
97	南宁铁路局	2063856
98	南京医药产业（集团）有限责任公司	2034839
99	中国中纺集团公司	1918419
100	广东省石油企业集团南方石油化工有限公司	1908793
101	河南省农村信用社联合社	1899441
102	九州通医药集团股份有限公司	1895771
103	太平人寿保险有限公司	1886621
104	江苏高力集团有限公司	1863272
105	广东省广晟资产经营有限公司	1847178
106	兰州铁路局	1830613
107	中国煤炭科工集团有限公司	1760412
108	江苏国泰国际集团有限公司	1723458
109	华夏银行股份有限公司	1712963

续表

名次	企业名称	营业收入（万元）
110	广西投资集团有限公司	1707516
111	厦门象屿集团有限公司	1700428
112	深圳市天音通信发展有限公司	1696907
113	中国国际技术智力合作公司	1692687
114	新华锦集团有限公司	1670011
115	上海国际港务（集团）股份有限公司	1654534
116	中国新世纪控股集团有限公司	1597434
117	山东高速集团有限公司	1534830
118	利群集团股份有限公司	1516622
119	江苏华厦融创置地集团有限公司	1469791
120	天津市津能投资公司	1459556
121	北京外企服务集团有限责任公司	1424806
122	北京首都创业集团有限公司	1401016
123	中储发展股份有限公司	1400370
124	北京能源投资（集团）有限公司	1368063
125	丰立集团有限公司	1343491
126	天津港（集团）有限公司	1321130
127	宁波银亿集团有限公司	1315122
128	安徽国贸集团控股有限公司	1311220
129	福佳集团有限公司	1309946
130	浙江远大进出口有限公司	1298642
131	重庆市能源投资集团公司	1297985
132	吉林粮食集团有限公司	1285865
133	昆明铁路局	1272918
134	青岛港（集团）有限公司	1270031
135	重庆农村商业银行股份有限公司	1258643
136	上海舜业钢铁集团有限公司	1232915
137	张家港保税区兴恒得贸易有限公司	1216520
138	北京银行	1189411
139	石家庄北国人百集团有限责任公司	1167541
140	中国电力工程顾问集团公司	1150234
141	中基宁波对外贸易股份有限公司	1146424
142	上海世博（集团）有限公司	1139229
143	福建省能源集团有限责任公司	1109839
144	上海永达控股（集团）有限公司	1104144
145	阳光保险集团股份有限公司	1072509
146	恒丰银行	1057580

续表

名次	企业名称	营业收入（万元）
147	浙江前程投资股份有限公司	1056625
148	广发证券股份有限公司	1047006
149	大华（集团）有限公司	1030234
150	广州发展集团有限公司	1027618
151	张家港保税区锦德贸易有限公司	995053
152	浙江国大集团有限责任公司	994785
153	淄博商厦股份有限公司	983502
154	中铁集装箱运输有限责任公司	961155
155	河北省物流产业集团有限公司	958279
156	上海银行股份有限公司	943599
157	北京市汽车修理公司	941842
158	河北省唐山市滦通商贸有限公司	927369
159	深圳市神州通投资集团有限公司	907075
160	厦门信达股份有限公司	902661
161	中国水电工程顾问集团公司	891065
162	银泰百货（集团）有限公司	879600
163	北京京客隆商业集团股份有限公司	869538
164	重庆医药股份有限公司	860423
165	上海临港经济发展（集团）有限公司	844633
166	环渤海金岸（天津）集团股份有限公司	838480
167	大汉控股集团有限公司	829185
168	上海豫园旅游商城股份有限公司	825620
169	宁波华东物资城市场建设开发有限公司	822000
170	扬州曲江商品城有限公司	821364
171	天津农垦集团总公司	812052
172	上海兰生（集团）有限公司	810151
173	广州轻工工贸集团有限公司	807697
174	黑龙江倍丰农业生产资料集团有限公司	806687
175	三河福成房地产开发有限公司	800993
176	江阴市万德贸易有限公司	800203
177	浙江百诚集团股份有限公司	789817
178	中国江苏国际经济技术合作公司	778232
179	厦门航空有限公司	777149
180	安徽辉隆农资集团股份有限公司	759678
181	天津国能投资有限公司	754627
182	浙江康桥汽车工贸集团股份有限公司	740709
183	日照港（集团）有限公司	730979

续表

名次	企业名称	营业收入（万元）
184	宁波市慈溪进出口股份有限公司	729158
185	安徽省能源集团有限公司	728638
186	天津现代集团有限公司	728401
187	中铁快运股份有限公司	727967
188	中球冠集团有限公司	720195
189	四川航空集团公司	701571
190	广州岭南国际企业集团有限公司	699835
191	上海新世界（集团）有限公司	694823
192	上海机场（集团）有限公司	662632
192	重庆华宇物业（集团）有限公司	657817
194	天津城市基础设施建设投资集团有限公司	641798
195	辽宁兴隆大家庭商业有限公司	639159
196	天津立业钢铁贸易有限公司	637329
197	天津住宅建设发展集团有限公司	634000
198	南通化工轻工股份有限公司	633057
199	中国国旅集团有限公司	632081
200	天津二商集团有限公司	626000
201	金融街控股股份有限公司	623149
202	内蒙古小肥羊餐饮连锁有限公司	621700
203	中青旅控股股份有限公司	619087
204	四川蓝光实业集团有限公司	606298
205	宁波神化化学品经营有限责任公司	591301
206	天津市丽兴京津钢铁贸易有限公司	586895
207	安徽新华发行（集团）控股有限公司	579999
208	河北港口集团有限公司	575652
209	华泰财产保险股份有限公司	568424
210	润华集团股份有限公司	568367
211	山东航空集团有限公司	567788
212	浙江凯喜雅国际股份有限公司	557300
213	无锡商业大厦大东方股份有限公司	555920
214	广西机电设备有限责任公司	545454
215	青海省投资集团有限公司	533437
216	张家港保税区震宇贸易有限公司	530202
217	安徽省高速公路控股集团有限公司	522582
218	乐仁堂医药集团股份有限公司	520997
219	云南物流产业集团有限公司	515986
220	新疆西部银力棉业（集团）有限责任公司	515939

续表

名次	企业名称	营业收入（万元）
221	北京北辰实业集团公司	512706
222	宁波海田国际贸易有限公司	512000
223	浙江中外运有限公司	511742
224	浙江英特药业有限责任公司	507712
225	亿达集团有限公司	499336
226	成都红旗连锁有限公司	495667
227	重庆交通运输控股（集团）有限公司	495059
228	浙大网新科技股份有限公司	485432
229	营口港务集团有限公司	483000
230	安徽出版集团有限责任公司	481992
231	百步亭集团有限公司	480472
232	北方国际集团有限公司	478829
233	山西大昌汽车集团有限公司	476725
234	南昌市政公用投资控股有限责任公司	476329
235	重庆中汽西南汽车有限公司	475525
236	广西水利电业集团有限公司	474472
237	上海交运（集团）公司	468204
238	山东省机械进出口集团公司4	464943
239	西安高科（集团）公司	463966
240	中国农业机械华北集团有限公司	462514
241	九禾股份有限公司	459775
242	徽商银行股份有限公司	459380
243	天津贻成集团有限公司	457975
244	广西物资集团总公司	440300
245	天津劝业华联集团有限公司	436335
246	欧美投资集团有限公司	434441
247	开元旅业集团有限公司	432659
248	景德镇市焦化工业集团有限责任公司	432233
249	武汉市城市建设投资开发集团有限公司	431214
250	天津水泥工业设计研究院有限公司	430908
251	厦门路桥工程物资有限公司	430825
252	厦门禹洲集团股份有限公司	429180
253	江苏凤凰新华书业股份有限公司	423925
254	武汉工贸有限公司	414281
255	天津市燃气集团有限公司	411159
256	江苏苏农农资连锁集团股份有限公司	407899
257	宁波滕头集团有限公司	402110

续表

名次	企业名称	营业收入（万元）
258	重庆港务物流集团有限公司	401169
259	唐山百货大楼集团有限责任公司	400515
260	厦门海沧投资集团有限公司	399719
261	重庆华轻商业公司	398893
262	锦联投资集团有限公司	395608
263	中铁第四勘察设计院集团有限公司	394918
264	广东省机场管理集团公司	394404
265	广州港集团有限公司	391447
266	杭州旅游集团有限公司	389609
267	月星集团有限公司	387754
268	中国铁道科学研究院	387358
269	振华物流集团有限公司	386556
270	北京菜市口百货股份有限公司	386339
271	宁波宁兴控股股份有限公司	385485
272	新疆农资（集团）有限责任公司	384977
273	泰豪集团有限公司	383400
274	河北怀特集团股份有限公司	383011
275	重庆桐君阁股份有限公司	382798
276	温州金州集团有限公司	382000
277	安徽亚夏实业股份有限公司	381652
278	内蒙古集通铁路（集团）有限责任公司	377129
279	浙江中国小商品城集团股份有限公司	376257
280	中国水利电力对外公司	375258
281	天津市政建设集团有限公司	372838
282	湖南友谊阿波罗股份有限公司	372762
283	天津银行股份有限公司	368501
284	大连宏光好运来集团有限公司	368356
285	天津渤海润德钢铁集团有限公司	367557
286	浙江华瑞集团有限公司	367068
287	四川新华发行集团有限公司	365733
288	隆基泰和实业有限公司	362399
289	山西宝力金属材料集团有限公司	362204
290	山西汽车运输集团有限公司	362149
291	宁波韵升进出口有限公司	360312
292	荣安集团股份有限公司	359155
293	上海张江（集团）有限公司	355606
294	河北东盛英华医药有限公司	355400

续表

名次	企业名称	营业收入（万元）
295	华茂集团股份有限公司	353884
296	卓尔控股有限公司	351051
297	江西洪客隆投资集团有限公司	349025
298	新疆生产建设兵团农一师棉麻公司	348261
299	安徽省交通投资集团有限责任公司	346599
300	杭州大厦有限公司	341669
301	厦门华澄集团有限公司	336870
302	厦门市嘉晟对外贸易有限公司	335683
303	中国大连国际经济技术合作集团有限公司	335409
304	北京市糖业烟酒公司	332167
305	广西北部湾国际港务集团有限公司	331777
306	青岛维客集团股份有限公司	328135
307	河北省新华书店集团公司	327949
308	重庆粮食集团有限责任公司	327609
309	上海强生集团有限公司	325450
310	江西赣粤高速公路股份有限公司	325210
311	长沙通程实业集团有限公司	324363
312	嘉兴良友进出口集团股份有限公司	322046
313	宁波医药股份有限公司	320346
314	武汉市汉商集团股份有限公司	320000
315	天津路鑫实业发展中心	316869
316	天津金元宝商厦集团有限公司	316000
317	宁波联合集团股份有限公司	314171
318	铁道第三勘察设计院集团有限公司	313215
319	临汾市琛士通公路煤炭经销有限公司	311968
320	浙江万丰企业集团公司	311326
321	东冠集团有限公司	308845
322	天津市自来水集团有限公司	308255
323	河北省农业生产资料有限公司	307728
324	山西美特好连锁超市股份有限公司	306800
325	加贝物流股份有限公司	305000
326	厦门经济特区房地产开发集团有限公司	303622
327	中兴-沈阳商业大厦（集团）股份有限公司	303425
328	北京翠微大厦股份有限公司	303029
329	邯郸市阳光百货集团总公司	302404
330	河北保龙仓商业连锁经营有限公司	302000
331	青岛市农村信用合作社联合社	301080

续表

名次	企业名称	营业收入（万元）
332	广州佳都集团有限公司	301029
333	北京市顺义区供销合作联合社	299494
334	华星北方汽车贸易有限公司	299417
335	厦门海翼国际贸易有限公司	298270
336	武汉农村商业银行股份有限公司	296246
337	广州友谊集团股份有限公司	295920
338	大连华南集团有限责任公司	290565
339	河北卓正实业集团有限公司	287635
340	厦门市中信隆进出口有限公司	287582
341	联发集团有限公司	287145
342	江苏恒大置业投资发展有限公司	286000
343	太原市河西农产品有限公司	286000
344	湖北银丰实业集团有限责任公司	282835
345	厦门新景地集团有限公司	282625
346	厦门协力集团有限公司	282034
347	万事利集团有限公司	280437
348	宁波市工艺品进出口有限公司	278601
349	江苏大经钢铁有限公司	272832
350	中国出国人员服务总公司	272410
351	福建省烟草公司厦门市公司	271377
352	老百姓大药房连锁有限公司	268000
353	厦门源昌集团有限公司	264083
354	中国民航信息集团公司	261996
355	浙江省农村发展集团有限公司	259547
356	天津市房地产开发经营集团有限公司	256178
357	厦门华融集团有限公司	254978
358	北京西单友谊集团	252810
359	大连三川建设集团股份有限公司	251422
360	无锡市交通产业集团有限公司	251089
361	厦门国际航空港集团有限公司	250158
362	宁波宁兴房地产开发集团有限公司	249300
363	浙江华联商厦有限公司	248000
364	鹭燕（福建）药业股份有限公司	246754
365	祥生实业集团有限公司	245363
366	中国上海外经（集团）有限公司	244081
367	山西华宇集团有限公司	243254
368	青岛泰能燃气集团有限公司	240991

续表

名次	企业名称	营业收入（万元）
369	长江水利委员会长江勘测规划设计研究院	239296
370	东华能源股份有限公司	237975
371	河北保百集团有限公司	236363
372	用友软件股份有限公司	234701
373	心连心集团有限公司	232000
374	西安开元控股集团股份有限公司	231880
375	中国免税品（集团）有限责任公司	231544
376	华天实业控股集团有限公司	225686
377	话机世界数码连锁集团股份有限公司	225000
378	重庆德庄实业（集团）有限公司	223911
379	武汉商贸国有控股集团有限公司	223642
380	深圳市冠欣投资有限公司	223399
381	宁波市蔬菜有限公司	223313
382	渤海银行股份有限公司	221177
383	浙江供销超市有限公司	220207
384	张家港市嘉广天进出口贸易有限公司	215919
385	河北远洋运输集团股份有限公司	212904
386	温州拍卖行有限公司	212800
387	山西金邦贸易有限公司	211068
388	福建省福农农资集团有限公司（福建省农资集团公司）	210879
389	广西富满地农资股份有限公司	209892
390	大连金港集团有限公司	208913
391	上海青浦工业园区发展（集团）有限公司	208215
392	重庆市涪陵水利电力投资集团有限责任公司	208201
393	湖州市浙北大厦有限责任公司	205935
394	湖北省新华书店（集团）有限公司	204789
395	浙江中捷环洲供应链集团股份有限公司	204450
396	绮丽集团有限责任公司	200165
397	新东方教育科技（集团）有限公司	199866
398	张家港市丰驰物资有限公司	199031
399	重庆市盐业（集团）有限公司	198031
400	张家港保税区发源钢铁炉料贸易有限公司	197394
401	渝惠食品集团有限公司	196743
402	上海东方明珠（集团）股份有限公司	192621
403	宁波宁电进出口有限公司	192328
404	沈阳商业城股份有限公司	191163
405	中铁特货运输有限责任公司	191109

续表

名次	企业名称	营业收入（万元）
406	民生轮船股份有限公司	189944
407	常州市化工轻工材料总公司	189634
408	张家港保税区润欣贸易有限公司	187154
409	青岛利客来商贸集团股份有限公司	186377
410	齐鲁银行股份有限公司	185950
411	宁波鄞州农村合作银行	184661
412	武汉市燃气热力集团有限公司	184506
413	湖南兰天汽车集团有限公司	182166
414	武汉市公共交通集团有限责任公司	182154
415	齐商银行	182032
416	天津津滨发展股份有限公司	181344
417	重庆小天鹅投资控股（集团）有限公司	180120
418	雄风集团有限公司	178391
419	长沙银行	178000
420	现代投资股份有限公司	176478
421	赛鼎工程有限公司	176066
422	浙江南苑控股集团有限公司	175789
423	杭州解百集团股份有限公司	170808
424	江苏张家港农村商业银行股份有限公司	170546
425	北京市京新龙医药销售有限公司	169329
426	新疆生产建设兵团棉麻公司	168813
427	重庆百事达汽车有限公司	167625
428	全洲药业集团有限公司	165920
429	上海淮海商业（集团）有限公司	164265
430	广东省商业企业集团公司	163709
431	山东金辰建设集团有限公司	161904
432	河北五兴能源集团有限公司	1161191
433	天津海泰控股集团有限公司	160386
434	大连市汽车贸易集团有限公司	160379
435	青岛北方国贸大厦集团股份有限公司	160162
436	广西沿海铁路股份有限公司	160046
437	武汉市水务集团有限公司	157178
438	厦门三峡国际贸易有限公司	156419
439	宁海县百家农产品市场有限公司	156000
440	天津市公共交通集团（控股）有限公司	155691
441	重庆乌江实业（集团）有限公司	154793
442	宁波赛尔集团有限公司	153850

续表

名次	企业名称	营业收入（万元）
443	宁波晶圆贸易有限公司	152058
444	重庆新华书店集团公司	149128
445	大连金宏建设集团有限公司	147870
446	南宁百货大楼股份有限公司	147272
447	浙江黄岩洲锽实业有限公司	146777
448	安徽华夏集团有限公司	146256
449	宁波萌恒工贸有限公司	145494
450	上海金桥（集团）有限公司	145468
451	广西超大运输集团有限责任公司	145410
452	江西公路开发总公司	143796
453	张家港市第一人民商场有限责任公司	143180
454	第一钢市市场股份有限公司	142924
455	江苏高兴达物流有限公司	142717
456	张家港容利再生资源有限公司	142654
457	宁波公运集团股份有限公司	141383
458	廊坊市明珠商业企业集团有限公司	141153
459	广西桂东电力股份有限公司	140000
460	浙江经发实业集团有限公司	139881
461	大连中海金属集团有限公司	139825
462	新疆生产建设兵团农七师供销合作总公司	139043
463	新疆生产建设兵团农业生产资料供应公司	138520
464	杭州长运运输集团有限公司	135959
465	厦门海澳集团有限公司	135641
466	广西运德汽车运输集团有限公司	134454
467	新疆兵团农三师棉麻公司	134432
468	厦门公交集团有限公司	134162
469	厦门兴海龙石油有限公司	130000
470	江苏鑫香山金属材料有限公司	129570
471	重庆东方菜根香餐饮连锁管理有限公司	127877
472	浙江震元股份有限公司	127604
473	厦门住宅建设集团有限公司	126676
474	浙江长江能源发展有限公司	125601
475	大连光伸企业集团有限公司	124758
476	郑州市公共交通总公司	124406
477	大连鹏生房地产开发有限责任公司	123862
478	株洲百货股份有限公司	122962
479	黄山旅游发展股份有限公司	121748

续表

名次	企业名称	营业收入（万元）
480	天津利和进出口集团有限公司	120838
481	辽宁省新民市农业机械有限公司	119538
482	佛山市奥园置业投资有限公司	118661
483	浙江上百贸易有限公司	118513
484	湖南龙骧交通发展集团有限责任公司	115240
485	金都房产集团厦门置业有限公司	111814
486	青岛热电集团有限公司	111652
487	百大集团股份有限公司	111056
488	长城人寿保险股份有限公司	110825
489	浙江省八达物流有限公司	109089
490	宁波市鄞州对外贸易股份有限公司	106494
491	宁波太一进出口贸易有限公司	106277
492	温州市龙湾永强供电公司	102469
493	广西瑞通运输集团有限公司	101473
494	绍兴咸亨集团股份有限公司	101015
495	浙江汇信进出口股份有限公司	100746
496	浙江雄城商贸股份有限公司	100658
497	日照银行股份有限公司	100331
498	中原百货集团股份有限公司	99594
499	中国高科集团股份有限公司	99410
500	江西长运股份有限公司	99160

2009年中国制造业企业500强名单

名次	企业名称	营业收入（万元）
1	中国石油化工集团公司	139195196
2	东风汽车公司	26915955
3	上海汽车工业（集团）总公司	22972314
4	中国第一汽车集团公司	20655087
5	中国兵器装备集团公司	19644059
6	宝钢集团有限公司	19530748
7	河北钢铁集团有限公司	17709075
8	中国航空工业集团公司	17207109
9	中国五矿集团公司	17047434
10	中国兵器工业集团公司	16497387
11	华为技术有限公司	14925041
12	江苏沙钢集团有限公司	14631303
13	武汉钢铁（集团）公司	14033158
14	中国铝业公司	13560700
15	广州汽车工业集团有限公司	13359362
16	首钢总公司	13038232
17	海尔集团公司	12491161
18	中国船舶重工集团公司	12109366
19	北京汽车工业控股有限责任公司	11647433
20	中国化工集团公司	10803459
21	联想控股有限公司	10637514
22	太原钢铁（集团）有限公司	10136453
23	上海电气（集团）总公司	8982975
24	山东钢铁集团有限公司	8702584
25	美的集团有限公司	8657202
26	中国电子信息产业集团公司	8589981
27	天津冶金集团有限公司	8420533
28	天津中环电子信息集团有限公司	8210483
29	中国建筑材料集团有限公司	8158163
30	山东魏桥创业集团有限公司	8061821
31	鞍山钢铁集团公司	8026352
32	天津汽车工业（集团）有限公司	7701914
33	光明食品（集团）有限公司	7553083
34	中国航天科工集团公司	7246722
35	金川集团有限公司	6647406

续表

名次	企业名称	营业收入（万元）
36	北台钢铁（集团）有限责任公司	6214404
37	天津钢管集团股份有限公司	6136501
38	天津天铁冶金集团有限公司	6056545
39	中兴通讯股份有限公司	6027256
40	海信集团有限公司	5598526
41	红塔烟草（集团）有限责任公司	5590222
42	中国重型汽车集团有限公司	5566281
43	天津天钢集团有限公司	5521915
44	马钢（集团）控股有限公司	5467526
45	江苏悦达集团有限公司	5425123
46	新兴铸管集团有限公司	5386020
47	江西铜业集团公司	5306360
48	上海烟草（集团）公司	5288138
49	潍柴控股集团有限公司	5228133
50	万向集团公司	5148040
51	南京钢铁集团有限公司	5133883
52	北大方正集团有限公司	5106480
53	湖南华菱钢铁集团有限责任公司	5084459
54	湖南中烟工业有限责任公司	5067304
55	徐州工程机械集团有限公司	5051776
56	红云红河烟草（集团）有限责任公司	5023748
57	华晨汽车集团控股有限公司	4845705
58	中国南车集团公司	4776323
59	新希望集团有限公司	4606739
60	江苏雨润食品产业集团有限公司	4514916
61	TCL集团股份有限公司	4428722
62	江苏华西集团公司	4405991
63	杭州钢铁集团公司	4395508
64	杭州娃哈哈集团有限公司	4320417
65	珠海格力电器股份有限公司	4263730
66	攀钢集团有限公司	4173587
67	中国北方机车车辆工业集团公司	4155884
68	安徽海螺集团有限责任公司	4141996
69	四川长虹电子集团有限公司	4138961
70	酒泉钢铁（集团）有限责任公司	4037265
71	天津渤海化工集团公司	4029183
72	山东六和集团有限公司	4021600

续表

名次	企业名称	营业收入（万元）
73	铜陵有色金属集团控股有限公司	4021115
74	河南省漯河市双汇实业集团有限责任公司	4007021
75	本溪钢铁（集团）有限责任公司	4000705
76	山东大王集团有限公司	3960991
77	中国东方电气集团有限公司	3899254
78	南山集团公司	3826019
79	北京建龙重工集团有限公司	3819067
80	包头钢铁（集团）有限责任公司	3787060
81	海亮集团有限公司	3726055
82	三胞集团有限公司	3670416
83	无锡产业发展集团有限公司	3646570
84	上海复星高科技（集团）有限公司	3609215
85	日照钢铁控股集团有限公司	3599535
86	中国中材集团有限公司	3533932
87	中国核工业集团公司	3518094
88	中天钢铁集团有限公司	3512667
89	四川省宜宾五粮液集团有限公司	3503882
90	中国黄金集团公司	3454269
91	天津荣程联合钢铁集团有限公司	3387922
92	长沙中联重工科技发展股份有限公司	3372691
93	安阳钢铁集团有限责任公司	3300087
94	正威国际集团有限公司	3198144
95	天津市一轻集团（控股）有限公司	3191282
96	陕西有色金属控股集团有限责任公司	3160112
97	哈尔滨电气集团公司	3131640
98	青岛钢铁控股集团有限责任公司	3123400
99	湖北宜化集团有限责任公司	3054758
100	三一集团有限公司	3040000
101	天津百利机电控股集团有限公司	3030379
102	浙江中烟工业有限责任公司	3013689
103	上海华谊（集团）公司	3011116
104	湖北中烟工业有限责任公司	2994300
105	临沂新程金锣肉制品集团有限公司	2979822
106	清华控股有限公司	2910075
107	河北敬业企业集团有限责任公司	2909290
108	大连西太平洋石油化工有限公司	2820478
109	天津天狮集团有限公司	2789021

续表

名次	企业名称	营业收入（万元）
110	江苏新长江实业集团有限公司	2788003
111	中国有色矿业集团有限公司	2749023
112	雅戈尔集团股份有限公司	2743700
113	广西玉柴机器集团有限公司	2719732
114	福建联合石油化工有限公司	2714000
115	北京医药集团有限责任公司	2664751
116	浙江恒逸集团有限公司	2607402
117	江苏阳光集团有限公司	2596007
118	河北津西钢铁集团股份有限公司	2588484
119	云天化集团有限责任公司	2572623
120	山东黄金集团有限公司	2513585
121	正泰集团有限公司	2439300
122	内蒙古伊利实业集团股份有限公司	2432355
123	新余钢铁集团有限公司	2421848
124	奇瑞汽车股份有限公司	2397976
125	大冶有色金属公司	2360751
126	安徽江淮汽车集团有限公司	2360441
127	新华联合冶金投资集团有限公司	2359633
128	上海纺织控股（集团）公司	2330978
129	四川宏达（集团）有限公司	2313182
130	江西萍钢实业股份有限公司	2285075
131	河南中烟工业有限责任公司	2284989
132	通化钢铁集团股份有限公司	2276837
133	江苏三房巷集团有限公司	2263353
134	红豆集团有限公司	2232759
135	陕西汽车集团有限责任公司	2210350
136	百兴集团有限公司	2210347
137	北京金隅集团有限责任公司	2202736
138	南金兆集团有限公司	2181513
139	恒力集团有限公司	2153621
140	江阴澄星实业集团有限公司	2152500
141	山东泰山钢铁集团有限公司	2114252
142	山东时风（集团）有限责任公司	2106312
143	山东鲁北企业集团总公司	2102815
144	宁波金田投资控股有限公司	2100207
145	紫金矿业集团股份有限公司	2095582
146	人民电器集团有限公司	2092837

续表

名次	企业名称	营业收入（万元）
147	陕西东岭工贸集团股份有限公司	2080000
148	唐山瑞丰钢铁（集团）有限公司	2074657
149	海澜集团有限公司	2073022
150	中国国际海运集装箱（集团）股份有限公司	2047551
151	四川省川威集团有限公司	2038000
152	杭州汽轮动力集团有限公司	2034952
153	奥克斯集团有限公司	2012845
154	上海人民企业（集团）有限公司	1992963
155	中国盐业总公司	1987505
156	德力西集团有限公司	1980445
157	浙江荣盛控股集团有限公司	1928387
158	大连重工·起重集团有限公司	1926136
159	天津友发钢管集团有限公司	1921355
160	华芳集团有限公司	1917577
161	山东招金集团有限公司	1910094
162	海城市西洋镁矿有限公司	1906363
163	北京京城机电控股有限责任公司	1898516
164	江苏西城三联控股集团有限公司	1877754
165	山东晨鸣纸业集团股份有限公司	1861696
166	金龙精密铜管集团股份有限公司	1861164
167	天正集团有限公司	1860118
168	滨化集团公司	1858483
169	福建省三钢（集团）有限责任公司	1858273
170	河北文丰钢铁有限公司	1857645
171	山东中烟工业有限责任公司	1820133
172	扬子江药业集团有限公司	1803028
173	青岛啤酒股份有限公司	1802611
174	尚德电力控股有限公司	1795043
175	江铃汽车集团公司	1779689
176	贵州中烟工业有限责任公司	1743064
177	西部矿业集团有限公司	1731381
178	华盛江泉集团有限公司	1726738
179	天津二轻集团（控股）有限公司	1713961
180	上海外高桥造船有限公司	1713374
181	长城汽车股份有限公司	1697226
182	杭州橡胶（集团）公司	1685786
183	新华联控股有限公司	1677470

续表

名次	企业名称	营业收入（万元）
184	唐山港陆钢铁有限公司	1672792
185	江苏新世纪造船有限公司	1660486
186	旭阳煤化工集团有限公司	1655263
187	昆明钢铁控股有限公司	1651702
188	浙江吉利控股集团有限公司	1651127
189	江苏扬子江船业集团公司	1637627
190	重庆化医控股（集团）公司	1613984
191	中国恒天集团有限公司	1612611
192	中国西电集团公司	1601588
192	江苏法尔胜泓昇集团有限公司	1581662
194	天津市医药集团有限公司	1573283
195	重庆钢铁（集团）有限责任公司	1556292
196	哈药集团有限公司	1555694
197	吉林亚泰（集团）股份有限公司	1554470
198	山东如意科技集团有限公司	1553947
199	山东京博控股发展有限公司	1550223
200	桐昆集团股份有限公司	1549949
201	西王集团有限公司	1516118
202	华泰集团有限公司	1514832
203	陕西龙门钢铁（集团）有限责任公司	1513967
204	盾安控股集团有限公司	1509244
205	郑州宇通集团有限公司	1502621
206	东北特殊钢集团有限责任公司	1487681
207	特变电工股份有限公司	1475429
208	山东东明石化集团有限公司	1455020
209	云南煤化工集团有限公司	1453644
210	九三粮油工业集团有限公司	1451776
211	苏州创元投资发展（集团）有限公司	1449175
212	江苏申特钢铁有限公司	1445697
213	山东石横特钢集团有限公司	1442722
214	江苏双良集团有限公司	1432575
215	山东太阳纸业股份有限公司	1421828
216	东营方圆有色金属有限公司	1413894
217	亨通集团有限公司	1411923
218	沈阳远大企业集团有限公司	1409184
219	青山控股集团有限公司	1409042
220	宁波富邦控股集团有限公司	1379058

续表

名次	企业名称	营业收入（万元）
221	江苏金辉集团公司	1364818
222	山东金诚石化集团有限公司	1354037
223	太极集团有限公司	1351210
224	万达控股集团有限公司	1346818
225	厦门金龙汽车集团股份有限公司	1345562
226	重庆力帆控股有限公司	1336497
227	北京燕京啤酒集团公司	1330815
228	四平红嘴集团总公司	1319323
229	玲珑集团有限公司	1316041
230	三河汇福粮油集团有限公司	1310000
231	深圳市中金岭南有色金属股份有限公司	1308015
232	三角集团有限公司	1299636
233	山西省焦炭集团公司	1295586
234	杉杉投资控股有限公司	1288597
235	隆鑫控股有限公司	1277450
236	中国贵州茅台酒厂有限责任公司	1275297
237	重庆轻纺控股（集团）公司	1271520
238	广州万宝集团有限公司	1265356
239	盛虹集团有限公司	1261869
240	山东淄博傅山企业集团有限公司	1257663
241	山东科达集团有限公司	1256637
242	环宇集团有限公司	1250098
243	深圳华强集团有限公司	1241060
244	春和集团有限公司	1240805
245	云南冶金集团股份有限公司	1232340
246	内蒙古鄂尔多斯羊绒集团有限责任公司	1230480
247	宝胜集团有限公司	1226994
248	新疆天业（集团）有限公司	1223650
249	利华益集团股份有限公司	1220921
250	亚邦化工集团有限公司	1218883
251	嘉晨集团有限公司	1213000
252	大连实德集团有限公司	1206638
253	沈阳机床（集团）有限责任公司	1206188
254	华勤橡胶工业集团有限公司	1204263
255	沂州集团有限公司	1203207
256	华立集团股份有限公司	1202252
257	山东西水橡胶集团有限公司	1193052

续表

名次	企业名称	营业收入（万元）
258	河北普阳钢铁有限公司	1186968
259	维科控股集团股份有限公司	1183817
260	天津纺织集团（控股）有限公司	1167939
261	山东博汇集团有限公司	1166596
262	山东寿光巨能控股集团有限公司	1163955
263	河北新金钢铁有限公司	1161754
264	北方重工集团有限公司	1155810
265	浙江元立金属制品集团有限公司	1154721
266	澳洋集团有限公司	1154400
267	冷水江钢铁有限责任公司	1151755
268	西子联合控股有限公司	1150000
269	传化集团有限公司	1149299
270	惠州市德赛集团有限公司	1146678
271	江门市大长江集团有限公司	1146121
272	上海良友（集团）有限公司	1144470
273	江苏三木集团有限公司	1137320
274	河南豫联能源集团有限责任公司	1136818
275	河南豫光金铅集团有限责任公司	1136777
276	远东控股集团有限公司	1136465
277	山东胜通集团股份有限公司	1122460
278	波司登股份有限公司	1108780
279	云南锡业集团（控股）有限责任公司	1108369
280	广西柳工集团有限公司	1101686
281	潍坊弘润石化助剂有限公司	1101234
282	方大特钢科技股份有限公司	1095855
283	宗申产业集团有限公司	1091718
284	杭州华东医药集团有限公司	1091486
285	太原重型机械集团有限公司	1090890
286	北京二商集团有限责任公司	1086407
287	凌源钢铁集团有限责任公司	1078512
288	晶龙实业集团有限公司	1077917
289	西林钢铁集团有限公司	1077080
290	攀枝花钢城集团有限公司	1072100
291	正邦集团有限公司	1067240
292	广西农垦集团有限责任公司	1066400
293	四川科伦实业集团有限公司	1064823
294	石药集团有限公司	1062574

续表

名次	企业名称	营业收入（万元）
295	天瑞集团有限公司	1060202
296	广西南华糖业集团有限公司	1053710
297	巨化集团公司	1052904
298	广西中烟工业有限责任公司	1048719
299	大连机床集团有限责任公司	1048660
300	河南济源钢铁（集团）有限公司	1037431
301	三环集团公司	1033737
302	崇利制钢有限公司	1018097
303	浙江龙盛控股有限公司	1017056
304	双星集团有限责任公司	1015848
305	四川省达州钢铁集团有限责任公司	1010964
306	柳州五菱汽车有限责任公司	1008822
307	江苏熔盛重工有限公司	1006489
308	杭州富春江冶炼有限公司	996295
309	永鼎集团有限公司	988642
310	春风实业集团有限责任公司	988158
311	精功集团有限公司	975406
312	天津市建筑材料集团（控股）有限公司	968942
313	华鲁控股集团有限公司	967588
314	德龙钢铁有限公司	965471
315	白银有色集团股份有限公司	961811
316	河北新武安钢铁集团烘熔钢铁有限公司	960000
317	富海集团有限公司	956939
318	山东垦利石化有限责任公司	952419
319	惠州市华阳集团有限公司	942775
320	邢台钢铁有限责任公司	927378
321	中国第一重型机械集团公司	927277
322	大连冰山集团有限公司	921246
323	山东大海集团有限公司	920563
324	唐山长城钢铁集团九江线材有限公司	907961
325	正和集团股份有限公司	906066
326	上海胜华电缆（集团）有限公司	905327
327	浙江天圣控股集团有限公司	904660
328	江苏新华发集团有限公司	893499
329	浙江大东南集团有限公司	889788
330	兴乐集团有限公司	882707
331	营口青花耐火材料股份有限公司	870007

续表

名次	企业名称	营业收入（万元）
332	龙岩烟草工业有限责任公司	864040
333	河南龙成集团南阳汉冶特钢有限公司	860948
334	邢台龙海钢铁集团有限公司	860000
335	冀东发展集团有限责任公司	857270
336	升华集团控股有限公司	856700
337	江苏华宏实业集团有限公司	852183
338	山东金岭集团有限公司	851072
339	江西稀有金属钨业控股集团有限公司	850212
340	江西中烟工业有限责任公司	848703
341	山东山水水泥集团有限公司	848219
342	华通机电集团有限公司	836523
343	上海三菱电梯有限公司	836478
344	诸城外贸有限责任公司	810983
345	江苏天地龙集团有限公司	810672
346	中国第二重型机械集团公司	808017
347	浙江富春江通信集团有限公司	807059
348	英利集团有限公司	799164
349	重庆机电控股（集团）公司	797813
350	森马集团有限公司	785101
351	四川化工控股（集团）有限责任公司	784744
352	唐山三友集团有限公司	784726
353	百隆东方有限公司	781606
354	山东石大科技集团有限公司	774461
355	湘电集团有限公司	770756
356	天津天士力集团有限公司	769082
357	山东泉林纸业有限责任公司	766885
358	庆铃汽车（集团）有限公司	763156
359	无锡江南电缆有限公司	761098
360	广西有色金属集团有限公司	760514
361	双胞胎（集团）股份有限公司	759310
362	重庆小康汽车控股有限公司	752499
363	东北制药集团有限责任公司	750808
364	河南黄河实业集团股份有限公司	736822
365	杭州金鱼电器集团有限公司	733749
366	山东五征集团有限公司	730410
367	四川九洲电器集团有限责任公司	730096
368	利时集团股份有限公司	724814

续表

名次	企业名称	营业收入（万元）
369	沈阳鼓风机集团有限公司	721586
370	河北兴华钢铁有限公司	720780
371	山东联盟化工集团有限公司	717963
372	云南白药集团股份有限公司	717178
373	天津塑力线缆集团有限公司	714459
374	中国华录集团有限公司	711671
375	卧龙控股集团有限公司	707661
376	山推工程机械股份有限公司	695623
377	江苏常发实业集团有限公司	693101
378	浙江东南网架集团有限公司	691513
379	华新水泥股份有限公司	690633
380	江苏上上电缆集团有限公司	686672
381	富通集团有限公司	681470
382	兰溪自立铜业有限公司	680148
383	唐人神集团股份有限公司	676854
384	潍坊特钢集团有限公司	669547
385	京东方科技集团股份有限公司	666556
386	湖南泰格林纸集团有限责任公司	661356
387	广州广船国际股份有限公司	655342
388	江苏大明金属制品有限公司	654440
389	厦门烟草工业有限责任公司	652049
390	星星集团有限公司	650687
391	江苏华尔润集团有限公司	636420
392	浙江翔盛集团有限公司	634787
393	厦门钨业股份有限公司	633812
394	杭州锦江集团有限公司	628570
395	山东渤海实业股份有限公司	628286
396	天津达亿钢铁有限公司	627681
397	海马投资集团股份有限公司	626708
398	孚日集团股份有限公司	621169
399	河北前进钢铁集团有限公司	620319
400	青岛即发集团控股有限公司	619517
401	浙江精工建设产业集团有限公司	616105
402	东辰控股集团有限公司	615770
403	上海致达科技（集团）股份有限公司	610301
404	宁波申洲针织有限公司	610162
405	青岛澳柯玛股份有限公司	608964

续表

名次	企业名称	营业收入（万元）
406	北京顺鑫农业股份有限公司	608711
407	江苏隆力奇集团有限公司	608349
408	沧州中铁装备制造材料有限公司	607626
409	江苏骏马集团有限责任公司	603952
410	上海浦东电线电缆（集团）有限公司	601497
411	山东澳亚纺织有限公司	596436
412	北京纺织控股有限责任公司	593267
413	天津大沽化工股份有限公司	586554
414	四川高金食品股份有限公司	584300
415	唐山贝氏体钢铁（集团）有限公司	580720
416	天津有色金属集团有限公司	579917
417	龙达集团有限公司	577761
418	祐康食品集团有限公司	570652
419	青岛泰发集团股份有限公司	570148
420	新郎希努尔集团股份有限公司	568128
421	兴达投资集团有限公司	566310
422	风神轮胎股份有限公司	562252
423	胜达集团有限公司	561437
424	资阳市南骏汽车有限责任公司	557129
425	青海盐湖工业集团股份有限公司	554159
426	河南蓝天集团有限公司	552091
427	重庆市博赛矿业（集团）有限公司	550807
428	超威电源有限公司	549230
429	兴惠化纤集团有限公司	547093
430	三花控股集团有限公司	542588
431	太原市梗阳实业集团有限公司	532969
432	上海船厂船舶有限公司	531918
433	厦门厦工机械股份有限公司	531667
434	厦门轻工集团有限公司	529093
435	瓦房店轴承集团有限责任公司	526355
436	辛集市澳森钢铁有限公司	526132
437	浙江森桥实业集团有限公司	522412
438	江苏华朋集团有限公司	521464
439	河北永洋钢铁有限公司	520000
440	西宁特殊钢集团有限责任公司	518985
441	天津金耀集团有限公司（天津药业集团有限公司）	517756
442	郑州煤矿机械集团股份有限公司	516028

续表

名次	企业名称	营业收入（万元）
443	胜利油田高原石油装备有限责任公司	511956
444	长丰集团有限责任公司	511555
445	焦作万方铝业股份有限公司	510307
446	普天东方通信集团有限公司	508384
447	平高集团有限公司	507112
448	江苏金峰水泥集团有限公司	506588
449	黑龙江烟草工业有限责任公司	503220
450	申达集团有限公司	502970
451	美锦能源集团有限公司	501816
452	宁波博洋纺织有限公司	500654
453	河南众品食业股份有限公司	497386
454	富丽达集团控股有限公司	496447
455	铜陵化学工业集团有限公司	496351
456	辽宁禾丰牧业股份有限公司	494994
457	万丰奥特控股集团有限公司	491877
458	天洁集团有限公司	489401
459	浙江航民实业集团有限公司	487907
460	龙大食品集团有限公司	487874
461	华翔集团股份有限公司	487200
462	张家口卷烟厂有限责任公司	484902
463	上海建筑材料（集团）总公司	481190
464	云南南磷集团股份有限公司	480864
465	唐山长城钢铁集团松汀钢铁有限公司	480787
466	奥康集团有限公司	480786
467	五矿营口中板有限责任公司	478191
468	贵州轮胎股份有限公司	473741
469	太原化学工业集团有限公司	471848
470	烽火通信科技股份有限公司	468840
471	山东海科化工集团有限公司	465019
472	青岛汉河集团股份有限公司	463581
473	佛山塑料集团股份有限公司	463410
474	花园工贸集团有限公司	458923
475	九星控股集团有限公司	458890
476	河南新飞电器有限公司	458240
477	青岛变压器集团有限公司	454130
478	江苏江南实业集团有限公司	451630
479	开氏集团有限公司	451401

续表

名次	企业名称	营业收入（万元）
480	山东金宇集团公司	451324
481	江苏华昌（集团）有限公司	451254
482	山西中阳钢铁有限公司	449952
483	天津市金桥焊材集团有限公司	448798
484	浙江赐富化纤集团有限公司	448782
485	永兴特种不锈钢股份有限公司	445986
486	新凤鸣集团股份有限公司	442303
487	深圳市赛格集团有限公司	442240
488	苏泊尔集团有限公司	442153
489	温州开元集团有限公司	431000
490	太原煤炭气化（集团）有限责任公司	430523
491	天津市恒兴钢业有限公司	423776
492	安徽楚江投资集团有限公司	423745
493	青岛九联集团股份有限公司	423361
494	天龙控股集团有限公司	423072
495	浙江宏磊控股集团有限公司	423004
496	江苏梦兰集团有限公司	422910
497	上海鑫冶铜业有限公司	422004
498	江苏倪家巷集团有限公司	421970
499	浙江富陵控股集团有限公司	417977
500	山东金正大生态工程股份有限公司	415920

2009年中国企业500强名单

名次	企业名称	营业收入（万元）
1	中国石油化工集团公司	139195196
2	国家电网公司	126031199
3	中国石油天然气集团公司	121827809
4	中国移动通信集团公司	49012279
5	中国工商银行股份有限公司	47340600
6	中国建设银行股份有限公司	39867200
7	中国人寿保险（集团）公司	38950383
8	中国铁建股份有限公司	35552077
9	中国中铁股份有限公司	34636796
10	中国农业银行股份有限公司	33842700
11	中国银行股份有限公司	33474100
12	中国南方电网有限责任公司	31242311
13	东风汽车公司	26915955
14	中国建筑股份有限公司	26037963
15	中国中化集团公司	24302851
16	中国电信集团公司	24289580
17	上海汽车工业（集团）总公司	22972314
18	中国交通建设集团有限公司	22860587
19	中国海洋石油总公司	20957831
20	中国中信集团公司	20906492
21	中国第一汽车集团公司	20655087
22	中国兵器装备集团公司	19644059
23	宝钢集团有限公司	19530748
24	中粮集团有限公司	17828588
25	中国华能集团公司	17774029
26	河北钢铁集团有限公司	17709075
27	中国冶金科工集团有限公司	17670504
28	百联集团有限公司	17387384
29	中国航空工业集团公司	17207109
30	中国五矿集团公司	17047434
31	中国兵器工业集团公司	16497387
32	中国中钢集团公司	16404265
33	神华集团有限责任公司	16124950
34	中国联合网络通信集团有限公司	15905644
35	中国人民保险集团股份有限公司	15364044

续表

名次	企业名称	营业收入（万元）
36	中国邮政集团公司	15354898
37	华为技术有限公司	14925041
38	中国平安保险（集团）股份有限公司	14783500
39	中国大唐集团公司	14659724
40	江苏沙钢集团有限公司	14631303
41	华润（集团）有限公司	14582761
42	武汉钢铁（集团）公司	14033158
43	中国铝业公司	13560700
44	广州汽车工业集团有限公司	13359362
45	交通银行股份有限公司	13355200
46	首钢总公司	13038232
47	海尔集团公司	12491161
48	中国国电集团公司	12207864
49	中国船舶重工集团公司	12109366
50	江苏苏宁电器集团有限公司	11700267
51	北京汽车工业控股有限责任公司	11647433
52	浙江省物产集团公司	11321946
53	天津市物资集团总公司	10818806
54	中国化工集团公司	10803459
55	国美电器控股有限公司	10680000
56	联想控股有限公司	10637514
57	中国华电集团公司	10528804
58	中国铁路物资总公司	10517877
59	中国太平洋保险（集团）股份有限公司	10431400
60	河南煤业化工集团有限责任公司	10409527
61	中国机械工业集团有限公司	10349796
62	太原钢铁（集团）有限公司	10136453
63	中国电力投资集团公司	10065761
64	中国航空油料集团公司	9369984
65	上海电气（集团）总公司	8982975
66	山东钢铁集团有限公司	8702584
67	美的集团有限公司	8657202
68	中国电子信息产业集团公司	8589981
69	天津冶金集团有限公司	8420533
70	天津中环电子信息集团有限公司	8210483
71	中国建筑材料集团有限公司	8158163
72	陕西延长石油（集团）有限责任公司	8068660

续表

名次	企业名称	营业收入（万元）
73	山东魏桥创业集团有限公司	8061821
74	鞍山钢铁集团公司	8026352
75	中国平煤神马能源化工集团有限责任公司	8016013
76	山西焦煤集团有限责任公司	7747769
77	天津汽车工业（集团）有限公司	7701914
78	中国水利水电建设集团公司	7554547
79	光明食品（集团）有限公司	7553083
80	上海建工（集团）总公司	7536883
81	中国外运长航集团有限公司	7425970
82	新华人寿保险股份有限公司	7365968
83	黑龙江北大荒农垦集团总公司	7268546
84	中国航天科工集团公司	7246722
85	山西煤炭运销集团有限公司	7243878
86	大连大商集团有限公司	7053590
87	中国中煤能源集团有限公司	7017192
88	中国通用技术（集团）控股有限责任公司	6858110
89	金川集团有限公司	6647406
90	中国医药集团总公司	6449536
91	北台钢铁（集团）有限责任公司	6214404
92	天津钢管集团股份有限公司	6136501
93	天津天铁冶金集团有限公司	6056545
94	中兴通讯股份有限公司	6027256
95	上海铁路局	5997743
96	上海绿地（集团）有限公司	5929560
97	冀中能源集团有限责任公司	5808577
98	泰康人寿保险股份有限公司	5793242
99	沈阳铁路局	5674852
100	北京铁路局	5659573
101	中国南方航空集团公司	5643103
102	海信集团有限公司	5598526
103	开滦（集团）有限责任公司	5593860
104	红塔烟草（集团）有限责任公司	5590222
105	中国重型汽车集团有限公司	5566281
106	山西晋城无烟煤矿业集团有限责任公司	5543456
107	天津天钢集团有限公司	5521915
108	马钢（集团）控股有限公司	5467526
109	江苏悦达集团有限公司	5425123

续表

名次	企业名称	营业收入（万元）
110	新兴铸管集团有限公司	5386020
111	中国农业生产资料集团公司	5308964
112	江西铜业集团公司	5306360
113	上海烟草（集团）公司	5288138
114	广东物资集团公司	5263629
115	兖矿集团有限公司	5261887
116	中国航空集团公司	5241539
117	潍柴控股集团有限公司	5228133
118	万向集团公司	5148040
119	招商银行股份有限公司	5144600
120	南京钢铁集团有限公司	5133883
121	北大方正集团有限公司	5106480
122	广厦控股创业投资有限公司	5085054
123	湖南华菱钢铁集团有限责任公司	5084459
124	湖南中烟工业有限责任公司	5067304
125	徐州工程机械集团有限公司	5051776
126	红云红河烟草（集团）有限责任公司	5023748
127	山西潞安矿业（集团）有限责任公司	4985778
128	阳泉煤业（集团）有限责任公司	4960041
129	万科企业股份有限公司	4888100
130	华晨汽车集团控股有限公司	4845705
131	中国南车集团公司	4776323
132	太原铁路局	4724265
133	国家开发投资公司	4672443
134	新希望集团有限公司	4606739
135	江苏雨润食品产业集团有限公司	4514916
136	中国海运（集团）总公司	4495291
137	TCL集团股份有限公司	4428722
138	江苏华西集团公司	4405991
139	杭州钢铁集团公司	4395508
140	广东省广新外贸集团有限公司	4328724
141	杭州娃哈哈集团有限公司	4320417
142	广州铁路（集团）公司	4290459
143	珠海格力电器股份有限公司	4263730
144	大同煤矿集团有限责任公司	4254301
145	新疆广汇实业投资（集团）有限责任公司	4248362
146	中国民生银行股份有限公司	4206000

续表

名次	企业名称	营业收入（万元）
147	厦门建发集团有限公司	4183451
148	攀钢集团有限公司	4173587
149	中国北方机车车辆工业集团公司	4155884
150	安徽海螺集团有限责任公司	4141996
151	四川长虹电子集团有限公司	4138961
152	成都铁路局	4126045
153	广东省粤电集团有限公司	4072031
154	浙江省能源集团有限公司	4062852
155	酒泉钢铁（集团）有限责任公司	4037265
156	天津渤海化工集团公司	4029183
157	山东六和集团有限公司	4021600
158	铜陵有色金属集团控股有限公司	4021115
159	郑州铁路局	4015615
160	河南省漯河市双汇实业集团有限责任公司	4007021
161	本溪钢铁（集团）有限责任公司	4000705
162	中国东方航空股份有限公司	3983130
163	中国港中旅集团公司	3961826
164	山东大王集团有限公司	3960991
165	中国东方电气集团有限公司	3899254
166	内蒙古电力（集团）有限责任公司	3833115
167	珠海振戎公司	3829359
168	南山集团公司	3826019
169	北京建龙重工集团有限公司	3819067
170	包头钢铁（集团）有限责任公司	3787060
171	海亮集团有限公司	3726055
172	新汶矿业集团有限责任公司	3683000
173	上海浦东发展银行股份有限公司	3682393
174	三胞集团有限公司	3670416
175	无锡产业发展集团有限公司	3646570
176	北京城建集团有限责任公司	3640370
177	上海复星高科技（集团）有限公司	3609215
178	日照钢铁控股集团有限公司	3599535
179	海航集团有限公司	3585626
180	浙江省兴合集团公司	3557197
181	庞大汽贸集团股份有限公司	3550177
182	中国中材集团有限公司	3533932
183	淮南矿业（集团）有限责任公司	3524321

续表

名次	企业名称	营业收入（万元）
184	中国核工业集团公司	3518094
185	中天钢铁集团有限公司	3512667
186	四川省宜宾五粮液集团有限公司	3503882
187	中国黄金集团公司	3454269
188	安徽省徽商集团有限公司	3437883
189	中国诚通控股集团有限公司	3392191
190	天津荣程联合钢铁集团有限公司	3387922
191	长沙中联重工科技发展股份有限公司	3372691
192	安阳钢铁集团有限责任公司	3300087
192	物美控股集团有限公司	3263992
194	黑龙江龙煤矿业控股集团有限责任公司	3261532
195	陕西煤业化工集团有限责任公司	3208783
196	正威国际集团有限公司	3198144
197	天津市一轻集团（控股）有限公司	3191282
198	陕西有色金属控股集团有限责任公司	3160112
199	武汉铁路局	3150989
200	厦门国贸控股有限公司	3136399
201	哈尔滨电气集团公司	3131640
202	青岛钢铁控股集团有限责任公司	3123400
203	世纪金源投资集团有限公司	3057500
204	湖北宜化集团有限责任公司	3054758
205	三一集团有限公司	3040000
206	天津百利机电控股集团有限公司	3030379
207	哈尔滨铁路局	3028074
208	北京建工集团有限责任公司	3023767
209	浙江中烟工业有限责任公司	3013689
210	上海华谊（集团）公司	3011116
211	浙江省国际贸易集团有限公司	3010101
212	湖北中烟工业有限责任公司	2994300
213	枣庄矿业（集团）有限责任公司	2980688
214	临沂新程金锣肉制品集团有限公司	2979822
215	济南铁路局	2949841
216	西安铁路局	2929000
217	清华控股有限公司	2910075
218	河北敬业企业集团有限责任公司	2909290
219	大连西太平洋石油化工有限公司	2820478
220	广东省交通集团有限公司	2817248

续表

名次	企业名称	营业收入（万元）
221	南昌铁路局	2803195
222	天津天狮集团有限公司	2789021
223	江苏新长江实业集团有限公司	2788003
224	中国有色矿业集团有限公司	2749023
225	雅戈尔集团股份有限公司	2743700
226	江苏苏宁环球集团有限公司	2736821
227	广西玉柴机器集团有限公司	2719732
228	浪潮集团有限公司	2718586
229	福建联合石油化工有限公司	2714000
230	中国葛洲坝集团公司	2691931
231	北京控股集团有限公司	2673231
232	北京医药集团有限责任公司	2664751
233	呼和浩特铁路局	2652680
234	湖南省建筑工程集团总公司	2613443
235	浙江恒逸集团有限公司	2607402
236	江苏阳光集团有限公司	2596007
237	内蒙古伊泰集团有限公司	2589482
238	河北津西钢铁集团股份有限公司	2588484
239	浙江省建设投资集团有限公司	2576015
240	云天化集团有限责任公司	2572623
241	广东发展银行股份有限公司	2566016
242	山东省商业集团有限公司	2564116
243	山东黄金集团有限公司	2513585
244	重庆商社（集团）有限公司	2470124
245	广东省丝绸纺织集团有限公司	2469248
246	淮北矿业（集团）有限责任公司	2468663
247	大连万达集团股份有限公司	2466434
248	正泰集团有限公司	2439300
249	内蒙古伊利实业集团股份有限公司	2432355
250	新余钢铁集团有限公司	2421848
251	华侨城集团公司	2419707
252	奇瑞汽车股份有限公司	2397976
253	大冶有色金属公司	2360751
254	安徽江淮汽车集团有限公司	2360441
255	新华联合冶金投资集团有限公司	2359633
256	上海纺织控股（集团）公司	2330978
257	四川宏达（集团）有限公司	2313182

续表

名次	企业名称	营业收入（万元）
258	北京首都旅游集团有限责任公司	2309686
259	山西煤炭进出口集团有限公司	2302889
260	江西萍钢实业股份有限公司	2285075
261	河南中烟工业有限责任公司	2284989
262	通化钢铁集团股份有限公司	2276837
263	中国工艺（集团）公司	2273608
264	江苏三房巷集团有限公司	2263353
265	红豆集团有限公司	2232759
266	重庆建工集团有限责任公司	2223229
267	陕西汽车集团有限责任公司	2210350
268	百兴集团有限公司	2210347
269	北京金隅集团有限责任公司	2202736
270	中天发展控股集团有限公司	2202733
271	上海华冶钢铁集团有限公司	2201935
272	浙江省商业集团有限公司	2190215
273	浙江省交通投资集团有限公司	2184321
274	南金兆集团有限公司	2181513
275	恒力集团有限公司	2153621
276	江阴澄星实业集团有限公司	2152500
277	天津一商集团有限公司	2150540
278	武汉商联（集团）股份有限公司	2141619
279	山东泰山钢铁集团有限公司	2114252
280	山东时风（集团）有限责任公司	2106312
281	山东鲁北企业集团总公司	2102815
282	宁波金田投资控股有限公司	2100207
283	紫金矿业集团股份有限公司	2095582
284	人民电器集团有限公司	2092837
285	合肥百货大楼集团股份有限公司	2090000
286	申能（集团）有限公司	2088316
287	陕西东岭工贸集团股份有限公司	2080000
288	唐山瑞丰钢铁（集团）有限公司	2074657
289	海澜集团有限公司	2073022
290	南宁铁路局	2063856
291	北京市政路桥建设控股（集团）有限公司	2061600
292	中国国际海运集装箱（集团）股份有限公司	2047551
293	四川省川威集团有限公司	2038000
294	杭州汽轮动力集团有限公司	2034952

续表

名次	企业名称	营业收入（万元）
295	南京医药产业（集团）有限责任公司	2034839
296	奥克斯集团有限公司	2012845
297	上海人民企业（集团）有限公司	1992963
298	广州市建筑集团有限公司	1992778
299	中国盐业总公司	1987505
300	德力西集团有限公司	1980445
301	徐州矿务集团有限公司	1943083
302	广东省建筑工程集团有限公司	1928901
303	浙江荣盛控股集团有限公司	1928387
304	大连重工·起重集团有限公司	1926136
305	天津友发钢管集团有限公司	1921355
306	中国中纺集团公司	1918419
307	华芳集团有限公司	1917577
308	山东招金集团有限公司	1910094
309	广东省石油企业集团南方石油化工有限公司	1908793
310	海城市西洋镁矿有限公司	1906363
311	河南省农村信用社联合社	1899441
312	北京京城机电控股有限责任公司	1898516
313	九州通医药集团股份有限公司	1895771
314	太平人寿保险有限公司	1886621
315	江苏西城三联控股集团有限公司	1877754
316	江苏高力集团有限公司	1863272
317	山东晨鸣纸业集团股份有限公司	1861696
318	金龙精密铜管集团股份有限公司	1861164
319	天正集团有限公司	1860118
320	滨化集团公司	1858483
321	福建省三钢（集团）有限责任公司	1858273
322	河北文丰钢铁有限公司	1857645
323	广东省广晟资产经营有限公司	1847178
324	中国广东核电集团有限公司	1842021
325	兰州铁路局	1830613
326	山东中烟工业有限责任公司	1820133
327	成都建筑工程集团总公司	1812563
328	扬子江药业集团有限公司	1803028
329	青岛啤酒股份有限公司	1802611
330	四川华西集团有限公司	1797369
331	尚德电力控股有限公司	1795043

续表

名次	企业名称	营业收入（万元）
332	江铃汽车集团公司	1779689
333	云南建工集团有限公司	1773102
334	中国煤炭科工集团有限公司	1760412
335	贵州中烟工业有限责任公司	1743064
336	广西建工集团有限责任公司	1734998
337	西部矿业集团有限公司	1731381
338	华盛江泉集团有限公司	1726738
339	江苏国泰国际集团有限公司	1723458
340	天津二轻集团（控股）有限公司	1713961
341	上海外高桥造船有限公司	1713374
342	华夏银行股份有限公司	1712963
343	广西投资集团有限公司	1707516
344	厦门象屿集团有限公司	1700428
345	长城汽车股份有限公司	1697226
346	深圳市天音通信发展有限公司	1696907
347	中国国际技术智力合作公司	1692687
348	江苏南通三建集团有限公司	1685800
349	杭州橡胶（集团）公司	1685786
350	陕西建工集团总公司	1685627
351	新华联控股有限公司	1677470
352	唐山港陆钢铁有限公司	1672792
353	新华锦集团有限公司	1670011
354	江苏新世纪造船有限公司	1660486
355	中南控股集团有限公司	1658566
356	旭阳煤化工集团有限公司	1655263
357	上海国际港务（集团）股份有限公司	1654534
358	昆明钢铁控股有限公司	1651702
359	浙江吉利控股集团有限公司	1651127
360	江苏省苏中建设集团股份有限公司	1646580
361	江苏扬子江船业集团公司	1637627
362	青建集团股份公司	1620766
363	重庆化医控股（集团）公司	1613984
364	中国恒天集团有限公司	1612611
365	中国西电集团公司	1601588
366	中国新世纪控股集团有限公司	1597434
367	洛阳新安电力集团有限公司	1586130
368	江苏法尔胜泓昇集团有限公司	1581662

续表

名次	企业名称	营业收入（万元）
369	郑州煤炭工业（集团）有限责任公司	1581097
370	天津市医药集团有限公司	1573283
371	重庆钢铁（集团）有限责任公司	1556292
372	哈药集团有限公司	1555694
373	吉林亚泰（集团）股份有限公司	1554470
374	山东如意科技集团有限公司	1553947
375	山东京博控股发展有限公司	1550223
376	桐昆集团股份有限公司	1549949
377	山东高速集团有限公司	1534830
378	浙江中成控股集团有限公司	1530995
379	利群集团股份有限公司	1516622
380	西王集团有限公司	1516118
381	华泰集团有限公司	1514832
382	陕西龙门钢铁（集团）有限责任公司	1513967
383	江苏南通二建集团有限公司	1512550
384	盾安控股集团有限公司	1509244
385	郑州宇通集团有限公司	1502621
386	东北特殊钢集团有限责任公司	1487681
387	河南神火集团有限公司	1480684
388	特变电工股份有限公司	1475429
389	江苏华厦融创置地集团有限公司	1469791
390	天津市津能投资公司	1459556
391	山东东明石化集团有限公司	1455020
392	云南煤化工集团有限公司	1453644
393	九三粮油工业集团有限公司	1451776
394	苏州创元投资发展（集团）有限公司	1449175
395	江苏申特钢铁有限公司	1445697
396	山东石横特钢集团有限公司	1442722
397	江苏双良集团有限公司	1432575
398	北京外企服务集团有限责任公司	1424806
399	山东太阳纸业股份有限公司	1421828
400	义马煤业集团股份有限公司	1416276
401	东营方圆有色金属有限公司	1413894
402	亨通集团有限公司	1411923
403	沈阳远大企业集团有限公司	1409184
404	青山控股集团有限公司	1409042
405	北京首都创业集团有限公司	1401016

续表

名次	企业名称	营业收入（万元）
406	中储发展股份有限公司	1400370
407	淄博矿业集团有限责任公司	1398781
408	浙江宝业建设集团有限公司	1391756
409	宁波富邦控股集团有限公司	1379058
410	北京能源投资（集团）有限公司	1368063
411	天津城建集团有限公司	1366000
412	江苏金辉集团公司	1364818
413	山东金诚石化集团有限公司	1354037
414	安徽省皖北煤电集团有限责任公司	1351990
415	太极集团有限公司	1351210
416	万达控股集团有限公司	1346818
417	厦门金龙汽车集团股份有限公司	1345562
418	丰立集团有限公司	1343491
419	重庆力帆控股有限公司	1336497
420	北京燕京啤酒集团公司	1330815
421	天津港（集团）有限公司	1321130
422	四平红嘴集团总公司	1319323
423	玲珑集团有限公司	1316041
424	宁波银亿集团有限公司	1315122
425	安徽国贸集团控股有限公司	1311220
426	三河汇福粮油集团有限公司	1310000
427	福佳集团有限公司	1309946
428	深圳市中金岭南有色金属股份有限公司	1308015
429	浙江昆仑控股集团有限公司	1305463
430	三角集团有限公司	1299636
431	浙江远大进出口有限公司	1298642
432	重庆市能源投资集团公司	1297985
433	山西省焦炭集团公司	1295586
434	安徽建工集团有限公司	1293462
435	杉杉投资控股有限公司	1288597
436	铁法煤业（集团）有限责任公司	1287688
437	吉林粮食集团有限公司	1285865
438	隆鑫控股有限公司	1277450
439	中国贵州茅台酒厂有限责任公司	1275297
440	昆明铁路局	1272918
441	重庆轻纺控股（集团）公司	1271520
442	青岛港（集团）有限公司	1270031

续表

名次	企业名称	营业收入（万元）
443	北京住总集团有限责任公司	1265379
444	广州万宝集团有限公司	1265356
445	盛虹集团有限公司	1261869
446	重庆农村商业银行股份有限公司	1258643
447	山东淄博傅山企业集团有限公司	1257663
448	山东科达集团有限公司	1256637
449	环宇集团有限公司	1250098
450	深圳华强集团有限公司	1241060
451	春和集团有限公司	1240805
452	上海舜业钢铁集团有限公司	1232915
453	云南冶金集团股份有限公司	1232340
454	内蒙古鄂尔多斯羊绒集团有限责任公司	1230480
455	宝胜集团有限公司	1226994
456	新疆天业（集团）有限公司	1223650
457	利华益集团股份有限公司	1220921
458	亚邦化工集团有限公司	1218883
459	张家港保税区兴恒得贸易有限公司	1216520
460	嘉晨集团有限公司	1213000
461	大连实德集团有限公司	1206638
462	沈阳机床（集团）有限责任公司	1206188
463	华勤橡胶工业集团有限公司	1204263
464	沂州集团有限公司	1203207
465	华立集团股份有限公司	1202252
466	天津市建工集团（控股）有限公司	1201678
467	山东西水橡胶集团有限公司	1193052
468	北京银行	1189411
469	河北普阳钢铁有限公司	1186968
470	维科控股集团股份有限公司	1183817
471	天津纺织集团（控股）有限公司	1167939
472	石家庄北国人百集团有限责任公司	1167541
473	山东博汇集团有限公司	1166596
474	山东寿光巨能控股集团有限公司	1163955
475	浙江八达建设集团有限公司	1162267
476	河北新金钢铁有限公司	1161754
477	北方重工集团有限公司	1155810
478	浙江元立金属制品集团有限公司	1154721
479	澳洋集团有限公司	1154400

续表

名次	企业名称	营业收入（万元）
480	冷水江钢铁有限责任公司	1151755
481	中国电力工程顾问集团公司	1150234
482	西子联合控股有限公司	1150000
483	登封电厂集团有限公司	1149634
484	传化集团有限公司	1149299
485	惠州市德赛集团有限公司	1146678
486	山西建筑工程（集团）总公司	1146552
487	中基宁波对外贸易股份有限公司	1146424
488	江门市大长江集团有限公司	1146121
489	上海良友（集团）有限公司	1144470
490	上海世博（集团）有限公司	1139229
491	深圳能源集团股份有限公司	1138867
492	江苏三木集团有限公司	1137320
493	河南豫联能源集团有限责任公司	1136818
494	河南豫光金铅集团有限责任公司	1136777
495	远东控股集团有限公司	1136465
496	山东胜通集团股份有限公司	1122460
497	河北建工集团有限责任公司	1120000
498	福建省能源集团有限责任公司	1109839
499	波司登股份有限公司	1108780
500	云南锡业集团（控股）有限责任公司	1108369

云南省完成2009年度工业经济发展责任目标奖励名单

一、16个州（市）人民政府

昆明市、昭通市、曲靖市、玉溪市、保山市、楚雄州、红河州、文山州、普洱市、西双版纳州、大理州、德宏州、丽江市、怒江州、迪庆州、临沧市人民政府。

二、15户重点企业

云南中烟工业公司、云南电网公司、云南冶金集团股份有限公司、云南煤化工集团有限公司、昆明钢铁控股有限公司、云南锡业集团（控股）有限责任公司、云南铜业（集团）有限公司、云南德胜钢铁有限公司、云南力帆骏马车辆有限公司、云南祥云飞龙有色金属股份有限公司、云南白药集团股份有限公司、云南金鼎锌业有限公司、云南南磷集团股份有限公司、云南农垦集团有限责任公司、云南民爆集团有限责任公司。其中，同时获得保增长突出贡献奖的11户企业为：云南电网公司、云南冶金集团股份有限公司、昆明钢铁控股有限公司、云南锡业集团（控股）有限责任公司、云南铜业（集团）有限公司、云南德胜钢铁有限公司、云南力帆骏马车辆有限公司、云南白药集团股份有限公司、云南金鼎锌业有限公司、云南南磷集团股份有限公司、云南民爆集团有限责任公司。

三、省直有关部门

省工业信息化委、财政厅、统计局，省经济运行办公室，人民银行昆明中心支行及其他金融机构。

云南省完成2009年节能责任目标单位及个人奖励名单

一、节能突出贡献奖单位（6个）

1. 昆明市人民政府
2. 曲靖市人民政府
3. 玉溪市人民政府
4. 省工业信息化委
5. 昆明钢铁集团有限责任公司
6. 云天化集团有限责任公司

二、节能优秀奖单位（45个）

1. 省政府办公厅
2. 省政府督查室
3. 省发展改革委
4. 省节能工作办公室
5. 省科技厅
6. 省财政厅
7. 省国土资源厅
8. 省住房城乡建设厅
9. 省交通运输厅
10. 省农业厅
11. 省林业厅
12. 省水利厅
13. 省商务厅
14. 省国资委
15. 省质监局
16. 省统计局
17. 省法制办
18. 省政府机关事务管理局
19. 团省委
20. 文山州人民政府
21. 昆明市工业信息化委
22. 曲靖市经委
23. 玉溪市经委
24. 保山市经委
25. 楚雄州经委
26. 普洱市经委
27. 大理州经委
28. 丽江市经委
29. 曲靖市统计局
30. 德宏州统计局
31. 红河州统计局
32. 景谷县人民政府
33. 云南大学
34. 云南电视台新闻中心
35. 省广电局后勤服务中心
36. 云南电网公司
37. 红塔烟草（集团）有限责任公司玉溪卷烟厂
38. 云南锡业集团（控股）有限责任公司
39. 云南冶金集团股份有限公司
40. 云天化国际化工股份有限公司云峰分公司
41. 云天化国际化工股份有限公司红磷分公司
42. 云南铜业（集团）有限公司
43. 省节能技术服务中心
44. 云南节能协会
45. 昆明奥特龙能源科技有限公司

三、节能先进个人（120名）

1. 省政府办公厅秘书二处主任科员朱光波
2. 省政府办公厅秘书八处副处长杨娅梅
3. 省政府督查室督查二处副处长吴文胜
4. 省发展改革委环资处副处长王为明
5. 省工业信息化委电力保障处副处长段学民
6. 省工业信息化委政策法规处处长王

洪新

7. 省工业信息化委经济运行处副处长魏树平

8. 省工业信息化委原材料工业处副处长黄育新

9. 省工业信息化委技术创新处副处长胡时耀

10省工业信息化委节约能源处副调研员刘志珍

11. 省工业信息化委节约能源处副调研员刘恒霄

12. 省工业信息化委节约能源处副调研员龙晖

13. 省科技厅高新技术发展及产业化处副处长金振辉

14. 省监察厅副厅长杨慧琼

15. 省财政厅副厅长王卫昆

16. 省财政厅企业处副处长张天平

17. 省财政厅经济建设处二科科长丁荣

18. 省国土资源厅机关服务中心职员刘富强

19. 省住房城乡建设厅副厅长陈锡诚

20. 省住房城乡建设厅勘察设计处处长赵智捷

21. 省住房城乡建设厅法规科技外事处主任科员雷伟生

22. 省交通运输厅厅长杨光成

23. 省交通运输厅政策法规处副处长常征

24. 省农业厅能源办科员杨跃武

25. 省林业厅能源站站长李树生

26. 省商务厅贸易发展处主任科员张娅姗

27. 省国资委规划发展处副主任科员岳生远

28. 省统计局工交处处长陆浩

29. 省统计局核算处处长王晓春

30. 省统计局地核处处长何蘋

31. 省直机关房改办主任苏华伦

32. 昆明市工业信息化委主任陈浩

33. 昆明市工业信息化委节能监察处副处长蒲晓刚

34. 昆明市统计局局长徐晓青

35. 昆明市统计局工交处处长李艳红

36. 安宁市副市长尹家屏

37. 昆明市嵩明县投资和经济促进局副局长孔德永

38. 昭通召通市统计局副局长唐天全

39. 昭通市彝良县经贸局节能减排办主任赵绍华

40. 曲靖市市长岳跃生

41. 曲靖市经委副主任张元明

42. 曲靖市经委节能科副科长 黄玲

43. 曲靖市统计局能源统计科科长牛志英

44. 玉溪市经委副主任高宏伟

45. 玉溪市经委节能科科长段艳萍

46. 玉溪市统计局副局长王起云

47. 保山市经委节能科主任科员虞凯

48. 保山市统计局局长董昕

49. 腾冲县经济局节能科科员尹燕芬

50. 楚雄州副州长李家龙

51. 楚雄州经委副主任李联平

52. 楚雄州经委节约能源科负责人王家明

53. 红河州州长杨福生

54. 红河州经委副主任赵楠

55. 红河州统计局副局长甘文英

56. 红河州统计局主任科员张美英

57. 文山州经委节约能源科科长彭庆六

58. 文山县经商局副局长张光春

59. 普洱市经委主任张若雷

60. 普洱市经委科长张海飞

61. 普洱市统计局科长段敏智

62. 普洱市景东县经商局局长 唐男

63. 西双版纳州统计局科长玉 嘎

64. 勐海县经商局局长舒玉清

65. 大理州经委主任李东

66. 大理州经委节能科副科长冯安梅

67. 大理州统计局科长施银寿

68. 德宏州经委副主任成保平

69. 德宏州统计局局长王梅

70. 丽江市经委节能办曾强胜

71. 丽江市华坪县经济局局长张宁辉

72. 怒江州统计局科长王建云

73. 迪庆州经委技术进步与创新科科长丛劳丁

74. 迪庆州统计局业务一科科长胡珍清

75. 迪庆州德钦县经委副主任 鄂玉华

76. 临沧市经委副主任 陆永波

77. 临沧市经委节能科副科长俸正宏

78. 临沧市临翔区经济局节能股股长杨艳

79. 临沧市统计局科长粟远勤

80. 临沧市云县经济局节能股股长李中华

81. 云南电视台新闻中心记者孟奇

82. 省计量测试技术研究院副院长杨 波

83. 省公路开发投资有限公司副总经理孙乔宝

84. 云南大学资产管理处处长李家祥

85. 云南电网公司计划部节能环保主管张立

86. 云南电网公司生产技术部专责况华

87. 昆明供电局计划部主任邱平

88. 红塔烟草(集团)有限责任公司玉溪卷烟厂副厂长马云参

89. 昆明钢铁控股有限公司节能减排中心总工程师 秦铁昌

90. 昆明钢铁控股有限公司煤焦化公司副总经理张昆华

91. 昆明钢铁集团有限责任公司动力能源分公司副厂长周庆华

92. 武钢集团昆明钢铁股份有限公司总经理严锡九

93. 武钢集团昆明钢铁股份有限公司总经理助理陈昆生

94. 云南铜业(集团)有限公司冶炼加工总厂厂长王冲

95. 云南铜业(集团)有限公司工程师杨贵

96. 云锡集团(控股)有限责任公司总经理助理刘凡云

97. 云锡集团(控股)有限责任公司设备能源处副处长严之光

98. 云天化集团有限责任公司副总经理吕庆胜

99. 云天化集团有限责任公司节能办主任廖立华

100. 云天化国际化工股份有限公司云峰分公司徐林

101. 云天化国际化工股份有限公司红磷分公司陆继斌

102. 云天化股份有限公司工程师刘志榕

103. 云南冶金集团股份有限公司总经理田永

104. 云南冶金集团股份有限公司工程师穆延昆

105. 云南铝业股份有限公司电解一厂厂长刘永强

106. 云南驰宏锌锗股份有限公司生产管理室主任侯晓波

107. 云铝润鑫铝业有限公司工程师张丹丽

108. 云南煤化工集团安全环保部副部长杨文勇

109. 云南云维股份有限公司安全环保部副部长陈国海

110. 云南瑞安建材投资有限公司副总经理李波文

111. 宣威宇恒水泥有限公司董事长宁国昌

112. 安宁市永昌钢铁有限公司副总经理杨升

113. 广南县宏顺硅业有限公司董事长兼总经理王聪

114. 云南玉溪仙福钢铁（集团）有限公司总经理李枝官

115. 德宏英茂糖业有限公司轩岗糖厂副厂长王丽

116. 省节能技术服务中心能源审计室主任吴玉鲲

117. 省节能技术服务中心培训信息室副主任李玲

118. 省节能技术服务中心清洁生产审核室主任 胡金秀

119. 省经济技术发展中心主任谢胜

120. 南云天咨询有限公司高级工程师杨迎红

云南省2009年100强企业名单

企业集团名称	营业收入、企业（集团）财务指标、本年实际（万元）
红塔烟草（集团）有限责任公司	5590222
红云红河烟草（集团）有限责任公司	5023748
昆明钢铁控股有限公司	4100070
云南电网公司	3959157
云天化集团有限责任公司	2572623
中国石油化工股份有限公司云南石油分公司	2454992
云南铜业（集团）有限公司	1920137
云南建工集团有限公司	1773102
云南煤化工集团有限公司	1453644
昆明铁路局	1272918
中国移动通信集团云南有限公司	1256096
云南冶金集团股份有限公司	1232340
云南锡业集团（控股）有限责任公司	1108369
云南省活发集团洛河钢铁有限公司	877772
中国水利水电第十四工程局有限公司	757110
云南白药集团股份有限公司	717178
云南德胜钢铁有限公司	520229
云南物流产业集团	515986
中国电信云南公司	494929
十四冶建设集团有限公司	481861
云南南磷集团股份有限公司	480864
云南农垦集团有限责任公司	477066
云南力帆骏马车辆有限公司	455350
华能澜沧江水电有限公司	415860
云南曲靖越钢集团有限公司	408103
云南省公路开发投资有限责任公司	393776
云南滇东能源有限责任公司	379693
曲靖市大丰建筑工程集团有限公司	350616
昆明裕华煤炭有限公司	340334
云南玉溪仙福钢铁（集团）有限公司	326133
西南交通建设集团股份有限公司	326100
云南英茂集团有限公司	302027
一汽通用红塔云南汽车制造有限公司	296720
云南出版集团有限责任公司	283679
云南省烟草烟叶公司	275538

续表

企业集团名称	营业收入、企业（集团）财务指标、本年实际（万元）
云南祥云飞龙有色金属股份有限公司	275000
昆明船舶设备集团有限公司	271145
云南省工业投资控股集团有限责任公司	270256
云南民爆集团有限责任公司	258774
昆明云内动力股份有限公司	249070
云南俊发房地产有限责任公司	246580
国电宣威发电有限责任公司	243111
安宁市永昌钢铁有限公司	234379
玉溪汇溪金属铸造制品有限公司	233815
云南省投资控股集团有限公司	226739
云南官房企业集团	224058
云南瑞安建材投资有限公司	218743
昆明中铁大型养路机械集团有限公司	213197
云南乘风有色金属股份有限公司	195649
云南金鼎锌业有限公司	194564
昆明诺仕达企业（集团）有限公司	187105
云南沃尔玛百货有限公司	172554
云南路桥股份有限公司	171558
国投曲靖发电有限公司	169396
中国联合网络通信有限公司云南省分公司	167407
云南机场集团有限责任公司	165710
云南农业生产资料股份有限公司	160681
云南金格百货集团有限公司	157540
临沧南华糖业有限公司	156854
楚雄德胜煤化工有限公司	154023
云南玉溪玉昆钢铁集团有限公司	147559
昆明电缆集团股份有限公司	142943
云南省小龙潭矿务局	141554
昆明制药集团股份有限公司	141156
国电阳宗海发电有限公司	140986
曲靖市盛凯集团有限责任公司	139090
云南第二公路桥梁工程有限公司	138778
云南祥丰化肥股份有限公司	137625
沈机集团昆明机床股份有限公司	137219
云南世博旅游控股集团有限公司	135243
云南鸿翔一心堂药业（集团）股份有限公司	133422
云南省邮政公司	132860

续表

企业集团名称	营业收入、企业（集团）财务指标、本年实际（万元）
昆明星耀集团实业有限公司	132352
昆明自来水集团有限公司	130614
云南省曲靖双友钢铁有限公司	128086
昆明百货大楼（集团）股份有限公司	124181
昆明醋酸纤维有限公司	119390
蒙自矿冶有限责任公司	118305
云南东方糖酒有限公司	117168
云南通变电器有限公司	115020
云南文山电力股份有限公司	114534
云南罗平锌电股份有限公司	113708
昆明家乐福超市有限公司	109988
云南曲靖交通集团有限公司	109179
昆明康辉旅行社有限公司	104356
云南玉溪百信商贸集团有限公司	98536
云南滇能（集团）控股公司	96895
国投云南大朝山水电有限公司	96393
云南神农农业产业集团有限公司	95607
中国云南路建集团股份公司	93546
云南省玉溪市洛河钢铁有限公司	90689
云南宣威磷电有限责任公司	90062
名流置业集团股份有限公司	88835
云南大唐国际红河发电有限责任公司	86238
云南澜沧江啤酒企业集团有限公司	86174
云南联合外经股份有限公司	84742
玉溪华盛钢铁有限公司	83760
云南云桥建设股份有限公司	83036
云南丰瑞油脂有限公司	82518
云南变压器电气股份有限公司	82202

“云南省百户创新型非公企业”获奖名单

序号	企业名称	行　业	2008年主营业务收入（亿元）
1	云南德胜钢铁有限公司	有色、冶金	530823
2	云南南磷集团股份有限公司		
3	云南力帆骏马车辆公司	汽车制造	401916
4	云南曲靖越钢集团有限公司	有色、冶金	394178
5	云南祥云飞龙有色金属公司	有色、冶金	290834
6	云南祥丰化肥股份有限公司	化工	230861
7	云南乘风有色金属股份有限公司	有色、冶金	217719
8	楚雄德胜煤化工有限公司	化工	138451.76
9	临沧南华晶莹糖业有限公司	制糖	131300
10	蒙自矿冶有限责任公司	有色、冶金	130727
11	云南华联锌铟股份有限公司	有色、冶金	130149
12	云南通变电器有限公司	电子、机电	109125.78
13	云南神农农业产业集团有限公司	农特产品加工	103974.06
14	云南罗平锌电股份有限公司	冶金及电力	86474.98
15	红河恒昊矿业股份有限公司	有色、冶金	82113
16	昆明诺仕达企业（集团）有限公司		76714.55
17	云南澜沧江啤酒企业集团有限公司	饮料	72500
18	云南宣威磷电有限责任公司	化工及电力	57933
19	昆明台成精密机械有限公司	电子、机电	56800
20	云南特安呐制药股份有限公司	医药	50493
21	云南永保特种水泥股份有限公司	建材	50290.83
22	云南下关沱茶（集团）股份有限公司		
23	昆明滇虹药业有限公司	医药	45373.49
24	勐海茶业有限责任公司		
25	云南康丰糖业（集团）有限公司	制糖	42305
26	云南大互通工贸有限公司	冶金、有色	41000
27	云南云叶化肥股份有限公司	化工	40436
28	云南保升龙糖业有限责任公司	制糖	39486
29	大理药业股份有限公司	医药	39029
30	云南新美铝铝箔有限公司	有色、冶金	38596
31	华新水泥（昭通）有限公司	建材	37786
32	沾益县万利有限责任公司	有色、冶金	37000
33	云南红塔塑胶有限公司	化工	34523.04
34	云南绿大地生物科技有限公司	园林绿化	34194.76

35	腾冲县恒益矿产品经贸有限责任公司	有色、冶金	32807.92
36	云南永德糖业集团有限公司	制糖	30110.60
37	大理啤酒集团公司	饮料	29891.34
38	昆明龙津药业股份有限公司	医药	29781
39	云南九九彩印有限公司	包装、印刷	29310
40	云南壮山实业股份有限公司	建材	28376
41	昆明晨农绿色产品有限公司	农产品加工	27279
42	昆明德禧裕库经贸有限公司	商贸	23476.36
43	云南生物谷灯盏花药业有限公司	医药	23332
44	大理东亚乳业公司	农特产品加工	22000
45	普洱福通（集团）木业有限公司	农特产品加工	21940
46	云南西双版纳英茂糖业有限公司	制糖	26370
47	昆明贝克诺顿制药有限公司	医药	21482
48	红河雄风印业有限责任公司	包装、印刷	21,343.78
49	云南临沧鑫圆锗业股份有限公司	有色、冶金	20928.48
50	昆明子弟食品有限公司	农特产品加工	20192
51	香格里拉酒业股份有限公司	酿酒	19546.15
52	昆明阳光基业股份有限公司	电子、机电	19146
53	昆明雪兰牛奶有限责任公司	农特产品加工	18836
54	昆明圣火药业集团有限公司	医药	18505
55	云南木利锑业有限公司	有色、冶金	17680
56	昆明禾锐科技有限公司	电子、机电	17615.42
57	云南双江勐库茶叶有限责任公司	制茶	17500
58	云南瑞升烟草技术（集团）有限公司		19411
59	云南清逸堂实业公司	制造业	15004
60	大理州银都水乡旅游投资有限公司		14980
61	昆明克林轻工机械有限责任公司	机械制造	13757
62	昆明新希望农业科技有限公司	农特产品加工	13141.15
63	云南玉溪创新彩印有限公司	包装、印刷	12418.33
64	曲靖博浩生物科技股份有限公司	农特产品加工	12249.32
65	昆明茨坝矿山机械有限公司	机械制造	12204
66	云南滇东水泥有限公司	建材	12008
67	云南岭东纸业有限公司	包装、印刷	11729
68	楚雄市鹿城彩印有限责任公司	包装、印刷	11189
69	云南省玉溪市维和制药有限公司	医药	10431
70	丽江中源绿色食品有限公司	农特产品加工	10017
71	云南苏宁电器有限公司	商贸	10000
72	红河千山生物工程有限公司	医药	9848
73	玉溪沃森生物技术有限公司	医药	9533

74	昭通市长江丝绸有限公司	农特产品加工	9200
75	昆明大商汇实业有限公司	商贸	8939.73
76	腾冲县古林木业有限责任公司	农特产品加工	8727.30
77	云南玉溪市溶剂厂有限公司	化工	8510
78	云南太阳魂酒业有限公司	酿酒	8400
79	昆明锦苑花卉产业有限责任公司	花卉	8171
80	云南东恒经贸集团有限公司	农特产品加工	7713
81	丽江得一食品有限公司	农特产品加工	7408
82	昆明金利马热力设备有限公司	新能源	7347
83	云南龙生茶业股份有限公司	制茶	7000
84	云南山灞图像传输科技有限公司	电子、机电	6857
85	云南东玉工贸有限公司	冶金、及商贸	6700
86	云南富源金田原农产品开发有限责任公司	农特产品加工	6187
87	云南永胜植物化工（集团）有限公司	农特产品加工	5990
88	云南元谋闽中食品有限公司	农特产品加工	5914.80
89	昆明市晶晶床垫家具制造有限责任公司		5700
90	云南丽都花卉发展有限公司	花卉	5638
91	德宏后谷咖啡有限公司	农特产品加工	5400
92	云南明泰玻璃股份有限公司	化工	5031.25
93	玉溪明珠花卉股份有限公司	花卉	4537.41
94	东方机器制造（昆明）有限公司	电子、机电	4386.45
95	昆明远达光学有限公司	电子、机电	4238
96	玉溪市云溪香精香料有限公司	烟草及配套	3800
97	云南香格里拉·藏龙生物资源开发有限公司	农特产品加工	3620
98	昆明鼎承机械有限公司	机械制造	3588.85
99	云南希陶绿色药业股份有限公司	医药	3306
100	贡山县荣华农资土产有限责任公司	化工	552

云南省第十一届优秀企业家名单

2009年5月4日

李穗明　红塔烟草（集团）有限责任公司总裁
李幼灵　昆明钢铁控股有限公司总经理
他盛华　云天化集团有限责任公司总经理
和　军　云南煤化工集团有限公司总经理
杨　超　云南铜业（集团）有限公司总经理
雷　毅　云南锡业集团（控股）有限责任公司董事长
陈文山　云南建工集团总公司总经理
高忠宝　中国石化云南石油分公司总经理
宋修德　昆明铁路局局长
陈　进　云南驰宏锌锗股份有限公司总经理
李贵国　云南德胜钢铁有限公司董事长
赵应明　云南曲靖越钢集团有限公司董事长
李明定　云南省活发集团董事长
万希勤　云南乘风有色金属股份有限公司董事长
李映昆　昆明云内动力股份有限公司董事长
马云昆　昆明中铁大型养路机械集团有限公司董事长
杨宗祥　云南祥丰化肥股份有限公司董事长
马建中　易门铜业有限公司总经理
杨文忠　云南个旧有色冶化有限公司总经理
黎维中　蒙自矿冶有限责任公司总经理
阮鸿献　云南鸿翔药业有限公司董事长
陈福忠　昆明电缆股份有限公司董事长
文天福　云南通变电器有限公司董事长
雷　坚　云南南天电子信息产业股份有限公司总裁
花泽飞　云南世博集团有限公司总经理
杨　波　云南西仪工业股份有限公司总经理
王化新　丽江市旅行社经营管理有限公司总经理
秦家平　云南玉溪百信商贸集团有限公司董事长
朱　骏　红河恒昊矿业股份有限公司董事长
许克昌　云南罗平锌电股份有限公司董事长
马永升　云南昊龙实业集团有限公司董事长
刘光汉　云南澜沧江啤酒企业（集团）有限公司董事长
毕　胜　云南思茅山水铜业有限公司董事长
徐敦山　云南红塔滇西水泥股份有限公司总经理
谭国仁　云南永保特种水泥股份有限公司董事长
郭振宇　昆明滇虹药业有限公司董事长
梁广华　云南纺织（集团）股份有限公司董事长
肖国富　云南陆良银河纸业有限公司董事长
焦家良　云南盘龙云海药业有限公司董事长
卢定波　文山州煤业有限责任公司总经理
龚学文　云南峨山矿冶（集团）有限责任公司董事长
易建尤　保山昆钢嘉华水泥建材有限公司总经理
李正寿　昆明神农汇丰化肥有限责任公司董事长
许经振　云南侨通包装印刷有限公司董事长
包文东　云南临沧鑫圆锗业股份有限公司董事长
张　扬　丽江黑白水电力股份有限公司总经理
陈本和　会泽滇北工贸有限公司董事长
杨晓明　云南开关厂厂长
刘大伟　昆明中药厂有限公司总经理
解怡诚　迪庆州旅游开发投资有限公司董事长
范德明　兰坪三江铜业有限责任公司总经理
张国邦　腾冲县古林木业有限责任公司董事长
唐维坤（女）　昆明云健制药有限公司董事长
黄国能　云南烟草文山州复烤厂厂长
陈水奇　潞西市海华开发有限公司董事长
钱体辉　祥云县银龙茧丝绸有限公司董事长
胡仕军　宾川县金鑫建材有限责任公司董事长
孙　明　云南金花针织有限公司董事长
杨夕辉　元阳县华西黄金有限公司董事长
陈玉林　景东力奥林产集团有限公司总经理

云南昆钢现代物流有限公司

总经理姜虹在北京领奖

云南昆钢现代物流有限公司（以下简称“昆钢现代物流公司”）前身为昆钢物流中心，于2009年12月14日成立，是中国物流采购联合会会员单位、4A级物流企业、云南省物流采购联合会副会长单位，全国物流行业先进集体。

昆钢现代物流公司注册资本3亿元，已投资成立大理现代物流商贸有限公司、云南昆钢物流有限公司全资子公司，控股攀枝花昆钢现代物流有限公司，云南纵横汽车销售有限公司，拥有库房、料场面积25.6万平方米，起重吊装设备90余台，11条铁路装载线，并具备年3000万吨的组织运输能力及相应的人力资源，经营范围包括货运代理、仓储服务、物流信息服务、物流配载；国内贸易、物资供销；设备租赁；保洁服务（以上经营范围中涉及国家法律、行政法规规定的专项审批，按审批的项目和时限开展经营活动）；同时，承担着武钢集团昆明钢铁股份有限公司原材料、物资、产成品、半成品的物流服务工作。通过公司全体员工的努力，2009年昆钢物流公司实现营业收入5.27亿元，其中主营业务收入3.87亿元。

昆钢物流中心首届职工文艺晚会

物流公司依托昆钢，服务社会，秉承“物畅其流、人和业兴”的企业精神和“优质、高效、安全、快捷”的服务理念。以客户为中心，实施营销策略，针对客户的不同需求，提供物流整合优化方案，以降低客户成本，实现客户利益最大化。在对内服务好昆钢的同时，积极拓展对外业务，加快对外发展步伐，与省内外同行业紧密合作，运用系统管理，进一步整合资源和优化物流，促进地区物流的合理性，促进社会物流成本的降低。现已在省内市、县及广州、成都、重庆、贵阳、南宁、大理、玉溪、曲靖、蒙自、河口、腾冲等地构建了物流基地，并将在瑞丽、景洪、河口等口岸建设国际物流节点。2009年9月与昆明经开区签订建设云南昆明王家营现代物流中心的协议，10月与大理州达成建设大理滇西物流商贸城的协议。两个项目预计两年内建成并投入运营。

云南钢铁现代物流港项目签约仪式

正在稳步推进的云南昆明王家营现代物流中心，规划总占地面积为36.29万m^2；其中建筑面积为20.2万m^2，准备建设成专业从事钢材商贸流通、钢材加工、零担运输配载、冷链物流服务的企业，是集公路、铁路等多式联运、存储配送、流通加工等物流服务于一体的专业物流中心。

现代物流业的发展市场广阔、商机无限，希望社会各界关注昆钢现代物流业的发展，云南昆钢现代物流有限公司愿意与社会各行业精诚合作，为云南经济和云南现代物流业的发展作出更大贡献！

大理昆钢现代物流园项目的签约仪式

昆钢大理物流商贸城项目整体规划鸟瞰图